ROGER PEYREFITTE

La Jeunesse d'Alexandre

ROGER PEYREFITTE

La Jeunesse
d'Alexandre

Albin Michel

IL A ÉTÉ TIRÉ DE CET OUVRAGE

Trente-cinq exemplaires sur vergé blanc chiffon, filigrané,
des Papeteries Royales Van Gelder Zonen, de Hollande,
dont trente exemplaires numérotés de 1 à 30,
et cinq exemplaires, hors commerce, numérotés de I à V ;

quatre-vingts exemplaires sur vélin cuve pur fil de Rives
dont soixante-dix exemplaires numérotés de 31 à 100,
et dix exemplaires, hors commerce, numérotés de VI à XV ;

trois mille exemplaires sur vélin blanc supérieur des Papeteries de Condat,
reliés pleine toile.

IL A ÉTÉ TIRÉ ÉGALEMENT :

Dix exemplaires sur vergé blanc chiffon de Hollande,
numérotés de C. F. 1 à C. F. 10
réservés à la Librairie « Coulet et Faure ».

LE TOUT CONSTITUANT L'ÉDITION ORIGINALE

ISBN 2-226-00481-5

Première partie

Alexandre bouillait de colère. Ses yeux, dont le droit était d'un noir très foncé et le gauche bleu-vert, lançaient des flammes. Ses longues boucles blondes, séparées par une raie médiane, frémissaient sur sa tunique de pourpre. Près de lui, vêtu d'une tunique verte, les cheveux noirs aussi bouclés et les yeux bleus, Ephestion, son inséparable, partageait son courroux. Ils étaient nés le même jour de la même année, il y avait quinze ans. Leur beauté était différente, comme leur taille : Alexandre était plus viril et Ephestion plus grand. Arrivés la veille à Olympie, ils étaient ce matin, au lever du jour, dans l'hôtel de ville, en face du comité olympique. Derrière les dix juges, ils apercevaient l'ennemi de la Macédoine, qui prétendait faire exclure des jeux l'attelage du roi Philippe venu concourir pour les grands jeux : l'Athénien Démosthène, le fils du fabriquant de couteaux de Péanie, village de l'Attique.

Cet orateur de quarante-cinq ans, aux traits sévères, à la barbe en pointe, à l'aspect disgracieux, mais dont l'éloquence était irrésistible, avait convaincu les juges que le père d'Alexandre, en assiégeant Périnthe et Byzance, villes alliées d'Athènes, avait rompu le traité de paix signé avec elle et violé la trêve olympique. « Ce barbare, avait-il dit, ce destructeur de villes grecques, sorti d'un pays misérable qui ne put jamais fournir seulement un bon esclave, a déjà usurpé la présidence des jeux Pythiens et il cherche à mettre la main sur ceux d'Olympie, par l'intermédiaire de son fils. Renvoyons ce gamin à Delphes, où il pourra danser nu quelque danse lascive en l'honneur du dieu. Nous n'avons que faire ici de ses chevaux, de ses cochers, de ses soldats et de son mignon. Que le comité olympique se montre digne de Jupiter Olympien . qu'il restaure les lois de la Grèce et donne une leçon à cette dynastie qui en est le fléau. » Par six voix sur dix, le conseil s'était rallié à cet avis.

« Infâme ! s'écria Alexandre, qui tendait le bras vers Démosthène comme s'il tenait une épée. Toi que, depuis ton enfance, on surnomme « Derrière », tellement tu as abusé de ton corps ! toi qui as installé ton mignon Cnosion au domicile conjugal et que ta propre épouse fait cocu avec lui ! Toi qui as ruiné Aristarque, dont tu étais l'amant et dont tu soutirais l'argent, même lorsqu'il eut été exilé !... Est-ce que tu t'es prostitué jadis à ces vénérables juges pour les avoir trompés à ce point ? » Le comité olympique sourit de ces mots avec indulgence. « Le petit jeune homme de Pella n'a pas l'éducation athénienne », fit Démosthène ironiquement.

Alexandre tapa du pied avec rage, contre le sol de marbre, mais il avait pâli : Démosthène le touchait au point sensible en citant le nom de la capitale de la Macédoine, qu'il avait qualifiée, dans un de ses discours, de « bourgade chétive et inconnue ». Voyant l'effet produit, l'orateur voulut le renforcer : « Citoyens juges, ajouta-t-il au comité, pardonnez à ce gamin de contester vos suffrages. Les barbares n'ont pas l'habitude de la démocratie.

— Chien ! dit Alexandre. Tu oses répéter en ma présence l'injure que tu as adressée à mon père ! Je descends d'Hercule par lui et d'Achille par ma mère, qui est sœur du roi d'Epire et des Molosses, et ta mère à toi descend d'un barbare, d'un Scythe ! Et c'est Hercule qui a fondé les jeux Olympiques.

— Je reconnais, fit Démosthène avec la même ironie, que mon ascendance est plus facile à prouver que la tienne. Hercule et Achille à part, ni les Molosses ni les Epirotes ni les Macédoniens n'étaient considérés comme Grecs au temps de Périclès et n'étaient admis aux jeux Olympiques.

— Menteur ! dit Alexandre qui ne pouvait commencer toutes ses réponses que par une violente exclamation. Le roi d'Epire, Tharypas, arrière-grand-oncle de ma mère, eut la citoyenneté d'Athènes, comme mon ancêtre paternel, le roi de Macédoine Alexandre Ier, qui portait le surnom d'Ami des Hellènes, et c'était au temps de Périclès.

— Il n'était donc pas un Hellène, dit l'orateur.

— Insolent ! répliqua Alexandre. Il vint concourir en personne à Olympie, prouva qu'il était Argien d'origine et arriva second à la course du stade. Enfin, un cheval de mon père remporta le prix, le jour même de ma naissance. Un de ses chars avait précédemment gagné.

— C'est vrai, ô Alexandre, dit un des juges, et Démosthène s'est trompé.

— Son ignorance est égale à son impudence, dit Alexandre. Hérodote, qui a lu son *Histoire* aux jeux Olympiques, y écrit expressément, au sujet du premier Perdiccas, du premier Amyntas et du premier Alexandre de Macédoine : « Ils se disent Hellènes et je suis en mesure de savoir que c'est vrai et je le démontrerai. » Et il le démontre, ô Démosthène, Scythe de Péanie. »

Le comité pria l'orateur de s'éloigner vers le fond de la salle et délibéra à voix basse. Ephestion s'était agenouillé pour renouer le lacet de cuir d'une des sandales d'Alexandre, qui s'était défait quand il avait tapé du pied. Le jeune garçon reformait amoureusement l'entrelacs rouge sur le cou-de-pied et sur la cheville, puis sur le bas de la jambe. Au-dessus du dernier tour, un triple cercle d'or serrait le mollet. Un cercle semblable serrait la jambe d'Ephestion, qui baisa celle d'Alexandre, avant de se relever. Les deux amis s'étaient apaisés : ils comprenaient que la défaite de Démosthène se préparait.

Celui-ci le comprit également. « Méfie-toi, fils de Philippe, cria-t-il du fond de la salle, tu n'es qu'un lionceau et votre ami Eschine m'appelle un lion. » Le nom de l'orateur rival de Démosthène et représentant des intérêts de Philippe à Athènes, retentit comme un autre signe de bon augure pour la Macédoine : leurs joutes dans l'assemblée du peuple, sous les murs de la citadelle, étaient fameuses et Démosthène n'avait pas été constamment le vainqueur. La voix limpide d'Ephestion éclata. La noblesse de sa naissance et ses sentiments pour Alexandre lui inspiraient peut-être encore plus de mépris et de colère qu'à lui.

« Fils de coutelier, cria-t-il à l'adresse de l'illustre Athénien, tu es un lion en paroles et Alexandre sera un lion en action. Tu ignores sans doute que, lorsque sa mère était enceinte de lui, Philippe rêva qu'elle avait sur le ventre le sceau d'un lion. Le devin Aristandre de Telmesse interpréta ce songe en disant que l'enfant qui naîtrait, aurait, comme son ancêtre Achille, un cœur de lion. »

Pour le remercier, Alexandre baisa Ephestion sur la bouche. Il s'enorgueillissait de ce rêve de sa mère, parce que celle de Périclès avait rêvé qu'elle enfantait un lion. Mais Alexandre comptait bien dépasser la gloire de Périclès. « Citoyens juges, déclara-t-il, j'ai oublié de dire quelque chose : le roi, mon père, m'avait prié de vous annoncer qu'en souvenir de ses deux victoires, à la course des chars et à la course à cheval, aussi bien que pour commémorer les victoires de ses armes, il construirait un monument de notre famille dans l'enceinte de votre sanctuaire. Les plans en sont déjà faits. Ce sera une rotonde à colonnades, avec cinq statues grandeur nature, en or et en ivoire, la sienne, la mienne, celles de ma mère Olympias, de mon grand-père Amyntas et de ma grand-mère Eurydice. Elles sont déjà commandées à Léocharès, et elles iront à Delphes, si elles ne peuvent plus venir à Olympie. »

L'argument parut d'un autre poids que la question de savoir si Philippe avait rompu ou non la trêve olympique. Le chef des juges se pencha vers ses collègues pour leur parler à l'oreille ; puis, malgré les protestations de quelques-uns, il dit à Alexandre : « Les suffrages que nous avons exprimés, n'ont pas été pris sur l'autel, ce qui ne leur a pas conféré un caractère sacré. Après avoir invoqué le dieu et fait un second sacrifice, nous allons effectuer un second vote, pour lequel ne nous manquera pas sa lumière et devant lequel, par conséquent, tous devront s'incliner. — Je l'accepte d'avance » dit Alexandre, en jetant à Démosthène un regard ironique. L'Athénien devina qu'il avait perdu la partie ; mais il dissimula sa fureur, pour ne pas compromettre la faible chance d'un sursaut de dignité chez les juges. « Je souhaite, leur dit-il seulement, que le dieu soit aussi favorable à l'honneur de la Grèce et au vôtre que la première fois. »

Malgré ces mots piquants, il lui était difficile de rien ajouter sans provoquer de nouvelles réactions d'Alexandre. Il lui était impossible, en tout cas, de s'élever contre un argument, même spécieux, d'ordre liturgique. Alexandre, sur les lèvres de qui était revenu le sourire, voulut achever d'écraser son adversaire par l'étalage de sa richesse, sous le couvert de la religion. « Je suppose que cet homme, dit-il en le désignant, m'a devancé pour invoquer le dieu. C'est maintenant à moi de faire un triple sacrifice qui précédera le second vote et, si mon char gagne la course, je sacrifierai cent bœufs à Jupiter. Ce seront vraiment cent bœufs, comme me l'a commandé mon père, et non pas cent bœufs de nom, ainsi que dans les hécatombes célébrées à Athènes, où il n'y en a que dix et parfois un seul.

— « Les Grecs, disait Démarate à Xerxès, sont pauvres, mais vertueux », rétorqua Démosthène.

— Tu en es bien une preuve, dit Alexandre, toi qui es cousu d'or et de vices.

— Va, fils de Philippe, dit le chef des juges. Tu as tout loisir, car notre cérémonie, à laquelle nous devons seuls participer, sera aussi longue que la tienne. »

Tant de déférence envers Alexandre indiquait déjà que le vote était acquis et que l'on aurait pu s'en dispenser. Démosthène, prenant un pan de son manteau avec sa main aux doigts chargés de bagues, se couvrit la tête à demi, en signe de deuil, et quitta la salle par une porte dérobée.

« Vite, par Hercule ! dit Alexandre à son petit esclave et à celui d'Ephestion. Allez chercher nos tuniques blanches pour le sacrifice. » Les deux garçons, Epaphos et Polybe, qui avaient le même âge que leurs maîtres, et qui avaient entre eux la même intimité, leur étaient dévoués plus que personne : quand des marchands d'Asie mineure vinrent les vendre à Philippe, son fils, qui avait donné l'un d'eux à son ami, avait refusé de les laisser marquer au fer rouge. Ephestion et lui les aimaient bien, comme de jolis animaux domestiques.

La maison de leur hôte Cléotime était toute voisine de l'enclos du sanctuaire, près de la colline de Saturne. Ce riche marchand, l'un des principaux citoyens de l'Elide, avait visité, dans sa jeunesse, la cour de Macédoine et avait été le mignon de Philippe. C'est la première fois qu'il revoyait Alexandre depuis son enfance et il lui vouait une adoration, égale à celle qu'il avait eue pour son père. Il avait été aussi indigné que lui en apprenant le mauvais tour que leur jouait Démosthène et dont la notification avait été faite à Alexandre la veille au soir, quand il était arrivé. Or, les chevaux de Philippe étaient, selon la règle, entraînés à Olympie depuis un mois. La manigance avait été préparée à l'insu de tous et le résultat en avait été différé au dernier moment pour le rendre public devant la Grèce réunie. Jaloux de la fortune de Cléotime, les juges lui avaient gardé le secret. Alexandre avait voulu leur répliquer sans le secours de personne, afin de montrer que, dans un lieu où il n'était jamais venu, il n'avait besoin que de son nom et de la gloire de son père. Il avait même refusé d'être accompagné de son ancien précepteur Léonidas, cousin de sa mère, lequel lui servait de guide dans ce voyage. Celui qu'Alexandre et Ephestion affublaient de l'épithète de « grave », comme celles des héros d'Homère, était resté chez Cléotime avec les soldats de l'escorte.

Tout courant, Epaphos et Polybe arrivaient. Ils retirèrent à leurs maîtres les tuniques de couleur. Selon son usage, Epaphos s'exclamait avec admiration devant une nudité qu'il pouvait cependant contempler plusieurs fois par jour. « Que tu es beau, mon maître ! disait-il. Tu descends d'un dieu, tu es un dieu et tu seras un dieu. » A quelque distance, le comité olympique, qui attendait, pour sa propre cérémonie, le départ d'Alexandre, regardait cette scène avec intérêt. Ce qui plaisait à Alexandre et à Ephestion, c'est qu'ils étaient solides comme des athlètes et qu'on pouvait les appeler beaux sans les faire rougir. Epaphos et Polybe avaient apporté aussi des sandales à lacets blancs. Il leur fallut un moment pour nouer ces lacets, puisqu'ils faisaient le nœud d'Hercule. C'est l'ancêtre d'Alexandre qui en était l'inventeur : il y avait deux boucles, dont l'une passait en dessus et l'autre en dessous du cordon. Ephestion avait procédé plus sommairement pour le lacet rouge d'Alexandre ; mais la différence, c'est qu'Epaphos ne prenait pas la liberté de lui baiser le mollet.

Ils sortirent. « Tes cent bœufs, dit Ephestion à Alexandre, ont mis en déroute l'armée athénienne. Je crois que ce qui a le plus humilié Démosthène, c'est ton allusion à l'imposture des hécatombes. — Voilà ce que c'est d'avoir pour précepteur Aristote, dit Alexandre : nous sommes bien renseignés sur les Athéniens. Quelle chance que mon père leur ait enlevé le plus grand de leurs philosophes, pour le restituer à la Macédoine dont il est originaire ! »

L'allée où ils marchaient d'un pas léger, bordée de chênes, de peupliers et de statues, menait au temple de Jupiter. C'est là, au bas des marches, que les trois grands prêtres en exercice, avertis de la célébration demandée par Alexandre, l'attendaient pour le conduire à l'autel. Malgré l'heure matinale, il y avait déjà beaucoup de monde. Les jeux ne devaient commencer que dans quelques jours, le lendemain de la pleine lune de juillet, mais les visiteurs devançaient cette date : ils suivaient les courses et les exercices d'entraînement et se divertissaient dans l'immense foire organisée à cette occasion. Ceux que l'on croisait, revêtaient, soit les divers costumes des peuples grecs, soit ceux des barbares : n'importe qui assistait aux jeux, même les esclaves, bien qu'il ne fût permis qu'aux Grecs de concourir. Les longues robes chamarrées des Perses et des Egyptiens se mêlaient aux manteaux des Hellènes et à leurs tuniques qui laissaient voir les jambes nues. Comme on était à l'ombre, rares étaient les couvre-chefs, — principalement des chapeaux de feutre à grands bords, mode qui venait de la Macédoine, comme celle des courtes tuniques. La plupart étaient pieds nus, mais on voyait aussi toutes les espèces de chaussures, depuis le brodequin des Crétois jusqu'aux socques à bouts recourbés ou aux bottines en cuir souple des Orientaux, des Macédoniens et des Thraces. Les Etoliens étaient reconnaissables à leur habitude singulière, qu'ils prétendaient excellente pour la course, d'avoir le pied gauche chaussé et le droit nu.

Les statues, dont Alexandre et Ephestion n'avaient jamais vu un tel nombre, — on en comptait plus de trois mille dans l'enceinte du sanctuaire, — semblaient faire partie de la foule, tant elles étaient vivantes, mais presque toutes étaient nues. Les marbres donnaient particulièrement cette illusion : à chaque olympiade, des artistes les recouvraient d'un enduit qui leur rendait les couleurs de la chair, des yeux et des cheveux.

On dévisageait Alexandre et Ephestion. Cela ne les intimidait pas. Ils étaient fiers de leur prestance, fiers aussi de leur élégance. Ils n'avaient pas seulement des cercles d'or au mollet, mais trois bagues à la main gauche. Celles d'Alexandre étaient une améthyste représentant un mufle de lion (le Lion était le signe de sa naissance), une émeraude représentant un phallus (cadeau de sa mère, pour le mettre sous la protection de Bacchus, dont c'était le symbole), et une aigue-marine représentant Hercule imberbe. Les bagues d'Ephestion montraient, dans des pierreries moins précieuses, un lion, puisqu'il était né, lui aussi, le 28 juillet, l'initiale de son nom et l'Amour bandant l'arc. Toutes ces gravures étaient de Pyrgotèle, habile artiste athénien qui travaillait pour Philippe à Pella.

Alexandre et Ephestion répondaient au salut de leurs compatriotes, qui leur donnaient le sentiment d'être moins isolés. Ils feignaient de ne pas entendre les plaisanteries obscènes des Athéniens, que renvoyaient allègrement leurs esclaves. Cependant, Alexandre frémissait parfois. « Je t'en prie, disait Ephestion, n'écoute pas ces mangeurs d'oignons. Tu sais le proverbe : « La fumée cherche les beaux. » » Ils riaient néanmoins des injures choisies par Epaphos et Polybe et qui étaient puisées dans le vocabulaire d'Aristophane et d'autres comiques. « Si Démosthène était là, dit Alexandre, il verrait que même nos esclaves ont reçu l'éducation des Athéniens en écoutant les pièces de leurs auteurs. » Par dérision, quelqu'un jeta à Alexandre une pomme après l'avoir mordue. Il s'amusa de cet hommage, même impertinent, puisque les amoureux jetaient de ces fruits mordus à leurs aimés ou aux courtisanes, pour signifier qu'ils voudraient bien mordre aux pommes de leur corps.

Un jeune homme d'une vingtaine d'années, couronné de fleurs, l'air arrogant, lui barra le passage. « Écarte-toi devant Alexandre de Macédoine, lui dit Ephestion. — Je peux prétendre aussi au titre de prince, dit ce jeune homme : je suis Nicolas de Strate, descendant des rois d'Acarnanie, et mes ancêtres étaient des rois grecs, quand les Macédoniens n'étaient que des barbares. » Alexandre se demanda un instant si Démosthène avait aposté ce garçon pour insulter de nouveau à son origine. Mais il n'était pas à Oıympie pour se colleter avec un inconnu, même descendant de rois. Il se contenta de lui cracher au visage. La réplique similaire de l'Acarnanien fut immédiate, mais Ephestion, s'interposant, reçut le crachat du jeune homme. Les deux amis allaient bondir sur lui. Les gardes du sanctuaire accoururent pour les calmer. L'insulteur fut repoussé brutalement, malgré son ascendance royale. « Par Hercule, je le retrouverai, dit Alexandre : la ville de Strate est une alliée de mon père. Il en coûtera cher à ce Nicolas. Mais je sais gré à ceux qui nous ont empêchés de nous battre. »

Il prit un mouchoir de lin dans un petit sac que portait Epaphos et essuya le visage d'Ephestion. Les mouchoirs étaient nouveaux à la cour de Macédoine et Philippe avait encore la coutume grecque de se moucher dans ses doigts. Aristote ne se mouchait pas autrement lorsqu'il était arrivé d'Athènes. C'est Olympias qui avait raffiné son entourage à cet égard, d'après les lumières d'une de ses esclaves orientales. Elle avait aussi fait adopter l'éponge dans les latrines, au lieu des pierres ou des feuilles avec lesquelles se torchaient les Macédoniens, comme les Athéniens ; Aristophane raillait ses compatriotes d'utiliser les feuilles d'ail. « Qui aurait cru, dit Alexandre, qu'un Acarnanien se conduirait avec nous comme un goujat ? Philippe d'Acarnanie est mon médecin et Lysimaque d'Acarnanie a été notre premier précepteur. — Il t'avait donné avant moi le nom d'Achille, dit Ephestion, et il avait pris celui de Phénix pour mieux ressembler au gouverneur de ton ancêtre. — « Phénix conducteur de chars », dit Alexandre citant Homère.

Les trois grands prêtres de Jupiter, vêtus de blanc, un voile blanc sur les épaules, la tête ceinte de feuilles de chêne en l'honneur du dieu, se hâtèrent au-devant d'Alexandre, pour lui faire oublier l'incident dont on venait de les instruire. Ils se montrèrent d'autant plus empressés qu'ils étaient des Achéens de Phtiotide, patrie d'Achille et possession de Philippe, l'intendance du sanctuaire d'Olympie appartenant aux Grecs de cette région. Sur leurs robes, étaient brodés en lettres d'or les noms de ceux qui en avaient fait présent au temple, dont le célébrant tenait la clé à la main. Derrière eux, étaient ouvertes les trois grilles et les portes de bronze de ce majestueux édifice. Ils firent signe à un acolyte, qui posa une couronne de chêne, nouée par un ruban blanc, sur le front d'Alexandre et d'Ephestion. On se rangeait pour laisser passer les serviteurs du sacrifice, chargés des divers accessoires : le coffret à encens, des écrins de boules odoriférantes, un long couteau à manche d'ivoire, orné de clous d'or, le maillet et la hache qui serviraient à assommer et à dépecer les trois animaux, des couteaux étroits, des broches et des fourchettes à trois dents, des grains d'orge salés dans une corbeille, un plateau de gâteaux secs miellés, une aiguière d'or pour l'eau lustrale, des vases d'argent pour l'huile, le vin et les parfums, un aspersoir du même métal, un pot, également d'argent, où le sacrificateur mettrait sa part de viande, de grands vases de bronze pour recueillir le sang, une table pour l'examen des entrailles, des torches, un éventail de plumes pour attiser le feu, un brasier aux charbons allumés, des branches sèches d'olivier et du bois fendu de peuplier blanc. Venaient ensuite des jeunes garçons, appelés les danseurs des libations et qui étaient particuliers aux sacrifices d'Olympie. Tous choisis pour leur beauté, ils avançaient d'un pas rythmé, au son des flûtes. Ils avaient le torse nu, de même que la plupart des serviteurs, ou bien, comme eux, la tunique relevée par une ceinture jusqu'à mi-corps. Deux d'entre eux étaient entièrement nus ; c'étaient les camilles du sacrifice. Par une autre allée arrivait un autre cortège, celui des victimaires, eux aussi marchant au son des flûtes et qui tiraient par une corde les trois animaux à sacrifier : un taureau, un porc et un mouton. Si tous les participants, y compris les jeunes danseurs, étaient couronnés du feuillage divin, les trois animaux avaient la tête parée de flocons de laine rouge, que terminait une houppe. Les cornes du taureau étaient plaquées de feuilles d'or.

La foule s'amassait pour cette cérémonie qui allait occuper une partie de la matinée et qui vaudrait aux spectateurs un morceau de grillade.

Tandis que tout le monde se mettait en place, le fils de Philippe dit à l'un des grands prêtres son émerveillement pour le premier aspect qu'il avait d'Olympie. Le temple devant lequel il se trouvait, ceux qu'il avait entrevus à travers les arbres, les files de statues magnifiques, hommages des vainqueurs et de diverses villes, effigies d'athlètes, de dieux et de déesses, lui représentaient déjà, disait-il, la cité du roi des dieux. Il y avait aussi quelques statues de femmes, puisque l'épreuve de la course leur était ouverte dans un concours spécial, où elles n'étaient pas nues, comme à Sparte, mais l'épaule droite dénudée jusqu'aux seins. Il n'était pas permis aux femmes mariées d'assister aux jeux masculins, parce que les hommes et les garçons y étaient nus. Mais les jeunes filles en avaient le droit et elles étaient nombreuses. Le grand prêtre montra à Alexandre la statue de la Macédonienne Bélistiche, dont les chevaux avaient gagné, aux jeux de la quatre-vingt-treizième olympiade. Alexandre se récria : « Nous entrons dans la cent dixième et Démosthène me disputait le droit de concourir !

— Nous avons aussi, continua le grand prêtre, le monument en bronze du Macédonien Lampus, debout sur son char avec son jeune cocher. » Alexandre n'ignorait certes pas le nom de Lampus, qui était mort depuis peu d'années et dont les haras étaient devenus la propriété de la couronne : les quatre chevaux amenés à Olympie, en provenaient. Il demanda de qui était une autre statue de femme sur un char, position symbolique, comme celle de Bélistiche, puisque les femmes et les filles ne conduisaient pas. Il fut charmé d'apprendre que c'était Cynisca, sœur d'Agésilas de Sparte : la lecture de Xénophon l'avait intéressé à ce roi, qui avait dirigé une expédition contre les Perses, en Asie mineure et en Egypte, et qui, dans sa prime jeunesse, avait été le mignon de Lysandre, vainqueur d'Athènes.

Sous un portique de marbre, tout proche, était un portrait imaginaire de cette Cynisca par Apelle. Ce tableau ravit Alexandre et Ephestion, non seulement par sa qualité, mais parce que le grand peintre d'Éphèse, installé à Pella depuis peu d'années, venait d'achever le portrait d'Alexandre à quinze ans. Non loin, une statue de l'Eléen Pyrrhus, vainqueur à la course de chevaux dans la cent deuxième olympiade, avait pour auteur Lysippe et, comme le portrait de Cynisca, était donc imaginaire. Cet artiste avait été également attiré à Pella par Philippe, et, de même que Léocharès, travaillait à la gloire statuaire du roi de Macédoine et de sa famille. Il avait déjà fait les statues d'Alexandre et d'Ephestion à treize ans : les deux amis les avaient troquées, pour que chacun fût en bronze chez l'autre. Alexandre admirait le souci qu'avaient les descendants des vainqueurs olympiques de les immortaliser en les faisant représenter par les meilleurs artistes d'aujourd'hui. Il regardait surtout les statues des éphèbes ou des impubères, dont on avait immortalisé la beauté.

Le taureau, les deux pattes de derrière et une patte de devant entravées, était arrivé, avec le porc et le mouton, à la balustrade qui défendait l'accès de l'autel. De forme pyramidale, cet autel de Jupiter était le plus grand du monde grec : quarante mètres de tour à la base, sept au sommet et sept de haut. La pente qui y menait, était faite par les cendres des victimes, cendres liées par l'eau de l'Alphée, fleuve qui longeait le sanctuaire, et le grand prêtre dit à Alexandre que seule cette eau pouvait les lier de cette façon. Il pria un petit esclave de lui retirer une épine de l'un de ses pieds nus, le célébrant étant déchaussé. Il appuya la main sur la tête de l'enfant agenouillé et le remercia par une caresse. Puis, ayant placé Alexandre à sa droite et Ephestion à sa gauche, il cria d'une voix tonnante : « Que le silence soit ! » Quand la foule eut obéi, il ajouta aussi haut : « Qui sont ceux qui sont là ? — Beaucoup de gens de bien, répondirent Alexandre et Ephestion avec les autres. — Loin d'ici tout scélérat ! » dit encore le grand prêtre. Personne ne bougea. Le son des flûtes de s'élever. Un gardien ouvrit la balustrade. Les torches furent plantées dans le sol. Un cérémoniaire alluma le feu sur l'autel, dont il avait écarté les cendres. Il avait effrité les branches d'olivier, avant de les couvrir du bois de peuplier. Il consacra l'eau de l'aiguière en y plongeant un tison. L'un des camilles versa de cette eau sur les mains du grand prêtre, qui avait posé la clé du temple dans une corbeille ; l'autre lui présenta une serviette de lin pour s'essuyer. Les flûtes des libations se firent entendre et les jeunes danseurs commencèrent à danser. Ils tournaient gracieusement autour de l'autel, balançant les bras et la tête. Le grand prêtre jeta quelques gouttes d'eau lustrale et des grains d'orge sur la tête des victimes, puis sur la foule ; ensuite, des grains d'orge et quelques gouttes de vin sur la flamme de l'autel. Elle monta d'un jet vers le firmament : c'était « le vin flamboyant » des sacrifices de *l'Iliade,* ce poème immortel dont Alexandre et Ephestion savaient par cœur les vingt-sept mille huit cents vers, sans compter des centaines et des centaines des douze mille cent dix de *l'Odyssée.*

Leur fraîche mémoire avait étonné Aristote : elle avait été exercée par les méthodes mnémotechniques que Lysimaque d'Acarnanie leur avait apprises dès leur petite enfance et qui avaient eu pour inventeur le poète Simonide de Céos. Le grave Léonidas, successeur de Lysimaque, et le philosophe Anaximène de Lampsaque, n'avaient fait que perfectionner ces méthodes. Alexandre et Ephestion étaient presque aussi forts sur Pindare, Euripide, Sophocle et d'autres poètes que sur Homère. C'était un jeu entre eux de se lancer des citations, appropriées aux lieux et aux circonstances, comme s'ils jouaient à la balle. Ils avaient toujours invoqué la déesse Mémoire, mère des Muses, qui les avait dotés d'une si précieuse faculté et ils étaient fiers de penser que leurs têtes contenaient ces myriades de mots harmonieux, où étaient enchâssées de nobles images, les choses de l'existence quotidienne et de courageuses actions. Mais enfin, c'est souvent Alexandre qui battait son ami dans la rapidité et dans la drôlerie des références littéraires. Ephestion le surnommait Mnémon, comme on avait surnommé le roi de Perse Artaxerxès, prédécesseur de l'actuel, à cause de sa mémoire. Les deux amis prenaient aussi régulièrement une médecine adjuvante que Philippe d'Acarnanie leur avait conseillée et qui figurait ainsi dans les préceptes versifiés des Asclépiades, les grands médecins de Cos, de Cnide et de Rhodes, héritiers de la science d'Esculape : « Si tu veux établir un esprit qui ait bonne mémoire, — Fais cuire, avec de l'eau ou du vin pur, — De l'origan, en l'échauffant jusqu'à la dernière ébullition, — Et absorbe-le, au moment où la lune commence à croître. » Tout ce qui avait l'air magique, plaisait à Alexandre et à Ephestion, autant que la magie des vers d'Homère.

Il y avait une raison de plus pour leur rendre très cher entre tous le poème fondé sur la colère d'Achille, l'ancêtre d'Alexandre : Ephestion et lui avaient décidé d'être Achille et Patrocle, unis pour la vie et jusqu'à la mort, comme les deux amis de *l'Iliade.* Alexandre figurait dans ce poème, non seulement par son ancêtre, le fils de Pélée, mais par son propre nom,

qui désignait souvent le beau Pâris, ravisseur d'Hélène ; Ephestion y
figurait, lui, par le nom de son père, Amyntor, père de Phénix. L'Amyntor
macédonien, d'une vieille famille de Pella et général de Philippe, avait été
tué en Illyrie. Alexandre et Ephestion s'amusaient des confidences de
Phénix à Agamemnon, qui reflétaient les mœurs de l'époque homérique :
« Je quittai alors la Grèce aux belles femmes, — Fuyant les querelles de
mon père Amyntor, fils d'Ormène, — Fortement irrité contre moi à cause
de sa concubine aux beaux cheveux, — Qu'il aimait et pour laquelle il
négligeait son épouse, — Ma mère. Celle-ci me suppliait sans cesse à
genoux — De m'unir avant lui avec cette concubine, pour qu'elle détestât
le vieillard. — Convaincu par ma mère, je le fis et mon père, l'ayant
soupçonné vite, me lança beaucoup d'imprécations. » Ce n'est pas le genre
de conflit qu'Alexandre risquait d'avoir avec son père Philippe. Le roi, l'an
dernier, pour inspirer le goût des femmes à son fils, lui avait fait amener
par sa mère une jeune courtisane, Callixène, avec laquelle Alexandre refusa
de coucher. « Grâce à toi, disait-il à Ephestion, je suis sûr que deux choses
ne m'arriveront jamais : être assassiné par un de mes anciens mignons,
comme le fut Archélaüs de Macédoine, et dépérir d'une maladie de
langueur pour la concubine de mon père, comme Perdiccas II, qui fut
guéri par Hippocrate. »

Malgré le commandement du silence, on pouvait parler durant le
sacrifice, sauf quand on frappait la victime et qu'on la brûlait sur l'autel.
Un devin, dans la robe de tricot de laine qui était l'insigne de sa profession,
s'était placé derrière Alexandre, pour lui commenter le déroulement de la
cérémonie. Sa qualité lui faisait impression, car les devins d'Olympie
étaient des Iamides, c'est-à-dire des descendants d'Iamus, fils d'Apollon et
d'Evadné, fille de Neptune. C'était la généalogie la plus glorieuse de tous
les devins ou prophètes de la Grèce. Iamus, à qui Evadné avait dû son
« enfantement virginal », comme disait Pindare, le poète thébain aimé
d'Alexandre, avait été nourri par deux serpents avec « le venin irréprocha-
ble des abeilles » et, « quand il eut reçu le fruit — De la tendre adolescence
à la couronne d'or », son père lui octroya le pouvoir de prédire l'avenir à
Olympie. « Tu vois, fils de Philippe, dit son descendant à Alexandre, la
beauté et la pureté des flammes qui s'élèvent. Elles annoncent la victoire de
ta cause. L'oracle de Jupiter à Olympie se rend par le feu. — Je te sais gré
de ta prédiction, lui dit Alexandre. Mais m'annonces-tu aussi la victoire de
mon char ? — J'aime mieux ne pas répondre à cette question, déclara
l'Iamide, car les flammes viennent de s'incliner loin de toi. Mais ce signe
peut être contredit par les entrailles. » Alexandre avait une tendance à ne
croire aux présages que lorsqu'ils lui étaient favorables. Il se plaisait aux
cérémonies religieuses, qui lui semblaient le juste accompagnement de
celles de la royauté et, en général, de la vie humaine. Dès son lever, il faisait
la prière aux dieux, comme le prescrit le premier des *Vers dorés* de

Pythagore : « Honore d'abord les dieux immortels. » Il les honorait avant tout pour deux choses : l'avoir fait prince et lui avoir donné Ephestion.

Le célébrant prit le couteau à manche d'ivoire, en promena la lame sur l'échine des animaux et leur coupa entre les oreilles une touffe de poils qu'il lança dans le feu, en invoquant Jupiter. Après avoir fait quatre fois de suite, par la droite, le tour de l'autel, il commanda aux victimaires de frapper. L'un d'eux leva tour à tour vers le ciel la tête des trois animaux et un autre les assomma d'un coup de maillet. Le mugissement du taureau, le grognement du porc et le bêlement du mouton furent couverts par les cris modulés des filles présentes. Puis, on trancha avec le long couteau la gorge des victimes et le sang fut recueilli dans les vases de bronze, tandis que les flûtes se faisaient de nouveau entendre. Restait à décapiter, à écorcher, à éventrer, à étriper et à démembrer, la langue ayant été coupée à part. On se servait des couteaux étroits pour les premières opérations et de la hache pour la dernière. Malgré son amour des sacrifices, Alexandre, qui admirait tant les héros d'Homère et ceux des tragédies historiques, ne leur enviait pas l'habitude qu'ils avaient de sacrifier eux-mêmes. Celle d'avoir des sacrificateurs, lui paraissait plus séante et surtout plus digne de sa qualité. Lui qui aimait la chasse, les chiens et les chevaux et qui se sentait capable de tuer des ennemis, il n'aurait pas voulu égorger un animal qui ne pouvait se défendre ou s'échapper, mais il jouissait du spectacle. Il lui semblait y puiser le mépris de la mort et plus de respect pour les dieux, maîtres de la vie.

Lorsque les entrailles furent étalées sur la table, le célébrant s'assura que le foie était complet de ses deux lobes, la vessie et les omoplates sans défaut, la pointe du cœur entourée d'un peu de graisse. Il en montra de la satisfaction pour Alexandre : « Par Jupiter, dit celui-ci au devin, ta deuxième observation est corrigée. » L'Iamide garda le silence. « Constate, fils de Philippe, dit le grand prêtre, que les éperviers qui tournent dans le ciel, ne fondent pas sur les chairs de cet autel, comme cela arrive si souvent dans les sacrifices. C'est un de ses privilèges. De même, le sacrifice d'un bœuf que l'on fait à Jupiter, au début des jeux, sous le titre de Chasse-mouches, a le don de chasser tous ces insectes du pays. Ton ancêtre Hercule fut le premier à célébrer ce sacrifice pour se délivrer des mouches qui l'importunaient, quand il vint à Olympie. » Alexandre remercia le grand prêtre de lui apprendre ce curieux lien de son ancêtre avec ce sanctuaire, d'où l'on avait prétendu exclure les chevaux de Philippe. Hercule avait chassé Démosthène comme une mouche.

Maintenant, les victimaires découpaient la viande afin d'en piquer les quartiers aux broches qu'ils plaçaient sur les braises de l'autel. Le célébrant avait réservé pour Vesta, déesse du feu et du foyer, les prémices de la victime : un morceau de cuisse, dans un pli graisseux, couvert de grains d'orge et arrosé d'huile, la langue étant réservée à Mercure. « Je le regrette pour toi, dit le devin à Alexandre : les chairs ont mal grésillé et se sont exsudées d'une manière qui ne m'a pas plu. Je suis désolé de ne pas te cacher la vérité, mais je la dois au fils du grand roi qui est le protecteur de Delphes, où mon ancêtre Apollon rend ses oracles. — Souffre que j'espère encore, dit Alexandre. J'ai promis à Jupiter une hécatombe, s'il me donne la victoire. — Je te la souhaite doublement, dit l'Iamide, pour la gloire de la Macédoine et pour ta beauté. »

Les camilles répandaient à profusion de l'encens sur l'autel, afin de combattre l'odeur écœurante du rôtissage. Ils y jetaient aussi des boules odoriférantes et faisaient couler de la myrrhe sur les marches. Ce mélange de senteurs de cuisine et de parfums était bizarre. Chaque fois qu'il en était enveloppé, Alexandre songeait au vers d'Homère : « L'odeur de la graisse monta vers le ciel, en tremblant, avec la fumée. » A la pointe des fourchettes et des broches, on offrait à présent des morceaux de choix aux grands prêtres et à leurs hôtes. Alexandre et Ephestion étaient habiles dans l'art d'attraper ces morceaux sans se brûler, quand ils n'avaient ni doigtiers de cuir ni fourchettes. Puis, le grand prêtre posa sur l'autel un des gâteaux secs, réserva encore pour Vesta le dernier morceau de la victime, retira une branche dont l'autre extrémité était changée en tison, qu'il immergea dans l'eau lustrale, pour en purifier l'assistance avec l'aspersoir. Les victimaires réunissaient les morceaux qui restaient et qu'emportèrent les cuisiniers du temple, chargés de les préparer à l'intention des grands prêtres selon les rites d'Olympie.

« Vous êtes libres de vous retirer », dit le célébrant aux assistants. On lui versa de l'eau sur les mains, ainsi que sur celles d'Alexandre et d'Ephestion, et, après qu'ils se furent essuyés à la serviette et qu'ils eurent serré la main du grand prêtre et du devin, ils se dirigèrent vers l'hôtel de ville pour connaître le résultat du vote, acquis sans doute depuis longtemps.

« Avoue, dit Alexandre à Ephestion, que nous serions pantois, si l'exclusion nous était confirmée. — Tu ne crois donc pas aux vertus du sacrifice et à la prédiction du devin ? dit Ephestion. — Il a été fort discret, dit Alexandre. — En attendant de savoir si tu vaincras, dit Ephestion, il t'a promis que tu serais admis à concourir. — Cela, je l'ai cru dès que nous avons quitté les juges, dit Alexandre. Mais, pendant que nous intercédions auprès des dieux, l'exécrable Démosthène est peut-être revenu à la charge auprès des hommes. — Je ne suis pas inquiet, mais impatient », dit Ephestion. La foule les empêchait de presser le pas et, d'ailleurs, leur dignité le leur eût interdit. Ephestion envoya Polybe, qui se glissa à travers les gens et fut de retour quelques instants après. Le petit esclave cria de loin à Alexandre, en battant des mains : « Tu as gagné, prince ! » Ephestion cracha trois fois pour détourner la vengeance d'Adrastée, qui punit les hommes de leur présomption. Le mot de Polybe avait paru aussi trop glorieux à Alexandre, mais il ne pouvait s'empêcher de s'abandonner à la joie de ce premier triomphe. « Pour fêter cette bonne nouvelle, dit-il, je verserai mille drachmes au trésor du temple et le devin aura une coupe d'argent. » La nouvelle, qu'il envoya annoncer au grave Léonidas, s'était ébruitée aussitôt à travers la foule. La plupart félicitaient Alexandre, mais les Athéniens disaient que c'était une honte pour le comité olympique de s'être déjugé. « Chez nous, lui dit l'un d'eux, on ne revient jamais sur un vote. — Chez vous ? répliqua Alexandre, qui s'était arrêté et qui saisissait les occasions de faire briller sa mémoire en toutes choses. C'est la démocratie athénienne qui a donné l'exemple des deux votes successifs les plus contradictoires du monde. Vous aviez décidé le massacre des habitants de Mytilène, dont vos armées avaient pris la ville ; puis, vous avez dépêché une autre galère pour annuler cet ordre et elle arriva juste à temps : Pachès, votre général, allait commander le massacre. — Ne nous reproche pas un trait d'humanité, répondit l'Athénien, mais je constate avec dépit que tu es aussi savant que tu es beau. » Tous en revenaient à sa beauté.

Alexandre était curieux d'apprendre par combien de voix il avait gagné. Est-ce que les fidèles de Démosthène l'étaient demeurés jusqu'au bout ? Les dix juges avaient le front également serein. « Alexandre, lui dit leur chef, avec l'aide de Jupiter, qui favorise ta splendide jeunesse, nous avons décidé à l'unanimité que les Macédoniens étaient autorisés à concourir. — Je n'ai donc plus ici que des amis, dit Alexandre, et je le reconnaîtrai dignement. » Le chef des juges précisa que les partisans de l'avis adverse s'étaient ralliés à la conclusion suivante : que Philippe n'avait commis aucune infraction à la trêve olympique par de nouveaux faits d'armes et qu'il avait seulement consolidé ses conquêtes. Ceux dont on avait surpris d'abord la religion s'en excusaient auprès du roi et de son fils.

Rejoint par le grand prêtre célébrant, Alexandre se dirigea vers le temple de Jupiter pour rendre grâces au dieu. Il leva la main droite à la hauteur de sa bouche, le bras gauche plié contre le flanc, afin de saluer l'image de l'Olympien sculptée sur le fronton et la Victoire dorée que supportait un bouclier d'or, à la pointe du triangle. Le grand prêtre lui fit observer que Péonius, sculpteur de cette Victoire, était de Mendé, ville de Thrace, devenue macédonienne sous Philippe. Alexandre regardait cette façade parfaite, dont les six colonnes, avec leurs chapiteaux et leur architrave festonnée de palmettes peintes, attestaient, non seulement la grandeur de Jupiter, mais le génie de l'architecte éléen Libon. Presque toutes les sculptures étaient de Phidias, dont Alexandre prononça le nom avec respect. Le grand prêtre lui montra une statue voisine, la seule de bronze faite par ce sculpteur à Olympie : elle représentait un charmant garçon d'Elis, nommé Pantarcès, qui avait été le mignon de Phidias et qui avait remporté le prix de la lutte dans la classe des enfants. Alexandre salua aussi cette statue qui éternisait à la fois une victoire et un amour

Ils gravirent les trois degrés du temple. Pendant que le grand prêtre ouvrait les portes de bronze, ils regardèrent les panneaux, où étaient sculptés les travaux d'Hercule : l'un de ces travaux concernait l'Elide, puisque Augias, dont il avait nettoyé les écuries, était roi de ce pays. A vrai dire, ce n'étaient pas seulement ses écuries, mais son royaume tout entier que le héros avait dû nettoyer : le fumier de ses innombrables troupeaux de bœufs et de chèvres en avait rendu la terre incultivable. Hercule détourna le cours du fleuve Minyée pour le faire déborder, de manière que ces immondices fussent drainés vers la mer. Alexandre connaissait évidemment toute l'histoire de son ancêtre, chantée en dix mille vers par le poète Panyasis d'Halicarnasse, mais il retenait plus facilement ceux d'Homère. Au moment qu'il pénétra dans le temple en compagnie d'Ephestion, un camille les aspergea d'eau lustrale.

C'était le lieu le plus vénérable de la Grèce, car c'était le principal consacré au roi des dieux. Ni le sanctuaire d'Apollon à Delphes, malgré les richesses accumulées par son oracle, ni celui de Cérès à Eleusis, malgré l'attrait de ses mystères, ne pouvaient rivaliser. La citadelle d'Athènes possédait deux statues de Minerve, œuvres de Phidias et dont l'une était d'or et d'ivoire, que les Athéniens estimaient ses chefs-d'œuvre. Mais ici, avec cette autre statue d'or et d'ivoire, grande de quinze mètres, il égalait son art à la majesté de Jupiter et on la considérait comme l'une des cinq merveilles du monde. Alexandre et Ephestion refirent le geste de l'adoration, en tournant le corps légèrement à droite. La statue était aussi belle et aussi fraîche qu'il y a plus d'un siècle, lorsqu'elle était sortie des mains du sculpteur. Il est vrai que, d'après ce que disait le grand prêtre, l'ivoire qui s'en était détaché, venait d'être restauré par un sculpteur messénien, Damophon, à qui les Eléens avaient attribué, pour son travail, presque autant d'honneurs qu'à Phidias. L'entretien en était assuré par les descendants mêmes de celui-ci : il consistait principalement à arroser d'huile la statue. Le grand prêtre fit voir à ses hôtes, sur l'autel commun de Jupiter et de Neptune, les dix fèves blanches du second vote de ce matin, que les juges du comité olympique venaient d'y déposer.

Le dieu était couronné d'un laurier d'or. Le trône d'ébène, d'or et d'ivoire où il était assis, brillait de l'éclat des pierres précieuses que l'on y avait parsemées, comme dans sa barbe et dans ses cheveux. Il avait la physionomie du souverain que ne saurait émouvoir aucune passion, même si l'on n'ignorait pas tout ce qui avait pu le troubler et lui inspirer du désir et des métamorphoses pour des êtres humains. Cependant, sa pensée était visible et son sourcil semblait régler la marche de l'univers. C'était le dieu tel qu'Homère l'a décrit et qui, d'un mouvement de tête, « fait vibrer le grand Olympe ». Quand on demanda au sculpteur où il avait pris le modèle de cette figure, il répondit : « Dans le portrait qu'en a laissé Homère. » Ce portrait tenait à peu près exclusivement dans ces mots, qui avaient suffi à son imagination. Mais, en même temps qu'il exprimait la puissance, le visage du dieu était empreint de bienveillance pour l'humanité. Et l'on comprenait que ce fût regardé comme une infortune pour les Grecs de ne pouvoir contempler une telle image, au moins une fois dans leur vie. Sa main droite tenait une Victoire, qui présentait une couronne aux vainqueurs des jeux, et sa main gauche, un sceptre sommé d'une aigle. Les parties nues, — le visage, le torse, les mains, les pieds, — étaient d'ivoire. Le manteau avait été revêtu de couleurs par le peintre Panénus, cousin de Phidias, ce qui en relevait l'éclat. Les chaussures étaient d'or, ainsi que le manteau sur lequel étaient ciselés des animaux et des fleurs, principalement des lis, — hommage à Junon, dont une goutte du lait avait produit cette fleur, lorsqu'elle donna le sein à Hercule, un autre jet ayant produit la voie lactée. Le tabouret d'or sous les pieds de Jupiter avait pour décoration des lions et la bataille de Thésée contre les Amazones. La base qui soutenait le trône était aussi rehaussée de sculptures d'or : le Soleil sur son char ; Jupiter entre une Grâce et Junon ; Mercure et Vesta ; l'Amour qui recevait Vénus sortant de la mer, couronnée par la Persuasion ; Apollon et Diane ; Minerve et Hercule ; Vénus encore et Neptune.

Le grand prêtre ouvrit la balustrade qui entourait la base de la statue, pour montrer, sur l'un des pieds, l'inscription gravée par le sculpteur : « Phidias, fils de Charmide, Athénien, m'a fait », et, sur un ongle, cette autre inscription de lui : « Pantarcès est beau. » Il montra ensuite, sur le panneau de la balustrade, le portrait du même garçon peint par Panénus, à côté d'Hercule qui va délivrer Prométhée, d'Ajax qui viole Cassandre, d'Achille qui soutient la reine des Amazones, Penthésilée, après l'avoir frappée. « Probablement que Panénus était amoureux lui-même de Pantarcès, dit le grand prêtre. Tu sais sans doute, fils de Philippe, que Phidias eut aussi pour mignon son élève favori, Agoracrite de Paros. Il lui donna plusieurs de ses statues, notamment celle de la Vengeance, qui est dans le temple de cette déesse à Rhamnonte, en Attique, et il lui permit de les signer. »

Ce n'est pas uniquement pour être agréable à Alexandre et à Ephestion que le grand prêtre signalait des choses de ce genre : elles s'imposaient à tous les visiteurs. Pélops, qui avait gagné la première course de chars à Olympie, et qui était placé par les Eléens au-dessus de tous les héros, figurait au fronton du temple, en souvenir de l'amour que lui avait voué Neptune, frère de Jupiter : le dieu de la mer l'avait enlevé pour sa beauté, comme Jupiter enleva Ganymède. On voyait, autour du temple, plusieurs statues de Jupiter avec ce jeune garçon, qu'il avait ravi en Troade sur le mont Ida. Tandis que la plupart des représentations artistiques de ce rapt figuraient Jupiter transformé en aigle, — Léocharès avait admirablement sculpté ce sujet pour Philippe à Pella, — le dieu avait, à Olympie, ses traits humains, afin de mieux établir ses responsabilités. On conservait, dans le temple, une statuette de terre cuite, œuvre d'une époque reculée, où l'air conquérant du dieu faisait plaisir, autant que l'air intimidé et naïf de l'enfant faisait sourire : celui-ci serrait un coq sur sa poitrine, la coutume des amants étant d'offrir à leurs aimés cet oiseau, signe d'ardeur virile, ou un lièvre, dont les longues oreilles et la réputation de changer de sexe n'étaient pas moins allusives. Alexandre prétendait que la véritable cause de la guerre de Troie n'était pas l'enlèvement d'Hélène, mais celui de Ganymède. Junon, en effet, haïssait les Troyens, parce que Ganymède était fils de Tros, fondateur de Troie ou Ilium, — ainsi nommée de son autre fils Ilus, — et que, du reste, Priam, père de Pâris-Alexandre, avait été lui-même un mignon de Jupiter. Elle souffrait bien plus de voir Ganymède installé dans l'Olympe qu'elle n'avait souffert d'être jugée par Pâris-Alexandre moins belle que Vénus. « La pomme de la Discorde n'avait été que d'un jour, disait le fils de Philippe ; les pommes de Ganymède étaient de tous les jours. » Devant la sculpture de Pélops, il récita les vers de Pindare, où le jeune héros, dont « un noir duvet couvrait la fleur de l'âge », invoque, « sur le rivage de la mer blanchissante », son amant, le dieu de la mer, et lui demande la victoire à Olympie, « si les doux présents de Vénus sont encore dans sa mémoire ». « Est-ce que les miens sont dans la tienne ? murmura Ephestion à l'oreille d'Alexandre. — Autant que les miens dans les tiens », dit le fils de Philippe en souriant.

Ils montèrent le petit escalier qui menait à la galerie servant à arroser la statue : ils voulaient en voir de près le visage. Ils caressèrent les trois Grâces qui, du côté où ils étaient, ornaient le dossier du trône, au-dessus de la tête. De l'autre côté, étaient sculptées d'autres filles de Jupiter, les trois Heures, gardiennes de l'Olympe, qu'elles ferment par un nuage. L'une tenait une rose et la deuxième une branche de myrte, pour indiquer que Vénus et l'Amour ne peuvent se passer d'elles ; la troisième, un dé à jouer, signe de l'allégresse qu'elles apportent. Comme les Grâces, elles avaient le printemps de l'âge et étaient, elles aussi, nues de face et de dos, pour prouver qu'elles sont désirables des deux côtés. Les cheveux et la barbe de Jupiter, brillants d'huile, semblaient « d'ambroisie », ainsi que les décrivait Homère : un descendant de Phidias faisait, en ce moment même, ruisseler ce suc blond sur la tête de la statue. Alexandre et Ephestion étaient frappés de respect, comme s'ils assistaient au bain du souverain des dieux. Le liquide coulait lentement sur l'or et l'ivoire, puis le long du rebord en marbre blanc du piédestal et aboutissait à un bassin en marbre bleu. Les deux visiteurs se penchèrent pour toucher la barbe de Jupiter, geste d'hommage, et destiné à réclamer sa protection.

En admirant l'art et la divinité, ils constataient qu'un grand lieu de culte, où existaient aussi les grands jeux, servait de trait d'union entre des villes et des pays souvent ennemis. De même que la trêve permettait d'y rassembler tous leurs citoyens, les temples et l'enclos du sanctuaire faisaient voisiner des ex-voto rappelant parfois les victoires des uns sur les autres : la Victoire, sculptée par Péonius au sommet du fronton, représentait la dîme du butin fait par les Messéniens sur les Spartiates et le bouclier d'or commémorait la défaite des Athéniens à Tanagra, — comme les Spartiates y furent vainqueurs, la même sculpture symbolisait pour eux le double sort des armes. Il est vrai que les Grecs voyaient également réunis les souvenirs de leurs victoires communes sur les ennemis de la Grèce : un Jupiter de bronze avait été offert par les Athéniens avec la dîme du butin de la bataille de Salamine et un autre par les alliés grecs, après la bataille de Platée.

Sous le portique du temple, Alexandre et Ephestion trouvèrent Cléotime, en compagnie des deux autres notables qui étaient les hôtes de Philippe en Elide : Aristechme et Euxithée. Ils avaient estimé ne pas importuner Alexandre en reprenant possession de lui, maintenant qu'il en avait fini avec les juges et avec les prêtres. Cléotime était un bel homme d'une quarantaine d'années, avec un collier de barbe. Sa robe de byssus était l'emblème de sa richesse, puisqu'il avait acclimaté en Elide cette plante égyptienne dont il fabriquait des tissus, aussi légers et transparents que la soie de Cos et de la Perse, ou que le lin d'Amorgos et d'Égypte. Ses deux compagnons, plus âgés et plus sobrement vêtus, portaient comme distinction une philosophique barbe blanche. « Tu n'as fait qu'une bouchée de Démosthène, dit Cléotime à Alexandre. — Heureusement, dit Euxithée, que, dans leur précipitation, les juges avaient oublié un détail liturgique. — J'ai su, dit Aristechme, que Démosthène les avait menacés, s'ils n'excluaient pas les Macédoniens, de vous chasser lui-même par la force, avec le concours des Athéniens et des Corinthiens, qui sont également vos ennemis. — C'est pour le coup, dit Ephestion, qu'il y aurait eu rupture de la trêve olympique ! L'orateur de la démagogie n'est pas conséquent. » Lorsque Alexandre eut relaté sa discussion historique, Cléotime déclara que Démosthène manquait de bonne foi ou de mémoire : lui-même, dans son discours *Contre Aristocrate,* avait fait allusion à la citoyenneté athénienne du roi de Macédoine Alexandre, mais en le confondant avec son fils Perdiccas II. « On le convainc aisément d'ignorance, dit Alexandre. — Au fond, dit Cléotime, j'ai un peu de sympathie pour cet homme qui t'a procuré, si jeune, l'occasion de te mesurer avec Athènes. — Les Athéniens ont toujours prétendu faire la loi aux jeux Olympiques, dit Aristechme. Jadis, Thémistocle voulut empêcher de courir les équipages de Hiéron de Syracuse, dont il détruisit les riches tentes, et l'orateur Lysias fit saccager pareillement celles des ambassadeurs de Denys l'Ancien, tyran de cette même ville, qui venaient lire des vers de lui. C'est toi, maintenant, Alexandre, qui as eu l'honneur d'exciter la jalousie d'un démocrate. — Nous avons eu un autre sujet d'indignation, en apprenant l'injure que tu as reçue de Nicolas de Strate, dit Cléotime. C'est quelque chose d'inimaginable aux jeux Olympiques. Il n'y en a eu justement d'exemple qu'avec Théaridès, frère de Denys l'Ancien, qui avait accompagné les ambassadeurs de Syracuse et qui fut maltraité. — Je retrouverai un jour mon Acarnanien ailleurs qu'à Olympie, dit Alexandre, et il se souviendra de moi. — Il est si fier, dit Aristechme, parce qu'il a un attelage très bien exercé qui doit participer à la course de chars et il proclame qu'il la gagnera. — Par Hercule, dit Alexandre, tu me donnes encore plus envie d'être le vainqueur. Ce sera ma première vengeance sur ce fils de chien, qui se dit fils de prince. »

On passait près de l'enceinte qui protégeait l'olivier « aux belles couronnes », dont le feuillage couronnait les vainqueurs. Cet arbre avait été planté par Hercule, qui l'avait rapporté des bouches du Danube et qui en avait tressé la première couronne pour Iolas, son neveu, cocher et mignon, vainqueur à la course aux chevaux. Epaphos, qui suivait avec Polybe, cueillit un petit rameau qui dépassait du mur et l'offrit à son maître, en gage de victoire anticipée. « Malheureux ! s'écria le prince. Tu vas attirer la vengeance d'Adrastée. Rejette toi-même ce rameau dans l'enceinte. » La confusion du jeune esclave était extrême : il avait renouvelé la faute de Polybe. Alors que les trois hôtes de Philippe crachaient trois fois pour éloigner le présage, comme Alexandre et Ephestion, les deux esclaves crachèrent trois fois sur leurs propres pieds, en vue de renforcer la conjuration. Tant de jets de salive amusèrent Alexandre. Il dit que, selon Aristote, cet usage religieux avait été peut-être emprunté aux pigeons qui crachent sur leurs petits, dès qu'ils sont éclos, pour les préserver des maléfices.

« Je te donne ce soir une fête, dit Cléotime à Alexandre, et j'espère que tu en seras content, bien que je n'aie invité aucun grand personnage. On n'en a pas besoin, quand tu es là. — C'est moi qui devrais te traiter, dit Alexandre, puisque c'est moi qui ai offert le sacrifice. — Mais j'ai l'honneur d'être ton hôte », reprit l'Eléen. Il fit voir à Alexandre, au fronton occidental du temple de Jupiter où Alcmène avait figuré le festin des centaures et des Lapithes, un satyre qui pédiquait un garçon et un autre qui enlevait une fille. « Chacun son goût », dit-il. On remonta le long de la terrasse du temple de Jupiter, sous les platanes gigantesques qui ombrageaient cette partie du sanctuaire. L'atelier de Phidias y était conservé pieusement, près du Cladéus, petite rivière qui se jetait plus loin dans l'Alphée. Alexandre dit qu'il aimait ce fleuve, cité par Homère, chanté par Pindare et placé par Hercule au nombre des douze dieux souverains. L'Alphée, passant de l'Elide sous la mer, allait se mêler, en Sicile, aux eaux de la source Aréthuse : le dieu-fleuve, amoureux de cette nymphe, l'avait poursuivie jusque-là. Ce qui attachait Alexandre à sa religion, c'est que tout y parlait d'amour.

Le spectacle, de ce côté, n'était plus comme dans l'enclos sacré. Des marchands y avaient installé leurs éventaires, des bateleurs y faisaient des tours ; des peintres y exposaient leurs tableaux ; des chanteurs modulaient, au son des lyres, des fragments d'Homère, de Pindare, d'Empédocle ou quelque improvisation ; des orateurs déclamaient des « discours aux Grecs ». Un sophiste, pareil à l'Hippias de Platon, montrait sa bague, le cachet de sa bague, son étrille, sa burette à huile, ses sandales, son manteau, sa tunique, sa ceinture de cuir, en disant que tout était l'œuvre de ses mains et qu'il était un homme universel. Un médecin de Syracuse, Ménécrate, célèbre par sa vanité, autant que par ses cures, et qui avait été en relation avec la cour de Macédoine, se pavanait, couronné d'or, vêtu d'une robe de pourpre où son nom était écrit en or, comme celles que l'on offrait à Jupiter et qu'arboraient les grands prêtres. Il était entouré de riches malades dont il avait exigé, avant de les soigner de maladies présumées mortelles, qu'ils le suivissent dans ses voyages : l'un portait la massue d'Hercule, l'autre la lyre d'Apollon, un troisième le caducée de Mercure, le quatrième le bâton d'Esculape. Ménécrate, malgré sa gloire, ne salua pas moins Alexandre avec respect. Celui-ci lui dit, assez hautain, qu'il était bien présomptueux de parader avec l'insigne d'Hercule. Mais ne se surnommait-il pas même Jupiter ? Il avait écrit au roi de Sparte Agésilas en mettant au début comme formule de politesse : « Ménécrate-Jupiter à Agésilas, salut ! » Le roi lui avait répondu : « Agésilas à Ménécrate, santé ! » Philippe, lui aussi, s'était moqué de ce médecin, lorsqu'il l'avait hébergé. Averti qu'il fallait l'honorer comme le dieu de la médecine en personne, il avait ordonné qu'on lui préparât un lit plus élevé que les autres, au milieu de la salle à manger, et Ménécrate s'y était étendu, ivre d'orgueil. Mais, tandis que l'on servait des plats succulents sur les autres tables, on ne mit sur la sienne qu'un vase où brûlait de l'encens et une corbeille où était un de ces gros serpents inoffensifs de la Macédoine, tels que les femmes du pays en nourrissaient dans leurs maisons, comme animaux sacrés et comme ennemis des rats. Olympias en avait un, qui était, de plus, pour elle celui des bacchantes, car elle était initiée aux mystères de Bacchus. Bien que le serpent fût aussi le compagnon d'Esculape, Ménécrate eut grand-peur. Il n'en guérit pas moins Philippe d'une inflammation des testicules avec de l'écorce de palmier et Olympias d'un érésipèle avec de la racine d'ortie.

On voyait également, sous les arbres du fleuve, les tentes multicolores qui servaient d'auberges pour les visiteurs, la plupart d'entre eux dormant, du reste, à la belle étoile. « Les dieux savent ce qui se passe la nuit sous ces platanes et sous les saules qui bordent ces deux rivières ! dit Cléotime. Ce sont les compléments des jeux Olympiques. — Si l'on tient à son intégrité, dit le vieil Aristechme, il vaut mieux ne pas s'y risquer. »

Quelques riches visiteurs avaient aussi dressé des tentes, comme l'avaient fait autrefois Hiéron et Denys de Syracuse, aussi bien que

Thémistocle lui-même, dont les Athéniens avaient blâmé le luxe. Alexandre aurait estimé ridicule, à son âge, de se mettre sur ce pied-là. Il n'enviait pas moins le bel Alcibiade qui, lorsqu'il avait planté ses tentes à Olympie où, chose unique dans l'histoire du sanctuaire, il avait fait courir sept chars, fut honoré par plusieurs villes grecques : les Ephésiens lui offrirent une autre tente magnifique, les Lesbiens du vin et des vivres, les habitants de Chio la nourriture de ses chevaux.

En revenant du Cladéus vers le sud de l'enclos, on passa devant l'immense édifice construit par l'architecte Léonidas de Naxos pour loger les visiteurs de marque, qui étaient nourris à l'hôtel de ville. La cour intérieure était bordée par quatre portiques ayant en tout près de cent cinquante colonnes. C'est là qu'habitait Démosthène et qu'aurait habité Alexandre, s'il n'eût préféré l'hospitalité de Cléotime. Il s'avança le long de la terrasse, vers le nord. « Par Hercule, s'écria-t-il, en désignant, près du temple de Junon, des jeunes gens qui se frottaient les fesses. Il semble y avoir ici du danger en plein jour, Aristechme. » Les trois Eléens éclatèrent de rire. « Ces jeunes gens, dit Euxithée, viennent de se faire fouetter sur le tombeau de Pélops. Ce monument est derrière la muraille pentagonale qui renferme aussi le temple de ce héros. — Je croyais que ce n'était qu'à Sparte que l'on fouettait les garçons, chaque année, devant l'autel de Diane Droite, dit Ephestion. — Aristote nous a également raconté, dit Alexandre, qu'en Etrurie, dans l'Italie centrale, on fouette chaque année les esclaves aux sons de la flûte. — Les éphèbes du Péloponèse, dit Euxithée, doivent se faire fouetter sur le tombeau de Pélops, qui a légué son nom à leur pays. Et il faut que le sang coule, en mémoire des sacrifices sanglants que l'on faisait autrefois à ce héros. Aux grandes cérémonies, nous lui sacrifions avant de sacrifier à Jupiter. Le jour de sa fête, nos magistrats lui immolent ici un bélier noir. — C'est ton ancêtre Hercule qui a le premier sacrifié ici à Pélops, dit Cléotime à Alexandre. Nous ignorons s'il y fouetta Iolas. En tout cas, la cérémonie est de rigueur le jour de l'ouverture des jeux ; mais, comme le nombre des éphèbes la rendrait interminable et qu'il n'y aurait pas assez de flagellants pour suffire à tous, on fouette à longueur d'année, chaque fois que de jeunes derrières se présentent. — Toi aussi, fils de Philippe, tu descends de Pélops, dit Aristechme, puisque ton ancêtre Hercule en descendait à la quatrième génération. — Je n'y avais pas songé ! dit Alexandre. Sinon, j'aurais jeté aussi Pélops à la tête de Démosthène. »

« Ces fouettées ne te rappellent rien ? lui demanda Cléotime. — Par Hercule, dit Alexandre, on ne m'a jamais fouetté. — Eh bien, reprit l'Eléen, je t'ai vu fouetter, moi, quand tu avais un an, et ta mère semblait y prendre un malin plaisir. Elle te fouettait l'anus avec des orties pour prévenir une chute de cet organe, accident fréquent chez les petits Grecs. Enfin, si ce n'était ta mère, c'était ta nourrice Hellanicée. Et je suppose qu'Ephestion est également passé par là. — Je ne parlais pas de fouettées reçues à un âge dont on ne se souvient pas, dit Alexandre en riant. — Quand on se demande, continua Cléotime, pourquoi les Grecs sont pédérastes et les femmes grecques aiment à se faire traiter en garçons, ce n'est pas nécessairement parce qu'ils sont beaux et qu'elles sont raffinées, mais parce que l'on a fouetté l'anus des enfants avec des orties pour en prévenir la chute. — Après tout, dit Aristechme, on fouette bien de même avec des orties les parties naturelles des quadrupèdes qui refusent de s'accoupler. »

Pendant cette discussion médicale, vétérinaire et historique, ils étaient arrivés à l'enceinte du temple et du tombeau de Pélops, ornée de statues et de monuments votifs. Un homme sacrifiait à l'autel qui était devant le temple. « Si l'on mange des chairs d'une victime offerte à Pélops, déclara Euxithée, on ne peut entrer dans le temple de Jupiter sans s'être fait purifier. » Mais c'est autour du tombeau que des gens de tout âge étaient rassemblés, parmi lesquels on apercevait même des filles. Ils observaient quinze garçons de dix-huit ans, — l'âge de l'éphébie, — entièrement nus, qui, les mains pendantes le long des cuisses, tendaient les fesses vers des prêtres occupés à les flageller jusqu'au sang. « Notez, dit Cléotime, que les fouets sont à lanières de bœuf et non pas à peaux d'anguilles, comme ceux dont on fouette mollement les écoliers. » La manière dont l'Eléen dévorait des yeux ces garçons, divertit Alexandre et Ephestion. Les deux amis s'intéressaient autant que lui à la nudité juvénile, mais c'était pour en refléter l'attrait sur eux-mêmes. « Cléotime, dit Alexandre, tu me rappelles un mot d'Isocrate à Sophocle. L'orateur, voyant le poète tragique regarder amoureusement un garçon qu'il brûlait de toucher, lui dit : « Il ne faut pas seulement, ô Sophocle, maîtriser ses mains, mais ses yeux. » Alexandre avait plaisir à citer l'orateur athénien, bientôt centenaire, qui était le rival en gloire de Démosthène et, avec Eschine, le principal soutien de Philippe contre les démagogues d'Athènes. « Il m'est difficile de maîtriser mes yeux, dit Cléotime, quand je vois des garçons maîtrisés par leurs sexes. » Plusieurs de ceux que l'on fouettait semblaient, en effet, y prendre une certaine volupté, comme on le disait des flagellations rituelles de Sparte. Leurs membres virils, parfois énormes, se balançaient comme des épieux sous les coups. Ils serraient les lèvres pour ne pas crier et ne les ouvraient, à chaque volée, que pour proférer : « Pélops ! » Leurs corps, parcourus de longs frissons, le mouvement des chevelures qui retombaient sur les épaules, l'air que rythmait un joueur de flûte, l'impassibilité des fustigateurs, le sang qui coulait, l'oscillation, le bondissement ou le recroquevillement des sexes, composaient un ensemble étrange et un tableau digne de Panénus. « Le public, dit Cléotime, guette ceux qui ne peuvent se retenir de lâcher leur semence. » A peine avait-il dit ces mots que des spectateurs poussèrent le cri de joie « Io, io ! » Un bel éphèbe avait balbutié, en se pâmant, le nom de Pélops. Les filles se précipitèrent vers le temple de

Junon pour accomplir un vœu en faveur de leur mariage, d'après l'heureux signe qu'elles venaient de contempler, les yeux écarquillés.

« Ce phénomène, dit Cléotime, n'est pas si fréquent, mais il t'était bien dû, Alexandre. — A Sparte, dit Aristechme, je l'ai constaté plus d'une fois. — Celui que nous avons vu saluer à la fois le mignon de Neptune, le fils de Philippe et le fils d'Amyntor, dit Cléotime, est un Eléen dont je n'ai pas fait encore un de mes favoris. L'hommage qu'il vous a rendu, m'oblige à ne plus attendre. » Cléotime s'approcha du fustigateur et lui dit quelques mots à l'oreille.

Quand on eut quitté l'enceinte, Alexandre fit remarquer que l'acte auquel on avait assisté, ne lui semblait pas moins une souillure pour le tombeau de Pélops, comme dans tout autre lieu saint : personne n'avait plus que lui le respect de la divinité. « Si le sang est un tribut qui enchante notre héros, dit Cléotime, combien ne serait-il pas enchanté davantage par cette liqueur qui nous perpétue et qui nous rend égal aux immortels ? — C'est toujours une libation, dit Euxithée. — Beaucoup de ces jeunes gens, continua Aristechme, sont inscrits pour les jeux. Ils sont soumis à un entraînement intensif qui bannit toute volupté. Alors, quand ils viennent, par piété et par devoir, se faire flageller, la nature l'emporte. On dit facétieusement que la Diane Droite de Sparte est ainsi nommée parce que les membres des garçons se dressent quand on les fouette. Mais il ne s'agit pas de cela : il faut que leurs derrières saignent, comme ceux des éphèbes de Pélops. Les familles assistent aux fustigations et exhortent leurs enfants à supporter la douleur. Certains en sont morts plutôt que de céder et on leur a élevé des statues. »

On atteignit une esplanade, voisine des monuments construits par toutes sortes de villes, appelés des trésors. Euxithée les désignait les uns après les autres, tels qu'ils étaient situés sans ordre géographique : Sicyone, Byzance, Sybaris, Cyrène, Sélinonte, Mégare, Géla... « Mon père pensait construire notre monument près de ceux-ci, dont il m'a parlé, dit Alexandre. Mais il m'a laissé libre de choisir un meilleur emplacement. Puisqu'il ne s'agit pas d'une ville, mais de notre famille et que son monument doit porter son nom, je trouve plus glorieux que cet édifice soit à part. Est-ce qu'ici ce serait possible ? » Il montrait un espace de terrain, proche de l'enceinte de Pélops et du temple de Junon. Les trois Eléens répondirent d'avance de l'acceptation des magistrats et des grands prêtres. « Ce sera pour moi un souvenir de ce que j'ai vu chez mon ancêtre Pélops », dit Alexandre.

Ils entrèrent dans le temple de Junon pour en admirer les merveilles : la statue de la déesse assise, en or et en ivoire ; celle de Jupiter, debout près d'elle et, détail curieux, casquée ; celle de Minerve, avec son casque habituel ; deux statues de marbre, faites par Praxitèle, dans deux chapelles différentes, — l'une de Mercure qui portait Bacchus enfant sur son bras, et l'autre de la Fortune. Les enduits de couleur qui en accentuaient la beauté, avaient été apposés par le peintre athénien Nicias. Quand on demandait à Praxitèle lesquelles de ses statues il préférait, il répondait : « Celles que la main de Nicias a embellies. » Il y avait aussi, dans ce temple, deux magnifiques dons de Cypsèle, père de Périandre, le tyran de Corinthe et l'un des sept sages : un grand coffre en bois de cèdre, incrusté d'innombrables figures en or et en ivoire, et une statue en or de Jupiter. Le temple était le lieu de réunion de seize matrones, chargées de tisser et de broder la robe que, tous les cinq ans, les Eléens offraient à la déesse, comme les Athéniens en offraient une à Minerve, lorsqu'ils célébraient ses grandes fêtes, aux mêmes intervalles. On voyait alentour des statues dédiées par les filles qui avaient gagné aux jeux féminins d'Olympie.

Alexandre et Ephestion continuèrent la visite de l'enclos sacré. On jeta un coup d'œil sur le gymnase, plein d'athlètes et de spectateurs. Aristechme, qui avait parlé de l'entraînement des athlètes, expliquait maintenant leur régime ; ils buvaient du vin chaud, mangeaient du bœuf, prenaient des lavements, se mettaient la nuit une plaque de plomb sur les reins pour garder la chasteté, buvaient de l'infusion de pourpier contre les songes lascifs et, à titre de précaution supplémentaire, avaient leur couche parsemée de feuilles de saule et d'agnus castus. « Toutefois, ajouta l'Eléen, l'amour leur est permis pour les réveiller, quand ils sont engourdis. — Chasteté à part, dit Alexandre, leur entraînement excessif les déforme souvent quand ils ont un certain âge. Aristote se moque de la disproportion des membres chez nos principaux athlètes et c'est une des raisons pour lesquelles il nous déconseille de pratiquer l'athlétisme. — Mais tu es un athlète, sans avoir besoin de le pratiquer ! s'écria Cléotime. La preuve, tu as terrassé Démosthène d'un coup d'œil et, chaque fois que tu me regardes, tu me terrasses par ta beauté. » Alexandre sourit. « Ce n'est pas sa seule force, dit Ephestion. Il nous bat tous à la course et au tir à l'arc. Et personne ne saute comme lui à cheval. — Et quel cheval ! dit Cléotime. Lorsque tu as dompté Bucéphale, l'an dernier, ton père m'a écrit qu'il t'avait dit : « Mon royaume ne sera pas assez grand pour te contenir. » — Il est vrai, dit Ephestion, que nous avions tremblé en le voyant filer sur ce cheval prodigieux qui semblait l'emporter au bout du monde et qu'il ramena, une heure après, doux comme un mouton... un mouton écumant. — Quelquefois, dit Alexandre, Ephestion est jaloux de Bucéphale. Mais je dirais que Bucéphale est jaloux d'Ephestion, car, même pour lui, il ne ploie pas les genoux : il ne les ploie que pour moi. »

« Sais-tu, Cléotime, qu'Ephestion m'a sauvé la vie, un jour que nous étions à la chasse ? C'était un hiver, sur le mont Bermius, près de Pella. J'étais descendu de cheval dans la forêt au milieu de la neige, et je vis débucher tout à coup un énorme sanglier. Je l'attendis, mon épieu ferré à la main, un pan d'étoffe dans l'autre pour qu'il y frappât avec ses défenses. Je luı ai planté mon arme dans l'œil, mais il m'a renversé. Je savais qu'il faut se mettre aussitôt le front contre terre pour éviter les coups de boutoir, mais j'ignore ce qui serait advenu, si Ephestion n'avait percé l'animal d'un coup de javelot. Nous avions treize ans. Depuis lors, mon père m'avait interdit de chasser le sanglier jusqu'à cette année, où j'en ai tué un, au même endroit et aussi dans la neige. — J'aimerais te voir à Miéza, dit Cléotime. Toute la Grèce voudrait y être aussi, pour toi et pour Aristote. Quelle école ! On t'imagine avec tes compagnons, tous aussi nobles qu'Ephestion, faute de pouvoir être aussi beaux que toi et que lui ! »

Alexandre fournit quelques détails sur cette retraite, où Philippe avait fait construire une vaste maison pour l'éducation de son fils. Elle était située, vers le nord, à une cinquantaine de kilomètres de Pella, dans un cadre magnifique de forêts, de sources et de montagnes. Mais, plus encore que le lieu, c'est la compagnie qui enchantait Alexandre. Philippe lui avait donné, non seulement Ephestion, avec lequel il avait été élevé depuis son enfance, mais les fils, plus ou moins du même âge, de ses principaux sujets et de ses principaux généraux. « Nous sommes vingt-deux, en comptant Ephestion et moi, dit-il, et nous formons ce que nous avons appelé le bataillon des amis. Il est à l'image du bataillon sacré des Thébains, dans lequel il n'y a que des amants et des aimés. Chacun de nous est l'un et l'autre pour un compagnon de son choix. Nous luttons ensemble dans les jeux et lutterons ensemble dans les combats. Je suis le chef. On me prête serment de fidélité. — Je te félicite, dit Cléotime, mais tu ne fais en cela qu'imiter ton père. Au début de son règne, tous ses officiers étaient ses aimés : on les appelait les mignons de Philippe et, soit dit sans t'offenser, on en compta huit cents. — Il y aura une différence entre mon père et moi, dit Alexandre : je n'aurai qu'un aimé. Achille n'eut que Patrocle. » Ephestion lui prit la main et la lui baisa.

« Ce que je regrette à propos de la chasse, reprit Alexandre, c'est qu'il n'y ait plus de lions en Macédoine. Entre tous les animaux, c'est celui que j'aurais voulu trouver devant moi. » Il demanda s'il y en avait encore dans le Péloponèse, comme au temps de son ancêtre Hercule, dont l'un des travaux avait consisté à tuer le lion de Némée. — Il n'y en a pas plus aujourd'hui que chez toi, dit Aristechme. — Un jour, dit Ephestion, Alexandre, à la tête du bataillon des amis, conquerra les pays où se trouvent les lions. — On prête déjà à Philippe, dit Cléotime, l'intention de venger les outrages que les Perses ont faits deux fois à la Grèce et qu'ils sont toujours prêts à recommencer. — Oui, dit Alexandre avec chaleur, les victoires de Marathon et de Salamine en appellent d'autres. Si les Macédoniens n'ont pu alors y participer, c'est pour qu'ils ne se signalent que mieux dans l'avenir. Nous sommes les nouveaux Athéniens, n'en déplaise à Démosthène. Nous sommes les nouveaux Spartiates, sans avoir besoin d'être fouettés, sauf sur l'anus, et puisque leur armée, conduite par le glorieux

Agésilas, arriva jusqu'à Sardes, il y a un siècle, Philippe de Macédoine et son fils feront mieux. — Tout le monde sait que tu es né le jour où Erostrate a incendié le temple de Diane à Ephèse, dit Euxithée, et les devins ont prophétisé que ta gloire embraserait le monde. »

Le grave Léonidas rejoignit Alexandre à ce moment de la conversation. Homme d'âge, barbu et bedonnant, il marchait à pas comptés et tempérait par un sourire plein d'indulgence cette gravité à laquelle il devait son surnom. Il avait pour Alexandre une affection toute paternelle, en même temps qu'admirative, datant de son ancienne charge préceptorale. Désormais, il remplissait celle de surintendant du palais royal à Pella. Il venait d'employer la matinée à écrire à Philippe le récit du périple qu'il avait fait par mer, avec Alexandre, Ephestion et leur escorte, depuis Thermé, le grand port de la Macédoine, jusqu'à Cyllène, le port de l'Elide, en contournant le Péloponèse. Il l'avait également informé de l'affront du comité olympique, inspiré par Démosthène, et du brillant succès d'Alexandre, dont il était déjà informé. Il approuva le choix de l'emplacement destiné à l'édifice de Philippe : c'était un des plus beaux sites de l'enclos. « Pour le moment, dit-il à Alexandre, la rotonde ne doit commémorer que les victoires de ton père ; un jour, elle commémorera les tiennes. »

« Nous ne prédisions au fils de Philippe que des victoires, dit Cléotime. Euxithée lui rappelait comment on a interprété l'incendie du temple d'Ephèse, survenu le jour même de sa naissance. — Il y eut un autre présage, à Pella même, dit le grave Léonidas : deux aigles se posèrent au faîte du palais dans l'instant où il naissait, et ils y demeurèrent toute la journée. On y a vu le signe qu'il dominerait à la fois l'occident et l'orient. — Et toi qui m'obliges à épargner l'encens lorsque je sacrifie ! lui dit Alexandre. — Un jour, dit Ephestion, comme pour ajouter quelque chose à ce qu'il avait déclaré du pays des lions, tu conquerras les terres d'où vient l'encens. — Alexandre, dit Léonidas, je n'épargne pas l'encens lorsqu'il s'agit de te louer, mais je t'apprends l'économie, qui doit être, avec la générosité, la vertu d'un grand prince. Il y a eu d'ailleurs d'autres prodiges, l'année de ta naissance : au milieu du printemps, en Bisaltie et en Crestonie, — provinces voisines d'Amphipolis, précisa-t-il à l'adresse de ses hôtes, — les figuiers portèrent des figues, les oliviers des olives, les vignes des raisins. C'était deux ans après l'annexion de ces régions par Philippe. Et enfin, Alexandre avait été dix mois dans le sein de sa mère, ce qui annonçait un être exceptionnel. — Il est comme Ion, le fils d'Apollon et de Créuse, dit Ephestion, qui récita les vers d'Euripide : « Au cours du dixième des mois, — Fruit d'un enfantement caché, — Je t'engendrai, grâce à Phœbus. » »

« Tu auras bientôt, Alexandre, à exercer toutes tes prérogatives dans la capitale même de nos ennemis, reprit Léonidas. J'ai reçu un courrier d'Eschine me demandant de faire escale à Athènes, quand nous regagnerons Pella Il estime que ta jeune présence fera le plus grand effet sur les Athéniens et m'assure que, quels que soient leurs sentiments pour nous, avec qui ils ne sont pas expressément en guerre, ils ont le don de l'hospitalité. » Alexandre tressaillit de joie. « Par Jupiter, s'écria-t-il, quelle chance d'entrer à Athènes sans avoir les armes à la main ! J'aime trop leurs artistes, leurs philosophes et leurs écrivains pour ne pas tenter de leur plaire avant d'être obligé de les battre. » Il sourit : « Peut-être que notre ami Eschine ne veut pas perdre cette occasion de recevoir un peu de notre or. — Tu le calomnies, dit Aristechme. C'est bon pour Démosthène, qui reçoit l'or des Perses. — J'en suis fâché, Aristechme, dit Alexandre, mais les orateurs des démocraties sont payés par un camp ou par un autre. — Payé ou non, dit Ephestion, Eschine est un homme charmant, que j'aime bien. — Ah ! je comprends, dit Alexandre. Tu es satisfait, parce que, grâce à lui, toute la Grèce sait que je t'aime. Eh bien, moi, je lui reproche d'avoir paru le nier. » Il rappela le passage du discours prononcé par Eschine *Contre Timarque,* habile diversion destinée à retarder la plainte de Démosthène sur le comportement d'Eschine lui-même dans l'ambassade athénienne envoyée à Philippe et dont tous deux avaient fait partie. Il vitupéra son rival d'avoir dit, en plein sénat, à leur retour, qu'Alexandre, dans un banquet donné aux ambassadeurs, avait « récité des tirades et des répliques et joué de la cithare à l'adresse d'un autre garçon. » « Un garçon dont la Grèce entière envie le bonheur, dit Cléotime. Nous tous qui t'aimons, Alexandre, comment ne t'adorerions-nous pas d'avoir, à onze ans, manifesté ton amour, devant Démosthène, Eschine et les autres ambassadeurs athéniens, en faveur du fils d'Amyntor ? — Il m'est témoin, dit Alexandre, que nous étions très innocents. Mais l'instinct qui nous poussait l'un vers l'autre, fut aidé sans doute par ce discours que nous lûmes deux ans après. L'orateur mérite, du reste, un hommage, car il fait l'éloge de la noble pédérastie, à laquelle il reconnaît appartenir lui-même. — Il voulait ainsi, dit le grave Léonidas, mieux accabler Timarque, qu'il accusait de s'être prostitué dans sa jeunesse, ce qui le rendait, par conséquent, indigne de la qualité de citoyen et incapable de soutenir, comme homme politique, la plainte de Démosthène. — La harangue d'Eschine, dit Ephestion, est transcrite à présent sur les tablettes de toutes les écoles d'éloquence. Au passage qui nous concerne, mon nom est noté en marge par les glossateurs. — En somme, dit Alexandre, c'est à Démosthène que nous devons indirectement cette publicité. Il y a une drôlerie de plus, dans le discours d'Eschine : c'est qu'il précise « n'avoir pu s'entretenir avec moi, à cause de mon âge ». Mais je n'ai pas oublié quelle était l'ardeur de ses yeux, m'exprimant la noble pédérastie. Démosthène, du reste, me regardait de même. C'est probablement ainsi que Sophocle regardait le jeune garçon qui lui attira la remarque de notre ami Isocrate. »

« Eschine dit dans sa lettre, continua Léonidas, qu'Isocrate sera également heureux de te visiter : en dehors de Démosthène, nous avons les deux plus grands orateurs athéniens. — Isocrate, au moins, dit Alexandre, nous n'avons pas eu à l'acheter. Son talent l'a fait riche ; mais, ami du luxe, il l'est autant de la liberté. Il chérit mon père, parce qu'il voit en lui le futur héros de la Grèce, le futur vainqueur de la Perse, et que la liberté de la Grèce ne peut être acquise que par la destruction de la Perse. — Tu as raison, dit Cléotime. Philippe, que Démosthène traite constamment de tyran, est le défenseur de toutes nos libertés. Si, partout, comme en Elide, où nous avons récupéré le pouvoir, il y a trois ans, il protège les gouvernements aristocratiques, c'est pour les délivrer de l'oppression du peuple. Malgré sa parenté comme Héraclide avec les rois de Sparte, il a secouru contre eux les Arcadiens et les Messéniens. Il est aussi le défenseur des dieux, puisque, dans la guerre sacrée de Phocide, il a vengé la cause d'Apollon, dont les Phocidiens avaient pillé le sanctuaire de Delphes. Quand Démosthène s'écrie, pour épouvanter Athènes : « Philippe est aux Thermopyles ! » ce n'est pas la même chose que lorsque c'était Mardonius, à la tête des armées de Xerxès. »

Alexandre s'arrêta devant une statue de Jupiter, figuré entre Thétis, mère d'Achille, et l'Aurore, mère de Memnon, qui le suppliaient pour leurs enfants. Sur la base de ce groupe, étaient ciselés quelques personnages de la guerre de Troie, notamment Ulysse et Pâris-Alexandre. Le tout était une œuvre de Lycius, fils de Myron, et un présent des Apolloniates. Apollonie, ville grecque sur la côte illyrienne de l'Adriatique, avait été soumise par Philippe : il l'avait donnée à son jeune beau-frère Alexandre, surnommé le Molosse, qu'il avait fait roi d'Epire et des Molosses à vingt ans et qui avait été son mignon.

« Par Hercule, dit Alexandre, je n'ai pas encore vu un seul monument de mon ancêtre Hercule. — Voici son autel, devant le trésor des Sicyoniens », dit Cléotime. Alexandre leva la main droite, comme il l'avait fait pour saluer Jupiter. « Et voilà Hercule à pied, combattant contre une Amazone à cheval, dit Aristechme, qui montrait un monument un peu plus loin. Ton ancêtre n'a pas de temple parce que toute l'enceinte sacrée lui appartient, en quelque sorte. C'est lui qui la dessina, traçant l'espace où son père Jupiter allait lutter avec Saturne pour l'empire du monde. — Alexandre a rappelé à Démosthène que les jeux mêmes d'Olympie furent fondés par Hercule, dit Ephestion. — Selon d'autres, dit Euxithée, ils furent institués par Jupiter afin de célébrer la défaite des Titans, qui voulaient saccager l'Olympe. Apollon remporta le prix de la course sur Mercure et celui du pugilat sur Mars. Il fut le premier vainqueur des jeux Olympiques. — Quel symbole ! dit Alexandre. Le dieu des Muses plus fort que le dieu de l'adresse et que le dieu de la guerre ! — Toi, dit Ephestion, tu joues de la lyre comme Mercure qui l'inventa, de la cithare comme Apollon, son inventeur, et tu égaleras Mars. — J'égale Mercure parce que je t'aime autant qu'il aima Pollux, et Apollon, parce que je t'aime autant qu'il aima Hyacinthe ; mais, si je te tuais en lançant le disque, il n'y aurait plus d'Alexandre. » Cléotime souriait avec complaisance de cette déclaration publique. « Tu n'as pu ajouter l'exemple de Mars, dit-il à Alexandre, car c'est le seul de tous les dieux qui n'ait pas eu de bien-aimé. »

Une forêt de statues de jeunes garçons, — trente-cinq, — attira l'attention d'Alexandre. C'étaient les images de jeunes Siciliens de Messine, qui, allant concourir à Olympie sous la conduite de leur maître de musique et d'un joueur de flûte, également représentés, étaient morts avec eux dans un naufrage. Les Messiniens leur avaient élevé à chacun une statue, œuvre du sculpteur éléen Calon, et le sophiste Hippias d'Elis, qui avait prêté son nom à deux dialogues de Platon, avait gravé sur le piédestal des vers élégiaques.

Maintenant, Alexandre regardait les statues de Jupiter et de Ganymède, amoureusement rapprochés. Elles étaient du sculpteur Aristoclès de Sicyone et on les considérait comme les plus belles d'Olympie sur le thème de cet amour si vanté. Alexandre ayant amusé ses hôtes de son paradoxe sur la véritable cause de la guerre de Troie, Cléotime lui rappela le prétexte invoqué par Jupiter pour avoir Ganymède dans l'Olympe. Hébé, déesse de la jeunesse et échanson des dieux, tomba un jour en servant le nectar ; sa robe s'étant relevée, elle leur montra son pubis. Cela fut jugé si indécent qu'on lui retira ses fonctions pour les donner à Ganymède. Ainsi Jupiter put-il voir toute la journée un beau garçon nu, au lieu de voir une jolie fille vêtue. « On la consola en la mariant à Hercule divinisé, ajouta Alexandre qui avait éclaté de rire, mais ils n'eurent pas d'enfants. — Nous autres, Eléens, dit Aristechme, nous sommes reconnaissants à Hercule de notre existence. Lorsqu'il fit la guerre à Augias, roi d'Elis, qui avait refusé de lui donner sa fille en mariage comme il le lui avait promis, presque tous les habitants de l'Elide furent tués. En vue de réparer cette perte, Hercule ordonna à ses soldats de coucher avec les veuves. Elles demandèrent à Minerve une nombreuse postérité et leur prière a été exaucée. »

Alexandre lisait l'inscription de la statue d'Aristoclès, qui indiquait le nom de la patrie du donateur : « Merci, Gnothis le Thessalien ! dit-il. Cela me rend heureux que mon père ait annexé la Thessalie. » Euxithée désignait un autre hommage de cet État : la statue de l'athlète Polydamas de Scotusse, — petite cité au sud de la capitale, Larisse. Alexandre fut enchanté de voir que c'était encore une œuvre de Lysippe. La grâce caractéristique de son art embellissait, même à titre posthume, l'un des plus grands athlètes connus depuis les temps héroïques et qui florissait il y avait deux cents ans. Polydamas avait immobilisé un taureau par un pied de derrière, en le tenant si bien que l'animal dut lui laisser entre les mains la corne de son pied. Il avait arrêté, d'une seule main, un char en course, tué sans armes un lion. Victime de sa présomption, il fut écrasé par une grotte qui menaçait ruine et dont il prétendit soutenir le poids sur ses épaules. Sa statue était le pendant, comme son histoire, de celles de ses contemporains Théagène de Thasos et Milon de Crotone. A celui-ci, nul, si ce n'est sa maîtresse, ne pouvait arracher de la main une grenade, ni séparer un doigt de sa main serrée derrière son dos, ni faire perdre l'équilibre de dessus un disque huilé, et il était encore plus fameux pour avoir porté sur ses épaules, à travers l'enclos, sa propre statue de bronze, puis un bœuf de quatre ans qu'il mangea tout entier devant le temple de Jupiter. Dix kilos de viande, dix kilos de pain et quinze litres de vin composaient son menu habituel. Il rompait une corde, serrée autour de sa tête, rien qu'en se gonflant les veines du front. Il périt, dévoré par des bêtes féroces, pour avoir mis ses mains à la place d'un coin dans le tronc d'un chêne dont il avait voulu écarter les deux parties et dont il resta prisonnier. Théagène de Thasos avait voituré, lui aussi, et à neuf ans, une statue de bronze sur son dos. Vainqueur à toutes sortes d'épreuves dans tous les grands jeux et dans tous les jeux secondaires auxquels il participa, il avait gagné quatorze cents couronnes. Il y avait aussi la statue d'un autre athlète, postérieur aux précédents et non moins fameux, Timanthe de Cléones. Elle était l'œuvre de Myron. Cet athlète avait conservé dans sa vieillesse l'habitude de tirer de l'arc, pour exercer sa force, même s'il ne pouvait plus concourir aux grands jeux. Quand son arc se refusa à lui, il en eut tant de déplaisir qu'il alluma son propre bûcher et s'y brûla vif. C'était le seul exemple que l'on connût d'un tel sacrifice à l'idéal olympique.

La visite se termina devant des chevaux ·de bronze. Leurs noms décoraient le piédestal de Cléosthène, le premier athlète honoré d'une statue à Olympie. Dédiée par la ville d'Epidamne, cité grecque de la côte adriatique, comme Apollonie, cette œuvre du sculpteur Agéladas représentait Cléosthène debout, avec son écuyer, sur son char attelé de quatre chevaux. Alexandre lut leur nom : Phénix, Corax, Cnasias et Samos. Du moins aucun ne s'appelait-il Bucéphale. Une jument de bronze sculptée par Denys d'Argos, était, à ce que dit Euxithée, un des prodiges du sanctuaire : en effet, soit que l'artiste eût mêlé au bronze la substance qui coule des juments en chaleur, soit qu'un magicien eût enchanté cette statue, elle offrait la particularité d'attirer les chevaux, qui s'échappaient quelquefois de l'hippodrome pour tenter de la saillir.

On apercevait, à la limite du bois sacré qu'il leur était interdit de dépasser, une troupe de Galles ou prêtres de Cybèle, la Mère des dieux. Une statue de la déesse et de son amant Atys, qui s'était émasculé dans un accès de frénésie pour elle, était auprès d'eux, avec un léopard apprivoisé. Chaussés de souliers jaunes, vêtus de robes de la même couleur, la taille serrée d'une ceinture et le front ceint d'un large bandeau, ils tournaient en chantant et en agitant des fouets garnis d'osselets ou des tambourins Ils avaient le visage peint ou fardé. Tous étaient eunuques, à l'exemple d'Atys. Ils vivaient de mendicité et de prostitution.

Près de la sortie de l'enclos, deux Cyrénéens qui se dirigeaient vers le trésor de leur ville, s'arrêtèrent tout à coup devant Alexandre pour se prosterner. L'un d'eux tenait une cassette d'argent : il en souleva le couvercle pour offrir à Alexandre le silphium qu'elle renfermait, — cette plante rarissime, propre à leur contrée, qui figurait sur leurs monnaies et qui, à la fois le plus réputé des remèdes et le mets le plus exquis, se vendait au poids de l'or. Alexandre refusa ce don, destiné au dieu. La prosternation, familière aux barbares devant leurs rois, le flattait, mais il en était un peu confus, car on ne se prosternait pas devant son père et les Grecs réprouvaient cet hommage, comme indigne d'hommes libres. Il pria les Cyrénéens de se relever et de lui expliquer les raisons de leur geste. « Nous t'avons vu pendant ton sacrifice à Jupiter, lui dirent-ils. Nous venons de te rendre hommage, non pas en tant que Cyrénéens, mais en tant qu'Egyptiens de Cyrène. Tu diras seulement à ta mère Olympias que des hommes, originaires de Memphis, se sont prosternés devant toi. Et, si elle ne te dit pas pourquoi nous l'avons fait, tu en seras instruit, lorsque tu iras un jour, en qualité de notre roi, interroger l'oracle de l'oasis d'Ammon, en Égypte. » Sur ces mots énigmatiques, ces étrangers s'éloignèrent, laissant les trois Eléens plus stupéfaits qu'Alexandre. Il avait légèrement rougi, tandis qu'Ephestion souriait et que le grave Léonidas devenait plus grave. Il apprécia la discrétion de ses hôtes, qui respectaient son silence en remarquant l'effet produit sur lui par cette scène.

Elle concernait le secret de la naissance d'Alexandre, secret que sa mère lui avait confié et que sa nourrice Hellanicée lui commenta. S'il y avait eu deux aigles sur le faîte du palais de Pella, le jour où le fils de Philippe était né, c'est peut-être également parce qu'il avait eu deux pères. D'après une légende à laquelle le grave Léonidas n'avait pas jugé galant de faire allusion, son vrai père n'était rien de moins que Jupiter, qui avait pris la forme du serpent d'Olympias pour engendrer Alexandre, comme il l'avait fait auprès d'autres belles mortelles et même auprès de sa fille Proserpine. Cela, Olympias l'avait dit à l'oreille de son fils tout enfant, quand elle était en querelle avec Philippe à cause de ses maîtresses et de ses mignons. Alexandre, malgré toute sa révérence pour les dieux, ne croyait pas à de telles métamorphoses dans le siècle présent. C'est à force d'interroger sa nourrice qu'il finit par savoir la vérité. Nectanébo, frère du roi d'Egypte du même nom et en guerre avec lui, s'était réfugié à la cour de Macédoine, où il exerça ses talents de mage. Il avait convaincu Olympias, stérile après plusieurs années d'union et sur le point d'être répudiée, qu'elle accoucherait bientôt d'un fils destiné à être roi d'Egypte et maître du monde. Il la fit coucher avec son serpent, dans l'obscurité la plus complète, et la persuada que Jupiter ou Ammon, le grand dieu de l'Egypte, la féconderait. Peut-être qu'elle le crut, mais Hellanicée avait surpris Nectanébo en train de se glisser auprès d'elle. Six ans plus tard, le prince mage était retourné en Egypte, où il avait été tué. Sans doute avait-il raconté à ces hommes de Memphis l'histoire de la naissance d'Alexandre de Macédoine, en qui ils avaient salué leur futur roi. Ce qui touchait le plus ce dernier, c'est que le roi Nectanébo eût été soutenu par Agésilas. Fils de Philippe, fils de Nectanébo, fils de Jupiter, Alexandre l'était, en tout cas, de quelqu'un de grand. Mais il inclinait à donner la préférence à Philippe qui était blond, comme lui et comme sa mère : les Egyptiens étaient bruns et Jupiter avait des cheveux d'ambroisie.

Ephestion, dont les pensées accompagnaient les siennes, lui dit tout bas, en souriant : « Pas encore ! sinon ton fils sera réduit en esclavage... Pas encore ! Il serait un monstre à tête de coq... Pas encore ! Il serait une femme... » C'étaient les paroles que Nectanébo, le soir de la naissance d'Alexandre, avait criées au-dessus du ventre d'Olympias, en faisant ses conjurations avec une tablette d'émeraude, gravée de signes mystérieux. Il avait placé sur une table, à côté du lit, sept figurines des dieux de l'Egypte. La nuit était orageuse : des éclairs sillonnaient le ciel, quand, à l'aurore du 28 juillet, l'enfantement commença. « Maintenant ! maintenant ! » avait hurlé Nectanébo. Si le rôle possible de l'Egyptien dans la conception d'Alexandre n'avait été révélé à ce dernier que par sa nourrice, celui qu'il avait rempli au moment de sa naissance lui avait été fidèlement rapporté par sa mère. Eprise elle-même de choses magiques, célébrant les mystères de Bacchus avec les femmes macédoniennes sur le mont Bermius, elle aimait développer chez son fils le goût du mysticisme et, en même temps, l'exalter par le récit de tout ce qui avait donné à sa venue au monde un aspect extraordinaire. Elle lui disait que Nectanébo, savant astrologue, avait aussi arrangé les choses pour que cet événement pût arriver à cette date où le Lion se lève. C'est à cause de cela, affirmait-elle, qu'elle porta Alexandre dix mois dans son sein. Ce moment était, d'après le mage, l'un des plus favorables de tous les signes du ciel. Au détail qu'avait cité Ephestion à Démosthène, — le cachet d'un lion, rêvé par Philippe, — s'ajoutait en effet le Lion du zodiaque, pour Alexandre et pour son ami. En ce temps-là, le roi était à Potidée, en Chalcidique, dont il s'était emparé au printemps. Il apprit la nouvelle dans des circonstances non moins étonnantes que tout le reste : trois messagers lui annoncèrent, coup sur coup, que l'un de ses chevaux venait de gagner à Olympie, que son général Parménion avait vaincu les Illyriens et qu'Olympias avait mis au monde un fils.

Le premier voyage qu'Alexandre eût fait tout enfant, avait été, avec sa mère, au temple de Jupiter Ammon, à Aphytis, en Chalcidique. C'était le seul sanctuaire de ce dieu dans le royaume de Philippe Olympias avait voulu y conduire son fils, en mémoire de Nectanébo Il avait été frappé par la vue du buste de Jupiter Ammon, qui avait des cornes de bélier et dont sa mère avait invoqué la protection, pour qu'il devînt ce que le mage avait prédit.

Un autre lien d'Alexandre avec l'Egypte avait été le peintre Antiphile, né dans ce pays et qui avait travaillé à la cour de Macédoine, avant que Philippe eût mandé Apelle. Antiphile avait fait un charmant portrait d'Alexandre à l'âge de cinq ans, et, un peu plus tard, de lui avec son père et avec Minerve, tableau qui était à Pella dans le temple de Minerve Alcide, — surnom local de la déesse, comme protectrice d'Hercule, petit-fils d'Alcée.

Aristechme se crut en droit de rompre la rêverie d'Alexandre pour lui apprendre quelque chose à propos d'Ammon : c'est qu'à Olympie, on faisait des libations à ce dieu, à Junon Ammonienne et à une divinité locale, Parammon, identifié avec Mercure. « C'est pourquoi, conclut-il, Egyptiens et Cyrénéens se plaisent à venir chez nous. — Il est curieux, dit Alexandre, qu'au temps de Pindare, les Cyrénéens aient réservé à Delphes leurs victoires, si l'on en juge par ses odes. — Quel Pindare te chantera un jour pour d'autres victoires ? dit Euxithée. — Gagnons d'abord celle-ci », dit Alexandre

La maison de Cléotime était d'un luxe et d'un raffinement qu'Alexandre admirait. On l'avait terminée depuis peu : Philippe, qui s'était rendu jadis à Olympie, n'avait connu que sa maison d'Elis, dont il avait fait une description qu'Alexandre n'avait pas trouvée exagérée. Mais ici, le riche marchand de byssus s'était surpassé. Comme il n'y avait pas de carrière de marbre en Elide, il avait utilisé le marbre laconien, qui avait servi à bâtir les temples d'Olympie. Les murs de la cour d'entrée, où aboyaient des chiens à l'attache, étaient recouverts, ainsi que le haut des murs extérieurs, de mosaïques de feuilles d'acanthe et autres rinceaux de feuillage ou de fruits. Un portique en faisait le tour, alternant colonnes et cyprès. L'autel de Jupiter, Protecteur de la clôture, ceux d'Apollon, de l'Amour, de Mercure et de Vénus étaient placés devant les statues en bronze de ces dieux. Les bains, la bibliothèque, la salle à manger ouvraient sur cette cour. Contrairement à l'usage, il n'y avait pas d'appartement des femmes : Cléotime ne recevait que des hommes. Un couloir menait aux dépendances, où étaient les cuisines, la boulangerie et la pâtisserie, dont les fumées n'incommodaient pas la maison. Des trappes cachaient le cellier et les citernes. Une porte ouverte montrait le gymnase, bordé d'un portique, et le jardin, rempli de statues d'éphèbes et de jeunes dieux. Il n'y avait pas de fenêtres au rez-de-chaussée, pour que l'intimité fût plus grande, mais celles de l'étage, où étaient les chambres, au haut d'un escalier de marbre, descendaient jusqu'au plancher. Leurs châssis de bronze portaient des réseaux de verre égyptien multicolore.

Les pièces principales de la maison, tendues de tapis de Corinthe. avaient des meubles incrustés d'or. Tous les esclaves étaient des garçons de dix à vingt ans, uniquement choisis pour leur beauté. Cléotime leur faisait manger des myrtilles pour les empêcher le plus longtemps possible d'être velus. Il les envoyait ensuite dans ses terres ou dans ses manufactures, situées à Patras en Achaïe. Ceux qui étaient obligés déjà de se raser, avaient le visage peint ou fardé. Ils étaient tous couronnés de fleurs. Leurs tuniques étaient fendues sur le côté, comme celles des courtisanes. Alors que la plupart avaient de très longs cheveux, certains, d'origine orientale, offraient un crâne poli comme un miroir, avec une touffe sur l'occiput, qui leur donnait un air étrange. Le grave Léonidas se dirigea tout de suite vers les latrines, ce qui amusa ses deux anciens élèves. Ils avaient remarqué que ce digne personnage s'attardait dans ces lieux, où l'on était accompagné par un tout jeune esclave chargé de soins délicats : il essuyait avec une éponge d'eau chaude, séchait avec une serviette de byssus et parfumait avec de l'iris.

La bibliothèque n'était pas comparable à celles de Pella et de Miéza, rassemblées par Aristote et, déjà avant lui, par le grave Léonidas, par Philippe et par ses prédécesseurs. Mais elle était plus abondante en raretés, contenues dans des cylindres et des cassettes de bois précieux. Des boules d'or terminaient la tige à laquelle les papyrus étaient enroulés et le titre était collé, sur des baguettes de parchemin, à des couvertures de peaux, teintes en rouge. Les rois de Macédoine, malgré la qualité d'Ami des Hellènes, que l'un d'eux avait eue, et celle d'Ami des Muses, qu'avait eue un autre, Archélaüs, pour avoir donné l'hospitalité à Euripide et à des artistes, n'avaient pas orné les livres de la bibliothèque royale avec tant de soins.

Alexandre découvrait avec stupeur chez le riche marchand des ouvrages dont il ignorait l'existence. C'étaient les derniers exemplaires de drames satyriques ou de poèmes licencieux que la postérité avait jugés indignes de leurs auteurs. En dehors du *Ganymède* d'Alcée, des *Pédérastes* de Diphile de Sinope, des *Efféminés* de Cratinus et des *Baptiseurs* d'Eupolis, pièce qui était une satire des mœurs d'Alcibiade, ce n'est peut-être plus que chez Cléotime que l'on pouvait trouver le *Triphalle* (« l'homme aux trois phallus ») d'Aristophane, — relatif également à Alcibiade, que l'on surnommait de la sorte à cause de son membre gigantesque, — le *Laïus* d'Eschyle et le *Chrysippe* d'Euripide, consacrés tous deux à l'amour de Laïus, roi de Thèbes, pour le jeune Chrysippe, fils de Pélops, qu'il enleva, et les *Amants d'Achille*, de Sophocle. Le titre fit bondir Alexandre. « Par Jupiter, s'écria-t-il, Achille a eu des amants ? — Je n'ai pas voulu te contredire, lorsque tu as parlé de Patrocle, déclara Cléotime, mais, excuse-moi d'être moins discret que ne l'ont été à cet égard tes précepteurs. Il est d'ailleurs plaisant de savoir que l'un des amants de ton ancêtre Achille a été ton ancêtre Hercule. Sophocle fait du centaure Chiron, le maître d'Achille, son premier amant. Il nous peint également les satyres du Pélion qui poursuivent ton ancêtre, le sexe dressé, et son précepteur Phénix tout occupé à les mettre en fuite. » Alexandre éclata de rire.

« C'est durant son séjour sur le Pélion, reprit Cléotime, qu'Achille fut le bien-aimé d'Hercule et aussi de Bacchus, venu le visiter. Bacchus ayant été de même le mignon de Chiron, cela dut se produire dans ces circonstances. — Chiron, Hercule et Bacchus, en voilà déjà trois pour Achille, sans compter les satyres, dit Alexandre. — Note, dit Cléotime, qu'Achille eut au moins deux aimés, indépendamment de Patrocle. D'abord, Antiloque, fils de Nestor, que Ménélas charge de lui apprendre la mort de Patrocle, ce qui prouve que le frère du roi des rois n'ignorait pas ce lien secret et n'avait pas cru pouvoir choisir un meilleur messager pour annoncer une si terrible nouvelle. Ensuite, Troïle, l'un des plus jeunes fils de Priam, dont Achille était devenu amoureux en le rencontrant au temple d'Apollon à Thymbré, car la guerre n'empêchait pas les assiégés de visiter en paix les sanctuaires situés hors des murs d'Ilium. Achille envoyait des colombes au jeune garçon par-dessus les remparts. Troïle, en montant un des coursiers du héros et en jouant avec sa lance — symbole érotique ! —, se tua. C'est le sujet de cette autre tragédie de Sophocle, intitulée *Troïle*, non moins inconnue que celle des *Amants d'Achille*. Comme tu vois, Alexandre, la postérité, en dépit de ces poètes, a effacé tout cela pour ne laisser subsister que l'amour d'Achille et de Patrocle. — Parce que cet amour a été immortalisé par Homère, dit Alexandre. — Mais Eschyle, dans sa tragédie des *Myrmidons*, autre rareté que voici, continua Cléotime, atteint la grandeur d'Homère avec ces deux vers de désespoir amoureux, prononcés sur le cadavre de Patrocle, à qui Achille reproche de l'avoir privé de ses voluptés en courant à la mort : « Tu n'as pas respecté le pur honneur des cuisses, — O toi, très ingrat des étroits baisers ! » Quel cri, par Jupiter, d'un guerrier à l'adresse d'un autre guerrier ! » conclut l'Eléen. Ces deux vers retentissaient dans l'oreille et dans l'âme d'Alexandre, pour le rendre assez indifférent aux autres curiosités de son hôte, telles que le poème d'Hésiode sur son aimé Batrachus et les vers érotiques d'Hémithéon de Sybaris. Il songeait que seul un Eschyle avait pu sublimer l'indicible, comme l'aurait pu Homère.

« Ces deux vers que nous admirons, dit Cléotime, ont valu aux *Myrmidons* de disparaître, comme a disparu le royaume des Myrmidons, sur lequel régna le divin Achille. — N'importe, dit Alexandre. C'est une réplique victorieuse à ce que prétend Socrate dans *le Banquet* de Xéno-phon : qu'Achille et Patrocle, Oreste et Pylade, Thésée et Pirithoüs « n'ont pu partager le même lit », qu'ils n'étaient pas des couples d'amants, mais des couples d'amis, rapprochés par une admiration réciproque. — La preuve que Socrate ironisait, à son habitude, dit Cléotime, c'est que, dans ce même ouvrage, il va jusqu'à innocenter Jupiter et Ganymède : d'après lui, le roi des dieux a enlevé le jeune berger dans l'Olympe, « non pour son corps, mais pour son âme et pour sa sagesse ». La belle sagesse d'un garçon de douze ans ! »

Cléotime, homme raffiné en toutes choses, avait fait incruster, dans la peau de mouton qui recouvrait la pièce d'Eschyle, une ancienne monnaie d'Elis, représentant un aigle aux serres duquel pendait une tortue ; c'était pour évoquer la mort du poète en Sicile, où un tel oiseau, le voyant assis dans la campagne, prit sans doute son crâne brillant pour un rocher et le tua en laissant tomber sur lui une tortue, afin d'en briser la carapace.

L'Eléen saisit délicatement une coupe de terre cuite, posée dans l'armoire à côté de cette tragédie. Il la tendit à Alexandre. On y voyait Patrocle étendu, blessé, la tête inclinée, exprimant la souffrance et, agenouillé près de lui, Achille, en train de le panser, d'un air qui respirait l'amour. Patrocle, avec sa fine barbe, avait l'apparence d'un homme de vingt-cinq ans et Achille, imberbe, d'un adolescent de dix-sept ans. « C'est une coupe attique, vieille d'un siècle, du peintre Sosias, dit Cléotime. Je t'en fais cadeau, en mémoire de ton ancêtre Achille. » Alexandre le remercia avec effusion.

« J'ajoute, dit Cléotime, que Sosias a rajeuni un peu trop Achille et que Platon s'est trompé, dans son *Banquet*, en le déclarant imberbe, lorsqu'il était à la guerre de Troie. En effet, Achille avait au moins vingt-deux ans, quand il y arriva. Pyrrhus ou Néoptolème, le fils qu'il avait eu de Déidamie à Scyros, débarqua dix ans plus tard pour détruire la ville, après la mort de son père : il avait au moins seize ans. Mais, d'autre part, s'il est vrai qu'Achille avait neuf ans lorsque sa mère, Thétis, l'envoya à Scyros, déguisé en fille pour le faire échapper à la mort qui lui avait été prédite, il faut placer dans sa petite enfance les épisodes pédérastiques avec Bacchus et Hercule, comme avec Chiron, ce qui suppose une précocité bien digne d'un tel héros. »

« En tout cas, dit Alexandre, je loue Platon d'avoir mis Achille dans les îles des bienheureux, comme l'indique la légende courante, et non pas dans les enfers, comme l'a fait Homère. Rien n'est plus beau que le motif donné par le divin philosophe : « Pour avoir montré tout le cas qu'il faisait de l'amant, car l'amant est chose plus divine que le mignon, étant possédé du dieu. » — Ce qui vaut mieux encore, dit Ephestion, c'est que l'amant et le mignon en soient également possédés. »

Les plaisirs du bain suivirent ceux de la littérature. Là aussi, la maison de Cléotime l'emportait sur celle de Miéza et sur le palais de Pella. Que ce fût par tradition ou par économie, les salles de bains, chez Philippe, avaient gardé l'aspect et le style d'autrefois. Alexandre était loin de s'en plaindre, car il retrouvait le bain selon Homère : on chauffait l'eau dans un vase de bronze, posé sur un trépied ; puis, on la mêlait à de l'eau froide, dont on remplissait une cuve de marbre et les serviteurs versaient le mélange sur la tête et les épaules. Alexandre, qui était déjà si aguerri, avait horreur des bains froids, comme les prenait son père. Il disait qu'il lui suffisait d'avoir été plongé dans l'eau froide à sa naissance, coutume macédonienne destinée à s'assurer que l'enfant était en bonne santé. Habitué à se baigner le matin, à midi et le soir, il appréciait ces trois moments de la journée. Il partageait l'opinion d'Alcinoüs, roi des Phéaciens, qui, en recevant Ulysse, lui disait que, pour son peuple, il n'y avait rien de mieux que « le festin, la cithare et les chœurs — Et le linge que l'on change et les bains chauds et les lits ».

Chez Cléotime, à Olympie comme à Elis, la salle de bains était moins simple. Il y avait, d'abord, une étuve, où le bain de vapeur était produit par l'eau froide d'un tuyau, distillée sur la plaque de fer que rougissait un brasier souterrain ; puis, une rotonde où des mascarons faisaient tomber de l'eau tiède pour la douche et deux baignoires où l'on pouvait s'allonger, ainsi qu'en avaient eu les Sybarites. La chaudière n'était pas alimentée par du charbon de bois, comme celles de Macédoine, mais par du charbon extrait de la terre, que produisait une mine de l'Elide. Epaphos frottait Alexandre avec un ingrédient nouveau, reçu de Cléotime : au lieu du nitre, de la terre, rouge ou blanche, de Cimolos, — l'une des Cyclades, — ou de la farine de fèves, utilisés pour la toilette, c'était une substance mousseuse et parfumée, tirée de la saponaire. De même, Alexandre, depuis son arrivée à Elis, se servait-il de cendre de murex pour se laver les dents. « Tu as des dents éclatantes, lui avait dit Cléotime. — Comme ma mère, avait dit Alexandre, je me les frotte en trempant mon doigt mouillé dans de la cendre de tête de lièvre. — Je te félicite de laisser au peuple l'usage du nitre pour les dents, avait dit Cléotime. Mais les tiennes seront encore plus belles si tu te sers de murex. J'en dois la connaissance à des marchands phéniciens. » Le grave Léonidas avait une autre recette : se laisser fondre du sel dans la bouche. Mais Alexandre n'aimait pas le sel.

Il n'avait pas emmené le masseur celte qu'il avait à Miéza, ancien athlète qui le broyait de ses mains. Durant le voyage, il se faisait tout simplement frictionner par Epaphos. Cléotime lui envoya son masseur lydien, garçon de dix-huit ans, qui avait, lui aussi, un corps d'athlète. Ce qui surprit d'abord Alexandre, ce fut d'être massé allongé sur un lit : en Macédoine, on était massé debout. Si l'iris était réservé aux onctions des latrines, l'huile du massage exhalait un parfum encore plus délicieux. Alexandre fut étonné, quand le garçon lui dit que c'était de la myrrhe : chez son père également, après le bain, on se parfumait de myrrhe, comme on en avait parfumé les marches de l'autel d'Olympie, mais l'odeur était moins exquise. Le masseur lui dit que cette prétendue myrrhe n'était que du lentisque, comme dans toute la Grèce Cléotime faisait venir d'Arabie de vraie myrrhe, qui était d'un prix fabuleux. Le massage était énergique mais, par intervalles, caressant On devinait que le masseur eût été prêt à tout. Etonné de son insistance à pétrir les fesses, Alexandre, qui trouvait cela plus hardi que désagréable, n'osa rien dire, lorsque l'esclave lui eut appris que c'était le massage lydien. Qui sait si Hercule n'avait pas été massé de la sorte, quand il filait le rouet d'Omphale, reine de Lydie ? Le fils de Philippe sourit, quand le masseur loua sa vigueur et sa beauté. Cet esclave s'imaginait-il qu'un prince aurait pu s'oublier avec lui ? La beauté et la vigueur d'Alexandre n'appartenaient qu'à lui et à Ephestion. Ce corps qui lui était si cher, il l'avait voulu puissant, tel un signe de sa puissance. Il l'endurcissait et l'assouplissait par les exercices, pour compenser la médiocrité de sa taille. A la lutte, aucun de ses compagnons plus âgés n'était capable de lui résister.

Ephestion venait de lutter au gymnase avec Polybe. Il entrait tout essoufflé dans la salle de bains, couvert du sable que l'huile dont il s'était oint, avait collé à sa peau. On admira un autre luxe de Cléotime : l'étrille qui servait à faire tomber le sable, était d'or. Après le bain d'Ephestion, c'est Alexandre qui fit couler la myrrhe dont se servait le masseur. L'esclave n'osa pas renouveler son compliment pour les formes de l'ami du prince. Mais il effectua avec la même conscience le massage lydien.

La salle à manger où Cléotime attendait ses hôtes, renfermait les statues, en marbre, de Bacchus, du Bon Génie tenant un phallus et de Priape, au sexe dressé. Des lits à deux places, en bois de cèdre, garnis de coussins en tissu pourpre et de tapis de Sardes, étaient rangés en demi-cercle ; des lampes d'or pendaient à de hauts candélabres d'argent. Trois buffets d'onyx et de porphyre étaient chargés d'objets précieux, — plats d'argent, vases en pâte de verre et en cristal de roche. Cléotime ouvrit un coffret pour montrer ce qu'il disait la plus belle pièce de ses collections : une coupe de mince terre jaune vernissée, où se détachaient les caractères d'une écriture inconnue. Il l'avait eue d'un marchand syrien qui était en relations avec un pays du fond de l'Asie, d'où arrivait la soie par des caravanes de chameaux : la Chine ou pays des Sères. Cet objet fit rêver Alexandre, qui avait entendu Aristote parler du pays des Sères, dont on ne savait presque rien, et qui était au-delà de la Perse, au-delà des Portes Caspiennes, au-delà de la Bactriane. L'historien Ctésias de Cnide, qui avait été médecin d'Artaxerxès Mnémon et qui avait écrit une histoire de la Perse et une description de l'Inde, avait été le premier à mentionner ce pays. « Cela me rappelle qu'il me faudra du temps pour conquérir le monde », dit Alexandre en souriant.

Sur un quatrième buffet, étaient des coupes grecques, non moins remarquables. Certaines remontaient au temps de Périclès, comme celle de Sosias, et étaient signées aussi par des maîtres, tels que Douris et Bryaxos Toutes étaient à sujets érotiques et uniquement selon le goût du maître de maison : Pan faisait la cour à Daphnis ; Apollon enlaçait Hyacinthe ; deux adolescents se caressaient. Un philosophe, couché sur un lit, la tête renversée, touchait les oreilles d'un lièvre et disait ce vers de Théognis, écrit au-dessus : « O le plus beau et le plus désirable de tous les jeunes garçons !... » « Il me souvient de ces jolis vers du même poète, dit Ephestion : « Dans la jeunesse, dormir toute la nuit avec un compagnon de son âge, — En se portant vers l'amour qu'inspirent des travaux charmants... » » Autour d'une coupe, montrant un éphèbe qui se lavait à une vasque et dont le nom était inscrit avec l'épithète de « beau », on avait tracé, en double auréole, ces deux vers de Solon, l'un des sept sages de la Grèce, législateur d'Athènes, ancêtre maternel de Platon et descendant de Neptune : « Tu aimeras les garçons dans la fleur charmante de leur puberté, — Désirant leurs cuisses et leur douce bouche. » « C'est curieux, dit Ephestion : toujours les cuisses, comme dans les vers d'Eschyle. Je finirai par croire que le mot a changé de sens. »

Ce qui étonna Alexandre plus que ces coupes, ce furent deux petits tableaux érotiques de Parrhasius, le grand peintre d'Ephèse. Il n'aurait pas imaginé qu'un tel artiste, contemporain et rival de Zeuxis, — cet autre grand peintre éphésien qui avait décoré le palais royal de Pella sous Archélaüs, — eût commis de telles licences. Il les comprenait, à vrai dire, depuis qu'il avait vu celles des poètes dont il était l'admirateur. L'illusion était aussi parfaite, dans ces miniatures obscènes, qu'elle avait pu l'être dans le rideau peint par cet artiste, au point que Zeuxis, jouet de l'illusion, voulut le tirer, comme des oiseaux étaient venus becqueter des raisins représentés par lui-même. Alexandre, que ces tableaux émoustillait autant qu'Ephestion, complimenta Cléotime. « Je regrette, dit-il, que mon père n'ait pas collectionné ce genre de choses, mais j'ai, à Miéza, un charmant cadeau de lui : *Ganymède et l'Amour jouant aux osselets*, peinture d'Aristide de Thèbes. Ils ont l'air d'être prêts à jouer à autre chose. — Eh bien, dit Cléotime, du moment que ces audaces t'intéressent, je vais chercher dans la bibliothèque deux ou trois textes illustrés, que je n'avais pas osé te faire voir. »

Alexandre resta en contemplation devant une statue d'argent de Minerve Ouvrière, hommage à la déesse de l'industrie, qui avait favorisé Cléotime. Elle était assise, entre sa chouette et une corbeille, une quenouille sur les genoux et couverte d'un voile qui tombait d'une haute mitre ronde. Mais, ce qu'il y avait de plus précieux, c'était sa couronne d'or, composée de branches de chêne, où se mêlaient du myrte, des roses, des narcisses, des asters, des liserons, coloriés d'émail et entre lesquels apparaissaient des Amours et des nymphes ; une Victoire à robe d'émail jaune, emblème du byssus, dominait un piédestal que ces branches serraient contre le front de la déesse.

Cléotime revenait avec deux parchemins, qu'il déroula lentement sous les yeux d'Alexandre et d'Ephestion : « Voici, dit-il, les *Douze positions* de Cyrène, la fameuse courtisane, qui figure dans un vers des *Grenouilles* d'Aristophane. — Par Hercule, dit Alexandre, Aristote nous avoua, au sujet de ce vers, n'avoir jamais vu le livre en question. — Tu es déjà plus savant que lui », dit Cléotime. La description de chaque posture était illustrée par un dessin en couleurs, gracieux comme un tableau de Parrhasius. « Je te passe les œuvres de la poétesse Philénis de Samos, de Pyrète de Milet et d'Alexandre d'Etolie, qui sont également illustrées et aussi érotiques. — Un Alexandre s'est égaré dans cette littérature ? s'écria le fils de Philippe. — Tu sais, dit Cléotime, il y en a une plus mauvaise : celle qui n'intéresse personne. Ce qui concerne le plaisir, intéressera toujours quelqu'un. J'ai un autre monument qui te captivera davantage, car l'original remonte à la guerre de Troie et ton ancêtre Néoptolème-Pyrrhus s'en était peut-être emparé. » Cléotime déroula un gros volume. « C'est la description et l'illustration, dit-il, de diverses *Postures amoureuses*, et l'auteur est Astyanassa, la servante d'Hélène. Cette femme obligeante voulait lui apprendre tout ce qu'elle pouvait faire avec ton homonyme, Alexandre-Pâris. » Le fils de Philippe sourit, en voyant, du coin de l'œil, que la tunique d'Ephestion avait la même protubérance que la sienne. Après l'hommage à Parrhasius, c'était l'hommage à Astyanassa. « Ce que je trouve assez drôle, dit Ephestion, c'est que la première position indiquée par la servante d'Hélène, soit celle qu'Alexandre-Pâris aurait pu prendre avec Achille, s'ils n'eussent été ennemis. On ne s'étonne pas que le couple n'ait pas eu d'enfant. — C'est l'influence des mœurs guerrières, dit Alexandre. — Eubule, le poète comique, a écrit, dit Cléotime, que les Grecs étaient revenus de la guerre de Troie, « l'anus plus large que la ville qu'ils avaient prise ». Il est probable que les Troyens pratiquaient la pédérastie avec le même enthousiasme en souvenir de Ganymède. Nous savons que Pâris-Alexandre ne se contentait pas de la belle Hélène : il fut l'amant d'un beau garçon, Anthée, fils du Grec Anténor, et le tua par mégarde, comme Achille tua par mégarde son mignon Troïle. Rien de plus curieux, du reste, que ces échanges de mignons des deux côtés du rempart. »

« En vérité, Cléotime, dit Alexandre, tu me fais admirer l'Elide, qui a produit un homme tel que toi. La Macédoine, jusqu'à présent, n'a formé que des guerriers et non des collectionneurs. Et toutes ces merveilles, dans une maison de campagne ! — Il suffit à la Macédoine, dit Cléotime, d'avoir formé Philippe et Alexandre. Mais je ne suis pas le seul Eléen à aimer les belles choses et à posséder une maison des champs. La plupart des riches de cet Etat passent leur vie dans leurs domaines, au milieu du luxe et des arts, et certains sans mettre le pied à Elis de toute leur vie. Ce n'est pas mon cas, parce que mon commerce m'oblige à voyager, mais nous devons sans doute notre bonheur à Jupiter et à Hercule. »

Le soleil s'était couché. Le bruit des chars qui s'arrêtaient, les cris des cochers, le hennissement des chevaux, les abois des chiens, annonçaient l'arrivée des invités. Alexandre et Ephestion se promenaient avec Cléotime sous le portique de la cour, où le grave Léonidas, Aristechme et Euxithée les rejoignirent. Alexandre se demandait quels personnages son hôte avait priés pour le fêter.

C'étaient de superbes jeunes gens de dix-huit à vingt ans, qui prolongeaient ainsi, par l'âge et la beauté, le personnel de la maison. Ils se groupaient autour de l'un d'eux qui semblait les guider et attendaient un signe de Cléotime pour venir en cortège vers Alexandre. « Mais enfin, Cléotime, dit Alexandre en riant, où trouves-tu tous ces beaux garçons ? — Elis, dit Cléotime, est une des villes de Grèce qui se vantent d'avoir des concours de beauté pour garçons et pour éphèbes. J'ai invité en ton honneur les lauréats de cette année. — Il me semble en reconnaître quelques-uns, dit Alexandre. — Oui, dit Cléotime, c'est eux qui portaient les accessoires de ton sacrifice et ils étaient rangés d'après leur beauté ou du moins d'après le rang de beauté que leur ont attribué les juges. Est-il besoin de te dire que je préside ce tribunal ? Mais il y a également parmi ces garçons, non seulement un Mégarien qui m'est cher, mais quelques Arcadiens, venus aux jeux Olympiques et qui ont gagné le prix de beauté aux jeux Lycéens, les principaux d'Arcadie. J'ai assisté à ces jeux, l'an dernier. Ils sont extraordinaires par le cadre. Imagine, ô Alexandre, une esplanade au sommet du mont Lycée, avec deux aigles dorées sur deux colonnes, et l'autel où jadis on sacrifiait de jeunes garçons à Jupiter Lycéen, comme ici à Pélops. Le sanctuaire du dieu est à ciel ouvert, clos de murs, et nul ne peut y pénétrer, sauf les meurtriers, qui y jouissent du droit d'asile. Tout proche, est le bois sacré de Pan. Jamais je n'ai vu couronner la beauté dans un lieu aussi sauvage. — A Athènes, dit le grave Léonidas qui avait étudié dans cette ville, le concours de beauté masculine ne se fait pas seulement entre les jeunes gens, mais entre les adultes et même les vieillards, pour choisir ceux qui porteront les rameaux d'olivier, aux fêtes de Minerve. Il y a un passage curieux d'un discours d'Andocide, où cet orateur, déclamant contre Alcibiade, dont la beauté était célèbre, s'efforce de montrer qu'il ne lui est inférieur en rien et se glorifie d'avoir remporté la victoire au concours de beauté virile. »

Les jeunes gens s'avancèrent, sur un signe de Cléotime. « Salut, ô prince », dit en leur nom Evagoras de Mégare, jeune homme de dix-huit ans qui fut présenté le premier et qui avait eu le premier prix au concours de beauté. Il portait un bandeau de pourpre autour du front. Ayant incliné la tête, il approcha la main droite de ses lèvres, pour compléter le geste du salut déférent. Alexandre lui tendit la main droite, que le garçon baisa. « Le respect l'a empêché de te baiser la bouche, dit Cléotime. C'est dommage, car nul ne sait faire mieux que lui ce baiser-là. Il avait douze ans, quand il gagna un autre concours qui est spécial à Mégare, patrie de sa famille et de Théognis : le concours de baisers, « où les lèvres se collent aux lèvres ». — Ce concours a lieu chaque année, au printemps, sur la tombe de Dioclès, exilé athénien qui avait provoqué l'admiration des habitants de Mégare par son amour des garçons, dit Evagoras. Dans un combat, il protégea de son bouclier son bien-aimé et mourut, percé de coups. Le garçon qui donne les baisers les plus délicieux, reçoit une couronne, qu'il apporte à sa mère et qu'elle suspend au seuil de la maison. — Le baiser des garçons couronnés se paye très cher, dit Cléotime. — Comment as-tu gagné ton prix à douze ans ? demanda Ephestion à Evagoras. C'est ta mère qui t'avait appris l'art des baisers ? — Non, dit le jeune homme : c'est mon maître d'école, pour me commenter le vers d'Aristophane, dans les *Acharnéens,* sur « le baiser qui s'enroule autour de la langue et qui ferme la bouche comme d'un verrou ». — Tu as honoré ainsi la mémoire de deux poètes, dit Alexandre. Et, de baiser en baiser, tu es venu à Elis ? — Aux derniers jeux Olympiques, répondit Evagoras, j'ai disputé le prix de la course parmi les garçons, — j'avais alors treize ans, — et je l'ai gagné. Ainsi ai-je connu Cléotime qui m'a invité à concourir pour le prix de beauté quand j'aurais dix-huit ans. Et cela m'a fait une couronne de plus. — Tu es vainqueur en tout genre, dit Alexandre. Mais pourquoi n'habites-tu pas cette maison ? — J'y habitais avant ton arrivée, parce que c'était celle de Cléotime, dit Evagoras. Mais à présent, c'est la tienne. » Alexandre fut touché de l'égard qu'avait eu son hôte et il l'en remercia : « Par Jupiter, dit Cléotime, c'est à moi de te remercier, puisque tu me permets de rester. Mais Evagoras n'a pas perdu au change : il habite chez l'un des grands prêtres de Jupiter, dans le sanctuaire même, et peut se figurer être Ganymède dans l'Olympe. — C'est toi, Cléotime, le vrai grand prêtre de Jupiter », dit Evagoras.

« Où t'ai-je vu ? demanda Alexandre à l'un des jeunes gens. — Tu as vu surtout son derrière, dit Cléotime. C'est Cinésias, l'éphèbe qui s'est fait si bien fouetter au tombeau de Pélops. — Je te félicite pour ton hommage à ce héros, dit Alexandre au garçon, car il est un de mes ancêtres. — Il ne fallait pas le lui dire, ô Alexandre, s'écria Cléotime : il passera sa vie à se faire fouetter en l'honneur de Pélops. »

Alexandre reçut ensuite le salut des Arcadiens. Le principal, pour lequel il fut le plus gracieux, se nommait Aristocrate. C'était, dit Cléotime, le neveu de Jérôme, un des hôtes de Philippe en Arcadie, et il descendait du roi de cet Etat, Aristocrate Ier, lapidé, il y avait trois siècles, pour avoir violé, dans un temple de Diane, la prêtresse Hymnia. Depuis cette époque, ajouta-t-il, les Arcadiens avaient décidé que la prêtresse serait une femme mariée. « Est-ce à dire qu'on peut la violer ? demanda Alexandre. — Je ne viole que les garçons », répondit Aristocrate. Cet Arcadien intrépide, qui était de Mégalopolis, amusa Alexandre, non seulement parce qu'il était fier et beau, mais parce qu'il était blond. La blondeur naturelle n'existait guère en Grèce que chez les descendants d'Hercule ou d'Achille et les rois d'Arcadie avaient été les seuls du Péloponèse à ne pas être des Héraclides. Peut-être la race d'Aristocrate s'était-elle alliée avec celle des rois de Messénie, de Laconie, d'Elide ou d'Argos, bien qu'elle les eût combattus.

On entra dans la salle à manger. Les lampes, déjà allumées, éclairaient, de leur huile, la pourpre des lits, l'argenterie et les autres objets précieux. Cléotime pria Alexandre de s'allonger sur le premier lit à gauche, place du maître de maison. « Ton lit a une peau de lion, puisque tu es un Lion », lui dit-il. Ephestion se mit à côté d'Alexandre ; le grave Léonidas, avec Hécatée, le chef des gardes ; Cléotime avec Evagoras ; Aristechme et Euxithée, chacun avec un éphèbe, et les autres, deux par deux, selon leurs préférences. De petits chiens de Malte jappaient, prêts à dévorer les débris qu'on leur jetterait. Les esclaves enlevèrent aux convives leurs chaussures et, dans un bassin de bronze contenant de l'eau mélangée à du vin aromatisé, lavèrent les pieds de ceux qui venaient d'arriver. Puis, ils versèrent à tout le monde de l'eau pure sur les mains, qu'ils leur essuyèrent à des serviettes de byssus.

Ils apportèrent ensuite, devant chaque lit, une table de cèdre, décorée de lierre, où furent posés les corbeilles de pain, les serviettes, les petits vases de condiments et les hors-d'œuvre : du jambon d'Asie mineure, du foie gras, des olives et des champignons marinés, des concombres, des laitues, de la roquette, des truffes grillées, du fenouil, de l'anis, des fonds d'artichauts, des saucisses couvertes de miel, des escargots, des œufs à la coque et de la bouillie d'orge. Près des assiettes étaient, avec les cuillères pour la bouillie et avec les couteaux, des fourchettes d'argent, luxe tout nouveau qui n'était pas inconnu à la cour de Macédoine ; mais, dans son enfance, Alexandre, comme tout le monde, mangeait avec les doigts, qu'il essuyait à des boulettes de pain.

Avant que les convives eussent touché aux mets, l'intendant de Cléotime, jeune homme de dix-huit ans, emplit de vin pur une coupe d'or, qu'il tendit en premier lieu à Alexandre. Il la fit circuler en la remplissant à mesure qu'elle se vidait. Chacun but une gorgée et répandit quelques gouttes sur la table en l'honneur de Bacchus. Alexandre avait reconnu le vin de Maronée : c'était un hommage de Cléotime à la Macédoine. Le fils de Philippe préférait ce vin à tous les autres, parce qu'il y était fait allusion dans Homère : Ulysse, abordant en Sicile au retour de Troie, « avait une outre de ce vin noir, doux », que lui avait donnée Maron, prêtre d'Apollon et fondateur de Maronée, et il s'en était servi pour enivrer le Cyclope. « J'espère, dit Cléotime à Alexandre qui venait de louer le maronée, que, tout à l'heure, tu trouveras aussi bon le vin de Phlionte, qui passe pour le meilleur du Péloponèse. Mais je me flatte que celui d'Achaïe, dont je suis le producteur, est encore au-dessus. »

Quand les libations furent terminées, le repas commença. Les esclaves approchaient les assiettes et présentaient les serviettes. Par égard pour Alexandre et Ephestion, Cléotime avait prié Epaphos et Polybe de les servir : la beauté de leurs deux esclaves ne déparait certes pas celle des siens et celle des autres jeunes gens. L'aspect de la salle était surprenant ; on eût dit, au milieu de ce magnifique décor, une multiplication de Ganymède et d'Adonis, sur les lits ou servant à table.

Alexandre aimait les truffes et en avait trempé plusieurs dans divers condiments. « Je t'approuve, lui dit Cléotime. Tu sais ce que dit Platon le Comique : « Mange beaucoup de truffes cuites sous la cendre et bien imprégnées de sauce ; — Rien de préférable pour les combats amoureux. » — Selon Critobule, le médecin de Philippe, dit le grave Léonidas, c'est le fenouil qui fait sécréter le plus de liqueur séminale. Pour moi, je mange d'abord des laitues, afin qu'il m'arrive comme au vieux batelier Phaon de Lesbos, qui avait conduit Vénus gratuitement de Mytilène en Asie : devenue amoureuse de ce vieillard, elle le changea en beau jeune homme, après l'avoir fait dormir sur des laitues ou nourri de laitues. Alors je pourrai battre Evagoras au concours de beauté. — Ce Phaon, dit Cléotime, est celui qui, dans sa jeunesse, avait été ami de Sapho et qui fut la cause de son suicide. — C'est également sur des laitues que Vénus exposa Adonis mort, reprit le grave Léonidas. Au fond, je ne sais que penser des mystères de cette déesse. Si nous en croyons Thessalus de Cos, qui fut le médecin du roi Archélaüs et qui était de la corporation des Asclépiades, la semence de laitue « calme le coït et refroidit la génération ». Mais qu'aurait-il dit, ô Cléotime, de tes laitues ? Je n'en ai jamais goûté de si délicates et me sens vraiment devenir Phaon, avec un brusque appétit de génération. — J'en dois le secret à un Cyrénéen, dit Cléotime : dans mon potager, on arrose les laitues avec de l'eau miellée. Or, le miel que l'on emploie chez moi, n'est que du miel d'été, recueilli au lever de Sirius, ce qui est la qualité la plus délectable. Et comme, l'an dernier, le lever de Vénus a eu lieu le même jour, ce miel ressuscite les forces. »

L'intendant de Cléotime, entre deux joueurs de flûte, remit à Alexandre une grande tablette d'érable où étaient inscrits, dans la cire, les noms de dizaines de plats. « J'ai commandé ce qui m'a paru digne de toi, fils de Philippe, dit Cléotime ; mais, si l'un des plats inscrits sur ces tablettes et qui n'est pas du menu, te plaît particulièrement, ordonne-le et les cuisiniers te le prépareront. » Alexandre fut charmé de ce comble de luxe. « Je t'en prie, Cléotime, dit-il. Le choix que tu as fait, est le mien. — Tu peux te fier à mon cuisinier, dit l'hôte : il est d'Elis et sait à quoi cette réputation l'engage. » Le grave Léonidas cita des vers d'une comédie récente d'Antiphane, énumérant ce qu'il y avait de meilleur : « Cuisiniers d'Elis, chaudrons d'Argos, — Vin de Phlionte, tapis de Corinthe, —

Poissons de Sicyone, joueuses de flûte d'Egium, — Parfums d'Athènes, anguilles de Béotie. »

Des esclaves, toujours accompagnés de joueurs de flûte, arrivèrent en portant, deux par deux, un grand plat de terre cuite, dans lequel des poissons et des crustacés vivants tressautaient ou remuaient : c'étaient des homards, des langoustes, des rougets, des soles. « On vient juste de les retirer d'un vivier, dit Cléotime, et l'on va les faire cuire, comme il était prévu. — Heureusement que nous ne sommes pas pythagoriciens, fit Léonidas : sinon, le rouget nous serait interdit. — Nous avons déjà manqué à Pythagore en mangeant du jambon, fit Alexandre, puisqu'il interdisait la viande, mais tu sais que j'observe bien des préceptes de ce sage. — Je lui ai manqué de même, dit Ephestion, car j'ai uriné contre le soleil, dans le gymnase. Mais Alexandre et moi, nous ne vénérerons jamais que jusqu'à un certain point le philosophe de Samos, car il prétendait avoir vu, durant une de ses vies antérieures, l'âme d'Homère suspendue à un arbre des enfers et entourée de serpents, en punition de ce que le poète avait écrit d'indécent sur les dieux. — Platon, dans sa *République,* dit Léonidas, a aussi attaqué, comme des leçons d'immoralité pour les enfants, de nombreux passages de *l'Iliade.* — Indécent ! immoral ! s'écria Alexandre. Homère est-il l'un de ces poètes qui amusent Cléotime ? »

« Reconnais, Alexandre, qu'en fait de cuisine, reprit Léonidas, ses héros brillaient plus par le courage que par le goût : jamais ils ne mangent de poisson et pourtant ils sont toujours près de « la mer poissonneuse » ou en train de naviguer ; jamais de volaille, bien qu'ils nous parlent souvent des oiseaux ; jamais de légumes ni de pâtisseries. Toujours « un dos de brebis et de chèvre grasse, — Et l'échine d'un porc gras, florissante de graisse ». — Ne raille pas cela, dit Alexandre : mon nez frémit de plaisir à ces odeurs héroïques. Il y avait évidemment d'autres mets sur la table d'Achille, mais le poète n'a cité que le plat de résistance. Imaginerions-nous Achille croquant des friandises ? Le poète a tout dit en quelques mots sur ce que l'on peut servir à une bonne table, pareille à celle-ci : « Des mets tels qu'en mangent les rois, nourrissons de Jupiter. » — C'est à juste titre, dit Cléotime, que les gourmets appellent les poissons « enfants des dieux ». Nous avons à Olympie, dans le temple de Diane Alphéenne, un tableau de Cléanthe de Corinthe, où l'on voit Neptune offrir un thon à Jupiter accouchant de Minerve. Comme la déesse sortit tout armée de la tête de son père, elle dut embrocher le thon avec sa lance. — Les dieux ne se repaissent que d'ambroisie, dit Alexandre. — Tu démontres le contraire », dit Cléotime à qui la beauté d'Alexandre, sur lequel il transférait peut-être le souvenir de ses amours avec Philippe, inspirait tant de compliments.

« Si nous additionnons tout ce que les sages nous défendent de manger, dit Léonidas, il ne nous restera pas grand-chose. Orphée proscrit les œufs parce que l'œuf est le principe du monde et les pythagoriciens non plus n'en mangeaient pas. — Je me rappelle, dit Alexandre, le débat avec Aristote sur la question de savoir si l'œuf est plus ancien que la poule. Il concluait que c'était l'œuf et se référait, du reste, à l'opinion d'Orphée. — En tout cas, dit Cléotime, Pythagore, qui prétendait ne rien manger de ce qui a vie, justifie les plaisanteries du poète comique Alexis : « Le premier qui a dit qu'aucun sage — Ne mange rien qui ait vie, était un vrai sage, — Car moi, j'arrive du marché en ne portant rien qui ait vie : — Les poissons que j'ai achetés, sont morts, — Et la viande d'agneau gras, à manger — Et à faire rôtir, — N'est pas vivante. Si quelqu'un — Me prouve qu'une seule de ces denrées ait voix ou vie, — Je conviendrai que je suis dans mon tort et que j'ai violé la loi. » »

On desservait les hors-d'œuvre pour servir le poisson. Alexandre prit un rouget, cuit dans du papyrus. Il déclara que, d'après Aristote, ce poisson était un cas unique chez les animaux, puisqu'il n'y avait que des femelles. « Tu as toujours la main heureuse, Alexandre, lui dit Cléotime : le rouget, tu le sais, ne peut être offert en sacrifice qu'à Priape. C'est donc, comme la truffe, un poisson doué de propriétés érotiques. — Le rouget est aussi consacré à Hécate, la déesse des morts, dit le grave Léonidas. C'est ce qui a fait supposer par certains qu'il avait des effets réfrigérants et le débat reste donc ouvert, comme pour la laitue. Le poète Philoxène de Leucade, le plus gourmand de son époque et qui fut le commensal de Denys le Tyran, déclare, dans son *Banquet :* « Le rouget ne veut pas être l'auxiliaire des nerfs, — Car il est né de la chaste Diane et déteste les érections. » — Nous verrons bien ! dit Cléotime. Chez nous, Diane a l'épithète de Déhanchée à cause de la danse de ce nom que dansèrent pour elle Pélops et ses compagnons, venus de leur Lydie natale. Enfin, si nous avons, à Elis, un temple de Diane Déhanchée, nous en avons un aussi de Diane Amie des garçons. Une telle qualité l'empêche de se choquer de rien et de rendre nos rougets antiaphrodisiaques. — N'oublions pas, dit Alexandre, que sa chasteté est un peu relative, s'il est vrai que son frère Apollon l'ait violée à Délos. »

Il vanta, non seulement la fraîcheur de ses rougets, fraîcheur dont on avait eu la preuve, mais leur qualité. On en eut l'explication par Cléotime : les poissons que l'on mangeait chez lui, étaient pêchés sur un fond de galets ou de sable, le long des golfes de Patras ou de Corinthe, notamment près de Sicyone, pour justifier le vers d'Antiphane ; des courriers les lui livraient dans des vases remplis d'eau de mer. Le grave Léonidas, qui avait choisi une sole, dit que ce poisson était bien surnommé la « sandale de Jupiter ». Ephestion loua l'une des sauces servies avec ces poissons. « La recette, dit Cléotime, en a été enseignée à mon cuisinier par le poète sicilien Archestrate de Géla qui parcourt le monde à la recherche des bons plats, d'abord pour les déguster, ensuite pour les chanter, imitant Philoxène de Leucade Il y a cinq ans, aux derniers jeux Olympiques, il a lu, au stade, son poème *la Vie de délices,* spirituel commentaire de son expérience gastronomique. — Autres temps, autres mœurs, dit Alexandre. Jadis, Hérodote lut, au même endroit, son *Histoire.* — L'histoire de notre temps, fils de Philippe, dit Cléotime, ce sera la tienne. »

Le troisième service était composé de faisan rôti, de civet de lièvre, de porc farci et de chevreuil, — une nouveauté pour Alexandre et pour Ephestion, le chevreuil n'existant qu'en Elide. Ces viandes étaient accompagnées de tubercules d'asphodèle cuits dans l'huile, d'oignons et d'une sauce au silphium. « Il faudrait un troisième appétit, pour te faire honneur, dit Alexandre à Cléotime. J'ai été habitué à la sobriété, même si mon père n'est pas sobre. — Leur ancêtre Hercule, dit le grave Léonidas, fut le plus grand mangeur qu'il y eut jamais sur la terre, à telle enseigne que son appétit est un sujet de plaisanteries faciles pour les poètes comiques. Dans ma jeunesse, on jouait encore à Athènes le *Busiris* d'Epicharme, où figure cette description d'un repas d'Hercule : « D'abord, si tu le voyais manger, tu mourrais d'effroi. — Son gosier retentissait de rugissements ; — Sa mâchoire s'agitait avec fracas ; — Il fait craquer ses molaires et grincer les canines. — Le souffle sort en sifflant de son nez — Et il remue les oreilles comme les quadrupèdes. » — Ton Epicharme a pris ces détails dans Pindare, dit Alexandre. Je ne peux donc que m'incliner devant un pareil appétit, comme devant les douze travaux. »

« Ce qui me plaît chez Hercule, dit Cléotime, ce ne sont pas ses douze travaux, mais ses vingt-quatre mignons. — Par Hercule, s'écria Alexandre, vingt-quatre ? Je ne lui connaissais que son neveu, cocher et écuyer Iolas, en dehors d'Achille, que tu m'as fait découvrir en intégralité. — Pour le nombre, reprit Cléotime, Apollon, le plus beau des dieux, l'emporte seul sur Hercule : il eut vingt-sept aimés. Bacchus n'en a eu que dix, en comptant Achille, lui aussi. — Cléotime, dit Alexandre, tu es un vrai maître d'école en pédérastie. L'apologue de Prodicus, relaté par Socrate dans *les Mémorables* de Xénophon, décrit mon ancêtre Hercule, au sortir de l'enfance, rencontrant la Volupté et la Vertu, dont chacune lui offre d'être son guide. La Volupté lui promet, entre autres choses, des « garçons qu'il aura beaucoup de plaisir à fréquenter ». Or, s'il en eut vingt-quatre en suivant la Vertu, combien en aurait-il eu en suivant la Volupté ? — Je relèverai pourtant, dit Cléotime, que, selon toutes les apparences, il fut plutôt l'aimé que l'amant du roi de Tirynthe, Eurysthée, qui lui imposa les douze travaux. »

« Au sujet de Bacchus, continua l'Eléen, il y a une plaisante histoire, qui ne se mentionne que dans une école comme la mienne. Tout jeune, il cherchait le chemin des enfers, près du marais de Lerne, afin d'aller voir sa mère morte, Sémélé, et il rencontra un jeune paysan, Prosymne, lequel ne consentit à le renseigner que s'il se donnait à lui. Bacchus accepta, descendit aux enfers et, au retour, demanda de ses nouvelles On lui dit qu'il était mort, peut-être de bonheur. Le dieu, en mémoire de l'acte qu'il avait subi, tailla un phallus dans une branche de figuier et s'en servit comme si c'était Prosymne. » Les vingt-deux convives éclatèrent de rire. « A Lerne, reprit Cléotime, un grand bois sacré, aux magnifiques platanes, qui s'étend jusqu'à la mer, est, chaque année, le théâtre des mystères dits Lernéens, célébrés en l'honneur de Bacchus et de Cérès, qui s'y trouve associée : la déesse y est étrangement surnommée Prosymnie. Ces mystères se célèbrent la nuit, aux flambeaux. On évoque la sortie de Bacchus du fond du marais ; on y jette un agneau destiné au gardien des enfers ; on joue des airs funèbres avec des trompettes enveloppées de feuillage et ensuite des airs joyeux de résurrection. Il va sans dire que tout mâle y remplit l'office de Prosymne ou de Bacchus. »

« Les Eléens, dit Euxithée, se targuent de quelque chose d'unique : l'un d'eux est le seul mortel qui ait fait des avances à Jupiter. Il s'agit d'Endymion. C'était un jeune prince de l'Elide, que Jupiter avait immortalisé pour sa beauté, comme Ganymède, mais sans lui donner le même rôle. Jaloux de ce dernier, Endymion voulut s'emparer de sa place et porta la main sur le sexe de Jupiter. Indigné, le roi des dieux précipita Endymion du haut du ciel et l'endormit pour trente ans dans une grotte du mont Latmus, en Carie. Chacun sait que la Lune en devint amoureuse : elle le réveilla assez pour qu'il lui fît cinquante filles et elle obtint le retour dans l'Olympe de cet éternel jeune homme, père d'une famille nombreuse. Nous avons son tombeau de simple mortel devant la barrière du stade et, dans l'enclos sacré, le trésor de Métaponte possède sa statue. Mais tout le monde ne sait pas qu'Hypnus, le dieu du sommeil, en avait fait son mignon, à l'insu de la Lune. — C'est pour cela que la Lune eut tant d'enfants », dit Ephestion.

Si Alexandre était plus insatiable de poésie et de légendes que de viandes, Epaphos guettait, depuis un moment, les testicules de porc servis à son maître. Sans doute enviait-il Polybe, à qui Ephestion venait de lancer une vulve de truie : le cuisinier avait dit au petit esclave que c'était celle d'une coche qui venait d'avoir, avant terme, sa première portée, ce qui en faisait un morceau de choix. Alexandre jeta à Epaphos les testicules de porc. Le grave Léonidas savourait une caille en rappelant qu'Hercule, près de mourir, fut ranimé par une caille qu'il mangea.

On enleva les tables, on balaya les débris qu'avaient laissés les chiens. Les plus jeunes esclaves, tenant un broc d'or et un bassin d'argent, lavèrent les mains des convives avec de l'eau tiède à l'iris, les leur essuyèrent avec des serviettes de lin blanc, les leur parfumèrent, ainsi que les cheveux et la poitrine, avec de la myrrhe, les couronnèrent de lierre pour prévenir l'ivresse et leur placèrent sur les épaules une guirlande de roses. La coupe d'or réservée au vin pur ayant été remplie, on la présenta à Alexandre qui en répandit de nouveau quelques gouttes, mais en l'honneur du Bon Génie.

C'était du vin de Phlionte. Alexandre le jugea excellent. Une flûte jouait l'air rituel. On apporta d'autres tables, où l'on avait artistement arrangé, sur des plats de cristal de roche, des coings au miel, des figues confites, des pommes, des grenades et du raisin, entourés de dattes, de baies de myrte et de pignons de pin. La seconde partie du repas commençait : le dessert, la beuverie, l'orgie et le divertissement. Les convives, altérés, attendaient ce moment avec impatience. Selon l'usage, on avait, en effet, mangé sans boire, même pas de l'eau.

Les convives chantèrent en chœur le péan, hymne de joie, comme de victoire, hymne d'Apollon, comme du dieu de la guerre. On termina en criant trois fois « Ié, ié, péan ! » Alexandre fut proclamé roi du banquet, puisque c'était maintenant le vrai banquet, et roi de la beuverie. Cléotime lui fit remettre, sur un plateau d'argent, un rameau de myrte et un sceptre de bronze, dont l'ornement terminal représentait, finement ciselé, un philosophe étroitement uni par-derrière à son disciple, qu'il caressait par-devant avec la main. « Excuse mon audace de te pourvoir d'un tel sceptre, toi qui auras un jour le sceptre à fleur de lis de la Macédoine », dit Cléotime au fils de Philippe. Chacun but de nouveau, après Alexandre, une gorgée de vin pur dans la coupe d'or. Cette fois, c'était d'un cru d'Achaïe, produit par les vignes du riche Eléen. Alexandre lui fit plaisir en déclarant son vin supérieur à celui de Phlionte et digne d'Homère, comme celui de Maronée.

Entrèrent des acrobates, des citharistes, des danseuses et des prêtres de Cybèle, armés de leurs fouets. Alexandre était surpris de voir même des femmes parmi les acteurs du divertissement : danseuses aux seins moulés, aux longues robes semées d'étoiles ; joueuses de double flûte, qui portaient une jugulaire de cuir autour de la tête pour ménager leur souffle. Cléotime avait fait sa part au sexe féminin. Les prêtres évoluaient lentement autour des tables, sur le rythme encore mineur des flûtes ; danseurs et danseuses se mouvaient lascivement, plutôt qu'ils ne dansaient : l'orgie n'aurait lieu que lorsque les convives seraient saisis par l'esprit de Bacchus.

Pour faire durer le plaisir, les esclaves ne servaient plus de vin pur. Ils remplissaient les coupes d'un mélange opéré dans un grand vase, où l'intendant mettait tant de mesures de vin tirées d'un autre vase, et tant de mesures d'eau puisées à un troisième. Pour ceux qui le désiraient, on ajoutait à la boisson de la neige, que Cléotime faisait conserver au plus profond de ses caves, entourée de paille ou de laine brute, sous des branches de chêne. A table, Alexandre buvait tiède ou même chaud. Il devait cette habitude à Critobule, qui suivait le précepte d'Hippocrate de donner un peu de vin avec de l'eau chaude aux enfants. Aristote, lui aussi, condamnait l'eau de neige et encore plus celle qui provient de la glace fondue. Il citait un des préceptes des Asclépiades : « Pour ceux qui boivent tiède, la vie est longue. » Les convives burent successivement trois rasades, la dernière en l'honneur de Jupiter Sauveur. Après quoi, l'on entonna derechef le péan.

« C'est à toi que je donne d'abord la parole, dit Alexandre en tournant le sceptre vers Cléotime. — Ce sera pour que nous portions ta santé », dit le maître de maison. Aussitôt, les esclaves versèrent dans les coupes autant de cuillerées de vin pur qu'il y avait de lettres au nom d'Alexandre. « Vis bien ! » disait-on, chaque fois que l'on vidait la coupe, d'un seul trait. « Et maintenant, la santé de Cléotime ! » dit Alexandre. Suivirent celles d'Ephestion, du grave Léonidas, d'Hécatée, d'Euxithée, d'Aristechme, d'Evagoras, d'Aristocrate et de Cinésias, son compagnon de lit.

Aristechme, voisin d'un éphèbe nommé Euryale, lui déclama les vers d'Ibycus de Regium, adressés à un garçon de même nom : « ... Vénus et la Persuasion aux aimables paupières — T'ont nourri dans les fleurs des roses. » Le grave Léonidas le remercia d'avoir cité ce fameux poète, qui avait été assassiné en se rendant aux jeux Olympiques. Ses assassins y furent dénoncés par une intervention divine. « Voilà les témoins d'Ibycus ! » dit l'un d'eux en apercevant des grues au-dessus du stade. Le propos fut entendu par un spectateur qui avait connaissance du meurtre ; les assassins furent arrêtés et avouèrent que le fils des Muses, en périssant sous leurs coups, dans le chemin de Mégare à Corinthe, avait pris à témoin un vol de grues.

« Ibycus, dit Cléotime, venait de cette région d'Italie où se trouve la voluptueuse Sybaris, avec laquelle l'Elide était en rapports, jusqu'à ce que ses voisins, les habitants de Crotone, eussent détruit cette ville. Tu sais, évidemment, Alexandre, l'anecdote du Sybarite qui n'avait pu dormir parce qu'un pétale d'une des roses dont son lit était semé, s'était plié. On raconte, du reste, la même chose de l'Amour. Les Sybarites avaient habitué leurs chevaux à danser au son des flûtes, et c'est ce qui causa la perte de Sybaris. Les Crotoniates avaient appris l'air sur lequel dansaient ces chevaux. Ils marchèrent à la bataille avec un grand nombre de joueurs de flûte et la cavalerie des Sybarites, clouée sur place, se mit à danser. Les vainqueurs furent punis plus tard pour un sacrilège. S'étant emparés d'une autre ville et l'ayant ravagée, ils exposèrent nus dans les temples les garçons, les filles et les femmes, dont chacun pouvait abuser à sa fantaisie. Jupiter les foudroya. — L'Italie du Sud est fertile en histoires de cette sorte, dit le grave Léonidas. Aristodème, un tyran de Cumes, s'était sans doute inspiré des mœurs de Sybaris et de Crotone. Pour énerver la jeunesse et vivre en paix sans craindre les complots, il avait prescrit que tous les garçons, jusqu'à vingt ans, fussent habillés et élevés comme des courtisanes. Ils avaient des robes brodées ou des tuniques transparentes, les cheveux longs, teints en blond, frisés et serrés dans des résilles, sortaient avec des parasols et des éventails, n'assistaient qu'à des spectacles chorégraphiques, à des concerts et à des pièces licencieuses, étaient servis par des femmes qui les baignaient, les lavaient, les parfumaient. Tant de précautions n'empêchèrent pas Aristodème d'être tué par l'un d'eux. »

Après les fruits, on servait les fromages · fromage blanc de Cythnos, le plus apprécié, parce que cette île des Cyclades abondait en cytise, dont se nourrissaient les brebis ; fromage de Syracuse ; fromages d'Asie mineure et fromage de la Chersonèse de Thrace, le préféré d'Alexandre, — la Thrace orientale était la dernière conquête que son père était en train d'achever en assiégeant Byzance. Puis, les esclaves firent passer de main en main la coupe de la Santé, dont la forme étonna Alexandre : en Elide, ce vase de terre cuite ressemblait à deux fesses, avec un goulot resserré ; on l'appelait un éphèbe.

Les sons des flûtes et des cithares se ranimaient. Les prêtres de la Mère des dieux faisaient siffler leurs fouets, les danseurs retentir leurs castagnettes ; les danseuses se balançaient harmonieusement. Soudain, imitant les esclaves de Cléotime, danseurs et danseuses se mirent nus. On constata alors que les prétendues danseuses étaient des jeunes gens qui avaient des seins modelés en cire, attachés par des lanières, et le membre recouvert d'une toison, attachée de même. Les danseurs avaient posé leurs castagnettes pour être plus libres de leurs bras, qu'ils agitaient en mimant des caresses, devant les danseuses qui, le ventre en avant, feignaient tour à tour de s'offrir et de se refuser. Faux seins et toisons flottantes rendaient le spectacle très comique. Mais les acteurs se contentaient de gestes et d'attitudes, sans passer aux actes. Sans doute Cléotime avait-il prévu une gradation, comme pour le vin.

A chaque pause, Alexandre faisait boire à la santé d'un convive en le désignant par son nom. Cela produisait de nouvelles rasades de vin trempé, chaud ou froid. Les esclaves avaient enlevé les tables de fromages pour en apporter d'autres, où l'on voyait des noix, des amandes, des gousses d'ail, des graines de mauve et d'asphodèle rôties, du silphium, du sel pilé avec du thym, des gâteaux salés, des câpres, des pois chiches grillés, de la menthe, du basilic, de la coloquinte, bref, tout ce qu'il fallait pour inciter à boire, sans oublier des oignons, — « l'oignon, aliment pour le breuvage », a dit Homère. Il y avait aussi des gâteaux secs, recouverts d'une substance blanche, aussi suave que le miel et qu'Alexandre goûtait pour la première fois. « C'est du sucre, lui dit Cléotime : il vient d'un roseau originaire de l'Inde et de la Babylonie, mais qui croît également en Sicile et dans quelques parties du Péloponèse. — « La friandise est douce, — Même après une chère opulente », dit Pindare, déclara Alexandre. Mais souviens-toi que nous avons déjà beaucoup bu. Ma vessie est gonflée comme ton vase l'éphèbe. »

A un signal de Cléotime, les esclaves arrivèrent avec des pots de chambre en or, en argent et en bronze, pour faire uriner les convives selon leur dignité. Au lieu que, dans les festins ordinaires, ceux-ci pratiquaient eux-mêmes cette opération, les esclaves de Cléotime avaient ordre de la provoquer. Ils dégageaient le membre, le tenaient sur le bassin, le pressaient pour en exprimer les dernières gouttes, le secouaient doucement pour lui causer une sensation agréable, l'essuyaient avec du byssus, le parfumaient de myrrhe.

La danse commença : les danseurs et les fausses danseuses, en deux groupes distincts, des couronnes à la main, se cambraient, agitaient toujours les bras, renversaient la tête. Puis, ils firent une farandole autour des tables, en se tenant par les couronnes, qu'ils déposèrent ensuite au pied du lit d'Alexandre. Aussitôt après, ce fut une danse échevelée avec des mouvements de hanches, qui simulaient le coït. Toisons et seins postiches étant tombés, les danseuses redevenues danseurs, présentaient la croupe et non plus le pubis.

« Ne t'y trompe pas, Alexandre, dit Cléotime ; c'est une danse religieuse de l'Elide : celle de Diane Déhanchée, dont je parlais. » En fait de danse lascive, Alexandre avait été à bonne école, qu'il s'agît de danses religieuses ou de danses de festins. Olympias avait dansé souvent pour lui comme dans les mystères de Bacchus, comme dans ceux de Samothrace, auxquels elle était également initiée, ainsi que Philippe, — c'est à Samothrace qu'ils s'étaient connus, — et comme dans ceux de la déesse Cotytto, chère aux Thraces et qui est pour eux l'équivalent de Vénus Vulgaire. Enfin, la danse même, dite la déhanchée, aggravation de celle qui était propre aux cérémonies religieuses, était dansée aux festins de Philippe : Démosthène, dans sa seconde *Olynthienne,* en accusait le roi comme d'une infamie. On dansait aussi chez le roi la renversée, la secoueuse, la gonfleuse et la phallique, dont les noms indiquaient assez les attitudes, dignes de la déhanchée.

« A propos de Diane, reprit Cléotime, son viol par son frère, que tu rappelais, ô Alexandre, ne l'empêcha pas de porter l'épithète de « sainte ». J'oubliais de te dire qu'à Létrins, en Elide, elle faillit être violée par Alphée, le dieu-fleuve, d'où son surnom d'Alphéenne. Amoureux d'elle, il allait la voir danser avec les nymphes, dans cette localité qu'elle affectionnait et, une nuit, gagna furtivement l'endroit où elle dormait en leur compagnie. Mais Diane, qui s'était doutée de son dessein, s'était barbouillé le visage et en avait fait autant à ses compagnes. Alphée ne sut pas la reconnaître et s'éclipsa. Elle a un temple et un bois sacré à l'embouchure de l'Alphée, où se célèbrent de grandes fêtes, à la fin des jeux Olympiques. Il y a, là aussi, un bois sacré de Vénus, ce qui permet aux pèlerins de faire tout ce qu'ils n'oseraient pas dans le bois de Diane. En Grèce continentale, l'Elide est le seul pays qui ait un bois sacré de Vénus, lieu de toutes les délices, avec l'Arcadie à Trophéa et l'Etolie à Œanthée, près de Naupacte. Mais en Elide, même Minerve est plus affranchie qu'ailleurs : les éphèbes vont lui rendre hommage, dans son temple d'Elis, après leur concours de beauté. — Cette année, dit Evagoras, c'est moi qui marchais en tête, portant les insignes de la déesse ; le deuxième menait le bœuf qu'on allait lui sacrifier et le troisième plaça les prémices sur l'autel. »

« « La danse et le chant sont l'ornement d'un festin », selon Homère, dit Léonidas. Nous avons eu la danse : il nous reste maintenant à chanter. — A toi le rameau de myrte », lui dit Alexandre. Le digne surintendant fut surpris. Sans doute ne s'était-il pas attendu à chanter le premier, mais, encouragé par les nombreuses coupes de vin, pur ou trempé, il accepta le rameau de myrte que l'on devait tenir en chantant. Un esclave lui donna la coupe qui, dûment remplie de vin pur à chaque fois, repassa de main en main, Alexandre ayant bu le second. Léonidas pinça la cithare de bois léger où étaient tendus sept boyaux de brebis, et se mit à chanter une strophe de l'*Hélène* d'Euripide. Il savait que cela ferait plaisir à Alexandre :

« Auprès de l'eau violette, — Je me trouvais sur l'herbe frisée, — Faisant sécher sur les tiges de jonc — Des manteaux de pourpre, — Aux rayons d'or du soleil. — Là, j'ai entendu un cri lamentable, — Un chant de deuil sans lyre, — Qu'a poussé la Laconienne, — En proie aux gémissements, — Ainsi qu'une nymphe, — Ou une naïade, — Jetant aux montagnes un air fugitif qui gémit, — Appelle par des cris, — Sous les rochers creux, — Les noces de Pan. »

On applaudit ce tableau poétique, dans lequel l'hommage aux dieux s'unissait aux actes de la vie la plus simple. Toutes les coupes, furent remplies de vin trempé, après que l'on eut rempli de vin pur la coupe circulante. « A toi, notre hôte, dit Alexandre. La tige de myrte et la cithare à Cléotime. — Je chanterai en ton honneur, ô Alexandre, dit-il, un poème de Pindare. Je n'en partage pas les regrets, car j'ai aimé dès l'âge que tu as, mais je ressens toujours l'enthousiasme et la force de cet âge-là. » Il chanta en s'accompagnant : « Mon âme, il me fallait cueillir l'occasion des amours quand j'en avais l'âge, — Mais qui verrait sans être gonflé de désir — Les rayons du visage marmoréen de Théoxène, — Aurait un cœur noir, forgé en fer — Ou en bronze dans un feu de glace... — Mais moi, comme la cire des abeilles sacrées, — Mordue par la chaleur, je fonds, — Dès que je vois la grâce des garçons au seuil de la puberté ». On applaudit de nouveau.

« A toi, Alexandre ! dit Ephestion. — Tu usurpes mes prérogatives de roi du banquet, dit le fils de Philippe, mais je n'ai rien à te refuser. » On lui rendit la tige de myrte et Cléotime demanda que tout le monde vidât une grande coupe du meilleur, afin de mieux crier : « Vis bien ! » « Ce que vous allez entendre, dit Alexandre, c'est ce qu'entendirent Démosthène et Eschine, quand ils vinrent en ambassade auprès de mon père, dans ma onzième année. J'avais chanté devant eux le poème d'Anacréon pour Bathylle et je le chanterai toujours pour Ephestion. » Il pinça, lui aussi, la cithare, en vue de se faire l'oreille, et dit :

« Peins-moi Bathylle, — Mon compagnon, tel que je vais le décrire. —

Fais les cheveux brillants, — Bruns en dedans, — Couleur du soleil à l'extrémité. — Laisse les boucles libres — Et sans aucun ordre, — Et reposant comme elles veulent. — Qu'un sourcil plus sombre que celui des dragons — Couronne un front délicat — Et frais comme la rosée. — Que l'œil noir soit perçant, — Mêlé de sérénité, — Blessant comme s'il était de Mars et de la belle Cythérée, — De sorte qu'en même temps on le craigne — Et il rallume l'espoir. — Fais la joue de rose, — Pareille à une pomme, — Et, autant qu'il est possible, — Ajoutes-y la rougeur de la modestie. — Je ne sais de quelle manière — Tu feras les lèvres, — Délicates et pleines de persuasion. — Que la cire elle-même soit tout, — Pour qu'elle se taise en parlant. — Que le visage soit — Sur un cou d'ivoire, passant celui d'Adonis. — Fais la poitrine — Et les deux mains de Mercure, — Et les cuisses de Pollux — Et le ventre de Bacchus. — Et, sur ses cuisses charmantes, — Sur ces cuisses qui ont du feu, — Peins un membre délicat, — Qui veut déjà la déesse de Paphos. — Mais l'art est jaloux de toi, — Car tu ne peux montrer le derrière. — C'est ce qu'il y a de plus précieux. — Maintenant, me faut-il décrire les pieds ? — Prends autant d'argent que tu as demandé. — Mais peins Bathylle, — En t'inspirant de cet Apollon, — Et, si un jour tu viens à Samos, — Tu peindras Phébus d'après Bathylle. »

Ephestion avait écouté avec ravissement cette déclaration publique d'amour. Il baisa Alexandre sur la bouche, comme en présence du comité olympique. Jamais la chère voix, impérieuse et bien timbrée, n'avait eu d'accents plus voluptueux que dans cette maison de Cléotime, parmi tous ces beaux objets et tous ces beaux garçons. Ce n'était pas en présence de son père, de Démosthène, d'Eschine et des autres ambassadeurs d'Athènes qu'il aurait pu chanter ainsi ces vers d'amour. Ephestion pensait à ce que Philippe, peut-être jaloux, avait dit à son fils, après les lui avoir entendus chanter, l'année dernière, à la fin d'un repas : « N'as-tu pas honte de chanter si bien ? » Alexandre n'ignorait pas non plus le mot du philosophe Antisthène sur l'excellent joueur de flûte Isménias : « S'il valait quelque chose, il ne jouerait pas si bien de la flûte. » En tout cas, quoique les cuisses ne fussent pas seules de la fête, il ajouta, ce soir, que le poète n'aurait pas dû finir par les pieds. « Mais si ! s'écria Cléotime. De jolis pieds sont la base de la statue qu'anime notre amour. »

« Ces vers d'Anacréon, continua-t-il, nous resteront doublement chers, par ces lèvres qu'Ephestion vient de baiser. Cette tendresse nous émeut en nous rapprochant de vous. » Alexandre remercia Cléotime de ses paroles. « Certes, dit-il, j'aime Euripide et Homère par-dessus tout ; mais Anacréon représente justement ma tendresse et je me trouverais à plaindre si je ne l'aimais pas. Je ne conçois que la gloire, mais j'aurais pu, ainsi que toi, Cléotime, ne concevoir que le plaisir. Il faut, même si l'on a la passion des armes, cultiver la grâce, comme on cultive l'amour. Ce qui me plaît chez Anacréon, c'est ce repos qu'il nous donne et où l'on souhaiterait se laisser vivre. Je pourrais dire après lui : « Donnez-moi la lyre d'Homère, — Sans la corde du meurtre », puisque je serai un guerrier. Son ode *A la rose* compense les carnages de *l'Iliade* et les horreurs des tragédies. Son vers : « Que deviendrait-on sans la rose ? » est un des plus beaux qui aient jamais été écrits. La rose d'Achille, c'était Patrocle. » Alexandre détacha une feuille de rose de la guirlande qu'il avait autour du cou et la fit claquer entre ses doigts pour consulter ce que l'on appelait « l'oracle des amants ». Le son fut très clair : « Oui je suis aimé, dit-il en riant. — Personne n'en doute, dit Cléotime. Mais, l'air que tu as joué, fils de Philippe, est-il de toi ? — Oui, dit Alexandre, avec la collaboration de mes maîtres de musique. — Tu es extraordinaire en tout, reprit Cléotime. Ephestion avait raison de dire que tu joues de la cithare comme Apollon. Ton air n'est d'ailleurs pas une simple mélopée, ainsi que le sont la plupart des airs grecs. Il n'est pas non plus sur le mode lydien et comporte des octaves nouvelles, des entrelacs voluptueux. Tu as fait nos délices. »

« C'est à moi que vous avez dû d'écouter Alexandre jouer de la cithare, dit le grave Léonidas. Je la lui ai fait apprendre et je l'ai défendue, même contre son père et ensuite contre Aristote, qui interdit la cithare et la flûte dans l'éducation et qui, je ne sais pourquoi, trouve la lyre plus virile. Élevé à Athènes, j'ai apprécié la cithare, qui était enseignée à l'Académie de Platon. Je suppose que c'est pour se distinguer de son maître, en cela comme en d'autres choses, qu'Aristote est d'une opinion différente, soit dit avec tout le respect que je lui dois. — Ce que Léonidas vous tait, déclara Ephestion, c'est qu'Alexandre ne se plia pas sans mal aux règles de cet art, qu'il pratique aujourd'hui à merveille. Dans l'une de nos premières leçons, il s'écria avec impatience, lorsque son maître le priait de pincer une corde plutôt qu'une autre : « Eh ! qu'importe que je pince l'une ou l'autre ? » Son maître de musique eut la sagesse de lui répliquer : « Cela importe peu pour qui doit être roi, mais beaucoup pour qui veut jouer de la cithare. » » Tout le monde rit. « Et moi, dit Alexandre, je me rappelle que j'ai regardé mon maître avec l'air d'Hercule qui tua son maître Linus d'un coup d'archet pour une remarque semblable. Mais, la minute d'après, je l'embrassai. Il ne faut pas tuer ses maîtres. J'aime la cithare, parce qu'elle est l'attribut d'Erato, Muse de la poésie érotique. — Platon l'appelle « la Muse des choses de l'amour » », dit Léonidas.

« Dès lors que tu as chanté des vers d'Anacréon, ô Alexandre, dit Cléotime, et que j'en ai récité d'Ibycus, honorons la mémoire de Polycrate, le tyran de Samos, qui reçut à sa cour ces deux poètes. Lui aussi aimait les garçons et eut une querelle avec Anacréon à propos de l'un d'eux. Avant d'être tyran, il avait eu Pythagore pour mignon C'est la seule aventure pédérastique que l'on connaisse de l'illustre philosophe » La coupe circulaire reparut pour que l'on bût une gorgée de vin d'Achaïe « « Le vin, lait de Vénus », d'après Aristophane », dit le grave Léonidas, les yeux clos, quand il se fut humecté.

Alexandre tendit le rameau de myrte et la cithare à Ephestion. « Fils d'Amyntor, lui dit-il, j'ai soif de ta voix plus que de vin d'Achaïe. —Mon chant sera court, dit Ephestion. Ce sont également des vers d'Ibycus, dont le nom est à jamais lié aux jeux Olympiques. Le poème, dans sa brièveté, a autant de force qu'aucun de ceux que la passion des filles a inspirés à Sapho. » Il préluda, puis chanta :

« A moi jamais, en aucune heure, — L'amour n'accorda de repos — Comme le vent de Thrace, — Tout flamboyant d'éclairs, — Il s'élance d'auprès de Vénus, — Sombre de fureur desséchante, — Puissant de confiance. — Par un garçon, il secoue — Mes esprits. »

Ephestion répéta les deux derniers vers à voix basse, en se penchant à l'oreille d'Alexandre qui lui rendit son baiser. Et tous d'applaudir encore. « A propos de Sapho, dit Cléotime, je ferai remarquer que l'amour dont elle s'est faite la Muse, n'est pas entré dans l'Olympe. Alors que presque tous les dieux ont eu des aventures avec des garçons, aucune déesse ne nous est citée pour en avoir eu avec des filles. Cela semblerait vouloir dire que les filles exercent moins d'attrait sur les femmes que les garçons sur les hommes. »

« Alexandre, poursuivit Cléotime, je te demande une grâce que tu ne me refuseras pas : après que nous avons entendu ta voix et celle d'Ephestion, ne prie aucun de nous de chanter. Nous garderons mieux ainsi toute notre vie le souvenir de la joie dont nous vous sommes redevables. Quand Apollon et Hyacinthe ont pincé la cithare, il n'est plus permis à personne de la toucher. Cet instrument restera un objet sacré. Peut-être moi seul, dans des moments de solitude, le ferai-je résonner quelquefois, pour évoquer cette nuit divine. — Je suis sensible à ta requête, dit Alexandre, mais je ne t'obéis pas. Ton bonheur sera plus complet, si, à la voix d'Ephestion, à la mienne et à la tienne, se mêle le souvenir de celle d'Evagoras. » Plus flatté qu'il ne voulait le dire, Cléotime s'inclina.

Evagoras, rouge de plaisir, reçut le rameau et la cithare. « Je vais vous chanter des vers de Théognis, dit-il, comme nous les chantons dans les banquets, à Mégare. Ils sont dédiés à son mignon Cyrnus :

« Je t'ai donné des ailes qui te porteront facilement, — Au-dessus de la mer illimitée et sur toute la terre. — Tu seras de tous les festins, couché sur les lèvres de beaucoup. — Et, aux accords harmonieux des flûtes, les aimables jeunes gens, — Avec grâce, te chanteront des choses belles et aiguës... — Même mort, tu ne perdras pas ta gloire... — Tu vivras aussi longtemps que la terre et le soleil. » On applaudit. « La gloire de Cyrnus, dit Cléotime, c'est que son nom ait résonné aux oreilles d'Alexandre, sur les lèvres d'un jeune Mégarien, vainqueur en beauté et en baisers. »

« Sais-tu d'autres vers de Théognis? demanda le fils de Philippe à

Evagoras, pour être agréable à son hôte. — Oui, ô Alexandre, dit le garçon avec enthousiasme. Voici ceux que préfère Cléotime :

« Il est doux d'aimer les garçons, puisque jadis aussi, de Ganymède — S'est épris même le fils de Saturne, roi des immortels, — Et, l'ayant enlevé, il le fit entrer dans l'Olympe et le constitua — Dieu, lui qui avait l'aimable fleur de l'enfance. » Ces vers semblaient illustrer la statue de Jupiter et de Ganymède qu'Alexandre et Ephestion avaient admirée, au cours de la visite du sanctuaire.

Les esclaves changèrent de nouveau les coupes, pour donner à boire dans des vases d'argent en forme de priapes. On les tenait par la base, qui étaient les testicules. Certains bouchaient à demi avec un doigt le large trou de l'extrémité, pour boire à la régalade ; d'autres les mouvaient dans leurs bouches pour « faire la chose de Lesbos », — la caresse inventée par les femmes de cette île. C'était le signal de l'orgie de Bacchus.

Pour que l'on pût jouir du spectacle, en dissipant les fumées du vin que la couronne de lierre ne prévenait qu'à moitié, les esclaves ajoutaient, sur le front de chaque convive, une couronne de fleurs de safran. Mais, pour exciter à l'amour, ils saupoudrèrent les fruits et les gourmandises avec le pollen de ces fleurs, qui avaient cette double propriété. Le grave Léonidas avait dit les vers de Solon : « A présent, me sont amies les œuvres de Cypris et de Bacchus — Et des Muses, qui donnent les plaisirs aux hommes. »

Une nombreuse troupe apparut. Elle était menée par les Galles, retroussés afin de se fouetter les uns les autres, et comprenait les mêmes danseurs et les mêmes fausses danseuses que précédemment : tandis que l'on avait chanté, ils s'étaient mimés en bacchants et en satyres. Ils vêtaient des peaux de bouc, de faon ou de panthère, des tuniques de paille ou de panaches de roseaux. Ils avaient des masques d'étoffe à colliers de barbe ou imberbes, à nez camus, avec des oreilles de cheval, un phallus par-devant et une queue au bas du dos ; le front serré d'une couronne de lierre ou de feuilles de vigne ; à la main des férules, des houlettes recourbées, des rameaux terminés par une pomme de pin, des miroirs, des sonnettes, des clochettes, des cymbales, des crécelles, des tambourins, des torches, des palmes de jonc tressées, des vases mystiques, symbole du sexe féminin, des corbeilles voilées où étaient cachés d'autres symboles que ne devait pas contempler le profane, mais, de temps en temps, ils soulevaient le voile pour montrer que c'étaient des figues et un phallus. Le grave Léonidas, de plus en plus poétique, murmura les vers de *la Paix* d'Aristophane : « De celui-ci la branche est grosse et grande ; — De celle-ci la figue est douce. » Aussi bien des satyres brandissaient-ils également des phallus de cuir rouge. Il y avait également, pour finir, des servants de Bacchus, dans leurs robes ou leurs tuniques à filets, qui se distinguaient de celles des devins par une agrafe représentant le masque, hilare et en broussaille, de Silène.

Ce cortège annonçait Bacchus et Ariane. A l'arrivée du dieu et de son amante, tous les convives levèrent le bras gauche en criant : « Io, évoé, Bacchus ! » Le dieu, couronné de laurier, habillé d'une longue robe jaune, s'appuyait sur un bâton chargé de raisins et enlaçait Ariane, qui avait un voile flottant et une couronne d'or et de pierreries, — telle la couronne que Bacchus fit faire par Vulcain pour la fille de Minos et qu'il plaça ensuite parmi les astres. Elle tenait, d'une main, une pelote de bandelettes de laine et, de l'autre, un vase d'huile. Il va sans dire qu'Ariane était un éphèbe, coiffé d'une perruque de femme et pourvu d'une gorge artificielle, comme les danseuses de tantôt. Deux petits garçons nus suivaient le couple. L'un portait, sur un plateau, un rayon de miel, Bacchus ayant révélé cet aliment aux hommes, comme il leur avait fait présent de la vigne et du figuier ; l'autre, qui représentait l'Amour, avait de grandes ailes attachées à l'épaule, un arc dans la main gauche et, dans la main droite, un parasol qu'il élevait au-dessus de la tête d'Ariane. Bacchus s'arrêta devant sa propre statue, puis devant celle du Bon Génie, que des esclaves, debout près de chaque piédestal, éclairaient avec des torches. Le dieu et l'amante avaient touché, au passage, le phallus de Priape : elle avait versé sur le bout un peu d'huile.

Le vacarme des instruments de musique cessa. Les joueurs de flûte se firent seuls entendre. Ariane baigna d'huile aussi le bas des piédestaux et les entoura de bandelettes, selon l'usage des épousailles. Un des satyres chanta les vers du *Cyclope* d'Euripide : « Papapa ! Etant plein de vin, — Je suis radieux de la volupté du festin... — Lançant un beau regard de ses yeux, — Le beau garçon franchit le seuil de la salle. — Etant aimé de quelqu'un, il nous aime. — Les lampes attendent ton corps — Et la tendre nymphe — S'avance vers l'antre humide de rosée. » Un autre satyre chanta un vers du même passage : « Qui m'ouvrira la porte ? » Ariane tourna la tête pour répéter, d'un air languissant : « Qui m'ouvrira la porte ? » Bacchus la pencha sur l'autel de Vesta. L'huile qui était restée dans le vase, servit à ouvrir la porte d'Ariane.

« Tu te souviens, dit Ephestion à Alexandre, de la fin du *Banquet* de Xénophon, où un jeune garçon « tout à fait beau » et une danseuse acrobate, amenés par un Syracusain, entrepreneur de ce genre de spectacles, représentent devant les convives ce que nous voyons ? Bacchus était si charmant et Ariane si jolie, avec des baisers et des ardeurs si réels, que les spectateurs furent très excités : « Ceux qui n'étaient pas mariés, jurèrent de l'être bientôt et ceux qui l'étaient, sautèrent à cheval pour rejoindre leurs femmes. » — Oui, dit Alexandre, et le bel Autolyque, vainqueur au pancrace des garçons, en l'honneur de qui son amant Callias offrait ce banquet, était, au préalable, parti pudiquement avec son père. Je ne crois pas que Phrynon, notre hôte à Athènes, père de notre ami

Autolyque, aurait eu la même discrétion et encore moins l'homonyme du mignon de Callias. »

Sur les autres lits du banquet d'Olympie, chaque couple se livrait à des ébats dignes de ceux de Bacchus, d'Ariane et de Prosymne. Evagoras était le Bacchus de Cléotime et Euryale celui d'Aristechme. Hécatée, le chef des gardes d'Alexandre, tentait de changer en Ariane Léonidas, en dépit de sa gravité. Aristocrate violait Cinésias, comme son ancêtre avait violé la prêtresse Hymnia. Les bacchants s'unissaient aux satyres, les musiciens aux musiciens ; les prêtres de Cybèle se soumettaient aux esclaves. Epaphos et Polybe, aussi troublés peut-être que leurs maîtres, restaient attentifs à servir. Aucun esclave ne s'occupant plus de ranimer les lampes, la salle se plongeait peu à peu dans une demi-obscurité. « Prends garde, fils de Philippe ! dit Ephestion en se pressant derrière Alexandre de manière à lui prouver les velléités dont le remplissait ce spectacle, qui dépassait celui du *Banquet* de Xénophon. — Prends garde, fils d'Amyntor ! dit Alexandre, qui lui guida la main en vue de lui faire constater les mêmes dispositions. Je suis prêt à sauter à cheval pour rejoindre mon épouse. — Moi aussi », dit Ephestion. Ils se levèrent afin de regagner leur appartement.

Cléotime, aussitôt, recouvra sa dignité d'hôte : il tenait à accomplir le dernier rite du banquet en présence d'Alexandre. D'un brusque mouvement, il délogea Evagoras, se drapa dans sa tunique et remit sur sa tête la couronne de lierre qui en était tombée. Mais, renonçant à obtenir un pareil sang-froid des autres convives, ni le secours des musiciens, il ramassa une flûte de lotus pour jouer l'air du péan final. Rares furent ceux qui répondirent avec Alexandre et Ephestion : « Ié, ié, péan ! » Le grave Léonidas, sous l'étreinte d'Hécatée, prononça ces mots d'une voix pâteuse. Cléotime, suivi d'Evagoras, qui conservait l'état glorieux de Priape, se dirigea vers l'autel de Vesta, contre lequel se pâmait Ariane. Il y fit, impeccablement, l'ultime libation avec un vase d'or en forme de barque. Puis, il brûla la langue de bœuf que l'on avait laissée à part en l'honneur de Mercure, pour procurer de beaux songes à ceux qui venaient de fêter Bacchus, — « De beaux songes, ajouta-t-il, où l'on revoit son bien-aimé. »

Alexandre et Ephestion sortirent de la salle, où l'obscurité et les cris de volupté allaient croissant. Ils montèrent « le long escalier », qui n'était pas celui de la maison de la chaste Pénélope. Epaphos et Polybe préparèrent vite le bain, pendant que leurs maîtres se frottaient les dents avec la cendre de murex. Après les avoir lavés et oints de myrrhe, ils se hâtèrent vers leur chambre, ayant le même désir qu'eux d'être seuls.

Jamais Alexandre et Ephestion ne se couchaient ou du moins ne s'endormaient avant d'avoir bu de l'eau froide, selon le précepte de leur médecin, et d'avoir fait leur examen de conscience, selon l'habitude pythagoricienne ; leur premier précepteur, Lysimaque, leur avait inculqué cette pratique d'ordre moral. Aristote la suivait. Ils se demandèrent d'abord : « En quoi ai-je failli ? » Ce soir, Alexandre et Ephestion reconnurent s'être abandonnés avec trop de complaisance au masseur de Cléotime et Ephestion ajouta qu'il avait serré de même Polybe durant ses exercices. Ils conclurent que, pourvu qu'il ne s'agît que d'un désir fugitif, cela ne comptait pas, les esclaves n'étant que des objets. « Qu'ai-je fait ? » se demandèrent-ils ensuite. Ils récapitulèrent brièvement la journée passée en commun, s'applaudirent de leur énergie à l'égard de Démosthène, discutèrent s'il n'aurait pas fallu se battre avec l'Acarnanien et furent d'avis qu'ils avaient été sages de ne pas s'offrir en spectacle, comme des lutteurs.

Ils se répétèrent quelques-uns des *Vers dorés* de Pythagore, qu'ils avaient appris dans leur enfance. Avaient-ils « dominé le ventre », en vertu du précepte : « Dominer le ventre, le sommeil et la luxure » ? Peu accoutumés aux plaisirs gastronomiques, ils se jugeaient excusables d'y avoir cédé une fois. Ils étaient amis du sommeil, mais il était forcément limité. La luxure, Lysimaque leur avait dit que c'étaient les relations avec les femmes, et Alexandre s'était refusé naguère à la courtisane Callixène. Restait l'interprétation de ces deux *Vers dorés* : « Ne fais rien de honteux ni avec un autre, — Ni avec toi-même : par-dessus tout, respecte-toi. » Certains s'en servaient pour prétendre que Pythagore avait condamné la masturbation et la pédérastie. Mais, lorsque Alexandre et Ephestion ne connaissaient que la première, à l'aurore de leur puberté, le grave Léonidas leur avait dit qu'elle avait été apprise par Mercure à son fils Pan, tourmenté de courir les montagnes de l'Arcadie en état d'érection, et que celui-ci l'apprit ensuite aux bergers. Quant aux choses que les deux amis faisaient ensemble, ils avaient l'exemple des dieux et des héros, sans compter celui de Pythagore lui-même avec Polycrate. Pour eux, se respecter, c'était, selon les termes de l'invocation à Mercure, « donner à tous leurs travaux la grâce et la gloire ».

Ayant levé leurs mains vers les dieux, ils tombèrent sur le large lit, que garnissait une couverture en plumes de cygne.

Ménon, le cocher d'Alexandre, lui apprit, le lendemain, une étrange nouvelle. Étant allé se promener, durant la nuit, sur les bords de l'Alphée, il y avait rencontré Nicolas de Strate, qui avait cherché à le suborner pour gagner la course. On savait, en effet, par les épreuves d'entraînement, que les chevaux de Philippe avaient toutes les chances d'en remporter le prix. Alexandre remercia Ménon. Sa rage était presque aussi vive que lorsque les juges du comité olympique lui avaient signifié l'exclusion des Macédoniens. Il balança s'il irait dénoncer cette tentative de corruption, mais il se dit qu'on ne pouvait en fournir la preuve. Sa dispute publique avec le descendant des rois d'Acarnanie ferait même croire que c'était une calomnie, inspirée par la vengeance et destinée à écarter de la compétition un équipage redoutable. Les tentatives de corruption n'étaient pas rares à Olympie, — il y avait six statues de Jupiter en bronze, faites du produit des amendes infligées à des athlètes qui avaient usé de fraudes pour remporter la palme. Alexandre préféra une vengeance plus personnelle et peut-être plus cuisante. « Ménon ne nous a pas dit ce qu'ils faisaient tous deux au bord de l'Alphée, déclara malicieusement Cléotime, devant qui le cocher avait raconté son histoire. — Je prenais le frais, dit le cocher. — Allons, dit Alexandre citant Euripide : « Il est honteux de dire, mais difficile de taire. » »

Après quelque hésitation, le cocher avoua qu'il avait cherché une bonne fortune, à l'heure où les acrobates, les jongleurs, les chanteurs et les marchands avaient éteint leurs torches. Au clair de lune, il avait distingué une ombre blanche près des saules, au confluent du Cladéus et de l'Alphée : c'était un jeune homme qui, en le voyant approcher, s'étendit à plat ventre, nu sur son manteau. Tout se fit en silence. La conversation n'intervint qu'ensuite. Le jeune homme avait commencé de parler en dialecte étolique — variété de l'éolien —, et Ménon en dialecte macédonien, mais cette tentative de reprendre des distances, ne dura pas longtemps et ils continuèrent en attique, langue aujourd'hui de tous les Grecs. Soudain, à la clarté de la lune, ils s'étaient reconnus : ils avaient assez souvent galopé côte à côte, aux courses d'entraînement. Nicolas avoua à Ménon que Démosthène, rencontré la veille dans les mêmes conditions, l'avait poussé à insulter publiquement Alexandre, afin de provoquer un scandale, au milieu d'une foule peu favorable au fils de Philippe. Ce qui venait de se passer sous les saules, lui persuada que Ménon changerait de camp aisément. Il lui déclara que, s'il gagnait la course grâce à lui, il lui donnerait dix mille drachmes. « Ne crains pas qu'Alexandre ou Philippe te chassent, avait-il ajouté : tu auras toujours un refuge chez mon père... et dans son fils. » Il précisa qu'il souhaitait d'autant plus cette victoire pour humilier Philippe, destructeur de la liberté de sa patrie. Alexandre ne songea plus qu'à sa vindicte privée.

Les jeux de la cent dixième olympiade s'ouvraient solennellement. Les concurrents étaient rassemblés, au lever du jour, devant l'édifice où Alexandre avait mené sa première bataille. A tour de rôle, les ambassadeurs des pays participants firent la libation d'huile et de vin sur l'autel de Jupiter, avec une coupe d'or. Au premier rang, on voyait Alexandre, Ephestion et le grave Léonidas, Démosthène et ses collègues athéniens, Nicolas de Strate, plus arrogant que jamais. Alexandre se disait que la trêve olympique avait vraiment du bon, parce que, sans elle, il se serait jeté sur cet Acarnanien pour le rouer de coups. Mais, si le fils de Philippe continuait d'attirer les regards à cause de son nom, de son âge et de sa beauté, Nicolas, qui était, lui aussi, blond comme Apollon et comme Bacchus, avait ses admirateurs. Démosthène, qui affectait de ne pas regarder le premier, couvait des yeux le second.

Alexandre avait reçu l'hommage de ceux qui représentaient des États ou des villes alliés de la Macédoine : Cercidas, Eucampidas et Jérôme, hôtes de son père chez les Arcadiens, — Jérôme était l'oncle du jeune Aristocrate, invité par Cléotime ; Epicharès, l'un des hôtes de Philippe chez les Messéniens ; Myrtis, Télédame et Mnaséas, ses hôtes à Argos ; ceux d'Achaïe, de Sicyonie et de Phliasie, ceux d'Epire, délégués d'Alexandre Molosse, ceux de Thessalie, de la Locride opontienne, ceux d'Acarnanie, avec l'abstention de Nicolas de Strate, ceux de Samothrace et des autres îles du nord de la mer Egée placées sous le contrôle de Philippe.

En dépit d'Alexandre, le personnage le plus marquant était l'un des deux rois de Sparte ou Lacédémone, Archidame, troisième du nom. Il régnait depuis vingt ans et, comme son associé et parent Cléomène, refusait toujours de reconnaître l'indépendance de la Messénie, assurée par l'intervention de Philippe. Cette double monarchie, qui avait établi son équilibre politique par le condominium de deux rois, issus de deux frères jumeaux de la race des Héraclides, gardait tout son prestige, quoique la prépondérance lacédémonienne ne se fût pas relevée des défaites de Leuctres et de Mantinée. Alexandre avait salué Archidame en parent, puisqu'ils avaient Hercule pour commun ancêtre, mais le roi avait marqué quelque froideur : Philippe venait de détacher récemment de l'alliance de Sparte l'Argolide, d'où leurs dynasties étaient originaires. Mais enfin, Alexandre révérait dans ce roi son père et prédécesseur, Agésilas, qui avait attaqué les Perses et soutenu les Egyptiens. C'est après avoir combattu et vaincu pour Nectanébo, frère du Nectanébo d'Olympias, que ce glorieux Spartiate était mort durant son voyage de retour : n'ayant pas de miel pour l'embaumer, selon la coutume royale de Sparte, ses compagnons avaient fait couler sur lui de la cire fondue.

Alexandre, passionné pour les choses de l'amour, avait une autre raison de vénérer Archidame. Sphodrius de Thespies, la ville béotienne où se célébrait le culte de l'Amour, avait été condamné à mort par les Lacédémoniens et son fils Cléonyme, dont Archidame était follement épris, obtint d'Agésilas, grâce à lui, le salut du condamné. Cet exemple de la clémence du roi de Sparte était enseigné comme corollaire des histoires de la noble pédérastie.

Le fils de Philippe avait eu un petit mouvement de vanité quand, s'exprimant dans le plus pur dialecte attique, il avait entendu Archidame employer quelques formes du dialecte laconien, variante peu gracieuse du dialecte dorien. C'est pour le coup qu'il aurait traité de barbare ce descendant d'Hercule. Il n'était pas surpris que ce dialecte n'eût fait naître aucun écrivain, pas plus que ce pays n'avait formé aucun artiste : la beauté du langage lui semblait un élément essentiel de la civilisation. Parfois, ses amis et lui se divertissaient à parler l'ionien, qui était la langue d'Homère, mais très proche de l'attique, avec quelques idiotismes éoliens et doriens. Ils étaient charmés par cette suavité de nombre, d'élisions et d'absence d'aspirations, qui faisaient l'harmonie de son style. Alexandre l'expliquait par les neuf tourterelles qui jouèrent avec Homère dans son berceau et qui avaient donné à sa voix les inflexions de leurs neuf ramages. Mais l'ionien avait été aussi la langue d'Hésiode, de Théognis et, en prose, d'Hérodote. Alexandre disait, à ce sujet, qu'on voyait bien que les Ioniens avaient eu pour fondateur un fils d'Apollon, Ion, — le héros de la tragédie d'Euripide : Dorus et Eolus, fils d'Hellen, respectivement fondateurs de la race et du dialecte doriens et de la race et du dialecte éoliens, n'avaient pour aïeul que Prométhée.

Le comité et les ambassadeurs étaient réunis devant la statue de Jupiter Protecteur des serments, qui brandissait un foudre dans chaque main. L'un des grands prêtres, vêtu de blanc et couronné de chêne, comme tous les spectateurs, égorgea un sanglier au pied de cette statue, selon les mêmes rites et avec les mêmes victimaires, les mêmes serviteurs et les mêmes joueurs de flûte que pour le sacrifice d'Alexandre. Au préalable, avait eu lieu, en petit comité, le sacrifice au tombeau de Pélops. Les cochers et tous les athlètes s'avancèrent pour jurer, sur les chairs fumantes, de n'employer aucune ruse et d'avoir subi, dans leurs pays respectifs, l'entraînement de dix mois exigé par le règlement, en dehors du mois exigé à Olympie. Les propriétaires des attelages accompagnaient les cochers pour ce serment et Alexandre regarda du coin de l'œil Nicolas de Strate. Puis, les dix juges, à leur tour, jurèrent d'avoir opéré d'une manière équitable et sans avoir accepté de présent, pour décider de l'âge des garçons. A Olympie, en effet, comme à Delphes, ceux de cette catégorie devaient avoir de douze à seize ans et il n'y avait plus, comme aux deux autres grands jeux de la Grèce, à Corinthe et à Némée, la catégorie dite « des imberbes », placée entre celle-là et celle des adultes, laquelle débutait à vingt ans. Les juges prêtaient aussi le serment d'avoir bien vérifié l'âge des poulains et des pouliches. Enfin, ils proclamèrent les noms des concurrents admis et Démosthène eut un air sombre en entendant celui de Ménon. Suivirent le sacrifice d'un bœuf au grand autel de Jupiter, celui d'un mouton à celui de Jupiter Chasse-Mouches et une libation à l'autel de Vesta, où le feu brûlait perpétuellement.

Après avoir traversé l'esplanade du tombeau d'Endymion, on se réunit au stade, situé au pied de la colline de Saturne, non loin des monuments des trésors. Les spectateurs se rangeaient sur des gradins de terre que l'on avait recouverts de feuillage. Les juges et les invités d'honneur avaient une tribune de bois, sur le talus sud, au plus haut rang, pour mieux dominer le spectacle Un passage laissé libre permettrait aux vainqueurs d'aller recevoir leur palme et leur couronne, qui étaient posées, près des juges, sur une table d'or et d'ivoire. Les couronnes avaient été coupées avec une faucille d'or, par un jeune garçon, à l'olivier aux belles couronnes. Une rigole de pierre faisait le tour du stade ; elle communiquait à des bassins, situés de distance en distance, où se rafraîchissaient les spectateurs et les athlètes. Six autels doubles, consacrés aux douze grands dieux par Hercule, étaient à l'entrée du stade. En face de la tribune, sur un autre autel de marbre blanc, était assise la prêtresse de Cérès Chamyne, ainsi nommée de l'Eléen Chamynus, avec les biens de qui avait été construit le temple de cette déesse. C'était la seule femme, outre les jeunes filles, qui eût le droit de voir les jeux. Les regards des vingt mille spectateurs se dirigeaient vers Alexandre et Ephestion. Dans ce même lieu, autant de spectateurs avaient contemplé, il y avait quelque quinze ans, Platon et son bien-aimé, Dion de Syracuse. Cléotime les avait vus. Et, toujours dans ce même lieu, un de ses ancêtres avait vu et vénéré la cuisse d'or de Pythagore, comme tous les spectateurs des jeux de cette année-là. Son arrière-grand-père y avait vu et applaudi Thémistocle après la victoire de Salamine (« L'accueil de la foule à Olympie, avait dit le vainqueur des Perses, est la récompense de tous mes travaux »). Ici encore, le grand-père de Cléotime avait vu Empédocle d'Agrigente, le plus illustre disciple de Pythagore, gagner le prix de la course des jeunes garçons et revenir plus tard avec son mignon Pausanias, comme il y avait entendu Hérodote lire des passages de son *Histoire*. Le nom du mignon du philosophe qui s'était jeté dans l'Etna, amusait Alexandre, parce que l'un des gardes de son père et qui en était le mignon favori, s'appelait Pausanias.

Le seul concours de la journée était celui des joueurs de trompette et des hérauts. C'est eux qui donnaient les signaux et qui hurlaient les noms des vainqueurs pendant les cinq jours des jeux. Ils montèrent, à l'entrée du stade, sur un autel qui ne servait pas aux sacrifices et, de ce piédestal, disputèrent leur rang par la force de leur souffle. Il s'agissait de faire mieux que l'ancien comédien Hermon, dont la sonnerie de trompette était entendue à dix kilomètres. La légèreté de l'air d'Olympie était connue. Cléotime, voisin d'Alexandre, lui racontait que, cent trente ans auparavant, on y avait entendu le bruit de la bataille de Sybaris, qui se déroulait de l'autre côté de la mer Ionienne.

Les vainqueurs des deux concours reçurent l'une des palmes et l'une des couronnes, ornées de rubans. Tenant la palme de la main droite, ils défilèrent dans le stade, puis au pied de la colline de Saturne, au son des trompettes, escortés de leurs parents et de leurs amis. Tous chantaient l'hymne d'Archiloque de Paros à Hercule, conclusion de chacune de ces journées : « O beau vainqueur, salut, maître Hercule ! — Ténella, beau vainqueur ! — Toi et Iolas, deux guerriers ! — Ténella, beau vainqueur ! » « Ténella » était une onomatopée imitant le chant de la lyre sur laquelle on célébrait la victoire. Alexandre était heureux d'entendre le nom de son ancêtre, associé à celui d'Iolas. Après leur procession, les vainqueurs vinrent se laver les mains dans une cuve de bronze, posée sur un trépied ; puis, ils allèrent sacrifier au roi des dieux.

Une flagellation d'éphèbes devant le tombeau de Pélops termina la journée, mais Alexandre et Ephestion ne firent qu'y passer. Ils éclatèrent de rire en voyant Cinésias, que les fustigateurs chassaient de l'enceinte du tombeau, comme flagellé abusif : il avait pris ce goût dans son enfance, ayant été fouetté par des prêtres de Cybèle. Cléotime intercéda pour le faire admettre, en expliquant que le garçon avait fait un vœu à Pélops.

Avant de quitter l'enceinte de Jupiter, il conduisit ses hôtes au portique d'Echo, nouvellement achevé près du stade, et qu'ils n'avaient pas encore visité. Alexandre cria le nom d'Ephestion, qui fut répété sept fois, et Ephestion deux fois celui d'Alexandre, qui fut répété quatorze. Ils dirent ensemble les vers de Pindare : « Je trouve un chemin auxiliaire des paroles, — En venant près de la colline ensoleillée de Saturne. — Pour nous, la Muse — Nourrit dans sa force — Le trait le plus puissant. »

A la nuit fermée, Cléotime, Alexandre et Ephestion, accompagnés de dix esclaves robustes, ainsi que d'Epaphos et de Polybe, se dirigèrent vers la colline de Saturne. Cléotime dit qu'autrefois, quand Jupiter éclairait ou tonnait sur Olympie, une pierre en forme de cylindre roulait de cette colline qui portait le nom de son père, détrôné par lui et réfugié chez les Scythes. Ménon y avait donné rendez-vous, dans le bois de chênes, à Nicolas de Strate. « Nous sommes en nombre, comme si nous avions peur de lui, avait dit Ephestion. — Le nombre, avait dit Alexandre, n'est pas inspiré par la peur. » Il était entendu que les dix esclaves pédiqueraient l'Acarnanien. On longea le temple de Lucine, déesse des accouchements, dont le voisinage semblait ironique pour la maison de Cléotime et pour la scène qui se préparait. Il y avait aussi, de ce côté nord, le temple du héros Sosipolis, qui avait protégé les Eléens contre une attaque des Arcadiens : enfant exposé nu à la tête de l'armée, conformément à un songe, il s'était changé en serpent, ce qui avait mis les Arcadiens en fuite. Cléotime dit que la prêtresse de Sosipolis était vouée à la chasteté et seule à entrer dans son temple, la tête et le visage couverts d'un voile blanc.

On fit en silence l'ascension de la colline. L'Acarnanien ne pouvait apercevoir la troupe, sous la clarté diffuse de la lune, car le rendez-vous était fixé sur l'autre versant, qui regardait le sanctuaire. On se tapit derrière des arbres, à un point d'où l'on découvrait ce versant. Le gibier était là : on distinguait son blanc pelage. Au loin, s'entendait la rumeur joyeuse de la foule qui acclamait les athlètes, comme s'ils devaient être tous vainqueurs, et ils avaient tous, du reste, leurs partisans. C'était l'illustration complète des vers de la dixième *Olympique* de Pindare : « ... L'aimable clarté — De la lune au beau visage — Eclairait le soir — Et l'enclos sacré retentissait de joyeux festins, — Sur le mode qui se chante pour un triomphe. »

Quelqu'un arrivait, du côté du sanctuaire : c'était Ménon. Mais, sur la droite, arrivait aussi un couple marchant à pas feutrés et qui avait sans doute les mêmes raisons de chercher la solitude. Est-ce que l'un n'allait pas déranger l'autre ? Alexandre et Ephestion, allongés côte à côte dans la bruyère, se rappelaient leurs années d'enfance, lorsqu'ils jouaient à cache-cache dans les bois de Miéza. Epaphos, qui avait des yeux de lynx, murmura qu'il croyait reconnaître les deux nouveaux arrivants et, comme une couleuvre, il rampa dans leur direction. Il revint, frémissant de joie, pour dire à Alexandre : « Maître, c'est Démosthène avec un prêtre de Cybèle. » La joie d'Alexandre fut complète : deux ennemis de la Macédoine étaient, ce soir, sur la colline de Saturne. Par lequel commencer ? Mais, en se jetant sur l'un, on permettait à l'autre de s'esquiver. Il fallait donc les assaillir en même temps. Cléotime et cinq esclaves bondiraient sur l'Acarnanien ; Alexandre se réservait l'Athénien : c'était, au fond, sa plus belle proie.

Chaque groupe se glissa avec précaution. Bientôt, on reconnut la voix de Démosthène, mêlée à un bruit de baisers. Polybe, qui avait suivi Cléotime, rejoignit son maître pour dire que, de leur côté, Nicolas de Strate et Ménon étaient déjà à l'œuvre. Les agresseurs s'élancèrent sur leurs victimes respectives. Il avait été convenu que Ménon se déroberait. On laissa filer pareillement le prêtre de Cybèle, qui oublia son fouet.

« Salut, Démosthène, dit Alexandre à l'orateur, que trois esclaves immobilisaient. Le petit jeune homme de Pella regrette de troubler tes plaisirs, mais tu es tombé dans ses filets, tendus pour un autre. — N'as-tu pas honte ? dit l'orateur. Toi, le fils de Philippe, machiner de telles trahisons ? Selon Pindare, que tu admires, « jamais le renard fauve — Et les lions rugissants n'échangent leur nature ». — Tu as assez reproché à mon père, dit Alexandre, d'employer la perfidie en vue de parvenir à ses fins. — Il ne te reste qu'à me voler mon manteau, dit Démosthène, comme un mauvais garçon vola le sien à Sophocle dans de pareilles circonstances. — Demain, répliqua Alexandre, mon esclave te le rapportera. — Quoi ! tu veux que je rentre nu à l'auberge des hôtes de marque ? s'écria Démosthène. — Cela vaudra mieux que le sort qui attend Nicolas de Strate, dit Alexandre en montrant l'autre groupe. — C'est lui qui est là-bas ? — Lui-même, répondit Alexandre. Cinq esclaves vont lui procurer le plaisir qu'il espérait et, quand ils auront fini, ceux qui m'accompagnent, iront les remplacer. Tu mériterais un traitement semblable pour avoir poussé ce goujat à m'insulter, mais je respecte le génie, fût-ce chez un adversaire. Laissez libre Démosthène », ajouta-t-il aux esclaves. Il les pria de s'écarter pour ne pas avoir l'air de l'intimider et resta seul auprès de lui avec Ephestion.

« Merci, dit l'orateur. Fils de Philippe, je n'aurais jamais rêvé ce tête-à-tête avec toi, car c'est bien un tête-à-tête, puisque Ephestion est ton image. Je saisis ce moment unique pour te dire quelque chose que tu aurais sans doute toujours ignoré : je te hais parce que je t'aime. Je détestais ton père comme l'ennemi de mon pays ; mais, lorsque je t'ai vu, dans ma fameuse ambassade avec Eschine, je renforçai mes ressentiments politiques par ces sentiments secrets. Faute de pouvoir te posséder, je me jurai de t'abaisser, de te contrecarrer partout et jusqu'à mon dernier souffle. Tue-moi si tu en as envie, après ce détestable aveu. — Je ne te tuerai pas à cause de la trêve olympique, dit Alexandre en riant. Mais, dans la mesure où ta déclaration n'est pas forcée, tu aurais un bon moyen de concilier ton amour avec l'intérêt de la Macédoine, autant peut-être qu'avec celui de tes compatriotes : ce serait de te persuader que nous ne leur voulons aucun mal et de devenir notre ami. Ainsi serais-tu notre hôte à Pella, comme le fut Euripide au temps d'Archélaüs. Tu jouirais de mon estime et de ma présence. Nous aurions joint dans nos fastes le plus grand orateur d'Athènes au plus grand de ses poètes tragiques. »

Démosthène se grattait le front avec un de ses doigts chargés de bagues, geste qui lui était familier. Il souriait en réfléchissant. Il souriait à la perspective d'être l'hôte de Philippe, mais la réflexion lui rendit son air grave. « O Alexandre, dit-il, tu me proposes un marché entre mon honneur et mon plaisir. Même si tu m'as surpris, ce soir, dans des plaisirs peu honorables, je ne sacrifierai jamais mon honneur de citoyen et de démocrate au plaisir d'être ton hôte et ton ami. Nous sommes à jamais dans deux camps adverses. La destinée a de ces cruautés auxquelles nous devons nous soumettre. — Eschine nous a d'abord été contraire, dit Alexandre. Il est permis à un démocrate athénien de changer d'avis. — Eschine est Eschine et je suis Démosthène. »

« Afin de te prouver tout ce à quoi je renonce, continua l'orateur, je voudrais écrire ton éloge, mais je ne pourrais malheureusement le prononcer dans le stade d'Olympie. Connais-tu celui que j'ai fait de mon mignon, l'éphèbe Epicrate ? » Alexandre répondit que ce texte était dans la bibliothèque de Miéza et qu'Aristote faisait grand cas de ce discours sur « le plus charmant des nombreux jeunes gens de bonne éducation qu'il y eût à Athènes ». « Te dirai-je que je pensais à toi en l'écrivant ? dit l'orateur. Toi seul mérites ce que j'ai dit de ce garçon : « L'un des dieux, quel qu'il soit, a pourvu à ton apparence pour qu'il n'y eût rien à reprendre et pour présenter de toi les plus beaux aspects de tous les côtés. » Lorsque je suis venu à Pella, je t'ai vu t'exercer avec Ephestion dans ton gymnase. La vision de tes formes est gravée en moi, comme celles de l'Amour gravé par Phrygillus de Syracuse sur cette pierre précieuse que j'ai au doigt. Tu m'as lancé à la tête le nom de Cnosion, qui est un superbe éphèbe. J'ai les faveurs d'un troisième, Aristion, qu'Athènes m'envie, comme Cnosion et Epicrate. Mais tous les éphèbes disparaissent, toutes les faveurs sont inexistantes, au prix du simple bonheur de te contempler. Reçois l'hommage d'un démocrate qui reconnaît en toi toutes les supériorités. Tu es beau et tu es prince. Les rois, comme dit Homère, sont « fils de Jupiter » et, si l'on en croit la renommée, tu es même son fils d'une autre façon, en dehors de ton ancêtre Hercule. Les dieux t'ont donné d'immenses richesses et, selon Euripide, la richesse est aussi un dieu. Tu as pour maître Aristote, le plus grand philosophe de la Grèce. Tu as pour ami Ephestion. Il ne manquera à ta gloire, et surtout à ta future gloire, que de ne pas avoir eu pour ami Démosthène. — Si ton éloge est sincère, dit Alexandre, il n'a de valeur que par rapport à mon père, qui possède la richesse, la puissance et la gloire. Tu combats plus fort que toi et ainsi tu seras la cause de la ruine de ta patrie : mon père, qui ne demande qu'à être votre ami, qui n'attend de vraie gloire que de vous, sera obligé de vous écraser, si vous ne voulez pas reconnaître ce qu'il est. Tu ne peux pas plus l'empêcher de progresser, que tu n'as pu empêcher mes chevaux de courir. Tu te retranches derrière ton honneur de démocrate. Je le qualifierai d'aveuglement de démagogue, qui se range du côté des gens qui puent et que rien, pas même leur costume, ne distingue des esclaves. Ce ne sont pas ces gens-là, ce sont leurs poètes, leurs artistes, leurs grands hommes qui ont illustré le nom d'Athénien. »

Démosthène s'était redressé comme sous une insulte. « Pour me parler ainsi, Alexandre, tu ne comprends pas ce que c'est que d'être un homme libre. Tu as beau avoir pour maître Aristote, Zeuxis a eu beau peindre les murs de ton palais, tu as beau savoir par cœur Homère et Euripide, tu ne sauras jamais ce que c'est que la vraie gloire d'Athènes : elle vient de la liberté et elle n'a eu tous ces grands hommes que parce qu'ils étaient les fils de la liberté. Je me flatte d'être l'ami du roi des Perses et je ne rougis pas d'être son stipendiaire, ainsi que voudrait m'en faire rougir Eschine, car c'est pour défendre cette liberté ; nous n'avons plus à craindre le roi des Perses, il ne songe pas le moins du monde à subjuguer la Grèce, comme l'ont tenté ses ancêtres, alors que Philippe veut la subjuguer. Il a une garnison au port de Nicée, près des Thermopyles. As-tu donc oublié ce qui est écrit sur le tombeau des trois cents Spartiates tués avec leur roi dans ce lieu où survit l'image du grand roi Léonidas ? « O étranger, annonce aux Lacédémoniens qu'ici — Nous gisons, ayant obéi à leurs ordres. » Les Athéniens à Marathon, les Spartiates aux Thermopyles, resteront l'éternel exemple qui guidera les cités d'Athènes et de Sparte. Ils sont aujourd'hui, les uns et les autres, les ennemis de ton père. Puisque c'est l'attrait de la civilisation athénienne qui le pousse à nous conquérir, il faudra qu'elle ait assez de force pour le repousser. »

Alexandre et Ephestion ne pouvaient s'empêcher d'être émus par l'accent de cet homme. Si son éloquence l'avait rendu célèbre, on ne pouvait qu'admirer davantage l'énergie qui lui avait fait corriger son défaut d'élocution en parlant, tout jeune, avec de petits cailloux dans la bouche, augmenter son souffle en montant à la course des côtes très dures, apprendre à braver le tumulte des assemblées populaires en déclamant sur le rivage de la mer en furie et recopier huit fois l'œuvre de Thucydide pour se former le style. La volonté qu'il témoignait en toutes choses, le rendait évidemment insensible à la corruption, même sous l'empire de l'amour. Il était « le lion » et Alexandre, en ce moment, n'était bien que le lionceau.

Le fils de Philippe voulut témoigner pourtant qu'il ne se laissait pas éblouir plus que de raison par cette tirade patriotique. Il revint à la charge. « Si Eschine t'appelle un lion, dit Alexandre, mon père a au moins autant de considération pour toi. J'étais auprès de lui lorsqu'il venait de lire ta quatrième *Philippique,* relative aux affaires du Péloponèse. Il s'écria : « Si j'avais été à Athènes, j'aurais donné ma voix à Démosthène pour me déclarer la guerre et je l'aurais nommé général. » — Il n'est pas possible de m'enivrer, fût-ce de louanges, dit Démosthène : je ne bois que de l'eau. — Tu appelles mon père votre ennemi, reprit Alexandre. Or, chaque fois qu'il a eu des Athéniens parmi ses prisonniers, il les a libérés sans rançon. S'il a attaqué vos alliés, il s'est gardé de vous attaquer directement. Je te dis, comme disait Junon à Jupiter, traitant de puissance à puissance : « Faisons-nous donc des concessions mutuelles, — Moi à toi et toi à moi : les autres dieux suivront. » — Des concessions ? s'écria Démosthène. Et que dire de votre espion Anaxine d'Oréus, et de mon compatriote Antiphon, que j'ai fait condamner à mort l'un et l'autre et qui complotaient avec Eschine d'incendier l'arsenal du Pirée ? — Heureusement qu'Antiphon s'est sauvé chez nous, répliqua Alexandre. C'est toi qui as inventé ce complot dans l'espoir de perdre Eschine : il a confondu tes calomnies. — Eschine ! s'écria Démosthène. Eschine ! Il ose survivre au décret d'infamie dont l'aréopage l'a frappé, grâce à moi ! Le peuple l'ayant choisi pour aller défendre les droits d'Athènes sur Délos à la confédération des peuples voisins, — tu devines comment il les aurait défendus, — ce tribunal a déclaré Hypéride plus digne de parler pour la république. Ainsi avons-nous conservé Délos. — T'imagines-tu que mon père allait vous l'enlever ? dit Alexandre. Tu travestis toutes ses actions. Comment peux-tu prétendre que c'est faire la guerre à Athènes que d'assiéger Périnthe et Byzance ? Ces villes sont sur la mer de Marmara et le Bosphore. Mon père a besoin d'elles pour consolider ses frontières orientales et ne menace pas les vôtres. — Les Thermopyles, ce sont presque nos frontières, répliqua Démosthène. Quant à Périnthe et à Byzance, ce sont les clés du passage qui nous permet de recevoir le blé de la mer Noire . s'en emparer, c'est être capable de nous affamer Tu sais que je me suis rendu sur les lieux, il y a deux ans, pour en juger par moi-même. — Je n'ignore pas qu'il vous vient du blé de ces régions, dit Alexandre, mais vous en recevez aussi de l'Egypte et de la Sicile. — La Sicile est toujours à la merci des Carthaginois, dit Démosthène, et l'Egypte est sous la domination de la Perse, qui n'a avec nous que des liens accidentels. — Quand mon père a fait arrêter vos vaisseaux commandés par votre amiral Léonidas, dit Alexandre, il vous prouva, dans une lettre, après l'envoi de vos ambassadeurs, que ces vaisseaux, sous prétexte de transporter du blé, s'apprêtaient à secourir Sélymbrie, qu'il assiégeait alors. — Sélymbrie lui résistait, dit Démosthène, comme Périnthe et Byzance lui résistent, parce qu'elles n'ont pas oublié ce qu'il a fait de Méthone, d'Olynthe et de Stagire, qui ont été rasées. — Oui, dit Alexandre, mais, à ma demande, il a rebâti Stagire, patrie d'Aristote. A Méthone, outre qu'il y avait perdu un œil, mon père a exécuté la malédiction lancée jadis par les recruteurs d'Agamemnon, lorsque cette ville refusa ses matelots au roi des rois : « Puisses-tu toujours bâtir et rebâtir tes murs ! » Du reste, il les a rebâtis. — C'est pour qu'il n'ait pas à rebâtir Périnthe et Byzance, dit l'orateur, que nous dépêchons à leur secours notre meilleur général, Phocion, avec une flotte. Il va remplacer l'incapable Charès. — Et tu nous reprochais de violer la trêve ? s'écria Alexandre. — La trêve interdit de violer la paix, mais non de réagir contre l'agresseur, fit Démosthène. L'irrémédiable est accompli. — Tant pis, dit Alexandre en se levant. Nous nous retrouverons sur un champ de bataille. — Je ne sais, dit Démosthène, mais je me souviendrai de cette nuit d'Olympie. »

« Nicolas de Strate s'en souviendra aussi », dit Cléotime qui s'était rapproché. On entendait les gémissements du jeune homme et ce n'étaient pas ceux de la volupté. « Pouvons-nous y aller, maître ? demanda Epaphos. — Oh ! oui, prince, dit Polybe, laisse-moi marquer aussi ce chien d'Acarnanien, même si c'est moi qu'il doit sentir le moins ! » Il était, en effet, chichement doté par la nature, mais n'en avait que plus d'ardeur, dans l'espoir de se développer autant qu'Epaphos. Alexandre leur accorda la permission sollicitée. Cléotime, curieux, les accompagna. « Tu vois, Ephestion, dit Alexandre : notre amour n'est pas l'amour des esclaves. »

Le sacrifice rituel et les sonneries de trompettes ayant annoncé la seconde journée, on procéda au tirage au sort qui déterminait la place et le rang de chaque athlète. On commençait, ce matin, par la course du stade entre adultes, la plus ancienne épreuve des jeux et longtemps la seule. Comme les athlètes étaient entièrement nus, le public appréciait leur musculature. Il injuriait ceux qui exhibaient une cicatrice dans la région de la rate : elle était la preuve qu'ils s'étaient fait cautériser ce viscère qui passe pour gêner la course, mais ils étaient punis en perdant, de ce fait, la faculté de rire. On criait le mot de « betterave » à qui avait un gros membre viril, celui de « grain d'orge », de « bourgeon » ou de « lézard » à qui en avait un d'enfantin. Ni ces plaisanteries ni ce spectacle n'étaient nouveaux pour Alexandre et Ephestion : ils avaient assisté deux fois aux jeux de Dium, en Piérie, où Philippe en célébrait plus ou moins régulièrement de splendides, en l'honneur de Jupiter Olympien et des Muses, mais qui ne pouvaient rivaliser avec les quatre grands jeux grecs.

Alexandre frémissait : la course était un de ses exercices favoris. Il voulait être digne de son ancêtre Achille « aux pieds légers ». Cette qualité était tellement prisée des Grecs que le poète athénien Tyrtée, qui anima par ses vers le courage des Spartiates, avait chanté « la vertu des pieds », bien qu'il fût boiteux. Comme un encouragement pour les coureurs, s'élevait une statue de l'athlète Théagène de Thasos, œuvre de Glaucias d'Egine.

Un héraut proclama : « Quelqu'un peut-il reprocher à l'un de ces athlètes d'avoir été esclave ou de s'être prostitué ? » Il se fit un profond silence. Nul n'ayant répondu, le signal retentit : les vingt athlètes qui étaient en ligne, s'élancèrent. La course simple de cent quatre-vingt-douze mètres partait de l'extrémité occidentale du stade, où était une bordure de calcaire blanc. De l'autre extrémité et d'une bordure semblable, partait ensuite la course double, qui représentait un aller et retour. Aurait lieu enfin la longue course, consistant en sept courses successives.

Les athlètes volaient en serrant leurs bras contre leurs hanches, les mains tendues, qu'ils balançaient en approchant de la bordure, pour montrer qu'ils avaient repris leur souplesse. Ceux qui avaient déjà remporté des victoires, étaient les plus applaudis. Le public avait aussi ses engouements pour tels qui avaient gagné autrefois et qui cherchaient à recouvrer leur chance. Après les constatations du jury et quelques instants de débat à cause d'un doute pour une place, le héraut proclama le nom des « beaux vainqueurs » : un Athénien, un Cyrénéen et un Métapontin. Le chef des juges les couronna d'olivier et leur remit la palme.

Alexandre et Ephestion avaient suivi avec intérêt toutes ces courses, auxquelles ne participait aucun Macédonien. Mais ils ne se lassaient pas de penser à Démosthène, qui était reparti pour Athènes, et à Nicolas de Strate, qui était resté invisible. La journée s'acheva par une procession de tous les vainqueurs, allant consacrer à Jupiter leurs palmes et leurs couronnes, ornées de bandelettes, et vénérer la statue de l'Alphée. La foule leur jetait d'autres couronnes, du feuillage, des fleurs et même des lambeaux de tuniques, frénétiquement déchirées. On comprenait les accidents que l'effervescence et la tension d'esprit provoquaient parfois chez certains spectateurs. L'exemple classique était celui de Chilon de Sparte, l'un des sept sages : il était mort de joie dans ce stade en voyant son fils remporter la palme et tous les assistants l'avaient conduit au tombeau avec honneur. Les Etats multipliaient les récompenses pour ceux de leurs citoyens qui s'illustraient à ces jeux : la loi de Solon attribuait cinq cents drachmes à tout Athénien vainqueur à Olympie ; les rois de Sparte, à la guerre, marchaient entourés des athlètes qui avaient été couronnés. Jadis, les Lacédémoniens ne participaient pas aux jeux Olympiques ; Lycurgue, durant un séjour dans la ville de Jupiter, fut averti par une voie divine de les encourager à concourir. Des sacrifices, célébrés sur les six autels doubles, d'après les rites fixés par Hercule, conclurent cette seconde journée.

Le lendemain, se déroulèrent les « cinq épreuves » : saut en longueur, lancer du disque de bronze, lancer du javelot, course et lutte. C'était la compétition la plus estimée, car elle représentait le mélange de l'agilité et de la force.

Pour le saut en longueur, les athlètes montaient sur un petit tertre en tenant des haltères de plomb qui leur servaient de contrepoids. Aux sons de la flûte, ils prenaient leur élan, sautaient, les jambes et les bras en avant, et retombaient les mains derrière le dos, sur un espace ameubli à la pioche. Personne ne dépassa le saut, demeuré proverbial, de Phaÿllus de Crotone, qui, à Delphes, avait franchi seize mètres, sous la soixante-quinzième olympiade. Les cris des spectateurs encourageaient ou vitupéraient les athlètes, qui se défiaient les uns les autres.

Pour le disque, on marquait d'une flèche l'endroit que le premier concurrent avait atteint et que les autres devaient dépasser. Personne non plus n'effaça l'autre exploit pythique de Phaÿllus qui avait atteint trente mètres. Et son disque, comme celui qu'Achille avait donné en prix aux jeux funèbres de Patrocle, aurait pu fournir le fer nécessaire durant cinq ans, pour cultiver « des champs fertiles, s'étendant fort loin ». Sur celui que l'on utilisait, était gravé le nom de Lycurgue, parce que le grand législateur de Sparte avait institué la trêve olympique.

Alexandre, qui excellait dans tous ces exercices, regrettait que son père lui eût interdit de concourir avec les garçons : il aurait eu juste l'âge limite, puisque, le 28 juillet, il entrerait, comme Ephestion, dans sa seizième année. « Tu as raison, avait-il dit à son père, réflexion faite : je ne pourrais lutter qu'avec des fils de rois. » Cependant, la veille, durant la course, il avait évoqué son ancêtre le roi Alexandre, qui n'avait pas dédaigné de participer à cette épreuve, comme il l'avait rappelé à Démosthène. Mais c'était au temps où la Macédoine n'était qu'un petit royaume. Certes, Alexandre imaginait une autre sorte de gloire : toutefois, l'atmosphère d'Olympie, infiniment plus grisante que celle de Dium, expliquait ce que, dans *l'Odyssée,* déclarait Laodamas, le plus beau des fils d'Alcinoüs, roi des Phéaciens : « Il n'y a pas de plus grande gloire pour un homme — Que celle qu'il obtient par ses pieds et par ses mains. » C'est d'ailleurs ce qui avait conduit le grave Léonidas à donner à Alexandre, dès sa petite enfance, le goût des exercices physiques, autant que des belles lettres. Il disait s'être inspiré de la définition de l'homme de bien, faite par Simonide de Céos dans son éloge de Scopas le Thessalien et que Platon a rapportée dans *Protagoras* : « Carré des mains et des pieds et de l'esprit. »

Pour montrer sa compétence, Alexandre étonna Cléotime en critiquant la manière dont un athlète de Corinthe faisait le nœud de la courroie avec laquelle on tenait le javelot. Chacun avait deux traits à lancer et l'on établissait ensuite la moyenne entre les deux distances. Aristote, un jour que ses élèves de Miéza lançaient le javelot, leur avait raconté la discussion qui avait occupé tout un jour Périclès et le sophiste Protagoras, lorsque le Thessalien Epitimius eut été tué par un javelot aux jeux Olympiques : qui était responsable de sa mort, l'athlète, l'homme qui avait fabriqué le javelot, le juge qui présidait les jeux ou Hercule qui les avait établis ? Encore, selon certains, aurait-il fallu remonter à Jupiter. Cependant, « le beau vainqueur », un Argien, parcourait le stade, d'un pas triomphal, en tenant son javelot sur l'épaule par la courroie.

« Pourquoi donc, demandait Alexandre, dans aucun des grands jeux, ni même dans les jeux secondaires, sauf, m'a-t-on dit, à Larisse, en Thessalie, n'y a-t-il de concours de tir à l'arc ? » C'est aussi un des exercices où il était habile et dont il devait également la pratique au grave Léonidas. Celui-ci, en effet, qui s'était toujours efforcé de corriger Aristote par Platon, trouvait judicieux le conseil donné par le fondateur de l'Académie, d'enseigner ce tir aux enfants dès l'âge de six ans.

L'après-midi, où se disputaient les épreuves de la lutte et de la course, le soleil, qui était accablant, foudroya certains spectateurs qui l'avaient bravé, la tête découverte. Des gardes les transportaient aussitôt à l'ombre, où des médecins leur appliquaient sur le front et les yeux de la cendre de belette, cuite avec de la fleur de farine, ou de la cervelle de lézard et d'hirondelle, pilée avec de l'encens. Une insolation aux jeux Olympiques de Milet avait causé la mort de Thalès, le plus ancien des sept sages. La prêtresse de Cérès Chamyne avait, par-dessus son voile, une vessie. Les juges arboraient des chapeaux de feutre blanc à larges bords, sous lesquels on apercevait leurs couronnes. Alexandre et Ephestion étaient coiffés du chapeau de feutre rouge à bords étroits des nobles Macédoniens, avec des cordons de même couleur pour l'attacher sous le cou. Ils y avaient, en guise de cocarde, une monnaie d'or de Philippe. Mais celui d'Alexandre était entouré d'un bandeau blanc brodé d'or, noué derrière par des bouts frangés qui lui tombaient sur le dos : c'était le privilège du roi et de son fils. Toutes les sortes de couvre-chefs se voyaient maintenant dans la foule, comme il y avait toutes les sortes de costumes et de chaussures : le bonnet phrygien des Grecs d'Ionie, le bonnet pointu d'Ulysse et des divins frères d'Hélène, le bonnet rond des affranchis, la calotte des très jeunes garçons, l'assiette de joncs peints ou dorés des jeunes filles, qu'elles attachaient avec des voiles de byssus ou de soie de Cos, le béret de cuir des chasseurs, orné parfois de bossettes ou de clous, le chapeau en poil de lièvre, la coiffure orientale en poil de chameau, la tiare et la mitre d'autres barbares. Ceux qui n'avaient pas mieux, se couvraient avec du feuillage ou de la paille.

La course des cinq épreuves était simple, double et sextuple, ainsi que dans le premier concours. La « lutte debout », comme on l'appelait, consistait à renverser trois fois l'adversaire. Le vainqueur des cinq épreuves ne pouvait être que le vainqueur de la lutte et au moins de deux autres épreuves. Le chant « Ténella » fut pour un athlète de Mégare, ce qui prouvait que cette ville produisait autre chose que des concours de baisers.

Le jour suivant était consacré à la lutte en tant qu'épreuve unique, au pugilat et au pancrace. Les athlètes de cette catégorie, que l'on qualifiait de « lourds », provoquaient des cris d'admiration du public pour leurs bras, leur poitrine, leurs cuisses et leurs mollets herculéens, mais aussi des lazzi pour les faibles virilités, conséquence, disait-on, d'un entraînement excessif chez certains. Des porte-fouets les surveillaient de près pour empêcher les coups et les prises défendus.

On commença par la lutte. Le tirage au sort de cette épreuve et des deux dernières exigeait une formalité spéciale. Dans une urne d'argent consacrée à Jupiter, étaient des morceaux de bois marqués d'une lettre, deux fois répétée : on appariait les athlètes qui avaient tiré la même. Ils s'étaient frottés d'huile, puis de poussière ou de sable, afin d'être moins faciles à saisir. Le concours se poursuivit, d'élimination en élimination, jusqu'à ce qu'il n'y eût que deux concurrents. Le vainqueur, doté d'une incroyable masse de chair et de muscles, était d'Ephèse, en Ionie, mais l'un des concurrents ayant été disqualifié pour une prise douteuse, cette décision avait causé du tumulte sur quelques gradins. Les porte-fouets et d'autres gardes armés de bâtons, ramenèrent le calme par leur seule menace.

A présent, les pugilistes, coiffés d'une calotte de bronze, serraient, autour de leurs mains et de leurs avant-bras, des courroies en cuir de bœuf tanné, longues d'un mètre cinquante, qu'ils enroulaient d'abord par le milieu. Quatre doigts y étaient maintenus, le pouce restant libre ou enroulé à part, et le poing pouvait se fermer. Un nœud terminait ces courroies. Malgré les demandes de quelques pugilistes, les juges avaient refusé l'emploi des gantelets, dont l'usage était nouveau et qui avaient, autour des doigts, un large cercle de cuir : ils les estimèrent trop dangereux. Même sans cela, les oreilles déformées de nombreux athlètes attestaient la brutalité de cet exercice. Ils n'avaient pas le droit de mettre un couvre-oreilles de laine ou de cuir, comme faisaient les élèves d'Aristote quand ils luttaient.

Le philosophe raillait les honneurs extravagants que recevaient les pugilistes dans leurs villes, — honneurs que le sage Solon avait tenté de restreindre. Il partageait le mépris d'Euripide pour les athlètes de profession. Cependant, Alexandre était obligé d'admettre le pugilat, puisque Pollux y avait brillé, ainsi qu'Epée de Panope, qui, sur les conseils de Minerve, avait construit le cheval de Troie. C'est son combat avec le seul Grec qui eût osé l'affronter, que décrit Homère aux jeux funèbres de Patrocle : « Face à face, levant leurs mains vigoureuses, l'un contre l'autre... » Philippe n'avait pas la même délicatesse que son fils et que les juges d'Olympie sur le chapitre de la brutalité : à Dium, il permettait quelquefois aux pugilistes de fixer à leurs gants des clous de fer et des lames de plomb. Il riait, lorsque le combat se poursuivait entre deux hommes ensanglantés et à moitié écorchés vifs. Alexandre était surpris que sa mère, au récit de ces atrocités, éclatât de rire, comme son père en y assistant. Lui-même en avait été écœuré, l'année qu'il en avait été le témoin.

Les pugilistes s'exerçaient en frappant le vide, — ce que l'on définissait « frapper les ombres ». Les combats furent longs. Quand ils dégénéraient en corps à corps, les porte-fouets séparaient les combattants. Certains pugilistes se contentaient d'esquiver leurs adversaires en se ménageant pour les fatiguer et les assommer d'un coup. Léonidas, assis derrière Alexandre, rappela que de tels jeux avaient étonné le Scythe Anacharsis, qui fut l'un des sept sages : « Les Grecs, avait-il dit, font des lois sur la violence et ils récompensent des athlètes pour s'être donné des coups ! » Ces coups étaient parfois mortels, ce qui faisait chasser du stade le meurtrier involontaire et décerner la victoire posthume à sa victime. Cette année, on n'eut pas ce triste spectacle. Mais, les deux derniers pugilistes ne finissant jamais, les juges leur inspirèrent le moyen fixé pour décider du sort : recevoir, à tour de rôle et pour un moment déterminé, les coups de l'adversaire sans les rendre et en ne les parant qu'avec les bras.

Le pancrace se disputait à mains nues. Toutes les prises étaient autorisées, même par les testicules. Mais les pancratiastes avaient la tête rasée, pour ne pouvoir s'attraper par les cheveux. Bientôt, l'un d'eux, le visage tuméfié, vomit du sang à gros bouillons et dut abandonner. On l'emporta sur une civière. Un autre, qui saignait du nez et qui avait craché quelques dents, leva l'index de la main gauche pour faire signe qu'il abandonnait. Deux se mordirent jusqu'à s'arracher un morceau ; les porte-fouets les séparèrent en les voyant sur le point de s'éborgner. Aristote avait cité l'épigramme d'un pugiliste ou d'un pancratiaste qui dédiait en ex-voto un fragment de son crâne au Jupiter d'Olympie, la moitié d'une mâchoire au Jupiter de Némée, le lobule de l'oreille droite à l'Apollon de Delphes et le pavillon de l'oreille gauche au Neptune de Corinthe. Telle ne fut pas la mésaventure de l'ancêtre d'Alexandre, fondateur de ces jeux, qui avait gagné à la fois dans la lutte et dans le pancrace, exploit assez rare pour que ceux qui le renouvelaient, fussent inscrits sur une liste dont le premier nom était le sien. Il n'y en eut pas aux jeux de cette olympiade.

Le descendant des rois d'Acarnanie ne reparut que le quatrième jour, afin d'assister aux concours des garçons. Il affecta de ne pas faire attention à Alexandre et ne devait pas chercher Ménon dans la foule. Sans doute était-il là aussi pour faire acte de présence à la veille du grand jour des jeux, où il comptait prendre sa revanche sur le fils de Philippe : le jour de l'hippodrome.

Alexandre et Ephestion regardaient, avec plus d'intérêt qu'ils n'avaient fait les autres athlètes, ces garçons qui sautillaient sur place, près de la bordure de calcaire, avant la course simple. Il n'y avait, pour ceux-ci, que cette épreuve, la lutte et le pugilat : les cinq épreuves et le pancrace n'étaient plus autorisés à cet âge. Pindare avait chanté quelques pugilistes, qui étaient des imberbes ou des garçons. C'est le spectacle de tels concurrents qui lui avait fait parler d'Hébé « aux membres splendides ». Les juges assortirent plusieurs couples de quatorze à seize ans pour la lutte et le pugilat. Le héraut, après avoir, comme à l'occasion des adultes, dit leur nom, celui de leur père et celui de leur patrie, demanda également si l'on ne connaissait parmi eux aucun esclave ou aucun prostitué. Cléotime regrettait de ne pouvoir mettre en lice l'un de ses charmants esclaves, qu'il disait léger, non pas comme Achille (il aurait craint de froisser Alexandre par cette comparaison homérique), mais comme Calaïs, fils de Borée, le dieu des Vents, — Calaïs, mignon d'Orphée.

Le défilé des garçons vainqueurs provoqua encore plus d'enthousiasme que les précédents. Ils avaient des bandelettes, non seulement à leurs couronnes et à leurs palmes, mais nouées aux bras et autour des reins. Si l'on avait jeté sur les autres vainqueurs des lambeaux de vêtements, certains jetèrent sur ceux-là leurs chapeaux, leurs ceintures et jusqu'à des bijoux. Un chœur de garçons nus les accompagnait et chanta, après l'hymne rituel d'Archiloque, un extrait de l'*Olympique* de Pindare consacrée à Alcimédon d'Egine, vainqueur à la lutte au concours des garçons. C'était une occasion de faire entendre le premier nom d'Olympie, qui avait été Pise. « Toi, mère des athlètes aux couronnes d'or, Olympie, — Maîtresse de vérité... — Ô bois sacré de Pise aux beaux arbres, sur l'Alphée, — Accueille cette procession et ce port de couronnes... »

Les hommes reparaissaient, à la fin de la journée, pour leur dernier concours dans le stade : la course dite armée, quoiqu'elle fût sans armes offensives. Les concurrents avaient le casque, les jambières et le bouclier rond. Toutes ces pièces, qui étaient en bronze et du même poids, étaient prêtées par le temple de Jupiter. Des calottes intérieures permettaient de modifier la largeur du casque. Le grave Léonidas dit que cette course, réservée aux adultes dans tous les grands jeux, était pratiquée à Athènes entre les éphèbes. Alexandre se rappela que Démosthène avait loué le jeune Epicrate de sa participation à cette épreuve, « vive image de la guerre ». Mais, plus l'heure avançait, plus l'esprit du fils de Philippe était ailleurs : il avait hâte de revoir Ménon, pour se confirmer que ses quatre chevaux soufflaient du feu et que le char roulait comme le tonnerre.

Tout à coup, l'assistance leva les yeux vers un spectacle insolite : un aigle avait enlevé un long serpent, qui se débattait et qui avait réussi à lui lier les ailes par ses replis. L'oiseau de Jupiter n'arriva pas à s'en dépêtrer et tous deux tombèrent sur la colline de Saturne. « Lequel vaincra ? demanda Alexandre à Ephestion. — Certainement l'aigle », dit celui-ci. Ils apprirent, plus tard, que l'aigle et le serpent avaient péri dans une étreinte inextricable. « Si Aristandre était là, il nous éclairerait, dit Alexandre. Mais à qui les dieux destinent-ils ce présage, du moment que tous les concurrents l'ont observé ? »

Avant de regagner la maison de Cléotime, il alla voir, dans l'écurie, ces coursiers qui portaient sa fortune olympique. Il souhaitait d'autant plus le succès que c'était sa première manifestation en public comme héritier du trône. Puisqu'un cheval de Philippe avait gagné la course à Olympie, le jour de sa naissance, il se sentait obligé de dépasser lui-même cet exploit par une victoire au quadrige. C'est un char qui figurait au revers de certaines monnaies d'or du roi comme symbole de ses triomphes guerriers, où les chars véhiculaient le butin. Alexandre voyait, dans cette course d'Olympie, l'augure de la gloire que tout le monde, même Démosthène, lui prédisait et qui éclipserait celle de son père.

Les quatre étalons trotteurs, de six ans, étaient blancs. Une croix leur avait été empreinte au fer rouge sur la cuisse gauche : c'était la marque des haras de Philippe. Seul Bucéphale en avait été exempté. Comme d'autres chevaux macédoniens, il venait de Thessalie, qui fournissait les meilleurs de la Grèce. Toutefois, ceux d'Acarnanie avaient aussi leur réputation, comme ceux du Péloponèse, et Alexandre avait pour rivaux, non seulement Nicolas de Strate, mais un homme d'Amyclées, la ville d'Hyacinthe. Le troisième concurrent à redouter, sur les dix admis, était de Cyrène, et les chevaux libyens, les plus fameux de l'Afrique, avaient été vainqueurs souvent à Olympie. Ces quatres étalons, Alexandre, fidèle à lui-même, les avait choisis pour leur beauté, autant que pour leur vitesse, et il avait donné aux deux plus beaux les noms de Xanthe et de Balius, les destriers d'Achille, « engendrés par le vent Zéphire en la harpie Podargé, — Qui paissait dans une prairie, près du cours de l'Océan ». Il y avait dans les haras de son père, d'autres chevaux très rapides et peut-être plus robustes, d'origine scythe, qui avaient servi à refournir les haras des simples particuliers : Philippe avait fait amener vingt mille juments de Scythie pour élever en Macédoine cette race, habituée à dormir en plein air, dans la température la plus rude, mais elle était laide.

Les courses à l'hippodrome d'Olympie et aux autres grands jeux comprenaient des quadriges et des chevaux montés, outre des attelages à deux chevaux. Au temps de Pindare, il y avait même des courses de chars attelés de mules, dont les conducteurs étaient presque toujours des Siciliens. Les Eléens avaient été enchantés de les supprimer, parce qu'ils ne pouvaient y participer : une malédiction frappait l'élevage des mules en Elide. Il était aussi interdit de faire courir des juments. Une loi interdisait même qu'elles fussent saillies sur le territoire de l'État : elles devaient, pour cela, passer la frontière.

Le fils de Philippe voulut présenter lui-même aux chevaux leur ration d'orge, puis leur mélange d'herbe verte, et il recommanda à Ménon de leur faire boire du vin avant la course. Il avait expérimenté sur Bucéphale cette recette d'Homère concernant les chevaux d'Hector. Tout ce que lui apprenaient ses études, il l'utilisait dans la vie pratique. Il disait que Xénophon avait été son meilleur maître d'équitation et il avait fait adopter par les palefreniers de son père, d'après cet auteur, l'usage d'étriller les chevaux sur un espace recouvert de pierraille, pour leur durcir les sabots. Il passa en revue le joug, que décoraient des clous d'or, les rênes en cuir de bœuf, recouvertes de lames d'ivoire, les colliers rembourrés de crin, la têtière à panache rouge, le fouet à double lanière, le fronteau et le mors d'argent.

Il examina ensuite le char : les roues, dont les jantes étaient renforcées par des bandes de bronze, les moyeux soigneusement graissés, les essieux en bois de hêtre, comme la caisse où serait Ménon et où l'emplacement des pieds était creusé pour qu'il ne pût glisser. La bordure avait des appliques de bronze ciselé, représentant une chasse. Le timon en bois de chêne était terminé par un griffon d'or. Les panneaux n'étaient pas un simple treillis, comme ceux de l'époque homérique, mais des plaques d'or estampées, montrant Hercule et Achille.

Alexandre et Ephestion ne pouvaient s'empêcher de penser à la victoire et, par conséquent, d'en parler. Ils crachèrent trois fois pour Adrastée. « Songe au triomphe de ton retour à Pella comme vainqueur olympique, dit Ephestion : tu entreras sur le char par une brèche ouverte dans les murailles, traîné par les quatre chevaux blancs... — Nous serons côte à côte, dit Alexandre. Je guiderai et tu me tiendras une couronne d'or sur la tête, comme une Victoire. Crois-tu que mon père fera ce que firent les Agrigentins pour un de leurs vainqueurs au quadrige à Olympie, sous la quatre-vingt-douzième olympiade ? Ils le reçurent avec une escorte de trois cents chars, attelés chacun de deux chevaux blancs. — Philippe te recevra avec six cents chars, dit Ephestion dont la confiance voulait enchérir. — Malheureusement, dit Alexandre, je n'aurai pas la chance d'Alcibiade : sa victoire au quadrige fut chantée par Euripide. Avec ses sept chars, il gagna d'ailleurs aussi la seconde et la quatrième places d'après Thucydide, la troisième d'après notre cher tragique. Je reprends ce que j'ai dit : j'ai plus de chance qu'Alcibiade, parce que j'ai Ephestion. — Et moi, que dirai-je ? » s'écria celui-ci. Alexandre termina la phrase en son propre nom

« ... Que je ne veux pas gagner la course pour mon père et pour les Macédoniens, mais pour toi. »

On était maintenant dans l'hippodrome, près de l'Alphée. Au soleil du matin, la foule était assise sur le talus adossé au stade ou se tenait debout sur la chaussée qui longeait le fleuve. Les juges et les hôtes d'honneur pénétrèrent à l'ouest, par le portique à colonnes qui leur était réservé et qui servirait à la sortie des vainqueurs. Ils occupaient des banquettes à côté de la table d'or et d'ivoire qui portait les palmes et les couronnes, comme pour les autres jeux.

L'excitation générale était grande : si les autres épreuves étaient les plus populaires, celle-ci avait le plus de prestige. C'était la seule, en dehors de la course d'Alexandre Ier de Macédoine, où des rois et des tyrans eussent été proclamés vainqueurs, même s'ils n'y avaient participé que dans la personne de leurs cochers et de leurs écuyers. Avant Philippe de Macédoine, qui serait peut-être couronné pour la seconde fois, Théron d'Agrigente, Gélon et Hiéron de Syracuse, Pausanias de Lacédémone, Clisthène de Sicyone, Arcésilas de Cyrène, figuraient au palmarès, et certains d'entre eux dans les vers de Pindare.

On commençait par la course aux quadriges. Puis, ce seraient les chevaux montés et les attelages à deux chevaux. Les chars, dans l'ordre fixé par le sort, se rangeaient à l'est, près de l'autel du héros Qui-effraie-les-chevaux. La veille, tous les cochers avaient fait un sacrifice à ce héros, pour qu'il les épargnât. Dans leur longue robe flottante, — les courses hippiques étaient les seules épreuves d'Olympie où les concurrents fussent vêtus, — ils avaient sur la tête un bonnet à cornes. Ils conduisirent leurs chars dans les stalles qui leur étaient assignées, sur les deux côtés d'un édifice en éperon, où l'on voyait de nombreux autels : ceux de Neptune et de Mars Cavaliers, de Junon et de Minerve Cavalières, de Vénus, de Castor et de Pollux, de la Bonne Fortune, de la Justice, de Pan et des nymphes. Les plus anciens de ces autels avaient été élevés par Hercule. Alexandre adressait des invocations mentales à son ancêtre et à toutes ces divinités, que lui nommait Cléotime. Il était content de voir que Vénus présidait, elle aussi, à cette épreuve. Il regardait son équipage, qui était dans une des stalles les plus éloignées, brillant de l'éclat de l'or et de l'ivoire. Dans la stalle voisine, se tenait un char, attelé de quatre chevaux noirs et décoré de plaques d'argent : celui de Nicolas de Strate, conduit par un cocher acarnanien. A chaque extrémité de l'hippodrome, s'élevait la borne que les chars devraient contourner douze fois. Le parcours étant de six cents mètres, la course était de plus de treize kilomètres.

Le chef des juges leva le bras pour annoncer qu'elle allait commencer. Un mécanisme fit monter un aigle de bronze à la place d'un dauphin de bronze, placé sur une colonne de l'édifice à éperon et, aussitôt, une sonnerie de trompettes donna la signal du départ. L'originalité de cette barrière avait rendu célèbre son inventeur, l'architecte et sculpteur athénien Cléœtas. On retira d'abord la corde des deux stalles les plus éloignées, puis celle des deux autres et ainsi de suite, avec une telle exactitude que les dix chars étaient en course tous ensemble sur la ligne de l'éperon. Cette mêlée qui débutait, évoquait, dans la fidèle mémoire d'Alexandre, un passage de Pindare, moins séduisant que ses éloges de beaux garçons : celui où il parle des quarante chars qui se brisèrent un jour dans l'hippodrome de Delphes, laissant la victoire à un seul rescapé des dix concurrents successifs, — un cocher de Cyrène. Si leurs chevaux étaient réputés, les Libyens ne l'étaient pas moins pour l'art de les conduire. L'un d'eux, Annicéris, avait étonné Platon en faisant plusieurs fois de suite le tour du jardin de l'Académie sur son char avec une telle adresse qu'il ne laissa qu'une seule empreinte de ses roues. Mais il y avait également, dans l'*Electre* de Sophocle, le récit fictif, par le précepteur d'Oreste, de sa chute mortelle durant la course des chars à Delphes. Alexandre avait entendu dire qu'un osselet du pied droit d'un loup, jeté devant un char de quatre chevaux, l'arrêtait net. Est-ce que le cocher de Nicolas de Strate connaissait ce sortilège, qu'un honnête homme aurait eu honte d'employer ?

Tout de suite, Ménon et son rival acarnanien avaient pris la tête de la course, sans chercher à se ménager. Le Cyrénéen était resté un moment dans leur sillage ; mais, au cinquième tour, une roue de son char avait volé en éclats contre l'une des bornes. Chaque fois que Ménon les tournait, en les frôlant avec une sûreté exemplaire, Alexandre applaudissait en lui-même. Malgré son émotion, des bribes des conseils du vieux Nestor à son fils Antiloque lui traversaient l'esprit, comme si c'était la course des chars des jeux funèbres en l'honneur de Patrocle. « Pour la borne, penche-toi sur la plate-forme bien tressée, — Un peu à gauche des chevaux ; celui de droite, — Stimule-le en criant d'une voix menaçante et rends-lui les rênes. — Mais que ton cheval de gauche s'approche de la borne, — Au point que le moyeu de la roue bien faite, — Semble en toucher le bord. » Ces quatre chevaux que Ménon avait à guider, à fouetter, à aiguillonner de la voix, Alexandre ni Ephestion n'auraient pu leur adresser un seul cri : ils avaient le cœur dans la gorge. La victoire se disputait entre Pella et Strate.

A présent, les couleurs des deux attelages antagonistes s'étaient rejointes : les chevaux noirs de l'Acarnanien étaient blancs de poudre. L'avantage semblait acquis à Ménon, plus habile à frôler la borne et, par conséquent, distançant peu à peu l'autre char. Bientôt, la poussière, malgré le soin qu'avaient les esclaves de répandre de l'eau pour l'abattre, était devenue si dense autour des deux cochers, qu'à peine pouvait-on les entrevoir. C'était le dixième tour, marqué, comme chacun, par une sonnerie de trompettes. Soudain il y eut un choc et un bruit de bois qui se brise, une mêlée de chevaux renversés : l'un des deux chars s'était abîmé dans la poussière. Alexandre et Ephestion se dressèrent, frémissants. De ce nuage, jaillirent au galop les quatre montures de l'Acarnanien. Le serpent avait eu raison de l'aigle. Une clameur immense salua le vainqueur · Nicolas de Strate.

Ivres de rage, Alexandre et Ephestion dévalèrent le talus.

Malgré les instances de Cléotime, le fils de Philippe avait décidé de quitter Olympie le jour même. Il lui dit le vers d'Homère : « Il faut chérir l'hôte qui arrive et le laisser partir quand il veut. »

Ménon, rapporté de l'hippodrome à moitié estropié, couvert de bandages, et le bras serré par des attelles, jurait que l'Acarnanien, profitant du nuage pour manquer au serment de loyauté, avait poussé son char contre le sien, près de la borne, et l'avait obligé à s'y fracasser. Et cet homme avait renouvelé le faux serment de son maître en jurant, selon la règle, après la course, qu'il avait vaincu loyalement ! Malgré les supplications de son cocher, qui voulait obtenir justice, Alexandre refusait de s'abaisser à implorer une seconde fois les juges d'Olympie.

Léonidas chercha en vain à le calmer en lui rappelant la dispute de Ménélas et d'Antiloque, lors de la course de chars devant Troie. Alexandre répondit qu'Antiloque avait avoué sa ruse, adoptée pour empêcher Ménélas de passer, et qu'il ne s'était point parjuré : le fils de Nestor avait même cédé la jument, prix de sa victoire, et « le cœur de Ménélas avait fondu comme la rosée sur les épis — D'une moisson abondante, quand les champs se hérissent ». Le cœur d'Alexandre était de pierre. Mais, surtout, s'il avait renoncé à concourir avec les garçons, puisque ce n'étaient pas des fils de rois, il aurait rougi de sembler reconnaître à Nicolas de Strate la qualité de descendant de rois en le citant au tribunal. Il se disait également que la déesse de la vengeance l'avait puni de ce qu'il avait fait à ce jeune homme : il avait gagné sur la colline de Saturne et il avait perdu à l'hippodrome. Il constatait aussi que les dieux lui avaient parlé, par l'entremise du devin, encore plus clairement que par le présage du serpent et de l'aigle. Le faux serment et l'injuste victoire de l'Acarnanien n'ébranlaient pas la foi d'Alexandre : il n'imitait pas le philosophe Diagoras de Milo, surnommé l'Athée, qui avait cessé de croire aux dieux parce qu'ils n'avaient pas puni un parjure à qui il avait prêté de l'argent. Il savait que les dieux ont toujours le dernier mot. En se souvenant de la prédiction de l'Iamide, et en apprenant du grave Léonidas que, sur le chemin de l'hippodrome, on avait croisé un homme qui boitait du pied droit, il admirait, plein de respect, tous les signes que Jupiter lui avait envoyés pour lui annoncer sa défaite. Cela ne le rendait que plus confiant dans ceux qui avaient signalé le jour de sa naissance et qui lui prédisaient la gloire et la conquête d'un vaste empire. Comme l'avait déclaré Euxithée, il connaîtrait des victoires d'un autre genre. Puisqu'il avait eu à Olympie, pour une chose, certes flatteuse, mais en somme, secondaire, la preuve que le ciel ne le trompait pas, il oubliait cette déconvenue, pour vivre dans l'espoir d'une revanche éclatante sur d'autres terrains.

Ephestion raisonnait comme lui. « Pindare vante « la sérénité de miel » qui charme toute sa vie le vainqueur des jeux Olympiques, dit-il à Alexandre. Mais qu'est-ce que ces jeux au prix de ceux qui t'attendent ? Pour hippodrome, tu auras le monde ; pour adversaire, non pas un descendant des rois d'Acarnanie, que tu peux faire fouetter à Strate, si tu en as envie, mais le roi des Perses — « le grand roi ». Tu connais la fin de l'ode où il est question de la « sérénité de miel » : « Les uns sont grands d'une façon, les autres d'une autre : — Le sommet de la fortune s'élève pour les rois. » Et un jour tu seras le roi des rois. » C'étaient les commentaires encourageants des paroles d'Euxithée.

Alexandre n'avait confié qu'à Ephestion ce que lui avait dit l'Iamide. Il pouvait bien maintenant le relater à Cléotime, en le félicitant qu'Olympie eût de si bons prophètes. Cléotime lui dit que souvent les Spartiates avaient eu un Iamide pour devin officiel. Tisamène avait été celui de leur armée à Platée où, dans le camp ennemi, les Perses avaient eu un autre Iamide, Hégégistrate, qui s'était mis à leur service par haine de Sparte, mais dont les présages ne furent pas favorables à Mardonius. L'Iamide Agias avait été devin de Lysandre. Le fils de Philippe leva les mains pour adorer Apollon, mais ne changea pas de décision.

Les juges lui avaient fait dire que les charrons d'Olympie répareraient le dommage, de manière que le char participât au défilé solennel de tous les concurrents, à la fin de la journée. La caisse et le timon n'avaient pas trop souffert de l'accident : on achevait de remettre en place la roue du char du Cyrénéen ; celle du char d'Alexandre ne demanderait pas plus de travail. On assurait que l'accueil de la foule le consolerait de ce coup du sort. On lui garantissait enfin tous les honneurs de la fête de Diane, à l'embouchure de l'Alphée. Il ne répondit même pas à ces propositions. Quand l'émissaire du comité lui rappela qu'il avait promis une hécatombe, il répliqua que sa promesse avait été faite sous condition. On le pria alors d'assister du moins à l'hécatombe que les Eléens sacrifiaient, lors de la clôture des jeux. Il dit que les jeux étaient clos pour lui. Il envoya au devin la coupe d'argent qu'il avait eu l'idée de lui offrir, les mille drachmes au temple de Jupiter, fit remercier les diverses autorités d'avoir accordé l'emplacement du monument de sa famille et donna l'ordre du départ.

La perspective d'être applaudi s'il restait, ne lui paraissait pas une compensation suffisante à la joie maligne que sa présence causerait à trop de gens. Il avait écrasé tout le monde avec son luxe, sa puissance, son mépris et son amour public pour un beau garçon de son âge et de sa qualité.

Les démocraties jalouses, dont les envoyés étaient là, et Sparte, la dernière royauté de la Grèce, avec celle de Macédoine, avaient les mêmes motifs d'être ravies de sa déception. Comme une marque de son mépris souverain pour un rival indigne de lui et des jeux Olympiques, il ne ferait informer des motifs de son ressentiment que lorsqu'il aurait quitté l'Elide.

Deuxième partie

Accompagné de son escorte, de Cléotime, d'Aristechme et d'Euxithée, le fils de Philippe prit le chemin d'Elis, au moment où l'on allait réacclamer les quatre chevaux noirs du traître. Alors que les quatre chevaux blancs étaient arrivés avec Ménon depuis un mois, Alexandre, Ephestion, le grave Léonidas et Hécatée les utilisaient pour repartir. Cela faisait une apparence de victoire, en y ajoutant la troupe d'esclaves qui suivait sur des carrioles. Cette apparence était un peu corrigée, il est vrai, par la vue du chariot transportant Ménon et le char à panneaux d'or en piteux état. Alexandre voulait montrer à Pella, dans l'état où elle était revenue de la course, la voiture sur laquelle il avait compté faire un retour triomphal : son père et les Macédoniens auraient la preuve de la perfidie qui avait causé leur défaite. Un cocher tel que Ménon était incapable de heurter la borne sans qu'on l'y eût poussé dessus.

« Au fond, disait Alexandre à ses hôtes, il est naturel qu'en dehors de vous, je me sois fâché avec les Eléens. Mon ancêtre Hercule a tué le roi d'Elide Augias, qui lui refusa son salaire après le nettoyage des écuries.
— Mais, dit Euxithée, il enleva la fille d'Augias et il en eut un fils, Thestalus, de qui certains Eléens prétendent descendre. Considère-nous donc un peu comme tes parents et oublie le trouble passager qu'un Acarnanien a mis dans nos relations. »

En fait, à mesure que l'on s'éloignait d'Olympie, le souvenir de ce qui s'était passé, s'atténuait dans l'esprit d'Alexandre. La guerre qui se dessinait entre Athènes et la Macédoine, l'occupait plus qu'une compétition reposant sur l'amour-propre et sur la curiosité du public. Le plaisir d'avoir fait ce long voyage avec celui qu'il aimait, demeurerait l'essentiel.

Pour achever de rasséréner leurs maîtres, Epaphos et Polybe avaient entonné le péan aux sons de la cithare. Toute la compagnie, même le pauvre Ménon, chanta joyeusement avec eux « Ié, ié, péan ».

Elis étant à une quarantaine de kilomètres, il faudrait coucher à Salmone, située à mi-chemin. La route, bordée de chênes, longeait d'abord le cours de l'Alphée, puis s'en séparait pour monter vers le nord, en suivant un petit affluent de ce fleuve, l'Enipée. On voyait les moissons, que des branches de laurier, fichées en terre, protégeaient contre la nielle. Les cultures étaient plus variées, quand on approcha de Salmone, dont on aperçut les premières maisons au coucher du soleil. Cléotime, qui n'y était pas chez lui, n'avait pu y préparer qu'une hospitalité rudimentaire. Le contraste en amusa Alexandre, après tous les raffinements d'Olympie. A l'aller, on n'avait pas eu à faire cette étape, le cortège d'Alexandre n'ayant pas de voitures et Cléotime ayant fourni de bons chevaux. Salmone avait été la capitale du roi du Péloponèse Salmonée, ancien roi de Thessalie, qui donna à des fleuves de l'Elide les noms d'Enipée et de Pénée, fleuves thessaliens, — le Pénée était le fleuve d'Elis. Ce roi voulut imiter Jupiter en lançant des traits enflammés et en faisant courir son char sur un pont de métal : il fut précipité dans le Tartare. Alexandre n'aurait même plus songé à y précipiter l'Acarnanien.

On repartit de bonne heure le lendemain pour arriver le plus tôt possible à Elis. La première étape fut à Ephyre, ville homonyme d'une région de Thessalie et d'une ville de Thesprotie en Epire. Là était née Astyochée, femme d'Hercule et mère de Tlépolème, qui conduisit à Troie les navires de Rhodes où il régnait : « Tlépolème l'Héraclide, noble et grand..., — Qu'Astyochée engendra par la force d'Hercule : — Il l'avait emmenée d'Ephyre, du fleuve Selléis. » Le fleuve baignait les murs de la ville, et son nom moderne était le Ladon. Si les Eléens ne pouvaient se prétendre les descendants d'Astyochée, l'Elide avait du moins fourni à Hercule une seconde épouse.

Au passage du Ladon et, plus loin, lorsqu'on eut atteint le Pénée, le grave Léonidas descendit de cheval pour se baigner les mains. Il imitait Philippe qui accomplissait ce rite prescrit par Hésiode : « Ne traverse jamais de tes pieds l'eau au beau cours des fleuves éternels — Avant d'avoir prié en regardant ces beaux courants — Et de t'être lavé les mains dans la très aimable eau blanche. » Alexandre disait que c'étaient les pieds des chevaux qui traversaient l'eau et, à la rigueur, il limitait ces ablutions aux principaux fleuves de la Macédoine.

Près d'Elis, on aperçut le sanctuaire de Diane Déhanchée, dont avait parlé Cléotime : le temple avait été élevé à l'endroit où les jeunes Lydiens, venus avec Pélops, avaient dansé cette danse indécente pour la première fois. Non loin, une chapelle renfermait les ossements de ce héros. « Tu m'en voudrais, dit Cléotime à Alexandre, si j'oubliais de te montrer en ces lieux une relique à laquelle fut attaché le sort de Troie : c'est l'épaule d'ivoire de Pélops. » Alexandre n'ignorait pas que, lorsque le siège de la ville de Priam traînait en longueur après la mort d'Achille, les devins avertirent les Grecs qu'ils ne seraient victorieux qu'avec les flèches d'Hercule et avec cette omoplate. Ulysse, aidé de Néoptolème-Pyrrhus, le fils d'Achille, s'empara des flèches que Philoctète gardait à Lemnos, et le décida ensuite à aller en Elide chercher l'omoplate. Elle était d'ivoire, parce que Jupiter avait ainsi remplacé, après avoir ressuscité Pélops enfant, l'épaule que Cérès avait mangée au festin où Tantale, pour éprouver les dieux, leur avait servi son propre fils coupé en morceaux. A son retour de Troie, Philoctète perdit cette omoplate dans un naufrage sur les côtes de l'Eubée. Plus tard, les filets d'un pêcheur d'Erétrie, nommé Démarmène, dont le nom restait vénéré, la ramenèrent au jour. Frappé de son aspect et de ses dimensions, il consulta l'oracle de Delphes auquel les Eléens demandaient, au même moment, de les délivrer d'une peste : la sibylle répondit à ceux-ci que cette délivrance leur viendrait de l'omoplate de Pélops, et à Démarmène, qu'il avait trouvé ce qui leur appartenait. Cet os miraculeux rejoignit les autres ossements à Elis. On touchait l'urne de bronze qui le contenait, afin de guérir un grand nombre de maladies. Des ex-voto attestaient ces guérisons.

Alexandre s'arrêta au gymnase pour honorer un cénotaphe d'Achille. C'est dans ce gymnase, comme dans celui d'Olympie, que s'entraînaient les athlètes avant les jeux. On l'appelait le Raclé, parce que, dit Cléotime, Hercule, pour s'endurcir au travail, l'avait raclé plusieurs jours. Deux statues représentaient l'Amour et le Contre-Amour, dieu qui vengeait les amants méprisés. On montra à Alexandre *les Porteurs de flambeaux,* fresque du jeune philosophe Pyrrhon, natif d'Elis, qui avait pratiqué la peinture avant d'inventer le scepticisme. Aristote faisait un certain cas de cette doctrine, sans l'approuver, et du caractère de Pyrrhon, qu'il avait rencontré à Athènes. On vit le temple de Minerve, décoré par Panénus, où Evagoras avait reçu la couronne de myrte, comme vainqueur du concours de beauté des garçons.

Sur une place, était le temple des Grâces, auxquelles Alexandre dédia un sacrifice de fleurs et de miel. Elles n'étaient pas nues, contrairement à l'usage. Leurs statues de bois avaient des habits dorés ; le visage, les mains et les pieds étaient de marbre blanc. L'Amour figurait avec elles, ciselé sur leur piédestal. Près de la maison de Cléotime, le temple de Vénus Céleste reçut aussi la visite d'Alexandre. La déesse avait eu Phidias pour sculpteur. Elle posait le pied sur une tortue : cet animal, dit la prêtresse, symbolisait la modestie, le silence et la retraite, propres aux épouses ou, selon d'autres, la voûte du ciel. Une balustrade portait la statue de Vénus Vulgaire, fondue en bronze par Scopas et assise sur un bouc, emblème de la lubricité. Il y avait aussi à Elis un temple de Jupiter, qui en tenait l'épithète d'Eléen, comme pour donner à l'Elide un nouveau droit sur le souverain des dieux, auquel elle devait tant d'avantages.

La maison de Cléotime, où Alexandre et ses compagnons arrivèrent à l'improviste, était déjà prête à les accueillir. Le bel Evagoras souhaitait la bienvenue. Après qu'on l'avait quitté à Olympie, il était parti secrètement avec les esclaves favoris pour ménager cette réception. Alexandre revoyait les statues de jeunes dieux et de Priape, les mosaïques, les meubles d'ébène et d'ivoire, les objets précieux ; mais, à la ville, Cléotime s'était imposé plus de contraintes qu'à la campagne : ses vases et ses tableaux n'étaient pas érotiques. De même, sa bibliothèque, non moins riche que celle d'Olympie, ne possédait-elle que les œuvres classiques des grands auteurs.

Après le bain, Alexandre et Ephestion acceptèrent les derniers services du masseur de Cléotime, tandis que le grave Léonidas s'attardait dans les latrines, où le jeune esclave dont c'était le rôle, prodiguait des soins si attentifs. Il n'y eut pas de banquet, mais un souper, égal en raffinement à tous les repas du maître de maison.

Le lendemain, l'étape d'Elis à Cyllène n'était pas longue. Il y avait, entre les deux villes, non loin de la mer, un temple de Bacchus, où les femmes vénéraient un bœuf dans leurs mystères. Elles lui chantaient cet hymne antique, en le tenant par la corne gauche : « Viens, héros Bacchus, dans ton saint temple maritime, — Avec les Grâces... — Nous t'offrons une victime à pied de bœuf, — Digne taureau... »

Cyllène avait été le théâtre d'un des désordres les plus célèbres provoqués par Vénus : l'amour tragique de l'Eléen Ménéphron pour sa sœur Cyllène et pour sa mère Blias. Mais ce n'est pas à la Cyllène de l'Elide que le mont Cyllène, en Arcadie, devait son propre nom : c'était à Cyllen, petit-fils d'Arcas, héros de l'Arcadie. Cléotime était allé au temple de Mercure Cyllénien, bâti sur le sommet de cette montagne, et y avait assisté aux fêtes Mercuriales, comme il avait assisté aux jeux Lycéens sur le sommet du mont Lycée. Il aimait beaucoup les garçons d'Arcadie.

Le port de Cyllène avait un temple de Mercure et un temple de Vénus. Alexandre et Ephestion sacrifièrent une chèvre à la déesse et un bélier au dieu. La statue de Vénus était en ivoire et considérée comme le chef-d'œuvre de Colotès, aide de Phidias à Olympie. Cette statue était l'objet de pèlerinages, presque autant que le Jupiter. Le temple de Mercure contenait une statue de ce dieu en état d'érection et son emblème, sous forme d'un simple phallus. Alexandre et Ephestion avaient toujours vu, dans les gymnases, aux carrefours des villes, aux lisières des champs ou le long des routes, en Macédoine de même qu'en Elide, des gaines de pierre représentant Mercure, le sexe dressé : le dieu se signalait ainsi comme protecteur de la jeunesse, de la circulation et des propriétés. Mais ils ne l'avaient jamais encore vu sous cette représentation emblématique, qui en faisait un simple priape. Le prêtre ne sut pas leur en expliquer le motif, non plus que la raison pour laquelle il était interdit d'entrer dans ce temple avec du fer ou de l'or. Alexandre et Ephestion avaient retiré leurs bagues et les cercles de leurs jambes gauches. Adorateurs du dieu des gymnases, de Priape et de Vénus, ils honoraient aussi, dans la déesse de l'amour, la protectrice de la navigation. C'est à elle qu'ils se confiaient de nouveau en retrouvant leur navire.

Alexandre ayant envoyé un courrier au capitaine, pour annoncer qu'il arrivait plus tôt, on venait juste de finir les travaux de radoub et de calfatage. Il fut ravi de savoir que l'on pouvait prendre la mer tout de suite. Les chevaux furent embarqués sur le transport spécial qui les avait amenés : ils étaient calés par des sangles dans quatre stalles, et des poutres, le long du pont, les défendaient contre les vagues. C'était le moindre des vaisseaux macédoniens de ce genre : certains contenaient trente chevaux, avec soixante rameurs. Alexandre, Ephestion, le grave Léonidas, Ménon, l'escorte et les esclaves prirent place sur l'autre, nommé *l'Hercule* et qui était le bateau de plaisance de Philippe. Il y avait une cabine de bains ; le pont était décoré d'une galerie, couverte en berceaux de vigne et bordée de pots de fleurs.

Les manœuvres qui précédaient le départ, étaient comme dans *l'Odyssée* : « Ils dressèrent le mât de sapin, l'emboîtèrent dans la coursive, — Le fixèrent aux câbles de proue, — Dressèrent la voile blanche par les lanières en peau de bœuf bien tressées. » Le vaisseau était peint en noir, le nom d'Hercule en rouge ; la coque était pourpre, comme la voile ; le pavillon qui flottait à l'arrière, était blanc, avec l'initiale de Philippe brodée en or.

A Olympie, Cléotime avait donné à Alexandre un rasoir à manche d'or et à lame de bronze en forme de demi-lune. « Il me fera plaisir de penser que tu te raseras ta première barbe avec cet instrument », lui dit-il. Mais à Cyllène, il lui avait ménagé une surprise, qui témoignait sa magnificence : il lui remit une cassette d'ivoire, contenant la couronne d'or de sa Minerve d'Olympie. « Accepte ce présent, qui s'adresse aussi à ton père », dit l'Eléen. Alexandre contemplait la Victoire ciselée au centre de la couronne. « Par Jupiter, dit-il, ô Cléotime, tu m'empêches de regretter une couronne d'olivier. » Ephestion, Léonidas et Hécatée eurent aussi de beaux présents de départ. Evagoras offrit les feuilles de figuier, qui leur promettaient un heureux voyage.

Dès qu'on fut à bord, Alexandre accomplit, au nom de tous, les rites traditionnels : il se lava les mains avec de l'eau pure, que lui versa Epaphos d'une aiguière d'argent dans une cuvette d'argent ; il invoqua Jupiter, Neptune et les autres dieux marins, les Vents, les Tempêtes, la Tranquillité, Apollon et Vénus en leur demandant une bonne traversée et répandit une libation de vin. La brise ne soufflait pas. Les cinquante rameurs commencèrent leurs mouvements, aux sons de la flûte. Après dix coups de rames, comptés par le maître d'équipage, ils criaient, tous ensemble « Ripapa... o o pop ! » et poussaient ensuite le cri de joie : « Laï, i, aï ! »

Alexandre et Ephestion s'étaient assis sur des coussins, à la poupe, abritée d'un tendelet que surplombaient un grand col de cygne en bois sculpté et un fanal. Ils regardaient la côte plate que l'on suivait. Cette large plaine jaune, c'étaient les champs de byssus, source de la fortune de Cléotime. Au loin, s'apercevait le cône de l'Erymanthe, dont un repaire avait abrité un fameux sanglier tué par Hercule, et le mont Pholoé, où le héros avait détruit les centaures de l'Arcadie.

D'une oreille distraite, les deux amis écoutaient le grave Léonidas et le capitaine évoquer les menus incidents de leur voyage d'aller, durant lequel ils avaient suivi la côte orientale du Péloponèse et fait escale à l'île de Cythère, près du cap Malée. Alexandre avait tenu à rendre hommage à Vénus dans son temple, qui était le plus antique de tous ceux de la déesse. Elle y avait le surnom de Céleste et c'est de cette île qu'elle avait pris celui de Cythéréenne ou Cythérée, comme elle devait à Chypre celui de Cypris. Sa statue la représentait le torse nu, appuyée sur une lance, de même que Minerve. Cet appareil guerrier ne messeyait pas à la maîtresse de Mars. On avait acheté quantité d'éponges, principal produit du cap Malée, et le grave Léonidas se remémorait maintenant les douceurs qu'après le service de l'éponge, dispensait le jeune esclave de Cléotime.

Dans les parages de Cythère, *l'Hercule* avait été le jouet d'un phénomène singulier : le navire, malgré le vent qui enflait les voiles et malgré les efforts des rameurs, était demeuré stationnaire. Vénus interdisait-elle de s'éloigner de son île ? Le capitaine fit plonger un matelot, qui rapporta un tout petit poisson, le rémora, dont le pouvoir est d'arrêter les bateaux en s'attachant à leur coque. Nul n'avait jamais pu expliquer ce prodige, même pas Aristote, qui l'avait indiqué à ses écoliers de Miéza. Au-delà de Cythère, on s'était arrêté au cap Ténare pour voir le fameux temple de Neptune Ténarien. Il s'élevait auprès de la caverne par où Hercule était entré aux enfers, sans avoir besoin d'un Prosymne pour le guider, comme Bacchus à l'entrée située près du marais de Lerne. C'est là que le héros était revenu avec Cerbère. Orphée avait pris le même chemin pour revoir Eurydice. En cet endroit, des devins faisaient apparaître les ombres ou repoussaient dans les enfers celles qui troublaient le repos des vivants. Les Lacédémoniens y célébraient chaque année de grandes fêtes. Il y avait également, au cap Ténare, un camp fameux de mercenaires, en majorité des Thraces, qui attendaient de se louer au plus offrant pour toute entreprise de guerre ou de subversion. Philippe en avait, depuis longtemps, recruté les meilleurs. Les dauphins du cap Ténare avaient rappelé à Alexandre celui qui avait porté, sain et sauf, jusqu'à ce cap, le chanteur

Arion de Méthymne, jeté à la mer par des matelots criminels. Le fils d'Ulysse avait été, lui aussi, jeune garçon, recueilli par un dauphin, alors qu'il était tombé d'une falaise. En reconnaissance, son père avait l'image d'un dauphin pour cachet et pour ornement de son bouclier. Alexandre et Ephestion avaient vénéré la statue d'Arion, assis sur un dauphin avec sa lyre. Le socle avait comme inscription l'hymne de gratitude qu'il avait composé pour Neptune, « le plus grand des dieux », et le récit de son aventure.

A présent, on venait de franchir le cap Araxe, qui séparait le golfe de Cyllène et le golfe de Calydon ou de Patras. « Qui sait quand nous reviendrons à Olympie ? dit Ephestion. La Grèce, malgré les menaces d'Athènes, c'est déjà du passé pour ton père. Il est tourné vers l'Asie. — Tu vas vite, dit Alexandre : il lui faut d'abord dompter les Athéniens. C'est moins facile que de dompter Bucéphale. » Ils se levèrent et descendirent dans leur cabine.

Leurs esclaves faisaient chauffer de l'eau sur un trépied de la salle de bains. Alexandre se mit debout dans une cuve, Ephestion dans une autre. Epaphos et Polybe leur lavèrent d'abord les cheveux avec une décoction de menthe sauvage, mêlée de vinaigre, puis le corps, en les frottant de la pâte mousseuse donnée par Cléotime, les oignirent d'huile de rose, leur ôtèrent l'excès d'huile avec une étoffe de lin, leur parfumèrent la tête au lis de Chéronée, les revêtirent d'une tunique blanche, les couronnèrent de lierre. Ayant regagné la cabine en compagnie d'Alexandre, Ephestion ferma la porte, après avoir dit à Epaphos et à Polybe de jouer de la cithare dans la coursive. Il s'allongea avec Alexandre sur les peaux de renards thraces qui couvraient le lit.

En dépit du grave Léonidas et de leur respect pour les dieux, ils n'avaient pas plus l'intention, au retour qu'à l'aller, de se conformer aux lois de la mer qui prohibent les œuvres de Vénus à bord d'un vaisseau. La raison que l'on en fournit, — qu'il ne faut pas s'abandonner à la volupté lorsqu'on est en danger de périr, — leur semblait oiseuse sur un vaisseau comme *l'Hercule,* capable d'affronter les tempêtes. Certes, Alexandre ne savait pas nager. C'était sa seule honte, mais il n'avait jamais pu vaincre, lui si intrépide, l'épouvante qu'il avait eue, tout enfant, lorsque Lysimaque, son premier maître, après lui avoir fait faire quelques mouvements, l'avait lâché dans le Lydias, le fleuve de Pella. Alexandre était tombé au fond et avait été repêché à moitié évanoui. Ephestion était assez bon nageur pour le sauver, — ils l'avaient essayé près du rivage. En pleine mer, si ce n'était Ephestion, un dauphin le sauverait...

Ils s'étaient mis nus. L'odeur de la mer et les parfums de leur peau se mêlaient aux sons de la flûte et de la cithare, aux cris réguliers du chef d'équipage et à ceux des rameurs. Ephestion promenait doucement ses lèvres sur les paupières d'Alexandre, qui avait les yeux clos. Ils aimaient cette caresse, depuis qu'Aristote leur avait appris que la peau des paupières est semblable à celle du prépuce. « Tu te rappelles, dit Alexandre, quand nous l'interrogions sur la nature du plaisir. Il ne croit pas, comme Pythagore, que le sperme vienne du cerveau ni, comme d'autres philosophes, de toutes les parties du corps. Il le définissait tout simplement « une intense démangeaison » et cela nous semblait médiocre. Mais comment élucider de telles choses ? Il faut se contenter de les sentir. »

Alexandre embrassa Ephestion ; puis, se penchant, il ouvrit une cassette d'ivoire et y prit un des volumes d'Homère qu'il avait emportés, bien qu'il les sût par cœur. Mais c'était également un plaisir, du corps et de l'esprit, de dérouler un de ces manuscrits qu'il mettait au-dessus de toutes les raretés littéraires de Cléotime, et de revoir ces lettres noires, tracées sur la feuille de papyrus divisée en compartiments, à la mesure de trente-cinq lettres par ligne. D'un ton d'écolier qui en est aux rudiments, il lut ce bref passage du troisième chant de *l'Iliade :* « Divine, pourquoi désirer me séduire ainsi ? — Me conduis-tu loin encore à des cités bien établies — De la Phrygie ou de l'aimable Méonie, — Si tu as, là aussi, un ami au nombre des hommes mortels ? » Ephestion avait d'abord souri de s'entendre interpeller au féminin, puis il s'écria : « Par Jupiter, ces mots d'Hélène à Vénus qui la dirige vers la chambre de Pâris-Alexandre, viennent de l'endroit même dont j'ai fait un extrait pour un récit que je ne t'ai jamais lu : le récit de ma première visite dans ta chambre à Miéza. Comme j'espérais en trouver l'occasion durant ce voyage, je l'ai dans ma cassette. Je l'avais réservé pour le retour, en croyant qu'il serait le doux commentaire d'une victoire olympique. Il en sera le remplacement. Ce sera la victoire de Vénus. »

Dans sa cassette d'ivoire, pareille à celle d'Alexandre, il prit un paquet de tablettes en bois de tilleul, serrées par un cordon cacheté : il avait dit à Alexandre, qui les avait aperçues, que c'était un manuscrit de Pindare. Il fit sauter les cachets, dénoua le cordon et ouvrit les tablettes que des anneaux unissaient trois par trois. Pour lire, il s'allongea à plat ventre, la tête entre les genoux d'Alexandre qui s'était adossé aux coussins. « Ne ris pas si je suis poétique, lui dit-il : tu es ma poésie. Et j'avais treize ans lorsque j'ai écrit cela « dans la molle cire des abeilles ».

« Une nuit de juillet, à Miéza, je sortis nu de ma chambre, le cœur battant. Mes pieds effleuraient les dalles du couloir. J'allais vers la chambre d'Alexandre. Aujourd'hui, les mains levées au ciel, j'avais fait le triple serment, — par Jupiter, par la Terre, par le Soleil —, de lui avouer que je l'aimais et de lui dire que je mourrais s'il ne m'aimait pas. J'avais plus d'une raison d'être ému, car je craignais d'être traité de femmelette et de perdre son amitié en voulant conquérir son amour.

« Qu'était-ce, d'ailleurs, que l'amour ? Je n'en savais rien et lui non plus. Lorsque nos premières émissions nocturnes nous avaient troublés, le grave Léonidas nous avait dit que c'étaient les jeux d'un dieu très secret et très malicieux, nommé Gamus, né d'un songe que l'Amour avait fait faire à Jupiter et pendant lequel le souverain de l'Olympe avait arrosé le sol de sa semence. Puis, nous découvrîmes, chacun de notre côté, le moyen de produire les effets de ces songes avec nos mains, sans avoir l'idée de le faire ensemble. Léonidas, à qui nous en parlâmes, nous raconta alors l'histoire de Mercure et de son fils Pan, à qui il apprit ce jeu. Il nous avait, du reste, conseillé de ne pas en abuser et lu, à ce sujet, le vers des *Cavaliers* d'Aristophane : « La peau de ceux qui se masturbent, s'en va. » Un jour, nous avions surpris notre camarade Médius, dans le parc en train de pédiquer un jeune esclave. Alexandre en avait été dégoûté et, depuis, n'adressait plus la parole à Médius. Me jugerait-il un nouveau Médius et ne m'adresserait-il plus la parole ? Pourtant, tout ce que nous apprenions, semblait nous préparer à cet amour ; mais aucun de nos maîtres n'avait osé nous en parler. Était-ce donc chose condamnable ? Un mois plus tôt, j'avais failli me déclarer à Alexandre : il avait une rage de dents et Philippe d'Acarnanie lui avait prescrit de s'appliquer sur les gencives de l'huile de jusquiame. C'est moi qui les lui badigeonnais avec un bâtonnet entouré de laine. A deux doigts de ses lèvres, dont je respirais le souffle, j'avais brûlé du désir de les lui baiser. La pudeur, la crainte me retint.

« Invoquant de nouveau la Terre, Jupiter, le Soleil et aussi la Lune, je tirai la courroie qui manœuvrait le verrou de la porte. Je tremblais à l'idée que les gonds ne fissent du bruit, mais je les avais huilés secrètement. Toutefois, je m'imaginais qu'ils allaient grincer aussi fort que ceux de la chambre d'Ulysse, quand Pénélope l'ouvrit et qu'ils imitèrent « le mugissement d'un taureau paissant dans un pré ». Je n'osai pousser la porte. Alexandre ne la fermait jamais à clé de l'intérieur. Mais j'avais dérobé le double de sa clé, pour le cas où il l'aurait fermée. M'introduire chez lui subrepticement, n'était pas moins un acte grave. Nous étions élevés ensemble depuis notre enfance, mais il était mon prince. Je voulus m'accorder encore quelques instants de réflexion.

« Par la fenêtre du couloir, je regardai la nuit lumineuse et murmurai · « O Nuit sacrée ! » Mais aucun cri d'oiseau ne retentissait pour me servir d'augure.

« Le sujet qu'avait traité ce jour-là Aristote, m'avait cependant excité l'esprit, non sans me conseiller la prudence. Démètre, notre aîné, lui avait demandé, au sujet du *Banquet* de Platon qu'il nous expliquait, ce que l'on devait penser de la valeur morale de cette phrase : « Je ne peux dire qu'il y ait un bien plus grand, dès la jeunesse, qu'un bon amant et, pour un amant, qu'un mignon. » Aristote avait eu un geste d'impatience. Cela nous rappela qu'après avoir été le disciple de Platon, il s'était séparé de lui et Platon lui-même l'avait comparé à un poulain qui donne une ruade à sa mère. « Le fondateur de l'Académie a dit beaucoup de bêtises, déclara-t-il. Quelle absurdité, par exemple, de vouloir que les vieillards ne critiquent les lois que devant les magistrats et non devant les jeunes gens ! Il ne faut pas se méfier à ce point de la jeunesse : on a besoin d'elle, au contraire, pour améliorer les lois. Mais la pédérastie, selon moi, n'est excusable que chez ceux à qui l'on en a imposé le goût par la violence, quand ils étaient enfants. Dans ma *Morale à Nicomaque,* le livre que je prépare pour le moment où mon fils sera pubère, j'écris qu'elle est « un vice pareil à une maladie, une habitude qui nous situe hors des limites du vice même, comme la bestialité ». Démètre avait souri et Médius avait ricané. J'avais l'impression d'avoir reçu un coup sur la tête, d'autant plus qu'Alexandre avait eu l'air d'approuver ces propos. Qui allait avoir raison cette nuit ? Platon ou Aristote ?

« J'avançai jusqu'à la chambre d'Aristote pour puiser dans ce voisinage une inspiration décisive. J'entendis parler tout bas et, malgré moi, je collai mon oreille à la porte. Les soupirs que j'entendais et les mots que murmurait le philosophe, me firent croire d'abord qu'il était avec une servante. Quand l'autre voix s'éleva, je reconnus celle de Paléphate, son jeune disciple de Stagire, que Philippe lui avait permis de faire élever avec nous, bien que ce garçon de dix-huit ans ne fût pas noble. Je respectais trop notre maître pour l'estimer un simple hypocrite ; sans doute nous croyait-il encore incapables de comprendre des vérités qui étaient incontestables, puisqu'il les mettait en pratique. Tous les philosophes ne révèlent certaines choses à leurs disciples que lorsqu'ils les en jugent dignes, et ils les leur cachent jusque-là, de même qu'ils les cacheront toujours au vulgaire. J'avais la preuve que le poulain ne donnait plus de ruades à sa mère : il était rentré à l'écurie.

« La porte d'Alexandre s'ouvrit avec discrétion, mais mon cœur bondissait en franchissant le seuil et en la refermant. J'étais prisonnier ou de ma victoire ou de ma défaite, de ma gloire ou de ma honte. Je remerciai la Lune, dont la clarté baignait la chambre et le visage d'Alexandre endormi. Il me semblait qu'elle était amoureuse de lui, comme elle le fut du bel Endymion et comme je l'étais. Il personnifiait l'expression de l'*Iliade* : « Alexandre semblable aux dieux. » Le treillage de verre égyptien qui garnissait la fenêtre, le lit élevé, les statuettes de Vénus et de Bacchus, — les deux divinités que sa mère lui avait données pour protectrices, — la grande mosaïque d'Hercule, le pot de chambre d'argent, à masque de Méduse, la tunique de lin blanc accrochée à un clou, le coffre d'ébène et d'ivoire, cadeau du satrape Artabaze, qui avait été récemment l'hôte de son père, tout cela m'accueillait, d'un air à la fois redoutable et ami. J'avais raccroché le double de la clé J'étais encore libre de repartir sans bruit, de rester le camarade d'Alexandre, au lieu de risquer d'être chassé pour avoir prétendu à son amour.

« Afin de m'enhardir, je me récitai les vers d'Homère où Vénus attire Hélène « dans la chambre délicieusement parfumée » qu'a gagnée Pâris-Alexandre : « Viens, Alexandre t'appelle à te rendre à la maison. — Il est dans la chambre, sur le lit bien tourné, — Resplendissant par sa beauté et par ses vêtements. » En fait, un parfum que je connaissais bien, flottait dans cette chambre, et c'était celui d'Alexandre, le parfum si curieux de sa peau qui sent la violette. J'approchai, je montai sur l'escabeau du lit. J'étais au-dessus de sa respiration, je ne contemplais que son visage, bien qu'il eût rejeté le drap : il était nu, comme moi. Soudain, mes yeux s'écartèrent : au milieu du corps, Priape était debout : il le fut aussitôt chez moi. Ma main s'apprêtait à le saluer respectueusement chez lui, pour réclamer son aide, lorsque Alexandre ouvrit les yeux. Il sursauta, effrayé, me reconnut et sourit. Je ne savais si c'était à moi qu'il souriait ou au dieu qui tendait nos nerfs. Je me précipitai entre ses bras, pleurant, le couvrant de baisers, et, malgré sa surprise, il ne protestait pas. D'instinct, nous nous pressions l'un sur l'autre. Priape luttait contre Priape. Sa double victoire fut rapide. Nous ne nous étions pas dit un mot. »

Une si douce lecture, le souffle d'Ephestion, l'image de cette nuit lointaine, avaient restitué à Priape toute sa gloire chez les deux amis. Leurs lèvres s'unirent. Le dieu s'épancha. Au dehors, la petite musique durait toujours.

« Tu as mérité ta récompense », dit Alexandre. Il prit dans le coffret de Cléotime, la splendide couronne d'or, et la posa sur la tête d'Ephestion. « Tu n'es pas ma victoire olympique, lui dit-il : tu es ma victoire olympienne. C'est donc pour toi que cette couronne était tressée. » Les statues que Léocharès avait faites de l'un et de l'autre, et qu'ils avaient échangées, avaient été déjà la consécration de la victoire de Priape et de l'Amour.

Quelque temps après la nuit qu'ils venaient de revivre, on avait fini par obtenir les aveux d'Aristote, comme on avait obtenu, un peu plus tôt, ses explications sur ce vers indécent des *Nuées* d'Aristophane : « Autrefois, quand j'étais enfant, je me servais de ce doigt. » Alexandre et Ephestion, par égard pour leur maître, n'avaient pas dévoilé à leurs camarades ses rapports avec son disciple Paléphate. Tout à coup, un événement se produisit, qui entraîna ses confidences. Il était allé à Delphes, pour y consacrer la statue, élevée par ses soins, d'un de ses amis, un eunuque bithynien, Hermias, tyran d'Assos et d'Atarné en Mysie, qui, trois ans auparavant, avait eu une fin tragique. Deux Grecs de Rhodes, Mentor et son frère Memnon, beaux-frères du satrape Artabaze, — homonyme d'un des chefs des troupes perses à la bataille de Platée, — l'avaient livré au roi de Perse, Artaxerxès Ochus Ce Memnon avait naguère accompagné

Artabaze à la cour de Pella et s'était servi, pour gagner la confiance d'Hermias, de leurs anciennes relations avec Philippe. Artaxerxès soupçonnait, non sans raison, le tyran d'Assos et d'Atarné d'être un agent du roi de Macédoine sur cette côte d'Asie mineure, parce que cet eunuque avait été l'ami intime d'Aristote. Il tenta en vain de lui arracher ses secrets par la torture et le fit crucifier. Hermias avait déclaré, au milieu des supplices, qu'il resterait digne de la philosophie et digne de ses amis : ses amis, c'étaient Philippe et Aristote. Le philosophe de Stagire avait, de longue date, des accointances à Atarné : orphelin de père, il avait eu pour tuteur un Atarnéen, Proxène. C'est là qu'il avait connu Hermias, avant de le retrouver à l'Académie de Platon. L'eunuque avait été le mignon d'un banquier grec d'Atarné, Eubule, qui l'avait adopté et qui avait assuré son éducation. Ce banquier, devenu, avec l'agrément des Perses, tyran de cette ville, puis d'Assos, avait, à sa mort, transmis le pouvoir à Hermias, dont Aristote avait été l'hôte. Le philosophe avait épousé Pythias, sœur et fille adoptive du jeune tyran : elle était morte en lui donnant une fille, nommée comme elle. Sans craindre d'être traité de sacrilège, il rendait à la défunte le culte que les Athéniens rendent à Cérès. Le fils d'Aristote, Nicomaque, était de son second mariage avec une courtisane de Stagire, Herpyllis, qui vivait dans cette cité. Voilà tout ce que l'on avait su à Miéza des liens d'Aristote et du tyran d'Assos et d'Atarné. Ces histoires étaient antérieures au séjour du philosophe en Macédoine et Alexandre, tout en devinant qu'elles cachaient peut-être un secret, avait eu la discrétion de ne pas interroger son père à cet égard.

Après son retour de Delphes, Aristote ne put s'empêcher de parler de la statue d'Hermias, œuvre de Bryaxis. (Cet artiste avait été le collaborateur de Scopas et de Léocharès pour le tombeau du roi Mausole à Halicarnasse.) Puis, prenant une tablette, le philosophe lut le poème qu'il avait composé, sous l'inspiration d'Apollon, à la mémoire d'Hermias. C'était un *Hymne à la vertu* : « Vertu qui coûtes beaucoup de peine, — Mais le plus beau gibier d'une vie mortelle... — Pour le désir de toi, Achille — Et Ajax sont allés aux demeures de Pluton. — Et pour l'amour de ta beauté chérie, même un nourrisson d'Atarné — S'est privé de la lumière du soleil. — Aussi est-il chanté pour ses travaux — Et les Muses l'exaltent, immortel... »

Les élèves de Miéza avaient écouté pieusement ce poème. Aristote en avait achevé la lecture les larmes aux yeux. Même le libertin Médius n'osait sourire : on avait compris que cette émotion et ce déploiement de regrets pour un beau-père eunuque cachaient quelque chose, et que le cœur aussi du philosophe allait déborder. « Il y a quelques mois, continua-t-il, vous m'avez prié de vous parler de l'amour des garçons ; mais ce n'était que pour m'embarrasser : ce n'était pas pour vous éclairer. J'aurais pu d'ailleurs vous citer le sage Xénophon : « Nous ne parlons pas de l'amour à ceux qui sont trop jeunes, de peur que, la facilité se joignant à la violence des désirs, ils n'en usent sans mesure. » C'est l'amour qui nous distingue du vulgaire, pour lequel il n'est que la satisfaction d'un appétit bestial. L'amour sublime les sens, comme la beauté sublime le corps. Chacun, du reste, peut prétendre avoir la sienne et nous ne recherchons celle du visage et du corps que dans l'espoir de découvrir ou de créer une égale beauté intérieure.

« Un beau jeune homme, qui abusait de son corps, m'insulta sous prétexte que j'avais trahi Platon et que les Athéniens me détestaient pour cela. « Si je leur étais aussi odieux que toi, je me pendrais, dit-il. — Moi, je me pendrais, lui répliquai-je, si j'étais aimé d'eux comme ils t'aiment. » Vous avez lu, dans le discours d'Eschine *Contre Timarque,* la différence entre la pédérastie infâme et la noble pédérastie. Le même abîme existe entre la vraie amitié et la fausse amitié et c'est évidemment à propos de la seconde que j'ai dit ces mots si souvent cités : « Mes amis, il n'est point d'amis. » Mes disciples et mes élèves sont la preuve de ma foi dans la véritable amitié... Mes amis, il est des amis. » Aristote fit une pause, pendant laquelle tout le monde garda le silence. Puis, il continua.

« Nous avions dix-sept ans, Hermias et moi, quand nous nous sommes rencontrés à l'Académie de Platon, où l'avait envoyé son père adoptif. Il était d'une extraordinaire beauté, — un mélange de la beauté grecque et de la beauté orientale, — et il avait toutes les qualités du cœur et de l'esprit. Pour prévenir votre curiosité et peut-être vos plaisanteries, je vous dirai qu'il n'était pas eunuque au sens strict du terme, en ce qu'il n'avait pas été mutilé : il appartenait à cette catégorie d'eunuques dont on a simplement atrophié les testicules en les froissant entre les doigts dans la première enfance. Nous avions vite oublié nos corps et, vingt-six ans après, vous le voyez, mon affection reste assez profonde pour me tirer les premières larmes que j'aie versées devant vous. Il fut tyran d'Assos et d'Atarné, avec toutes les lumières d'un Dion de Syracuse. Une des lettres de Platon lui a été adressée, en même temps qu'à ses deux autres disciples, Eraste et Corisque, fixés à Scepsis, dans le voisinage d'Atarné. Pour mon compte, j'avais ouvert à Assos une école de philosophie sous ses auspices, avec Xénocrate, qui est aujourd'hui le chef de l'Académie. Après la mort affreuse d'Hermias, je m'étais retiré à Mytilène, où je reçus la lettre de Philippe m'invitant à devenir le précepteur d'Alexandre. J'avais épousé Pythias par amour pour Hermias et si, veuf, j'ai épousé Herpyllis, c'est parce qu'elle avait été sa concubine. Je vous dis tout cela pour vous montrer qu'un amour, une amitié, peut remplir toute la vie sous des formes diverses. Hermias m'a inspiré ma définition de l'amitié-amour et j'ose dire qu'elle est la plus belle qu'on en donnera jamais : « Une seule âme en deux corps. » Ne souriez pas, à l'idée que, cette âme, je l'ai portée en d'autres corps . On la retrouve en d'autres corps On n'aime qu'une fois. »

Zéphire gonflait la voile de *l'Hercule* dans le golfe de Calydon. Cette ville, capitale de l'Etolie, était assez loin de la côte, au pied des montagnes. Elle évoquait le fameux sanglier blanc que tua Méléagre, fils d'Œnée, roi de Calydon, et surtout, pour Alexandre, la fille de ce roi, Déjanire, épouse d'Hercule : c'est de leur fils aîné Xyllus que Philippe et lui descendaient.

Léonidas nommait les lieux que l'on apercevait le long du rivage. Près de Dymé, première ville de l'Achaïe, une éminence était le tombeau de Sostrate, l'un des mignons d'Hercule. Une statue de ce héros surmontait le monument. La ville avait aussi un temple d'Atys. Ce jeune Lydien était né d'un rêve impur du souverain de l'Olympe qui avait fécondé la Terre, comme en était né, une autre fois, ce dieu Gamus qui provoquait cette sorte de rêve. Mais Atys n'avait pas surgi du sol tout de suite : il s'en éleva d'abord un être pourvu des deux sexes, qui épouvanta les Olympiens. Ils lui coupèrent les parties viriles, d'où germa un amandier ; une nymphe s'en glissa une amande dans le sein et ainsi fut produit Atys, qui devint le plus beau des adolescents. Cybèle, à qui il sacrifia sa virilité, en fit le prêtre de ses propres mystères, le combla de faveurs et le coiffa d'un chapeau d'étoiles. Alexandre aimait toute cette histoire, qui lui avait donné le goût du lait d'amandes, et il chantait parfois une petite ode qu'Anacréon avait consacrée à Atys. Epaphos et Polybe juraient souvent par ce dieu de leur enfance, bien qu'ils ne fussent pas eunuques.

On relâcha à Patras, principale ville de cet Etat. Cet arrêt était prévu pour la provision d'eau. Le magnifique Cléotime fournit une nouvelle preuve de ses attentions. Un messager guettait l'arrivée du bateau d'Alexandre et apportait d'autres cadeaux : deux jarres de vin d'Achaïe, vieux de seize ans (l'âge qu'auraient, dans quelques jours, Alexandre et Ephestion), quatre manteaux de pourpre, — pour eux, pour Philippe et pour le grave Léonidas, — des voiles et des mouchoirs de tête, brodés de fil d'or et rehaussés de peintures, pour Olympias et pour Cléopâtre, la jeune sœur d'Alexandre.

Patras était le grand centre du commerce de Cléotime. Sa qualité de « marchand propriétaire de navires », — l'espèce supérieure de la profession mercantile, — était attestée par la présence, dans ce port, de trois de ses bateaux : l'un chargeait des ballots d'étoffes sorties de ses manufactures, et appareillait pour Milet, d'où il reviendrait avec des tapis ; un autre débarquait des étoffes des îles de Cos et d'Amorgos ; le troisième, des poteries et des parfums d'Athènes, que des jarres de vin d'Achaïe allaient remplacer, — on avait vu, avant d'arriver, les célèbres vignobles. Comme le port de Cyllène, celui de Patras avait un temple de Vénus. Alexandre et Ephestion y entrèrent : la statue de la déesse était en bois, avec la tête, les pieds et les mains de marbre, pareille aux statues des Grâces d'Elis.

Plus loin, le cap Rhium annonçait que l'on entrait dans le golfe de

Naupacte, antichambre du vaste golfe de Crisa ou de Corinthe. Naupacte, située sur la rive septentrionale, était invisible.

On ne s'arrêta pas à Egium, où Jupiter, changé en pigeon, s'était uni à la jeune Phtie, comme il s'était uni à Léda de Lacédémone sous la forme d'un cygne. Alexandre avait hâte d'être à Corinthe et surtout à Pella, pour savoir ce qu'avaient produit les menées de Démosthène. Egium possédait quantité de temples, dont le grave Léonidas reconnaissait quelques-uns. Il vanta deux statues du sculpteur argien Agéladas, représentant Jupiter en jeune garçon et Hercule également imberbe. Les prêtres des deux divinités étaient deux beaux garçons de la ville, impubères. Ils en conservaient chez eux les statues, pendant l'exercice de leurs fonctions, qui cessaient à l'apparition de leur premier poil. La jeunesse tenait un grand rôle dans les fonctions religieuses de cette contrée. A Patras même, l'ancien précepteur avait assisté à la fête de Bacchus Roi, où les jeunes garçons et les jeunes filles les plus beaux allaient en procession déposer leurs couronnes de fleurs dans le temple de Diane, bâti sur les bords du Milichus. Cette cérémonie était en expiation du sacrilège commis à l'intérieur de ce temple par un jeune garçon du pays, Mélanippe, avec la jeune prêtresse de Diane, Cométho. Quant aux joueuses de flûte d'Egium, le grave Léonidas dit qu'elles jouaient de la flûte double par les narines.

Après les joueuses de flûte et les jeunes garçons, les guerriers : Alexandre se leva, lorsqu'on lui désigna le temple de Jupiter Assembleur, devant lequel Agamemnon avait réuni les troupes du Péloponèse pour l'expédition de Troie. Un des projets de Philippe étant de se faire nommer chef d'une expédition identique contre les Perses, — cette expédition dont on avait parlé à Olympie —, Alexandre croyait déjà entendre hennir Bucéphale. C'est en cet endroit que la fédération des villes de l'Achaïe se réunissait, chaque année, dans le bois sacré de Jupiter du Jour, près du temple de ce dieu associé à Minerve du Jour et à Vénus. Des dauphins escortaient *l'Hercule :* on n'en avait pas vu depuis le cap Ténare. L'un d'eux portait sur son dos ses petits, encore incapables de nager, tels Arion et Télémaque réchappés de la mer.

Les repas se prenaient à la poupe, sous le tendelet, une table basse posée devant les coussins où l'on s'allongeait. Le cuisinier servait maintenant des crevettes que l'on venait de pêcher. Le cuisinier les grilla dans une poêle en présence d'Alexandre, pour lui faire entendre le petit cri qu'elles poussent avant de mourir et qui leur vaut le surnom de « chanteuses de Jupiter Olympien ». Il y avait aussi des sardines et des rougets cuits sur la braise. De la viande fumée, une purée de lentilles et du raisin muscat de Patras, complétaient le menu.

Le pilote montra les restes de la ville d'Hélicé, qui avait été détruite par un tremblement de terre, peu avant la bataille de Leuctres. La plupart des monuments s'étaient engloutis dans les flots. On voyait, debout, sur un fond de sable, près de la rive, la statue de bronze de Neptune Héliconien · l'hippocampe que le dieu tenait à la main, accrochait parfois les filets des pêcheurs. Cette catastrophe était une de ses vengeances, parce que les Ioniens originaires d'Hélicé avaient demandé plusieurs fois aux habitants une copie de sa statue, qui leur fut toujours refusée. L'assemblée générale des Achéens la leur accorda, aussitôt après le séisme du dieu « ébranleur de la terre ».

On apercevait au loin la ville de Céryné. A l'époque d'Alexandre Ier, les habitants de Mycènes, assiégés par ceux d'Argos, mais inexpugnables à l'abri de leurs murailles, durent céder à la famine et se transplanter ailleurs : le plus grand nombre à Pella, les autres à Céryné et en Argolide. Alexandre était heureux que la race des anciens compagnons d'Agamemnon, roi de Mycènes, vainqueur de Troie, se fût mêlée à celle de son pays. Sur la côte, Egées, ville homonyme de l'ancienne capitale de la Macédoine, possédait un célèbre temple de Neptune. Homère montrait le dieu allant de Samothrace à Egées en quatre pas, « sur ses pieds immortels ».

Pour gagner du temps, on naviguait même la nuit. Les équipes de rameurs se dédoublaient. Le fanal était allumé, le tendelet roulé. Alexandre et Ephestion regardaient l'étoile du soir briller dans le ciel. « Notre étoile ! dit Ephestion en la saluant. — Vénus, notre reine ! dit Alexandre, qui fit le même geste. — Le sexe de cette étoile est ambigu, dit le grave Léonidas : Cléotime nous a rappelé qu'Hyménée avait été le mignon de Bacchus, mais le dieu des épousailles eut aussi un mignon, Vesper, qui dispute à Vénus l'étoile du soir. — Comme Pythagore a prouvé, dit Alexandre, que l'étoile du soir et l'étoile du matin sont la même planète, cela fait à Bacchus deux mignons pour un. — Il est curieux, reprit Léonidas, que l'influence de cette étoile, qui est Vesper ou Vénus, soit liée au foie. — Pas si curieux, dit Ephestion, puisque le foie est, comme le cœur, le siège de l'amour. Quelle chance d'avoir un organe de plus pour une si douce chose ! Fils de Philippe, je t'ai dans mon cœur, je t'ai dans mon foie… je t'ai partout. » Alexandre en lui serrant la main, continuait de regarder le ciel nocturne, où se levaient d'autres astres et qui l'avait toujours fasciné. Nectanébo avait donné le goût de l'astrologie à sa mère, qui le lui avait inculqué, de même que le grave Léonidas et Aristote lui avaient inspiré celui de l'astronomie. Il lui fallut un moment pour retrouver la constellation d'Hercule, dans le fouillis des étoiles. Il se réjouit quand il eut découvert la poitrine du Lion qui se levait. Si Vénus était son étoile, le Lion était son signe.

Bien que Pellène, dernière ville de l'Achaïe, fût encore plus éloignée de la côte que Céryné, on l'apercevait grâce aux innombrables flambeaux qui, sur la colline où elle était bâtie, illuminaient la fête de Bacchus, justement nommé Flambeau. Cette cité était fameuse par le nombre de ses athlètes qui avaient gagné des prix aux jeux Olympiques. Pour faire partie du gouvernement, il fallait avoir montré sa valeur dans ces compétitions.

« Ne me parle plus de jeux, dit Alexandre à Léonidas qui relatait cette particularité. J'ai eu tort de ne pas suivre le conseil de Pythagore : « Dans la foule qui assiste aux grands jeux, il y a trois groupes : les uns viennent pour concourir, les autres pour faire du commerce et les autres, qui sont les sages, se contentent de regarder. » — Prends garde, dit Léonidas en riant, le début du reste de la phrase pourrait te concerner : « Les premiers sont esclaves de la gloire et les seconds de l'appétit du gain ; les sages ne visent qu'à la vérité. » Tu seras, plus que personne, esclave de la gloire. — Oui, dit Alexandre, il y a la vérité, mais il y a aussi la beauté. Or, l'amour de la gloire, c'est pour moi une forme de la beauté. Je possède l'amour et je désire la gloire pour qu'elle se reflète sur mon amour et le rende encore plus beau. » Ephestion baisa de nouveau la bouche d'Alexandre. Le grave Léonidas cita le vers d'Euripide : « Vivre sans beauté, est une grande souffrance. »

Bien qu'Alexandre ne voulût plus entendre parler de jeux, son ancien précepteur se crut permis de dire qu'il avait vu, à Pellène, ceux que l'on célébrait en l'honneur de Mercure : c'étaient les plus importants de tous, après les quatre grands jeux. Les prix en étaient de somptueuses tuniques, — « de molles étoffes », selon l'expression du lyrique de Thèbes.

La beauté de la nature captivait les deux amis autant que celle de l'art, de leurs corps et de la gloire. Les lumières des flambeaux de Pellène avaient disparu, mais il y avait maintenant, sur une autre colline, un feu de bergers. Après les illuminations de la fête de Bacchus, c'était la modeste lumière des hommes, avec le fanal du vaisseau. Elle évoquait terrestrement l'étoile de Vénus qui brille seule. Alexandre aimait que le plus grand poète grec eût noté, comme le fit ensuite Euripide, des détails aussi simples : « De la mer, parfois apparaît aux marins — La lueur d'un feu qui brûle sur les montagnes, — Dans une étable solitaire... » C'était, du fond des siècles et jusqu'à la fin des temps, un hommage à la vie.

Le bruit des rames et le cri des rameurs, répondant à l'exhortation du maître d'équipage, berçait les songes d'Alexandre et d'Ephestion. Ce n'était, toutefois, que d'une manière tamisée : pour ne pas en être incommodés, ils s'étaient pressé de la mie de pain au fond des oreilles.

Le matin, on arriva devant les murailles de Sicyone, ville indépendante dont le territoire s'étendait entre l'Achaïe et l'Argolide. Elle avait naguère conquis Pellène et prostitué, dans un lieu public, les femmes et les filles des vaincus. Philippe avait soutenu Aristrate, tyran de Sicyone, renversé depuis. Néanmoins, le nouveau chef qu'elle s'était donné, Epicharès, était resté l'allié de la Macédoine. On découvrait le profil du stade, où avaient lieu, chaque année, des jeux en l'honneur d'Apollon. Pindare avait chanté quelques-uns de leurs vainqueurs, « couverts d'argent » : la récompense était des vases de ce métal. On regrettait de ne pas s'arrêter pour admirer les peintures des fameux artistes de Sicyone, tels que

Pausias ou son prédécesseur Eupompe, et les statues de ses non moins fameux sculpteurs, tels qu'Aristoclès ou Polyclète, dont Philippe avait l'*Hercule étouffant Antée*. Mais Alexandre louait d'abord Sicyone d'avoir produit Lysippe, l'élève de Polyclète, et Pamphile, le maître d'Apelle, — Lysippe et Apelle qui, l'un par le bois de cèdre encaustiqué, l'autre par le bronze incrusté d'argent aux yeux, aux lèvres et aux ongles, avaient fixé, à deux âges différents, sa beauté de jeune garçon. Il était aussi reconnaissant à Lysippe d'avoir fixé celle de son ami. Tisicrate, compatriote et élève de ce sculpteur, était également apprécié à la cour de Pella.

Le temple de Vénus, à Sicyone, contenait une statue de Vénus, en or et en ivoire, due à un autre artiste de cette ville, Canachus. La déesse était assise, coiffée d'un chapeau pointu, un pavot dans une main, une pomme dans l'autre. On lui brûlait des victimes avec du bois de genévrier, mais leurs cuisses avec de l'acanthe. La prêtresse de la Vénus de Sicyone était une jeune vierge nommée pour un an. Au demeurant, Sicyone avait fourni un mignon à Apollon : Hippolyte, homonyme du beau-fils de Phèdre.

Clisthène, tyran de cette ville, avait été jadis le héros d'une plaisante histoire. Comme les grands personnages des temps héroïques, il avait convié les plus riches et les plus importants des Grecs, pour choisir parmi eux le mari de sa fille Agariste. Les prétendants accoururent de partout, — jusque de Sybaris et de Trébizonde. L'un d'eux, et non des moindres, était Hippoclide, fils de Tisandre, Athénien : il dépassa tous ses rivaux en somptuosité par un sacrifice de cent bœufs, et allait être choisi comme étant aussi le plus beau, lorsque, au milieu du banquet, il se mit à danser sur une table, en finissant par un tour d'équilibriste, la tête en bas, les jambes en l'air. « O fils de Tisandre, lui dit Clisthène, scandalisé, tu viens de manquer ton mariage. » A quoi l'Athénien répondit : « Le fils de Tisandre s'en moque. » Cette expression était restée proverbiale pour désigner ceux qui sacrifiaient l'ambition au plaisir. Ce n'était pas le propos d'Alexandre, mais il trouvait à cette anecdote une certaine élégance et une désinvolture bien dignes de la cité d'Alcibiade. Il n'appréciait pas moins le faste asiatique de Clisthène qui était parti pour un voyage en Italie avec mille cuisiniers, pêcheurs et oiseleurs.

Le mont Cyllène s'élevait à l'horizon. Sur ses pentes, Tirésias, le devin de Thèbes, ayant séparé d'un coup de bâton deux serpents accouplés, fut changé en femme ; un an plus tard, un coup de bâton semblable l'y avait fait redevenir homme. On prétend, du reste, que, par le même procédé, il changea de sexe jusqu'à sept fois. Comme Jupiter et Junon disputaient si c'était l'homme ou la femme qui éprouvait le plus de volupté, ils choisirent Tirésias pour trancher le débat. Le devin répondit que, des dix-neuf parties qui composent la jouissance, la femme en ressentait dix et l'homme seulement neuf. D'après certains, il avait même établi la proportion de dix à un, ce qui supposait qu'il avait été une femme très chaude. En tout cas, la réponse de Tirésias avait choqué Junon dans sa pudeur et elle le rendit aveugle.

Derrière la Sicyonie, s'étendait la Phliasie, autre petit Etat, dont Phlionte, au pied du mont Arantius, était la capitale et qui suivait la fortune politique de Sicyone. Phlius, héros fondateur de Phlionte, avait été l'un des Argonautes. Cette ville se vantait d'avoir l'unique temple connu d'Hébé. Et l'on voyait, sur la citadelle, l'unique temple connu de Ganymède, mais qui, féminisé et confondu peut-être avec la déesse de la jeunesse, portait le nom de Ganyméda. Ce temple, entouré d'un magnifique bois de cyprès, était un asile inviolable pour les esclaves fugitifs : ils suspendaient leurs chaînes aux branches des cyprès. Les fêtes en l'honneur de Ganyméda se célébraient une fois par an pendant plusieurs jours, dits « les jours de lierre », parce qu'on en coupait des tiges pour orner le temple. Au milieu de la place, était un chien de bronze que l'on redorait chaque année, afin de valoir aux vierges l'influence bénéfique de la constellation du Chien, qui leur était défavorable.

Les Phliasiens assuraient qu'Hercule, à son retour du jardin des Hespérides, s'était rencontré chez eux avec son beau-père Œnée, venu d'Etolie, pour le voir et qu'un jour, Cyathus, jeune garçon qui leur servait à boire et qui était le mignon d'Œnée, ayant déplu à Hercule, en reçut un coup à la tête dont il était mort sur-le-champ. Pour garder un souvenir de ce meurtre, les Phliasiens avaient pratiqué une niche dans le temple d'Apollon, où l'on voyait la statue d'Hercule et celle de Cyathus lui présentant le gobelet.

Sophocle, ajouta Léonidas, avait fait mettre sur son tombeau à Athènes un satyre de bois que, d'après l'inscription, il avait trouvé à Phlionte « dans les ronces ». Le grand poète avait voulu rendre hommage à cette région où, selon certains, était né l'art de la tragédie (Aristote en fixait la naissance dans le Péloponèse, sans préciser le lieu). L'auteur d'*Œdipe à Colone* était mort durant la guerre du Péloponèse, pendant le siège d'Athènes, peu après Euripide. Son tombeau de famille étant hors des murs, on n'avait pu l'inhumer. Bacchus apparut une nuit à Lysandre, le roi de Sparte, chef de l'armée assiégeante, et lui ordonna de laisser enterrer « ce qui était le plus cher à sa divinité ». Lysandre ne devinait pas de quoi il s'agissait. Dès qu'un Athénien l'eut éclairé, il obtempéra. Cet ordre dicté à un roi pour un homme de génie, plaisait à Alexandre.

L'Argolide, qui succédait à la Sicyonie, évoquait pour lui des souvenirs émouvants. C'est d'Argos, capitale de cet Etat, située sur un golfe de la mer de Myrto, de l'autre côté du Péloponèse, qu'était sortie la monarchie macédonienne depuis quatre cents ans. Témène, fondateur de celle d'Argos, de Mycènes et de Tirynthe, était le père de Caranus, premier roi de Macédoine, dont descendait, à la troisième génération, Perdiccas Ier, qu'Hérodote indiquait erronément comme le fondateur de cette autre dynastie. Or, Témène était l'arrière-petit-fils d'Hyllus, fils aîné d'Hercule et de Déjanire. Cette ascendance menait plus loin Philippe et Alexandre : par Alcmène, mère d'Hercule, ils avaient du sang de Danaüs, roi d'Egypte, puis roi d'Argos, et du sang du Phénicien Cadmus, fondateur de Thèbes. C'est également le Phénicien Inachus, deux siècles avant Danaüs, qui avait fondé Argos. Trois barbares étaient donc à l'origine de ces deux anciennes monarchies de la Grèce et, par conséquent, de la Macédoine. Lorsque Homère donnait curieusement aux Grecs le nom de Danaens, comme descendants de Danaüs, il en faisait des Égyptiens sans le savoir.

A sa naissance, Alexandre avait été inscrit à Argos sur le registre de la tribu de Témène. Son père avait observé cet usage, qui était celui des Grecs par rapport à leur tribu d'origine. Il avait fait de même pour sa fille Cléopâtre. C'était la preuve légale de l'origine grecque de leur famille, qu'Alexandre aurait pu signaler à Démosthène. Ces formalités avaient été accomplies au nom de Philippe par ses hôtes à Argos, Myrtis, Télédame et Mnaséas, qu'Alexandre venait de voir à Olympie et que l'orateur athénien accusait de traîtrise à la cause grecque, comme tous les hôtes du roi dans les divers Etats. L'inscription devait être renouvelée entre seize et dix-huit ans, c'est-à-dire avant l'âge de l'éphébie.

Le fils de Philippe parlait déjà de revendiquer un jour l'Argolide en vertu de ses droits historiques. « Apprends, lui dit Léonidas, que tu descends, par Caranus, du fameux devin d'Argos, Mélampe, auquel le roi Prœtus laissa le trône pour avoir guéri ses filles de la folie. Mélampe avait été le mignon d'Apollon, qui lui avait enseigné l'art de prophétiser et de guérir. Il avait recueilli deux petits serpents qu'il élevait avec soin : une nuit, ils le léchèrent à l'intérieur des oreilles et, quand il se réveilla, il comprit le langage des oiseaux. Sa race régna sur l'Argolide pendant dix générations. Tu as, par conséquent, des liens avec le monde de la magie. — Je m'en doutais ! s'écria Alexandre en riant. — Moi aussi, dit Ephestion, puisque je succombe sous ton charme. — Mélampe a eu un autre mérite, poursuivit le grave Léonidas : c'est lui, d'après Hérodote, qui a introduit chez les Grecs la procession du phallus. Certains pensent qu'il l'avait connue des Egyptiens, d'autres de Cadmus, la Phénicie l'ayant reçue de l'Egypte. »

Alexandre s'émerveillait de ce devin qui obtenait un royaume et de ces hommes qui avaient quitté leurs pays lointains pour régner en Grèce, comme les fils de Témène avaient quitté Argos pour aller régner en Macédoine.

« Par Témène et Caranus, reprit Léonidas, tu descends de quelqu'un d'infiniment plus illustre que Mélampe : le héros Persée, dont la gloire est digne de celle d'Hercule, son propre descendant. » Alexandre n'ignorait pas cette brillante filiation, mais il en éprouvait plus d'orgueil dans ces parages. Le nom de Persée l'éblouissait. Ce n'est pas, en effet, parce que le fils de Jupiter et de Danaé avait été le mignon de Mercure, ni parce qu'il avait délivré Andromède, exposée à un monstre, ni parce qu'il avait coupé la tête de Méduse avec la serpe de diamant que Mercure lui avait donnée, mais parce qu'il avait été roi d'Argos, puis de Tirynthe et de Mycènes, et le père d'Alcée, aïeul d'Hercule. « Tu as donc deux fois du sang de Jupiter, dit Ephestion. — Cela me donne des droits sur la couronne de Perse, dit Alexandre, car le fils de Persée, Achémène, est le fondateur de la dynastie des Achéménides, régnante à Suse depuis Cyrus. — Prends garde, dit Ephestion, que les Achéménides ne prétendent à la Macédoine. — Certes ! dit Alexandre, mais ils n'auront jamais autant d'ambition que nous. — C'est en hommage à Persée, dit Léonidas, que Philippe a appelé Perséis une ville de Péonie. Il est d'ailleurs étrange que Platon, dans son premier *Alcibiade* où il parle d'Achémène, de Persée et d'Hercule, ne cite pour leurs descendants que les rois de Perse et de Lacédémone, en oubliant les rois de Macédoine. Vos liens avec les Achéménides ont été établis à l'envers, lors des guerres médiques, c'est-à-dire dans le sens qu'indiquait Ephestion : Xerxès envoya un héraut aux Argiens pour leur demander de rester neutres en souvenir de Persée et ton ancêtre Alexandre fut, au même titre, l'allié de Xerxès. » Le fils de Philippe avait sursauté. « Oui, dit-il, mais il ne mérita pas moins, par ses services, ce titre d'Ami des Hellènes, que je rappelais à Démosthène, et il offrit l'hospitalité à Pindare. Mais, grâce à lui, nous avons avec la Perse un autre lien : il a marié sa sœur Gygée au satrape perse Bubarès. Qui sait ce qu'est devenue sa postérité ? »

Alexandre regrettait que l'on n'eût pas le temps d'aller à Mycènes, à Tirynthe et à Argos, pour honorer ce berceau de la civilisation grecque et de sa maison. L'histoire le renvoyait maintenant à la poésie. Tous ces noms lui remettaient en mémoire les personnages d'Homère et des grands tragiques. C'est dans le temple de Minerve, sur la citadelle d'Argos, qu'était conservée la statue de Jupiter, provenant du palais de Priam, et qui avait trois yeux, symbole de ses trois royaumes, du ciel, de la terre et de la mer ou des enfers, et de sa possession du présent, du passé et de l'avenir. La gloire d'Argos avait été celle de la Grèce entière : on disait que, loin de leurs diverses patries, « les Grecs en mourant, songeaient à Argos », même s'ils ne l'avaient jamais vue. Il y avait, dans cette cité, un temple de Vénus dite aux Jambes écartées. Alexandre rappela qu'Aristote, curieux des coutumes bizarres, en avait cité une des fêtes de Vénus Porte-Victoire, autre épithète de la déesse à Argos : les hommes et les femmes y échangeaient leurs vêtements et les épouses qui se mariaient à ce moment-là, mettaient une barbe la nuit de leurs noces.

Près d'Argos, se trouvait un fameux sanctuaire de Junon, dont la statue avait pour sculpteur Polyclète : elle était en or, assise sur un trône d'or, les parties découvertes en ivoire, comme le Jupiter de Phidias à Olympie. Sur sa couronne, étaient ciselées les Heures et les Grâces ; elle renait d'une main une grenade, de l'autre son sceptre d'or, où était posé un coucou. Ce coucou symbolisait Jupiter qui, pour s'unir la première fois avec sa sœur Junon, prit la forme d'un coucou trempé de pluie, qu'elle mit imprudemment dans son sein en vue de l'essuyer et de le réchauffer. Une ancienne statue en bois de poirier, ravie par les Argiens à Tirynthe, était vénérée, à côté de cette œuvre magnifique.

Le nom de Mycènes n'était pas lié seulement aux crimes des Atrides, mais à des exploits guerriers. Quatre-vingts soldats de cette ville avaient combattu avec Léonidas aux Thermopyles et y étaient morts, avec tous ses hommes. Argos, qui était restée neutre à cause du message de Xerxès, fut ensuite jalouse de la gloire procurée aux Mycéniens par ces quatre-vingts héros. Après ce siège qu'on avait évoqué devant Cérynée, elle rasa Mycènes, dont ne subsistaient plus qu'un mur d'enceinte, avec une porte ornée de deux lionnes, — enceinte que l'on disait l'œuvre des cyclopes, à cause des pierres énormes qui la composaient (celle de Tirynthe était attribuée à Hercule, parce que c'est là qu'Eurythée l'avait d'abord tenu en sujétion) —, des chambres souterraines où étaient les tombeaux d'Atrée, de son fils Agamemnon et d'Electre, fille de ce roi. Clytemnestre, l'épouse meurtrière, et son complice Egisthe, étaient inhumés hors des murs. Le tombeau d'Oreste était en Arcadie, près de Tégée. La fontaine souterraine, où le grave Léonidas avait bu, tirait son nom de Persée.

Alexandre aimait Oreste et Pylade presque autant qu'il aimait Achille et Patrocle. C'était, pour lui, contrairement à l'opinion de Socrate, un couple de l'amour pédérastique, aux premiers temps de l'histoire : Oreste, fils d'Agamemnon, et Pylade, fils d'une sœur de ce roi, Anaxibie, n'eurent pas le lien supplémentaire de la guerre, mais celui de l'aventure en Tauride, d'où ils ramenèrent Iphigénie, sœur d'Oreste, Pylade ayant ensuite épousé son autre sœur, Electre. Alexandre cita les vers d'*Iphigénie en Tauride* décrivant les soins amoureux de Pylade à l'égard d'Oreste, qui est possédé par les Furies depuis qu'il a vengé sur sa mère, Clytemnestre, l'assassinat de son père et l'immolation présumée d'Iphigénie. Pylade, tout ensemble, le soigne et le défend contre les bouviers de cette île inhospitalière : « Il essuyait l'écume de sa bouche et s'occupait de lui. — Etendait la toile bien tissue d'un manteau, — Observant avec attention les coups qui tombaient sur lui, — Rendant service par ses soins à l'homme ami. »

La richesse et la fertilité de la plaine justifiait l'expression proverbiale : « Puissé-je avoir ce qui est entre Corinthe et Sicyone ! » Cette plaine était arrosée par l'Asope, homonyme du fleuve de Béotie, et non loin de l'embouchure duquel s'élevait Sicyone. C'est dans cette région que le statuaire corinthien Callimaque avait eu l'idée du chapiteau dit corinthien, en voyant des feuilles d'acanthe qui s'étaient recourbées autour d'une tuile posée sur la tombe d'une jeune fille.

Le capitaine montra, au nord, la côte de la Phocide, avec le golfe d'Anticyre, ville dont l'ellébore guérissait de la folie, le promontoire Pharygium, le port de Crisa, le Parnasse, au pied duquel était Delphes. Alexandre salua la ville d'Apollon, dont son père était le protecteur, en même temps qu'il exerçait la présidence des jeux Pythiques. Cela achevait de lui faire oublier Olympie.

On arrivait à Léchéum, le port occidental de Corinthe. Alexandre et Éphestion regardaient avec dégoût les cadavres de nouveau-nés que dévoraient des poissons. Ils avaient déjà eu ce spectacle dans la baie de Thermé, à leur départ de Macédoine : Léonidas disait qu'il était fréquent près de tous les grands ports. Les pères, en souvenir du droit de vie et de mort qu'ils avaient eu sur leurs enfants de tout âge, le conservaient jusqu'au dixième jour après la naissance. C'est celui où l'on portait l'enfant autour du foyer pour montrer qu'il était admis au sein de la famille, avant de lui donner un nom et d'offrir un banquet. Les pauvres ne respectaient souvent même pas ce délai et jetaient leurs nouveau-nés dans un précipice, à moins que, vivant au bord de la mer, ils ne les confiassent à Neptune, une pierre au cou. Les esclaves étaient les plus prompts à tuer leurs enfants, si le maître ne s'en était pas réservé la propriété : ils les étouffaient, leur brisaient le crâne sur le sol ou contre un mur, leur donnaient un coup de couteau ; mais ceux qui avaient peur du sang, préféraient, comme les autres, les jeter à la mer. Léonidas faisait observer que les rougets étaient les poissons les plus anthropophages. « Voilà pourquoi, ajouta-t-il, les rougets de Cléotime étaient si bons. Mais ils doivent se battre avec les crevettes, qui sont d'aussi grandes dévoreuses d'enfants. » Alexandre eut un mouvement d'horreur. « C'est peut-être à cause de cela que Pythagore interdisait le rouget », déclara-t-il. Le grave Léonidas, moins sensible, l'invita de ne pas discuter les lois des hommes et de la nature.

Avertis par un messager, les hôtes de Philippe à Corinthe, Démarète et Dinarque, accouraient. Démarète, le principal, n'était pas un riche marchand comme Cléotime, mais un aristocrate : dans toutes les villes, le roi de Macédoine avait, en effet, pour appuis, soit les grandes fortunes, soit les anciennes familles aristocratiques. Mais peu étaient aussi nobles que Démarète : il appartenait à la famille des Bacchiades, descendants de Bacchus, qui avait exercé un pouvoir oligarchique pendant longtemps à Corinthe. Dinarque, bien que né à Corinthe, comptait parmi les principaux orateurs attiques, car il vivait habituellement à Athènes ; mais, en qualité d'étranger, il n'était pas admis à parler dans l'assemblée du peuple et se bornait à composer les discours qui étaient lus par des citoyens. C'était, avec Isocrate et Eschine, le grand adversaire de Démosthène.

Démarète remit à Alexandre des tablettes, scellées à l'effigie du roi. Le fils de Philippe les décacheta. Son père lui confirmait que la situation s'aggravait à Byzance et à Périnthe. Les Athéniens avaient décidé les Perses à envoyer des renforts pour défendre Périnthe, dont il avait dû lever le siège, et celui de Byzance était compromis. Il méprisait Charès, le général athénien qu'allait remplacer Phocion, mais il n'ignorait pas que celui-ci était un redoutable homme de guerre et Eschine l'avisait que sa flotte avait appareillé. Il priait Alexandre de regagner Pella au plus tôt. Démarète commenta la lettre de Philippe : Charès, au lieu de secourir Périnthe et Byzance, s'était conduit en pirate avec les cités grecques d'Asie. Il était coutumier du fait, au point que les villes maritimes, à l'approche de ses vaisseaux, comblaient leurs ports et garnissaient leurs murailles. Pour Phocion, elles envoyaient des navires à sa rencontre, couronnés de fleurs. Mais Charès, favori du peuple athénien, auquel il rapportait des dépouilles, se savait à couvert de toutes les accusations.

Alexandre était touché que son père eût pris la peine de l'avertir de ces événements. Il y voyait la preuve qu'on ne le jugeait pas seulement capable de représenter à Olympie, mais de s'intéresser à la guerre. Il voulait, d'ailleurs, demander à partir pour Byzance. Il n'avait participé encore qu'à des manœuvres, et souhaitait, comme Ephestion, de se battre. Ils n'étaient plus des enfants. La mésaventure d'Olympie, résultat d'un acte déloyal, était définitivement voilée par de si exaltantes perspectives. Il semblait à Alexandre que sa présence sur l'Hellespont et celle de tous ses amis seraient pour son père un gage de victoire. Philippe, repoussé de Périnthe par les Perses, et bientôt chassé de Byzance par les Athéniens, devait avoir besoin d'un réconfort. Il ne fallait pas qu'un double échec fût le signal de cette réaction contre la Macédoine qu'espérait tant Démosthène.

Il y avait autre chose dans la lettre de Philippe et qui toucha également Alexandre : ses vœux de bon anniversaire. Or, c'était aujourd'hui justement le 28 juillet. Le roi, incertain que sa lettre arrivât avant le départ de son fils d'Olympie, avait choisi pour cela l'escale de Corinthe, prévue au retour. En l'honneur de leur jour natal, le fils de Philippe et Ephestion sacrifièrent un bélier dans le premier temple qu'ils trouvèrent à l'entrée du port : celui de Vénus Protectrice de la navigation. La déesse de l'amour n'avait-elle pas protégé aussi leurs plaisirs à bord du vaisseau, malgré les règles communes ? A son retour à Pella, Alexandre aurait à célébrer un autre sacrifice d'anniversaire, un peu tardif, afin que sa mère, sa sœur et ses amis pussent y assister.

On devait rester jusqu'au lendemain pour réparer la voile de l'*Hercule* et remettre de la cire ou de la poix dans les joints de la quille du navire de transport. Rien n'empêchait de s'abandonner aux plaisirs de l'heure, puisqu'ils y étaient forcés. Mais, à Corinthe, Alexandre ne se sentait pas tout à fait chez lui. Cette ville, la plus riche de la Grèce, — elle avait déjà droit, dans Homère, comme chez Pindare, à l'épithète d'« opulente », —

avait été contrainte de céder une partie de ses possessions à Philippe .
Ambracie et l'île de Leucade. Potidée même, qu'il avait prise, était une
ancienne colonie des Corinthiens. C'est pourquoi ils lui demeuraient
hostiles, mais Philippe les tenait en respect par son alliance avec les
Argiens, de même qu'il y tenait Sparte par son alliance avec Messène.

Les Corinthiens disaient que le géant Briarée, pris comme arbitre
entre Neptune et le Soleil pour la possession de Corinthe, adjugea l'isthme
à Neptune et la citadelle au Soleil, et que le Soleil la donna ensuite à Vénus.
Là-haut, dépassant les créneaux de la citadelle, s'apercevait le tout petit
temple de cette déesse, qui était pourtant le plus fameux du monde, avec
ceux de Paphos à Chypre et de Cnide en Carie. Des vols de colombes lui
faisaient une couronne, en tournant autour de sa corniche en marbre blanc
et de son architrave peinte en rouge. Le nom de Briarée était un sujet de
discussion pour les commentateurs d'Homère, à commencer par Aristote,
car le poète, ayant dit dans *l'Iliade :* « l'être aux cent mains, — Que les
dieux appellent Briarée et les hommes Egéon », laissait entendre l'existence
d'un langage des dieux, dont certains mots ou certains noms parvinrent
aux hommes. Tel était le mot « ichor », désignant le sang même des
Olympiens.

Il manquait à Alexandre le temps de monter à la citadelle, qui était très
élevée, mais Démarète et Dinarque lui en décrivirent les particularités. La
statue de Vénus avait une lance, comme à Cythère. Elle portait, là aussi, le
surnom de Céleste. Elle ne présidait pas moins à une véritable armée, qui
faisait, plus que le bronze, les tapis et l'iris, — égal à celui de Chéronée, —
la prospérité et la célébrité de Corinthe : une armée de courtisanes. Elles
étaient plus de dix mille, venant de tous les pays. Mille avaient le titre de
courtisanes sacrées : elles remplissaient le rôle de suppliante dans les
cérémonies publiques et se retiraient les dernières de l'assemblée. Celles-là
étaient offertes à Vénus par des donateurs ou des donatrices et se
prostituaient aux alentours du temple de la déesse, dont un autre surnom,
bien contradictoire avec celui de Céleste, était celui de Courtisane. Quand
la Grèce fut envahie par Xerxès, on les chargea d'invoquer la protectrice et
la cité fut épargnée. En reconnaissance, les noms des plus distinguées
d'entre elles avaient été gravés dans le bronze à l'intérieur du temple de la
citadelle, avec une épigramme de Simonide. La ville était si attachée à
toutes ses courtisanes que, lors des cérémonies du temple de la citadelle, les
magistrats priaient la déesse d'en augmenter sans cesse le nombre.

Vénus avait montré aussi jadis son pouvoir, en excitant elle-même les
cavales de Glaucus, roi de Corinthe, fils de Sisyphe et père de Bellérophon : ce roi les empêchait d'être saillies, elles le déchirèrent. Alexandre
fut intéressé d'apprendre que, selon Simonide, les Troyens avaient
pardonné aux Corinthiens d'être allés les combattre, parce que Glaucus, le

chef lycien allié de Priam, était l'arrière-petit-fils du Glaucus de Corinthe, qui les avait défendus contre Hercule.

Les plus belles courtisanes du port s'étaient jetées sur les passagers de *l'Hercule,* mais les esclaves les avaient écartées sans ménagement. Alexandre fut charmé d'être prévenu par Ephestion qui récita l'ode de Pindare en l'honneur du Corinthien Xénophon. Cet homonyme de l'illustre écrivain, avait consacré cent courtisanes à Vénus, en reconnaissance d'une double victoire olympique : « Jeunes filles très hospitalières, servantes — De la Persuasion dans l'opulente Corinthe, — Qui faites brûler les larmes blondes de l'encens pâle, — Élançant souvent votre pensée — Vers la mère céleste — Des amours, Vénus, — Qui vous a inspiré, sans blâme, — O enfants, sur des lits aimables, — De cueillir le fruit de la tendre jeunesse... »

Pour son compte, Alexandre dit les vers d'Anacréon : « Si tu arrives à compter — Toutes les feuilles des arbres, — Et si tu recenses — Tous les flots de la mer, — Je te choisis toi seul — Pour calculer tous mes amours. — Pose d'abord — Vingt amours d'Athènes — Et encore quinze autres. — Mais des amours de Corinthe, — Poses-en des quantités, — Car c'est une ville d'Achaïe — Où il y a de belles femmes »... « Tu es divin, Alexandre, s'écria Démarète. Avec la lyre, tu ressemblerais à Apollon Conducteur des Muses. — Quel homme que cet Anacréon ! dit Alexandre. Dans la suite de cette ode, il nous déclare qu'il a eu des maîtresses de Lesbos, d'Ionie, de Carie, de Rhodes (deux mille !), de Syrie, de Canope en Egypte, de Crète, de Cadix, de la Bactriane et des Indes. Et combien eut-il de mignons, outre le fameux Bathylle ! C'est peut-être une conception corinthienne de l'amour ; ce n'est pas la mienne. » Le grave Léonidas releva que ce fou charmant avait reçu de Platon le nom de sage.

Les courtisanes de Corinthe étaient aussi une armée, par le pillage à l'endroit des nouveaux débarqués. On prétendait que certains étaient délestés de tout leur avoir avant même d'avoir pu aller du port jusqu'à la ville. Les longs murs qui unissaient Léchéum à Corinthe, étaient le champ clos de ces déprédations. Les exigences de ces courtisanes expliquaient le proverbe : « Il n'est pas permis à tout le monde d'aller à Corinthe. » Pour compenser cette expression, Démarète répéta ce qu'on disait à Corinthe d'une ville des Gaules, avec laquelle ses navigateurs commerçaient et qui n'était pas moins célèbre par sa richesse que par la dissolution de ses mœurs : « naviguer vers Marseille », signifiait, pour les Corinthiens, l'équivalent de « naviguer vers Corinthe ».

Le grave Léonidas susurra les vers du *Plutus* d'Aristophane : « On dit que les courtisanes corinthiennes, — Quand par hasard quelque pauvre les sollicite, — N'y font même pas attention, mais, si c'est un riche, — Qu'elles tournent tout de suite leur anus vers lui. » « Et l'on dit également que les garçons font la même chose », ajouta Ephestion, citant le vers suivant.

Ces courtisanes, précisa Démarète, méritaient leur renommée à toutes sortes de titres. Elles ne se livraient à la prostitution qu'après avoir fait un séjour dans un collège où on leur apprenait, non seulement les figures de la volupté et les secrets du corps humain, mais la musique, la danse, la peinture, la poésie et la philosophie. Elles devaient connaître ces arts et ces sciences pour prétendre au rang le plus élevé de leur état. Des collèges semblables existaient à Lesbos et à Milet.

Tout en marchant, Alexandre et Ephestion s'amusaient à observer ces servantes de l'Amour. La plupart avaient des voiles transparents de byssus, — tribut payé à Cléotime —, sous lesquels elles étaient nues. Certaines avaient des robes également transparentes, mais de ces étoffes de Cos ou d'Amorgos auxquelles le somptueux Eléen faisait concurrence et que l'on appelait du « vent tissu », ou d'une autre, aussi légère, qui venait de Tarente. Tantôt ces robes étaient longues et évasées en forme de cloches, tantôt tellement serrées qu'on les appelait « robes à fesses », ou extrêmement courtes comme celles des jeunes Lacédémoniennes. La variété était aussi grande dans les chapeaux, les coiffures et les chaussures. On voyait à ces femmes les cheveux coupés sur la nuque, à la manière des Amazones, ou des nattes verticales, telles des côtes de melon, ou des touffes nouées par des rubans qui les laissaient flotter au-dessus de la tête, ou des boucles tombant sur les épaules. Les unes avaient des patins à cordons, les autres des brodequins de cuir souple comme ceux de Diane, des bottines en peau de faon comme celles de Bacchus, de hautes semelles de liège pour se grandir. Leurs bijoux indiquaient à la fois leur succès et leur prix. Elles se dandinaient, en tenant à la main un éventail de feuilles de lotus, de plumes de paon ou de vannerie, une ombrelle peinte, un petit panier ou un sac renfermant leur miroir, leur rasoir, leur parfum, leur éponge, une serviette de lin, un flacon d'essence de cèdre contre la conception, un onguent à l'osier vert contre les poux et de l'extrait de mauve contre la blennorragie. Les hommes atteints de ce mal, — le seul qu'infligeait Vénus aux relations indignes, — portaient, pour se guérir, de la graine de mauve attachée au bras. Cette plante, ordonnée comme remède, servait aussi de préventif. Les écoles de volupté de Corinthe lui avaient découvert une autre propriété : en frottant les parties naturelles de la femme avec la graine d'une mauve d'une seule tige, on la rendait avide d'amour. Enfin, ceux qui prenaient chaque matin vingt grammes d'essence de mauve étaient exempts de toute maladie. Dinarque, qui avait donné ces détails, attribuait à cette dernière recette son excellente santé.

Démarète dit qu'il y avait également, dans le panier ou le sac de toutes les courtisanes, un phallus de cuir : c'était un des instruments sacrés, avec le tambourin et la toupie, des mystères de Cotytto, la Vénus thrace, auxquels était initiée Olympias, et de ceux d'Atargatis, la déesse syrienne de l'amour, l'une et l'autre aussi honorées à Corinthe que Vénus. Les courtisanes n'utilisaient pas ces phallus uniquement à des fins sacrées, mais pour leur métier : ils réveillaient par-derrière la virilité de leurs clients, lorsque le doigt ne suffisait pas.

Le grave Léonidas avait indiqué à Alexandre et à Ephestion, dans une de ses leçons de grammaire, le sens de l'expression : « faire la chose de Siphnos ». Les Siphniennes avaient inventé la pénétration digitale qui faisait la renommée de cette île des Cyclades, émule de Lesbos en voluptés. « Le doigt enfonceur de fesses », disait plus crûment Aristophane : c'est ce que signifiait le vers des *Nuées* expliqué par Aristote à ses élèves et prononcé par un personnage qui évoque ses plaisirs solitaires d'enfant.

« Pour notre souper, dit Démarète, nous aurons les trois courtisanes les plus réputées ; elles sont à la fois danseuses et musiciennes. L'affluence des étrangers oblige les magistrats à surveiller le travail de celles de cette catégorie, et on les tire au sort, afin de ne pas faire de jaloux. Tu te doutes, Alexandre, que je n'ai pas eu à me soumettre à cette loi : dans notre démocratie, l'aristocratie conserve quelques privilèges. »

A l'entrée de la place de Corinthe, un portique abritait deux chars dorés : l'un conduit par Phaëton, fils du Soleil, l'autre par le Soleil même, qu'Alexandre n'avait jamais vu représenté. Socrate adressait sa prière au Soleil, mais le culte de ce dieu, en dehors de Corinthe, n'existait que dans l'île de Rhodes, où Philippe avait aidé l'aristocratie à renverser le gouvernement démocratique, favorable aux Athéniens. Démosthène avait prononcé vainement un discours *sur la Liberté des Rhodiens,* pour décider ses compatriotes à secourir les démocrates de cette île, remise par le roi de Macédoine entre les mains du roi de Carie, Idréus. Tels étaient les événements que rappelait le grave Léonidas à propos de l'île du Soleil. Cet astre était cher à Alexandre et à Ephestion, parce qu'il régnait principalement sur le signe de leur naissance.

Plus loin, était un temple d'Apollon, le plus ancien du dieu de Delphes et de Délos. Il était doté d'un oracle, dont la prêtresse devait observer la chasteté, vertu peu corinthienne : chaque nuit, elle sacrifiait une brebis et, après en avoir goûté le sang, recevait l'esprit prophétique.

Sur la place, une statue de Vulcain attestait le talent d'Euphranor, sculpteur corinthien qui vivait à Athènes. Un temple de Vénus s'élevait près de celui de la Fortune. Là aussi, il y avait des prostituées sacrées. Comme Alexandre et Ephestion s'étonnaient de cette prostitution religieuse, si répandue à Corinthe, Dinarque en cita un autre exemple, au temple de Vénus du mont Eryx, en Sicile occidentale : c'étaient de jeunes garçons qui en exerçaient la prêtrise et ils étaient soumis à la prostitution sacrée Le grave Léonidas rappela que, d'après Hérodote, les filles de

Babylone étaient contraintes de se prostituer dans le temple de Vénus, mais uniquement aux étrangers.

« Puisque tu t'intéresses aux courtisanes, dit Démarète à Alexandre, sache que le tombeau de la courtisane Laïs figure sur certaines de nos monnaies. — Il est naturel que je m'intéresse aux courtisanes, dit Alexandre, car j'en ai plusieurs dans ma famille. » Ephestion éclata de rire et le grave Léonidas eut l'air confus. « Songe pourtant, ô Alexandre, dit le surintendant, que ton père a promulgué une loi contre les courtisanes : elle punit d'une amende de mille drachmes celles qui se permettent de porter des couronnes d'or. — La loi ne touche pas les courtisanes du roi, dit Alexandre. Elle ne veut que leur réserver le privilège d'avoir, comme ma mère et ma sœur, des couronnes d'or. » Fils de son père par l'esprit, il était fils de sa mère par le cœur et souffrait, comme elle, de l'impudence de Philippe qui avait souvent tenté d'imposer au palais royal la présence de ses maîtresses et qui en avait eu des enfants : un fils, Arrhidée, de la danseuse Philinna de Larisse ; une fille, Salonique, d'une autre courtisane thessa-lienne, Phéréa ; une autre fille, Cynna, de la courtisane illyrienne Audata. Chacune de ses conquêtes territoriales avait été marquée par un nouveau concubinage, qui était peut-être un moyen de les affermir. Il avait même installé chez lui la fille du roi des Odryses, Cotys ou Cothélus, la jeune Méda, et l'avait épousée, en prétendant qu'il avait le droit d'être bigame, mais Olympias réussit à la faire repartir pour la Thrace, Cothélus ayant été assassiné peu après ce mariage. Il épousa également une Macédonienne, Phila, mais Olympias rompit cette union, qui avait produit un fils, Caranus, élevé loin de Pella. D'une autre Macédonienne, Arsinoé, il avait eu un autre fils, Ptolémée : un peu plus âgé qu'Alexandre, il était l'un de ses compagnons à Miéza ; il avait officiellement pour père Lagus, général tué dans la guerre contre les Illyriens, comme le père d'Ephestion.

Philippe s'était lassé de toutes ces filles, dont la plupart n'avaient jamais été vues d'Alexandre, mais il avait exigé qu'Arrhidée fût élevé au palais. Ce garçon, qui avait treize ans, ne constituait pas un rival dangereux pour le fils d'Olympias : il était demi-imbécile et n'avait jamais pu suivre les leçons d'Aristote. Il passait son temps à jouer aux osselets. Le bruit public était qu'Olympias avait affaibli ses facultés par des drogues magiques.

La ville des courtisanes était aussi celle des enfants. Ils grouillaient dans les rues, sur la place, sous les portiques, sur les marches des temples. Beaucoup, reconnaissables à leurs colliers, à leurs bagues et à leurs bracelets, se livraient à la prostitution. Presque tous s'amusaient pourtant aux jeux de leur âge : ils couraient à saute-mouton, tiraient un cerf-volant, poussaient un cerceau. Le nombre de garçons et de filles vêtus de noir et qui avaient les cheveux ras en signe de deuil, surprit Alexandre. « Ceux qui ont des cheveux longs et des costumes de couleur, dit Démarète, sont des étrangers, plus nombreux à Corinthe que les Corinthiens. Les autres, jusqu'à la puberté, arborent le deuil des fils de Médée. » Alexandre fit l'éloge de la tragédie consacrée par Euripide à cette histoire. « Bien que tu saches tout, reprit Démarète, tu ignores peut-être que le poète, gagné par les présents des Corinthiens, lorsqu'il composait cette pièce, altéra la vérité à leur avantage. Ce furent eux, en effet, qui lapidèrent les quatorze enfants de Médée, — sept filles et sept garçons, — pour avoir apporté à Créuse, fille de Créon, roi de Corinthe, les présents empoisonnés de la magicienne, jalouse de l'amour de Jason pour cette princesse. Euripide attribua le crime à leur propre mère. Les Corinthiens n'auraient aucune raison, si c'était vrai, d'imposer éternellement à leurs enfants le deuil des siens ; mais un oracle les y obligea et, tout en le respectant, comme tu vois, ils se sont blanchis de leur forfait devant la postérité, grâce à Euripide. Il leur en a coûté seulement vingt-sept mille drachmes. » Alexandre éclata de rire. « N'est-ce pas admirable que le pouvoir de la poésie ? dit-il. Elle arrive à changer l'histoire. »

Le vivant commentaire de ces propos fut un cortège de garçons et filles, conduits en musique, vêtus de noir, la tête rase, mais couronnée de fleurs, qui apparut au coin de la place. C'étaient, toujours conformément à l'oracle, sept garçons et sept filles des premières familles de Corinthe, qui avaient passé un an dans le temple de Junon Protectrice des hauteurs, situé de l'autre côté du golfe, en face de Sicyone. Ils allaient faire le sacrifice du retour au tombeau des fils de Médée, près de la fontaine de Glaucé. Le chef de ce chœur qui les accompagnait, déclamait les vers de l'*Hippolyte* d'Euripide : « A toi, ô maîtresse, j'apporte cette couronne, — Tressée par moi d'une prairie sans tache. — Là, ni le berger n'osa paître ses troupeaux — Ni jamais le fer de la charrue n'est venu... » On doutait, à voir l'allure du personnage, que le fer de la charrue n'eût pas entamé ces prairies sans tache.

Ephestion fit voir à Alexandre la tunique d'Epaphos où se dessinait une pressante requête à Vénus. Il tira par-derrière la tunique de Polybe et, pour être plus modeste, la requête de celui-ci n'était pas moins éperdue. « Tel est l'effet de la ville des courtisanes », dit-il. Les deux jeunes esclaves rougissaient en baissant les yeux, contemplant ce qu'ils ne pouvaient cacher. « Ayons pitié d'eux », dit Alexandre. Il demanda à Démarète quel était le lupanar le plus proche. C'était aussi pour lui une occasion de visiter un de ces lieux.

Dans une ruelle, voisine de la place, il n'y avait que des lupanars. Les filles les plus éhontées se tenaient devant les portes et levaient leurs robes pour montrer leurs cuisses ou leurs fesses aux passants. Au seuil d'une maison, d'autres s'élancèrent sur Alexandre et ses compagnons. Plus hardies que les courtisanes du port, elles le tâtaient avec impudence, non seulement par-devant, mais par-derrière, pour laisser deviner qu'un phallus de cuir pouvait être de la partie. Le grave Léonidas lui-même avait trois filles, qui le fourrageaient. Démarète et Dinarque repoussèrent celles qui importunaient Alexandre. « Ce sont ces garçons, dit-il au patron de ce lupanar, en désignant Epaphos et Polybe, qui viennent fêter Vénus. Nous entrons pour les regarder. »

Au fond d'une petite chambre dont le rideau n'avait pas été tiré, une fille, accroupie, s'épilait le pubis à la flamme d'une lampe. On conduisit Alexandre et son cortège à une grande chambre, où il y avait deux lits et plusieurs sièges. Une servante, qui avait mis le doigt sur sa bouche pour rappeler que les mystères de Vénus se célèbrent en silence, autant que possible, souleva les rideaux et reçut le prix de la visite : trois oboles par personne. Puis, elle troussa Epaphos et Polybe pour examiner si leurs appendices étaient propres et sains. Alexandre pria les petits esclaves de choisir les prostituées qui leur plairaient le plus : deux jolies Syriennes de dix-sept ou dix-huit ans, déjà un peu grasses, s'étaient dénudées, en conservant leur soutien-gorge. Tant d'impudeur, joint à ce reste de pudeur, leur fit donner la préférence.

Cependant, Epaphos et Polybe, qui auraient probablement apprécié de faire l'amour devant leurs maîtres, semblaient gênés tout à coup par la présence du grave Léonidas et des deux Corinthiens. Les cinq observateurs s'étaient assis. Ce n'était pas le temple de Vénus, c'était le tribunal de l'aréopage. La Syrienne d'Epaphos, déclarant qu'il était capable de l'engrosser, lui enduisait la verge d'essence de cèdre pour prévenir cet accident. Mais Epaphos et Polybe n'étaient plus dans l'état heureux que l'on avait constaté : leurs jeunes sexes, différents de volume, étaient égaux en abattement. Les Syriennes semblaient vexées. « Tu n'as plus envie d'arroser le persil ? demanda celle d'Epaphos. — Tu ne vas pas pouvoir baigner le pépin de raisin, dit celle de Polybe. — J'ai envie de faire de l'eau, dit Epaphos, en réponse à ces métaphores aquatiques. — Moi aussi », dit Polybe aussitôt. Ils tentaient sans doute une diversion pour reprendre leurs esprits. « Par Atergatis, s'écria l'une des filles, quand on vient ici, ce n'est pas pour pisser. — Vous aurez une bonne récompense, leur dit Alexandre, si vous contentez ces deux enfants. Mais prenez patience, car ils sont vierges. » Radoucies, les filles déclarèrent qu'elles feraient tout ce que l'on voudrait.

Une vieille thrace, qui jurait par Cotytto, apporta un pot en terre cuite, puant et ébréché. Chaque fille attrapa son garçon par la verge et le fit uriner, comme avait fait l'esclave de Cléotime au banquet d'Olympie. La vieille attendait la fin de l'opération. « Par l'amandier, dit-elle à Epaphos et à Polybe (serment de ceux qui étaient initiés aux mystères de Cotytto, lié à l'histoire d'Atys), vous n'avez pas honte avec vos pois chiches ? Des filles comme Myrtale et Simé vous touchent la corne et elle pend comme un chiffon » La vieille semblait avoir quelque fierté à prononcer ces noms, pour montrer que les deux Syriennes étaient hellénisées. « Ne tourmente pas ces chéris », lui dit Myrtale, qui s'occupait d'Epaphos et qui voulait mériter la générosité d'Alexandre. La vieille repartit avec le pot et les deux couples s'étendirent sur les matelas défoncés. « Et c'est dans un tel endroit que nous prenons une leçon d'amour féminin ! dit Alexandre à Ephestion. — Si l'on en juge par le début, c'est aussi une leçon de littérature, dit le grave Léonidas : tous les termes qui désignent le vagin et le phallus, sont dans Aristophane. » Cela continuait : « Pousse ton chien, dit Myrtale. — Pousse ton sanglier », dit Simé. Aucun chien ne dressait l'oreille, aucun sanglier ne tendait la hure.

Alexandre pensait aux vains efforts de la jolie courtisane Callixène, que ses parents avaient amenée dans son lit. A vrai dire, c'est à peine si elle l'avait touché, car il le lui avait défendu. La raison que sa mère lui avait alléguée pour cette rencontre, l'avait fait rire : son père, voyant qu'il ne s'intéressait pas aux filles et ignorant ce qui se passait au juste entre Ephestion et lui, avait voulu s'assurer qu'il ne fût pas impuissant. Alexandre lui avait fait le triple serment qu'il ne l'était pas.

Pour mettre en train, les deux courtisanes s'exhibèrent complaisamment. « Regarde si mon cochon est beau », dit Myrtale. Le grave Léonidas fit observer que ce nom des parties de la femme expliquait pourquoi le porc est l'un des animaux que l'on sacrifie à Vénus. « Regarde mon grain de myrte », dit Simé plus poétique et qui avait déjà parlé du pépin de raisin. Elle ajouta, peut-être pour évoquer le dieu des jardins : « Regarde ma figue bien grasse et bien douce », ce qui était toujours plus ou moins de l'Aristophane. L'appétit ne venait pourtant pas aux deux commensaux. La vieille thrace, soulevant le rideau qui tenait lieu de porte, avança la tête pour dire aux filles : « Par Cotytto, chèvres que vous êtes ! vous ne leur montrez pas vos jolis seins. — Tu as raison, Thétis », dit Myrtale, qui retira son soutien-gorge, imitée par Simé.

Malgré leur jeune âge, les deux Syriennes avaient des pis, dignes, en effet, d'une chèvre et qui tombèrent mollement le long de leur ventre. Ce n'est pas ce qui changea la situation des autres membres qui pendaient. « Où est donc ta massue ? » dit Myrtale à Epaphos, qui n'en devint pas davantage Hercule. « Je vais te travailler avec la langue », dit Simé à Polybe. Elle se pencha et sa bouche fit le va-et-vient consciencieux de Lesbos. On guetta la réapparition du chalumeau de Polybe, à qui ces caresses ne rendirent pas de consistance. « Par Atargatis, s'écria la fille, on dirait que tu n'as jamais fait couler la bouillie d'orge. — J'aime mieux notre expression : « le lait d'oiseau », dit Ephestion à l'oreille d'Alexandre. — Certes ! dit celui-ci, puisqu'elle signifie, dans le langage proverbial, quelque chose de merveilleux, tandis que la bouillie d'orge est le plat du peuple. »

Cependant, Myrtale secouait le beau membre d'Epaphos, aussi

vainement qu'elle l'avait caressé de la bouche. « Par l'amandier, dit-elle, on a jeté un sort à ces garçons. — Patience, dit Alexandre. — Faut-il leur présenter les fesses ? lui demanda Myrtale. S'ils les prennent, le tarif est double. — Présentez-leur ce que vous voulez, répondit-il. Nous ne regardons pas à la dépense. »

Myrtale et Simé, à quatre pattes, tournèrent le dos vers les deux garçons, en s'épanouissant. « Regarde mon étau, comme ses bords palpitent pour serrer ton outil, dit Simé. — Regarde mon antre noir où ton serpent va se glisser », dit Myrtale. Les deux filles inclinaient la tête pour observer, entre leurs jambes, l'effet produit par ces gentillesses. Elles se récrièrent : l'outil commençait à s'emmancher, le serpent à lever la tête. Aussitôt, elles firent demi-tour. Hélas ! la vue de ces appas auxquels ils n'étaient pas accoutumés et qui avaient peut-être excité leur imagination sur la place, fit baisser la queue au chien, décapita le sanglier.

La vieille surveillait dans l'entrebâillement du rideau. « Chèvres, chèvres ! cria-t-elle. Le doigt de Siphnos, par Cotytto, ou le phallus. — Par Atargatis, dit Myrtale quand son doigt eut trouvé l'étau d'Epaphos, tu n'es pas vierge de ce côté-là ! — Toi non plus », dit Simé à Polybe. Mais ce conseil de la vieille avait été plus efficace que le premier : sans qu'on eût à employer le phallus, les deux jeunes esclaves recouvrèrent leurs forces, pénétrèrent là où ils n'avaient jamais pénétré et firent couler leur bouillie d'orge, en regardant leurs maîtres. Dans cet endroit misérable, Vénus avait daigné descendre.

« Par Hercule, dit le grave Léonidas que ce spectacle avait ragaillardi, c'est une bonne chose que « la chose de Siphnos ». Mais c'est dommage, tant qu'on y était, qu'Epaphos et Polybe n'aient pas fait « la chose de Chio ». » Il ajouta le vers d'Aristophane, son auteur favori, qu'il avait vu jouer assidûment à Athènes durant sa jeunesse : « Celui-ci est savant dans les harmonies de ceux qui font les choses de Chio et de Siphnos », — « la chose de Chio », c'était pédiquer.

On remercia la déesse de l'amour, on félicita Epaphos et Polybe. Myrtale et Simé reçurent plus d'argent qu'elles n'en avaient jamais rêvé. On n'oublia pas la vieille, qui avait apporté de l'eau et de l'extrait de mauve pour les ablutions.

Dans une autre petite rue, le spectacle n'avait changé que de sexe : c'était la rue des lupanars de garçons. Encore les apparences de certains de ces prostitués évoquaient-elles les femmes, avec leurs longs cheveux arrangés comme elles, et ils étaient plus couverts de bijoux que ceux qui se promenaient en ville. Ils soulevaient leurs tuniques, pour exhiber des membres soigneusement épilés. Alexandre demanda à Démarète si les lois sur la prostitution masculine étaient aussi sévères qu'à Athènes où, comme le prouvait le discours d'Eschine *Contre Timarque*, le prostitué était frappé d'infamie. Le Corinthien répondit que la loi ne s'occupait que des citoyens.

Au demeurant, elle était à peu près la même qu'à Athènes · elle punissait le père, le frère, l'oncle ou le tuteur qui, ayant autorité sur l'enfant, l'avait incité à se prostituer, et aussi l'homme qui l'avait corrompu avec de l'argent. Il n'y avait rien à dire si l'enfant avait agi de sa propre volonté, ce qui réduisait pratiquement les poursuites aux cas de viol, dont la sanction, comme à Athènes, pouvait être la mort. Dinarque précisa que, dans les deux villes, elle se limitait le plus souvent à une amende de cent drachmes. « Tel est, conclut-il en riant, le prix d'un jeune derrière pris par force. » Le grave Léonidas déclara que la loi était semblable en Macédoine : l'amour des garçons libres n'était répréhensible que s'il était rémunéré.

Alexandre ayant fait allusion à Périandre, le fameux tyran de Corinthe et l'un des sept sages, Dinarque précisa que lui aussi était un descendant d'Hercule, dont la race avait régné à Corinthe, avant et après celle des Bacchiades. « Drôle de sage, par Jupiter ! dit Démarète : il couchait avec sa mère, il tua sa femme, Mélissa, à coups de pied et il brûla sa concubine. C'est pourquoi certains mettent à sa place, au nombre des sept sages, Epiménide de Phæstos, qui, à cette époque, fut mandé par les Athéniens, afin de purifier leur ville, pleine de fantômes. » Dinarque précisa que Périandre avait tué sa mère ou l'avait forcée à se tuer, parce que, devenue amoureuse de lui, qui était très beau, elle lui avait fait croire qu'une jolie Corinthienne voulait se livrer à lui, mais dans l'obscurité. Au bout de quelques rendez-vous, il cacha une lumière pour savoir qui était cette folle amante, et découvrit l'incestueuse. De même brûla-t-il sa concubine parce qu'elle l'avait encouragé à tuer sa femme. Il prétendit avoir expié le meurtre de cette dernière en incinérant avec elle les vêtements de toutes les femmes de Corinthe.

Démarète continua l'histoire du sage Périandre, qui avait écrit deux mille préceptes en vers sur la vertu, l'amitié, le bien public, l'indulgence. Il fit vœu d'offrir à Jupiter une statue en or, pour le remercier d'une victoire olympique, et, pour s'en acquitter, invita à une grande fête les plus riches Corinthiennes, qu'il dépouilla de leurs bijoux. Les Corfiotes ayant mis à mort son fils Lycophron, qu'il avait exilé chez eux, il fit saisir trois cents garçons de Corfou et les envoya au roi de Lydie, Alyatte, pour être châtrés : les Ioniens, ainsi que les Perses, raffolaient des jeunes eunuques. Lorsque le vaisseau qui emportait ces garçons, passa près de Samos, ceux-ci élevèrent des supplications vers le temple de Junon, protectrice de l'île, et la déesse inspira aux Samiens de les délivrer. Furieux, Périandre décida de quitter la vie. Mais son idée fixe était que sa sépulture restât ignorée et il prit pour cela les dispositions les plus extraordinaires, en même temps que les plus cruelles. Il ordonna à deux jeunes gens de se rendre la nuit sur un chemin, d'y tuer la première personne qu'ils rencontreraient et de l'enterrer. C'est lui qui se présenta et il fut tué et enterré, à l'endroit qu'il avait prescrit. Il avait également ordonné à quatre autres de tuer et d'enterrer les deux précédents : puis à huit autres, un peu plus tard, de tuer les quatre, et ainsi de suite jusqu'à l'aurore, si bien que sa trace fut entièrement perdue. « Nous lui avons construit un cénotaphe dans notre port de Cenchrées sur le golfe Saronique, près d'où se trouve le bois de Cranium, dans lequel est le tombeau de Laïs, ajouta Démarète. — Et que dit l'inscription ? fit Alexandre. — Qu'il fut « illustre par la sagesse et qu'il repose au sein de sa patrie... ». »

Dinarque déclara que, si Périandre était mort, en somme, pour avoir voulu faire châtrer des garçons, les Héraclides avaient été précédemment renversés à la suite d'une histoire de garçon. Un Corinthien, appelé Mélisse, avait un fils d'une beauté remarquable, nommé Actéon, dont un certain Eschyle était l'amant. Le jeune Archias, de la famille des Héraclides, en devint amoureux et, n'obtenant rien par ses avances, voulut l'enlever de vive force. Il entra, avec ses amis et ses esclaves, dans la maison de Mélisse. Une bataille s'engagea, au cours de laquelle Actéon fut déchiré, comme son homonyme, le chasseur thébain, l'avait été par les chiens de Diane. Mélisse, n'ayant pas obtenu vengeance à Corinthe, dénonça peu après le crime aux jeux Isthmiques, puis, menacé par ses ennemis, se précipita dans la mer. Une peste ayant frappé Corinthe, l'oracle condamna Archias à s'exiler. Il alla en Sicile, avec les autres Héraclides de Corinthe, et y fonda Syracuse, où il fut tué par Télèphe, qui avait été son mignon. Les Bacchiades, successeurs des Héraclides, furent chassés ensuite par Cypsèle, dont Périandre était fils. « Comment Archias descendait-il d'Hercule ? dit Alexandre. — Il remontait à Témène, roi d'Argos, dit Démarète. — Cher Léonidas, s'écria Alexandre, voilà encore un droit historique pour moi : Syracuse. — Notre ville a eu aussi quelque part à l'histoire de Rome, reprit Démarète : l'un des rois de cette capitale du Latium, Tarquin, était fils d'un Corinthien. »

La conversation avait mené au tombeau de Xénophon. Alexandre, ému, salua ce monument. Il admirait l'atticisme d'un auteur aux ouvrages si divers, ses goûts aristocratiques et rustiques, son talent de narrateur et d'historien, son respect pour les dieux, son intelligence de la pédérastie, son courage militaire, son amour de l'équitation et de la chasse. Socrate, frappé par la beauté de ses seize ans, l'avait arrêté dans une rue d'Athènes pour l'engager à devenir son disciple. Alexandre rêvait de parcourir un jour les mêmes chemins que Xénophon en Asie mineure et de ramener en Grèce plus de dix mille soldats qui n'auraient pas été trompés dans leurs espoirs, comme ceux dont ce grand homme avait été le général. Il l'aimait également pour avoir été l'ami du roi Agésilas et pour s'être dégoûté de la démocratie athénienne, au point de se réfugier en Elide. Xénophon célébrait un sacrifice au moment qu'on lui apprit la mort de son fils Gryllus à Mantinée : il ôta sa couronne, puis la replaça sur sa tête quand il sut que c'était une mort glorieuse, et il poursuivit le sacrifice. Gryllus, en effet, avait tué Epaminondas, chef de l'armée thébaine, avant d'être tué. Isocrate avait composé l'éloge de ce brillant jouvenceau et son nom était le titre d'un des premiers écrits d'Aristote. Le grave Léonidas était touché de l'hommage rendu par Alexandre à l'ombre de Xénophon et auquel Ephestion s'associait. C'est lui qui leur avait donné un vif intérêt pour ses œuvres. Aristote, même s'il avait honoré Gryllus, était plus réticent à l'égard de son père, comme il l'était à l'égard de Platon. Il lui reprochait d'avoir, dans la *Cyropédie*, fait l'éloge de l'éducation et de la civilisation des Perses.

Dinarque et Démarète montrèrent la fontaine Pirène, qui était creusée dans un rocher, au fond de la place et précédée de portiques. C'est là que Bellérophon avait saisi Pégase, pendant que le cheval ailé y buvait. Dinarque raconta de quelle façon ce héros avait dompté Pégase, dont l'image figurait sur les monnaies de Corinthe. Le devin Polyèdre lui ayant conseillé de dormir dans le temple de Minerve, la déesse lui apparut en songe et lui remit un frein, dont l'usage était nouveau. C'est ainsi que Bellérophon put enfourcher Pégase, vaincre la Chimère et accomplir ses autres exploits. Près de la source, étaient une chienne, une colombe, un jars et d'autres animaux de bronze, qui avaient la particularité d'exciter au rut les animaux de leur espèce. Cela rappelait l'histoire de la jument d'Olympie.

La maison de Démarète n'avait rien de la splendeur de celle de Cléotime. Mais il avait une belle statue d'athlète, œuvre du sculpteur de Sicyone Dédale, homonyme du père d'Icare, le fameux contemporain de Minos, et une autre d'Euphranor. Il avait également des vases de bronze, artistement ciselés. Ce qui faisait la qualité du bronze de Corinthe, était le mélange d'or et d'argent avec l'étain et le cuivre. L'hôte de Philippe avait même un vase du plus célèbre des anciens potiers corinthiens, Thériclès. L'objet était d'autant plus rare qu'il était en bois de térébinthe. Dinarque raconta que Néoptolème ou Pyrrhus, fils d'Achille, avait dédié, dans le temple d'Apollon que l'on avait vu, deux coupes semblables de ce Thériclès.

La soirée, malgré la présence des trois courtisanes, serait aussi tout autre que celle d'Olympie : la femme et les enfants de Démarète y assistaient, sans souffler mot. Les lits étaient recouverts de ces riches tapis qui formaient un des principaux commerces de la ville. La salle était ornée de guirlandes pour l'anniversaire d'Alexandre et d'Ephestion. Les convives étaient couronnés de fleurs. Selon l'usage, la femme et les enfants mangeaient assis. Deux des courtisanes jouaient de la double flûte et la troisième pinçait la cithare. Leur grâce était parfaite et l'harmonie digne des Muses. Elles avaient des robes transparentes sous lesquelles on apercevait leurs seins nus et leur pubis. Le fils de Démarète, Lycus, beau garçon de quinze ans, leur jetait des regards enflammés. Comme il ne sortait jamais sans son précepteur, il ne pouvait profiter que fugitivement du spectacle des rues. Après la libation au Bon Génie, le vin de Corinthe fut largement trempé, pour que l'on restât dans les limites de la bienséance. Naturellement, il n'y eut pas de pot de chambre à table.

Le grave Léonidas invita Alexandre à chanter sur la cithare pour le plaisir de leurs hôtes. Comme ce n'était pas un banquet, il n'y avait pas de rameau de myrte, mais Lycus courut en cueillir un dans le jardin. Alexandre fut charmé de cette sorte de présent d'amour. Il chanta un péan de Bacchylide : « Les jeunes gens s'occupent des gymnases et des flûtes et des banquets... — Les rues sont pleines d'aimables convives et les hymnes en l'honneur des garçons s'allument... » Ces derniers mots ayant amené un sourire complice sur les lèvres de Lycus, Alexandre dit un vers d'Alcée de Mytilène, contemporain et vain amant de Sapho : « Lycus, beau de ses yeux noirs et de ses cheveux noirs... » Le père et la mère furent sensibles à ce compliment, qui fit rougir le jeune garçon.

Au dessert, les trois courtisanes se changèrent en danseuses, l'une d'elles, à tour de rôle, jouant d'un instrument. Leurs danses, au début, furent aussi décentes qu'elles devaient l'être dans une honnête famille. Mais la transparence de leurs voiles donnait à leurs mouvements quelque chose de voluptueux. Elles se balançaient sur l'orteil, puis inclinaient la tête en arrière, montraient leurs dents blanches, agitaient leurs cheveux blonds. Au milieu de leurs évolutions, on leur lançait des fleurs, des guirlandes et des couronnes et aussi des pièces de monnaie, que les esclaves avaient distribuées. L'adresse de ces filles à attraper ces fleurs et ces pièces sans interrompre leur danse, tenait du prodige. Peu à peu, l'esprit de Vénus et de Corinthe les avait envahies et les mouvements furent moins chastes. Elles ne purent se tenir de danser la déhanchée, la secoueuse et la gonfleuse. Le beau Lycus avait les yeux hors de la tête et, discrètement, une main sous sa tunique. Epaphos et Polybe, qui servaient leurs maîtres, comme chez Cléotime, avaient les mêmes protubérances que dans la rue. La femme et la fille de Démarète baissaient les yeux. A la fin, les courtisanes se tressèrent une couronne avec les fleurs qu'on leur avait jetées et vinrent embrasser tous les convives.

Le lendemain matin, les hôtes de Démarète refirent une promenade sur la place, non loin de laquelle était sa maison. Le vaisseau devait être prêt dans l'après-midi. Des bateleurs et des funambules étaient arrivés et s'étaient installés sous un portique. Des chanteurs et des musiciens préludaient. Les marchands et les artisans les regardaient du fond de leurs boutiques ou de leurs ateliers et la foule se rassemblait. Une acrobate, vêtue seulement d'un caleçon, marchait sur les mains, les pieds par-dessus la tête, entre des épées plantées dans le sol. Une autre, la tête en bas, faisait avec les siens tous les mouvements de la danse. Un jongleur jetait en l'air et rattrapait douze cerceaux de bronze garnis de clochettes. Un garçon écrivait et lisait en tournant très vite sur lui-même. Deux athlètes se lançaient alternativement, jusqu'à la hauteur des toits, de chaque côté d'une bascule. Deux danseurs, un homme et une femme, mimaient, le long d'une corde tendue entre deux colonnes et soutenue par deux piquets, la première position amoureuse décrite par Astyanassa, la servante d'Hélène, dans le livre qui était chez Cléotime : la femme, vêtue d'une robe de gaze, présentait sa croupe à l'homme qui, portant un pantalon rayé comme celui des Mèdes, s'était attaché autour des reins un énorme phallus en bois de figuier. Sur une autre corde, une chèvre déambulait en parfait équilibre. Epaphos et Polybe, plus captivés par le couple que par la chèvre, étaient visités de nouveau par Priape.

Un attroupement attira Alexandre près de la source Pirène. Deux philosophes, bien différents d'aspect, se querellaient : le cynique Diogène de Sinope et le voluptueux Aristippe de Cyrène, petit-fils et homonyme du fondateur de l'école cyrénaïque, dite du plaisir, lequel avait été le disciple de Socrate. Près d'Aristippe, qui n'avait pas plus de vingt-quatre ou vingt-cinq ans, était une courtisane du même âge, fameuse dans toute la Grèce : Laïs, fille de celle dont avait parlé Dinarque. On ne savait qu'admirer le plus, ses bijoux, sa blondeur, ses yeux bleus, sa bouche de rose, ses formes exquises que l'on devinait sous ses voiles de Cos, ou son air plein de réserve, contrastant avec son métier. Un parfum suave émanait d'elle. On aurait dit Vénus, à la fois Courtisane et Céleste, et, de fait, Apelle, dont elle avait été la maîtresse avant d'être celle d'Aristippe, l'avait peinte sous le nom de la déesse. Dinarque raconta que le célèbre artiste l'avait connue enfant lorsqu'elle venait puiser de l'eau à cette fontaine. Comme sa mère, elle était l'homonyme d'une première Laïs, venue de Sicile à Corinthe et qui, ayant suivi en Thessalie son amant, Pausanias ou Hippolus, avait été tuée à coups de sabots par les Thessaliennes, jalouses de sa beauté. Un tombeau expiatoire lui avait été élevé au bord du Pénée, avec une inscription attestant que « la Grèce avait été éprise de la beauté de Laïs ». Le nom semblait prédestiné. « Ce qu'il y a de plus curieux, ajouta Démarète qui venait de faire cet historique, c'est que la présente Laïs a failli être, à Athènes, la concubine de Démosthène ; mais elle lui réclama dix mille drachmes pour la première nuit et il répondit qu'il n'achetait pas si cher un repentir. » Deux beaux disciples ou mignons de dix-sept ou dix-huit ans, accompagnaient la courtisane et son maître. Diogène, assis sur la margelle de la fontaine, était en train de laver des salades.

« Dis-moi, Aristippe, criait-il, est-il vrai que tu aies acheté une perdrix cinquante drachmes ? — Oui, répondit le Cyrénéen. — Un autre l'aurait payée trois oboles, reprit Diogène. — Qu'importe, si elle m'a paru valoir cinquante drachmes ? Cette somme est pour moi comme trois oboles pour toi, — le prix des femmes auxquelles tu as affaire. — Moi, donner trois oboles à une femme ? Tu veux rire, s'écria Diogène. L'amour ne me coûte rien. Mais toi, par Jupiter, tu te ruines pour Laïs, comme ton grand-père s'est ruiné pour sa mère que j'ai eue gratis. Il avait la naïveté de dire : « Je possède Laïs, mais elle ne me possède pas. » En réalité, elle lui a soutiré tout ce qu'il possédait, d'où son tombeau magnifique au Cranium. Je vais dormir près d'elle dans mon tonneau. » Par respect filial, Laïs ramena sur son visage l'un de ses voiles. Démarète dit qu'Aristippe l'Ancien avait eu un tableau de Pausias où l'on voyait Diogène à qui sa Laïs arrachait la barbe et sur le derrière de qui l'Amour pissait.

Maintenant, Diogène interpellait les deux disciples du jeune philosophe de la volupté, Ptoüs et Ménéxène : « Ne rougis-tu pas, Aristippe, de leur enseigner la philosophie par les fesses ? Socrate, au moins, a refusé, par dignité philosophique, celles que lui offrait Alcibiade. — Tu le crois ? demanda Aristippe. — C'est Platon qui l'affirme, dit le Cynique. — Socrate lui-même, répliqua Aristippe, prétendait que Platon lui avait fait dire beaucoup de choses qu'il n'avait jamais dites. Pour ma part, je doute qu'Alcibiade, après avoir passé toute une nuit avec Socrate sous le même manteau, se soit levé « comme s'il avait dormi avec son père ou avec un frère aîné ». Cela prouve du reste, qu'il ne se serait pas levé aussi chastement d'auprès de son frère cadet, Clinias. — En tout cas, poursuivit Diogène, la philosophie étant l'étude de la sagesse, si ton Ptoüs et ton Ménéxène cherchaient vraiment la sagesse, ils seraient avec moi et non avec toi. Avec moi, ils deviendraient meilleurs. — Je ne sais si je deviendrais meilleur, dit Ptoüs, mais je serais certainement crasseux. — La crasse t'empêche de voir la vertu, fit Diogène. Cela prouve qu'Aristippe n'est pas la vertu, car tu tournes le dos à la vertu en tournant le dos à Aristippe. — Ecoute, Diogène, dit Aristippe qui voulait reprendre l'avantage, puisque tu allègues Socrate contre le bon usage des garçons, veux-tu répondre à un petit questionnaire socratique ? — Parle, toi dont le grand-père était qualifié par Socrate de « chien royal ». Cela te rapproche de moi, qui suis un chien. D'ailleurs, l'opprobre de Socrate est d'avoir eu un disciple tel que ton grand-père. — Est-ce qu'une femme savante, comme Laïs, dit Aristippe, ne serait pas utile en tant que savante ? — Oui, dit le Cynique en essuyant ses salades à ses haillons. — Et un garçon, savant comme Ptoüs, ne serait-il pas utile en tant que savant ? — Oui encore. — Une femme, belle comme Laïs, ne serait-elle pas utile en tant que belle et un beau garçon comme Ptoüs ne serait-il pas utile en tant que beau ? — Oui, chien royal, fit Diogène. — Et à présent, si Laïs est utile pour ce en vue de quoi elle est belle, Ptoüs ne serait-il pas utile pour ce en vue de quoi il est beau ? — Oui, fit Diogène, bougonnant. — Il est donc utile pour faire l'amour, comme Ménéxène ou Laïs. Mais tu n'es pas assez raffiné pour le faire avec un garçon. — Il faut croire que j'ai fait cela aussi, répartit Diogène, puisque j'ai écrit un dialogue intitulé : *Ganymède*, où je fais l'éloge des sentiments de Jupiter pour ce beau garçon. » Il leva sa souquenille et montra son énorme priape. « Mais ma supériorité sur toi, Aristippe, c'est que je n'ai besoin de personne pour faire l'amour. » Avec impudeur, il commença de se masturber. « Tu seras vraiment toujours un chien, dit Aristippe. — C'est ce que tu me dis, quand je prouve que je suis un homme », s'exclama Diogène qui multipliait les coups de poignet.

Aristippe enlaça la taille de Laïs pour s'éloigner. Les boules d'or attachées à la chevelure de la courtisane, tintinnabulaient. Ménéxène et Ptoüs reprenaient une discussion sur le souverain bien. « Aristippe ! Laïs ! Ptoüs ! Ménéxène ! un chiot de plus est né », cria Diogène qui avait répandu sa semence devant la fontaine. Le Cyrénéen, sa maîtresse et ses disciples ne daignèrent pas tourner la tête. Le grave Léonidas déclara qu'il avait vu plusieurs fois Diogène agir de même à Athènes, fût-ce au milieu de la place du marché, et qu'il l'avait entendu faire cette réflexion : « Plût au ciel qu'en se frottant le ventre on n'eût plus faim ! » Il ajouta que les philosophes cyniques, à l'exemple de Diogène, qualifiaient cet acte d'indifférent et l'accomplissaient en public, de même qu'ils y copulaient avec les dernières des courtisanes. Diogène, pour expliquer de si grandes libertés, se comparait à un chef d'orchestre qui force le ton, en vue de permettre aux autres d'avoir le ton convenable. « Il est indécent afin de nous rendre plus libres, dit Démarète. — C'est de la même façon, ajouta Dinarque, qu'il dit un jour à quelqu'un qui voulait apprendre la philosophie, de traîner un hareng dans la rue au bout d'une corde. — Sans doute est-ce pour toutes ces raisons qu'il a demandé aux Athéniens de lui élever une statue », dit Alexandre en riant.

Une troupe d'écoliers s'était arrêtée pour regarder Diogène. Certains, par dérision ou par obscénité, imitaient son geste. Ils en applaudirent le résultat. Le maître qui les accompagnait, coiffé d'un bonnet pointu, était un gros courtaud à la vue courte, qui leur demandait ce qu'ils observaient si attentivement. « Nous regardons Diogène qui nous enseigne la sagesse », répondit l'un d'eux. L'homme, après avoir essuyé ses yeux avec une queue de lièvre, y vit plus clair. Aussitôt, il allongea sur les jambes des écoliers quelques coups de son fouet à peau d'anguille, en menaçant de leur fouetter plus rudement le derrière quand on serait au gymnase.

« Tu viens de voir passer Denys le Jeune, dit Démarète à Alexandre. Il s'est réfugié à Corinthe, depuis trois ans qu'il a été expulsé de Syracuse pour la seconde fois, et il fait le maître d'école. Il a choisi ce refuge parce que sa patrie est une ancienne colonie des Corinthiens, comme je te l'ai indiqué. Ce sont eux, du reste, qui ont envoyé aux Syracusains le général Timoléon pour renverser Denys et chasser les Carthaginois. Et c'est Timoléon qui gouverne à présent Syracuse. Mais n'est-il pas amusant que le grand-père d'Aristippe ait été l'hôte chéri de Denys l'Ancien et de Denys le Jeune ? — Il nous fallait avoir Denys le Jeune, comme nous avons Aristippe le Jeune, ajouta Dinarque. Leurs disciples sont bien différents. Aristippe fait déjà figure de chef d'école. Il a été formé par sa mère, Arété, qui a dirigé, en vraie philosophe, la secte cyrénaïque, après la mort d'Aristippe l'Ancien. Quant à notre maître d'école, toute la Grèce est venue pour le voir. Cette curiosité s'est émoussée. Hors de son école, il se tient dans les boutiques de parfumeurs ou de barbiers, dans les cabarets, discute dans les rues avec les courtisanes, enseigne les chanteurs dans les carrefours. Mais nous n'avons pas seulement l'héritier déchu de ce qui a été la plus grande et la plus longue tyrannie du monde. Timoléon nous a aussi envoyé Leptine, qui était tyran d'Apollonie. C'est une manière de montrer que les anciens tyrans de la Sicile sont réduits à vivre bassement. »

Diogène avait aperçu Denys et le rappela pour lui décocher des sarcasmes : « Toi qui fus si riche en or et en voluptés et qui me fournis le plus bel exemple de la philosophie sur les changements de fortune !... Aussi misérable que moi, et même plus misérable, puisque tu dois exercer un métier ! Mais finalement, tu as découvert que les choses les plus précieuses étaient celles qui coûtaient le moins cher et inversement. Un jour que Platon, en revenant de chez ton père, me voyait laver des salades comme je le fais en ce moment, il me dit : « Si tu courtisais Denys, tu ne laverais pas des salades. » Je lui répliquai : « Si tu lavais des salades, tu ne courtiserais pas Denys. » Et maintenant, toi, le fils de Denys, tu es l'esclave du peuple corinthien comme maître d'école et tu es trop heureux d'avoir des salades à laver. — C'est possible, dit Denys en repartant, mais, ma supériorité sur toi, c'est que j'ai eu des jouissances que tu ne connaîtras jamais. »

Alexandre suivait des yeux ce Syracusain qui avait inspiré de la sympathie à Philippe pour avoir méprisé le droit de cité que les Athéniens avaient accordé à sa famille. « Aristote, dit-il, nous allègue, lui aussi, Denys le Jeune comme un exemple des vicissitudes de la fortune. Il nous a précisé que l'ancien tyran avait eu quatre cents vaisseaux à cinq et six rangs de rameurs, cent mille hommes de pied, neuf mille cinq cents cavaliers et cinquante millions de kilos de froment dans ses greniers. Mais Dion, l'oncle de Denys le Jeune, qui débarqua en Sicile avec cinq vaisseaux et qui s'empara de tout cela, est également un exemple philosophique. — Ajoutes-y, déclara Dinarque, celui de Denys l'Ancien, soldat démagogue qui avait d'abord été ânier et fonda sa tyrannie à l'âge de vingt-cinq ans. »

Malgré la répugnance que lui inspirait l'impudeur de Diogène, Alexandre eut envie de lui parler. Son ancien maître à Miéza, Anaximène de Lampsaque, avait été disciple du philosophe de Sinope, sans en adopter les pratiques. Ces deux villes se trouvaient en Asie mineure et, Sinope étant en Paphlagonie, Diogène semblait justifier ce qu'Aristophane avait voulu laisser entendre, lorsque, dans *les Cavaliers*, il avait peint le corroyeur démagogue Cléon sous les traits d'un grossier esclave paphlagonien.

Le Cynique avait remarqué l'attention dont il était l'objet. « Qui est, Démarète, cet individu à deux pieds, sans plumes et d'apparence noble autant qu'agréable ? dit-il en désignant le jeune prince. — C'est Alexandre de Macédoine, répondit le Corinthien. — Par le chien, fit Diogène, qui répétait le serment de Socrate, — serment bien digne d'un cynique, — c'est donc toi, fils de Philippe, qui nourris Aristote à ta cour ? Tu aurais mieux fait de conserver pour maître mon disciple Anaximène, que j'ai perdu à cause de toi. Il t'aurait appris la philosophie de la liberté. Tu ne porterais pas à tes jambes des cercles d'or, indices de tes chaînes. — Je voulais justement te parler d'Anaximène, dit Alexandre. A cause de lui, Ephestion et moi sommes un peu tes disciples. J'épouse toutes les ambitions de mon père, j'aspire à le seconder, mais j'aurai su, indirectement, grâce à toi, que les biens et les grandeurs sont méprisables et, si je n'aimais quelqu'un dont ils seront la couronne, j'irais peut-être rejoindre Anaximène à Lampsaque. — Je te félicite de ce pieux souhait, dit le Cynique, mais tu n'as pas déclaré que tu rejoindrais Diogène à Corinthe. J'ai toujours une place pour mes disciples sur cette margelle et près de mon tonneau. Il leur est permis de s'aimer, bien que je ne croie pas à l'amour. Il est vrai que je ne suis pas fait pour toi. Mais j'ai été l'allié de la Macédoine d'une certaine façon. Quand ton père menaça de passer par l'Isthme et que les Corinthiens firent des préparatifs de défense, je me moquai d'eux en promenant une brouette vide. Je leur disais que leurs préparatifs ne l'empêcheraient pas plus que les miens de passer, s'il le désirait. — Adieu, ô Diogène, fit Alexandre, sois heureux. — Je le suis certainement plus que tu ne le seras, répondit le Cynique, car mon royaume, c'est le monde, mon palais un tonneau, ma maîtresse ou mon mignon, mon poignet. » Démarète et Dinarque étaient choqués de cette réplique. Mais, indépendamment des derniers termes, elle avait laissé Alexandre songeur. « Je crois, dit-il, que Diogène a raison. Il faut avoir tout ou n'avoir rien ; mais il possède le monde, sans avoir eu besoin de le conquérir. »

Ce qui plaisait à Alexandre, c'était moins le détachement de Diogène à l'égard des choses de la vie, que son immense orgueil. Il se rappelait un joli mot de Platon. Au retour de son dernier voyage en Sicile, où le Denys qu'on avait vu passer, lui avait donné de magnifiques tapis, le fondateur de l'Académie les avait étalés et Diogène marchait dessus à pas lourds en disant : « Je foule aux pieds l'orgueil de Platon. — Avec un autre orgueil, Diogène » avait rétorqué Platon. Alexandre voyait aussi, dans le courage avec lequel Diogène se moquait de l'opinion, un sentiment d'aristocratie, que témoignait une autre de ses histoires, contée par Démarète. Le Cynique, naviguant d'Athènes à Egine, fut pris par un pirate qui le vendit en Crète comme esclave. Lorsque le marchand s'enquit de ce qu'il savait faire, il répondit : « Commander. » Puis, montrant un Corinthien richement vêtu, il ajouta : « Vends-moi à celui-ci ; il a besoin d'un maître. » Cet homme, un Corinthien, nommé Xéniade, l'acheta. L'ayant amené à Corinthe, il lui confia l'éducation de ses enfants, l'administration de ses biens et en fut si content qu'il lui rendit la liberté. C'étaient encore

des mots aristocratiques de Diogène que ceux-ci : il se promena, en plein
midi, parmi les Athéniens, avec une lanterne, en disant : « Je cherche un
homme », et, comme on lui demandait s'il y avait beaucoup de monde aux
jeux Olympiques, d'où il revenait : « Beaucoup de monde, mais peu
d'hommes », répondit-il. Enfin, cet habitant d'un tonneau n'avait-il pas
proclamé l'utilité même de la fortune, en conseillant d' « apprendre aux
pauvres la richesse et le luxe aux riches » ?

Sa rencontre avec Denys de Syracuse n'avait pas fait à Alexandre une
moindre impression. Il dit qu'il prierait son père de secourir cet ancien
tyran qui avait eu la gloire de recevoir les leçons de Platon, — Platon avec
lequel Perdiccas, frère aîné de Philippe et roi avant lui, avait correspondu.
On gardait précieusement, à Pella, une lettre que lui avait écrite ce
philosophe, surnommé le divin. A propos de Denys, Démarète raconta des
choses qu'Alexandre avait ignorées et qui, tout en l'amusant, ne lui
parurent pas correspondantes à une éducation philosophique. Après que le
tyran eut été chassé de Syracuse, il se réfugia à Locres, en Italie
méridionale, d'où sa mère Doris était originaire, et où il exerça de nouveau
la tyrannie, comme son père l'y avait exercée temporairement. Il exigeait la
première nuit des nouvelles mariées. Dans ses fêtes, il forçait les filles
respectables à courir nues pour attraper des colombes qu'il lâchait dans la
salle. Elles devaient porter des chaussures à talons inégaux, ce qui écartait
mieux leurs cuisses et leurs fesses. Enfin, il se roulait avec elles sur des tapis
de fleurs. Il rassembla les citoyennes les plus riches dans le temple de
Vénus en les priant de mettre tous leurs bijoux pour honorer la déesse, et il
les en dépouilla, comme avait fait Périandre avec les Corinthiennes.
Vainqueur de Léophron, tyran de Régium ou Reggio, non loin de Locres,
il prostitua les femmes et les filles dans un lupanar. Etant reparti pour
Syracuse où le rappelait une faction, il eut la regrettable idée de laisser à
Locres sa femme, son fils cadet, encore jeune garçon, et ses deux filles, à
peine nubiles. Les Locriens les mirent sur la voie publique comme des
esclaves pour que chacun en abusât. Puis, ils leur enfoncèrent des aiguilles
sous les ongles, les étranglèrent, les coupèrent en morceaux, se distribuè-
rent les parties charnues, les rôtirent pour les manger, lancèrent des
imprécations contre ceux qui n'en mangeraient pas, pilèrent le reste dans
des mortiers ou l'écrasèrent sous la meule pour le mélanger à la farine de
leur pain, et jetèrent les débris à la mer. « Le fils aîné de Denys,
Apollocrate, conclut Dinarque, est le seul de ses enfants qui se soit sauvé,
parce qu'il l'avait accompagné à Syracuse. Il en fut quelque temps le tyran
après le premier exil de son père. Il l'a suivi à Corinthe, où il balaye l'école
et fouette les écoliers. — Il n'était probablement jamais arrivé à des
écoliers, dit Ephestion, d'avoir deux anciens tyrans pour fouetteurs. »

« Les excès de Denys ne justifient pas les Locriens, dit Alexandre. Ce
sont sans doute ses jouissances de Locres auxquelles il pensait en quittant

Diogène. Je lui suis reconnaissant de l'hommage qu'il a rendu à la philosophie dans la personne de Platon, quand il envoya au-devant de lui un vaisseau décoré de bandelettes, comme avait fait Polycrate pour Anacréon, et le reçut lui-même à Syracuse avec trois cents chars, attelés chacun de deux chevaux blancs. C'est ainsi que les Agrigentiens avaient reçu un de leurs vainqueurs olympiques. » Alexandre sourit de ses derniers mots, en se souvenant de ce qu'il avait dit à Ephestion, lorsqu'il avait envisagé un retour triomphal à Pella.

Les navires étaient prêts. Démarète, pour cadeaux de départ, donna à Alexandre un riche tapis à l'intention de son père, des vases remplis d'huile d'iris à l'intention de sa mère et de sa sœur. Dinarque avait précisé que l'iris de Corinthe ne servait pas uniquement à la parfumerie, mais aussi à la fabrication de remèdes destinés à guérir les excroissances et les fissures de l'anus. Le cadeau personnel pour Alexandre, cadeau d'anniversaire, fut une magnifique coupe, ciselée par Euphranor, qui était habile dans tous les arts, — il avait même écrit un traité célèbre sur la peinture. Ephestion eut un vase corinthien, à masques de Méduse, contre le mauvais œil, et un vase attique, où était écrit l'épithète de beau. Lycus offrit aux voyageurs la feuille de figuier de la bonne navigation.

L'Hercule reprit la mer jusqu'à l'Isthme. Le passage de l'un à l'autre golfe, — « pont de la mer infatigable », avait dit Pindare, — se faisait dans des conditions qui étonnèrent Alexandre. Les bateaux étaient mis par des treuils sur des fardiers, qui les transportaient le long d'une voie pavée. On apercevait les traces du canal commencé, il y avait trois siècles, par Périandre. Ce projet fut abandonné, la sibylle de Delphes ayant interdit aux Cnidiens de creuser un canal semblable à travers leur isthme. Sur toute l'étendue de cette bande de terre, les Péloponésiens avaient construit jadis un mur, pour se défendre contre l'armée de Xerxès. Ce mur avait été renforcé contre Philippe, au moment de la tension dont avait parlé Diogène.

On voyait la colonne élevée par Thésée, le héros athénien pour délimiter des territoires qui avaient été des sujets de guerre. Au levant, étaient gravés ces mots : « Ce n'est pas le Péloponèse, mais l'Ionie », et au couchant : « C'est le Péloponèse et non l'Ionie. »

Le sanctuaire des jeux Isthmiques s'entrevoyait dans un bois de pins. Ces jeux avaient été fondés par Sisyphe, roi de Corinthe, à la mémoire de Mélicerte, fils de la nymphe Ino, duquel il avait trouvé le cadavre sur le rivage. Ces jeux se célébraient alors la nuit. Ils furent modifiés par Thésée, après qu'il eut tué Sisyphe pour ses brigandages. Le héros ordonna aux Corinthiens d'octroyer aux Athéniens, dans le stade, autant de place qu'en couvrirait la voile du vaisseau sur lequel ils seraient venus. Le temple de Neptune renfermait les restes de la nef *Argo :* Jason et les autres

Argonautes l'y avaient dédiée, à leur retour de l'expédition de la toison d'or.

Les jeux avaient lieu tous les deux ans, au printemps, la première et la troisième année de chaque olympiade : cela faisait la chronologie dite des isthmiades. L'importance des jeux Isthmiques était un peu diminuée, depuis Pindare, comme celle des jeux Néméens, qui se célébraient la seconde et la quatrième année de la même période. Mais déjà la loi de Solon n'avait attribué que cent drachmes aux Athéniens vainqueurs à l'Isthme, soit quatre fois moins qu'aux vainqueurs d'Olympie. Les Eléens n'y assistaient pas, à la suite d'une malédiction lancée contre ces jeux par la mère de trois frères d'Elis, — Molionide, Etéocle et Euryste, — qu'Hercule avait tués pendant qu'ils s'y rendaient et de la mort desquels les Corinthiens avaient refusé de tirer vengeance : ils n'avaient pas proscrit les Argiens, compatriotes du meurtrier, le fils d'Alcmène. A la différence des jeux d'Olympie, il y avait, à ceux-là, comme à ceux de Némée et de Delphes, des concours musicaux et des concours dramatiques. Plus somptueux que le stade de Jupiter, qui n'avait que des talus, le nouveau stade de Neptune avait des gradins de marbre blanc. Les vainqueurs étaient couronnés d'ache ou céleri, plante réservée d'ordinaire aux repas et au culte funèbre : elle rappelait ici l'événement qui avait été à l'origine de ces jeux. Mais, étrangement, le céleri des couronnes isthmiques était desséché. De nombreuses statues de bronze ou de marbre symbolisaient ces victoires.

Le grave Léonidas évoqua un souvenir relatif au roi Agésilas, si cher à Alexandre. En guerre avec Corinthe, ce roi conduisit l'armée lacédémonienne aux jeux Isthmiques, offrit les sacrifices et fit présider les concours par les bannis corinthiens. Quand il s'en fut allé, on recommença, de sorte que certains athlètes furent vaincus ou vainqueurs deux fois. La trêve existant pour tous les grands jeux, Alexandre, qui avait défendu son père contre l'accusation de l'avoir rompue si loin d'Olympie, était très choqué de l'inobservance d'Agésilas.

On longeait la Mégaride, que les monts Géraniens bordaient du côté du golfe de Corinthe. C'était une région où Philippe entretenait des intelligences. Le parti aristocratique n'y gouvernait plus, mais y restait puissant. Ses chefs, Ptéodore, Hélix et Périlaüs, étaient, selon l'usage, voués aux gémonies par Démosthène, mais les Mégariens n'oubliaient pas que les Athéniens leur avaient pris Salamine. Cette affaire amusait Alexandre, parce que les poèmes d'Homère y avaient joué un rôle. Solon, né à Salamine et qui souhaitait ardemment l'annexer à Athènes, — il avait composé sur cette île cinq mille vers —, en interpola un, au deuxième chant de *l'Iliade,* pour créer en faveur des Athéniens une sorte de droit au nom de

l'histoire, comme ceux dont se flattait Alexandre. Homère disait seulement : « Ajax avait amené de Salamine douze vaisseaux. » Solon ajouta :
« Et, les conduisant, il les avait placés là où se trouvaient les phalanges des
Athéniens. » Aristote faisait observer que ce vers apocryphe était en
contradiction avec d'autres passages, où Ajax est indiqué sur un autre
point, éloigné des Athéniens. Ce roi, petit-fils d'Eaque et oncle d'Achille,
était parmi les héros d'Alexandre. Celui-ci nourrissait pour Solon une
considération qu'avaient accrue les vers pédérastiques lus chez Cléotime. Il
l'admirait d'avoir simulé la folie, pour engager les Athéniens à attaquer
Salamine : Solon tournait une loi qui, à la suite de nombreux revers,
punissait de mort quiconque reparlerait d'un tel projet. Mais Alexandre
l'admirait surtout pour avoir, avec son cousin germain et ancien mignon, le
tyran Pisistrate, fait réunir, corriger et remettre en ordre les poèmes
d'Homère, confiés à la mémoire des récitateurs publics, après avoir été
sauvés en Ionie par Lycurgue.

Quand Léonidas dit que le héros Mégaréus, auquel Mégare doit son
nom, avait nagé jusqu'aux monts Géraniens pour échapper au déluge,
Alexandre éprouva encore la confusion de ne pas savoir nager. Il aimait
mieux, répliqua-t-il, la belle Mégare, fille du roi de Thèbes, qui fut une des
épouses d'Hercule et qui était l'héroïne de l'*Hercule furieux* d'Euripide. On
reparla d'Evagoras et du poète athénien Dioclès en l'honneur de qui les
garçons de Mégare célébraient des concours de baisers.

Mégare s'élevait sur une colline à quelque distance de son port, Niséa.
Ses murs avaient été bâtis par Apollon et par Alcathoüs, fils de Pélops. Le
grave Léonidas désigna le temple de Vénus Pratiquante, épithète qui était
l'opposite de Céleste. La statue, fort ancienne, de la déesse, était d'ivoire.
Elle avait pour compagnes celles de l'Amour, du Désir et de la Passion,
marbres de Scopas, et, depuis peu, celles de la Persuasion et de la
Consolation, marbres de Praxitèle. Dans le voisinage, s'élevait le temple de
Jupiter, dont la statue de bronze était de Lysippe, ainsi que celles des neuf
Muses. Le temple d'Apollon contenait une pierre sur laquelle le dieu avait
posé sa lyre et qui rendait des sons harmonieux. Une statue de Diane
Protectrice commémorait un miracle attribué à cette déesse : quand les
Perses de Mardonius ravageaient la Mégaride, ils furent enveloppés tout à
coup d'un épais brouillard, se crurent attaqués et tirèrent une infinité de
flèches qui, sur des rochers, faisaient un bruit de métal et de gémissements.
Le jour revint et les Mégariens, voyant que les Perses n'avaient plus de
flèches, s'élancèrent contre eux et les anéantirent. Près de la ville, un
tombeau en forme de losange était celui d'une Amazone. Ces guerrières,
lorsqu'elles avaient envahi la Grèce à l'époque de Thésée, étaient allées,
elles aussi, jusqu'à Mégare.

Les Mégariens possédaient également un temple d'Alcathoüs, qui
avait été leur roi. Un magnifique aqueduc, soutenu par des colonnes, était

dû à leur ancien tyran Théagène, homonyme de l'athlète de Thasos et beau-père de Cylon, qui avait été lui-même, pour un temps très bref, tyran d'Athènes. Alexandre entendit avec étonnement qu'on voyait, à Mégare, des tableaux d'Euripide. L'illustre poète s'était, en effet, essayé à la peinture, avant d'écrire des tragédies.

L'école philosophique de Mégare était l'ennemie d'Aristote et s'attachait à démolir ses théories par des arguments de sophistes. Elle avait été fondée par Euclide, disciple de Socrate. Au temps que les Athéniens avaient décrété la peine de mort contre tout Mégarien qui pénétrerait en Attique, il se déguisait en femme pour aller conférer avec son maître à la faveur de la nuit. Son successeur, Eubulide — originaire de Milet, comme Aspasie —, prétendait renverser toute la logique aristotélicienne par une seule question : « Peut-on croire un homme qui déclare mentir ? » Ce fameux argument, dit « le menteur », s'appuyait d'un autre, dit « le voilé » : on vous présente une personne voilée de la tête aux pieds et l'on vous demande si vous la connaissez ; vous êtes obligé de répondre que non et, en soulevant le voile, on vous montre que c'est l'un de vos amis. On concluait que vous ne connaissiez pas vos amis. De même, sous son voile, les Athéniens n'avaient-ils pas reconnu Euclide. Alexandre ayant rappelé ces exemples, Ephestion cita l'argumentation dite « du chauve ». « Qu'est-ce qu'un chauve ? — Celui qui n'a pas de cheveux. — Et s'il lui en reste un, le sera-t-il ? — Sans doute. — S'il en reste deux, trois, quatre ? » Et l'on ajoute ainsi une unité jusqu'à ce que vous deviez avouer que l'homme en question ne sera plus chauve. « Donc, recommençait-on à l'envers, un seul cheveu suffit pour qu'un homme ne soit pas chauve. » Ces équivoques misérables, mais destructives du raisonnement, ne semblaient à Alexandre que des jeux de l'esprit, captieux imitateurs de ceux du stade. Elles n'avaient pas laissé de le rendre moins attentif au fond même de la philosophie d'Aristote et de le dégoûter des abstractions. Il aimait mieux son maître enseignant l'histoire naturelle, la poétique ou la morale que les dix catégories des idées et la théorie des trois âmes, végétative, animale et rationnelle. Cela fascinait son intelligence, mais n'y prenait pas.

La spéciosité des mégariques, nom donné aux disciples d'Euclide, lui remit en mémoire un argument analogue de Parménide, philosophe de l'école d'Elée : « l'argument d'Achille ». « Jamais, disait Parménide, Achille, le coureur aux pieds légers, poursuivant une tortue, ne l'atteindra, car il doit parcourir d'abord la moitié de la distance qui le sépare d'elle, puis la moitié de cette moitié et ainsi de suite à l'infini, de sorte que la tortue qui continue de progresser, aura toujours un minimum d'avance. » Alexandre trouvait cela très vexant pour son ancêtre, mais irréfutable. Lui qui n'aimait que l'absolu, il appréciait aussi en Parménide l'inventeur de la philosophie de l'absolu. Il goûtait le début du dialogue, intitulé par Platon à cet illustre Eléade et où celui-ci est dépeint arrivant aux grandes fêtes de

Minerve à Athènes, « tout à fait blanc, beau et noble d'apparence, autour de l'âge de soixante-cinq ans », avec son disciple Zénon, âgé de quarante ans, aussi beau et qui avait été son mignon, exemple philosophique d'un long amour. Zénon d'Elée avait été l'un des maîtres de Périclès. Mais Alexandre appréciait moins Xénophane, fondateur de l'école éléate, qui, avant Zoïle, se piquait de relever les fautes d'Homère et qui avait même écrit des iambes contre lui et contre Hésiode, où il leur reprochait, comme Pythagore et Platon pour Homère, ce qu'ils avaient dit des dieux.

A l'horizon, vers le large, on découvrait la silhouette d'Egine. Cette île qui inventa la monnaie, était du domaine historique d'Alexandre. Son premier roi avait été Eaque, fils de Jupiter et de la nymphe Egine, père de Pélée et grand-père d'Achille, ensuite juge des enfers, avec Minos et Rhadamante. La mémoire de ce roi était solennisée chaque année par des jeux gymniques, auxquels Pindare avait fait allusion : les vainqueurs déposaient leurs couronnes dans son temple. Alexandre se disait, par ses origines, dans les deux camps de la guerre de Troie : cette ville, qu'Achille avait assiégée et que son fils Néoptolème-Pyrrhus avait détruite, avait eu pour constructeur Eaque, assisté d'Apollon et de Neptune.

Léonidas, avait visité Egine, ainsi que Mégare, lorsqu'il étudiait à Athènes. Il donna un détail curieux : le tombeau d'Eaque était entouré d'une multitude de statues, représentant les députés de villes grecques qui étaient allés lui demander, en vertu d'un oracle de Delphes, d'intercéder auprès de Jupiter pour faire cesser une sécheresse dont souffrait la Grèce entière. A la suite du sacrifice offert par Eaque, la pluie tomba et ces statues furent élevées en reconnaissance : après sa mort, on choisit ensuite cet endroit pour son tombeau. L'oracle l'avait qualifié « le plus sage des mortels ». « Eaque a eu un autre mérite, dit Alexandre. Il obtint également de Jupiter que fussent métamorphosées en hommes les fourmis, innombrables, nées de la jeune Eginète Myrmex, changée en fourmi par Minerve. Ce furent les Myrmidons. Une partie d'entre eux s'établit en Thessalie et fonda le royaume de Pélée et d'Achille. Homère les loue d'être « amis de la guerre » : « Ils s'appelaient Myrmidons, Hellènes et Achéens ; — De leurs cinquante navires, était chef Achille. » Voilà ce que nous devons aux fourmis d'Eaque », conclut Alexandre. Il ajouta que, d'après Pindare, les dieux n'avaient assisté qu'à deux noces chez les mortels : celles du fils d'Eaque, Pélée, avec Thétis et celles de Cadmus, roi de Thèbes, avec Harmonie ou Hermione, fille de Mars et de Vénus.

Pindare avait chanté, non seulement Eaque et ses descendants, les Eacides, mais de nombreux athlètes d'Egine, vainqueurs principalement à Némée, et dont presque tous étaient des garçons. Son hymne à la Jeunesse lui avait été inspiré par l'un d'eux : « Jeunesse souveraine, messagère — Des douceurs ambrosiaques de Vénus, — Toi qui es assise sur les paupières — Des vierges et des garçons... » Il avait eu des accents aussi charmeurs pour un autre Eginète qui avait gagné le prix de la lutte, « ne montrant pas encore sur ses joues la tendre saison, — Mère du premier duvet ».

Platon, livré par Denys l'Ancien au Lacédémonien Pollis, afin d'être vendu comme esclave parce que le philosophe l'avait irrité, avait été mis en vente à Egine, sur le marché, pour la somme de deux mille drachmes. « C'est-à-dire, précisa le grave Léonidas, pour l'équivalent du prix de vingt bœufs, de cent vingt-cinq moutons ou de deux cents agneaux. » Platon fut acheté par le Cyrénéen Annicéris, qui se trouvait là par hasard et qui le renvoya à Athènes. Ensuite, Dion de Syracuse, le neveu de Denys, fit parvenir à Annicéris la somme qu'il avait déboursée et celui-ci s'en servit pour acheter le jardin du héros Académus, près de Colone, où Platon installa son école de l'Académie et où le Cyrénéen se montra si habile à conduire un char.

Egine avait vu aussi la rencontre de Scopas et de la première Laïs, jolie fleuriste et orpheline de quinze ans : le sculpteur lui fit faire son éducation à Athènes par Aspasie, maîtresse de Périclès et du neveu et pupille de ce dernier, Alcibiade.

Le grand nom d'Alcibiade, fils de Clinias, est celui qui occupait la pensée d'Alexandre, à mesure que l'on approchait d'Athènes. Cet homme le séduisait, non parce qu'il avait mérité le surnom de Triphalle, mais parce qu'il avait dompté et dupé une démocratie. Le fils de Philippe se voyait avec lui certains points communs. Alcibiade avait été beau, comme l'était Alexandre ; Alcibiade avait brillé par son esprit, comme brillait Alexandre ; Alcibiade avait été l'élève de Socrate et Alexandre l'était d'Aristote ; Alcibiade avait été illustre à la guerre et Alexandre le serait bientôt. Aristote préparait un traité sur *l'Art de régner* et Platon avait consacré deux dialogues à Alcibiade, qui était présent dans plusieurs autres de ses écrits.

Ses trahisons à l'égard d'Athènes plaisaient à Alexandre comme autant de camouflets à cet idéal défendu aujourd'hui par Démosthène. Ce peuple d'envieux, mais d'esthètes, avait tout permis à Alcibiade, parce qu'Alcibiade était beau et qu'il était riche. Ces démocrates, disait Alexandre, se sentaient aristocrates grâce à lui. L'orateur Andocide le compare agressivement au roi des Perses, — « le grand roi » — pour avoir oser séquestrer chez lui, pendant quatre mois, le peintre Agatharque, afin de l'obliger à décorer sa maison. Les Athéniens avaient également pardonné à Alcibiade la profanation des mystères d'Eleusis et celle des gaines de Mercure à Athènes, dont lui et ses amis, ivres, avaient coupé, une nuit, les têtes et les phallus : Théano, prêtresse de Minerve à Agryle, avait refusé de le maudire et les prêtres d'Eleusis furent contraints d'abolir solennellement leurs imprécations. Mais n'avait-on pas eu une autre preuve que le peuple entier était amoureux de lui ? Un jour qu'il haranguait à la tribune de la Pnyx, une caille de combat s'échappa de son manteau où il l'avait cachée. Tous les auditeurs coururent après pour la lui rapporter et l'histoire avait conservé le nom de celui qui avait eu cette chance, le pilote Antiochus. Elle conservait de même le nom de sa nourrice Amycla, alors qu'on ignorait qui Thrasybule, Théramène et Nicias, ces illustres généraux, avaient eu pour mères. Cet amour d'Alcibiade incita même les Athéniens à imiter son zézaiement.

Alexandre appréciait aussi sa passion de *l'Iliade* et de *l'Odyssée* : dans sa jeunesse, Alcibiade donna un coup de poing à un maître d'école qui n'avait pas chez lui ces ouvrages. Le fils de Philippe avait également partagé l'aversion du fils de Clinias pour la flûte, quand il s'agissait, du moins, non pas d'écouter les autres, — car rien n'exaltait plus Alexandre que les sons de cet instrument — mais d'en jouer soi-même. Périclès avait fait appeler Antigénide, le plus fameux flûtiste d'Athènes, pour enseigner cet art à son neveu et pupille Alcibiade, selon la coutume établie. Le fils de Clinias, ayant embouché la flûte et voyant, dans l'acier poli d'un miroir, la difformité produite par le gonflement de ses joues, foula l'instrument aux pieds et le brisa : Minerve s'était contentée de jeter sa flûte, que recueillit le satyre Marsyas, écorché plus tard sur l'ordre d'Apollon pour l'avoir défié comme musicien devant les Muses.

Il y avait également un mot de l'enfance d'Alcibiade qui plaisait à Alexandre. « Tu mords comme une femme, lui avait dit un de ses camarades qui l'avait renversé à la lutte et qu'il mordait à la main. — Non, avait répondu Alcibiade : comme un lion. »

Au demeurant, nul génie n'avait été plus funeste à Athènes que le sien. Alexandre trouvait piquant son conseil donné à Périclès, qui était préoccupé de rendre des comptes pour les dépenses de la statue de Minerve, en or et en ivoire, du Parthénon. « Préoccupe-toi seulement de ne pas rendre de comptes, lui dit Alcibiade. Fais voter un décret contre les Mégariens qui ont enlevé deux courtisanes, amies d'Aspasie, et l'on aura une guerre, qui empêchera de penser à la statue. » La fameuse Aspasie de Milet, elle-même ancienne courtisane, que Périclès, dit-on, épousa secrètement, ne se déconcerta pas, le jour où celui-ci surprit Alcibiade à ses genoux : « Ton neveu, dit-elle, est parfait dans la scène de comédie qu'il répète. » Les deux courtisanes qu'avaient enlevées de jeunes Mégariens, pour se venger d'Athéniens qui avaient enlevé une courtisane mégarienne, provoquèrent de la sorte, sur l'instigation du plus beau garçon d'Athènes, et par l'enchaînement des conflits, les vingt-sept ans de la guerre du Péloponèse. Il avait été prédit qu'elle durerait trois fois neuf ans. Ce fut, d'ailleurs, dans le cours de cette guerre que moururent Périclès, Aspasie et Alcibiade, — guerre qui aboutit à la prise d'Athènes, à la ruine de sa flotte et à la destruction des longs murs qui joignaient la ville au Pirée. Cela rendait assez drôle, disait Alexandre, les mots ultimes de Périclès, trois ans après qu'il avait déchaîné Mars pour éviter une reddition de comptes : « Ce qu'il y a de plus glorieux dans ma vie, c'est que jamais aucun Athénien n'a été en deuil à cause de moi. » Philippe aimait à citer ce trait comme une preuve de la jactance démocratique, selon laquelle les morts ne sont comptés qu'aux tyrans et jamais aux démagogues. Il ne trouvait pas moins digne d'admiration l'éloge funèbre prononcé par Périclès sur les premiers Athéniens, victimes de la guerre du Péloponèse, éloge dont ce général semblait avoir oublié l'objet à l'article de la mort.

« Hélène, enlevée par Alexandre-Pâris, fut la cause de la guerre de Troie, dit Léonidas, et l'enlèvement, par un Phocidien, de la courtisane Théano, homonyme de la prêtresse d'Agryle, fut celle de la guerre sacrée, que Philippe termina si glorieusement. Et Aspasie fut la cause de la guerre de Samos, que fit Périclès pour soutenir les gens de Milet, ses compatriotes. Mais je demande grâce pour la belle Milésienne. Elle était bien au-dessus des deux plus célèbres courtisanes d'à présent, Laïs et Phryné. Platon, au début du *Ménéxène,* dit expressément qu'elle possédait l'art de la rhétorique, qu' « elle a fait beaucoup de bons orateurs et surtout celui qui l'emporte parmi les Hellènes, Périclès, fils de Xanthippe », enfin, qu'elle est l'auteur de l'éloge funèbre. — Ne me vante pourtant pas son intelligence, dit Alexandre. J'ai lu de ses vers où elle donne à Socrate des conseils pour se faire aimer d'Alcibiade et elle se plaît à constater que le philosophe est tellement extasié par l'espoir du succès qu'il se met à transpirer, à soupirer et à pleurer. Les conseils étaient tout simplement de captiver Alcibiade « par les charmes puissants de la musique », qu'elle appelle « le premier lien de l'amitié » et qui sert, ajoute-t-elle, à « porter la passion dans l'âme par la voie des oreilles ». — A ce titre, dit Ephestion, je te suis reconnaissant, Léonidas, de nous avoir donné le goût de la musique. En tout cas, l'amour d'Alcibiade et de Socrate ne me semble pas, d'après ces vers d'Aspasie, avoir été aussi platonique qu'ils l'ont prétendu l'un et l'autre. Cela justifie Aristippe contre Diogène. — Je crois, en effet, reprit Alexandre, que nul n'a jamais pu résister à Alcibiade. On disait de lui que, « dans son enfance, il rendait les hommes infidèles aux femmes, et, adolescent, les femmes infidèles aux hommes ». Il ne cessa jamais d'allumer ceux-ci, au point que les courtisanes d'Athènes avaient réclamé son exil. Je n'approuve pas son goût pour la débauche, mais je l'en excuse, puisque ses ennemis, selon Thucydide, attaquaient « la licence non démocratique de ses mœurs ». »

« On raconte, dit le grave Léonidas, qu'il partit pour l'Hellespont, en compagnie de son mignon Axioque, uniquement sur la réputation de beauté de Démontis, courtisane d'Abydos, dont ils obtinrent l'un et l'autre les faveurs. Ils en eurent une fille, sans pouvoir assurer lequel des deux l'avait engendrée. Dès qu'elle eut atteint la puberté, ils en usèrent comme de la mère. Quand c'était son tour, Alcibiade la disait fille d'Axioque, et quand c'était le sien, Axioque, la disait fille d'Alcibiade. Antisthène, le disciple de Socrate et fondateur de l'école cynique, affirme, dans un de ses écrits, qu'Alcibiade avait même eu des rapports avec sa propre sœur, à la mode des Perses. — Cimon, le fils de Miltiade, dit Alexandre, avait bien épousé la sienne, Elpinie. Ainsi que nous l'a appris Aristote, il est permis, chez les Athéniens d'épouser sa sœur de père. Il n'est pas moins extraordinaire qu'Alcibiade, dont l'enfance et la jeunesse avaient été si scandaleuses, eût été un grand homme à la fois pour les Athéniens, pour les Spartiates et même pour les Perses, chez lesquels il finit sa vie, brûlé dans une maison. Du commencement à la fin, il prêta à toutes ses aventures le masque de la beauté. Son portrait à treize ans par Aglaophon était, a dit un écrivain, « d'une beauté de visage plus grande qu'il ne conviendrait à une fille ». Il y réunissait, en effet, la beauté des deux sexes et, comme elle se maintint florissante, les peintres et les sculpteurs le prirent pour modèle à tous les âges ; il servit d'abord à représenter l'Amour, puis Mercure, Apollon et Bacchus, sans la barbe qu'il s'était avisé de porter, selon l'usage athénien. — Grâce à Apelle et à Lysippe, dit Ephestion, ta beauté restera supérieure à celle d'Alcibiade. »

Ce personnage avait une autre raison pour séduire Alexandre : par son père, il descendait d'Eurysace, fils d'Ajax, et par sa mère Dinomaque, il appartenait, ainsi que Périclès, à l'illustre famille des Alcméonides, créée par Alcméon, petit-fils de Nestor — « l'harmonieux orateur », « le conducteur de chars », « le défenseur des Achéens » de l'*Iliade*. Il avait donc, comme le fils de Philippe, un ancêtre dans ce poème et cela expliquait peut-être sa fureur contre le maître d'école.

« Le sophiste Antiphon, dans ses *Invectives,* poursuivit le grave Léonidas, précise à quel âge eut lieu son voyage à Abydos : ce fut dès qu'Alcibiade eut passé son examen de majorité devant sa tribu, c'est-à-dire à dix-huit ans, et que ses tuteurs, Périclès et le frère de celui-ci, Ariphron, l'eurent mis en possession de son patrimoine. L'orateur ajoute qu'Alcibiade voulait apprendre des femmes d'Abydos, ville fameuse par sa licence, « des pratiques conformes à son immoralité et à son intempérance, pour en profiter le reste de sa vie ». La Thrace fut, depuis lors, un de ses lieux de débauche. Un passage du *Triphalle* d'Aristophane, que j'ai lu chez Cléotime, décrit Alcibiade prêt à s'embarquer dans un port de cette région avec un charmant esclave qu'il vient d'acheter : « Tous les étrangers distingués qui étaient là, — Le suivaient en le suppliant, attachés à lui, — De vendre le garçon, l'un à Chio, l'autre à Clazomène, un autre — A Ephèse, les autres à Abydos. — Ces lieux étaient tous, en effet, sur son chemin. » — Ce Sardanapale athénien me captive, dit Alexandre, parce qu'il fut un défi à tout l'enseignement de Socrate, bien qu'il y eût fait honneur par le courage, à Potidée et à Délium lorsqu'il était jeune, puis à Mantinée, et enfin à Abydos et à Cyzique où il était général. Mais il est inouï que Socrate ait été condamné à boire la ciguë sous l'accusation, entre autres choses, d'avoir corrompu la jeunesse athénienne et qu'Alcibiade, qui s'est vanté publiquement de n'avoir pu corrompre Socrate, soit resté jusqu'au bout l'enfant chéri d'Athènes. »

« Songe, dit le grave Léonidas, qu'Anytus, l'un des principaux accusateurs du philosophe, avait été l'un des amants d'Alcibiade. Celui-ci, entrant un jour avec ses esclaves chez Anytus, qui était absent, leur commanda d'emporter la moitié de la vaisselle d'or et d'argent exposée dans la salle à manger, et Anytus, ensuite, se contenta de dire qu'il aurait dû tout prendre. Alcibiade s'était enfui de la maison paternelle pour aller habiter chez un autre de ses amants, nommé Démocrate, et Ariphron songea à le faire réclamer par un héraut. Périclès empêcha cette honte. — Ariphron et Périclès auraient mieux fait de regarder ce qui se passait sous leur toit, dit Alexandre, commentant l'allusion faite par Aristippe à Corinthe. Périclès avait confié à Ariphron Clinias, frère cadet d'Alcibiade, « de crainte qu'il ne fût perverti par ce dernier » ; Ariphron le rendit six mois plus tard, après avoir constaté son échec. Cela prouve, par conséquent, qu'Alcibiade avait eu également des rapports avec son frère, qui avait le même nom que leur père. Peut-être séduisit-il également le second fils de Périclès, Xanthippe, qui devait être beau garçon, car, d'après Platon, un éleveur de chevaux en fut terriblement épris. »

« Tu sais, Alexandre, dit Ephestion, combien nous sont chères, dans *le Banquet* de Xénophon, les paroles de Critobule, l'amant de l'autre Clinias, fils d'Axochus et non moins beau que son cousin germain Alcibiade. La beauté était donc particulière à cette famille, comme à la tienne. Xénophon ajoute, dans *les Mémorables*, que Critobule donna un jour un baiser au fils d'Alcibiade, qui était très joli, ce qui le fait traiter de fou par Socrate, car le baiser d'un beau garçon est « plus dangereux que la tarentule ». — Sur Clinias, dont Xénophon fut amoureux, dit le grave Léonidas, je vous ai fait lire jadis le passage de Platon qui le montre arrivant au gymnase du Lycée, au milieu de la foule de ses amants. — Oui, dit Alexandre, et je te remercie d'avoir été le premier à me parler d'Alcibiade. Mais, ô Ephestion, jusqu'au jour où tu m'as lu, sur ce vaisseau, ta propre déclaration d'amour écrite à treize ans, c'était bien celle de Critobule à Clinias que j'adorais. »

Tous deux récitèrent ensemble ce texte qu'ils avaient appris par cœur : « Il m'est plus doux de contempler Clinias que tout ce qu'il y a de beau chez les hommes. J'accepterais d'être aveugle pour toutes les autres choses plutôt que de l'être pour le seul Clinias. Je suis fâché, et contre la nuit et contre le sommeil, parce que je ne le vois pas, et je sais le plus grand gré au jour et au soleil, parce qu'ils me montrent de nouveau Clinias. Il me serait plus doux de donner mes biens à Clinias que d'en recevoir d'un autre, plus doux d'être son esclave que d'être libre si Clinias voulait être mon maître. Travailler pour lui me serait plus doux que de me reposer, et courir un danger pour lui, plus doux que de vivre sans danger... Je passerais, avec Clinias, à travers le feu... J'ai son image parfaitement dans le cœur, au point que, si j'étais sculpteur ou peintre, je ne le reproduirais pas moins ressemblant d'après cette image qu'en le voyant lui-même. » Alexandre prétendait que, pour ces derniers mots, Critobule, qui était très beau, lui aussi, s'était souvenu du portrait de Bathylle dans Anacréon.

La scène racontée par Alcibiade à propos de Socrate dans *le Banquet* de Platon et dont les derniers mots, si piquants, avaient été rappelés par Aristippe, n'amusait pas moins les deux amis. Ils jugeaient drôle que l'Adonis athénien eût dit avoir invité chez lui à souper l'homme le plus laid d'Athènes, « comme un amant qui forme un projet à l'égard d'un mignon ». « Il reposait sur le lit tout proche du mien, le lit même sur lequel il avait soupé, et, dans la pièce, personne d'autre n'était couché, excepté nous... Quand donc, ô hommes, la lampe se fut éteinte et les esclaves se furent retirés, j'estimai qu'il fallait ne rien feindre à son égard, mais parler librement... Et, l'ayant poussé légèrement, je dis : « Socrate, dors-tu ? — Pas le moins du monde. — Tu sais ce qu'il m'a paru ? — Quoi au juste ? — Que tu peux être le seul amant digne de moi... Il me semble tout à fait stupide de ne pas te complaire... » « Ayant lancé des flèches, je croyais l'avoir blessé... Je m'étais allongé près de lui sous son manteau, que vous voyez, et, entourant de mes bras cet être vraiment divin et merveilleux, je restai couché la nuit entière. Pas même en cela, ô Socrate, tu ne diras que je mens. A ce que je faisais il se montra supérieur, en bafouant et dédaignant ma beauté, et en l'insultant. Et sur ce point, je pensais être quelque chose. »

Oui, certes, il était quelque chose sur ce point. Ayant souffleté Hipponicus, père de Callias, l'un des plus nobles et des plus riches citoyens d'Athènes, il alla le lendemain dans sa maison, se mit nu devant lui et le pria de le fouetter ou de le châtier à sa guise. Pour réponse, Hipponicus lui demanda d'épouser sa fille Hipparète. Elle eut cinq cent cinquante mille drachmes de dot et, lorsque Alcibiade lui eut fait un fils, il réclama la même somme. Puis elle voulut divorcer, à cause de son inconduite : il l'enleva de force du tribunal et la ramena chez lui, sans que personne s'opposât à cette violation des droits d'une femme libre.

Le seul reproche qu'Alexandre faisait à Alcibiade, c'était d'avoir porté la barbe et de s'être une fois rasé la tête pour étonner les Athéniens, faute de ne pouvoir plus les étonner en coupant la queue de son chien. La barbe était haïe d'Alexandre. Il félicitait Aristote d'être le premier philosophe à se raser le menton. Il raillait même son père et le grave Léonidas de ne pas en faire autant. Il jugeait ridicule le contraste des monnaies macédoniennes qui offraient, à l'avers, l'image d'Apollon ou de Mars imberbes, et au revers, celles d'Archélaüs, d'Amyntas ou de Philippe barbus, même si on lui faisait observer qu'il y avait aussi parfois, sur la face, la tête barbue de

Jupiter ou d'Hercule. Il prônait le visage d'Hercule jeune, comme l'avait représenté le sculpteur Agéladas à Egium.

Ephestion et lui s'étaient juré d'avoir un visage toujours glabre, à partir du moment où, à dix-huit ans, ils auraient fait hommage de leurs premiers poils de barbe à Hercule. Ils avaient ordonné à Epaphos et à Polybe de s'épiler avec une pâte qui avait été offerte par Cléotime, en même temps que le rasoir. Renfermé dans une boîte de plomb, ce dépilatoire était fait de cire et de chair de grenouille. Il fut très efficace. Le superbe membre d'Epaphos semblait avoir doublé de volume, mais celui de Polybe y gagnait peut-être le plus. Alexandre n'avait pas hérité les « fesses noires » d'Hercule. Ephestion, lui non plus, bien que brun, n'avait aucune villosité. Le rasoir à manche d'or ne toucherait pas ses joues ni celles d'Alexandre avant deux ans.

Ils avaient autant de goût pour les longs cheveux que pour l'absence de poils. Là aussi, il leur semblait lutter contre les usages démocratiques. *Les Cavaliers* d'Aristophane disaient au peuple : « Nous ne vous demandons rien qu'une chose : — ... Ne soyez pas jaloux de nos longs cheveux et de notre corps bien étrillé. » Indépendamment des considérations esthétiques et aristocratiques, Alexandre aurait aimé les longs cheveux à cause de l'épithète de « chevelus » que donne Homère aux Achéens, c'est-à-dire aux Grecs. Enfin, les longues chevelures n'étaient-elles pas le privilège des dieux éternellement jeunes, Apollon et Bacchus, dont une épithète familière était « intondus » ? Tous les jours, aux trois bains, Epaphos et Polybe, après avoir lavé les cheveux de leurs maîtres avec la menthe, les leur parfumaient en alternant les trois parfums de Chéronée, qui avaient aussi une action capillaire : le lis, la rose ou le narcisse. L'iris de Corinthe était maintenant un autre de leurs arômes.

On entrait dans le golfe de Salamine. Plus qu'au nom de Solon, Alexandre sentait palpiter son cœur au souvenir de la fameuse journée qui avait sauvé la Grèce. Il n'avait vu ni les Thermopyles ni Marathon, qui sont le long de la mer Eubéenne, car, à l'aller, ils avaient navigué en mer Egée jusqu'à Andros, puis étaient passés entre le cap Sunium et Céos, pour gagner Cyllène en contournant le Péloponèse. Des deux grandes batailles qui, avec celle de Platée, en Béotie, avaient illustré l'héroïsme grec contre les Perses, elle était la première qu'il pouvait imaginer sur place.

Il regardait la plate-forme du mont Egalée où, au-dessus du temple d'Hercule, Xerxès avait établi son trône d'or, avec la certitude de contempler la dispersion des trois cent soixante-dix-huit bateaux grecs par les mille deux cent sept bateaux perses. Ses secrétaires l'entouraient pour écrire le récit de sa victoire. Alexandre se figurait le grand roi éclatant en sanglots devant son désastre, déchirant sa robe de pourpre et prenant la fuite. Le cadavre de son frère, Ariamène, commandant de la flotte, lui fut remis par la reine d'Halicarnasse, Artémise, qui l'avait recueilli et qui avait elle-même vaillamment combattu. « Hé ! hé ! hé ! hé ! pour mes vaisseaux à trois rangs de rames. — Hé ! hé ! hé ! hé ! ceux qui ont péri sur les navires ! » dit Ephestion, comme disait Xerxès à la fin de la pièce d'Eschyle, *les Perses,* qu'ils jouaient souvent à Miéza. Il se frappa la tête et la poitrine pour faire le geste de la douleur. Alexandre répéta l'un des mots du messager qui apporte la nouvelle à la reine mère Atossa, au palais royal de Suse : « O nom de Salamine, le plus grand objet de haine à entendre !... » « Une victoire belle et célèbre, avait chanté Simonide, — Telle qu'aucune œuvre plus brillante n'a jamais été accomplie en mer — Par les Hellènes ou par les barbares... »

Le même jour, le sort avait mis Eschyle au nombre des combattants, fait chanter le péan de la victoire par Sophocle en tête d'un chœur de garçons, et fait naître Euripide à Salamine. Le génie dramatique de la Grèce semblait né autour de ce nom, si fatal, en effet, pour la Perse. Le grave Léonidas avait vu la grotte de cette île où Euripide avait composé la plupart de ses tragédies.

Tous les Grecs s'étaient couverts de gloire, mais plus que les autres, l'amiral lacédémonien Eurybiade et Thémistocle, qui lui avait imposé le choix de ce lieu. C'est lui également qui avait mis en sûreté la population athénienne : il l'avait obligée à s'embarquer pour aller se réfugier à Trézène, dans le Péloponèse. Les animaux domestiques avaient couru après leurs maîtres. Le chien de Xanthippe, père de Périclès, qui se rendait à Salamine, nagea le long de sa galère et mourut en arrivant. Le grave Léonidas fit voir, près du rivage, la sépulture de ce chien.

Après la bataille, les chefs grecs se réunirent à Corinthe pour distribuer les prix de la valeur : chacun se donna le premier à soi-même et accorda le second à Thémistocle, ce qui était le meilleur hommage. Son prestige lui attira un beau garçon, Antiphate, qui, naguère, avait repoussé insolemment ses avances : « O enfant, lui dit le général, c'est un peu tard, mais toi et moi sommes devenus sages ensemble. »

Cependant, le fils de Philippe ne laissait pas de songer amèrement à la présence de son ancêtre et homonyme Alexandre, parmi les alliés de Xerxès. Ce que Léonidas avait rappelé à propos de généalogies, revêtait ici toute sa signification. Alexandre Ier de Macédoine, hôte des Athéniens avant de mériter le surnom d'Ami des Hellènes, avait été envoyé par Mardonius à Athènes pour lui offrir l'amitié de la Perse, dont les armées avaient déjà envahi la Grèce et brûlé des villes et des temples. Hérodote mentionnait son captieux discours devant l'assemblée du peuple et la fière réponse des Athéniens, appuyés par une ambassade de Sparte. Ils avaient parlé au roi Alexandre exactement comme Démosthène avait parlé au fils de Philippe durant la nuit d'Olympie : « Collés à la liberté, nous nous défendrons autant que nous pourrons. » Le roi de Macédoine avait été prié par les Athéniens de ne plus leur adresser de semblables discours.

L'historien n'avait pas ajouté qu'on avait failli lapider Alexandre et qu'on lui avait ordonné, sous peine de mort, de quitter l'Attique avant le coucher du soleil. Le roi n'avait pas moins rendu service aux Grecs, l'année suivante, à la veille de la bataille de Platée. Il avait même exterminé les troupes perses en déroute et consacré, avec le fruit de son butin, sa statue en or dans le sanctuaire de Delphes. Il avait agi comme Téléphe, fils d'Hercule et roi de Mysie, qui s'était d'abord opposé au débarquement des Grecs, lors de la guerre de Troie, et qui, blessé, puis guéri par la lance d'Achille, leur montra ensuite le chemin vers la victoire.

L'antique sujétion de la Macédoine à la Perse était tellement oubliée aujourd'hui qu'Artaxerxès, le roi actuel, au premier bruit des projets belliqueux de Philippe, loin de lui réclamer l'hommage symbolique de vassalité, dit de la terre et de l'eau, lui avait fait porter de riches présents. Le satrape Artabaze, chef de cette ambassade, avait charmé Alexandre par ses attentions et lui avait donné ce coffret d'ébène et d'ivoire qui était dans sa chambre et que notait le récit commémoratif d'Ephestion.

A Salamine, les Macédoniens n'avaient pas été, avec les Thébains et les Thessaliens, les seuls Grecs dans le camp des vaincus. Il y avait également les Grecs d'Asie, alliés forcés de Xerxès. Thémistocle avait tenté de les empêcher de combattre en faisant graver des inscriptions fraternelles dans les ports et les baies où leurs vaisseaux avaient dû relâcher.

Ce lieu illustre ne faisait pas penser Alexandre uniquement aux poètes d'Athènes et aux guerriers qui s'étaient affrontés. Les dieux aussi avaient mystérieusement pris part à cette bataille, comme jadis à la guerre de Troie. On avait vu les Eacides, ancêtres d'Alexandre, invoqués par les Athéniens, se tenir à la proue de vaisseaux grecs, sur lesquels ils étendaient la main en signe de protection. Le jour d'avant, dans la plaine d'Eleusis, on avait entendu le cortège mystique d'Iacchus, — Bacchus enfant —, annoncer la victoire.

L'Hercule arrivait devant Eleusis, où était né Eschyle, d'une illustre famille. Les murs de marbre du sanctuaire, qui brillaient au soleil sur la côte de l'Attique, au bas d'une colline, évoquaient tous ces mystères, liés à Cérès et à sa fille Proserpine, — « les grandes déesses », — avec la participation d'Iacchus. Les mystères d'Eleusis, les plus vénérés de la Grèce, furent, à l'origine, réservés aux citoyens de l'Attique. Hercule y avait été admis, sur la sollicitation de Thésée, après s'être fait adopter par l'Athénien Pylius. Castor et Pollux, lorsqu'ils vinrent de Sparte à Athènes pour reconquérir leur toute jeune sœur, la belle Hélène, enlevée par Thésée, demandèrent à Aphidnus, fondateur d'Aphidna, de les adopter, afin d'être initiés de même. C'est d'ailleurs dans cette localité de l'Attique que Thésée, alors âgé de cinquante ans, avait caché sa jeune proie, âgée de huit à dix ans. Il avait été séduit en la voyant danser au temple de Diane Droite.

Maintenant, tous les Grecs, à condition d'être présentés par un chef des mystères, pouvaient être initiés, sauf les Mégariens, coupables d'avoir massacré le héraut des Athéniens, Anthémocrate, qui allait leur enjoindre de ne pas cultiver un terrain réservé aux grandes déesses. Alexandre ne se voyait pas sollicitant une initiation chez les ennemis de la Macédoine. Sa mère l'avait entretenu des mystères de Samothrace, au moins pour ce qu'elle se crut permis d'en révéler ; mais il n'était pas attiré par des pratiques secrètes : elles lui semblaient inutiles pour entrer en contact avec les dieux.

Ni le grave Léonidas ni Aristote ne s'étaient souciés d'être initiés aux mystères d'Eleusis. Diogène avait décliné cet honneur en disant : « Ce serait chose plaisante qu'Agésilas et Epaminondas fussent dans la fange, parce qu'ils n'ont pas été initiés, et des êtres vils dans l'île des bienheureux, parce qu'ils ont été initiés. » De même avait-il dit à quelqu'un qui s'émerveillait du nombre d'ex-voto suspendus dans le sanctuaire de Samothrace : « Il y en aurait bien davantage, si les gens qui n'ont pas été exaucés, en avaient offert. » Mais ces remarques, faites au nom de l'intelligence, n'avaient jamais diminué chez le Cynique son respect profond pour les dieux. Rien ne pouvait le diminuer chez Alexandre.

Le secret des mystères d'Eleusis avait été bien gardé, malgré les indiscrétions commises par quelques poètes, tels qu'Eschyle et Euripide, et qui leur valurent des procès pour impiété. L'initiation comportait deux degrés, — les grands et les petits mystères. Les historiens avaient publié les détails de la purification d'Hercule, cérémonie qui précédait les petits mystères. Le héros était allé à Agra, faubourg d'Athènes, voisin de l'Ilisus, avait sacrifié une truie pleine, s'était agenouillé sur la peau de l'animal, s'était lavé avec de l'eau de source, mêlée d'orge et de laurier, et était passé au travers du feu. On savait, en outre, que les initiés se frottaient le corps de ciguë pour garder la continence, qu'ils étaient couronnés dans le temple, qu'ils secouaient des flambeaux en se les faisant passer des uns aux autres, qu'ils absorbaient un breuvage composé d'eau, de vin, de miel, de farine, de feuilles de menthe broyées et de fromage râpé, et qu'il y avait un phallus dans la corbeille sacrée de la procession. Les femmes et les enfants étaient initiés, — ceux-ci aux petits mystères. Il y régnait, disait-on, une promiscuité peu édifiante et de nombreux délits s'y commettaient, jugés ensuite par le sénat. On savait également, en dépit de tout cela, qu'un des thèmes de l'initiation était l'immortalité de l'âme et un autre l'idée d'un seul dieu, idée que partageait Aristote, comme Platon. Mais Alexandre et Ephestion, qui avaient de la vie une vue poétique et non pas philosophique, conservaient leur foi aux divinités de la Grèce, divinisation, en quelque sorte, de l'homme et de ses sens.

Ils n'aimaient pas certains vers d'Euripide pour leur scepticisme sacrilège Alexandre approuvait Platon de reprocher aux athées de détruire ces fables, unies à l'éducation de l'enfance, aux prières et aux sacrifices. Cependant, sans vouloir renoncer à la multitude des dieux, il préférait, avec ce philosophe, l'idée d'un dieu, fabricateur souverain, à celle d'un dieu indépendant du monde, trop parfait pour l'avoir créé et s'y intéresser, mais pouvant condescendre à servir de providence, ainsi que le définissait Aristote. Il reconnaissait que son maître donnait de Dieu une idée plus grandiose, mais il trouvait plus humain le dieu de Platon.

La baie d'Eleusis évoquait la courtisane Phryné de Thespies, rivale de Laïs, qui s'était baignée toute nue en présence de la foule des pèlerins. Elle sortit de l'eau, telle la Vénus sculptée par Phidias sur le trône d'Olympie, en faisant le geste d'étreindre, d'une main, l'extrémité de ses cheveux et, de l'autre, de protéger sa pudeur. Apelle l'avait peinte dans cette pose : ce tableau ornait le temple de Vénus Sortant-de-l'onde, qui était, avec celui d'Esculape, la gloire de l'île de Cos. Le sculpteur athénien Praxitèle avait pris la même courtisane pour modèle de la Vénus de Cnide, qui était nue, et de la Vénus de Cos, habillée. D'elle aussi, il avait ciselé une statue en or qu'elle avait offerte au sanctuaire de Delphes.

Il y avait longtemps que la navigation plus intense signalait l'approche d'Athènes. Les voiles de tous les pays entouraient *l'Hercule,* mais celles qui avaient une chouette pour enseigne, prédominaient : l'oiseau de Minerve était le symbole de la cité dont elle était la protectrice et décorait ses monnaies. Une chouette s'était posée sur le mât d'une galère athénienne, à la veille de la bataille de Salamine, ce qui encouragea les soldats de Thémistocle. Une statue de bois de Phaléréus, héros de Phalère, l'un des trois ports d'Athènes, se dressait à l'avant des navires de la cité. Le nombre de ceux qui étaient embossés au Pirée, — le port principal, où pénétrait *l'Hercule,* — attestait que cette république détenait la prééminence sur les mers, depuis qu'elle avait détruit la flotte des Perses et celle des Eginètes. Pour empêcher ceux-ci d'y aspirer de nouveau, les Athéniens, un siècle plus tôt, leur avaient coupé le pouce. L'affluence des vaisseaux étrangers s'expliquait par une autre raison que le commerce : on achevait de célébrer la fête annuelle de Minerve, qui attirait beaucoup de monde. Mais ce n'était pas la grande fête ; elle n'avait lieu que tous les cinq ans.

Alexandre et Ephestion regardaient briller, à l'horizon, le casque et la pointe de la lance de la gigantesque Minerve de bronze, surplombant les temples de la citadelle. C'était une œuvre de Phidias, comme celle qu'y renfermait le temple de Minerve ou Pallas-Athéné. Cette statue guerrière rappelait qu'Athènes était glorieuse par les armes, autant que par les arts et par l'esprit. En saluant la ville et la déesse, — Alexandre éprouvait une émotion qui ne le surprenait pas. Même le Pirée possédait une colossale statue de la protectrice nationale, œuvre de Céphisodote. Le fils de Philippe salua également les trois fameuses montagnes qui barraient la plaine d'Athènes : l'Hymette, célèbre par son thym et ses abeilles, qui s'y étaient posées sur les lèvres de Platon enfant, le Pentélique, aux flancs ouverts par des carrières de marbre, et le Parnès, que personnifiaient *les Nuées* d'Aristophane.

L'hôte de Philippe à Athènes, Phrynon de Rhamnonte, guettait l'arrivée de *l'Hercule* au Pirée, ainsi que l'avaient fait Dinarque et Démarète à Léchéum. Les trois voyageurs le connaissaient déjà ; son fils Autolyque, avait, une saison, suivi les cours d'Aristote à Miéza. Grand propriétaire foncier, et possédant une multitude d'esclaves, il était de la classe riche et lettrée des cavaliers, relevant de la classe même des nobles ou Eupatrides. Fait prisonnier par des pirates macédoniens et libéré après le paiement d'une rançon, il en avait obtenu le remboursement de Philippe, à la suite d'une ambassade de l'Athénien Ctésiphon auprès du roi de Macédoine, et était entré ainsi en relations avec lui. Démosthène l'avait accusé plus tard d'avoir voulu prostituer son fils à Philippe. Ce n'était qu'une exagération de ce qui avait pu se passer à Miéza avec des camarades d'Alexandre, mais il en était resté au père l'épithète de « l'impur Phrynon », que lui décochait toujours l'homme de Péanie.

Quelles que fussent ses mœurs, Philippe avait, au contraire, donné une preuve publique de sa réserve pour ce genre de proposition ; il avait renvoyé, sans y avoir touché, le fils du Rhodien Lycolas de Physcus, qui passait pour être le plus beau garçon de Rhodes. Mais on avait l'exemple de Nicostrate d'Argos, l'un des plus riches et des plus notables citoyens de cette ville, qui avait livré son fils, d'une beauté non moins admirable, au roi de Perse, dont il voulait conquérir l'amitié. En tout état de cause, l'accusation lancée par Démosthène à un père d'avoir prostitué son fils, lui était habituelle, peut-être parce qu'elle était moins invraisemblable d'ordinaire que dans le cas de Phrynon : plaidant *Contre Androtion,* l'orateur avait dit, non seulement que celui-ci avait été prostitué par son père, mais qu'il avait consacré aux dieux des vases en y inscrivant son nom, alors que ni un prostitué ni une prostituée n'avaient le droit de pénétrer dans un temple. C'était donc par un juste retour qu'Eschine, en attaquant Timarque, ami de son adversaire, avait repris et avéré une semblable accusation.

Démosthène avait également stigmatisé Phrynon pour avoir, au cours d'un banquet en Macédoine, où il avait été envoyé comme ambassadeur avec lui et avec Eschine, fouetté, en compagnie de celui-ci, une femme d'Olynthe, c'est-à-dire une Grecque, réduite en esclavage. Bien qu'il fût marié, Phrynon était un pédéraste notoire, ce qui avait donné un sens de plus à son épithète démosthénienne. Mais un des privilèges de la démocratie athénienne était de permettre aux orateurs et aux poètes de dire n'importe quoi sur leurs concitoyens. Aristophane se moque outrageusement du terrible Cléon, représenté à la fois par l'esclave paphlagonien et par le charcutier de sa comédie *les Cavaliers*. Le peuple, qui soutenait le corroyeur et qui lui avait accordé les deux plus grands honneurs athéniens : d'être nourri à l'hôtel de ville aux frais de l'Etat et d'avoir la première place au théâtre, était ravi de s'y moquer de lui en entendant, par exemple, le Paphlagonien dire au charcutier : « Je te remuerai l'anus comme on farcit un boudin. » L'esclave disait aussi : « Quand tu t'es mouché, ô peuple, essuie tes doigts à mes cheveux. » Et le charcutier s'empressait d'ajouter : « Non, aux miens. » De même Aristophane qualifie Alcibiade, qui avait à peine vingt-cinq ans et qui était l'idole du peuple, de « large anus ». Un détail avait toujours fait l'admiration d'Alexandre, partagée sur ce point entre le poète et le peuple : Cléon était si redouté qu'aucun peintre ne voulut peindre son masque pour le rôle du Paphlagonien, ni aucun acteur le jouer. Alors Aristophane, avec un courage digne des cavaliers, se barbouilla de lie et joua en personne, aux applaudissements de la foule. Mais le peuple athénien était devenu moins magnanime : un décret, voté sur la proposition d'un certain Antimaque, interdisait désormais de nommer quelqu'un sur le théâtre. On avait condamné à la prison le poète rhodien Anaxandride pour un vers jugé offensant envers Athènes et on l'y avait laissé mourir de faim.

Phrynon, quadragénaire à la barbe parfumée, à la tunique bleue tuyautée et à l'allure voluptueuse, était accompagné d'esclaves noirs, luxe fort rare à Athènes. « A Eleusis, nous évoquions la belle Phryné, lui dit Alexandre ; au Pirée, nous trouvons le beau Phrynon. — « L'impur Phrynon », dit l'ami de Philippe en riant. Mais attendons un peu, si tu veux bien, ô Alexandre, car tu vas voir arriver, triomphant, ton ami Autolyque. » Il montrait, du côté de Phalère, une petite flotte aux mâts et aux cordages ornés de guirlandes et de bandelettes multicolores, qui approchait ; c'étaient les bateaux qui avaient participé aux joutes nautiques du cap Sunium, disputées ce jour-là. Le bateau d'Autolyque avait gagné la palme et un cavalier, à bride abattue, avait apporté la nouvelle à son père. Sur le quai, arrivaient les vainqueurs des épreuves gymniques des petites fêtes de Minerve, dont les joutes faisaient partie.

Mais l'hôte de Philippe avait des choses moins réjouissantes à annoncer : des lettres du roi, envoyées de Byzance, avaient été interceptées par les Athéniens et lues à l'assemblée du peuple pour prouver les desseins agressifs de la Macédoine. Alexandre s'indigna de cet acte de guerre, commis en pleine paix, par un pays qui avait taxé Philippe de violer la trêve olympique. Il se calma un peu, lorsqu'il sut qu'on avait respecté les messages de Philippe destinés à Olympias et à lui-même. Il prit immédiatement connaissance de la lettre qui lui était adressée et qui avait été remise à Phrynon : elle lui confirmait ce qu'il avait appris à Corinthe et l'invitait à ne faire qu'une brève escale à Athènes, une mission importante l'attendant à Pella. D'autre part, une lettre du roi au sénat et au peuple athénien devait être lue à l'assemblée le lendemain. S'il y avait cet échange de correspondance, c'est que la situation n'était pas désespérée. La colonne où était gravé le traité de paix conclu avec la Macédoine, restait debout sur la citadelle. D'ailleurs, les apparences, ici même, demeuraient rassurantes.

On s'était assis à un cabaret du port. L'endroit était correct, parce que les prostituées du Pirée, contrairement à ce qui se passait à Athènes et à Corinthe, étaient presque toutes confinées dans les lupanars. Alexandre et Ephestion sirotèrent du lait d'amandes, qu'ils appelaient « sperme de Jupiter » à cause d'Atys. Le grave Léonidas fit honneur, avec Phrynon, au vin d'Icarie, le bourg de l'Attique où Bacchus avait révélé aux hommes la culture de la vigne. Mais ils ajoutèrent au contenu de leurs coupes de l'eau de neige.

Phrynon, regardant les jeunes vainqueurs des épreuves gymniques, disait qu'au moins, une des consolations d'habiter dans la démocratie athénienne, était de pouvoir contempler de beaux garçons. « Je ne sais si c'est parce que je me souviens de la beauté d'Autolyque, dit Alexandre, mais je te trouve indulgent. L'art me semble avoir flatté les jeunes Athéniens. — Je les estime probablement d'après leur complaisance, dit Phrynon. C'est une manière d'être beau que de dispenser les trésors de sa jeunesse. Remarque, d'ailleurs, que, même ceux qui ne sont pas beaux, sont bien faits. — Quant à la complaisance générale, dit le grave Léonidas, elle nous est attestée par le discours d'Andocide *Sur les Mystères* : il taxe l'un de ses accusateurs d'avoir vécu en se prostituant, « quoique pénible à voir ». — N'oublie pas, dit Phrynon, que les garçons qui concourent, ne peuvent être des prostitués. » Tous les vainqueurs, nus, avaient à la main un rameau d'olivier, une bandelette pourpre à la cuisse et une autre au bras gauche, sur la tête un chapeau brodé à très longue pointe, d'où pendait une bandelette blanche. Ephestion fit observer que leurs verges étaient souvent à la dimension de leurs chapeaux. « C'est la preuve de leur manque de vertu, dit Alexandre. Selon Aristophane, les garçons vertueux ont « la fesse grande et le pénis petit » ; les autres, « la fesse petite et la verge grande ». »

Ils raisonnaient ainsi de sujets frivoles, lorsqu'une litière, portée par quatre esclaves, s'arrêta devant eux. Le rideau de cuir se souleva et un visage apparut : celui de Démosthène. « Salut, Alexandre », dit-il. Rien ne pouvait stupéfier les voyageurs plus que cette rencontre. « J'ai su, par un courrier de Corinthe, continua l'orateur, que ton arrivée était prévue pour cet après-midi. Je tenais à te souhaiter la bienvenue. Je voulais te prier aussi d'être demain mon hôte à l'assemblée. Je donnerai des ordres pour que toi et tes compagnons soyez admis. Tu m'entendras répliquer à la lettre de ton père et réduire en miettes votre Eschine. Tu m'avais fixé rendez-vous sur un champ de bataille. Nous nous en rapprochons. Que les dieux te conservent ta beauté. »

La litière s'éloigna. Soudain, elle s'arrêta de nouveau et l'un des esclaves vint remettre à Alexandre une tablette où Démosthène avait écrit ces mots : « Je t'aimerai et te haïrai toujours, ô fils de Philippe. » Alexandre sourit de cette nouvelle déclaration. Si elle était de trop, il savait pourtant gré à l'orateur de ne pas avoir parlé de sa défaite olympique. Se levant, il jeta la tablette dans les eaux sales du port. « Ce Démosthène est donc si riche, qu'il circule en litière ? dit Léonidas. — Il a trente-deux esclaves qui travaillent comme armuriers, répondit Phrynon. D'après le prix d'un esclave armurier, qui est assez élevé, cela lui rapporte du quinze pour cent. Mais ce n'est pas tout : il a vingt ouvriers en sièges, qui, vu le faible capital de l'achat, rapportent du trente pour cent. »

Alexandre fut intéressé par ces calculs, dont il n'avait pas d'idée. Il demanda à Phrynon s'il avait des esclaves de cette sorte. « J'ai surtout des esclaves corroyeurs, dit Phrynon. Ils rapportent aussi du trente pour cent. Mais j'en loue deux cents aux mines de fer et d'argent du Laurium, qui appartiennent à l'Etat. Le prix moyen d'un esclave destiné aux mines, — c'est-à-dire d'un ouvrier de la plus basse catégorie, — étant de cent cinquante drachmes, et le salaire quotidien d'un mineur étant d'une obole, le capital engagé produit quarante pour cent par an. — C'est considérable, dit le grave Léonidas. Dans nos mines du Pangée, en dehors des esclaves du roi, les ouvriers ne touchent qu'une demi-obole par jour. Il est vrai que le prix de la vie est moins cher en Macédoine qu'à Athènes. — A vrai dire, reprit Phrynon, il faut défalquer de ce revenu les pertes dues aux éboulements, dont beaucoup d'esclaves ne reviennent pas. C'est, du reste, parce que ceux des mines sont exposés à de plus grands dangers qu'ils rapportent davantage. Le capital court plus de risques : il est juste que l'amortissement soit plus fort. »

« Ce soir, Alexandre, ajouta Phrynon, tu recevras chez moi la visite des deux grands rivaux de Démosthène : Isocrate et Eschine. Pour ne pas t'importuner, j'en ai écarté bien d'autres, qui mouraient d'envie de te rencontrer. »

Un personnage à cheval échangea quelques mots avec Phrynon. C'était, dit ensuite ce dernier, l'un des dix apôtres, — nom que l'on donnait aux intendants maritimes élus par l'assemblée du peuple (un par tribu) pour veiller à l'armement et au départ d'une flotte, quand on avait voté une expédition. « Je ne te l'ai pas présenté, dit Phrynon à Alexandre, parce qu'il est un de ceux qui, par l'envoi de la flotte de Phocion, risquent d'obliger ton père à lever le siège de Byzance. »

Autolyque, qui avait salué de loin Alexandre, sauta joyeusement sur le quai pour venir lui baiser la main et embrasser Ephestion. Il avait seize ans, lui aussi, et était nu, avec les ornements de sa victoire. C'est la première fois qu'Alexandre et Ephestion lui voyaient ces bandelettes et ce long chapeau pointu, si amusant. Mais sa nudité leur était aussi connue que le lui était la leur. Aucun d'eux, certes, ne répondait à la description des garçons vertueux, faite par Aristophane : ils l'étaient d'une meilleure façon. Autolyque dénoua la bandelette pourpre de son bras gauche et la noua autour du front d'Alexandre. Il noua celle de sa cuisse gauche autour du front d'Ephestion. « Je n'ai plus besoin de ces signes de victoire, dit-il, car je n'irai pas processionner ce soir : je n'ai gagné la régate que pour vous. » Ces mots charmants ravirent les deux amis : ils rappelaient ce qu'Alexandre avait dit à Ephestion avant la course d'Olympie. Un esclave aidait Autolyque à mettre sa tunique de lin, qu'il enfilait par la tête. Il n'y avait pas grande distance jusqu'à la maison de Phrynon, située sur la colline de Munychie, le troisième port d'Athènes, entre Phalère et le Pirée. Bien que ce lieu fût une position stratégique, dominée par une forteresse, quelques cavaliers y avaient leurs demeures sur le versant nord, qui n'était pas abrupt et d'où l'on découvrait admirablement Athènes. Alexandre, pour se dégourdir les jambes, aima mieux aller à pied jusque-là que d'emprunter un char ou un cheval.

Comme on passait devant un temple d'Isis, il fut curieux d'y entrer. Il n'avait jamais rendu hommage à cette déesse, ignorée de la Macédoine et que, du reste, les Athéniens n'avaient laissé introduire qu'au Pirée. Olympias lui en avait parlé, car Nectanébo en avait une statuette d'émeraude, qu'il avait disposée parmi les objets de ses incantations, lors de la naissance d'Alexandre, et qu'il avait remportée en Egypte. Les mystères d'Isis étaient encore parmi les plus secrets des mystères.

Alexandre demanda à Phrynon et à Autolyque s'ils y étaient initiés. « Ceux d'Eleusis nous suffisent, répondit Phrynon. Je crois, d'ailleurs, que les uns et les autres ont de nombreuses ressemblances. — J'oubliais que toi et ton fils êtes initiés, dit Alexandre. Si j'avais eu envie d'imiter mon ancêtre Hercule, je t'aurais prié de m'adopter pour être plus sûr d'être admis à Eleusis. — Tu veux me faire mourir de joie, s'écria Autolyque. Être ton frère ! — Je tiens trop à ce que tu vives », dit Alexandre.

Isis était représentée debout, une fleur de lotus sur la tête, une crécelle à quatre tringles dans sa main droite, levée à hauteur du visage, un petit seau dans la main gauche abaissée, le corps voilé d'une longue robe à plis, serrée sur sa poitrine par un large nœud. Près d'elle, sur le même socle, un tout jeune garçon nu, — Horus, son fils, — tenait une corne d'abondance et mettait un doigt sur la bouche, pour intimer aux initiés le silence, telle la femme du lupanar de Corinthe à l'égard des mystères de Vénus. Phrynon avait vu, chez un adepte d'Isis, une statuette de ce joli dieu dont le doigt, au lieu d'être sur la bouche, était dans le derrière. Alexandre était fasciné par Isis, la mystérieuse déesse d'un pays dont il avait été adoré comme le futur roi par les Cyrénéens d'Olympie. Il savait aussi que la nourrice d'Homère avait été une prophétesse, fille d'un prêtre d'Isis, nommé Horus.

Celui qui recevait Alexandre, avait, selon le rite de son sacerdoce, le crâne et le menton rasés et il était vêtu de toile — les prêtresses d'Isis gardaient leurs cheveux, mais se vêtaient de même. Alexandre s'enquit des cérémonies du culte que l'on pouvait révéler aux profanes. L'isiaque lui dit que, le matin, au lever du soleil, il « éveillait » la déesse et son fils, suivant certaines formules, puis faisait le tour de l'autel, procédait aux libations et chantait un hymne. L'après-midi, les fidèles vénéraient l'eau sacrée contenue dans un petit seau, pareil à celui de la déesse. L'eau était le principe de tous les bienfaits qu'Isis et son frère et époux Osiris répandaient par le Nil sur l'Égypte. Alexandre fit, à la gloire d'Isis et d'Osiris, une libation d'eau sacrée : le vin était défendu.

Il fut charmé de voir, un peu plus loin, le temple d'une divinité thrace, Bendis. C'était la divinité principale d'Amphipolis, ville qui était la clé de la Thrace et longtemps possession athénienne. La déesse, couronnée d'un boisseau, avait une longue torche à la main droite et un javelot à la main gauche. Derrière ses épaules, était un grand croissant de lune, qui ressemblait à deux ailes. On la considérait comme la Diane des Thraces et, de fait, son culte était associé à celui de Diane, qui avait ici le surnom de Munychienne. Ses mystères étaient célébrés la nuit, après une course de flambeaux. En tant que divinité étrangère, elle avait été confinée au Pirée, avec Isis. Le sanctuaire de Diane-Bendis avait un singulier privilège : il servait de lieu d'asile pour les riches qui se prétendaient soumis injustement à la charge d'armer des navires de guerre. Ainsi échappaient-ils aux réquisitions des apôtres, jusqu'à ce qu'une enquête eût déterminé l'état de leurs biens.

Alexandre louait la disposition en quadrilatère des larges rues, aussi bien dessinées que celles de Pella. Phrynon lui dit que le plan du Pirée était l'œuvre de l'architecte Hippodame de Milet, contemporain de Périclès. Alexandre ne s'étonna plus de la ressemblance : le roi Archelaüs s'était inspiré d'Hippodame pour bâtir sa capitale.

La plupart des maisons, qui n'avaient guère plus d'un étage, avec un escalier extérieur menant d'un balcon à une mansarde, étaient en brique crue, en bois ou en pisé, — comme à Athènes, dit Phrynon. Aussi les voleurs étaient-ils surtout des perceurs de murailles. Alexandre comprit que Démosthène avait traité Pella de « chétive bourgade », non pas à cause de ses maisons, qui étaient en brique cuite ou en pierre, mais parce qu'elle n'avait pas de si beaux et de si nombreux monuments.

Au-dessus de chaque porte, était attachée une branche d'olivier qu'entouraient des bandelettes. Ces branches étaient là depuis près d'un an et seraient remplacées à l'automne, lors de la fête des fèves, où l'on consommait un grand plat de fèves et d'autres légumes en l'honneur d'Apollon, pour remercier le dieu du soleil de protéger, contre les rats et les sauterelles, les fruits de la terre.

D'un carrefour, on apercevait le promontoire Alcimus, où se trouvait le tombeau de Thémistocle. Il semblait être là, disait Platon le Comique,

« pour voir ceux qui partent et ceux qui arrivent, — Et pour observer, à l'occasion, un combat naval ». « Par Jupiter, s'écria Alexandre, je croyais que Thémistocle était mort en exil et maudissant les Athéniens. — Oui, dit Phrynon, mais ils se repentent quelquefois, et ses fils, Nicoclès et Démopolis, ont rapporté ses cendres d'Asie mineure. — Tu vas finir par me faire aimer cette démocratie, dit Alexandre : je l'imaginais injuste envers tous ses grands hommes. Je suis heureux qu'elle ait honoré, même à titre posthume, le vainqueur de Salamine. — Aristide le Juste, dit Phrynon, mourut également en exil dans une ville d'Ionie. Et son tombeau, élevé aux frais de la république, est à Phalère. » Le grave Léonidas rappela un trait de l'enfance de Thémistocle. Le père du futur général, se promenant avec lui au bord de la mer, lui montra les carcasses de vieilles galères, jetées çà et là, et lui dit que le peuple faisait de même des démagogues, quand ils ne pouvaient plus servir.

C'est près de ce promontoire que l'on gardait le vaisseau sur lequel le jeune Thésée, accompagné de six garçons et de sept filles, qui devaient être livrés avec lui au Minotaure, était parti pour la Crète. Ce vaisseau était envoyé chaque année à Délos depuis des siècles et, comme on réparait constamment les parties endommagées, il fournissait un sujet de discussion dans les écoles de rhétorique : si les choses que l'on réparait, restaient les mêmes ou devenaient autres. Le vaisseau de Thésée était allégué d'ordinaire comme exemple du doute.

Phrynon désigna un autre temple : celui de Vénus Vulgaire, bâti par Solon avec le produit de l'impôt levé sur les lupanars et avec les offrandes des prostituées. Phrynon dit que la prostitution avait été établie par le célèbre législateur en vue de préserver les femmes mariées, ainsi que les filles, et d'empêcher les jeunes gens de se livrer uniquement à la pédérastie. En toutes choses, les courtisanes avaient une condition bien inférieure à celles de Corinthe, ce qui n'avait pas empêché les succès d'une Aspasie, d'une Laïs ou d'une Phryné. Le seul temple qui ne leur fût pas interdit, était celui-là et elles pouvaient même en être les prêtresses. Elles n'avaient pas le droit d'assister aux sacrifices publics, ni d'habiter à Athènes, sauf si elles étaient de la catégorie distinguée, provenant d'un collège de courtisanes, analogue à ceux dont avait parlé Démarète ; mais, à la différence des femmes mariées, elles assistaient aux jeux et au théâtre.

A côté du temple de Vénus Vulgaire, était le plus antique lupanar d'Athènes, où Solon avait installé les premières prostituées : des esclaves asiatiques. Epaphos et Polybe soulevèrent le rideau de la porte pour voir l'intérieur, les filles n'ayant pas le droit de se tenir devant la porte. Elles se promenaient dans la cour, au milieu de laquelle était planté un énorme phallus peint en rouge. Quand on les regardait, elles dénudaient, comme celles de Corinthe, la partie de leur corps dont elles étaient le plus fières : les seins, le ventre, les fesses. Toutes avaient les cheveux blonds, couleur qui leur était imposée pour les distinguer des femmes libres, de même qu'elles devaient avoir, lorsqu'elles sortaient, des robes aux teintes éclatantes. Une vieille Thessalienne, reconnaissable à son dialecte, jouait, dans ce lupanar du Pirée, le rôle de la vieille thrace dans le lupanar de Corinthe. Elle vendait des charmes pour ensorceler les gens et invitait les curieux à entrer. Elle amusa Alexandre par la peinture épaisse de son visage et ses rides profondes, bouchées avec de la colle de poisson. Quand on s'éloigna, des sollicitations vinrent d'une fenêtre qui donnait sur la rue : des seins, des ventres, des fesses, s'exhibaient, comme dans la cour. A une fenêtre, une fille, plus réservée, se bornait à dessiner un cercle avec deux doigts rapprochés, en le faisant tour à tour plus ou moins étroit, pour montrer qu'elle offrait ses deux orifices. Un passant leva l'index, signe du phallus prêt à agir. La fille descendit aussitôt et l'accueillit à la porte. Le grave Léonidas, Epaphos et Polybe louchaient sur cette scène.

On approchait de la maison de Phrynon. Bâtie en pierre, avec un toit de briques, prolongé par une terrasse, elle s'annonçait vaste et somptueuse. Alexandre en fit compliment à son hôte. « Je ne m'étonne pas, dit-il, que Démosthène soit ton ennemi ; il est certainement moins bien logé. — Oui, dit Phrynon. Cela ne l'empêche pas de vivre dans l'opulence. Mais il prétend que les belles maisons n'appartiennent qu'à des magistrats prévaricateurs ou à des créatures de Philippe. Midias d'Anagyronte, l'un des cavaliers, a fait bâtir la sienne à Eleusis, pour exciter moins les attaques de l'abominable orateur, avec lequel il eut un procès fameux. » Alexandre demanda quel avait été ce procès.

« Démosthène, dit Phrynon, s'est fait nommer, voici quelques années, chef des chœurs de sa tribu pour les grandes fêtes de Bacchus. Il y avait dans ce chœur un éphèbe que Midias et lui se disputaient. Or, la fonction de chef de chœur permet de faire exempter les choristes du service militaire, s'ils ont l'âge d'y être astreints, ainsi que de les loger chez soi pour mieux les exercer. Midias, furieux de l'avantage qu'avait pris ainsi Démosthène, s'employa du moins à l'empêcher de remporter la victoire au concours : il tenta de débaucher son musicien Téléphane, força la maison de l'orfèvre Pammène qui fabriquait des couronnes d'or pour l'orateur et les brisa, menaça les arbitres, barricada le passage des coulisses du théâtre afin que les choristes ne pussent entrer, déchira la robe de Démosthène et le frappa du poing au visage en présence de tous les spectateurs. Celui-ci requit contre Midias avec d'autant plus de vigueur que sa charge de chef des chœurs rendait sa personne sacrée. Il dévoila que la haine de Midias avait des racines fort anciennes et qui devaient avoir également relation à leurs mœurs, car jadis ce riche Athénien et son frère Thrasyloque étaient allés l'insulter dans sa propre maison, lorsqu'il était encore adolescent, et cela sans égard pour sa sœur, « vierge pudique », et pour sa mère : ces insultes étaient telles qu'il « n'oserait rien en répéter aux juges » Le discours *Contre Midias* a bien été écrit et publié, mais il n'a jamais été prononcé : d'abord, le crédit de l'accusé et de son frère l'a fait retarder ; ensuite, bien qu'un plaignant n'eût pas le droit de se désister, Midias réussit à acheter Démosthène. — Je reconnais là notre démagogue, dit Alexandre. — Dans le discours d'Andocide *Contre Alcibiade,* dit le grave Léonidas, il est question d'une bataille semblable entre Alcibiade et Tauréas, chefs, l'un et l'autre, d'un chœur de jeunes garçons. Alcibiade chassa Tauréas du théâtre à coups de poing et, quoique ses garçons eussent chanté le moins bien, il obtint la victoire. Autre exemple de la partialité dont jouissait Alcibiade et que nous rappelions sur *l'Hercule.* »

L'intérieur de la maison de Phrynon était digne du dehors. Une cour gazonnée et fleurie, décorée de colonnes et de statues, séparait le quartier des hommes de celui des femmes. Les meubles, les peintures à l'encaustique, tout respirait la richesse, comme chez Cléotime.

La mère et la sœur d'Autolyque apparurent, modestement voilées, pour saluer les visiteurs. Elles leur firent elles-mêmes laver les mains dans une cuvette d'argent et les conduisirent, avec Phrynon, et son fils, à la petite maison des hôtes, par une porte donnant de la cour sur le jardin. Cette petite maison était un luxe auquel n'avait pas songé Cléotime. La décoration était aussi raffinée que dans la maison principale, mais la salle de bains avait la simplicité de celle de Miéza. L'eau chauffait et sur les étagères, les parfums d'Athènes, aussi fameux que ceux de Corinthe et de Chéronée, remplissaient des vases.

Quand son père, sa mère et sa sœur se furent retirés, Autolyque demanda des nouvelles de Démètre, l'un de ses camarades de Miéza. « Je m'étonnais de ton défaut de mémoire », dit Alexandre en riant. Autolyque, durant son séjour en Macédoine, avait été le bien-aimé de Démètre, fils d'Antigone, un des généraux de Philippe. « Quand on te voit, Alexandre, dit le fils de Phrynon, on oublie ceux qu'on a le plus aimés. On fait l'amour avec le fils d'Antigone, parce qu'on ne peut pas le faire avec le fils de Philippe. » Il parut hésiter, puis demanda : « J'oserai solliciter une grande faveur, dans le même esprit. — Par Hercule, dit Alexandre, elle est accordée d'avance, si elle n'entreprend pas sur les droits d'Ephestion. » Autolyque se mit à rire et déclara qu'il avait la même prière à adresser à Ephestion. « Accordé d'avance, répliqua celui-ci, pourvu que ce ne soit pas entreprendre sur les droits d'Alexandre. — Il ne s'agit que de vos esclaves, dit Autolyque. — Prends garde, dit Alexandre. Attenter à la pudeur d'un esclave, c'est attenter à celle du maître. — J'ai frôlé leurs derrières dans le couloir et ils ont frôlé aussitôt mon priape, dit Autolyque. — Par Jupiter, s'écria Ephestion, un esclave qui attente à la pudeur d'un garçon libre, est punissable de mort. — C'est inouï, dit Alexandre. Je n'imaginais pas Epaphos si dévergondé. — Il a une excuse, ainsi que Polybe, dit Autolyque . je les ai tellement lorgnés à Miéza que la moitié du chemin était fait. Vous seuls ne pouvez comprendre ce qu'il y a d'excitant dans tout ce qui vous entoure. »

Alexandre, assis sur un tabouret de la chambre, comme un juge sur son siège, appela Epaphos et Polybe qui préparaient le bain ; mais ce n'était pas le procès de Midias et de Démosthène. « Est-il vrai, leur demanda-t-il d'un ton sévère, que vous vous soyez permis de porter la main sur le priape de mon ami Autolyque ? Si vous mentez, je vous ferai mettre aux fers. » Les deux esclaves rougirent et, les yeux en pleurs, tombèrent aux pieds d'Alexandre. « Maître, dit Epaphos, je touche ta main droite, tes genoux, ton menton, comme un suppliant. Mais j'ai touché le priape d'Autolyque pour montrer mon obéissance immédiate envers quelqu'un qui est ton ami et qui m'avait touché le derrière. — Il me l'a avoué lui-même, dit Alexandre que divertissait cette petite scène. Vous aurez pour punition de faire avec lui tout ce dont il aura envie. — Merci, maître », dit Epaphos. Polybe et lui, rassérénés, essuyèrent leurs yeux, qui brillaient de joie. Alexandre raconta à Autolyque comment, à Corinthe, on avait assisté à leurs ébats avec deux prostituées. « J'espère que vous serez moins gauches, ajouta-t-il. — Par Priape, je le crois, dit Epaphos. — Par Atys, sois-en sûr, prince », dit Polybe.

Baignés et parfumés, Alexandre, Ephestion et le grave Léonidas reçurent Eschine, qui arrivait, en compagnie d'un beau disciple. Il y avait quatre ans qu'ils n'avaient pas vu l'orateur, depuis ce banquet de Pella dont il avait parlé dans un discours. Ce petit quinquagénaire râblé qui avait été athlète, puis acteur, était fils d'une équivoque joueuse de tambourin et d'un pauvre maître d'école, — appartenant, il est vrai, à la noble famille des Etéoboutades (descendants du héros athénien Boutès), — ce qui donnait lieu à des plaisanteries de Démosthène. Il y en avait au moins une à laquelle Alexandre était insensible : la mère d'Eschine, Glaucothée, avait rempli le rôle d'initiatrice aux mystères de Sabazius, le Bacchus thrace, et son fils, tout jeune, l'y avait aidée, en vêtant les initiés d'une peau de faon, en les couronnant de fenouil et de peuplier, en leur lisant le grimoire, en leur versant du vin, en les purifiant, en les frottant de son et d'argile, en conduisant leur cortège par les rues et en secouant sur leurs têtes des serpents aux cris de : « Evoé Sabé ! Hyés Attés, Attés Hyés ! » On savait ces détails par Démosthène qui les avait contés à Phrynon durant leur ambassade. Mais Alexandre, loin de l'en juger ridicule, en éprouvait pour Eschine, jusqu'à un certain point, le même respect que pour Olympias, initiée aux mystères de Bacchus. S'il ne songeait pas à se faire initier, il respectait ceux qui avaient reçu une initiation. Cependant, malgré sa sympathie envers Eschine, il ne pouvait oublier que cet orateur était un stipendiaire de la Macédoine. Démosthène lui niait la qualité d'hôte de Philippe, dont se targuait parfois le « fils de la joueuse de tambourin ». Mais celui-ci avait eu, à l'armée, un courage qui lui avait fait honneur :

dans sa jeunesse, il avait combattu à Mantinée, s'était distingué à Némée et, à Tamynes, en Eubée, avait été couronné sur le champ de bataille. On n'en disait pas autant de Démosthène, que son ennemi Euctémon avait accusé de désertion, au cours de cette dernière guerre. De plus, Alexandre, comme il l'avait dit à Olympie, savait gré à Eschine d'avoir avoué ses goûts pédérastiques lorsqu'il avait plaidé contre Timarque, qu'il accusait de s'être prostitué adolescent. « J'ai importuné les gymnases, avait proclamé Eschine, et j'ai été l'amant de plusieurs jeunes gens à qui j'ai adressé des poésies érotiques et mes assiduités m'ont valu parfois des injures et des coups. » Il avait même ajouté : « Je ne nie pas plus de m'adonner à cet amour aujourd'hui que de m'y être adonné hier. » Un tel aveu était plus explicite que l'*Eloge d'Epicrate,* publié par Démosthène et qui pouvait passer pour un exercice de style.

Eschine ne cacha pas que le peuple athénien était du côté des adversaires de la Macédoine et que la guerre serait probablement déclarée. « Aurais-tu perdu ton éloquence ? lui dit Alexandre. — Non, répondit Eschine. Ma voix puissante d'ancien acteur enlève l'auditoire, mais Démosthène le reprend avec sa petite voix. Hélas ! il a pour lui les préventions de la foule. Timarque s'est pendu à cause de moi, mais je n'ai aucun argument pour pousser Démosthène à se pendre. — Au moins, dit le grave Léonidas, nous as-tu vengés de Timarque : il avait fait voter un décret condamnant à mort tout Athénien qui vendrait des armes à Philippe. » Eschine sourit. « Peut-être, ô Alexandre, dit-il, arriverai-je à déconsidérer notre ennemi en racontant ce que tu lui as fait subir à Olympie sur la colline de Saturne : le peuple sera gêné d'apprendre que dix esclaves ont mis à mal son grand orateur. » Alexandre s'amusa que la nouvelle fût déjà venue à Athènes et qu'elle fût complètement déformée. Il déclara qu'on n'avait mis à mal que le perfide et insolent Nicolas de Strate pour le punir d'avoir voulu corrompre le cocher Ménon ; c'était sans doute à la suite de cet outrage que l'Acarnanien s'était juré de gagner, même par un moyen déloyal, la course de chars. « Nous avons surpris Démosthène avec un jeune prêtre de Cybèle, ajouta Alexandre. Il en a été assez confus, mais je me suis entretenu avec lui noblement. Nous n'avons pas le droit d'adultérer la vérité. — C'est dommage, dit Eschine, mais je me console de ne pouvoir le ridiculiser là-dessus, parce que les armes de la Macédoine vont bientôt le réduire au silence. »

Alexandre lui demanda s'il avait lu la lettre envoyée par son père aux Athéniens. « Oui, répondit l'orateur : elle est très longue, « mes griefs sont nombreux », écrit le roi. Mais elle est également d'une dialectique et d'un atticisme que ses ennemis ont dû admirer. Il rappelle aux Athéniens qu'ils ont tenu en prison pendant dix mois son héraut Nicias ; que leur général Diopithe, alors que la paix était conclue, a fait des opérations de guerre en Thrace, notamment contre la ville de Cardia, alliée de Philippe, et mis à la

torture son ambassadeur Amphiloque, négociateur du renvoi des captifs ;
que ce général l'a obligé à se racheter lui-même pour quarante-neuf mille
cinq cents drachmes... — ... Et Démosthène, le grand ami de la justice, a
osé défendre ce Diopithe dans son discours *Sur la Chersonèse !* s'écria
Alexandre. — Ton père rappelle ensuite, reprit Eschine, que notre général
Callias a arrêté, dans le golfe de Pagases et vendu comme esclaves des
navigateurs qui faisaient voile vers la Macédoine, et que les Athéniens en
ont loué celui-ci par un décret ; qu'ils ont députe au roi des Perses pour le
pousser à la guerre ; qu'ils se prétendaient concitoyens et alliés des deux
rois de Thrace, Cersoblepte et Térès, dont ils guignaient les territoires,
alors que ces rois n'avaient pas reçu droit de cité à Athènes et n'étaient pas
inscrits sur les colonnes d'alliances placées dans la citadelle, ni compris
dans le traité de paix signé entre Philippe et les Athéniens ; que ces derniers
n'avaient pas reçu les délégués de la confédération des peuples voisins,
chargés de leur communiquer les accords passés avec lui à Anthéla ; qu'ils
portaient l'audace jusqu'à revendiquer encore Amphipolis, conquise jadis
sur les Mèdes par son ancêtre Alexandre, puis par lui-même sur les
Lacédémoniens, et que, malgré tout cela, il avait épargné la république, ses
vaisseaux, ses domaines, ses colonies. « Vous êtes les agresseurs, dit-il
enfin ; ma réserve vous rend plus hardis et vous me faites tout le mal que
vous pouvez. Aussi je me sépare de vous au nom du droit et, prenant les
dieux pour témoins, je déciderai de ce qui vous concerne. »

Le fils de Philippe était heureux d'entendre ce langage, vraiment
royal, où il retrouvait le ton de son père et il remercia Eschine d'en avoir si
bien gardé la mémoire. Il écouta ensuite l'orateur relater ce que l'on savait
des opérations de Phocion à Byzance. Ce général avait doublé ses forces
avec un contingent de Rhodiens exilés et l'on pensait que Philippe serait
obligé sous peu de lever le siège.

« Voyons les choses comme elles sont, dit Eschine : Philippe ne sera le
maître de la Grèce que lorsqu'il aura décidé d'en découdre avec les
Athéniens. Tous ses subterfuges pour ménager mes compatriotes, ne
servent à rien et je suis heureux qu'il l'ait reconnu dans sa lettre. Il doit
faire à Athènes ce que tu as fait à Olympie, Alexandre. Bien que tu n'aies
pas encore seize ans, tu as imposé ta loi aux juges olympiques parce que tu
as su parler haut. Tu as produit ainsi plus d'impression que n'en aurait
produit la victoire que l'on t'a dérobée. A ton âge, tu as battu Démosthène : c'est maintenant à Philippe de le battre définitivement. »

Un messager vint annoncer qu'Isocrate approchait. Malgré ses quatre-
vingt-seize ans, l'orateur venait saluer le fils de ce roi qu'il avait, le premier,
appelé à réunir les Grecs pour faire la guerre aux Perses. Dans son
Panégyrique, publié depuis plus de quarante ans, il avait d'abord voulu
confier ce rôle, soit à Jason, tyran de Phères, soit à Denys l'Ancien, tyran
de Syracuse, soit à Archidame, roi de Sparte. Son zèle était si désintéressé

que les Athéniens, ayant intercepté une de ses lettres adressée à Philippe, l'avaient rendue au messager. Si Alexandre savait le prix en argent de chaque parole d'Eschine, il ne pouvait qu'estimer en Isocrate le talent mis au service d'un idéal et qui ne se laissait pas intimider par la démagogie. Alors que Démosthène, avec l'excuse du patriotisme, se souillait de l'or perse, l'or macédonien, selon la remarque d'Alexandre, n'avait jamais effleuré la main d'Isocrate. Son père, Théodore, avait fait une grande fortune en créant une fabrique de flûtes, ce qui semblait plus noble que de fabriquer des couteaux, métier du père de Démosthène. Encore y avait-il une loi interdisant de reprocher à un citoyen d'avoir vendu au marché, loi qui aurait dû frapper Aristophane, coupable de tant de railleries envers la mère d'Euripide, qui avait été marchande de légumes. Eschine, orateur et écrivain dont le style était le modèle le plus exquis de la langue grecque, d'où il avait banni l'hiatus, homme raffiné qui ne dormait que sur des oreillers parfumés au safran, touchait des honoraires fantastiques, comme si les causes se gagnaient, devant la justice athénienne, par la qualité du langage. Le plus étrange est que, sa voix étant particulièrement faible, il ne prononçait jamais ses plaidoiries et devait les faire lire, comme Dinarque. Son discours sur l'*Art de régner* avait été payé cent dix mille drachmes par le roi de Chypre Nicoclès. Son *Éloge d'Hélène* n'était pas moins admiré : bien qu'Alexandre imaginât de s'immortaliser par la gloire des armes, il l'approuvait d'avoir dit que « plus d'êtres humains sont devenus immortels par la beauté que par tous les autres mérites ».

Lorsqu'il avait été question de choisir un nouveau précepteur pour Alexandre, Isocrate avait recommandé à Philippe deux de ses disciples : son homonyme Isocrate d'Apollonie et Théopompe de Chio. Il avait été aussi question de Speusippe, le neveu et successeur de Platon à la tête de l'Académie. Bien que Théopompe travaillât à une *Histoire de Philippe* (un autre disciple d'Isocrate, Ephippe de Cumes, avait composé une *Histoire depuis la ruine de Troie jusqu'au règne de Philippe,* en trente volumes), et bien que Speusippe eût publiquement soutenu les droits de la Macédoine sur Amphipolis et sur Ambracie, le roi avait choisi le plus illustre : Aristote. Théopompe, pour se venger de ne pas lui avoir été préféré, avait publié quelques extraits de son *Histoire,* où l'eunuque Hermias était dépeint comme laid, brutal, éhonté et corrompu. Aristote lui avait voué une haine éternelle et, par contre-coup, traitait Isocrate de « vieux radoteur ». Celui-ci n'avait pas laissé d'adresser à Alexandre une lettre qui fut rendue publique et où il lui donnait quelques conseils pour son éducation. « J'entends dire par tous, lui écrivait-il, que tu aimes l'humanité, les Athéniens et la philosophie, non sans discernement, mais avec jugement. Grâce à ces leçons, tu prévois maintenant avec exactitude les choses de l'avenir et tu ordonneras, non sans jugement, ce qu'il faut faire à ceux que tu commanderas. Tu donnes à ton père et aux autres l'espoir que, si, devenu plus âgé, tu restes dans ces principes, tu dépasseras tout le monde par l'intelligence, autant que ton père l'a emporté sur tous. » Cette lettre, reçue à treize ans, avait inspiré à Alexandre quelque fatuité et il en était reconnaissant à son auteur, qu'il s'apprêtait à accueillir.

Isocrate était en litière, comme Démosthène. Sa concubine, Lagisca, fameuse courtisane d'Athènes, et son disciple Androtion, orateur renommé, l'accompagnaient. Il avait eu déjà pour maîtresse une autre courtisane connue, Métanire, dont avait parlé Démosthène dans son discours *Contre Néère,* lorsque cette Métanire était maîtresse de l'orateur Lysias. On ne prêtait à Isocrate aucune aventure avec des mignons. « N'ayant jamais vu ton père, dit-il à Alexandre, j'aurai du moins la satisfaction de t'avoir vu, ô Alexandre. » Ce dernier le remercia de sa lettre ancienne et lui dit qu'il s'efforcerait d'être digne de ses conseils. « Il s'agit bien aujourd'hui d'une autre lettre ! dit l'orateur. Comme ton père a eu raison d'envoyer aux Athéniens ce message admirable que m'a communiqué Eschine ! Il leur prouve qu'il est leur ami, mais que les vrais défenseurs de leurs intérêts ne sont pas toujours « ceux qui parlent ». Quelle expression d'un juste mépris envers Démosthène et ses pareils, pour qui, selon le mot de Philippe, « la paix est une guerre » et qui invectivent contre « les hommes les plus honorables afin de se rendre populaires » ! Je me suis fait l'avocat de ton père auprès des Athéniens, par amour pour Athènes, car Athènes n'est plus Athènes, et j'attends de lui le retour de la grandeur de ma cité. L'impudence des démagogues et la confusion des esprits sont au comble. Depuis les guerres médiques, on lance des malédictions, au début de chacune de nos assemblées, contre tout citoyen qui traiterait avec les Perses, et Démosthène, dans sa dernière *Philippique,* a osé demander qu'on envoyât une ambassade au grand roi pour solliciter son alliance contre Philippe, qui, dans sa lettre, a l'élégance ou la fierté de ne pas nommer ce trublion du peuple ! Que dis-je ? Démosthène qui reçoit ostensiblement l'or de la Perse, a eu le front, dans sa troisième *Philippique,* de tourner contre ton père l'inscription de la citadelle, éternisant la flétrissure d'Arthmius de Zéla, qui avait « apporté de l'or des Perses dans le Péloponèse » : « Qu'il soit tenu pour infâme et pour ennemi des Athéniens et de leurs alliés, lui et sa race ! » C'est Thémistocle qui avait inspiré cet éternel décret d'infamie, comme il avait fait tuer l'interprète venu demander, de la part de Xerxès, l'hommage de la terre et de l'eau : il lui reprocha le crime d'avoir employé la langue grecque pour traduire un ordre des barbares. »

« Que Démosthène soit tenu pour infâme, lui et sa race ! s'écria Eschine, qui avait écouté Isocrate avec déférence. — L'épithète d'infâme lui conviendrait mieux que celles dont il nous affuble, dit Phrynon. — J'en sais quelque chose puisqu'il a plaidé contre moi, dit Androtion. — Et il ne tient pas à lui que nous ne soyons effectivement « livrés au supplice », comme il le demande à l'égard de tous les amis de Philippe dans son discours *Sur la Chersonèse,* ajouta Phrynon à Alexandre. Il y accuse le roi d'avoir fait périr Euthycrate d'Olynthe, qui vit toujours et qui est l'un des ambassadeurs de ton père. On voit bien à quel public d'ignorants Démosthène s'adresse, avec son langage si admirablement châtié. — Il me flétrit, moi, dans son discours *Contre Lacrite,* parce que je demande mille drachmes à mes disciples pour leur enseigner l'éloquence, dit Isocrate. Il m'en voulait de l'avoir refusé lui-même, qui n'avait pu me les payer, et fut, à cause de cela, le disciple d'Isée. Je ne me soucie pas de donner du talent aux pauvres. Mais je n'ai pas besoin d'en donner à Androtion, bien qu'il soit riche : comme Démosthène, il était né avec du talent. — Cet homme, dit Eschine, a la passion du mensonge autant que de l'injure. Ne met-il pas au nombre de ses bonnes œuvres envers la république, le fait d'avoir racheté les prisonniers athéniens de Philippe, alors que Philippe n'a jamais exigé de rançon pour aucun Athénien ? Je l'ai souvent défié de présenter à la Pnyx un seul de ces heureux titulaires de sa bienfaisance. »

« Il ose dire, continua Eschine, que, « le front dans la poussière, j'ai chanté les louanges de Philippe », à Pella. O Alexandre, t'ai-je offert un pareil spectacle ? Lorsque, portant la parole, au nom de l'ambassade, je complimentai ton père de sa beauté et de son affabilité, c'est à la suggestion même de Démosthène que j'avais dit les mots pour lesquels il m'accabla ensuite à Athènes. Ce misérable accuse sans cesse les autres d'être vendus à Philippe, quand il est à la solde, non seulement du grand roi, mais de qui veut y mettre le prix. Dans le conflit de l'île de Milo avec Athènes, il s'est vendu aux ambassadeurs de Milo pour garder le silence, à l'assemblée décisive, après avoir, la veille, parlé contre leur cause. Il eut le cynisme de l'avouer à l'acteur Aristodème. « Combien as-tu gagné à déclamer, aux derniers spectacles ? lui demanda-t-il. — Cinq mille cinq cents drachmes, répondit cet acteur, qui est le mieux payé de tous. — Eh bien, moi, dit Démosthène en riant, j'ai gagné davantage à me taire. » Quand je maudissais sa race... ! reprit Eschine. Son neveu, Démocharès, apprécié des Athéniens qui fréquentent nuitamment le Pnyx et la colline des Muses parce qu'il y prostitue sa bouche, est un de nos plus jeunes orateurs. Démosthène lui fait dire ce qu'il n'oserait pas dire lui-même, par exemple pour tenter de déshonorer Aristote, par haine de Philippe et de toi, Alexandre : à les en croire, le Stagirite a livré à Philippe sa patrie et à la prise d'Olynthe, il lui indiquait les plus riches des Olynthiens pour que l'on pût les dépouiller. — Par Jupiter, s'écria Alexandre, jamais, en effet, l'infamie n'a été poussée aussi loin. Callisthène, le neveu d'Aristote, est d'Olynthe comme Euthycrate, et mon père a promis de rebâtir cette ville comme il a rebâti Stagire. »

« Pour moi, dit Isocrate, je ne voudrais pas mourir avant d'avoir eu la preuve, devant toute la Grèce, que je ne me suis pas trompé sur Philippe. Je suis sûr qu'il obligera Athènes, par la persuasion seule, comme par l'éclat de son génie, à être son alliée. L'affaire de Périnthe et de Byzance ne ruine pas cet espoir, car si le roi lève le siège de Byzance, après avoir levé celui de Périnthe, il donnera toute la mesure de sa modération. — Il ne faudrait pas qu'elle passât pour de la faiblesse, dit Eschine. — La modération est la vertu des forts, dit Isocrate. Philippe doit en montrer, pour arriver à ce que je lui souhaite depuis tant d'années et qui sera la plus grande chance de la Grèce, une chance que ni Athènes ni Sparte ni le chef d'aucune autre ville grecque n'ont pu saisir. Cette chance est représentée par ce roi lettré, dont le plus charmant des princes continuera et même peut-être dépassera l'œuvre. Je te charge de lui dire tous mes vœux de succès, Alexandre. Je l'attends ici pour mettre sur son front la couronne d'olivier, avant qu'il aille, comme chef de tous les Grecs, cueillir chez les barbares la couronne de laurier. — Parleras-tu à l'assemblée de demain ? dit Alexandre. — On ne m'entendrait pas, dit Isocrate : je suis captif de ma voix. Mais puisque Euripide est, avec Minerve, le génie tutélaire de cette cité, sauvée par ses vers de la destruction, je ferai rappeler aux Athéniens le conseil qu'il donne à Athènes dans *les Héraclides*, pièce dont le titre se rapporte si bien à toi et à Philippe : « Evite de faire comme il te plaît d'habitude, — Pouvant choisir les meilleurs — Pour amis, de prendre les pires. » — Moi le premier, dit Eschine, je me suis rendu à ces raisons. Ce qui me permet d'être maintenant l'ami de Philippe, c'est que j'ai été d'abord son adversaire. J'ai appelé les Arcadiens à la résistance contre lui et je l'ai même traité de barbare. C'est que je ne le connaissais pas. Et Démosthène est odieux et grotesque de répéter aujourd'hui une si sotte injure, après avoir été son hôte. Comme toi, Isocrate, j'ai su gré à Philippe de nous avoir accordé une paix honorable, la paix que Démosthène s'efforce de saper. Pour une fois que les Athéniens peuvent être les amis de l'Etat le plus fort de la Grèce, j'appelle un traître celui qui prétend le leur interdire. »

Alexandre éprouvait une certaine fierté à penser que deux des plus fameux orateurs athéniens, outre Dinarque à Corinthe, étaient acquis à la Macédoine. La cause pour laquelle son père luttait, lui en paraissait grandie. Certes, il aurait préféré Démosthène à Eschine, mais Isocrate leur était supérieur. Cela lui semblait aussi rehausser sa qualité d'Hellène, que Démosthène avait contestée. Isocrate, Eschine, Dinarque, étaient aujourd'hui, pour sa dynastie, des cautions de gloire grecque, c'est-à-dire éternelle, comme l'avaient été les hôtes de ses ancêtres : Pindare, Euripide, Zeuxis, sans compter Chœriléus, le rival d'Eschyle, Agathon, le rival et l'amant d'Euripide, et le grand musicien Timothée qui avait ajouté deux cordes aux sept de la lyre.

Par respect pour l'âge d'Isocrate, il le raccompagna jusqu'à sa litière. Il avait rempli d'orgueil Lagisca en déclarant qu'elle lui faisait oublier la beauté de Laïs, entrevue à Corinthe. Eschine, avant de se retirer à son tour, cita malicieusement des vers du poète comique Strattis sur cette concubine qui, suivant ce poète comique, avait, dans un banquet, « tâté les figues » encore vertes du vieil Isocrate. Alexandre ayant demandé pour quelle raison Démosthène avait plaidé contre Androtion, Eschine dit que celui-ci avait voulu faire décerner une couronne d'or au sénat pour l'entretien des forces navales. Démosthène, toujours démagogue, tenta d'empêcher l'assemblée du peuple d'accorder cet honneur en affirmant que le sénat ne le méritait pas. Il avait ajouté que, dans sa jeunesse, Androtion vivait « avec des hommes qui ne l'aimaient pas, mais qui étaient capables de lui donner un salaire ». En d'autres termes, il l'accusait de s'être prostitué. Toutefois, il n'avait pu en faire la preuve, ce qui épargna à Androtion le sort de Timarque. Le grave Léonidas, avant le départ d'Eschine, lui remit discrètement un sac de philippes d'or.

Phrynon avait jugé préférable de ne pas offrir de banquet en l'honneur d'Alexandre, pour ne pas avoir l'air de provoquer les Athéniens. Il estimait, d'ailleurs, qu'il fallait se garder d'accepter l'invitation de Démosthène : sans doute n'avait-elle été faite que dans l'espoir d'irriter le peuple. Il confirmait ce qu'Eschine avait écrit au grave Léonidas à Olympie : les Athéniens avaient assez le culte de l'hospitalité pour faire comme s'ils ne voyaient pas Alexandre quand il visiterait la capitale, mais, ajoutait Phrynon, ils n'étaient pas prêts à l'accueillir officiellement, comme si son père était encore un de leurs alliés. C'est dans le même souci de discrétion que Phrynon avait évité, comme il l'avait dit, de prier les autres amis de Philippe à Athènes, notamment les orateurs Philocrate et Démade : celui-ci, ancien marinier, était l'un des meilleurs appuis du parti macédonien, mais son éloquence, fort efficace sur le peuple par sa vulgarité et son agressivité, n'approchait pas de celle d'Isocrate et d'Eschine. Phrynon n'avait pas invité non plus Midias, ni un autre riche citoyen, ami de Philippe, Pythoclès, fils de Pythodore, auquel Démosthène avait fait allusion dans son discours contre Eschine *Sur l'Ambassade,* en disant que les faveurs macédoniennes avaient rendu ce dernier aussi hautain que Pythoclès. A la veille de l'assemblée du peuple relative à la lettre du roi, il ne fallait pas avoir l'air de conspirer.

L'hôte de Philippe avait, comme Cléotime, de beaux objets d'art, dont le plus remarquable était une Victoire de bois, au visage, aux ailes, aux mains et aux pieds recouverts de feuilles d'or. On l'attribuait à Phidias, ce qui permit à Phrynon de rappeler que le plus célèbre sculpteur d'Athènes était mort en prison, comme Miltiade, le vainqueur de Marathon. Phidias avait été accusé par l'un de ses ouvriers, Ménon, à l'instigation de ses ennemis, de s'être approprié une certaine quantité de l'or destiné à la statue de Minerve. Mais, suivant le conseil de Périclès, il avait disposé le métal de telle sorte qu'on pût l'ôter et le peser, ce qui permit au divin sculpteur de les confondre Ils l'accusèrent alors d'avoir mis son portrait et celui de

Périclès sur les ornements de la statue, ce qui était un sacrilège. D'où son emprisonnement.

Alexandre fut intéressé par une collection de tessons : tout humble qu'elle paraissait, elle résumait l'histoire d'Athènes. C'étaient des fragments de vases, des morceaux de poterie ou des coquilles sur lesquels les membres des assemblées convoquées pour les votes de bannissements, — coutume disparue —, avaient gravé le nom du personnage qu'ils voulaient chasser de l'Attique pour dix ans. Ces assemblées se tenaient en silence, sans que personne eût à parler ni pour ni contre, une fois que le nom avait été proposé. On lisait ceux d'Aristide, de Thémistocle, de Xanthippe, le père de Périclès, d'Alcméon, l'oncle maternel d'Alcibiade (descendant et homonyme d'un ami de Crésus), des deux glorieux généraux Conon et Callias et, le dernier, de l'orateur aristocrate Anthiphon. C'étaient les monuments de la démocratie athénienne. Phrynon les conservait comme tels et ils ne surprirent pas ses visiteurs. Encore fallait-il dix mille tessons ou coquilles pour que quelqu'un fût banni.

La suppression de cette pratique était due à Alcibiade. Craignant d'être banni à cause de sa popularité, il s'entendit avec Nicias, qui craignait de l'être pour ses richesses, et leurs partisans firent tomber le décret sur un homme vil, mais cher au peuple, nommé Hyperbole. Les Athéniens furent si honteux d'avoir galvaudé ainsi une mesure réservée aux principaux citoyens, qu'ils en décidèrent l'abolition.

Phrynon fit une remarque : « Bien que je sois antidémocrate, je ne peux m'empêcher de trouver assez grandiose le motif profond qui inspirait ces bannissements. Le peuple n'hésitait pas à sacrifier des hommes trop en vue, parce qu'il redoutait que leur position ne leur donnât l'idée de devenir tyrans, ce qui était arrivé avec Pisistrate. C'est pourquoi beaucoup d'Athéniens illustres affectaient la simplicité : ils tâchaient à n'offusquer personne, à ne pas provoquer de jalousie. Démosthène, dans *l'Olynthienne* dont nous parlions, disait que les maisons d'Aristide et de Miltiade étaient aussi modestes que celles du commun des citoyens. Mais cela ne préserva pas le premier du bannissement et le second de la prison, où il mourut, pour une amende de deux cent soixante-quinze mille drachmes, qu'il n'avait pu payer au trésor public. »

Il y avait aussi chez Phrynon une collection de minuscules chefs-d'œuvre de ciselure : un char à quatre chevaux avec son cocher, qui tenait sur l'aile d'une mouche ; un vaisseau qu'une abeille cachait sous les siennes, ivoires sculptés par l'artiste spartiate Myrmécide,— un des rares artistes lacédémoniens ; une fourmi en or du ciseleur athénien Callicrate et un grain de millet où il avait gravé un chant d'Homère. Alexandre fut si transporté par ce grain de millet que Phrynon lui en fit présent.

Ce cadeau rappela à Alexandre un Macédonien qu'il détestait et qui vivait à Athènes : le grammairien Zoïle d'Amphipolis, que ses critiques haineuses de *l'Iliade* et de *l'Odyssée* avait fait surnommer « le fouet d'Homère ». « Heureusement qu'il s'est réfugié chez vous, dit Alexandre à Phrynon, car je lui aurais fait donner le fouet en Macédoine. — J'admire Homère autant que toi, dit Autolyque, mais j'avoue qu'en écoutant un jour une leçon de Zoïle, je suis resté assez perplexe. Il relève qu'il y a une faute de prosodie dans le premier vers de *l'Iliade* ; il a dénombré tous ceux qu'il appelle « sans tête », c'est-à-dire commençant par une brève, tous ceux qu'il appelle « mous », c'est-à-dire ayant au milieu des syllabes brèves au lieu de syllabes longues, et tous ceux qu'il appelle « surcomptés », c'est-à-dire ayant une syllabe de trop à la fin. — Tu es bien placé, en tant qu'Athénien, pour rabaisser le poète des poètes, dit Alexandre, un peu piqué : tes ancêtres l'ont jadis traité d'insensé et condamné à une amende de cinquante drachmes. — C'est un des nombreux exemples de notre légèreté, dit Phrynon, mais tu verras partout des statues d'Homère, comme de Socrate, à qui nous avons fait boire la ciguë. Et tu as vu les tombeaux d'Aristide et de Thémistocle. »

Le dîner, encore plus simple que celui de Corinthe, se passerait de divertissement : à la demande d'Alexandre, il ne devait y avoir, en effet, ni danseuses ni joueuses de flûte ou de cithare. L'escorte et l'équipage, qui étaient logés par les soins de l'hôte, avaient l'ordre de ne pas sortir, pour éviter les rixes.

La mère et la sœur d'Autolyque participaient, assises, au repas. Le mutisme de la femme de Phrynon était égal à celui de la femme de Démarète à Corinthe. « Le silence confère un ornement aux femmes », dit l'*Ajax* de Sophocle. Les esclaves avaient lavé les pieds des convives dans des plats d'argent, remplis de vin trempé et aromatisé, comme chez Cléotime : c'était la coutume athénienne, pour fêter un vainqueur aux jeux de Minerve.

On dégusta un civet de lièvre, que le grave Léonidas déclara plus délicieux encore que celui de Cléotime. Après la rasade du Bon Génie, Alexandre voulut montrer qu'il savait une des chansons de table les plus célèbres d'Athènes. Autolyque lui apporta une cithare et le rameau de myrte et le fils de Philippe chanta sur le mode lydien, en regardant Ephestion : « Bois avec moi, sois jeune avec moi, aime avec moi, — Couronne-toi avec moi, sois fou avec moi, et sage, quand je suis sage... » Ensuite, Ephestion et Autolyque s'amusèrent à chanter, à tour de rôle, la même chanson sur un autre mode.

Les chants terminés, Phrynon fit mettre un grand vase de bronze sur une table, à l'extrémité de la pièce, pour que chacun y lançât, successivement de la manière requise, le fond de sa coupe de vin, en prononçant le nom de la personne aimée. Le jeu du vase de bronze était un « oracle des amants », comme la feuille de rose qu'Alexandre avait fait claquer au festin d'Olympie. La grâce et l'habileté du fils de Philippe à ce jeu bachique étaient particulières. Il dit le nom d'Ephestion, qui dit ensuite celui d'Alexandre. Ils furent enchantés parce que, chaque fois, le vase avait résonné pour signifier un amour partagé. De telles confirmations étaient bien superflues, mais elles leur étaient agréables. Phrynon rendit hommage à sa femme et la femme au mari. Le grave Léonidas fit vibrer le vase aussi conjugalement en l'honneur de son épouse absente. Autolyque nomma sa sœur. S'il n'y eût eu que son père, il aurait nommé Démètre. Mais il ne s'agissait désormais que d'un amour platonique : Alexandre l'avait averti que ce garçon avait un autre aimé.

On joua ensuite à une variante du jeu du vase, qui consistait à poser un plateau en équilibre sur un candélabre privé de sa lampe, et à y jeter le fond des coupes sans faire choir le plateau. Selon le rite, c'était la fille de la maison, — dans un banquet libre, c'eût été une courtisane, — qui l'avait placé. Tous furent assez adroits pour ne pas rompre l'équilibre. Alexandre avait rappelé, au sujet de ce jeu, le mot de Théramène, l'un des trente tyrans, que son collègue Critias fit condamner à mort. Il dit, en lançant au loin les dernières gouttes de la ciguë : « Voilà pour le beau Critias ! » Celui-ci était poète et avait composé des vers sur Anacréon, qui contenaient une allusion au jeu du vase de bronze : « Téos t'a envoyé à la Grèce — Pour tresser des chants féminins, doux Anacréon, — Stimulants des festivités, conquérants des femmes, — Rivaux de la flûte, amis de la lyre, doux, sans chagrin. — Jamais l'amour de toi ne vieillira, ni ne mourra, — Tant qu'un garçon portera à la ronde sur son épaule droite, pour boire à ta santé, — L'eau qui sera mêlée au vin dans les coupes, — Tant que des chœurs féminins rechercheront les saintes orgies d'une nuit entière, — Tant qu'une fille assoira sur une tige un plateau d'airain, — Pour y faire, du plus haut possible, tomber la fine pluie de Bacchus. » Le grave Léonidas cita *la Paix* d'Aristophane : « ... Souper, jouer au jeu du vase de bronze, — Mener une vie de Sybarite, — Ion, ion... »

Un esclave vint avertir que la course des flambeaux, conclusion des fêtes de Minerve, était commencée près des murs d'Athènes. Les femmes regagnèrent leur appartement pour la regarder de leur fenêtre. La situation permettait, en effet, d'avoir des fenêtres extérieures, puisque l'intimité n'était pas gênée par les voisins, tandis que la plupart des maisons n'avaient d'ouvertures que sur la cour intérieure.

Il monta avec ses hôtes sur la terrasse du toit, que bordait un appui de briques. La course était parfaitement visible dans le lointain. Phrynon en indiqua les détails. Elle se disputait, tour à tour à pied et à cheval, entre deux cents coureurs, devant la porte occidentale, — ou double porte, — d'Athènes. Ils étaient quarante par tribu, le concours n'ayant lieu chaque année que pour cinq tribus. Il y avait deux catégories : garçons et adultes. Le point de départ était le mur de la ville et le point d'arrivée était l'autel de Prométhée dans l'Académie de Platon. Les concurrents étaient nus et couronnés de plumes ; le flambeau de résine avait une large bobèche pour que l'on pût mieux l'empoigner ; il passait de main en main quarante fois, les quarante coureurs de chaque tribu étant échelonnés sur cinq files tous les vingt-cinq mètres sur mille de distance. La torche se transmettait avec une rapidité extraordinaire et le vainqueur était celui qui en avait le plus vite allumé le feu de l'autel. Tous ses compagnons partageaient d'ailleurs sa victoire, dont un bouclier était le prix.

Ephestion poussa du coude Alexandre et lui fit signe de regarder un coin de la terrasse. Epaphos et Polybe étaient montés, eux aussi, pour éclairer leurs maîtres. Autolyque était derrière eux : impatient des plaisirs que la nuit lui promettait, il leur pelotait les fesses. Phrynon et le grave Léonidas étaient trop absorbés par la course des flambeaux pour s'apercevoir que les flambeaux de la terrasse vacillaient.

Tout à coup, un grand bruit retentit dans la rue et des voix appelèrent Alexandre. Des gens arrivaient avec des flambeaux au bas de la maison, mais ce n'était pas une course. Quatre hommes avaient revêtu des peaux de cheval peintes en blanc et, attelés à un char peint en jaune, conduit par un garçon que coiffait un grand chapeau de feutre rouge, prétendaient mimer le malheureux épisode d'Olympie. Autour d'eux, gesticulaient des bouffons, ayant d'énormes bedaines d'étoffe, tenues par une ceinture, et de longs phallus de cuir souple, comme ceux dont s'affublent les acteurs comiques. C'était une gentillesse de Démosthène. Phrynon proposait de jeter des seaux d'eau. « Garde-t'en bien, dit Alexandre. Je suis l'hôte des Athéniens et dois souffrir leurs plaisanteries. »

Quand on redescendit l'escalier de cèdre, où des lampes éclairaient les pas, il dit à l'oreille d'Autolyque : « Après la course en bateau, tu as gagné la course des flambeaux. — J'ai allumé le feu de l'autel, dit Autolyque, mais il me reste à l'y éteindre. »

L'assemblée du peuple se réunissait au début de la matinée et Phrynon avait voulu y assister, ce qu'il faisait rarement. En outre, il était convoqué pour la prestation de serment d'un magistrat suprême de sa tribu, désigné par le sort après le décès d'un des neuf membres de ce collège. Ce magistrat s'obligeait, s'il manquait à ses devoirs, « d'offrir des statues d'or de son propre poids aux principaux sanctuaires d'Athènes, de Delphes et d'Olympie ». Cela signifiait que, dans l'impossibilité probable de remplir de telles conditions, il perdait ses droits de citoyen.

L'Hercule appareillant à la fin de l'après-midi, c'était à Autolyque de conduire Alexandre et Ephestion à Athènes, en compagnie du grave Léonidas. Une faible escorte, que Phrynon avait demandée au sénat, assurait leur sécurité, dont, au reste, il se disait garant. Il ajoutait que, loin de s'attirer des offenses, Alexandre rendrait amoureux de lui tous les

Athéniens qui le reconnaîtraient : il lui refaisait, à sa manière, le compliment de Démosthène.

Cependant, le fils de Philippe, pour être remarqué le moins possible, ne se coiffa pas de son chapeau princier. Ephestion et lui restèrent la tête découverte : les éphèbes athéniens n'avaient de chapeaux qu'en voyage. L'escorte n'était pas composée des gardes d'Alexandre, mais d'archers scythes et d'un héraut. Alexandre se divertit du costume bariolé des archers, à casque pointu, à l'énorme carquois plein de flèches et à l'arc digne d'Hercule. En dépit de leur dénomination, ces esclaves publics, au nombre de trois cents, se recrutaient en Thrace avant la conquête de Philippe, ou en d'autres lieux depuis lors : ils formaient la police d'Athènes. Le héraut, couronné d'olivier, avait son insigne, le caducée, à la main : une tige d'olivier, terminée par deux demi-cercles, l'un sur l'autre, où pendaient des bandelettes blanches. Les deux demi-cercles symbolisaient les deux serpents qui, avec l'adjonction de deux ailes, étaient l'attribut particulier du caducée de Mercure, messager des dieux et inventeur de cet emblème : ayant rencontré en Arcadie deux serpents qui se battaient, comme Tirésias y en avait rencontré deux accouplés, il les avait séparés, lui aussi, de son bâton, devenu, au milieu de leurs spirales, le symbole de la concorde.

« Les longs murs » qui reliaient le Pirée à la ville et qui avaient été détruits sous Lysandre au son des flûtes et des cithares, étaient partiellement reconstruits. Démosthène se vantait sans cesse dans ses discours de contribuer à les rebâtir, mais c'est le général Conon qui en avait été le premier restaurateur. L'orateur avait surtout fait « reblanchir à la chaux » les créneaux existants, tout en accusant les administrateurs publics de ne pas faire autre chose. Le grave Léonidas rappela que, du reste, lorsque Eschine s'était moqué de ces vanteries, Démosthène avait répliqué superbement : « Ce n'est pas avec des pierres et des briques que j'ai fortifié la cité. Je l'ai munie d'armes, de chevaux et d'alliés », ce qui était incontestable.

Autolyque montra, sur le chemin de Phalère, le temple de Junon que les Perses avaient brûlé, comme ceux de la citadelle qui avaient été rebâtis par Périclès. On le laissait dans cet état pour perpétuer le souvenir de la fureur des barbares. « N'oublions pas, dit Alexandre, que les soldats d'Agésilas avaient brûlé les lieux sacrés des Perses à Sardes. »

Il descendit de cheval au cénotaphe d'Euripide : les Athéniens avaient tenu à honorer ainsi celui que l'on appelait « le poète d'or » et qu'Aristote définissait « le plus tragique des poètes » ; ses cendres étaient à Aréthuse, en Macédoine. Alexandre fut touché de lire l'épigramme de Thucydide, qui était mort de même en Macédoine, à Scapté-Hylé, avant que cette région, alors thrace, — c'était la province d'Amphipolis, — eût été conquise par Philippe : « Ce monument d'Euripide, c'est la Grèce entière, mais la terre macédonienne — Possède ses os, car elle reçut le terme de sa vie. — Sa patrie, c'est la Grèce de la Grèce, Athènes : ayant fait à l'extérieur — Les délices des Muses, il a obtenu de beaucoup de gens la louange. » — Quelques-uns, dit le grave Léonidas, lui reprochaient que sa bouche sentît mauvais. « C'est parce que plusieurs secrets y ont pourri », avait-il répondu. — Je suppose, dit Alexandre, qu'il souffrait de cette incommodité avant d'être allé en Macédoine. Critobule m'a raconté qu'Hippocrate en avait guéri le roi Archélaüs en lui faisant prendre, le matin, une cuillerée de résine de laryx et mon père observe cet usage. Euripide avait certainement la bouche pure, quand il baisa le poète Agathon sur les lèvres à la table d'Archélaüs, en lui disant : « Un bel automne aussi est beau » parce que celui-ci venait de faire l'éloge du printemps. — Le nom du médecin de ton père me rappelle que Critobule, dans *le Banquet* de Xénophon, déclare que « tout âge a sa beauté », dit le grave Léonidas avec un peu de suffisance.

Le cénotaphe d'Euripide ne commémorait pas seulement le salut d'Athènes dû à ce poète lors de la victoire de Lysandre : après la défaite de Nicias en Sicile, les Syracusains avaient délivré ceux de leurs prisonniers qui les avaient attendris en leur récitant des vers d'Euripide. Ephestion chantonna les vers du premier chœur d'*Electre*, qu'un musicien de Phocée avait chantés, dans ce fameux banquet de Lysandre où le Thébain Erianthe conseillait de raser la ville pour la réduire en lieu de pâturage, — et cela, malgré le serment que les Grecs avaient fait, avant la bataille de Platée, de ne jamais détruire ou laisser détruire une ville ayant combattu pour la liberté de la Grèce : « Ô fille d'Agamemnon, — Electre, je suis venu à ta rustique demeure. — Il est arrivé, en effet, il est arrivé un homme, buveur de lait, — Un Mycénien, habitant des montagnes. — Et il annonce que, dans trois jours, les Argiens — Promulgueront un sacrifice... » Alexandre admirait le génie du poète qui avait rendu de tels services par l'harmonieuse simplicité de son langage, et il admirait aussi le respect du génie, marqué par ces hommes avinés qui, précédemment, avaient massacré les trois mille prisonniers athéniens, faits à la bataille d'Ægos-Potamos. Ils s'écrièrent qu'il serait horrible de détruire la ville qui avait produit de si grands hommes. Ainsi Lysandre fit-il raser seulement les longs murs. Ceux de la citadelle, découpée au loin sur l'horizon, avec les toits de ses temples et le haut de sa statue gigantesque, semblaient renfermer l'âme immortelle d'Athènes.

On voyait passer des jeunes gens qui avaient la main droite dans leur tunique : c'étaient ceux qui venaient d'être inscrits sur la liste des éphèbes et qui s'apprêtaient, par conséquent, à faire leur service militaire. Ils devaient, en public, tenir la main de la sorte, en preuve de modestie. Pour les imiter, le grand Phocion avait toujours cette attitude.

On croisa un convoi funèbre d'aspect grandiose : en tête, marchait un esclave, portant un sac doré ; deux chevaux traînaient un char, sur lequel était un petit lit à baldaquin, orné de branches de cyprès ; les pleureuses poussaient leurs lamentations, mais une loi de Solon leur interdisait de s'égratigner ; l'une de ces femmes tenait le vase des libations ; dix joueurs de flûte les accompagnaient ; enfin, un homme, en tunique grise, couleur de deuil, suivait à cheval, les yeux baissés. Alexandre s'étonna : d'après les lois et coutumes athéniennes, telles que les avait exposées Aristote à Miéza, n'était-il pas interdit de faire des obsèques en plein jour, pour ne pas souiller la lumière du soleil ? Autolyque déclara qu'il s'agissait de funérailles toutes particulières : un riche citoyen, Poliarque, enterrait l'un de ses coqs de combat, après avoir mis ses cendres dans une urne de bronze, comme d'autres fois. Passionné pour les coqs, il leur élevait, quand ils étaient tués au cours d'une compétition, une colonne commémorative près des murs d'Athènes. Alexandre, qui aimait ses chiens, fut plus intéressé d'apprendre que cet Athénien enterrait pareillement ceux de son chenil qui mouraient à la chasse ou de vieillesse. « Pour les combats de coqs, ajouta Autolyque, on transporte ces volatiles dans un sac, et c'est à quoi fait allusion le sac doré, en avant du cortège. » Léonidas rappela que ces combats étaient une institution nationale chez les Athéniens, depuis que Thémistocle, ayant vu deux coqs lutter avec acharnement, la veille de la bataille de Salamine, s'était servi de cet exemple pour animer le courage de ses concitoyens. Solon avait recommandé les combats de cailles dans le même dessein. « Nous estimons, dit Autolyque, que les combats de coqs et de cailles sont l'image de la guerre et nous sommes un peuple guerrier. On fait manger de l'ail à ces oiseaux pour les exciter davantage et il est prescrit à la jeunesse de contempler ce spectacle. Aussi les pédérastes organisent-ils sans cesse des combats de cailles et de coqs afin d'attrouper les garçons. » Du reste, le coq était, comme le lièvre, l'image de l'amour pédérastique. Alexandre parla du coq de Ganymède, qu'il avait vu à Olympie, le coq donné par Jupiter.

A la porte du Pirée, qui était l'aboutissement des longs murs lorsqu'on arrivait aux murailles propres d'Athènes, Phrynon était là, sur son cheval, attendant Alexandre. Il dit que l'on avait lu la lettre de Philippe à l'assemblée du peuple et que Démosthène y avait répondu avec violence. Phrynon l'avait averti qu'Alexandre ne viendrait pas. L'orateur avait prétendu que cette lettre était une déclaration de guerre et demandé de courir aux armes. Il donnait aux Athéniens pour auxiliaires les dieux, que Philippe avait parjurés en rompant la paix. Il avait eu l'effronterie de dire que le roi des Perses, à la prière des satrapes d'Asie mineure, dont l'intervention avait forcé les Macédoniens à lever le siège de Périnthe, fournirait de l'argent aux Athéniens et les aiderait à écraser Philippe. Il avait menti, une fois de plus, en assurant que la Macédoine, aujourd'hui si insolente, avait jadis payé tribut à Athènes et il avait flétri, comme d'habitude, les orateurs qui, « pour un misérable gain, vendaient leur voix à Philippe contre la ville ».

Démade et Eschine lui avaient brillamment répliqué. Ils avaient révélé le montant des sommes que Démosthène avait reçues de la Perse et démasquaient en lui un traître, payé pour empêcher Philippe d'attaquer ce pays et de venger la cause grecque. Ils avaient rappelé la générosité du roi de Macédoine à l'égard des prisonniers athéniens, son offre constante d'alliance, l'amitié qu'avait pour lui Isocrate, le plus patriote, le plus incorruptible et le plus vénérable des orateurs. Malgré l'intervention de Lycurgue et de Pythéas, autres orateurs ennemis de la Macédoine, leurs arguments avaient ébranlé l'assemblée. Elle s'était interrompue, par extraordinaire, et ne serait reprise qu'au début de l'après-midi : on jugeait indispensable le loisir de la réflexion, pour une affaire d'une telle conséquence. « Cela nous permet de visiter Athènes avant la tempête, dit Alexandre. Les dieux sont avec nous et non avec Démosthène. »

Il y avait, près de la porte du Pirée, à l'ombre de la chapelle du héros Chalcodon, des sépultures losangiques d'Amazones. Thésée, qui avait eu à repousser une armée si étrange, avait, au préalable, sacrifié à la Peur. Le siège d'Athènes par ces combattantes dura quatre mois. Il se termina par le mariage de Thésée avec Hippolyte, reine des Amazones, qui en eut un fils, également nommé Hippolyte, dont la beauté inspira une passion coupable à Phèdre, sa seconde épouse. Selon certains, le jeune Hippolyte était fils d'Antiope, autre Amazone enlevée par Thésée. Les deux *Hippolyte* d'Euripide étaient joués souvent à Miéza par les élèves d'Aristote.

Alexandre voulait voir d'abord l'Académie de Platon. Le quartier suburbain où elle était située, avoisinait la localité de Colone, lieu de naissance de Sophocle, et était précédé par le quartier des Tuileries. Celui-ci devait son nom aux tuiliers et aux potiers qui s'y étaient installés, mais il renfermait également le cimetière d'Athènes. On descendit de cheval pour le parcourir. Phrynon montra le cénotaphe de Solon, dont les cendres, selon son vœu, avaient été répandues dans les labours de Salamine, et le tombeau de Périclès. Certains monuments funéraires avaient des bas-reliefs ravissants d'éphèbes nus ou de jeunes garçons, — l'un de ces derniers tenait un oiseau à la main et était accompagné de son petit serviteur désolé ; sa tunique dessinait son sexe. Les tombes macédoniennes étant plus simples et ne comportant presque toutes que l'inscription, cet art déployé en faveur de la mort, frappait Alexandre. Il contemplait un jeune homme que l'on avait représenté serrant, dans un geste d'adieu, la main de son père ; un marin, assis pensif sur la proue de son navire, son bouclier derrière lui ; des femmes à qui leur servante tendait un miroir ou un coffret à bijoux, pour leur parure suprême. Les tombeaux récents étaient couronnés de céleri.

Au bout d'une allée, un monument semblait en voie de destruction c'était celui du fameux général et amiral Chabrias qui, abandonné par Charès durant l'attaque de Chio, se laissa tuer, seul à son bord, plutôt que de fuir dans une barque. Ce cénotaphe lui avait été élevé par les Athéniens et son fils, Ctésippe, insigne débauché, en vendait les pierres.

Phrynon raconta que Démosthène, dans son discours *Contre la loi de Leptine,* avait défendu ce Ctésippe, mais sans jamais prononcer son nom, si ce n'est comme « fils de Chabrias », tant on le méprisait. Leptine avait fait voter une loi restreignant les exemptions d'impôts accordées par le peuple à ceux qui l'avaient bien servi et à leurs descendants. Les charges des riches étaient, en effet, dit Phrynon, fort importantes : ils avaient à payer, outre l'armement et la construction des navires de guerre, l'entretien des chœurs de chant et de danse, celui des gymnases et des courses de flambeaux, les repas publics offerts pour les fêtes de la ville et des tribus, les députations sacrées envoyées aux pèlerinages et aux oracles, enfin, une avance de l'impôt sur leurs biens, si des hostilités étaient en vue. Ctésippe, lésé par la loi de Leptine, puisque Chabrias était un de ceux à qui l'on avait concédé toutes ces exemptions, sauf celle de l'impôt, qui ne l'était à personne, avait réclamé le secours de Démosthène, alors âgé de trente ans. La richesse commençait, pour les Athéniens, à un revenu de cinq mille cinq cents drachmes. Cela permettait d'être élu au sénat et aux magistratures. La moindre des quatre classes qui formaient, depuis Solon, la société athénienne et qui dépendaient du montant des revenus, était celle des ouvriers, des artisans et des petits propriétaires : elle composait, avec le reste des citoyens, l'assemblée du peuple et le jury des tribunaux, où, en compensation de son infériorité, elle prévalait par le nombre et par l'impudence.

Non loin du tombeau de Chabrias, était celui d'Harmodius et d'Aristogiton. Bien que ces deux héros fussent chers aux Athéniens parce qu'ils avaient amené la fin de la tyrannie des Pisistratides, ils l'étaient aussi à Alexandre, parce que symbole de l'amour de deux hommes. Du reste, Pisistrate lui était cher également par le principe d'autorité qu'il avait incarné. Parent de Solon, son ancien amant, — ils avaient trente-huit ans de différence d'âge, — il s'empara du pouvoir en occupant la citadelle avec des gardes, et Solon, qui avait tenté de l'en empêcher, s'exila pour n'avoir pas à le combattre. Ce tyran bâtit des monuments, publia la première édition d'Homère, que Solon avait colligée, constitua la première bibliothèque d'Athènes, — bibliothèque épargnée, mais enlevée par Xerxès, — et, comme Alexandre l'avait rappelé à Corinthe, invita Anacréon à sa cour. Ses deux fils, Hippias et Hipparque, s'étant partagé la tyrannie après lui, Hipparque voulut séduire le jeune Harmodius, mignon d'Aristogiton. Il n'y réussit pas et, pour se venger, fit exclure, sous prétexte qu'elle n'était pas d'assez bonne famille, la sœur d'Harmodius du cortège des filles athéniennes, chargées de porter les présents de Minerve lors des grandes fêtes de cette déesse. Doublement offensés, Harmodius et Aristogiton formèrent une conjuration qui, à la faveur de ces fêtes, aboutit à la mort d'Hipparque et provoqua, peu après, la fuite d'Hippias. Cette aventure avait eu d'autres conséquences, puisque ce dernier, réfugié auprès de Darius, l'incita à envahir la Grèce, à l'exemple de son père Xerxès : l'ancien tyran accompagna l'armée perse et mourut à Marathon.

La chanson la plus célèbre des banquets athéniens, attribuée au poète Callistrate, était consacrée aux deux « tueurs de tyrans » : « Je porterai l'épée dans un rameau de myrte, — Comme Harmodius et Aristogiton, — Lorsqu'ils tuèrent le tyran — Et rétablirent la juste balance des lois des Athéniens. — Cher Harmodius, non, tu n'es pas mort. — On dit que tu habites les îles des bienheureux, — Où est Achille léger à la course... — Je porterai mon épée dans des rameaux de myrte, — Comme Harmodius et Aristogiton, lorsque, pendant les sacrifices de Minerve, — Ils égorgèrent le tyran Hipparque... » Platon donne de l'événement une autre version, qui est, dit-il, celle des « gens avertis » : Harmodius, après avoir été le bien-aimé d'Aristogiton, était devenu celui d'Hipparque, mais en même temps l'amant d'un jeune garçon, qui le méprisa dès qu'il sut ses relations avec le tyran. D'où le meurtre, dans lequel Aristogiton voyait une occasion de se venger de celui qui l'avait supplanté.

« Il est défendu par la loi, dit Phrynon, de se moquer d'Harmodius ou d'Aristogiton. Leurs descendants jouissent des exemptions que j'ai énumérées, ont des places d'honneur au théâtre, sont nourris à l'hôtel de ville et même les seuls exonérés d'impôts par la loi de Leptine. — J'avoue, dit Alexandre, qu'on ne peut mieux rendre hommage à l'idée de liberté. — Tu vas admirer peut-être davantage la démocratie athénienne par cet exemple, dit Phrynon : l'un des descendants d'Aristogiton, nommé Démocrate, l'un de mes bons amis, est, malgré son nom, le plus antidémocrate qui soit : il passe sa vie à se moquer du peuple, autant qu'il est interdit de se moquer de son ancêtre. Tout autre serait lapidé comme fauteur de la tyrannie. Ajoute qu'il a intenté à Démosthène sept accusations publiques et deux procès en reddition de comptes, comme suspect d'avoir détourné des fonds de la caisse des spectacles. »

« Notre bon Démosthène ! dit Alexandre. Mais ce qui m'amuse autant que les démagogues, c'est cette horreur des Athéniens pour la tyrannie. Je crois que le grand débat de la tyrannie et de la démocratie a été tranché par Alcibiade. Xénophon a consigné ce petit dialogue, que ce dernier, dans sa jeunesse, — « à moins de vingt ans », nous précise-t-il, — eut avec Périclès, conducteur de la politique athénienne. On ne dira jamais rien de mieux. Alcibiade avait demandé à Périclès ce que c'était que la loi · « Tout ce que décide le gouvernement de l'État, après délibération, répond le grand homme. — Et si c'est un tyran ? demande Alcibiade. — C'est encore la loi, déclare Périclès. Mais s'il n'a pas persuadé et qu'il impose la loi par la force, c'est une illégalité. — Ainsi, dit Alcibiade, toutes les fois que le petit nombre abuse de son pouvoir, plutôt que de persuader la multitude, c'est une violence ? — Oui, dit Périclès. — Et toutes les fois que le peuple, assemblé, abuse de son pouvoir sur les riches et décide sans avoir obtenu leur avis, c'est donc une violence, plutôt que la loi ? » « Périclès ne sut que répondre », nous dit Xénophon. Par conséquent, la démocratie, que l'on pare sans cesse du mot de liberté, n'est qu'une autre forme de tyrannie : la tyrannie du peuple. Voilà pour Harmodius et Aristogiton, les « tueurs de tyran ». — Ce qu'il y a de drôle, dit Phrynon, c'est que cette ville si affamée de liberté, ait dû subir plus tard les trente tyrans instaurés par Lysandre. »

« Après le renversement des trente, continua-t-il, un décret-loi de Démophante prescrivit ce serment à tous les citoyens : « Je tuerai, en parole et en acte, de mon vote et, si je peux, de ma main, quiconque tenterait de détruire la démocratie... Quiconque mourra en tuant ou cherchant à tuer un de ces hommes, recevra de moi, pour lui et ses enfants, les récompenses accordées aux descendants d'Harmodius et d'Aristogiton. »

« Note bien, Alexandre, poursuivit encore Phrynon, que l'indulgence des Athéniens envers les pédérastes a une grande part de ses origines dans l'histoire de ces deux amants. On se plaît à relever que les tyrans, même s'ils pratiquent ces mœurs, ne les ont jamais encouragées et les ont souvent persécutées parce qu'elles établissent entre les hommes des liens qu'on ne peut contrôler. — En fait, dit le grave Léonidas, il y a l'exemple de Phalaris, le tyran d'Agrigente, contre lequel Chariton et Mélanippe conspirèrent, exactement pour les mêmes raisons qu'Harmodius et Aristogiton contre Hipparque. Le tyran fut d'ailleurs tellement ému de leur courage sous les tortures et de leur dévouement mutuel qu'il leur pardonna et se contenta de les exiler. Un oracle d'Apollon célèbre « leur divine amitié ».

Nombreux étaient les tombeaux élevés aux soldats athéniens tués dans les guerres. Alexandre lut le nom de Déxiléos, cavalier mort à vingt ans durant la guerre de Corinthe. Un tombeau commun, sur lequel s'effectuait, chaque année, la cérémonie dite des épitaphes, avait d'abord renfermé les cendres des citoyens tués au cours d'une bataille navale contre les Eginètes, antérieure aux guerres médiques. Phrynon montra le monument qui commémorait les victimes de la bataille de Drabesque, en Thrace, défaite subie par les Athéniens avant que Philippe fût devenu le maître de ce pays.

Un tombeau devait stupéfier Alexandre : celui de Critias. Le bas-relief représentait l'Oligarchie brûlant avec une torche la Démocratie, et on lisait cette inscription : « Ceci est le tombeau des hommes de bien qui, pendant peu de temps, — Etouffèrent l'injure de l'exécrable peuple des Athéniens. » De nouveau, Alexandre était obligé d'admirer : les Athéniens avaient un tel respect pour les morts qu'ils avaient laissé construire ce tombeau et admis cette inscription. A peu de distance des tueurs de tyrans, triomphait l'un des préposés de la tyrannie.

De même qu'Alexandre se plaisait à donner comme vraie cause de la guerre de Troie l'amour de Jupiter pour Ganymède, il soutenait, au nom des révélations de Xénophon, que la vraie cause de la mort de Socrate avait été l'amour de Critias pour le bel Euthydème. Socrate avait essayé d'empêcher Critias de « jouir d'Euthydème comme ceux qui usent du corps des autres pour satisfaire leur désir amoureux », — c'étaient les termes de l'illustre écrivain. N'ayant pu y parvenir, il compara Critias à « un cochon qui se frotte contre des pierres ». Telle fut l'origine de la haine de celui-ci à l'égard du philosophe, dont il se vengea lorsqu'il devint l'un des trente. Il commença par lui défendre de continuer à parler avec des jeunes gens. Socrate demanda jusqu'à quel âge on était un jeune homme. Il lui fut répondu que c'était jusqu'à trente ans, âge où il était possible d'être élu sénateur. Autant valait condamner à mort Socrate tout de suite, si l'on prétendait l'obliger à ne parler qu'à des hommes. Mais les dieux le vengèrent à son tour : Critias fut tué durant l'attaque du Pirée, faite par les démocrates exilés que conduisait Thrasybule.

Phrynon, après avoir donné ces détails, eut une réflexion qui rappelait celle d'Alexandre sur l'attitude des Athéniens envers Alcibiade par rapport à leur attitude envers Socrate : le chef des trente tyrans était mal fondé de taxer Socrate de corrompre la jeunesse, puisqu'il était un des hommes les plus notoirement débauchés.

On remonta à cheval pour franchir la double porte d'Athènes qui avait été, la nuit précédente, le point d'où partait la course des flambeaux. Si le quartier intérieur des Tuileries était consacré à la mort et à la gloire, le quartier extérieur, jusqu'aux abords de l'Académie, était un marché d'amour. Il y avait encore des tombeaux, mais les Tuileries intérieures étaient réservées, en principe, aux citoyens morts pour la patrie ou aux riches qui avaient des concessions. Avec les autres, on pouvait en prendre plus à son aise. Ephestion évoqua une scène assez curieuse que leur avait raconté Aristote, d'après des mémoires historiques, et qui s'était déroulée dans ces Tuileries extérieures : Thémistocle, en présence d'une foule immense, y était arrivé un matin sur un char, que traînaient quatre courtisanes du Pirée.

Le mur d'enceinte, peint à la chaux, portait les inscriptions des amants : « Une telle est belle », « Un tel est beau ». Ils se tenaient dans le voisinage pour surveiller l'effet produit sur ceux et sur celles qui venaient, chaque jour, s'informer des hommages qu'on leur adressait. Parfois, les amants traçaient leur propre nom à côté de celui de l'objet de leur amour. Ayant remarqué des tablettes suspendues à des arbres, Alexandre demanda si c'étaient encore des déclarations amoureuses. « Pas du tout, par Jupiter ! dit Phrynon. Ce sont, au contraire, des sentences condamnant des femmes libres pour une faute contre la décence ou la pudeur : par exemple, le fait d'être sorties dans la rue sans être accompagnées d'une esclave ou la tête non recouverte d'un voile, ou, la nuit, sans être escortées. Les femmes libres sont observées de très près. Et cependant la loi ne punit que d'une amende de cent drachmes le viol de l'une d'elles. — C'est comme pour le viol d'un garçon libre », dit Alexandre, se souvenant de ce qu'avait déclaré Dinarque à Corinthe. On remarquait des courtisanes de la classe distinguée qui se promenaient en robes à fleurs et les cheveux blonds. Les prostitués masculins n'avaient pas de tenue attitrée, mais on les distinguait aisément à leur visage fardé, à leurs cheveux lustrés et aux tuniques d'étoffe mince qui leur serraient la taille pour faire mieux ressortir leurs rondeurs. Privés des droits civiques, ces prostitués n'étaient pas moins, comme les courtisanes, sous la protection de la loi dans l'exercice de leur métier. Le discours d'Eschine *Contre Timarque* faisait mention d'un cas mémorable : Diophante, orphelin, recourut au magistrat protecteur des orphelins pour se faire payer quatre drachmes que lui devait un étranger récalcitrant auquel il avait accordé ses bonnes grâces.

Phrynon, qui avait dit ce détail, connaissait tous les pédérastes vertueux énumérés par Eschine à l'appui de sa défense de la noble pédérastie : Criton, homonyme du disciple de Platon, Périclide, Polimagène, Pantaléon et le coureur Timésithée. Il confirmait ce que l'orateur avait proclamé à leur sujet : qu'ils avaient été, « non seulement les plus beaux de leurs citoyens, mais de tous les Grecs, qu'ils avaient eu les amants les plus nombreux et les plus sages et que nul ne les en avait jamais blâmés ». — Ceux-là, dit Autolyque à son père, ce sont les grands pédérastes de ta génération. Eschine n'a pas oublié ceux de la mienne et qui sont, naturellement, de mes intimes. Il a nommé, parmi les beaux garçons qui honorent la pédérastie, le jeune coureur Anticlès, Phidias, frère de Mélésias, et même un Timarque, neveu du général Iphicrate et fils de notre compatriote Tisias de Rhamnonte. Lorsque, durant la représentation d'une comédie aux bacchanales de la campagne, à Collyte, a-t-il dit, l'acteur Parménon avait prononcé un vers sur « les grands infâmes, à la Timarque », personne n'avait regardé le jeune garçon, mais tous l'avaient rapporté au Timarque de Démosthène. Comme la plaidoirie a été prononcée il y a cinq ans, ces trois éphèbes, mes aînés de quatre ans, sont au service militaire. »

Le cortège s'était groupé à l'entrée de cette région des Tuileries. Sur des pelouses écartées, voire sur des pierres tombales, des courtisanes et des garçons se livraient à l'amour, plus ou moins dissimulés par les monuments ou les arbres. Cela prouvait, dit le grave Léonidas, que les mœurs des Cyniques gagnaient la population athénienne. « Certes, dit Phrynon, les Cyniques appellent le coït en public « le mariage des chiens ». Mais remarquez que vous n'apercevez aucune nudité des parties en cause : il est de règle d'opérer sous la robe ou sous le manteau. Les disciples de Diogène n'imitent pas l'impudeur totale de leur maître : eux aussi se couvrent de leurs manteaux lorsqu'ils forniquent ou qu'ils se masturbent. » Phrynon ajouta que ces pratiques avaient été de tout temps celles d'Athènes : Hippias et Hipparque permettaient qu'après les festins publics où ils réunissaient les trois classes de citoyens, y compris les courtisanes, on allât fêter Vénus dans les jardins. « En somme, dit Alexandre, les Grecs de Xénophon ne voyaient pas un spectacle tellement extraordinaire, quand ils arrivèrent chez les Mossynèques, en Asie mineure. Il nous dit que les hommes de ce peuple « cherchaient à s'unir ouvertement aux courtisanes que menaient les Grecs, car c'était leur loi ». Il les déclare « les plus barbares » qu'il ait rencontrés dans toute l'expédition, et « les plus éloignés des lois helléniques. En effet, ils faisaient au milieu de la foule ce que les autres hommes font dans la solitude ». Voilà les mœurs des Mossynèques transplantées à Athènes. — Peut-être Diogène les avait-il apprises chez eux, déclara Léonidas, puisque Sinope, où il est né, en Paphlagonie, est voisine du Pont, où habitent les Mossynèques. »

Ephestion montra deux jeunes gens qui, à l'abri d'un fourré, épiaient ces ébats avec un intérêt manifeste, mais avec une relative décence. « Qu'est-ce qui les empêche d'agir ? demanda Alexandre. — Ce ne sont pas des prostitués, dit Autolyque. Ils ont peur des magistrats, que nous appelons des sages et qui, âgés de plus de quarante ans, ont pour mission de surveiller les éphèbes de chaque tribu. — Ceux-là dont la fonction, d'après Aristophane, est « d'inspecter les anus », dit Alexandre en riant. — Oui, dit Autolyque, et c'est une de nos magistratures remplies avec un certain zèle. Les garçons plus jeunes relèvent seulement de leurs pédagogues. — Au fond, dit Alexandre, Athènes est, malgré les apparences, une ville très morale. — Nous avons également des magistrats « inspecteurs du vin », dit Phrynon. Ils sont chargés de s'assurer que l'on ne mouille pas le vin des sacrifices et des repas publics et aussi que l'on ne dise pas trop d'obscénités dans les banquets. Sur ce dernier point, leur tâche serait si rude qu'ils ont renoncé à s'en acquitter. »

On arrivait à l'Académie. Ce lieu avait été donné au héros Académus par Castor et Pollux, en récompense du service qu'il leur avait rendu : il leur avait indiqué où Thésée avait caché leur sœur Hélène. Alexandre était ému de connaître l'école célèbre d'où son maître était sorti et dont le fondateur avait laissé un nom que celui d'Aristote commençait d'éclipser. Autolyque cueillit un brin de myrte et le donna à Alexandre pour qu'il le déposât sur l'autel de l'Amour, construit à l'entrée. Cet autel avait été offert par Charmus, amant d'Hippias, le fils de Pisistrate, et c'était le premier que l'on eût dédié à l'Amour dans Athènes. Il était remarquable que cette innovation fût venue d'un amour pédérastique. Sur certaines monnaies athéniennes, figurait, à côté de la chouette, une petite image de l'Amour on l'interprétait comme une référence à l'amour des éphèbes. Alexandre lut l'inscription que portait le socle de la statue : « Amour, fertile en ruses, cet autel t'a été élevé — Par Charmus, à la limite ombragée du gymnase. » Une des ruses de l'Amour avait consisté à faire épouser Hippias par la fille de Charmus.

Le gymnase avait précédé l'Académie. L'ombrage était fait d'ormeaux, de platanes et d'oliviers, les plus anciens de l'Attique avec l'olivier de la citadelle. Le fils de Miltiade, Cimon, constructeur des longs murs, avait planté partout des arbres et amené à l'Académie des eaux qui en entretenaient la végétation. L'arbre de Minerve était, d'ailleurs, l'ornement des chemins autour d'Athènes, comme il l'était des rues et des places de Munychie.

Une statue de Platon, œuvre du sculpteur Silanion, était consacrée aux Muses par « Mithridate de Perse, fils de Rhodobate ». « Le génie de Platon a attiré même un Perse ! » s'écria Alexandre. Léonidas rappela le Cyrénéen Annicéris et précisa que le philosophe avait eu également, parmi ses disciples, un Chaldéen.

En dehors des autels de l'Amour, d'Hercule, de Vulcain et de Mercure, Alexandre salua celui de Prométhée, où les coureurs avaient allumé leurs flambeaux. Cet autel lui permit de faire une discrète allusion à la plaisanterie de la nuit dernière. (Autolyque lui avait confié que les autels d'Epaphos et de Polybe avaient allumé et éteint son flambeau deux fois chacun. « Par Hercule, lui avait dit Alexandre, tu as trois phallus, comme ton concitoyen Alcibiade. ») On visita le petit temple des Muses, élevé par Platon, et dans lequel se trouvaient les statues des Grâces. C'est là qu'Alexandre imaginait, avec Ephestion, cet homme divin donnant à Agathon le baiser rendu immortel par une de ses épigrammes ou songeant à Dion de Syracuse qui, disait-il dans une autre épigramme, avait « affolé son cœur d'amour ».

Devant l'édifice de l'Académie, étaient assis, en train de discourir ou de lire, les disciples du deuxième successeur de Platon, Xénocrate de Chalcédoine, l'ancien compagnon d'Aristote à Assos. Il avait correspondu, naguère, avec le roi d'Epire, Arybbas, l'oncle d'Olympias. Puis, il avait fait partie d'une ambassade envoyée à Philippe, mais avait refusé de voir le roi pour n'être pas obligé d'en accepter les présents. La visite d'Alexandre parut néanmoins le flatter. « Tu as les leçons d'Aristote, lui dit-il, mais un jour j'écrirai à ton intention mes remarques sur la royauté. Cela ne signifie pas que j'attende de toi une faveur quelconque. » Son aspect hirsute et bourru expliquait le mot que lui avait dit Platon : « Sacrifie aux Grâces. » Sans doute dépassait-il son maître par sa rigueur morale. Il était pieds nus et son manteau semblait emprunté à Diogène. Alexandre ne s'étonnait pas de l'antipathie qui avait fini par se développer entre Aristote et Xénocrate, au point qu'ils s'étaient battus à coups de poing . Aristote était un homme

élégant, bien rasé, bien vêtu, aux doigts chargés de bagues comme
Démosthène, et qui cédait à la volupté. Tout en l'écoutant parler
philosophie, évoquer Platon, rappeler son voyage à Pella, Alexandre
songeait aux histoires de Xénocrate qu'on avait narrées en chemin. Pour
l'obliger de sacrifier à Vénus, ses disciples lui avaient fait la surprise de
mettre Phryné dans son lit, — selon certains, ce fut Laïs, — mais elle n'eut
pas plus de succès que Callixène avec Alexandre. Elle raconta qu'elle avait
« couché avec une statue et non avec un homme ». Il est vrai qu'un de ses
disciples tenait lieu à Xénocrate de Laïs et de Phryné. Les magistrats
avaient pour lui tant de respect qu'ils le dispensèrent du serment pour une
déposition. Cependant, il venait d'être attaqué en justice par sa femme
parce qu'il n'accomplissait plus le devoir conjugal. « Une des lois de Solon
nous oblige, au moins théoriquement, avait dit le père d'Autolyque en
relatant ce fait, à contenter nos épouses trois fois par mois. Xénocrate fut
absous et sa femme ridiculisée, car il avait répondu que la loi de Solon ne
précisait pas de quelle manière on devait contenter sa femme : quant à lui,
il était à la disposition de la sienne, si elle voulait être contentée par-
derrière. » Ses disciples l'aidaient à sauvegarder une règle spéciale de sa
pudeur : le chef de l'Académie ne touchait jamais sa verge quand il urinait ;
l'un d'eux la lui tenait. « Tes mains sont pures, lui avait dit Aristote, mais
ton regard est plein d'impureté. » Indépendamment de cette question, on
affirmait que Xénocrate était insensible aux blessures et aux brûlures sur
ses parties.

Il conduisit Alexandre jusqu'au vieux Speusippe de Myrrhinonte, qui
avait été le premier successeur de Platon et qui, perclus de maux et dévoré
de poux, comme l'avaient été le divin Platon lui-même et Phéricyde de
Syra, l'un des sept sages, avait confié la direction de l'Académie à
Xénocrate. Cet insigne philosophe avait séjourné quelque temps à Pella et,
faute d'être choisi pour précepteur d'Alexandre, avait recommandé son
disciple Antipater de Myonie, comme Isocrate avait recommandé deux des
siens. Il avait accompagné Platon à son premier voyage en Sicile et l'on
disait qu'il buvait ferme à la cour de Denys. Un jour, il avait gagné une
couronne d'or, enjeu offert par le tyran à celui qui boirait le plus vite trois
litres de vin pur, mais il l'avait mise ensuite sur la tête du Mercure qui était
dans le vestibule et qu'il avait l'habitude de couronner de fleurs. Il n'avait
pas moins encouragé Dion à retourner à Syracuse pour renverser Denys le
Jeune. C'est également lui qui avait placé, dans le temple des Muses de
l'Académie, les statues des Grâces, peut-être en mémoire du mot de Platon
à Xénocrate. Son état présent s'accordait mal avec le surnom que lui avait
donné jadis Timon le Misanthrope : le Réjoui. Alexandre s'inclina devant
le grabat de Speusippe. Tout en vénérant ce vieillard et en le remerciant
d'avoir voulu lui procurer un maître, il ne pouvait que se féliciter du choix
fait par son père Il ordonna au grave Léonidas de faire envoyer, de Pella,

les meilleurs onguents que pourraient préparer les médecins de Philippe contre cette maladie pédiculaire qui menaçait de conduire prématurément au tombeau, l'un après l'autre, les chefs de l'Académie. On écrirait aussi au fameux Ménécrate de Syracuse, que l'on avait revu à Olympie. Speusippe avait déclaré que l'onguent à l'osier vert, si connu des matelots et des courtisanes, était resté inefficace, de même que l'ellébore.

Alexandre déposa une couronne de laurier, tressée par Autolyque, sur le tombeau de Platon, autre ornement de l'Académie. Il le fit et en son nom et au nom de son père, qui chérissait la mémoire de Platon à cause de la lettre de ce philosophe à Perdiccas, et qui lui avait rendu les honneurs funèbres comme à un membre de sa famille. Le roi disait, à ce sujet, — et c'était bien l'avis d'Alexandre, — qu'il avait prouvé ainsi son amour de la philosophie, car Platon, si bienveillant à l'égard de Perdiccas III, avait dans *la République* et dans *Théagès,* comparé Perdiccas Ier aux tyrans Périandre et Hippias, et, dans *Gorgias,* dit des horreurs d'Archélaüs. Selon lui, ce roi, fils naturel de Perdiccas Ier et d'une esclave, avait fait égorger son oncle Alcétès, dépouillé du pouvoir par Perdiccas, et son jeune cousin Alexandre, fils d'Alcétès, puis jeté dans un puits le fils légitime de Perdiccas, âgé de sept ans. Il dit à sa mère Cléopâtre « qu'en poursuivant une oie, l'enfant y était tombé et y était mort ». Un pareil récit avait serré le cœur du fils de Philippe, à cause de ces noms d'Alexandre et de Cléopâtre. Il s'insurgeait contre la conclusion de Platon : que le roi Archélaüs avait surpassé en injustice tous les gens de la Macédoine et qu'il était, par conséquent, « le plus malheureux de tous les Macédoniens, de manière que n'importe lequel des Athéniens aurait accepté d'être n'importe lequel des Macédoniens, plutôt que d'être Archélaüs ». Comme son père, en effet, Alexandre estimait peu probable que ce roi, ami des arts, eût commis de tels crimes : c'était sans doute une invention de la calomnie athénienne. Philippe, pour y répondre, sans en vouloir à Platon de s'en être fait l'écho, avait nommé son plus illustre disciple précepteur d'Alexandre. Et c'est aussi pour y répondre qu'Alexandre avait accompli cette visite : il oubliait la calomnie, il révérait le génie.

En sortant de l'Académie, les Macédoniens, leurs hôtes et leur escorte rencontrèrent un vivant commentaire de la lettre de Platon à Perdiccas conservée à Pella : c'était Euphréus, disciple du philosophe, qui l'avait dépêché jadis au roi de Macédoine pour lui donner des conseils sur le gouvernement et qui vantait ses mérites dans cette lettre. Euphréus s'était brouillé avec Philippe, après la mort de Perdiccas, et était devenu, à Athènes, un des chefs de la résistance hellénique à la Macédoine. Il salua froidement Alexandre, Léonidas et Phrynon. A l'Académie, comme partout à Athènes, la philosophie et l'art oratoire produisaient deux courants contraires d'intérêts et de vues politiques.

Le premier édifice à l'intérieur de la ville était celui où l'on rangeait tout ce qui était utilisé pour la pompe des fêtes de Minerve. Phrynon invita Alexandre à visiter le temple de Cérès, qui en était voisin et qui renfermait trois statues de Praxitèle : la déesse, sa fille Proserpine et l'enfant Iacchus tenant un flambeau. Près du quartier des Tuileries, il montra un portique, consacré à Bacchus et rempli de statues. On l'avait élevé sur la maison détruite de Poulytion, l'ami d'Alcibiade, chez qui s'était déroulée la parodie sacrilège des mystères d'Eleusis, à la suite de laquelle furent coupés les têtes et les phallus des termes de Mercure dans les rues d'Athènes. Cet incident fâcheux avait paru un mauvais présage aux Athéniens pour leur expédition en Sicile, car Alcibiade, l'un des sacrilèges, était un des chefs de cette expédition : bien que la prêtresse Théano eût refusé de la maudire, il n'échappa à la mort, que grâce à son absence, et prit la fuite en Italie méridionale, lorsque les Athéniens lui eurent envoyé la galère sacrée, dite la Salaminienne, qui servait à ramener les généraux destitués et à porter les offrandes et les chœurs de garçons à Délos.

Cette affaire des « coupeurs de Mercures », comme on appela ces sacrilèges, intéressait Alexandre. Il en savait les détails conservés par Thucydide, et aussi ce qu'en avait dit Andocide, qui y avait été compromis. Cet orateur, membre de la famille sacerdotale des Céryces, qui se partageait, avec les Eumolpides, la prêtrise des mystères d'Eleusis, avait semblé doublement coupable. Son discours *Sur les Mystères,* prononcé plus tard à une autre occasion, était célèbre à Athènes dans les écoles d'éloquence. Il s'innocenta en avouant qu'il aurait dû participer aux mutilations, mais que, victime d'un accident de cheval, il en avait été empêché : le seul Mercure non mutilé, était proche de sa demeure. En revanche, il avait dénoncé les vrais coupables et confondu le nommé Dioclide, qui avait profité de l'occasion pour calomnier tous ses ennemis. Ce Dioclide avait juré qu'un de ses esclaves, se rendant aux mines du Laurium, à la clarté de la lune, la nuit où avait été commis le sacrilège, en avait vu par hasard les auteurs, dont les visages lui étaient familiers. C'est ainsi qu'Andocide, son père et huit de ses cousins avaient été arrêtés, avec trente autres citoyens du premier rang, et « l'on conduisit l'auteur de ces maux, Dioclide, comme sauveur de la cité, couronné, sur un char, à l'hôtel de ville, où il soupa ». On prouva ensuite qu'il n'y avait pas eu de lune la nuit du sacrilège. Dioclide fut condamné au supplice de la roue. Le peuple avait considéré cette mutilation des Mercures comme une tentative de renverser le gouvernement populaire. Pendant l'enquête, les Athéniens et les habitants du Pirée avaient été rassemblés en armes sur divers points et le sénat avait passé la nuit sur la citadelle.

Socrate, qui s'était dit averti par son démon familier, et l'astrologue Méton avaient déconseillé cette guerre contre Syracuse, qui devait être si funeste. Il y avait eu un autre mauvais présage que la mutilation des Mercures : le jour fixé pour le départ, la ville était remplie de décors funèbres, à l'occasion des fêtes de la mort d'Adonis, que les femmes célébraient. Tous ces souvenirs traversaient l'esprit d'Alexandre, devant les Mercures auxquels on avait remmanché un sexe.

On voyait, suspendues à quelques portes, avec la branche d'olivier entourée de bandelettes, des têtes de bœufs ornées de fleurs et de rubans : c'était pour témoigner que le propriétaire de la maison avait offert cet animal en sacrifice. Chez un pâtissier, un pauvre achetait un petit gâteau en forme de bœuf, qui tiendrait lieu de la même offrande. A de nombreux seuils, étaient suspendues aussi des couronnes de fleurs et de feuillages. Autolyque dit que c'étaient les cadeaux des amants qui écrivaient sur les murs des Tuileries ou faisaient écrire sur des vases qu'ils donnaient à l'objet de leur amour : « Un tel est beau », « Une telle est belle ». Dans ce dernier cas, il ne s'agissait que de courtisanes. Encore ne leur offrait-on pas de vases. Pour les garçons, tous ces hommages étaient admis, sous prétexte qu'ils leur exprimaient un amour platonique.

On dut s'écarter pour laisser passer un grand troupeau de chèvres, que menait un homme, couronné d'olivier. « Nous sommes encore dans les sacrifices, dit Phrynon. Ce sont quelques-unes des cinq cents chèvres que l'on offrira à Diane, le 12 septembre, en souvenir de la victoire de Marathon. Des messagers spéciaux les rassemblent dans les diverses circonscriptions de l'Attique. Les Athéniens avaient fait vœu d'offrir, chaque année à la déesse, autant de chèvres qu'ils auraient tué de Perses. Mais attendu le nombre des morts, — six mille quatre cents, — il aurait fallu tuer toutes les chèvres de l'Attique. Après consultation de l'oracle de Delphes, on réduisit le nombre des victimes annuelles au douzième. »

Les petites rues qu'ils suivaient, non sans gêner les piétons et en soulevant parfois des nuages de poussière, prouvaient bien qu'Hippodame de Milet n'avait pas refait le plan de la capitale. « Si nous n'avions pas un héraut de la ville pour nous précéder, dit Phrynon, nous serions couverts d'autant d'injures, avec tous nos chevaux, que nous couvrons les gens de poussière. — Heureusement que l'on me prend simplement pour un étranger, dit Alexandre. Tes compatriotes ne m'ont pas encore deviné. C'est sans doute parce que Minerve m'a enveloppé « de beaucoup de brouillard », comme Ulysse arrivant à Corfou, « afin qu'aucun des magnanimes Phéaciens, l'ayant rencontré, — Ne lui adressât des paroles injurieuses et, ne lui demandât qui il était ». — On m'a dit que les Athéniens t'avaient injurié à Olympie, déclara Phrynon : aucun d'eux ne t'injurierait à Athènes. D'ailleurs, Démosthène, du moment que tu ne vas pas à l'assemblée, a eu la discrétion de ne pas signaler ta présence ; mais plusieurs Athéniens savent que tu es chez moi et les gens du Pirée ont dû parler de ton navire. »

Comme Phrynon l'avait annoncé, rares étaient les maisons qui ne fussent pas d'un aspect modeste. La plupart des balcons avaient été supprimés, depuis que le général Iphicrate les avait fait taxer. Le contraste n'était que plus grand avec les maisons des riches, surtout situées dans le quartier des Tuileries, et avec les monuments. L'avantage restait donc, pour l'urbanisme, à la capitale de la Macédoine. De même, Alexandre observait combien l'eau était rare : alors que Pella était riche en fontaines, les Athéniens n'en avaient guère qu'une d'importante, œuvre de leur tyran lettré Pisistrate, — la fontaine aux Neuf bouches, située, dit Phrynon, au bas de la colline de la Pnyx où se tenait l'assemblée du peuple. Hors trois autres fontaines, dont l'une était dans les flancs de la citadelle, il n'y avait que des puits, et cela expliquait la quantité de porteurs d'eau qui circulaient : ils s'approvisionnaient aux quatre rivières d'Athènes, l'Ilisus, l'Eridan, le Céphise et le Sciron.

L'étroitesse de ces rues et l'insalubrité de ces maisons expliquaient la peste qui avait dépeuplé Athènes sous Périclès, — lui-même en mourut. A cause de la guerre, il avait obligé tous les habitants de l'Attique à se réfugier dans la capitale et cet entassement de gens affaiblis produisit ce fléau.

Pourtant, quelque étroites qu'elles fussent, ces rues avaient vu passer Alcibiade, Socrate, Phidias, Zeuxis, Sophocle, Euripide. C'était évidemment une rue peu large que celle que Socrate avait barrée de son bâton, quand il avait arrêté le jeune Xénophon pour lui demander « où l'on achetait les choses nécessaires à la vie ». — « Au marché », avait répondu le jeune homme. — « Et où l'on pouvait devenir honnête homme... » — « Suis-moi, avait ajouté Socrate, et tu l'apprendras. » Alexandre évoqua le tombeau de Corinthe, devant lequel il s'était souvenu de cette scène.

A presque tous les carrefours, des nouveau-nés gémissants étaient exposés dans des corbeilles ou dans des marmites sur la terre nue et même parfois sur un tas d'ordures, pour mieux exciter la pitié. Ainsi faisaient les parents qui ne les jetaient pas tout de suite à la mer, une pierre au cou. L'un de ces nouveau-nés était mort, et des chiens achevaient de dévorer le petit cadavre : un esclave public les dispersait pour recueillir les restes et les ensevelir aux frais de l'Etat, car ils avaient droit aux honneurs funèbres. Ceux qui avaient l'intention de recueillir ces enfants, vérifiaient le sexe : les garçons étaient toujours de parents pauvres ; les filles, souvent de familles riches. Phrynon précisa que, les pères conservant un droit théorique sur les enfants qu'ils abandonnaient, peu de citoyens se dévouaient. Presque tous ceux qui ramassaient les plus jolis, d'un sexe ou de l'autre, étaient des patrons de lupanars ou des trafiquants d'esclaves : ils se préparaient des proies fraîches pour les transporter à l'étranger, surtout en Sicile, en en faisant perdre la trace. D'ailleurs, beaucoup de ces enfants étaient nés d'esclaves, que les maîtres obligeaient de s'en défaire, pour n'avoir pas à nourrir, pendant des années, des êtres improductifs.

Pas plus que ne l'avait été le spectacle de Corinthe, celui-ci n'était extraordinaire pour les deux jeunes voyageurs : on exposait aussi les enfants en Macédoine. Mais, ni la vente à l'étranger ni la noyade n'y étaient fréquents. La Macédoine, pays agricole et riche, restreignait ces conséquences de la vie des grandes cités et des pays aux maigres ressources Thèbes était la seule ville de la Grèce où l'on interdît d'exposer des enfants. Cette coutume était si générale à Athènes que Démosthène, dans une de ses plaidoiries, avait félicité une étrangère pour s'être débarrassée de son fils à peine né. A ce commentaire de Phrynon, Léonidas ajouta qu'Hésiode souhaitait « à la maison paternelle un seul fils ».

« Aristote, dit Alexandre, recommande l'avortement, comme un moyen d'éviter l'exposition ou l'infanticide. Mais moi, je voudrais instituer des asiles où ces enfants abandonnés seraient élevés par l'Etat et deviendraient ensuite des esclaves publics. » Phrynon déclara que, ce qui multipliait l'exposition chez les pauvres et les esclaves, c'est qu'ils ne pouvaient payer les services d'une avorteuse. Léonidas rappela que Platon, dans le *Théétète,* où parle Socrate, fils lui-même d'une sage-femme, précise que ce métier ne consiste pas seulement à administrer des remèdes ou à prononcer des paroles magiques pour faire accoucher, mais aussi pour faire avorter. Du reste, le divin Platon admettait également le meurtre des enfants mal constitués, comme le pratiquaient les Spartiates, et même celui des enfants incorrigibles. « Aristote, dit Ephestion, affirme que Minos, le législateur de la Crète, prôna la pédérastie pour amoindrir la natalité. A cet égard, Platon n'a prêché que d'exemple ; mais, pour les nouveau-nés en surnombre de sa *République,* il conseille tout simplement de les enterrer « dans un lieu interdit et secret ». » Phrynon déclara que l'injure de « parricide » était sévèrement punie par la loi, tandis qu'il était normal d'être infanticide.

Un peu avant la place, étaient le temple de Vénus Conductrice, — Alexandre apprécia l'épithète de la déesse —, et celui du Peuple et des Grâces. Au premier abord, il jugea cette union bizarre ; à la réflexion, il l'estima flatteuse pour Athènes, qui voulait de la grâce jusque dans les choses du peuple, — et c'est sans doute ce qui inspirait le goût de l'élégance à ses poètes et à ses orateurs.

On descendit de cheval, à l'entrée de la place, pour ne pas gêner la foule et pour faire la visite à pied. Le premier arrêt fut au portique peint, où était le fameux tableau de *la Bataille de Marathon,* œuvre de Panénus.

Pour Alexandre, si épris de gloire, ce fut quelque chose de piquant d'entendre que les Athéniens avaient refusé une couronne à Miltiade, leur général, et lui avaient accordé uniquement d'être représenté en train d'exhorter ses soldats. « Tu auras une couronne, lui dit Socharès de Décélie, forteresse de l'Attique, lorsque tu repousseras tout seul les barbares. » Tant de fierté pour cette bataille expliquait à Alexandre qu'Eschyle, en rédigeant d'avance son épitaphe, n'eût pas fait la moindre allusion à ses tragédies, mais uniquement à sa vaillance « dans la plaine de

Marathon ». Le même orgueil collectif avait empêché Thémistocle et Aristide, qui avaient, eux aussi, sauvé la république, de recevoir une couronne de laurier. Euripide avait traduit cette mentalité dans *Andromaque* : « Quand une armée élève des trophées sur les ennemis, — L'ouvrage n'est pas considéré comme celui des soldats qui ont été à la peine, — Mais le général obtient la renommée. » Cette gloire, les Athéniens s'employaient à la diminuer. Pourtant, Alexandre fit observer que leur démagogie les élevait au niveau de l'aristocratie, en ce qu'ils se regardaient comme les égaux des plus grands. C'était aussi par aristocratie qu'on avait ordonné à Zeuxis de peindre le portique où l'on vendait de la farine.

Sous un autre, Alexandre lut une inscription à la gloire des Athéniens qui, à Eion, au bord du Strymon, avaient vaincu les Perses. Eion, port d'Amphipolis, appartenait aujourd'hui à Philippe. « C'est Cimon, dit le grave Léonidas, qui s'empara de la ville en détournant le cours du fleuve pour en saper les murailles. » Alexandre fut heureux de voir, devant le portique royal, au nord-ouest de la place du marché, la statue en bronze de Pindare : le poète de Thèbes était assis, vêtu d'une longue robe, une lyre à la main, une couronne sur la tête, ses livres fermés sur les genoux. Ce portique s'appelait ainsi, parce que le second des neuf magistrats supérieurs d'Athènes, — le premier donnait son nom à l'année —, et qui avait le titre de « roi », y tenait ses audiences. La démocratie athénienne honorait de la sorte le souvenir de Codrus, dernier monarque d'Athènes, et ancêtre paternel de Platon, qui s'était immolé pour le salut de son peuple, un oracle ayant prédit la victoire à cette condition. C'est dans cette famille que les fonctions de magistrat-roi étaient héréditaires. Du reste, toutes les autres magistratures, bien que désignées par le sort, étaient peu soucieuses d'égalité. Jusqu'à une date récente, il fallait, pour y prétendre, avoir des ascendants citoyens jusqu'au troisième degré, dans la ligne paternelle et dans la ligne maternelle. A présent, elles étaient ouvertes même aux fils de citoyens naturalisés. Mais on devait posséder une certaine fortune, honorer les dieux de la cité, Apollon Paternel et Jupiter Protecteur de la clôture, s'être acquitté de toutes ses obligations envers ses parents et avoir combattu pour la république. Un tableau d'Euphranor, — *Thésée avec le Peuple athénien,* — ornait ce portique royal et prouvait l'art du peintre, aussi parfait ciseleur que sculpteur.

Phrynon déconseilla, par discrétion, la visite de l'hôtel de ville. « Voilà donc, lui dit Alexandre en riant, le lieu où tu seras nourri aux frais du trésor public, lorsque mon père sera maître d'Athènes. — J'espère, dit Phrynon, que vous m'y ferez meilleure chère que ne fait notre démocratie : être nourri par l'Etat, cela consiste à recevoir un fromage, un pain dont la farine a été détrempée de vin, des olives noires et des poireaux. — Je ne m'étonne pas, dit Léonidas, que les deux auteurs gastronomes, Philoxène de Cythère et Philoxène de Leucade, aient préféré la table de Denys l'Ancien à celle de la Minerve athénienne. »

Nul ne pouvait ignorer les lois de Solon, même relatives au devoir conjugal : elles étaient encadrées sous un portique du marché, gravées sur des tables de bois mobiles. Mais il n'y avait pas le conseil d'aimer les jeunes garçons. Cratinus disait irrespectueusement, dans une de ses comédies, que ces tables étaient bonnes « pour frire le millet ». Phrynon montra les plaques de pierre qui portaient les lois plus récentes et, entre autres, celles qui défendaient aux Athéniens, sous peine de mort, de vendre des armes à Philippe, — le décret de Timarque. On voyait également à part les textes de deux lois contradictoires : le peuple était invité à en prendre connaissance et voterait ensuite laquelle il voulait conserver. Cet usage était courant, dit Phrynon, les démagogues faisant voter des lois qui contredisaient sans cesse des lois précédentes.

Solon, du reste, avait fait exprès un certain nombre de ses lois assez obscures pour qu'on fût obligé de recourir aux juges, qui étaient choisis alors parmi les riches. Il se vantait d'avoir « donné le pouvoir au peuple et mis le riche à couvert des insultes du pauvre, de manière qu'aucun n'opprimât l'autre ».

« Salue l'autel de la Renommée, dit Phrynon à Alexandre. — Et aussi l'autel de la Pudeur », ajouta le grave Léonidas. Une ravissante statue de bronze de Mercure, au centre de la place, était barbouillée de poix. « Maintenant, salue ton héros, dit Autolyque à Alexandre : c'est Alcibiade. — On ne respecte ni son charmant visage ni ses formes harmonieuses, dit Phrynon, mais c'est afin de mieux rendre hommage à sa beauté : les sculpteurs ont la permission de mouler tout ou partie de la statue, soit pour en faire des copies, soit pour exercer leurs élèves et, à cet effet, l'enduisent de résine. Ainsi chacun peut avoir chez soi les fesses d'Alcibiade. »

Devant le temple d'Apollon Paternel, était une statue de ce dieu par Léocharès et une autre par Euphranor. Alexandre fit observer combien elles étaient plus belles qu'une troisième, dont l'auteur était Calamis, le contemporain de Phidias. « La plus belle statue que vous ayez au palais royal de Pella, dit Phrynon, c'est celle de Léocharès qui représente *l'Aigle enlevant Ganymède,* mais sa statue de Vénus, qui lui tient compagnie, est aussi digne d'admiration. — J'étais destiné à être ton ami, Alexandre, dit Autolyque. Léocharès a fait, à Athènes, la statue imaginaire de mon homonyme, le mignon de Callias, qui te plaît autant qu'à moi dans le *Banquet* de Xénophon. Cette statue est à l'hôtel de ville. — Une anecdote concernant cet Autolyque, dit Phrynon, doit t'instruire, Alexandre, sur le caractère des Athéniens et t'aider à comprendre un Démosthène. Lorsque vingt ans après le banquet de Callias, Athènes fut prise par Lysandre, elle reçut, comme tu sais, un gouverneur spartiate, Callibius, avant l'institution des trente tyrans. Ce personnage eut une discussion avec le bel Autolyque et le menaça de son bâton. Autolyque, toujours athlète et qui n'était plus un enfant, saisit à bras-le-corps le gouverneur, le leva en l'air et le jeta de toutes ses forces contre le sol, où il se fit très mal. Lysandre donna raison à l'athlète, en priant le gouverneur de se rappeler qu'il dirigeait une cité où les hommes étaient libres. Autolyque ne fut pas moins livré au bourreau, peu après, par les trente. »

Au sud de la place, s'élevait l'édifice du sénat, où il était aussi difficile à Alexandre de pénétrer que dans l'hôtel de ville. Un drapeau blanc sur lequel était brodé une chouette, y flottait, ce qui indiquait qu'il n'y avait pas séance : on le retirait, quand les sénateurs siégeaient. En face, étaient alignées les statues des dix héros qui présidaient aux dix tribus athéniennes. Ils avaient été choisis sur une liste de cent par l'oracle de Delphes. Phrynon indiqua la statue d'Acamas, héros de la tribu Acamantide, à laquelle Autolyque et lui appartenaient ; Périclès en avait été membre. C'était une des tribus les plus considérées, Acamas étant fils de Thésée. Autolyque fit remarquer la statue d'Ajax, héros de la tribu des Æantides, dont sa mère était originaire. En l'honneur de ce vaillant guerrier de Troie, cette tribu n'était jamais placée la dernière dans les chœurs des fêtes de Bacchus. Harmodius et Aristogiton l'avaient également illustrée, ainsi qu'Alcibiade. Elle se vantait d'être la plus intrépide dans les combats : les cinquante-deux Athéniens tués à la bataille de Platée, étaient tous des Æantides. Alexandre fut content de voir cette promesse de courage chez un garçon qui lui inspirait tant de sympathie et qu'il voulait joindre à son bataillon. Pour son compte, il aurait pu être de la tribu Antiochide qui remontait à Antiochus, l'un des fils d'Hercule. Elle avait été celle de Socrate et d'Aristide : cette communauté d'ancêtre avait peut-être fait que Myrto, fille d'Aristide, avait été la seconde femme de Socrate, déjà pourvu de la terrible Xanthippe. Ce double mariage, curieux chez un philosophe et surtout chez celui-là, était un des rares cas de bigamie ayant existé à Athènes.

C'est devant les images de ces héros des tribus que l'on affichait les propositions de décrets contre les citoyens accusés d'indignité nationale. Celui qui les en accusait et qui n'obtenait pas un cinquième au moins des suffrages à l'assemblée du peuple, était condamné à une amende de mille drachmes ou à l'exil lorsqu'il ne pouvait payer. Euctémon, ami de Midias, l'ennemi de Démosthène, avait ainsi accusé l'orateur d'avoir abandonné son poste, durant la guerre d'Eubée, ce qui eût interdit à celui-ci l'exercice de ses droits civiques et l'accès à la tribune. Mais, grâce aux efforts de Démosthène, la proposition fut retirée.

Il y avait, en outre, deçà et delà, les innombrables statues des autres héros d'Athènes ou de l'Attique, — cent soixante-quatorze en tout, dit Phrynon Presque chaque bourgade, comme Colone, avec le héros Colonus, et Marathon, avec le héros Marathus, honorait la divinité inférieure dont elle portait le nom, de même que l'Académie vénérait le héros Académus. Les principales statues étaient, en dehors de celles-là, celles des fondateurs de presque toutes les familles nobles, — les Eupatrides —, divisées en cinquante-neuf corporations : par exemple, le héros Boutès pour les Etéoboutades, tribu d'Eschine. « Que de héros ! dit Alexandre. — Ajoute, dit Phrynon, que nous avons ceux de chaque profession et qu'ils sont également statufiés : voici Amynus, héros des médecins, qui a son prêtre et qui reçoit presque autant d'offrandes qu'Esculape ; Matton, héros des boulangers ; Céraon, héros des cuisiniers ; Céramus, héros des potiers ; Cyamite, héros des marchands de fèves. — Tu ne m'as pas dit quel était le héros de ta famille », demanda Alexandre. Autolyque répondit avant son père : « Tu avoueras que les dieux font bien les choses, quand tu sauras que c'est celle de la Verge. Cette corporation des Eupatrides n'a pas de héros, mais tire son origine du cap de ce nom, qui est près de Phalère. Là se trouve le fameux temple de Vénus la Verge, dont la prêtrise appartient à notre corporation. — Par Vénus, s'écria Alexandre, tu as tout pour toi. »

Près du temple de Mars, était une statue de la Paix, avec Plutus enfant sur son bras gauche. Elle avait été sculptée par Céphisodote, père de Praxitèle. Phrynon et Autolyque furent les seuls à s'incliner, pour ne pas avoir un jour à combattre Alexandre. Non loin, se dressaient les statues d'Harmodius et d'Aristogiton, œuvres de Critias et de Nésiote. Les deux amants étaient représentés debout sur le même socle : Harmodius, jeune et charmant, drapé à demi, les fesses nues, le bras gauche tendu et, un peu en retrait, Aristogiton, nu, le bras droit levé. Alexandre admira une statue de Lysippe représentant un athlète, voisine de la fameuse *Génisse* de Myron, à propos de laquelle on racontait les mêmes histoires que pour les animaux de Corinthe et la jument d'Olympie : les veaux mugissaient en la voyant ; les taureaux voulaient la saillir ; les taons cherchaient à la piquer.

Une borne portait l'inscription : « Je suis la borne de la place ». Une autre borne était réservée aux hérauts : ils s'y juchaient pour lire les lois et les décrets, qui étaient tracés sur des peaux, avant d'être gravés dans la pierre. Le texte lu commençait toujours de la sorte : « Venez ici, tous les peuples... » C'était en hommage à Thésée, qui avait employé cette formule après avoir rassemblé à Athènes une grande partie des diverses populations de l'Attique. Ces bornes étaient à côté de deux statues dont l'inscription avait un autre prix aux yeux d'Alexandre : « Je suis *l'Iliade* », « Je suis *l'Odyssée* ». Une statue d'une extraordinaire beauté attira également son attention : c'était le Pâris d'Euphranor. Le berger de l'Ida, nu, coiffé du bonnet phrygien, une main tenant la pomme et appuyée sur l'une des pommes de son derrière, regardait de côté, sans doute dans la direction de Vénus, qui le séduisit en lui montrant le sien.

Ce quartier qui intéressait Alexandre par ses monuments, l'amusait aussi par son activité. Sous des tentes, étaient installés des marchands de denrées, comme à Olympie, qui criaient ce qu'ils avaient à vendre. La poissonnerie était fort achalandée, car les Athéniens étaient friands de poisson. Une fois, l'assemblée du peuple se vida instantanément, à la nouvelle que les éperlans étaient arrivés. Une autre fois, l'orateur Agoracrite avait fait voter une motion contraire à celle que proposait Cléon, rien qu'en annonçant que le prix de ces poissons avait baissé. Des marchands étaient groupés par métiers, le long des rues adjacentes, — potiers, quincailliers, ferronniers, fripiers, tanneurs, changeurs, teinturiers : ceux-ci faisaient sécher au soleil leurs laines et leurs étoffes multicolores sur de grandes perches. Entendant un homme du peuple se plaindre d'avoir payé un chapeau cinq drachmes et un ressemelage quatre drachmes, par suite de l'enchérissement de la vie, dû aux constructions navales, Léonidas déclara qu'elle était invariable en Macédoine.

Une officine de parfumerie et de médicaments appartenait au philosophe Eschine, que l'on appelait le Socratique, pour le distinguer du rival de Démosthène et parce qu'il avait été disciple de Socrate. Il était aussi orateur, mais de peu de succès. Imitant Aristippe, il était allé chercher fortune à la cour de Denys le Jeune et avait vécu à Syracuse jusqu'au départ du tyran. Il ne laissait pas de composer des ouvrages et des plaidoiries, en même temps que des remèdes et des parfums. Ses traités *Sur la richesse* et *Sur la mort,* ses discours sur *Alcibiade* et sur *Aspasie* l'avaient rendu moins célèbre qu'une préparation qui guérissait l'amygdalite et les ulcères avec de la cendre d'excréments. Parfois, il couvrait d'excréments frais la statue de Lysias, qui avait écrit contre lui un livre venimeux : *le Dénonciateur de figues.*

L'étrange métier désigné par ce mot et que Phrynon commenta pour l'instruction d'Alexandre, avait été primitivement celui des citoyens d'Athènes chargés d'empêcher les exportations de figues, ce qu'interdisait une très ancienne loi, puis celles de tous les fruits de la terre, ce qu'interdit Solon. Chaque année, on proclamait des malédictions et des imprécations à l'adresse des contrevenants. Les dénonciateurs de figues surveillaient aussi les enclos sacrés où l'on ne pouvait cueillir aucun fruit ni couper aucun arbre. Ces hommes étaient devenus peu à peu, en se donnant le surnom de « chiens du peuple », les dénonciateurs officiels des autres citoyens pour tous faits d'impiété, de fraude fiscale, d'inobservation des lois militaires. En ville, ils exerçaient un véritable chantage sur les riches, aux dépens desquels ils s'engraissaient, et constituaient un fléau public, soutenu par la populace. Comme Alexandre s'indignait de l'existence de tels individus, Phrynon lui dit de ne pas le crier trop fort : Démocrate, le descendant d'Aristogiton et grand ami de la Macédoine, était un dénonciateur de figues.

Quelques dignes Athéniens étaient suivis d'un esclave qui portait un pliant. Ils s'asseyaient ainsi devant les boutiques pour faire commodément leurs achats, ou dans un coin de la place pour bavarder. C'était le comble du luxe. Alexandre cita les vers des *Cavaliers,* que le Paphlagonien, rival du charcutier représentant Cléon, adresse au Peuple personnifié : « Accepte maintenant à ces conditions le pliant — Et un esclave aux beaux testicules qui te le portera — Et, quand cela te convient, fais de lui ton pliant. » Les plus riches étaient accompagnés aussi de leurs pique-assiette : ceux-ci écartaient la foule devant leurs pas, essuyaient le bas de leur robe pour en faire tomber la poussière et les repeignaient, si leur chevelure était dérangée par la brise. D'autres citoyens qui voulaient donner un banquet, discutaient avec des cuisiniers de louage, assis dans un coin de la place, au milieu de leurs aides et de leurs ustensiles.

On fit un arrêt au temple de Cybèle ou Mère des dieux, pour admirer sa statue, œuvre d'Agoracrite, l'élève et le mignon de Phidias. Puis, on revint un peu en arrière, pour voir un édifice nouveau : le temple de Thésée et de Vulcain, inauguré cette année même. Les bas-reliefs de la frise figuraient plusieurs travaux d'Hercule, l'ami de Thésée, et les gestes de celui-ci, surnommé « le second Hercule ». On admira notamment le combat des Lapithes et des centaures, invités aux noces de Pirithoüs, roi des Lapithes, dont les centaures voulurent violer l'épouse, Hippodamie : Thésée défendit vaillamment ce roi, qui était son bien-aimé.

Tous deux étaient entrés en rapports assez curieusement. Le premier, pour faire connaissance avec le second, vola des bœufs de son troupeau à Marathon. Thésée alla, furieux, à sa rencontre et s'arrêta devant lui, frappé par sa beauté. Pirithoüs lui tendit la main, en lui avouant le motif de son vol. Ils devinrent inséparables.

Alexandre s'étonna de ne pas voir Thésée enlevant la jeune Hélène et sa descente aux enfers avec Pirithoüs qui prétendait enlever Proserpine. « Sais-tu, demanda Autolyque à Alexandre, pourquoi les Athéniens sont dits « aux fesses usées », même s'ils ont parfois de beaux derrières ? » Alexandre se mit à rire. « Ce qui s'use, dit-il, c'est ce qui est trop en service. — Tu n'y es pas, dit Autolyque : nous devons cette dénomination à Thésée. Lorsqu'il fut ramené des enfers par ton ancêtre Hercule, il fut prié par Proserpine de s'asseoir d'abord sur une pierre, où ses fesses restèrent attachées. Il partit donc, mutilé de cet endroit, ce dont nous nous faisons un insigne honneur, puisqu'il est le grand héros d'Athènes. — Il est heureux, dit Ephestion, qu'il n'ait pas été mutilé ainsi avant d'aller en Crète et en Thessalie : il aurait inspiré moins de désir à Minos et à Pirithoüs. — En fait, dit Léonidas, on ne lui prête plus cette sorte d'amour dans sa seconde existence. »

Le bas-relief qui montrait le fils d'Alcmène recevant les pommes d'or des Hespérides, flatta le plus l'imagination d'Alexandre : il rêvait d'aller un jour vers des contrées fabuleuses pour y cueillir le fruit de la gloire. Du reste, il aimait Thésée par rapport à Hercule. Déjà, avant de le délivrer des enfers, Hercule avait libéré ce héros, prisonnier du roi des Molosses, Aidonius, ancêtre d'Olympias. Thésée, en reconnaissance, avait consacré à Hercule toutes les terres que les Athéniens lui avaient données et tous les temples qu'ils lui avaient dédiés, sauf quatre : cela prouvait le culte qu'ils avaient pour le fils de leur roi Egée, qui, devenu roi lui-même, avait abdiqué la royauté pour fonder la démocratie. Un autre bas-relief, où l'on apercevait le héros athénien tuant le fameux brigand Périphète d'Epidaure, fils de Vulcain, pour lui ravir sa massue, rappelait à Alexandre celle d'Hercule, emblème de la dynastie de Macédoine.

Phrynon raconta l'histoire du jeune Thésée, qui, au même âge qu'Alexandre, ses cheveux longs bien frisés et vêtu d'une robe traînante, arrivait de Trézène et visitait Athènes pour la première fois : passant près du temple d'Apollon Delphinien, que l'on construisait, il entendit les ouvriers demander quelle était cette jolie fille qui se promenait ainsi toute seule ; Thésée, pour réponse, empoigna un chariot et le jeta en l'air, plus haut que le toit du temple. « Il y a, ajouta Phrynon, une autre de ses histoires, peinte dans un temple du voisinage, qui lui est uniquement consacré : l'épisode de son plongeon. Lorsque ce héros se rendit en Crète, le roi Minos, auprès de qui il se vantait d'être sous la protection de Neptune, — par sa mère, il descendait de Pélops, mignon de ce dieu, — lança une bague dans la mer, en le défiant de la retrouver. Ayant plongé, Thésée reparut avec la bague au doigt et une couronne que Thétis lui avait mise sur la tête. Il ne restait à Minos que de faire de lui son mignon. » Dès que l'on parlait de nager ou de plonger, Alexandre gardait le silence.

« Chaque année, en octobre, nous avons six jours de fête en l'honneur de Thésée, continua Phrynon. Le menu est celui du repas que prirent ses compagnons et lui à leur retour en Attique : ils avaient fait cuire dans la même marmite les provisions qui leur restaient. Puis, c'est le repas des mères des victimes destinées au Minotaure, des jeux le matin et un banquet après le coucher du soleil, des parades militaires, des courses de flambeaux, des exécutions musicales et poétiques et un sacrifice sur le tombeau public des Tuileries. Nous associons Thésée à toutes nos cérémonies. D'où le proverbe ironique : « Rien sans Thésée ». — Rien sans Vénus, dit Alexandre. — C'est ce que pensait Thésée lui-même, dit Phrynon. La sibylle de Delphes lui avait ordonné de prendre Vénus comme guide, en partant pour la Crète ; il sacrifia une chèvre en l'honneur de la déesse, sur le rivage de la mer, et cette chèvre fut changée en bouc. C'était l'annonce de l'amour dont il enflamma tant Minos que sa fille Ariane. Quand il l'eut enlevée, il l'abandonna d'ailleurs à Naxos, pour la nymphe Eglé, fille de Panope. »

On passa près du second temple de Thésée, que décoraient des peintures de Polygnote et de Micon. Sous le portique, étaient groupés des esclaves de divers âges et des deux sexes. Leurs maîtres, sur le seuil, les insultaient ou les conjuraient, sans les déterminer à quitter ces lieux sacrés où ils s'étaient réfugiés, parce qu'ils avaient à se plaindre de mauvais traitements ou de violences charnelles. Si les maîtres, en effet, avaient le droit de les tuer, en se contentant de se faire purifier du meurtre, ils ne pouvaient user de leurs corps sans leur consentement. Mais la loi, en revanche, permettait aux esclaves de demander à Thésée des maîtres moins rigoureux ou plus chastes et son temple était leur seul lieu d'asile à Athènes, comme l'était le temple de Ganyméda à Phlionte. Ce privilège qu'ils devaient au héros, était un souvenir des brigands dont il avait purgé l'Attique, de même qu'il avait assommé Périphète à Epidaure : Sinnis, dit le ployeur de pins, qui écartelait les voyageurs en les attachant à deux pins qu'il ployait, près de l'Isthme ; Sciron, qui précipitait ces malheureux dans la mer, du haut d'un sentier abrupt sur la côte d'Athènes à Corinthe, après les avoir obligés à lui laver les pieds ; Cercyon qui, à Eleusis, les massacrait en les contraignant à la lutte ; Procuste qui, à Hermus, village de la tribu Acamantide, les raccourcissait ou les étirait sur un lit de fer. Et Thésée accomplit tous ces exploits quand il n'avait pas encore seize ans ! Il tua aussi la laie de Crommyon, qui ravageait la campagne corinthienne, et captura le taureau, non moins redoutable, de Marathon, qu'il promena victorieusement dans Athènes, avant de le sacrifier à Apollon Delphinien.

L'amour accompagnait toujours ses exploits. S'il avait cinquante ans lorsqu'il ravit Hélène, et seize, comme séducteur d'Ariane et de Minos, il n'en avait que quinze au moment où il viola Périgone, fille du brigand Sinnis, à la suite du meurtre de son père. Elle était une enfant et s'était cachée, pour lui échapper, au milieu des roseaux et des asperges sauvages, qu'elle supplia en vain de croître afin de mieux la dissimuler. Thésée viola également la fille de Cercyon.

C'est près de son temple, si cher aux esclaves, qu'était son tombeau. Le héros avait été, lui aussi, la victime de l'ingratitude athénienne, — ingratitude non pas du peuple, mais des aristocrates, qui oubliaient ses bienfaits pour lui reprocher d'avoir diminué leur importance en établissant la démocratie. Il quitta la ville, qu'il maudit, — à Gargette, en Attique, d'un lieu appelé encore celui des malédictions, — et se retira dans l'île de Scyros, où il fut tué traîtreusement par le roi Lycomède. Ses restes y avaient été retrouvés grâce à un aigle qui frappait du bec et des griffes un endroit élevé, lorsque Cimon était allé à leur recherche sur l'ordre des Athéniens, pour obéir à un oracle de Delphes.

La corrélation était parfaite entre les esclaves qui réclamaient, grâce à Thésée, un adoucissement de leur sort, et ceux qui, à quelque distance, étaient à vendre, car l'enclos affecté à ce commerce, en était voisin. Les marchands les offraient avec impudeur, plus ou moins nus, enchaînés sur une estrade, ou bien sous une tente pour qu'on les examinât à loisir. Alexandre et Ephestion regardèrent un moment ces infortunés, dont les plus jeunes avaient été livrés par leurs parents, quand ils n'avaient pas été ravis par des pirates. Un crieur public indiquait leur prix, leur origine, leurs qualités. Ceux qui étaient estropiés ou contrefaits, se donnaient en supplément pour l'achat d'un bel objet. « Un magnifique candélabre en bronze de Corinthe peut coûter jusqu'à cinq mille drachmes, dit Phrynon, soit le prix de trente à trente-cinq esclaves du commun. D'ailleurs, seul le bronze est de Corinthe, la tige étant fabriquée à Tarente et le haut à Egine. — Les jeunes esclaves seront plus tard ma perdition, dit Autolyque à l'oreille d'Alexandre, pourvu qu'ils ne soient pas de bronze et que la tige soit solide. — Par les Grâces, dit Alexandre, il te faudra visiter à Elis, à Patras ou à Olympie, mon ami Cléotime. Vous êtes faits pour vous entendre. »

N'ayant jamais eu un tel spectacle à Pella, il ne laissait pas d'observer ce marché d'esclaves. Les paysans et les propriétaires fonciers choisissaient des hommes et des femmes robustes ; les Athéniennes, des servantes dont on recommandait les vertus ménagères ; les voluptueux, comme l'eût fait Autolyque, des Vénus et des Ganymèdes ; les pères de famille, des précepteurs pour leurs fils, — ils les faisaient écrire sur des tablettes, afin de contrôler leur instruction. Tous avaient été baignés ; les plus beaux, poncés, épilés et parfumés. On s'assurait, en soulevant la tunique ou la robe de ceux qui n'étaient pas nus, du bon état ou de l'attrait des parties qu'elle cachait : on tâtait les muscles, les rotondités ; on regardait la bouche et les dents, comme à un cheval ; on inspectait le vagin, l'anus ; on tirait sur les prépuces ; on appréciait la résistance des glands circoncis (ceux d'Égyptiens, de Juifs ou de Scythes); on soupesait les testicules. Les marchands ne laissaient prendre toutes ces privautés qu'à ceux qui leur paraissaient des clients virtuels : ils écartaient les pauvres et les enfants. Phrynon dit qu'indépendamment du ponçage et de l'épilation, ils avaient l'usage de retarder la puberté des beaux garçons destinés à la vente, en leur frottant le pubis avec du sang d'agneau châtré ou avec des œufs de fourmis.

Comme une loi athénienne punissait les « ravisseurs d'hommes », certains de ces esclaves appelaient des magistrats à l'aide, en soutenant qu'on les avait enlevés de force, mais les marchands exhibaient les contrats, en bonne et due forme, qu'ils avaient signés avec eux, avec leurs maîtres ou avec leurs parents : c'était, il est vrai, dans des contrées assez lointaines pour qu'il fût malaisé de vérifier l'authenticité de ces actes. La plupart venaient d'Asie mineure, de la mer Noire ou de Délos, l'île d'Apollon, qui était un centre important pour ce trafic. Il y avait très peu de noirs, et vendus très cher. Les blonds et les blondes étaient des Scythes, comme les archers de la ville. Alexandre était heureux de penser que, depuis que son père avait annexé la Thrace, cette région, qui avait peuplé la Grèce du plus grand nombre de ses esclaves, n'en produisait plus. Un Athénien, mis à l'encan, excitait la pitié générale : fait prisonnier au cours de la guerre d'Eubée, deux ans auparavant, — cette guerre où n'avait pas brillé le courage de Démosthène, — il n'avait pu rembourser celui qui avait payé sa rançon. Ce manquement était le seul cas où l'on pût mettre un citoyen en esclavage. On vendait aussi quelques affranchis, coupables d'ingratitude envers leurs maîtres. Enfin, la loi n'interdisait pas à un père libre de vendre ses enfants, mais c'était considéré comme un déshonneur. Un Athénien venait de mettre sa fille en vente pour le seul cas généralement admis : l'homme qui l'avait épousée, ne l'avait pas trouvée vierge.

Phrynon précisa que les esclaves, à Athènes, étaient traités plus humainement que dans beaucoup d'autres États grecs, ainsi qu'en témoignait le recours à la protection de Thésée. Leur multitude, d'ailleurs, — trois cent mille pour trente mille citoyens —, leur valait un minimum d'égards. Ils étaient vêtus comme les hommes du peuple, n'étaient reconnaissables que par les marques imprimées sur le bras, très rarement sur le front, par leur tête rase ou par leur bonnet pointu, fréquentaient les théâtres et avaient même le droit singulier d'accompagner leurs maîtres aux mystères d'Eleusis. Il leur était seulement interdit d'aller dans les gymnases et de pratiquer la pédérastie : Solon avait édicté cette loi, pour que l'amour masculin demeurât le privilège des hommes libres. Si deux esclaves, — garçons ou adultes —, étaient surpris en train de pédiquer, on les condamnait à cinquante coups du fouet public. Ceux d'entre eux qui tentaient de séduire un garçon de condition libre, étaient passibles de la même peine.

Répondant à une question d'Alexandre sur le discours d'Eschine *Contre Timarque,* où il y avait une allusion à ce fait, Phrynon déclara que la loi interdisait à l'Athénien convaincu de s'être prostitué, toutes les fonctions électives et, par conséquent, aussi les fonctions sacerdotales. « Il lui est même interdit, ajouta Autolyque, d'entrer dans les temples et de pénétrer dans une zone de la place, circonscrite par les lustrations. Or, j'ai vu un prostitué sortir du temple d'Apollon Paternel et nous en avons croisé plusieurs à l'endroit de la place qui leur est défendu. Cela prouve que l'on est indulgent sur ces choses. »

Près du temple de Thésée, était le lieu dit du serment, où la paix avait été jurée entre Thésée et les Amazones.

Quelques personnes soudain dévisageaient Alexandre et la nouvelle de sa présence courut de proche en proche. Des buveurs sortirent d'un cabaret pour le contempler. D'autres, alertés, quittaient les boutiques de barbiers, de corroyeurs ou d'oiseleurs. Un homme, assis sur « la borne du héraut », regardait Alexandre, d'un air émerveillé, en frottant de sel un morceau de pain. Au fond, tous ces gens éprouvaient une certaine fierté de cette visite, hommage à une ville qui, selon un mot d'Isocrate, était, sans conteste, « la ville même de la Grèce ».

On prit la rue dite des Mercures, bordée de gaines représentant ce dieu. C'est là qu'Alcibiade et ses amis avaient accompli le plus grand nombre de leurs mutilations sacrilèges. Une autre rue était bordée de monuments qui portaient des trépieds de bronze, consacrés par les vainqueurs des jeux de Bacchus, — jeux de musique et de comédie qui se déroulaient dans le théâtre de ce dieu, au pied de la citadelle. On y rencontra le riche Midias, entouré de garçons couronnés de lierre : c'était le chœur de sa tribu, dont il avait été le chef et qui avait triomphé aux jeux du printemps dernier. Le plus beau de ces garçons, Démas, était le fils de Démade et ami très intime d'Autolyque. Midias n'en était plus à se quereller avec Démosthène pour un jeune choriste et venait de consacrer un superbe trépied. Il fut plein d'empressement pour Alexandre. Comme celui-ci admirait le satyre qui supportait le trépied : « Tu as bon goût, fils de Philippe, lui dit Midias, car c'est le *Satyre* de Praxitèle. » Il raconta que le sculpteur, ayant permis à Phryné de choisir celle de ses statues qu'elle voudrait, la courtisane lui demanda laquelle il estimait le plus, mais il refusa de le lui dire. Un jour qu'il était chez elle, un des esclaves de l'artiste, qu'elle avait soudoyé, accourut pour dire que le feu était à sa maison et qu'une partie de ses œuvres était détruite. « Je suis perdu, s'écria le sculpteur, si *le Satyre* et *l'Amour* sont brûlés. » Phryné choisit *l'Amour*, conclut Midias, et moi j'achetai *le Satyre*. »

Cette rencontre remit en mémoire à Phrynon une plaisante histoire de Midias et de Diogène. Il la narra quand on fut reparti. Midias, qui avait à se plaindre d'une raillerie du Cynique, le roua de coups et lui dit en guise de compensation : « Il y a trois mille drachmes pour toi chez mon banquier. » Le lendemain, Diogène lui rendit la pareille en lui disant les mêmes mots. Alexandre rit aux éclats et loua l'esprit de Diogène. Autolyque ajouta le mot du Cynique qui avait été à l'origine de cet incident. Il avait dit à Médius qui allait souper chez Midias : « Tu en reviendras pire », et le garçon lui ayant dit, le lendemain : « Me voici revenu, et je ne suis pas pire. — Peut-être, mais tu es plus large », lui avait répondu Diogène. « Ses mots à l'adresse des beaux garçons n'ont pas toujours été aussi piquants, dit Phrynon : il loua l'un d'eux, qui s'entretenait de philosophie, de vouloir transformer en amants de son esprit les amants de son corps. »

On aperçut le gymnase de Cynosarges, situé près de l'Ilisus. Ce gymnase, dédié à Hercule, avait été réservé jadis aux bâtards, jusqu'au jour où Thémistocle, pour faire cesser cette discrimination, y vint avec les fils des meilleures familles. Alexandre s'indigna d'apprendre qu'on avait donné à Hercule le patronage d'un tel gymnase parce que le héros était tenu lui-même pour bâtard. Ce fut d'ailleurs le cas de Thémistocle, dont le père était citoyen de l'Attique, mais la mère Thrace : les enfants, nés en légitime mariage, d'une mère étrangère, étaient déclarés bâtards par la loi. L'accusation qu'Alexandre avait lancée contre Démosthène, à l'hôtel de ville d'Olympie, au sujet de l'ascendance de sa mère, ne reposait que sur les discours d'Eschine et l'homme de Péanie avait dédaigné d'y répondre.

Au loin, du côté de la colline du Lycabette, se trouvait l'autre grand gymnase athénien, le Lycée. Celui de Cynosarges avait un temple d'Hercule, qu'Alexandre visita. Le culte d'Hébé, d'Alcmène, d'Iolas et du héros étaient associés. Du reste, le quartier et le gymnase portaient aussi le nom de Diomée, en l'honneur du jeune Diomus, mignon du fils d'Alcmène. C'est dans ce temple et ce gymnase que se rassemblait l'association des compagnons d'Hercule, — la plus ancienne d'Athènes —, société de bons vivants, appelés aussi les soixante à cause de leur nombre. Le père d'Alexandre la protégeait, pour rendre hommage à son ancêtre ; il en était membre honoraire et lui envoyait de riches présents. Les membres devaient seulement lui écrire toutes les facéties de leurs banquets. Le président, Callimédon, était surnommé la Langouste, à cause de son goût pour ce crustacé.

Autolyque dit que les éphèbes étaient élevés dans la vénération d'Hercule et de toute sa famille. Avec les magistrats qui les surveillaient, ils faisaient, chaque année, au Pirée, une veillée en l'honneur d'Alcmène et d'Hébé. Les pédérastes d'Athènes y volaient comme chouettes et les magistrats avaient beaucoup de travail.

Un groupe de jeunes garçons se rendait dans le voisinage, au gymnase de leur école, — le Cynosarges était surtout pour les éphèbes. Chacun portait son étrille et sa burette d'huile. Leur gouverneur, les cheveux ceints d'une bandelette, vêtu d'une robe de pourpre, un bâton et une baguette fourchue aux mains, les hâtait s'ils traînaient, et maintenait entre eux la discipline, tel Denys de Syracuse conduisant ses écoliers de Corinthe. Certains saluèrent Autolyque : c'étaient des garçons de sa tribu. Les enfants, à Athènes, étaient élevés, en effet, dans les écoles de leurs tribus respectives. Phrynon cita une plaidoirie de Démosthène en faveur d'un nommé Mantithée, citoyen de cette même tribu Acamantide, contre son demi-frère, un bâtard, qui avait usurpé son nom : il fut prouvé que ce dernier n'avait pas été élevé dans les écoles de cette tribu. « Ah ! ces burettes d'huile, susurra Autolyque, elles ne servent pas uniquement pour la gymnastique ! »

Alexandre s'étonna de voir entrer, à la suite de ces jeunes garçons, des hommes et des jeunes gens, chargés de coqs, de cailles et de lièvres. Les coqs avaient l'aspect superbe qui décelait la race de Tanagra, la plus belle de la Grèce, et leurs ergots étaient garnis de pointes de bronze. Alexandre pensa que c'étaient des cadeaux d'amants, comme le disaient eux-mêmes *les Oiseaux* d'Aristophane : « Grâce à notre puissance, les pédérastes — Ecartent les cuisses — De nombreux garçons. » (« Encore les cuisses ! » dit Ephestion en l'entendant citer ces vers.) Alexandre rappela qu'Aristote avait parlé d'une loi athénienne défendant, sous les peines les plus graves,

l'accès des écoles à d'autres que les frères, les fils et les gendres du maître.
« Sont-ce des parents du maître qui apportent ces lièvres et ces oiseaux ?
demanda-t-il. — Ce sont des amants, dit Autolyque, comme tu l'avais
deviné. La loi punit bien de mort ceux qui entrent indûment dans les
écoles, mais je t'ai déjà donné, sur la place, deux exemples de la manière
dont les lois de ce genre sont appliquées. Autant vaudrait supprimer les
Athéniens. — A l'époque de Socrate, dit Phrynon, ce père de la noble
pédérastie entrait comme chez lui à la palestre de Tauréas, théâtre du
Charmide de Platon, et à celle de Miccus, où se déroule le délicieux *Lysis*.
— Dans *les Rivaux,* ajouta le grave Léonidas, il entre aussi librement chez
le grammairien Denys, où il trouve, « en compagnie de leurs amants », les
plus beaux et les plus nobles jeunes gens d'Athènes. — En fin de compte,
dit Phrynon, c'est au maître de tenir en respect les soupirants et
d'empêcher les indécences. — Il y a un autre règlement qui n'est pas
appliqué, dit Autolyque : celui qui oblige les écoles de fermer au coucher
du soleil. Cela fait succéder le culte de Priape à celui des Muses. C'est
l'heure crépusculaire de la burette d'huile. »

A proximité de l'école, étaient des bains publics, alimentés par l'eau de
l'Ilisus. Phrynon dit qu'il y avait plusieurs établissements de cette sorte à
Athènes et qu'ils étaient tous des lieux de débauche. C'étaient généralement les pauvres qui les fréquentaient, les riches ayant leurs bains à
domicile. La propreté y était douteuse. Diogène, une fois, avait demandé,
en sortant d'un de ces bains, « où l'on allait se laver ».

Alexandre s'arrêta pour admirer le temple de Jupiter Olympien,
commencé par Pisistrate : les dimensions de l'édifice et la hauteur des
colonnes dépassaient de beaucoup celles du temple d'Olympie. Aristote les
comparait, pour leur caractère colossal, à ce que l'on disait des pyramides
d'Egypte. Ce temple avait été bâti près de la fissure par où s'étaient
écoulées les dernières eaux du déluge, survenu au temps du roi fabuleux
d'Athènes et de Béotie, Ogygès, qui se sauva à bord d'un vaisseau. On
versait des libations, chaque année, par cette fissure et l'on y jetait des
gâteaux miellés, en offrande funèbre aux victimes de cette catastrophe, où
la hauteur des eaux avait atteint le ciel. Près de là, était le tombeau du fils
de Prométhée, Deucalion, qui, en construisant une arche, était réchappé de
même d'un autre déluge, trois siècles plus tard.

Depuis un moment, Alexandre observait un beau garçon de douze ou
treize ans qui se promenait lentement le long du temple, le nez sur ses
tablettes et remuant les lèvres, comme s'il apprenait sa leçon, tandis qu'un
jeune homme, à quelque distance, mettait ses pas dans les siens et s'arrêtait
quand il s'arrêtait. Une de ses mains ne serrait ni un coq ni un lièvre, mais
deux pommes roses. Autolyque, le connaissant, s'approcha pour lui parler,
mais c'est à peine si l'adolescent lui répondit : il était tout à l'objet de sa
muette adoration. Le jeune garçon s'assit sur un petit talus sablonneux,

devant un des longs côtés du temple. L'attention du groupe à cheval semblait lui être indifférente, à moins qu'il ne pensât que c'étaient des admirateurs de Jupiter Olympien.

« Faisons comme si nous étions au gymnase de Tauréas, dit Alexandre à Ephestion. Récite, si tu t'en souviens, le début de *Charmide*. Chéréphon, qui était son amant, viendra des champs élysées aider l'amant de ce joli garçon. » Ephestion récita : « Chéréphon m'ayant appelé : « Comment trouves-tu ce jeune homme, ô Socrate, me dit-il ? N'est-il pas beau de visage ? — Merveilleusement, dis-je. — Mais s'il voulait se mettre nu, dit-il, il te paraîtrait sans visage, tant il est beau à voir de partout. » Le grave Léonidas avait fait admirer, jadis, cette expression de « sans visage ». « Et moi, dit Alexandre, je vais réciter le passage équivalent de *Lysis*, comme si nous étions avec son amant Hippothalès, au gymnase de Miccus, devant lequel Socrate demande aux jeunes gens qui s'y rendent : « Qui est le beau ? » » Ce dialogue plaisait au fils de Philippe, parce que la famille de Lysis était illustre et que le premier de ses ancêtres avait offert l'hospitalité à Hercule. Il commença de réciter ce que dit Ctésippe, l'ami d'Hippothalès, à propos de Lysis : « Il n'est pas possible que tu ignores la beauté de ce garçon, car elle est suffisante pour le faire connaître par cela seul. » Soudain, Alexandre s'interrompit, n'en croyant pas ses yeux : l'amant du jeune lecteur avait coupé un rameau d'olivier et écrivait sur le sol le nom de Lysis. « Par Jupiter Olympien, dit le fils de Philippe, la Bonne Fortune est avec nous. »

Le nouvel Hippothalès mordit ses deux pommes et les lança dans le giron du charmant garçon. Il n'avait pas manqué son but : il devait être habile au disque ou au jeu du vase de bronze dans les banquets. Lysis devint aussi rose qu'elles, effaça l'empreinte que ses fesses avaient laissée sur le sable et s'échappa. Le jeune homme le suivit des yeux jusqu'à ce qu'il eût disparu, s'agenouilla pour baiser l'endroit où le garçon s'était assis, se releva, ramassa religieusement les deux pommes et, comme transfiguré, se dirigea vers les platanes de l'Ilisus, sous lesquels, dans d'autres temps, Socrate s'était entretenu avec le beau Phèdre. « O Grâces chéries, dit Alexandre, Athènes est toujours, je le vois, la capitale de la noble pédérastie. Ce jeune garçon, en effaçant l'empreinte de son derrière, a fait ce qu'Aristophane, dans *les Nuées,* reproche aux garçons de ne plus faire, ce qui « la laisse à leurs amants », et le jeune homme eût enchanté Platon par son amour respectueux de la beauté. »

On gagna le quartier des Jardins, où s'élevait un temple célèbre de Vénus. C'est dans ses parages qu'étaient la fontaine de Panops, dont parlait le *Lysis,* et celle du Beau Courant. Là aussi était l'autel de Borée, sur lequel on célébrait chaque année un sacrifice, pour remercier le dieu des Vents d'avoir détruit une partie de la flotte perse au promontoire de Sépias, en Magnésie, lors de l'invasion de Xerxès. La sibylle de Delphes avait ordonné aux Athéniens de prendre leur beau-frère Borée pour allié et ils le supplièrent. Ce dieu avait, en effet, avec eux ce lien de parenté, car il avait enlevé Orithye, l'une des filles de leur roi Erechtée, et il en avait eu deux fils, Zéthès et Calaïs, les Argonautes, dont le second avait été le mignon d'Orphée, comme l'avait rappelé Cléotime.

Alexandre entra dans le temple de Vénus aux Jardins. La statue de la déesse par Alcamène était l'une des plus admirées de la ville. Vénus présentait en souriant la pomme qui avait été le prix de la beauté. Son autel était dédié par le sénat à Vénus Qui Commande et aux nymphes. Les deux pommes mordues y avaient été déposées par l'amoureux jeune homme. Ce temple contenait aussi l'un des tableaux célèbres de Zeuxis : *l'Amour couronné de roses.* La beauté du visage et du corps du jeune dieu semblait faire l'éloge de l'amour des garçons.

Ce fut, pour Alexandre et pour Ephestion, une joie inattendue de voir, à proximité de ce tableau, le dernier enrichissement de ce temple : l'*Amour bandant son arc,* de Lysippe, qu'une des bagues d'Ephestion représentait. Pyrgotèle, en la gravant, s'était inspiré de ce chef-d'œuvre. Alexandre avait l'impression de s'aimer lui-même à un âge plus tendre et d'aimer Ephestion, dans ce gracile garçon de douze ans, la tête légèrement penchée à droite, comme il penchait la sienne à gauche dans la statue que cet artiste avait faite de lui. Sur un miroir d'argent, dédié par la deuxième Laïs, dont le tombeau était près de Corinthe, on lisait cette inscription de Platon : « Moi qui riais insolemment au-dessus de la Grèce, — Moi, Laïs, qui avais devant mes portes un essaim de jeunes amants, — Je consacre ce miroir à la déesse, parce que je ne veux pas — Me voir telle, et telle que j'étais jadis, je ne peux. »

Des paons erraient sous les arbres. Ils étaient à présent aussi connus à Athènes qu'en Macédoine. Phrynon rappela que, dans un discours d'Antiphon, intitulé *Sur les Paons,* il est dit que les premiers de ces oiseaux, apportés par Dénus, fils de Périlampe, excitèrent tant de curiosité, qu'on venait de Lacédémone et de Thessalie pour les admirer ; mais, pendant trente ans, ce riche Athénien ne les laissait voir que le premier jour de chaque mois. Sous un platane, était une statue de Priape dont le membre énorme avait deux couronnes de fleurs. Un garçon efféminé et une courtisane faisaient une libation sur l'extrémité, avec deux coupes remplies de parfum. Autolyque dit à Alexandre que c'était la statue du Dressé, le Priape athénien des prostitués de l'un et l'autre sexe.

Une belle visiteuse, en compagnie d'un homme vulgaire et richement habillé, pénétrait dans le temple, au moment où Alexandre et ses amis s'en éloignaient : c'était Phryné, qui allait sacrifier à sa protectrice. La rencontre amusa Alexandre, après celle de Laïs à Corinthe. Cette courtisane qui avait laissé froid Xénocrate, était aussi étonnamment belle que la maîtresse d'Aristippe, fille de celle qui avait dédié le miroir. La fraîcheur de son teint, absolument sans fard, expliquait le mauvais tour qu'elle avait joué à de prétentieuses Athéniennes, avec qui elle se trouvait dans un banquet. Etant élue reine, elle leur commanda de tremper, comme elle, leur serviette dans une coupe d'eau et de s'en frotter le visage : l'éclat de leur teint disparut, tandis que le sien restait intact. On l'avait accusée d'impiété, pour avoir introduit à Athènes un dieu d'Asie mineure, Isodète, dont elle pratiquait les orgies avec des hommes et des femmes, et elle avait été traduite devant l'aréopage. Sur le point d'être condamnée à mort, elle fut sauvée par le geste fameux de son amant, l'orateur Hypéride, qui lui déchira la robe pour montrer sa poitrine aux juges. L'aréopage ne siégeant que la nuit, la chance de Phryné avait été qu'il y eût, cette nuit-là, un clair de lune. Du reste, elle avait été ensuite la maîtresse d'un membre de ce tribunal, Grynion, et l'on disait même qu'elle l'aidait à vivre. « Son compagnon d'aujourd'hui, dit Phrynon, n'est ni un magistrat ni un philosophe ni un orateur, mais un dénonciateur de figues. Phryné, insatiable d'argent, épuise en ce moment la fortune mal acquise de cet individu. » Non loin du temple de Vénus, était celui de Diane, où se ferait le mois prochain, le sacrifice des cinq cents chèvres.

« Une accusation d'impiété, reprit Phrynon, fut également intentée à Aspasie par l'auteur comique Hermippe : il prétendit que, non seulement elle ne croyait pas aux dieux, mais qu'elle servait de maquerelle à Périclès auprès des femmes libres qu'elle recevait. Périclès la sauva en pleurant pour elle devant ses juges. Il eut, d'ailleurs, à protéger d'une autre façon le philosophe Anaxagore de Clazomènes, qui avait été son maître en même temps que Zénon d'Elée. Un décret de Diopithe condamnait à mort ceux qui jugeaient naturels les phénomènes célestes et qui prouvaient ainsi leur mépris des dieux. Périclès fit échapper le philosophe, en le guidant lui-même hors de la ville. »

On retourna vers la citadelle. Au pied, était l'odéon de Périclès, où il avait présidé lui-même le premier concours de musique, ordonné de quelle manière les chanteurs devaient chanter, les flûtistes et les citharistes jouer de leurs instruments. L'édifice, qu'il avait fait construire, était circulaire, avec un toit en pointe, sur le modèle, disait-on, de la tente de Xerxès. Cratinus, qui appelait Périclès « Jupiter à tête d'oignon », parce que sa tête était pointue, prétendait que c'en était plutôt la forme qu'il avait donnée au toit de l'odéon. C'est du moins à cause de ce défaut que Périclès ne se laissa jamais représenter par les sculpteurs sans être coiffé de son casque.

Près de l'odéon, le petit temple de Bacchus d'Eleuthères, — localité de l'Attique, sur les pentes du Cithéron, — renfermait une statue du dieu en or et en ivoire, œuvre d'Alcamène. Un trépied y était dédié par Aristide, qui avait fait les frais des jeux pour les chœurs de sa tribu, victorieux au concours.

Le temple de Bacchus était tout voisin. Phrynon mentionna, comme une preuve de la passion des Athéniens pour le théâtre, un décret de l'assemblée du peuple défendant, sous peine de mort, de proposer de reverser, dans la caisse des dépenses militaires, les fonds qui en avaient été retirés pour les spectacles. Alexandre vit les statues d'Eschyle, d'Euripide et de Sophocle, dont les pièces avaient été représentées en ces lieux au concours annuel des fêtes de Bacchus. C'est là également que l'on chantait, dans les bacchanales, les hymnes phalliques en dansant devant un phallus.

Alexandre était ému de cette visite, qui était comme celle du temple de l'immortalité. Lui, formé, pour ainsi dire, par Euripide autant que par Homère, il croyait entendre les vers nobles et harmonieux qui ornaient sa mémoire. S'il eût osé, il aurait bondi sur cette scène, que supportaient des statues de satyres et, chaussé de cothurnes, paré d'habits héroïques, il aurait joué une tragédie, comme à Pella ou à Miéza. En même temps que le triomphe de ces divins poètes, il imaginait leur déception devant le succès de rivaux médiocres. Il n'y eut qu'un exemple d'un grand écrivain préféré à un autre grand écrivain : le vieil Eschyle, dont « les mots s'élevaient comme des tours », selon Aristophane, et qui avait été couronné vingt-huit fois, dit adieu à Athènes, quand on eut couronné à sa place le jeune Sophocle. Il se retira en Sicile, auprès du tyran de Géla et de Syracuse, Hiéron, où il se trouva en compagnie de Pindare, de Simonide de Céos et d'Epicharme de Cos, auquel Aristote attribuait la création de la comédie et qui prétendait descendre d'Achille. Ce fut près de Géla que le père de la tragédie fut tué par cette tortue qu'un aigle avait lâchée. L'oracle de Delphes lui avait prédit qu'il mourrait d'un trait lancé du ciel. Sophocle fut vainqueur vingt-quatre fois et, après l'un de ses succès, nommé général de sa tribu pour l'expédition de Lesbos. Accusé de démence par son fils Iophon, à l'âge de quatre-vingts ans, il lut aux juges, en guise de réponse, le chœur d'*Œdipe à Colone* qu'il venait de composer : la beauté du langage avait désarmé les juges, comme celle de Phryné. Euripide n'avait eu que cinq fois le premier prix. Accusé d'impiété, lui aussi, il s'était réfugié en Macédoine, parce qu'une accusation semblable avait failli être fatale à Eschyle. Ce dernier avait été sauvé par son frère et défenseur Amynias, qui, pour attendrir le tribunal, dénuda le bras d'Eschyle, mutilé à la bataille de Platée. C'était le méritoire précédent du geste d'Hypéride.

Alexandre admirait, non seulement le génie de ces poètes, mais leur fécondité, qui l'avait empêché de connaître encore toutes leurs œuvres : il n'avait lu que les principales des soixante-quinze tragédies d'Euripide, des quatre-vingt-dix d'Eschyle et des cent treize de Sophocle. Mais, ce qu'il se sentait aussi obligé d'admirer, c'était ce même peuple athénien qui, malgré ses injustices, avait su distinguer de tels hommes dans leur vie et les honorer après leur mort. Bien qu'Eschyle fût enterré à Géla, il était toujours invité au concours par la voix du héraut, comme s'il était de ce monde. Les Athéniens avaient envoyé une députation demander vainement à Archélaüs les cendres d'Euripide, à la mort duquel son ennemi Sophocle avait pris le deuil et fait jouer les acteurs sans couronnes. Phrynon raconta des histoires de Sophocle qu'Alexandre ignorait et qui prouvaient le caractère divin de ce poète, de même que l'avait prouvé l'apparition de Bacchus à Lysandre durant le siège d'Athènes : l'un de ses hymnes avait apaisé une tempête et Esculape, après lui avoir ordonné d'en écrire un à son honneur, le remercia en songe et conclut avec lui un pacte d'hospitalité. Lorsque les Athéniens firent venir d'Epidaure la statue de ce dieu, on la logea quelque temps dans la maison de Sophocle, qui était prêtre du héros médecin Amynus, dont le sanctuaire était près de la place. Enfin, une couronne d'or ayant été volée au trésor de la citadelle, Hercule, également à la faveur d'un songe, indiqua à Sophocle l'endroit où elle était cachée. Léonidas compara le prodige de la tempête apaisée par le grand tragique, à celui de Démocrite, délivrant les Abdéritains de la peste, et à celui d'Empédocle, arrêtant un orage qui allait éclater sur Agrigente.

Comme Alexandre avait évoqué l'hommage funèbre de Sophocle à Euripide et rappelé l'histoire du manteau volé par un garçon à Sophocle, Phrynon déclara que l'inimitié des deux poètes avait eu pour cause ce même garçon, dont les charmes étaient célèbres. Euripide en fit des gorges chaudes et se vanta de n'avoir payé à ce prostitué que le prix convenu. Sophocle nia l'incident et répliqua par cette épigramme qui renvoyait la balle, mais qui ne pouvait convaincre personne : « Ce fut le soleil et non un garçon, Euripide, qui, m'échauffant, — Me mit nu. Mais toi, quand tu embrasses une courtisane, — Borée s'unit à elle. Et tu n'es pas sage, toi qui, — Ensemençant une terre étrangère, emmènes l'Amour voleur de manteau. » Alexandre releva la contradiction : si Euripide eût été aussi froid que le dieu des Vents, il n'eût rien ensemencé, et n'aurait pas emmené l'Amour.

Le grave Léonidas rappela une anecdote qu'il avait lue dans les *Voyages* d'Ion, le poète de Chio, et qui avait trait à l'expédition de Sophocle à Samos. Celui-ci, s'étant arrêté à Chio, y soupa chez Hermésiléus, hôte des Athéniens, et remarqua la beauté du jeune esclave qui le servait. « Veux-tu que j'aie plaisir à boire ? » lui demanda Sophocle. L'enfant lui répondit que oui. « Sois donc lent à me présenter et à me retirer la coupe », dit le poète. Le jeune garçon rougit. Alors Sophocle dit à son voisin de table : « Quel beau vers que ce vers de Phrynicus : « Sur ses joues de pourpre, brille la lumière de l'amour ! » On avait discuté ensuite si cette comparaison était juste ou excessive et si l'on eût aimé un garçon dont les joues auraient eu vraiment la couleur de la pourpre. Comme le jeune esclave essayait d'enlever de la coupe un brin de paille avec le petit doigt, Sophocle lui demanda si ce brin était visible. L'enfant ayant répondu qu'il l'apercevait . « Eh bien, dit le poète, souffle dessus, il s'en ira ! » L'enfant se pencha vers la coupe et Sophocle, au même instant, l'enlaça et lui baisa la bouche Tous les convives applaudirent sa ruse. « Je m'exerce à la stratégie, dit-il. Périclès prétend que je suis nul dans cet art. » « Périclès ne s'était pas trompé, ajouta Léonidas, car Sophocle fut battu par les Samiens, qui avaient mis à leur tête le philosophe Mélissus. Un autre général athénien de cette campagne était Thucydide, aussi malheureux que lui. Pourtant, Sophocle fut encore nommé général un certain nombre de fois, mais il n'eut heureusement plus à combattre, si ce n'est les jeunes garçons. »

Aux trois Muses de la tragédie, le grave Léonidas et ses deux anciens élèves unissaient, dans ce théâtre, la mémoire d'Aristophane, qui s'y était également illustré. Les Athéniens avaient décerné au poète comique un honneur extraordinaire, en lui donnant, une fois, une couronne, faite avec l'olivier sacré de la citadelle. Sa licence, purifiée par la politesse exquise du style, n'avait pas diminué l'admiration de Platon : un distique célèbre de ce philosophe déclarait que les Grâces avaient choisi Aristophane pour avoir un temple impérissable. Platon avait fait de lui un personnage de son *Banquet* et, à sa mort, on trouva sur son lit les œuvres de ce dieu du comique : elles avaient été sa dernière lecture.

Alexandre savait également que les vers d'Homère retentissaient sur cette scène. Solon avait prescrit qu'on les récitât dans les fêtes publiques. Ce soin était confié depuis peu à des artistes spéciaux, appelés Homérides, comme les descendants d'Homère. L'accompagnement musical des poèmes avait été inventé par Archiloque, cher à Alexandre, moins pour ses vers terribles contre ses ennemis et ses vers obscènes sur ses maîtresses, que pour son hymne à Hercule, chanté depuis trois siècles à Olympie.

Pendant les fêtes de Bacchus, les Athéniens qui voulaient se concilier les faveurs du peuple, affranchissaient des esclaves en présence de tous les Grecs et chacun de ces affranchis choisissait pour patron le maître qui lui avait donné la liberté. Ainsi faisait naguère Cléon, le corroyeur bafoué par Aristophane et dont les petits garçons, à chaque annonce d'affranchissement, criaient le nom par moquerie.

Autolyque fit voir à Alexandre deux Amours, sculptés de chaque côté du siège de marbre du prêtre de Bacchus, au centre des fauteuils d'orchestre, et mettant aux prises deux coqs. Chaque année, un combat de coqs avait lieu sur la scène, en mémoire de ces deux coqs en train de se battre, que Thémistocle avait montrés au peuple, la veille de la bataille de Salamine.

Derrière le théâtre, au pied même de la citadelle, était un petit temple-oracle d'Esculape. La source sacrée bruyait dans une grotte. Phrynon dit qu'un objet jeté dans cette source, ressortait dans la source du même dieu à Phalère. Un portique abritait un dortoir où les malades venaient passer la nuit pour recevoir l'inspiration du dieu de la médecine : Esculape leur suggérait des remèdes, que les interprètes de leurs songes leur précisaient. D'innombrables ex-voto attestaient les guérisons miraculeuses. Aristophane avait fait allusion à ce lieu dans *Plutus*, où il appelait Esculape « la grande lumière des mortels ». Mais, dit Phrynon, les cures du dieu n'empêchaient pas celles de la science d'Hippocrate : il y avait, à Athènes, des médecins publics, nommés par l'aréopage et rémunérés par l'Etat, pour soigner gratuitement les malades.

Le prêtre d'Esculape dit qu'à des dates régulières, on fondait les ex-voto de bronze ou de métal précieux que le temple n'arriverait pas à contenir. Cette opération, décrétée par le sénat ou par l'assemblée du peuple, s'effectuait en présence du général préposé à l'armement, de l'architecte des édifices sacrés, des membres de l'aréopage et de simples citoyens. La fusion des ex-voto du héros médecin Amynus avait lieu de la même manière. Sur la table sacrée d'Esculape, étaient les offrandes destinées au dieu, — des gâteaux ronds et des figues sèches —, qu'Aristophane, dans sa comédie, fait rafler nuitamment par le prêtre.

On gravit enfin les pentes de la citadelle. Il n'était pas permis d'en franchir les murailles à cheval. Même les chiens en étaient exclus, depuis qu'une chienne avait mis bas dans le temple de Minerve Citadine.

Dès l'entrée, les statues de Mercure et des trois Grâces, — Grâces vêtues, — sculptées par Socrate, (le philosophe avait exercé d'abord ce métier, qui avait été celui de son père Sophronisque, comme Euripide avait été peintre), rappelaient que les Athéniens rendaient toujours justice à leurs grands hommes, même s'ils les avaient fait mourir. Sans doute s'étaient-ils souvenus tardivement que l'oracle de Delphes, interrogé par Chéréphon, l'ami de Socrate, avait dit : « Sophocle est sage et Euripide encore plus sage, — Mais de tous Socrate est le plus sage. » Une statue de Thémistocle et une statue de Miltiade représentaient d'autres repentirs des Athéniens.

Alexandre vénérait Socrate, non seulement pour avoir été le maître de Platon et ainsi, indirectement, d'Aristote, mais pour avoir été l'ami d'Euripide. On avait appliqué à Socrate les vers prophétiques du *Palamide* de ce poète, disparu avant lui : « Vous avez tué, vous avez tué le très sage, ô Danaëns, — Le rossignol des Muses qui ne faisait aucun mal. » D'ailleurs, le peuple eut vite en exécration ceux qui l'avaient accusé, ne leur adressa plus la parole, ne leur répondit plus, leur refusa le feu, ne se baigna plus en leur compagnie et les força à se pendre de désespoir. Alexandre n'en voulait pas à Socrate d'avoir repoussé l'invitation et les présents d'Archélaüs de Macédoine, comme Xénocrate avait fait des présents de Philippe. Il avait assez de bon sens pour estimer que l'offre de son ancêtre à un homme tel que Socrate était moins généreuse que ridicule.

Phrynon déclara que Socrate avait mis du sien pour être condamné. D'abord, sa condamnation ne fut prononcée, au tribunal de l'Héliée, — tribunal populaire de cinq cent cinquante-six membres, — que par deux cent quatre-vingt-un votes contre deux cent soixante-quinze : le peuple entier n'était donc pas contre lui. Ensuite, selon la jurisprudence d'Athènes, la peine n'ayant pas été déterminée, il avait la faculté d'indiquer lui-même celle à laquelle il se condamnait, ce qui entraînait un second vote et l'arrêt définitif. On lui demanda quelle amende il se déclarait prêt à payer ; il répondit : « Vingt-cinq drachmes », ce qui était une dérision. Il ajouta, que, du reste, plutôt que de se taxer d'une amende, il « se condamnait à être nourri, le reste de ses jours, à l'hôtel de ville, pour s'être consacré tout entier au service de la patrie, en travaillant sans cesse à rendre vertueux ses concitoyens ». Irrités par cette insolence, quatre-vingts juges qui lui avaient été favorables, adhérèrent aux conclusions de son principal accusateur Mélitus, et la condamnation à mort fut prononcée.

On reparla d'un des chefs d'accusation lancés contre Socrate et qui était de corrompre la jeunesse. Ce n'était pas de mœurs qu'il s'agissait, contrairement à ce que beaucoup s'imaginaient, car ces mœurs étaient celles de tous les Athéniens, et Socrate d'autre part, n'a célébré que la pédérastie pure, même si ce fut avec quelque ironie. Enfin, le riche tanneur Anytus, l'un de ses accusateurs, avait été, comme lui, l'amant d'Alcibiade. Mélitus reprochait surtout au philosophe d'inspirer à la jeunesse le mépris des institutions de la république et notamment de l'élection des magistrats, ce qui était pour irriter ses juges populaires, en menaçant de leur retirer le pain de la bouche.

« A propos de la pédérastie pure et, en général, de l'amour, dit le grave Léonidas, il me revient le discours d'Antisthène dans le *Banquet* de Xénophon. Rien ne prouve mieux l'ironie de cette thèse. Antisthène, qui était un disciple de Socrate, déclare, sous prétexte de respecter la beauté, qu'on doit s'assouvir avec des êtres tellement dépourvus d'attrait « que personne d'autre ne consentirait à les approcher ». — En effet, dit Alexandre en riant, c'est la démonstration par l'absurde. Quel homme subtil, que le sculpteur des Trois Grâces vêtues ! »

Au sommet de la citadelle, on admira d'abord le prestigieux vestibule de marbre, peint de couleurs brillantes, que Périclès avait fait élever par l'architecte Mnésiclès. Ces colonnes, ces murs, ces caissons avaient coûté onze millions de drachmes, le revenu annuel de la république, mais ils en faisaient la gloire, avec le Parthénon. L'argent employé, ne provenait, il est vrai, des Athéniens que pour une faible partie. Périclès avait utilisé celui des alliés, mis en dépôt dans le sanctuaire de Délos, puis transféré à Athènes, de crainte des Perses. Il répondit aux protestations qu'un dépositaire était libre de se servir des sommes qui lui avaient été confiées, que ces dépôts étaient un trésor de guerre contre les barbares et qu'Athènes garantirait la sûreté des Grecs sans cela.

Dans l'aile nord de ce portique, le musée de peinture offrait, exposés sur des chevalets ou des panneaux mobiles, des tableaux de la guerre des dieux et des géants, de la guerre de Troie et de celle des Athéniens contre les Amazones. Alexandre regarda longuement le fameux portrait du *Peuple athénien,* de Parrhasius, que lui avait, d'avance, parfaitement commenté Aristote : le peintre suggérait toutes les qualités et tous les défauts de ces hommes dans la physionomie de ce personnage symbolique, où l'on discernait la violence et la timidité, la pitié et la fureur, la bassesse et l'orgueil. *Achille parmi les filles de Lycomède,* et *Ulysse se montrant à Nausicaa,* œuvres de Polygnote, intéressèrent également Alexandre. Un autre tableau remarquable de ce peintre était *le Sacrifice de Polyxène :* la fille du roi Priam, dont Achille avait été amoureux, et qu'il allait épouser lorsqu'il fut tué par une flèche de Pâris, était, le sein nu, devant Pyrrhus-Néoptolème qui, l'épée à la main, hésitait à l'immoler. *Le Sacrifice d'Iphigénie,* œuvre de Timanthe, excita pareillement la curiosité du fils de Philippe. Agamemnon, la tête voilée, Achille prêt à intervenir et la biche substituée à la fille d'Agamemnon, témoignaient un art digne du sujet.

Alexandre fut charmé de voir aussi dans ce musée plusieurs portraits d'Alcibiade, notamment celui qui le représentait à treize ans, peint par Aglaophon, mais il avait ignoré que ce portrait était censé celui d'un *Jeune Athénien sur les genoux de la nymphe Némée.* Le groupe était si lascif que, dit Autolyque « il faisait sourire les jeunes gens », — « et froncer les sourcils aux vieillards », ajouta Phrynon.

Dans le temple de Minerve Victoire, bâti par l'architecte Callicrate à droite du portique monumental, l'image de cette déesse était sans ailes, pour qu'elle ne pût jamais s'envoler. Elle tenait d'une main une grenade, emblème de la fertilité, et de l'autre son casque. Le long de la frise, on remarquait Jupiter et Ganymède, Vénus et la Persuasion avec l'Amour, Minerve plaidant devant les dieux pour les Athéniens qui combattaient.

Sur la terrasse, où était une enceinte des Grâces, un temple de Minerve Ouvrière honorait le travail, comme la statuette qui était chez Cléotime à Olympie et dont Alexandre avait reçu la merveilleuse couronne. Alors que Lycurgue avait interdit aux Spartiates l'exercice de tout métier, pour que le travail fût le propre des esclaves, Solon punissait l'oisiveté. Un Lacédémonien, de passage à Athènes, ayant entendu que l'on venait de condamner un citoyen pour ce motif, demanda à saluer un homme qui vivait noblement. Solon avait fait le marchand pour parcourir le monde ; Platon avait soutenu les dépenses de son voyage en Egypte avec l'argent qu'il gagna sur les huiles qu'il y vendit ; Thalès avait commercé ; le marchand Protus, de Phocée en Asie mineure, avait fondé Marseille. Si Démosthène était fils d'un fabricant de couteaux et Eschine d'un fabricant de flûtes, Phocion l'était d'un fabricant de cuillères.

L'enclos voisin du temple de Minerve patronne de tous ces métiers était consacré à Diane Brauronienne, ce nom venant d'une localité de l'Attique, célèbre par un temple et par des fêtes de cette déesse, fêtes d'une rare licence, qui contredisaient le caractère chaste de Diane, comme son surnom de Déhanchée en Elide.

Une statue de Lysippe figurant Socrate, arrêta ensuite Alexandre. Il était impossible de faire deviner plus d'élégance et de profondeur de la pensée, plus de malice, plus de bonté, plus de tendresse, dans une physionomie plus caricaturale. C'était l'équivalent de ce que Parrhasios avait fait en peinture pour *le Peuple athénien*. A côté, se voyait, du même Lysippe, un *Chien blessé léchant sa plaie*. Là aussi, on ne pouvait imaginer plus fidèle et plus noble imitation de la nature. Léocharès, le second des sculpteurs qui travaillaient à Pella, était présent sur la citadelle d'Athènes, avec une statue de Jupiter. Myron avait sculpté son fils Lycius, à douze ans, portant un bassin d'eau lustrale.

Dans l'enceinte de Minerve Guérisseuse ou d'Hygie, Phrynon commenta l'un des bronzes. Un jeune esclave, aimé de Périclès, et qui travaillait au portique d'entrée, pendant que l'architecte Mnésiclès construisait cet édifice, tomba du haut d'un échafaudage. Grièvement blessé, il fut guéri par une plante dont Périclès avait eu la révélation dans un songe. L'homme d'Etat fit élever à la fois le temple d'Hygie et cette statue en reconnaissance : l'esclave soufflait sur des charbons pour faire rôtir les entrailles d'une victime, au sacrifice célébré par Périclès après la guérison. Cette statue était de Stipax de Chypre. Alexandre se réjouit qu'on eût mis côte à côte les effigies de Périclès, fidèlement casqué, et d'Anacréon, couronné de pampres. La multitude des statues de la citadelle le frappait, après toutes celles qui peuplaient Athènes. Phrynon lui dit que la ville en avait trois mille, comme Olympie, comme Delphes et comme Rhodes.

Plus loin, était l'olivier sacré, rejeton du premier que Minerve avait donné à l'Attique, lorsqu'elle en disputait la suprématie à Neptune. Cet arbre, brûlé par les Perses, avec les édifices de la citadelle, avait reverdi en une nuit. Son feuillage ombrageait le temple de Minerve Citadine, qui était joint à celui d'Erechtée, roi déifié d'Athènes, tige de la tribu Erechtéide et confondu avec Neptune : six statues de jeunes filles formaient le portique de ce temple. Ces entablements étaient appelés Caryatides, du nom des filles de Caryes, bourg de Laconie, où était un temple de Diane Caryatis. La prêtresse de Minerve Citadine et le prêtre de Neptune Erechtée étaient choisis dans la famille des Etéoboutades : ici, Eschine était chez lui.

A l'intérieur, une source salée, au fond d'une excavation, avait surgi à l'endroit où le dieu de la mer, durant sa dispute avec la déesse, avait frappé le roc de son trident : le bruit lointain des vagues s'y faisait entendre. Une lampe d'or ciselée par Callimaque, et qui avait une mèche d'amiante, brûlait toute l'année, bien qu'on ne la remplît qu'une fois : une palme de bronze servait à dissiper la fumée. Il y avait aussi, dans ce temple, une statue de Mercure, faite de branches de myrte entrelacées, que l'on disait une offrande de Cécrops, le fondateur mythique d'Athènes, et la non moins antique statue en bois d'olivier, rapportée de Troie par l'Athénien

Bouzygue, héros de la tribu des Bouzygides, à laquelle appartenaient les sacerdoces de Jupiter Palladien et de Jupiter Accomplisseur : c'était le fameux palladium tombé du ciel et qui rendait imprenable la ville de Dardanus, d'Ilus et de Priam, mais que Diomède et Ulysse enlevèrent par escalade. Cette statue, enduite de craie, était informe et primitive et censée l'image de Minerve-Pallas. Alexandre ne la considérait pas avec moins de respect, par rapport à son origine : il ne lui serait pas venu à l'esprit d'en rire, comme ce Grec qui, ayant perdu la faculté de rire en consultant l'oracle de Trophonius à Livadia en Béotie, la recouvra tout à coup en voyant, à Délos, la statue, aussi grossière, de Latone. Pourtant, de naturel gai, il aurait volontiers, comme les Spartiates, élevé un temple au Rire.

Phrynon déclara que d'autres villes grecques, notamment Argos, et même Rome en Italie, affirmaient posséder le palladium. Les Romains disaient qu'il avait été apporté sur leur territoire par Enée, fugitif de Troie, et que les Grecs n'en avaient pris qu'une copie, faite sur les ordres de Dardanus. Alexandre murmura le vers que la prêtresse de Troie, « la jolie Théano », avait adressé à ce simulacre : « Puissante Minerve, protectrice de la ville, déesse des déesses... » Il est vrai que, selon certains, cette statue de bois ne provenait pas de la Troade et avait été faite par Erichtonius, — autre roi d'Athènes —, avec un olivier de l'Attique. Ils reflétaient le particularisme athénien d'après lequel on devait, dans les sacrifices, s'abstenir de tout ce qui était étranger : ainsi, Platon, à qui l'on avait offert des vases de Sicyone pour les cérémonies religieuses de l'Académie, les brisa-t-il afin qu'ils ne pussent servir.

Des jeunes filles jouaient à la balle, dans un enclos. C'étaient elles qui tissaient le voile de la déesse, pour les grandes fêtes de Minerve. Elles le déposaient sur les genoux de la plus vieille statue athénienne de la déesse, représentée assise, comme patronne de la cité, et placée devant le temple d'Erechtée. La virginité des jeunes tisserandes devait être indubitable, comme celle de Minerve. Phrynon, en indiquant ce détail, ajouta que, dans ce même lieu, la déesse avait failli être violée par Vulcain : amoureux d'elle, il l'avait guettée et culbutée. Elle put se dégager à temps, mais la semence du dieu jaillit sur la cuisse de la déesse, qui l'essuya avec un morceau de laine. Et, de cette laine jetée à terre, naquit Erichtonius, moitié homme, moitié serpent, qu'elle confia, dans un coffret, aux filles du roi Cécrops et qui fut le successeur de celui-ci. On nourrissait un gros serpent dans une fosse du temple d'Erechtée pour rappeler cette naissance, en souvenir de laquelle les Athéniens étaient dits « nés de leur propre sol », ce qui les faisait comparer à des guêpes par Aristophane et aux sauterelles ou aux escargots par Antisthène, le maître de Diogène. On ne sacrifiait jamais à Minerve d'animaux mâles et uniquement des femelles qui n'avaient pas été accouplées.

L'histoire que venait de raconter Phrynon, avait un préambule.

Vulcain, chargé de fabriquer pour les dieux des sièges d'or et de diamant, y trouva le moyen de se venger de sa mère Junon qui, le croyant boiteux, l'avait précipité du ciel dans la mer, ce qui l'avait réellement estropié : il munit son siège d'un tel mécanisme qu'à peine installée, elle resta suspendue dans les airs, sans pouvoir se déprendre. Afin de libérer son épouse, Jupiter promit à Vulcain d'accomplir n'importe lequel de ses désirs : comme le dieu forgeron était trahi par sa femme Vénus, il exigea, pour compensation éclatante, de coucher avec Minerve, mais la déesse l'accueillit tout armée dans sa chambre et le repoussa. C'est ensuite qu'il la guetta sur la citadelle d'Athènes.

La balle des jeunes filles ayant volé par-dessus le mur, elles se hissèrent pour chercher où elle était tombée et crier à un gamin de la leur renvoyer. Elle avait roulé vers le bassin de la Clepsydre, source de la citadelle. C'est là qu'était la grotte de Pan, où Créuse, fille d'Erechtée, avait été violée par Apollon, et où elle avait déposé leur fils Ion, qui avait inspiré à Euripide l'une de ses plus belles tragédies. Cette histoire, non plus que celle d'Erichtonius, ne créait pas une atmosphère particulièrement chaste autour de ces vierges d'Athènes. « Dans la corbeille, aux processions de Minerve, dit Autolyque, figure un phallus, soigneusement caché. — Comme dans la corbeille des processions d'Eleusis », ajouta Alexandre. Phrynon rit que les vierges, durant cette procession, portaient des rameaux humides de rosée, image de la semence de Vulcain, et une corbeille de figues, images du vagin et de l'anus.

Autolyque s'était étonné qu'Alexandre, non initié, connût le secret de la corbeille. Il lui avoua que c'était vrai, mais que cet aveu n'était pas trahir les mystères. A propos de ce mélange de sainteté et d'érotisme, on fit cette observation qu'aux fêtes de Cérès Législatrice, auxquelles ne participait aucun homme, les femmes s'asseyaient sur de l'agnus-castus, afin d'être chastes, mais mangeaient de l'ail, qui est un excitant, et se suspendaient au cou de petits phallus de bronze.

Le tombeau de Cécrops, voisin de ce temple, inspira à Alexandre un certain nombre de réflexions. Alors que la Grèce était habitée par les Pélasges, qui vivaient dans des cavernes et se nourrissaient de chair humaine, elle avait reçu, il y avait maintenant plus d'un millier d'années, une colonie égyptienne, conduite par cet Egyptien, comme l'Argolide, cent ans après, avait reçu l'Egyptien Danaüs. C'est lui qui donna des lois aux Pélasges, leur enseigna le culte des dieux et des morts, le travail des champs, l'écriture, le mariage, la propriété, la justice (il créa le tribunal de l'aréopage), supprima les sacrifices sanglants, trancha le différend entre Minerve et Neptune pour la possession d'Athènes, dont il fut le premier roi et qui, en son honneur, eut d'abord le nom de Cécropie Naturellement, une des tribus d'Athènes s'appelait Cécropide.

Du même côté que ce tombeau, était le sanctuaire d'Aglaure ou

Agraule, qui s'était jetée de ces rochers, pour se punir, à l'instigation de Minerve, d'avoir introduit Mercure auprès de sa sœur Hersé et ce dieu l'avait changée en pierre. Les autres filles de Cécrops se précipitèrent également pour avoir regardé ce qui était dans le coffret que Minerve leur avait confié en leur prescrivant de ne pas l'ouvrir.

Le fils de Phrynon conduisit Alexandre à un autel que les étrangers d'Athènes avaient édifié à la mémoire de l'un d'eux, Timagoras, mort dans des conditions semblables. Son aimé, le jeune Athénien Mélétus, après lui avoir demandé, comme preuves d'amour, des coqs de combat, des chiens de chasse, un cheval et un magnifique vêtement, le mit au défi de se jeter du haut de ces rochers ; Timagoras n'hésita pas. Mélétus, désespéré, s'était jeté aussitôt après lui. L'autel était dédié au Contre-Amour, — l'Amour Vengeur —, dont la statue était d'Iphicrate. Alexandre évoqua celle de ce même dieu au gymnase d'Elis. A côté, on voyait la statue de Mélétus, beau garçon nu, tenant deux coqs. Un autre autel commémorait deux autres amis, Cratinus et Aristodème, qui, au cours d'une peste, se sacrifièrent pour purifier l'Attique. La peste cessa dès que Cratinus se fut tué, mais Aristodème, comme Mélétus, ne voulut pas survivre à son ami. Deux statues de marbre d'Harmodius et d'Aristogiton complétaient, en ce lieu auguste, les grands souvenirs pédérastiques de la cité. Les plus anciennes, qui étaient de bronze et l'œuvre d'Anténor, avaient été enlevées par Xerxès.

Une lionne de bronze, sans langue, symbolisait la courtisane Lionne, amie des deux tueurs de tyran et qui, torturée par Hippias pour dénoncer les conspirateurs, s'était coupé la langue afin de ne pas les trahir. Les Athéniens, ne voulant pas élever une statue à une courtisane sur la citadelle, mais tenant à perpétuer son courage, avaient imaginé cette représentation de son nom. L'épigraphe, toutefois, n'était pas flatteuse : « La vertu a triomphé du sexe. » Auprès, était une statue de Jupiter par Léocharès. Une autre, celle de Cylon, qui avait tenté de devenir tyran avant Pisistrate, témoignait l'empire de la beauté sur les Athéniens : ces admirateurs d'Harmodius, d'Aristogiton et de Lionne avaient statufié cet ennemi de la liberté « parce qu'il était très bel homme ».

Alexandre remarquait des esclaves qui arrivaient en courant pour consulter un cadran solaire, placé près d'une colonne, et qui repartaient aussi vite : ils venaient voir l'heure pour l'indiquer à leurs maîtres qui avaient un rendez-vous et aux cuisiniers **qui** préparaient un mets. « L'ombre est de tant de pieds », leur disaient-ils. A Miéza, il y avait un cadran solaire, établi, comme celui-ci, d'après les principes du fameux Pythéas de Marseille, mais cet instrument était encore très rare en Grèce. Aucun particulier n'en possédait. La colonne était, avec le cadran, une fierté des Athéniens : elle portait des tables indiquant les cycles des saisons et des mois, calculés, depuis un siècle, pour l'espace de dix-neuf ans, par

leur compatriote, l'astronome et astrologue Méton, qui avait tenté vainement de les détourner de l'expédition de Sicile. Tous les Etats grecs avaient
copié ces tables, afin de corriger les erreurs de compte des années lunaires.

Au milieu des statues, plusieurs colonnes ou plaques de marbre,
plantées dans la roche, indiquaient les traités de paix et d'alliance conclus
par les Athéniens ou quelques décrets solennels qu'ils avaient votés.
Phrynon et Alexandre, joignant la stupeur à l'indignation, constatèrent que
la colonne du traité de paix d'Athènes avec Philippe avait été renversée.
C'est sans doute Démosthène qui avait fait accomplir cet outrage, pour
marquer le passage d'Alexandre. Celui-ci voulait repartir tout de suite,
comme il l'avait fait à Olympie après l'incident de l'hippodrome. « La
colonne a été renversée, dit Phrynon, mais on ne l'a pas brisée. Les chefs
du peuple ont souvent de ces initiatives, qui n'entraînent pas les décisions
de l'Etat. Continue donc ta visite avec un calme superbe. Tu ne pourrais
d'ailleurs la terminer sans avoir rendu hommage à la déesse de la cité dans
le plus beau de ses temples. Elle est aussi la déesse de Pella. » Ces mots
apaisèrent Alexandre. Il sourit amèrement en voyant que, près de la
colonne du traité, était l'autel de l'Impudence. Phrynon lui fit observer
également celui des dieux inconnus. La piété des Athéniens avait craint
d'être en défaut.

A côté, se trouvait l'inscription promettant une récompense de cinq
cent mille drachmes à qui apporterait la tête du philosophe Diagoras
l'Athée, et le double à qui le livrerait vivant. On accusait le philosophe de
Milo d'avoir révélé les mystères, accusation qui n'était pas nouvelle contre
un homme d'esprit. Ce qui touchait davantage Alexandre, il avait, un jour,
dans une méchante auberge où manquait de quoi allumer le feu, brûlé
une vieille statue de bois d'Hercule, en disant au héros que son treizième
travail serait de faire cuire le dîner. Le décret qui l'avait frappé et auquel
Aristophane faisait allusion dans *les Oiseaux,* n'avait plus d'objet depuis
longtemps, car Diagoras était mort tranquillement à Corinthe. Mais on
immortalisait son impiété, comme on avait immortalisé, par l'inscription
voisine, l'infamie d'Arthmius de Zéla, agent des Perses, qu'Isocrate avait
mis en parallèle avec Démosthène.

Alexandre admira d'abord, sur la plate-forme, la colossale statue de
bronze de Minerve Guerrière, œuvre de Phidias : la déesse, casque en tête,
le bouclier au bras gauche, appuyait le bras droit sur sa lance. C'est la
statue dont le casque et la lance étaient visibles du Pirée et, même, disait-
on, du cap Sunium, situé à une cinquantaine de kilomètres au levant. Le
Parthénon, où la déesse avait l'épithète de Vierge, était le monument le
plus remarquable de la ville. Les Athéniens se plaignaient, dit Phrynon,
qu'il ne fût pas compté comme la sixième merveille du monde, avec les
jardins suspendus de Babylone, les pyramides d'Egypte, le tombeau de
Mausole, le temple de Diane à Ephèse et le Jupiter d'Olympie. C'était le

chef-d'œuvre des architectes Ictinus et Callicrate et de Phidias, qui avait fait la décoration et les sculptures. Les modillons et les gorges de la corniche étaient peints en bleu, les gouttes des modillons en rouge, les chapiteaux en rouge et bleu et des plaques de bronze doré faisaient ressortir les bas-reliefs de l'entablement et les statues des frontons. Ces couleurs plaisaient à Alexandre, qui aimait aussi voir la plupart des statues de marbre d'Athènes, comme l'étaient la plupart de celles d'Olympie, rehaussées de peinture sur les cheveux, les yeux, les joues, les lèvres et les vêtements. Il aimait aussi les incrustations de pierreries, d'émail, de cristal ou de pâte blanche qui donnaient de la vie aux prunelles. On releva que Phidias avait pris des chevaux thessaliens pour modèles de ceux qu'il avait sculptés, — les compatriotes de Bucéphale.

Dans le temple, la statue de Minerve Vierge, en or et en ivoire, haute de douze mètres, sur un socle de trois mètres, était d'une beauté comparable à celle de son Jupiter d'Olympie. La déesse était debout, près d'une Victoire, vêtue d'une longue tunique ; la tête de Méduse, en ivoire, qui décorait son égide, — la peau de chèvre Amalthée, nourrice de Jupiter, — était sur sa poitrine ; le bouclier à ses pieds, près du serpent Erichtonius ; la lance à la main. Les détails étaient aussi admirables que l'ensemble. La bataille des Amazones était ciselée sur le bouclier, avec la lutte des dieux et des géants ; le combat des Lapithes et des centaures sur les chaussures ; la naissance de Pandore et de vingt-six dieux sur la base. L'entretien de l'ivoire n'était pas fait avec de l'huile, ainsi qu'à Olympie : un petit bassin rempli d'eau, maintenait l'humidité nécessaire.

Aristote avait noté, dans ses *Histoires merveilleuses,* un trait qui fut confirmé par Phrynon : Phidias, se doutant que les Athéniens l'obligeraient à effacer son visage, sculpté au centre du bouclier de Minerve, avait fait en sorte que l'on ne pût supprimer cette ciselure sans briser le bouclier, ce qui aurait détruit la statue. La fureur jalouse qu'en eurent les Athéniens, plus que la considération du sacrilège, expliquait le châtiment qu'ils lui infligèrent. Son portrait était celui d'un vieillard chauve, levant une pierre des deux mains, — la pierre du Parthénon, qui devait l'écraser. L'image de Périclès, figurée dans le combat des Amazones, était parfaitement reconnaissable, bien qu'à demi cachée par une lance. Alexandre salua l'artiste qui avait su faire plier, aux dépens de ses jours, la démocratie athénienne, comme il avait inscrit le nom de son mignon Pantarcès sur l'orteil du Jupiter d'Olympie.

La prêtresse, qui portait la clé du temple, — l'un des surnoms de Minerve à Athènes était Porteuse des clés de la ville, — raconta à Alexandre qu'à une date récente, un voleur avait dépouillé la déesse de l'or qui était sur son égide et sur d'autres parties de ses vêtements et qu'on l'avait remplacé par de l'argent doré. Elle montra la peau de chèvre, la cuirasse et le casque à aigrette, qu'elle arborait dans les cérémonies, pour remplir le rôle de Minerve. Puis, elle fit visiter la salle souterraine où étaient renfermés les trésors du temple : le trône d'or sur lequel Xerxès avait assisté à la bataille de Salamine et l'épée de son général Mardonius, vaincu à Platée (la cuirasse d'or d'un autre chef perse tué dans cette bataille, Maciste, était dans le temple d'Erechtée) ; des cigales d'or, telles que les Grecs en mettaient autrefois dans leurs cheveux, — la cigale avait été l'emblème de Cécrops ; d'innombrables couronnes d'or offertes par les généraux vainqueurs et même celle de Lysandre qui avait remercié la déesse de la prise d'Athènes, — il y avait aussi celle que Sophocle avait retrouvée, grâce à Hercule ; les deux Victoires d'or avec leur base du même métal et du poids de cinquante kilos chacune, qui n'avaient pas été fondues par Périclès durant la guerre du Péloponèse, survivantes des dix qu'il avait fait faire pour représenter les dix tribus. Enfin, dans une autre chambre secrète, était gardé le trésor d'Athènes proprement dit. On surprit beaucoup Alexandre en lui disant qu'à côté du trésor public, il y avait celui de riches particuliers qui le déposaient dans ce lieu inaccessible, sous la protection de la déesse, plutôt que de le garder chez eux ou de le confier à un banquier.

L'amas d'or qu'il venait de contempler, l'avait ébloui. Il n'avait pas eu l'occasion de voir le trésor de Pella, conservé dans la citadelle, et comprenait maintenant l'épithète de « riche en or » donnée par Homère à certaines villes. « J'avoue, dit-il, que je trouve bien ridicule Platon, sauf le respect que je lui dois, d'avoir prétendu que l'or et l'argent, même dans les sanctuaires, sont un objet de jalousie et que l'ivoire, provenant d'un corps qui a perdu l'existence, est une offrande suspecte de souillure. Il va jusqu'à bannir le bronze, comme étant guerrier. Finalement, il ne permet d'offrir aux dieux que des objets en bois, et d'une seule pièce, des objets de pierre ou de marbre, des tissus, de préférence blancs, et des peintures « qu'un seul artiste aura pu exécuter en un seul jour ». Lorsque Aristote nous lisait ce passage de *la République*, je l'avais fait convenir de la puérilité des raisons de son maître, qui étaient celles d'un ladre. »

De retour dans le temple, la prêtresse accueillit des Athéniens, les uns souriants, les autres larmoyants, qui lui apportaient une mesure de blé, une mesure d'orge et une obole : c'étaient les offrandes dues à la déesse, chaque fois que quelqu'un naissait ou mourait à Athènes.

Sur un côté du temple, était une autre statue de Minerve, en bronze, par Phidias. On la surnommait la Lemnienne, parce que les habitants de Lemnos l'avait consacrée et on la qualifiait « la Très belle », parce que, tout en étant d'une matière moins précieuse que celle du Parthénon, elle passait pour le chef-d'œuvre de ce sculpteur. Une Vénus de Calamis n'était pas moins remarquable, ainsi qu'une statue d'Apollon Destructeur des saute-relles, élevée en reconnaissance à ce dieu qui avait délivré Athènes d'une invasion de ces insectes, statue également de Phidias.

Phrynon, qui s'était avancé vers le mur voisin du temple de Minerve Citadine et d'Erechtée, revint en courant. « Alexandre, dit-il, l'assemblée du peuple est près de se réunir. » « Ô petit peuple, ô bien-aimé ! », dit ironiquement le fils de Philippe, répétant l'expression que le grotesque Cléon adresse au peuple athénien dans *les Cavaliers*.

A son tour, il s'approcha de la muraille. Il regardait la foule qui s'avançait vers l'hémicycle creusé au bas de la Pnyx. Le drapeau blanc à tête de chouette flottait au vent, sur une hampe plantée au sommet de cette colline rocheuse : contrairement à ce qui se faisait pour le sénat, c'est au moment de la réunion que l'enseigne était déployée. Phrynon estimait à cinq mille citoyens le nombre de ceux qui étaient là. Rarement l'assemblée en comptait-elle davantage. Les archers scythes, en arrière de cette foule, tenaient une corde teinte en rouge pour obliger les participants à se hâter : si leurs vêtements portaient cette tache, ils ne pourraient toucher les trois oboles allouées comme prix de la participation. « Gare à la tache rouge ! » criaient les archers. Alexandre était stupéfait de cette manière de réunir le peuple souverain et aussi de la modicité de la somme dont Phrynon venait d'indiquer le montant. La présence n'étant pas obligatoire, sauf cas exceptionnels, les pauvres formaient la majorité des votants, non seulement dans l'assemblée du peuple, mais dans les dix tribunaux d'Athènes, constitués chaque fois par le sort, à l'exception de l'aréopage : ce tribunal se recrutait parmi les anciens magistrats, c'est-à-dire parmi les riches et les nobles, d'où le respect et l'envie qu'il inspirait. Cette rétribution des juges, au jour la journée, faisait dire à un personnage d'Aristophane que, « s'il n'y avait pas tribunal aujourd'hui, il ne savait pas avec quoi acheter son déjeuner ». Encore aurait-il dû avoir la chance de tirer une fève blanche ou un caillou blanc, les suffrages se comptant au moyen de ces « bulletins » de vote, qui étaient de couleur blanche ou noire. Phrynon fit observer que les trois oboles ne permettaient pas moins de manger à sa faim, aujourd'hui comme il y avait cent ans, et même d'aller au spectacle, le prix des denrées n'ayant pas augmenté comme celui des objets fabriqués. Périclès avait eu le premier l'idée de rémunérer l'assistance aux assemblées publiques, ce qui avait eu pour effet d'en éloigner les riches, livrés aux fureurs et aux caprices de la multitude, mais aussi de fournir à de nombreux pauvres l'essentiel de leur subsistance, en dehors des sacrifices publics. Socrate, comme Phrynon l'avait dit, avait été la victime des « confrères des trois oboles », qui vivaient de ce salaire.

Alexandre rappela de quelle façon ce philosophe avait guéri Alcibiade de la crainte que lui inspirait le peuple assemblé. « Fais-tu un grand cas d'un tel, qui est cordonnier ? lui dit-il. — Non, répondit le jeune aristocrate. — Et de tel autre, qui est fabricant de tentes ? — Pas davantage. — Eh bien, dit Socrate, ce sont les gens qui composent le peuple d'Athènes. Si tu ne redoutes aucun d'eux en particulier, pourquoi t'en imposent-ils quand ils se sont assemblés ? » « Dans *les Mémorables,* dit Ephestion, Xénophon reproduit un dialogue identique entre Socrate et Charmide, que le philosophe jugeait propre à la tribune et qui en restait éloigné par timidité : « Quels sont ces hommes qui t'intimident ? lui demanda-t-il. Des foulons, des cordonniers, des charpentiers, des forgerons, des laboureurs, des marchands... » Le grave Léonidas cita *les Cavaliers* de son cher Aristophane, où ces professions figuraient dans un autre contexte, mais toujours à propos de la démocratie. C'est le charcutier qui s'adresse au Peuple : « Tu es semblable aux garçons aimés : — Tu n'acceptes pas les beaux et bons, — Te donnant à des marchands de lampes et à des savetiers — Et à des corroyeurs et à des marchands de cuir. » Alexandre éclata de rire. « Par Jupiter, dit-il, « les beaux et bons » sont d'accord sur le peuple athénien. — Oui, dit Phrynon, mais considère le bon sens et même la dignité de ce peuple qui a mis au nombre des injures défendues, celle de reprocher à quelqu'un d'avoir vendu au marché : elle est punie d'une amende de cinq cents drachmes. Ce serait, en somme, insulter Minerve Ouvrière. »

Alexandre fut frappé de ces mots. Comme au théâtre de Bacchus, il avait admiré un peuple capable de se passionner pour l'art dramatique et de couronner le génie, il se sentit obligé de respecter qui avait rendu respectable la mère d'Euripide, marchande de légumes. Ce peuple, était aussi capable d'apprécier le langage d'un Démosthène et d'un Eschine. Ce peuple avait produit des poètes sublimes et des artistes uniques. Ce peuple était prêt à mourir pour sa liberté, ce qu'Alexandre n'arrivait pas encore à comprendre. Ce peuple, qui avait été souvent si injuste, refusa de laisser accomplir une injustice, recommandée par Thémistocle et appuyée par Aristide : celle d'incendier, après Salamine, tous les vaisseaux grecs mouillés au Pirée, pour assurer aux Athéniens la suprématie maritime. Ce peuple avait condamné à mort les huit généraux victorieux au combat naval des Arginuses, pour n'avoir pas effectué les rites funèbres en l'honneur des soldats tués (Socrate, malgré les menaces de la foule, avait été le seul à ne pas voter cette peine, — deux des généraux s'étaient enfuis, mais les six autres furent exécutés) et ce peuple avait également condamné à mort des ambassadeurs au retour d'une mission bien remplie, pour avoir pris une autre route que celle qu'on leur avait prescrite. Mais ce peuple avait aussi ordonné des rites de purification, rien que pour avoir entendu le récit du massacre des aristocrates d'Argos, puis celui du massacre des orateurs démocrates de cette même ville, qui avaient instigué le premier carnage. Ce peuple avait exclu, comme coupable de cruauté, un membre de l'aréopage pour avoir étouffé un moineau qui s'était réfugié dans son sein. Ce peuple adorait tellement la vie qu'il interdisait de s'en défaire : on coupait la main droite aux suicidés et on les enterrait sans cérémonie. Ce peuple, bien que soumis à ses orateurs, leur défendait les figures de rhétorique, pour ne pas se laisser abuser par cet artifice. Ce peuple, si l'on en croyait Démosthène qui le lui reprochait dans un de ses discours, acquittait pour un mot d'esprit prononcé par l'accusé et, tout chatouilleux qu'il était sur le patriotisme, avait condamné parfois les pires traîtres à vingt-cinq drachmes d'amende —, le tarif auquel s'était mis Socrate. La liberté n'empêchait pas d'accuser n'importe qui, mais elle n'empêchait pas de se défendre : le général Aristophon se vantait d'avoir été accusé soixante-quinze fois et soixante-quinze fois absous. Alexandre, en écoutant Phrynon et Léonidas évoquer ces faits, était tenté de sourire à cause de l'absurde, mais revenait toujours à l'admiration.

Près de la tribune, se réunissaient les orateurs démagogues, ceux que Diogène nommait « les serviteurs de la populace », — les serviteurs de ceux dont, selon le mot d'Aristophane, « le derrière est vainqueur du bain ». Phrynon cita une réflexion de Diogène. Ayant hélé Démosthène de l'intérieur d'un cabaret et voyant qu'il n'osait pas entrer, le Cynique lui avait crié : « C'est pourtant un lieu où ton maître vient tous les jours », — ton maître, le peuple. Alexandre ajouta la plaisanterie d'Aristophane sur les orateurs qui savent faire « le peuple large ou étroit », — « Mon derrière a la même science » répond l'interlocuteur. Ephestion cita ces paroles du chœur des *Nuées* : « Ô peuple, tu as un bel empire, parce que tous les hommes — Te craignent — Comme un tyran. — Mais tu es facile à mener, — Tu aimes à être flatté — Et dupé. — Et tu écoutes toujours bouche bée — Ceux qui parlent. » « Ceux qui parlent... » C'était le terme de mépris qu'avait répété la lettre de Philippe au sénat et au peuple athénien. Le grave Léonidas déclara que la versatilité du peuple était le châtiment des démagogues. Il rappela le mot de Pélopidas : « Si l'on savait ce qu'il faut souffrir du peuple, on ne voudrait jamais le gouverner. » C'est, au fond, ce que signifiaient les paroles du père de Thémistocle à son fils, en lui montrant les débris des galères sur le rivage. Phrynon dit également la réflexion faite par Anacharsis, lorsque ce philosophe scythe eut assisté à une séance de l'assemblée du peuple : « Les sages proposent et les fous décident. »

« N'est-il pas étrange, poursuivit le père d'Autolyque, que, dans l'Athènes du roi Cécrops, les femmes aient eu droit de suffrage à cette assemblée ? Cela me remet en mémoire un détail que j'avais omis, Alexandre, à propos de la dispute de Neptune et de Minerve. L'oracle de Delphes ayant déclaré que c'était aux habitants de choisir entre les deux divinités, tous les hommes donnèrent leurs voix à Neptune et toutes les femmes donnèrent les leurs à Minerve. Mais il y avait une femme de plus qu'il n'y avait d'hommes et Minerve l'emporta. Neptune, irrité, inonda l'Attique. Pour le calmer, on infligea aux femmes une triple punition : d'êtres privées du droit de vote, de ne pouvoir léguer leur nom à leurs enfants et de ne jamais être désignées en qualité d'Athéniennes. Aussi employons-nous à leur égard l'expression de « femmes d'Athènes » ou « de l'Attique ». — Beau paradoxe, dans une cité qui a une déesse pour protectrice ! » dit Alexandre.

Des esclaves publics apportaient, près de la tribune, des jarres pleines d'eau. Elles étaient au nombre de six, ce qui annonçait six orateurs. Leur contenu servait, en effet, à mesurer le temps de parole de chacun. On les posait au-dessus d'un récipient, dans lequel l'eau s'écoulerait par un trou, percé en bas de la jarre et, en ce moment, fermé avec de la cire. On utilisait aussi, à Miéza, des horloges hydrauliques du même genre, mais de format plus petit, afin de mesurer la longueur des leçons et des exercices.

Alexandre demanda si l'assemblée se terminerait avant la nuit. « Sans doute, dit Phrynon, mais il peut y avoir de nouvelles interruptions, qui retardent le vote jusqu'à une heure avancée. Il se fait à mains levées, avec une contre-épreuve. Les tribunaux, si l'on recueille les suffrages dans des urnes, se prêtent mieux aux fraudes, lorsque la discussion se prolonge jusqu'à la fin du jour. On paraît excusable de se tromper dans le compte, sur la couleur des fèves ou des cailloux. L'aréopage use de cailloux pleins ou percés, ceux-ci étant le signe de la condamnation à mort. Dans son discours *Contre Eubulide*, Démosthène livre lui-même le secret, en se plaignant du vote d'un tribunal spécial, qui avait eu lieu au crépuscule du soir et où l'on tira de l'urne plus de soixante suffrages, alors qu'il n'y avait que trente votants. Ce jour-là, Démosthène était du parti de la minorité. Aujourd'hui, il est le chef de la majorité : il est le chef du peuple. »

Ce chef, il venait de s'asseoir dans une entaille de rocher, à la place que Phrynon disait lui être habituelle. Fier de sa popularité, — il s'était déclaré, une fois, « ravi d'être reconnu par les porteurs d'eau », — il avait oublié Alexandre. Trois beaux jeunes gens se tenaient debout près de lui : ses deux mignons, Cnosion et Aristion, et son neveu Démocharès. Aristion était le fils d'un de ces habitants de Platée qui s'étaient réfugiés à Athènes, quand leur ville avait été détruite par les Thébains. Les trois jeunes gens, aujourd'hui majeurs, avaient droit de vote, le Platéen ayant reçu le droit de cité, comme ses compatriotes. Un quatrième jeune homme venait faire sa cour à Démosthène : c'était le bel Epicrate, que l'*Eloge* avait rendu célèbre. Alexandre contemplait, autant qu'il pouvait distinguer leurs traits de son œil d'aigle, tous ces jeunes gens que Démosthène avait déclaré indignes de lui être comparés. Il s'écria : « Par Hercule, combien lui en faut-il ? » Phrynon dit que Démade, en pleine assemblée, l'avait accusé d'être « comme Critias, le chef des trente tyrans, dont on disait qu'il suffisait seul pour trente hommes ».

Autolyque montra les ruines, proches de la Pnyx, illustrées par le discours d'Eschine *Contre Timarque*. « A ce sujet, ajouta-t-il, tu n'as pas oublié, Alexandre, que mon nom figure honorablement dans ce discours, puisqu'il est celui d'un membre de l'aréopage . ces rochers aplanis que tu vois près de la Pnyx, en haut d'un escalier de seize marches, sont ceux où siège ce tribunal. Eschine fait même, à propos de ce juge, un double serment, dont je recueille le bénéfice : « Autolyque, membre de l'aréopage, par Jupiter et par Apollon, a une vie honnête, respectable et digne de cette assemblée. » — De cette assemblée, dont un membre est entretenu par Phryné, ajouta Alexandre, qui avait éclaté de rire. — Tous les aréopagites sont des aristocrates, dit Phrynon, mais cela ne signifie pas qu'ils soient tous riches. Du moins sont-ils incorruptibles. Cet Autolyque avait fait repousser une proposition de Timarque d'acquérir, pour le compte de ce tribunal, les maisons ruinées, voisines de la Pnyx. Les membres de l'aréopage se rendirent, pour cela, devant l'assemblée du peuple et provoquèrent l'hilarité générale en disant que ces lieux, solitaires la nuit, étaient plus connus du proposant que d'eux-mêmes. — Je me souviens de ce passage d'Eschine », dit Alexandre.

« Toi qui admires notre liberté de mœurs et de langage, poursuivit Phrynon, tu te souviens sans doute aussi du témoignage de Misgolas, fils de Naucrate de Collyte, consigné dans ce même discours. Je connais Misgolas, qui, selon la remarque d'Eschine, a l'air extrêmement jeune, bien qu'il ait été son camarade d'éphébie. Or, Misgolas, homme parfaitement honorable, « beau et bon », comme dit Eschine, n'a pas hésité à témoigner qu'il avait connu Timarque, à peine adolescent, dans la maison de jeux du médecin Euthydique, au Pirée, où Timarque était censé apprendre la médecine, l'en avait tiré en payant une somme d'argent, et l'avait installé chez lui, « propre à la chose que l'un désirait faire et l'autre se laisser faire », dit l'orateur.

Tout en souriant des réminiscences de ce fameux discours, Alexandre contemplait cet endroit où siégeait le plus auguste tribunal de la terre, qui avait été inauguré par les douze grands dieux : Mars y avait plaidé contre Neptune, dont le fils, Halirothius, avait violé Alcippe, fille du dieu de la guerre ; donnant une preuve de leur mansuétude pour ce genre de crime, les dieux avaient absous le coupable. Ensuite, Oreste y avait été absous de son matricide par les mêmes juges olympiens. Ce fut le vote de Minerve qui lui valut cette grâce. On voyait, tout à côté, le temple des Furies où le fils du roi des rois s'était rendu, conformément à un oracle de Delphes. C'est là qu'Eschyle avait situé la seconde partie des *Euménides,* — autre nom de ces déesses.

L'aréopage, dont le dernier acte mémorable avait été l'acquittement de Phryné, avait eu à juger, du temps de Périclès, une cause où la pédérastie était intéressée : l'orateur Ephialte, ayant, comme accusateur public, à requérir la peine capitale contre Démostrate, dont le fils Démocharès, homonyme du neveu de Démosthène et jeune homme d'une rare beauté, était son mignon, refusa de céder à ses instances. Il l'écouta, la tête voilée, plaider, au clair de lune, la cause de son père et, avec une rigueur toute spartiate, requit ensuite l'accusation. Une autre affaire jugée par ce tribunal, concernait la médecine : la loi défendant aux femmes et aux esclaves d'exercer ce métier, une jeune fille, Hagnodice, résolut de la tourner par la passion que lui inspiraient les œuvres d'Esculape. Elle se coupa les cheveux, s'habilla en homme et reçut les leçons du médecin Hérophile. Découverte après avoir procédé à un heureux accouchement, elle fut dénoncée par les médecins, déférée à l'aréopage et acquittée, sur les instances des Athéniennes.

Jadis, après le coup d'Etat de Cylon en faveur de la tyrannie, ses complices, réfugiés dans la citadelle, acceptèrent, sous la foi du magistrat Mégaclès, aïeul d'Alcibiade, de se rendre devant l'aréopage en tenant un fil qui les reliait au temple primitif de Minerve Vierge : c'était la garantie qu'ils seraient sains et saufs. Mais le fil se rompit tout seul, au sanctuaire des Furies, et ils furent exécutés ou bannis sans jugement.

Au-delà de ces rochers, s'élevait la colline des nymphes, derrière laquelle était le gouffre où le bourreau précipitait les criminels, après les avoir assommés à coups de bâtons. Tout le monde évitait, comme impur, le contact de l'exécuteur public. Léonidas rappela un passage de *la République* de Platon, décrivant un citoyen du Pirée, Léontius, qui se détourne du gouffre des condamnés, pour ne pas voir les cadavres, puis ne résiste pas à l'envie contraire, s'encapuchonne, écarquille les yeux et leur crie : « Voilà pour vous, ô maudits, emplissez-vous de ce beau spectacle. »

Le chef des magistrats, — le magistrat-roi, — Théophraste, s'approchait pour parler à Démosthène. L'orateur Lycurgue, émule de Démosthène comme adversaire de la Macédoine, était aussi entouré. Leur allié Hypéride voguait vers Byzance avec la flotte de Phocion, mais tous les autres ennemis de Philippe étaient là. Phrynon les désignait à Alexandre : Léosthène, Hégésippe, Damon, Callistrate, Ephialte, Polyeucte, Myroclès. Arrivaient aussi leurs rivaux : Eschine, Philocrate, Démocrate, Démade. L'aspect hilare et vulgaire de ce dernier évoquait ce que l'on avait dit du fameux Cléon : qu'il avait été le premier à galvauder l'art oratoire, en se débraillant, en se frappant sur les cuisses et en criant à pleine tête. Polyeucte, qui était de Sphette, en Attique, faisait impression par sa corpulence. On se plaisait à le comparer à Python de Byzance, ambassadeur de Philippe, qui avait un volume semblable, mais qui était plus éloquent.

« Les orateurs populaires, dit Ephestion, vont certainement promettre à leurs concitoyens, tel le Paphlagonien d'Aristophane, de les faire « commander à la terre entière, couronnés de roses », — à la terre entière, ou à la Macédoine. — Quand je vois tout ce grouillement de gens, qui sont des orateurs de profession ou en puissance, dit Alexandre, je suis obligé de penser à l'oracle de Delphes : « Heureuse la cité qui n'entend qu'un héraut ! » — Solon y avait répliqué, dit Phrynon : il déclarait que les Athéniens n'entendaient également qu'un héraut et que ce héraut, c'était la loi. — Belle réponse, dit Alexandre, mais le propre d'un roi sage est de tirer aussi son autorité de la loi. Au reste, Périclès lui-même a bien défini le gouvernement d'Athènes, lorsqu'il a dit : « En nom, c'est la démocratie ; en fait, le commandement du principal citoyen. » Autrefois, c'était Périclès ; aujourd'hui, c'est Démosthène. — Thucydide, ajouta le grave Léonidas, a relevé également que ce que l'on appelait gouvernement populaire, était le gouvernement d'un seul homme. »

Cependant, le purificateur accomplissait la cérémonie qui précédait l'ouverture de l'assemblée : il aspergeait le pourtour du lieu avec le sang d'un cochon de lait qui recueillerait, dans sa chair et dans ses testicules, qu'on lui avait arrachés, les impuretés des assistants : l'animal serait jeté ensuite à la voirie, où les pauvres iraient le ramasser. Alexandre regarda une dernière fois tout ce peuple et, comme pour faire écho aux paroles d'Ephestion, dit les vers que le chœur des *Grenouilles* adresse à Athènes : « Prends garde seulement — Que, ton courage t'ayant saisie, — Il ne t'emporte hors des oliviers. »

Un héraut s'était déjà campé, à côté de la tribune, avec son insigne, prêt à annoncer l'ouverture de l'assemblée. Puis, il prononcerait des imprécations contre tout orateur qui aurait reçu des présents pour tromper le peuple. Il est vrai qu'aucun orateur, pas plus Eschine que Démosthène, ne prétendait tromper le peuple, mais l'éclairer, ce qui légitimait les présents reçus des parties adverses.

Quand Alexandre et sa suite reprirent leurs chevaux, un jeune homme d'une vingtaine d'années se dressa devant lui. « Par Hercule, s'écria-t-il, c'est toi le fils de Philippe ? » Son air était presque aussi menaçant que l'avait été celui de Nicolas de Strate dans l'allée de l'enclos sacré d'Olympie. Mais son visage reprit un peu de douceur pour ajouter : « Je te hais, mais je te pardonne à cause de ta beauté. Je suis ton cousin Eacide. » Alexandre était stupéfait. Ce garçon était le fils d'Arybbas, roi des Molosses, que Philippe avait détrôné pour donner son royaume au jeune frère de sa femme. Il vivait en exil à Athènes, où les démocrates anti-macédoniens soutenaient ses droits, sans grande chance de succès. Phrynon, aussi bien qu'Alexandre, l'avait totalement oublié : il surgissait devant la citadelle, comme une image, légèrement pacifiée, de ces Furies, dont on venait d'apercevoir le temple. « Je regrette que tu aies pris le mauvais parti en te réfugiant à Athènes, lui dit Alexandre ; j'ai pour compagnons, à Miéza, les fils de princes détrônés par mon père. Peut-être un jour, toi et moi deviendrons amis. — J'en doute, dit Eacide. Adieu. » Farouche, il monta vers la citadelle. Après la rencontre de Démosthène au Pirée et celle d'Euphréus à l'Académie, celle-ci terminait sur le même ton le bref séjour d'Alexandre dans la cité de Minerve. Mais c'était avec l'image d'un prince détrôné par son père en faveur d'un autre Alexandre.

En chevauchant, il songeait à ce roi de vingt ans qui avait fait un séjour à Miéza avant de s'en aller en Epire. Lorsque Cléotime avait fait allusion aux huit cents mignons de ce dernier, devenus ses meilleurs officiers, il avait été assez discret pour ne pas citer son propre beau-frère. Un passage des *Euménides* semblait commenter un pareil événement : « Io ! jeunes dieux, — Vous piétinez de vieilles lois — Et vous me prenez les choses des mains. » Philippe les avait prises jusque des mains du frère d'Olympias.

Sur le quai du Pirée, Autolyque embrassa ses deux amis, d'un air désolé. Il leur donna la feuille du figuier du bon voyage, comme Lycus l'avait fait à Corinthe et Evagoras à Cyllène. « Je t'attends cet hiver à Miéza », lui dit Alexandre, qui ajouta : « Embrasse aussi Epaphos et Polybe, puisqu'il paraît que quelque chose de nous se reflète sur eux. » Phrynon avait préparé ses cadeaux de départ : un riche manteau pour Philippe, un miroir d'argent pour Olympias, des parfums pour Cléopâtre. Pour Alexandre, un ceinturon de cuir clouté d'or, et, pour Ephestion, un autre, clouté d'argent. Ils se réjouirent, parce que c'étaient des cadeaux militaires.

Alexandre ne regarda Athènes qu'après que l'on fut sorti du port, entre les deux tours. Les extrémités des chaînes que l'on tendait le soir, brillaient au soleil couchant, comme la pointe de la lance et le casque de Minerve sur la citadelle. « Nous quittons une ville, dit Alexandre, où nous ne reviendrons sans doute qu'en vainqueurs. — « Reviens dessus ou dessous », comme disent les mères spartiates en tendant le bouclier à leurs fils quand ils vont au combat, ajouta Ephestion qui, par ces mots, voulait apaiser Adrastée. — Vaincre ou mourir, dit Alexandre, c'est le sort du guerrier. Heureux Epaminondas, qui mourut vainqueur à Mantinée ! Mon oncle, le roi Perdiccas, mourut aussi dans une bataille, comme ton père. Du moins, grâce à toi, fils d'Amyntor, échapperai-je à la fin qui fut celle de deux de mes ancêtres, Archélaüs et Amyntas II, tués par leurs anciens mignons. D'ailleurs, Aristote, qui a recherché la cause du premier de ces meurtres, nous a dit, — et a écrit dans sa *Politique*, — que Derdas, l'assassin d'Amyntas, s'était vengé parce que le roi avait raconté en public avoir abusé de lui tout enfant. Cratéas et Hellanocrate assassinèrent Archélaüs à la chasse, l'un parce qu'il était devenu son mignon sous promesse d'épouser sa fille, promesse qui n'avait pas été tenue, et l'autre, parce que le roi refusait de le laisser repartir pour Larisse, sa patrie. — En fait, dit le grave Léonidas, Euripide fut indirectement la cause de l'assassinat d'Archélaüs. Il avait ridiculisé, dans des vers, le Macédonien Décamnique, et celui-ci, après la mort du poète, poussa Cratéas et Hellanocrate à tuer le roi, qui avait toujours ces vers à la bouche. — Te rappelles-tu ? dit Ephestion à Alexandre. Aristote nous parla de ce crime et d'autres crimes pédérastiques à propos de ces vers de l'*Erechtée* d'Euripide : « Arrivé au pouvoir, mon enfant, évite d'obliger les citoyens à satisfaire tes honteuses passions. — Ce qui attire le fer et la corde, c'est de déshonorer les enfants des pauvres gens honnêtes. » — Et tu te rappelles aussi, dit Alexandre, que le lendemain, nous lisions ceci dans l'*Andromède* de notre cher poète : « Tous les mortels qui sont pris par l'Amour, — Quand ils ont des aimés nobles, — Aucune volupté ne leur manque. »

L'*Hercule* doublait le cap Sunium, où s'élevait le temple de Neptune et de Minerve. C'est là que Platon était allé philosopher parfois avec ses disciples. L'*Ajax* de Sophocle faisait allusion à ces lieux : « Puissé-je me trouver là où est, sur la mer, — Un promontoire boisé, baigné par les flots, sous la haute colline de Sunium, — Pour invoquer — La sainte ville d'Athènes ! » On évoqua les joutes nautiques qui venaient de se disputer dans ces parages et auxquelles le bateau d'Autolyque avait été vainqueur.

Léonidas montra, à l'horizon, Céos, qui était, de ce côté, la première des Cyclades. « Voilà l'île de Prodicus, dont tu citais l'apologue, relatif à ton ancêtre, dit-il à Alexandre. — J'ai trouvé sa *Vie d'Hercule* très intéressante, dit celui-ci. Mais, quant à son apologue, la preuve est bien faite que la pédérastie ne peut se confondre avec le vice ou la volupté, et qu'elle est, au contraire, la vertu. Prodicus fut, en effet, comme Hercule, un grand amateur de garçons. Aristote nous a raconté que, lorsque les Athéniens eurent interdit au sophiste de Céos d'enseigner la jeunesse, sous prétexte qu'il la corrompait, il prit le titre de professeur de vertu, ce qui confirme ce que je dis. Encore un grand homme à qui ils firent boire la ciguë, peu après Socrate, dont il avait été le maître. Je vénère aussi en lui le maître d'Euripide et d'Isocrate. »

« Céos, reprit Léonidas, est aussi la patrie de Simonide. Il nous dit que « cinquante-six fois il gagna un taureau ou un trépied » à des concours poétiques. Je voudrais avoir votre jeune mémoire pour réciter tout le poème qu'il a consacré à Danaé, mère de ton ancêtre Persée, Alexandre. Il raconte comment, à Argos, elle fut mise dans une barque par son père, le roi Acrisius, avec le fils qu'elle avait eu de Jupiter, transformé en pluie d'or, et comment elle arriva jusqu'à l'île de Sériphe, une autre des Cyclades : « Le souffle du vent frémissait dans la nacelle... — Danaé, les joues couvertes de pleurs, met ses bras autour de Persée — Et lui dit :... — « Etendu sur ton vêtement de pourpre, ô bel enfant, — Tu ne t'inquiètes ni de la mer ni de ma voix ni de la vague qui passe... » »

Le grave Léonidas était allé jadis à Carthée, capitale de cette île, pour visiter un fameux temple d'Apollon. Il y en avait un aussi de Jupiter Pluvieux, qui fut élevé, sur le conseil d'Aristée, pour faire cesser une sécheresse qui ravageait les Cyclades. Chaque été, les habitants y sacrifient et attendent, en armes, le lever de la canicule. Depuis ce temps, les vents étésiens se lèvent à cette époque et rafraîchissent l'air, grâce à cette vigilance. « Tu nous a appris, dit Alexandre à son ancien précepteur, que le beau Cyparisse, l'un des mignons d'Apollon, était natif de Céos : le dieu le changea en **cyprès** pour l'empêcher de se tuer de désespoir à cause de la mort d'un cerf qu'il avait domestiqué. Le cyprès est un des arbres que j'aime, en souvenir de cette métamorphose, comme j'aime la jacinthe en souvenir d'Hyacinthe. — Aristide et Thémistocle, dit le grave Léonidas, déjà ennemis l'un de l'autre parce que le premier était le chef du parti aristocratique et le second celui du parti populaire, le furent avec plus d'acharnement à cause d'un beau garçon de Céos, Stésilaüs, dont ils étaient amoureux. — Cela prouve bien que les Athéniens méritent leur surnom : « aux fesses usées », dit Alexandre. — C'est un surnom que tous les Grecs leur disputent », ajouta Ephestion.

Céos était également le lieu natal de l'orateur et général Théramène, condamné à mort par Critias, membre, avec lui, du gouvernement des trente tyrans. Alexandre avait fait allusion à cet épisode, lorsqu'on avait joué au jeu du vase de bronze chez Phrynon. Théramène avait eu Socrate pour vain défenseur. Aristophane avait raillé ce personnage, que l'on surnommait Cothurne, parce qu'il était tantôt d'un parti, tantôt de l'autre, tel le cothurne des tragédiens qui sert à l'un et à l'autre pied.

Au nord de Céos, était la pointe méridionale de l'Eubée avec Caryste et Géreste, au pied du mont Oché. Caryste était fameuse par son marbre et amiante. Léonidas avait vu des tissus de ce minerai incombustible, que l'on jetait au feu pour les nettoyer.

La nuit tombait. Alexandre, ayant hâte d'être en Macédoine, aurait voulu que l'on continuât d'avancer, guidé par les feux de la côte, comme on l'avait fait le long du Péloponèse. Mais le capitaine dit que la navigation dans le chenal de l'Eubée était périlleuse et l'on relâcha à Thorique. Ce port était abrité par une presqu'île et d'une intense activité, à cause du voisinage des mines du Laurium, source de la richesse d'Athènes. Là se débarquait le bois de l'Eubée, qui servait aux fonderies de ce plomb argentifère et aux constructions de vaisseaux : l'Attique était à peu près dépourvue de forêts.

Cette ville avait été le théâtre d'une piquante aventure, que le grave Léonidas avait contée jadis à ses élèves et qu'il leur remémora pendant le dîner sur le pont, à la lueur des flambeaux. Céphale, fils de Pallas, roi d'Athènes, était d'une telle beauté qu'il fut enlevé par l'Aurore. Il eut ensuite pour femme sa cousine germaine Procris, fille d'Erechtée. En vue d'éprouver sa vertu, il feignit d'aller en voyage, revint déguisé et lui offrit une couronne d'or magnifique en échange de ses faveurs. Elle commença par le repousser, puis accepta. Le rendez-vous accordé, elle attendit l'étranger, la nuit, dans sa chambre ; Céphale confondit l'infidèle. Procris, honteuse, s'enfuit en Crète, chez Minos, mais son hôte tenta de la séduire. Ce roi tuait malheureusement toutes les femmes et tous les garçons avec lesquels il couchait, parce qu'il émettait, au lieu de semence, des serpents, des scorpions et des scolopendres. Procris imagina d'introduire une vessie

de chèvre dans le sexe d'une femme et Minos évacua une fois pour toutes
ces bêtes venimeuses, — ce qui fut bien heureux plus tard pour Thésée. Sa
femme Pasiphaé, fille du Soleil, qui n'avait pu périr, étant immortelle, eut
ainsi, grâce à Procris, le moyen d'enfanter. En reconnaissance, elle lui
donna un chien de bronze, prodigieusement rapide à la chasse, car il avait
été fabriqué par Vulcain pour la garde d'Europe, et un javelot à pointe d'or,
qui ne manquait jamais son but. Procris retourna à Thorique, où Céphale
habitait. Elle s'était coupé les cheveux, s'était habillée comme un jeune
homme, fit amitié avec lui, l'emmena à la chasse, l'émerveilla par la vélocité
de son chien et la sûreté de son javelot. Il la supplie de les lui vendre. Elle
refuse. Il lui offre la moitié de ses Etats, constitués par cette région de
l'Attique ; elle refuse encore. Puis elle dit : « Si tu veux les posséder,
donne-moi ce que les garçons ont coutume de donner. » Il accepte, se
couche sur le ventre, retrousse sa tunique et, peut-être déçu, s'aperçoit
qu'il a affaire à une femme, — la sienne. Elle déclara qu'ils étaient quittes.
Les deux époux se réconcilièrent ; mais Céphale, à la chasse, tua Procris
avec le javelot inévitable. L'aréopage le condamna à l'exil dans celle des îles
Ioniennes qui reçut, depuis, le nom de Céphalonie. Son fils, Acrisius,
homonyme du père de Danaé, fut le grand-père paternel d'Ulysse.
Télémaque était donc le descendant du seul époux de l'histoire grecque qui
eût consenti à être le Ganymède de son épouse... autrement que par les
mignardises de Siphnos.

   « Vous savez ce qu'est devenu le chien de Procris ou plutôt de
Céphale, dit Léonidas à ses anciens élèves ; c'est, selon certains, celui qui a
formé la constellation de la Canicule, dont l'influence s'exerce surtout dans
le mois où vous êtes nés. — Elle brûle comme le feu, mais elle rend fidèle
comme le chien », dit Ephestion.

   On leva l'ancre au petit jour. Le grand théâtre de Thorique, ses
temples, sa forteresse, apparaissaient. Plus loin, à l'embouchure de
l'Erasinus, était le bourg de Brauron, où se célébraient ces fêtes que l'on
avait évoquées sur la citadelle d'Athènes. Elles avaient pour centre le
temple de Diane Taurique, dont on voyait la colonnade, et près duquel
était le tombeau d'Iphigénie. Brauron assurait posséder, en effet, la statue
de cette déesse, emportée de Tauride par Iphigénie, lorsqu'elle revint avec
Oreste et Pylade, — statue que les Spartiates affirmaient posséder aussi,
sous le nom de Diane Droite. Le grave Léonidas décrivit les deux fêtes,
bien différentes l'une de l'autre, qui se succédaient à Brauron, et
auxquelles il avait assisté, durant son séjour à Athènes.

   Les premières ne concernaient que les femmes et les petites filles :
celles-ci étaient vouées à Diane, entre cinq et dix ans, et surnommées
« ourses », en mémoire d'un ours consacré à Diane, qui avait été tué pour
avoir déchiré une jeune fille, ce qui avait causé une peste. Tous les cinq
ans, les filles d'Athènes allaient en procession à Brauron, vêtues de robes

jaunes, et vouaient à la déesse leur ceinture, qu'elles lui donneraient le jour de leur mariage. Les autres fêtes, également quinquennales, comportaient la participation des hommes, qui s'y livraient à toutes sortes d'excès. « Par Hercule, s'écria Alexandre, nous le savions déjà grâce à toi. Tu nous avais renseignés sur le sens de l'expression d'Aristophane, dans *la Paix* : « Un anus à posséder tous les cinq ans. » — C'est exact, dit le grave Léonidas. Je n'avais pu vous cacher que le poète désignait ainsi ceux et celles qui, tous les cinq ans, participaient à cette fête religieuse. »

Après des étendues plates de vignes, on découvrit la baie et la plaine de Marathon, le trophée où étaient suspendues encore des armes prises aux Perses, les dix demi-colonnes, — une par tribu, — où étaient gravés les noms des cent quatre-vingt-douze morts athéniens (l'un d'eux était le frère d'Eschyle, Cynégire, qui avait eu la main coupée en s'agrippant à un vaisseau perse qui fuyait). Ces colonnes marquaient également leurs tombeaux : seuls les morts de Marathon n'avaient pas eu leurs cendres ensevelies dans le tombeau commun des Tuileries à Athènes. Ainsi avait-on voulu mieux rendre hommage à leur vaillance en laissant ces restes sur le champ de bataille. Près des colonnes, était le trophée de Miltiade, — ce trophée qui empêchait de dormir le jeune Thémistocle, persuadé qu'il ne pourrait jamais en élever un semblable. Miltiade y avait placé, à côté, une statue de Pan, afin de remercier ce dieu d'avoir inspiré aux cent dix mille soldats de Datis, le général de Darius, une terreur panique devant les neuf mille soldats grecs.

Les dieux et les héros étaient intervenus, comme à Salamine. Le héros Marathus, fils d'Apollon, joua un rôle qui lui valait de la part des Athéniens un culte spécial, et le héros laboureur Echetlus avait massacré des ennemis avec un soc de charrue. Thésée lui-même avait eu part au combat. Léonidas déclara que les Perses avaient tenté d'utiliser les droits historiques, avant de combattre, comme Alexandre songeait à les utiliser un jour dans d'autres pays. Datis, Mède de race royale, envoya dire aux Athéniens qu'il revendiquait leur territoire au nom de Médus, fils de Médée et de Jason, fondateur de l'empire des Mèdes, et qu'il les traiterait avec bienveillance s'ils le lui remettaient. Il faisait ce que Xerxès avait fait précédemment à l'égard des Argiens en invoquant la mémoire de leur compatriote Persée, père d'Achémène, le fondateur de la dynastie des Achéménides. Miltiade répondit que Datis devait, par conséquent, s'occuper de régner en Médie plutôt qu'à Athènes, qui n'avait jamais appartenu à des étrangers. Et la bataille s'engagea.

Indépendamment de ces souvenirs, il y avait là pour Alexandre ceux de sa race : *les Héraclides* d'Euripide, dont l'action se passait à Marathon, mettaient en scène Iolas, qui avait conduit sur cette rive de l'Attique les orphelins d'Hercule, poursuivis par la haine d'Eurysthée. Mais ce n'est pas de l'un de ces enfants-là que descendaient Philippe et Alexandre : Hyllus, le fils d'Hercule et de Déjanire, — c'est lui qui avait eu l'honneur suprême d'accompagner son père sur l'Œta, — n'était pas de leur nombre. Pourtant, il y avait, près du temple de Bacchus, le monument du héros Aristomaque, arrière-petit-fils d'Hyllus, de qui descendaient Témène, roi d'Argos, les rois de Macédoine et les rois de Lacédémone. Philippe n'en avait pas été plus scrupuleux envers ces lieux. Pour répondre à quelques vexations des Athéniens, il y avait fait une descente, comme Datis, et, dans la baie, s'était emparé de la galère sacrée qui portait les pèlerins et les chœurs de garçons d'Athènes à Délos. Cet outrage, accompli au cours de la cent sixième olympiade, était fréquemment rappelé par Démosthène. Le roi de Sparte Agis, lorsqu'il avait envahi l'Attique, au temps où, sur le conseil d'Alcibiade, les Spartiates s'étaient emparés de la forteresse de Décélie, dans le Parnès, avait respecté « l'enclos sacré de Marathon ».

Chaque année, on y célébrait des jeux à la mémoire d'Hercule. Une des *Olympiques* avait chanté un de leurs vainqueurs. Même si celui-ci était fier, à Olympie, de « traverser l'arène au milieu de quelles acclamations, — Tout jeune et beau », il ne dédaignait pas, au dire du poète, d'avoir gagné, à Marathon « des coupes d'argent ».

La côte de l'Attique déployait maintenant, au bas d'un ravin, la ville de Rhamnonte, dont Phrynon était natif. Au-dessus, s'élevait la citadelle, avec le temple de Némésis ou Adrastée. Il renfermait la statue de cette déesse de la vengeance, œuvre de Phidias, signée par Agoracrite et sculptée dans un bloc de marbre de Paros que les Perses avaient apporté pour ériger le trophée de leur victoire à Marathon. Les éphèbes d'Athènes, qui participaient à certaines fêtes religieuses avec ces magistrats, dits « les sages », visitaient régulièrement ce sanctuaire. Le grave Léonidas, toujours grand expert en mythologie, raconta que Jupiter, amoureux de Némésis, qui le fuyait à travers le monde en prenant toutes sortes de formes, avait trouvé refuge à Rhamnonte. Le roi des dieux s'était alors changé en cygne, comme pour Léda à Sparte, et, ayant ordonné à Vénus de se changer en aigle et de lui donner la chasse, il vint se poser dans le sein de Némésis : la déesse le reconnut à ses entreprises et se transforma en oie ; mais ce fut ainsi qu'il en jouit, avec la même habileté qu'il avait joui à Egium de la jeune Phtie en prenant la forme d'un pigeon et de Junon même à Argos sous celle d'un coucou.

Rhamnonte était la patrie de l'orateur Antiphon et du fameux Iphicrate, fils d'artisan, que les Athéniens avaient nommé général à vingt-trois ans ; il avait eu la gloire de battre les Lacédémoniens et d'occuper l'Asie mineure. Alexandre vénérait sa mémoire, bien qu'il eût été l'adversaire d'Agésilas : il avait aidé la reine Eurydice de Macédoine, veuve d'Amyntas III, le père de Philippe, à vaincre les Illyriens.

On était entré dans le golfe eubéen et on longeait maintenant la côte de la Béotie. Ce n'était pas un pays plus ami de la Macédoine que l'Attique, mais, bon gré, mal gré, il était dominé par Philippe, depuis la guerre sacrée, où le roi avait mis la main sur la Phocide. C'est d'ailleurs à Thèbes qu'il avait passé une partie de sa jeunesse comme otage, dans la maison de Polymnis, père d'Epaminondas, lorsque le rapport de forces était inverse. On savait qu'il avait été le mignon d'Epaminondas et aussi de Pélopidas, son compagnon de gloire. Il avait treize ans, au moment de son arrivée à Thèbes, avec trente autres garçons des plus grandes familles macédoniennes, et il y était resté jusqu'à l'âge de vingt-deux ans, pour regagner Pella après l'assassinat de son frère Perdiccas, et devenir roi. C'est lui qui avait inspiré à Alexandre de l'admiration pour Epaminondas, chef du fameux bataillon sacré de Thèbes composé d'amants et d'aimés et réputé invincible. Quatre ans avant le départ de Philippe, Pélopidas avait péri à Cynoscéphales en Thessalie. Autant Epaminondas, qui était pauvre, avait fait de nécessité vertu, autant Pélopidas, possesseur d'immenses richesses, vivait d'abord dans le luxe. Mais l'influence d'Epaminondas le convertit à la simplicité. C'est lui qui avait donné à Philippe le tableau d'Aristide de Thèbes, *Ganymède jouant avec l'Amour aux osselets,* qui était à Miéza.

On apercevait, dans le lointain, les murailles de Tanagra, fameuse par un temple de Mercure Porte-Bélier ; sa statue était l'œuvre de Calamis. Chaque année, le jour de la fête du dieu, le plus beau garçon de la ville faisait le tour des murailles, un bélier sur ses épaules. Il y avait un bois sacré, dédié à Eunostus, jeune Tanagréen qui avait été tué sur les calomnies de sa cousine Ochna, dont il avait méprisé les avances, comme Hippolyte avait été victime des calomnies de sa belle-mère Phèdre. Il était interdit aux femmes d'y entrer. Une fois, on avait rencontré l'ombre d'Eunostus qui allait se laver dans la mer, parce qu'une fille avait mis les pieds dans ce bois. Tanagra était aujourd'hui florissante par l'industrie de charmantes statuettes de terre cuite, vendues dans toute la Grèce et jusqu'en Macédoine. Alexandre en possédait une, représentant un éphèbe, drapé sur l'épaule et montrant son derrière nu.

Délium, que l'on voyait plus loin au bord de la mer, avait un temple d'Apollon, bâti sur le modèle de celui de Délos. Au cours d'une bataille entre Athéniens et Béotiens près de cette ville, où le général d'Athènes, Hippocrate, fut écrasé par le général de Thèbes, Pagondas, Socrate avait combattu parmi les fantassins, tandis que Xénophon et Alcibiade étaient parmi les cavaliers. Alcibiade avait sauvé la vie à Socrate et Socrate avait sauvé la vie de Xénophon, alors âgé de vingt et un ans, qui était épuisé de fatigue et renversé de cheval : il l'avait emporté sur son dos. Les Béotiens célébraient, à Délium, des jeux annuels en l'honneur d'Apollon Délien. Si les Perses de Xerxès et de Mardonius avaient laissé le souvenir de leurs ravages, Datis, le vaincu de Marathon, avait montré son respect pour les dieux grecs après sa défaite : ayant trouvé, sur un vaisseau phénicien, une statue d'Apollon volée à Délium, il la fit restituer. Un monument, que l'on voyait sur une hauteur de la côte, témoignait à la fois la cruauté et le repentir de Mégabate, autre général de Darius : c'était le tombeau de Salganée, Béotien qui avait guidé la flotte perse dans les eaux de l'Eubée, depuis le golfe Maliaque. Au moment que les vaisseaux allaient atteindre l'Euripe, Mégabate crut avoir été égaré dans une voie sans issue et fit mettre à mort Salganée comme traître. Il reconnut ensuite son erreur, commémorée par ce tombeau.

Plus avant, sur la rive béotienne, Aulis, avec son temple de Diane, parlait à Alexandre de ce qui était le grand projet de son père, ainsi que l'avait fait Egium, en Achaïe, avec le temple de Jupiter Assembleur. Lorsque les Athéniens seraient mis à la raison, d'une façon ou d'une autre, la conquête de l'Asie, pour laquelle Philippe espérait être placé à la tête de la Grèce, aurait eu comme prélude grandiose, à travers les siècles, le rassemblement des mille cent quatre-vingt-six vaisseaux d'Agamemnon dans la baie d'Aulis. Alexandre rappela qu'Agésilas, préalablement à son expédition contre les Perses en Asie mineure, était venu offrir un sacrifice à l'endroit même où le roi des rois avait sacrifié sa fille, afin d'obtenir des vents favorables pour aller à Troie. Agamemnon, ayant tué un cerf à la chasse, s'était flatté d'être plus adroit que Diane, et la déesse, irritée, immobilisait sa flotte par des vents contraires. Le grave Léonidas dit les vers de l'*Iphigénie en Aulide* d'Euripide, qu'aimaient tant à répéter les Grecs : « Il convient que les Hellènes commandent aux barbares, mais non point, ô ma mère, — Les barbares aux Grecs. » On apercevait, devant le temple, l'autel antique où Iphigénie, bâillonnée, avait été immolée, métamorphosée en biche. On évoqua le tableau de Timanthe de Cythnus. A l'intérieur du temple, il y avait encore, précisa Léonidas, le tronc du platane dont Homère fait mention dans *l'Iliade*, bien qu'il n'ait pas parlé d'Iphigénie, qui apparut, après lui, dans *les Chants de Chypre*. Ephestion récita : « ... Quand, à Aulis, les navires des Achéens — S'étaient réunis pour porter le malheur à Priam et aux Troyens, — Nous, autour d'une source, près des autels sacrés, — Nous offrions aux immortels des hécatombes parfaites, — Sous un beau platane, près d'où coulait une eau brillante. »

Léonidas ajouta que le sacrifice d'Agésilas, lequel immolait aussi une biche, avait été troublé par les Thébains. Le privilège de sacrifier en ce lieu appartenant à leurs chefs, ils prirent sur l'autel les morceaux de la victime et les dispersèrent. Ce fut le signe que l'expédition d'Agésilas, dont la flotte était réunie dans le port eubéen de Géreste, tournerait court, malgré des succès au début. En effet, le roi dut repartir prématurément pour la Grèce, où l'or des Perses avait suscité une guerre de diversion. Il montra une monnaie de Darius, sur laquelle était gravé un archer, et déclara que c'était dix mille de ces archers barbares qui l'obligeaient à se rembarquer.

« Je suis désormais un peu perplexe à propos de l'épithète de barbare, dit Alexandre. Aristote, dans sa *Politique*, comme dans ses leçons, fait sonner toujours bien haut le premier des vers que tu citais, grave Léonidas. Mais tu m'as rappelé, à Argos, que je descends de Danaüs, roi d'Egypte, et que Persée m'apparente au roi des Perses. A Athènes, je songeais à l'Egyptien Cécrops qui apporta la civilisation aux Pélasges. Je me sens supérieur en tant que Grec, mais je ne me crois plus permis de qualifier les autres de barbares. Si j'avais su cela ou si j'y avais pensé lorsque Démosthène nous a traités de barbares devant les juges d'Olympie, je lui aurais répliqué fièrement que j'en étais un, mais que j'avais conquis le droit et la fierté d'être Grec. Si c'est là le côté de mon père, que dirais-je de celui de ma mère adorée ? Elle descend d'Achille, mais enfin, le pays des Molosses et des Epirotes ne faisait pas partie de la Grèce aux temps historiques : la preuve, c'est que ses vaisseaux ne figurent pas dans le *Catalogue* d'Homère. Démosthène a oublié cet argument. Soyons donc modestes, tout en restant orgueilleux. Les Grecs ont eu raison de lutter contre les barbares qui prétendaient leur commander et les barbares n'auront pas tort de résister aux Grecs qui prétendront la même chose. Mais cela, c'est ce qu'Aristote appellerait « la partie secrète de la science », celle qu'il faut cacher au public et se communiquer à l'oreille. Notre force, à mon père et à moi, qui voulons éclairer le monde avec le flambeau de la Grèce, c'est peut-être que nous ayons du sang barbare. »

« Tu te calomnies, Alexandre, dit Léonidas d'un ton ému, et tu me calomnies du même coup, puisque je suis né chez les Molosses. Mais on peut faire un amalgame de ta légitime fierté et de l'idéal même de ces Athéniens, de ce Démosthène contre qui nous nous battrons bientôt : l'idéal de la liberté. Je rappellerai pour cela deux vers de l'*Hélène* de Théodecte de Phasélis, que se plaît à répéter Aristote : « Des hommes naissent nobles et d'autres esclaves, — Parce qu'ils sont faits pour être l'un ou l'autre. » Il y a des Grecs qui sont nés pour être esclaves et des barbares qui sont nés pour être libres. » Alexandre sourit : « Je voudrais, dit-il, être le roi de toute la terre, mais d'une terre peuplée d'hommes libres. C'est ce qui me distingue du roi des Perses. »

Il songea ensuite à ce poète tragique cité par Léonidas et qui venait de mourir. On l'avait vu une fois à Miéza, car c'était un grand ami d'Aristote et l'on disait qu'il avait pris la place de l'eunuque d'Atarné dans le cœur et dans le lit du Stagirite. Peut-être le philosophe était-il sensible à la beauté et à la volupté orientales, Phasélis étant une ville de Lycie, en Asie mineure. Théodecte était, en fait, un très bel homme et avait été le disciple de Platon et d'Isocrate, mais, malgré les grands succès que ses tragédies avaient obtenus à Athènes, Alexandre et ses amis n'avaient jamais partagé pour elles l'admiration que la tendresse dictait à leur maître. Il avait été frappé de cécité, parce que, disait-on, il avait révélé dans ses œuvres certaines choses des mystères, comme Eschyle et Euripide. Aristote, qui le surnommait tendrement « ma lumière », n'avait pas composé d'hymne à sa mémoire, mais il la cultivait dans ses livres et dans ses propos. Il avait même composé une *Introduction à l'art de Théodecte.* Loin de s'en moquer, ses élèves goûtaient ces preuves d'une sensibilité si proche de la leur : elle représentait à leurs yeux le côté humain du plus grand esprit de la Grèce.

Léonidas reprit le discours provoqué par la vue de l'Aulide et qu'avaient interrompu les réflexions d'Alexandre. « Il y a, selon certains mythographes, dit-il, une explication du long séjour de la flotte grecque à Aulis, qui ne correspond pas à l'histoire officielle. On prétend qu'Agamemnon était amoureux d'un jeune Béotien, Argynnus, neveu d'Andréus, roi d'Orchomère, et qu'il passait son temps à courir après lui en Béotie, sans se soucier de donner le signal du départ. Ce garçon s'étant noyé dans le Céphise, soit par accident, soit pour échapper aux assauts du roi des rois, celui-ci, inconsolable, fit élever sur les bords de ce fleuve, homonyme de celui d'Athènes, un autel à Vénus, en donnant à la déesse l'épithète d'Argynnie. »

On entrait dans le chenal de l'Euripe, dont les courants alternatifs, qui changeaient toutes les deux ou trois heures, étaient un mystère de la nature. Aristote, possesseur d'une propriété à Chalcis, d'où sa mère était originaire, avait étudié vainement ce phénomène qui le tourmentait.

Erétrie, dont on apercevait les murailles là où l'Euripe ne s'était pas encore tout à fait rétréci comme devant Chalcis, avait été, de même que la ville de Caryste, une alliée de la Macédoine. Son tyran Plutarque avait livré à Philippe l'île entière. Phocion avait chassé Plutarque. Puis, Erétrie avait eu de nouveaux tyrans, également pro-macédoniens, Clitarque, Néarque et Automédon. Les habitants les avaient évincés, sur les intrigues de Démosthène. Le démagogue athénien Aristonique lui avait fait voter pour cela une couronne d'or.

En face d'Aulis, on voyait maintenant cette ville de Chalcis, la plus importante de l'Eubée. Les deux élèves d'Aristote évoquèrent une histoire chalcidienne qu'il leur avait racontée et qui se devait de rester inscrite dans les fastes de la noble pédérastie. Cléomaque de Pharsale étant venu, avec d'autres soldats thessaliens, défendre les Chalcidiens contre les Erétriens, ceux-ci, supérieurs en cavalerie, menaçaient de vaincre ; mais Cléomaque, qui avait un mignon de Chalcis, lui jura que ses Thessaliens seraient vainqueurs s'il les regardait combattre du haut des remparts. Après l'avoir embrassé, il lui mit son casque sur la tête, comme pour en faire un Amour casqué, et il fut vainqueur, en effet, mais perdit la vie. Son tombeau, surmonté d'une colonne, était au milieu de la place principale et, en son honneur, les Chalcidiens chantaient dans les banquets un hymne plus précis que celui d'Harmodius et d'Aristogiton à Athènes : « O garçons, qui avez obtenu du sort les grâces et des pères courageux, — Ne refusez pas votre jeunesse aux hommes de bien, — Car, avec la vaillance, l'Amour qui dénoue les membres, — Fleurit dans la ville des Chalcidiens. »

« Vous vous souvenez de mon cours de géographie érotique, dit le grave Léonidas : l'expression « faire la chose de Chalcis », a le même sens que : « faire la chose de Chio » — « faire l'amour avec un garçon ». Les Chalcidiens sont tellement pédérastes qu'ils ont voulu situer chez eux le rapt de Ganymède. Du reste, les Crétois revendiquent le même honneur, pour les mêmes raisons, avec cette excuse qu'ils ont un mont Ida, comme la Phrygie, où l'on place d'ordinaire cet événement. J'ajouterai que la pédérastie des Chalcidiens est aussi célèbre que la beauté des Chalcidiennes. — Il faut bien, dit Ephestion, qu'il y ait de belles femmes pour faire de beaux garçons. »

La pédérastie avait aussi joué à Chalcis, ces dernières années, un rôle fort curieux dans la politique de cette ville. Callias, beau jeune homme de Chalcis, fils du riche Mnésarque, s'était rendu à Pella avec son frère Taurosthène, était devenu le mignon de Philippe et avait contribué à le mettre en possession de cette ville. Puis, il alla à Athènes, devint le mignon de Démosthène, y obtint droit de cité et restitua Chalcis aux Athéniens. Phrynon, écrivant à Philippe, avait défini ce jeune homme « plus variable que l'Euripe, dont il habite les bords ». Il aurait pu le comparer à Cothurne. En tout cas, la fédération eubéenne s'était, grâce à lui, déclarée contre Philippe. Le roi ne la menaçait pas moins, comme maître de la Thessalie.

Le port d'Anthédon, un des derniers de la Béotie sur la mer Eubéenne, rappelait Glaucus, le pêcheur, puis dieu marin, qui, sur ces bords, vit ses poissons ressusciter grâce à une herbe, qui lui donna l'immortalité. Aristote disait qu'il aurait bien dû en indiquer le nom.

La côte que l'on suivait à présent, au-delà de celle de la Béotie, était celle de la Locride Opontienne ou Orientale. « Cette région, Alexandre, dit le grave Léonidas, doit t'être chère par le nom de sa capitale, Oponte, où était né Patrocle et d'où, encore tout jeune, il se rendit auprès d'Achille, en Thessalie. Tu en découvres les blanches maisons là-bas, au bord du golfe qui porte son nom. »

Alexandre demanda à Ephestion de lui chanter, en s'accompagnant de la cithare, le chant funèbre d'amour d'Achille et de Patrocle, dans le XVIIIe et le XXIIIe chant de l'Iliade.

C'était d'abord Achille, entendant la nouvelle que lui annonce Antiloque et à laquelle « le voile noir de la douleur le couvrit »... Puis, ce furent ses mots à Thétis qui lui apparaît et lui demande pourquoi il pleure : « ... Mon cher compagnon a péri, — Patrocle, que j'honorais au-dessus de tous mes compagnons, — A l'égal de ma tête... — Que je meure tout de suite, puisque je ne devais pas protéger mon compagnon... — Et que je suis assis près des vaisseaux, inutile poids de la terre... » En écoutant Ephestion avec délices, délicieux poids de la terre, Alexandre pensait à ce qu'il avait dit, chez Cléotime, du passage du *Banquet* de Xénophon où Socrate parle d'Achille et de Patrocle, en les qualifiant de simples amis, au mépris de la poésie et de l'histoire. Mais il pensait aussi à un jugement contradictoire de Platon : dans l'*Apologie de Socrate,* le fondateur de l'Académie avait loué l'affliction d'Achille, et, dans *la République,* il l'avait estimée excessive chez « le fils d'une déesse ». Sotte remarque, selon Alexandre, qui ne se sentait descendre d'un dieu et d'un héros que pour avoir plus de sensibilité et plus d'amour et se distinguer par là des autres « hommes mortels ».

Ensuite, Ephestion chanta au nom d'Achille, qui, « gémissant lourdement », s'adresse aux Myrmidons : « Opopoï ! je lançai une vaine parole, ce jour-là, — Rassurant le héros Ménétius dans son palais. — Je lui dis qu'à Oponte, je ramènerais son fils illustre, — Qui aurait saccagé Ilium et reçu une part du butin. — Mais Jupiter n'accomplit pas toutes les pensées des hommes. — Il est décidé que nous deux rougirons la même terre — Ici, à Troie, car moi non plus, Pélée, — Le vieux conducteur de chevaux, ne me verra revenir à la maison — Ni ma mère Thétis, mais ici la terre me retiendra... »

Enfin, les plus émouvantes de toutes les paroles, celles que prononce l'ombre de Patrocle, apparaissant à Achille qui dort « sur le rivage de la mer au bruit retentissant » : « Tu dors, mais moi, tu m'as oublié, Achille. — Tu ne me négligeais pas vivant, mais tu me négliges mort. — Ensevelis-moi au plus tôt, que je franchisse les portes de Pluton... — Et donne-moi la main. Je me lamente, car jamais — Je ne reviendrai de chez Pluton, après que vous m'aurez obtenu le feu. — Vivants, nous ne tiendrons plus conseil, — Assis loin de nos compagnons aimés. — Mais moi, la Parque odieuse, — M'a englouti, à laquelle j'étais échu, à peine né. — Et ton destin à toi aussi, Achille semblable aux dieux, — Est de périr sous les murs des Troyens opulents. — Mais j'ai encore autre chose à te demander et le dirai, si tu me crois : — Ne place pas mes os loin des tiens, Achille, — Mais avec eux, comme je fus élevé dans votre maison, — Quand Ménétius d'Oponte m'amena — Chez vous, à la suite d'un meurtre déplorable, — Le jour où, enfant, je tuai le fils d'Amphidamas, — Sans le vouloir, pour une querelle aux osselets. — Alors, Pélée, le conducteur de chars, m'ayant reçu dans sa maison, m'éleva avec soin et me nomma ton serviteur. — Ainsi, qu'une même urne renferme nos os. — L'urne funéraire d'or que t'a donnée ta mère vénérable. » — Achille aux pieds rapides, prenant la parole à son tour, lui dit : — « Pourquoi, tête chérie, es-tu venue ici — Et m'ordonnes-tu successivement ces choses ? Quant à moi, — Je les exécuterai toutes et j'obéirai, comme tu m'as ordonné. — Mais viens plus près de moi : pour peu de temps, certes, nous embrassant — L'un l'autre, jouissons d'un funeste gémissement. » — Ayant dit, il tendait ses mains — Et ne saisit rien. L'âme était allée sous la terre — Comme une fumée, en poussant un cri. »

Chaque fois que l'un ou l'autre chantait, récitait ces vers immortels, les plus beaux de la poésie humaine, Alexandre et Ephestion avaient les larmes aux yeux et ils s'embrassaient, à la fin, pour se prouver qu'ils n'étaient pas des ombres. Ils ne pouvaient y manquer en vue d'Oponte.

La Locride Opontienne avait d'autres rapports avec la guerre de Troie : Ajax, fils d'Oïlée, homonyme du fils de Télamon, en était originaire. C'est lui que poursuivit la vengeance de Minerve, parce qu'il avait violé la prophétesse Cassandre dans le temple de cette déesse, après la chute de la ville. Sa flotte fut submergée près de l'Eubée et l'on montrait, du côté de l'île d'Andros, le rocher où il s'était sauvé et où Jupiter l'avait foudroyé pour avoir lancé ce défi : « J'en réchapperai, malgré les dieux ! »

Le grave Léonidas apprit à Alexandre une étrange conséquence qu'avait eue, pour les filles de cette contrée, le viol sacrilège commis par Ajax. L'oracle de Delphes avait condamné les Locriens d'Oponte à envoyer, chaque année, à Troie, pendant mille ans, deux jeunes filles désignées par le sort, qui devaient racheter le meurtre de Cassandre. Les Troyens guettaient leur arrivée pour les tuer, les brûler et jeter leurs cendres dans la mer, à moins qu'elles ne fussent parvenues jusqu'au temple de Minerve, où elles étaient alors saines et sauves, pour devenir prêtresses. Cette obligation, qui durait depuis des siècles, avait été abolie par Philippe, après la guerre sacrée, il y avait six ans.

L'amour d'Alexandre et d'Ephestion, reflété dans celui d'Achille et de Patrocle, avait été leur premier hommage à la Locride Opontienne, — et le grave Léonidas avait bien su ce qu'il faisait en parlant de Patrocle, — mais Alexandre avait aussi des raisons familiales de s'intéresser à cette contrée : le roi Egimius, qui en avait été expulsé et qui avait été ramené par Hercule, adopta, après la mort du héros, son fils Hyllus, qui lui succéda. Ses descendants passèrent plus tard à Argos et, de là, en Macédoine. Léonidas déclara qu'il avait, une fois de plus, vérifié l'exactitude de Pindare qui, à propos d'un athlète du lieu, a chanté Oponte, « mère glorieuse des Locriens, aux arbres splendides » : nulle part il n'avait vu de si beaux ombrages que dans cette cité. Il avait connu, à Athènes, Philippe d'Oponte, disciple de Platon, qui avait retouché son dernier dialogue des Lois. Le gouvernement même des Locriens était assez curieux : cent familles, constituant l'aristocratie de l'Etat, élisaient mille députés, qui administraient la fédération locrienne, dont le siège était dans la métropole.

Le golfe Maliaque, aux eaux rendues bourbeuses par celles du Sperchius, semblait jeter aux vents le nom glorieux des Thermopyles. La légende disait pourtant que l'eau de mer était, à cet endroit, la plus bleue de toute la Grèce. Les Thermopyles offraient des souvenirs encore plus exaltants que ceux de Marathon, et pour Alexandre, moins mêlés que ceux de Salamine. En effet, Alexandre Ier de Macédoine avait envoyé aux Grecs des messages secrets pour leur recommander de ne pas choisir cet endroit comme champ de bataille, car ils couraient le risque d'y être écrasés.

Alexandre aimait le geste tranquille des Spartiates du roi Léonidas, faisant leurs exercices ou se peignant, comme pour aller à une fête, avant de défendre, contre deux millions de Perses, ce défilé qui était la route de l'Attique. Il aimait également cette réponse, digne du pays du laconisme, écrite par le héros en bas de ce message que lui avait envoyé Xerxès : « Rends tes armes. — Viens les prendre. » Léonidas était un Héraclide, comme Alexandre. La veille de la bataille, il avait dit tranquillement à ses compagnons : « Demain, nous dînerons chez Pluton. » Le grave Léonidas était fier de porter un tel nom.

Les Thermopyles n'étaient pas, en réalité, un défilé, mais un passage étroit entre la mer et le mont Callidrome, avec des sources chaudes qui l'avaient fait nommer ainsi, — les sources que Minerve avait fait jaillir pour le bain d'Hercule. Alexandre apercevait l'autel de son ancêtre, le tombeau des Spartiates, les cinq colonnes indiquant les noms des morts des autres Grecs, — avec ses trois cents hommes, Léonidas avait reçu un renfort de sept cents Lacédémoniens, d'un même nombre de Thespiens, d'un millier de Locriens Opontiens et de ces quatre-vingts Mycéniens, dont Argos avait fait payer la gloire à leur patrie. En fin de compte, les trois cents étaient deux mille cent vingt, ce qui ne diminuait le courage de personne, et presque tous y étaient restés, comme Achille, Patrocle et tant des leurs étaient restés en Troade. Il fallait y ajouter près de quatre mille Phocidiens et autres, que Léonidas avait chargés de garder les divers passages de l'Œta. On voyait, au-dessus du tombeau des Spartiates, la plaque portant la fameuse inscription de Simonide, que Démosthène avait rappelée à Alexandre, sur la colline de Saturne à Olympie : « O étranger, annonce aux Lacédémoniens qu'ici — Nous gisons, ayant obéi à leurs ordres. » Le seul des trois cents qui eût réchappé, Pantitès, s'étrangla de désespoir.

Près d'Alpénus, localité située à l'entrée du détroit qui conduisait du golfe Maliaque vers la mer Egée, se dressait une pierre noire dédiée à Hercule Fesses-Noires. C'est non loin de cette ville qu'aboutissait le sentier de chèvres, grimpant sur le Callidrome et par lequel les Perses, sous la conduite du traître Ephialte, avaient tourné la position de Léonidas. Près d'Anthéla, à l'autre extrémité du passage des Thermopyles, étaient le temple de Cérès et un vaste édifice où se réunissait, chaque année, la confédération des peuples voisins, tribune et tribunal suprême de tous les Etats grecs : Philippe y avait la majorité des voix depuis la guerre sacrée, qui lui avait donné celles de la Phocide sacrilège, ce qui formait un sujet d'irritation permanente pour Démosthène.

A l'arrière-plan, les hauteurs abruptes et boisées du mont Œta, parlaient à Alexandre de son ancêtre, plus que la pierre d'Alpénus et le bain des Thermopyles. Il en revivait la tragédie, décrite par *les Trachiniennes* de Sophocle. Il voyait Hercule se revêtir de la tunique de Nessus, — fatal présent que l'amoureuse Déjanire lui envoyait de la ville thessalienne de Trachis, — élever son bûcher pour terminer les souffrances du poison distillé par cette tunique, collée à sa chair, jeter dans la mer Eubéenne le petit esclave Lichas qui la lui avait innocemment apportée, s'allonger sur le bûcher, après y avoir étendu la peau de lion, la massue sous la tête, ordonner à son jeune fils Hyllus d'y mettre le feu et de recueillir ses cendres. Mais la foudre de Jupiter avait tout consumé en un instant, pour détruire son enveloppe mortelle et le placer dans l'Olympe.

Alexandre et Ephestion avaient souvent discuté la troisième injonction d'Hercule à Hyllus, que celui-ci n'accepta pas sans peine : c'était d'épouser Iole, la jeune rivale de sa mère et cause indirecte de ce meurtre, c'est-à-dire de commettre un inceste. Ils avaient d'abord cru que Sophocle y avait mis du sien en imaginant ce détail pour choquer exprès le public ; mais Aristote leur avait déclaré que la demande d'Hercule était conforme à la tradition. Ils ne laissaient pas d'admirer ces mots, si étranges pour un père : « Je ne veux pas qu'un autre homme, si ce n'est toi, prenne un jour — Celle qui s'est couchée à mes côtés. » Il est vrai que ce mariage d'Iole et d'Hyllus était, en quelque sorte, une réparation du meurtre d'Iphitus, fils du roi Euryste, d'Œchalie en Thessalie, et frère d'Iole, meurtre commis par Hercule à Tyrinthe dans un accès de folie furieuse. Le héros en avait été d'autant plus honteux que le jeune Iphitus était alors son mignon.

Le grave Léonidas montrait maintenant, au fond du golfe Maliaque, la frontière de la Doride, marquée par le Sperchius. C'est à ce fleuve que Pélée avait consacré la chevelure d'Achille lors de sa puberté, pour obtenir qu'il revînt de Troie. Cette région était, comme la Thessalie, de l'obédience de Philippe. Il était juste que l'Œta, qui en était la principale montagne, appartînt à un descendant d'Hercule. « La Doride, dit Léonidas à Alexandre, a d'autres liens avec ton histoire. C'est l'ancien royaume des Dryopes, dont le roi Théodamas, appelé aussi Théomaste et quelquefois Céyx, — la variété de noms des mêmes personnages lointains est vraiment curieuse, — avait pour fils le ravissant Hylas, que ton ancêtre enleva et qui fut, après Iolas, le plus cher de ses mignons. Il voulait l'emmener dans l'expédition de la toison d'or. Mais tu sais que cet enfant se noya dans une source où, étant allé puiser de l'eau, il fut ravi par trois nymphes, éprises de sa beauté, et que ton ancêtre en fut inconsolable. Ce fut pendant qu'il s'était mis à sa recherche que les Argonautes d'Hercule levèrent l'ancre pour se séparer de lui : il ramait si énergiquement qu'il rompait les avirons, comme il rompait, en Lydie, les fuseaux d'Omphale, et de plus, la nef *Argo,* dont la proue était douée de la parole, se plaignait qu'il surpassât le poids de tous les autres passagers. — Elle avait bien tort de se plaindre, puisque c'est lui qui avait fabriqué le navire, répliqua Alexandre Mais tu nous avais dit qu'Hylas avait été enlevé par les nymphes en Mysie, sur la mer Noire, que les Argonautes avaient attendu vainement Hercule jusqu'à minuit, que, se croyant abandonnés par lui, ils reprirent la mer, et qu'il les rejoignit à pied en Colchide. — C'est la version généralement admise de cet épisode de son existence, dit Léonidas. Je me suis souvenu de cet autre en voyant la Dryopide et c'est celle que suit Hérodote pour marquer, sans parler d'Hylas, l'endroit où les Argonautes laissèrent Hercule. Il ajoute que, dans ce même endroit, nommé Aphété, stationna la flotte de Xerxès. On prétend aussi quelquefois qu'Hylas était d'Argos ou d'Œchalie en Etolie, car deux Etats briguent la gloire d'avoir fourni à Hercule celui qu'il aima le plus après Iolas, comme les Crétois et les Eubéens localisent dans leurs îles respectives l'enlèvement de Ganymède. »

La Phthiotide, dont la côte faisait face à l'extrémité de l'Eubée, sur cette partie du golfe de Pagases, était l'ancien royaume des Myrmidons, patrie d'Achille. Le fils de Pélée était né à Phthie, capitale de cet Etat, aujourd'hui ruinée, et dont le nom figure souvent dans Homère. « J'habite les plaines — Voisines de Phthie et de la ville de Pharsale », dit aussi la veuve d'Hector, au début d'*Andromaque*. Léonidas ajouta qu'il y avait jadis à Phthie des jeux athlétiques et que le fameux Théagène de Thasos avait tenu à honneur d'y gagner la course double, pour rendre hommage à Achille.

Terre « au sol fécond et nourrice de héros », où Deucalion avait régné, avant de régner en Epire, la Phthiotide s'était appelée aussi l'Achaïe et les Achéens du Péloponèse en provenaient. Homère avait donné aux Grecs le nom générique d'Achéens, comme il leur donnait d'autres fois celui d'Argiens ou celui de Danaens. Alexandre songeait aux Achéens d'Olympie, qui avaient l'intendance du sanctuaire, et aux grands prêtres de Jupiter Olympien. En ces lieux que l'on côtoyait, était aussi le berceau même de la race grecque, c'est-à-dire des Hellènes, descendants d'Hellen, fils de Deucalion et de Pyrrha. Deux de ses fils, Eolus et Dorus, avaient été la souche des Eoliens d'Asie mineure et des Doriens de la Doride, comme son petit-fils Achæus était l'ancêtre des Achéens. La Thessalie, qui avait absorbé la Phthiotide, portait le nom de Thessalus, fils d'Hémon et homonyme d'un fils d'Hercule. En qualité de descendant d'Achille, Alexandre se sentait, encore plus que son père, le maître de ces deux pays.

Philippe considérait les relations qu'il avait établies avec les Thessaliens comme un des chefs-d'œuvre de sa diplomatie. Ces peuples, riches et fiers, et les grandes familles qui étaient à leur tête, n'avaient pas moins de goût pour la liberté que les Athéniens et il avait réussi à les asservir en leur donnant l'illusion de rester libres. Comme les Béotiens, les Eubéens, les Locriens Orientaux ou Ozoles et de nombreux peuples grecs, ils étaient réunis en Etat fédératif . chaque ville élisait dix magistrats, qui se réunissaient chaque année à Larisse pour administrer les intérêts communs. Loin de supprimer cette fédération, Philippe l'avait restaurée, car elle avait été en sommeil. Il s'en était seulement fait nommer général à vie.

Alexandre ayant cité les vers du *Catalogue des vaisseaux* : « ... Ceux qui possédaient Phthie et l'Hellade aux belles femmes, — Etaient appelés Myrmidons et Hellènes et Achéens », Léonidas reparla de ce nom de Myrmidons, qu'il avait expliqué à propos d'Egine. « Il me revient, dit-il, qu'en dehors de l'étymologie et des raisons que j'indiquais, il y en a une autre : les Myrmidons sont censés descendre de Myrmidon, fils de Jupiter et d'Eurymidase, pour laquelle il accomplit une de ses métamorphoses les plus extraordinaires : il se changea en fourmi pour la posséder. »

Devant le golfe de Pagases, qui était sur la rive méridionale de la Thessalie, on voyait la dernière ville de l'Eubée : Oréus, nommée également Histiée, qualifiée par Homère de « riche en raisins ». Cette ville avait fourni un exemple de plus à Aristote pour déconseiller à ceux qui gouvernent de violer les garçons. Le chef de la garnison lacédémonienne, Aristodème, quand Oréus dépendait de Sparte, s'éprit d'un adolescent qui lui résista et qu'il tua. Ce meurtre souleva la population et fut une des causes qui aboutirent à la bataille de Leuctres, où la puissance de Sparte s'était écroulée. « Xénophon, dans *les Helléniques,* dit Alexandre à Ephestion qui avait rappelé ce fait, relate une autre histoire de la même époque : le gouverneur lacédémonien Alcitas, amoureux d'un jeune homme d'Oréus, était si souvent occupé à le visiter que les prisonniers, renfermés dans la citadelle, s'en emparèrent et la ville fut libérée, une fois de plus, pour cause de pédérastie. »

Léonidas raconta qu'un citoyen d'Oréus, Charidème, qui, à la tête d'une troupe de mercenaires, avait servi tout le monde, y compris Philippe et le roi de Thrace Cotys, — il avait été tuteur du fils de celui-ci, Cersoblepte, — s'était signalé par une égale frénésie pédérastique : il avait demandé au sénat d'Olynthe, avant la destruction de cette ville par le roi de Macédoine, qu'on lui livrât un charmant garçon, prisonnier de guerre. Cela rajeunissait l'histoire que Xénophon avait consignée dans *l'Expédition,* — récit de la « retraite des Dix mille » en Asie mineure, — du capitaine Episthène d'Olynthe, demandant au roi de Thrace Seuthès la liberté d'un beau garçon « à peine pubère », qui avait également été fait prisonnier. C'est à Oréus aussi qu'au début du règne de Philippe, son général, Parménion, avait tué sans pitié le Macédonien Euphréus, familier du feu roi Perdiccas, qui, par ses mauvais conseils, avait provoqué son assassinat. C'est à Oréus enfin qu'avaient fait escale, avant de passer en Phthiotide pour aller à Pella, les cinq ambassadeurs d'Athènes, chargés de négocier avec Philippe la paix aujourd'hui menacée. Démosthène, non sans motif, avait reproché à Eschine, à « l'impur Phrynon » et aux autres, suspects de corruption, d'avoir traîné en chemin pour laisser Philippe étendre ses conquêtes.

Au-dessus d'Histiée, était le petit temple de Diane Orientale, entouré d'arbres et dont les colonnes avaient l'odeur du safran. Une inscription, gravée sur l'une d'elles, indiquait que ce sanctuaire avait été construit par les Athéniens après la victoire de Salamine.

On entra dans le golfe de Pagases, afin de passer la nuit en terre thessalienne. La ville, au fond du golfe, était le siège d'un oracle fameux d'Apollon. C'est aux environs que s'était déroulée l'aventure d'Hylas. Et c'est pour cette raison, dit Léonidas, que Philippe avait eu un plaisir tout particulier à s'emparer de Pagases. Là encore, Alexandre pouvait évoquer d'autres souvenirs, qui le touchaient directement : plus loin, s'élevait Iolcos, cité de Pélias, puis du père d'Achille, Pélée, — « l'homme le plus pieux que, dit-on, eût nourri — La plaine d'Iolcos », selon Pindare. Là s'était préparée l'expédition des Argonautes, lorsque Pélias avait ordonné à Jason d'aller conquérir la fameuse toison.

Le poète de Thèbes, en parlant de cette expédition, semblait dépeindre les sentiments qui animaient le fils de Philippe et tous ses amis de Miéza, à l'idée de leurs futurs exploits : « ... Aucun d'eux ne voulait rester auprès de sa mère, — A jouir d'une vie sans danger, — Mais il voulait, même par la mort, — Gagner, en compagnie des autres jeunes gens, — Le plus beau prix de leur vertu. »

A quelque distance d'Iolcos, se trouvait la ville de Phères, célèbre par le souvenir d'Apollon, qui avait gardé pendant un an les troupeaux de son amant, le roi Admète. Hercule, sous l'empire de la même passion, descendit aux enfers pour en ramener Alceste, femme de ce roi qui la chérissait : il enchaîna la Mort avec des chaînes de diamant. L'*Alceste* d'Euripide, sublimation de l'amour conjugal, était une des tragédies préférées d'Alexandre, parce que l'héroïne était une fille de Pélée.

En dehors de cela, on ne parlait de Phères que pour son culte d'Hécate et pour sa longue suite de tyrans. L'avant-dernier, qui avait eu nom Alexandre et des capacités militaires, ambitionna d'être le chef de la Grèce contre les Perses. Il enterrait vivants ses ennemis ou les revêtait de peaux d'animaux et lâchait contre eux ses molosses. Il ligota son mignon Pytholaüs, frère cadet de sa femme Thébé ou Thesbé, le fit flageller et enfin, tuer, pour braver les plaintes de celle-ci. Thébé se vengea, aidée de ses deux autres frères, Lycophron et Tisiphon. Comme Alexandre dormait sur une tour gardée par un molosse et où l'on n'accédait que par une échelle, elle avait endormi le chien et garni de laine les échelons pour monter sans faire de bruit. Elle retira doucement l'épée suspendue au chevet de son mari et, tandis que l'un de ses frères le tenait par les pieds et elle par les cheveux, l'autre égorgea le tyran, dont le corps fut traîné, piétiné par le peuple et jeté aux chiens.

Ce tyran avait joué un rôle dans l'histoire de Philippe, en s'emparant de Larisse. Les Aleuades, aristocrates de cette ville, descendants du roi de

Thessalie Aleuas le Roux, avaient appelé à leur secours Alexandre II de Macédoine, frère de Philippe, qui reconquit la ville, mais ne la leur rendit pas. Pélopidas en chassa ce roi et, pour garantie du traité d'alliance qu'il contracta avec lui, exigea comme otages Philippe et les trente autres garçons.

Un jour qu'à Miéza l'on parlait des songes, Aristote avait raconté celui qu'avait eu à Phères le disciple de Platon, Eudème de Chypre. Ce songe avait d'ailleurs assez frappé le philosophe de Stagire pour qu'il le consignât dans son traité *l'Ame*, dédié à la mémoire d'Eudème. Celui-ci étant tombé gravement malade à Phères, durant la tyrannie d'Alexandre, un jeune homme, d'une beauté merveilleuse, lui apparut pour lui déclarer qu'il guérirait, que, cinq ans plus tard, il serait de retour dans sa patrie, que le tyran n'avait que peu de temps à vivre, ce qui arriva, et cinq ans ne s'étaient pas écoulés qu'Eudème périt en Sicile, où il soutenait Dion contre Denys. Le songe, concluait Aristote, lui avait annoncé son retour dans sa patrie céleste.

Philippe avait mené les ambassadeurs d'Athènes jusqu'à cette ville de Phères, lors des négociations de paix, après les avoir fait attendre vingt-sept jours à Pella pour finir la conquête de la Thrace. Démosthène, l'un de ces ambassadeurs avec Eschine, accusa son rival, devant l'assemblée du peuple, d'avoir, une nuit, traversé en barque le Lidias, fleuve de Phères, presque homonyme de celui de Pella, pour rejoindre Philippe sur l'autre bord. Eschine opposait d'ailleurs à ce témoignage de l'esclave de Démosthène, celui de deux de ses amis qui étaient dans sa chambre.

Philistide, ancien tyran d'Oréus, retiré à Pagases, arriva sur le quai en litière, dès qu'on lui eut annoncé que *l'Hercule* avait jeté l'ancre. C'était une ancienne créature de Philippe, ainsi que l'avaient été les tyrans d'Erétrie et les chefs aristocrates des autres villes, chassés par les embarras du roi en Thrace. Entouré de mignons, Philistide prolongeait la tradition voluptueuse d'Aristodème, d'Alcitas et de Charidème. Les quatre principaux citoyens d'Oréus, qui avaient eu, avec lui, les honneurs de la troisième *Philippique*, Ménippe, Socrate, Thoas et Agapée, et qui partageaient son exil, l'accompagnaient. Ils avaient fait emprisonner le démocrate Euphréus, partisan d'Athènes, — homonyme du disciple de Platon et de l'ami de Perdiccas, — auquel Démosthène avait rendu hommage dans cette harangue pour s'être pendu dans sa geôle, par désespoir républicain.

La demeure de Philistide, qui regrettait son palais d'Oréus, n'avait pas moins le confort et l'air noble de celle de Démarète à Corinthe. Alexandre demanda que le souper fût simple, car il tenait à démarrer dès l'aube : c'était sa dernière escale avant Thermé. Seules quelques joueuses de flûte vinrent distraire les convives.

Le plus bel ornement de la salle à manger était une statue d'Hylas. Philistide donna quelques détails inédits sur l'histoire de ce mignon d'Hercule que se disputaient trois Etats. Théodamas, Théomaste ou Céyx n'était pas un roi, comme le disait la légende, qui tâche à tout embellir, mais un bûcheron de l'Œta, et Hercule l'avait tué, parce que cet homme avait refusé de lui donner un bœuf. C'est après ce meurtre qu'il lui prit son fils Hylas pour en faire le porteur de son carquois. Alexandre apprit que le beau garçon avait été aussi, en passant, le mignon de Bacchus.

Il apprit également des choses qu'il ignorait sur ce Callias de Chalcis, qui avait passé du service et du lit de Philippe au service et au lit de Démosthène. Entre les deux, le jeune intrigant s'était jeté dans les bras des Thébains. Il sollicita ensuite, en faveur des Athéniens, des secours militaires et des subsides dans le Péloponèse, en Mégaride et même en Acarnanie et fut accueilli avec transport à son retour à Athènes. Son amant Démosthène, venu avec lui en Eubée, avait incité les habitants d'Oréus à lui octroyer un don de vingt-sept mille cinq cents drachmes pour ses bons offices. Le résultat de toute cette charlatanerie avait été le paiement de seize mille cinq cents drachmes, non pas à Callias, mais à Démosthène, paiement qui lui était fait à tempérament, par les habitants d'Oréus, d'Erétrie et de Chalcis. « Il est amusant, dit Alexandre, de prendre toujours les grands défenseurs du peuple la main dans le sac. — Eschine, dit Léonidas, a envoyé à Philippe une copie du décret du peuple d'Oréus proclamant cette transaction, aussi peu honorable pour la ville que pour Démosthène. — Heureusement, dit Philistide, que j'espère bientôt supprimer la rente versée par mes concitoyens. »

Le lendemain, on continua le voyage. Sur le cap Artémisium, qui s'avançait de l'Eubée vers le golfe de Pagases, on apercevait les colonnes du temple de Minerve et la statue de bronze de Jupiter nu, tendant le bras pour lancer le foudre sur les Perses. C'est en face, sur le promontoire de Sépias, au sud de la Magnésie, où se terminait la chaîne du Pélion, que la flotte de Xerxès avait été décimée par la tempête, événement que commémorait à Athènes l'autel de Borée, près de l'Ilisus. Quatre cents vaisseaux ayant été détruits, les forces navales du grand roi y perdirent leur supériorité écrasante pour la bataille de Salamine. L'intervention de quelques navires de Thémistocle avait permis à Pindare d'écrire que, sur ce cap, « les enfants des Athéniens — Avaient établi — Le splendide fondement de la liberté ».

Après l'Artémisium, on longeait Sciathos, l'une des Sporades, groupe d'îles possédées par Philippe. Péparèthe, un peu plus loin à l'est, était fameuse pour ses vins. Alexandre s'efforçait d'apercevoir à l'horizon Scyros, qui faisait aussi partie du domaine de son père, comme de l'histoire de sa famille. Il imaginait Achille, vivant, déguisé en fille, sous le nom de Pyrrha, à la cour du roi Lycomède, faisant l'amour avec Deidamie, leur fils Pyrrhus-Néoptolème grandissant en cachette : les deux vainqueurs de Troie étaient venus de cette île.

Le grave Léonidas conta de quelle manière Lycomède avait tué Thésée, dont l'arrivée l'inquiétait : il le fit monter avec lui sur un rocher, pour lui montrer les terres qu'il lui offrait, et le précipita.

L'*Hercule* suivait à présent la côte de Magnésie. Cet autre Etat fédératif, qui limitait la Thessalie le long de la mer Egée et qui était pareillement sous l'autorité de Philippe, était mentionné dans le *Catalogue des vaisseaux*. Homère, toutefois, ne citait aucune ville de la Magnésie, mais seulement son fleuve et l'une de ses deux illustres montagnes. Le Pélion, au sud, et l'Ossa, au nord, avaient été mis l'un sur l'autre par les géants, qui, révoltés contre les dieux, voulaient escalader l'Olympe. Ces fils de la Terre et du Ciel étaient nés des gouttes de sang tombées de la verge du Ciel, après que son fils, Saturne, l'eut châtré. De son sperme et de ses testicules, lancés dans la mer, naquit Vénus. Alexandre resta rêveur, quand Léonidas eut raconté que les prêtres d'Esculape envoyaient parfois sur l'Ossa ceux que l'ambition dévorait. Au spectacle des abîmes creusés par cette lutte, on renonçait à la gloire et l'on choisissait une paisible obscurité.

Le Pélion avait vu ensuite le fameux banquet des centaures et des Lapithes, où Pirithoüs, Thésée et Hercule luttèrent dans le même camp. Sur cette montagne, avaient eu lieu aussi les noces de Pélée et de Thétis, préliminaires de la naissance d'Achille. Une *Néméenne* faisait allusion à ces noces, que les vers d'*Iphigénie en Aulide* décrivaient magnifiquement : « Quel hymne d'hyménée, par la flûte libyenne, — Avec la cithare amie des chœurs, — Et les flûtes de Pan, faites de roseaux, — A émis un son, — Lorsque, sur le Pélion, les Muses aux beaux cheveux, — Dans le festin des dieux, — Frappant la terre, — Du pas de leurs sandales d'or, — Allaient aux noces de Pélée, — Célébrant, par leurs voix chantantes, Thétis et le fils d'Eaque, — Sur les montagnes des centaures, — Dans la forêt du Pélion ? — Le Dardanide, le Phrygien Ganymède, — Délices aimées du lit de Jupiter, — Puisait une libation — Dans les creux d'or des vases. — A côté, foulant — Le sable blanc, — Les cinquante filles de Nérée, — Formant une ronde, célébraient les noces. » Cette épithète de Dardanide donnée à Ganymède, comme descendant de Dardanus, plaisait à Alexandre, puisque Homère la donnait à Priam et à Ilus : Troie, la ville de Tros, père des « délices aimées du lit de Jupiter », avait été appelée, non seulement Ilium, mais Dardanie.

« Pélée, dit le grave Léonidas, avait été élevé sur le Pélion par le centaure Chiron, comme le fut ensuite son fils Achille. Plus tard, il y chassa d'une manière qui étonna le roi Acaste, dont il était l'hôte à Iolcos. Ses compagnons ayant douté de son habileté, il battit les bois à part, en se bornant à couper les langues des bêtes qu'il tuait, et revint ensuite les mains vides. On se moqua de lui d'autant plus ; alors, il ouvrit son havresac qui était plein de langues. Rien d'étonnant qu'un si habile chasseur eût capturé même Thétis, dont Jupiter, Neptune et Apollon avaient en vain recherché les faveurs et qu'il sût retenir dans ses bras, malgré toutes les métamorphoses de la déesse. Nous avons le détail des cadeaux que lui firent les dieux à ses noces, et tu as rappelé, Alexandre, à propos d'Eaque son père, qu'ils n'ont assisté que deux fois à des noces de mortels : pour Cadmus, roi de Thèbes, et pour ton ancêtre Pélée. Vulcain lui offrit une épée, Junon un manteau, Vénus une coupe où l'Amour était sculpté, Neptune, les chevaux Xanthe et Bélius, qui furent ceux d'Achille et dont tu as repris les noms, Minerve des flûtes, sans craindre de lui déformer les joues, et Nérée une petite boîte du sel dont les dieux se servent et qui a la vertu double d'exciter l'appétit et de faire digérer tout de suite ce que l'on a mangé. Des noces aussi prodigieuses ont fait oublier que Vulcain, le donateur de l'épée, avait été l'amant de Pélée. Ainsi, Alexandre, tu dois mériter les faveurs du dieu du feu, en souvenir de ton ancêtre. Pélée a été son seul mignon. »

Dans l'antre de cette montagne, Chiron avait nourri Achille de moelle d'ours et d'entrailles de sanglier et de lion. Il lui enseignait l'équitation et la sagesse. Le centaure était fils de Saturne et de la nymphe Philyre. Sa double nature, d'homme et de cheval, venait de ce que Saturne, surpris par sa femme Cybèle, à l'instant où il copulait avec la nymphe, se changea en cheval pour ne pas être reconnu. « Je me demande, dit Ephestion à Alexandre, comment ton ancêtre Achille s'en tirait avec son précepteur et amant Chiron, qui était homme par la tête et cheval par le reste. — Sa mère Thétis l'ayant plongé dans le Styx, à sa naissance, dit Alexandre, il était à toute épreuve... en dehors du talon. »

Le grave Léonidas releva que, si le héros avait été tué devant Troie, il avait été victime des conséquences d'un incident survenu aux noces des auteurs de ses jours. La Discorde, que l'on avait oublié d'inviter au festin du Pélion, jeta sur la table la fatale pomme d'or, où était écrit : « A la plus belle. » Ainsi éclata la querelle des trois déesses, origine de la guerre de Troie.

Alexandre se plut à entendre de Léonidas que Jason, au temps qu'il rassembla les Argonautes en Thessalie, fonda en Magnésie le culte de Jupiter Protecteur des amis. Le héros sacrifia à ce dieu sous ce titre, avant le départ de l'expédition. Les fêtes annuelles de Jupiter Protecteur des amis, célébrées en Macédoine et en Crète, étaient, en quelque sorte, les fêtes officielles de l'amour masculin.

On avoisinait la Piérie, séjour des Muses et pays de l'Olympe, la montagne la plus haute et la plus auguste de la Grèce. Il y avait là également le mont Piérus, ainsi nommé du Macédonien qui avait imposé leurs noms aux Muses, en fixant leur nombre à neuf. Tout enfants, Alexandre et Ephestion étaient venus, de Pella, dans cette province de la Macédoine. Elle leur exaltait l'imagination. Ils en avaient aimé la verdure, les fleurs, les fontaines. Ils avaient goûté les délices de la vallée de Tempé, que forme le Pénée entre l'Olympe et l'Ossa Ce fleuve arrosait l'antique pays des

Perrhèbes, des Lapithes et des Ephyréens. C'est le laurier de Tempé qui était cueilli, chaque année, par un jeune garçon, pour couronner les vainqueurs des jeux Pythiques. C'est, en effet, dans cette vallée qu'Apollon s'était purifié, après avoir tué à Delphes le serpent Python. Elle était si célèbre que Xerxès avait voulu la visiter. La plus ancienne des *Pythiques* de Pindare, alors âgé de vingt-cinq ans, était à la gloire d'Hippocléus, vainqueur à la double course des garçons et natif de cette région de la Thessalie.

A une dizaine de kilomètres à l'intérieur, était la ville de Dium, avec son temple de Jupiter Olympien, près duquel le roi de Macédoine Archélaüs avait institué des jeux Olympiques, comme il y en avait dans d'autres villes grecques et même macédoniennes, où Jupiter était vénéré sous le même titre qu'à Olympie. Plus ou moins abandonnés par les successeurs de ce roi, les jeux de Dium avaient été renouvelés par Philippe, après son triomphe sur Olynthe, et Alexandre comptait bien y solenniser un jour ses propres victoires, qui seraient, ainsi que l'avait dit Ephestion, plus importantes que celles des jeux Olympiques. En attendant, malgré son amour pour tout ce qui était de son pays, il se sentait obligé d'estimer désormais secondaires, non seulement les jeux Olympiques de Dium, mais ceux d'Egées, l'ancienne capitale, et de Béroea, au sud de Pella, qui n'attiraient pas un grand concours d'athlètes. Philippe avait eu néanmoins, à Dium, pour ses jeux scéniques, le concours du fameux acteur athénien Satyrus. Du reste, Alexandre était heureux qu'il y eût, dans ces fêtes macédoniennes de Jupiter Olympien, des concours de musique et de poésie. Celles de Dium duraient neuf jours, chacun étant consacré à l'une des Muses, et c'est ce qui avait le plus intéressé le fils de Philippe, quand il y avait assisté.

La renommée de cette ville ne venait pas uniquement de ses jeux : son bourg de Pimplée possédait le tombeau d'Orphée. Alexandre et Ephestion avaient honoré l'urne de marbre où se lisait cette inscription : « Le chantre à la lyre d'or, Orphée de Thrace, a été enseveli ici par les Muses. » Son image, entourée d'animaux que charmait sa lyre et accompagnée de deux jolis garçons, figurait sur une mosaïque du palais de Pella. Ces deux garçons rappelaient qu'Orphée, après la mort d'Eurydice, avait révélé aux Thraces de Bistonie l'amour pédérastique, ce qui avait été cause de sa propre mort.

Le grave Léonidas avait lu à ses élèves les vers d'un poète nouveau, Phanoclès, qui, dans son ouvrage *les Amours ou les Beaux,* avait chanté cette aventure. Ephestion récita ce poème, déjà fameux : « Lorsque le fils d'Œagre, le Thrace Orphée, — Chérissait de toute son âme Calaïs, fils de Borée, — Souvent il s'asseyait dans les bois ombreux, — Chantant son désir, et son cœur n'avait pas de repos... — Alors, les femmes de Bistonie fomentèrent d'odieuses machinations, et, l'ayant entouré, — Le tuèrent, après avoir aiguisé de longs couteaux, — Parce que, le premier chez les Thraces, il avait enseigné les amours — Masculines et qu'il n'approuvait pas les désirs féminins. — Puis, elles coupèrent avec le fer sa tête et la jetèrent — Dans la mer thrace, en même temps que la lyre, — Fixées l'une à l'autre par un clou, — Afin que toutes deux flottassent — Ensemble sur la mer, baignées par les vagues glauques. — Et la mer écumeuse les porta jusqu'à la sainte Lesbos, — Tandis qu'un son, pareil à celui d'une lyre mélodieuse, se répandait sur la mer, — Les îles et les rivages salés. — Là, les hommes rendirent les honneurs funèbres à la tête musicale d'Orphée — Et ils placèrent dans le tombeau la lyre mélodieuse — Qui avait persuadé les pierres muettes et l'eau sombre de l'Erèbe. — Depuis, les chants de la cithare désirable — Occupent cette île et elle est de toutes la plus adonnée aux hymnes. — Mais quand les Thraces guerriers eurent appris les œuvres cruelles de leurs femmes, — Un terrible courroux les saisit tous. — Et ils piquèrent leurs épouses, pour qu'elles eussent dans la peau — Des marques bleues et qu'elles n'oubliassent pas le meurtre abominable. — Ils piquent encore les femmes, en châtiment de la mort d'Orphée, — A cause de ce crime. » Si la tête d'Orphée était dans un monument à Lesbos, avec sa lyre, les cendres de son corps étaient à Dium.

Alexandre loua Ephestion d'avoir si bien retenu les vers de ce jeune poète, alors que leur esprit n'avait été exercé que pour Homère, Pindare et les tragiques. « A ce sujet, dit Léonidas, vous m'avez procuré une douce joie dans ce voyage, car, depuis votre enfance, je n'avais jamais été si longtemps avec vous. Quand vous étalez ces trésors de votre mémoire, je ne puis m'empêcher de penser que vous en devez quelque chose à mes soins. Mais vous ne vous servez pas de cette admirable faculté pour le simple plaisir de vous distraire, de briller ou d'étonner les gens. Vous la cultivez pour vous former une morale, que ce soit celle de l'amour ou celle de l'action. En t'inspirant le goût des lettres, Alexandre, je savais que je semais en toi le désir de la gloire et de l'immortalité. Ce désir, tu l'avais déjà hérité de ton père, qui est un grand roi, mais tu seras un héros. J'ai cru tous les signes de ta naissance et je t'ai élevé dans cette lumière. Si ton premier précepteur, Lysimaque, et premier instructeur de ta mémoire, s'était surnommé Phénix, parce que tu t'appelais Achille, je dirai, moi, comme Phénix : « Je t'ai fait ainsi, Achille semblable aux dieux, — En t'aimant de tout mon cœur. » Alexandre embrassa ce vieil homme à barbe blanche, qui était ému de ses propres paroles. « Tu as été notre Orphée, lui dit-il. Tu nous as mis sur le chemin de l'amour, comme il y avait mis les Thraces. Et nous ne te ferons jamais de tatouages. »

« Puisque tu parles de la mémoire d'Alexandre, dit Ephestion à Léonidas, n'oublie pas Philippe, qui lui a légué la sienne, sous forme de don naturel. Démosthène a rapporté avec ironie et Eschine avec admiration que, lorsque le roi reçut les ambassadeurs d'Athènes, au moment des négociations de paix, — et parmi eux figuraient, entre autres, Eschine et Démosthène, — il les stupéfia en leur récitant, mot à mot, les discours qu'ils avaient prononcés pour ou contre lui et qui, selon l'usage, avaient été publiés. »

« Il y a autre chose dont je veux vous louer l'un et l'autre, reprit le grave Léonidas : c'est de l'élégance constante de votre langage, qui m'a charmé à tout moment pendant ces longues semaines. On peut parler grec de plusieurs façons. Tu m'as avoué, Alexandre, que tu avais ressenti quelque fierté, à Olympie, en parlant mieux que le roi Archidame. Lorsque je vous ai inculqué les principes de la grammaire, que votre mémoire des grands textes a raffermis, je cherchais à vous donner, pour ainsi dire, une beauté supplémentaire. Toutes les beautés et toutes les laideurs vont ensemble. Socrate, qui était une exception à cette règle, dit à ce sujet d'admirables paroles dans le *Théétète* de Platon. Il s'adresse au héros du dialogue, qui est un adolescent presque aussi laid que lui, « le nez camus et les yeux en dehors », fils d'Euphronius de Sunium. Mais ce garçon avait peut-être la beauté du corps, étant nu et frotté d'huile devant Socrate, — dans un gymnase dont on ne nous précise pas le nom, — et, en tout cas, il parlait bien, ce qui inspire cette réflexion au philosophe : « Tu es beau, ô Théétète, et non pas laid, comme le disait Théodore (l'autre interlocuteur, qui l'avait ainsi annoncé) ; car celui qui parle bellement, est beau et bon. » Trop heureux, par conséquent, celui qui est beau et qui parle bellement, puisque la beauté du langage peut tenir lieu de beauté. — C'est toi qui nous parles comme chantait Orphée, dit Alexandre. Notre mérite sera d'avoir suivi tes premières leçons. »

Le fleuve Hélicon, qui passait auprès de la colonne du tombeau d'Orphée, continuait son cours pendant une certaine distance, puis s'éclipsait et ressortait près de la mer. Les habitants de Dium prétendaient qu'autrefois, ce fleuve conservait son lit de sa source à son embouchure, mais que les femmes qui avaient tué Orphée, étant venues pour se purifier dans ses eaux, il disparut sous terre afin de leur refuser ce service. Aristote ne croyait pas à la légende du meurtre d'Orphée, qu'on situait quelquefois en Piérie même. Il disait que le chanteur avait été tué d'un coup de foudre, pour avoir révélé aux hommes la religion des mystères. Olympias, initiée aux mystères de Bacchus et à ceux de Samothrace, assurait qu'ils s'apparentaient à ceux d'Orphée, dont elle pratiquait quelques rites, — par exemple, en chantant certains de ses hymnes quand elle brûlait des parfums sur un autel. C'est aussi, disait-elle, pour obéir à Orphée qu'elle n'usait, à cette occasion, que d'encens mâle et de feuilles de pommier sauvage.

Si le nom de l'inventeur de la pédérastie évoquait celui de sa chère Eurydice, le nom de l'épouse d'Orphée évoquait pour Alexandre celui de ses deux grands-mères. L'une et l'autre avaient eu des caractères fort prononcés. Eurydice, mère d'Olympias, était citée comme la première femme grecque ayant porté les armes, après la poétesse Télésilla d'Argos, qui avait défendu cette ville contre le roi de Sparte Cléomène Ier. Cette Eurydice avait reçu les leçons d'une autre femme soldat, mais barbare, Cynna d'Illyrie. Plus terrible avait été l'Eurydice, mère de Philippe, qui aurait sa statue dans le monument d'Olympie. Alexandre avait appris tous ses forfaits par Olympias, qui les lui avait révélés en vue de rabaisser à ses yeux l'ascendance de son père. Cette reine, amoureuse de son gendre, Ptolémée Alorite, avait voulu lui faire assassiner son mari Amyntas III, qui fut sauvé grâce à sa fille Euryone. Le roi épargna en Eurydice la mère de ses enfants. Plus tard, elle incita Ptolémée Alorite à tuer son fils aîné, Alexandre II, avant de faire tuer Ptolémée lui-même. Mais Philippe avait-il été plus tendre avec ses demi-frères Archélaüs, Arrhidée et Ménélas ? Ils s'étaient réfugiés à Olynthe et ce lui fut un prétexte pour ordonner leur exécution. Alexandre recevait de sa famille l'exemple d'être implacable afin d'assurer son pouvoir. Il se sentait « un cœur de bronze », comme dit Homère : ce bronze ne fondait que pour Ephestion.

On commençait d'entrer dans le profond golfe de Thermé. Maintenant, on était tout à fait dans les eaux macédoniennes. Le capitaine montrait des poissons qui nageaient en troupes au-devant du vaisseau et bien différents du rémora qui l'avait immobilisé au sud du Péloponèse. On les nommait des pompiles, parce qu'ils conduisaient les vaisseaux vers le port, comme une pompe triomphale. Du côté de l'orient, s'étendaient les hauteurs de la péninsule de Pallène, l'un des trois doigts que formait la Chalcidique et dont le plus oriental était le mont Athos. Olynthe, Potidée et Mendé, fameuse par ses vins, étaient les principales villes de cette péninsule. Olynthe, rasée par Philippe et non reconstruite, n'avait pas, selon Démosthène, laissé les moindres traces, au point qu'on n'aurait pu supposer qu'une ville eût existé en cet endroit.

Potidée offrait le souvenir de la campagne où Alcibiade et Socrate s'étaient trouvés ensemble, comme à Délium. Alcibiade, dans *le Banquet* de Platon, avait dépeint d'une façon plaisante de quelle manière Socrate s'était montré supérieur à tous : au cours d'un terrible hiver, sortant avec son manteau ordinaire et marchant nu-pieds sur la glace, alors que les autres avaient le corps enveloppé de feutre et de peaux d'agneau, ou bien, en été, restant tout le jour debout au soleil, en train de méditer, tandis que ses camarades étaient couchés à l'ombre. Socrate avait arraché à l'ennemi Alcibiade blessé, ainsi qu'il en avait sauvé Xénophon à Délium. Il lui céda le prix de la valeur, qu'il avait mérité pour lui-même, c'est-à-dire une couronne et un armement.

Au bord du golfe de Torone, qui s'ouvrait de l'autre côté de la péninsule de Pallène, était Aphytis, dont Alexandre, enfant, avait visité le temple de Jupiter Ammon. La prédiction qui lui avait été faite à Olympie, annonçait bien des batailles avant qu'il fût un jour roi d'Egypte. C'est dans cette ville d'Aphytis que Jupiter Ammon était apparu à Lysandre, lorsque les Macédoniens la détenaient. Il lui commanda de faire des sacrifices en son honneur. Lysandre alla plus tard à l'oasis d'Ammon pour s'en acquitter.

Pallène, où Castor et Pollux furent élevés, avait été le lieu d'une bataille à la mesure de l'imagination d'Alexandre : celle des dieux contre les Titans, dont la révolte précéda celle des géants. Ils étaient, eux aussi, fils du Ciel et de la Terre. Et si les dieux avaient gagné, c'était grâce au concours d'Hercule. Comme il était prédit qu'ils seraient les plus forts avec le secours d'un mortel, la Terre se mit à la recherche d'une plante qui empêcherait ses fils d'être tués et rendrait la victoire des dieux inutile, — c'était peut-être l'herbe de Glaucus. Mais Jupiter défendit au Soleil, à la Lune et à l'Aurore de paraître et détruisit la plante, avant que la Terre l'eût trouvée.

Sur la côte de la Macédoine, se découpaient les murailles de Méthone, ville créée par Méthon, fils d'Orphée, et qui avait été l'une des premières conquêtes de Philippe. Ce fut pendant le siège qu'il perdit l'œil droit, sous le coup d'une flèche lancée par l'archer Aster d'Amphipolis. Cet homme étant venu offrir au roi ses services, en assurant qu'il tuait les oiseaux en plein vol, Philippe lui avait répondu qu'il l'engagerait quand il ferait la guerre aux hirondelles. La flèche d'Aster portait un morceau d'étoffe où était écrit : « A l'œil droit de Philippe », — il avait visé pendant que le roi traversait à la nage le fleuve Sandane, devant la ville. La blessure avait été pansée par l'habile médecin Critobule, qui était un des Asclépiades, comme le fut l'illustre Hippocrate : il avait su même atténuer la difformité qu'elle avait causée dans ce beau visage. Le roi avait fait relancer la flèche avec cette inscription : « Quand Philippe prendra la ville, Aster sera pendu » ; et il lui avait tenu parole. Olympias prétendait que Jupiter avait puni ainsi Philippe, parce que le roi, une nuit qu'elle était couchée avec son serpent, c'est-à-dire avec le dieu, père présumé d'Alexandre, avait eu la curiosité d'appliquer l'œil droit à un trou de la porte de sa chambre. Outre cette mutilation, le roi avait la clavicule gauche rompue, à la suite d'un trait malencontreux décoché par l'un de ses soldats. Une grande cicatrice à la jambe gauche et une autre à la main droite complétaient les souvenirs de ses batailles. C'est ce qui avait permis à Démosthène de le ridiculiser dans une de ses *Philippiques*. « Vous craignez donc, disait-il, un homme qui n'a qu'un œil, qui a une main tordue et qui boite d'une jambe ? Vos généraux à vous sont intacts. » Philippe, qui gardait toute sa prestance et toute sa vigueur, se tenait, à un œil près, pour aussi intact que n'importe quel général d'Athènes.

Le siège de Méthone, avait été, du reste, long et difficile. Le roi eut le sentiment que ses hommes, après avoir monté à l'assaut, ne déployaient pas assez de vaillance, parce qu'ils comptaient sur ceux qui allaient suivre ; aussi étaient-ils toujours culbutés. Après un nouvel assaut, il ordonna de retirer les échelles, dès que les plus courageux eurent grimpé, et, luttant avec l'énergie du désespoir, ils repoussèrent l'ennemi. Le roi et ses autres soldats montèrent alors pour les secourir. Philippe était fertile en ruses de guerre, mais celle-là le réjouissait plus qu'une autre, car elle avait mis à l'épreuve ses propres soldats.

On débarquait à Thermé. Alexandre fit des libations de remerciements à Neptune, à Jupiter et à Vénus. Les chevaux blancs étaient un peu malades de la traversée : on décida d'en prendre de frais. Le cocher Ménon s'était remis pendant le voyage. « Au moins, lui dit Alexandre, grâce à toi, nous ne revenons pas entièrement vaincus : tu as eu sous toi le vainqueur. N'oublie pas de le dire à tout le monde. »

Thermé était la ville principale de la province de Mygdonide et le principal port de la Macédoine, — port de commerce et port militaire (Olympias avait empêché Philippe de donner à cette ville le nom de sa bâtarde Salonique). Philoxène, chef de la flotte, salua Alexandre. Il regrettait de ne pas avoir eu l'ordre d'intercepter celle de Phocion, sur le chemin de Byzance, mais comprenait que le roi ne voulût rouvrir les hostilités avec Athènes que s'il y était forcé.

L'amiral, chez qui l'on se baigna et l'on se restaura, montra ensuite les bateaux à cinq rangs de rames, nouvellement construits, rangés dans un bassin à part. On procédait à l'entraînement des matelots et des rameurs. Ils étaient assis à terre, dans le même ordre que sur les bancs des navires. Un maître d'équipage les dressait à tirer la rame en arrière, tous en même temps, à se courber en la faisant avancer et à s'arrêter au premier signal. On entendait retentir la mélopée des traversées : « Ripapa... o o pop ! » Des chameaux, descendants de ceux qu'avaient amenés les armées de Xerxès et de Darius, servaient au transport des carènes. Deux navires qui venaient d'être achevés, étaient halés jusqu'à la mer par des cordages, sur des glissières semblables à celles de l'isthme de Corinthe. Ils étaient couronnés de fleurs, ainsi que leurs matelots.

Au fond du golfe, en face de Thermé, on apercevait Enéia, fondée par Enée après la guerre de Troie. Alexandre possédait une belle et grande monnaie ancienne de cette ville, admirablement gravée comme un camée ; elle représentait Enée avec ses compagnons de fuite : son père Anchise, sa femme Créuse et son fils, le petit Ascagre. Le héros était barbu, casqué, vêtu d'une tunique courte, portant son père sur une épaule ; Créuse, portant Ascagne de même, marchait en tête et se tournait vers Enée. C'était, pour Alexandre, une vision qui lui rappelait les exploits de ses ancêtres, Achille et Pyrrhus-Néoptolème.

Avant d'enfourcher leurs montures, les deux amis regardèrent les flots qui les avaient conduits au terme de leur pérégrination. « Ce fut un beau voyage, dit Ephestion. Comme nous avons été souvent seuls, il m'a paru le prolongement de cette nuit d'autrefois, dont je t'ai lu l'histoire. Maintenant, nos familles, nos compagnons, la guerre nous attendent. » Alexandre sourit et lui dit les vers du jeune Télémaque au jeune Pisistrate, fils de Nestor, quand tous deux revinrent de Sparte à Pylos : « ... Nous nous honorerons d'être toujours des hôtes, — Par l'amitié de nos pères et aussi parce que nous sommes du même âge, — Et le chemin que nous avons fait, nous inspirera encore plus de concorde. »

La route, le long d'une vaste plaine, n'était pas bordée de chênes, comme celle d'Olympie à Cyllène, ou d'oliviers, comme à Athènes, mais de peupliers, noirs ou blancs. C'était l'arbre de la Macédoine et de la Thrace pour une double raison : l'abondance des cours d'eau lui était favorable et il était consacré à Hercule. On ne voyait pas de vignobles ni de champs de byssus, mais des champs de blé ou de lin. Ces deux derniers produits étaient inconnus au sol aride de l'Attique, et, dans la Grèce continentale, il n'y avait de lin qu'en Macédoine. Ce tissu servait plus qu'à l'habillement : comme au temps d'Homère et au temps de Xerxès, on en tressait des cuirasses, presque impénétrables au fer. La Macédoine était aussi la seule région de la Grèce où l'on voyait des chameaux. Les Grecs ne connaissaient cet animal que par Hérodote, un vers d'Eschyle et un vers d'Aristophane.

De loin à loin, s'élevaient des gaines de Mercure, imberbe ou barbu, le phallus dressé, ou bien des statues de Priape. Pour imiter ce qu'il avait vu en Attique, où Hipparque avait fait graver des sentences et des énigmes sur ces gaines, Philippe avait ordonné d'y inscrire des vers d'Euripide et d'Hésiode. Parfois, une guirlande avait été suspendue aux moignons qui simulaient les bras de Mercure, à son cou ou à son phallus, de même qu'au phallus et au cou de Priape. Parfois même, était déposé à leurs pieds le souper d'Hécate, offert à cette déesse, protectrice, comme eux, des voyageurs : de la farine non moulue, de petits poissons, des olives, des figues sèches, un gâteau phallique, aux testicules bien prononcés, qui faisait allusion au surnom de la déesse : « Nourrice des garçons. » C'était surtout le souper des pauvres ou des voyageurs modestes.

Souvent, des chiens s'élançaient d'une ferme ou d'un troupeau et aboyaient autour de l'escorte d'Alexandre, sans se laisser effrayer par les coups de fouets ou de lances. Ils étaient de la race de ceux qui avaient écharpé Euripide, près de Bromisque, un soir qu'il venait de souper dans une maison de campagne avec le roi Archélaüs. Mais Alexandre ne voulait pas croire que ce fût, comme on le disait, la haine de Promérus, un des serviteurs du roi, qui les avait lâchés contre lui, dont il était jaloux à cause d'un beau jeune homme. Il y avait une autre version de la mort du grand homme   que des femmes macédoniennes, et non des chiens macédoniens, l'avaient déchiré pour le punir de ses terribles railleries à l'égard de leur sexe, telles les femmes de Thrace ou de la Piérie tuant Orphée.

Afin de se divertir, Alexandre et Ephestion tâchèrent de puiser dans leur mémoire tous les vers que le sexe reprochait le plus à Euripide : « Un seul homme est plus digne qu'une myriade de femmes de voir la lumière », dit *Iphigénie en Aulide ;* « Les femmes ont un désir impur », dit Clytemnestre dans *Electre,* — (« Pourquoi pas ? » ajouta Alexandre) ; « Toujours les femmes, obstacles aux événements, — Provoquent le plus grand malheur des hommes », dit *Oreste ;* « Si nous sommes nées, — Nous autres femmes, très inhabiles pour le bien, — Nous sommes de très sages artisanes de tous les maux », dit *Médée,* et Jason, dans la même pièce : « ... Il faudrait que les mortels engendrassent des enfants — Autrement et qu'il n'y eût pas la race féminine ; — Ainsi les hommes n'auraient plus de maux » ; « Jamais je ne cesserai de le dire, — Les hommes de sens qui ont femme, — Ne permettront aux femmes de fréquenter leur épouse — Dans la maison », dit l'Hermione d'*Andromaque ;* « La femme, le plus cruel de tous les maux », dit *Phénix ;* « J'exècre les femmes, toi plus que toutes », dit *Méléagre ;* « ... Les ruses aux femmes — Plaisent », dit *Danaé.* Le grave Léonidas ajouta cette drôlerie du second *Hippolyte :* « Ne te fie pas à une femme, même si elle te dit la vérité. »

Dans un autre passage de cette pièce, Hippolyte développe l'idée exprimée par Jason dans *Médée :* « O Jupiter, pourquoi ce mal funeste aux hommes, — La femme, l'as-tu établie à la lumière du jour ? — Si tu voulais propager la race mortelle, — Il ne fallait pas permettre celle des femmes, — Mais faire déposer aux hommes dans tes temples, — Ou de l'or ou de l'argent ou un poids de bronze — Pour acheter la semence des enfants, chacun suivant la valeur — De l'offrande, et habiter des maisons — Libres, sans femmes... — ... Une femme est un grand mal. » Hippolyte était peut-être fondé à prononcer une telle condamnation, après avoir subi les entreprises de Phèdre ; mais Alexandre et Ephestion, sans avoir motif à épouser ses sentiments, trouvaient fort amusante son idée d'acheter dans les temples, contre de l'or, de l'argent ou du bronze, de la semence virile pour faire des enfants de différente qualité. « Bref, conclut Alexandre, on ne peut pas dire qu'Euripide ait été très gentil pour les femmes, mais un écrivain a le droit de faire parler ses personnages selon leur caractère, ce qui varie le sujet. Nous ne rêvons que la gloire des armes et il ne nous viendrait pas à l'esprit d'en vouloir à notre tragique de l'avoir maudite dans *Hélène :* « Insensés, vous qui, par la guerre — Et par le fer de la forte lance — Acquérez la gloire, pour apaiser, — Sans le savoir, les maux des mortels ! » — Au fond, dit Léonidas, Euripide ne reproche à la guerre que les survivants » Alexandre ne regrettait pas moins qu'il eût rencontré une fin misérable dans le pays qui lui avait offert l'hospitalité, fin encore plus misérable que celle d'Eschyle en Sicile. Il aurait voulu pour lui celle de Sophocle, mourant de joie à Athènes d'avoir été couronné une fois de plus.

Revenir vers Pella, c'était surtout, pour Alexandre, revenir vers sa mère. Du reste, cette fois, elle serait seule à l'accueillir. S'il l'aimait infiniment plus qu'il n'aimait son père, dont il admirait pourtant le courage et l'intelligence, il avait la certitude d'être encore plus aimé d'elle que de lui. Il avait souri des vers d'Euripide : « Une mère aime ses enfants plus qu'un père ; — Au moins sait-elle qu'ils sont d'elle ; lui, il le croit. »

Alexandre devait à Olympias sa sensibilité, mais non des leçons de mollesse : elle était aussi violente que Philippe. Toutefois, ses leçons d'énergie étaient tempérées par ses grands yeux bleus, le luxe de sa parure, l'étrangeté de son décor. Sa familiarité avec les serpents et les fauves du mont Bermius attestait qu'elle n'avait pas un cœur pusillanime. Elle avait habitué Alexandre, tout enfant, à saisir des serpents, pour imiter son ancêtre Hercule, qui, au berceau, étouffa ceux que Junon, jalouse d'Alcmène, avait envoyés afin de le faire périr et qui étaient plus redoutables. Chez son oncle Arrybas, le roi d'Epire, elle avait, adolescente, participé à des opérations contre les Illyriens, avec sa mère Eurydice, non point il est vrai, comme elle et comme les Amazones, en brandissant l'épée, le javelot ou la hache, mais en frappant sur un tambourin, comme Bacchus.

Alexandre était le fruit de deux êtres beaux, hardis et forts. S'il avait leur penchant pour le plaisir, il les imitait aussi par sa passion de la gloire. Il devait également à Olympias de saines règles d'existence ; c'est elle, autant qu'Aristote, qui l'incitait à rester sobre, alors que Philippe, depuis douze ou treize ans, avait versé dans l'ivrognerie. Cela ne diminuait pas encore ses facultés, mais Olympias, quand elle voulait se justifier du soupçon d'avoir contribué à rendre imbécile Arrhidée, répondait qu'au moins Alexandre n'avait pas été engendré comme ce bâtard, dans une soûlerie de son père.

Elle disait que le propre des bacchantes était de s'enivrer par le rythme, par l'enthousiasme, par un délire sacré, et de ne s'enivrer jamais par le vin. Ses récits avaient contribué à donner à son fils le goût du merveilleux et à l'éloigner de la sensualité grossière de Philippe.

Concurremment aux rites d'Orphée, Alexandre l'avait vue procéder à des rites magiques pour conserver l'affection de son époux : elle tendait des joncs pendant la nuit, fabriquait, au clair de lune, des gâteaux de farine, de miel et d'eau de pluie. Olympias, plus que Philippe, aidait son fils à croire à la toute-puissance mystérieuse des dieux.

N'ayant pas encore éprouvé d'amour féminin et vivant sous l'influence d'Aristote, qui avait à l'égard des femmes autant de mépris qu'Euripide, il devait aussi à l'amour de sa mère de ne pas les mépriser. Il pardonnait au tragique ses maximes antiféministes, qui étaient peut-être surtout des effets de théâtre, mais il était plus sévère à l'égard des théories du philosophe, selon lequel « les femmes sont des espèces de monstres et une dégénération commencée ». Aristote allait jusqu'à dire que « la nature ne faisait des femmes que lorsqu'elle ne pouvait parvenir à faire des hommes ». Ces propos semblaient étranges dans sa bouche, si l'on savait qu'il s'était marié deux fois ; mais ils l'étaient moins quand on savait que ç'avait été par amour pour Hermias. Aux exemples historiques que le Stagirite alléguait en vue de prouver l'influence néfaste des femmes, à partir de la guerre de Troie, Alexandre répliquait en citant l'exemple même de Priam, qui avait inspiré à Homère certaines de ses paroles les plus touchantes. Alors que, sur les portes Scées, les vieillards troyens, même sensibles à la beauté d'Hélène, expriment le souhait « qu'elle retourne sur les vaisseaux — Et qu'elle ne laisse pas, à eux et à leurs enfants, le malheur... », Priam lui dit : « Chère enfant, assieds-toi près de moi, — Afin d'apercevoir ton premier mari et tes parents et tes amis, — (Pour moi, tu n'es pas en cause ; les dieux, en effet, pour moi, sont en cause)... » La noblesse de ce père tourmenté, de ce roi assiégé par la faute de cette femme, origine de tant de maux et à laquelle il parle avec tant de douceur, Alexandre la comprenait en pensant à Olympias.

L'heure était trop tardive pour que l'on pût arriver avant la nuit à Pella, où l'on se contenta d'envoyer un messager : on s'arrêterait à mi-chemin, au bord de l'Axius ou Vardar, dans une auberge. Philippe en avait fait bâtir quelques-unes le long des routes dont il avait doté la Macédoine. Ainsi, Alexandre et les siens n'auraient pas à coucher sous la tente. Ces auberges étaient d'autant plus utiles que les Macédoniens, peuple de nobles et de paysans, avaient peu de villes. Les grands propriétaires, comme les Éléens dont avait parlé Cléotime, préféraient habiter leurs domaines. Philippe les en arrachait, lorsqu'il allait à la guerre. En donnant à Alexandre, pour compagnons d'études, les fils des principaux d'entre eux, il voulait les préparer à vivre plus tard près de la cour.

On était en Péonie. Les Péoniens figurant chez Homère parmi les défenseurs de Troie, Alexandre en tirait une nouvelle preuve que son royaume avait été des deux côtés de la barricade et cela confirmait son ambition d'être un jour le chef des deux camps. Un Péonien avait même défié Achille avec courage, en évoquant sa Péonie lointaine et le fleuve à l'auberge duquel le cortège d'Alexandre arrivait. L'Axius ne répandait plus « sur la terre une très belle eau » : elle était aussi bourbeuse que celle du Sperchius.

L'auberge n'était guère prévue pour d'illustres hôtes. L'âcre fumée du bois de peuplier remplissait la salle où l'on mangeait et où se faisait la cuisine. Voyageurs, charretiers et chameliers se levèrent en l'honneur du fils de Philippe, qui les salua. Sur le sol de terre battue, les chiens se disputaient des os.

Alexandre, Ephestion, Léonidas et Hécatée furent menés dans une autre salle. Epaphos et Polybe préparèrent le bain. L'aubergiste, attentionné, leur donna du bois de figuier écorcé, pour faire chauffer l'eau sans fumée. On se servait de ce bois au palais royal et à Miéza, ou de roseaux secs. C'était le second bain en Macédoine des voyageurs d'Olympie.

Au dîner, des fouaces au sésame accompagnèrent des brochets du fleuve, fraîchement pêchés, des gélinottes et des figues. Le vin de Mendé, mélangé avec de l'eau tiède pour Alexandre, avec de l'eau glacée de l'Axius pour Ephestion, les mit en belle humeur. Ils couchèrent dans le même lit, enveloppés des couvertures que l'on avait tirées des bagages. Du galbanum brûlait pour écarter les moustiques.

L'Emathie, que l'Axius limitait à l'est et où l'on entra le lendemain au lever du soleil, était la province de la capitale. Elle avait été, jadis, le nom même de la Macédoine. C'est, d'ailleurs, dans sa partie occidentale, au-delà de Pella, que se trouvait Egées. Cette province était citée par *l'Iliade,* sinon à propos d'un épisode guerrier, du moins à propos d'une scène de séduction : lorsque Junon, revêtue de la ceinture de Vénus, part pour coucher avec Jupiter sur le mont Ida en Troade, afin de nuire aux Troyens, elle passe, après avoir quitté « le sommet de l'Olympe, au-dessus de la Piérie et de l'aimable Emathie ».

Un peu avant la fin de la matinée, les acclamations de la ville accueillirent Alexandre, comme s'il revenait en vainqueur. Jamais encore il n'était allé si loin hors de la Macédoine et l'on se réjouissait de son retour, parce qu'on l'aimait pour lui-même : on l'aimait pour sa beauté. « Gloire au maître ! Gloire au maître ! » criait derrière lui Epaphos.

Indépendamment de la joie populaire, Alexandre n'avait certes pas l'impression de revoir « une chétive bourgade », comme disait Démosthène. Les rues, se coupant à angle droit, étaient larges de dix mètres. Presque toutes les maisons, avec des toits en terrasse ou à double versant, des jardins, des portiques, étaient plus cossues que celles d'Athènes. Des conduites souterraines de terre cuite distribuaient l'eau d'une source abondante. La région était si bien irriguée qu'Egées, située sur une haute falaise, avait des ruisseaux se terminant en cascades. Cependant, les deux fleuves de Pella, le Lydias et le Borborus, assainis par Philippe, conservaient des parties marécageuses et l'on reconnaissait, à leur teinte verdâtre, les habitants qui buvaient encore de l'eau malsaine : les Athéniens disaient que les Pelléens avaient le côté gauche du ventre plus gros que l'autre, à cause du gonflement de la rate. Ces misères étaient en voie de disparition.

Les deux amis passèrent le pont du Lydias. Dans *les Bacchantes,* où figurait aussi l'Axius, Euripide appelait ce fleuve « père de l'abondance », ce qui prouvait que la Macédoine du roi Archélaüs était déjà bien cultivée. Mais, autant que de la fertilité et de la prospérité de sa patrie, Alexandre était fier de la nouvelle gloire qu'elle recevait des arts. Il avait été heureux de constater durant son voyage la renommée des trois grands artistes,

Lysippe, Léocharès et Apelle, que la munificence de son père avait fixés dans la capitale.

Sur la première place, était l'édifice du conseil d'Etat. Les rois de Macédoine s'étaient inspirés du sénat de Sparte en créant un conseil des anciens, chargé de discuter les intérêts du royaume et de prendre l'initiative des lois. Ils étaient recrutés parmi les grands propriétaires et les magistrats. Mais, la Macédoine étant beaucoup plus peuplée que la Laconie, ce conseil était formé de cinquante membres et non de vingt-huit comme à Sparte. Cela correspondait au nombre des sénateurs annuels d'Athènes, qui représentaient les cinq cents élus des tribus. L'assemblée du peuple, l'autre institution athénienne, était remplacée, à Pella, par celle des officiers et des principaux soldats, que le roi réunissait pour les décisions importantes et qu'il regardait comme le véritable appui de son trône.

Devant certaines maisons, de gros serpents dormaient, lovés sur eux-mêmes. Une femme en avait deux qui tétaient ses mamelles, tandis que, posée sur le seuil, une toute petite fille suçait une éponge imbibée de miel. Au coin de certaines rues, des jarres servaient aux hommes pour uriner : c'était une invention de Philippe, qui avait fait construire aussi plusieurs bains, où la propreté était soigneusement entretenue.

Le palais royal était au centre de la ville, en face du temple de Minerve Alcide. Alexandre salua ce sanctuaire qui renfermait son portrait par Antiphile en compagnie de son père et de la déesse, la grande divinité de Pella. La Minerve macédonienne avait le foudre en main, comme Jupiter, et non la lance, comme la Minerve d'Athènes. Son nom et son surnom, qui évoquait Hercule, petit-fils d'Alcée, symbolisaient pour Alexandre l'union de l'intelligence et de la force. Une énorme torche plantée dans le parvis, servait d'autel à feu, qu'on renouvelait incessamment.

Non loin, était le temple d'Hercule. La chapelle de Pélée, qui était aussi sur cette place, — on vénérait à Pella le père d'Achille en qualité de héros, peut-être pour la ressemblance des deux noms, — ajoutait à l'ancêtre de Philippe et d'Alexandre celui d'Alexandre et d'Olympias. La vue de tous ces sanctuaires faisait dire au jeune voyageur, comme le chœur d'*Ion* : « Ce n'est pas seulement dans la divine Athènes — Qu'il y a des demeures des dieux — Aux belles colonnes »...

A l'entrée du palais, les gardes frappèrent leurs boucliers avec leurs piques, en son honneur. Il descendit de cheval. Au seuil de la vaste cour, pavée de marbre et entourée de portiques, il fit le geste de l'adoration vers l'autel de Jupiter Protecteur de la clôture, vers celui d'Hercule, protecteur de sa race, et vers celui de Minerve Protectrice de la ville. Puis, servi par Epaphos, il répandit du vin sur les trois autels et y alluma le feu sacré. Les statues de bronze de Jupiter, d'Hercule et de Minerve, qui se dressaient derrière, étaient de Lysippe. On voyait également *l'Aigle et Ganymède*, de Léocharès, *Vénus tenant la pomme*, du même sculpteur, ainsi que la

Victoire présentant un casque et une grenade, comme celle de la citadelle d'Athènes. Tous ces marbres étaient peints. Sur des piédestaux, se dressaient les bustes des huit derniers rois de la dynastie.

Les chiens d'Alexandre bondissaient et jappaient, mais il y manquait Périttas, qu'il aimait plus que tous et qu'il avait laissé à Miéza. Quand il vit les molosses, énormes dogues qui venaient du pays de sa mère et passaient pour être de la race de Cerbère, le chien des enfers, il devina qu'Olympias allait paraître : c'étaient les gardiens de son appartement.

Elle accourait, les bras tendus, suivie de sa fille, de ses esclaves, de sa guenon, de son léopard, de son serpent et de ses deux belettes. « Mon fils, mon miel, mon orgueil ! criait-elle. Bacchus m'a avertie en rêve, la nuit dernière, que tu arriverais aujourd'hui et ton messager me l'a ensuite confirmé. Vois, j'ai remis la robe que j'avais le jour de ton départ. » Cette robe thrace, couverte de broderies en forme de flèches, était serrée, au milieu de la poitrine, par une ceinture à résille d'or et, autour des reins, par une autre ceinture à rosace d'or. Au poignet droit, la reine avait un bracelet où pendait une petite massue d'émeraude ; à son oreille gauche, un petit Amour d'or ; à son cou, un médaillon de Bacchus en différentes pierreries. Ses yeux bleus, son nez droit, sa voix mâle, son air arrogant, plaisaient à Alexandre, comme une image d'Achille. Ses cheveux blonds, tirant sur le roux, rappelaient que Pyrrhus avait eu les cheveux « d'un blond ardent ». La reine embrassa Ephestion aussi tendrement qu'elle avait embrassé son fils. Elle leur avait baisé le front, les yeux, la bouche. Ephestion remonta sur son cheval, suivi de Polybe, pour gagner sa maison, qui était voisine de la citadelle. Le grave Léonidas, avec son esclave chargé d'éponges et d'huile d'iris, avait gagné ses appartements.

Alexandre, Olympias et Cléopâtre gagnèrent l'escalier de marbre blanc. Dans la chambre de sa mère, il distribua les cadeaux de ses divers hôtes. Olympias admira la coupe de Sosias où était peint son ancêtre Achille. Alexandre ne lui cacha pas que, toujours aussi magnifique, Cléotime lui avait donné la plus belle des couronnes d'or, mais qu'il l'avait donnée à Ephestion : il n'avait pas voulu revenir avec une couronne après avoir été battu, fût-ce injustement. Le grave Léonidas avait écrit à la reine l'aventure de l'hippodrome. Hellanicée, la nourrice, était également venue faire ses caresses à Alexandre.

Quand Olympias fut seule avec lui, elle se jeta de nouveau à son cou, mais ce fut pour éclater en pleurs. « Avec quelle impatience je t'attendais ! dit-elle. Je suis menacée et n'ai que toi pour me défendre. Philippe est de plus en plus la proie des filles et des mignons, à mesure qu'il est davantage la proie du vin. Tu sais qu'Attale, qui est avec lui à Byzance, a une nièce de quatorze ans, nommée Cléopâtre, comme ta sœur. — Elle est la sœur de mon compagnon de Miéza, Hippostrate, dit Alexandre. — Philippe l'a vue dans un banquet, peu avant son départ, et s'en est toqué. Attale la lui a livrée et prétend la lui faire épouser à son retour. — Qui te l'a dit ? demanda Alexandre. — Parménion, qui est la loyauté même. — Certes, reprit Alexandre, mais le plus glorieux général de mon père est sans doute fâché d'avoir été laissé à Pella et remplacé par Attale. Il doit attribuer à la faveur de celui-ci des causes qui n'existent pas. Mon père n'épouse plus les filles avec lesquelles il couche. — Il a annoncé lui-même son intention d'épouser celle-là, reprit Olympias. Parménion m'a montré des lettres de ses fils, Nicanor et Philotas, qui sont à Byzance : tout le monde en parle ouvertement. D'ailleurs, Philippe qui avait déjà pour principal mignon son garde Pausanias, a maintenant un second mignon de ce nom, qui est aussi un de ses gardes et qui est un ancien mignon d'Attale. » Alexandre se sentit obligé de rire. « Comment mon père va-t-il s'y reconnaître ? dit-il. — Je l'ignore, dit Olympias, mais cela te prouve qu'Attale le mène par tous les bouts. »

Alexandre s'efforça de rassurer sa mère à propos de cette Cléopâtre. Il lui dit que les mariages de Philippe avec Méda, la fille du roi des Odryses, et avec la Macédonienne Phila, sœur de Derdas, n'avaient pas abouti à grand-chose. « Oui, dit Olympias, mais je n'ai pu renvoyer Méda que parce que son père est mort opportunément. Du reste, le mariage avait eu lieu en Thrace et n'avait pas été confirmé en Macédoine. Quant à Phila, elle descendait, comme son frère, de l'assassin d'Amyntas ; Philippe était passé sur cela, mais j'ai eu pour auxiliaire la réprobation publique. Attale est d'une illustre famille, qui a toujours été le soutien de la monarchie. Le mariage provoquera des jalousies parmi les officiers, mais plaira aux autres Macédoniens. Cela veut dire que je n'aurai qu'à me retirer chez mon frère, à moins que je ne fasse empoisonner cette Cléopâtre. » Alexandre fut frappé de ces derniers mots, prononcés avec l'emportement d'une bacchante. Olympias avait des relations chez les sorcières thessaliennes et l'on disait que c'était grâce à des drogues préparées par leurs soins qu'elle avait abêti le jeune Arrhidée. Alexandre promit de parler à son père, de lui dire qu'il ne souffrirait pas un tel affront pour sa mère ni peut-être la perspective d'avoir un jour quelque rival. « En tout cas, ajouta-t-il, Philippe ne saurait imaginer de te répudier, comme il en avait eu l'intention avant ma naissance. Même s'il parvient à faire un mariage de plus, tu resteras la reine de la Macédoine. Bacchus te protège et aussi Pélée, protecteur de Pella. »

Pour la distraire, il lui narra sa rencontre avec les Cyrénéens d'Olympie. Elle en fut extrêmement frappée et même réconfortée. Elle voyait dans cette histoire la preuve que les mânes de son cher Nectanébo continuaient d'avoir une influence bénéfique sur sa vie et sur celle de son fils. Le récit de la rencontre avec Eacide devant la citadelle d'Athènes la fit rire. Sujette à de brusques variations d'humeur, elle semblait déjà tout heureuse et oubliait la nièce d'Attale.

Eumène, le jeune secrétaire de Philippe, qui avait l'administration du palais, demanda à voir Alexandre. Originaire de Cardia en Chersonèse de Thrace, il jouissait de la confiance du roi, qui la lui avait accordée parce qu'il n'était pas Macédonien. En dépit de son âge, — il n'avait que vingt et un ans —, il n'avait jamais trahi un secret. Ce n'en était d'ailleurs un pour personne qu'il avait été, dans son adolescence, le mignon de Philippe.

Il était porteur d'une lettre du roi, qu'il devait remettre au retour du prince. Olympias et son fils échangèrent un regard inquiet, qui se mua vite en radieux sourire chez Alexandre : Philippe le déclarait régent du royaume en l'honneur de ses seize ans. La surprise que lui avait ménagée son père, et qu'avait voulu sous-entendre la lettre reçue à Athènes, l'enivrait d'orgueil. Olympias partagea les sentiments de son fils ; mais, quand ils furent seuls, elle lui fit observer qu'il était vexant pour elle de n'avoir pas été avertie et que cela confirmait les projets secrets de Philippe. « Par Jupiter, dit Alexandre, cela démontre que tu es inattaquable : l'honneur du fils garantit la mère. » Olympias renonça à lui gâter sa joie.

Maintenant, c'est Parménion qui arrivait. Ce général à la fière prestance, au visage balafré, avait pour Alexandre une sorte d'affection paternelle, comme le grave Léonidas. Il était vêtu de pourpre, privilège que lui avait accordé Philippe, car cette couleur était réservée à la famille royale et à ses intimes. Lieutenant du royaume, il avait reçu le même message qu'Alexandre et le félicitait. Olympias ne put y tenir. « Je constate, dit-elle avec amertume, que tout le monde est avisé, sauf moi. — Pardon, Olympias, dit le général. Le roi me prie, dans sa lettre, de t'informer personnellement. Il ajoute que vous ne vous écrivez plus depuis des années et qu'il n'envoie que des lettres d'affaires. — Et des lettres d'amour à sa petite Cléopâtre ! s'écria Olympias. Je me suis renseignée. — Peut-être cela ne tire-t-il pas à conséquence, dit Parménion. J'ai cru devoir te rapporter ce dont mes fils m'ont informé. Il y a cependant un correctif : Philippe, — excuse-moi de te le dire, Olympias, — aime toutes les femmes et toutes les filles, mais il ne les respecte pas ; il ne respecte que toi et l'on n'épouse pas quelqu'un que l'on ne peut respecter. — Si son respect me donne une rivale dans mon propre palais, dit-elle... — Depuis que je t'ai vue, dit Parménion, j'ai reçu un autre message de Byzance : Philippe s'amuse tellement avec des filles de Thrace qu'il ne pense peut-être plus à la nièce d'Attale. Excuse encore cette confidence. » Alexandre n'était pas d'humeur à prolonger cette discussion : son optimisme ne faisait que croître. Il était ravi que Parménion eût tenu le même raisonnement que lui pour calmer Olympias. En le congédiant, il lui donna rendez-vous pour l'après-midi. Il voulait se baigner, se remettre des fatigues du voyage ; puis, après une légère collation, il visiterait un camp de soldats et la citadelle : ce serait le prélude du rôle qu'il assumerait demain, premier jour de sa régence.

Il alla d'abord dans sa chambre, où l'accueillit la statue d'Ephestion Il salua les deux statuettes d'or, de Vénus et de Bacchus, que sa mère lui avait données. Elle vint le retrouver à la salle de bains, sans son cortège d'animaux. Il était debout dans l'étroite baignoire de marbre qu'Epaphos remplissait d'eau tiède. « La dernière fois que je t'ai baigné, dit Olympias, tu étais un enfant. C'est pour moi une occasion de voir nu mon fils. » Sachant quelles références lui plaisaient, elle ajouta : « Calypso baigna Ulysse ; la belle Polycaste, la plus jeune fille de Nestor, baigna Télémaque.— Et je suppose que Vénus baignait Adonis », ajouta-t-il en riant.

Olympias fut étonnée de la saponaire dont se servait Epaphos et qui couvrait Alexandre de mousse. Laissant l'esclave le laver devant, elle lui lava le dos. « Par Hercule, dit Alexandre à sa mère, Cléotime m'a conté une belle histoire : que lorsque j'avais un an, tu me battais quelque part avec des orties pour me fortifier cet endroit. » Olympias, à son tour, se mit à rire. « Par Bacchus, s'écria-t-elle, la mère d'Ephestion m'a dit avoir prévenu chez lui cette chute si fâcheuse par une autre précaution : de la cendre de coquille de limaçon vide, incorporée avec de la cire. — Nous avons eu de bonnes mères, dit Alexandre en riant de nouveau. — On croit en Macédoine, continua la reine, que ces anomalies des enfants sont le produit de l'eau, du moins quand elle n'est pas pure. Mais on en connaît des cas chez des enfants qui boivent de l'eau de source. En Epire, j'ai entendu parler de cela toute petite. Des mères étaient terrifiées. L'anus de ton cousin Eacide était tombé : on le lui refixa en y mettant la tête d'une tortue. Mieux vaut prévenir que guérir. Tu m'as rendu tout le bien que je t'ai fait : j'ai recueilli de toi la meilleure des amulettes contre les maladies des femmes, — ta première dent de lait quand elle est tombée, mais avant qu'elle eût touché la terre, ce qui est capital. — Alors, nous sommes quittes, dit Alexandre. — Par les dieux de Samothrace, ajouta-t-elle, il est naturel que j'aie un amour maternel hors du commun, puisque je t'ai porté dix mois dans mon sein. »

Elle s'était assise pour regarder maintenant Epaphos qui achevait de laver les cuisses d'Alexandre. « Quel viril garçon tu es ! dit-elle. Au moins dois-tu cela à Philippe. Certes, il est beau, lui aussi, mais ta vraie beauté, tu la tiens de moi et des lièvres que je t'ai fait manger. » Tout à coup, elle s'écria : « Par Bacchus, Python et Léon doivent être fâchés de ma longue absence. » Elle se dirigea vers la porte d'un pas rapide ; Python, c'était son serpent et Léon, son léopard.

Alexandre sourit de cette saute d'humeur Il était assez fier de sa beauté pour ne pas s'étonner qu'elle l'admirât et il comprenait également qu'elle eût quelque fierté de la lui avoir donnée. Par respect, il ne s'était jamais demandé si elle avait des plaisirs secrets, depuis qu'au su de tout le monde, elle n'avait plus de rapports avec Philippe. On ne la soupçonnait pas d'avoir eu des amants, en dehors de Nectanébo, qui semblait avoir abusé de sa croyance aux choses extraordinaires, et sa jalousie pour l'inconduite de Philippe attestait son affection conjugale, bien qu'elle n'en attendît pas de retour. Peut-être l'une de ses suivantes, particulièrement jolie — une Thessalienne, nommé Praxidice, — apaisait-elle sa sensualité, ou bien la reine se contentait-elle de ses saintes orgies, chaque été, avec les bacchantes de Pella.

A présent, Alexandre vacillait sous la rude poigne de son masseur celte, tout autre que le masseur de Cléotime. Absorbé par ses réflexions, il n'avait plus songé à se faire masser allongé. Il pensait à l'événement qui marquait cette matinée et qui mettait de plus en plus au second plan ce que lui avait appris sa mère. Tandis que ses os craquaient, il revoyait le noble visage de Parménion et se réjouissait d'avoir cet illustre guerrier comme premier appui et conseiller de ce pouvoir inattendu qui lui procurait l'illusion d'être déjà sur le trône. C'est Parménion qui avait vaincu les Illyriens le jour même que naissaient Alexandre et Ephestion. Aussi habile dans la paix que dans la guerre, c'est lui qui avait négocié l'armistice avec Athènes. C'est lui qui avait placé l'Eubée sous le joug de Philippe, jusqu'à la malheureuse expédition de Byzance. Hector, son plus jeune fils, était un des camarades d'Alexandre à Miéza. Eumène était également, par son expérience précoce et sa fidélité, un personnage qui inspirait de la sympathie. Il serait, avec le grave Léonidas, d'un précieux secours, si l'absence du roi durait longtemps.

Dès qu'Alexandre eut endossé sa plus belle tunique blanche, il reçut dans sa chambre le digne guide de son voyage, qui tenait à le féliciter. La nouvelle de la régence s'était répandue dans le palais. Arrivèrent, ensuite, aussi familièrement, le médecin Philippe d'Acarnanie, le devin Aristandre de Telmesse, le joueur de flûte Timothée de Thèbes et le comédien Thessalus de Larisse. Tous habitaient le palais et étaient les intimes de Philippe : il avait emmené à Byzance médecins, devins, comédiens et joueurs de flûte, mais il avait laissé ceux-là pour son fils et pour Olympias. Leurs félicitations chaleureuses procuraient à Alexandre une autre illusion : d'être vainqueur des jeux Olympiques. Arriva aussi Callias, esclave public athénien, homonyme du citoyen de Chalcis et dont les mœurs étaient si infâmes que l'assemblée du peuple l'avait chassé ; réfugié chez Philippe, il était devenu son favori, en lui fournissant filles et garçons, mais il lui était aussi utile pour certaines liaisons secrètes avec Athènes, où le banni avait des intelligences. Le roi l'avait laissé à Pella en qualité de relais. Callias n'avait évidemment jamais appartenu à la catégorie d'esclaves publics qui balayaient les rues ou recueillaient les restes, à demi dévorés, des enfants exposés : il avait exercé la profession de monnayeur, propre aux esclaves de cette sorte, et même, un temps, celle de contrôleur de magistrats, — certains esclaves publics étaient chargés, en effet, de surveiller la gestion de ceux qui maniaient les fonds de l'État. On les supposait moins aisément corruptibles que les citoyens.

Manquaient à Alexandre les compliments d'Aristote et d'Ephestion. A l'un, il avait déjà envoyé un messager ; à l'autre, il écrirait tout à l'heure, afin de le combler de joie à Stagire. Pour celui-ci, ce serait joie sur joie : le philosophe était allé revoir ses concitoyens qui lui avaient élevé une statue, en vue de le remercier d'avoir fait rebâtir leur ville par Philippe et d'en avoir rédigé la législation. Lorsque le roi avait donné plusieurs maîtres à Alexandre dans son enfance, il lui avait cité un vers de Sophocle, disant qu'une bonne éducation « était une œuvre de nombreux freins et de nombreux timons ». Aristote lui avait paru ensuite être le char tout entier.

Alexandre avait déjà commandé aux hérauts de proclamer sa régence dans les places et aux carrefours de la ville.

Son premier conseil de régence dans cette chambre l'amusait. Il y mêlait l'image de ses souvenirs d'amour, qui n'étaient pas liés seulement à sa chambre de Miéza. Il écoutait tout ce qu'Aristandre avait observé de favorable pour lui dans le ciel le jour de son anniversaire et qui avait annoncé de grands événements, dont sa régence était le premier. Ce devin, qui était un Grec d'Asie, portait, sur son manteau en tricot de laine, une agrafe représentant une tête d'Apollon, le grand dieu des prophètes. Le Lion, disait-il, s'était levé l'avant-veille du 28 juillet, avec une splendeur inusitée et le jour même de l'anniversaire, date où le soleil entrait dans ce signe, l'étoile brillante de la Lyre, qui se couchait le matin, était restée visible un temps extraordinaire. Cela faisait présager que les cordes de la lyre commenceraient à vibrer pour célébrer la renommée d'Alexandre. Enfin, une volée de grues avait été un autre bon augure. La science d'Aristandre lui conférait un grand crédit. Comme tous les devins, il prédisait l'avenir d'après les oiseaux, les entrailles des victimes, le son des fontaines, le jeu des sorts, les chiffres, les songes et les mots entendus par hasard, mais aussi d'après les traits du visage, les lignes de la main, les marques des ongles et les grains de beauté. Si Aristote était sceptique sur plusieurs de ces moyens, il accordait une certaine foi à l'examen de la physionomie et des paumes. Les femmes du palais consultaient Aristandre jusque sur le sens des borborygmes de leur estomac, d'une flatuosité, d'un éternuement, d'un bourdonnement d'oreille. Pour Olympias, qui voulait savoir de lui les progrès de ses rivales, il observait les fumées de l'encens sur les petits autels de Bacchus et de Vénus, qui étaient dans la chambre de la reine.

Lorsque le devin eut terminé, Timothée qui était venu avec sa flûte, joua pour répandre sur le jeune régent l'heureuse influence de la musique. Aucun musicien ne produisait plus d'effet que lui sur Alexandre : il l'exaltait, le calmait, le rendait amoureux, comme sous l'effet immédiat d'un breuvage magique, — une fois, par la brusquerie de quelques notes martiales, il l'avait incité à saisir une arme. Il fit entendre tour à tour les airs qui pouvaient provoquer tous ces sentiments, mais Alexandre, souriant, écoutait avec une sérénité toute royale.

C'est au moment où résonnait l'air lydien, destiné à provoquer la volupté, que la porte s'ouvrit pour donner passage à Ephestion. Il tomba aux pieds d'Alexandre. « Je me prosterne devant toi, après les Egyptiens de Cyrène », lui dit-il. Alexandre le releva pour l'embrasser. Tous ces hommes contemplaient le fils d'Amyntor, vêtu de pourpre, dans les bras d'Alexandre, vêtu de blanc. La flûte de lotus jouait le péan.

Alexandre raconta ensuite à Ephestion ce que sa mère lui avait dit du projet de mariage. « Attale a même donné à mon père son ancien mignon Pausanias, ajouta-t-il. Mais enfin, si le mariage a lieu, je ne craindrai pas plus le fils de cette Cléopâtre que celui de Philinna ou celui de Phila. Quand mon père monta sur le trône, les Athéniens soutinrent contre lui le prétendant Argée et il eut également à se défendre contre les partisans d'Amyntas, fils de mon oncle Perdiccas, auquel il succédait. Perdiccas lui même avait eu à repousser les attaques de deux prétendants. On aspirait énormément au trône de Macédoine, comme si on le savait appelé à un brillant destin. — Il doit beaucoup à Philippe, dit Ephestion, mais il devra davantage à Alexandre. Les dieux seront avec toi, car tu deviendras un dieu. — Personne ne m'a encore dit cela, fit Alexandre. — Eh bien, moi, je te le dis, répliqua Ephestion. Et mon oracle vaut celui de Delphes. »

Par pitié, plutôt que par égard pour la postérité illégitime de son père, Alexandre alla dans l'appartement d'Arrhidée, le fils de Philinna. Ce garçon l'attendrissait, comme un contraste avec son existence et avec ses ambitions. Il jouait toute la journée aux osselets ou aux cinq cailloux avec le fils de son gouverneur. L'enfant bondit de joie en apercevant Alexandre ; mais, après l'avoir couvert de baisers, il se remit aussitôt à son jeu : il lança les cinq cailloux en l'air pour tâcher de les rattraper sur le dos de la main droite, relança ceux qui y étaient restés et ceux qui étaient tombés. Son bonheur fut complet quand il les eut reçus tous les cinq dans le creux de la main gauche. « Qui ne se plaît à voir les jeux des tout-petits ? » dit Alexandre, citant un vers d'Euripide. Arrhidée était voué à rester un « tout-petit » dans l'ombre d'Alexandre, destiné pour la grandeur.

La porte de la bibliothèque, habituellement close, était ouverte. C'était sans doute une politesse qu'Eumène faisait au régent, parce qu'Aristote, qui avait là nombre de ses livres et de ses manuscrits, enjoignait qu'on les tînt sous clé. Etre dans cette bibliothèque, c'était, pour Alexandre, comme d'être en face d'Aristote. Le philosophe lui semblait l'autre génie qui avait présidé à sa naissance, avec Nectanébo. La première missive de Philippe annonçant cette nouvelle, avait été adressée à Aristote, qui était alors à Athènes, et les termes en étaient demeurés célèbres : « Philippe, roi de Macédoine, à Aristote, fils de Nicomaque, salut. Apprends qu'il m'est né un fils. Je remercie les dieux, non pas tant de me l'avoir accordé, que de l'avoir fait naître à l'époque d'Aristote. J'espère qu'un jour tes leçons le rendront digne de me succéder et de commander aux Macédoniens. » Nicomaque, le père d'Aristote, médecin, et de l'illustre famille des Asclépiades, avait été appelé à la cour d'Amyntas III, grand-père d'Alexandre. Des relations s'étaient nouées entre Philippe et Aristote, qui avaient motivé cette lettre, et elles étaient assez publiques pour avoir obligé le Stagirite, quand la guerre avait éclaté entre Athènes et la Macédoine, à délaisser la capitale de l'Attique et à se retirer à Atarné, puis à Assos et enfin à Mytilène après la mort d'Hermias. C'est là que lui était parvenue cette autre lettre de Philippe, non moins fameuse, à laquelle il avait fait allusion devant ses élèves à Miéza et qu'Alexandre savait par cœur : « Le moment est venu de te confier l'éducation de mon fils. Il a maintenant treize ans. Je m'estime digne de commander aux Macédoniens, aux Thraces, aux Illyriens et m'estimerais digne de commander à tous les Grecs, seulement grâce à l'éducation que j'ai reçue. Mais je me sens incapable de la donner à Alexandre. Toi seul pourras instruire celui qui sera appelé à commander un jour lui-même à tant de milliers d'hommes. Il y aurait plus de honte pour moi à ne pas remplir ce devoir envers lui qu'à ne pas remplir mes devoirs envers eux. »

A côté des livres écrits ou rassemblés par le philosophe, il y avait, dans cette pièce, les manuscrits et les livres qu'Euripide avait transportés avec lui à Pella. La bibliothèque du poète, une des plus considérables de la Grèce, n'était dépassée aujourd'hui, en variété comme en nombre de volumes, que par celle du philosophe, distribuée entre Pella, Miéza et Stagire. Sauf les curiosités érotiques recueillies par Cléotime, elles réunissaient toutes deux l'essentiel de ce qui existait en langue grecque. Alexandre et Ephestion regardaient ce lieu comme le temple des Muses : c'étaient ces déesses qui les avaient formés pour l'amour, pour la beauté et pour la gloire.

Un meuble à part renfermait les œuvres mêmes d'Aristote, enduites de safran et de cèdre, habillées de peau. Des copistes venaient, sous sa surveillance, reproduire ces trésors pour les faire connaître à la Grèce. Alexandre admirait qu'un homme de quarante-quatre ans eût déjà composé plus de deux cents traités sur tous les ordres d'observation et de connaissance, témoignant un génie universel que n'avait pas eu Platon. Celui-ci avait été le philosophe de l'idéal ; Aristote, qui avait fait d'abord des études de médecine, était le philosophe de la vie. La puissance de sa conception était égale à sa minutie. Jamais il n'avait abordé un sujet sans l'épuiser. Non seulement il ne cessait d'étudier les plantes, les animaux, la météorologie, la géographie, les phénomènes de la mer, l'astronomie, mais il était en relation avec tous les savants qui traitaient des mêmes choses et il avait partout des élèves qui faisaient des recherches pour lui. On voyait là ses livres sur *la Physique* et *la Métaphysique*, *la Politique* et *la Poétique*, *le*

Ciel, la Génération et *la Corruption, l'Ame, les Sens* et *le Sensible, la Mémoire* et *la Réminiscence, le Sommeil* et *la Veille, la Divination par les rêves, la Longueur* et *la brièveté de la vie, la Physiognomonie, les Lois, les Proverbes, l'Art, la Mécanique, les Lignes insécables, les Histoires merveilleuses, les Signes des tempêtes, le Vent, la Sueur, le Vin* et *l'Ivresse, la Noblesse, la Prière, la Grandeur, les Plaisirs du ventre, les Coutumes barbares, la Fatigue, les Attitudes du corps, la Sympathie, le Froid, la Cicatrisation, la Voix, le Beau, l'Optique, les Odeurs, la Discipline, les Choses inanimées, l'Etude des lettres, l'Harmonie, la Musique, la Rhétorique, les Farines* et *les Purées, les Arbres fruitiers, les Eaux chaudes, la Peur* et *le Courage, la Tempérance* et *l'Intempérance, la Justice* et *l'Injustice, la Prudence* et *la Sagesse, les Yeux, les Oreilles, le Nez, la Bouche, le Tact, la Couleur...* Et, constamment, chacun de ces innombrables volumes s'enrichissait de notes et de retouches. *Les Propositions sur l'Amour, sur l'Amitié et sur l'Ame,* — sept traités en tout —, évoquaient le jour de ses confidences relatives à Hermias. Devant cette masse imposante, honneur de l'intelligence humaine, éclairée par le divin, Alexandre dit les vers d'Euripide : « Les voilà, les voilà, les parchemins couverts d'encre noire. — Récepteurs des nombreuses paroles d'Apollon... »

Certes, bien de ces traités étaient restés lettre morte pour Alexandre et ses compagnons. Ces jeunes Macédoniens, de royale ou noble famille, bien qu'épris de philosophie, n'étaient captivés que par l'étude des idées liées à la vie pratique et active. Le reste leur semblait une jonglerie, digne, toutefois, de révérence. Le traité des *Catégories* leur avait été accessible, mais ceux des *Interprétations,* des *Topiques* et des deux *Analytiques* passaient leur entendement, bien que ces traités fussent la base de la logique, dont Aristote était plus ou moins l'inventeur. Il avait la sagesse de le comprendre et n'abordait ces sujets que juste ce qu'il fallait pour exercer leur raisonnement, sans trop les éloigner de la poésie, comme s'ils étaient sous les platanes, les frênes et les oliviers de l'Académie de Platon. Il manquait un livre qu'Aristote écrivait pour Alexandre : *l'Art de régner,* comme Xénocrate se flattait d'en écrire un pour lui et comme Isocrate en avait écrit un pour le roi de Chypre, Nicoclès. Il ferait mieux que Platon n'avait fait à l'endroit de Denys de Syracuse, si tristement déchu à Corinthe.

La partie qu'Alexandre préférait dans cette bibliothèque, était celle qui contenait les ouvrages du Stagirite sur Homère. En dehors du texte définitif qu'il avait établi de *l'Iliade* et de *l'Odyssée,* Aristote avait écrit six volumes sur les *Ambiguïtés homériques. La Tunique* était un recueil d'épitaphes rédigées par lui sur toutes sortes de personnages et principalement sur les héros de la guerre de Troie. Il avait placé *la Petite Iliade* à côté de la grande, car il avait l'intention de commenter cet ouvrage de Laschès de Mytilène, le continuateur d'Homère. Alexandre avait lu ce poème, qui décrivait notamment les prouesses de Pyrrhus au moment de la prise de Troie.

De même que la bibliothèque lui paraissait un temple, il considérait tous ces ouvrages d'Aristote comme des objets sacrés : ainsi les Delphiens, pour lesquels le philosophe avait dressé la liste des vainqueurs aux jeux Pythiques, l'avaient-ils déposée dans le trésor du temple d'Apollon. Le philosophe avait également établi celle des vainqueurs des jeux Olympiques ; le nom d'Alexandre n'y figurerait pas, pour cette olympiade. Sur une table, étaient des objets aussi précieux : les sphères célestes qu'il avait fabriquées ; son écritoire avec l'encre noire, composée de gomme et de noir de fumée, la plume et l'éponge à effacer, s'il écrivait sur du papyrus, ou le style à bout supérieur arrondi pour rétaler la cire en vue d'une correction, s'il écrivait sur des tablettes.

Une petite bibliothèque représentait, en quelque sorte, le cœur d'Aristote : c'était l'œuvre complète de Théodecte de Phasélis. Le dernier volume était intitulé *Mausole,* tragédie couronnée au théâtre de Bacchus à Athènes, peu avant le décès du poète.

Sur d'autres rayons, il y avait les deux ouvrages du neveu du philosophe, Callisthène, philosophe lui-même et qui avait déjà une certaine réputation comme historien : il avait été honoré par les Delphiens pour avoir collaboré avec lui aux recherches sur les vainqueurs des jeux Pythiques. Alexandre n'avait pas lu son *Histoire de la Grèce,* mais il connaissait son *Histoire de la guerre de Phocide,* qui était un peu l'histoire de Philippe. Aristote vantait le talent de Callisthène, mais on disait que c'était peut-être pour faire l'éloge de sa famille. Fils de sa sœur Junon, il était né à Olynthe et espérait voir rebâtir cette ville, que Philippe avait rasée. Le roi, ayant transféré ailleurs les Olynthiens, s'y était opposé jusqu'à présent. En tout cas, Alexandre ne repensait pas sans indignation aux calomnies que les démagogues athéniens répandaient sur son maître, l'accusant d'avoir vendu Stagire à Philippe et d'avoir dénoncé des Olynthiens. Le roi ne soutenait pas seulement les travaux d'Aristote à Pella, à Miéza et dans sa patrie, mais ceux de ses principaux disciples : Théophraste d'Erèse, fils d'un foulon, qui s'occupait surtout de l'histoire des fleurs, des pierres et des plantes et un homonyme du chef de l'Académie, Xénocrate d'Abdère, que l'on n'avait pas encore vu à Pella.

Alexandre voulut consulter *l'Iliade* comme un oracle. Homère était à ses yeux un devin, en même temps qu'un prêtre, un législateur et un guerrier. Il en était tellement obsédé qu'un jour, Epaphos courant vers lui pour lui dire : « Maître, une bonne nouvelle ! » (c'était celle d'une victoire de Philippe), il avait demandé, avec une naïveté qui le fit rire ensuite : « Homère est-il ressuscité ? » Il ouvrit l'exemplaire au hasard, lut les deux premiers vers d'une page du XIIe chant : « Voyons si nous donnerons la gloire — A un autre ou s'il nous la donnera. » L'oracle d'Homère était équivoque, comme tous les oracles, mais Alexandre l'interpréta à son avantage : le mot de gloire, venu de cette source, retentissait en ce jour extraordinaire, pour corroborer la prédiction d'Aristandre.

Les deux amis achevaient un déjeuner tardif et rapide, lorsque Parménion fut de retour. Alexandre eut l'idée de railler gentiment sa seule faiblesse, qui était de noircir ses cheveux, mais le vieux général ne s'en cachait pas. « Tu dois rendre jaloux mon père, avec une chevelure aussi juvénile et aussi abondante, puisqu'il est presque chauve, dit-il. — Et il a vingt ans de moins que moi ! dit Parménion. Il a épuisé toutes les recettes de Critobule pour se faire repousser les cheveux. Celle à laquelle je dois mes cheveux noirs, est bien simple : une mixture de sangsues, macérée soixante jours dans du vin, le plus noir possible. Elle est si active qu'il faut se mettre de l'huile dans la bouche pour empêcher les dents de noircir du même coup. » Hélas ! le général n'avait pas de recette pour la goutte au pied, si ce n'est de porter des chaussures de castor, qui rendaient sa marche moins pénible.

« On t'a donc empêché, continua-t-il, de vaincre aux jeux Olympiques, comme les Athéniens empêchent Philippe de prendre Byzance ; mais tu as eu aujourd'hui une revanche et celle de ton père ne tardera pas. Je viens de lui écrire, du reste, à la fois pour lui annoncer ton arrivée et pour lui conseiller de lever le siège. — Quoi ? s'écria Alexandre. J'imaginais de le rejoindre, avec mes compagnons. — Ta régence t'en empêche, dit Parménion. Mais ne regrette rien. Les forces de Philippe, en effet, sont désormais inférieures à celles de l'ennemi. On m'a renseigné sur l'importance des troupes conduites par Phocion. La sagesse de ton père a toujours consisté à ne jamais se risquer, s'il était le plus faible, et il est, au fond de la Thrace, loin de ses bases, tandis que Phocion a celle de Byzance. Mais il s'obstine à ce siège, sur l'avis d'Attale, qui est toujours contraire au mien. Nous vaincrons les Athéniens quand nous aurons eu l'art de les attirer vers nos frontières. La conquête de l'Asie, qui débute à Byzance, ne se fera qu'après les avoir mis hors de combat. C'est, malheureusement, la seule façon de les avoir pour alliés. » Alexandre approuva ces vues, qui correspondaient à ce qu'avait dit Eschine. « L'heure du règlement de compte est proche, ajouta-t-il. Les Athéniens ont renversé, sur leur citadelle, la colonne de notre traité de paix et d'alliance. — Avoue, dit Parménion, que nous aurions renversé pareille colonne, si elle eût existé chez nous. Ce qu'il faut, c'est d'abord consolider notre position en Grèce. Les Thébains ne sont nos alliés que parce que nous les avons vengés des Phocidiens et la Phocide ne sera vraiment conquise que si nous occupons Elatée. Pour cela, il faut un prétexte d'intervention, une seconde guerre sacrée contre les sacrilèges de Delphes. Démosthène soulèvera le peuple athénien et le peuple athénien tombera dans nos filets, non plus à Byzance, mais en Béotie, où nous aurons toutes nos forces derrière nous. C'est le plan que j'ai dressé pendant l'absence de Philippe et que j'ai hâte de lui soumettre. » De nouveau, Alexandre approuva d'enthousiasme et promit d'appuyer ce projet auprès de son père. Il était heureux de donner son avis, avec autorité, sur ce point d'importance : il gouvernait.

« C'est justement parce que la guerre décisive est proche, dit-il à Parménion, que mes préoccupations de régent sont d'abord d'intérêt militaire. Tu sais que, tout enfant, j'ai accompagné mon père à des manœuvres de l'armée, mais c'était pour m'endurcir, plutôt que pour savoir ce qu'est une armée. Sauf les mouvements de la phalange, je ne me souviens guère que des cris des officiers : « Haut les lances ! Bas les lances ! Vers le bouclier !... » J'ai dompté Bucéphale et j'ai assisté à des cavalcades, mais j'ignore ce qu'est la cavalerie. Je viens de naviguer sur *l'Hercule*, mais cela ne m'a pas enseigné ce qu'était une flotte. Malgré toute sa science, Aristote n'est pas un général ni un amiral. Homère, Xénophon et Thucydide m'en ont servi, mais je ne crois pas que ce soit suffisant. Mon père m'a tenu à l'écart de toutes les affaires d'administration et de gouvernement afin de me laisser à mes études. C'est une nouvelle éducation qui commence pour moi. — La confiance de ton père montre qu'il te croit capable d'apprendre vite et bien dans ce domaine, comme tu l'as fait dans tous les autres, dit Parménion. Homère, Xénophon et Aristote sont de meilleurs maîtres que ne l'auraient été de simples administrateurs ou de quelconques officiers. Tu connais évidemment le mot d'Euripide : « Des chefs d'armée, il en naît des milliers, mais des sages, un ou deux dans un long temps. » — En tout cas, dit Alexandre, mon maître, aujourd'hui, ce sera toi. Expose-moi ce qu'est notre armée, pendant que nous nous rendons au camp, puis à la citadelle pour visiter l'arsenal ; ce sera comme si j'étais déjà à la guerre. Allons chercher Bucéphale, à l'endroit de qui ma régence m'a mis en retard. Je me sens presque coupable de ne pas lui avoir rendu encore mes devoirs. — C'est une personne royale », dit Parménion.

En chemin vers l'écurie, il expliqua que Philippe, lorsqu'il avait réformé et renforcé l'armée macédonienne, avait songé à créer un état-major, analogue à celui des rois de Sparte, avec des nobles, des devins, des joueurs de flûte, des vainqueurs des grands jeux. Le roi y avait renoncé, parce que cela faisait trop de monde. « J'ai lu, dans Thucydide, déclara Alexandre, que souvent les devins de Sparte avaient fait suspendre une action militaire, obligeant même une armée à rebrousser chemin. Et quel spectacle étonnant, le jour de la bataille de Platée, que celui du régent Pausanias laissant cribler ses hommes de traits sans leur permettre de répliquer, jusqu'au moment où le sacrifice célébré eût pris un aspect favorable ! Il faut des devins, mais il ne faut pas qu'ils commandent.— A Marathon, dit Ephestion, les Spartiates arrivèrent après la bataille, parce qu'ils avaient attendu que la lune fût pleine, comme le voulaient leurs devins. — J'admets que l'on évite de se battre aux fêtes des morts, à celles de la Vengeance et aux autres jours néfastes, dit Alexandre. — Tu dois savoir, poursuivit le général, que le recrutement de l'armée se fait d'après la liste de l'état-civil et que nous imposons le service militaire à partir de dix-huit ans, comme à Athènes. Nous avons environ trente mille fantassins, les Athéniens aussi. En dehors de la valeur des combattants et de la qualité de leurs chefs, ce sont donc les alliés qui peuvent faire pencher la balance du nombre. Il y a enfin les mercenaires, dont le rôle est parfois capital. — Nous avons vu leur camp attitré au cap Ténare, dit Alexandre. — La cavalerie macédonienne comprend dix mille hommes, qui appartiennent, comme ailleurs, à la classe des nobles et des riches, puisqu'ils doivent fournir leurs chevaux, reprit Parménion. Leurs montures, de race scythe, sont robustes et rapides. Notre meilleure cavalerie n'en est pas moins la cavalerie thessalienne, qui a les plus beaux et les plus forts chevaux de la Grèce, dignes frères de Bucéphale. La marine comprend à peu près le même nombre de sujets que la cavalerie, — cent soixante-quatorze rameurs par bateau de guerre et deux cents soldats ; mais Philippe, qui prépare de longue main l'expédition d'Asie, fait construire des bateaux à huit rangs de rames, pour quatre cents soldats. »

On arrivait à l'écurie. Les hennissements de Bucéphale prouvaient qu'il avait reconnu le pas et la voix de son maître. Il agitait sa tête comme une torche, devant sa mangeoire, et ses sabots frappaient les pavés. Alexandre lui baisa les joues, lui caressa les flancs, la croupe, le sexe, contempla ses yeux d'escarboucle, vérifia si on les avait bien nettoyés, ainsi que ses narines, si la corne des pieds et les crins de la partie supérieure de la queue avaient été coupés. Le cheval avait la crinière brillante d'huile parfumée : Alexandre la faisait oindre, comme Patrocle oignait les chevaux d'Achille. « Tu n'as que les pieds blancs, au bas de ta robe de feu, lui dit-il, mais tu me porteras plus de chance que mes chevaux blancs d'Olympie. — Il te portera aussi plus loin », dit Ephestion.

Les relations d'Alexandre et de sa monture étaient aussi personnelles que des relations amoureuses. Au début, lorsqu'il s'écorchait à force de galoper, il s'était guéri par un remède dont l'avait instruit un vieux palefrenier : il s'enduisait les cuisses et les fesses avec l'écume de la bouche de Bucéphale. Avant de le monter, Alexandre lui frottait la verge avec de l'ail broyé, pour lui faire vider entièrement la vessie. C'était vraiment le cheval parfait selon Xénophon : le front large, les oreilles pointues, le cou vertical, les yeux saillants, le jarret élevé, l'échine double, les hanches compactes, les testicules petits. Quand il songeait à cette description de ce prosateur qu'il admirait, Alexandre se souvenait de celle des éphèbes athéniens dans Aristophane. « J'ai refusé de laisser ferrer Bucéphale, comme font les Celtes, dit-il. Je sais bien que, dans l'*Iliade,* les deux chevaux de Jupiter et les deux chevaux de Neptune ont « des sabots de bronze », mais je me persuade que c'est une expression figurée. Jamais non plus je ne me suis servi d'aiguillon ou de fouet pour dresser Bucéphale et jamais je n'aurai d'éperon : il n'y a pas d'éperon dans Homère. Je l'excite seulement de la voix, tels les chevaux d'Antiloque, qui couraient plus vite, « craignant le cri de leur maître ». Rappelle-toi, Ephestion, que, si je meurs à la guerre, il faudra immoler Bucéphale sur mon tombeau, comme on immole ses chevaux sur le tombeau du roi des Scythes. Et d'ailleurs, je suis certain qu'il pleurerait ma mort. — J'ai craché ! » dit Ephestion pour détourner le présage. Il ajouta tout bas, d'une voix grave : « Je n'immolerais pas seulement Bucéphale sur le tombeau. » Alexandre lui serra la main avec émotion pour le remercier de ses paroles : elles faisaient écho à ce qu'il avait dit lui-même, à Olympie, au sujet d'Hyacinthe. « Ce cheval, continua Parménion, était déjà fameux par son prix : Philippe l'a payé quatre-vingt-huit mille drachmes à Philonique de Pharsale. Mais Bucéphale sera encore plus fameux pour avoir été ton cheval. — Nous verrons, dit Alexandre ; on me demandait, à Olympie, s'il s'appelait Bucéphale parce qu'il avait été marqué d'une tête de bœuf, comme l'on marque certains chevaux. Mon cheval, marqué au fer rouge ! Il s'appelle Bucéphale parce qu'il a la tête aussi puissante que celle d'un bœuf. Mais il a l'intelligence d'un homme. Quand je lui parle, je m'étonne toujours de ne pas l'entendre répondre, comme Xanthe, le cheval d'Achille, parla à son maître. »

Polydamas, l'écuyer d'Alexandre, mettait le harnachement, attachait la housse avec des sangles. Le mors d'argent était à barre, sans brisure, — le seul que souffrît Bucéphale. Son collier avait de grosses dents de loup, ce qui, d'après Olympias, devait le rendre infatigable à la course. En fait, Alexandre prétendait que Bucéphale courait aussi vite que les chevaux offerts à Tros par Jupiter pour le consoler de lui avoir enlevé son fils Ganymède et qui furent promis ensuite à Hercule, ou que les chevaux immortels donnés par Neptune à Pélée et par celui-ci à Achille. Il était juste, disait-il, qu'un descendant de Pélée et d'Hercule possédât un rival de ces coursiers-là, tels qu'il n'y en eut pas de semblables « sous l'Aurore et le Soleil ».

Alexandre s'apprêtait à marcher jusqu'à l'entrée du palais, où étaient les chevaux de Parménion et d'Ephestion, mais il ne pouvait maîtriser le sien qui fringuait de joie. Empoignant les crins proches des oreilles, il sauta d'un coup de jarret sur l'animal qui avait légèrement ployé pour le recevoir. Il eut toutes les peines du monde à le contenir au pas. Ephestion fut aussi preste avec son cheval. « Je ne suis plus capable d'un tel exploit et suis obligé de prendre de l'avantage », dit le général. Un palefrenier joignit les mains en se baissant, pour qu'il se servît de cet appui comme d'une borne. Alexandre, après avoir fait un galop à bride abattue, revint vers ses compagnons et ils cheminèrent de concert. « Tu n'emmènes pas d'escorte ? demanda Parménion. — J'ai en toi la plus glorieuse », dit Alexandre.

Le quartier qu'ils traversaient, était celui où habitaient les principales familles. Leurs maisons en pierres blanches les distinguaient et l'on disait, du reste, d'un riche ou d'un noble Macédonien : « fier de ses pierres blanches », expression qu'avait relevée Euripide. On passa devant la maison où était né Ephestion, la même nuit, et presque à la même heure que naissait Alexandre au palais royal. C'est aussi dans ce quartier que se trouvait un lupanar de garçons, voisin du lupanar de filles, avec lequel il communiquait par un passage secret. Cela permettait tous les échanges et aussi de ménager la susceptibilité de ceux qui ne voulaient pas avouer qu'ils aimaient les garçons : ils entraient chez les filles. Chez les Macédoniens, comme chez les Athéniens, la pédérastie, tout en étant admise, pouvait prêter à des railleries que certains tenaient à éviter. Démètre avait visité ces lupanars, dont il avait fait une description à Alexandre. C'est là que Callias allait chercher des primeurs pour Philippe. Le roi disait que le lupanar de garçons confirmait à Pella sa qualité de grande capitale, puisqu'il n'y en avait qu'à Athènes et dans les centres de pélerinage, tels que Délos.

La citadelle était sur une éminence formant une île, au milieu d'un marécage de Lydias. « Archélaüs, dit Parménion, a bâti cette forteresse et nos principales fortifications. Il fut aussi le premier à faire tracer des routes et surtout à concevoir l'idée d'une phalange, en s'inspirant des Thébains ; le premier également à comprendre l'importance pour nous de la Thessalie. Ton père, en annexant cet Etat, s'est montré un grand politique. Il a compris de même l'importance des routes, l'importance des ponts. Celui sur lequel nous avons traversé le Lydias, est un de ses ponts de pierres, qui remplacent les anciens ponts de bois. Mais vois son génie : s'il a construit un pont de pierre près de la citadelle, alors que le pont de bois pouvait aisément être détruit en cas de danger, il l'a construit en biais, de manière à obliger les assaillants de se présenter du côté droit, qui n'est pas couvert par le bouclier ; ainsi auraient-ils à se défendre contre nos fantassins, sans pouvoir se préserver des projectiles envoyés de la citadelle. » Parménion montrait la porte qu'on allait franchir. « Tu vois aussi, Alexandre, dit-il, que cette double porte est dominée par une tour d'où l'on peut foudroyer l'ennemi, de flèches, de pierres et d'huile bouillante, s'il a forcé la première porte. Cela, ce n'est pas une invention de Philippe : nous avons copié la double porte d'Athènes. »

Les officiers de garde firent le salut d'hommage, levant la main droite et inclinant la tête. Alexandre s'étonna qu'ils n'eussent pas demandé le mot d'ordre pour laisser entrer, sans que la sentinelle l'eût demandé non plus. « N'exagère pas la rigueur de la consigne, dit Parménion. Tout le monde te connaît, et tu es avec moi, qui remplissais la charge de lieutenant du royaume. »

Alexandre révéra l'autel du dieu Mars, qui était au milieu de la cour. Il commanda à Parménion de réunir les officiers et les soldats. Lorsqu'ils furent en ligne devant lui, il leur dit que sa première visite de régent était pour les gardiens de la citadelle Ils l'acclamèrent en frappant leurs boucliers.

Sous des hangars et dans de vastes salles, étaient rangés, par catégories, des monceaux d'armes. « Voilà nos vrais trésors, dit Parménion. Nous les appelons, d'ailleurs, des « trésors d'armes ». La citadelle, tu le sais, renferme également le trésor du royaume. Chacune de nos places fortes a son trésor d'armes, comme son trésor d'argent, mais c'est ici le principal. »

Il y avait d'abord les casques macédoniens, en cuir cru, renforcés de plaques de métal, et des chapeaux de feutre. On conservait, en guise de trophées, des casques athéniens à mentonnière et à cimier, des casques corinthiens épousant la forme du visage pour ne laisser ouvert que l'endroit de la bouche et des yeux, des bonnets thraces en peau de renard. Les soldats de Philippe méprisaient les casques de métal et préféraient leurs chapeaux de feutre, comme plus légers. Puis, venaient les corselets de cuir ou de toile, cousus d'écailles de métal ou de corne, et, plus nombreuses, les cuirasses de lin. En raison de leur poids, les cuirasses de métal, doublées de cuir, étaient réservées à la cavalerie. Il y avait aussi des tabliers pour le bas-ventre, que la cuirasse laissait à découvert, des mantelets contre l'échauffement de la cuirasse en été, des peaux de bouc pour l'hiver. « Jusqu'au règne de Philippe, dit Parménion, les soldats macédoniens n'étaient vêtus que de ces peaux. » On voyait ensuite les boucliers macédoniens, ronds et convexes : sur le pourtour, étaient peints des croissants et des astres ; au milieu, brillait l'initiale de Philippe. Puis, les longues lances de la phalange, — elles mesuraient sept mètres —, les lances plus courtes de la cavalerie, les javelots, les épées droites ou légèrement courbées, les poignards, les ceinturons, les arcs et les flèches, les frondes en tissu de laine tressée et les balles de plomb, les frondes spéciales qui lançaient des traits. L'initiale du roi était modelée en relief sur les balles de plomb. On méprisait les inscriptions facétieuses, en honneur sur les balles des Athéniens : « Attrape ! », « Avale ! », « Loge-toi bien ! ».

Des sacs en poil de chèvre étaient destinés au port des bagages. Les tentes de cuir étaient roulées, près de leurs piquets de fer. Les ustensiles de cuisine prouvaient que l'on n'avait rien oublié. Les trompettes de bronze semblaient annoncer la victoire. « Une de nos supériorités et qui fait aussi la sécurité du roi, dit Parménion, est de garder les armes, pour les fournir aux soldats au moment opportun. La démocratie athénienne laisse à chacun les siennes, qu'il doit entretenir, pour être prêt à défendre la fameuse liberté. Souvent, les Athéniens les mettent en gage, quitte à être frappés d'une amende. De même, chez eux, un soldat qui rejoint, doit avoir des vivres pour trois jours. Chez nous autres, tyrans, tout est fourni par l'intendance, dès le départ. »

Dans des remises, étaient de ces machines de guerre dont Denys l'Ancien avait inventé le modèle : treuils, balistes et catapultes, qui servaient à lancer des pierres ou des traits sur les villes assiégées ; tours mobiles et démontables, munies de ponts ; palissades de planches ou de claies sur roues, garnies de cuir non bouilli ou de tissu de crin pour protéger les assiégeants ; échelles de corde fixées à des poulies pour grimper à l'assaut des murailles ; béliers à tête de bronze, pour enfoncer les portes. Parménion dit que Philippe avait emmené quelques machines de ce genre devant Périnthe et Byzance, sans beaucoup de succès. Il y avait également des faux à longs manches, pour couper les mâts ou les gréements des vaisseaux ennemis, nettoyer les remparts de leurs défenseurs ou abattre les clôtures d'un retranchement, des corbeilles de jonc pour coltiner la terre, des grappins, des mains de fer, des éperons de navire, des ancres, des gouvernails, des avirons, des passerelles, des voiles, fabriqués dans la région et qui attendaient d'être véhiculés aux chantiers navals, sur la côte.

Alexandre regarda même les vases à couvercle avec lesquels on portait le feu aux soldats dans des postes éloignés, les silex et les pierres enduites de soufre, qui, frappés par une autre pierre ou par un clou, produisaient l'étincelle dont on allumait des feuilles sèches ou de l'amadou, — il n'y avait pas dans les camps d'autels de Vesta, où brûle le feu perpétuel pour la maison. Alexandre regarda aussi attentivement les vases qui transmettaient, le jour, des signaux faits avec de la fumée, et, la nuit, avec une flamme : les soldats qui avaient un vase identique, le remplissaient d'eau et s'arrêtaient, à un second signal, pour lire l'indication tracée à ce niveau.

« Après le trésor d'armes, le trésor tout court », dit Alexandre. Il n'avait aucune avidité de richesse, mais voulait se donner cette autre impression de la puissance de la Macédoine, comme il avait eu l'impression de la puissance d'Athènes en voyant le trésor du Parthénon. On descendit dans une casemate, à la lueur des torches, et deux clés différentes firent grincer une porte bardée de fer. Des coffres d'acier, à double serrure, entouraient la salle. On en ouvrit un. Il contenait des pièces d'or toutes neuves : elles avaient été frappées à l'atelier monétaire de Pella, installé dans la citadelle même. Alexandre en prit une poignée pour contempler l'effigie de son père, l'image de Jupiter, d'Apollon ou d'Hercule. Les pièces qui représentaient Philippe à cheval, avaient, au revers, un char à deux chevaux ou lui-même en cavalier, souvenir de ses victoires à Olympie. Ces monnaies étaient fabriquées avec l'or du mont Pangée, qui avait fait la puissance de Philippe. « Au début de son règne, dit Parménion, ton père n'avait pas conquis la région de la Thrace d'où nous vient ce métal et Archélaüs avait tant dépensé que tout l'or du palais résidait en une petite coupe : Philippe, la nuit, la mettait sous son chevet, de peur qu'on ne la lui volât. — On m'a raconté, dit Alexandre, un trait de la générosité ou de la prodigalité d'Archélaüs, qui m'a plu. Un courtisan lui demandant une coupe d'or, pendant un banquet, le roi l'offrit à Euripide et dit à l'autre :

« Tu es fait pour la demander et Euripide est fait pour l'avoir, même sans la demander. » Peut-être que la coupe de mon père était celle d'Euripide. — Tu vois, Alexandre, que les temps sont changés. Du reste, ton père utilise l'or pour gagner des victoires et prendre des places. Il a mis à profit la réponse que lui avait faite l'oracle de Delphes, après son accession au trône : « Conduis-toi avec des lances d'argent et tu vaincras tout. » Ses lances sont d'or. La sibylle avait deviné qu'il serait un grand roi, parce qu'il serait riche. Tu connais sa formule : « Il n'y a pas de forteresse si inexpugnable que ne franchisse un mulet chargé d'or. »

En souriant, Parménion poursuivit : « Aux temps héroïques où le Pangée n'était pas encore en notre possession, — et Philippe a même la haute main, depuis peu, sur les mines d'or de l'île de Thasos, — il avait des ressources que j'ai toujours admirées, pour esquiver l'heure du paiement de la solde. Une fois, il s'escrimait avec son maître d'armes Ménégétas, lorsque des capitaines de mercenaires entrèrent dans le gymnase, d'un air furieux. Le roi, qui devinait ce qu'ils allaient dire, fit semblant de ne pas les remarquer et continua de s'exercer jusqu'à ce qu'il fût tout en nage. « Je sais que je vous dois de l'argent, mes camarades, leur dit-il enfin. Je vous paie en me donnant en spectacle. » Puis, il passe au milieu d'eux, stupéfaits, et se jette dans le Lydias, accompagné de son maître d'armes. Ils nagent, s'éloignent, batifolent comme deux enfants, si longtemps que les capitaines, excédés, se retirent. Il avait gagné un jour de plus. Le lendemain, on partait pour la guerre : la solde serait payée par l'ennemi. » Alexandre riait de ces ruses paternelles. Les trésors qu'il avait sous les yeux, attestaient le chemin parcouru et lui faisaient pour lui-même un beau point de départ.

Afin d'achever de l'en persuader, on ouvrit d'autres coffres renfermant d'autres pièces d'or et des sacs de poudre d'or, — paillettes recueillies dans l'Hèbre. Il examina des pièces : elles n'avaient plus, comme signe monétaire, le foudre jupitérien de Pella, mais le flambeau de course d'Amphipolis, le trépied de Philippes (ville anciennement nommée Crénides, située au pied du Pangée, que le roi avait rebâtie en lui conférant son nom au pluriel), le vase à boire de Mendé, la grappe de raisin de Maronée, le grain d'orge de Crithote, l'abeille de Mélité, ou bien des pattes de bouc, une feuille de lierre, un mufle de lion. On ouvrit un coffre de pièces d'argent, puis un coffre de pièces de bronze. Alexandre n'eut pour tout cela qu'un regard dédaigneux. Il aimait l'or, parce que c'était la parure de sa mère, celle de sa personne, celle d'Ephestion, et que Pindare, après Sapho, avait appelé ce métal « fils de Jupiter ». Il ne le désirait que pour le distribuer. Il offrit à Ephestion une poignée de philippes, un sac de poudre d'or. Celui-ci refusa. « Tu es plus or que l'or », dit Alexandre, citant le mot de Sapho. « Tu fais comme Crésus, dit Ephestion, qui permit à l'Athénien Alcméon d'aller dans la salle de son trésor et d'en prélever ce qu'il voudrait.

Alcméon bourra de pièces ses chaussures, ses vêtements, sa bouche et se saupoudra de poudre d'or. — Moi, dit Alexandre, si tu avais imité cet ancêtre d'Alcibiade, j'aurais imité Crésus qui, amusé, doubla la somme. C'est cela, être roi. » On comprenait que le portefaix athénien Epicrate eût proposé à l'assemblée du peuple d'envoyer les pauvres comme ambassadeurs en Perse.

« Tout ce métal, dit Parménion, lorsqu'ils furent sortis, ne vient pas seulement de nos mines. L'Etat a d'autres ressources : les droits de douane, aux frontières terrestres et maritimes ; les droits sur la vente des chevaux et des esclaves ; sur les affranchissements ; l'impôt foncier sur le bétail, les maisons et les terres ; les droits de marché ; les droits sur les étrangers domiciliés ; sur la vente des sacerdoces ; les impôts sur les courtisanes et les prostitués masculins ; les taxes sur les ouvriers et les artisans ; sur les monopoles (pêcheries, salines...) ; sur les fermiers de l'Etat ; sur les poids et mesures ; sur les abattoirs ; sur le change des monnaies ; le produit des amendes et des confiscations ; les revenus des donations et des legs faits aux villes ; les tributs des provinces et des alliés ; enfin, le butin des guerres. La Macédoine est trois fois plus riche qu'Athènes. Cette république n'a eu de pièces d'or que passagèrement, à la fin de la guerre du Péloponèse, quand elle a dû fondre des statues d'or de la citadelle pour se constituer une nouvelle flotte. Les mines d'or du Pangée fournissent, à elles seules, cinq millions cinq cent mille drachmes par an, — cela, encore une fois, grâce à ton père, qui a su les mettre en valeur. On les croyait épuisées, comme celles de Thasos qu'il a remises en activité. »

« Songe, poursuivit Parménion, que, lorsque Philippe est devenu roi, la Macédoine était, au moins théoriquement, sujette de l'Illyrie, qui nous est aujourd'hui soumise, comme nous étions sujets de la Perse, que nous espérons soumettre un jour. Si les Macédoniens aiment tant Philippe et s'ils t'aiment déjà autant que lui, c'est parce qu'il a créé vraiment la Macédoine et l'on voit en toi celui qui sera son digne successeur. Mais son prestige est celui de l'esprit et de l'art, autant que celui de la grandeur et de la force. Ces monnaies que tu as admirées, la Grèce entière et l'Asie les recherchent, non seulement pour leur prix, mais pour leur beauté. Tu es le fils de Philippe, l'élève d'Aristote, le régent du royaume et tu es beau. On dira des alexandres, lorsque ton visage sera sur des pièces d'or, comme on dit aujourd'hui des philippes. Ton père est le seul Grec à avoir qualifié des monnaies, privilège qu'il partage avec le grand roi, ou, en tout cas, avec Darius le Grand, puisque les monnaies des Perses sont toujours appelées des dariques. J'oubliais de te dire que, ce qui a fait aussi le succès des monnaies de Philippe, c'est la réforme monétaire accomplie par lui dès la troisième année de son règne : il a fixé de un à treize le rapport des pièces d'or avec les pièces d'argent, ce qui était le rapport des monnaies perses et qui les accréditait dans le monde grec. Les philippes les ont désormais supplantées. »

Le camp vers lequel on chevauchait, était situé à quelques kilomètres, sur la route d'Egées. Bien que, d'habitude, on ne campât que lorsque l'on était en guerre, Philippe avait constitué des campements dans chacun des six districts du royaume, pour entraîner ses troupes. « En vue de créer la Macédoine, dit Parménion à Alexandre, il a d'abord créé une armée. Elle existait, certes, mais il a complété glorieusement l'œuvre de ses prédécesseurs. Nous devions à Archélaüs les « compagnons à pied », base de notre infanterie. Philippe, en perfectionnant le système militaire du général athénien Iphicrate et celui d'Epaminondas, a préparé un formidable instrument. Il a imaginé d'épaissir les rangs, à l'imitation des héros de la guerre de Troie, qui marchaient « boucliers contre boucliers ». — « Le bouclier soutenait le bouclier, le casque le casque, l'homme l'homme », dit Alexandre, citant *l'Iliade*. Par Jupiter, Homère est vraiment un maître dans l'art guerrier. »

« Philippe, continua le général, a établi chez nous le service militaire obligatoire pour tous, nobles ou non. Les soldats reçoivent quinze oboles par jour pendant l'année de service et soixante en période d'hostilités. Philippe a rendu aussi l'armée plus légère : il a supprimé la plupart des chars ou chariots qui la suivaient ; il n'a permis de n'emmener qu'un seul valet par cavalier et qu'un seul pour dix fantassins, chargé des cordes des tentes et des petites meules à blé. Les provisions sont envoyées en avant. Avec les compagnons à pied, armés de longue lance, il y a les « porte-boucliers », qui ont une lance plus courte et une épée. Leur corps d'élite, que nous appelons « le meneur », constitue la garde royale. Tu n'ignores pas l'existence du corps des cadets, — appelés « enfants royaux », puisque tous sont de jeunes nobles, — mais ils servent à pied. On les enrôle à dix-huit ans pour deux ans, comme à Athènes les éphèbes ; mais, de même que les Athéniens, nous mobilisons, en temps de guerre, ceux qui ont un an de service. Aux troupes macédoniennes, s'ajoutent, grâce à Philippe, les cavaliers thessaliens, les contingents des pays tributaires (Illyrie, Thrace, etc.) sans compter les mercenaires. »

« Tu sais aussi, évidemment, Alexandre, poursuivit Parménion, que la phalange est la formation de combat à laquelle nous avons dû nos victoires. Elle est plus forte et plus profonde que la phalange thébaine : dix mille, seize mille ou vingt mille hommes, rangés sur un front de mille et une profondeur de dix, seize ou vingt, tous avec la longue lance, qui les fait ressembler à un immense hérisson de fer devant un rempart de boucliers. — Je me souviens, dit Alexandre, du nom des deux parties de la phalange : la corne droite et la corne gauche. Elles étaient pour moi les cornes de Jupiter Ammon. — Sur les flancs, dit Parménion, on dispose les porte-boucliers, la cavalerie et les troupes légères : lanceurs de javelots, frondeurs et archers. La phalange n'est pas simplement quelque chose de massif. Tantôt elle semble enracinée au sol, tantôt elle se dénoue en petites phalanges, nommées la fourche en avant, la fourche en arrière ou le cercle. — Cela m'avait frappé, dit Alexandre, et me paraissait le mouvement d'un chœur au théâtre d'Egées, mais qui aurait eu la rapidité de la foudre. »

On arrivait au camp. Alexandre conduisit Bucéphale loin de l'entrée, mit pied à terre, s'approcha de la palissade, écarta les branches et pénétra dans l'enceinte. Les officiers s'étaient précipités vers Parménion et Ephestion, qui pénétraient par la porte Alexandre siffla son cheval, que l'on vit aussitôt apparaître derrière eux. La stupeur fut grande. « Avoue, dit Alexandre à Parménion, que, si cela s'appelle un camp retranché, c'est un camp mal retranché. » Le général ne fut pas piqué de cette remarque : sa sympathie pour Alexandre était trop vive. « Tu es un chef, avant d'avoir commandé, s'écria-t-il. Tu as le coup d'œil : tu as vu tout de suite le défaut de cette palissade, mais elle n'était pas dressée selon les règles, parce qu'on est loin des frontières. — Un camp est un camp », dit Alexandre.

Les officiers et les soldats réunis, il leur adressa quelques paroles et reçut leurs acclamations. Il souriait, parce que certains soldats, occupés à des exercices gymniques, s'étaient mis en ligne sans leur tunique, pour obéir plus vite à l'ordre de rassemblement. Tous ces hommes, dont les uns revêtaient la cuirasse, et les autres étaient nus, formaient un mélange assez comique, mais Alexandre n'était pas fâché de les humilier un peu, comme il avait humilié le commandant par sa façon de s'introduire à travers la palissade. Cela lui prêtait tout à coup une autorité étrange, non moins qu'elle était imprévue.

Une fois les hommes dispersés, il demanda au commandant s'il y avait des punis. L'officier répondit qu'il y avait deux réfractaires : ils avaient insulté l'officier recruteur. « Y a-t-il eu un jugement du tribunal militaire ? demanda encore Alexandre. — Certainement pas, dit Parménion qui se crut obligé d'intervenir, car ce tribunal siège sous ma présidence. — Tu as donc commis un excès de pouvoir, dit Alexandre au commandant. Est-ce que ces hommes ont insulté l'officier à l'intérieur du camp ? — Non, à leur domicile. — Par conséquent, l'officier n'était pas au siège de ses fonctions. — O Alexandre, dit Parménion, pour lui rendre ses paroles, un officier est un officier. — Certes, dit Alexandre, mais un homme libre est un homme libre et les Macédoniens sont des hommes libres. Ceux-là sont-ils enchaînés ? — Non, dit le commandant, mais on les a battus de verges. — Autre excès de pouvoir, dit Alexandre : on ne fouette que les esclaves. Et quelle est la profession de ces deux soldats ? — L'un est fils d'un percepteur des impôts, l'autre d'un marchand de blé. — Là, dit Alexandre, ils sont dans leurs torts. » Il n'ignorait pas qu'en Macédoine, comme à Athènes, étaient exemptés du service les agents du fisc, les marchands de blé, les acteurs et les chefs de chœur des fêtes de Bacchus, mais non leurs enfants. « Je dois ajouter, reprit le commandant, qu'ils avaient un prétexte plus légal pour ne pas servir, ayant fait leur temps de service. Comme nous sommes en guerre, bien qu'il n'y ait pas eu de mobilisation, je n'ai pas tenu compte de leurs droits. — Je te félicite de ton zèle, dit Alexandre, mais délivre ces hommes. Tu les rappelleras, quand ils seront mobilisés. » Les deux récalcitrants vinrent baiser la main d'Alexandre. Il leur dit qu'ils pouvaient s'en retourner chez eux. Ils lui répondirent que, désormais, libres d'accepter, ils restaient volontiers pour s'entraîner avec les autres. Avant de s'en aller, il invita le camp à la fête du lendemain.

Il n'était pas mécontent de ses débuts. Il avait montré à la fois son savoir et sa mansuétude. Il avoua à Parménion qu'il ne s'était pas seulement instruit chez les historiens, mais dans les conversations de son père. « L'élève de Philippe sera l'égal de l'élève d'Aristote, dit le général. Tu me donnes des regrets : je voudrais être à la place de mon fils cadet pour refaire avec toi une carrière. — Je compte bien que tu lui serviras longtemps encore de modèle », dit Alexandre.

Lorsque Ephestion fut seul avec Alexandre, il lui dit qu'il l'avait admiré d'avoir donné des leçons à Parménion lui-même. « C'est pour toi, autant que pour moi, que j'ai voulu m'imposer, dit Alexandre. Tout le monde a les yeux sur nous. On guette mes premiers pas dans cette voie nouvelle et je ne dois pas trébucher. C'est comme prince que je fonde mon futur royaume. Philippe s'est formé un état-major et des appuis en prostituant son amour et en favorisant la débauche, non, d'ailleurs, sans maintenir la discipline. Puisque nous ne sommes que deux et non pas huit cents, la tâche est plus rude, mais plus exaltante. Philippe s'est grandi aussi par son courage et, en cela, j'espère ne pas forligner. Mais je veux surtout vaincre les hommes par la supériorité de mon esprit et de mon cœur, — par Aristote et par Ephestion. »

Après avoir employé ses premiers moments à l'armée et à la visite de la citadelle, il tenait à ne pas achever cette journée de son retour sans rendre hommage au plus grand peintre de la Grèce. Il se flattait également d'être l'élève d'Apelle, comme d'Aristote : le philosophe estimait, en effet, que des leçons de peinture et de dessin étaient le complément nécessaire d'une bonne éducation. L'artiste, occupé par les travaux que lui commandait Philippe, ne pouvait se rendre à Miéza ; mais Alexandre, Ephestion et leurs camarades, suivaient quelques cours dans son atelier, lorsqu'ils étaient à Pella.

Le petit homme d'Ephèse s'avança avec empressement vers Alexandre et le félicita de sa régence. Persée, l'élève préféré du maître, lui mélangeait ses couleurs, que broyaient de jeunes esclaves. Une odeur de corne brûlée remplissait l'atelier : on faisait cuire de l'ivoire, procédé qui était un des secrets d'Apelle pour le noir extraordinaire de ses tableaux, dans lesquels il n'employait que trois autres couleurs. Mais c'était également un de ses secrets que de savoir les nuancer, comme s'il en employait un plus grand nombre. Alexandre ne partageait pas l'avis de Platon qui, dans le *Cratyle*, assurait qu'en ne se servant que de quatre couleurs, ainsi que faisait Apelle, on n'obtenait pas, même si l'on avait du génie, l'exactitude de la couleur de la chair.

Alexandre lui parla des œuvres de lui qu'il avait vues à Olympie et de sa rencontre avec Laïs à Corinthe. Le tableau auquel travaillait le peintre, représentait Hercule et Déjanire, sous les traits de Philippe et d'Olympias. De même que Lysippe était le premier sculpteur, avec Euphranor, à mettre de l'élégance dans ses statues, Apelle était le premier peintre à mettre de la grâce dans ses tableaux. « Il leur manque Vénus », disait-il de ceux de ses rivaux et il remerciait les Grâces de « faire monter les siens jusqu'au ciel ». Même le portrait de Philippe, qui avait plutôt le visage dur, respirait un certain charme, tout en exprimant la force. Apelle était aussi célèbre par son art de la ressemblance et sa manière de rendre l'âme transparente sur la physionomie. Les médecins prétendaient lire les maladies et le caractère de ses personnages. Les devins y découvraient des augures : Aristandre affirmait que l'avenir de gloire d'Alexandre était visible sur l'image qu'Apelle avait faite de lui et qui était dans la chambre d'Olympias. Pour *Hercule et Déjanire,* la ressemblance d'Olympias et de Philippe était méritoire, car le roi et la reine étaient incapables de poser, l'un toujours absorbé par les visites de ses officiers et de ses administrateurs, l'autre toujours agitée comme une bacchante : à sa toilette, ses femmes craignaient de la blesser, avec les pinces ou le rasoir à épiler, les aiguilles à parfum et les palettes pour lui farder les paupières, tant il lui était malaisé de rester tranquille.

Apelle avait, non seulement le don de la grâce, mais celui de la noblesse et de la majesté. Il raillait Antiphile qui, après son séjour à Pella, s'était mis à peindre des sujets grotesques et qui versait de plus en plus dans la caricature. Alexandre admirait également chez l'artiste d'Ephèse l'amour du travail et le soin qu'il avait de se corriger sans cesse. Durant le voyage d'Olympie, qui avait duré près de deux mois, son tableau de Philippe et d'Olympias n'avait progressé que dans la perfection des traits. Il avait pour devise le mot de Solon : « Les belles choses sont difficiles. » Il citait le mot de Zeuxis à son confrère Agatharque, qui se glorifiait devant lui de peindre des animaux très rapidement : « Je me glorifie, moi, d'y mettre très longtemps. »

Cette conscience que donne l'habitude du travail, Alexandre l'avait comprise un jour par une leçon de modestie. Après avoir lu le *Traité de Peinture* qu'Apelle avait dédié à Persée, — traité qui rendait des points à celui d'Euphranor, — il s'était mêlé de discuter l'exécution d'un de ses tableaux. « Tais-toi, lui avait dit le peintre ; tu fais rire les enfants qui broient mes couleurs. » Cette remarque un peu brusque, mais empreinte d'amitié et de respect, avait touché Alexandre. Elle lui rappela ce que Timothée, le flûtiste, avait dit à Philippe, qui se flattait de lui rendre des points sur l'harmonie : « Aux dieux ne plaise, roi, que tu sois assez infortuné pour connaître ces choses mieux que moi ! »

Le second hommage aux arts concerna l'atelier de Lysippe. Le sculpteur ciselait les cheveux et faisait incruster du cuivre aux seins d'une statue de bronze d'Achille, destinée à la reine. Alexandre évoqua avec lui Sicyone, sa patrie, qu'il avait aperçue du large, et ses statues d'Olympie et d'Athènes. Ses trois fils, Lahippe, Béda et Euthycrate, étaient aussi ses disciples, déjà fort habiles, comme Tisicrate de Sicyone, qui avait sculpté pour Philippe un *Vieillard de Thèbes*, en souvenir de la jeunesse du roi dans cette ville. « Je suis jaloux de Léocharès, dit le maître, parce qu'il va faire ta statue pour Olympie. — Je prierai ma mère de faire attendre Achille, dit Alexandre, pour que tu fasses ma statue de régent. Elle sera aussi solide que celle de ton Jupiter à Tarente, même si elle est moins grande. » Cette statue était célèbre, non seulement par ses dimensions, — vingt mètres de haut —, mais parce que, située en plein air, elle était un chef-d'œuvre d'équilibre : un doigt suffisait pour la faire mouvoir et une tempête ne pouvait l'ébranler.

L'atelier de Léocharès, qui était dans le voisinage, offrait un spectacle plus extraordinaire que ceux d'Apelle et de Lysippe. Outre la maquette de terre cuite du monument d'Olympie qui aurait le nom de Philippe, on voyait les deux premières statues de ce monument : celles de son père Amyntas et de sa mère Eurydice. Du moins était déjà modelé leur corps d'ivoire, sur lequel on appliquait l'or des cheveux et des draperies. Ce que l'on savait de la reine Eurydice, n'avait pas été oublié par le sculpteur : il avait donné à sa physionomie quelque chose de cruel. La statue d'Alexandre ne devait être sculptée que lorsqu'il aurait dix-huit ans. A cette date, le monument, que l'on allait commencer bientôt, serait, sans doute, terminé. Les constructions étaient très lentes dans les sanctuaires. Philippe avait choisi ce sculpteur pour le sanctuaire d'Olympie, parce qu'il lui devait déjà sa statue du sanctuaire de Delphes.

En annonçant à Léocharès que Lysippe ferait bientôt sa statue, Alexandre lui rapporta la réflexion de son rival. « Moi, dit Léocharès, je ne suis pas jaloux de lui ; lorsque je ferai ta statue, j'aurai déjà à y mettre une couronne de laurier. — J'espère, dit Alexandre, vivre assez vieux pour que tu n'aies pas à faire la statue de mon tombeau, comme tu as fait celle du tombeau de Mausole à Halicarnasse, qui est une des cinq merveilles du monde. Mais je te prierai d'exécuter le dessin, quand tu en auras le loisir, d'un grand bas-relief représentant l'apothéose d'Homère, avec ses principaux personnages en miniature. J'ai vu, sur la place d'Athènes, les statues de *l'Iliade* et de *l'Odyssée*, ce qui m'a inspiré cette idée. — Je te remercie de l'honneur d'une telle commande, dit Léocharès. Je dois faire aussi une statue de Philippe, qu'il veut ajouter, comme treizième, aux douze grands dieux du théâtre d'Egées. — Par Jupiter, dit Alexandre, voilà qu'il se prépare à Egées une apothéose ! — Non, dit Léocharès, car une apothéose est funèbre : les douze grands dieux seront ses protecteurs, comme ils sont les tiens. » Le devin Aristandre, qui était dans l'atelier, parut frappé du commentaire de Léocharès sur le mot d'apothéose. Mais on ne lui demanda pas d'explication.

Au palais, pour se prouver à lui-même que les honneurs et les joies du retour ne lui faisaient rien oublier, Alexandre pria Philippe d'Acarnanie d'envoyer à Speusippe un remède efficace contre les poux. Le médecin, après avoir entendu comment on avait soigné l'ancien directeur de l'Académie, dit qu'il lui prescrirait du bouillon de vipère. Il avait aussi à soigner Hécatée, le capitaine des gardes d'Alexandre, qui, moins chanceux qu'Epaphos et Polybe, avait attrapé la blennorragie avec une prostituée, durant l'escale d'Athènes. Philippe d'Acarnanie déclara qu'il le guérirait rapidement avec de l'extrait de concombre, plus efficace, d'après lui, que l'extrait de mauve employé à Corinthe.

Alexandre avait décidé de dîner seul en compagnie de sa mère. Après son second bain, il la rejoignit dans sa chambre, où elle achevait de se parer. Il lui raconta sa journée. Olympias s'empressa d'approuver qu'Achille cédât le pas à Alexandre chez Lysippe. « Mon Achille, c'est toi », lui dit-elle.

Frémissante, elle se faisait farder les paupières avec du bleu et les joues avec du rouge, devant un miroir d'argent. Praxidice, qu'elle rudoyait, lui parfumait les cheveux avec une longue aiguille d'or trempée dans un vase d'or. Ce parfum se mêlait à celui des roses qui garnissaient d'autres vases d'or, — les roses du mont Bermius, plantées jadis par le roi Midas de Phrygie, ancien possesseur de cette partie de la Macédoine. Il avait même épuisé les mines d'or que renfermait jadis cette montagne et qui avaient été à l'origine de sa richesse, comme les mines du Pangée avaient créé la richesse de Philippe. Hérodote vantait les « roses à soixante pétales » du Bermius, qui croissent spontanément et dont l'odeur est plus suave que celle de toutes les autres espèces. Alexandre pensait aux « roses de Piérie », c'est-à-dire aux Muses, qui étaient aussi dans son royaume et qui, d'après Sapho, étaient seules à faire vivre dans la mémoire des hommes ceux qui descendent chez Pluton. Il se disait qu'il les honorait d'un amour peu commun, mais que, s'il accomplissait la prophétie liée à l'incendie du temple de Diane à Ephèse le jour de sa naissance, il donnerait vraiment aux Muses une ample matière à chanter ses exploits. Aristandre, en relevant le phénomène insolite présenté par l'étoile brillante de la Lyre le 28 juillet de cette année, avait annoncé que cette prophétie ne tarderait pas à s'accomplir.

Sur une table, on voyait une coupe, taillée dans une gemme tachetée comme une peau de faon et qui en avait le nom, un rouet d'ivoire, une corbeille, aussi d'ivoire, contenant de la laine filée. Des brûle-parfums de bronze, incrustés d'or, exhalaient leurs arômes, devant un petit autel de Vénus et un petit autel de Bacchus. Deux socles d'albâtre portaient deux statuettes d'or de ces divinités, aux yeux formés de pierreries et qui étaient comme le pendant de celles qu'Olympias avait données à son fils. Vénus était nue, Bacchus dans une robe semée d'étoiles, en tant que « père des nuits ». Mais, ce qu'Olympias disait le plus précieux de tout, c'était le portrait de son fils à quinze ans, peint par Apelle : le tableau était accroché au-dessus des deux statuettes. Des coffres en bois de cèdre renfermaient les robes de la reine : ils étaient décorés de bandes d'argent, fixées par des rivets d'or et gravées de scènes mythologiques. Le lit, très élevé, — à pieds d'ivoire, comme les sièges —, dans lequel Alexandre avait été engendré et où il était né, avait également des placages d'argent à palmettes et à masques. Sur une peau de panthère, dormaient les belettes et le serpent Python. Le léopard Léon se leva lentement pour venir près d'Alexandre. La guenon écalait des noix.

Dans la pièce voisine, était le métier à tisser. Olympias ordonna de montrer à Alexandre l'étoffe blanche que l'on avait tissue pour lui en son absence. C'est elle qui fabriquait tous les vêtements de la famille. Bien que, sur ses robes et sur celles de Cléopâtre, elle ne dessinât guère que des fleurs et des oiseaux, des dieux et des déesses, Alexandre la comparait à la belle Hélène, qui tissait « les nombreux combats — Des Troyens dompteurs de chevaux et des Achéens à la cuirasse de bronze » ; à Pénélope, qui « tissait dans son palais une grande toile, — Subtile et immense », ou à Chryséis, qui « n'était inférieure à Clytemnestre — Ni par le corps ni par la prestance ni par l'esprit ni par les œuvres ». Ce n'était pas aujourd'hui qu'Alexandre aurait parlé de Clytemnestre. Aristote avait excité le zèle de la reine en lui vantant, comme une des choses les plus étonnantes de l'art féminin, une tapisserie représentant la ville de Sybaris, et qui avait été l'un des trésors de son ami Hermias, le tyran d'Atarné.

Alexandre se divertissait souvent, dans son enfance, à aider Olympias, soit au fuseau, soit au métier : il filait, disait-il, pour imiter Hercule chez Omphale, et Achille, déguisé en fille à Scyros. Il était même assez habile dans cet art et voulut prouver, en un tel jour, qu'il s'en souvenait. Prenant de la main droite une quenouille chargée, il l'appuya sur sa ceinture, tira de la main gauche les fils de laine qu'il attacha au fuseau et le fit tourner rapidement entre le pouce et l'index, « comme tournent les feuilles des hauts peupliers ». Puis, il disposa les deux rangs de fils sur le métier, entrelaça la trame avec la navette et serra le tissu avec le peigne. Sa mère l'applaudit : « Je t'admire, lumière de mes yeux ! lui dit-elle. Tu te conduis comme un chef et tu es capable de tourner le fuseau et d'être tisserand. »

Olympias posa le miroir. « Par Bacchus, dit-elle, que je suis aise de ne plus être réglée pour pouvoir me regarder tout le temps au miroir sans en ternir l'éclat, non plus que celui d'une robe de pourpre ou le brillant de l'ivoire ni sans émousser le tranchant de mes ciseaux ou le fil du rasoir avec lequel Praxidice m'épile ! » Alexandre déclara en riant qu'il n'avait pas toujours constaté ces effets, quand elle les lui avait signalés. « Eh bien, s'écria-t-elle, ton Aristote lui-même, dans son livre *le Sommeil,* les signale sur les miroirs. D'après lui, les règles forment une vapeur qui sort par les yeux et qui voile les objets. Rappelle-toi qu'une fois, lorsque tu étais enfant, je t'ai dit pourquoi, nous étant assis sous un arbre fruitier, des fruits en tombèrent tout à coup. Une femme qui a ses règles, ne va jamais dans un cellier, car elle ferait aigrir le vin nouveau ; elle ne s'approche pas d'une ruche, car les abeilles s'étoufferaient ; elle ne touche pas des plantes ou des bourgeons, même le lierre, parce qu'ils se dessécheraient, ni des grains, parce qu'ils seraient stériles, — les fourmis ne ramassent jamais des grains touchés par une femme réglée. Les linges qui lui ont servi, doivent être lavés immédiatement ou enterrés, parce que les chiens deviendraient enragés s'ils les léchaient. Si, durant un orage, elle s'expose nue aux éclairs, l'orage cesse. »

« Tout cela, dit Alexandre, prête à la féminité un aspect fantastique, qui me remplit de respect. Mais le mystère de la naissance est un tel prodige que ce qui s'y trouve lié, peut l'être aussi. — On nous en communique un aperçu dans les mystères de Samothrace », dit Olympias. Elle désigna un vase de terre cuite à figures blanches sur fond rouge, qui évoquait ces mystères : les trois dieux Cabires y étaient personnifiés par Vénus, Mercure et Pan, avec Orphée qui, devant un terme phallique de Bacchus, tendait sa lyre à un jeune homme, symbole de l'initié. « Je me fais aussi belle pour toi que pour un banquet », ajouta-t-elle, en faisant ouvrir les écrins d'or qui renfermaient ses bijoux.

Ces écrins étaient si nombreux qu'elle avait une esclave spéciale pour en assurer la garde. Dans l'un, elle choisit ses plus belles bagues, ciselées de sphinx, de dragons et de serpents ; dans d'autres, des colliers en fils d'or tressés, des médaillons de diamant et de rubis. « Nous sommes loin du temps, lui dit Alexandre, où la première reine de Macédoine dont parle Hérodote, faisait sa cuisine dans l'unique pièce du palais royal, la fumée s'échappant par un trou du toit. Aristote m'a expliqué que l'on ouvrait ou fermait ce trou avec une perche, qui déplaçait une pierre. — J'avais aussi beaucoup moins d'or en Epire qu'en Macédoine, dit Olympias, mais je témoigne notre grandeur par tout celui dont je m'entoure, comme ton père par ses monnaies. » C'était la réflexion qu'Alexandre se faisait.

Olympias prit, dans un écrin spécial, deux coupes d'or où l'on avait serti des pièces d'argent qui avaient disparu depuis que les deux villes et l'île où elles avaient été frappées étaient macédoniennes. L'une provenait de Lété, au nord de Thermé, et représentait un satyre nu, le membre dressé, qui saisissait une bacchante ; l'autre, de Mendé, un âne, le membre dans le même état, et un corbeau, perché sur sa croupe, lui becquetant l'anus ; la troisième, de Thasos, un satyre agenouillé, également en érection, tenant une nymphe allongée sur sa cuisse droite. Les deux coupes avaient pour frise d'autres belles pièces d'argent, mais de la ville sicilienne de Naxos ou Taormina : Silène, nu, assis les cuisses écartées et la verge en l'air, y brandissait un vase à boire. Ces diverses monnaies étaient, d'après Aristote, les quatre seules à sujet érotique produites par l'empire grec. Olympias les considérait comme un hommage à Bacchus, son dieu favori, dont les surnoms étaient Phallène, Droit, Presse-Vagin, Aux beaux testicules. C'est pourquoi elle avait donné à son fils la bague d'émeraude où était gravé un phallus.

On dînerait assis dans la chambre. La table fut apportée toute servie. Les deux coupes d'or y furent posées pour les libations. Le plat de résistance était du marcassin. Olympias n'ignorait pas qu'Alexandre aimait ce gibier, en souvenir de ses premières chasses.

Tout au bonheur de ce tête-à-tête, elle ne reparlait plus de ses griefs contre Philippe. Quand Alexandre lui fit le récit de son arrêt à Corinthe, elle lui demanda s'il en avait profité pour approcher enfin une courtisane. Il lui répondit qu'Ephestion, Léonidas et lui s'étaient contentés de mener Epaphos et Polybe dans un lupanar. L'expérience lui avait semblé peu encourageante et les deux petits esclaves eux-mêmes avaient eu du mal à s'en tirer. « Il faut pourtant que tu couches avec une femme, dit Olympias. Tu es un homme, puisque tu es régent. Coucher avec une femme, fait partie des devoirs d'un homme, avant qu'il soit marié et bien qu'il aime un garçon. Mais il y a femme et femme et tu as droit à une jeune Vénus. Je me prépare une revanche pour mon échec avec Callixène, qui était trop âgée. Une appareilleuse de Pella m'a présenté la plus jolie fille que j'eusse vue de ma vie. Elle l'a élevée, après l'avoir achetée enfant à des esclaves de Larisse. On l'appelle Campaspe ou Pancaste, — je préfère le premier nom, — et elle a quinze ans. Elle joue de la flûte, de la cithare ; elle chante, elle danse. Philippe d'Acarnanie l'a examinée et a constaté qu'elle était vierge. » Alexandre remercia sa mère et lui promit qu'il verrait cette fille, dès qu'il aurait un moment. « Tu ne sembles jamais bien pressé pour cela, dit Olympias. Mais enfin, tu devras bien un jour te marier. Il te faut en prendre le chemin. — Je prendrai d'abord le chemin de la Perse, dit Alexandre qui voulait éloigner le plus possible les projets de mariage ; je ramènerai une fille du grand roi. »

Pour la libation au Bon Génie, c'est du vin de Thasos que l'on servait dans les coupes sur lesquelles brillaient les pièces d'argent de cette île.« Sais-tu, dit Olympias à Alexandre, que Thasos, qui produit un des meilleurs vins de la Macédoine, en produit aussi une espèce qui fait avorter ? On plante, au pied des vignes, de l'ellébore, du concombre sauvage et de la scammonée. J'en ai vérifié l'effet sur l'une de mes esclaves, qui était grosse. Tu auras peut-être ainsi un concurrent de moins. A ta femme, je ne ferai servir que du vin de myrte, qui inspire l'amour et provoque une heureuse délivrance. Mais, sois tranquille, j'ai aussi un secret de Bacchus à ma disposition pour empêcher ton père de faire un enfant à sa Cléopâtre : du vin de Trézène, qui rend les hommes incapables d'engendrer. Comme ce vin ressemble à celui de Maronée, un esclave dévoué l'a substitué à celui-là dans les jarres de la cave royale. Ne bois donc que du vin de Thasos. »

Le sommeil envahissait Alexandre, à la fin d'une journée qui était le terme d'un long voyage et qui avait été fertile en émotions. Accompagné par Epaphos, il gagna sa chambre. Dans cette pièce, les deux influences des auteurs de ses jours se combattaient. Philippe, en effet, tout en s'adonnant à la débauche, affectait un certain mépris pour le luxe et avait tâché d'en préserver son fils. Le lit était simplement en bois d'olivier, comme celui d'Ulysse, mais, à la différence du roi d'Ithaque, Alexandre ne l'avait pas fait lui-même. Il n'y avait pas non plus inséré « de l'or, de l'argent et de l'ivoire ». Cependant, lui aussi avait, en guise de couverture, « une peau de bœuf brillante de pourpre ». La cithare à corps d'ivoire était suspendue à un clou. Le pot de chambre n'était que de bronze et il n'y avait pas de tapis de Corinthe ou de Sardes ; mais près du lit, sur un meuble, les deux statuettes d'or, de Bacchus et de Vénus, aux yeux d'argent, symbolisaient l'amour d'Olympias pour son fils. C'étaient les divinités qu'elle adorait entre toutes et qu'elle lui avait données comme protectrices. Contrairement à celle que l'on voyait chez la reine, la Vénus était habillée ; mais sa robe, tirée par une main de la déesse, dont l'autre tenait une pomme, était collée sur ses fesses, de manière à les faire paraître nues. Ephestion était aussi amoureux qu'Alexandre de cette image provocante de la déesse de l'amour, — de leur amour, — et ils s'étaient reproché de ne pas l'avoir emportée avec eux à Olympie. Alexandre attribuait même à cette négligence l'échec de son char. Il avait juré d'associer dorénavant cette statuette à tous ses voyages, bientôt à ses campagnes.

Pour lui ménager une surprise, sa mère avait commandé que, durant le dîner, on couronnât de roses, fleurs de Vénus, la statue d'Ephestion et on l'entortillât de lierre, plante de Bacchus. Le piédestal avait une corniche mobile, ce qui permettait de présenter le bronze de face ou de dos. Alexandre la fit tourner quelques instants. Il pensait à sa statue, que devait contempler en ce moment le fils d'Amyntor.

Au lever du soleil, le bataillon des amis attendait dans la cour du palais. Pour ne pas faire de jaloux, Alexandre avait décidé, la veille, qu'il les recevrait tous ensemble ce matin.

Il y avait Ptolémée, son demi-frère ; Hector, le plus jeune fils de Parménion ; Balacre, fils de Nicanor et petit-fils du général ; Léonnat, parent de la mère de Philippe ; Néoptolème, parent d'Olympias, fils du général Cléarque et qui prétendait se rattacher au fils d'Achille ; Alexandre Lynceste, descendant des princes de la Lyncestide, dépossédés par Philippe ; Harpale, descendant des princes d'Elymée ; Archélaüs, lui aussi de descendance princière ; Démètre, fils d'Antigone, l'un des généraux de Philippe ; Cassandre, fils d'Antipater, autre général, de même que Séleucus, fils d'Antiochus ; Laomédon, Cratère, Perdiccas, Lysimaque, Androsthène ; Hippostrate, frère de cette Cléopâtre dont le roi s'était épris et neveu d'Attale. Tous étaient Macédoniens. Néarque, natif d'Amphipolis, comme y étaient nés Laomédon et comme Androsthène, était d'origine crétoise. Erigius était de Lesbos : sa famille favorisait l'influence de Philippe dans cette île qui était la base des intrigues du roi en Asie mineure, depuis la mort d'Hermias. Enfin, Médius, fils d'Oxythémis de Larisse et neveu de Ménon, commandant de la cavalerie thessalienne, représentait à la fois l'annexion de la Thessalie et un cas historique assez curieux. Il était petit-fils de Ménon, général thessalien dont Xénophon avait dépeint la carrière et les mœurs dans *l'Expédition,* et qui avait inspiré à Platon le dialogue *Ménon ou de la Vertu.* Ce dernier titre donnait à Médius du prestige aux yeux d'Aristote et le premier lui en donnait aux yeux d'Alexandre : entre autres aventures pédérastiques, Ménon en avait eu une avec le roi d'Epire Tharippas, l'arrière-grand-oncle d'Olympias.

Une vaste acclamation s'éleva, en l'honneur du régent qui apparaissait. Alexandre considéra comme de bon augure qu'aucun de ses compagnons n'eût manqué à son appel. Les courriers envoyés par lui à ceux qui habitaient assez loin de la capitale, avaient fait diligence. Il salua, le bras droit tendu, la paume de la main ouverte. Tous, Ephestion le premier, vinrent l'embrasser. Ils lui offrirent des cadeaux pour son anniversaire, dont la célébration officielle aurait lieu aujourd'hui et qui avait une si glorieuse coïncidence : un vase d'argent, une cassolette, une ceinture historiée, un petit tapis, un coussin, des chaussures de cuir pourpre, un javelot à trois pointes pour la chasse au sanglier. Ceux qui se déclaraient amoureux de lui par plaisanterie, donnèrent un lièvre qu'ils avaient capturé. Ses relations avec ses compagnons étaient de la camaraderie la plus franche ; nul protocole n'en appesantissait le caractère et il était aussi content du cadeau modeste que du cadeau précieux. Ephestion reçut à peu près les mêmes choses que lui : il se plaignit qu'il y eût moins de lièvres.

Impatients de présenter leurs propres vœux, arrivaient Parménion, Eumène, le grave Léonidas, Apelle, Lysippe, Léocharès et les autres familiers. Alexandre ne permettait qu'à ses compagnons de lui faire des cadeaux : il avait dit aux trois grands artistes, comme à Aristote, que leurs cadeaux, c'était leur génie. Tous, alors, lui apportaient des couronnes de fleurs.

Dès que sa mère, sa sœur et Arrhidée furent là, ainsi que la mère et la sœur d'Ephestion, — la même cérémonie avait lieu pour les deux amis, — il se dirigea vers les autels où Aristandre devait célébrer, avec retardement, le sacrifice du jour natal. La solennité en serait augmentée, puisque ce serait aussi le sacrifice en l'honneur de sa régence. Alexandre avait déjà fait suspendre, dans le temple d'Apollon, une lyre à sept cordes, comme présent de son anniversaire, et, dans le temple de Minerve, le ceinturon de guerre donné par Phrynon et qui avait sept clous d'or : c'étaient des hommages au 7 août, date de son retour. Aristandre lui avait expliqué dès longtemps toutes les vertus du nombre sept : il y avait les sept planètes et les sept sages ; Apollon était né le 7 mars et avait mis sept cordes à la lyre ; sept était le symbole de la perfection, parce que l'argent se purifiait à la septième cuisson.

Alexandre était coiffé du chapeau de pourpre princier, à bandeau blanc et or. Comme tous ses amis, qui portaient aussi le chapeau de même couleur des nobles macédoniens, sauf Erigius et Médius, il avait une tunique blanche. Olympias portait, elle aussi, une robe blanche, mais brodée de pourpre, et le diadème royal. A son cou, le médaillon de Bacchus ; à ses oreilles, deux minuscules colombes d'or. Parmi toutes ses bagues, — elle en avait deux à chaque doigt, — quatre montraient de minuscules figures : sur l'une, d'elle-même ; sur l'autre, de Philippe ; sur la troisième, de Cléopâtre et sur la dernière, d'Alexandre. Paraissant en qualité de reine, elle n'avait pas voulu méconnaître le roi qu'elle détestait.

A leur tour, le fameux général Euryloque, resté avec Parménion à Pella, les membres du conseil d'État, les autorités de la ville et de la province, les officiers et les délégués des soldats entrèrent dans la cour du palais. Ils n'auraient pas été conviés, si c'eût été le simple sacrifice d'anniversaire. Puis, ce furent les jeunes camilles et les victimaires ; enfin, les prêtres de Jupiter, de Minerve et d'Hercule. Jamais encore Alexandre n'avait présidé à Pella une telle cérémonie. Quand il ôta son couvre-chef pour mettre sur sa tête une couronne de myrte, tous ses invités l'imitèrent : les esclaves auxquels chacun d'eux tendit son chapeau, le remplacèrent par une couronne identique. Les trois victimes, — le bélier d'Hercule, la génisse de Minerve et le taureau de Jupiter, — étaient ornés de bandelettes. Alexandre fit un signe. Timothée joua de la flûte, d'abord seul, pour marquer sa prééminence, ensuite accompagné des autres musiciens. Les camilles allumèrent le feu sur l'autel de Jupiter, dont le prêtre accomplit les rites, avant de frapper la gorge du taureau. Ce sang qui coulait dans un vase, fixait le regard d'Alexandre. Ce n'était plus pour lui le signe d'un événement quelconque de sa vie, mais celui de la guerre, qu'il ferait un jour, comme chef suprême de ces hommes, et sans doute bientôt comme prince. Ce jour-là, coulerait son propre sang.

Ephestion lui avait dit à l'oreille, lorsqu'il l'avait embrassé : « Salut, ô roi. » Cela lui avait semblé une confirmation de ce que signifiaient son prosternement de la veille et celui des Cyrénéens à Olympie. A vrai dire, le titre de roi avait été donné étrangement à Alexandre dans son enfance par le satrape Artabaze, venu à la cour de son père, avec Memnon de Rhodes, et qui avait exprimé ses regrets de ne pas avoir été chargé de plus beaux présents. Alexandre, alors âgé de sept ans, leur posa des questions qui attestaient sa précocité : il demanda combien de soldats avait le grand roi, comment ils étaient armés, quelle était la légèreté de leurs chevaux, la distance de telle ville à telle autre, si bien qu'Artabaze déclara que « cet enfant était un grand roi et le grand roi un roi riche ».

Les souverains de la Macédoine ne sacrifiaient plus en personne, comme ceux d'Homère, mais l'usage était de leur montrer les entrailles de l'animal sacrifié. Aristandre, qui se tenait auprès du régent, fit constater que les « parties sacrées » étaient, non seulement de l'aspect requis, mais d'un volume et d'un éclat singuliers. Pendant que les morceaux cuisaient sur l'autel, Alexandre ne cessait de répéter au joli camille qui parfumait la braise : « De l'encens ! toujours de l'encens ! » Il regardait le grave Léonidas d'un air ironique pour lui rappeler son reproche de prodigalité, mais aussi qu'il espérait conquérir un jour les pays de l'encens. Il songeait à Xerxès, qui avait refusé de manger, à Suse, des figues sèches de l'Attique, en disant qu'il n'en mangerait qu'après s'être rendu maître du pays d'où elles venaient. Lorsque furent distribués les morceaux de viande au bout des longues fourchettes, Arrhidée éclata de rire, parce qu'il s'était brûlé les doigts. Aristandre vit dans cet éclat de rire, en un pareil moment, un heureux présage de plus pour le régent.

Les mêmes cérémonies se renouvelèrent avec le bélier devant l'autel d'Hercule et avec la génisse devant l'autel de Minerve. Seul le roi sacrifiait à l'autel de la déesse qui était sur la place. Quand Arrhidée, à bout de patience, demanda à son esclave d'aller lui chercher des osselets pour jouer pendant le troisième sacrifice, le devin dit à Alexandre que cet enfantillage annonçait une grave nouvelle dont il tirerait profit.

Pendant les deux premières cérémonies, Alexandre avait élevé son âme plus fervemment que d'habitude vers les divinités qu'elles concernaient. En Jupiter, il avait adoré le roi des dieux, l'amant de Ganymède, l'auteur de sa race ; en Hercule, le héros invincible par lequel il se rattachait au maître de l'Olympe. Le sacrifice que l'on accomplissait maintenant pour Minerve, lui évoquait la protectrice de son esprit. Il lui attribuait, comme Aristote dans sa *Politique,* « la science et l'art » et, comme Platon dans le *Cratyle,* il en faisait le symbole de « l'intelligence divine » dont elle répandait les étincelles chez les humains. Il voyait également en elle la protectrice de l'art militaire, qu'il allait pratiquer. Elle avait prouvé, en favorisant les armes de Philippe, qu'elle n'était pas l'esclave des Athéniens, bien qu'ils l'appellassent « la déesse » et qu'ils lui eussent offert sa plus belle statue et son temple le plus magnifique. C'est à elle et à Neptune, les dieux Cavaliers, qu'Alexandre avait consacré Bucéphale ; patronne de l'élevage du cheval de guerre, elle avait le privilège d'être surnommée Cavalière, sans être jamais montée à cheval, au lieu que Neptune avait créé Arion et possédait des chevaux si rapides qu'ils galopaient sur les vagues de la mer et sur la sommité des épis sans les toucher. Le fils de Philippe vénérait également Minerve pour avoir présidé, avec Hercule, à la construction du navire des Argonautes et il imaginait de mettre sous sa sauvegarde la guerre que l'on ferait en Asie, — autre expédition vers la toison d'or.

« De l'encens ! encore plus d'encens ! » redisait-il au camille, tandis que grillaient les quartiers de génisse. Cet encens, Alexandre le vouait à une déesse qui, en dehors de toutes les qualités qui la distinguaient, avait eu des rapports directs avec ses deux illustres ancêtres. Elle rappelait dans *l'Iliade* qu'elle avait souvent aidé Hercule, découragé par ses travaux. Et le héros disait, dans *l'Odyssée,* qu'elle l'avait guidé aux enfers, avec Mercure. Elle revêt Achille de l'égide, lui met un nimbe d'or autour du front et fait surgir de son corps une lumière resplendissante. Alexandre aimait particulièrement la façon dont elle l'avait abordé : « Elle s'arrêta derrière le fils de Pélée et saisit sa blonde chevelure, — En se rendant visible pour lui seul... — Achille fut frappé de stupeur ; il se retourna et reconnut — Minerve aux yeux pers. »

Le sacrifice était fini. « Vous êtes libres de vous retirer », avait dit le prêtre de la déesse, sans persuader, cette fois, les assistants : officiers et soldats entourèrent Alexandre pour mieux le voir, comme s'ils ne se rassasiaient pas du plaisir d'être sous les ordres d'un prince de seize ans. La foule, qui était restée sur la place, envahissait la cour du palais pour se joindre à eux. Olympias contemplait ce triomphe populaire de son fils.

Un messager descend de cheval devant l'entrée, blanc de poussière. Il fend la presse, il demande Alexandre qui, anxieux, se retire à l'écart pour prendre connaissance d'une dépêche d'un des gouverneurs de la Thrace macédonienne, — celui d'Abdère : une peuplade, les Mædes, venait de se révolter ; on estimait leurs forces à une dizaine de mille hommes. Un cousin de Térès, l'ancien roi des Odryses, vaincu par Philippe, les commandait. Il les faisait descendre du Rhodope, où ils habitaient, et les conduisait vers Abdère. La rébellion était évidemment une suite des difficultés de Philippe à Byzance ; on espérait lui couper la retraite et peut-être soulever la Thrace orientale, subjuguée depuis peu.

Alexandre appela Parménion. Leur avis fut identique : il fallait dompter au plus tôt cette révolte, de peur qu'elle ne s'étendît. Le général pensait que quatre mille fantassins et mille cavaliers y suffiraient. « Les Mædes n'ont pas d'armée véritable, ajouta-t-il. C'est ce qui nous permettra de combattre à un contre deux ; mais tous les Thraces sont de bons guerriers. La couronne de myrte avec laquelle nous avons célébré ton jour natal et inauguré ta régence, n'aura pas été longtemps sur mon front : je sollicite de partir à la tête de tes troupes, dès qu'elles seront rassemblées. — Par Jupiter, s'écria Alexandre, c'est moi qui partirai. Je te rends la lieutenance du royaume. C'était mon désir de rejoindre le roi, j'irai ainsi à sa rencontre. Pourrais-je ne pas saisir cette occasion de faire mes premières armes ? J'aurai même le bonheur d'être utile à mon père, que l'on croyait peut-être surprendre. Que dis-je ? Commencer en guerroyant contre les Mædes, c'est le symbole de notre future guerre contre les Mèdes et les Perses. »

Le général réfléchissait. « Alexandre, dit-il, j'admire cette ardeur, bien digne de toi ; mais une entreprise militaire ne dépend pas seulement de l'enthousiasme. Les Athéniens eux-mêmes ont des professeurs de stratégie. — Mes professeurs de stratégie, ce seront Minerve et Hébé, dit Alexandre. — Il est juste que tu aies pour toi la déesse de l'esprit et celle de la jeunesse, dit Parménion. Mais, puisque tu m'ordonnes de rester, emmène un général qui t'aidera à régler la marche des troupes, les cantonnements, le ravitaillement, qui appréciera les forces de l'adversaire, bref, qui étoffera de son expérience ton précoce génie. Cela aussi, — permets que je le dise, — rassurera les soldats : tu t'es déjà imposé à eux ; mais, après avoir fait leur conquête par ta précocité et par ton charme, il s'agit de les engager à risquer leur vie. Les Mædes sont des montagnards ; s'ils ne se fixent pas dans la plaine, tu auras une guerre d'embuscades dans les défilés du Rhodope. Cela inquiète toujours une armée. Euryloque est, en dehors de moi, le principal général que Philippe ait laissé en Macédoine. J'ai apprécié toutes ses qualités durant la guerre contre les Illyriens et dans notre conflit avec Athènes, où il m'accompagna ensuite avec Antipater pour les négociations de la paix. Il a commandé en Thrace. Ce serait, je crois, ton meilleur lieutenant. »

Euryloque, appelé, remercia Alexandre de le choisir. Les préparatifs, dont Parménion fut chargé, exigeaient au plus une semaine. Ayant remarqué, à l'arsenal, que certaines armes étaient rouillées, Alexandre ordonna qu'on les frottât à l'émeri. Euryloque lui dit que les Thraces avaient certainement des armes toutes rouillées et que c'était leur faire beaucoup d'honneur que de prendre tant de soins. « Justement ! s'écria Alexandre. Ils seront déjà effrayés par cet éclat : je commanderai d'agiter les armes avant l'assaut. Tout ce qui inspire la terreur, est propre au but cherché. » Euryloque, comme Parménion à la visite du camp, avait loué son instinct militaire, attentif aux moindres choses.

Alexandre demanda au messager combien de temps il avait mis pour arriver : trois jours et quatre nuits. « Tu n'as guère dormi en route, lui dit Parménion. Un courrier à cheval fait ordinairement soixante-quinze kilomètres par jour et vingt l'infanterie. Le pays des Mædes est à deux cent cinquante kilomètres, entre le Strymon et le Nestus, au pied du mont Rhodope. — Nous ne dormirons pas en chemin, nous non plus, dit Alexandre. Quand j'ai suivi mon père aux manœuvres, ses troupes faisaient trente kilomètres par jour à pied et elles étaient armées de toutes pièces. — Elles n'allaient pas au combat, dit Parménion. Je présume qu'il te faudra de dix à douze jours pour être chez les Mædes. — Je ne m'en tiendrai pas là, dit Alexandre, puisque j'irai jusqu'à Byzance. — Envoie sur l'heure un courrier à Philippe, dit Parménion, car il va peut-être lever le siège, s'il suit mon conseil. »

Olympias accueillit la nouvelle qui exaltait Alexandre avec moins de transport que ne l'accueillaient ses amis. Elle gagna sa chambre pour implorer et encenser Bacchus et Vénus. Mais enfin, elle n'oubliait pas que, jadis, avec sa mère Eurydice, elle avait accompagné les armées de son oncle, le roi des Molosses. Un bref message écrit à son père, Alexandre reçut, dans la grande salle du palais, les autorités qui avaient assisté à la cérémonie : les officiers, les juges des différents tribunaux, les magistrats des finances, les administrateurs des biens du roi, les conservateurs des édifices, les gardes des eaux et forêts, les médecins publics, les chefs de l'entretien des rues et des routes, de la police générale, du contrôle des joueuses de flûte et de harpe, le directeur de la prison. Il reçut leur hommage et les assura de son dévouement. Il leur apprit la révolte des Mædes, qui plaçait le sacrifice de son anniversaire et de sa régence sous le signe de Mars : il combattrait lui-même, leur dit-il, et remettrait la lieutenance à Parménion. Ayant consulté Aristandre par rapport à son départ, il ajouta qu'il se mettrait en marche le 14 août, lendemain de la nuit où se lève le cœur du Lion et jour où, le matin, se lève le Dauphin. Ce n'est pas qu'il se dirigeât par le ciel, après en avoir blâmé les Spartiates ; mais il sentait le secours que les mystères des astres ou de la religion prêtent aux choses humaines et il comptait s'en servir. Si le Lion était alors dans son meilleur aspect, il lui plaisait également d'y voir le Dauphin associé : Apollon, qui, en dépit d'Olympias, était son dieu plus que Bacchus, chérissait l'épithète de Delphinien, sous laquelle Thésée lui avait sacrifié, et il avait pris la forme d'un dauphin pour guider les Crétois, fondateurs de son sanctuaire de Delphes.

Enfin, Alexandre pouvait, dans la salle du trône et des banquets, embrasser derechef ses amis, leur dire qu'il se réjouissait d'être régent, non pour leur imprimer du respect, mais pour les élever avec lui, pour les unir plus tôt à sa fortune, comme il les avait unis à ses études, comme il les avait unis entre eux par des liens impérissables, comme il était uni à Ephestion, pour décupler ses forces et les leurs Cette journée était une espèce d'annonce de son règne et marquée par un double événement : l'aurore de sa seizième année luisait sur les perspectives de ce qui allait faire d'eux tous des hommes, — la guerre. « Il ne s'agit que d'un peuple thrace, ajouta-t-il. Ce n'est pas « la grande cruche pour nos débuts dans la poterie », comme dirait Platon, mais enfin, c'est une cruche qui nous consacrera potiers. » On rit de sa comparaison. « Tu appelles petites cruches des gens dont le nom ressemble au mien ? demanda Médius. — Il me fait penser aussi à ma belle-mère Méda ; nous lutterons en famille, dit Alexandre. — Ton règne commence bien, dit Ephestion : nous témoignerons à la fois ce que tu es pour nous et ce que nous sommes. — Trois cents composent le bataillon sacré des Thébains, dit Ptolémée : il nous suffit d'être vingt autour d'Alexandre et de toi. — Nous aurons avec nous cinq mille hommes, dit Alexandre. — Prends-tu des enfants royaux ? demanda encore Médius. — Bonne idée, dit Alexandre. Il est naturel que nous ayons quelques soldats de notre âge, pour leur servir d'exemple. J'en prendrai cent, parmi les plus âgés, mais ne les considère pas comme une réserve de mignons. »

Les esclaves posaient les tables, où l'on ne devait consommer que les restes des animaux sacrifiés. Pour être seul avec ses amis, Alexandre avait fait servir à sa mère, à sa sœur et à Arrhidée dans leurs chambres une portion de ces viandes. Le banquet en commun aurait lieu ce soir.

On s'allongea sur les lits en bois d'érable, incrusté d'écaille, et aux pieds terminés en pattes de lions. Il y avait, tout autour, des banquettes, garnies de coussins. C'est là que s'asseyaient les gens à qui Philippe donnait audience et, dans les banquets, ceux qui n'avaient pas de places sur les lits. Au fond de la salle, le trône, où Alexandre, à la prière de ses amis, s'était installé un moment, ne manquait pas de majesté : deux Victoires aux coins supérieurs du dossier, deux aigles aux extrémités des bras, des têtes de sphinx aux pieds, en complétaient, par leurs bronzes, la décoration. Philippe n'avait pas craint d'évoquer, par certains de ces symboles, le trône du Jupiter d'Olympie. Du reste, la figure de Jupiter même dominait le trône, dans une des fresques de Zeuxis, souvenir du roi Archélaüs. L'illustre peintre avait représenté les douze grands dieux, avec des scènes de leur histoire. Le panneau consacré à Apollon touchait particulièrement Alexandre : on y voyait Hyacinthe, la main sur son front, que le disque avait frappé, et le dieu, dont l'éternelle sérénité voilait la souffrance, faisait jaillir, d'un geste, les fleurs de jacinthe, de la terre où le sang de l'enfant avait coulé. Hercule, tranchant avec une faux d'or les sept têtes de l'hydre de Lerne, attachait les yeux sur autre chose qu'une vision d'amour, bien que le jeune Iolas fût aux côtés du héros pour brûler de sa torche les têtes qui renaissaient. Zeuxis, à qui Archélaüs avait payé son travail quarante mille drachmes, l'en avait remercié en lui offrant son tableau de *Pan*, exposé dans cette salle. Ce dieu, qui ne figurait pas sur les panneaux, puisqu'il n'était pas l'un des douze Olympiens, était représenté avec

Daphnis, son mignon. D'après la tradition, le visage de ce beau garçon était celui de Cratéas, mignon d'Archélaüs et ensuite l'un de ses assassins. Alternant avec les panneaux, étaient suspendus d'antiques boucliers garnis de grelots « qui semaient l'épouvante », comme celui d'un des *Sept contre Thèbes,* dans la tragédie d'Eschyle. C'était pour rappeler la vie des armes au milieu des festins.

Suivant l'usage macédonien, venu des Péoniens et des Thraces, Alexandre buvait et faisait boire dans des cornes, au moins lorsqu'il était en nombreuse compagnie. Ces cornes étaient posées sur un pied d'or ou d'argent et les bords étaient recouverts du même métal.

« N'avons-nous pas un petit compte à régler avec quelqu'un ? demanda Alexandre à Ephestion. La vengeance est un plaisir des dieux, elle doit l'être des régents. — Il est vrai que Nicolas de Strate t'a outragé, dit Ephestion, mais je pense que tu es encore son débiteur. — Non, par Jupiter, dit Alexandre : j'ordonnerai de lui faire appliquer cent coups de fouet dans la citadelle de Strate. — Cela se saura, dit Ephestion, et tu passeras pour l'un de ces tyrans que la Grèce a toujours détestés et que ton père a chassés de Thessalie. — Tu as raison, dit Alexandre. Le régent doit oublier les injures du voyageur d'Olympie. »

Démètre demanda à Alexandre et à Ephestion si les garçons d'Athènes étaient beaux. « Quand on est l'ami d'Erigius, répondit Alexandre, on ne pose pas une telle question. » Erigius et Démètre étaient en effet, l'un des couples du bataillon qui avaient prêté serment de s'aimer et de se défendre, comme d'être fidèles à leur chef. « Par Apollon, s'écria Démètre, j'écrirai sur les murs et ferai écrire sur les vases et sur les coupes : « Erigius est beau », mais cela ne m'oblige pas à oublier Autolyque, qui a été mon ami avant son retour à Athènes et l'arrivée d'Erigius. Ni Erigius ni Autolyque ne peuvent m'empêcher de regarder les autres beaux garçons : c'est un hommage indirect à sa propre beauté. — Je te le permets, dit Erigius en riant, mais à charge de revanche. — Alexandre et moi, dit Ephestion, nous avons fait observer au père d'Autolyque que les camarades de son fils, — on les voyait nus parce que c'étaient les concours des fêtes de Minerve —, ne brillaient pas tous par la beauté ni par les appas. — Vous vous rappelez, ajouta Alexandre, ce que nous disait Aristote, que « Polygnote a peint ses personnages en mieux, comme Homère a décrit les siens ». Les artistes d'Athènes ne peignaient que des beaux, pour flatter tout le monde, et les aimés, dont ils inscrivaient le nom sur les vases en les qualifiant de beaux, se persuadaient qu'ils l'étaient. — Ce qui est plus beau que la beauté, dit Ephestion, c'est d'être aimé. — Tu as parlé excellemment, Alexandre, déclara Lysimaque, quand tu nous as dit que, de l'amour aussi, venait notre force. — Puisque je suis la mémoire vivante de nos études, dit Alexandre, je vous fais réentendre les mots du *Banquet* de Platon : « S'il y avait moyen de composer une cité ou une armée d'amants et d'aimés, aucune ne serait mieux conduite, car ils s'abstiendraient de ce qui est honteux et auraient une émulation d'honneur les uns par rapport aux autres et s'ils combattaient ensemble, de tels soldats, bien que peu nombreux, vaincraient, pour ainsi dire, tous les hommes. » — Je te fais remarquer, dit Médius, que ta régence débute par l'éloge de la pédérastie. — C'est un de ces mots qu'Aristote qualifie de « maîtres », dit Alexandre. Le sujet est d'autant moins déplacé que je viens de vous rappeler ce qu'elle représente dans la vie militaire. »

Il jouissait de son autorité sur ces garçons, pour lesquels il avait réservé le premier repas de cette journée mémorable. Il s'amusait de voir combien d'entre eux imitaient son habitude de pencher la tête à gauche et de parler haut, de même que les Athéniens avaient imité la façon de parler d'Alcibiade. Au-dehors et à l'intérieur, ils imitaient également sa façon de marcher très vite. Chaque amant avait près de lui son aimé, comme Alexandre avait Ephestion. Sans avoir besoin de se souvenir d'Achille et de Patrocle ou de penser à Ephestion et à lui-même, le fils de Philippe savait que la différence d'âge n'indiquait pas nécessairement leur rôle dans l'amour, si tant est qu'il y en eût aucun d'attitré. Lysimaque, d'une force herculéenne, était plus volontiers le mignon du gracile Balacre ; Ptolémée, presque aussi puissant que Lysimaque, celui du joli Hector ; Séleucus, qui avait dix-huit ans, celui de Cassandre, qui en avait quatorze. Ce charmant fils d'Antipater était le plus jeune des compagnons de Miéza. N'ayant pas encore tué un sanglier hors des filets, il lui était interdit, au nom des coutumes de la Macédoine, de manger sur un lit : il était le seul assis sur une chaise, près de la table de Séleucus. Mais il n'était pas moins fier à l'idée de marcher contre les Mædes et de tuer un homme, avant d'avoir tué un sanglier.

Alexandre, la première fois qu'on lui avait présenté Cassandre, avait eu un sursaut, dont il confia le motif ensuite à Ephestion : il avait vu en songe, la nuit précédente, un garçon le perçant d'un coup de poignard et ce garçon ressemblait à Cassandre. « C'est un rêve de la porte d'ivoire, lui avait dit Ephestion : tu as de l'ivoire dans ta chambre. » Il avait récité les vers de *l'Odyssée :* « Il y a deux portes des songes sans vie : — L'une est faite avec des cornes, l'autre avec de l'ivoire. — Ceux qui sont venus par l'ivoire scié, — Ceux-là déçoivent, chargés de paroles qui n'ont pas de sens ; — Mais ceux qui sont venus par la porte des cornes polies, — Ceux-là accomplissent des choses vraies, quand un homme les voit. » Toutefois, pour conjurer ce songe menaçant, Alexandre l'avait, selon les règles, raconté au Soleil, sous la voûte brillante du ciel.

Le coup de poignard, il est vrai, c'est celui que les amants et les aimés du bataillon se donnaient l'un à l'autre, en se prêtant serment de fidélité, et en prêtant le même serment à Alexandre. Celui-ci s'était inspiré de l'usage des Scythes, décrit par Hérodote : devant l'autel d'Hercule, on se blessait réciproquement au bras avec un poignard, on recueillait le sang dans une coupe de vin, on y trempait le poignard, on faisait une libation de ce mélange et l'on buvait le reste. Au bataillon sacré des Thébains, Alexandre avait emprunté la coutume d'après laquelle l'amant offrait à l'aimé un équipement. Il fallait mettre à l'intérieur des casques une calotte de cuir ou de l'éponge pour ces jeunes têtes.

A la fin du repas, bien que ce n'eût pas été un banquet en forme, Alexandre fit observer la pratique macédonienne de sonner de la trompe après le dernier péan. Aujourd'hui, cela semblait le premier appel aux armes, lancé au bataillon des amis. Du reste, avait dit Alexandre, à partir du moment que l'on monterait à cheval pour aller à la guerre, le bataillon des amis deviendrait l'escadron des amis.

Tous, sauf Ephestion, se dispersèrent, anxieux de leurs préparatifs. Certains s'excusèrent de ne pas assister au banquet du soir : ils se rendaient à leurs maisons de campagne, en vue de choisir leur meilleur cheval.

Ephestion accompagna Alexandre dans la bibliothèque. Ils voulaient examiner, non plus les livres d'Aristote, mais sa carte de géographie. C'était une grande toile, où l'on avait peint les lignes des côtes et des fleuves, l'emplacement des villes et des montagnes, les frontières des provinces et des Etats et qui marquait les limites du monde connu. Aristote avouait qu'elle était défectueuse et il l'avait plusieurs fois corrigée. Depuis que le philosophe Anaximène de Milet, disciple de Thalès, avait dressé les premières cartes, elles n'avaient été retouchées que par son concitoyen Hécatée, par Démocrite d'Abdère et par Eudoxe de Cnide. L'Inde, l'Afrique, la Gaule, l'Espagne, y étaient à peine indiquées ; mais, grâce à Philippe, les noms de la plupart des peuples thraces y figuraient.

Alexandre fut satisfait de découvrir les Mædes à côté des Mélandites, des Thynes et des Tranipses, dont *l'Expédition* lui avait enseigné l'existence, mais Xénophon n'avait pas parlé de cette tribu. Grâce à une nomenclature d'Aristote, Ephestion la trouva dans *l'Histoire* de Thucydide, qui la signalait au nombre des ennemis du roi Perdiccas, l'ancêtre d'Alexandre. Ce dernier ne fut que plus enflammé du désir de venger la Macédoine. La vue de cette carte ne lui donnait pas moins l'idée de l'étendue de ce monde qu'il rêvait de soumettre. « Une fois, lui dit Ephestion, tu te lamentais que ton père ne te laisserait plus rien à conquérir et je t'ai répondu : « Regarde les petits de l'aigle : ils s'élèvent plus haut que lui, dès qu'ils ont appris à voler. » — Oui, dit Alexandre, mais je constate que la terre est grande, même si elle l'est moins que le ciel. Cela ne diminue pas mes ambitions, mais je comprends que Socrate se soit servi d'une carte semblable pour rabattre l'orgueil d'Alcibiade, enflé de ses richesses et de ses domaines. « Cherches-y l'Attique », lui dit-il. Alcibiade la trouva. « Cherche maintenant les terres qui t'appartiennent. — Elles n'y sont pas marquées, dit Alcibiade. — Eh bien, reprit le philosophe, tu tires vanité de possessions qui ne sont même pas un point sur la terre ! »

Euryloque interrompit ces réflexions. Les courriers étaient envoyés dans les provinces circonvoisines de l'Emathie, — la Mygdonide, la Chalcidique, la Piérie, la Lyncestide, l'Orestide, l'Eordée et l'Elymée, — pour rassembler les hommes et les chevaux. On requérait aussi un contingent de cavaliers thessaliens. Alexandre avait déjà fait transmettre à Euryloque l'ordre d'embrigader cent enfants royaux. Le général montra, sur la carte, que le pays des Mædes était assez éloigné de l'ancien territoire des Odryses, où avait régné, après Térès, le défunt Cotys ou Cothélus, dont Philippe avait épousé, puis répudié, la fille Méda. « Autrement que par la vertu des noms, dit Alexandre, Méda n'est peut-être pas étrangère à cette révolte. Elle a sa répudiation à venger. — Elle ne se mêle pas de politique, dit le général. D'ailleurs, à l'insu de sa mère, Philippe conserve des rapports amicaux et même amoureux avec elle, quand il va en Thrace. Mais tous les roitelets de cette région sont apparentés et, bien que ton père en ait fait ses vassaux, ils ne se plient pas au joug aisément. Ils sont néanmoins assez habiles pour ne pas apparaître, lors des révoltes, ménageant ainsi l'ombre de pouvoir qui leur reste : ils savent bien, en effet, qu'elles sont vouées à l'échec. — Il doit y avoir là-dessous les intrigues de Démosthène, dit Alexandre. Il a toujours agité la Thrace, depuis la mort des rois Cotys et Bérisade ; il ne se console pas de la défection de Térès et de Cersoblepte. — Et tu oublies les rois Simon et Bianor, sans compter Amadoque, qu'il nous avait mis sur le dos, ajouta le général. — Dans nos leçons d'éloquence, dit Ephestion, le discours de Démosthène *Contre Aristocrate* nous a instruits des aventures de ces petits souverains, au service ou aux dépens desquels militait Charidème d'Oréus. — Peut-être devrons-nous à ce discours de ne pas avoir Charidème contre nous, dit Euryloque : il doit nous rester fidèle par la force des choses, puisque Démosthène l'a stigmatisé comme traître à la république athénienne qui lui avait décerné le droit de cité et même des couronnes. — En tout cas, dit Alexandre, je ne me doutais pas, en visitant hier l'arsenal avec Parménion, que j'aurais si tôt à me servir des armes. C'est Minerve qui m'y a conduit et c'est elle qui me conduira, comme elle conduisait mes ancêtres Hercule et Achille. » Il ajouta obligeamment : « Et c'est toi, Euryloque, qui sera son interprète. »

Au banquet du soir, il n'invita pas Arrhidée, que l'on bannissait des repas publics, parce qu'il mangeait trop salement : il jouait aux cinq cailloux avec les morceaux de viande. Etaient conviés Parménion, Euryloque, les principaux officiers et magistrats, Aristandre, le grave Léonidas, Eumène et les autres familiers. Ephestion s'allongea, comme toujours, à côté d'Alexandre. Il y avait également ceux de leurs amis demeurés à Pella. Olympias et Cléopâtre étaient servies, assises, à une table à part. La mère et la sœur d'Ephestion, la femme de Parménion et celle d'Euryloque, ainsi que quelques autres, leur tenaient compagnie. Par contraste avec la pompe et la décence de ce grand repas officiel, Alexandre évoquait le banquet de Cléotime à Olympie. Ici, on ne marierait pas Ariane et Bacchus. Mais la chère serait moins succulente : Philippe n'était intéressé que par les boissons et ne se souciait pas d'avoir de bons cuisiniers. Olympias, plongée dans ses mystères, et qui avait été élevée à la rude école de l'Epire, ne s'y intéressait pas davantage. Les lièvres de l'anniversaire étaient accommodés d'après une recette que la femme de Phrynon avait donnée au grave Léonidas. Alexandre, bien qu'élevé à aussi rude école et bien qu'appréciant la frugalité des héros d'Homère, avait pris goût aux délices de Cléotime. Pour lui, désormais, Comus, dieu des banquets et de la bonne chère, existait. Il ne prétendait pas le réduire à des galimafrées de marcassin.

Des dizaines de lampes de bronze à plusieurs becs, sur des candélabres de ce métal, répandaient une vive lumière. Toutes étaient admirablement ciselées, en forme de sphinx, de satyres, de cavaliers, de sandales, d'éléphants, d'escargots. Celle qui était près du lit d'Alexandre, — le lit du roi —, représentait Pégase entre deux Muses, dont l'une le faisait boire dans une coquille et l'autre lui versait de l'eau sur la croupe pour le laver. « Les Muses, un jour, laveront la croupe de Bucéphale », lui dit Ephestion.

La libation au Bon Génie ayant été faite, le divertissement fut procuré par Alexandre et ses compagnons. Aux sons des joueurs de flûte que dirigeait Timothée, ils exécutèrent d'abord la danse macédonienne. Elle ressemblait à la danse militaire des Athéniens, nommée pyrrhique, en l'honneur de Pyrrhus, fils d'Achille, qui en avait été l'inventeur, mais elle était sans armes et, par égard pour Olympias, sa fille et ses amies, les danseurs n'étaient pas nus. On feignait de se porter des coups : si l'on ne réussissait pas à les éviter, on était censé les avoir reçus. Mais les sauts, les parades, les reculs, les volte-face, les appels du pied, les agenouillements, les reptations, les plongeons, rendaient cette danse pleine de péripéties, non moins diverses que joyeuses. Ce combat mimé, au lieu de finir par l'enlèvement des cadavres, ainsi que dans la pyrrhique, se terminait par une trépidation des danseurs, les uns en face des autres, avec une frénésie qui avait un aspect amoureux. Comme ils étaient couple par couple, cet aspect était tout naturel. Olympias et la mère d'Ephestion s'attendrissaient de voir danser leurs fils. Malgré ses à-côtés, cette danse guerrière était approuvée d'Aristote, de même que Platon l'avait recommandée dans *les Lois*. Les autres danses furent l'accroupie, où l'on tressautait sur place, et l'enjambée, où l'on se donnait des coups de pied au derrière. Cette danse, d'origine spartiate, n'était pas uniquement masculine : on disait qu'à Lacédémone, une plaque de marbre commémorait une fille qui s'était donné ainsi mille coups de pied. On dansa aussi la grue, que Thésée avait dansée à Délos, autour de l'autel des cornes, — fait d'un entrelacement de cornes gauches, — avec les jeunes garçons qu'il avait délivrés du

Minotaure. On la dansait en rond et le meneur de jeu imitait les dédales du labyrinthe. Alexandre était heureux de danser à la veille de partir pour la guerre, en prouvant que ses nouvelles responsabilités ne le privaient ni de sa souplesse ni de sa grâce. Et il dansa jusqu'à extinction.

Il avait imaginé un autre amusement. Des joueurs de cithare entrèrent avec des danseurs et des danseuses, légèrement vêtus, mais qui n'étaient pas à moitié nus, comme dans les banquets d'hommes, et qui formèrent un spectacle encore plus divertissant que celui de l'enjambée, de l'accroupie et de la grue. Ils dansaient parmi des coupes et des vases de vin sans les renverser, ils imitaient le chant et le vol des oiseaux, les travaux de la campagne, les cris des gens perdus dans les bois ou ballottés par une tempête, les manières des paysans qui se font des minauderies. « Où sont les roses ? Où sont les violettes ? Où est le beau persil ? » étaient les paroles d'une chanson de circonstance, que soulignait la musique et, s'il y avait une pointe d'allusion égrillarde, elle était à peine esquissée dans les gestes pour ne pas faire rougir les femmes. Comme chez Démarète à Corinthe et chez Phrynon à Athènes, leur présence exclut aussi l'usage du pot à pisser.

Trois jours avant le départ de l'armée, Olympias obtint qu'Alexandre reçût la jeune Campaspe. Bacchus et Vénus, disait-elle, lui avaient positivement ordonné de faire coucher son fils avec une fille, car il ne devait pas être puceau pour combattre. Elle lui rappela qu'Achille, dans son baraquement, sous les murs de Troie, couchait avec Briséis, comme avec Patrocle, et que la déesse de l'amour avait aidé Hercule à sauver les dieux lors de la guerre des Titans : vêtue d'une robe flottante, les cheveux dénoués, les yeux fardés, la gorge nue, la déesse de l'amour aguicha ces derniers devant une caverne, où ils la suivirent et où ils furent assommés par le héros. Alexandre lui dit que les Mædes n'étaient pas les Titans et qu'il vaincrait sans le secours de Campaspe, mais qu'il serait enchanté d'accomplir ce sacrifice à Vénus, manqué autrefois avec Callixène. « La déesse te saura gré d'honorer son sexe, avait dit Olympias. Elle te favorisait même dans ton enfance, quand tu jouais aux osselets : personne ne faisait plus souvent que toi le coup de Vénus. Le pauvre Arrhidée, qui joue du matin au soir, ne voit presque jamais ses quatre osselets présenter quatre nombres différents. Il restera puceau toute sa vie. »

En dehors des considérations de sa mère et du plaisir, mêlé de curiosité, qu'il espérait, Alexandre éprouvait quelque malice à prendre la place de son père. Olympias ne lui avait pas caché que, sans le barrage fait désormais par Attale en faveur de sa nièce, cette fille eût été destinée à Philippe. Callias l'avait dénichée, mais avait cédé aux menaces d'Attale. C'est pourquoi la femme de Larisse qui avait couvé cet oiseau rare, avait pensé à Alexandre : nul n'en était digne, que le roi ou son fils.

Olympias, néanmoins, eut une recommandation pour Alexandre. « Evite, lui dit-elle, de répandre ta semence à l'intérieur. Lorsque tu seras marié, je chérirai tes enfants comme les miens, mais je ne veux pas m'occuper de bâtards. Philippe m'a dégoûtée de cette race. » Alexandre ne lui dit pas qu'elle n'avait peut-être pas à avoir cette crainte. Ephestion et lui avaient fait une expérience, à la suite d'une leçon d'Aristote sur la génération. Le philosophe avait indiqué, en effet, le moyen de savoir si l'on avait le sperme stérile ou fécond. Après s'être manuélisés dans leur chambre sur un vase rempli d'eau, ils avaient constaté que le sperme d'Ephestion tombait tout de suite au fond, signe de fécondité, celui d'Alexandre demeurant entre deux eaux, signe douteux. Plusieurs de leurs camarades, qui avaient opéré de même, avouèrent que le leur était resté à la surface, signe de stérilité. « N'importe, avait dit Alexandre à Ephestion, si je ne peux avoir d'enfants de ma femme, c'est toi qui les lui feras. » Il aurait souhaité sa présence pour ce début féminin, mais il pensa que cela déplairait à sa mère et risquerait même de l'inquiéter : il n'oubliait pas que Philippe et elle s'étaient demandé, lors de l'échec de Callixène, s'il n'était pas impuissant.

A la lueur des lampes, — il avait désiré que cette rencontre eût lieu la nuit, règne de Vénus Noire (« Cypris est amie de l'obscurité », dit Euripide dans *Méléagre*), — il vit entrer une fille véritablement adorable. L'état dans lequel il se sentit aussitôt, lui annonça que cette pièce, témoin jusqu'à présent de ses seules voluptés avec Ephestion, allait en voir d'autres Campaspe avait les yeux bleus d'un éclat sombre, comme du lapis-lazuli, des lèvres suavement dessinées, où respiraient des roses ; ses cheveux blonds étaient tenus sur le front par un bandeau pourpre et leurs longues tresses tombaient sur sa poitrine, serrées par des boucles d'or. Elle portait une robe de Cos, presque diaphane, qui moulait sa gorge et ses hanches. En souriant, elle pivota doucement sur ses sandales à lacets d'or, pour montrer une chute de reins digne de celle de la Vénus d'Alexandre. « La reine m'a dit, murmura-t-elle, que toutes les filles de la Grèce voudraient être à ma place. Elle a dit ce que je pense, ô fils de Philippe. »

Sans un mot, il l'entraîna vers le lit, dégrafa sa robe, toucha ses seins, lui baisa le visage et devint homme en la faisant devenir femme. Quand elle poussa le gémissement de sa virginité perdue, il entendit une sorte de frisson de joie derrière la porte : il devina que sa mère, aux aguets, remerciait Vénus, autant que la remerciaient et lui et sa compagne. Encouragé par l'expérience due à Aristote, il ne s'était pas retiré, afin de goûter pleinement sa jouissance. Se moquant, au fond, d'avoir ou non un bâtard, il ne soumit pas Campaspe à l'expérience correspondante, qui permet de savoir si les femmes sont fécondes ou stériles : introduire en elles un tampon odorant, qui les indiquera fécondes, si l'odeur remonte à leur haleine, ou leur oindre les paupières d'une manière colorante, qui doit colorer leur salive.

Pris d'une nouvelle ardeur partagée, Alexandre traita Campaspe en garçon. Elle subit docilement cet assaut, pour lequel ne se posait pas la question de fécondité. Elle n'ignorait pas, d'ailleurs, que les jeunes Macédoniennes avaient le droit de se prêter de la sorte aux hommes, sans cesser d'être estimées vierges, coutume qui était aussi celle de Sparte.

Le lendemain, Alexandre put dire à sa mère qu'il avait rempli son devoir et au-delà, avec le plus grand plaisir. Mais il ne fut complètement satisfait que lorsque Ephestion, la nuit suivante, lui eut succédé dans cette chambre où souriait la statuette de Vénus. Campaspe ne pouvait, certes, recouvrer l'une de ses deux virginités, mais elle livra l'autre une seconde fois sans crainte de la perdre.

La dernière nuit, les deux amis possédèrent cette jolie fille chacun d'un côté, mêlant leurs baisers sur le coin de ses lèvres. Puis, sa bouche, à la manière de Lesbos, leur servit à retrouver leur vigueur, pour un assaut inversé. Ils convinrent que, selon le mot de Pythagore, « la nature est, en toutes choses, semblable à elle-même ».

Alexandre avait réuni son armée à la sortie de Pella, le long du Lydias. Il voulait que le peuple pût être présent à la cérémonie du départ et la place du palais royal n'aurait pas été assez grande. La veille, il avait sacrifié à Minerve, à Hercule et à Pélée, protecteurs de la capitale et de sa race. Ce matin, c'était le sacrifice au dieu de la guerre. On avait dressé un autel de gazon sur un tertre, comme pour les armées en campagne. Olympias, Cléopâtre, Campaspe, les femmes des principaux officiers, les mères et les sœurs des compagnons d'Alexandre, occupaient, avec Eumène, Parménion et le grave Léonidas, une estrade recouverte de tapis. On y apercevait également Apelle, Lysippe et Léocharès. Le secret des deux nuits d'Alexandre avait vite couru la ville et l'on regardait la concubine du prince comme on avait regardé, dans des circonstances publiques, les concubines du roi. Mais celle-là jouissait de la faveur de la reine.

Sur un autre tertre, était Alexandre, qui montait Bucéphale. Ephestion et lui avaient quitté les cercles d'or qu'ils avaient portés jusque-là au bas d'une jambe et qui leur semblaient frivoles pour des soldats, mais ils avaient conservé leurs bagues. Alexandre avait un casque d'argent à aigrette blanche et une cuirasse d'argent, l'épée à poignée d'or de Cléotime, dont on avait éprouvé la lame, des brassards et des jambières de bronze doublés de cuir ; son manteau de pourpre s'étalait le long des flancs de son cheval, qui avait un caparaçon de lin tressé. L'écuyer Polydamas n'aurait à s'occuper que de Bucéphale, mais Alexandre en avait choisi un autre, Peuceste, parce qu'il était de Miéza et que son père avait nom Alexandre : il tenait la lance du fils de Philippe et son bouclier de bronze, à masque de Méduse. Son héraut, nommé Lichas, comme celui d'Hercule, mais qui avait « la voix de bronze » du Stentor de *l'Iliade,* était de l'autre côté. Au bas du tertre, Euryloque, Ephestion et les compagnons, droits sur leurs chevaux, arboraient des armes et des cuirasses aussi brillantes. Alexandre s'était composé une garde : il l'avait formée d'enfants royaux qui avaient déjà fait leur service militaire et leur avait donné pour chef Hécatée, qui lui était dévoué depuis toujours. Il avait interdit aux officiers d'emmener leurs mignons : il imitait la sévérité qu'avait eue Xénophon à ce sujet, pendant la retraite des Dix mille. De même s'était-il interdit d'emmener Campaspe, bien que son père emmenât souvent des concubines, — les mignons de Philippe, c'étaient ses gardes. En revanche, Timothée suivrait, pour flûter durant les sacrifices et les moments de repos, ainsi que l'acteur Thessalus avec un chariot plein de costumes et d'accessoires, destinés aux représentations dramatiques. Philippe d'Acarnanie présiderait le groupe des médecins de l'armée. Des vétérinaires soigneraient les chevaux et les animaux de trait des chariots à bagages. Des éclaireurs prépareraient le ravitaillement selon les ordres expédiés d'étape en étape. Il n'y avait pas de machines de guerre, puisqu'on ne ferait pas de sièges. Des pigeons voyageurs enfermés dans une cage d'osier, porteraient à Pella les nouvelles les plus urgentes. Certain du succès, Alexandre aurait aimé qu'Eumène fût de l'expédition, pour en écrire l'histoire, comme secrétaire du roi, mais cela aurait excité la jalousie de celui-ci, qui n'avait jamais eu d'historiographe dans ses campagnes. Du moins Alexandre prenait-il l'architecte Dinocrate pour établir les plans d'une ville qu'il voulait fonder, après la victoire dont il était sûr, comme son père avait fondé Philippes dans cette région de la Thrace. La cavalerie excitait l'admiration, mais les enfants royaux, en tunique rouge, excitaient la curiosité. Comme Alexandre et ses amis, c'était la première fois qu'ils partaient pour la guerre. Empressés de répondre à son appel, aucun ne s'était dit malade. Ces garçons, de dix-neuf ou vingt ans, semblaient multiplier l'escadron des amis et en rivalisaient l'air martial. Ils démentaient tous les mots d'Euripide : « Quiconque est jeune, déteste Mars. — Il n'y a pour lui que la chevelure et la chair... » Autre chose intéressait le peuple : Alexandre avait créé un drapeau. Il était sûr d'être approuvé par son père, qui s'était contenté, pour distinguer ses troupes, de l'initiale peinte sur les boucliers. Elles auraient désormais un signe de ralliement : ce carré de pourpre, qui flottait au sommet d'une hampe et que, derrière Alexandre, portait un bel enfant royal.

Avant de venir, les soldats, les officiers, comme leur chef, casqués et revêtus de leurs armes et de leurs cuirasses de lin ou de métal, avaient bu, au milieu de leurs familles, la grave coupe de l'adieu du guerrier. A sa mère en larmes, qui le suppliait d'avoir soin de sa personne, Alexandre avait répété fièrement les mots de Pélopidas, partant pour la guerre, à une femme qui pleurait et qui lui faisait la même supplication : « C'est aux soldats qu'il faut dire cela, mais aux capitaines, il faut rappeler qu'ils doivent sauver la vie des autres »

Au pied de l'autel, Aristandre immola une chienne à Mars. C'était le sacrifice spécial qui purifiait l'armée, avant et après une guerre. Alexandre n'y avait jamais assisté : il se défendit d'un mouvement de sensibilité, en voyant la lame du couteau égorger cet animal, qui lui rappelait Périttas. Mais il avait parlé de choses plus poignantes dans son dernier entretien avec Ephestion. Comme ils maniaient leurs épées, ainsi que le leur avait appris un maître d'armes, Alexandre avait dit : « Désormais, nous nous exerçons vraiment pour la guerre, — « la guerre tueuse d'hommes », selon l'expression d'Homère. Cela signifie que nous sommes prêts à tuer et à être tués. Nous quittons le domaine de l'enfance et nous entrons dans celui des hommes, autrement qu'à propos de Campaspe. — Cette épée, dit Ephestion, représente pour moi ce que je t'ai déjà laissé entendre, quand tu m'ordonnas, si tu mourais, de tuer Bucéphale sur ton tombeau : elle me servirait à te rejoindre chez Pluton. A ce titre, elle m'est précieuse, comme une garantie de notre amour. Si c'est moi qui meurs, tu te dois au royaume dont tu es l'héritier et je t'attendrai dans les champs élysées, pour partager ta gloire. » Alexandre, attendri, l'avait embrassé.

La chienne, après qu'on eut laissé couler son sang dans la terre, fut coupée en deux, transversalement. Puis, le devin posa la tête et la poitrine de l'animal à droite du chemin, les entrailles et le derrière à gauche. Sur les pas d'Alexandre, qu'escortaient des porteurs de torches, l'armée défila entre les deux tronçons sanglants, destinés à être jetés dans le Lydias. Le fils de Philippe avait remonté sur le tertre pour voir défiler son armée. Aussi bien fourbis que ceux des officiers, comme il l'avait prescrit, les lances, les épées, les arcs, les cuirasses, les boucliers de tous étincelaient au soleil.

Aristandre poussa un cri et fit observer qu'un éclair venait de traverser le ciel serein, de gauche à droite : aucun présage ne pouvait être plus favorable pour l'armée. Alexandre ayant levé la main, son héraut cria que le prince voulait parler. « Que Mars et tous les dieux nous envoient cette déesse qui s'appelle la Victoire, dit-il. Elle a des ailes, afin de nous inspirer une allure rapide, égale à notre courage. Plus tôt nous aurons vaincu les Mædes, plus tôt nous aurons ensuite rejoint mon père à Byzance, — mon père et les pères ou les frères aînés de tant de mes compagnons et de mes soldats, — plus tôt nous reviendrons à Pella. » Lichas, le premier, puis de distance en distance, les hérauts de chaque bataillon, répétaient ses paroles à ceux qui ne pouvaient les entendre. « Gloire au prince Alexandre ! » clamèrent la foule et l'armée. Cette gloire que tout le monde lui annonçait, il se disait qu'il en jetait aujourd'hui les fondements.

Trois coups de trompettes retentirent. Au second, le héraut d'Alexandre récita les invocations à Jupiter, à Minerve et à Mars. Au troisième, l'infanterie se mit en marche, le bouclier sur une épaule, attaché par un baudrier, la lance sur l'autre épaule : Alexandre en tête de la première colonne, Euryloque en tête de la seconde ; puis, la cavalerie, qui n'irait en avant que si la marche était trop lente ; le bagage, au centre de chaque colonne, pour ne pas risquer de traîner.

Alexandre avait dans sa cassette les poèmes d'Homère et la Vénus d'or. Sa mère s'était réjouie qu'il emportât la statuette de la déesse sous la protection de qui elle l'avait placé, comme l'émeraude phallique lui continuait la protection de Bacchus. « Tu as reçu de Vénus Ephestion, lui avait-elle dit ; tu en as reçu Campaspe. Tu lui devras les faveurs de Mars, son amant. » En outre, elle lui avait rattaché au cou une opale qu'elle y avait suspendue, au temps de son enfance : c'était, selon Orphée, la pierre qui « donne aux hommes la beauté de la forme et la vigueur dans les combats ». Maintenant, il allait au combat. Olympias avait ajouté à l'opale une petite branche de corail, pour conjurer le mauvais sort.

A une lieue de la ville, on se débarrassa des casques et des cuirasses, que l'on mit sur les chariots, pour ne pas fatiguer inutilement l'armée, si loin du champ de bataille. Alexandre était enchanté de ses rapports avec Euryloque. Ce général, qui avait l'âge de Philippe, semblait enchanté lui-même d'être sous les ordres d'un si jeune chef et avait l'art de le conseiller sans ostentation. Ce qui plaisait peut-être le plus à Alexandre, chez Euryloque, c'était qu'il eût, comme lui, le goût d'aller vite. Bucéphale, qui partageait l'ardeur de son maître, frémissait d'impatience entre ses cuisses et l'eût volontiers emporté au galop. Mais il fallait l'habituer au train d'une armée.

Alexandre constata, dès la première étape, que l'intendance de son père, dont Parménion et Euryloque avaient observé les principes, était bien organisée : les provisions de pain, de vin, de poisson séché, de viande fumée, de farine et de lentilles étaient à leur place ; les rations, modiques, mais bien calculées. Alexandre et ses amis ne mangèrent et ne burent pas différemment des soldats. Seul mets chaud, la purée de lentilles avait été cuite.

Le lendemain au soir, on bivouaqua près de Thermé, ce qui rappelait à Alexandre et à Ephestion leur retour d'Olympie. Ils avaient une cuve de terre cuite pour leur bain. Leur tente était en peau de veau marin, animal réservé aux tentes royales, parce que, de même que le laurier, il n'est jamais frappé de la foudre. L'allure des troupes avait été constante et l'on devinait, à leur bonne humeur, qu'elles s'efforceraient de ne pas se ralentir. C'est le rythme de départ qui avait donné l'élan. Euryloque, qui s'en félicitait, avouait que l'on marchait presque deux fois plus vite que l'armée de Philippe. Alexandre brûlait de surprendre son père par une rapidité aussi fulgurante que le serait sa victoire : l'éclair d'Aristandre n'aurait pas menti. En attendant, il s'était amusé à étonner Euryloque, en lui prouvant qu'il savait à quel moment il fallait soulager le dos des chevaux et les cavaliers par la marche à pied, procédé qui, du reste, conservait un pas uniforme entre la cavalerie et l'infanterie. Bucéphale échappait aux règles : il hennissait de fureur, quand Alexandre cheminait à pied, et il ne s'apaisait que si celui-ci le tenait par la bride.

A la fin de l'après-midi du jour suivant, on avait dépassé l'extrémité orientale du lac Bolbé, et atteint les murs d'Aréthuse. Pour simplifier le campement, les enfants royaux furent logés chez l'habitant. Alexandre, qui avait ses commodités, préféra dormir sous sa tente, au milieu du reste de ses soldats, comme il l'avait fait la veille : il aurait ainsi la joie de coucher près du tombeau d'Euripide, qui s'élevait non loin de la ville. Entouré de son escadron, il y déposa une couronne de laurier. C'était le seul tombeau grec, avec celui de Lycurgue de Sparte, qui eût été frappé par la foudre le lendemain de l'ensevelissement, comme si Jupiter avait voulu l'honorer par une espèce d'apothéose, semblable à celle qui avait consumé le bûcher d'Hercule. L'inscription était plus brève que celle de Thucydide sur le cénotaphe d'Athènes, mais elle avait été dictée par Archélaüs, qui s'était coupé les cheveux en signe de deuil, aux funérailles du poète : « Euripide, fils de Mnésarque, de Salamine, un des trois plus grands tragiques des Hellènes. — Et qui choisit pour patrie la Macédoine. » « Le plus grand ! s'écria Alexandre. Archélaüs aurait dû ajouter, afin de marquer encore mieux sa grandeur : « Il était fils d'un cabaretier et d'une marchande de légumes et fut l'ami d'un roi. »

Ephestion dit qu'Euripide aurait pu être mieux inspiré, pour flatter Archélaüs, que d'écrire la tragédie *Archélaüs*, consacrée au premier roi de ce nom, ancêtre de Philippe et d'Alexandre. On la jouait quelquefois à Pella et à Miéza, mais elle ne donnait pas une idée très flatteuse des origines de la dynastie. Euripide avait cru pourtant flatter son hôte Archélaüs en donnant ce nom au premier Héraclide, roi de Macédoine, qui s'appelait en réalité Caranus. Mais Alexandre avait déjà été instruit, à Corinthe, d'une liberté du même genre prise par ce poète avec l'histoire. La tragédie mettait en scène ce fils de Témène qui, prié par Cissée, roi de Macédoine, de l'aider contre ses ennemis, en échange de la main de sa fille, manqua ensuite à sa promesse et voulut le faire périr dans un piège. Mais Caranus-Archélaüs, averti par un serviteur du roi, l'attira vers ce piège, — un brasier couvert de feuillage, — et l'y précipita à sa place. Puis, il alla se purifier à Delphes et, revenu en Macédoine, se conforma à l'oracle qu'Apollon lui avait rendu : il suivit des chèvres jusqu'à l'endroit où elles s'arrêtèrent, et il y fonda Egées, — la « ville des chèvres », — capitale de son royaume. « Il n'est pas moins étrange, dit Alexandre, qu'Euripide ait, du vivant d'Archélaüs, traité ce sujet reposant sur le manquement d'une promesse de mariage et qu'une des raisons pour lesquelles Cratéas tua ensuite Archélaüs, eût été un manquement semblable. Cela montre bien que notre poète avait le sens de la divination. »

Pour honorer Euripide, il pria Thessalus de déclamer quelques fragments de cette pièce. L'acteur eut vite trouvé, dans son chariot, le grand manteau, le masque et les cothurnes tragiques pour ajouter à la pompe de ces vers : « Roi d'un pays aux mottes abondantes, — Cissée, la plaine resplendit de feu... — Dans les enfants, la vertu des hommes bien nés — Brille... — Heureux qui, ayant du sens, honore le dieu — Et à qui cela procure une grande récompense... — Une troupe petite et forte — Est plus utile qu'une armée innombrable... — Il convient toujours à l'homme jeune d'oser. — Personne, en effet, de nonchalant n'est illustre, — Mais les travaux engendrent la gloire... — Louange à la vaillance des Macédoniens. » La mémoire de Thessalus avait su choisir des paroles de bon augure et dont certaines s'appliquaient au jeune chef.

Satisfait de cet hommage à Euripide, Alexandre pensait à un autre maître de son esprit, qu'il regrettait de ne pouvoir visiter à Stagire. La ville d'Aristote était à une trentaine de kilomètres au sud d'Aréthuse, dans la péninsule de Chalcidique, et Bromisque, l'endroit précis où Euripide avait été dévoré par des chiens, était située entre les deux. Alexandre dépêcha un messager au Stagirite pour le saluer. Chef de sa première expédition, il voulait attester, d'une manière ou d'une autre, que les armes ne lui faisaient pas oublier les Muses : ces déesses faisaient partie, en quelque sorte, de son cortège. Il ne se considérait, d'ailleurs, que provisoirement éloigné de ses études. Le séjour de Miéza lui était trop cher pour qu'il ne souhaitât d'y retourner, sitôt finie cette campagne : après avoir commandé une armée, il goûterait de nouveau la joie d'être l'élève d'Aristote.

Les brasiers du repas du soir, où l'on rôtissait bœufs et moutons, lui paraissaient l'immense autel d'une hécatombe ; il n'y manquait que l'encens. Pendant le dîner, sous la vaste tente, Euryloque parla du canal que Xerxès avait fait creuser à travers le mont Athos, — le plus oriental des trois appendices de la Chalcidique —, pour établir une communication entre le golfe d'Acanthe et celui de Singus. Homère avait décrit Junon passant par cette montagne, après l'Olympe, la Piérie et l'Emathie, pour aller à Lemnos prier le Sommeil d'endormir Jupiter, lorsqu'elle aurait couché avec lui sur l'Ida.

Euryloque dit qu'il y avait, non loin de la ville d'Acanthe, le magnifique tombeau élevé par Xerxès à l'architecte perse Artachée, décédé pendant la construction du canal. Les Acanthiens sacrifiaient à cet architecte, qu'ils avaient divinisé. Alexandre trouvait assez belle la lettre que le grand roi avait écrite au mont Athos, avant d'entreprendre ce percement : il y voyait moins une naïveté ridicule que la conviction profonde de sa qualité de roi commandant aux éléments, de même que les dieux dont il est l'élu. C'était sans doute ce qui avait causé sa fameuse colère contre le détroit de l'Hellespont ou des Dardanelles, après que la tempête eut détruit son pont de bateaux. « Montagne superbe, avait-il écrit, qui, de ta cime, touches les dieux, garde-toi d'opposer à mes

entreprises des rochers trop durs, ou bien tu seras brisée et jetée à la mer. »
Quant à la mer, il pensait l'avoir désormais à ses ordres, puisqu'il lui avait
fait donner trois cents coups de fouet et lui avait fait mettre un joug à
l'Hellespont. Mais l'Athos n'ayant que deux mille mètres d'altitude,
l'apostrophe avait quelque redondance orientale.

Dinocrate s'écria qu'il avait une idée qui ne serait pas exécutée à coups
de fouet, tel le canal de Xerxès, — le grand roi ne se contentait pas de faire
fouetter la mer, — et qui effacerait dans ces lieux le nom de ce dernier et de
son architecte : un jour, il sculpterait le mont Athos en lui donnant les
traits d'Alexandre ; ce serait la plus extraordinaire statue à la gloire d'un
homme. Les amis d'Alexandre applaudirent. Il sourit et déclara qu'Olympie et Nicolas de Strate lui avaient enseigné le danger de chanter victoire
avant la bataille : il lui faudrait remporter bien des triomphes pour
consentir à ce projet sans craindre de faire rire les Athéniens. Il ne laissait
pas d'être flatté que son entourage eût foi dans son étoile. Comme il
bénéficiait de tout ce que Philippe avait accompli et qu'il bénéficierait de
tout ce que Philippe accomplirait encore, nul ne doutait qu'il ne le
dépassât : la gloire de son père semblait une simple esquisse de ce que
serait la sienne. Même Isocrate avait eu l'air de le lui prédire.

Si le prestige d'Alexandre était inouï par rapport à son âge, il ne le
devait pas seulement aux qualités que l'on admirait en lui et au crédit qu'on
lui accordait : son charme et sa séduction y avaient leur part. En deux
jours, il était devenu l'idole de l'armée, ce qui avait demandé à Philippe
vingt ans. Il apprenait les noms des soldats qui s'étaient distingués dans des
campagnes précédentes, ou qui étaient marquants à un titre quelconque
(victoire aux jeux, aspect athlétique, beauté, laideur, fragilité...). En cela,
il imitait son père, qui savait également les noms de tous ses principaux
soldats, comme Thémistocle savait ceux, disait-on, de tous ses concitoyens.
Il estimait désormais aussi nécessaire d'avoir dans sa mémoire les noms de
milliers d'hommes que des milliers de vers.

Il eut une agréable surprise, au réveil : Aristote l'attendait. Alexandre
le reçut en prenant son bain. Ce petit homme chauve, cagneux, décharné,
bégayant, qui représentait la science universelle, faisait toujours sur lui une
vive impression. Mais Alexandre n'ignorait pas ce que lui-même représentait pour Aristote. Le philosophe le lui témoigna par son compliment. « O
Alexandre, dit-il, avec un geste de déférence qui fit briller ses bagues, je ne
voulais que rendre hommage à ta nouvelle autorité et faire des vœux pour le
succès de tes armes : celles de ta beauté me terrassent déjà, comme le jour
où j'eus l'imprudence de lutter avec toi. »

Alexandre et Ephestion sourirent, parce que ces paroles leur rappelaient un épisode de la vie à Miéza. Bien après la nuit où Ephestion avait
découvert les amours du philosophe et de son disciple Paléphate et peu
après le jour où l'on avait eu ses confidences au sujet d'Hermias, Aristote

avait proposé de se mesurer avec Alexandre à la lutte. Frottés d'huile et de sable, ils s'enlacèrent et chacun se contorsionnait pour renverser l'autre. Cet homme de quarante-quatre ans allait être culbuté par ce garçon de quatorze, lorsque tout à coup il se détacha de lui avec confusion : un long serpent qui n'était pas celui d'Olympias, s'était allongé entre eux et dressait contre Alexandre une tête menaçante. Tout le monde s'était esclaffé. Aristote en accusa l'attrait de son élève. Il raconta que la même chose était arrivée à Diogène dans un gymnase de Milet : le Cynique luttait avec un beau jeune homme, qui s'écarta brusquement et prétendit le faire chasser par le maître du gymnase, pour n'avoir pas dompté son désir. Diogène leur avait fait ce raisonnement, que relatait une de ses lettres : « Pouvez-vous interdire à un nez d'éternuer et à une verge de se dresser ? La nature et non pas l'homme veut que le nez éternue et que la verge se dresse. Si ce n'est pas votre avis, il faut donner des carcans et des liens à ceux qui entrent dans votre gymnase. » « Alexandre, avait conclu le philosophe, comme tu ne me donnerais ni carcan ni liens, je ne lutterai plus avec toi. — Je te ferai observer, lui avait dit Alexandre, que, par respect pour toi, je ne me retirais pas. — Je t'en sais gré, lui avait dit Aristote, touché de cette coquetterie, mais c'est à moi de respecter ta divinité dans ton humanité. »

Ce mot avait dû resurgir également chez le philosophe en cette matinée d'Aréthuse, car il dit ensuite à Alexandre : « On reconnaît les dieux à la beauté ; mais toi, on te reconnaît en toutes choses. Avoir placé ta tente près du tombeau d'Euripide, et avoir fait réciter des vers d'*Archélaüs,* c'est montrer que, jusque sur le chemin de la guerre, tu es Alexandre. »

« Je tenais aussi à te rencontrer, dit Aristote, pour t'engager à être généreux dans ta victoire. N'ordonne pas le massacre des prisonniers, comme l'ont fait trop souvent les Athéniens, les Spartiates et, permets-moi de le dire, parfois même ton père. Du reste, ce ne sont pas des ennemis que tu vas combattre, mais des sujets révoltés. J'aurais aimé te suivre, si mes recherches ne me fixaient à Stagire, tant que tu n'as pas besoin de mes leçons. C'est moi, bientôt, qui aurai besoin des tiennes. — Ton génie, dit Alexandre, aurait pu m'en donner à la guerre, par l'instinct que tu as de tout comprendre et de tout deviner. Je n'ai pas oublié Archytas de Tarente, le disciple de Pythagore, qui a commandé avec succès l'armée des Tarentins, et Mélissus, le disciple de Parménide, qui a battu les Athéniens en commandant la flotte de Samos. — Mémoire est toujours ta déesse, comme Minerve, dit Aristote en souriant. Mais, si je me crois inutile dans le domaine militaire, je serais heureux de savoir que tu demeures attaché à la philosophie. Aussi ai-je pensé que tu pourrais emmener un philosophe, natif de ces régions où t'appelle Mars : Anaxarque d'Abdère, mon disciple et qui, à ce titre, — tu ne l'ignores pas, — reçoit les bienfaits lointains de Philippe. Il te rendra service auprès de tes concitoyens et leur rendra service. La promesse de ce que tu seras, paraîtra dans ce simple fait, que tu

ailles combattre les Mædes entre Euryloque et Anaxarque. — Par Jupiter,
dit Alexandre, c'est le gouverneur d'Abdère qui nous a avisés de la révolte
des Mædes. Cette ville est à l'ordre du jour. »

Il avait emmené son masseur celte, **dont** la poigne lui semblait
augmenter son intrépidité guerrière, mais c'est la myrrhe de Cléotime qui
embaumait la tente. Dès qu'Alexandre fut habillé, on introduisit Anaxarque. C'était un homme de belle apparence, au visage souriant, à la barbe
noire, — il n'était pas aristotélicien par le menton rasé, — et vêtu de la robe
thrace à bandes brodées. « Comme Ulysse, dit Aristote en le présentant,
« il a vu les cités de beaucoup d'hommes et connu leurs esprits ». N'ayant
pas reçu de moi la manie d'écrire, il met toute sa science dans sa
conversation et sera un précieux compagnon pour un prince voyageur. Il a
été le disciple de Métrodore de Chio, lequel fut celui de Démocrite, et tu
peux juger, à son air épanoui, qu'il est bien de cette école dont le fondateur
avait fait du rire sa réponse à toutes choses. Ta jeunesse appréciera un
philosophe gai. — Puisque Minerve est la déesse de Pella, dit Anaxarque,
je me dois de rire comme elle rit, au XXIᵉ chant de *l'Iliade*, quand, d'un
coup de sa lance, elle renverse le dieu de la guerre et lui fait couvrir sept
arpents, — mais elle est aussi la déesse qui accompagne les héros des
épopées. » Citer Homère, c'était conquérir d'emblée Alexandre ; en outre,
la flatteuse allusion ne pouvait que le toucher. Il demanda à Anaxarque s'il
était Thrace d'origine. « Seulement de naissance, ô prince, dit le philosophe, et mon nom n'est pas emprunté. Mais je crois que le lieu où nous
naissons, compte autant que les gens dont nous naissons. C'est pourquoi
j'affecte cette tenue, qui a inspiré peut-être ta demande. L'essentiel est de
ne jamais se renier. — Ton caractère me plaît, dit Alexandre, et je te
nomme de ma suite, où la seule recommandation d'Aristote t'aurait donné
place. — Antisthène, qui fonda l'école cynique, dit Aristote, était
Athénien, mais de mère thrace. Tu sais comment il se moquerait des
Athéniens, qui se vantent d'être « nés de leur propre sol ». Au moins
Anaxarque et moi sommes-nous fiers d'être d'un pays qui a pour maîtres
Philippe et Alexandre. »

Les deux philosophes assistèrent au sacrifice que célébra l'armée avant
le départ. On immola un coq, animal consacré à Mars, comme la chienne.
Puis, Alexandre salua au loin, en Chalcidique, le cap Nymphéum où
Mardonius, le général de Xerxès, avait perdu trois cents vaisseaux et vingt
mille hommes, par la vengeance de Neptune, irrité du percement de
l'Athos dont ce cap est le prolongement. Mais il saluait aussi, vers la
péninsule de Pallène, cette ville d'Aphytis où il était allé jadis avec sa mère,
pour vénérer le seul temple macédonien de Jupiter Ammon.

Pendant que l'armée défilait, Aristote dit à Alexandre . « Quand je
t'expliquais, à treize ans, ce que j'appelle « la faculté sensitive de l'âme »,
par ces mots   « un être en puissance », je te disais ∶ « Un enfant est en

puissance un chef d'armée, mais un adulte l'est également de façon plus probable. » Tu as renversé cette donnée, comme tu renverses toutes celles de la logique, en prouvant que tu as un destin à part. — Mon enfance a fini à Olympie, dit Alexandre. Mais ne crois pas, si je ne suis plus un enfant, que tu me perdes comme disciple. »

L'armée se mit en route, sinon avec un soldat de plus, du moins avec un philosophe. Alexandre le fit chevaucher à ses côtés. « Il est bon, dit-il, de détruire les fausses réputations. Démocrite, Protagoras et toi démontrez que les Abdéritains ne sont pas stupides, comme le racontent les Athéniens. — Ces derniers disent la même chose des Béotiens, répliqua Anaxarque, et je n'ignore pas ton admiration pour Pindare, dont le génie suffit à justifier Thèbes. — Les Abdéritains lui ont, du reste, commandé trois péans, dit Alexandre. — Abdère ne passe pour une ville stupide que parce qu'on la croit uniquement thrace, continua Anaxarque : elle a été fondée par les Ioniens de Téos. Mais ajoute au grand nom de Démocrite celui de Protagoras. Même si Platon s'est moqué de lui, sous prétexte que c'était un sophiste, il en a fait le héros d'un de ses dialogues. Ce qui me passionnera d'être auprès de toi, Alexandre, c'est que je suis en train de développer la doctrine de Démocrite sur la relativité : comme tu ne vis que pour l'absolu, il est peut-être intéressant que mon esprit soit l'envers de ton action. Aristote n'a pas voulu te le dire, parce qu'il a pour toi trop de déférence, mais le service qu'il t'a fait espérer de moi, sera sans doute de te modérer, puisque tu n'as besoin du stimulant de personne. Or, la philosophie, c'est la modération. — Tu seras donc mon Mentor, dit Alexandre, mais nous partons pour d'autres aventures que celles de Télémaque. »

Avec Euryloque, Alexandre se félicitait de l'œuvre de son père dans ces contrées qui se découvraient à lui. La prospérité y régnait. Les paysans sortaient de leurs champs de blé ou de lin, de leurs fermes bien bâties, pour acclamer leur prince ; les pâtres lançaient des fleurs sur les soldats. Le bon entretien des routes était, à la fois, un moyen de faciliter la surveillance et d'augmenter les échanges. Elles étaient, non seulement bien battues, mais empierrées aux abords des villes et même là où la campagne était sujette aux inondations. Des ornières avaient été creusées dans les parties rocheuses du mont Bertisque, pour faciliter le passage des voitures ; des courbes d'évitement, pratiquées dans les lieux abrupts. Comme sur la route de Pella, il y avait, de loin à loin, des gaines de Mercure ou de Priape, des statues d'Hécate, parfois une chapelle d'Apollon. Ces travaux étaient le résultat de prestations imposées aux habitants, comme les ponts de bois qui enjambaient les rivières. Mais enfin, la Sithonie, qui succédait à la Mygdonide et à la Chalcidique, étaient des provinces de la Macédoine : on n'était pas encore en Thrace.

« Au Strymon, dont nous approchons, dit Anaxarque à Alexandre, nous entrerons dans une autre partie de ton royaume et franchirons les frontières de la Grèce. Les mages de l'armée de Xerxès y sacrifièrent des chevaux blancs, en présage de conquête. — Je ferai donc immoler un cheval noir pour « sacrifice de la traversée », en l'honneur d'un si grand fleuve, dit Alexandre. — Les mages firent plus, continua Anaxarque : ayant appris que le carrefour des routes, à l'embouchure du Strymon, s'appelle les Neuf voies, ils enterrèrent vivants neuf jeunes garçons et neuf jeunes vierges du pays. » Le philosophe rappela aussi qu'à leur retour, après la bataille de Platée, les soldats perses trouvèrent le Strymon gelé par un hiver précoce (c'était en automne) : seuls furent sains et saufs ceux qui passèrent le fleuve avant l'aurore ; les autres furent engloutis, car, aux premiers rayons du soleil, la glace avait cédé.

On était sur le golfe du Strymon. Eion, où l'on fit halte, s'étendait entre le fleuve et la mer. Entrepôt du commerce des laines, du bois et du vin de cette région, c'était le port d'Amphipolis, ville qui s'élevait sur un contrefort du mont Pangée et que sa situation stratégique avait faite l'objet de longues rivalités entre Sparte, Athènes et Philippes : on la considérait comme la clé de la Thrace et de la Macédoine. Dans l'arrière-pays, le lac Cercinite, que traversait le Strymon, était le plus grand chantier naval du royaume. Au bois du Pangée, s'ajoutait celui du mont Orbèle et du mont Drysore, qui formaient d'autres frontières au nord et à l'ouest. Des nuées de grues peuplaient les rives du Strymon, célèbre par le souvenir d'Orphée, qui avait chanté, sept mois, sur les rochers de ce fleuve, la mort d'Eurydice, tuée par un serpent le jour de leurs noces. C'est après la mort de son épouse que le plus grand des chanteurs s'était adonné à l'amour des garçons. Mais le Strymon était également célèbre par ses anguilles, non moins recherchées que celles du lac Copaïs en Béotie. Les cuisiniers étaient allés déjà en pêcher pour varier l'ordinaire.

Aristandre égorgea un cheval, en présence de toute l'armée, et fit constater à Alexandre que les entrailles étaient favorables. Puis, il laissa l'animal se consumer entièrement sur le feu de l'autel de gazon : jamais les Grecs ne mangeaient de viande de cheval. Durant la cérémonie, Alexandre songeait à cette coutume de sacrifier aux fleuves et évoquait la lutte de son ancêtre Hercule contre le fleuve acarnanien Achéloüs. Au reste, c'est ce fleuve et non le Strymon que l'on avait invoqué pour le sacrifice, tous les sacrifices aux cours d'eau étant faits à celui-là, père des trois mille, issus des épousailles de l'Océan et de Thétis, la future mère d'Achille. Aristandre n'oubliait jamais, dans tous les sacrifices, d'invoquer l'eau même de l'Achéloüs, estimée la plus vénérable. Sans doute était-elle plus pure que l'eau du Strymon, qui charriait autant de boue que le Sperchius et l'Axius.

Cela n'empêcha pas Alexandre de s'y laver les mains, selon le rite de son père et du grave Léonidas, non plus que les soldats de se baigner dans le fleuve ou dans la mer, dont l'eau était aussi limoneuse près du rivage.

Anaxarque dit que le Nestus, dans les parages d'Abdère, souillait de même la limpidité de la mer. C'est la richesse des terres traversées par ces fleuves qui en était cause. Comme le philosophe, habitué aux bains de cette espèce, se déshabillait pour imiter les soldats, Alexandre s'étonna de le voir soigneusement épilé, à la manière d'Epaphos, et circoncis. « Tu es le premier homme que je voie sans poils et sans prépuce, lui dit-il. — Ô Alexandre, lui dit le philosophe, ce sont deux usages des Thraces. Est-ce que leur épilation vient du goût de la pédérastie que leur donna Orphée ? Je ne saurais le dire. La circoncision est peut-être un héritage des Perses, qui se circoncisent comme les Egyptiens. Dans *les Acharniens* d'Aristophane, les Thraces Odomantes arrivent sur la scène « la verge défeuillée ». Il s'agit évidemment à la fois de la feuille du prépuce et du feuillage des poils. »

Quand Eion appartenait à Xerxès, le gouverneur de cette ville, Bogès ou Butès, assiégé par Cimon, refusa de s'enfuir. Il fit faire un grand bûcher, sur lequel il égorgea sa femme, ses enfants, ses concubines et ses serviteurs, avant de s'y égorger lui-même, non sans avoir jeté ses trésors dans le Strymon. Alexandre rappela l'inscription qu'il avait vue à Athènes et ce que le grave Léonidas avait dit, au sujet de la prise de cette ville.

Plus tard, Thucydide, alors général des Athéniens, avait défendu Eion contre les troupes du général spartiate Brasidas, mais perdu Amphipolis. C'est ce qui causa son exil et lui permit d'écrire son *Histoire*. Il était propriétaire, par sa femme, de mines d'or à Scapté-Hylé, sur la côte, non loin du mont Pangée. Ce Macédonien d'adoption descendait de Miltiade par sa mère et des rois de Thrace par son père Olorus, homonyme de celui dont la fille, Hégésipyle, avait épousé le vainqueur de Marathon. L'historien de la guerre du Péloponèse avait donc une double origine thrace et royale. Il fut tué par trahison près de ce bourg où étaient ces mines. L'ambition d'écrire un jour l'histoire de son temps, lui était venue à quinze ans, lorsqu'il était à Olympie et qu'il avait entendu Hérodote lire au stade des fragments de son *Histoire*. Ses cendres furent transférées à Athènes avec honneur. Son tombeau était à côté de la porte de Mélite, voisine de la Pnyx, parmi ceux de la famille de Cimon, son parent.

Anaxarque dit à Alexandre que l'on pratiquait, dans cette zone de la Thrace, une chasse aux oiseaux particulière, au moyen de faucons apprivoisés. Il n'était pas question d'en organiser une, non plus que de monter à Amphipolis, où étaient des temples célèbres. Mais le gouverneur de la ville vint apporter à Alexandre des nouvelles toutes fraîches, reçues d'Abdère : les Mædes restaient dans la plaine et se dirigeaient vers l'est. Il était donc évident, comme on l'avait présumé, qu'ils entendaient couper la route à Philippe. Cela allongeait un peu celle d'Alexandre avant qu'il pût les rencontrer, mais le rapprocherait de Byzance. Il se réjouissait également de n'avoir pas à faire une guerre de montagne : ce genre de combats, que

Parménion appréhendait à juste titre, ne figurait pas dans Homère et lui avait laissé de mauvais souvenirs dans Xénophon.

L'étape d'Eion lui avait fait constater que tous les ordres donnés par l'intendance, continuaient d'être minutieusement remplis. Euryloque disait que, naguère, les soldats allaient à la maraude pour leur subsistance ; Philippe avait bien réformé son royaume. Toutes les petites villes que l'on avait longées, — Apollonie, Aréthuse, Argile, — avaient une garnison, moins forte qu'à Eion, mais capable d'assurer l'ordre et la sécurité. Nulle part l'aspect juvénile d'Alexandre n'avait provoqué de surprise. Il est vrai que sa prestance, le respect d'Euryloque et la ferveur de l'armée, lui servaient de recommandation. Les officiers et les autorités qui le saluaient au passage, le traitaient comme ils auraient traité son père. Le régent faisait figure de roi.

Il constatait également avec plaisir que, dans la partie de la Thrace où l'on avançait, les routes étaient aussi bien tracées et entretenues qu'en Macédoine. L'accueil des populations demeurait enthousiaste : on était encore loin du foyer de la révolte, qui n'avait pas gagné de terrain. Beaucoup d'hommes et de femmes étaient tatoués en souvenir d'Orphée. Certaines portaient sur la tête des fardeaux ou des jarres, en ayant d'autres choses sur les bras. Anaxarque raconta qu'Alyatte, roi de Lydie, père de Crésus, étant assis devant les murs de la ville de Sardes, vit passer une femme semblablement chargée et qui tirait un cheval par la bride. Le roi conçut tant d'estime à son égard qu'il demanda d'où elle était. On lui répondit qu'elle était de Myzie, province thrace. Il dépêcha aussitôt des ambassadeurs pour prier le roi de Thrace Cotys, — nom fréquent chez les rois thraces, — de lui envoyer une colonie de ce pays, hommes, femmes et enfants.

Barrant l'horizon, à main gauche, s'étendait le mont Pangée, source de la grandeur de Philippe et, par conséquent, de la future grandeur d'Alexandre. Celui-ci pensait, certes, aux coffres de monnaies d'or de la citadelle de Pella, mais aussi aux bijoux d'or, aux rubis et aux diamants d'Olympias : ils sortaient tous de cette montagne, consacrée à Bacchus, qui avait habité sur ses pentes. C'est là, en effet, que le fils de Jupiter et de Sémélé, né à Thèbes comme Hercule, avait passé son enfance, également partagée entre l'Hélicon et le Cithéron en Béotie et le Parnasse en Phocide. Araxarque dit que les Thraces vénéraient la ville de Nysa, située dans ces montagnes où était un oracle fameux de Bacchus. Ils avaient attiré pareillement Aristée, ce fils d'Apollon, né à Cyrène, qui disparut ensuite sur le mont Hémus : il fut initié par Bacchus à ses mystères et apprit aux hommes l'apiculture. Enfin, c'est sur le Pangée que Bacchus avait reçu sa seconde naissance, fruit des amours de Jupiter, transformé en serpent, avec sa fille Proserpine, — le mystère « dont on ne doit pas parler » et qui avait fait associer le serpent au culte du dieu de la vigne. Olympias était venue conduire les bacchantes de la Thrace au mont Pangée, après la conquête de Philippe.

Alexandre interrogea Anaxarque sur l'existence d'Aristote à Stagire. Le philosophe en juxtaposait plusieurs, qui lui formaient une vaste famille. On voyait autour de lui les personnes dont Alexandre connaissait déjà les noms : sa fille Pythias, qu'il avait eue de la fille adoptive d'Hermias, sa seconde femme, Herpyllis, et leur fils, Nicomaque encore enfant, son neveu Callisthène et Théophraste, qui étaient ses principaux collaborateurs, ainsi qu'Aristomène, homonyme de l'ancien roi de Sparte, Hipparque, homonyme de l'ancien tyran d'Athènes, Timarque, homonyme de l'ancien ennemi de Philippe, et Diotèle. Il y avait enfin des disciples beaucoup plus jeunes, qui étaient parfois ses mignons, comme Paléphate qui l'accompagnait à Miéza. Les deux principaux, à peine sortis de l'enfance, étaient Myrmex et Nicanor, homonyme du fils de Parménion. En attendant que le philosophe eût le loisir de s'occuper d'eux, ils prenaient, en quelque sorte, l'air de la maison et s'initiaient auprès des autres, sous la surveillance maternelle d'Herpyllis. Les parents de Myrmex étaient des gens riches, qui couvraient Aristote de cadeaux ; mais Nicanor était le préféré, en tant que fils de Proxène d'Atarné, la patrie d'Hermias. Proxène, qui avait été tuteur d'Aristote, avait eu ce fils peu avant sa mort et le philosophe l'élevait comme si c'eût été un frère de Nicomaque. Il prétendait même le marier un jour à Pythias. Sans doute y avait-il, dans ces liens complexes, un souvenir d'Eubule, le tyran, ex-banquier, d'Atarné, dont Hermias avait été à la fois le fils adoptif et le mignon. Du reste, un cénotaphe à la mémoire du fameux eunuque rappelait son amour à tous ses hôtes. De même qu'Alexandre était copié par ses amis dans ses attitudes, les disciples d'Aristote imitaient le bégaiement du philosophe. Anaxarque disait que ceux de Platon haussaient presque tous leurs épaules pour approcher de la largeur des siennes, particularité de son physique.

Pendant l'absence d'Alexandre, le philosophe avait fait des découvertes qui le passionnaient. Il venait de trouver que la langouste a deux utérus, que les moustiques n'ont pas de verge et que c'est la femelle qui introduit son utérus dans le mâle. Alexandre admira, une fois de plus, cet esprit, aussi vaste que le monde, et soucieux de ne rien négliger du connaissable. Néanmoins, il ne pouvait s'empêcher de sourire et pensait à la plaisanterie d'Aristophane sur les travaux du même genre imposés par Socrate à ses disciples : mesurer « combien de fois une puce saute la longueur de ses pattes », ou examiner « si les moucherons chantent par la bouche ou par le derrière ».

La philosophie d'Anaxarque intriguait Alexandre. Il lui demanda quelques lumières sur sa doctrine de la relativité. « Comme Démocrite, dit le philosophe d'Abdère, j'ai pris le contrepied de Parménide, qui a inventé la doctrine de l'absolu. Les Eliates étaient pour l'unité, ce qui les obligeait à confondre le grand et le petit, le noir et le blanc, le néant et l'infini. Zénon en arrivait à nier le mouvement, le temps et l'espace. Comme les philosophes de l'Inde, je déclare, à l'inverse, que l'absolu est une parole à ne jamais prononcer. Seul, pour moi, le relatif existe, puisque seule existe la pluralité. Si je ne vois aussi partout que des apparences, je ne vois aussi partout que des opinions. Je ne serai donc jamais, ô Alexandre, le contempteur secret de la beauté et de la gloire, parce que l'opinion qu'en ont les autres hommes, me paraît aussi respectable que l'opinion de ceux qui y sont indifférents. Il va sans dire que le nombre des derniers sera toujours bien moindre. Tu illustreras même ma théorie que le monde n'est que le monde de l'opinion. C'est ainsi, du reste, que Parménide définissait le monde de la réalité, pour soutenir qu'il n'y a qu'une chose : l'absolu. — Je crois, dit Alexandre, que je concilie ou réconcilie les deux doctrines : je sens le relatif de la gloire, qui pourtant me fascine, mais je sens aussi l'absolu de l'amour. »

On était en Bisaltie ou pays des Bisaltes. Une tribu de ce peuple s'était transférée de l'autre côté du Strymon, où elle avait fondé, près du lac Cercinite, la ville de Bergé. Une autre tribu vivait plus au nord et l'on disait qu'elle avait conservé l'usage barbare qui avait jadis caractérisé les Bisaltes, de boire du lait de brebis mêlé à du sang de cheval. Pourtant, comme le rappelait Anaxarque, le premier roi des Bisaltes, Bisaltès, leur fondateur était fils du Soleil et de la Terre. Sa fille Théophane avait été d'une telle beauté que Neptune en devint amoureux. Pour jouir d'elle plus commodément, il la transforma en brebis et se transforma en bélier. C'est de leur amour qu'était né le bélier à toison d'or.

Un autre roi des Bisaltes, Rhésus, avait été le malheureux allié d'Hector sous les murs de Troie, et Euripide en avait fait le héros d'une de ses tragédies. Homère le disait fils de la néréide Eionée, qui avait transmis son nom à la ville d'Eion, et il ne précisait pas qui était son père, mais le poète tragique, suivant une autre tradition, lui donnait pour auteurs une Muse et le Strymon lui-même. *L'Iliade* décrivait « les forts beaux et très grands chevaux » de Rhésus qui, « plus blancs que la neige, couraient, semblables aux vents ». Anaxarque déclara que ce roi était vénéré généralement par les Thraces en qualité de héros cavalier et de protecteur de la chasse : des bas-reliefs le montraient avec ses chevaux et un écuyer, fonçant sur un cerf. Du temps de Xerxès, ajouta le philosophe, le roi des Bisaltes avait refusé de rendre hommage au grand roi et s'était réfugié sur le Rhodope ; au retour de l'expédition des Perses, il creva les yeux à ses fils, qui avaient accompagné Xerxès.

Durant l'étape d'Ezymé, Alexandre voulut régaler de quelques vers de *Rhésus* d'Euripide l'armée et les habitants qui parlaient grec, — Périclès avait jadis envoyé mille Athéniens chez les Bisaltes. C'était la seconde fois, depuis le départ de Pella, qu'il recourait à Thessalus ; mais, pour celle-ci, l'escadron des amis ne composerait pas seul l'auditoire. L'acteur se dit capable de faire les différents rôles. Lichas, le héraut d'Alexandre, annonça la représentation.

Une estrade avait été hâtivement dressée, où Thessalus se produisit dans les tenues successives de la tragédie dont il savait par cœur de nombreuses tirades, comme de toutes les principales œuvres des grands auteurs dramatiques et comiques. C'est en garde troyen, avec un bonnet phrygien, une cuirasse, un large ceinturon, un bouclier rond et une lance, le masque de chiffon stuqué amplifiant sa voix, qu'il chantonna, accompagné par Timothée et les autres joueurs de flûte, l'accueil du camp d'Hector au roi Rhésus :

« Tu arrives, fils d'un fleuve, — ... Conduit par des poulains rapides... — Io, io, ô grand roi ! ô Thrace ! qu'il est beau — A voir, le lionceau que tu as nourri chef de ville ! » L'armée regarda Alexandre à ces derniers vers : le lionceau, c'était lui, mais il n'aurait pas le sort funeste de Rhésus.

Après diverses transformations, l'acteur enveloppé d'un voile bleu et un masque de femme sur le visage, incarna la Muse maternelle, pleurant son fils, victime d'Ulysse et de Diomède, roi d'Argos, et faisant des confidences sur la perte de sa virginité :

« Comme je traversais les eaux du fleuve, — Je fus entraînée sur la couche féconde du Strymon, — Alors que nous marchions vers le roc Pangée aux mottes d'or, — Muses exercées avec nos lyres, — Pour soutenir le plus grand combat musical — Contre l'illustre et sage Thrace Thamyris, — Que nous avons aveuglé, parce qu'il avait souvent insulté notre art. — Et après t'avoir engendré, par respect pour mes sœurs et pour leur virginité, — Je t'envoyai aux belles eaux torrentueuses de ton père — Et, pour t'élever, le Strymon ne te donna pas — A une main mortelle, mais aux filles des sources. — Là, très bien formé par des vierges, — Tu étais, comme roi, le premier des hommes de Thrace, mon enfant... — Il n'ira pas dans le sol noir de la terre... — Mais, caché dans les antres de la terre qui contient de l'argent, — Homme-dieu, il y vivra, voyant la lumière, — Comme le prophète de Bacchus, qui habite le rocher de Pangée, — Dieu révéré de ceux qui savent. »

Quand on fut reparti, Anaxarque parla de l'autre roi de Thrace, Polymestor, dont le souvenir était moins honorable à propos des événements qui suivirent la guerre de Troie. C'est à lui que Priam avait confié le dernier de ses fils, Polydore, avec des trésors immenses, et, à la nouvelle de la chute de la ville, ce souverain avait tué le jeune garçon. « Nous aurons la délicatesse, dit Alexandre, de ne pas réciter *Hécube*, où la vieille reine, par vengeance, fait aveugler Polymestor et massacrer ses enfants. Tout cela dut se passer dans cette contrée. — Oui, dit Anaxarque : en allant à Byzance, nous verrons la ville d'Enus, au bord de l'Hèbre, près de laquelle se trouve le tombeau de Polydore. Hécube, tu t'en souviens, fut changée en « chienne aux regards de feu » et c'est peut-être son engeance qui aboie sur notre passage. Quand Polymestor, aveugle, prophétise à cette reine une telle métamorphose, il dit qu'elle lui a été annoncée par Bacchus, « le devin des Thraces. »

« Que de gens aveuglés chez vous ! dit Alexandre. Thamyris, pour avoir défié les Muses ; le roi Lycurgue, pour avoir interdit le culte de Bacchus... — C'est que nous sommes une nation fière et forte, dit Anaxarque. La veuve de Priam appelle Polymestor « l'homme le plus difficile à vaincre ». Lycurgue ne voulait pas se laisser dominer par Bacchus lui-même, Thamyris par les Muses. — Que dirais-tu, fit Alexandre, si je n'observais pas les conseils d'humanité d'Aristote et me conduisais cruellement envers tes compatriotes ? Faute d'aveugler le cousin de Térès qui me combat, je pourrais le faire crucifier, châtiment des traîtres et des esclaves, le faire empaler, écarteler... »

Alexandre se plaisait à imaginer des supplices pour avoir l'illusion qu'il lui était permis d'ordonner n'importe quoi. Il n'en parlait qu'en vue de faire trembler et disserter Anaxarque : le philosophe, les yeux mi-clos, la tête dodelinante, n'écoutait plus. Il vacillait dangereusement sur son cheval et on l'empêcha juste à temps de tomber. Depuis qu'il suivait l'armée, il s'était un peu contraint, pour ne pas choquer Alexandre, dont la sobriété était exemplaire, mais il avait vite justifié la réputation d'ivrognerie des Thraces. Incapable de boire du vin autrement que pur, il titubait après chaque repas. Alexandre respectait trop Bacchus pour lui en faire le reproche, qui eût paru d'ailleurs mal fondé, attendu les habitudes de son père. Le philosophe d'ailleurs, se dégrisait dès qu'il était à cheval. Mais à présent qu'on était en Thrace, il s'enivrait doublement avec la bière et avec le vin. L'étape capiteuse d'Esymé et l'effort de soutenir la conversation, l'avaient épuisé. On l'allongea sur un chariot. « Heureusement qu'Aristote me l'a fourni pour guide ! dit Alexandre. — En tout cas, lui dit Ephestion, c'est la preuve que tu as déjà vaincu les Thraces, même s'ils sont philosophes. »

Au déjeuner, on railla Anaxarque, qui avait recouvré son alacrité et qui semblait ravi qu'on acceptât son intempérance. « Nul ne méprise plus que moi l'homme à qui l'ivresse brouille la raison, déclara-t-il. Notre force, à nous autres Thraces, c'est de ne jamais extravaguer quand nous avons bu. Nous devons sans doute cela à Bacchus. La nature succombe, ainsi que cela vient de m'arriver, mais l'esprit résiste jusqu'à l'instant du sommeil. De même, je me flatte, pour ivre que je sois, de ne pas laisser une coupe vide d'où l'on puisse faire tomber une goutte capable de produire un son. Le jeu du vase de bronze n'est pas fait pour moi. Par conséquent, Alexandre, je ne dirai jamais de cette façon : « Alexandre est beau. » Mais cette coupe muette signifie « Bacchus est beau. » J'ai pris ma règle de vie dans une comédie d'Antiphane : « Vivre, — Dis-moi, qu'est-ce que c'est ? — Boire, te dis-je ! » Comme tu es aussi beau et que tu seras aussi triomphant que Bacchus, il était juste pour toi d'avoir à ta suite un Silène, faute d'avoir un Aristote. » Le goût de s'enivrer tout en luttant contre l'ivresse, était si grand chez lui, ajouta-t-il, qu'il ne buvait jamais de vin de myrte, parce que ce vin n'enivre pas.

Il disait à Alexandre les noms de tous ces peuples thraces dont on traversait ou côtoyait le territoire et dont il commentait les particularités avec Euryloque, qui les avait combattus : les Odomantes, dont s'était moqué Aristophane ; les Satres et les Besses, chez qui était situé l'oracle de Bacchus ; les Odones. « Plusieurs de ces tribus ne sont qu'imparfaitement soumises, dit Euryloque : elles se sont repliées en grande partie vers le nord, dans le Rhodope, et c'est sans doute le reflux de l'une d'elles qui a soulevé les Mædes. » Philippes, la ville rebâtie par le père d'Alexandre près du mont Pangée, était au nord de Datum, capitale du pays des Datènes, port où l'on s'arrêta.

Le roi avait établi à Philippes l'administration des mines d'or et de pierres précieuses de Pangée, ainsi que celle des nitrières, qui étaient une autre richesse de cette région. Le nitre de la Thrace et de quelques autres points de la Macédoine était vendu à toute la Grèce, pour les soins du corps et pour la médecine. A Athènes, il figurait parmi les cadeaux symboliques, faits aux jeunes mariés. Datum avait des fabriques de vaisseaux et un territoire si fertile que l'on disait proverbialement : « Datum de tous les biens. » Il est vrai qu'un filon d'or de la montagne de Bacchus s'y prolongeait.

Sur l'horizon marin, on voyait les hauteurs de Thasos, riche en monuments, en vignes, en oliviers et aussi en mines d'or, qui semblaient une ramification de celles du Pangée et de Datum. Philippe avait rattaché cette île à la Macédoine. Durant l'étape d'Eion, un navire était arrivé à point nommé, portant des outres de thasos. C'est ce vin auquel n'avait pas résisté Anaxarque. Le philosophe se réjouissait qu'on en refît provision à Datum. « Sais-tu à qui est due la bonté de ce vin ? demanda-t-il à Alexandre. Staphyle, beau garçon de Thasos, fut aimé de Bacchus et c'est en son honneur que le dieu dota l'île des meilleures vignes. » Alexandre apprit aussi par Anaxarque que Philippe faisait bâtir un théâtre sur les pentes de la citadelle et un temple de Jupiter sur la place du marché.

Thasos était célèbre aussi par son sanctuaire d'Hercule, ce qui avait plu au roi de Macédoine, et par l'athlète Théagène, dont Alexandre avait vu des statues à Olympie. Après sa mort, les Thasiens avaient élevé une statue de bronze, sur la place publique, à ce personnage qui avait gagné quatorze cents couronnes. Un de ses rivaux, inapaisé par sa mort, allait chaque nuit insulter, fouetter et secouer cette statue, tant et si bien qu'elle tomba et l'écrasa. L'usage étant de juger tout objet ou animal qui cause un homicide, elle fut traduite en justice et condamnée à être jetée à la mer. La famine affligea les Thasiens : leur oracle ordonna de repêcher ce bronze et de construire un autel à Théagène qui, depuis lors, était un héros guérisseur. Ses miracles étaient sans nombre.

Anaxarque parla ensuite d'Archiloque, dont le père avait fondé la colonie de Thasos. Ayant dû quitter Paros, son île natale, après que ses vers eurent obligé à se pendre Lycambe et ses trois filles, dont l'une lui avait été refusée en mariage, le fameux poète était allé demander asile aux Thasiens. Effrayés de son génie satirique, ils lui refusèrent l'hospitalité, quoiqu'il eût combattu pour eux. Il se vengea par des vers sanglants. Les Pariens n'avaient pas laissé de rendre à sa mémoire des honneurs extraordinaires. Ses poèmes étaient chantés dans les fêtes publiques, comme on le faisait à Athènes pour ceux d'Homère, à qui la perfection de son style l'égalait.

Alexandre était heureux d'entendre ces détails sur l'auteur de l'hymne olympique d'Hercule. « Tu es l'histoire vivante de ces pays, comme mon ancien gouverneur Léonidas le fut dans mon voyage à Olympie, dit-il à Anaxarque. Je sais désormais, grâce à toi, le nom d'un mignon de Bacchus, et, sans le grave Léonidas, j'aurais ignoré celui de Sostrate, jeune Achéen qui fut le mignon de mon ancêtre Hercule. — Ma ville natale a le plus grand titre à ta sympathie, dit Anaxarque, par celui-là même dont elle porte le nom : Abdère fut, lui aussi, l'un des mignons de ton ancêtre. — Par Hercule, s'écria Alexandre, Pindare n'en dit rien dans ses péans. Si j'ai bonne mémoire, il en fait un « guerrier à la cuisse de bronze » ; mais, après tout, Abdère avait peut-être des fesses plus molles. — Personne n'a meilleure mémoire que toi, dit Anaxarque. Pindare a cru mieux flatter les Abdéritains en suivant une autre légende ; toutefois, à Abdère, on se glorifie, au contraire, de celle que je relate. Le bel adolescent n'était pas un guerrier, mais un page du roi des Bistones, Diomède, qui nourrissait de chair humaine ses quatre juments. Après avoir tué ce monstre, exécution qui était l'un de ses travaux, ton ancêtre chargea le jeune Abdère de garder les cavales, qui le dévorèrent à son tour. Quelques-uns prétendent que ces juments étaient, en réalité, les filles de Diomède et si luxurieuses qu'elles avaient l'air de dévorer leurs amants : Abdère mourut, épuisé par elles. Selon d'autres, elles étaient si laides qu'elles ne trouvaient pas de mari : leur père obligeait les étrangers ou ses pages à coucher avec elles, et ensuite tuait ces malheureux ; ainsi tua-t-il Abdère. Hercule à son tour, massacra les filles ou les cavales et fonda la ville près du tombeau de son mignon. Du reste, celui-ci n'était pas Thrace, mais Opontien, comme Patrocle. »

Ephestion dit qu'il y avait un autre exemple d'animal cruel pris pour une femme ou d'une femme, cruelle et libidineuse, prise pour un animal : selon certains, la laie de Crommyon, tuée par Thésée, était le surnom d'une brigande lubrique, appelée Phéa.

Aux conversations érudites ou érotiques, qui excitaient son esprit,

Alexandre entremêlait, avec Euryloque, des remarques d'intérêt militaire ou administratif sur les pays traversés, et le général l'instruisait d'une autre façon que le philosophe. L'accueil des populations, constamment chaleureux, s'expliquait peut-être par le fait que Philippe leur eut apporté la prospérité et la paix. Jusque-là, les rois de Thrace n'étaient occupés qu'à se faire la guerre, en quêtant le secours d'Athènes, de Sparte ou de la Perse. Non seulement les peuplades barbares du nord, qui autrefois profitaient de leurs querelles, étaient tenues en respect, mais des citoyens des villes détruites par Philippe dans d'autres régions, avaient été transportés dans celle-ci pour la coloniser. Grâce à son aide, ils y avaient trouvé un sort qui leur avait fait oublier leur patrie. Le roi, implacable pour ceux qui s'opposeraient à son ambition, avait montré ainsi à la Grèce qu'il savait rebâtir, comme il avait rebâti Stagire. En Thrace, ses hérauts avaient proclamé qu'il destinait des sommes immenses à entourer de remparts et à orner de théâtres et de temples les villes qu'il comptait édifier. Il avait rassemblé à Pella architectes et entrepreneurs. « Beaucoup a été fait, beaucoup reste à faire, conclut Euryloque. Pour cette œuvre, comme pour la guerre, Alexandre, tu seras le digne collaborateur de ton père. » La présence de Dinocrate justifiait d'avance cet espoir pacifique.

« Nous entrons maintenant chez les Edones, sous-tribu des Odones, dit Anaxarque. C'est le pays dont était roi le Lycurgue dont tu me parlais. Homère et Sophocle ont fait allusion à ses malheurs. Eschyle lui a consacré sa tragédie des *Edones,* où il cite l'un de nos dieux thraces, Cotys, nom qui fut celui d'un si grand nombre de nos rois, et qui évoque celui de la Vénus thrace, Cotytto, — « les orgies vénérables de Cotytto », a dit le poète. Il le dépeint avec son cortège étourdissant de cymbales, de flûtes et de tambourins et son hymne, où retentit « le formidable alala ». Alexandre dit qu'il avait entendu des courtisanes de Corinthe jurer par Cotytto, et vu au Pirée le temple de Bendis, la Diane thrace.

« Phrynon, ajouta-t-il, m'a parlé de celui de vos dieux qui doit t'être le plus cher, Anaxarque : Sabazius, votre Bacchus. » Le philosophe savait qu'Eschine, dans sa jeunesse, avait été initiateur aux mystères de ce dieu, et il compléta pour Alexandre le récit de Phrynon : un serpent était introduit par le haut du vêtement de l'initié et retiré par le bas, — symbole sexuel. « J'aime la Thrace, qui a des mystères, dit Alexandre. — Elle est le berceau de tous les mystères, dit Anaxarque : ceux de Samothrace, dont ton père et ta mère ont eu la révélation ; ceux d'Orphée, qui sont à l'origine de tous les mystères grecs, et tu portes son opale. Que dis-je ? Eumolpe, créateur de ceux d'Eleusis, était Thrace. Et les Athéniens défendent aux barbares de se faire initier à ces mystères, fondés par un barbare ! — Le Scythe Anacharsis fut un des sept sages de la Grèce, dit Alexandre. — Eumolpe, du reste, continua Anaxarque, posséda le royaume d'Athènes pendant quelque temps et les Athéniens, après sa mort et celle d'Erechtée, tués en combattant l'un contre l'autre, décrétèrent que les Erechtéides seraient rois et les Eumolpides prêtres, ce qui n'était pas dédaigner des barbares. Orphée, qui, dans ses mystères, donne à Bacchus le surnom de Zagreus et des cornes de bélier ou de taureau, était fils d'Eagre, l'un de nos rois. Son maître Linus, qui fut aussi celui de ton ancêtre Hercule, et Musée, disciple de Linus, ont été également créateurs de mystères. Comme Orphée, ils descendaient d'Apollon. *Les Bassarides* d'Eschyle font déchirer Orphée par les Bacchantes, non à cause de ses amours masculines, mais parce qu'il mettait Apollon au-dessus de Bacchus, et pour une bonne raison : il avait été l'un de ses mignons. »

Anaxarque fit l'éloge des mystères d'Orphée. Il n'était pas un orphique, nom que l'on donnait à leurs initiés, et n'était d'ailleurs, non plus qu'Aristote, initié à aucun ; mais il avait des lumières sur tous et leur portait le même intérêt spirituel qu'Alexandre. Selon lui, les mystères d'Orphée remontaient à ceux de l'Egypte, puisqu'on y observait un rituel funéraire semblable au *Livre des morts* des Egyptiens. Le temps était le père du monde : il avait produit l'éther et le chaos, d'où était sorti un œuf, un dieu mâle et femelle, germe de tout, nommé Phanès, et aussi l'Amour. Après la naissance du dieu, la moitié supérieure de l'œuf cosmique devint le ciel, la moitié inférieure la terre. La doctrine de l'immortalité de l'âme, enseignée par les mystères d'Eleusis, venait des mystères d'Orphée.

« De chez les Edones, continua Anaxarque, nous passons en ce moment chez les Bistones, — cette rivière les sépare, — et les Mædes sont leurs voisins. L'ennemi n'est plus loin. Mais ma tâche est de te distraire jusqu'au bout. Ces divers peuples ont inventé, non seulement les mystères, mais la musique : Orphée, Musée, Linus, Thamyris, étaient d'abord des musiciens. Les instruments de musique appelés aujourd'hui la flûte phrygienne, la flûte bérécynthienne, sont thraces. Il est donc juste que les Muses elles-mêmes l'aient été : leur premier domicile fut la ville thrace de Libèthres, dans le Rhodope, et ce sont les Thraces qui, émigrés en Piérie, fondèrent au-dessus de Dium une autre Libèthres, d'où les Muses sont surnommées deux fois Libéthrides. Le Macédonien Piérus leur a donné leurs noms, mais il les avait connus chez nous. »

« Mieux encore, poursuivit Anaxarque, les Thraces ont inventé le culte de l'Amour et l'ont transporté en Grèce. Thespies, au pied de l'Hélicon, seule ville grecque où l'on célèbre ce culte, l'a donc reçu d'eux, lorsqu'ils s'emparèrent de la Béotie. — Si je comprends bien, dit Alexandre, les Thraces ont tout inventé, même l'amour. » Il n'ajouta pas que, d'après Aristote, une de leurs peuplades était tellement ignorante qu'elle n'avait jamais pu compter au-delà de quatre. Mais n'y avait-il pas, dans tous les pays et dans toutes les races, le mélange de la civilisation et de la barbarie ?

Se souvenant d'avoir entendu dire au grave Léonidas que les Thraces mangeaient du chien, Alexandre demanda à Anaxarque si c'était vrai. « Ce l'est peut-être dans certaines peuplades, répondit le philosophe, mais, là encore, que les Grecs ne méprisent pas les Thraces sous ce prétexte. Aristophane nous parle de l'ex-charcutier Agoracrite, qui « vendait des choses de chien et d'âne ». — Par Hercule, s'écria Alexandre, il est malaisé de te prendre en défaut. Non seulement les Thraces ont tout inventé, mais on ne peut rien leur reprocher que l'on ne puisse reprocher aux Grecs. »

« Tu ne crois pas si bien dire en fait d'inventions, répliqua le philosophe, car ils prétendent qu'on leur doit doublement celle de la pédérastie : Orphée eut pour émule Thamyris. On donne comme mignon à celui-ci le bel Hyacinthe d'Amyclées, — sujet de rivalité avec le dieu des Muses. Il eut aussi Hyménée, qu'il partagea avec Bacchus. » Alexandre éclata de rire. « Je savais que le dieu de l'hymen avait été mignon de Bacchus, dit-il, mais non pas de Thamyris. Cela fait un Hyménée un peu hermaphrodite. — Tu oublies que le beau Vesper avait été également son mignon, dit Ephestion. — Grâce à Anaxarque, dit Alexandre, nous dépasserons le grave Léonidas et Cléotime en mythologie pédérastique. »

« Cela ne m'empêche pas de te signaler, dit le philosophe, que Thamyris était également amoureux des Muses. Lorsqu'il les défia, il obtint que, s'il était vainqueur, il jouît d'elles toutes et concéda que, s'il était vaincu, elles le privassent de ce qu'elles voudraient. Peut-être furent-elles clémentes en ne le privant que de la vue. »

Alexandre se mit à rire. « Tu me fais vraiment oublier que nous approchons de l'ennemi, dit-il. — Je ne l'oublie pas, moi, dit Anaxarque, et suis content que tu aies une bonne cavalerie, parce que les Thraces sont réputés pour cela. Ils possèdent un dieu cavalier, appelé Héron, qui protège l'élevage des chevaux, comme le dieu Rhésus protège la chasse. » Alexandre lui dit qu'il avait remarqué, depuis qu'on était en Thrace, la qualité des coursiers que l'on apercevait dans les champs et qui justifiaient les épithètes données par Homère aux chevaux de Rhésus. « L'oracle de Delphes lui-même a vanté nos coursiers, dit Anaxarque : il a proclamé, comme ce qu'il y avait de plus beau en Grèce, « la ville d'Argos, les chevaux de Thrace et les femmes de Lacédémone ». Observe que la sibylle considère les Thraces comme des Grecs... et que les chevaux sont nommés avant les femmes. »

« On doit encore à la Thrace, reprit le philosophe, une des plus belles constellations. Sous une apparence humaine, Jupiter, Neptune et Mercure, s'arrêtèrent un jour chez le roi thrace Hyriée, — selon certains, c'était un paysan, — et, en récompense de son hospitalité, lui demandèrent ce qu'il désirait. « Un fils ! » leur répondit-il, car il était veuf sans enfant. Alors, les trois dieux se masturbèrent dans la peau du taureau qu'il avait égorgé en leur honneur, la replièrent de sorte que la semence y demeurât enfermée et ordonnèrent à Hyriée de la laisser enfouie dix mois sous la terre. C'est de là que naquit Orion. La légende adoucie fait naître ce beau chasseur, non pas de la semence, mais de l'urine des dieux. Il fut ensuite tué par Diane, qu'il avait tenté de violer. D'après une autre version, sa taille était si haute qu'il traversait la mer en ayant la tête au-dessus de l'eau et la déesse, voyant cette tête qui surnageait, la perça d'un coup de flèche. Jupiter le changea en astre. Les Béotiens nous contestent la propriété de cette histoire, parce qu'il y a en Béotie la ville d'Hyria : ils prétendent qu'Orion était le fils d'un paysan de chez eux, mais je te supplie de n'en rien croire. »

« Par Hercule, dit Alexandre, voici la guerre telle que je l'entends : nous marchons en ne parlant que des dieux et des poètes. Et s'il s'agit de la semence ou de l'urine, c'est encore celle des dieux. Il faut ennoblir les perspectives de la mort par ce qui fait le sel, l'amusement et la grandeur de la vie. — Ta liberté d'esprit est d'autant plus admirable, dit Anaxarque, que tu vas à une vraie guerre, même si elle a des chances de consister en une seule bataille. Mais, de cette bataille, qui sera féroce, dépend le sort de la rébellion et, par conséquent, de toute la Thrace. — C'est bien ce qui m'exalte, dit Alexandre. Parménion m'a déjà averti que les Thraces savaient se battre. — Ils sont des adversaires dignes de ton courage, reprit Anaxarque. Ton père ne les a pas soumis sans difficulté. Jadis, Sésostris, le grand roi d'Egypte, poussa ses conquêtes jusqu'ici, après avoir occupé l'Inde et l'Asie mineure. Dans chacun des pays dont il s'était emparé, il éleva une colonne, où il fit inscrire, en caractères sacrés égyptiens : « Le roi des rois, le sage des sages, Sésostris, a subjugué cette contrée par ses armes. » Au-dessus, on gravait les parties sexuelles de la femme pour les pays qui avaient mal combattu, et celles de l'homme pour ceux qui avaient résisté avec valeur. Naturellement, les premiers ont fait disparaître ces témoignages insultants, mais tu verras, aux bords de l'Hèbre, le phallus des Thraces de cette région, immortalisé par Sésostris. — A moi d'être un jour Sésostris, dit Alexandre, qui songeait à la prédiction de Nectanébo. — Le dieu Mars est né chez nous, continua le philosophe. Si, pour ton début, tu y reçois ses faveurs, elles ne t'abandonneront jamais. Borée, le dieu des Vents, est aussi de Thrace. Il a été, tu le sais, l'allié des Athéniens contre les Perses, dont il a détruit une partie de la flotte. Ne le néglige pas, lui non plus. »

Aristandre vint dire à Alexandre que tous les dieux accompagnaient sa marche : depuis le départ de Pella, les présages avaient été constamment favorables, soit dans les sacrifices, soit dans le vol des oiseaux, soit dans les signes du ciel ou dans les lumières le long de la mer. Alexandre lui commanda de sacrifier à Borée, pour se concilier ce dieu de la Thrace. Anaxarque dit que les hymnes orphiques contenaient une invocation à Borée.

Le devin, à l'étape suivante, monta sur une éminence pour immoler un cheval au « roi des Vents ». Il imitait les Spartiates, qui accomplissaient ce sacrifice à ce dieu sur le mont Taygète. Anaxarque, grand voyageur, comme l'avait déclaré Aristote, avait vu à Méthane, en Argolide, un sacrifice singulier aux Vents, destiné à préserver les vignes de leur souffle destructeur. Ce sacrifice évoquait celui de la purification de l'armée : un coq était coupé par le milieu et deux hommes couraient autour des vignes, par un chemin opposé, en portant une moitié de ce coq ; ils l'enterraient à l'endroit où ils s'étaient rencontrés.

L'armée avait déjà assez avancé chez les Bistones. La route, qui avait bordé la mer, près d'où la confinait la longue chaîne du Pangée, gagnait maintenant l'intérieur des terres, au sein d'une vaste plaine. On franchit le Nestus et l'on s'arrêta, pour la nuit, non loin de la petite ville de Topire. C'est à une quinzaine de kilomètres au sud, qu'était Abdère. Alexandre aurait aimé faire plaisir à Anaxarque en passant par sa ville natale, mais c'eût été s'écarter du chemin. Au reste, il craignait d'amollir l'armée par un séjour, si bref fût-il, dans une grande ville aux nombreuses distractions. La bataille était à l'horizon. Les habitants signalaient, sur les pentes d'un contrefort du Rhodope, le camp des révoltés. Ceux-ci occupaient régulièrement une hauteur pour camper. Ils pillaient les campagnes, mais évitaient les villes fortifiées, comme s'ils ne voulaient pas se heurter aux garnisons de Philippe : ils semblaient réserver toutes leurs forces, soit contre lui, soit contre son fils, qu'ils semblaient avoir décidé d'attendre.

Alexandre félicita ses officiers et ses soldats, qui avaient mis six jours au lieu de dix à douze pour arriver au but, même en perdant quelques heures à une récitation dramatique. Aucun des fantassins ne se plaignait d'avoir les pieds écorchés : à chaque étape, Philippe d'Acarnanie les avait fait soulager avec divers onguents contre les ulcérations produites par les chaussures, — cendres de vieux souliers, poumon d'agneau ou de bélier, poudre de dents de cheval pilées, mixture de sang de lézard vert.

Comme la ville n'avait pas de murailles, on établit un camp retranché. Cette précaution n'était pas superflue : les éclaireurs revinrent bientôt annoncer que l'armée des Mædes, qu'ils estimaient à dix mille hommes, — elle ne s'était donc pas grossie, depuis le message envoyé à Parménion, — levait son camp pour descendre vers le lac de Bistonie. Ce lac coupait à l'est, jusqu'à la mer, une partie de cette plaine et Alexandre présuma que l'ennemi espérait s'en faire un allié naturel : le passage serait plus étroit, entre cette étendue d'eau et le Rhodope. Les Mædes n'ayant essuyé aucune fatigue, Alexandre voulait que son armée se reposât un jour entier avant de combattre. Il se réjouissait à l'idée que, selon toute apparence, le sort de cette révolte se réglerait, comme l'avait prévu Anaxarque, par une bataille rangée. Pas plus qu'une guerre de montagne, il n'aurait aimé une guerre de harcèlement, semblable à celle que les Thraces de la Propontide avaient infligée aux soldats de Xénophon, soixante ans auparavant.

C'était son premier camp retranché. Le commandant de celui de Pella,

qui avait eu à subir ses remarques, déployait tout le zèle possible pour
l'établissement de la palissade. Euryloque répartissait les diverses forma-
tions. Si Alexandre s'était fié à ses lectures, il aurait disposé les boulangers
à sa droite et les cuisiniers à sa gauche, comme on le faisait dans le camp du
roi des Perses. Euryloque groupa le ravitaillement sur le même point, pour
la commodité de l'armée. En revanche, Alexandre était au centre, entouré
de ses amis et de ses officiers : c'était la place où l'on mettait jadis la tente
de Cyrus. Personne ne couchant chez l'habitant, les enfants royaux
préparaient leurs lits de feuillage, où ils dormiraient deux à deux, à l'instar
des soldats. Aux patrouilles, Alexandre donna pour mot de passe :
« Vénus. » Le contresigne était un raclement de gorge. Ce contresigne était
une nouveauté pour l'armée, car Philippe n'en usait pas. Alexandre, avant
de partir, n'avait pas relu seulement les historiens et les poètes : pour tenir
tête à Euryloque en fait de stratagèmes, il avait lu un ouvrage récent d'Enée
de Stymphale, qu'on appelait Enée le Tacticien, et c'est là qu'il avait puisé
ce détail. Il va sans dire que les contresignes étaient aussi divers que les
mots de passe : il y voyait de quoi amuser ses soldats par des inventions de
bruits, de murmures ou de gestes. C'était une façon de leur rappeler qu'il
avait seize ans.

On profitait des dernières lueurs du crépuscule. Ceux qui n'étaient pas
employés à creuser le fossé et à dresser la palissade, s'étaient mis nus et se
livraient à des exercices de force ou de souplesse ; les frondeurs lançaient
des pierres ; d'autres vérifiaient l'état de leurs armes. On avait pêché du
poisson dans le Nestus. Comme on était dans la province de la révolte,
l'approvisionnement ne s'était pas effectué avec la même exactitude qu'aux
étapes précédentes. Mais, au vin de Thasos, avait succédé celui de
Maronée, qui avait toujours pour Alexandre un parfum d'Homère et
qu'Anaxarque salua de chaleureux « Ié, ié, péan ».

Pendant le repas, on discuta le meilleur moyen d'engager le combat :
fallait-il hurler et courir au pas de charge, comme les Athéniens, ou
marcher à pas comptés et en silence, comme les Spartiates ? Ephestion était
partisan du second système, qui était généralement celui des Grecs dans
l'Iliade, car il lui semblait que des hommes essoufflés par une course et par
des cris, devaient avoir moins d'ardeur. Philippe, Parménion, Euryloque,
adoptant le premier usage, Alexandre jugea indiscret de changer. « D'ailleurs, fit remarquer Anaxarque, le silence des Achéens, dans les combats
contre les Troyens, n'était pas une règle absolue, puisqu'ils sont appelés
« maîtres du cri de guerre ».

Le gouverneur d'Abdère, qui était en visite à Topire pour surveiller
l'évolution des Mædes, avait un médaillon qui intrigua Alexandre : c'était
une magnifique monnaie de sa ville, dont le type n'était plus frappé depuis
que Philippe l'avait remplacé par ses propres monnaies. On y voyait
Bacchus imberbe, assis sur une panthère, la férule de papyrus à la main ; de

l'autre côté, était un griffon ailé, symbole des monnaies abdéritaines. Le gouverneur fit hommage du médaillon à Alexandre. « Cela te confirme la protection de Bacchus, ô fils de Philippe ! » dit Anaxarque.

Ce n'était pas tout à fait la veillée des armes, mais Alexandre, se souvenant d'une précaution employée par les Thraces mêmes et qu'il avait apprise dans Xénophon, fit allumer deux feux assez loin autour du camp, pour que les sentinelles pussent apercevoir les ennemis s'ils tentaient une surprise. Il fit coucher près de lui Ephestion, à côté de la statuette de Vénus. Mars n'empêcha pas la déesse d'accomplir ses mystères. Lorsqu'elle avait été attrapée avec lui dans les filets ourdis par Vulcain, ce qui provoqua « le rire inextinguible des dieux bienheureux », elle s'était enfuie à Paphos et Mars en Thrace : cette nuit-là du mois d'août de la cent-dixième olympiade, elle était avec lui chez les Bistones.

Alexandre eut le sentiment, le lendemain, que l'armée tout entière avait été visitée par Vénus. Ce n'est pas que l'on parût manquer de vigueur, mais les yeux étaient à la fois riants et battus. « Il est juste que l'idée de la mort donne l'envie de l'amour », dit Ephestion. Démètre et Erigius avouèrent à Alexandre qu'ils avaient passé des heures enivrantes au milieu des enfants royaux, mais jurèrent que c'était seulement en spectateurs. Comme Alexandre affectait de se scandaliser de la curiosité des deux amis et du comportement des enfants royaux, Ephestion déclara que l'armée et l'escadron avaient imité leur chef. Médius ajouta que les deux seuls amis d'Alexandre à n'avoir pas fait l'amour cette nuit, étaient apparemment Erigius et Démètre. Il rappela, d'ailleurs, ce que Xénophon avait dit du courage des soldats pédérastes d'Episthène d'Olynthe. Démètre voulut avoir le dernier mot, en décrivant, par une remarque d'histoire naturelle, le spectacle auquel il avait assisté et où chaque enfant royal avait rempli tour à tour les deux rôles. « Aristote prétend, dit-il, que l'apanage de l'homme parmi les quadrupèdes est d'avoir des mains et des fesses et qu'il a des fesses parce qu'il n'a pas de queue. On voit que notre maître n'a jamais vécu dans un camp. — Et surtout dans un camp d'enfants royaux, dit Erigius. — Nos yeux seuls ont fait l'amour, conclut Démètre, mais deux cents fois, car nous avons vu deux cents fesses qui avaient une queue. — Vraiment, dit Alexandre, tu me fais comprendre pourquoi Mars est le seul de tous les dieux à n'avoir pas eu de mignons : à la guerre, les mignons, ce sont tous les soldats. » Il ne s'étonnait plus que son père eût eu huit cents mignons, à force de guerroyer.

Les éclaireurs annoncèrent que des recrues étaient arrivées aux Mædes. L'effectif total des révoltés, à l'heure actuelle, atteignait douze mille hommes . ils s'étaient donc groupés. Alexandre n'en fut pas ému. Euryloque demanda à lui parler tête à tête. « Je me dois de te faire savoir, dit-il, que Philippe n'a jamais livré de bataille où ses forces fussent inférieures de plus d'un tiers à celles de l'ennemi. Les tiennes le sont de plus de la moitié. — Je te remercie de ton conseil, dit Alexandre, mais je prends sur moi toute la responsabilité de combattre. En dépit d'Anaxarque, j'estime qu'un Macédonien vaut deux Thraces. Et la plupart de ces Macédoniens sont tes anciens soldats ; ils méritent la confiance que je mets en eux. — C'est toi qui es le maître, dit Euryloque. Je t'obéirai les armes à la main. »

Alexandre voulait d'autant moins se dérober qu'il se flattait, par cette victoire sur un ennemi si supérieur en nombre, d'éclipser toutes celles de son père. Et la sienne serait d'autant plus brillante que Philippe venait de subir deux échecs. Enfin, c'était pour lui comme le prélude, aux frontières de l'Asie mineure, de cette conquête de l'Asie qui était sa grande ambition, que ce fût aux côtés du roi ou lorsque lui-même régnerait.

Cependant, pour tenir compte, en quelque mesure, du conseil d'Euryloque, il songea à s'assurer d'une meilleure position et à donner aux troupes une nouvelle journée de repos, avant de marcher à l'ennemi. Les éclaireurs ayant déjà signalé qu'il y avait, à mi-chemin entre le lac et la ville, une hauteur assez large, où l'armée pourrait camper, il décida de s'y installer au plus vite, de peur que les Mædes n'eussent la même idée afin de mieux lui barrer le chemin. Il fut le premier à gravir sur cette colline. Le prince thrace qui commandait les Mædes et qui avait négligé cet avantage, n'avait pas dû lire Enée le Tacticien. Il avait développé ses troupes entre la montagne et le lac.

« Par le bélier, s'écria Aristandre en montrant à Alexandre un aigle qui volait vers les Mædes, Jupiter se déclare d'avance pour toi. » Le devin de Telmesse ne jurait jamais par les dieux, mais par un oiseau ou un animal : il disait suivre l'usage de Rhadamante, qui l'avait transmis au fameux devin Lampon. Celui-ci avait conduit autrefois une colonie d'Athéniens à Sybaris, d'où ses disciples avaient émigré en Lycie, dont Telmesse était une des villes principales. Socrate, en jurant par le chien, se professait de cette école, dont une règle était de laisser les dieux en dehors de la conversation. Alexandre qui aimait les immortels, puisqu'il descendait de leur souverain, ne croyait pas les amoindrir en observant l'usage de jurer par eux. Il se félicitait, au contraire, de les mêler ainsi aux choses de sa vie. Mais il avait appris au moins d'Aristandre à avoir une coupe spéciale pour les libations et à les faire en la tenant par les anses, alors que l'on buvait d'ordinaire, à ce moment-là, en la tenant par le corps. Sans imiter sa mère, qui consultait Aristandre pour des minuties, Alexandre le vénérait comme un autre Chalcas, le devin de l'expédition de Troie, — « le devin qui fait connaître la volonté des dieux ».

Aristandre avait dit à Alexandre que, pour le sacrifice du lendemain, — le sacrifice le plus important depuis le départ — il aurait un animal extraordinaire par sa rareté et qui ne serait que plus agréable à Mars : un vautour, trouvé dans une cage, chez un paysan. Alexandre, de son côté, faisait connaissance avec un produit du pays, qu'il n'avait pas vu depuis Olympie : du charbon, appelé pierre de Thrace. Comme chez Cléotime, Epaphos s'en servit pour faire chauffer le bain.

La situation dispensait d'élever une palissade et de creuser un fossé. On fit des feux au bas de la colline ; on multiplia les sentinelles ; il y eut même deux mots de guet : la sentinelle devait dire « Hercule Conducteur » et l'officier de ronde devait répondre « Philippe ». Alexandre avait choisi, par respect, le nom de son père. On se dispensa d'un contreseing. Au loin, brûlaient les feux des ennemis. Ce n'étaient plus les feux de Bacchus Flambeau, aperçus du pont de l'Hercule aux abords de Pellène ou le feu poétique « d'une étable solitaire » : c'étaient les feux de Mars Epouvante. Demain, à pareille heure, il y aurait des vainqueurs et des vaincus.

La nuit fut chaste. Alexandre s'était fait réveiller à l'aube pour présider un sacrifice privé à l'heure la plus matinale : il adoptait la coutume des rois de Sparte, qui tâchaient « d'obtenir avant tout autre la bienveillance des dieux ». En prenant leur bain, Ephestion et lui retirèrent leurs bagues, qui auraient pu les empêcher de bien tenir leurs épées : le lion, le phallus et l'Hercule gravés sur celles d'Alexandre, le lion, l'E et l'Amour gravés sur celles d'Ephestion seraient leurs protecteurs de loin, comme la statuette de Vénus. (Anaxarque avait représenté à Ephestion que l'initiale de son nom correspondait à la lettre mystérieusement gravée sur le temple de Delphes.)

Aristandre trouva en fort bon état le foie du vautour égorgé. Ce spectacle nouveau avait intéressé Alexandre. Quand le soleil parut, il le salua en se baisant la main : tous l'imitèrent. Puis, — ce que ne faisaient pas les rois de Sparte et qu'Aristandre lui avait conseillé, en ce jour de combat, — il fit promener le foie du vautour dans le camp, pour montrer aux soldats que tous les signes étaient favorables et animer ainsi leur courage.

Il voulut célébrer un autre rite, que son père, lui dit-on, pratiquait parfois et qui témoignerait son attachement pour ses soldats, comme pour la religion : ces hommes, ainsi que l'avait dit Parménion, il les conduisait à la gloire, mais aussi à la mort. Le sacrifice accompli à Pella, avait purifié l'armée avant son départ. Néanmoins, la colère des dieux pouvait s'abattre sur elle pour des crimes commis peut-être en cours de route, à l'insu de tous : blasphèmes, parjures, vols, attentats à la pudeur, débit de fausse monnaie. Il fallait donc s'en absoudre. Un agneau, un taureau et un verrat furent sacrifiés. Alexandre dédia ce sacrifice aux Muses, à cause du rôle que ces déesses jouaient dans sa vie et parce que les rois de Sparte leur sacrifiaient en pareille circonstance. Ils prétendaient ainsi honorer la discipline et inspirer aux soldats des actions dignes de mémoire. Mais Alexandre ne se crut pas obligé de sacrifier une chèvre, comme le faisaient ces rois à ce moment-là : il avait fait plus. Il n'imiterait pas non plus leur usage, qui lui semblait présomptueux, de se couronner de fleurs, en même temps que leurs soldats. Pour achever de lui concilier les dieux du pays, Aristandre laissa des éperviers ravir quelques morceaux des victimes. Naturellement, le jour choisi pour combattre n'était aucun de ceux qui étaient regardés comme néfastes par les Macédoniens.

La triple immolation, à laquelle avait participé toute l'armée, venait de se terminer. Des paysans avertirent que le prince thrace avait, en guise de sacrifice, précipité un cheval dans le lac. Alexandre déclara que ce Thrace prouvait de la sorte sa qualité de barbare. « Tu as trouvé tout naturel d'immoler un cheval au Strymon lui dit Anaxarque, et tu condamnes l'immersion d'un cheval dans le lac de Bistonie ? Le prince thrace peut, lui aussi, te traiter de barbare. — Je fais comme Achille, riposta Alexandre : il reproche à Lycaon, le fils de Priam, de jeter « dans les tourbillons » du Scamandre « des chevaux vivants dont le sabot n'est pas fendu ». — De toute façon, dit Aristandre, le cousin de Térès a fait moins que toi, ce qui te conserve l'avantage du côté des dieux : tu as sacrifié à Mars et il n'a sacrifié qu'au dieu du lac. »

Selon la coutume des jours de bataille, on distribua aux soldats ce que l'on appelait « la bouchée » : des morceaux de pain trempés dans du vin pur. Et l'armée descendit de la colline. Elle avançait à travers la plaine, où les pâturages alternaient avec des champs de chardons bleus. Au pied de la montagne, des paysans, qui semaient du blé d'hiver, se retiraient précipitamment. A quelque distance de l'ennemi, qui offrait une ligne continue, de la montagne au lac, Alexandre fit arrêter ses troupes, serrer les rangs, prendre l'ordre de bataille. Euryloque déconseillant la formation en phalange, il avait mis l'infanterie sur huit rangs de cinq cents hommes, afin d'avoir une masse plus compacte, les enfants royaux au centre, la cavalerie sur les ailes, divisée en deux corps. Les Thessaliens se disposaient en losange, selon une tactique de leur pays. La cavalerie adverse était plus nombreuse, mais semblait moins bien armée.

Alexandre adressa une exhortation à ses troupes, comme il savait que son père le faisait, exhortation qui fut répétée par Lichas et les autres hérauts : « Le péan que vous allez chanter, vous dit assez pour qui et pour quoi nous combattons. Même si nous sommes loin de chez nous, cette révolte nous menace, car son succès ébranlerait l'Etat, dont nous sommes, par conséquent, les défenseurs. Les plus jeunes d'entre nous, et je suis l'un d'eux, seront égaux aux vétérans par le courage. Puissions-nous, avec l'aide de Jupiter, de Mars, d'Hercule, de Minerve et de tous les dieux, chanter bientôt le péan de la victoire. » Il montra le carré de pourpre que les rayons du soleil caressaient : « Pensez que c'est la première bataille où flotte notre drapeau. » Il interpella par leurs noms les chefs de chaque compagnie et de chaque peloton, les principaux des vétérans, les plus hardis des jeunes, et termina par le cri d'Ajax aux Argiens : « O amis, soyez des hommes ! » Puis, il les salua tous d'un grand geste, leur ordonna d'agiter leurs armes étincelantes pour effrayer l'ennemi et repartit en avant sur Bucéphale, entre Euryloque et Ephestion. L'escadron des amis, la garde d'enfants royaux et un escadron de Thessaliens galopèrent avec les écuyers, pour le précéder et le protéger.

Aristandre avait recommandé une précaution, observée souvent chez les Athéniens et qui était destinée à se rendre Mars plus favorable : de n'engager le combat que lorsqu'un soldat de l'armée macédonienne aurait été atteint par une flèche. « Je suis le premier de mes soldats, avait déclaré Alexandre. Il est naturel que j'expose ma vie, puisque j'expose celle des autres. » C'était un commentaire des mots de Pélopidas qu'il avait dits à sa mère, en vidant la coupe de l'adieu.

On pouvait distinguer maintenant, au milieu de ses hommes, le prince thrace, monté sur un cheval blanc, comme Rhésus. Il avait un casque à cimier, avec une visière percée de trous, une cuirasse de mailles, un bouclier en croissant de lune, pareil à celui des Macédoniens : c'étaient les Thraces qui avaient inventé ce bouclier. Sa lance paraissait lourde et sa longue épée était à lame coudée, — « la grande épée thrace » d'Homère. Ses gardes, revêtus de cuirasses semblables, l'entouraient. Le casque des soldats était une simple calotte de métal à larges bords. Certains avaient, au lieu de casque, le bonnet en peau de renard, avec ses pattes sur les épaules, que l'on voyait à des statues d'Orphée. La cavalerie formait les ailes, comme dans l'armée d'Alexandre. Beaucoup de ces hommes semblaient en proie à une agitation factice : Euryloque et Anaxarque avaient dit que les Thraces ne combattaient que « chauds de vin ou de bière ». On était à portée de trait.

Soudain, Anaxarque, qui avait demandé à ne pas s'armer pour ne pas combattre ses compatriotes, se détacha de l'arrière-garde et galopa à bride abattue vers les Thraces. Lui aussi était chaud de bière et de vin et l'on s'étonnait qu'il réussît à tenir à cheval. Il avait coupé un pampre à la treille d'une ferme, s'en était couronné, en brandissait un autre et présentait l'image d'un héraut comique. Il criait quelques mots dans la langue du pays, mais n'eut pas le temps d'aller loin. Sur un signe de leur prince, un archer lui décocha une flèche, assez habilement pour qu'elle ne blessât que sa main, et lui fît lâcher le pampre. Le philosophe, toujours couronné, mais les doigts ensanglantés, s'en retourna pour être pansé par Philippe d'Acarnanie. Qu'il l'eût voulu ou non, il avait accompli ce que le devin avait exigé : la blessure de ce non-combattant permettait d'engager le combat sous d'heureux auspices.

Alexandre entonna le péan guerrier, qui jaillit de toutes les poitrines : « O fils des Hellènes, allez ! — Sauvez la patrie, sauvez — Les enfants, les femmes, les domiciles des dieux paternels — Et des ancêtres. Maintenant, c'est la lutte pour tout. » Le cri invocatoire au Belliqueux, surnom de

Mars, termina le péan. Les Thraces également avaient un hymne, où retentissait le nom d'Enyo, — la déesse compagne de Mars. Puis, le son de la corne leur donna le signal du combat. Une trompette donna le même signal à l'armée d'Alexandre, qui s'élança au cri de : « Eleleu ! Eleleleu ! » Les cavaliers, après avoir projeté les deux javelots que les écuyers leur avaient tendus, brandissaient leurs lances, suivis par les fantassins au pas de course. Alexandre fonçait vers le cousin de Térès. Il était prescrit aux meilleurs archers et frondeurs macédoniens de concentrer leur tir sur ce prince : chez les barbares, la mort du chef mettait l'armée en déroute. Les soldats athéniens mêmes avaient été battus, chaque fois que leur général avait été tué. « Que Vénus nous assiste », dit Alexandre à Ephestion quand ils durent se séparer. Ils entraient dans « la rude mêlée » — la mêlée, non de Vénus, « amie des sourires », mais de Mars, « funeste aux mortels ».

Le prince thrace esquiva un javelot d'Alexandre et c'est un de ses gardes qui fut touché. Ils s'amassaient pour lui faire un rempart. La lance du fils de Philippe resta prise dans une poitrine aux mailles d'une cuirasse. Il empoigna son épée, frappant en aveugle à droite et à gauche, ne faisant qu'un avec Bucéphale, qui avait l'air de combattre sous lui. Il fut stupéfait : son cheval levait les jambes pour écraser les fantassins ennemis à coups de sabots.

Jusqu'à présent, Alexandre n'avait versé que le sang des animaux sauvages ou des victimes dans les sacrifices : maintenant, c'était celui des hommes. Il inaugurait aujourd'hui sa vie de guerrier. Il excitait son courage par le sentiment de sa supériorité native et par l'ardeur de son ambition. Oui, ce n'était plus la lecture d'un combat d'Homère qui le transportait ou les sons de la flûte de Timothée qui l'excitaient à brandir les armes. Son épée venait de se briser en décapitant un ennemi, dont la tête avait heurté sa poitrine et lui avait couvert de sang le visage. Il se crut lui-même blessé et s'essuya avec ses cheveux qui débordaient de son casque. Il eut une brusque angoisse à l'idée qu'il était sans arme, en pleine bataille, car il n'imaginait pas de fuir, et il maudissait la belle épée de Cléotime. Mais le fidèle Peuceste, qui le talonnait sur son cheval, lui en donna une autre.

Les Mædes faisaient preuve de bravoure et aussi d'une habileté que l'on n'aurait pas attendue. Ils cédaient du terrain et se regroupaient pour revenir à la charge. Leurs cris se confondaient avec ceux des Macédoniens. Malgré les pertes qu'ils subissaient, ils tenaient le sort indécis. Alexandre continuait à pourfendre sans qu'on l'eût encore effleuré. Tout à coup une lance, qui arracha son casque, l'étourdit du choc et il faillit tomber. Ses cheveux flottaient, pareils à ceux du dieu de la guerre, et la brise le rafraîchit. Il jouissait de l'espèce d'immunité qui le protégeait et qui protégeait également Bucéphale. Il répondait par un rire farouche au regard des moribonds. Mais, arrêté par un tout jeune Thrace, à coiffure en peau de renard, il se contenta de le renverser et passa outre, pour n'être pas obligé de le tuer. Il entrevoyait Ephestion qui se battait hardiment et il était fier pour leur amour. Il aperçut Cassandre et Lysimaque luttant côte à côte ; Euryloque décapitant un cavalier, ainsi qu'il l'avait fait ; Médius crevant l'œil d'un autre avec la pointe de son épée.

Le drapeau de pourpre flottait toujours, tel qu'une promesse de victoire. Les Mædes commençaient à fléchir. Alexandre, qui avait traversé plusieurs fois leurs lignes, retourna au galop dans la direction du prince thrace. Les gardes de celui-ci étaient décimés et il était serré de près par Démètre et Erigius. Bien qu'il leur enviât ce privilège, Alexandre était content que ces deux voluptueux fissent honneur, comme les autres, à l'escadron des amis. Il se précipita pour les rejoindre et avoir la gloire de tuer le chef rebelle ; mais le prince, le cou transpercé par une flèche au ras du casque, tomba de cheval dans un flot de sang. Aussitôt une clameur se répandit et les Mædes jetèrent leurs armes pour se rendre ou pour s'enfuir vers le Rhodope. Alexandre jugea inutile de donner la chasse aux fuyards. Il avait lu que les Spartiates ne poursuivaient jamais les ennemis, après les avoir dispersés.

Ephestion et lui se rejoignirent. Ils frémissaient encore de la joie de la victoire. Alexandre n'avait même pas une estafilade ; d'une joue d'Ephestion, éraflée par un javelot, coulait un mince filet de sang, comme une libation à Mars. Euryloque avait été assez grièvement frappé à la cuisse. L'escadron des amis n'avait subi aucune perte. Médius, Harpale et Lysimaque s'enorgueillissaient d'avoir été « blessés de loin et de près », ainsi que des héros de l'*Iliade,* mais leurs blessures étaient légères. Alexandre embrassa Bucéphale, qui avait participé de son invulnérabilité ; Ephestion fut aussi tendre pour son propre cheval. Alexandre embrassa également le porte-drapeau et l'archer qui avait tué le prince thrace. Epaphos et Polybe accouraient, joyeux, vers leurs maîtres. Ils les firent rire en voulant remettre leurs bagues à leurs mains sanglantes, comme des insignes que seule la bataille les exemptait d'arborer. Polydamas, qui avait mis une couverture sur Bucéphale en nage, le faisait boire dans un casque. Alexandre ne s'essuyait plus le visage avec ses cheveux, mais avec le byssus de Cléotime. « La danse de mon cœur s'apaise, dit-il à Ephestion. Elle a débuté au moment de l'assaut. » Il regardait amoureusement l'éraflure du visage aimé, dont Philippe d'Arcananie arrêtait le sang avec de la bourre d'âne imbibée de vinaigre. Ce remède avait déjà fait cesser l'hémorragie d'Euryloque et les autres médecins de l'armée l'employaient pour les soldats blessés. Sur certaines plaies, ils appliquaient de la racine de mauve, mêlée à de la résine et à du miel.

Anaxarque, la main bandée, se réjouissait d'avoir rempli, malgré lui, les conditions requises par Aristandre pour attaquer favorablement. Il disait n'avoir pas cherché à se faire blesser, car il aurait pu aussi bien être tué, mais avoir souhaité convaincre les Mædes, sous l'inspiration de

Bacchus-Sabazius, de se rendre sans combat. « Tu as cru à l'absolu, lui dit Alexandre ; tes compatriotes croyaient plutôt au relatif. »

Deux cents Thraces avaient été tués ; deux mille autres étaient prisonniers. L'armée macédonienne n'avait perdu que vingt hommes, parmi lesquels six enfants royaux. Indifférents, les soldats poussaient le cri de victoire : « Alalé ! » Alexandre contemplait le prince thrace gisant, toujours casqué. « Lui ou moi devions mourir », dit-il.

Il n'avait jamais vu encore des cadavres sur un champ de bataille. S'il s'agissait d'une de ces guerres justes qu'approuvait Aristote, elle l'avait été tout autant pour ceux qui l'avaient allumée. Alexandre avait beau se dire, avec le secours des poètes, que la plupart de ces morts avaient été des hommes « semblables à des songes », ces hommes avaient eu le même droit de vivre que lui et leur existence obscure avait eu ses rayons. Il jugeait, en philosophe et en amant, l'horreur des guerres, mais il se disait aussi que sa destinée était de marcher à la gloire à travers des morts et que, jusqu'à ce qu'il pérît un jour lui-même, il ne pouvait y échapper. Il était comme Achille, que l'on avait enlevé aux plaisirs de Scyros pour aller à Troie. Dans la joie de son triomphe, il n'était pas moins sensible aux pertes, surtout parmi les plus jeunes, qui en étaient le prix.

Cependant, cette première victoire, il était en droit de la célébrer. Vénus et Mars s'étaient réunis avec Minerve pour la lui offrir, parce que sans doute il la méritait. Elle consacrait sa régence, elle était l'augure de sa royauté. Il fit sonner le rassemblement et, au milieu des morts, des mourants et des blessés, entonna le péan de victoire : « Par la guerre, nous avons acquis — Une terre aux nombreux dons. — Certains de nous ont subi l'épreuve — Qu'a fait tomber sur eux le destin ; — Mais les dieux l'ont conduite à une bonne fin. — La gloire brille pour celui dont les exploits — Ont gagné durement les louanges. — Ié, ié, péan, — Ié, ié, péan. — Que ce cri ne cesse jamais. » Bien que la terre n'eût pas été conquise, mais reconquise, le résultat était le même, à l'endroit des morts et des vivants.

Alexandre fit approcher les prisonniers, qui, mornes, avaient écouté cet hymne. Ils n'avaient pas les tatouages thraces, leur tribu ne reconnaissant pas que les femmes de leurs ancêtres eussent tué Orphée. Croyant que le massacre allait suivre, — Anaxarque avait dit que, jadis, les Thraces sacrifiaient à Mars leurs prisonniers, comme l'avaient fait tant de Grecs —, ils tombèrent à genoux et tendirent vers Alexandre leurs mains suppliantes. Ils se regardèrent stupéfaits, quand il leur annonça qu'ils étaient libres. La plupart connaissaient le grec et avaient traduit pour les autres. Ils devaient seulement laisser leurs bagages, leurs chevaux et leurs armes. Alexandre ayant su, à Topire, qu'ils n'avaient ni capturé ni tué aucun soldat des garnisons de la contrée, non plus qu'aucun Macédonien, il avait cédé à l'indulgence en oubliant leurs déprédations. « Emportez et enterrez vos morts, ajouta-t-il Pour votre chef, nous lui élèverons un tertre, comme si c'était l'un des nôtres. Soyez désormais les sujets loyaux de Philippe, au nom duquel je vous pardonne, et souvenez-vous que son fils a été un vainqueur généreux. » En souriant, il les écarta, lorsqu'ils se précipitèrent pour baiser ses pieds et ses vêtements.

Un jeune Thrace, qui parlait grec, expliquait aux gardes que « le roi » avait refusé de le tuer en pleine bataille et qu'il avait, par conséquent, des motifs personnels de le remercier. Alexandre reconnut celui qu'il avait renversé. « Quel beau garçon ! dit Démètre. — Oui, par Jupiter, dit Erigius. Les pattes de son bonnet soulignent sa grâce. » « As-tu tes parents ? demanda Alexandre au garçon. — Je suis orphelin, répondit le Mæde. — Si personne de ta race ne s'y oppose, veux-tu devenir l'écuyer de mon ami Démètre, qui te trouve beau ? » Personne ne souffla. « Tu es mon maître, ô roi, et tu n'as qu'à me commander, dit le garçon, qui ôta son bonnet et releva ses cheveux blonds pour mieux faire voir sa beauté. — Du moment qu'Erigius ne semble pas jaloux, voilà ta part de butin, dit Alexandre à Démètre. Ainsi, j'aurai près de mon escadron un gage de l'amour des Mædes. »

Anaxarque félicita Alexandre de sa clémence. « Tu seras le premier vrai vainqueur de la Thrace, lui dit-il, parce que tu l'auras gagnée par la force et par la douceur. Si tu avais la délicatesse de ne pas élever un trophée, qui resterait, malgré tout, le souvenir à la fois de la répression et de la révolte, tu mettrais le comble à ta victoire. — J'aurais suivi ton conseil, s'il n'était pas inutile, dit Alexandre. Les Macédoniens sont le seul peuple grec à ne pas élever de trophée. Cela nous a été appris par Caranus, notre premier roi. Après une victoire, il avait élevé un trophée, à l'exemple des Argiens, ses ancêtres. Aussitôt, un lion, sorti d'une forêt voisine, renversa ce tas de pierres. Caranus comprit la leçon de ce prodige, qui fut transmise à ses successeurs. »

Les armes des Mædes, chargées sur des chariots, seraient le véritable trophée qu'Alexandre rapporterait à Pella. Il déclara qu'une solde décuple serait allouée à tous ses soldats et, en plus, une récompense à ceux qui s'étaient signalés par quelque exploit. La plus haute irait à l'archer qui avait tué le prince. Alexandre dut se résigner à voir l'armée détrousser les morts, malgré la condamnation que Platon, approuvé par Aristote, avait faite de cet usage dans sa *République*. Euryloque lui avait dit que les soldats n'étaient pas des philosophes et que le pillage était un des attraits de la guerre.

C'est le général qui partagea le butin. Alexandre, à qui l'on avait rapporté la poignée d'or de son épée, ne conserva pour lui qu'un anneau d'or où était gravée la tête de Sabazius et une statuette de ce dieu en argent, sur un petit piédestal d'or, trouvés dans le bagage du prince : ces objets étaient d'un travail assez fin, qui décelait un artiste grec. Au cours de cette bataille, Vénus avait été plus forte que Bacchus Alexandre avait pensé offrir la statuette à sa mère ; mais il en imagina une utilisation plus politique. « Je consacrerai cette dépouille dans le temple de Sabazius à Maronée, dit-il aux Mædes, et vous pourrez l'y vénérer en mémoire de votre prince. » Cette ville devait être sa prochaine étape et Anaxarque lui avait vanté ce temple.

Parmi les autres objets du butin, il y avait des cornes à boire, plus grandes que celles des Macédoniens : elles étaient faites avec les cornes des bœufs sauvages des Edones et les bords en étaient plaqués d'or ou d'argent, comme celles dont usait Alexandre. La plus vaste fut offerte à Anaxarque. Le philosophe reprochait à ses compatriotes d'avoir manqué aux règles du droit en blessant un ambassadeur, un héraut ; mais il leur savait gré de ne pas l'avoir tué. Il disait avoir été protégé, lui, par Bacchus-Sabazius, dont il avait arboré les insignes.

Pendant que les soldats dressaient le bûcher pour les morts macédoniens, Alexandre regardait les Mædes préparer leurs propres funérailles. Anaxarque arrachait les flèches des cadavres mædes, quand elles y étaient restées sans toucher la terre : il déclarait que, mises sous un lit, de telles flèches inspiraient le désir, recette magique du chanteur divin, tué par les femmes. Les Thraces ne brûlaient pas leurs morts : ils les allongeaient sur une couche de feuillage, le visage tourné vers le ciel. On n'avait pas ôté au prince son casque à visière : Alexandre avait refusé de voir ses traits.

Anaxarque revenait à son dieu favori. « C'est un bon présage, dit-il au fils de Philippe, que, dans ta première victoire, tu aies pour butin une statuette de Bacchus. Il a été le vainqueur des Indes où il régna cinquante-deux ans. Lui aussi, il conquit les Indiens par la douceur et par la force. Jeune et beau, ils le prirent pour un efféminé, jusqu'à ce qu'il eût incendié leurs forêts et que les bacchantes, découvrant les armes et les serpents qu'elles cachaient sous leurs robes, les eurent mis en fuite. » Alexandre fit remarquer qu'il n'avait pas emporté le serpent de sa mère pour épouvanter les Mædes. Il ajouta qu'elle lui avait narré un exploit semblable des bacchantes en Macédoine. Un roi, qui avait peu de troupes, repoussa les Illyriens, en faisant descendre d'une montagne une bande de femmes, armées de branches de pin et masquées de verdure. L'apparition de ces combattants, d'une espèce inconnue, provoqua la déroute des envahisseurs. Un temple de Bacchus fut construit à cet endroit.

Alexandre observait les soins minutieux que l'on dispensait à ses soldats tués. On procédait comme les Achéens avaient procédé dans *l'Iliade* à l'égard du cadavre de Patrocle et l'idée de cette pérennité d'observances lui rendait le spectacle plus émouvant. Euryloque lui dit que l'on était moins formaliste, quand le nombre des morts était trop considérable : on se bornait à les inhumer. On avait allumé du feu et des torches, mis de l'eau chauffer sur un trépied où était un vase ; puis, on lavait les corps, on les frottait d'huile et l'on enduisait les plaies « d'un onguent des neuf os » ou censé tel, comme s'il s'agissait de les guérir. Ensuite, ils furent déposés sur le bûcher, avec leurs armes, recouverts d'un carré d'étoffe blanche, une obole dans la bouche, pour payer le passage du Styx à Charon, le nocher des enfers. Mais, ce qu'on ne faisait pas au temps d'Homère, on enveloppait chaque mort dans un linceul d'amiante, ce qui empêchait les cendres de se mélanger. Le bûcher était composé de branches de sapin et de frêne, entourées de bois de cyprès afin de corriger l'odeur.

A un signal de trompette, l'armée se rassembla de nouveau. Les joueurs de flûte, sous la direction de Timothée, commencèrent leur mélodie. On jeta les cris de douleur, — « Ototoï ! tototoï... Ototoï ! » — et l'on chanta le chant funèbre, qui portait le nom de Linus. Aristandre égorgea et éventra un taureau noir, préalablement châtré, selon le rite des sacrifices en l'honneur des morts ; le sang, au lieu d'être recueilli, humecta le sol. Après quoi, Alexandre fit une libation de vin pur, d'huile et de parfum. Il brisa les vases de terre cuite qui avaient contenu ces liquides. Enfin, on recueillit les ossements calcinés et les cendres. Aristandre enduisit de graisse les ossements, que l'on roula dans une boîte. A Pella, ils recevraient un tombeau collectif. Les cendres furent enfermées dans des urnes, pour la même destination.

Le repas qui suit les funérailles, termina la cérémonie. « Tous ceux qui sont épargnés par la guerre terrible — Doivent se souvenir de boire et de manger », dit Homère. La viande du taureau sacrifié et celle de plusieurs bœufs, formèrent le plat de résistance. On servit des fruits, des gâteaux secs, du vin trempé et du lait au miel, menu complémentaire de ces agapes spéciales.

Le camp fut établi de l'autre côté du lac, près de la petite ville de Dicée. Un courrier avait été envoyé à Philippe et des pigeons à Parménion et à Olympias pour leur apprendre la victoire. Et toute l'armée, épuisée encore des fatigues de la bataille, s'endormit dans un homérique « sommeil de bronze ».

Le lendemain, on partit pour Maronée, où Alexandre voulait récréer ses soldats. Des chariots transportaient les blessés. Aucun d'eux n'avait consenti à rester à Dicée, où les ressources étaient limitées : la ville célèbre par son vin et par son commerce maritime attirait tout le monde.

« Nous sommes à présent chez les Cicones, dit Anaxarque à Alexandre. Ils repoussèrent les compagnons d'Ulysse. La ville d'Ismare, pillée par ce héros, est près de Maronée. C'est là qu'il reçut du prêtre d'Apollon, Maron, fondateur de cette ville, le vin grâce auquel il enivra Polyphème en Sicile. Le pays des Cicones fut la première étape de l'armée de Xerxès, après qu'elle eut franchi l'Hellespont. Le grand roi passa ses troupes en revue à Dorisque, sur la route de Maronée à Enus. »

Les commentaires historiques avaient moins de prix pour Alexandre, maintenant qu'il venait lui-même d'entrer dans l'histoire. Les chants joyeux de ses soldats couvraient la voix d'Anaxarque. L'escadron des amis voltigeait autour de son chef, qui plaisantait avec chacun d'eux. Mais le philosophe saisissait la moindre occasion de ramener la conversation vers les choses des Muses, comme pour justifier sa présence et les espoirs d'Aristote.

Plus heureux que personne d'aller à Maronée, il ne laissait pas de regretter qu'on n'eût pas fait un détour jusqu'à Abdère. Il réussit à fixer l'attention d'Alexandre sur Démocrite, principale gloire des Abdéritains. « Cet homme qui riait de la folie humaine, dit Alexandre, aurait sans doute qualifié de folie ma jeune ambition. — Il rendait justice au mérite, car il pénétrait les âmes, dit Anaxarque. On ignore généralement qu'il était aussi un mage. Je l'admire surtout pour cela. Il avait appris la magie en Egypte, en Chaldée, en Perse et aux Indes. Ainsi suivait-il la tradition de Pythagore, qui avait été initié à la sagesse orientale par le Chaldéen Zaratas, disciple de Zoroastre. Démocrite eut pour maître le mage perse Osthane, qui avait accompagné Xerxès et qui, à son retour de l'expédition contre Athènes, s'était fixé à Abdère. Empédocle, lui aussi, était magicien. »

« Excuse-moi, dit Alexandre, mais tu m'étonnes par tes louanges de la magie, toi, un disciple d'Aristote. — Lorsque la science ne peut tout expliquer, dit Anaxarque, il faut bien trouver cette explication. Toi-même, tu crois à la magie, puisque tu portes au cou, fût-ce par égard pour ta mère, une petite branche de corail et l'opale d'Orphée et que ton cheval a un collier de dents de loup. Qui sait ? Peut-être que Bucéphale court si vite à cause de ce collier, que l'opale a décuplé ton courage naturel et que la branche de corail t'a sauvé la vie en écartant de toi les traits et les coups des Mædes. J'ai entendu dire que les Gaulois, le peuple le plus courageux de l'ouest de l'Europe, ornent de corail leurs épées, leurs boucliers et leurs casques. La vertu des pierres n'est pas moins évidente : Milon de Crotone était invincible à la lutte, parce qu'il avait une bague où était enchâssée une pierre trouvée dans le gosier d'un chapon. »

« Aristote, sans dire qu'il croit à la magie, poursuivit Anaxarque, trouve extraordinaire et, en quelque sorte, magique, le fait que l'on meure souvent lorsque la marée se retire. Démocrite avait une formule pour faire accoucher les femmes d'enfants beaux, vertueux et heureux. Il connaissait la plante qui, jetée dans les rangs de l'armée ennemie, y porte le désordre et la panique. — Heureusement que les Mædes ne connaissaient pas cette plante, dit Alexandre. — Démocrite ne l'a indiquée à personne, dit Anaxarque, mais il en a fait l'expérience. — Glaucus non plus n'a pas indiqué l'herbe qu'il avait trouvée près d'Anthédon et qui lui conféra l'immortalité, dit Alexandre, se souvenant de ce que le grave Léonidas avait conté, lorsque l'on était passé devant ce port de la Béotie. — Démocrite, reprit Anaxarque, guérissait telle ou telle maladie en appliquant sur la partie douloureuse les os de la tête de tel animal ou de celle de tel défunt, car il déterrait les morts pour le salut des vivants. A l'âge de cent neuf ans, il décida de se laisser mourir de faim, — il habitait un tombeau, hors de la ville, — mais, ne voulant pas attenter à ses jours d'une façon vulgaire, pour ne pas encourir la vengeance des dieux qui interdisent le suicide, il ordonna que l'on diminuât progressivement sa nourriture. Toutefois, comme il était près d'expirer pendant que l'on célébrait les fêtes de Cérès, sa sœur le pria de ne pas les troubler : il se fit donner du pain chaud et se nourrit de l'odeur jusqu'à ce que les fêtes fussent terminées. »

« Aristote, poursuivit le philosophe, a écrit deux volumes de *Réflexions tirées de Démocrite*. Il y parle moins de sa magie que de ses théories scientifiques et l'approuve d'avoir deviné, par génie ou par magie, le système de l'atome, l'infinité de l'univers et le nombre illimité des mondes. — Quoi ! s'écria Alexandre, il y aurait d'autres mondes que celui où nous sommes ? d'autres mondes habités ? Aristote ne nous a pas exposé cette théorie. — Je la crois indubitable », dit Anaxarque. Alexandre resta songeur. Deux larmes coulèrent sur ses joues. Il les essuya d'un revers de main, en riant. « Vois quel enfant je suis, dit-il : je n'ai pu m'empêcher de pleurer à l'idée qu'il y ait d'autres mondes et que je ne puisse les conquérir. — Tu n'es pas un enfant, dit Anaxarque ; tu es un héros. »

« C'est parce que tu es un héros complet, continua-t-il, que tu joins le goût d'Homère au goût d'Anacréon. Tu aimes ce poète comme chantre de l'insouciance et de la volupté, mais le goût de la volupté et de l'insouciance ne t'exempte pas des plus grandioses soucis. Moi, j'aime Anacréon comme chantre du vin. Il est mort à Abdère après avoir quitté sa patrie ionienne, Téos, pour fuir les Perses. Il inspira, à soixante ans, une passion au jeune Thrace Smerdis, dont il a célébré la beauté, et mourut, étouffé par le pépin d'un raisin sec. — J'irai un jour saluer son tombeau, dit Alexandre, comme j'ai salué celui d'Euripide. On se grandit en visitant les monuments des grands hommes. »

Au loin, apparaissaient les vignes des monts Biblines. « Puisque tu m'as dit que ton père admirait Hésiode, dit le philosophe à Alexandre, je te citerai les vers de *Travaux et Jours* qui font cette jolie peinture de l'été : « Quand le chardon fleurit et que la cigale sonore, — Posée sur un arbre, répand son chant perçant, — Ininterrompu sous ses ailes, à l'heure de l'été précoce, — Alors les chèvres sont très grasses et le vin est excellent, — Les femmes sont le plus lascives et les hommes le plus alanguis, — Parce que Sirius brûle les têtes et les genoux — Et la peau est sèche à cause de la chaleur. Mais puissé-je avoir — L'ombre d'un rocher et du vin biblin !... » Alexandre voulut bien admettre le charme de ces vers. Cette région, où l'on vendangeait, était aussi tranquille que si elle n'eût jamais entendu parler des Mædes. Cependant, la nouvelle de la victoire avait précédé l'armée et partout le cri joyeux de « Io, io » résonnait pour le chef et pour ses soldats.

On était maintenant dans les vignobles. Alexandre regardait avec curiosité le spectacle de la récolte. Il n'y avait pas de vignes en Macédoine, sauf en Chalcidique, et il ne connaissait les vendanges que par un poème d'Anacréon et par la description d'une des scènes ciselées sur le bouclier d'Achille : Vulcain « y plaça également une vigne fort chargée, — Belle, dorée ; des grappes noires étaient en haut, — Et elle était soutenue par des échalas d'argent... — De jeunes vierges et de jeunes garçons, pensant des choses naïves, — Portaient, dans des paniers tressés, le fruit de miel. — Au milieu d'eux, un enfant, avec la cithare aiguë, — Jouait de façon charmante et, sur cet air, chantait un beau linus d'une voix grêle. » En effet, le maître d'Orphée et d'Hercule n'avait pas donné son nom seulement à des chants funèbres, mais à des chants de joie, tels que ceux des vendanges. « Les paysans thraces, dit Anaxarque, opèrent autrement que les Grecs après la cueillette des grappes : ils les exposent au soleil attachées à leurs sarments, les y laissent dix jours et les mettent à l'ombre cinq autres, avant de les fouler. — Mais c'est ainsi que faisaient les Phéaciens d'Alcinoüs ! » s'écria Alexandre.

A Maronée également, où l'on arriva à la fin de l'après-midi, la Renommée, « messagère de Jupiter », avait rempli son office. La garnison était restée fidèle, comme dans toutes les villes. On installa les blessés à la caserne ; puis, Alexandre donna quartier libre à ses troupes, logées chez l'habitant. Ce fut immédiatement du délire. Les soldats de se précipiter dans la mer, comme à Eion, mais ici, l'eau était pure. Outre le plaisir, ce bain était une purification préalable au sacrifice officiel, puisque « la mer purifie tous les maux des hommes ». Il ne fut plus question ensuite que de courir là où il y avait du vin, des filles et des garçons.

Alexandre avait participé à l'immersion générale, mais il ne s'était pas risqué loin du bord. Ensuite, accompagné d'Ephestion, il gagna la maison de leur hôte, Strabax, le principal citoyen de Maronée, riche négociant en vins. Epaphos et Polybe les frottèrent d'huile parfumée, les vêtirent d'une tunique blanche et les couronnèrent de laurier, pour le grand banquet que le fils de Philippe devait présider dans cette maison. Euryloque, Anaxarque et l'escadron y étaient invités.

Strabax leur fit goûter du vin auquel il avait mêlé du miel, pour rendre hommage à Aristée, qui avait été le premier à en adjoindre au vin de Maronée. Bacchus servait à faire oublier Mars et Enyo. On buvait dans des cornes de bélier, variante des cornes de bœuf. Les musiciens soufflaient aussi dans des cornes et non dans des flûtes. Les viandes étaient découpées et enfilées, sur des brochettes, avec des morceaux de poisson. Tous les convives avaient une couronne de laurier, comme Alexandre et Ephestion. Seuls, Strabax et ses amis étaient couronnés de myrte.

Les Macédoniens ne parlaient de la bataille que pour en revivre joyeusement les émotions. La blessure d'Ephestion était cicatrisée ;

Euryloque marchait encore en boitant ; Démètre et Erigius étaient charmés du petit écuyer gagné au lac de Bistonie. Cassandre, qui avait montré le courage d'un homme, avait été déclaré digne de s'allonger sur un lit. Anaxarque avait glissé sous le sien l'une des flèches enlevées aux cadavres des Mædes et qui n'avaient pas touché la terre. Ce qui l'enchantait, en attendant les effets de Vénus, c'est que l'on bût le vin pur, à la manière des Thraces : il plaignait Alexandre, qui faisait observer l'usage homérique d'y ajouter vingt mesures d'eau, sauf pour les libations.

Au dessert, les magnifiques raisins des monts Biblines donnèrent lieu à l'un des jeux de banquet, analogue à celui du jet de gouttes de vin dans un vase de bronze. On pressait un pépin entre le pouce et l'index, de manière qu'il frappât le plafond, tandis qu'on disait le nom de l'être aimé. Alexandre, Ephestion et tous les membres de l'escadron savaient bien qu'ils étaient aimés autant qu'ils aimaient. Le jeu du pépin consistait pour eux, selon que l'on touchait ou non le plafond, à savoir qui jouerait, ce soir-là, en amour, le premier ou le second rôle.

Des clameurs et des chants, au-dehors, attirèrent l'attention des convives. « C'est l'orgie de Bacchus, la fête du port des grappes, qui commence, dit Strabax. Elle coïncide avec ta victoire, Alexandre. Tu es le favori des dieux. — Je vais me mêler à la fête, comme on mêle le miel au vin, dit Anaxarque, qui se leva en titubant. Bacchus a l'épithète de Nocturne ; il veut qu'on l'honore la nuit, sans doute parce que c'est aussi le règne de Vénus Noire. » La turgescence de sa tunique fit rire : la flèche avait produit son effet. Les autres convives thraces se versaient du vin sur les habits les uns des autres, selon une coutume du pays.

Alexandre et Ephestion montèrent sur le toit-terrasse de la maison pour voir l'orgie, comme ils avaient vu, de plus loin, la course des flambeaux à Athènes. Ils évoquèrent les noces de Bacchus et d'Ariane, célébrées à Olympie chez Cléotime, et qui devaient sans doute avoir lieu un peu partout à Maronée, une nuit telle que celle-ci. Soldats et Maronites, à demi nus, couronnés de pampres, portaient une torche dans une main, une grappe de raisin dans l'autre, — ces torches spéciales, dit Strabax à Alexandre, étaient composées de baguettes d'osier écorcé, enduites de cire. Certains, même des enfants, tenaient des bâtons où pendaient des phallus aux proportions monstrueuses ; ils criaient : « Plaise au dieu que je sois dans un pareil état ! » Des femmes, couronnées de lierre ou de serpolet, brandissaient des pampres et chantaient : « Evoé, évoé ! » Quelques-unes étaient entièrement nues. Elles n'étaient pas toutes très attrayantes, mais comptaient sur l'épithète de Vénus qu'avait rappelée Anaxarque. Alexandre avait entendu son père citer ces mots d'une jeune Macédonienne qu'il s'efforçait d'entraîner vers sa chambre, après un banquet nocturne, en lui disant qu'elle était la plus jolie de ses sujettes : « Laisse-moi donc, ô roi, dans les ténèbres, toutes les femmes sont les mêmes » Tous les hommes et tous les garçons aussi, ce qui faisait le succès des bacchanales quand les torches étaient éteintes.

Enfin, suivait le char, traîné par deux ânes en érection, où un adolescent, d'une beauté remarquable, nu lui aussi, et le phallus non moins dressé, figurait Bacchus. De chaque côté, de petits garçons entretenaient l'heureux état du jeune homme et des ânes en leur chatouillant le membre avec des panaches de roseaux. On n'aurait su s'il fallait offrir la palme aux sexes des ânes ou à celui du jeune homme. Strabax déclara qu'on choisissait les mieux pourvus de ces animaux et que le jeune homme ne devait pas non plus son choix à sa seule beauté. C'était, du reste, son esclave favori, un jeune Bithynien, nommé Bithynius. L'hôte en était doublement fier, car les Bithyniens étaient Thraces. Des joueurs de corne accompagnaient le char, avec des hommes et des femmes vêtus en satyres et en bacchantes, qui agitaient un cuissot de chamois cru, — animal du Rhodope, — qui dansaient frénétiquement et qui ne s'interrompaient que pour des gestes lubriques. « La plage, les bois, les vignes, vont être le champ de bataille de Vénus et de Bacchus », dit Strabax.

Il sollicita la permission de suivre le cortège pour honorer Bithynius et aussi pour le protéger contre les bacchantes et les satyres. Euryloque et les amis d'Alexandre n'étaient pas moins curieux de voir jusqu'au bout la bacchanale. Erigius et Démètre espéraient ne pas se contenter de voir. Comme il y avait des Bithyniens à Maronée, ils souhaitaient découvrir d'autres Bithynius, grâce à leur morale de complaisance réciproque.

Alexandre et Ephestion descendirent dans leur chambre, prirent leur bain, endossèrent leur fine robe de nuit. Les esclaves renvoyés, Alexandre s'approcha d'une fenêtre tournée vers la campagne. Il l'ouvrit pour contempler le ciel, où brillait Orion, la constellation thrace. Mais, derrière lui, Ephestion cherchait Vénus...

Le lendemain, Anaxarque présenta deux philosophes de Maronée, amis de Théophraste et, par conséquent, disciples indirects d'Aristote : Métroclès et sa sœur Hipparquie. Très beaux l'un et l'autre, ils étaient d'une famille riche et distinguée. Hipparquie était la première femme philosophe que rencontrait Alexandre. Il lui parla des deux disciples femmes qu'avait eues Platon : Axiothée de Plionte, laquelle s'habillait en homme, et Lasténie de Mantinée. Il n'oublia pas Diotime, prêtresse de cette même ville, que Socrate appelait « sa préceptrice » et dont ce père de la philosophie rapporte les idées sur l'amour et la beauté dans *le Banquet* de Platon.

L'armée cuvant son vin, c'est seulement le jour suivant qu'Alexandre accomplit, tour à tour, devant la mer, le sacrifice de la victoire et le sacrifice de purification. Les soldats avaient orné leurs boucliers de lierre, afin d'imiter les Thraces, qui paraient ainsi les leurs pour les cérémonies religieuses. Alexandre plongea lui-même le couteau dans la gorge du

taureau, puis dans celle d'une chienne, ainsi qu'Aristandre au départ de
Pella et à la veille de la bataille. Maintenant, c'était à lui de faire ce geste,
puisque c'est lui qui avait commandé le meurtre d'autres hommes et qu'il
en avait tué. Il n'éprouvait plus la sensibilité qu'il avait eue la première fois
qu'Aristandre avait égorgé et dépecé la chienne. La lame, affilée comme un
rasoir, coupa l'animal transversalement. Selon le même rite, Aristandre
disposa les deux parties d'un côté et de l'autre du chemin. L'étendard et
Alexandre en tête, l'armée défila entre les tronçons sanglants, qui furent
ensuite jetés à la mer. Le lieu et la cérémonie évoquaient Achille égorgeant
un verrat pour se purifier sur la plage de Troie, après la mêlée, et le faisant
jeter ensuite « dans le vaste abîme de la mer grise, comme nourriture aux
poissons ». Conformément à l'usage, l'armée, pour finir, simula un
combat.

L'hôte d'Alexandre voulut marquer la gloire de le loger en affranchis-
sant le bel esclave qui avait figuré le dieu de la vigne et qu'il avait acheté à
l'âge de douze ans. La cérémonie, à laquelle Erigius tint à assister, en
hommage aux Bithyniens d'Abdère, se déroula le lendemain dans le temple
de Sabazius. Le maître et l'esclave passèrent près de l'autel, puis revinrent
à la porte, où les prêtres les accueillirent. Le grand prêtre donna au maître
la somme stipulée dans le contrat d'affranchissement, pour que « le corps
mâle, nommé Bithynius, vendu à Sabazius quatre cents drachmes, fût
libre, que nul ne pût mettre la main sur lui et qu'il fût ce qu'il voulait ».
Comme la vente au dieu était purement fictive, c'est Strabax qui avait
donné la somme : Bithynius, en effet, allait avoir une boutique de
parfumeur. Qu'il fût mâle, aucun des spectateurs de l'avant-veille ne
pouvait en douter. Erigius, toujours avide, murmura qu'il aurait bien aimé
« mettre la main sur lui ». Anaxarque félicita Strabax qui, dit-il, avait imité
le fameux général athénien Nicias : dans une fête semblable, celui-ci avait
décoré en Bacchus l'un de ses esclaves et l'avait libéré sur-le-champ, parce
que, dit-il, on ne pouvait laisser dans la servitude quelqu'un que le peuple
avait jugé semblable à un dieu.

Strabax remplaça Bithynius par un jeune Africain de la Maurousie ou
Mauritanie, qu'un marchand d'esclaves venait d'amener et qui rappela à
Alexandre et à Ephestion ceux de Phrynon. Lorsqu'on le mit nu pour
répandre sur sa tête des dattes, des figues, des noix, des grains de myrte et
des gâteaux secs, comme on le faisait à l'arrivée d'un nouvel esclave, on put
constater que Strabax ne perdait rien au change. Le Maronite souriait, en
homme que l'on ne prend pas au dépourvu. Anaxarque lui dit que ses
esclaves n'avaient pas à craindre l'humiliation de Priape, qui, disputant de
virilité avec un âne, fut vaincu par cet animal et le tua de dépit. « Si, à la
prochaine fête du port des grappes, ajouta-t-il, tu fournis un Bacchus noir,
la palme n'ira certainement pas aux ânes qui le conduiront. »

Dans la joie de leur victoire, Alexandre et Ephestion avaient proposé a

Epaphos et à Polybe de les affranchir en les vouant à Sabazius, comme l'esclave de leur hôte. Ils s'y refusèrent, en se déclarant plus heureux de servir leurs maîtres que d'être libres. « Un jour, leur dit Alexandre, touché de leur affection, nous vous offrirons mieux qu'une boutique de parfumeur. »

L'après-midi, il se rendit à la chasse. Les monts de la Thrace étant les seuls, en Europe, à avoir encore des lions, il rêvait de se mesurer avec ce roi des forêts ; mais on lui dit qu'il n'y en avait plus qu'au nord, dans l'Hémus. Il ne s'en étonna pas : son père, grand chasseur, n'avait trouvé, dans tout le royaume, comme animal extraordinaire, qu'un bœuf sauvage d'une taille incroyable, dont il avait dédié les cornes, à Pella, dans le temple d'Hercule. Au temps de Xerxès, les lions étaient si nombreux, en Bistonie, qu'ils avaient, aux environs d'Abdère, fait un carnage des chameaux de l'armée perse. Cela prouvait qu'en un siècle et demi, le défrichement et le peuplement avaient diminué de plus en plus le nombre de ces fauves. Alexandre se consola des lions en chassant au faucon, cette chasse étant assez générale en Thrace depuis Amphipolis. Anaxarque la disait importée de Phrygie. Les bois étaient aussi abondants en lièvres qu'en oiseaux. Le fils de Philippe était maître dans l'art de percer un lièvre d'un javelot ou en lui lançant un bâton, comme faisaient les jeunes Athéniens : c'est Autolyque qui avait enseigné ce dernier genre de chasse à ses amis de Miéza. Une douzaine de renards compléta le tableau.

Anaxarque aperçut, près d'un labour, des bœufs auxquels les paysans avaient attaché, entre les cornes, une agate arborisée : c'était une tradition d'Orphée, observée dans certains endroits de la Thrace. Placée ainsi, dit-il, ou sur les épaules du laboureur, cette pierre procure aux sillons tous les dons de Cérès. Alexandre se sentait obligé de croire à ces vertus qu'Orphée prêtait aux pierres, s'il était vrai que l'opale d'Olympias l'eût garanti des coups et des flèches.

Au retour de la chasse, il assista, avec les chasseurs et avec les chiens, au sacrifice que célébra Aristandre pour les purifier. Le devin égorgea un porc, dont le sang offert aux dieux racheta le sang répandu. Anaxarque suggéra d'utiliser, une autre fois, le rite purificatoire des orphiques, dans lequel on se servait d'un œuf, image du monde et de la vie universelle. C'est à cause de ce symbole que les pythagoriciens s'abstenaient de cet aliment.

Le soir, Alexandre reçut la visite des petits rois thraces, soumis par son père. Térès fit amende honorable pour la révolte de son cousin, dont il avait peut-être attendu le rétablissement de son indépendance. Alexandre feignit de croire à sa sincérité. Les trois autres rois étaient Philétas, Scostocès et Sitalcas. Presque tous les souverains thraces portaient le même nom de père en fils, ce qui embrouillait souvent les historiens. Sitalcas descendait de celui dont parlait Xénophon et du Sitalcès de Thucydide, qui avait été le fils d'un Térès, fondateur du royaume des Odryses et allié des

Athéniens. Alexandre offrit un banquet à ses visiteurs. Afin de mieux les honorer, tout en célébrant sa victoire, il ordonna, pour le lendemain, des jeux gymniques et dramatiques.

Au préalable, il alla sacrifier avec eux aux temples des principales divinités thraces, témoignant ainsi son respect envers elles, qui lui avaient accordé la victoire dans leur pays : Bendis, représentée ici chevauchant un lion, — un de ces lions disparus ; Sabazius, coiffé et vêtu à la phrygienne, une pomme de pin dans la main droite, la férule de Bacchus dans la main gauche ; et le dieu cavalier Héron. Les attributs de ce dernier, qui étaient ceux de Jupiter, d'Apollon, d'Esculape et d'Hercule, montraient sa suprématie, et, par conséquent, toute l'importance de l'élevage des chevaux dont il était le protecteur, comme avait dit Anaxarque (les monnaies anciennes de Maronée portaient un cheval et un cep de raisin). On avait exposé, près de sa statue, une œuvre d'Athénion, peintre originaire de cette ville, mort depuis peu et qu'on avait appelé « un nouveau Zeuxis » : *Ulysse découvrant Achille caché sous des habits de femme.* Ce déguisement rappelait à l'escadron les plaisirs de Miéza.

La statuette de Bacchus, conquise sur le prince thrace, fut dédiée dans le temple de Sabazius, comme Alexandre l'avait promis. Un orfèvre avait gravé sur le piédestal d'or : « Alexandre, fils de Philippe, à Bacchus ». Par délicatesse, le jeune vainqueur n'avait fait mentionner rien davantage. Suivant l'exemple de son père, qui gardait une partie du butin pour les dieux, il offrit des cornes à boire aux autres temples de la ville, mais réserva les plus belles aux temples de Pella. Il ferait cadeau à sa mère de la bague où était l'effigie de Sabazius.

Les jeux, au stade de la ville, mirent aux prises soldats macédoniens et Thraces. Les enfants royaux disputèrent les couronnes aux éphèbes de Maronée. C'était une évocation des jeux Olympiques, dont le souvenir paraissait lointain à Alexandre après tant d'événements. Il était frappé du nombre de statues d'athlètes qui décoraient le stade, aussi bien que les places et les temples. Partout les jeux entretenaient les arts. Courses à pied, lutte, lancement du disque et du javelot se succédèrent. Alexandre avait banni le pugilat, bien que son père le maintînt dans les compétitions de l'armée. Il ne voulait plus entendre parler de courses de chars, mais il organisa, devant la mer, une course de chevaux : puisqu'il avait des rois pour concurrents, il ne résista pas au bonheur de gagner avec Bucéphale.

Le jour d'après fut consacré au spectacle. Thessalus avait trouvé des aides inespérés. La compagnie des artistes de Bacchus, répandue à travers le monde grec, valait à ses membres le privilège de circuler librement d'un pays à l'autre en pleine guerre, puisque les comédiens n'étaient pas astreints au service. Aussi les chargeait-on parfois d'une mission diplomatique : quelques années auparavant, les Athéniens demandèrent à l'un de ces acteurs de sonder les intentions de Philippe pour la paix. Philippe, du reste, en vue d'attester son respect des Muses, avait étendu aux musiciens et aux artistes en général l'exemption de combattre. En revanche, il se distinguait des autres Grecs en refusant ce droit aux athlètes, dont la force physique était d'un bon exemple pour les soldats. Quelques-uns de ces comédiens voyageurs étant à Maronée pour la saison des vendanges, ce furent d'autres ressources que des acteurs improvisés, choisis dans l'armée. Thessalus dirigea les répétitions et Dinarque perfectionna le décor, en bois et en toile, que l'on planta à l'arrière de la scène. Alexandre qui chérissait la rapidité en toutes choses, apprécia les efforts de son architecte et des acteurs. Il avait choisi *les Bacchantes,* pièce tout indiquée dans la conjoncture et qu'Euripide avait écrite à la cour de son ancêtre, le roi Archélaüs.

Thessalus était chef de chœur. Il porta le nombre des personnages qui le composaient, de douze à quatorze, pour y faire participer deux enfants royaux, devenus ses mignons, — les bacchantes étaient, en effet, des jeunes gens travestis. Le beau Bithynius était assis au premier rang, non loin d'Alexandre et des rois, près de son maître. Il devait cet honneur à Bacchus et non à Priape.

Tous les fronts étaient ornés de couronnes. Avant le spectacle, on fit, selon l'usage, une purification avec le sang d'un jeune porc. Puis, le signal du début fut donné par une trompette. Les Macédoniens applaudirent les nombreuses allusions à leur pays, — l'Axius et le Lydias, la Piérie, « séjour des Muses », et, dominant le tout, l'Olympe. Alexandre aimait ces vers, qu'il appliquait à Ephestion : « O lumière souveraine de nos transports bachiques, — Comme je jouis de te voir ! J'étais dans la solitude sans toi. »

Un chœur exécuta ensuite une danse du pays. Les danseurs étaient armés et feignaient de se battre, plus vivement que ne le faisaient les danseurs macédoniens et athéniens. L'un d'eux était censé frappé et tombait ; les autres le dépouillaient de ses armes, le mettaient nu, sortaient en le traînant, comme dans la pyrrhique. C'était à peu près la même danse que Xénophon avait vue chez le roi Seuthès, du côté de Byzance.

Le départ eut lieu le lendemain matin. On sacrifia un cheval en l'honneur de Bacchus-Sabazius. Les adieux de la population attendrirent les soldats. Alexandre souriait en pensant à la phrase si fréquente chez les historiens, lorsqu'ils relatent la prise d'une ville : « Les garçons et les femmes déshonorés. » Les Maronites prouvaient que ce n'était pas l'acte qui comptait, mais le fait de l'accepter : tous les garçons et toutes les femmes de Maronée avaient été dans les bras des soldats, durant l'orgie du port des grappes. Les rois thraces firent cortège à Alexandre jusqu'à Strymé, la ville voisine, sur la côte.

On arriva à Dorisque le lendemain au soir. « C'est donc là, dans cette vaste plaine, dit Anaxarque, que Xerxès fit le dénombrement de son armée. Pour y parvenir, il rassembla dix mille hommes, autour desquels on traça un cercle ; puis, on bâtit un mur, ouvert de deux portes. On additionna le nombre de fois que l'intérieur de ce mur avait été rempli, ce qui montait à dix-sept cent mille hommes. Il faut y ajouter trois cent mille de renforts. » Euryloque rappela que, lorsque Philippe avait conquis Dorisque, Démosthène avait fait des discours enflammés et grossissait cette conquête en citant de petites places aux noms inconnus, — Serrhium, Ergisque, Ganus. Eschine lui avait rétorqué spirituellement qu'il était le premier à en révéler l'existence et l'on avait souvent raison des Athéniens en les faisant rire. « On voit qu'ils ne savent ni la géographie ni l'histoire, dit Alexandre : Xénophon parle de Ganus, qui est sur la Propontide. »

Dorisque n'était pas loin de l'Hèbre, qui formait une autre frontière de la Thrace ; mais cette ville se trouvait à quelque distance de la mer. On était, dit Anaxarque, dans la partie du pays des Cicones où s'étaient fixés les Piériens, peuple que les Macédoniens avaient chassé de la Piérie et qui était, par conséquent, de la même patrie que les Muses Piérides. Alexandre, charmé, eut l'idée de fonder une ville dans cette contrée, ainsi qu'il en avait eu le projet pour commémorer sa régence et sa campagne. C'était créer une nouvelle source de richesses et prévenir les soulèvements, en obligeant les tribus nomades à se fixer : il complétait l'œuvre de son père.

Alexandre chevaucha, avec Ephestion et ses amis, jusqu'à l'embouchure d'une petite rivière, parallèle à l'Hèbre, — à l'embouchure duquel était la grande ville d'Enus, — et choisit cet endroit, sauf à le faire approuver par Aristandre. C'est le devin qui avait présidé, en effet, à la fondation de toutes les villes bâties par Philippe, car on devait consulter les dieux, avant de réunir les hommes. Celle-là serait le vrai débouché de la plaine de Dorisque, florissante par ses cultures et par ses élevages. De plus, on était juste vis-à-vis de l'île de Samothrace, où Philippe et Olympias s'étaient connus. Bien qu'Alexandre ne fût pas attiré par ces mystères, il ne lui déplaisait pas de leur marquer du respect. Ceux de Samothrace concernaient les quatre dieux Cabires, fils de Vulcain et dont les noms étaient secrets. On les appelait impersonnellement les grands dieux, comme on appelait Cérès et Proserpine les grandes déesses, les uns étant aussi vénérés que les autres. Anaxarque connaissait les noms étranges des Cabires : Axiéros, Axiokersos, Axiokersa et Casmilos. Il savait également quelques détails : devant des gaines de Mercure au sexe dressé, on adorait, outre ces divinités, Jupiter, Junon, Pluton, Minerve, Apollon, Bacchus, — si cher à Olympias —, Pan, l'Amour, le Désir, Vénus et Phaéton, — les statues de ces trois derniers étaient de Scopas. Le phallus, symbole de Bacchus, était promené dans une corbeille, de même qu'aux mystères d'Eleusis. Un serpent était introduit sous le vêtement de l'initié, qui devait le faire passer le long de ses cuisses, rite des mystères de Sabazius. Euryloque dit que, chaque année, la ville de Dium, où se conservaient les cendres d'Orphée, envoyait une importante députation à Samothrace. Il ajouta qu'en Macédoine, il y avait un seul sanctuaire des Cabires, à Thermé, avec cette particularité qu'on y vénérait un seul de ces dieux.

En dehors de Samothrace, de Lemnos, d'Imbros, de Délos et d'Andania en Arcadie, leur sanctuaire le plus célèbre était près de Thèbes. « Mon père m'a dit qu'il y était allé, durant sa jeunesse thébaine, déclara Alexandre, et c'est à la suite de cette visite qu'il voulut se faire initier à Samothrace. Le seul détail qu'il m'ait donné sur l'initiation, c'est qu'il fallait avouer ses fautes au prêtre-roi. Mais quelles fautes ? — Le succès de ces mystères, dit Anaxarque, est justement que l'initiation purifie même des crimes. Le premier exemple d'une purification opérée par les Cabires, pourrait nous sembler véniel, bien qu'il s'agît d'un sacrilège : ils purifiè- rent Angèle, fille de Jupiter et de Junon, qui avait volé à sa mère le parfum dont elle se servait, et qui en avait fait cadeau à Europe, l'amante de son père. Quand Lysandre voulut se faire initier à Samothrace, le prêtre-roi le pria de confesser son plus grand crime. Le général demanda si c'étaient les dieux qui l'exigeaient. « Ce sont les dieux, répondit le prêtre. — Eh bien, répartit Lysandre, c'est à eux que je me confesserai. » — Je crois, dit Alexandre, que mon peu d'attrait pour toutes ces initiations, est qu'Ho- mère n'en ait jamais parlé. Or, en quelque sorte, je descends de lui, autant que d'Achille. — Oui, dit Anaxarque, mais tu descends aussi d'Hercule, qui fut initié à Samothrace, comme il l'avait été à Eleusis. Le roi des rois apaisa une sédition de ses soldats, en se montrant à eux avec la couronne d'initié de ces mystères, qui est d'olivier et d'une bandelette de pourpre ; et le roi d'Ithaque, naufragé, se mit autour des reins cette bandelette, qui le fit flotter sur les eaux. — Ce serait pour moi une manière d'apprendre à nager, dit Alexandre, mais je voudrais des mystères pour moi seul. »

Aristandre tint à recueillir les augures d'une journée entière. Pour cela, il resta, à des moments définis, au bord de la rivière et passa la nuit au milieu d'un bois qui s'étendait à proximité. Les signes dépendaient à la fois des cris, des chants et des vols d'oiseaux, dans la portion de ciel découpée par son bâton en forme de crosse, — le bâton augural, — du silence et de tout ce qui pouvait se produire alors dans le même espace terrestre : le passage furtif d'un animal, le craquement d'une branche, la chute d'un fruit. Le surlendemain, Aristandre fit savoir que tous les signes avaient été favorables : à l'aube, un pivert avait crié à gauche et un corbeau à droite, et ce corbeau était perché sur un chêne, l'arbre de Jupiter. Enfin, ce qui était aussi important, aucun corbeau n'avait crié la nuit. (Aristandre prétendait connaître les soixante-quatre cris de cet oiseau et les neuf cris de la chouette, — il avait triomphé du célèbre devin Apollonius de Sparte jusque dans la science de l'écho du cri du corbeau. Naturellement, il savait aussi par cœur les quatre-vingt-dix-neuf épithètes des hymnes mystiques d'Apol- lon et de Bacchus.) Le bruit des eaux, la manière dont y étaient descendus les objets qu'il y avait jetés, confirmaient les heureux présages tirés de tant de choses. Il avouait seulement qu'aucun aigle ne s'était présenté dans le champ qu'il avait tracé sur le ciel : cela annonçait que cette ville, bien que destinée à être prospère, ne serait jamais grande.

Restait à la nommer. Faute de pouvoir la nommer Ephestionpolis, Alexandre décida qu'elle s'appellerait Alexandropolis.

L'armée fut conduite sur les lieux, pour procéder aux travaux préliminaires. Elle était aussi enthousiaste que son chef. Personne ne voulait être au-dessous des ambitions d'Alexandre. « C'est ton charme qui agit, ta beauté qui subjugue, lui dit Ephestion. Démosthène avait raison : tout le monde est amoureux de toi. Ta mère a été bien inspirée de te consacrer à Vénus et à Bacchus. Il avait raison aussi, le Critobule du *Banquet* de Xénophon, en mettant la beauté au-dessus de tout et en ajoutant même cette plaisanterie qu' « il faut être fou pour ne pas choisir les généraux parmi les beaux ». Imagine donc ce que cela peut être, quand le général est un beau garçon de seize ans. — Je crois, dit Alexandre, que le prestige d'Hercule, d'Achille et de mon père fait plus auprès de mes soldats que ma beauté. »

Des hommes de Dorisque et d'Enus furent engagés pour seconder l'armée. A l'instar de ce qu'avaient fait les hérauts de Philippe dans des circonstances semblables, ceux d'Alexandre, couronnés de myrte et de laurier, parcouraient aussi le pays : ils publiaient que la ville serait dotée de grands privilèges et que tous ceux qui aideraient à la construire, y auraient droit de cité. On voyait déjà arriver un grand nombre de Thraces, attirés par la jeune gloire d'Alexandre et par le désir d'être citoyens d'Alexandropolis. Il s'agissait d'abord d'abattre des arbres, d'extraire des pierres, de les tailler, de fabriquer les machines nécessaires pour les soulever. Alexandre s'était accordé une semaine pour ces travaux. Ses six mille hommes, bien dirigés, lui semblaient capables de les amorcer, de manière à servir d'exemple. Le spectacle de cette multitude, à laquelle il avait communiqué un tel élan, — celui-là pacifique, — l'enchantait et tous ses amis luttaient d'émulation avec lui.

Dinarque dressait les plans de la cité : il fixait l'enceinte, l'alignement des rues, le partage des quartiers, le nombre de temples, le dessin des maisons. Aristandre eut encore son mot à dire et changea la localité de quelques temples, par rapport à la nature des dieux et aux orientations. Il indiqua les espaces qui ne devaient être ni labourés ni ensemencés et qui seraient voués aux dieux protecteurs de la Macédoine et de la Thrace : Jupiter, Bacchus-Sabazius, Minerve, Hercule, Aristée et Cotys. On laissait à ces divinités d'autres terrains où il serait permis de cultiver et d'édifier, pour assurer les revenus de leurs prêtres. Le reste fut divisé en lots à l'intention des futurs habitants.

Au milieu de cette noble activité, une joie supplémentaire fut offerte à

Alexandre par un courrier de son père, le félicitant de sa victoire : Philippe l'attendait devant Byzance et lui disait de ne pas se presser, l'armée victorieuse ayant mérité un peu de repos. Ce repos, Alexandre avait su l'employer.

Le plan général de la ville ayant été adopté, on sacrifia, en présence du peuple et des soldats, trois taureaux sur les bords de la rivière. Alexandre, couronné de chêne, frappa les trois coups de couteau. Aristandre approuva les entrailles. Des invocations furent adressées aux dieux et aux héros du pays, pour leur faire prendre possession de cette nouvelle cité. Les Olympiens visitaient quelquefois les villes dont ils avaient favorisé la fondation et participaient aux sacrifices, tantôt visibles à ceux qui méritaient de les apercevoir, tantôt invisibles. Ainsi le dit à Ulysse le roi des Phéaciens : « Toujours, depuis longtemps, les dieux se montrent claire-ment, — Lorsque nous sacrifions de glorieuses hécatombes, — Et ils festoient près de nous, au même endroit que nous. » Alexandre, qui descendait de l'un d'eux, était persuadé de les avoir entrevus, non dans les banquets ou les sacrifices, mais dans les forêts et dans les nuages, ou quand le soleil se lève et se couche.

Le lendemain, au son des flûtes, on commença de poser les bases de l'enceinte, des temples, des maisons. Les seuls airs joués étaient macédo-niens ou thraces. Alexandre, sur les indications d'Aristandre, loué par Anaxarque, planta un clou gravé de signes magiques dans la première pierre du temple d'Hercule : le destin de la ville était définitivement fixé. Le philosophe se disait heureux qu'Alexandre eût inauguré en Thrace son rôle, non seulement de chef d'armée, mais de bâtisseur de villes. Dans le fait que ce fût si près de la frontière, Aristandre et lui voyaient la promesse qu'il agrandirait le royaume.

Puisque Philippe n'avait pas besoin de ses secours, Alexandre s'attarda quelques jours de plus pour le plaisir de voir pousser Alexandropolis. Il lui avait expédié un courrier qui lui annonçait cette création. Il la fêta, l'avant-veille du départ, en donnant un immense banquet. Ripaille et soûlerie, c'étaient ses ordres, afin de renouveler l'orgie de Maronée et d'honorer Bacchus-Sabazius. Il savait que c'étaient les principes de son père avec les soldats et, sans s'y conformer pour lui-même, comprenait que des hommes qui viennent de risquer leur vie et à qui l'on offre comme délassement de faire les maçons, eussent besoin de tels excès. Mais, si l'orgie de Maronée s'était faite sans le contrôle d'Alexandre, il voulut prouver qu'il pensait à tout, lorsque c'est lui qui la commandait Les médecins furent chargés de veiller aux indigestions, de préparer des vomitifs pour les hommes en état de réplétion, de les dessoûler ou, mieux, de les garantir de l'ivresse en leur faisant manger, au préalable, du poumon rôti de sanglier, de porc, de chevreau ou de mouton, et en buvant de la cendre de bec d'hirondelle, broyé avec de la myrrhe. C'étaient les précautions recommandées par Critobule à Philippe et que le roi négligeait trop souvent.

Pour la dernière soirée, Alexandre fit réciter par Thessalus un extrait de la pièce d'Euripide intitulée *Alexandre* : c'était une façon de mieux fonder Alexandropolis. Le poète avait utilisé la légende selon laquelle Pâris, auquel il donnait son autre nom d'Alexandre, avait été destiné à être tué, après sa naissance : sa mère Hécube avait rêvé, en effet, qu'elle accouchait d'une torche d'où sortaient des serpents. L'enfant est sauvé par des bergers du mont Ida, comme Œdipe l'avait été par des bergers du Cithéron, et c'est l'histoire de son retour au palais de Priam qui était le sujet de la pièce.

Quelques heures après le départ d'Alexandropolis, on arrivait à Enus. Cette ville principale de la Corpilice ou pays des Corpiles était bâtie à l'embouchure de l'Hèbre ou Maritza. Au moins son eau était-elle limpide, autant que d'une extraordinaire froideur. Sur le conseil de Philippe d'Acarnanie, Alexandre, après s'y être lavé religieusement les mains, défendit à ses soldats de s'y baigner. Ils se contentèrent d'y pêcher les paillettes d'or que le fleuve transportait. Une garnison assez considérable y assurait la défense du pont. On était ici sur la frontière occidentale de la partie de la Thrace que Philippe n'avait pas encore conquise entièrement. Il y comptait des villes amies, telles que Cardia, patrie de son secrétaire Eumène, et Apollonie, sur le Pont-Euxin, mais il venait d'échouer ailleurs.

A une journée de marche au nord d'Enus, sur la rive orientale de l'Hèbre qui était navigable jusque-là, commençait le pays des Odryses, avec sa capitale Cypsèle, où vivait Méda, la fille du roi Cotys, épouse répudiée de Philippe. Les Odryses occupaient un vaste territoire, soumis désormais à la Macédoine et qui allait jusqu'à la mer Noire. Mais il était coupé par l'arrière-pays des villes grecques de la côte, alliées des Perses ou des Athéniens. Enus avait avec Philippe un lien indirect par l'un de ses citoyens, dont le nom, Python, prêtait à des plaisanteries, étant celui du serpent d'Olympias. On l'appelait Python de Byzance parce qu'il avait vécu d'abord dans cette ville et qu'il s'y était marié. Sa corpulence, autre sujet de raillerie, mais qui ajoutait à son air de majesté, n'était égalée que par Polyeucte de Sphette, cet orateur antimacédonien qu'Alexandre avait aperçu à Athènes. Python et son frère Héraclide avaient été, à Athènes, les disciples de Platon et d'Isocrate. Ils étaient célèbres pour avoir assassiné, l'année où naquit Alexandre, le roi Cotys, beau-père passager de Philippe. Ainsi s'étaient-ils vengés d'avoir été violés par lui dans leur prime jeunesse, vengeance qui ressemblait à celle de Cratéas et d'Hellanocrate, assassins, pour le même motif, d'Archélaüs de Macédoine. Philippe, sans se soucier des mânes de son beau-père, avait engagé Python à son service et l'avait chargé d'importantes ambassades. Il l'avait avec lui devant Byzance.

Aristandre sacrifia à la Maritza un cheval, comme on le faisait à tous les fils et à toutes les filles de l'Océan, — c'était le fleuve le plus large qu'Alexandre eût jamais traversé —, et un coq à Mars, parce que l'armée entrait dans une région où il faudrait peut-être combattre. Anaxarque raconta une précaution que prenaient les renards, en hiver, lorsqu'ils avaient à franchir le fleuve gelé : ils appliquaient l'oreille sur la glace pour en conjecturer l'épaisseur.

« Quand les femmes de Thrace, continua le philosophe, eurent tué et dépecé Orphée pour avoir inspiré à leurs maris le goût des garçons, et qu'elles eurent jeté dans ce fleuve sa tête et sa lyre, Apollon changea la lyre en une plante qui croît sur ces montagnes. Durant les fêtes de Bacchus, elle résonne à la manière de cet instrument. » Ephestion cita le poète Phanoclès, selon qui la tête et la lyre du chanteur, fixées l'une à l'autre par un clou, voguèrent jusqu'à Lesbos.

Près du lieu dit les Trois-Fleuves, parce que l'Hèbre s'y divise en trois bras, était l'emplacement où, d'après la légende thrace, Oreste avait été purifié du meurtre de sa mère Clytemnestre, en revenant de Tauride avec Pylade et Iphigénie.

Aux portes de la ville, s'élevaient les colonnes de Sésostris, dont avait parlé Anaxarque. Alexandre toucha le phallus qui y était sculpté : comme le roi d'Egypte, il avait battu un peuple thrace. Il était plein de révérence pour les mystérieuses inscriptions figurant parfois des êtres humains, des animaux, des objets, et qui lui évoquaient Nectanébo.

Il y avait à Enus un temple de la déesse de l'amour, fondé par Enée, fugitif de Troie, qui passait pour le fondateur même de cette ville, comme il l'avait été de l'Enéia macédonienne. Alexandre fit une libation d'eau miellée à la protectrice de Pâris-Alexandre. Il y avait aussi un temple de Mercure, dont la statue de bois remontait à une haute antiquité. C'est la tête juvénile de ce dieu qui figurait sur les anciennes monnaies de la cité, coiffée d'un bonnet qu'entourait un cordon de boules.

« Enus, lui dit Anaxarque, doit te remémorer ton ancêtre Hercule : il aborda ces lieux lorsqu'il eut détruit la première Troie ; il fut bien accueilli par le roi Poltyus (en ce temps-là, Enus s'appelait Poltyobrie), mais ensuite, côtoyant le territoire, il fut insulté par Sarpédon, frère de ce roi, et le tua à coups de flèches. Le cap que tu aperçois au loin, est nommé Sarpédon, parce que c'est là que le héros le transperça. Ce Sarpédon est l'homonyme de celui d'Homère, le roi de Lycie, compatriote de notre Aristandre, et qui, détail omis par *l'Iliade,* eut pour mignon le bel Atymnius, dont il partageait les faveurs avec Apollon. »

Tout en écoutant Anaxarque, Alexandre remarquait que les environs d'Enus n'étaient pas extrêmement cultivés. Il en conclut que les habitants vivaient surtout de denrées importées, mais aussi que la rigueur du climat, — on disait que « le froid régnait à Enus huit mois et l'hiver le reste de l'année », — était peut-être accentuée par le défaut d'agriculture Il avait entendu dire que le défrichement avait adouci le climat du nord de la Macédoine et il se promettait d'inciter les habitants de la ville qu'il venait de fonder, à développer les travaux des champs.

Non loin d'Enus, était, comme l'avait annoncé Anaxarque, le tombeau du jeune Polydore, le fils de Priam, assassiné par le roi Polymestor, successeur de Poltyus. Alexandre visita ce tombeau pour honorer une fois de plus Euripide qui avait chanté cette tragédie. Thessalus fut mis derechef à contribution. Il récita le long prologue d'*Hécube,* devant le monument, en présence de l'armée et de la population, comme il avait fait pour *Rhésus* à Esymé et pour *Alexandre* à Alexandropolis. Il représentait l'ombre de Polydore. Son manteau ensanglanté ne laissait voir que le bas de ses jambes nues et épilées ; il avait une perruque blonde bouclée, un bandeau de lin blanc autour du front, et, à la main, un filet rempli de balles, tel un jeune garçon qui va jouer. Cette pièce, le bataillon des amis aurait pu la représenter, comme tant d'autres : Ephestion aimait le rôle de Polyxène, la plus jeune des filles d'Hécube, et Alexandre celui de la reine de Troie. Aujourd'hui, ils vivaient profondément tous les sentiments de cette tragédie, sur ce sol où avait débarqué Agamemnon au retour de Troie, et où la malheureuse épouse de Priam apprit le meurtre de son fils, avant de punir le meurtrier. Le nom du père d'Hécube, — Cissée, roi de Thrace, — semblable à celui du roi de Macédoine tué par Archélaüs Ier, rapprochait d'Alexandre toute cette histoire, comme le deuxième nom de Pâris le rapprochait encore mieux de *l'Iliade.*

Accompagné des flûtes, Thessalus chanta d'une voix lamentable et cristalline : « Je viens, ayant quitté le séjour des morts et des portes de l'ombre, — Où, loin des dieux, Pluton me loge, — Moi, Polydore, né fils d'Hécube, la fille de Cissée, — Et de mon père Priam. Celui-ci, lorsque la ville de Phrygie — Fut menacée de tomber sous la lance grecque, — Ayant peur, m'envoya en cachette loin de la terre troyenne — Dans la demeure de Polymestor, son hôte thrace, — Qui cultive la riche plaine de Chersonèse, — Dirigeant avec la lance un peuple ami des chevaux. — Mon père envoya avec moi beaucoup d'or... — J'étais son plus jeune fils... — Je n'étais pas capable de porter l'armure, ni mon jeune bras le javelot... — Quand Troie et Hector eurent péri... — Il me tua, moi, malheureux, pour l'or, — Lui, l'hôte de mon père, et il jeta mon cadavre dans les vagues de la mer. »

Ce spectacle dramatique serait le seul qu'Alexandre offrirait à l'armée jusqu'à Byzance : un nouveau courrier de son père était arrivé à Enus pour le prier de ne plus prendre son temps, parce qu'il allait marcher contre les Gètes, peuple riverain du Danube. Cette façon de compenser l'échec devant Byzance par une victoire probable sur un peuple plus lointain, excitait tous les courages. On se remit en route et, maintenant, ce n'était plus sur le sol macédonien.

« Je ne sais si je me trompe, dit Anaxarque à Alexandre, mais je pense que ta magnanimité envers les Mædes nous protège des peuples dont nous foulons le territoire et qui sont de la même race, sous les noms de Dolonces, d'Apsinthes et de Cènes. Dans ces pays de cavaliers, les nouvelles vont vite. Philippe a conquis par la force et par l'intelligence, mais aussi, il faut bien le dire, par la terreur. Démosthène a eu beau jeu de le dépeindre comme un destructeur de villes. Si tu te dispenses de l'imiter en cela, le jour où des villes s'opposeront à toi, tu n'en seras que plus grand et tu le seras plus facilement et plus sûrement. Ce que tu fais en Thrace, tu le feras en Asie. Et, de même que tu te flattes d'apprécier les barbares, tu accompliras cette mission, supérieure à l'honneur de les conquérir, qui est de les réconcilier avec l'Europe. »

« Songe également, poursuivit Anaxarque, à ce que c'est que l'Afrique. Peut-être auras-tu à la gagner à notre civilisation, tout en respectant et utilisant la sienne. Ce que je te dis là, c'est le complément de ce que je te disais de la pluralité des mondes. L'Afrique est le continent de la grandeur et de la magie. Le beau Memnon, roi des « Ethiopiens irréprochables », secourut Troie avec vingt mille fantassins et dix mille chevaux et, pour les amener, il construisit, depuis Suse en Perse, une route qui s'appelle encore « la chaussée de Memnon ». Il fut tué par ton ancêtre Achille. Ses os furent rapportés en Ethiopie, mais son monument, sur la rive asiatique de la Propontide, attire chaque année, le jour de sa mort, des milliers d'oiseaux : ils l'arrosent de l'eau qu'ils vont puiser avec leur bec dans l'Enipus, sur les bords duquel il périt. Cela, je l'ai vu, et ne dirai donc pas que c'est une légende. Mais je ne suis pas allé en Haute-Egypte, où se trouve la statue célèbre de ce fils de l'Aurore, qui rend un son musical, chaque matin, lorsque sa mère se lève dans le ciel. Des Egyptiens m'ont dit avoir entendu ce phénomène, qui est d'ailleurs attesté sur les lieux par quantité d'inscriptions. »

Alexandre savourait toutes ces histoires qui mêlaient le divin à la vie quotidienne et qui le charmaient, comme les vers des poètes. Il adoptait, les idées d'Anaxarque sur la conquête par l'amour, suite de la conquête par les armes. Cela lui semblait d'autant plus naturel que, dès son enfance, c'est l'amour qui l'avait fait rêver à la gloire.

On franchit le fleuve Apsinthus, sur les bords duquel vivait la tribu des Apsinthes. Si les bergers ne venaient plus offrir de fleurs, ils ne s'enfuyaient pas : le bon ordre de l'armée et, sans doute, comme l'avait dit Anaxarque, les nouvelles reçues, leur inspiraient confiance. Cette partie de la Thrace était moins abondante et moins peuplée que la partie macédonienne. Les villes étaient, il est vrai, presque toutes situées sur les bords de l'Hellespont ou de la Propontide, — la mer de Marmara, — et l'on avançait assez loin de la côte. Tantôt on était chez les Odryses, qui accueillaient l'armée avec empressement ; tantôt sur le territoire des villes grecques, à gouverneur perse ou alliées des Athéniens. Près d'Aphrodisias, la première que l'on dut approcher, non loin de la mer, Alexandre affecta d'envoyer Lichas et les autres hérauts demander le droit de passage, ainsi que le droit de pâturage pour sa cavalerie et pour le bétail qui suivait l'armée. Mais, il n'attendit même pas la réponse. A ce sujet, il cita un mot d'Agésilas, qui, revenant d'Asie par la Thrace, faisait demander aux villes et aux Etats successifs, si l'on voulait qu'il passât en ami ou en ennemi. Il garda ce style hautain pour Amyntas, l'ancêtre d'Alexandre. Le roi de Macédoine ayant répondu qu'il en délibérerait, le roi de Sparte répliqua au messager : « Qu'il délibère ou non, nous passerons. » Aucun approvisionnement n'avait été prévu au-delà de la Maritza, et il fallait s'en occuper d'étape en étape. Les achats, dans les fermes ou dans les villages, étaient faits avec la monnaie du pays. Le trésorier de l'armée avait procédé, à Enus, aux opérations de change. Ce n'est pas sans regret qu'Alexandre avait vu les dariques perses ou des pièces de villes grecques de Thrace remplacer les philippes. Aristandre lui prédit qu'un jour, les alexandres remplaceraient en Perse les dariques.

On découvrait, au-delà de la mer de Marmara, les monts de Phrygie et de Troade. Anaxarque indiqua la direction de Troie. Alexandre, qui chevauchait en tête, arrêta un instant la marche pour contempler cet horizon. Il tendit la main à Ephestion et la lui serra : Achille, en vue de Troie, voulait sentir la chaleur de Patrocle. « Que tous ceux qui savent le début de l'Iliade, cria-t-il et fit-il répéter par les hérauts, le répètent avec nous ! » L'escadron des amis, les enfants royaux et des milliers de soldats et de cavaliers scandèrent en même temps qu'Alexandre, à son signal : « Chante, déesse, la colère d'Achille, fils de Pélée, — Pernicieuse, qui causa des maux à des milliers d'Achéens, — Et envoya chez Pluton beaucoup d'âmes fortes — De héros, qui furent la proie des chiens — Et de tous les oiseaux (la volonté de Jupiter s'accomplissait), — Du fait que s'étaient pour la première fois désunis, après une querelle, — L'Atride, chef d'hommes, et le divin Achille. »

Cet hommage de toute une armée au prince des poètes et aussi à son ancêtre, émut Alexandre. « Je n'aime pas ton concitoyen Protagoras, dit-il à Anaxarque, quand il reproche à Homère de donner un ordre, en croyant faire une prière : « Chante, déesse... » Et Aristote l'a justement rabroué dans sa Poétique. L'observation de Protagoras est digne de Zoïle. » Ephestion se pencha vers Alexandre et récita des vers d'un autre chant, qui, dit-il, étaient une prière : « Roi Jupiter, donne-moi de payer de retour celui qui, la première fois, m'a fait de vilaines choses, — Le divin Alexandre... » — Par Hercule, dit Alexandre, je te rembourse assez souvent. »

« Tu ne viens pas seulement de voir la Troade, dit Anaxarque a Alexandre : tu viens de voir l'Asie, — « la sainte Asie », comme la qualifie Prométhée dans Eschyle. Cette expression doit te donner à penser, par rapport à ce que représente ce vaste continent, de même que la Thrace t'a déjà fait changer le sens du mot « barbare ». — Je n'ai pas attendu d'être ici pour réfléchir à ce mot, dit Alexandre ; mais tu confirmes mes réflexions. — L'envahissement par les échanges est plus important que l'envahissement par les conquêtes, dit Anaxarque. En somme, il a été commencé grossièrement par Darius et Xerxès, mais il s'est terminé sur un double échec. Cela prouve que notre civilisation est supérieure en moyens de combattre et peut-être aussi grâce à cet idéal de dignité humaine et de culture que nous incarnons, — les Athéniens ajouteraient : la liberté. Cette fusion des deux mondes sera faite par toi, si ce n'est par ton père. » Alexandre dit qu'il ferait tout pour ne pas tromper tant d'espoirs, mais que sans doute, comme il l'avait toujours cru, son père lui laisserait peu de choses à accomplir. « Tu te trompes, dit Anaxarque. Ta mère t'a placé sous la protection de Bacchus : le triomphe a été inventé par lui et pour lui. — Flatteur ! dit Alexandre. Tu veux me faire perdre la tête. — Non, dit le philosophe, je la prépare à porter des couronnes dont tu as cueilli la première en Bistonie. »

Au sud d'Aphrodisias, près du golfe du Mélas, était la ville de Cardia, amie de Philippe. C'était la principale de la Chersonèse de Thrace, péninsule qui bordait le détroit séparant l'Europe de l'Asie. La défection à la cause athénienne de cette place stratégique avait provoqué les fureurs de Démosthène dans sa harangue *Sur la Chersonèse*. L'orateur y repoussait les plaintes de Philippe contre le général athénien Diopithe qui, profitant de ce que le roi de Macédoine faisait la guerre aux Odryses, avait ravagé la Thrace macédonienne et assiégé Cardia. Le roi avait répété ses griefs dans sa lettre aux Athéniens.

Miltiade, frère et homonyme du vainqueur de Marathon, eut la fortune, singulière pour un Athénien démocrate, d'être choisi comme tyran de cette ville, en vertu d'un oracle. On voyait l'immense mur qu'il avait fait bâtir, au début de la presqu'île, pour la protéger contre les Apsinthes.

Eumène, si cher et si utile à Philippe, était fils d'un roulier de Cardia, qui avait eu soin de son éducation. Le roi le vit s'exercer dans un gymnase de la ville et, touché de sa beauté, l'emmena avec lui. Le père, enivré d'avoir reçu, pour récompense, le titre d'hôte et d'ami de Philippe, avait publié une généalogie où il s'attribuait une illustre origine et qui faisait rire tout le monde.

Sur un cap de l'Hellespont, près de Sestos, ville ennemie et située au-delà de Cardia, s'élevait le tombeau d'Hécube. Et, sur la rive de la Troade, était la ville d'Abydos, que Démosthène avait vitupérée d'avoir toujours été hostile aux Athéniens. Alcibiade avait battu dans ses eaux la flotte spartiate. Près de Sestos, la petite ville, la baie et le fleuve d'Ægos-Potamos rappelaient, au contraire, la défaite de l'amiral athénien Conon, dont la flotte avait été anéantie par celle de Lysandre. Les Spartiates avaient occupé, en face, Lampsaque, cité de Priape, et surveillaient de là les Athéniens. Alcibiade, en rupture avec ses compatriotes et hôte de l'Asie, vint les avertir à cheval du danger de leur position. Le capitaine Tydée lui répondit outrageusement. Lysandre, qui avait donné aux ennemis l'illusion de craindre la bataille, profita de leur dispersion à travers champs pour fondre sur leur flotte. Avant le combat, on avait vu les étoiles de Castor et de Pollux, les dieux de Sparte, escorter son vaisseau. La plupart des cent quatre-vingts galères de Conon furent incendiées et il laissa trois mille prisonniers. Comme Pythoclès, capitaine athénien, avait annoncé que, s'il était vainqueur, il couperait le pouce de la main droite à tous les prisonniers lacédémoniens, Lysandre lui demanda de quelle peine il se jugeait digne : « Fais de nous ce que nous vous aurions fait, si nous avions vaincu », répondit-il. Puis, il revêtit une robe de fête et se présenta le premier à la boucherie : les trois mille Athéniens furent passés au fil de l'épée. Ce fut ce désastre qui amena la prise d'Athènes. Conon n'avait pas osé regagner sa patrie et s'était réfugié à Chypre. Plus tard, ayant réuni une autre flotte à Rhodes, il avait battu les Lacédémoniens et restauré les murs de la cité de Minerve, avant que Démosthène s'en fût mêlé.

Alexandre ne s'intéressait pas seulement aux souvenirs historiques évoqués dans la conversation. Il croyait voir passer dans les airs le jeune Phrixus et sa sœur, la jeune Hellé, sur le bélier à toison d'or. Les deux enfants fuyaient la reine de Thèbes Ino, qui avait voulu les faire périr pour se venger de n'avoir pu inspirer à Phrixus son amour incestueux. Ils avaient été mis par les dieux sur ce bélier, chargé de les porter en Troade ; mais Hellé, prise de peur, s'était noyée en franchissant le détroit qui fut nommé dès lors l'Hellespont, son autre nom de Dardanelles lui venant de Dardanus, le fondateur de Troie. Alexandre parla de la fameuse expédition des Argonautes, qui étaient allés conquérir ensuite la toison. « A l'entrée du détroit, dit Anaxarque, ils dressèrent, en l'honneur de Minerve, « une pierre tombale pesante », selon ce que raconte Orphée dans ses *Argonautiques*. C'est pourquoi, ajouta-t-il, ceux-ci, « naviguant sur le large Hellespont, — Trouvèrent un calme serein à l'intérieur du golfe. »

On entrait dans le pays des Cènes. Aux discours savants d'Anaxarque, Alexandre avait fait succéder la conversation, non moins érudite dans un genre différent, de Philippe d'Acarnanie, qu'il avait appelé près de lui. Il le remercia des soins apportés aux blessés ou aux malades durant la campagne : les autres médecins de l'armée ne semblaient que ses élèves. Philippe d'Acarnanie avait même atténué la cicatrice d'Ephestion par un onguent au suif d'âne, au miel et au safran. « Ensuite, disait-il, du fiel de veau la fera disparaître complètement. » Aristote, fils de médecin, ayant donné à Alexandre le goût de la médecine, celui-ci aimait à se renseigner non seulement sur la composition des remèdes, mais sur les vertus des plantes ou les propriétés des animaux, pour conseiller ses amis et même ses soldats. Il lui semblait qu'un vrai chef d'armée devait tout connaître, et d'abord le moyen de conserver ses hommes en bonne santé. D'ailleurs, l'intérêt qu'il avait pour le divin et le merveilleux, expliquait son souci d'être un peu versé dans une science qui tenait du merveilleux et du divin, puisqu'elle apaisait tout à coup tel ou tel mal par une potion ou un topique.

Il s'amusa d'apprendre que les chardons, qui couvraient les plaines, étaient un remède contre la chute des cheveux. « Tu indiqueras cette recette à mon père, dit-il au médecin. Sa grande préoccupation est la calvitie. Si j'en crois ma mère, Critobule lui fait attacher, la nuit, sur la tête, pour prévenir cette disgrâce, un cataplasme de farine de moutarde mêlée à de la terre rouge. Parménion a plus de résultat avec des sangsues au vin noir. — Quel ragoût ! dit Philippe d'Acarnanie. Le chardon a une autre propriété : son suc dispose la femme à concevoir des enfants mâles. Sache-le, pour le moment où tu seras un heureux époux. » Un champ de tournesols lui fut une occasion d'ajouter que la graine de cette plante avait la double propriété d'être aphrodisiaque et de guérir les excroissances de l'anus. Ce n'est pas à cause de cette recette, rivale de l'iris de Corinthe, qu'Alexandre décidait de s'attacher définitivement ce médecin. Il appréciait sa simplicité autant que sa science. Il le comparait avantageusement à ce Ménécrate de Syracuse qui avait traité ses parents à Pella et qui se pavanait à Olympie au milieu d'un cortège : un personnage si pompeux et si ridicule l'aurait dégoûté plutôt de la médecine.

En traversant le territoire de Ganus, Alexandre s'était fait précéder de ses hérauts, comme à Aphrodisias. Mais, lorsque l'armée remonta vers le nord, elle campa dans la petite ville d'Apri, qui était aux Odryses. Deux personnages inattendus lui demandèrent audience : Cersoblepte, fils de Cotys, et son ancien tuteur, le général Charidème d'Oréus. Cersoblepte était aussi le frère jumeau de Méda et avait été le dernier roi de cette région de la Thrace. Il n'habitait pas avec sa sœur à Cypsèle, mais allait de l'une à l'autre des nombreuses maisons de plaisance que son père avait bâties. Alexandre était curieux de recevoir deux hommes qui s'étaient attiré les foudres de Démosthène et dont Philippe, du reste, n'avait pas eu toujours à se louer. Leur démarche, comme celle des quatre rois accourus à Maronée, témoignait du moins qu'ils demeuraient fidèles à la Macédoine.

Naguère, Cersoblepte, sur la recommandation de Charidème, avait livré la Chersonèse de Thrace aux Athéniens, Philippe n'y possédant que la ville de Cardia. Mais, plus tard, le roi de Macédoine, choisi comme arbitre par Cersoblepte et Sitalcas en conflit, les avait mis d'accord en s'emparant des deux royaumes. Charidème, après avoir servi les Athéniens, les brouilla avec leur fameux général Chabrias qui combattait en Thrace, et appuya la soumission de Cersoblepte à Philippe. Il conservait, cependant, bien des amis à Athènes et un orateur, nommé Aristocrate, avait présenté à l'assemblée du peuple un décret tendant à lui garantir l'immunité . il y était dit que « quiconque le tuerait, pourrait être saisi dans toutes les villes alliées ».

Ce fut l'origine du discours de Démosthène *Contre Aristocrate*. L'orateur énumérait les trahisons de Charidème envers les Athéniens et relevait qu'un tel décret n'avait jamais été promulgué en faveur de leurs concitoyens ou des étrangers les plus importants : ni Thémistocle, vainqueur à Salamine, ni Miltiade, vainqueur à Marathon, ni Ménon de Pharsale, grand-père de Médius, le compagnon d'Alexandre, n'avaient obtenu cette garantie. Ménon, disait Démosthène, avait envoyé aux Athéniens, durant la guerre d'Eion, un secours en argent de cinquante sept mille drachmes et de trois cents cavaliers, « ses propres esclaves », nombre réduit à deux cents dans son discours *Sur les Réformes publiques*. C'est dans sa harangue *Contre Aristocrate* que l'orateur avait confondu Perdiccas de Macédoine avec Alexandre Ier, comme l'avait noté Cléotime à Olympie. Ce roi, selon Démosthène, qui avait fait massacrer les fuyards de l'armée perse, vaincue à Platée, n'avait reçu des Athéniens en récompense que la citoyenneté, ainsi que Ménon. Un détail du discours était destiné à rendre Charidème plus odieux : il avait été cause que le jeune fils d'un autre roi thrace, ami des Athéniens, Miltocythe, avait été égorgé sous les yeux de son père, et celui-ci, noyé. Ce roi descendait du prince de ce nom qui avait suivi Cyrus le Jeune dans sa révolte contre son frère Artaxerxès II et qui, après la défaite de Cunaxa, s'était rendu au roi des Perses, ce qui le fit taxer de traîtrise par Xénophon.

Alexandre accueillit bienveillamment ses deux visiteurs. S'il avait oublié ce que le grave Léonidas lui avait conté des goûts pédérastiques de Charidème, la beauté d'un jeune garçon qui l'accompagnait, l'eût rappelé au fils de Philippe. Ce serviteur et celui de Cersoblepte portaient les présents de bienvenue : des fleurs et des fruits, dans des corbeilles d'argent.

L'ancien roi, beau jeune homme de vingt-cinq ans, donnait une idée du charme de Méda, à laquelle on disait qu'il ressemblait. Alors que les autres rois thraces, venus à Maronée, étaient vêtus et coiffés à la grecque, il avait une peau de faon, des bottes souples de cuir rouge et la tête rasée, sauf une touffe de cheveux au sommet, — coiffure antique des Thraces. Ses tatouages d'étoiles soulignaient sa grâce alanguie. Selon toute apparence, il n'avait pas été seulement le pupille, mais le mignon de Charidème.

Après que l'armée fut repartie, on longea, au flanc d'une colline, un charmant bocage, orné de bancs de marbre, d'autels et de statues, rafraîchi d'eaux vives et de cascades, qui était un des lieux de délices de Cersoblepte. Son père les avait aménagés sur le modèle des maisons de campagne que les rois des Perses appelaient des paradis. Les extravagances et les folies de ce roi étaient encore célèbres en Thrace. Il brisa des vases de terre cuite, extrêmement précieux, pour n'avoir·pas, disait-il, à punir ceux qui les casseraient par maladresse. Il devint jaloux de sa femme, la tua et lui ouvrit le ventre pour y chercher la preuve de ses infidélités. S'étant mis en tête d'épouser Minerve, il fit apprêter le festin de noces et un lit magnifique. Il chargea l'un de ses officiers de voir si la déesse était dans la chambre nuptiale et l'égorgea, quand cet officier eut dit qu'il n'y avait personne. Il en envoya un second qui, plus prudent, déclara que Minerve était déjà au lit. Alors, Cotys, pensant qu'il l'avait violée, se jeta sur cet homme et lui coupa le sexe. Puis, il s'endormit ivre mort en bon Thrace, et, quand il se réveilla, il ne savait plus ce qui s'était passé.

« Etre épris de Minerve, c'est assurément peu banal, dit Alexandre à Anaxarque qui venait de relater ce trait. — Souviens-toi de l'aventure de Vulcain à Athènes, dit Ephestion. — Oui, dit Alexandre, mais Minerve aveugla Tirésias, qui l'avait vue nue au bain de la source Tilphoussienne en Béotie. Tout cela ne rend que plus méritoire l'amour que le roi Cotys eut pour elle, indépendamment de celui qu'il eut pour Python et pour son frère et qui lui coûta la vie. — Peut-être ne sais-tu pas, dit Euryloque, que la fille aînée de Cotys épousa Iphicrate. — Anaxandride, dans une de ses comédies, ajouta Anaxarque, a fait le récit plaisant de ce mariage, célébré à Cypsèle, sur la place publique, couverte de tapis de pourpre. Mais, si l'on en croit cet auteur, presque tous les convives thraces étaient des gens « mal peignés ». Les marmites étaient énormes. Cotys, la robe retroussée comme un esclave, servait lui-même le bouillon, puisé dans un vase d'or. Se chargeant de goûter tous les vins, il fut le premier ivre. Des musiciens fameux avaient été invités : Antigénide pour jouer de la flûte et Céphisodote d'Acharnes pour jouer de la guitare. Les presents reçus par Iphicrate furent deux troupeaux de chevaux alezans, un bouclier d'or, une coupe en forme de conque, un pot à verser la neige, une marmite de millet, une énorme botte d'oignons et cent calamars. »

On était en face de Périnthe. Ici, l'armée campait à proximité des troupes athéniennes et perses. On resta sur le qui-vive, mais personne ne se montra. Périnthe, construite en amphithéâtre sur une langue de terre, adossée à une colline, avait des maisons très élevées et très rapprochées, qui avaient l'air de multiplier les murs de l'enceinte. Les brèches faites par les machines de Philippe, n'avaient pas été réparées. On voyait les tours de bois, à demi calcinées, qu'il avait construites et auxquelles les assiégés avaient mis le feu. Il y avait aussi des béliers qui avaient été brisés, soit par d'énormes pierres, soit par des barres de plomb ou sciés par des fers armés de dents. Anaxarque piqua un peu Alexandre en lui disant que la grande divinité de Périnthe était Hercule. Le héros avait défendu la ville contre un de ses descendants. Toutefois, Alexandre déplora la vengeance que Philippe avait tirée des Périnthiens en changeant leur pays en désert, sauf les monuments des dieux, qui avaient été respectés : la terre et les fermes étaient brûlées, les puits comblés, les récoltes rasées.

La sévérité d'Alexandre pour de telles œuvres de guerre l'inclinait à quelque sympathie envers la garnison du grand roi, qui avait secouru Périnthe et qui était encore dans ses murs. Il évoquait l'année de son enfance où le satrape Artabaze s'était rendu à Pella et, en songeant à la courtoisie et au raffinement de cet homme, il se redisait que ces Perses qu'il combattrait un jour, il était difficile de les considérer comme des barbares. L'honneur, du reste, qu'ils avaient rendu à des Grecs dans l'infortune et même à leurs pires ennemis, témoignait en faveur de leur civilisation. Anaxarque venait de dire qu'Artaxerxès Ier, dit Longuemain, avait donné à Thémistocle exilé, — Thémistocle, le vainqueur de son père Xerxès à Salamine, — « Lampsaque pour son vin, Magnésie du Méandre pour son pain, Myonte pour sa table, Percote pour ses vêtements et Palescepsis pour sa couche », villes de Troade, d'Ionie ou d'Eolie. Devant une telle générosité, le fugitif avait dit à ses enfants, qui l'avaient rejoint : « Mes enfants, nous étions perdus, si nous n'étions perdus. »

Plus loin, apparut Sélymbrie, dont Philippe avait levé le siège pour accorder une satisfaction aux Athéniens, sur les instances d'Aristote. Là encore, cependant, il avait ravagé la campagne. Anaxarque ne disait mot, ni Alexandre.

On côtoyait le mont Sacré. De ses flancs, coulaient des flots d'asphalte. Ils tombaient dans la mer en face de l'île de Proconèse, où étincelaient des carrières de marbre blanc.

« Nous sommes à présent chez les Thynes », dit Anaxarque. Démètre, qui s'était approché d'Alexandre, se récria. « Cela ne te rappelle rien ? lui dit-il. — Cela me rappelle, dit Alexandre, que les soldats de Xénophon combattirent les Thynes pour le roi Seuthès et qu'il les qualifie « les plus belliqueux des Thraces ». L'hiver était si froid, ajoute l'historien, que l'eau et le vin gelaient dans les pots et que beaucoup de Grecs eurent le nez et les oreilles gelés. — O admirable, dit Démètre, tu retiens les moindres détails, mais n'advint-il pas alors autre chose « dans la plaine des Thynes » ? — Dans la plaine des Thynes ? » demanda Alexandre, avec malice.

Ravi de montrer que, pour les choses qui lui plaisaient, il ne manquait pas de mémoire, Démètre déclama, en caracolant avec son jeune écuyer mæde : « Il y avait un certain Olynthien, Episthène, pédéraste, qui, voyant qu'on s'apprêtait à tuer un beau garçon à peine pubère, porteur d'un petit bouclier, courut à Xénophon et le conjura de sauver un beau garçon. Allant à Seuthès, Xénophon lui demanda de ne pas tuer le garçon et lui exposa le goût d'Episthène : qu'il avait rassemblé une compagnie de soldats en ne regardant rien d'autre que s'ils étaient beaux et qu'avec eux, il était un brave. Seuthès alors l'interrogea : « Voudrais-tu, ô Episthène, mourir à la place de celui-là ? » L'autre, tendant le cou : « Frappe, dit-il, si le garçon l'ordonne et doit m'en savoir gré. » Seuthès demanda au garçon si on devait le frapper à sa place. Le garçon ne le souffrit pas, mais le conjura de ne les tuer ni l'un ni l'autre. Alors Episthène, entourant le garçon de ses bras, dit : « Maintenant, ô Seuthès, il faut que tu luttes avec moi pour l'avoir, car je ne lâcherai pas le garçon. » Seuthès, en riant, permit cela. — Par Hercule, dit Alexandre, tu dois peut-être à ce charmant épisode ton amour des jeunes Thraces. — Et toi, dit Démètre, toi dont tous les Seuthès de la Thrace ne sont plus que les esclaves, tu as dépassé ce roi en magnanimité, car c'est toi-même qui, en plein combat, as épargné un beau garçon. » L'écuyer mæde, qui avait entendu cette version littéraire de sa propre histoire, se pencha sur son cheval pour saluer son maître et son sauveur.

A la fin de la journée du lendemain, après avoir franchi l'Athyras et le Balthynias, on aperçut le camp macédonien et les murailles de Byzance. Cette région était le pays des Thraces dits Mangeurs de millet. Alexandre, qui avait envoyé avertir son père, le vit galoper à sa rencontre, en tête des gardes et des principaux officiers.

Philippe sauta à terre en même temps que lui, pour échanger une étreinte. « J'abdique ma régence, lui dit Alexandre. — Je suis fier de toi, dit Philippe. Non seulement tu as battu mes ennemis, mais tu as fondé une ville, tout cela à seize ans. J'avais raison de te dire, quand tu as dompté Bucéphale, que la Macédoine ne serait pas assez grande pour toi : tu as déjà consolidé nos possessions en Thrace. » Philippe fut aussi gracieux pour Euryloque et pour tous ceux dont son fils lui dit les actes de courage. Anaxarque eut un compliment pour son acte téméraire. Le roi admira le drapeau. « C'est à toi de penser à des choses que j'avais négligées, dit-il. Nous entraînerons les Grecs contre l'Asie sous tes enseignes. »

Les congratulations des officiers entre eux n'avaient pas moins de chaleur. Alexandre était heureux de revoir les gardes de Philippe qui étaient plus près de lui par l'âge : Nicanor et Philétas, les fils de Parménion ; Cratère et Perdiccas, fils d'autres généraux. Il y avait aussi Derdas, frère de cette Phila qui avait été une épouse fugitive du roi, et les deux Pausanias, ses mignons, dont le second avait été celui d'Attale. Dans la bonne humeur du moment, Alexandre se montra aimable pour ce général, qui faisait l'empressé. Les autres généraux de Philippe, tels qu'Antigone, Cléarque et Antipater, qui avaient leurs fils dans l'escadron des amis, se réjouissaient qu'ils fussent revenus sains et saufs de leur première campagne. Pour sa part, Antigone avait perdu un œil au siège de Périnthe et, comme Alexandre lui en faisait condoléance, Attale déclara que cette blessure était un acte de courtisanerie. Il y avait là également Thersippe, conseiller du roi, Philoxène, son trésorier, homonyme du chef de la flotte, et Python de Byzance, excellent cavalier, malgré son poids.

Philippe et Alexandre marchaient à pied, suivis par Euryloque, qui racontait à Attale la bataille du lac de Bistonie, et par Ephestion et ses compagnons, qui faisaient le même récit aux officiers du roi. Celui-ci se félicitait qu'il n'y eût eu qu'un petit nombre de victimes dans l'armée de son fils, pour un grand nombre chez les Mædes, et dit qu'il ferait, le lendemain, les libations funèbres à leur mémoire. Il louait Alexandre de n'avoir pas massacré les vaincus, mais lui reprocha de ne pas les avoir vendus comme esclaves. « C'est l'essentiel du butin, dit-il. Or, la part du chef doit être celle du lion. Tu es à la fois un chef et un Lion. J'ai toujours libéré les Athéniens, mais c'était par politique. — Les Mædes sont tes sujets, dit Alexandre. — Ils ne l'étaient plus dès lors qu'ils s'étaient révoltés, répliqua le roi. Ne me dis pas que tu réprouves l'esclavage : ton maître Aristote l'approuve, comme il approuve le butin, qui lui semblent l'un et l'autre des conséquences naturelles d'une guerre, pourvu que cette guerre soit juste, et celle-là l'était. — J'approuve toutes tes guerres, dit Alexandre ; mais, si l'on en croit Démosthène, elles sont toutes injustes. — Ne me fais pas la morale par les Athéniens, dit Philippe, et encore par notre principal adversaire. Tu sais le fameux discours, tel que nous l'a conservé Thucydide, de leurs généraux Cléomène et Tision aux habitants de Milo, qui alléguaient leur droit de ne pas céder à la force : « Nous savons, en présence de gens qui le savent, que la justice décide, dans l'opinion des hommes, sous l'empire d'une égale nécessité ; mais les forts exercent leur pouvoir et les faibles cèdent. » Pour les Athéniens, la justice n'est donc qu'un mot, — un mot dont ils ont abusé. »

En réalité, Aristote n'approuvait l'esclavage que si on libérait les esclaves le plus tôt possible, ce qui équivalait à l'état de prisonnier chez un maître, pendant un laps de temps plus ou moins long. « Si je t'ai fait quelques reproches sur ta manière de te comporter après ta victoire, reprit Philippe, je dois critiquer encore les conditions dans lesquelles tu as livré bataille. Phocion, à Byzance, ne se risque pas hors des murs, malgré l'assistance de sa flotte, parce qu'il n'a pas une armée plus nombreuse que la mienne : nous sommes trente mille contre trente mille. Cela te montre que tu as été imprudent d'attaquer avec des forces inférieures à celle de l'adversaire. — Euryloque m'a rappelé ton principe, dit Alexandre. Excuse-moi de m'être fié à mon audace, soutenue par la sécurité que m'inspiraient tes anciens soldats. — Tu en avais aussi de très jeunes, dit Philippe. Les dieux t'ont fait vaincre, mais prends pour règle de ne plus recommencer en état d'infériorité. Au début de la guerre sacrée, je fus battu deux fois par Onomarque, qui était supérieur en forces, grâce aux mercenaires qu'il payait avec les trésors du temple de Delphes, et mon trône était en danger. Je ranimai le courage de mes soldats en leur disant que j'avais fait comme le bélier qui sert à enfoncer les portes : j'avais reculé pour attaquer plus vigoureusement. Un an après, je battis les Phocidiens à Halus, dans la plaine du Safran, leur tuai plus de six mille hommes et fis pendre Onomarque comme sacrilège. Pourquoi ? Parce que j'avais enrôlé plus de mercenaires que lui. Mais des aventuriers ne vaudront jamais les soldats de notre propre pays. Le chef de mes troupes étrangères, Adée, était si fier qu'on l'avait surnommé le Coq. Il fut battu par Charès et Héraclide le Comique écrivit que ce dernier avait coupé la crête du coq et en avait fait un salmis pour les Athéniens. »

« La leçon à retenir, continua Philippe, est que nous devons éviter de risquer le tout pour le tout. Jupiter nous ayant placés au rang suprême, ne tentons rien qui puisse nous en faire déchoir. Denys l'Ancien, prêt à s'enfuir de Syracuse, disait que « la tyrannie était un beau linceul ». Il ne faut pas que la royauté en soit un. Il ne faut pas non plus se laisser décourager par un revers. Je viens de t'en donner la preuve. Il y a mieux : notre ancêtre Amyntas, l'homonyme de mon père, fut vaincu par les barbares et dépossédé de toute la Macédoine : il rassembla des troupes, s'empara d'abord d'une petite place et, en trois mois, reconquit tout son royaume. Nous conquerrons un jour Byzance. »

Alexandre dit qu'il avait vu à Corinthe Denys le Jeune, Éacide à Athènes et qu'il avait reçu, en cours de route, la visite de Cersoblepte, des autres rois thraces et de Charidème. Philippe était déjà instruit, par les lettres de Léonidas, de tout ce qui avait marqué le voyage d'Olympie et n'y fit qu'une brève allusion. Il avait écrit à Démarète pour le prier d'inviter à Pella l'ancien tyran de Syracuse, le printemps prochain. « C'est une manière de rendre hommage à Platon, ajouta-t-il. Mais quel triste exemple de l'inutilité d'une éducation parfaite dans une nature corrompue ! Son père lui avait prédit cette fin, un jour qu'il le réprimandait pour avoir violé une jeune Syracusaine, en déclarant qu'il n'avait jamais fait de pareils excès de pouvoir : « C'est que tu n'étais pas fils de roi », répondit Denys le Jeune. « Et toi, répliqua Denys l'Ancien, tu n'en seras jamais le père. » Ce n'est évidemment pas ce que je dirais de mon Alexandre. »

Ils arrivaient au camp. « Tu es vainqueur et tu reviens les mains vides, poursuivit Philippe. Moi qui suis vaincu, regarde tout ce que je ramène. » Il montrait des prisonniers, futurs esclaves, enchaînés derrière une palissade, des chameaux et des chariots destinés au transport du butin, que l'on voyait couvert de toiles. « Juste avant l'arrivée de Phocion, dit-il, j'ai profité d'une absence de Charès en Phrygie, pour enlever, à l'entrée du Bosphore, près de deux cents navires marchands athéniens qui revenaient de la mer Noire avec une cargaison de peaux et de blé. Il y avait même, sur l'un d'eux, un magnifique sarcophage de porphyre, dans lequel tu m'enseveliras le plus tard possible. J'ai aussi capturé un navire qui venait d'Athènes et qui transportait une statue d'Hercule : c'est comme si notre ancêtre avait voulu tomber entre nos mains. Phocion m'a repris quelques bateaux, mais n'a tenté de me reprendre ni le butin ni les esclaves, peut-être parce que j'ai libéré les Athéniens une fois de plus. — En somme, dit Alexandre, tu as répliqué à leur amiral Callias, qui avait capturé et vendu comme esclaves des gens naviguant vers la Macédoine. Eschine m'a appris que c'était un des griefs contenus dans ta lettre aux Athéniens. »

Philippe savait que la colonne du traité de paix avait été renversée sur la citadelle d'Athènes avant même qu'on eût appris la saisie de ces bateaux ; mais, malgré Démosthène et ses émules, la guerre n'était pas déclarée. « Nous n'avons pas moins avec Athènes une guerre permanente, dit le roi. Depuis que nous n'ambitionnons plus le titre d'Amis des Hellènes, les Athéniens se considèrent comme les seuls tenants de ce nom. Perdiccas de Macédoine fut proclamé, en revanche, ennemi public des Athéniens. Tu vois qu'il y a toujours eu des Démosthènes. »

Le camp macédonien accueillit avec enthousiasme les nouveaux arrivants. Philippe, tandis que l'on dressait la tente d'Alexandre, l'invita à se baigner dans la sienne. La vaste tente royale, en étoffe pourpre, était décorée de tapis de Sardes et de lits d'ébène, à pieds d'or. Quelques courtisanes, qui étaient couchées, se retirèrent, ainsi que les bouffons et les nains du roi. « Il y a longtemps que je ne t'ai vu nu, dit Philippe à Alexandre qu'Epaphos déshabillait, près de la baignoire d'argent. Tu es vraiment Adonis, avec des muscles d'Hercule. » Ces mots rappelaient à Alexandre ceux de sa mère dans la salle de bains, à son retour d'Olympie. « Par Jupiter, ajouta Philippe en riant, Ephestion est bien heureux. » Alexandre dit qu'Olympias l'avait fait coucher, avant de partir pour la Thrace, avec une ravissante courtisane en herbe, nommée Campaspe, qui avait perdu sa virginité dans ses bras. « J'en suis déjà informé par mon Callias, dit Philippe. Campaspe a eu plus de chance que Callixène. Tu es maintenant un homme complet. Mais je suis jaloux que ta mère m'enlève pour toi mes tendrons. — Je te déclare tout de suite, dit Alexandre, qu'Olympias est très malheureuse de ton intention d'épouser la nièce d'Attale, et que j'en suis aussi malheureux. — Qu'est-ce que cela peut lui faire ? dit Philippe. Il y a des années qu'elle et moi n'avons plus de relations. Je suis amoureux de cette petite Cléopâtre et, par égard pour Attale, ne peux l'installer en concubine au palais royal. — Les Macédoniens ne sont pas bigames, dit Alexandre. — Le roi a tous les droits, dit Philippe. Je l'ai déjà expliqué à ta mère, lorsque j'avais épousé Méda, dont tu as vu le frère. La preuve que je ne veux pas amoindrir le rôle d'Olympias, c'est que j'ai résolu de marier ta sœur Cléopâtre à Alexandre Molosse. Nous en Macédoine et elle en Epire, nous formerons un grand royaume. — Cette nouvelle compense l'autre, dit Alexandre. — Dis plutôt, rétorqua son père, qu'au prix de l'une, l'autre n'existe pas : nous aurons une reine de plus, qui ne prive personne de rien, — même pas moi de mes libertés, — et une autre reine qui nous annexe l'Epire. »

Alexandre n'était pas d'avis que le nouveau mariage ne privât pas Olympias de quelque chose, mais il ne jugeait pas le moment opportun pour discuter d'une affaire aussi considérable. En revanche, le projet relatif au jeune roi, ancien mignon de son père, l'amusait et il y voyait également, comme ce dernier, une façon d'apaiser sa mère. Ces épousailles conjure-raient le souvenir d'Archélaüs de Macédoine, tué par son mignon Cratéas auquel il avait refusé de donner sa fille en mariage. Au demeurant, Alexandre ne pouvait être choqué de voir sa sœur épouser leur oncle ; cette union était commune chez les rois d'Epire : Arybbas, oncle d'Olympias et d'Alexandre Molosse, avait épousé leur sœur Troade.

Pour son massage, Alexandre, ainsi qu'il en avait pris l'habitude, s'était allongé sur le lit. « Quelles mœurs délicates chez un valeureux guerrier ! dit Philippe. Et la myrrhe que tu emploies, fait paraître la mienne de l'ail. — Reconnais les raffinements de Cléotime », dit Alexandre, qui en profita pour donner quelques détails sur son séjour à Olympie. Le roi, peu sensible à la déconfiture de l'hippodrome, — il avait surtout voulu faire plaisir à Alexandre en l'envoyant aux jeux, — était ravi de savoir, avec plus de précision que par les missives du grave Léonidas, l'emplacement choisi pour l'édifice de sa famille.

La baignoire vidée, Philippe, à son tour, prenait son bain. Alexandre, lui non plus, n'avait pas vu le corps de son père depuis longtemps : la dernière occasion qu'ils avaient eue de s'exercer ensemble, était lointaine. Alexandre admirait ce bel homme qui l'avait engendré et qui portait les traces de ces nombreuses blessures, objet des railleries de Démosthène. Comme l'avait dit Olympias, on pouvait lui retourner le compliment d'être herculéen par les muscles et par la virilité. Détail nouveau et qui datait sans doute de ce séjour en Thrace, il était exactement épilé. Sa physionomie était imposante, malgré l'énucléation de l'œil droit, et il avait la coquetterie de se présenter, autant que possible, du côté gauche à ses interlocuteurs : c'était, d'ailleurs, une manière de faire voir la pureté de ce profil qui avait rendu célèbres les philippes. Les cheveux qui lui restaient, et qu'il craignait tant de perdre, étaient encore très noirs, à quarante-deux ans. Avec sa haute taille, il se flattait de répondre à la description du bel homme faite par Aristote : le philosophe ne permettait aux hommes petits que de prétendre à la joliesse. Son gros collier d'or était chargé d'amulettes que lui avait données jadis Olympias, et il avait une améthyste au doigt, contre l'ivresse. Cette précaution était aussi inutile que les recettes de Critobule.

Revenant aux choses de la guerre, Alexandre demanda pourquoi, avec ses renforts, on ne donnerait pas l'assaut à Byzance. « Ce serait encore un long siège, dit Philippe. La ville est admirablement défendue et de terre et de mer, et elle peut recevoir librement tous les renforts qu'elle voudra. Je n'ai pas de flotte suffisante pour l'en empêcher. Du reste, mon ambition de devenir le chef d'une coalition des Grecs contre les Perses, me conseille de ménager les Athéniens, qui sont là. »

« Montrons, reprit le roi, que, si nous pouvons échouer devant des villes, peut-être par manque de patience ou par politique, nous sommes invincibles dans des batailles rangées, comme celles que nous aurons avec les Gètes et comme celle que tu as eue avec les Mædes. J'estime, d'ailleurs, qu'il faut payer, de temps en temps, son tribut à la Fortune pour balancer les succès qu'elle nous accorde. Quand j'appris, le même jour, ta naissance, la victoire de mon cheval aux jeux Olympiques et celle de Parménion sur les Illyriens, je levai les mains au ciel et m'écriai : « Fortune, envoie-moi quelque disgrâce pour compenser tant de bonheur ! » L'année d'après, je fus éborgné à Méthone. »

Alexandre demanda à son père ce qu'il avait à reprocher aux Gètes. « Leur roi, Athéas, dit Philippe, avait sollicité mes secours contre les Istriens, par l'intermédiaire des habitants d'Apollonie. Il promettait de me déclarer l'héritier de son royaume, car il est vieux et sans enfant. C'était pendant que j'assiégeais Périnthe et les secours que je lui ai envoyés, me firent défaut, ce qui est peut-être la cause de mon échec. Attale dirigea l'expédition. Mais, le roi d'Istrie étant mort, la paix fut faite et, lorsque Attale arriva, Athéas prétendit n'avoir rien demandé ni rien promis, et il venait d'adopter un fils ; c'est un outrage que je dois venger. — Par Hercule, oui ! » s'écria Alexandre.

« Je ne t'ai pas tout dit, continua Philippe, que l'on massait avec la myrrhe de Cléotime. Au retour d'Attale, j'ai pensé d'utiliser la ruse à l'égard des Gètes. Sans paraître touché de l'affront, j'ai envoyé Python à Athéas demander le libre passage sur ses Etats afin d'aller consacrer, aux bouches du Danube, la statue de bronze d'Hercule, capturée sur un vaisseau athénien. Cette ruse était évidemment un peu grosse, même pour des Gètes. Athéas a répondu que jamais il n'ouvrirait ses Etats à une armée étrangère, que, si je voulais accomplir mon vœu, je n'avais qu'à lui expédier la statue et qu'il la placerait lui-même, mais que, si je l'y installais par une autre voie, même maritime, il irait la renverser et ferait, de ses débris, des pointes pour ses javelots. Es-tu content ? Voilà, ou je meure ! une guerre juste. »

Alexandre admirait de magnifiques monnaies d'or, posées sur la table de son père. Elles étaient de Panticapée, ville fondée par les Grecs en Tauride ou Chersonèse Taurique ou Crimée, et cette provenance allumait son imagination. Symbole étymologique, une superbe tête de Pan y était frappée. Alexandre ne se serait pas douté qu'il y eût tant d'art aux confins d'une région habitée par les Scythes. Philippe lui dit que, pendant ces mois de siège, il avait fait ciseler, par les orfèvres de Panticapée, des bijoux qu'il voulait offrir à Olympias, à sa fille Cléopâtre et à sa future épouse du même nom. Il avait aussi acheté pour elle des colliers en perles rousses, perles qu'on trouvait dans certaines coquilles du Bosphore. L'or était à bon marché au pays des Scythes : le rapport de ce métal à l'argent n'était que de sept à un, au lieu que, depuis la réforme monétaire de Philippe, il était de treize dans tout le monde grec.

On allumait les lampes pour le dîner. Longue de cent mètres et large de vingt, la tente royale était à même de recevoir cinquante invités. Les esclaves apportaient des lits des autres tentes et les disposaient en deux longues files, séparées par les tables et l'étroit passage qui permettait le service. Philippe et Alexandre s'allongèrent au milieu, en face l'un de l'autre, Ephestion à côté d'Alexandre, le roi à côté d'Euryloque, pour lui faire honneur. Tout l'escadron des amis était invité. Philippe d'Acarnanie était sur le même lit que son confrère Critobule ; Timothée avec Dorion, joueur de flûte de Philippe ; Thessalus avec Néoptolème, tragédien du roi, — c'est cet acteur athénien qui avait été l'intermédiaire pour une négociation de paix avec Philippe, comme membre de la compagnie des artistes de Bacchus. Les deux Pausanias étaient côte à côte. Le volume de Python lui interdisait de partager son lit avec personne. De même ne montait-il que des chevaux de labour. Il avait, autrefois, apaisé une guerre civile à Byzance par cette harangue : « Citoyens, vous voyez comme je suis gros ; ma femme est encore plus grosse que moi ; eh bien, lorsque nous sommes d'accord, le même lit nous suffit ; mais lorsque nous sommes en querelle, la maison entière ne nous suffit pas. » Sous ces apparences massives, qui évoquaient mal l'adolescent violé jadis par le roi Cotys, il cachait un esprit subtil et orné.

Près d'Aristonique, cithariste de Philippe, était allongé un autre Athénien, Clisophe, parasite qui divertissait le roi. Lorsque celui-ci avait perdu un œil, Clisophe s'était montré longtemps avec un emplâtre sur le même œil. Si quelque aliment faisait faire au roi une grimace, Clisophe aussitôt faisait la même. Il louait le plat que louait Philippe, avant d'y avoir goûté.

En revoyant ce personnage, qu'il avait toujours méprisé, et en revoyant aussi les bouffons et les nains, Alexandre se sentait une certaine supériorité à l'égard de son père, comme au sujet de l'amour, car il n'aurait pu souffrir pareille engeance. Mais, de nouveau, il excusait Philippe, que ses habitudes d'ivrognerie conduisaient aux plaisirs grossiers ou faciles. Le roi, peut-être par le sentiment orgueilleux de sa naissance, était tout à fait indifférent à celle des gens qui lui plaisaient. Il avait eu longtemps pour favori un ancien esclave thessalien, mort depuis peu, Agathocle, qui dansait à merveille et qui lui tenait tête dans ses beuveries. Il l'avait nommé commandant d'une troupe qui ravagea le pays des Perrhèbes, voisin de l'Ossa, quand il travaillait à soumettre la Thessalie. Ce fut d'ailleurs ensuite parmi les Thessaliens qu'il choisit ses meilleurs compagnons. Ce peuple était réputé pour son goût de la bonne chère, de la boisson et de la luxure, — Médius de Larisse était un des plus libidineux de l'escadron des amis, et Alexandre avait quelque peine à lui faire respecter son serment de fidélité à Balacre. Philippe prétendait étendre sur toute la Grèce cette confraternité des jouisseurs, puisqu'il subventionnait, à Athènes, la joyeuse société des soixante compagnons d'Hercule.

Sa générosité naturelle, le roi la témoignait même parfois dans l'oubli des injures. Estimant Démosthène pour son éloquence, il le haïssait certainement moins qu'il n'en était haï. Mais, comme l'avait dit Alexandre à l'orateur, son talent forçait l'admiration. Philippe avait donné une marque de sa longanimité avec l'Athénien Démocharès. Ce dernier, mandé en ambassade et connu pour son intempérance de langage, répondit à la question du roi : « Que puis-je faire d'agréable pour tes compatriotes ? — Que tu te pendes. » Philippe s'était mis à rire et avait répondu qu' « il préférait ceux qui ne pouvaient réprimer leur franc-parler à ceux qui nourrissaient l'insolence dans leur cœur ». L'Achéen Arcadion avait encore mieux éprouvé ce bon côté de son caractère. Ayant quitté sa patrie depuis qu'elle était inféodée à Philippe, il le rencontra par hasard à Delphes. « Arcadion, lui dit le roi, jusqu'où as-tu envie de me fuir ? — Jusqu'à ce que je me trouve chez des gens qui ignorent ton nom », lui avait répliqué l'Achéen. Philippe l'avait invité à souper et, conquis par ce procédé, Arcadion s'était réconcilié avec lui. Cet Achéen venait de mourir d'excès d'ivresse.

Tout le monde en place, on avait fait les libations à Bacchus avec du vin de Maronée, dont Alexandre avait apporté plusieurs outres. Ce furent des cornes entièrement d'or ou d'argent qui servirent à la cérémonie. Les joueurs de flûte et de cithare préludaient, mais sans gêner les conversations. « J'ai commandé au cuisinier, dit Philippe à Alexandre, un certain nombre de mets, tribut des régions où nous sommes, soit pour l'origine, soit pour la recette. »

On ouvrit l'appétit par des tartelettes à la moelle de porc. « Ce hors-d'œuvre thrace, dit le roi, réveille la nature chez les hommes qui abusent des plaisirs. Mais, par Hercule, de quoi abuserions-nous, si ce n'est des plaisirs ? »

Le plat suivant était du thon. « C'est le poisson de Byzance, car il ne fraie que dans le Pont-Euxin, dit Philippe. Le commerce en est très actif, mais Phocion n'est pas mon fournisseur. » Alexandre convint que ce thon était plus exquis que celui des eaux macédoniennes.

« Maintenant, dit Philippe, saluons l'oiseau du Phase, — le faisan. Il est aussi tout autre qu'en Macédoine. » Le roi fut surpris qu'on en eût servi chez Cléotime. « Il n'y en avait pas à Olympie, au début de mon règne, déclara-t-il ; c'est donc notre ami qui a acclimaté ces oiseaux de la Colchide, le pays de la toison d'or. — Par Hercule, dit Alexandre, j'oubliais que nous étions proches de ce royaume, aussi bien que de la Tauride. Et pourtant, je me représentais le bélier de Phrixus près de l'Hellespont. La fable et la tragédie reparaissent. — La vie de Solon, dit Anaxarque, nous offre le premier exemple d'un Grec qui eût parlé du faisan et c'était en Asie mineure. Crésus accueillit ce sage, assis sur son trône d'or, le visage fardé, les yeux peints, couvert de colliers et de bracelets, vêtu d'une robe de soie brodée d'or, et s'enquit s'il avait jamais vu un plus beau spectacle. « Les coqs, les faisans et les paons sont plus beaux », répondit Solon discourtoisement. »

On était au dessert. Après que l'on se fut lavé les mains et couronné d'olivier et que l'on eut fait les libérations au Bon Génie et chanté le péan, on apporta, dans des corbeilles d'or, des fruits ovales, d'un étincelant jaune clair. « Voici une nouveauté, dit le roi. — Ce sont les pommes d'or du jardin des Hespérides ! s'écria Alexandre, en saisissant un de ces fruits. Elles nous appartiennent de droit, puisque notre ancêtre Hercule les y a cueillies. » Ce fruit, appelé citron, pomme médique ou pomme assyrienne, avait une saveur rafraîchissante, que l'on adoucissait avec du miel. Critobule le décrivait comme un très efficace antidote.

Alexandre, plus attentif cette fois aux images suscitées dans son esprit par le mot d'Hespérides qu'à des explications médicales, dit combien cet exploit de son ancêtre l'avait toujours fasciné. Il parla du bas-relief du temple de Vulcain et de Thésée à Athènes, montrant Hercule qui reçoit les pommes d'or. « Tu dois savoir, dit Anaxarque, que c'est ce qui lui assura l'immortalité. Jupiter et Junon se sont unis dans le jardin des Hespérides pour la première fois, bien que les Béotiens prétendent que ce fut sur le Cithéron. Mais ce n'est pas seulement par sa force que le fils d'Alcmène s'empara de ces fruits merveilleux, confiés à la garde d'un dragon : séduisant comme ses descendants, il plut aux trois belles Hespérides, compagnes du dragon, et les mit dans son jeu. »

Lorsque les esclaves eurent fait pisser les convives dans des pots de chambre, l'intermède commença. Des danseuses, en voiles transparents, se répandirent autour des tables. D'abord gracieux, leurs mouvements devinrent de plus en plus libres. Elles dansaient la déhanchée, la phallique et la secoueuse. Une danse était nouvelle pour Alexandre et ses compagnons : la bactre. Elle ne consistait qu'à remuer les reins, mais suggérait les voluptés de la Bactriane dont elle avait le nom. Anaxarque dit que, de cette province de la Perse, était venue en Asie mineure la danse des corybantes, propre aux fêtes de la Mère des dieux, et où l'on s'agitait presque autant.

Deux jolies filles, que l'on avait aperçues au moment de l'arrivée sous la tente, s'assirent près de Philippe, au bord du lit. Elles lui caressaient les pieds et, peu à peu, effrontément, remontaient le long des jambes. Un jeune esclave leur apporta un pot d'ivoire, contenant un liniment, dont elles s'enduisirent les doigts pour malaxer, sous la tunique, le membre du roi. « Cela, dit-il à Alexandre, c'est un autre aphrodisiaque des Thraces de la Propontide, mais il est d'usage externe : un liniment au fiel de sanglier, qui vous prépare à faire des merveilles pour honorer Vénus, après avoir honoré Cérès et Bacchus. » Jamais encore Alexandre n'avait vu son père abdiquer à ce point toute dignité. L'air indifférent des compagnons du roi prouvait que c'étaient sans doute des licences de guerre, auxquelles ils étaient habitués. Philippe offrit le pot à qui en voudrait, avec les masseuses. Attale et plusieurs officiers demandèrent leurs services. Les joueurs de flûte et de cithare donnaient à présent toute la mesure de leurs moyens. Les danseuses se trémoussaient devant ceux qui se faisaient oindre. Aux banquets royaux de Pella, les choses n'étaient jamais allées aussi loin en présence d'Alexandre. Peut-être Philippe cessait-il de se contraindre devant lui parce qu'il l'estimait devenu majeur en combattant. Cette fête, sans doute, n'aurait pas plus choqué les soldats du roi qu'elle ne choquait ses officiers : il y avait dans le camp d'autres danseuses, d'autres bouffons, d'autres musiciens, et sans doute du liniment au fiel de sanglier. Alexandre comprenait d'une façon définitive ce qu'était l'envers de la guerre : les pillages et les plaisirs.

Un esclave faisait circuler, pour que chacun y bût une gorgée, la grande et large coupe, aux anses formées de serpents entrelacés, que l'on appelait herculéenne : elle contenait six litres et Philippe l'avait dessinée. C'était le triple du vase à rafraîchir qu'Alcibiade, dans *le Banquet* de Platon, fait remplir de vin et qu'il vide à fond, avant d'avouer ses entreprises amoureuses sur Socrate. Dans ses repas familiers, le roi mettait en circulation cette coupe plus tôt. Il semblait vouloir justifier alors ce que, d'après Aristote, les Athéniens disaient des Macédoniens : qu'ils étaient ivres dès le milieu du repas.

Les mimes et les nains de Philippe, animés par Clisophe, remplaçaient les danseuses pour des danses bouffonnes, où ils imitaient l'attitude et le cri de toutes sortes d'animaux, comme les danseurs et les danseuses de Pella, au festin de la régence, avaient imité le chant et le vol des oiseaux. Mais ils les figuraient aussi faisant l'amour. Puis, ils reproduisirent le bruit d'un torrent, du vent, du tonnerre. Un chanteur chanta ensuite un hymne au phallus et un hymne aux fesses. Alexandre se dit que Démosthène n'avait pas eu tort de dire, dans l'une des *Olynthiennes,* que Philippe était entouré « de mimes et de faiseurs de chants honteux ». Les rasades de la coupe herculéenne n'avaient été que le préliminaire de celles que l'on versait maintenant dans toutes les coupes. Le thasos avait succédé au maronée et Philippe avait interdit le moindre mélange d'eau. Sa tête oscillait et sa voix était pâteuse. Il se curait les dents maladroitement avec un petit stylet d'or ciselé, dont le haut représentait l'Amour : c'était un bijou de la Tauride.

Il avait fait allonger près de lui le nouveau Pausanias et Euryloque, resté sobre, comme Antipater, était allé sur le lit de l'autre Pausanias. Le roi eut encore assez de lucidité pour commander à Thessalus d'interpréter quelques passages des *Nuées,* dont la verve l'amusait.

L'émule de Néoptolème prit aussitôt ses dispositions pour se draper et se masquer d'une façon différente, afin de jouer les rôles successifs du

Raisonnement juste et du *Raisonnement injuste.* Tous ceux qui l'avaient vu se dédoubler et se transformer ainsi durant la campagne, étaient certains qu'il aurait la même prestesse dans la comédie que dans la tragédie. Il s'était fait apporter deux manteaux et deux masques comiques, la matelassure pour le ventre et les fesses, et l'énorme phallus de cuir, pendant et à bout rouge, qui était l'accessoire habituel des rôles masculins dans les comédies. Ce grand membre viril était fait, comme le disait Aristophane dans cette même pièce, « pour qu'il y eût le rire des petits garçons » : à Athènes, ils étaient, en effet, autorisés, avec les éphèbes et les courtisanes, à assister aux spectacles, alors que les épouses, les mères et les sœurs en étaient exclues. Le premier masque de Thessalus avait les yeux fixes et bleus, les joues pâles ; le second, le teint vermeil, le regard torve et noir. Il se mit debout sur son lit et chantonna, avec une dégaine et des gestes irrésistibles, le texte célèbre.

C'était d'abord la dispute du Raisonnement juste et du Raisonnement injuste.

(Le juste) : « Tes propos me font mal au cœur. Donnez-moi un vase. »

(L'injuste) : « Tu es un vieil imbécile et un homme inepte. »

(Le juste) : « Tu es un perceur de fesses et un impudent. »

(L'injuste) : « Tu m'as dit des roses. »

(Le juste) : « Et un voleur d'offrandes d'autel. »

(L'injuste) : « Tu me couronnes de lis. »

(Le juste) : « Et un parricide. »

(L'injuste) : « Tu ne t'aperçois pas que tu me couvres d'or... »

Alexandre aimait réentendre les vers où, après cet échange d'invectives, le Raisonnement juste dépeignait l'éducation d'autrefois par rapport à celle d'à présent et les jeunes garçons des deux époques. C'est là que l'on parlait du soin qu'ils avaient jadis de « ne rien montrer d'obscène à ceux du dehors », quand ils étaient à l'école, et d'aplanir le sable où ils s'étaient assis au gymnase, comme l'avait fait le jeune Lysis, au temple de Jupiter Olympien, le jour du passage d'Alexandre : « Aucun garçon ne se frottait d'huile au-dessous du nombril, de sorte que, — Sur ses parties, la rosée et le duvet fleurissaient comme sur les coings. — Aucun n'amollissait une voix efféminée, pour approcher son amant, — En se prostituant lui-même par les yeux. »

Toutefois, dans la description des jeunes Athéniens du temps d'Aristophane, le Raisonnement juste donnait un détail qui avait étonné Alexandre et qu'Aristote avait expliqué : on reprochait aux garçons de « tenir leur bouclier devant leurs parties », quand ils dansaient nus aux fêtes de Minerve. Aristote disait qu'autrefois ils ne se cachaient pas, n'ayant pas le sentiment de la pudeur à cause de leur innocence.

Le Raisonnement juste cherchait, ensuite, à enrôler dans ses rangs le jeune Philippide, fils de Strepsiade et disciple de Socrate « Tu apprendras à détester la place du marché et à t'abstenir des bains publics », — tous lieux favorables à la corruption, avait précisé Aristote, ce que Phrynon et Autolyque avaient confirmé.

Le reste rappelait à Alexandre l'une de ses remarques, au Pirée, sur les garçons nus, vainqueurs aux fêtes de Minerve. « ... Brillant et florissant, tu passeras ta vie dans les gymnases... — Tu descendras à l'Académie, d'où tu prendras ta course sous les oliviers sacrés, — Couronné de léger roseau, avec un ami de ton âge. — Tu auras toujours la poitrine robuste, — La peau brillante, les épaules grandes, — La langue courte, la fesse grande, — Le pénis petit. »

Pendant cette tirade, le roi tâtait Pausanias sous sa tunique pour vérifier l'état de son éducation. Thessalus incarnait ensuite le Raisonnement injuste : « Considère, jeune garçon, tout ce que coûte le fait d'être sage — Et de combien de plaisirs tu vas te priver : — Garçons, femmes, jeux du vase de bronze, mets, boissons, éclats de rire. — Pourtant, que te sert de vivre, si tu te prives de tout cela ? — Passons. J'en viens à présent aux besoins de la nature. — Tu as fait une faute, tu as aimé, tu as commis un adultère et l'on t'a pris. — Tu es perdu : il t'est impossible de parler. Si tu es avec moi, — Jouis de la nature, saute, ris, juge qu'il n'est rien de honteux. — Si donc tu es pris en adultère, tu réponds au mari — Que tu n'as rien fait de mal ; puis, tu rejettes la faute sur Jupiter. — Lui-même ayant été vaincu par l'amour et par les femmes, — Comment toi, un mortel, pourrais-tu être plus fort qu'un dieu ? » (Le Raisonnement juste) : « Mais quoi ! Si, épilé à la cendre chaude, il se fait enfoncer une rave ? — Aura-t-il une maxime pour dire qu'il n'est pas un « large anus » ? (L'injuste) : « Et s'il est « large anus », que souffrira-t-il du mal ? »

(Chaque fois que l'acteur prononçait « large anus », il se penchait en avant et tournait sur lui-même, de manière à faire voir le vaste orifice creusé dans le rembourrage des fesses.)

(Le juste) : « Que pourra-t-il lui arriver de pis que cela ? »

(L'injuste) : « Et que diras-tu si tu es vaincu par moi sur ce point ? »

(Le juste) : « Je garderai le silence. Quoi d'autre ? »

(L'injuste) : « Voyons, dis-moi : — Les avocats, où les prend-on ? »

(Le juste) : « Parmi les « larges anus ».

(L'injuste) : « Je te crois. — Que dis-tu ? Et les tragédiens ? »

(Le juste) : « Parmi les « larges anus ».

(L'injuste) : « Tu dis bien. — Et les démagogues, parmi qui ? »

(Le juste) : « Parmi les « larges anus ».

(L'injuste) : « Est-ce que tu reconnais — Que tu ne dis rien ? — Et regarde lesquels des spectateurs — Sont en majorité ? »

(Le juste) : « Oui, je regarde. »

(L'injuste) : « Que vois-tu donc ? »

(Le juste) : « De beaucoup les plus nombreux, par tous les dieux, — Les

« larges anus ». Du moins, certes, je connais celui-là et cet autre — Et celui-là qui a de longs cheveux. »

(L'injuste) : « Alors, que dis-tu ? »

(Le juste) : « Nous sommes vaincus, ô passifs ! Au nom des dieux, recevez mon manteau, — Car je déserte vers vous. »

Le refrain des « larges anus » avait été entonné par tout le monde. On avait vivement applaudi un vers du Raisonnement juste et un autre du Raisonnement injuste, qui servaient d'excuse au roi pour aimer ce dialogue des *Nuées* : « Moi, j'estime qu'il n'y a aucun homme supérieur à Hercule », disait le premier ; « Qui fut plus viril que lui ? » disait le second.

Le vers sur le podex « épilé à la cendre chaude » et dans lequel on enfonce une rave, fit ressouvenir Alexandre des explications qu'Aristote en avait données : c'était, à Athènes, le châtiment infligé par le mari à celui qu'il surprenait en adultère avec sa femme. Ainsi avait-on adouci la loi de Dracon, antérieure aux lois de Solon (celles de Dracon avaient été « écrites avec du sang »), qui permettait au mari de tuer l'amant pris en flagrant délit.

Cependant, Alexandre souffrait de voir son père tâter à présent son Pausanias pour voir s'il était un « large anus ». Jaloux, l'autre Pausanias s'était approché et exhibait ce que le roi qualifiait « un membre de taureau ». Ces goûts de Philippe étaient si publics que l'on disait communément en Grèce à ceux qui se flattaient d'être « larges anus » ou « membrés comme des taureaux » : « Va à la cour de Macédoine ».

L'heure était arrivée pour Alexandre, ainsi qu'il l'avait fait chez Cléotime à Olympie, de se retirer du banquet. Dès qu'il se fut levé, l'escadron des amis l'imita. Il fut heureux de voir que ses compagnons, malgré l'exemple du roi, ne se laissaient pas gagner par l'orgie. Même les plus libertins avaient l'air gêné. Alexandre en voulait à Attale qui avait poussé son père sur cette pente, pour mieux l'amener à ses vues. Aristandre et Philippe d'Acarnanie suivirent l'escadron. Dans la salle, l'ivresse était telle que les âges, les sexes et les rangs se confondaient. Les officiers imberbes baisaient la bouche des généraux barbus, deux danseuses se provoquaient avec le phallus de cuir des *Nuées*, certains versaient du vin sur des derrières et le lapaient, en grognant de bonheur, à la gloire des « larges anus ». Attale développait l'énorme sexe d'un nain, qu'il prétendait accoupler avec Néoptolème. Les effets du liniment au fiel de sanglier paraissaient indubitables.

Le lendemain, Philippe était redevenu roi. Il le restait toujours aussi d'une certaine manière, en ne permettant à aucun de ses généraux d'usurper ses prérogatives : il avait licencié l'un d'eux qui avait emmené à la guerre une courtisane. Mais Alexandre ne l'avait jamais vu si vite transformé, comme Minerve, de sa baguette d'or, transformait Ulysse.

Sans faire aucun commentaire ni aucune excuse des dévergondages de la veille, le roi conduisit son fils à cheval, avec Ephestion et Anaxarque, sur une colline d'où l'on découvrait Byzance, le Bosphore, la mer de Marmara et le Pont-Euxin. Il contemplait avec mélancolie la triple enceinte de cette ville dont il n'avait pu s'emparer. Junon, dans son temple, au sommet de la citadelle, avait fait bonne garde. « Par Hercule, dit Philippe, c'est dommage de ne pas être maître de Byzance. Quelle belle position ! Entre l'Europe et l'Asie. On devine qu'il y aura là, un jour, la capitale d'un grand empire. » Le port était rempli des cent vingt navires de Phocion : Alexandre comprenait, plus que par l'aspect des murailles, que cette base, inexpugnable et mouvante, avait rendu vain le siège de Philippe. Il dit avoir appris à Athènes qu'Hypéride se trouvait sur l'un de ces vaisseaux, — l'orateur était un disciple d'Isocrate, comme Python. « Voilà un de ces Athéniens que je suis obligé d'admirer, parce qu'ils sont incorruptibles, dit le roi. Lorsque Antipater et Parménion allèrent pour négocier la paix aujourd'hui rompue, ils tentèrent de l'amadouer. « Je sais que votre roi est un bon maître, leur répondit-il, mais je ne demande pas un maître. » — Ô roi, s'écria Anaxarque, ils t'aimeront quand tu seras leur maître, car ils te connaîtront. »

« Si je n'ai pas pris Byzance par la douceur, ce qui eût été plus commode, dit Philippe, c'est à cause de Cléon, le plus considérable des Byzantins. Je leur avais envoyé Python, qui a été leur concitoyen, mais son éloquence échoua devant celle de ce Cléon, ancien camarade de Phocion à l'Académie et resté son hôte. La flotte athénienne n'a été reçue à Byzance que grâce à lui. Tels sont les enchaînements du platonisme. — Il est plaisant de penser, dit Anaxarque, que, dans cette même ville, une jeune fille noble, du nom de Cléonie, fut à l'origine des malheurs de Pausanias, le régent de Sparte victorieux à Platée. Il avait commandé impérieusement à cette vierge de le rejoindre la nuit dans sa chambre, bien qu'elle l'eût repoussé. En entrant, elle éteignit la lampe par mégarde. Pausanias, qui ne l'avait pas vue, s'imagina que c'était un assassin et, dans l'obscurité, la tua d'un coup de poignard. L'esprit de cette jeune fille se mit à le tourmenter. Là-dessus, les Athéniens chassèrent Pausanias de Byzance ; mais, toujours poursuivi par cet esprit, il consulta l'oracle des morts à Héraclée du Pont, où on lui répondit qu'il serait délivré quand il serait de retour à Sparte. Il le fut, en mourant misérablement à Tégée, après avoir dû s'enfuir du royaume. Cléon et Cléonie sont fatals diversement aux grands capitaines. Mais toi, ô roi, tu seras fatal à Athènes et à Sparte, avant de l'être une autre fois à Byzance. — Au fond, dit le roi en riant, Python aurait dû donner à Cléon un rendez-vous amoureux et le poignarder. »

Il déclara que les Byzantins avaient voté tout récemment un décret, pour se vouer aux Athéniens. « Cette ville, ajouta-t-il, est bien l'exemple de la vanité de ces allégeances dont se réclament les colonies grecques afin d'obtenir le secours des villes qui les ont fondées. Selon les occasions,

Byzance est censée avoir eu comme fondatrices Mégare, Milet, Sparte ou Athènes. Epaminondas en fit même temporairement une colonie thébaine, quand il avait persuadé Thèbes de dominer les mers. C'est cette domination que nous devons nous assurer avant d'affronter les Perses, qui disposent de la flotte phénicienne. »

Alexandre regardait le Bosphore où, jadis, Darius avait fait construire, par l'architecte Mandroclès de Samos, un pont de bateaux pour mener sept cent mille hommes contre les Scythes, exploit que son fils Xerxès renouvela sur l'Hellespont pour marcher contre les Grecs. Mais Alexandre songeait aussi qu'à ce même endroit, la belle Europe, fille du roi de Phénicie, avait passé la mer sur le dos de Jupiter changé en bœuf, d'où ce nom de Bosphore : elle avait perdu sa virginité près de Byzance.

Philippe alla ensuite jusqu'à l'embouquement de ce détroit sur le Pont-Euxin, en face de la ville de Chalcédoine. La mer brillait de mille feux. « On dirait « les trois mille Océanides aux fines chevilles », dont parle Hésiode, déclara Philippe. C'est là le royaume des thons. Ils pénètrent dans le Pont-Euxin en suivant la rive droite du Bosphore et ils en sortent le long de la rive gauche. On les pêche quand ils sortent. Il y a, en face de Byzance, un rocher d'une extrême blancheur, qui s'aperçoit au fond de la mer. Effrayés par cet éclat, les thons se rejettent du côté de Byzance, et on les y capture à foison, tandis qu'on n'en prend aucun à Chalcédoine, près d'où est le rocher. Les longues perches que tu vois, Alexandre, munies de traverses et plantées au bord du détroit, reçoivent les hommes qui guettent, dans la transparence des eaux, les bancs de thons venant des bouches du Danube et du lac Méotide ; dès que ces hommes agitent un linge blanc, les pêcheurs tendent leurs filets en carré, sur des pals. — Aristote, je m'en souviens, dit Alexandre, nous avait signalé ces thons de Byzance. Il donne une explication singulière de leur préférence à suivre la côte méridionale pour entrer dans le Pont-Euxin et la côte septentrionale pour en sortir : c'est parce qu'ils ont l'œil gauche plus faible et qu'ils confient leur sûreté à l'œil droit. Il cite à l'appui un vers d'Eschyle, qui semble avoir connu ce phénomène : « A l'exemple du thon, il cligne de l'œil gauche. » — Moi aussi, dit Philippe en riant. A propos, sais-tu que le sang, le fiel et le foie de thon, frais ou gardé, constituent d'excellents dépilatoires ? Tous mes gardes et moi-même sommes épilés au thon. Cette recette est connue des marchands d'esclaves, qui frottent ainsi les garçons pour déguiser leur âge. » Ephestion amusa Philippe en lui racontant que, d'après Phrynon, les marchands d'esclaves, à Athènes, retardaient la puberté des garçons avec du sang d'agneau châtré ou avec des œufs de fourmis.

Des volées de cailles passaient, se dirigeant vers le sud, car ces oiseaux, à l'automne, émigraient en Afrique. Anaxarque dit que c'était une erreur de les croire engendrés par les thons. Alexandre regardait ces cailles, si chères aux Athéniens, et qui avaient autant de prudence pour leurs migrations que d'ardeur pour leurs combats. N'emportaient-elles pas trois petites pierres pour se lester contre le vent et un petit morceau de bois qui leur servait de radeau, lorsqu'elles se reposaient sur la mer ?

Comme toujours, Alexandre n'avait pas l'esprit occupé seulement des réalités, mais du rêve. Il demanda dans quelle direction était la Chersonèse Taurique. Philippe le lui indiqua, au nord-est. « C'est là qu'il y a le Tanaïs, dit-il, — le fleuve des Amazones, qui furent vaincues par notre ancêtre Hercule et par Thésée. — Selon certains, dit Anaxarque, chacun d'eux fit une expédition à part. On trouve, en Bithynie, vis-à-vis de l'endroit où nous sommes, Pythopolis, qui fut fondée par Thésée à son retour de la guerre des Amazones : le nom de cette ville est un hommage à Apollon Pythien. — Oui, dit Alexandre, se rappelant ce qu'avait dit Phrynon à Athènes : ce dieu lui avait ordonné de prendre Vénus pour guide, quand il allait combattre le Minotaure. Comme j'aime cette idée de prendre Vénus pour guide dans tous les combats de la vie ! Ma mère m'a fait emporter ma statuette de Vénus dans ma première campagne et la déesse m'a favorisée. — Vénus était avec toi, puisqu'il y avait Ephestion, dit Philippe. — Elle est aussi ta protectrice, ô roi », dit Ephestion.

« La Colchide se trouve au sud-est de la Chersonèse Taurique, dit Anaxarque. Il existe une version pédérastique de la toison d'or. Elle contredit tout à fait la version commune, selon laquelle Phrixus, arrivé seul en Colchide sur le bélier fabuleux et l'ayant immolé à Mars, comme on le lui avait commandé, fut tué par le roi de la contrée, Aétès. D'après cette autre légende, le charmant Phrixus s'était enfui, non plus sur un bélier volant, mais sur un navire, avec son précepteur, nommé Bélier. Loin d'être la victime d'Aétès, il l'avait séduit par sa beauté, mais il séduisit également le roi des Scythes, gendre de ce roi. Fou d'amour, le roi des Scythes supplia son beau-père de lui céder le jeune Thébain et Aétès y consentit. Le précepteur, qui avait voulu s'opposer à cet enlèvement, fut écorché vif et sa peau, dorée, suspendue dans un temple. — Les Argonautes auraient dû aller délivrer Phrixus, dit Philippe qui avait ri. — Le fils d'Athamas ne se plaignit pas de son sort, dit Anaxarque. Il était fort heureux comme mignon du roi des Scythes, qui le fit héritier de son royaume. » Alexandre songeait à son cousin le Molosse, que Philippe, pour des raisons semblables, avait fait roi d'Epire.

Anaxarque signala, sur la rive d'Asie, un temple célèbre de Jupiter et, sur la rive d'Europe, un temple de Mercure aussi renommé. On poussa jusqu'à la pointe du détroit pour voir les roches Bleues. Elles étaient surnommées jadis Entrechoquantes, parce que le mouvement des flots et la force des vents les heurtaient l'une contre l'autre, et s'étaient fixées après le passage de la nef *Argo :* Neptune avait décidé qu'elles demeureraient stables dès qu'un navire serait passé entre elles sans être écrasé. On découvrait l'enclos consacré par les Argonautes après leur passage et où il y avait plusieurs autels. Tout ce territoire avait appartenu au roi Byzas, fondateur de Byzance.

La roche Bleue qui était au septentrion, marquait l'extrémité du territoire de Salmydesse, une des villes grecques du Pont-Euxin. « C'est la cité de Phénée, autre roi Thrace dont les fils furent aveuglés par sa seconde femme, dit Anaxarque à Alexandre. Leur infortune est évoquée par le même chœur d'*Antigone* où il s'agit de Lycurgue : Salmydesse y est qualifiée de « ville inhospitalière », mais que « protège Mars ». « Rude mâchoire de la mer », « marâtre des navires », a dit Eschyle. Le philosophe ajouta que Phénée avait appris aux Argonautes, pour les remercier de l'avoir délivré des harpies, comment franchir les roches Bleues en lâchant un pigeon. Les difficultés du passage étaient accrues, en effet, par les brouillards perpétuels qui empêchaient de saisir le moment propice. A la suite du pigeon, les Argonautes firent force de rames et leur navire n'y laissa que l'extrémité de la poupe.

Philippe et Alexandre s'étaient rapprochés de Byzance, hors de portée de trait. Les gros blocs de ces puissantes murailles étaient si bien unis qu'on en aurait dit un seul : on prétendait qu'elles avaient été construites par Apollon et Neptune. Alexandre s'étonna de voir de petites guérites édifiées sur les remparts et qui n'avaient pas de meurtrières. « J'ai honte de te le dire, déclara Philippe, car tu me mépriseras encore davantage de n'avoir pu prendre une telle ville : ce sont des cabarets, que le général des Byzantins a fait mettre à l'intention de ses troupes. Ces hommes étant de grands buveurs et la ville réputée imprenable, il a imaginé ce moyen pour les empêcher de déserter la garde. — Je pense, Anaxarque, dit Alexandre, que tu te reconnais en Thrace. »

« La vue de ces murailles, ajouta-t-il, me remet en mémoire les aventures de Xénophon dans cette cité lorsqu'elle était aux Spartiates. Les Grecs qui étaient avec lui, furent accueillis fraternellement, grâce à l'un d'eux qui connaissait Anaxabius, l'amiral lacédémonien présent à Byzance. Mais, Sparte étant l'amie du grand roi, contre qui ils avaient combattu, on se hâta de les prier de se retirer. Comme Xénophon et d'autres ne les ont pas suivis, les soldats se croient trahis, s'imaginent qu'on va les livrer à Seuthès, le roi thrace, dont ils n'étaient pas encore les alliés, reviennent, enfoncent les portes et semblent prêts au pillage. Effrayés, les habitants se réfugient sur des navires ou dans la citadelle. L'amiral s'échappe sur une barque pour ramener des renforts de Chalcédoine. Xénophon harangue ses soldats, obtient qu'ils se retirent de nouveau, sans avoir commis de violence. Et, dès que les portes sont barricadées sur leurs talons, Anaxabius fait vendre comme esclaves quatre cents soldats malades qui n'avaient pu s'en aller. — Alcibiade, dit Anaxarque, prit la ville par trahison. »

« Moi aussi, dit Philippe, j'ai employé, sinon la trahison, au moins la ruse, faute d'avoir pu arriver à mes fins par la persuasion ou par la force. Je

fis répandre le bruit en ville par des transfuges, que je m'apprêtais à assiéger de nouveau Périnthe et Sélymbrie, qui avaient envoyé une partie de leurs troupes au secours des Byzantins. Effectivement, un bataillon de mon armée se mit en marche et aussitôt les soldats venus de ces villes, se rembarquèrent pour aller les défendre. Byzance, laissée à ses seules forces, était à moi. L'arrivée de la flotte de Phocion a déjoué mon calcul.
— J'admire les ressources de ton intelligence, dit Alexandre à son père. Cet imbécile de Démosthène t'a souvent reproché, dans ses *Philippiques,* les moyens prétendus déloyaux dont tu te sers pour vaincre, comme si le seul but de la guerre n'était pas la victoire, quel qu'en fût le moyen. Je suis plus près d'Achille, mais je ne condamne pas Ulysse : ce sont les deux aspects du génie grec. — Démosthène n'a pas dénoncé le quart de mes déloyautés victorieuses, dit Philippe. J'ai conquis une ville de Thrace, pendant que les habitants s'étaient réunis pour écouter Python. Une fois, j'ai battu les Illyriens durant la trêve que je leur avais demandée pour ensevelir mes morts. J'ai pris une ville illyrienne au cours d'une entrevue, où je me rendis, avec des soldats sans armes, au milieu des citoyens armés : quand j'étendis la main, comme si je demandais à parler, mes soldats, qui avaient des cordes sous leurs vêtements, garrottèrent les plus proches et, s'emparant de leurs armes, maîtrisèrent le reste. Ayant un faible pour le comique, je me divertis beaucoup de cette façon de guerroyer. Lysandre, qui était un Héraclide, se moquait d'entendre dire que les descendants d'Hercule ne devaient pas faire la guerre par la ruse. Héraclide moi-même, je mets son mot en application : « Lorsque la peau du lion n'y peut fournir, il faut y coudre celle du renard. » »
Tandis qu'ils regagnaient le camp, Alexandre dit à son père qu'il n'avait peut-être pas trouvé de traîtres à Byzance, parce que, ainsi que le rappelait volontiers Démosthène, il avait fait exécuter Lasthène, l'un des deux notables qui lui avaient livré Olynthe. « Au moins, dit Philippe, l'autre notable, Euthycrate, que je charge parfois de mes ambassades, peut-il attester que Démosthène a menti en faisant de lui aussi l'une de mes victimes. Il est inouï que cette contre-vérité figure toujours dans le texte publié du discours *Sur la Chersonèse.* » Alexandre dit à son père que Phrynon avait relevé ce mensonge lors de la visite d'Eschine et d'Isocrate. Dans son discours *Sur l'Ambassade,* Démosthène avait reparlé de Lasthène et d'Euthycrate, pour reprocher au premier d'avoir couvert sa maison avec du bois venu de Macédoine, et au second d'avoir « élevé beaucoup de bœufs qu'il n'avait payés à personne ». Mais il n'avait pas rectifié son erreur volontaire. L'allusion à la maison et aux bœufs des deux Olynthiens, — Euthycrate avait toujours ses bœufs, — était, d'ailleurs, une litote : le bois aurait pu être plaqué d'or et les bœufs avoir des sonnailles d'or. « L'histoire de Lasthène, poursuivit le roi, serait trop longue à raconter, mais, si j'ai sacrifié cet homme qui avait trahi sa patrie en ma faveur, c'est

parce qu'il était à la veille de me trahir. C'était un traître né. Un jour, il me dit qu'un de ses mignons, qui était Macédonien, le qualifiait de traître. Je lui répondis que les Macédoniens étaient des gens qui appelaient fourche une fourche. Son cas est donc à part. De même que j'honore Euthycrate, je demeure dans les meilleurs termes avec Daoque, Eudique et Simus, qui m'ont donné la Thessalie. »

Le camp devait être levé après le repas de midi. Alexandre goûta des soles de la mer de Marmara. Philippe avait fait servir du vin de Cyzique, cru fameux provenant de l'autre rive. Le menu et la boisson lui paraissaient, au moment de quitter Byzance, un gage de son retour victorieux sur le Bosphore. Il effectua ensuite les libations funèbres pour les morts de l'armée d'Alexandre, ses sujets, et l'armée, purifiée par les devins, se mit en route.

On se dirigea vers le Rhodope. Le départ fut si bien organisé que Phocion ne risqua pas une sortie pour en troubler l'ordre. Les transports étaient placés au milieu de ses troupes, comme ils l'avaient été dans celles d'Alexandre. Mais ce n'était pas seulement pour les empêcher de traîner. Philippe apprenait à son fils que cette distribution était nécessaire, en pays ennemi et riche en embuscades, soit pour ne pas les perdre, soit pour n'avoir pas à en renforcer la garde. De même lui montra-t-il, plus loin, quand la vallée se resserra, qu'il ne fallait pas s'y avancer sans en avoir fait occuper les hauteurs.

L'allure était toute différente de celle qu'Alexandre avait imprimée à ses troupes. Philippe était stupéfait des étapes d'une quarantaine de kilomètres par jour que son fils avait accomplies. Il est vrai que l'armée du roi était infiniment plus nombreuse et plus chargée. Mais il reconnaissait que la rapidité de la marche avait sans doute l'avantage de déconcerter l'adversaire.

Ils parlèrent d'Isocrate, dont un courrier avait apporté une lettre, envoyée à Pella. L'illustre orateur exprimait l'espoir d'un accommodement entre Athènes et la Macédoine, destiné à ménager l'expédition générale en Asie qu'il prônait avec l'infatigable ardeur de ses quatre-vingt-seize ans. Philippe, lui aussi, s'était consolé de ne pas prendre Byzance par l'idée de ne pas compromettre le rôle qu'il ambitionnait dans cette expédition. « C'est une chance, dit-il à Alexandre, qu'Isocrate ait exalté ce grand dessein avant d'être en relations avec nous. Il le recommandait aux Grecs comme le meilleur expédient pour finir leurs luttes fratricides. Ce qui est drôle, c'est qu'en vue de rassurer les Athéniens, il leur rappelle que je descends d'Hercule, dont ils accueillirent les enfants — Laissons les orateurs faire leur métier, dit Alexandre. Sans l'abaissement d'Athènes, tu ne seras jamais le maître de la Grèce. En cela, je donne raison à Eschine contre Isocrate. Et c'est également l'avis de Parménion. »

« Isocrate est notre complice à son insu, poursuivit Philippe. De même que tu voyages avec les poèmes d'Homère, j'ai avec moi le discours et la lettre qu'il m'a adressés publiquement il y a quelques années, et j'en lis des passages aux ambassadeurs des villes grecques, pour leur prouver qu'un Athénien, d'un patriotisme indubitable, m'incite à m'occuper de leurs affaires. Il y a une très belle phrase dans le *Discours,* justement au sujet d'Hercule. Elle me plaît parce qu'elle écarte nos cousins les rois de Sparte : « Il convient aux autres descendants d'Hercule et à ceux qui sont enchaînés par une constitution et des lois, de s'en tenir à la ville où le sort les a fait habiter ; mais, toi, qui es tout à fait libre, comme si tu étais consacré à un dieu, tu dois estimer la Grèce entière ta patrie, ainsi que le faisait votre ancêtre, et, semblablement, t'exposer pour elle, autant que pour ce qui t'intéresse le plus. » — C'est très beau, en effet, dit Alexandre. Voilà ta devise. Encore aujourd'hui tu en attestes la vérité. Tu vas combattre les Gètes pour affirmer les frontières de la Macédoine, mais tu recules celles de la Grèce. »

« Il y a longtemps, dit Philippe, que je suis les principes d'Isocrate, à ma guise. Dans son discours sur *la Paix,* écrit quelques années après ta naissance, il prodiguait ses bons conseils aux Athéniens, alors en guerre contre certains de leurs alliés : il leur faisait espérer que je leur rendrais Amphipolis et, disait-il, qu'ils auraient la possibilité de « se découper en Thrace assez de territoires pour vivre dans l'abondance ». Je n'ai pas rendu Amphipolis aux Athéniens et c'est moi qui ai soumis la plus grande partie de la Thrace pour que la Macédoine vécût dans l'abondance. Je me suis également inspiré d'Isocrate à propos des mercenaires : dans son *Discours,* il m'engage à entraîner contre les barbares ces troupes qui écument la Grèce. J'en ai déjà dix mille dans mon armée, mais j'espère bien en faire un jour usage contre Athènes. Cependant, pour les raisons que je t'ai dites, j'en amoindrirai le nombre à mesure que j'augmenterai celui de nos troupes nationales. Les Thraces que j'ai incorporés, sont de vaillants soldats : ils ont le sentiment de ne pas combattre seulement pour gagner un pécule, mais pour assurer la grandeur de leur nouvelle patrie. Par conséquent, lorsque Isocrate s'émerveille, à juste titre, de voir combien d'argent l'on dépense afin d'avoir des mercenaires, il me permet de conclure que j'en ai moins dépensé à conquérir le pays où je les aurais fait recruter, même s'ils sont venus du cap Ténare. »

Alexandre, en écoutant ces remarques de son père sur l'art de régner, voyait également, mieux qu'autrefois quand il l'avait accompagné aux manœuvres, de quelle manière il se faisait aimer de ses soldats. Qu'Alexandre se fût inspiré de Xénophon, comme Philippe s'inspirait d'Isocrate, qu'il eût obéi à son propre instinct ou exercé son propre charme, il s'était, lui aussi, fait aimer des siens, mais il se perfectionnait à présent dans l'art de commander. C'était, d'ailleurs, une des maximes de Philippe, que « les rois avaient des moyens sûrs de se faire aimer, quand ils le voulaient, et qu'ils ne devaient s'en prendre qu'à eux-mêmes, quand ils n'étaient pas aimés ». Il ne se contentait pas de descendre de cheval de temps en temps pour marcher à pied comme ses hommes : il bavardait avec eux. Il ne connaissait pas seulement leurs noms, mais souvent leurs familles, dont il leur parlait ; il aidait à pousser un chariot, recharger une bête de somme, déblayer le chemin ; aux arrêts, il visitait les blessés et les malades. Il rappelait les mots de Cyrus sur ses soldats : « Leurs corps ne valent pas moins que les nôtres. » Il ne laissait pas de punir, si la discipline l'exigeait : il avait fait marquer au fer rouge un soldat qui en avait volé un autre après avoir été sauvé par lui. Il exigeait l'accomplissement immédiat des ordres transmis par les sonneries de trompettes : donnant encore Cyrus pour référence, il rappelait que ce roi avait félicité son officier grec, Cléanthe, qui avait obéi à la sonnerie de la retraite en n'enfonçant pas la lame déjà levée pour tuer un ennemi renversé. Bref, Philippe se conduisait en père et en chef. Si le premier rôle ne pouvait être celui d'Alexandre, il se disait qu'il était et serait, pour ses soldats, un frère ou un fils.

Quand Philippe avait mandé un secours aux Gètes, la troupe d'Attale avait suivi la côte du Pont-Euxin. C'est pour explorer des régions nouvelles et les annexer qu'il avait fait prendre, cette fois, le chemin des montagnes. Il arriverait, du reste, au cœur du royaume d'Athéas. Il prévoyait trois mois pour cette campagne, qui se terminerait ainsi au début de l'hiver : il ne voulait pas être bloqué par cette saison dans ces contrées neigeuses.

On traversait le haut pays des Cènes, voisin de celui des Odryses et des Besses. L'avance de l'armée, imposante par ses forces et par la réputation de Philippe, n'avait provoqué encore aucun acte d'hostilité : il se comportait comme Alexandre s'était comporté dans la plaine.

Anaxarque indiqua, vers le nord, la ville de Byzie. C'était l'ancienne résidence de Térée, fils de Mars, roi des Odryses, capitale déplacée ensuite à Cypsèle. Ce roi s'était immortalisé pour avoir violé sa belle-sœur Philomèle, à qui il coupa la langue afin de n'être pas dénoncé. A titre de vengeance, sa femme Procné, fille de Pandion, roi d'Athènes, lui fit manger son propre fils coupé en morceaux. Térée fut changé en huppe, Philomèle en rossignol et Procné en hirondelle. Anaxarque précisait que ces horreurs et ces métamorphoses n'avaient pas eu lieu en Thrace, mais en Phocide, à Daulis, Térée s'étant expatrié pour devenir roi de cette contrée. Le philosophe n'affirmait pas moins qu'on ne voyait jamais d'hirondelle à Byzie et qu'on n'y entendait jamais le rossignol, pas plus qu'à Daulis. « Cet épouvantable festin, dit Alexandre, ressemble à celui de Tantale faisant servir aux dieux son fils Pélops dépecé. » Anaxarque cita les autres exemples du même genre : Atrée, fils de Pélops, roi d'Argos et de

Mycènes, donnant à son frère Thyeste ses enfants en ragoût ; Harpalyce, fille de Climène, autre roi d'Argos, qui, violée par son père, accommoda de même le fils qu'elle en avait eu.

On pénétrait sur le territoire d'une autre peuplade thrace, celle des Agrianes. Darius, jadis, avait tenté en vain de les subjuguer, au cours de son expédition en Grèce : ils étaient restés inattaquables, retranchés sur les hauteurs. Plus heureux, Philippe avait noué des liens d'amitié avec leur roi Langarus, par des échanges d'ambassadeurs, durant le siège de Byzance, et il en fut accueilli avec empressement dans sa capitale d'Uscudama. Le pays était prospère, mais cette ville était modeste et le palais royal ressemblait plutôt à une maison fortifiée. Langarus était jeune et charmant.

Le philosophe d'Abdère amusait Alexandre parce qu'il avait pris le vêtement des Agrianes, fait d'une peau de mouton. C'était, disait-il, la meilleure manière de montrer qu'on estimait le pays où l'on se trouvait. C'en était une aussi d'illustrer sa théorie qu'il n'y avait pas de barbares. Alexandre ne jugeait pas que cette idée, en apparence frivole, fût dénuée de sens. Alcibiade se comportait semblablement, à l'étranger : on le comparait au caméléon qui prend la couleur des objets qui l'environnent.

La région était fertile en chanvre. Après leur repas, les naturels brûlaient de cette herbe, qui avait l'odeur de l'origan, et ils en respiraient le parfum, qui les plongeait dans un lourd sommeil. Alexandre, déjà grand dormeur, se dispensa d'en faire l'expérience.

Philippe, qui ne perdait pas une occasion pour ses plaisirs, s'était ménagé, à Uscudama, une rencontre avec son ancienne épouse thrace, Méda, la sœur de Cersoblepte. Il lui avait dépêché un messager à Cypsèle et elle avait remonté l'Hèbre, puis une autre rivière, pour passer deux jours et deux nuits avec lui. Philippe l'avait épousée à quatorze ans, — l'âge actuel de la nièce d'Attale. Les colliers d'or qu'il lui avait apportés, comme il en rapportait pour Olympias et pour les deux Cléopâtres, relevaient quelques tatouages évocateurs d'Orphée. Alexandre fut plus charmé qu'il ne l'aurait cru de rencontrer cette rivale de sa mère. Il n'avait fait que l'entrevoir quand il était petit et elle était dans tout l'éclat de sa beauté, doublée par le piment de sa race. Il ne s'étonna pas que Philippe lui restât fidèle, comme l'avait dit Parménion. La beauté d'Alexandre fit la même impression sur Méda. Il s'en aperçut et un désir étrange l'envahit, où se mêlait l'image de Campaspe. Ce désir le rassurait, comme une preuve qu'il était toujours capable des élans virils ordinaires, même si le souvenir de Cersoblepte les encourageait. Il souriait à l'idée de jouer, auprès de cette Phèdre barbare, le rôle que n'avait pas voulu jouer Hippolyte auprès de l'épouse de Thésée, ni Phrixus auprès d'Ino, seconde épouse d'Athamas.

La nuit suivante, il dîna seul dans la chambre de son père, en compagnie de Méda. Ils occupaient un large lit à trois places, où elle était allongée entre eux. Elle tournait souvent le dos à Alexandre, qui céda à l'attrait de ses pommes, à peine dissimulées par sa robe en lin d'Amorgos. Il lui manifesta son émoi par une pression semblable à celle qu'Ephestion avait exercée contre lui à la fin du dîner chez Cléotime. Dès qu'elle l'avait senti, elle avait entretenu, par des mouvements imperceptibles, cet heureux état. Il n'aurait pas imaginé ces agaceries de courtisane chez la fille et sœur d'un roi thrace. Le repas terminé et les esclaves retirés, le roi s'endormit sous l'effet de l'ivresse et du chanvre. Méda, en bonne épouse, se courba pour le mignoter, mais en continuant de s'abandonner aux caresses d'Alexandre. Il n'eut qu'à lui trousser la robe pour se glisser en elle, sans bien savoir où. Cela fut si rapide qu'il crut avoir rêvé.

Philippe, afin de marquer son amitié pour Langarus, résolut de fonder, chez les Agrianes, une ville qu'on appellerait Philippopolis. Peut-être désirait-il aussi ne pas laisser au seul Alexandre l'honneur d'en avoir fondé une durant cette campagne. Celle-ci, créée dans un pays ami, serait le gage de ses bonnes relations avec tous les Thraces.

Au-delà d'Uscuduma, que l'on avait quittée, on avait rencontré le cours de l'Hèbre et les soldats s'enthousiasmaient parce que l'on y recueillait, plus qu'en aval, des paillettes d'or. Ce fut Anaxarque qui en recueillit davantage, en trempant sa peau de mouton dans l'eau. Il distribua ses paillettes aux soldats.

Une vaste plaine, bornée par les hauteurs de l'Hémus et du Rhodope, apparut soudain, couverte de buissons de roses. Le brigandage des Besses, le peuple voisin, avait empêché de la cultiver et de la peupler. Les Agrianes dirent qu'à l'origine, les roses de cette région avaient été transplantées de la Macédoine. Aussi odorantes que celles du mont Bermius, elles avaient cent pétales. Philippe, ravi de cet endroit, pensa à le choisir pour la cité qu'il souhaitait créer. Il écrivit à Langarus de le rejoindre et, en attendant, consulta Aristandre. Bien qu'il eût son propre devin, Téléside, il regardait comme le plus capable celui de son fils. L'Hèbre traversant cette plaine, Aristandre, après avoir examiné les entrailles d'une brebis, le vol et le cri des oiseaux, ainsi qu'il l'avait fait pour Alexandropolis, déclara que la présence du fleuve exigeait une expérience particulière, puisque ses eaux, à son embouchure, nuisaient à la salubrité de la ville d'Enus.

Philippe, Alexandre, Ephestion, Attale, Euryloque, Anaxarque, l'accompagnèrent à une jolie fontaine, entourée de rosiers et de serpolet. Aristandre posa sur l'eau un gâteau de froment, qui s'enfonça : le présage était donc favorable. Cela rappelait l'expérience d'Aristote destinée à savoir si le sperme est fécond ou stérile. Pour confirmation supplémentaire,· Aristandre versa de l'eau, de l'huile et du vin dans un bol de bronze, observa le groupement des bulles, l'étalement des taches, le son qu'y produisaient un caillou blanc, un caillou noir, puis un anneau de Philippe. Il n'avait pas utilisé l'huile d'olive, dont les provisions de l'armée, comptaient d'innombrables jarres, mais l'huile de maïs, particulière à ces contrées. Tous les signes, dit-il, étaient propices. Néanmoins, un pic frappa un chêne plusieurs fois de suite, pendant que l'anneau de Philippe tombait dans le bol : cela indiquait que la ville changerait de nom, après de longs siècles. Le roi s'en consola et Philippopolis fut fondée, selon les mêmes rites qu'avait été fondée Alexandropolis. Langarus et Méda étaient venus pour la cérémonie, ce qui provoqua de chaudes œillades entre Alexandre et la fille du roi Cotys. Dinarque fit les plans de la nouvelle cité, qui furent approuvés par Aristandre. Comme à Alexandropolis, les soldats, unis aux gens du pays, posèrent les fondations. Un sacrifice à Vénus apaisa la déesse pour l'arrachage des rosiers. Python, dépêché auprès des Besses, obtint leur serment de ne plus brigander ; un traité fut signé entre eux, Philippe et Langarus.

Il y eut une nouveauté par rapport à la création de la ville d'Alexandre : Philippe, ayant emmené à Byzance le graveur Pyrgotèle et des monétaires, les chargea de frapper une monnaie. En dehors de cette occasion exceptionnelle, leur présence était nécessaire pour les besoins de l'armée et le paiement de la solde, sans que l'on eût à faire venir des pièces du trésor de Pella. On en fabriquait avec l'or et l'argent que le trésorier avait en lingots dans un coffre et l'on coulait celles que l'on prenait à l'ennemi. Cette fois, il ne s'agissait plus seulement d'en frapper au marteau entre deux coins gravés en creux, mais de graver un nouveau coin. Le roi, ne pouvant mettre son effigie sur une monnaie du royaume de Langarus, demanda à Pyrgotèle de dessiner la nymphe Rhodope, femme d'Hémus, qui avait été changée en montagne pour avoir voulu être adorée sous le nom de Junon, métamorphose que son mari subit également pour s'être fait adorer sous celui de Jupiter. Les Thraces de ces parages n'adoraient pas moins, outre Bacchus, le Rhodope et l'Hémus. Pyrgotèle représenta la nymphe assise sur des rochers d'où s'élevait une branche ; elle tenait un marteau de la main droite et trois clous de la main gauche : ce n'était pas, dit le graveur, le marteau des monétaires, mais celui du Destin. « Pourquoi trois clous ? demanda Alexandre. — Parce que, dit le graveur, il y a les trois Grâces, les trois Furies, les trois Parques, les trois Gorgones et que la déesse Hécate est triple, que parfois Jupiter est représenté avec trois yeux... — Ainsi que dans sa statue du temple de Minerve à Argos, dit Alexandre, fort de la science du grave Léonidas. — ... Que son foudre a trois pointes, continua Pyrgotèle, que la table d'or d'Apollon à Delphes est supportée par un serpent de bronze à trois têtes, comme Cerbère, et que, pour les Pythagoriciens, c'est le nombre de la perfection. — Oui, dit Alexandre, il y a, selon eux, trois sortes d'intelligence, subordonnées aux trois puissances : les dieux, les héros et les démons. Mais tu es un si savant et si admirable artiste, Pyrgotèle, ajouta-t-il, que je veux prendre un peu de ton art à mon propre usage. Lorsque tu seras de loisir, grave de moi quelques camées. Je les offrirai à mes amis pour leurs anniversaires. »

Quand on eut quitté le royaume de Langarus, en emportant, sur un chariot, quelques arbres du Rhodope, — des arbres figuraient dans les triomphes, au retour des expéditions en pays étranger, — on traversa la partie septentrionale de la Thrace macédonienne. Bientôt, de grands bois de cèdres annoncèrent Cédropolis. Cette petite ville était surtout un chantier de bûcherons. Philippe remercia et félicita les habitants de le fournir de bois pour ses temples, ses palais et sa flotte. Il revendait également du cèdre aux simples particuliers et aux autres Etats grecs. Alexandre appréciait également, comme son père, la résine de cèdre, dont on frottait les manuscrits de papyrus ou de parchemin pour les conserver.

Plus loin, toujours en haute Macédoine, l'armée trouva une autre petite ville, Ponéropolis, la « ville des méchants ». C'était une création originale de Philippe. Plutôt que d'emprisonner certaines catégories de criminels, — les calomniateurs, les faux témoins, les escrocs et ceux qui avaient commis des violences charnelles, — il les expédiait dans cet endroit, où ils travaillaient sous la surveillance d'une garnison. Le roi avait conféré à la ville ce nom rébarbatif, en disant à ceux qui la peuplaient que ce serait à eux de le lui faire changer par leur bonne conduite. L'entreprise, qui était relativement récente, semblait avoir réussi, car Cédropolis ne se plaignait pas de ce voisinage. C'était la première fois que Philippe visitait Ponéropolis. Les femmes y étaient rares et la plupart de ces condamnés en liberté formaient des ménages, comme il y en avait dans l'armée. Ce n'est pas ce qui pouvait déplaire à Philippe et à Alexandre. Ils furent fêtés par les Ponéropolitains, autant qu'ils l'avaient été par les Cédropolitains. Le roi leur proposa de changer d'ores et déjà le nom de la ville : ils répondirent qu'après sa visite, ils s'en feraient un titre d'honneur.

On franchit l'Hémus, par un défilé, pour entrer chez les Gètes. Les précautions que prenait Philippe contre les embuscades, ne furent pas inutiles : ses troupes légères, dépêchées en reconnaissance avec l'appui de la cavalerie, mirent en fuite des montagnards, prêts à faire rouler d'énormes rochers sur l'armée macédonienne. Elles dispersèrent aussi des archers gètes, chargés de la cribler de flèches.

Au débouché de l'Hémus, une plaine s'étendait à l'infini jusqu'à l'Ister ou Danube et au-delà même de ce fleuve, qui semblait immense. Grossi de soixante rivières, seulement depuis l'Illyrie, il était, en effet, le plus large de l'Europe. On n'apercevait pas l'ombre d'une ville, mais, au loin, des troupeaux et des chars. « Les Gètes ont pris l'habitude des Scythes, dit Attale : ils n'ont pas de demeure fixe et vivent au milieu de leur bétail ; leur maison, c'est leur char ; la réunion de leurs chars, c'est leur armée. »

Philippe sacrifia un cheval, pour vénérer Mars en arrivant sur le territoire de l'ennemi, sans oublier d'invoquer Zalmoxis, le dieu du pays. Après qu'Aristandre eut déclaré les présages favorables, il prit son épée et découpa symboliquement dans l'espace les limites de cette plaine, comme le devin découpait le ciel avec son bâton. « J'attribue à la Macédoine ce nouveau royaume, dit Philippe à son entourage. Alexandre connaît aussi bien que moi l'histoire de notre famille, mais tout le monde ne sait peut-être pas le détail auquel mon geste vient de faire allusion. Notre ancêtre Témène, roi d'Argos, eut trois fils, Caranus, Erope et Perdiccas, qui émigrèrent en Macédoine pour échapper aux meurtriers de leur père, et se mirent au service de Cissée, roi du pays, l'un gardant les bœufs, comme Apollon chez Admète, l'autre les chevaux, le troisième le menu bétail, souvenirs pastoraux qui me font aimer les vers d'Hésiode. Quand ils demandèrent leur salaire, Cissée le leur refusa ; puis, sur leur insistance, il leur dit en dérision qu'il leur donnait la place éclairée dans la pièce par le soleil qui entrait du toit. Perdiccas, le plus jeune, tira son couteau et circonscrivit cet espace, puis il y éclaira trois fois sa poitrine et partit. Ce geste mystérieux d'un jeune homme qui devint roi de Macédoine, après Caranus, fut évidemment une inspiration des dieux. » Alexandre dit à son père qu'il avait fait réciter, par Thessalus, auprès du tombeau d'Euripide, quelques passages de l'*Archélaüs,* racontant la propre histoire de Caranus.

Anaxarque rappela que Darius avait jadis conquis toutes ces régions, tant celle des Gètes que celle des Scythes. « O roi, dit-il à Philippe, tu marches sur les traces du grand roi avant de marcher contre lui. — Les Scythes et les Gètes ne sont pas cités dans Homère, dit Alexandre, mais Aristote pense qu'il les désignait par les noms de « trayeurs de cavales » et « d'Abiens qui se nourrissent de lait », quand il parle des Thraces. — Les Gètes, dit Philippe à son fils, ont chacun une douzaine de femmes. Malgré mon penchant pour la polygamie, je n'irai jamais jusque-là. »

C'est Attale qui lui avait appris cette particularité. Non seulement, disait celui-ci, les Gètes avaient quantité de femmes, dont ils étaient d'ailleurs très jaloux, mais ils laissaient leurs filles coucher avec qui elles désiraient : ils les vendaient même volontiers aux marchands d'esclaves, ainsi que les garçons. (Rien n'était plus répandu à Athènes chez les esclaves que le nom de Gète.) Tout en refusant d'exécuter les promesses faites à Philippe, Athéas avait offert généreusement à Attale de coucher avec une de ses filles et ce roi eût tué le général macédonien s'il avait lorgné l'une de ses femmes. « Quant à moi, dit Timothée, je ne pourrais souffrir un homme qui n'aime pas la musique. Isménias, le célèbre musicien athénien, a été fait prisonnier par Athéas, durant une guerre des Gètes avec une ville grecque de la mer Noire, et il m'a raconté que, pour se faire bienvenir du roi, il avait joué de la flûte au cours d'un repas. Athéas l'interrompit en lui disant qu'il aimait mieux entendre hennir son cheval. — Par conséquent, dit Philippe, ne nous étonnons pas de la férocité de ce peuple : on attribue celle des Cynéthéens au fait que c'est le seul d'Arcadie à ne pas pratiquer la musique » Alexandre, certes, aimait la musique et était content que les jeux Pythiens, présidés par son père, fussent les seuls des grands jeux grecs où il y eût un concours de cithare. Mais il éprouvait quelque sympathie pour le roi Athéas, parce que ce roi aimait son cheval. En effet, lorsque Python était arrivé à son camp après le retour d'Attale à Byzance, il l'avait trouvé en train de panser sa monture. Athéas avait demandé à l'ambassadeur si le roi de Macédoine en faisait autant et, sur sa réponse négative, avait dit : « Comment pourrait-il donc m'attaquer ? » Plus d'une fois, Alexandre avait pansé Bucéphale durant cette campagne, et il le sentait maintenant frémir, comme si ce noble coursier, qui l'avait conduit depuis Pella, devinait que l'on allait conquérir un nouveau royaume. Cependant, selon son habitude de tenter les voies de la ruse et de la diplomatie, afin de vaincre sans combattre, Philippe avait renvoyé Python à Athéas, avec des éclaireurs et un héraut. La descente de l'armée macédonienne effraierait peut-être les Gètes.

Aux sources du Téare, qui jaillissaient au pied de l'Hémus, et dont les eaux étaient, les unes chaudes, les autres froides, on vit une colonne érigée par Darius. Le grand roi, s'exprimant en grec dans une inscription, qualifiait ces sources « les meilleures et les plus belles » et s'y qualifiait lui-même « l'homme le meilleur et le plus beau, roi des Perses et de toutes les nations, qui s'était arrêté en ces lieux avant de repousser les Scythes ». Aristandre déclara que ces paroles étaient un autre signe favorable.

Philippe n'avait pas achevé de lire, que les éclaireurs et le héraut revinrent à toutes brides, suivis de Python qui ballotait sur son cheval, telle une outre pleine : comme les Mædes à l'égard d'Anaxarque, les Gètes avaient reçu l'ambassade à coups de flèches. Athéas tenait sa promesse de ne pas tolérer le passage d'une armée étrangère sur ses Etats. Philippe prenait déjà toutes ses mesures pour l'attaque. Le roi des Gètes se rapprochait. Il voulait écraser les envahisseurs au pied du Rhodope. Attale avait dit de quelle façon ces barbares se comportaient en bataille rangée. Ils étaient de moins bons soldats, mais plus acharnés, que les Scythes, pour la raison qu'ils se croyaient immortels. Cette idée leur inculquait autant d'imprudence que de bravoure. Elle avait son origine dans la persuasion que, dès qu'ils étaient morts, ils rejoignaient leur dieu Zalmoxis, pour mener une vie de délices.

Ils s'étaient divisés en trois longues lignes, afin de donner une idée exagérée de leur nombre. Derrière eux, étaient les chariots où s'entassaient victuailles, femmes et enfants. Philippe et ses généraux estimaient cette armée à une quarantaine de mille hommes contre les trente-six mille de la sienne, mais les Gètes étaient tous à cheval ou sur des chars. « Cette disproportion, dit le roi, est un risque qui m'agrée. Je ne suis pas comme mon fils qui se bat à deux contre quatre. » Alexandre gardait le commandement des troupes qu'il avait amenées. « A vous, mes soldats victorieux, de contribuer à la victoire du roi ! » leur cria-t-il.

La tenue des Gètes, que l'on distinguait maintenant, différait de celle des Thraces : au lieu d'une calotte de métal, ils avaient sur la tête une sorte de bonnet phrygien à grandes joues ; leur cuirasse était faite de morceaux de corne, cousus comme des écailles à leur justaucorps, qui leur laissait les bras nus et qui s'arrêtait au haut des cuisses. Leurs armes étaient des lances, des arcs et des poignards ; leurs boucliers, d'osier. Au centre, le vieil Athéas et son fils adoptif se dressaient sur un grand char, que guidait un cocher. Leurs casques pointus avaient un cimier orné de clous. Leurs armures étaient de cuir, également clouté. Philippe, qui avait revêtu son casque de commandement, à triple panache rouge, et son armure de bronze, où étincelait une tête de Méduse en argent, était évidemment plus royal. Près des sources, il avait égorgé un coq tiré d'une cage et dont le foie avait lui comme son épée. Ses hérauts répétèrent les paroles qu'il adressa au front des troupes : « Soldats, mes amis, cette bataille est la plus lointaine de toutes celles que nous avons livrées ; elle sera donc la plus glorieuse. Elle apprendra notre valeur à un peuple parjure. Les dieux nous aideront à le punir. Songez aussi que, de loin, la Grèce vous regarde. A ces Athéniens, dont la flotte nous a empêchés provisoirement de prendre Byzance, annonçons qu'un jour nous prendrons Athènes. » En dévoilant à ses soldats son dessein secret, il leur témoignait sa confiance. Leur longue acclamation montra qu'aucun d'eux n'avait été dupe de ses efforts pour maintenir la paix avec la ville de Démosthène ; ils battraient les Gètes pour se préparer à battre les Athéniens. Ayant dit, Philippe entonna le péan de combat ; puis, son principal héraut éleva le caducée et l'on se mit en marche. Les fantassins avaient la courroie du javelot en main pour le lancer au premier signal, les archers la flèche sur la corde pour tirer dès qu'ils en auraient reçu l'ordre.

Côte à côte, Alexandre et Ephestion, avaient chanté avec la même flamme qu'en Bistonie. C'était leur seconde bataille. Alexandre éprouvait déjà au cœur la sensation qu'il avait décrite à Ephestion, après la bataille contre les Mædes, en l'appelant « la danse », — la danse des Parques. Le voisinage de son père achevait de le surexciter. Il se disait, pour avoir plus d'ardeur encore, qu'il allait se mesurer vraiment avec ce que l'on pouvait appeler des barbares, puisqu'ils n'avaient pas reçu, comme les Mædes, l'empreinte de la Grèce. Tous les termes dédaigneux des poètes concernant l'humanité vague, lui revenaient à l'esprit : « Figures de limon », « races inconsistantes, pareilles à des ombres », outre le : « Semblables à des songes », que lui avaient évoqués les cadavres des Mædes. Les Macédoniens qui s'opposaient à ces hommes, étaient l'image de la civilisation armée : la phalange paraissait plus que jamais invincible ; sur les ailes, la cavalerie thessalienne faisait aussi, avec ses quelques milliers d'hommes, solidement groupés, un contrepoids suffisant à cette multitude qui s'étendait dans la plaine, à cheval ou en char. Même Anaxarque était sous les armes : les Gètes n'étaient pas des Thraces et il ne prétendait pas au privilège de rester neutre, comme un artiste de Bacchus.

Alors que l'armée de Philippe avançait lentement, avec une tranquillité formidable, soudain Athéas fit sonner la charge. La sûreté du coup d'œil des archers gètes coûta la vie à quelques Macédoniens, présage dont Aristandre avait rappelé l'importance. La riposte des archers de Philippe fut plus terrible : la première ligne des Gètes tomba sur le sol, foulée par les chevaux et les chars de ceux qui suivaient. Les ennemis se déployèrent en arc de cercle, pour essayer d'envelopper les Macédoniens. Les ordres de Philippe étaient de garder les rangs et de ne pas éclaircir la masse compacte formée autour de la phalange. Mais, quand l'ennemi fut tout proche, la cavalerie thessalienne s'écarta pour que celle des Gètes vînt se briser sur cette muraille de piques. En même temps, elle les assaillait de dos et de flanc. Le manque d'épaisseur de leurs lignes ne leur permettait ni d'enfoncer la phalange, ni de résister aux troupes légères, qui les dispersaient. La victoire macédonienne se dessinait déjà.

Alexandre était resté un moment auprès de son père, qu'il n'avait jamais encore vu se battre, et il avait pu constater qu'ils avaient un égal mépris du danger. Il s'émerveillait que Bucéphale luttât de nouveau en frappant avec ses sabots. Ephestion et l'escadron des amis faisaient des prodiges. Les enfants royaux étaient aussi vaillants qu'à la bataille du lac de Bistonie.

On commençait d'avoir une idée du nombre des morts de l'armée gète en voyant celui des chars vides que leurs chevaux traînaient vers les Grecs. Philippe, en se réjouissant de l'œuvre de ses archers, commanda d'ouvrir les rangs pour laisser passer les chars, qui constituaient un obstacle, et de talonner l'ennemi, dont la déroute fut complète.

Elle eut le même motif que celle des Mædes : Athéas était mort. Son fils avait fui. Philippe, indemne comme Alexandre et comme tous leurs amis, arrêta la poursuite. Il l'avait approuvé d'avoir pris une décision identique en Bistonie. « Que l'histoire nous serve à quelque chose, lui avait-il dit : Cyrus le Jeune, victorieux à Cunaxa, fut tué en poursuivant l'armée d'Artaxerxès et causa la ruine de tous ceux qui l'accompagnaient. Isocrate y fait allusion dans sa lettre. Et mon cher Pélopidas fut tué à Cynoscéphales, en poursuivant l'armée d'Alexandre de Phères qu'il venait de vaincre. » Cependant, l'ordre de ne pas poursuivre, n'avait pas été entendu de quelques cavaliers thessaliens. Philippe, ayant su que des Gètes, réfugiés dans un petit bois, leur avaient tiré des flèches et en avaient tué deux, le fit encercler et y fit mettre le feu : tous les Gètes furent grillés vifs.

Un javelot avait effleuré le poitrail de Bucéphale, sur lequel Philippe d'Acarnanie attachait un pansement. Il semblait à Alexandre que cette blessure de son cheval lui en eût épargné une à lui-même. Il y avait un nombre infini de prisonniers et trois cents morts chez les Gètes, sans compter ceux qui avaient péri dans le bois. Les Macédoniens n'avaient perdu que trente hommes, dix de plus qu'à la bataille de Bistonie. Alexandre aperçut le cadavre du vieux roi Athéas. Son justaucorps était retroussé et ses mains croisées sur son bas-ventre, nu et ensanglanté. Il le recouvrit par pudeur. Il pensait aux vers d'Homère : « A un jeune homme tué par Mars, — Déchiré par le bronze aigu, tout convient ; — Mais, quand des chiens insultent une tête blanche et une barbe blanche, — Et les parties honteuses d'un vieillard qui gît, — C'est ce qui est le plus pitoyable aux malheureux mortels. » Mais le spectacle de jeunes cadavres émut aussi Alexandre, comme dans la plaine des Bistones. Il ne jugeait pas moins extraordinaire la remarque du divin poète, qui excusait la mort de dénuder et d'ensanglanter un être jeune, comme si l'impression de beauté dût primer celle d'horreur.

Philippe également contemplait le cadavre du roi ennemi et, comme s'il avait deviné les pensées de son fils, il cita d'autres vers de l'*Iliade* : « Nous avons remporté une grande gloire : nous avons tué le divin Hector, — Que les Troyens, à travers la ville, invoquaient comme un dieu. » « Quelle ville que celle des Gètes ! ajouta Philippe. Elle n'a pas de murailles, elle est vaste comme leur royaume. »

On avertit les prisonniers qu'ils pouvaient ramasser leurs morts. Aussitôt, ils se réunirent autour des cadavres, en dansant et en riant : ils les félicitaient de rejoindre Zalmoxis. Les Macédoniens riaient, à leur tour, de cette étrange manifestation de la douleur. Mais quand Philippe interdit aux Gètes de sacrifier les chevaux des morts sur leurs tombes et aux nouvelles veuves de s'y sacrifier également, — deux usages de ce peuple —, ils furent accablés, car c'était priver les défunts d'un grand honneur. En revanche, les veuves ne parurent pas affligées outre mesure de ne pas suivre leurs maris chez Zalmoxis.

Beaucoup d'ânes, attelés à des chariots, avaient été tués. Le sabot de cette race scythe était tellement dur, dit Anaxarque, qu'il pouvait seul transporter l'eau mortelle du Styx ; tout autre récipient, même le bronze, en était percé. Alexandre fit couper deux de ces sabots, l'un destiné à Aristote, l'autre à l'Apollon de Pella, puisque, selon Pindare, ce dieu, chez les Hyperboréens, se réjouit de « la droite lubricité des ânes ».

Au nombre des prisonniers, étaient quelques hommes ou quelques jeunes gens, vêtus en femmes et extraordinairement fardés. On les avait trouvés sans armes, sur les chariots. Ils formaient une classe spéciale, dite des efféminés, et ils étaient devins ou apprentis devins. Ils descendaient de soldats qui avaient pillé jadis le temple de Vénus à Ascalon, en Phénicie, et dont la postérité était frappée à jamais de caractères féminins. Pour échapper aux outrages, dans cette nation primitive, ils exerçaient la divination. D'autres, cependant, qui ne descendaient pas de ces soldats sacrilèges, rejoignaient la classe des efféminés, lorsqu'ils devenaient impuissants. Ils étaient d'autant plus nombreux que, selon Hippocrate, qui avait eu connaissance du même cas chez les Scythes, l'habitude de vivre toujours à cheval gonflait les jambes pendantes et, pour s'en guérir, ils s'ouvraient les veines de derrière l'oreille. Cette opération répétée privait certains, peu à peu, de leur vertu prolifique. Dès qu'ils ne pouvaient plus avoir de commerce avec des femmes, ils prenaient le costume féminin, ne touchaient plus à leurs parties, comme l'Académicien Xénocrate, et se livraient aux hommes.

Après la cérémonie du bûcher des morts macédoniens, le chant et le repas funèbres, les généraux de Philippe partagèrent le butin. Il consistait surtout en bétail. Les officiers et les soldats qui ne voulaient pas s'en embarrasser, reçurent une somme équivalente. Les prisonniers, y compris les femmes et les enfants, seraient emmenés pour être vendus comme esclaves. Le fruit de cette vente serait distribué ensuite à l'armée, le roi en gardant la majeure partie, dont un dixième irait aux temples. D'ores et déjà, ses généraux et les autres officiers se répartirent les plus beaux garçons ou les plus belles filles. Le roi, satisfait de ses gardes, ne choisit que des palefreniers. Toutefois, une nièce d'Athéas, qui était vierge et assez jolie, fut conduite sous sa tente pour la nuit de la victoire. Il l'abandonna le lendemain à Attale. Bien que descendant d'Achille, Alexandre n'avait voulu d'aucune Briséis.

Philippe eût été désireux de pousser plus loin cette victoire. Le souvenir de Darius piquait son émulation. De même qu'il avait vaincu les Gètes, il aurait, à son exemple, ambitionné la gloire de vaincre les Scythes, au moins du côté méridional de l'Ister. Il se rendait compte de l'éclat qu'une telle victoire lui conférerait aux yeux des Grecs : ce serait peut-être son dernier effort pour être chef de la Grèce, sans avoir besoin de vaincre Athènes. Un tel triomphe, Démosthène serait incapable de le rabaisser, au lieu que, pour encourager la résistance de ses concitoyens à l'hégémonie de Philippe, il le présentait, non seulement comme un estropié, mais, ainsi que son fils le lui avait rappelé, comme un homme qui s'emparait des villes par l'or ou la trahison.

Les Scythes occupaient, au-delà de la plaine des Gètes, la vaste étendue située entre l'Hémus et l'Ister. L'idée de les combattre, plaisait à Alexandre autant qu'à son père, parce que ce peuple descendait d'un fils d'Hercule, Scythès, né de ses amours avec la femme-serpent Echidna. Ses rois affirmaient venir du héros en ligne directe. Par égard pour cette prétention, Philippe employa d'abord les mêmes procédés qu'avec les Gètes. Il envoya Python, avec un cortège et un interprète, pour demander au roi des Scythes une rencontre entre parents. Après tout, c'eût été presque la même chose de revenir en Grèce comme allié ou comme vainqueur du chef de ce peuple redoutable. La réponse fut digne de celle qu'avait faite Athéas : le roi des Scythes déclarait que ce pays leur avait été laissé par Hercule et qu'ils traitaient en ennemis tous ceux qui s'y aventuraient, fussent-ce des descendants d'Hercule. Python raconta qu'ils avaient tous une coupe suspendue à leur baudrier, en mémoire de ce dernier, qui avait parcouru leur contrée en portant ainsi une coupe d'or.

Sans se laisser intimider, Philippe avança jusqu'au Danube ; mais les Scythes se dérobèrent. Eux non plus n'avaient pas de villes et menaient une existence pastorale. Moins soucieux que les Gètes de tenir leur promesse d'empêcher l'invasion de leur territoire, ils préféraient le quitter pour se retirer au-delà de l'Ister, où ils se savaient invincibles. Ils passèrent le fleuve sur des radeaux. Darius, qui avait, à leur suite, franchi le Danube, n'avait, en réalité, triomphé d'eux qu'en les chassant devant lui et avait renoncé à les atteindre. Anaxarque, craignant peut-être que Philippe n'eût fantaisie d'imiter le grand roi jusqu'au bout, rappela le danger que les Perses avaient couru, lorsqu'ils avaient passé l'Ister sur un pont. Les Scythes lui ayant envoyé un oiseau, un rat, une grenouille et cinq flèches, Darius pensa qu'ils lui faisaient un hommage symbolique de la terre et de l'eau en gage de soumission. Mais on lui expliqua ces présents d'une autre manière : s'il ne s'envolait dans l'air comme un oiseau ou ne se cachait dans la terre comme un rat ou ne sautait dans un marais comme une grenouille, il ne reverrait jamais sa patrie et périrait par les flèches. Darius retourna sur ses pas en abandonnant blessés et malades et faillit, en effet, ne jamais repasser le Danube.

La cavalerie thessalienne réussit à faire quelques prisonniers. Ils étaient armés à peu près comme les Gètes. Les Macédoniens les étonnèrent en se baignant dans l'Ister. Jamais ce peuple ne se lavait : leur seul bain était la vapeur des grains de chanvre, qu'ils répandaient sur des pierres rougies au feu et dont ils s'imprégnaient le corps, à l'abri de leurs manteaux posés sur des pieux. Ils humaient aussi du chanvre pour dormir, comme les Agrianes.

Au fond de leurs carquois, on trouva de petits cailloux noirs et de petits cailloux blancs. Ils avaient l'usage, avant de se coucher, d'y mettre un caillou de l'une ou l'autre couleur, selon qu'ils étaient contents ou non de leur journée ; et, quand il y en avait trop, ils les comptaient, avant de les jeter, pour savoir s'ils avaient été heureux ou malheureux.

On captura l'un de leurs chariots, sur lequel étaient entassés, autour d'un coffre rempli d'émeraudes de Scythie, des crânes dorés : ils coupaient les têtes de leurs ennemis, les doraient et y buvaient leur vin. Avec la chevelure, ils se faisaient une serviette et avec la peau une housse pour leurs chevaux. « Voilà les mœurs des plus proches parents de Démosthène, puisque sa grand-mère maternelle était Scythe, dit Alexandre. — C'est cependant cette race qui a produit Anacharsis, l'hôte de Solon, dit Anaxarque. — Léonidas, nous citait une de ses maximes, dit Alexandre :

« Il faut savoir maîtriser sa langue, son cœur et son sexe. » — Malheureuse-ment pour lui, reprit Anaxarque, le sage Anacharsis ne sut pas maîtriser le reste. Il avait adopté les mœurs grecques, moins peut-être chez Solon à Athènes que durant son séjour ensuite à Cyzique, où il avait assisté aux fêtes de la Mère des dieux. Le roi des Scythes, l'ayant vu danser comme les corybantes, le tua à coups de flèches. — C'est probablement pourquoi, ajouta Alexandre, on dit que la cause de sa mort est d'avoir voulu transplanter dans son pays nos coutumes et notre religion. Les Scythes me plaisent en quelque façon, parce qu'ils ont inventé le culte de l'amitié. » Ephestion dit à Anaxarque qu'Alexandre et lui, comme tous les couples de l'escadron des amis, s'étaient prêté serment à la manière des Scythes, par le rite de l'échange du sang. « Ce peuple, dit le philosophe, vénère, en effet, Oreste et Pylade pour leur amitié et leur a élevé des temples, bien que ces héros eussent tué le roi de la Tauride en enlevant Iphigénie. »

Suivant le cours de l'Ister, l'armée parvint à la ville grecque d'Istropolis ou Istrus, bâtie près de la bouche méridionale de ce fleuve. Colonie de Milet, elle fit fête à Philippe et se déclara macédonienne. Le roi bénéficiait de l'un de ces brusques changements d'allégeance qu'il avait reprochés aux colonies grecques. Celle-ci était l'un des grands ports du blé sur la mer Noire. Les Gètes ne cultivaient pas la terre, mais les Scythes du nord du Danube, dits Laboureurs, vendaient tout le blé qu'ils produi-saient, parce qu'ils ne s'en nourrissaient pas. Philippe se félicitait d'avoir mis la main sur cette ville qui, jusqu'à présent, sous la pression des Gètes, n'avait pas accueilli ses avances.

Durant la campagne en Thrace orientale, Python avait visité en ambassade les autres cités grecques de la côte, plus proches de Byzance, — Apollonie, où il y avait un fameux temple d'Apollon, avec une statue du dieu par Calamis ; Odessa ; Callatis, ville voisine d'une autre peuplade thrace, mais pacifique, les Crobyzes, — et ces trois cités, rivales d'ailleurs de Byzance, s'étaient proclamées sujettes du roi de Macédoine, comme souverain de la majeure partie de la Thrace. Aucune n'aurait pu résister à ses troupes, comme Byzance, Périnthe et Sélymbrie. Les villes d'Olbia et de Panticapée, autres colonies de Milet, étaient beaucoup plus loin, au-delà du Dniéper ou Borysthène.

Istropolis offrit à l'armée toutes les délices de l'Asie et de la Grèce. Des lupanars de garçons et de filles assouvissaient les désirs variés des soldats. Danseurs et danseuses charmaient les banquets. Anaxarque lampait le bon vin de cette région. Minerve avec l'olivier, Vénus avec le myrte, les Hespérides avec les citrons étaient présents. Ces quelques jours de repos et de plaisir permirent de vendre aux habitants une partie du bétail conquis et des prisonniers, ainsi que de marquer au fer rouge, selon le signe de chacun, les animaux, les hommes, les femmes et les enfants que l'on voulait emmener.

Philippe donna, au théâtre, une représentation d'*Iphigénie en Tauride*. On n'était pas dans ce pays, mais on pouvait l'imaginer à l'horizon. Les flûtes de Dorion et de Timothée, la cithare d'Aristonique, les chants du chœur, formé par des enfants royaux, émurent ces Grecs si éloignés de leur patrie et leur parlaient des camarades qu'ils avaient perdus : « J'ai laissé les tours et les murs — De la Grèce aux beaux chevaux — Et l'Europe des jardins aux beaux arbres — Siège de mes maisons paternelles. — Hélas ! ma race a péri. — Hélas ! hélas ! sur les malheurs d'Argos !... — Tu côtoieras la mort, en marchant à travers des tribus barbares — Et des routes sans routes... — Nous avons ce pour quoi nous sommes entrés — Dans le Pont-Euxin... » Certes, ils avaient tous côtoyé la mort et ils ramenaient les cendres de quelques-uns d'entre eux, mais ils avaient obtenu ce pour quoi ils étaient venus.

Quand Néoptolème, qui jouait le rôle de Minerve, dit les derniers vers prononcés par cette déesse, tous les soldats se levèrent pour acclamer Philippe : « Allez, ô vents, poussez sur un navire le fils d'Agamemnon — Vers Athènes : je vous accompagnerai. » Les acclamations, qui faisaient allusion aux paroles prononcées par lui au moment de la bataille contre les Gètes, lui prouvaient que l'armée aspirait à de nouveaux combats, même plus difficiles, et que le descendant d'Hercule leur inspirait encore plus de confiance que n'avait pu en inspirer le fils d'Agamemnon. Ces hommes rudes, aussi bien que les enfants royaux et les amis d'Alexandre, se grisaient, comme lui, de ces ascendances divines ou glorieuses. Chaque fois que le nom d'Achille avait été cité dans la pièce, ils avaient été unanimes à crier : « Ô Alexandre ! » Cela flattait sa culture autant que son origine et lui semblait le présage du jour où il les conduirait lui-même à de grandes entreprises, avec autant de succès qu'il avait conduit les siens contre les Mædes et contre les Gètes. Les troupes étaient à l'unisson de leurs chefs. « Tu peux juger aujourd'hui, dit le roi à son fils, de l'exactitude de ce mot d'Euripide dans la tragédie qu'il a consacrée à notre ancêtre Archélaüs : « Les travaux engendrent la gloire. »

Philippe goûtait la fierté d'avoir porté les frontières de son royaume jusqu'aux bouches du Danube. Bien qu'il n'eût pas franchi le fleuve, il s'y lava les mains, comme il l'avait fait dans l'Hèbre. Avant de partir, il dédia à cet endroit, sur l'île du Pin, la statue de bronze que le défunt roi Athéas n'avait pas voulu lui laisser consacrer. La cérémonie, solennisée par un sacrifice, eut lieu en présence de tous les habitants et de toute l'armée. Le bois où s'élevait la statue, contenait, non seulement des pins, mais des oliviers. Quelques-uns étaient peut-être aussi anciens que celui dont Hercule avait fait présent à Olympie, après l'avoir arraché de ces lieux. Le héros avait été entraîné jusqu'à la mer Noire en poursuivant la biche d'Arcadie aux cornes d'or et aux pieds de bronze.

Désormais, Hercule veillerait, en face de l'île Blanche, — trop lointaine pour que l'on pût y aller, — où était le célèbre enclos d'Achille. Thétis, à la fin de l'*Andromaque* d'Euripide, annonce à Pélée, son époux mortel, qu'elle fera de lui un dieu : « Et notre fils bien-aimé Achille, — Tu le verras dans sa demeure insulaire, — Sur la côte blanche, à l'intérieur du Pont-Euxin. » Anaxarque fit remarquer que la légende exposée par Euripide, ne correspondait pas à l'opinion commune, qui situait le tombeau d'Achille sous les murs de Troie, ni à celle qui plaçait le héros, avec Pélée, dans l'île des bienheureux, correspondant aux champs élysées d'Homère, opinion qui était celle de Pindare. Alexandre concilia ces divers sentiments : le tombeau d'Achille était bien en Troade et son âme aux champs élysées, mais Thétis avait transporté son fils dans l'île Blanche en obtenant de Jupiter qu'il le ressuscitât. Elle lui avait donné plusieurs épouses célèbres, également ressuscitées : Médée, Hélène, Iphigénie, — laquelle, d'après certains, avait déjà consommé le mariage avec lui à Aulis.

Les gens d'Istropolis contaient des détails extraordinaires sur cette île, qui demeurait inhabitée et où l'on n'atterrissait que pour sacrifier. Dans le temple, dont les oiseaux de mer étaient les desservants et au-dessus duquel ne passait aucun autre oiseau, des matelots avaient aperçu plusieurs fois Achille sous les traits d'un jeune homme blond, semblable à un dieu : il était d'une beauté extraordinaire et avait une cuirasse d'or. Tous ne l'avaient pas vu, mais tous l'avaient entendu chanter des hymnes. Si vous vous endormiez à l'intérieur du sanctuaire, Achille vous éveillait, vous conduisait sous sa tente et vous offrait un festin. Patrocle y participait, tandis qu'Achille jouait de la lyre. Alexandre demanda quelle était leur différence d'âge ; les Istropolitains furent de l'opinion de Cléotime : Patrocle était un homme, Achille un adolescent. Même s'il avait eu le loisir de voir ces merveilles, Alexandre préférait ne pas les soumettre à cette épreuve, pour se persuader qu'elles étaient vraies.

Anaxarque vint encore lui allumer l'esprit. « A l'extrême nord de la Scythie, sous la constellation de l'Ourse, lui dit-il, au-delà des monts Riphées où tombe sans cesse la neige, il y a le pays merveilleux des Hyperboréens, chez lesquels ne souffle jamais Borée, — le pays des hommes justes, qui vivent mille ans. Hécatée d'Abdère, jeune historien, recueille la matière d'un ouvrage consacré à ce peuple. Le pays des Hyperboréens est celui du soleil éternel, avec une nuit de vingt-quatre heures tous les six mois. On y sème le matin, on y moissonne à midi. Les fruits mûrissent en une journée. Apollon est le principal dieu de cette nation. Il se retira chez elle, quand il eut été chassé temporairement du ciel pour avoir percé de flèches les cyclopes, afin de venger son fils Esculape, tué par la foudre qu'ils avaient fabriquée. Il aime tellement les Hyperboréens qu'il les visite chaque année, porté par un cygne ou par un griffon. Il a donné à l'un d'eux, Abaris, le pouvoir de faire le tour de la terre sur une flèche Du temps de Solon, cet Hyperboréen arriva aussi à Athènes, comme député d'Apollon. — « Un dieu le voulant, tu naviguerais même sur un roseau », dit Alexandre, citant le *Thyeste* d'Euripide. « Des Hyperboréens, reprit Anaxarque, sacrifient à Apollon des hécatombes d'ânes et Pindare nous a décrit le séjour du dieu dans ces climats. Longtemps, des vierges hyperboréennes déposaient, à la frontière des pays limitrophes, les offrandes destinées à son sanctuaire de Délos. Et ce sont les Hyperboréens qui ont bâti le premier temple de Delphes. Comme Pythagore était d'une beauté merveilleuse, ses disciples, — surtout ceux qui avaient vu sa cuisse d'or, — prétendaient que c'était « Apollon, venu du pays des Hyperboréens ».

Philippe déclara que les Scythes cumulaient toutes les légendes : on plaçait également dans leur région le pays des Cimmériens, séjour de l'éternelle nuit. On songea au passage d'Homère décrivant l'arrivée d'Ulysse dans ce pays, où l'envoie Circé pour évoquer les morts : « Là sont la contrée et la ville des hommes Cimmériens, — Couvertes de nuées et de brumes. — Jamais le soleil brillant ne les regarde de ses rayons — Ni quand il s'avance vers le ciel constellé, — Ni quand il retourne du ciel sur la terre ; — Une nuit funeste est étendue sur ces malheureux mortels. » Cette perspective consolait Alexandre de ne pas aller en Scythie.

L'armée se remit en marche dans l'immense plaine du Danube, pour regagner la Macédoine par la vallée du Strymon. Cela fournit l'occasion d'augmenter le butin, en prenant du bétail que les Gètes avaient parqué sous la garde de quelques hommes, assez loin du lieu de la bataille. Personne ne songeait plus à résister.

Les Muses trouvaient moyen d'apparaître, même chez les Gètes, au cours de discussions aux étapes, entre Philippe, Alexandre, Ephestion et Anaxarque. Le philosophe, à propos de la parole d'Hésiode sur l'Ister, dont on suivait le cours, — « l'Ister aux belles eaux », — ayant fait l'éloge de ce poète, Alexandre déclara qu'il pouvait être cher aux agriculteurs et aux Macédoniens d'autrefois, mais non aux rois, surtout à un roi tel que Philippe. « Lorsque je lis ses vers, dit celui-ci, je pense être un de ces hommes simples qui ne courent pas le monde pour la gloire, et qui, heureux, vivront toujours sur leur terre, — et la terre d'Hésiode est au pied de l'Hélicon, près du val des Muses. Ils sont de ceux que regardent avec bienveillance les bons génies de l'âge d'or, répandus, selon le poète d'Ascra, dans l'air qui nous enveloppe. » Alexandre était touché d'entendre son père parler ainsi. Sur ce point, comme sur tant d'autres, il se reconnaissait bien pour son fils : il goûtait délicieusement la vie de la campagne à Miéza, qui le forçait à comprendre la dure et paisible beauté des « travaux » par celle des « jours » Il faisait également un parallèle entre le goût de Philippe pour Hésiode et le sien pour Anacréon . ils étaient des hommes complets, puisqu'ils aimaient des choses si différentes de leurs caractères et de leurs tempéraments.

Anaxarque ayant rappelé que Pythagore avait aperçu, dans les enfers, l'âme d'Hésiode attachée à une colonne de bronze et hurlant de douleur à cause des fables qu'il avait écrites sur les dieux, Alexandre rappela, de son côté, que le philosophe de Samos avait vu aussi l'âme d'Homère suspendue à un arbre et entourée de serpents pour les mêmes raisons. Il conclut que Pythagore ne serait jamais totalement aimé de Philippe et de son fils, même s'ils observaient quelques-unes de ses règles, — il se souvenait de ce qu'avait dit Ephestion à ce sujet, au banquet de Cléotime.

Le roi observait même les préceptes d'Hésiode qui relevaient de la magie : « Ne pas uriner sur le chemin ni hors du chemin — Ne pas se dénuder en urinant ; ne pas uriner au-dessus de l'urine d'un chien... » Anaxarque approuvait ces pratiques en souvenir de Démocrite. Alexandre en souriait, mais la superstition de son père lui semblait le pendant de son propre goût du merveilleux. Toutefois, Hésiode ordonnait que, pour uriner, « l'homme soucieux des dieux s'accroupît, instruit des choses sages, — Ou s'approchât du mur bien clos de la cour ». Il n'y avait pas de murs dans la plaine du Danube ; alors, Philippe s'accroupissait légèrement pour uriner, à quelque distance de ses gardes. Tant de pudeur étonnait chez un homme si impudique. Au moins était-il imité par Clisophe. Il prétendait qu'Epaminondas urinait de la sorte. La prescription relative aux chiens, — il y en avait beaucoup à la suite de l'armée, — lui était particulièrement à cœur. En effet, d'après Hésiode, l'acte contraire diminuait les désirs amoureux et Philippe, presque chaque nuit, tenait à faire partie double avec les deux Pausanias.

Un soir qu'à l'heure du coucher, Alexandre et Ephestion s'apprêtaient à le quitter, il leur dit : « Les nuits sont aux bienheureux », si j'en crois Hésiode, mais elles sont surtout à l'Amour. Alors que l'auteur de *l'Iliade* et de *l'Odyssée* n'a jamais parlé de l'Amour dans ses prodigieux poèmes, Hésiode, le poète de la charrue, lui a rendu l'hommage le plus éclatant. Dans sa *Théogonie,* il ne le présente pas comme le fils de Vénus, mais comme un dieu en soi, le premier de tous : « L'Amour, le plus beau parmi les dieux immortels, — Qui dénoue les membres et qui, dans la poitrine de tous les hommes, — Dompte l'esprit et la sage volonté... » « Par Hercule, avoue-le, Alexandre, continua le roi, Homère est vaincu sur ce terrain. Peut-on imaginer une plus délicieuse expression pour peindre la volupté que : « l'Amour qui dénoue les membres » ? Ton poète ne l'a employée que pour le Sommeil. — Elle est aussi dans le chant d'amour pédérastique des Chalcidiens, rétorqua Alexandre. — N'importe, dit le roi. Tu sais, conclut Philippe, la jolie histoire des Muses donnant une branche de laurier à Hésiode, qui paissait son troupeau sur l'Hélicon Mais il méritait également le rameau de myrte. » Ephestion dit que l'Amour était, selon Anaxarque, un des noms du dieu primordial, dans les mystères d'Orphée.

Avant de refranchir le mont Hémus à l'extrémité de la plaine, le roi voulut laisser une trace de ses conquêtes en fondant une autre ville, qui ferait pendant à Philippopolis. Cela compenserait la disparition de la ville qui, jadis, sur le sommet de l'Hémus avait porté le nom d'Aristée. Cette région de la plaine du Danube, dite Triballique, mêlait, en effet, le peuple des Triballes, qui était thrace, à celui des Gètes, et la fondation d'une ville aiderait à les rapprocher. Philippe avait mandé Python auprès de Syrmus, roi des Triballes, qui habitait une modeste localité proche du Danube, et ce roi était venu lui rendre hommage avec empressement. Grâce au roi de Macédoine, protecteur des Thraces, Syrmus aurait enfin une capitale.

Philippe choisit un lieu aussi bien doté par les eaux, près des sources de l'Hyatris, qui allait se jeter dans l'Ister. Puisqu'il avait été victorieux, cette cité se nommerait Nicopolis, — « la ville de la victoire ». Aristandre prit les augures et les déclara tous favorables. On rassembla, par les hérauts, les peuplades de la contrée, qui semblèrent heureuses d'avoir une demeure fixe. Un certain nombre de prisonniers fut même délivré pour le joyeux avènement de Nicopolis. Les veuves sauvées de la mort, affluèrent. Les soldats, changés derechef en défricheurs, en carriers et en maçons, traçaient les rues et posaient les assises des édifices, d'après les plans de Dinarque, en compagnie des Gètes et des Triballes. Pyrgotèle cisela une monnaie du dieu Hémus, nu, assis sur un rocher d'où s'échappait une biche, poursuivie par un chien, son bras gauche appuyé à un arbre et sa main droite posée sur sa tête, dans cette pose que les sculpteurs donnaient souvent à Bacchus. Le graveur expliqua que c'était un geste d'amour et de volupté. La biche n'était pas seulement une allusion à la biche d'Hercule : elle témoignait que ces plaines et ces montagnes étaient très giboyeuses. Alexandre, avec un arc, ne manquait jamais son but, et Philippe visait aussi juste, de son œil unique.

Les relations nouées avec Syrmus, étaient un succès pour le roi de Macédoine, car les Triballes n'avaient pas, en Grèce, bonne renommée. Aristophane s'était moqué d'un dieu triballe, qui parle charabia. Démosthène, en plaidant *Contre Conon,* accusait ce citoyen, homonyme du fameux général, d'avoir, lorsqu'il était tout jeune, rassemblé ses camarades en une association dite des Triballes, où régnaient le larcin, le parjure, le sacrilège et les mœurs les plus grossières : ils allaient jusqu'à ramasser, pour s'en régaler, les testicules de porcs destinés à purifier les assemblées du peuple. Aristote enfin, discourant à Miéza de dialectique et de logique, sur ce qui est possible et impossible, beau ou laid, absolu ou relatif, avait fait allusion en ces termes à une horrible coutume des Triballes : « Il est beau, chez eux, de tuer son père, mais ce n'est pas beau absolument. »

Quand on se fut remis en route, on ne tarda pas à constater qu'une fraction de ce peuple, non soumise à Syrmus et vivant chez les Thraces qu'on appelait libres, parce qu'ils n'avaient pas de roi, avait préparé une embuscade dans un défilé, situé entre le mont Hémus et le mont Orbèle. Philippe, rassuré par son traité avec Syrmus, n'avait pas suivi les mêmes précautions au retour qu'à l'aller. Ces Triballes avaient occupé tous les points stratégiques et envoyé à Philippe des messagers lui signifier qu'ils ne le laisseraient passer que s'il leur livrait une partie du butin. Le roi commanda de s'arrêter pour avoir l'air de délibérer, mais, en réalité, pour se préparer à l'attaque : il ne pouvait laisser rançonner le vainqueur des Gètes. Des mercenaires grecs, qui n'avaient rien eu du butin, car la règle était de leur payer seulement leur solde, sauf gratification finale, en profitèrent pour élever la voix en se disant prêts à soutenir les Triballes. Lorsqu'on vint avertir Philippe de cette menace de mutinerie, Alexandre admira de nouveau son sang-froid. Au lieu que, lui, il aurait ordonné de se jeter sur les mercenaires, les lances en avant, comme sur des traîtres (il aurait voulu avoir des fouets pour dompter leur révolte, comme les Scythes s'en étaient servis jadis pour dompter celle de leurs esclaves, sans employer les armes), le roi ne se troublait pas. Il chargea Euryloque d'apaiser les mutins, mais ceux-ci repoussèrent le général en brandissant leurs armes et sa garde tua deux ou trois des plus excités. Une mêlée se produisit. Les Macédoniens semblèrent tout à coup en péril, à la fois au-dedans et au-dehors. Les Triballes, en effet, excités par le concours inattendu de ces mercenaires, se mirent à lancer des flèches et des javelots sur la garde de Philippe. Il y eut des victimes. Un javelot frappa le roi à la cuisse droite avec une telle force qu'elle fut traversée et son cheval tué sous lui. Dans la chute, il se luxa la main droite et se fractura la main gauche. Alexandre accourut le protéger de son bouclier, où plusieurs flèches s'enfoncèrent. Il tua plusieurs mercenaires et, aidé de son escadron, mit le reste en fuite. A la faveur du tumulte, les Triballes, dévalant de leurs positions, s'étaient emparés d'esclaves, de bagages et de troupeaux. Comme ils ne désiraient rien d'autre, ils avaient, aussitôt après, disparu dans des vallées impénétrables.

Les mercenaires, jetant des cris de douleur, implorèrent leur pardon. Philippe le leur accorda. C'était peut-être grâce à la présence d'Alexandre, aussi prompt à la colère qu'à la générosité. Le spectacle de cette cuisse gravement blessée, dont les nerfs avaient été tranchés, lui prouvait qu'il n'aimait pas seulement sa mère, Ephestion et son cheval. Le courage de ce père si voluptueux le touchait : Critobule avait enlevé le javelot sans provoquer un gémissement. Le roi avait été digne de son ancêtre Hercule, à qui Sophocle prête ces mots, quand la tunique de Nessus le brûle de ses poisons : « O mon âme dure, fournis-moi — Un crampon d'acier bien scellé, — Arrête le cri. »

« Ne triomphe pas avec ta théorie contre l'absolu, Anaxarque, dit

Alexandre au philosophe la victoire du Danube a failli être relative
— Que les dieux m'anéantissent, s'écria l'Athéritain, si je pouvais triompher aux dépens de ceux que j'aime et que j'admire ! Le monde de l'opinion
devient, sous un chef comme ton père et un chef comme toi, le monde de
l'absolu. » Il ajouta, en souriant, que la manière absolue dont le roi bravait
la douleur, faisait pourtant l'éloge du relatif.

Philippe demanda au médecin s'il ne lui resterait pas une claudication.
Critobule ne lui cacha pas la vérité : on ne pouvait recoudre un nerf. « Quel
succès pour Démosthène ! dit le roi. Quand il saura que je suis boiteux, il
annoncera la fin de la Macédoine. — Père, dit Alexandre, ne regrette pas
une blessure qui, à chaque pas que tu feras, te rappellera une expédition où
tu as vaincu des peuples redoutables et fondé deux villes aux confins du
monde grec. »

Le pillage du butin avait épargné les armes prises aux Mædes, aux
Gètes et aux Scythes, les arbres du Rhodope et de l'Hémus, symboles
d'amitié ou de conquête, les urnes renfermant les cendres des morts et le
sarcophage de porphyre. On brûla et l'on mit dans d'autres urnes les
dépouilles des soldats tués par les Triballes et celles des mercenaires tués
par Alexandre : c'étaient les victimes du sort. Aristandre, pour purifier
l'armée que la révolte avait souillée, égorgea une chienne, en suivant le rite
habituel. Philippe, porté sur une civière, conduisit la procession.

Ensuite, comme il était incapable de se tenir à cheval, il s'installa à
bord d'un chariot, la main et la cuisse solidement bandées. On y avait mis,
outre des coussins, un dais de lin pourpre. Au regard de la fermeté
héroïque de Philippe, on avait le spectacle bouffon de la feinte douleur de
Clisophe. Il se déclarait blessé par une flèche qui n'avait pas provoqué
d'effusion de sang, ce qu'il assurait plus grave. Il se mit à boiter. On dut lui
bander la cuisse et l'allonger sur le char du roi.

Ce n'est pas sans difficultés que celui-ci avait accepté ce véhicule :
l'oracle de Trophonius, à Lébadée ou Livadia en Béotie, qu'il avait
consulté dans sa jeunesse, lui avait dit de « se méfier du char ». Non loin de
Tanagra, en Béotie, une localité portait le nom de Char, et il disait que,
durant son séjour à Thèbes, il y avait fait une dangereuse chute de cheval.
L'échec de son char aux jeux Olympiques de l'été dernier, lui avait
confirmé cette prédiction.

Trophonius et son frère Agamède, fils d'un roi d'Orchomène, ou,
selon certains, fils d'Apollon, étaient les seuls architectes élevés à la dignité
de héros et dans d'étranges circonstances. Ils bâtirent le palais d'Alcmène à
Thèbes, le temple d'Apollon à Delphes, un temple de Neptune près de
Mantinée en Arcadie et le célèbre trésor du roi béotien Hyriée, fils de
Neptune, fondateur d'Hyria, près de Tanagra. Ils avaient disposé une
pierre de ce dernier édifice de telle sorte qu'en la déplaçant, ils pouvaient
entrer dans la salle où le roi avait enfermé ses richesses et y puiser à loisir.

Hyriée, s'en étant aperçu, mit un piège qui fut fatal à Agamède. Pour ne pas être accusé, Trophonius coupa la tête de son frère et l'emporta. La terre s'ouvrit et engloutit le fratricide, à l'endroit qui fut appelé depuis lors l'antre de Trophonius. On ignorait à la suite de quelle métamorphose ce personnage était devenu un prophète, connu dans le monde entier. Crésus le fit interroger et, durant l'invasion de Xerxès, un envoyé de Mardonius également. Cet oracle était fameux pour avoir annoncé aux Béotiens la victoire de Leuctres.

Philippe décrivit à Alexandre la consultation. Il fallait passer quelques jours dans la chapelle du Bon Génie et de la Bonne Fortune, au centre d'un bois sacré. Puis, on se lavait dans un ruisseau, on offrait six sacrifices ; quand les entrailles des victimes n'étaient pas favorables, on immolait un bélier noir sur la tombe d'Agamède, et on se lavait de nouveau dans le même ruisseau. Ensuite, deux garçons de treize ans vous frottaient d'huile de la tête aux pieds. Vous buviez à la fontaine d'Oubli et à la fontaine de Mémoire ; vous priiez devant la statue de Trophonius, œuvre de Dédale ; vous revêtiez une longue robe de pourpre. Les garçons vous menaient en bas d'un immense rocher ; vous descendiez dans une étroite ouverture ; on vous glissait dans une autre, les jambes en avant, un gâteau de miel à la main, et vous étiez attiré par un tourbillon, qui vous faisait parcourir à toute vitesse une galerie, au fond de laquelle une voix prononçait l'oracle. Aussitôt après, vous receviez un coup sur la tête, dont vous restiez un moment évanoui. Le même tourbillon vous ramenait en arrière, toujours les pieds en avant. Au-dehors, vous restiez hébété plusieurs heures et parfois, mélancolique pour la vie, ce qui n'était pas arrivé à Philippe ni sans doute à Xuthus, époux de Créuse, qui, dans l'*Ion* d'Euripide, est allé consulter cet oracle avant de se rendre à Delphes.

Critobule raconta de quelle manière on consultait un autre oracle, situé près d'Orope en Attique, et qui avait rapport au Char de Béotie. Le héros argien, Amphiaraüs, fils d'Apollon et l'un des Argonautes, avait été également l'un des sept chefs de la guerre contre Thèbes. Jupiter ouvrit la terre, pour qu'il ne fût pas tué, et l'engloutit avec son char, son cocher Baton et ses chevaux, en ce lieu qui reçut depuis le nom de Char. Le devin sortit ensuite de terre, entre Psaphis et Orope, pour y fonder un sanctuaire prophétique. Il prédit la mort de Mardonius. On l'invoquait surtout comme dieu guérisseur et, de la même façon qu'Esculape, il indiquait en songe les remèdes à ceux qui dormaient sous son portique, couchés sur la peau d'un bélier noir qu'ils avaient sacrifié. On devait s'être abstenu de nourriture durant un jour et de vin durant trois. Après la consultation, le visiteur jetait une pièce d'or dans la source sacrée par où Amphiaraüs était revenu à la lumière. Critobule avait recueilli d'Amphiaraüs de précieuses recettes, comparables à celles qu'il avait obtenues d'Esculape lui-même, en ses temples de Tricca en Thessalie et d'Epidaure en Argolide.

Philippe surveillait la route, avec autant d'attention que s'il eût été sur le char de Trophonius. Il ne franchit plus aucun défilé de cette région montagneuse sans que des éclaireurs eussent prévenu tout guet-apens. Lui qui, à cause de la prédiction, n'avait jamais pris place sur un char, même pour célébrer ses triomphes, être tué d'une flèche ou d'un javelot sur un chariot ! Il dit que, si cela lui arrivait, son âme serait descendue en courroux aux enfers. « O roi, s'écria Clisophe, tu as entre les cuisses un javelot qui fait monter dans l'Olympe ceux que tu perces. »

Au passage des défilés, Alexandre, confiant Bucéphale à Peuceste ou à Polydamas, s'asseyait auprès de son père pour conjurer le sort par sa présence, comme il l'avait conjuré par son bouclier. De même, Attale, Euryloque, Antipater, Ephestion, les deux Pausanias, Anaxarque, se relayaient pour délasser le roi des soupirs ou des plaisanteries de Clisophe, lorsque Alexandre se remettait à chevaucher. Critobule était au fond du chariot, prêt à resserrer les bandages qui se relâchaient aux cahots de la route, ou à donner au roi quelque calmant si la douleur était trop cruelle ; on s'en apercevait aux contractions de ses épaules, car rien ne lui aurait arraché une plainte. La fracture de la main gauche était soignée par de la cire mêlée à de la cendre de cuisse de mouton ; la luxation de la main droite, par un liniment de suif de mouton et de cendre de cheveux de femme. Pour la grave blessure de la cuisse, l'hémorragie avait résisté à la bourre d'âne, mais avait cédé à l'application d'un foie de bouc coupé en deux.

« C'est une bonne occasion pour faire des lectures », dit Philippe à Alexandre. Lui non plus ne voyageait jamais ou n'allait jamais en guerre sans emporter quelques manuscrits de ses auteurs favoris, en plus des textes d'Isocrate dont il avait parlé. Hésiode était pour lui comme Homère pour Alexandre, mais il ne se piquait pas de savoir par cœur les mille vingt-deux vers de la *Théogonie,* dont il estimait l'intérêt mineur, malgré l'auguste sujet, ni les huit cent vingt-huit de *Travaux et Jours,* qu'il appréciait ; en revanche, il aurait pu réciter à la file les quatre cent quatre-vingts du *Bouclier d'Hercule.* Il aimait ces mots qui traduisaient la tendresse de son ancêtre pour Iolas : « Héros, ô Iolas, de beaucoup le plus cher des mortels... »

Comme Alexandre n'était pas sensible à la beauté des poèmes du rival rustique d'Homère, le roi lui fit retirer de sa cassette, où étaient les émeraudes des Scythes, les tablettes d'Isocrate. « Le vieil orateur a raison, mille fois raison, dit-il. L'état où je suis réduit, m'invite à me souvenir de son conseil : « renoncer aux guerres obscures et difficiles ». Nous ne combattrons plus que les Athéniens, s'ils nous y obligent, et ensuite, les Perses. »

Alexandre lut à haute voix certains passages du long *Discours à Philippe :* « Considère combien il est honteux de laisser, d'une part, l'Asie plus heureuse que l'Europe et les barbares plus riches que les Grecs, les héritiers du pouvoir de Cyrus, que sa mère abandonna sur une route, se faire appeler grands rois et les descendants d'Hercule, que son père mit au nombre des dieux pour sa vertu, recevoir un titre plus modeste. » « Je me réjouis de ces paroles, dit Alexandre, mais ne crois-tu pas assez amusante l'idée d'Isocrate qu'aucun peuple ne doive être plus riche que les Grecs ? — Il se montre bon Athénien par cette étrange prétention, dit Philippe. Ses compatriotes sont persuadés d'être une race supérieure. Avec quel mépris ils ont parlé et parlent encore des Perses, aussi bien que des autres peuples de l'Asie, de l'Afrique ou de l'Europe ! » Anaxarque demanda une exception pour l'Asie en faveur d'Eschyle. Alexandre fit observer que ce poète n'avait pas toujours parlé de « la sainte Asie », puisque, par la bouche même d'Atossa, mère de Xerxès, il la fait qualifier de barbare. En louant Homère de n'avoir jamais employé ce mot, le fils de Philippe rouvrit une discussion qui lui était chère.

« Ce terme de barbare, désignant un peuple comme celui des Perses, je ne peux plus l'entendre sérieusement, dit-il. Tout ce que nous savons de leur civilisation, tout ce que tant de Grecs même en ont vu, nous défend de les appeler de la sorte, sous prétexte qu'ils ne parlent pas grec. Des barbares, ce sont les Gètes, les Scythes, les Triballes et, je le dis tout bas à cause d'Anaxarque, une partie des Thraces. Par conséquent, nous en avons fini avec les barbares. Nous allons mettre en balance, par la force des armes, la civilisation grecque et la civilisation perse. Hercule sera d'un côté, mais Persée sera de l'autre. Il faut que nous les ayons tous les deux pour nous. Déjà nous rendons hommage à Persée en ayant la tête de Méduse ciselée sur nos cuirasses. Pour nous le concilier, nous ferons jouer cet hiver l'*Andromède,* de Sophocle et celle d'Euripide, qui lui sont consacrées. — Ah ! dit Philippe en riant malgré sa douleur, tu es vraiment l'homme des Muses : tu crois à l'irrésistibilité de la littérature. — C'est une croyance que je tiens de toi, dit Alexandre. Tu as conquis, malgré eux, les Athéniens par l'élégance de ton langage et par les ornements de ton esprit, c'est-à-dire par la littérature. Sans elle, les dieux eux-mêmes n'existeraient pas. »

Reprenant le *Discours,* Alexandre jugea Isocrate bien modeste de conseiller à Philippe, si son intention n'était pas d'anéantir la royauté perse, de se contenter de couper l'Asie mineure sur une ligne allant de Sinope, la patrie de Diogène, à la Cilicie. Alexandre avait pour formule : « Tout ou rien. »

Il lut un autre passage d'une voix vibrante, comme si c'était à lui que l'orateur se fût adressé, mais ce qui parlait d'immortalité, le concernait et c'est pour cela qu'il aimait les dieux. « Ce n'est pas pour avoir considéré de telles conquêtes, que je te fais mon discours, mais dans la persuasion où je suis qu'elles te vaudront la plus grande et la plus belle gloire. Songe que nous avons tous un corps mortel, mais que, par l'éloge, les panégyriques, la renommée et le souvenir qui nous suit à travers le temps, nous participons à l'immortalité, qui mérite d'être recherchée, autant que nous en sommes capables et quoi que nous ayons à souffrir. » Alexandre répéta ces derniers mots en touchant doucement la cuisse blessée de son père.

Il continua sa lecture en silence, puis en commenta quelques phrases : « Comment ne serais-je pas jaloux de toi, dit-il, quand Isocrate déclare que tu es « plus puissant que ne l'a jamais été personne en Europe » et que « nul autre ne pourra jamais faire plus que toi », car « il n'y a pas d'apparence que le pouvoir des barbares se rétablisse, une fois que tu l'auras détruit » ? — Nous serons deux à le détruire, dit Philippe, avec l'aide d'Hercule et de Persée. Maintenant que nous avons vaincu les vrais barbares de l'est, il faut nous préparer à vaincre les faux barbares du sud-est et, pour cela, nous imposer aux Athéniens. J'ai un plan dans ma tête pour faire plier ces derniers par la menace, et je le discuterai à Pella avec Parménion. — Crois-tu le plus jeune de tes généraux incapable de le discuter ? dit Alexandre, offensé. — O mon fils, dit le roi, je t'estime, à seize ans, un autre Parménion, mais la connaissance des lieux est indispensable pour expliquer ma stratégie. En tout cas, voici les grandes lignes de ce plan : je veux m'avancer derechef avec toutes mes forces jusqu'aux Thermopyles, où nous avons déjà une garnison à Nicée. Une nouvelle guerre sacrée, que je serai chargé de mener à bien par la confédération des peuples voisins, me fournira ce prétexte. Eumène m'a écrit, pendant que tu étais à Maronée, que les Locriens Ozoles d'Amphissa ont occupé les terres d'Apollon à Cirrha, près de Crisa, le port de Delphes. Je suis le vengeur attitré du dieu et, pour aller en Locride Ozole, il faut traverser la Béotie. — Par Hercule, s'écria Alexandre enthousiasmé, ton plan est le même que m'a exposé Parménion et qu'il veut te soumettre. C'est la preuve que le dieu vous a inspirés : les détails que tu viens de me donner, le confirment. Nous nous mesurerons enfin avec les Athéniens. La colonne du traité d'alliance sera replantée par nous sur leur citadelle. »

Puisqu'on parlait des Athéniens, le roi fit chercher dans sa cassette le texte du décret de Byzance et de Périnthe, que l'on avait eu par un ami de Python : « Attendu que le peuple athénien..., quand Philippe de Macédoine portait la guerre sur notre territoire et contre nos villes, pour arracher nos peuples à leurs foyers, brûlant le pays et coupant les arbres,... nous a tirés d'un grand péril, nous a conservé le gouvernement de nos pères, nos lois, nos tombeaux, le peuple de Byzance et celui de Périnthe accordent aux Athéniens le droit de mariage et de cité, d'acquérir terres et maisons, la préséance aux jeux, l'entrée au conseil et à l'assemblée immédiatement après les sacrifices, et, à ceux qui voudraient habiter la ville, l'exemption de toutes charges publiques. Le peuple de Périnthe et celui de Byzance érigeront sur le Bosphore trois statues, hautes de huit mètres, représentant le Peuple d'Athènes, couronné par ceux de Byzance et de Périnthe Ils enverront des ambassades aux solennités de la Grèce, aux jeux Isthmiques, Néméens, Olympiques et Pythiques, pour proclamer les couronnes décernées à la nation athénienne. » « Ils s'en font accroire, dit Alexandre : Périnthe et Byzance n'enverront pas d'ambassade nous insulter aux jeux Pythiens. — Oui, certes, par Hercule ! dit Philippe. Sinon je leur ferai rentrer les mots dans la gorge. Mais tu devines l'effet que de telles phrases ont pu produire sur les Athéniens. D'autres villes de la Chersonèse, — Sestos, Madytos, Eléonte, Alopéconèse, — ont rivalisé de gratitude avec Périnthe et avec Byzance envers la patrie de Démosthène. Elles se sont cotisées pour offrir aux Athéniens une couronne d'or de dix kilos et élever un autel à la Reconnaissance et au Peuple athénien qui leur a rendu « leur patrie, leurs lois, leur liberté, leurs lieux sacrés ». — Sois tranquille, ô roi, dit Anaxarque, tu auras repris aux Chersonites toutes ces villes avant qu'ils aient fait faire la couronne et l'autel. »

L'armée était maintenant en Macédoine. On arriva à Héraclée, sur les hauteurs de la Thrace occidentale. Située à l'extrémité nord de la vallée du Strymon, cette ville avait été fondée par Philippe, qui lui avait donné le nom de son glorieux ancêtre. Pour la distinguer des autres Héraclées, on lui ajoutait l'épithète de Sintique, la tribu de cette région étant celle des Sintiens. Alexandre cita l'expression d'Homère sur « les Sintiens au parler sauvage », mais non pas barbare. Il était le répertoire vivant de tous les noms de *l'Odyssée* et de *l'Iliade*. Philippe fut reçu triomphalement par cette cité prospère, qui lui devait l'existence. Déjà guéri des deux mains, il put, pour son entrée, se tenir à cheval, bravant toujours la douleur.

Plus loin, une autre ville, Scotusse, non moins prospère, était la capitale des Odomantes, ralliés à Philippe dès le début de son règne et dont Alexandre avait traversé le territoire dans la plaine. Puis, ce fut Siris, en Péonie, où Xerxès avait laissé jadis les juments sacrées et le char du Soleil, qu'il ne trouva plus à son retour d'Athènes : les habitants dirent au grand roi que les Thraces du haut Strymon les leur avaient enlevées. Sous Darius, Mégabaze avait, par son ordre, transféré en Perse une partie des Péoniens de la région de Siris, avec leurs femmes, leurs enfants et leurs chevaux.

La plaine du Strymon se déroulait entre le mont Rhodope à l'est et les monts Orbèle et Dysore à l'ouest. On apercevait, de ce côté, les mines d'argent du mont Dysore, qui avaient permis au roi Alexandre de frapper les premières monnaies d'argent de la Macédoine. Comme le fils de Philippe était curieux de visiter les mines d'or du Pangée, le roi, dont l'état s'améliorait de jour en jour, fit quitter la vallée du Strymon pour gagner Drabesque, au nord de cette montagne. Cette ville rappelait à Alexandre la victoire des Thraces sur les Athéniens, dont il avait vu le tombeau à Athènes. On traversa d'abord le pays des Satres, contigu à celui des Besses. L'oracle de Bacchus et la ville de Libèthres, d'où les Muses avaient gagné la Grèce, étaient trop loin pour que l'on s'y rendît en cette saison : la première neige apparaissait. De même ne pourrait-on aller à Philippes, qui était à l'autre extrémité orientale du Pangée. On put voir les haras qui avaient appartenu à un fameux éleveur, Lampus, et qui avaient alimenté la cavalerie de Philippe. Ce nom de Lampus plaisait à Alexandre, parce que c'était, dans Homère, celui d'un cheval de l'Aurore et du cheval d'Hector.

Aux mines du Pangée, on assista à la sortie des ouvriers, qui n'étaient pas tous des esclaves. Le surveillant, assis près d'un grand pot de saindoux, y trempait un doigt qu'il leur introduisait dans le fondement pour s'assurer qu'ils n'y avaient pas fourré de l'or ou des diamants. Puis, il les faisait cracher, ce qui permettait de constater s'ils en avaient dans la bouche. Aux suspects, il mettait le doigt au fond du gosier pour les faire vomir ; à l'un d'eux, il administra un purgatif à l'ellébore afin d'inspecter ses excréments. Ce purgatif, qui tordait les boyaux, était redouté des mineurs. Toutes ces précautions amusèrent Alexandre. Elles lui rappelaient celles que l'on prenait, dans beaucoup de maisons grecques, à l'égard des esclaves, pour les empêcher de manger en dehors des repas : on leur mettait une muselière ou, quand ils faisaient le pain ou de la pâtisserie, un carcan plus grand que la longueur de leur bras.

En même temps que sortaient ces mineurs, dûment sondés, d'autres entraient pour les remplacer. Le travail ne s'arrêtait jamais à l'intérieur des galeries ; ou bien on en creusait de nouvelles, ou bien on suivait les filons, ou bien on consolidait les piliers des voûtes. La prudence avec laquelle on avançait, à la clarté des lampes à huile, rendait les accidents assez rares et encourageait les travailleurs. Ils étaient aussi reconnaissants à Philippe d'avoir amélioré le mode d'éclairage : jusqu'à lui, ils avaient une torche ficelée au front. C'est lui également qui avait supprimé les chaînes qu'on attachait à leurs pieds et les coups de fouet par lesquels on les incitait au travail.

Alexandre voulut explorer une de ces galeries. L'intendant qui le guidait, lui indiqua la manière de rompre les barrières de silex qui empêchaient de progresser : jadis, on utilisait du vinaigre, mais les exhalaisons tuaient souvent les ouvriers. C'était encore une réforme de Philippe de faire briser ces barrières en fragments d'une trentaine de kilos, qu'ils se passaient de main en main. L'intendant montra des galeries abandonnées depuis d'innombrables siècles, et d'où avaient dû sortir l'or et les diamants de Cadmus. C'est en effet, ce fils du roi de Tyr et de Sidon qui, à la recherche de sa sœur Europe, aborda en Thrace et exploita ces mines le premier, avant d'aller fonder Thèbes. Quand Alexandre fut arrivé à une équipe qui creusait un filon, il vit, dans ces hommes noirs, enfoncés sous la terre, à la fois l'image des cyclopes forgeant les instruments de sa puissance, et la contrepartie de ces superbes pièces d'or, toutes neuves, que renfermait le trésor de Pella ou que Pyrgotèle avait frappées à Philippopolis et à Nicopolis.

Il regarda ensuite comment on traitait le métal extrait, qui était souvent mêlé à de l'argent. Après avoir battu et lavé la gangue, on la triturait dans un mortier, on la brûlait dans un fourneau échauffé par un soufflet et l'on en retirait l'argent. La scorie d'or subissait un second battage et une seconde épreuve du feu. L'éclat de cet or, au sortir du creuset, était infiniment plus vif que celui des pièces et illustra encore mieux à Alexandre les mots de Pindare : « ... L'or étincelant, qui brille — Comme le feu dans la nuit... » Un phénomène de ces mines avait été raconté par Philippe à Aristote, qui l'avait consigné dans ses *Histoires merveilleuses :* des minerais, jetés au rebut, se transformaient peu à peu en or. Alexandre regarda ensuite extraire un diamant d'une gangue diamantifère : il le donna à Ephestion.

Pour répondre à sa demande sur les lions du Pangée, l'intendant lui montra un antre de la montagne, où il y en avait eu un couple, quelques années auparavant. Ce lion et cette lionne, peut-être les derniers de leur espèce, y étaient morts de vieillesse, respectés par les gens du pays, comme les héros d'une histoire vraiment merveilleuse. Une ourse, qui avait égorgé leurs lionceaux, s'était réfugiée sur un arbre. Le lion, laissant la lionne faire le guet, se met à la recherche d'un bûcheron, le trouve, prend entre ses dents la cognée que celui-ci a jetée pour s'enfuir, le rattrape, le caresse, et le dirige vers l'arbre, en lui faisant deviner ce qu'il veut. Lorsque l'arbre eut été abattu et que le lion et la lionne eurent mis l'ourse en lambeaux, ils raccompagnèrent le bûcheron à son foyer en lui léchant les mains.

A Eion, la saison ne se prêtait plus aux bains de mer. Le gouverneur du port instruisit Philippe de nouvelles intéressantes, qui n'avaient pu encore lui parvenir. La flotte de Phocion avait quitté Byzance, après le départ de l'armée du roi, et les Athéniens, au passage, avaient pillé le plat pays de la Thrace macédonienne. Mais, à Abdère, Phocion avait été blessé, ce qui l'avait obligé à se rembarquer pour Athènes. Philippe envoya un messager féliciter le gouverneur d'Abdère. Anaxarque exultait que sa ville natale eût repoussé Phocion.

Pendant que l'armée se reposait, le roi alla inspecter les fortifications d'Amphipolis. C'est là qu'il avait installé un des ateliers monétaires du royaume. Avec Alexandre, Ephestion et les principaux officiers, il gagna cette ville qui dominait la basse vallée du Strymon, dans une situation magnifique. Il craignait que les Athéniens, si la guerre se déclarait, ne fussent tentés d'y faire un coup de main. Ils étaient, en effet, inconsolables d'avoir perdu cette colonie qu'il leur avait enlevée et qui servait d'argument perpétuel aux attaques de Démosthène. Elle était, non seulement la clé de la Thrace et de la Macédoine, mais celle des trésors du Pangée. Le roi ordonna de renforcer l'enceinte, là où elle offrait des points faibles.

Indigné de ces actes d'hostilité contre son territoire, Philippe ne se félicitait pas moins de voir la guerre se rapprocher. Mais, selon son habitude, il voulut d'abord endormir l'adversaire, pour mieux préparer la riposte.

Il envoya Python par mer à Athènes, avec mission de déclarer, dans l'assemblée du peuple, qu'il ne nourrissait aucune animosité contre les Athéniens, qu'il oubliait l'injure faite à la colonne du traité sur la citadelle et les pillages de Phocion, qu'il avait levé le siège de Byzance en signe d'apaisement, qu'il avait battu les Gètes et mis les Scythes en fuite pour la défense du nom grec et qu'il demandait la continuation de la paix entre son royaume et l'illustre république.

Il honora la statue du peintre Pamphile, qui était sur la place d'Amphipolis, et il immola un taureau à Diane Taurique, dont le temple, décoré de fresques par cet artiste de Sicyone, était célèbre. Le surnom de la déesse évoquait pour Alexandre la Tauride et la tragédie d'Euripide. La statue de Diane avait un grand croissant de lune attaché à ses épaules, une tiare cylindrique sur la tête, une longue torche dans une main et son épieu de chasseresse dans l'autre. Le roi et Alexandre lui consacrèrent plusieurs peaux de renards. On frappa une monnaie en l'honneur de cette visite. Pyrgotèle en modifia légèrement le coin, pour rendre le profil d'Apollon plus ressemblant à Philippe, malgré l'absence de barbe.

L'écrivain Antiphane de Bergé, capitale d'une tribu des Bisaltes et voisine d'Amphipolis, vint se présenter à l'auguste visiteur. Homonyme du jeune poète comique de Smyrne, dont les pièces avaient grand succès à Athènes, les Muses ne lui avaient encore inspiré qu'un recueil d'*Histoires merveilleuses,* où figurait celle du lion et de la lionne du mont Pangée. Il fut flatté de savoir qu'il avait donné à Aristote l'idée d'un recueil analogue.

Philippe fut encore plus sensible à un autre hommage : celui de Démètre d'Amphipolis, disciple de Platon et connaissance d'Anaxarque. Le roi lui dit que, grâce à lui, la Diane locale tenait désormais le flambeau de la philosophie. Mais Alexandre, qui avait des sentiments fraternels à l'égard de ses compagnons, fut surtout heureux de visiter les familles de Néarque, de Laomédon et d'Androsthène, qui étaient Amphipolitains.

Une chasse aux oiseaux fut organisée sur les rives du Strymon. Des garçons lancèrent, près d'une cannaie, des faucons et des milans apprivoisés, frappèrent les roseaux avec des bâtons et levèrent ainsi des nuées de volatiles, que ces rapaces obligeaient à tomber à terre, où les chasseurs les assommaient. Ce massacre divertit Alexandre et Ephestion, plus que Philippe qui avait aimé chasser l'aurochs ou taureau sauvage dans ces mêmes régions, mais qui en aurait été aujourd'hui incapable. Il décrivit une scène dont il avait été témoin cette année, lorsqu'il s'était arrêté pour chasser en allant à Byzance, et qui pouvait faire partie des *Histoires merveilleuses.* Un aigle doré s'était abattu sur l'un de ces taureaux gigantesques, l'avait becqueté jusqu'à le rendre furieux, attiré vers un précipice en volant au-devant de lui, empêché de voir le danger en étendant ses ailes et, quand l'animal s'était tué en tombant au fond, dépecé à loisir en commençant par les testicules. Aristandre, qui écoutait ce récit, ne fit sur le moment aucune réflexion ; il dit ensuite à Alexandre, sous le sceau du secret, que c'était un présage sinistre pour l'avenir du roi, et lié à ses amours.

L'entrée de l'armée à Pella fut un beau spectacle, mais attristé par la vue des urnes funèbres sur les chariots qui étaient en tête. Ce retour des guerres illustrait les vers de l'*Agamemnon* d'Eschyle : « Au lieu des hommes, — Les urnes et les cendres seront aux demeures de chacun. » Si ce n'était « aux demeures de chacun », ce serait aux demeures de près de deux cents Macédoniens : Philippe avait perdu pas mal de soldats en Thrace par une épidémie de dysenterie, que Critobule avait enrayée avec de la racine de carotte ou de consoude et du lait de truie.

Suivaient, allongés sur d'autres chariots, les blessés moins heureusement guéris que le roi : celui-ci était à cheval. Il reparaissait dans sa capitale derrière le drapeau de son fils. Quand il fallut l'aider pour descendre de monture, on s'aperçut qu'il boitait : il prouvait que les coups n'avaient pas été seulement pour ses soldats. Les familles bénissaient Alexandre, dans l'armée de qui les pertes avaient été les moindres, et qui avait vaincu les Mædes. Parménion était allé au-devant des troupes, avec Eumène et le grave Léonidas, qui avait embrassé Alexandre et Ephestion.

L'usage était, à Pella, de ne pas livrer les urnes aux familles et de les ranger sous une tente dressée au milieu de la place, comme pour un deuil public. Les parents des morts y déposèrent des bandelettes, des couronnes, des guirlandes et des vases funéraires en terre cuite. Ces urnes resteraient là pendant quelques jours, puis seraient enfermées dans des cercueils de cyprès, que recevrait un monument collectif. Cette cérémonie solennelle terminerait celle du triomphe. Alexandre, pour marquer qu'il revenait sain et sauf de ses premiers combats, s'était prosterné avec Ephestion sur le seuil du palais, comme Oreste et Pylade dans Sophocle, « devant les statues paternelles des dieux — Qui habitent le portique ».

Si Olympias avait débordé de tendresse dans sa rencontre avec Alexandre, elle avait été froide envers Philippe. Il est vrai qu'avertie de sa visite à Méda, elle lui avait demandé s'il était allé se fabriquer un autre héritier dans le Rhodope. Philippe avait dit qu'elle devait plutôt se réjouir du projet de mariage de leur fille Cléopâtre avec son frère, Alexandre Molosse, — projet qu'Alexandre avait annoncé de Byzance à sa mère. Le roi avait rompu l'entretien afin d'esquiver un autre orage à propos de la nièce d'Attale.

Au demeurant, Olympias était heureuse de l'effet produit par la pierre d'Orphée qui avait accru le courage d'Alexandre, et par la branche de corail qui l'avait protégé. Elle attribuait la nouvelle infirmité du roi aux conjurations qu'elle avait faites pour le punir de songer à se remarier et de la tromper de toutes les façons. Alexandre se garda de lui confier la prédiction d'Aristandre. Elle déclara que Philippe n'avait pas relevé devant elle que leur fils l'eût sauvé de la mort, — elle l'avait su par une autre lettre de ce dernier. Alexandre n'était pas sensible à cette remarque : son accord avec son père était parfait et le meilleur moyen d'éviter ce second mariage dont on n'avait plus reparlé, était, à son avis, de maintenir cet accord.

Il ramena Bucéphale à l'écurie et le couvrait de baisers en lui rendant possession de son domaine : pas une dent de loup de son collier n'avait été perdue le long de cette chevauchée du Lydias au Danube. Il ne le quitta qu'après l'avoir lavé et parfumé. La manière dont Bucéphale dressait le cou en renversant la tête, lorsqu'il le choyait, enchantait Alexandre, parce qu'elle correspondait à la description que fait Xénophon du cheval de parade : Bucéphale était aussi bien créé pour le luxe que pour la guerre.

Aristote, qui était revenu travailler dans la bibliothèque du palais, félicita ses élèves et surtout leur chef de la victoire remportée au lac de Bistonie, ainsi que de la victoire sur les Gètes. Il fut content de voir Anaxarque si bien agrégé à la suite d'Alexandre. Il espérait qu'à la faveur de l'hiver, son école se rouvrirait, à Miéza, où l'on était loin des embarras et des intrigues. Philippe pressa Alexandre de s'y rendre en compagnie de ses amis, dès que les cérémonies du retour auraient eu lieu et avant que la neige eût obstrué les chemins. Pensant que l'année prochaine serait décisive pour son conflit larvé avec Athènes, il l'invitait, en quelque sorte, à aller enterrer ses études.

Apelle avait achevé son tableau *Hercule et Déjanire* ; Lysippe, sa statue d'Achille. Alexandre aurait estimé ridicule de le prier de faire à présent la statue commémorative de sa régence. Léocharès n'avait plus à ajouter que des lauriers à l'effigie du roi destinée au monument d'Olympie, dont la construction avait commencé d'après les dessins de Dinarque. Persée, l'élève d'Apelle, brossait une immense toile pour la fête du triomphe, auquel, tant à la demande de Philippe qu'au cri des deux armées, Alexandre devait être associé. On y voyait, d'un côté, le roi terrassant Athéas, de l'autre, son fils, abattant le prince thrace. La toile serait exposée à l'entrée du palais, puis consacrée dans le temple d'Hercule, comme un symbole de cette double campagne.

Cependant, Vénus aussi attendait Alexandre, en la personne de Campaspe. La statuette d'or de la déesse avait retrouvé son poste, et la jolie Thessalienne retrouva le sien. Le roi, qui l'avait aperçue, dit à son fils qu'il la lui enviait. Elle s'était épanouie en ces trois mois et plus de séparation. Toutes les semences de volupté qui avaient été jetées en elle, n'avaient produit que des lys et des roses Alexandre lui fit honneur de sa première nuit ; mais la seconde, Ephestion et lui se la partagèrent voluptueusement, comme l'autre fois.

Le jour du triomphe, — cérémonie rare en Grèce et que le roi, instruit par Python, imitait des Italiens, — Philippe et Alexandre, en robe de pourpre bordée d'or, une couronne de laurier d'or sur la tête, offrirent, devant les trois autels du palais, un premier sacrifice de trois bœufs blancs. Étaient présents les généraux, Olympias, Cléopâtre, Arrhidée, Aristote, les trois grands artistes, Eumène, Léonidas. Tous avaient à la main une branche de laurier, sauf Philippe, qui tenait son sceptre d'ivoire, surmonté d'une aigle d'or. Timothée, Dorion et leurs compagnons jouaient de la flûte. A la fin, on appela les soldats qui s'étaient le plus distingués et Philippe leur remit des récompenses.

Puis, le cortège se forma, précédé par les joueurs de flûte, que conduisait Timothée, et les joueurs de cithare, que conduisait Aristonique : ces derniers revêtaient le costume antique de leur profession, réservé aux circonstances solennelles, — une robe de pourpre bordée d'or, presque semblable à celle de Philippe et d'Alexandre, — et ils avaient une couronne d'or, enrichie de pierreries. Ainsi honorait-on Apollon Citharède. Ensuite, les victimaires menaient les animaux destinés au grand sacrifice, — des taureaux blancs. Sur des chariots, étaient les emblèmes des peuples vaincus et des villes fondées, pancartes avec les noms d'Alexandropolis, de Philippopolis et de Nicopolis, arbres arrachés au mont Rhodope et au mont Hémus, bustes en bois des dieux fleuves, et l'entassement des armes prises, — casques et boucliers, carquois et épées —, que les cahots faisaient entrechoquer.

D'autres joueurs de flûte précédaient le char où étaient Philippe et Alexandre, côte à côte. Le roi avait dû accepter de ne pas « se méfier du char », car il ne pouvait encore se tenir longtemps à cheval et le défilé durerait plusieurs heures. C'était le char d'Olympie, restauré, auquel on avait suspendu des couronnes de laurier d'or, avec les images des dieux. Les quatre chevaux blancs qui le traînaient, étaient ceux qui auraient gagné la course au bord de l'Alphée, sans la perfidie du cocher de l'Acarnanien : ils aidaient à la célébration d'un triomphe plus considérable que celui des jeux Olympiques. Sous le siège du char, était un phallus, symbole de Bacchus, mais aussi de la virilité des vainqueurs. Philippe guidait avec des rênes de pourpre. Un soldat à pied portait près de lui la massue d'Hercule. Derrière, s'avançaient les cavaliers, la phalange, les enfants royaux, divisés en pelotons, couronnés de laurier et poussant des cris de joie : « Io, io, triomphe ! »

On faisait le tour de la ville avant de revenir au temple de Minerve Alcide, où aurait lieu le grand sacrifice. Les rues étaient tendues de tapisseries et jonchées de feuillage ; les temples ouverts et ornés de festons. L'encens et la myrrhe brûlaient sur les autels. On s'arrêta au temple d'Hercule, à celui de Bacchus, dont on exaltait ce jour-là l'épithète de Maître du triomphe et du dithyrambe, et à la chapelle de Pélée. Olympias, parée du diadème, était sous le portique de cette chapelle, pour révérer son ancêtre.

De retour au temple de la protectrice, Philippe et Alexandre descendirent du char. Lorsqu'ils eurent adressé leur action de grâces, le grand prêtre de Minerve, — c'est un homme qui remplissait cet office à Pella, comme dans d'autres sanctuaires de cette déesse —, immola les animaux. La fête était favorisée par un temps extrêmement doux qu'Aristandre avait prédit, le ciel n'ayant pas été nébuleux au coucher du Chien. Toute la journée, des bateleurs amusèrent le peuple sur les places. Celui qui eut le plus de succès, allait à travers les rues, la tête levée, une longue perche posée sur le front, au bout de laquelle était un balancier, où deux enfants luttaient à coups de poing.

Dans la grande salle du palais, un banquet réunit les principaux personnages. Les plus belles des armes ravies aux Gètes, aux Scythes et aux Mædes, avaient été rangées le long des murs. Thessalus déclama, sur la cithare, les vers d'Alcée : « La vaste demeure resplendit de bronze ; le toit tout entier est décoré par Mars — De casques brillants, d'où pendent de blanches crinières de chevaux, — Ornement de la tête des hommes ; les brillants jambarts d'airain, — Défense contre le trait pénétrant, sont attachés aux clous qu'ils cachent ; — Les corselets de lin neuf et les boucliers creux sont empilés ; — A côté, les glaives de Chalcis, et beaucoup de cottes cuirassées et de casques. — Ce sont des choses qu'on n'oublie pas, dès que l'on en vient au grand œuvre. » Du moins, parmi ces armes, n'y en avait-il pas « de Chalcis » : cette fois, « le grand œuvre » de Philippe n'avait été qu'aux dépens des barbares.

Le lendemain, le roi et son fils remplirent les devoirs funèbres envers les morts de la campagne de Thrace et du Danube. Des chariots amenèrent les urnes et les offrandes au tombeau élevé à ses frais dans le cimetière, près d'une porte de Pella. Sur d'autres chariots, étaient des lits vides, symbolisant le sommeil éternel. Le long du convoi, marchaient les porteurs des torches : ils les secouaient pour en aviver la flamme et purifier l'air, en souvenir du temps où, chez les Macédoniens comme chez les Athéniens, les obsèques n'étaient célébrées que la nuit. Les parents des morts et les pleureuses à gages, une main contre la tête ou les deux mains croisées au-dessus, ou bien se frappant le front et la poitrine avec la paume, poussaient leur cri de douleur : « Hé ! hé ! » En avant, étaient les enfants royaux en tenue de guerre ; à la fin, le roi, Alexandre, leur suite et les joueurs de flûte.

Les cercueils furent déposés dans le monument, couronné d'ache, où étaient gravés les noms, précédés de cette inscription : « Voilà des Macédoniens morts durant la campagne contre les Mædes, les Gètes et les Scythes » Puis, Philippe, monté sur un tertre, prononça une allocution

Avec son éloquence habituelle, il fut digne de Périclès louant les Athéniens tués durant la première année de la guerre du Péloponèse, et digne de Lysias louant ceux qui avaient péri dans la guerre de Corinthe, morceaux que l'on apprenait, aux cours de rhétorique. Il dit la reconnaissance de la patrie pour les soldats, parfois très jeunes, qui lui avaient sacrifié leur existence, qui en avaient maintenu ou étendu les limites, qui avaient affronté l'ennemi loin de chez eux, qui avaient montré le même courage que leurs ancêtres, prouvé ainsi l'éducation qu'ils avaient reçue, agrandi l'avenir de leurs frères ou de leurs enfants, légué à la Macédoine leurs victoires, comme des filles immortelles, ou péri de maladie à son service. Il annonça des dons et l'exemption d'impôts pour les veuves et pour les parents, la tutelle de l'État pour les orphelins jusqu'à leur majorité (il avait emprunté cette institution aux Athéniens et y avait adjoint les soins gratuits des médecins publics). Il termina en invoquant les dieux.

Pendant le discours de son père, Alexandre avait regardé un tombeau tout voisin, auquel il n'avait jamais fait attention et qui l'émut. Un jeune garçon d'une dizaine d'années, à cheval, était ciselé dans le marbre, et il y était dit que, « jeune Hercule et jeune Endymion », il avait été enlevé à l'affection paternelle quand il avait six mois. Sans doute l'avait-on représenté beaucoup plus âgé pour mieux exprimer les regrets de sa perte. Mais, détail extraordinaire, ni le nom du père, ni celui de l'enfant ne figuraient sur le tombeau : la douleur paternelle et l'hommage hyperbolique s'étaient suffi à eux-mêmes, sans avoir l'air de chercher une vaine publicité. Mêlant les impressions de ce tombeau et les paroles de Philippe qui célébraient des morts guerriers, Alexandre pensait à ce que demande à Ulysse l'ombre d'Elpénor, victime de Circé : « Ne me laisse pas non pleuré et non enseveli, — Abandonné, afin que nous ne devenions pas pour toi un objet du ressentiment des dieux. — Mais, brûle-moi avec mes armes — Et amoncelle la terre d'un tombeau au bord de la mer grise, — Comme mémoire d'un homme infortuné pour ceux qui viendront. — Rends-moi ces honneurs et plante sur ma tombe la rame — Dont, vivant, je ramais parmi mes compagnons. » La rame d'Elpénor, c'était le cheval dont le père, auteur de ce tombeau, avait rêvé pour son fils. Alexandre adorait en Homère le chantre exquis de toutes les émotions humaines, y compris la tristesse de la mort. Il trouvait dans les paroles de ce compagnon de *l'Odyssée* un écho de celles de Patrocle défunt dans *l'Iliade*.

Python revint d'Athènes. Ses lettres et celles d'Eschine, de Démade et de Phrynon, avaient déjà annoncé le succès de son ambassade. Il était fier d'avoir à la fois consolidé la paix et trompé les Athéniens. Il avait obtenu des excuses et des réparations pour les dommages commis par Phocion en Thrace. Le succès n'était que provisoire, car Démosthène continuait de tenir pour suspectes les intentions de Philippe et de réclamer des armements. Le roi se flattait que la légèreté des Athéniens reprendrait vite le dessus. La satisfaction de l'avoir arrêté devant Byzance, Périnthe et Sélymbrie, leur faisait oublier les villes grecques du Pont-Euxin qui avaient cessé d'être indépendantes.

Philippe apprit de son ambassadeur que les nouvelles de Phocide et de Locride inquiétaient aussi Démosthène : l'orateur devinait sans peine les avantages que le roi pourrait en retirer, mais il serait incapable de l'en empêcher, lors de la réunion printanière de l'assemblée des peuples voisins. Aussi Philippe attendait-il déjà le printemps avec impatience. Il donna des ordres pour que l'entraînement intensif des troupes se continuât malgré la saison, autant que faire se pourrait. Il envisageait son action en plusieurs étapes et écrirait à Eschine afin d'obtenir son concours, au moment opportun.

A la veille de partir pour Miéza, Alexandre céda Campaspe à Apelle. Ce séjour semblait lui imposer un tel sacrifice : il n'y avait pas de femmes dans cette grande solitude du mont Orbèle, et il ne s'imaginait pas emmenant une si jolie fille pour exciter la jalousie de ses compagnons, — il connaissait la fable d'Esope *la Poule et les deux coqs.* Il s'imaginait encore moins permettant à tous ces coqs d'emmener des poules. La présence d'Aristote rendait ces joyeusetés impossibles : il fallait s'en tenir aux strictes règles de l'amour pédérastique.

Apelle, la première fois qu'il avait vu Campaspe, avait dit à Alexandre ce que celui-ci avait pensé en la revoyant : que c'était elle, Vénus. Il avait affirmé que, s'il l'avait pour modèle, il effacerait la gloire du tableau de lui que possédait l'île de Cos. « Lorsque Zeuxis eut à peindre Junon pour les Agrigentins, ajouta l'artiste, il demanda la permission d'examiner leurs filles toutes nues et en choisit cinq, dont chacune devait fournir au tableau ses charmes particuliers. Il m'a suffi d'apercevoir Campaspe dans sa robe transparente pour découvrir en elle seule la déesse de la beauté et de l'amour. » Afin de la lui faire mieux désirer, Alexandre ne la lui donna pas comme modèle durant sa campagne. Aussi bien savait-il que c'eût été la lui donner comme maîtresse. A présent, il pouvait le contenter, tout en jouant un tour au roi. Du reste, Olympias n'aurait pas admis de voir celle qu'elle avait dénichée pour son fils, passer à son mari. Le peintre, extasié, baisa les mains de son bienfaiteur et les pieds de sa seconde Vénus.

Troisième partie

Cette grande maison de Miéza, bâtie en « pierres blanches », était le palais royal d'Alexandre. Son père et sa mère, qui n'y venaient que rarement, l'avaient voulue somptueuse et commode, afin que son enfance eût un cadre idéal. Exposée au levant, selon les prescriptions d'Hippocrate, elle était située au centre d'un vaste parc, entre le cours de l'Axius et la chaîne de montagnes qui allait jusqu'en Illyrie : l'Orbèle au nord, dont l'autre versant donnait source au Strymon, et, en face, le Dysore, qui séparait les vallées des deux fleuves. Cette abondance d'eaux produisait en hiver quelques brouillards, mais aussi une fertilité extraordinaire en fleurs et en fruits.

Il y avait des portiques, des rotondes à colonnes, des allées de vases, de statues et de cyprès, des buis taillés, des pommiers sur lesquels étaient greffés des rosiers, un bosquet de Priape, un gymnase, une nymphée, des jets d'eau, une grotte remplie de stalactites, une pelouse dédiée à Mars, les verveines et les roses de Vénus, les pavots de Cérès, les pampres de Bacchus, les pivoines de Cybèle, des massifs de rhododendrons, une volière feuillue renfermant des rossignols qui chantaient à leur saison, des merles qui sifflaient, des pigeons et des colombes qui roucoulaient, des cailles qui margottaient, des pies qui jacassaient et qui disaient : « Fais bien ! » « Fais-le bien ! » et « Jupiter, Vénus, Bacchus, Hercule favorables ! », une rivière où voguaient des cygnes, des murailles couvertes de lierre où bourdonnaient les abeilles, insectes dont Aristote jugeait l'intelligence supérieure à celle des hommes et que l'on voyait travailler dans des ruches de corne. Des harpes éoliennes étaient suspendues aux arbres. Des paons et des cerfs apprivoisés peuplaient le parc ; les cerfs avaient leurs bois dorés.

« L'aimable Emathie », province de Miéza comme de Pella, était embellie, aux yeux d'Alexandre, par cette épithète d'Homère. Il lui semblait que Junon, lorsqu'elle y était passée avec la ceinture de Vénus, — cette « ceinture brodée, aux couleurs variées », qui renfermait « tendresse, désir, commerce intime », — avait laissé des traces dans cette contrée. Peut-être se plaisait-il surtout en ce séjour à cause de ses anciens souvenirs avec Ephestion. Il s'y plaisait encore davantage depuis qu'il avait eu connaissance du récit de cette nuit idyllique, évoquée à bord de l'*Hercule*. La campagne contre les Mædes et contre les peuples du Danube, en faisant de lui un guerrier, n'avait diminué en rien la fraîcheur des impressions auxquelles il s'abandonnait dans ces lieux enchantés.

Les élèves d'Aristote avaient maintenant la compagnie d'un nouveau philosophe, Anaxarque, et le Stagirite, toujours celle de son mignon, Paléphate, qui avait à présent vingt et un ans. Désormais, Alexandre aimait davantage ce grand garçon, parce que c'était la découverte de ses rapports avec Aristote qui avait inspiré à Ephestion, trois ans auparavant, le courage de se déclarer. Anaxarque, qui appliquait à la volupté sa doctrine du relativisme, comme à toutes choses, se passait d'un attachement. Le vin, disait-il, était son mignon et sa courtisane, comme pour Diogène c'était son poignet. Dans les occasions pressantes, un esclave ou une servante remplaçaient le vin.

L'escadron s'était renforcé d'Autolyque, joyeusement arrivé d'Athènes, et de deux fils de nobles familles macédoniennes, âgés de seize ans : Marsyas et Olympus. Alexandre, sensible au prestige des noms, s'amusa d'une telle rencontre qui semblait un dessein des dieux. Il fit prêter serment de fidélité amoureuse réciproque à ces deux garçons, qui pouvaient ainsi ressusciter l'amour du satyre écorché par Apollon et de son jeune disciple Olympus : une statue de Léocharès, dans l'appartement du roi à Pella, montrait Marsyas, cornu et pied fourchu, la verge en l'air, donnant au timide berger une leçon de flûte de Pan. Du reste, par considération pour cet amour, Apollon permit à Olympus de recueillir les restes de celui que l'on avait appelé « le chanteur de Célène », sa patrie en Phrygie, près des sources du Méandre. Et, parmi les airs les plus délicieux que l'on jouât sur la flûte, il y avait les airs dits d'Olympus.

Après le serment d'amour, se prêtait un serment de fidélité à Alexandre. Marsyas lui dit plaisamment : « Je n'avais pas besoin de cela pour me garder de lutter contre toi en quoi que ce soit. Tu n'auras donc pas à me faire écorcher. Au lieu d'être ta victime, je serai ton historien, si tu y consens. Je prendrai des notes au jour le jour sur ce que tu fais. Quand on a la double chance d'avoir pour condisciple un Alexandre et pour maître un Aristote, on a des devoirs envers la postérité. » Alexandre le remercia : son père venait justement de nommer Eumène historiographe ; lui aurait Marsyas de Pella, qui le suivrait dans ses campagnes. Il allait déjà lui conter la première. Quelle avance sur Philippe, qui avait attendu plus de vingt ans pour s'occuper de sa gloire !

La situation amoureuse d'Autolyque semblait assez complexe. Il affectait de se plaindre d'être voué à la solitude et à son propre doigt, comme le jeune garçon d'Aristophane. Mais on ne tarda pas à s'apercevoir qu'il était le plus occupé de tous. Au nom de ses anciens privilèges, il avait remis la main sur Démètre, Erigius ayant retranché des siens à condition d'être en tiers, quand ce n'était en quart, si l'on joignait aux ébats l'écuyer thrace. De plus, dans la coulisse, il avait rattrapé Epaphos et Polybe, ce qui achevait de le préserver des nuits et des exercices solitaires.

Cette maison, dont tous les hôtes étaient chers à Alexandre, lui était chère aussi parce qu'elle lui restituait ses habitudes d'enfance : les quatre repas par jour (à Pella comme en voyage, il n'était jamais question de goûter), les longues promenades, les séances interminables de musique, les journées d'exercices et de chasse, la lecture de la carte du ciel, les représentations théâtrales.

Pour la cuisine, assez raffinée, on suivait les préceptes diététiques du philosophe de Stagire. Il ne bannissait ni la viande ni le poisson, ni les œufs, comme le faisait Pythagore, dont s'étaient moqués les convives de Cléotime à Olympie. D'ailleurs assurait-il qu'en réalité, les Pythagoriciens se nourrissaient de la chair des animaux, mais non pas de toutes les parties, qu'ils excluaient seulement le bœuf et le bélier, et qu'ils mangeaient aussi de certains poissons. Le plat préféré d'Alexandre et de ses compagnons était, en dehors du marcassin, le ragoût à la macédonienne, fait de volailles et de viandes aromatisées aux fines herbes. Les cuisiniers tuaient les pintades et autres oiseaux de basse-cour destinés à ce plat, en leur enfonçant le couteau dans le bec et les laissaient palpiter ainsi jusqu'au lendemain, ce qui rendait la chair plus friande.

Tous, — sauf Paléphate, — étaient allongés sur des lits, car tous avaient tué un sanglier avec l'épieu. Aristote avait également ce droit, bien qu'il n'eût jamais chassé, mais on le considérait comme un des Olympiens et son lit avait même un tapis de pourpre. Alexandre pratiquait en son honneur le rite de verser quelques gouttes de vin sur la table, ainsi qu'on le faisait pour eux. Du reste, la sobriété du philosophe à cet égard servait d'exemple à ses disciples. Alexandre avait prouvé, durant la campagne, que, tout en étant consacré à Bacchus par sa mère, il aimait en ce dieu celui des plantes, celui des arbres, celui du sexe, plutôt que celui du « fils violent de la vigne ». Mais il montrait la même indulgence envers Anaxarque, dont la capacité de boire n'offusquait jamais l'esprit jusqu'à ce qu'elle l'eût terrassé. Aristote pardonnait aussi à ces habitudes thraces. Il en profitait d'ailleurs pour corriger ou enrichir ses traités sur *le Vin* et sur *l'Ivresse*.

Aux plats de résistance, Alexandre préférait les desserts (gâteaux secs, faits de lait et de miel, tartes de raisins secs et d'amandes...) et avant tout le fruit. Il disait qu'il aurait voulu se nourrir uniquement de pommes : les meilleures étaient celles d'Eubée, qu'on avait acclimatées en Macédoine. Il remerciait Homère d'avoir parlé du pommier « aux fruits splendides » et les Chypriotes, d'avoir inventé que la pomme naquît du beau garçon Mélos, lequel, désespéré d'amour, se pendit à un arbre. A l'automne, Alexandre se crevait de figues et de raisins, d'après le conseil d'Asclépiade.

Il savait gré à Aristote d'encourager le goût de la nourriture parfumée, — miel aux roses, coings, fenouil, céleri, venaison... — et d'y voir une source, non seulement de santé, mais de beauté, comme Olympias avait prétendu rendre Alexandre plus beau en lui faisant manger du lièvre. Le philosophe appuyait cette théorie des mets qui forment le corps d'après leur essence, sur l'histoire d'une fille qui s'était habituée, par degrés, à manger des poisons et des plantes vénéneuses jusqu'à ne plus pouvoir se nourrir autrement, mais qui avait la salive vénéneuse et qui empoisonnait ses amants dans le coït. « En mangeant des roses, disait-il à ses disciples, vous resterez des roses pour ceux qui vous aiment et votre sperme distillera des roses. » C'était l'application du vers d'Ibycus sur Euryale « nourri dans les fleurs des roses », vers cité par Cléotime à Olympie. Cet enseignement d'Aristote ne faisait pas partie de sa doctrine secrète : il avait écrit et publié que « l'odeur agréable exhalée par les parfums, les fleurs et les prairies, ne contribue pas moins à la santé qu'au plaisir ». Alexandre ne pouvait qu'aimer les parfums, puisque sa peau sentait la violette. Dans les pièces de la maison, il faisait brûler de la résine ou de l'encens. Le brûlement de la résine était une recette héritée de Nectanébo : le mage avait dit qu'en Egypte, les prêtres, dès qu'ils étaient levés, brûlaient de la résine pour saluer les dieux et pour se revigorer l'âme et le corps. On avait des roses des quatre saisons et du safran toute l'année, dans une serre aux châssis en feuilles de mica, bien exposée au midi. Ainsi ces fleurs couronnaient-elles les convives.

Alexandre était attentif à ce que chacun fût servi selon ses préférences et il refusait qu'on lui donnât les meilleurs morceaux, — usage que Philippe avait institué à sa table, de même que celui de se faire servir parfois les meilleurs vins. Ce n'était pas pour le roi un principe d'économie sordide, mais d'orgueil régalien. Il avait au moins la délicatesse de ne pas le respecter quand il était en campagne. Souvent, le soir, ils jouaient à frapper le plafond avec un pépin de pomme, pressé entre le pouce et l'index. Comme le jeu du pépin de raisin auquel ils avaient joué à Maronée ou comme celui du vase de bronze, ce n'était pas en vue de savoir si l'on était aimé, puisqu'on l'était, mais de savoir lequel des deux amis se donnerait à l'autre la nuit suivante. Aristote étant censé ignorer le secret de ce jeu, tous riaient quand Paléphate et lui jouaient au jeu du pépin.

Alexandre n'appréciait pas moins la table pour les joies de la conversation. Le soir, il les prolongeait fort avant dans la nuit. C'étaient de grands débats sur la paix et la guerre, l'amour, la poésie, l'histoire, la philosophie, la politique, gloses épulaires des entretiens que l'on avait eus en cours d'études. On gardait pour ces heures nocturnes les questions indiscrètes que l'on se divertissait de poser au maître.

Evidemment, les relations d'Aristote avec ses élèves étaient changées par l'âge et les circonstances. Il ne pouvait plus prétendre les empêcher de quitter une leçon pour aller verser de l'eau. Il leur avait appris jadis, comme un moyen d'en supprimer l'envie, à se serrer un morceau de toile ou de papyrus autour du gland ou bien une corde autour d'une cuisse, — recette qu'avait illustrée ensuite son cours d'histoire naturelle. Des soldats, des vainqueurs, même s'ils se retrouvaient des enfants auprès de lui, n'étaient plus des écoliers auxquels on défend de sortir pour pisser.

Anaxarque avait eu soin de rapporter quelques plantes rares et notamment du chanvre. Tout en appréciant le sabot d'âne scythe, Aristote regrettait de n'avoir pas su que Philippe et Alexandre iraient en Scythie : il les aurait priés de faire rechercher une plante qui, d'après Théophraste, ne croît que dans cette contrée et permet à un homme d'avoir soixante émissions de semence en une journée. En tout cas, Démètre put confirmer au philosophe l'exactitude de ce qu'il avait dit dans son *Histoire des Animaux,* où il se raillait d'Hérodote qui avait déclaré que le sperme des Indiens et des Ethiopiens était noir. « Il voyait bien pourtant que leurs dents étaient blanches ! » avait écrit le Stagirite. Démètre, à Istropolis, avait eu affaire à un jeune Ethiopien, dans un lupanar de garçons, et constaté l'erreur d'Hérodote. Autolyque avait fait une expérience aussi concluante avec le plus jeune esclave noir de son père. « Eh bien, dit Aristote, il vous restera à vérifier, quand vous irez en Asie mineure combattre les Perses, la réalité d'un autre phénomène signalé par quelques historiens : si le lait des juments d'Astaque, en Bithynie, est noir ; et, quand vous passerez aux Indes, sur les traces de Bacchus, si le sperme des éléphants se durcit en se desséchant, comme le prétend Ctésias de Cnide, le médecin d'Artaxerxès Mnémon. »

Deux questions plus considérables étaient venues à l'esprit d'Alexandre, au cours de son voyage à Olympie, et il voulait en discuter tout de suite, comme pour se réhabituer à l'atmosphère spirituelle de Miéza : elles concernaient le bonheur et la démocratie. Le spectacle de Cléotime, vivant entouré de mignons, sa conversation avec Démosthène, sa visite à Athènes, lui avaient donné à penser, autant que, depuis lors, la rencontre de Campaspe et de Méda, les croyances et les usages des Gètes et des Scythes et le carquois de ceux-ci à cailloux blancs ou noirs. Même les propos de son père au sujet d'Hésiode et de la vie des champs l'avaient frappé.

Le bonheur est, certes, ce qui le préoccupait autant que la gloire ; mais, quand il regardait les raisons qu'il avait d'être heureux avec celui qu'il aimait et en ayant tout ce qu'il pouvait désirer, il se demandait

lesquelles tant d'autres gens avaient pour vivre, puisqu'ils n'avaient ni
amour, ni beauté, ni esprit, ni culture, ni richesses. Il ne se demandait pas
moins comment des voluptueux se contentaient de volupté et des ambitieux
se contentaient d'ambition. Naturellement, il avait lu et commenté les trois
traités d'Aristote consacrés à la morale : *la grande Morale,* ouvrage déjà
publié, celui que le philosophe préparait pour son disciple Eudème et celui
qu'il destinait à son tout jeune fils Nicomaque. Les deux derniers travaux
étaient encore en voie d'élaboration ; il en faisait part à ses élèves, au fur et à
mesure qu'il y ajoutait un chapitre. Alexandre approuvait son maître de
déclarer que les biens extérieurs font partie du bonheur ; mais il était
troublé par la définition que donnait ce dernier du bonheur suprême,
réduit à l'acte pur et à la contemplation de l'intelligence pure. On était loin
des soixante émissions que procurait la plante scythe. Pour Alexandre, le
bonheur consistait essentiellement dans l'action et dans le plaisir, confondu
pour lui avec l'amour. La vertu lui semblait s'exprimer par le courage,
plutôt que par les rêves de l'âme, et se former l'intellect, lui paraissait le
meilleur moyen d'être vertueux. Aristote jugeait le plaisir quelque chose de
superflu : même s'il ne le méprisait pas, il voulait le dominer. Mais, à cause
de cette dualité de points de vue, qui n'avait rien de l'hypocrisie, Alexandre
se sentait assez proche d'Aristippe. Le philosophe de Cyrène vivait
conformément à ses principes, plus que le philosophe de Stagire.

« La question du bonheur, dit Aristote à ses élèves attentifs, est celle
qui résume toute l'humanité. Mais je te répondrai d'abord, Alexandre, par
les vers des *Choéphores* d'Eschyle : « Tu demandes, ô enfant, une chose
plus précieuse que l'or, — Plus grande que le grand bonheur, qu'un
bonheur hyperboréen. » Ta question comprend aussi bien la politique, —
ce qui inclut la démocratie, — que la religion, la vertu et l'amour, puisque
le bonheur dépend de nous-mêmes, de nos échanges avec les autres, de
notre état dans la cité et de notre manière d'envisager les dieux.
L'importance d'un tel sujet, je l'ai indiquée en vous disant un jour que « ce
qui contribue au bonheur, est préférable à ce qui contribue à la sagesse ».
Et je suis pourtant votre professeur de sagesse.
« Un des airs qu'on chante aux banquets athéniens, avec l'hymne
d'Harmodius et d'Aristogiton, pourrait s'appeler la chanson du bonheur. Il
énumère les quatre avantages que l'on doit souhaiter à un homme : le
premier est la santé ; le second, la beauté ; le troisième, la richesse bien
acquise et le quatrième, des amis de son âge. Tout cela, vous l'avez, mes
enfants, si je peux m'enorgueillir de vous appeler ainsi. Je suis content que
l'on n'ait pas omis la beauté, parce qu'elle vient de la divinité et c'est à juste
titre que l'on nomme les beaux garçons « les fils des dieux ». A un
Athénien qui me demandait pourquoi l'on aimait les beaux, j'ai répondu

« Question d'aveugle. » Cet élément constitutif du bonheur et dont j'ai fait, moi aussi, l'une des parties du souverain bien, vous a été dispensé, comme une base de votre amour d'Alexandre, qui est le plus beau de vous tous.

« Cependant, bien que je doive, comme disciple de Platon, noter que les biens extérieurs n'existent pas pour « l'œil de l'âme », je ne peux oublier que je parle d'abord à des disciples d'Alexandre, qui ont accompli déjà de grandes choses et qui en accompliront tant d'autres. L'échec de Platon a été total avec Denys le Jeune, parce qu'il n'a pas vu la réalité de la tyrannie de Syracuse et qu'il a été aveuglé par son amour pour Dion ; il a cru que cette ville sicilienne était l'Académie. Ceux de ses disciples qui ont voulu diriger des cités, ont échoué pareillement et certains y ont péri. De tous les bonheurs, le plus malaisé à instituer est le bonheur de la multitude.

« Le bonheur, ce sont « les bonnes choses ». « C'est par la possession des choses bonnes que les heureux sont heureux », dit Socrate dans *le Banquet* de mon ancien maître. Mais quelles sont les choses bonnes d'une manière évidente, en dehors de la santé ? Le même Socrate emploie, dans le *Gorgias,* une formule plus explicite et proche de la chanson des banquets athéniens : « La première de toutes les choses est d'être bien portant, la seconde d'être beau, la troisième d'être riche sans fraude. » Néanmoins, on peut discuter si la beauté est nécessaire pour être aimé, puisque Socrate, — qui était affreux, — fut aimé et désiré d'Alcibiade. N'importe si ce fut purement, comme Alcibiade tente de nous le faire croire, ou si c'était impurement, — et qu'est-ce qui est impur, du reste, aux yeux du sage ? Comme il se plaint d'être battu quelquefois par Socrate dans des scènes de jalousie, on a peine à s'imaginer qu'il eût laissé de tels droits à un amant platonique. N'oublions pas que Socrate fréquentait les lupanars de garçons. Chacun prend son plaisir où il le trouve.

« Il y a plusieurs façons d'apprécier le bonheur et nous le constatons souvent par les réflexions d'autrui, comme par les nôtres, sujettes, d'ailleurs, à varier, d'après l'âge et les conjonctures. Lorsque Timothée était à l'apogée de sa gloire de général, il rencontra un jour Platon qui se promenait hors des murs avec moi et quelques autres de ses disciples. Il s'arrêta pour l'écouter et s'écria : « Voilà ce que j'appelle vivre et jouir du véritable bonheur ! » En effet, Platon ne nous parlait évidemment pas de ce qui faisait l'unique objet des pensées et des soucis de Timothée : les contributions pécuniaires des citoyens pour l'armée, les équipements des vaisseaux, des soldats et des marins, les tributs des alliés et autres affaires de cette espèce, mais de philosophie et de morale. Cela tend à démontrer que le bonheur est étranger aux choses du dehors et que nous nous le créons en sublimant notre nature.

« Que la question du bonheur soit controversée, nous en avons la preuve par le grand nombre de sectes philosophiques, toutes ayant été fondées avec la prétention de faire le bonheur de leurs disciples et, subséquemment, du reste des hommes. Thalès de Milet a déclaré « qu'il est difficile de connaître le bien » : c'est avouer qu'il est difficile de connaître le bonheur. D'autre part, il remerciait les dieux de trois choses, — étrange remerciement, attribué quelquefois à Socrate : de l'avoir fait naître parmi les humains et non parmi les animaux (comme si un animal avait conscience de son infériorité), de l'avoir fait homme plutôt que femme (beaucoup de femmes diraient le contraire), et Grec plutôt que barbare (comme si la majorité des humains n'eût pas droit au bonheur). Il a néanmoins défini ainsi « qui est heureux : l'homme bien portant, riche, courageux et instruit ». C'est reprendre encore la définition du bonheur indiquée par la chanson athénienne et annoncer la définition socratique, mais sans parler de la beauté, jugée indispensable chez les Athéniens. Que la richesse soit un élément du bonheur, qui peut le nier ? « Il n'y a pas de temple de la Pauvreté, très honteuse divinité », a dit Euripide dans *Archélaüs*. Solon lui-même veut bien le reconnaître : « Aucun terme de richesse n'est prescrit aux hommes. » Je vous ai raconté l'histoire de cet autre sage, Thalès, qui, un hiver où il avait prévu qu'il y aurait beaucoup d'olives l'année suivante, loua à bon compte tous les pressoirs de Milet et de Chio, et amassa, en les sous-louant très cher le moment venu, une grande fortune : il prouvait que l'on peut s'enrichir par la science de l'observation et de la prévision. Le poète Alexis, dans sa pièce *les Thébains,* fait parler ainsi deux personnages : « De quel pays est donc cet homme-là ? » — « Riche, car c'est la race la plus noble. » On lui avait rapporté la réplique d'un jeune Ionien, qui résidait à Athènes et qui se promenait, vêtu d'une robe de pourpre à franges d'or. Quelqu'un ayant demandé à ce garçon de quel pays il était : « Riche », répondit-il. L'homme riche n'a pas besoin de patrie : comme Diogène, il est citoyen du monde.

« La fameuse conversation de Crésus avec Solon sur l'article du bonheur est des plus insensées. Le grand roi, au lieu d'affecter d'être jaloux, aurait dû s'esclaffer, quand le législateur d'Athènes lui citait en exemple de la parfaite félicité son compatriote Tellus, « mort vaillamment et qui laissait des fils bons et vertueux », ou les deux frères argiens Cléobis et Biton, morts après avoir traîné jusqu'au temple de Junon, à la place de leurs bœufs, un jour de fête, le chariot où était leur vieille mère. Le bonheur par les bons sentiments rappelle l'oracle de Delphes, proclamant le plus heureux des hommes l'Athénien Phédius, mort pour la patrie, et, au contraire, le roi de Lydie Gygès, alors le plus riche du monde, moins heureux que le vieux paysan Aglaüs de Psophis, qui avait cultivé son lopin de terre en Arcadie, sans l'avoir jamais quitté. Ce sont des oracles philosophiques et poétiques, mais ils ne sauraient toucher des êtres tels que vous. Votre bonheur sera de courir la terre et d'en conquérir les richesses. Cependant, la guerre vous a déjà montré le prix de la vie. Puisque votre métier sera de braver la mort, souvenez-vous qu'il faut se battre comme un lion pour tuer et n'être pas tué. Aux nobles phrases que nous avons admirées dans le discours de Philippe le jour des funérailles, il y a une réplique décisive dans Euripide : « Vivre mal, vaut mieux que bien mourir. » Ô Alexandre, ton ancêtre Achille, le plus courageux des hommes, l'a dit merveilleusement, au pays des ombres, avant Euripide : « Je voudrais, étant cultivateur, travailler pour un salaire, chez un autre, — Un homme sans héritage qui n'aurait pas de grandes ressources, — Plutôt que de régner sur tous les morts et disparus. »

« Ce que je dois ajouter, bien que ce ne soit pas pour vous, c'est que le bonheur de la plupart des hommes réside dans la médiocrité. Pindare lui-même, qui a chanté les victoires de tant de rois ou de tyrans, qui a été le familier de plusieurs d'entre eux et qui a célébré « la splendide richesse », avoue que « la moyenne, dans les villes, jouit du bonheur le plus long ». Il y a aussi le mot de Phocylide : « Beaucoup d'excellentes choses sont dans les choses moyennes : je veux être un homme moyen dans la ville. » Enfin, le sage Cléobule de Lindos a dit également : « Le meilleur, c'est ce qui est moyen. » Et vous vous souvenez de ma définition de la vertu : « Ce qui se tient au milieu », c'est-à-dire éloigné des deux extrêmes. Le Thésée des *Suppliantes* développe également ce point de vue de la médiocrité : « Des trois classes (c'est-à-dire les pauvres, qui sont dangereux parce que susceptibles d'envie, les riches, trop souvent inutiles et sans cesse préoccupés d'avoir davantage, et ceux qui sont entre les deux), c'est la classe moyenne qui sauve les cités, — C'est elle qui maintient les institutions que la cité s'est données. » Il ne nous dit pas qu'elle est la plus heureuse, mais il le laisse entendre, car il avait déjà déclaré : « Les uns seront heureux bientôt, les autres plus tard, d'autres le sont déjà. » La nourrice de *Médée* est du même avis : « Le mot vainqueur à dire, — Est d'abord celui des choses moyennes. »

« Solon, dans sa conversation avec Crésus, fait le compte des vingt-six mille deux cent cinquante jours de la vie d'un homme de soixante-dix ans, pour affirmer que, même s'ils avaient été uniformément heureux, il faut attendre jusqu'à son dernier jour pour en décider. Compter les jours, est aussi ridicule que de compter les cailloux blancs et les cailloux noirs. Grâce aux dieux, un jour de vrai bonheur compense dix jours, cent jours de malheur ; sans quoi, la vie ne vaudrait pas la peine d'être vécue. Quant à la remarque sur le dernier jour, elle n'est pas moins spécieuse. Les poètes tragiques l'ont répétée à satiété parce qu'elle a un sens moral, mais l'application en est excessive. (« Il ne faut jamais dire heureux aucun des mortels, — Avant d'avoir vu, à sa mort, — Comment il arrivera en bas, ayant franchi le dernier jour », déclare l'Andromaque d'*Hippolyte ;* « Ne regarde personne comme heureux, — Avant qu'il ait traversé le terme de la vie, sans avoir souffert rien de triste », dit le chœur de l'*Œdipe Roi* de Sophocle. Et tu te rappelles, Alexandre, que ce poète fait encore exprimer cette idée par ton aïeule Déjanire, au début des *Trachiniennes* : « C'est une vieille parole des hommes », etc.) La mort tragique d'Eschyle, d'Euripide ou d'Alcibiade permet-elle de dire qu'ils ont eu une vie malheureuse ? Socrate, au moment de boire la ciguë, s'estimait plus heureux que ses juges : c'est la mort lumineuse du juste. Le Pythagoricien Archytas de Tarente, que Platon alla visiter pour contempler un philosophe chef de cité, fut mis sept fois, en effet, par ses concitoyens, à la tête du gouvernement, gagna toutes les guerres qu'il soutint, fit d'étonnantes découvertes et périt dans un naufrage sur les côtes de l'Italie du Sud : peut-on dire qu'il eut une vie malheureuse ? Toutefois, je suis d'accord avec Solon quand il prétend que l'homme médiocre est d'ordinaire plus heureux que l'homme « puissamment riche » ; mais quel ridicule de vouloir aussi qu'il soit le seul « beau et heureux en enfants » ! Il y a là toute l'outrecuidance de la démocratie athénienne. Il y a la négation du bonheur pour l'homme supérieur. J'ai écrit un traité *de la Noblesse,* ce qui prouve que je la sens. Mais je ne la regarde pas comme une race : je l'appelle « une vertu de race ».

« Dans ma *Politique,* j'ai dit, après mon cher Théodecte de Phasélis, que les uns étaient destinés à obéir, et les autres à commander. Platon, dans le *Phédon,* avait déjà écrit que « la nature ordonne à l'un d'être l'esclave, à l'autre d'être le maître », — la nature, c'est-à-dire la naissance. Vous êtes nés du côté de ceux qui commandent. Vous êtes fils de maîtres et futurs maîtres. Alexandre est fils de roi et futur roi. Par conséquent, votre bonheur est dans le contraire de la médiocrité ; il est pour vous d'être ce que vous êtes, mais le revers de ce bonheur, qui vous éloigne des hommes médiocres, est que vous lutterez toute votre vie pour le conserver : toi, Alexandre, comme ton père, entraîné par une légitime ambition et par le désir de rendre ton royaume encore plus puissant, et tes compagnons, liés à cette œuvre avec toi. Une gloire incomparable vous attend, mais vous devrez la payer. Ce n'est pas en vain, fils de Philippe, que tu respires dans Homère et dans les tragiques : tu seras le héros d'une autre épopée et tu es un personnage de tragédie, puisque que tu es voué à l'immortalité. Tu as ton Patrocle pour vivre ton *Iliade.* Il est naturel que l'amour te porte et te seconde dans tout cela : il n'y a pas d'épopée, pas de tragédie sans amour.

« J'ai vu à Délos, dans le temple de Latone, cette inscription : « Rien n'est si beau que la justice, si bon que la santé, si doux que l'amour. » Cela m'a fait dire à Théophraste, qui était avec moi, que les qualifications de cette maxime, dont le second terme n'est pas nouveau, ne devaient pas être séparées, car l'une sans l'autre perd de son prix et toutes les trois ensemble définissent le bonheur. L'amour est ce qu'il y a de plus doux et aussi de plus beau et de meilleur, c'est-à-dire d'essentiel. A lui seul, il constitue le bonheur et rien ne peut le remplacer. Euripide l'a dit très joliment : « L'Amour représente le plus grand enseignement — De sagesse et de vertu et ce dieu — Est de tous le plus agréable — A rencontrer pour des mortels, — Car, ayant une jouissance exempte de chagrin, — Il porte vers l'espérance. — Je conseille aux jeunes gens d'aimer — Et de ne jamais fuir l'Amour — Et de bien s'en saisir quand il vient. » Vous l'avez saisi : gardez-le, comme je garde en moi l'image d'Hermias. Vous serez heureux, parce que vous aurez vécu ensemble.

« Il est un point, néanmoins, où je vous recommanderai la modération : c'est le plaisir. Je n'y ai pas manqué, lorsque je vous ai parlé de la pédérastie. Je le répète pour les futurs guerriers que vous êtes, parce que vous n'aurez pas constamment sous les yeux l'exemple de cette modération. (Alexandre sourit de cette discrète allusion à son père.) L'herbe scythe aux soixante fois constituerait un supplice. Vous connaissez le vers de Pindare : « On se rassasie même du miel et des fleurs charmantes de Vénus. » La déesse des déesses favorise ceux qui n'abusent pas de ses dons.

« Tu as tous ceux du corps, Alexandre, comme tous ceux de l'âme. Tu incarnes donc à nos yeux le souverain bien. Même si l'on ne croyait pas que tu descendisses d'un dieu, tu es de la nature des dieux. Ceux qui t'entourent, sont éblouis par ta personne et oublient ce qu'ils sont ou ce qu'ils pourraient être ailleurs. Moi-même, qui suis indépendant grâce à mon travail, exalté par mes recherches, adoré de mes disciples, un petit roi dans un petit royaume, serais-je près de toi, si je n'étais subjugué par toi et si je ne préférais, à la médiocrité qui est mon partage, aux biens dont je suis libre de disposer, celui de participer en ta personne à la nature des dieux ? Ce qui nous flatte tous, c'est d'être capables d'apprécier cette émanation divine, comme le parfum de ta peau. C'est donc par toi que nous aurons eu connaissance de ce qu'il y a de divin en nous. Empédocle d'Agrigente a fort bien dit que « le doux cherche le doux, l'amer s'élance vers l'amer, l'acide vers l'acide, le chaud vers le chaud ». Ceux qui ne seraient pas sensibles à ton prestige, n'auraient pas de sensibilité. Ephestion m'a raconté la déclaration d'amour que t'avait faite Démosthène, à Olympie et à Athènes, — Démosthène, le plus grand ennemi de ton père, de toi et de la Macédoine. Malgré son animadversion, il a cédé au dieu qui est en toi. J'ai nommé Empédocle : il n'était pas né, comme toi, sur l'Olympe, mais il s'y était hissé par son savoir et son intelligence. Dans de beaux vers adressés à son mignon Pausanias, il vante le bonheur des sages qui « s'assoient à la même table que les immortels, sans que les souffrances humaines puissent les atteindre ».

« Du moment que l'on participe à la nature des dieux, on échappe à tous les critères du bonheur humain. Il ne vient pas à l'esprit de se demander si les dieux sont heureux : ils sont des dieux et cela suffit. Ils ont des querelles, des jalousies, des amours malheureuses, même des infortunes : certains ont servi parmi les hommes et ont été blessés dans des combats, mais ils sont des dieux.

« Je conclurai enfin qu'une des causes du bonheur est l'accomplissement de ses désirs, ce qui est aussi un privilège des dieux. Mais seuls les désirs de l'âme peuvent être immodérés. Vous n'ignorez pas ce que dit Ménélas dans l'*Andromaque* d'Euripide : « Sache-le bien, atteindre ce que l'on désire, — C'est pour chacun plus grand que de prendre Troie. » Vous tous, comme Alexandre, vous avez atteint ce que vous désiriez ; et vous atteindrez ce que vous désirez, car vous prendrez Troie. »

Alexandre et ses amis avaient écouté avec émotion ce long discours de leur maître, comme celui qu'il avait prononcé jadis au sujet d'Hermias. Se faisant leur interprète, Alexandre se leva et l'embrassa. Ce que le philosophe avait dit des liens qui les unissaient tous au fils de Philippe, avait été perceptible même aux derniers venus. Leur bonheur serait de vivre, de lutter et de mourir avec lui.

Par courtoisie, Aristote demanda à Anaxarque s'il avait quelques mots à ajouter sur le chapitre du bonheur. « O maître, dit le philosophe d'Abdère, parler après toi, est sacrilège. Mais puisque tu m'accordes cet honneur, j'en profiterai pour m'expliquer sur le piteux spectacle de mon ivresse, que je vous donne trop souvent. Ce n'est pas une contradiction de succomber aux faiblesses humaines et d'avoir un sublime idéal. Il faut, quoi que l'on fasse, « rechercher les biens de l'âme », parce que, selon Démocrite, « c'est rechercher des biens divins ». Or, il n'y a pas de bonheur sans ces biens-là et le but de ton enseignement aura été de les communiquer à tes illustres élèves. Assurer l'équilibre entre les besoins du corps et ceux de l'âme, est la clé du bonheur. C'est ce que Platon disait quand il parlait de notre double nature ou du cheval blanc et du cheval noir de nos désirs. Ce ne sont plus les cailloux des Scythes. Bucéphale est alezan, mais il me semble le symbole de ce cheval blanc qui nous conduit vers la gloire sur les pas d'Alexandre et la gloire, c'est l'idéalisation de tous les désirs. Même si elle n'est qu'une apparence, une opinion, une fumée, comme m'ordonnent de le croire mes principes, l'encens également est une fumée, mais elle monte vers les dieux. » Alexandre ne pouvait qu'embrasser aussi Anaxarque.

« Pour la démocratie, dit Aristote, Alexandre a deviné ce qu'elle était en me décrivant la répulsion que lui avait d'abord inspirée la vue du peuple athénien contemplé du haut de la citadelle d'Athènes, puis l'attrait qu'il avait ressenti. Mon impression a été analogue, durant mon séjour dans la ville de Minerve, car il y a autant de motifs de répulsion que d'attraction.

« Tu as compris, Alexandre, que c'était une force pour un gouvernement d'avoir ces assises populaires : elles le font accepter par la majorité, qui se grise de l'enthousiasme de ses propres lois. Dans une monarchie, comme la Macédoine, le mouvement vient d'en haut ; dans une démocratie, il vient du bas, mais pas nécessairement pour abaisser. A propos de l'exil d'un Aristide et d'un Thémistocle, des condamnations à l'amende d'un Périclès et d'un Phidias, de la mort en prison d'un Miltiade, de la mort par la ciguë d'un Socrate, tu m'as dit, Alexandre, que la démocratie, c'est l'envie et, de fait, les Athéniens ont déifié l'Envie. Je me permettrai de te dire que tu n'as considéré que le résultat en oubliant la cause. La démocratie athénienne, qui est la plus parfaite des démocraties et que j'ai étudiée dans la *Constitution d'Athènes,* a persécuté tous ces grands hommes, mais, comme tu l'as reconnu toi-même, elle les a créés. Elle s'est repentie, d'ailleurs, de les avoir persécutés et tu as fait aussi cette remarque. Elle a pardonné à ton héros Alcibiade, qui l'avait abominablement trahie. Enfin, dans ses pires institutions, elle a réagi de façon aristocratique. N'est-il pas beau qu'elle ait supprimé le bannissement au moyen des tessons et des coquilles pour l'avoir infligé à un homme aussi méprisable qu'Hyperbolus ? Tu as été indigné, Alexandre, par les dénonciateurs de figues. Mais, tout en encourageant la délation pour des motifs d'ordre fiscal, plutôt que moral, la loi athénienne punit très sévèrement, — et même de mort, — les dénonciateurs qui ne recueillent pas le dixième des suffrages devant le tribunal compétent.

« La démocratie repose sur une idée aussi sublime que fausse : l'égalité. Les hommes ne naissent égaux qu'en apparence : ils se distinguent tout de suite les uns des autres, selon les qualités qu'ils ont reçues de la nature, en dehors même des conditions de leur naissance, qui les divisent en classes. Supprimer les riches, est le but d'une partie des pauvres, comme les laids voudraient supprimer les beaux et les imbéciles voudraient supprimer les gens d'esprit. Pourquoi s'acharner contre la richesse, alors que l'on doit s'incliner devant l'intelligence ? Et sans l'intelligence, qu'est-ce que la richesse ? Je suis arrivé à admettre l'esclavage, parce que la nature a créé l'inégalité entre les hommes. Platon le reconnaissait pour une raison subtile : permettre aux citoyens de mieux s'occuper de la chose publique. L'esclavage est la forme monstrueuse de l'inégalité, mais il en est la conséquence naturelle. Il existe, du reste, sous un autre nom, pour les hommes libres, puisqu'il y en a toujours qui sont assujettis à d'autres et qui doivent leur obéir. Je vous ai rappelé cette vérité évidente, avec l'appui de Platon. Tu me disais, Alexandre, que les démagogues obéissent au peuple, mais le peuple obéit aussi aux démagogues. L'esclavage a un revers par les obligations qu'il impose aux maîtres. Mon ami Mnason de Phocide a mille esclaves. Je ne l'envie pas, car il doit les nourrir, les loger, les soigner. Si c'étaient des ouvriers libres, il devrait les payer pour qu'ils pussent se nourrir, se loger, se soigner. La différence de leur état n'est qu'une question d'amour-propre. L'ouvrier libre ne s'élève au-dessus de l'esclave qu'en ce qu'il échappe à la marque, aux fers et à la mise en croix. Les sociétés démocratiques sont celles qui vivent le plus de mots Athènes a quatre cent mille esclaves pour vingt et un mille citoyens et deux mille étrangers. Vous voyez que la démocratie, qui vante tant la liberté, sait fort bien s'accommoder de l'esclavage : quand ce ne sont pas les entreprises militaires qui l'en font bénéficier, les marchands lui amènent des Asiates et des Africains. Du reste, si les pauvres le pouvaient, ce sont les riches qu'ils réduiraient en esclavage.

« Lorsque Thalès a défini la meilleure société, « celle dont les citoyens ne sont ni trop riches ni trop pauvres », il a voulu faire l'éloge de la démocratie, mais cela revient à faire celui de cette classe moyenne qui représente le bonheur pour la plupart des hommes. Je vous ai déjà cité un passage de ma *Politique* en vous parlant du bonheur et ce passage s'applique de même à l'inégalité. Je vous en citerai un autre, où je dis qu'il faut, dans une société, des nobles, des riches et des hommes libres et qu'une cité composée uniquement de pauvres ou d'esclaves ne saurait subsister. Cela indique les limites et de la tyrannie et de la démocratie.

« Tu me disais un jour, Alexandre, avec ta perspicacité habituelle, qu'une démocratie, du fait de la modestie des fortunes, facilite la corruption ; ton père achète des orateurs et son adversaire Démosthène est acheté par le roi des Perses. Mais il y a, à Athènes, une coutume extraordinaire qui n'est évidemment pas inscrite dans les lois : l'assemblée du peuple et le sénat tolèrent qu'un général, un orateur, reçoive de l'argent de l'étranger, à condition que ce soit avec leur assentiment et que ce ne soit pas à leur détriment. On peut y voir la marque d'une mentalité corrompue, mais aussi d'un patriotisme éclairé qui sait faire la part des choses. C'est ce qui explique, Alexandre, que personne n'ait trouvé à redire à l'imprécation prononcée par le héraut, avant l'ouverture de l'assemblée du peuple, et qui t'a frappée.

« La démocratie est, en quelque manière, la base d'une monarchie comme la Macédoine. Ni Philippe, ni toi, Alexandre, vous n'auriez remporté de victoires si vous aviez mené au combat des troupeaux d'esclaves, ainsi que le faisait Xerxès. Les soldats sont prêts à mourir pour vous, parce qu'ils vous aiment. Ils bâtissent des villes avec cet amour. Le seul incident de la dernière campagne a été provoqué par des mercenaires. La démocratie, c'est Apelle qui fait tes portraits, ce sont Lysippe et Léocharès qui font tes statues, Pyrgotèle qui fait tes camées, Aristote qui te parle. C'est l'ouvrier qui construit ta maison, le berger qui garde tes troupeaux, le jardinier qui cultive tes fleurs, le laboureur qui trace les sillons de tes champs, le moissonneur qui fauche tes blés, le bûcheron qui coupe tes bois, le forgeron qui forge tes armes : tous travaillent pour ta gloire, mais avec la même joie que les Athéniens pour Athènes, car c'est dans la même atmosphère de liberté Ils travaillent pour toi ; ils travaillent aussi pour eux. Il ne peut donc y avoir de monarchie solide sans un consentement populaire qui équivaut à la démocratie

« Le bon côté du gouvernement démocratique est la possibilité, pour les citoyens, de tout dire et de tout écrire. Là encore, Alexandre, tu as su voir cet avantage. Euripide l'a relevé dans *les Téménides,* cette pièce inspirée par tes ancêtres : « La liberté de parler, vraie et établie, est une belle chose. » Ainsi, le contrôle de l'opinion s'exerce-t-il constamment sur les chefs et l'on comprend que les tyrans commencent par supprimer ce droit. Mais une monarchie comme celle de Philippe n'a jamais restreint de telles libertés, non seulement dans la vie publique, mais à l'égard des simples particuliers. Euripide vint se réfugier chez Archélaüs afin de pouvoir parler librement des dieux. Philippe est accessible à tous ses sujets et leur rend la justice ; il se réunit, à des dates fixes, avec ses officiers et ses soldats, en vue de discuter des problèmes militaires.

« Tu m'as cité, à l'occasion d'Alcibiade, des exemples d'esprit aristocratique au sein de la démocratie. Il y en a d'autres. Pense à Aristide traçant son propre nom pour se bannir lui-même, à la demande d'un paysan qui ne le connaissait pas, qui ne savait pas écrire et qui lui dit seulement en avoir assez d'entendre appeler Aristide le Juste. De la part de celui-ci, quel respect, mais aussi quel mépris pour le peuple ! Geste de mépris superbe que celui de Pachès, le vainqueur de Lesbos, se perçant de son épée en plein tribunal, plutôt que de répondre à des accusations injustes, — un des rares suicides grecs. Et Périclès, insulté toute la journée par un homme, sans s'interrompre dans ses affaires, suivi par cet insulteur jusqu'à la porte de sa maison, et, comme la nuit était tombée, ordonnant à l'un de ses esclaves de prendre un flambeau pour le reconduire chez lui. De même, quand j'étais à Athènes, Phocion, à la tribune, fut couvert d'injures par un citoyen ; il s'arrêta, l'écouta patiemment sans lui répliquer un seul mot, adoucit même l'expression de son visage terrible ; puis, quand cet homme eut terminé, il continua son discours. Une autre fois, étonné que l'assemblée eût approuvé trop vite une de ses propositions, il se tourna vers ses amis pour s'enquérir s'il lui était échappé une sottise. Et dans Aristophane, que de mots aristocratiques lancés en plein théâtre de Bacchus, avec cette insolence que tu admires tant, Alexandre ! La démocratie peut plaire également à des aristocrates, par la vanité de conquérir l'amour du grand nombre. Démosthène est, au fond, un aristocrate, qui aime le luxe et tu l'as vu se faire porter en litière. Alcibiade, et c'est pour cela qu'il te séduit, fut le plus aristocrate des démocrates. Empédocle, partisan acharné de la démocratie à Agrigente, se vêtait de pourpre et avait les allures d'un roi.

« Je pense que ce régime séduit la multitude, non pas à cause de l'égalité, qui est illusoire, mais par un motif qu'a bien défini le poète comique Eubule, disant de quelle manière se nourrissaient beaucoup d'Athéniens : « Il leur suffit de humer l'air et de se repaître d'espérance. »

Voilà le levier de la démocratie : l'espérance. Chacun espère grandir et que le voisin diminue. On mange son pain sec à la fumée du rôti.

« Un Etat devant avoir pour but le bonheur des citoyens, il faut remarquer que la tendance est, d'une manière incontestable, à transformer en démocratie la tyrannie, la monarchie ou le pouvoir oligarchique. Les utopies des philosophes ont été dans ce sens. La célèbre formule de Pythagore, « Communs sont les biens des amis », signifie le partage des propriétés, donc la fin de l'aristocratie. Platon l'a interprétée de cette façon dans sa *République*. Il y prône même, vous vous le rappelez, la communauté des biens, des femmes et des enfants, au moins pour la classe des « gardes », c'est-à-dire des chefs. Mais il reconnaît l'inégalité, quand il fait exposer par Socrate le mythe selon lequel le dieu a mêlé de l'or à la substance des uns, de l'argent à celle des autres, et du fer à celle des individus destinés à être artisans ou agriculteurs. Il accorde, de la sorte, que le bonheur général ne peut résulter de l'égalité du bonheur pour tous et il s'argue que le dévouement à l'Etat doit en tenir lieu. Mais le bonheur, qui est d'abord une notion individuelle, n'est pas comme le nombre pair, qui peut être produit par deux nombres impairs (le problème de la politique et le problème du bonheur sont nécessairement liés).

« Nous avons analysé aussi le dialogue de Platon intitulé *le Politique*. Il y compare le gouvernement d'une ville à un médecin qui, « pour le bien des corps, les rend meilleurs, de pires ». Il parle surtout de la royauté, — de « l'homme royal » —, mais sa conclusion est la même : il veut que l'égoïsme, — il dit « la prudence » —, de conserver, s'unisse à la hardiesse d'agir « et que les deux se mêlent comme les fils entrecroisés d'un tissu ». Moyennant quoi, l'on procurerait le bonheur de chacun, « autant qu'il appartient à une ville de devenir heureuse ».

« Phaléas de Chalcédoine a imaginé un système qui impose l'égalité des propriétés foncières et des fortunes, égalité à laquelle il pensait arriver en décidant que les riches donneraient des dots en biens fonciers, sans en recevoir, et que les pauvres en recevraient, sans en donner. Mais il laissait subsister l'inégalité des biens fonciers, ce qui, par conséquent, n'avançait pas à grand-chose.

« Puisque Platon a parlé de médecine à propos de gouvernement, tous ces systèmes me font penser à ce qu'Hippocrate, dans son livre *le Régime*, prescrit tour à tour pour « ceux qui ont les moyens de s'occuper de leur santé », c'est-à-dire les riches, et pour « ceux qui travaillent ». Or, ces gens qui travaillent, devraient, selon cet insigne médecin, passer leur temps comme vous à faire la course simple ou double, des promenades après déjeuner et après dîner, recourir aux vomissements après les excès de nourriture, prendre des bains froids, des bains chauds et des bains de vapeur, etc. Ce serait une manière de travailler aristocratiquement et qui, en effet, transformerait les travailleurs en aristocrates, mais c'est encore une vision idéale du bonheur social. Que tous les biens soient partagés et que les pauvres se marient avec les riches, cela rendra peut-être la cité plus heureuse, mais ne fera pas davantage le bonheur de tous.

« Le génie des Athéniens a été d'inventer ces mots de liberté et de démocratie, qui flattent le peuple, comme une compensation à l'absence de bonheur. Même s'il est plus heureux sous un gouvernement aristocratique et monarchique, parce qu'il y a plus d'ordre et, partant, de prospérité, il reste le jouet de ces mots. Euripide, dans *Augé,* a fort bien expliqué ce phénomène, qui demeure un mystère aux yeux du sage : « Qu'ils meurent, tous ceux qui se réjouissent — De la tyrannie ou du gouvernement oligarchique dans une ville ! — Car le nom de liberté vaut tout — Et, si quelqu'un possède peu, il pense avoir beaucoup. » Mais je rougirais, Alexandre, de finir mon second discours sur des citations qui ne te concernent pas et qui viennent pourtant de ton tragique favori. Aussi te dirai-je ces autres vers de lui qui te promettent une double immortalité, même chez les démocrates : « Qui, étant jeune, néglige les Muses, — A perdu le temps passé — Et est mort pour l'avenir... » « Ce n'est pas au milieu des femmes que doivent vivre les jeunes gens, — Mais dans le fer et dans les armes s'acquérir la gloire. » Tu n'auras pas négligé les Muses, qui embellissent ton existence. Et elles transmettront ton nom à l'avenir, avec l'éclat que lui auront donné ton esprit et tes armes. »

L'hiver à Miéza était plein de charme pour Alexandre. En cette saison, où il était plus isolé, il se sentait encore plus le roi dans son palais. La neige faisait un manteau aussi précieux que la pourpre. Le chauffage, qui était perfectionné, redoublait la vitalité, quand on rentrait de chasse et des exercices. La grande salle avait une immense cheminée, due aux plans de Dinocrate : placée au centre de la pièce, comme le foyer des maisons primitives, elle formait un carré de six mètres de côté, avec quatre colonnes portant le conduit pyramidal par lequel la fumée s'échappait. On y brûlait le même bois que chez Calypso, « la nymphe aux belles boucles », dont « le grand feu répandait au loin — Le parfum du cèdre et du thuya facile à fendre ». Mais c'est plutôt un feu digne de celui des cyclopes de l'Etna qu'Alexandre et ses compagnons entretenaient dans cette cheminée. Outre le cèdre et le thuya, ils y mettaient du figuier écorcé, qui ne produisait pas de fumée, tel que celui de l'auberge de l'Axius. Aristote avait amélioré le procédé ordinaire consistant à écorcer ce bois, à le mouiller et à le faire sécher : après dessiccation, on l'immergeait dans l'écume de la première huile qui sort du pressoir. « Bien arranger le feu et fendre du bois sec », était une des choses dont se vantait Ulysse.

Cette salle était réservée aux leçons et aux repas, — les leçons, pendant la belle saison, avaient pour cadre la nymphée ou le haut d'une tour et, le plus souvent, un des ronds-points du parc pourvu de bancs. Alexandre aimait chanter, devant le feu, les vers composés par Homère à Samos, durant un séjour que le poète y avait fait en hiver : « Un homme s'enorgueillit de ses enfants, — Une ville, de ses remparts, — Une campagne, de ses chevaux, — La mer, des vaisseaux qui la couvrent ; — Les richesses sont l'ornement d'une maison ; — De respectables magistrats, assis au tribunal, font un spectacle admirable ; — Mais le plus beau spectacle, à mon avis, — Est celui du feu qui brille dans une maison, un jour d'hiver, — Lorsque le fils de Saturne répand sur la terre la neige avec les frimas. »

Les principales œuvres d'art qui se trouvaient à Miéza, étaient l'ornement de cette pièce. On y voyait l'*Athlète* de Zeuxis, où le peintre avait écrit ce vers célèbre : « Vous pourrez en médire et non pas l'imiter. » Ce corps musclé, qui semblait palpiter après l'exercice, était, au contraire, comme un enseignement perpétuel à l'imiter, et ce n'est pas sans mal qu'Alexandre avait arraché ce chef-d'œuvre à son père. Le grand tableau d'Aristide de Thèbes, représentant *Ganymède et l'Amour jouant aux osselets*, était d'une pédérastie suave : ainsi que l'avait dit Alexandre à Cléotime, on avait l'impression que Ganymède et le fils de Vénus allaient faire l'amour, dès que Jupiter ne les regarderait plus. Une statue d'Apollon, par Calamis, avait de si belles fesses qu'on les lui avait patinées à force de les caresser. On voyait également, le long des murs, les autels des divinités de la maison : ceux de Vesta, de Jupiter Protecteur de la clôture, d'Hercule, des Muses et de l'Amour. C'est sur ce dernier autel qu'avaient lieu les cérémonies de l'échange de sang et sur lui que se prêtaient les serments de fidélité des amis. Le serment de fidélité à Alexandre se prêtait devant la statue d'Hercule.

Les chambres avaient toutes les sortes de brasiers, de réchauds et de foyers, même des foyers roulants. Celle d'Alexandre possédait seule des fenêtres à châssis de verre égyptien ; les autres avaient des châssis de toile huilée ou de mica. On se baignait trois ou quatre fois par jour : au lever, au coucher et après les exercices. Les bains se prenaient dans des baignoires et non dans de simples cuves, comme il y en avait encore au palais royal de Pella, sauf chez Olympias. Alexandre aimait y paresser. Lorsqu'il était seul, il s'y endormait souvent. Cela l'irritait et il tenait un bras levé pour s'en empêcher.

La nouveauté de cette année, en matière de bains, fut encore une trouvaille de Dinocrate. L'architecte, ayant médité sur le bain des Gètes et écouté les explications d'Alexandre sur l'étuve de Cléotime à Olympie, fit rapidement construire un chauffoir pour prendre des bains de vapeur, bains déjà prônés par Hippocrate : c'était un four en forme de voûte, composé de deux murs de briques, entre lesquels circulaient les flammes ;

on s'y tenait à deux pour transpirer. Quand la chaleur n'était pas excessive, c'était un endroit délicieux pour la volupté.

Si Alexandre s'endormait dans son bain, il n'était pas moins grand dormeur dans son lit. Cette propension au sommeil le désespérait ; il citait le mot de Platon : « Quelqu'un qui dort, ne vaut rien. » Aristote, qui aimait contredire son ancien maître, faisait observer qu'à Trézène, en Argolide, cité de Phèdre, de Thésée et d'Hippolyte, il y avait un autel fort ancien où l'on sacrifiait à la fois au Sommeil et aux Muses, ces déesses ayant besoin, disait-il, du repos que ce dieu procure. Cependant, Alexandre, en vue de limiter son assoupissement à l'heure de la sieste, avait imaginé autre chose que pour l'heure du bain : il tendait un bras hors du lit avec une boule dans le poing, afin de se réveiller au bruit qu'elle faisait en tombant sur un plat de bronze. Ces façons d'entraîner sa volonté, comme il entraînait son corps, lui paraissaient indispensables à un chef.

La musique, avec tous ses instruments, — cithare, lyre, harpe, cymbale, flûte simple ou double, trompette, tambourin, — et avec des maîtres appropriés, sous la direction de Timothée, était un des grands plaisirs de Miéza. Les cithares et les lyres étaient en ivoire ou en écaille de tortue d'Argolide. La lyre et la cithare d'Alexandre avaient des incrustations d'or. Les flûtes étaient en cèdre, en buis ou en ivoire ; celle d'Alexandre, en argent. Les trompettes et les cymbales étaient de bronze de Corinthe ; les tambourins en peau de taureau, de faon ou de loup. Il y avait jusqu'à des chaussures à grosses semelles de bois fendues, contenant une petite machine de métal pour battre la mesure, en jouant d'un instrument.

Aristote, quelle que fût son opinion sur la cithare et la flûte, prônait l'enseignement de la musique comme son maître Platon, qui prétendait soumettre les âmes à la loi du rythme, de même que la gymnastique y soumettait le corps. Cependant, le Stagirite se faisait, là aussi, le continuateur du philosophe de Samos, qui donnait aux sons une valeur numérique, correspondant à la longueur des cordes de la lyre. Aristote, dont c'était l'instrument préféré, montrait ces rapports sur une corde tendue près d'une règle graduée. Cette théorie contentait son goût des mathématiques, puisqu'il avait adopté la devise pythagoricienne : « Tout est nombre. » Alexandre, qui était l'opposé d'un mathématicien, admirait, sans se laisser convaincre : il rapprochait l'harmonie de la poésie, plus que de la table de Pythagore. « Mais, disait Aristote, la poésie également est liée aux mathématiques. — Non, répondait son élève, car il n'y a pas de Muse des chiffres. »

L'amour d'Alexandre pour la musique était de famille. Non seulement son père vivait entouré de musiciens, mais ses ancêtres, plus proches qu'Achille, avaient été passionnés de cet art. Mélanippide de Milo, le musicien le plus fameux de son temps, placé par Xénophon, en cette qualité, à l'égal d'Homère, de Sophocle, de Polyclète et de Zeuxis, fut l'hôte du roi Perdiccas et Timothée de Milet, qui avait effacé sa gloire, était mort, comme Euripide, à la cour du roi Archélaüs. Timothée, le joueur de flûte d'Alexandre, descendait de ce Milésien. Le fils de Philippe était reconnaissant aux grands artistes qui avaient perfectionné les instruments de musique : le même Mélanippide avait ajouté deux cordes à la lyre et Phrynis de Mytilène deux cordes à la cithare. On se moquait des magistrats de Sparte, — le nom du premier n'avait pas été conservé et celui du second était Ecprépès, — qui, défenseurs de la tradition, avaient coupé avec la hache ces deux cordes supplémentaires, lorsque ces musiciens allèrent jouer aux Hyacinthies, les grandes fêtes lacédémoniennes. Avant eux, Terpandre de Lesbos avait failli être mis à mort, dans cette même ville, pour une innovation semblable. Alexandre vénérait le nom de ce musicien qui avait créé la mélopée dont s'accompagnaient les poèmes d'Homère. Il approuvait également Diodore de Thèbes qui avait percé la flûte de plus de trous que les quatre habituels. Il jugeait absurde les plaisanteries des *Nuées* critiquant Phrynis comme inspirateur d'une musique efféminée, propre à pervertir les garçons. Il ajoutait qu'il ne comprenait pas, dans ce passage, la remarque d'Aristophane, qu'au bon vieux temps, les garçons, aux cours de chant, « écartaient les cuisses ». Il demandait à Aristote si cette observation était très pertinente, puisque le fait d'écarter les cuisses, était plutôt excitant.

Le philosophe rappelait que Platon avait été aussi sévère qu'Aristophane pour les nouveautés musicales : le fondateur de l'Académie traitait d'ignorants ceux qui s'enthousiasmaient, au théâtre, pour un flûtiste habile à imiter le sifflement du serpent ou le chant du rossignol. Alexandre reconnaissait que de telles fantaisies étaient étrangères à « la vraie beauté », mais il les jugeait méritoires et s'inscrivait en faux contre l'interprétation donnée dans *la République* aux vers de *l'Odyssée :* « ... Les hommes célèbrent davantage le chant — Qui se trouve le plus nouveau pour les auditeurs. » Platon estimait qu'Homère n'avait voulu parler que de nouveaux poèmes ; Alexandre soutenait, à l'inverse, qu'il avait fait allusion à de nouvelles musiques et à de nouvelles façons de chanter, la beauté des poèmes d'Homère ne pouvant être dépassée. Le charivari, improvisé ou étudié, auquel il s'amusait parfois avec ses camarades, lui semblait, non seulement une nouveauté, mais un repos, après cette musique noble que, selon Pythagore, il faut écouter « dans le silence des passions ». On utilisait alors même la crécelle, que le savant Archytas de Tarente avait imaginée, dit-on, « afin d'empêcher les enfants de briser les choses de la maison ». En revanche, Alexandre louait Aristote d'avoir inventé, pour les animaux de la maison et des champs avoisinants, des clochettes si bien harmonisées qu'elles formaient un concert presque digne des Muses.

Il aimait toujours le chant et, quoi qu'eût dit son père, n'avait pas

« honte de chanter si bien ». Il ne trouvait pas que ce fût un art efféminé : Solon avait entraîné les Athéniens par ses chants à la conquête de Salamine ; Tyrtée anima par les siens le courage des Spartiates ; Cyrus rassura ses soldats, effrayés des rugissements de l'ennemi, en leur faisant chanter l'hymne de Castor et Pollux. Timothée dirigeait, soit que l'un des compagnons chantât « un beau linus », comme l'enfant ciselé au milieu des vendangeurs sur le bouclier d'Achille, soit qu'il s'agît d'un chœur. Philippe d'Acarnanie donnait également des recettes pour éclaircir la voix. Il prescrivait surtout le trixago. Certains chefs de chœur athéniens n'hésitaient pas à faire prendre aux garçons des potions dangereuses : l'un d'eux, que défendit Antiphon, avait été accusé d'avoir provoqué la mort d'un de ses jeunes chanteurs par un de ces breuvages. Alexandre composait parfois l'air d'un chant, comme celui qu'il avait fait entendre chez Cléotime sur un poème d'Anacréon.

La danse était un autre complément naturel de la musique. Aristote n'aurait pu la blâmer ouvertement, puisque Platon la recommandait, aussi bien que Socrate. Ce dernier raffolait de la danse au point d'avouer, dans Xénophon, qu'un jour Charmide l'avait trouvé chez lui en train de danser tout seul. Il est vrai, ajoutait-il, que c'était pour faire tomber son ventre. Les élèves d'Aristote se prétendaient assez forts et assez gracieux dans cet art pour qu'on leur appliquât les vers des *Guêpes* : « Agitez en rond un pied rapide... — Et ruez, de sorte que — Les spectateurs, en vous voyant la jambe en l'air, disent : « Oh ! » La danse qui avait la faveur d'Alexandre et de ses compagnons, était la macédonienne, qu'ils avaient exécutée devant Olympias au banquet de la régence : elle mimait, en effet, tous les gestes et toutes les phases d'un combat. A Miéza, ils la dansaient nus et, comme on le faisait dans la pyrrhique, ils avaient au bras un bouclier et une lance à chaque main. Le joueur de flûte ou de lyre rythmait les mouvements. C'est au cours de cette danse que Ptolémée Alorite avait tué Alexandre II, frère aîné de Philippe.

Pour rire, on dansait aussi toutes celles que l'on connaissait de comiques, plus celles qui avaient été dansées au banquet de Philippe à Byzance. Une des premières qui amusait beaucoup, s'appelait la démangeaison, parce qu'on faisait le geste de se gratter : elle était particulière aux fêtes de Proserpine. Autolyque avait appris la bactrienne et remuait les reins d'une manière qui faisait éclater tous les compagnons et même Aristote. Il disait que c'était pour entraîner Alexandre à les mener plus tard à la conquête de la Bactriane. Anaxarque rappelait que d'après Hérodote, Hystaspe, fils de Darius et d'Atossa, était chef des Bactres dans l'armée de son père, mais ce n'était pas une troupe de danseurs. Eschyle, dans *les Perses,* nomme comme Bactriens « le noble Ténagon » et Arsame.

Ils se travestissaient pour les pièces d'un vaste répertoire, tiré de la mythologie ou de l'histoire, et qui avait surtout Alexandre et Thessalus pour auteurs. Aristote y collaborait parfois, afin d'être de plain-pied avec ses élèves et de se délasser de ses travaux. Tantôt c'était le jugement de Pâris, un peu modifié, pour voir laquelle des trois déesses avait le plus beau derrière, — il y avait des variations à l'égard des mêmes, selon leur plus ou moins d'embonpoint (dans ces jeux effrontés, Aristote se contentait du rôle de spectateur) ; tantôt c'étaient la bataille des dieux et des géants, Apollon et les neuf Muses, Diane et ses compagnes, Vénus et les Amours (sujet particulièrement bouffon), les tritons et les océanides, le mariage de Thétis et de Pélée, celui de Bacchus et d'Ariane (on n'allait pas jusqu'aux licences de Cléotime), Pan, les nymphes et les satyres, Hercule chez Omphale ou dans le jardin des Hespérides.

Alexandre affectionnait l'épisode du séjour d'Achille à la cour de Lycomède, roi de Scyros. Il remplissait le rôle du héros, qui s'était vêtu en fille sous le nom de Pyrrha, et Ephestion, celui de Déidamie ; mais, là encore, il n'était pas question de faire l'amour publiquement. Ptolémée jouait le personnage d'Ulysse, déguisé en marchand. Il arrivait avec une corbeille remplie de colifichets, où était dissimulée une épée, sur laquelle se jetait Pyrrha-Alexandre. Alors, il mettait la main sous la robe de Pyrrha pour lui saisir le membre et disait : « Salut, Achille. » Un autre des épisodes préférés d'Alexandre concernait son ancêtre Alexandre Ier qui, jeune prince, ayant vu, à la cour de son père Amyntas, des ambassadeurs de Darius traiter indécemment des femmes dans un banquet, fit sortir celles-ci en disant qu'elles voulaient se parer, et fit entrer ensuite, à leur place, ses camarades déguisés en femmes, avec des épées sous leurs vêtements, comme Harmodius et Aristogiton dans les bouquets de myrte. Les Perses avaient été massacrés. Alcibiade et Aspasie au milieu des courtisanes d'Athènes constituaient également un sujet drôlatique. Thésée apportait aussi sa contribution : il avait déguisé en filles les deux plus jolis des sept garçons qu'il conduisait au Minotaure ; il leur avait même blondi les cheveux. Mais ces garçons n'étaient pas moins intrépides que beaux et il les avait choisis en connaissance de cause, pour l'aider à tuer le monstre. Solon, enfin, avait attiré les Mégariens aux fêtes de Vénus la Verge, qui n'étaient célébrées que par les femmes, en leur faisant espérer d'enlever aisément ces Athéniennes. Mais, comme les jeunes Macédoniens d'Alexandre Ier, elles étaient des adolescents déguisés et tous les Mégariens furent tués. Ce fut le prélude de la conquête de Salamine.

L'histoire des grandes reines, — Sémiramis de Babylone, Artémise d'Halicarnasse..., — n'offrait pas moins d'inspiration.

Ce n'est pas seulement pour s'égayer que les camarades d'Alexandre aimaient les habits féminins. Si tous n'étaient pas des Adonis, ils convenaient que ces habits et ces perruques les embellissaient et ils y voyaient un secret de l'attrait des femmes. Ils discutaient l'opinion de ceux qui prétendent que l'on jouit des beaux garçons parce qu'ils ressemblent à des filles et uniquement tant qu'ils leur ressemblent. « Et les garçons qui aiment être possédés, disait Démètre, est-ce qu'ils croient aussi avoir affaire à des femmes ? »

Thessalus réglait les représentations dramatiques, où Euripide et Aristophane tenaient toujours les premières places. Mais le fonds théâtral de Miéza s'était enrichi. Alexandre avait demandé à Aristote de se procurer les copies des pièces qu'il avait vues chez Cléotime ; mais la plupart manquaient. On y avait substitué *le Pédéraste* et *Ganymède* d'Antiphane de Rhodes, *les Pédérastes* de Phéricrate d'Athènes, *Ganymède* et *le Dressé* (surnom de Priape) d'Eubule, *Priape* de Xénarque, et *l'Ami des Lacédémoniens* de Stéphane, comédies roulant toutes sur le même sujet. Les leçons de littérature consistaient maintenant à lire et à commenter ces pièces, avant de les représenter. On y avait ajouté *les Affaires d'Amour* de Cléarque de Soles, *les Questions amoureuses* d'Ariston de Céos et le fameux traité d'Aristippe l'Ancien, *De la Volupté antique*. Alexandre avait écrit à Eschine pour se faire envoyer les vers que l'orateur avait consacrés à de beaux garçons. Aristote souriait de ce déluge de littérature érotique ; mais n'avait-il pas dit que « l'amitié entre jeunes gens avait sa source dans les plaisirs » ? D'ailleurs, ces curiosités ne semblaient plus libidineuses, depuis qu'elles étaient des récréations de guerriers. On avait eu à Byzance l'exemple de Philippe.

Néanmoins, Alexandre ne laissait pas chômer la lecture de ses poètes préférés. La beauté des vers d'Homère était un complément de sa vie. Il s'amusait encore à ces jeux qui, dès l'enfance, avaient contribué à exercer sa mémoire et sa subtilité, comme d'en recenser les vers commençant ou finissant par la même syllabe ou par la même lettre ou dont la première et la dernière syllabes forment un nom d'homme ou un mot quelconque, ou bien ne comportent pas telle ou telle lettre.

Les exercices physiques absorbaient le tiers de la journée. Pour mieux les ordonner, Alexandre avait fait venir des athlètes : Aristonique de Caryste, — homonyme du musicien de Philippe, — le plus fameux joueur de balle du monde grec (les Athéniens lui avaient donné droit de cité et lui avaient élevé une statue) ; Clitomaque, Thébain dont la renommée n'était pas moins universelle ; Coragus, hercule macédonien ; Dioxippe d'Athènes, plusieurs fois couronné dans les grands jeux. Le frêle Aristote, peu partisan de l'athlétisme, ne pouvait critiquer cette discipline, qui était le corollaire du métier de soldat. Du reste, Alexandre avait engagé ces athlètes en sachant qu'ils étaient beaux : il voulait de la beauté même chez ceux qui ne cultivaient que la force.

Comme les prétendants de Pénélope et comme tous les jeunes Grecs, « ils se divertissaient avec des disques et des javelots qu'ils lançaient — Sur la terre dure... », divertissement qui était aussi d'intérêt militaire, — on lançait les javelots en longueur et en hauteur, à pied et à cheval. Ils couraient, nus ou vêtus, armés ou sans armes, ils sautaient, ils levaient des haltères, ils tiraient à l'arc. Depuis qu'Alexandre avait affronté les batailles, il ne partageait pas l'avis d'Euripide, qui avait condamné cet exercice · « L'arc n'est pas l'épreuve de la bravoure d'un homme, — Mais que celui-ci reste à son poste, quand il voit et regarde en face — Un champ serré de lances. » « Pourquoi l'arc ne nous servirait-il pas à tuer un ennemi, puisqu'il nous sert à tuer un animal sauvage ? disait Alexandre. Il a tué le prince thrace, cousin de Térès. C'est une arme, comme une épée et une lance. » Les exercices terminés, ils s'enveloppaient dans un long manteau fourré, avant d'aller au bain.

Ils se battaient aussi entre eux à coups de poing, en s'entraînant sur des sacs de farine ou de sable. Malgré son peu d'attrait pour le pugilat, Alexandre y était l'un des plus forts, de même qu'au pancrace : il ne voulait pas démériter auprès d'Hercule, même s'il portait un couvre-oreilles.

Une salle spéciale avait été aménagée pour le jeu de ballon, en l'honneur d'Aristonique. Quand il ne jouait pas avec un ou même deux partenaires à renvoyer la balle, voire deux balles pour occuper chaque main, il organisait une partie de balle commune, dite balle des éphèbes, qui se disputait entre deux camps : une ligne les séparait, une autre était tracée loin derrière, et il fallait se jeter la balle en tâchant d'aller de plus en plus loin, les vaincus étant ceux qui avaient été obligés de franchir leur ligne arrière. On devait aussi jeter la balle contre le sol et la recevoir le plus de fois possible, de plus en plus haut ; c'était à qui l'attraperait dans sa chute, au milieu d'une mêlée. Le vainqueur était proclamé « roi ». Aristonique était un vrai jongleur, qui arrivait à faire mouvoir sept balles autour de lui, en se servant de ses mains, de sa tête et de ses pieds. Autre jeu : sur un côté du gymnase, était plantée une poutre percée d'un trou, dans lequel on passait une corde, et deux adversaires étaient attachés dos à dos à ses extrémités pour tirer en sens inverse de toutes leurs forces : le vainqueur était celui qui avait contraint l'autre à toucher la poutre avec les épaules.

De même qu'il y avait un lieu couvert où l'on pouvait, le corps huilé, se rouler dans la poussière en luttant, il y en avait un autre rempli de boue, aux mêmes fins. C'est Coragus qui avait institué ce genre de combat, dont la laideur affligeait Aristote, autant qu'Alexandre et Ephestion ; mais le fils de Philippe tenait à surmonter cette impression. On s'enduisait de boue, comme les deux amis l'avaient vu faire à certains lutteurs dans le stade d'Olympie, et l'on ressentait une horrible volupté à ce contact gluant. Le bain, l'étuve, l'étrille, la myrrhe, n'étaient ensuite que plus appréciables. On luttait aussi, frotté d'huile, sur un pavement de marbre où il n'y avait pas de poussière. Cela permettait d'exercer non seulement sa force, mais son adresse : le vainqueur était celui qui parvenait à enfoncer un doigt entre les fesses de l'autre. Personne, même pas Ephestion, n'y était arrivé

avec Alexandre. Il soupçonnait, en revanche, que certains, tels qu'Autolyque et Médius, lui cédaient cet honneur un peu trop facilement.

Il y avait un combat d'une autre sorte, quand on allait cueillir les
pommes d'hiver. Si les pommes venaient d'un pommier à greffe de rosier,
Alexandre prétendait que c'étaient des roses. Le fruit de Vénus se
changeait en arme redoutable qu'il fallait savoir éviter. Les rires compen-
saient les bosses et les yeux pochés. Ils luttaient aussi, les uns armés de
bâtons, les autres protégés de boucliers, ou plus couramment, une équipe
armée de mottes de gazon contre une équipe armée de bâtons : Alexandre
avait trouvé *la Cyropédie* dans ce dernier genre de bataille. Philippe
d'Acarnanie veillait à leur beauté comme à leur santé. Il avait une recette
infaillible, — mélange de cire et de suc de thaspie, — qui, en une nuit,
faisait disparaître ou atténuait considérablement les meurtrissures.

Un exercice roboratif consistait à émonder ou à abattre des arbres. Les
sons de la flûte réglaient les coups de cognées. En vue d'apaiser les
nymphes, dont le sang dégouttait, ils leur offraient le sacrifice, prévu pour
elles, de cuisses de brebis et de chevreau ou de porc rôti. Alexandre
vénérait surtout les nymphes des montagnes, qu'Homère appelait « filles
de Jupiter Porte-Égide », mais il avait aussi un culte pour celles des chênes,
des frênes, des lauriers et des grenadiers. S'il consentait à tuer ces arbres,
c'est parce qu'il savait qu'elles étaient mortelles, bien qu'elles vécussent
plus longtemps que les hommes : on disait « vieux comme les nymphes ».
Anaxarque citait un texte d'Hésiode, déclarant « qu'une corneille vit neuf
fois autant qu'un homme ; un cerf, quatre fois autant qu'une corneille ; un
corbeau, trois fois autant qu'un cerf ; un palmier, neuf fois autant qu'un
corbeau ; et les nymphes, dix fois autant qu'un palmier ».

Après ces travaux, plus pénibles que celui de fendre du bois,
Alexandre exigeait le réconfort de la poésie. Lorsque le feu brûlait dans la
cheminée de la grande salle, Thessalus chantait des vers appropriés,
notamment ce passage de la quatrième *Pythique* : « Si l'on dépouille avec la
hache au tranchant aigu — Les rameaux d'un grand chêne, — Et si l'on
défigure son aspect divin, — Quoique privé de fruits, il donne un
témoignage de lui-même, — Quand, un jour, le feu d'hiver l'atteint pour
finir — Ou que, servant de soutien, parmi les colonnes droites — De la
maison du maître, il remplit un triste office, — Dans les murs d'autrui, —
Après avoir quitté son lieu. » Du moins n'y avait-il pas, à Miéza, de
colonnes de bois pour faire gémir les arbres : les flammes purificatrices les
mêlaient « à l'éther et aux nuages », où est « le large Olympe ».

Mais leur exercice de prédilection était la chasse. Les monts
d'Emathie, au sud desquels était Miéza, et ceux d'Almopie et de Dardanie
qui les prolongeaient à l'ouest, ceux de Mygdonie de l'autre côté de l'Axus,
c'est-à-dire le Dysore et l'Orbèle, se prêtaient aux expéditions plus
lointaines, si l'on ne se bornait pas aux bois mêmes qui entouraient le

domaine et qui formaient une réserve. Les pins et les sapins, les yeuses, les cornouillers et les érables, étaient les principaux arbres de ces monts et de la réserve, avec des sous-bois d'arbousiers, de genévriers et de houx, et les autres essences dont Alexandre adorait les nymphes. La chasse, qui avait été une préparation à la guerre, ainsi que tous les exercices physiques, prenait un aspect encore plus martial, depuis que l'escadron avait combattu.

Ils revêtaient d'abord une tenue particulière : tunique courte, relevée jusqu'au haut de la cuisse droite par une courroie ; manteau en étoffe à longs poils ou en peau de bête ; demi-bottes de cuir souple ; bonnet de cuir collant et couteau suspendu à un baudrier. On chargeait sur des chevaux les armes, serrées dans des sacs : bâtons recourbés pour la chasse au lièvre, arcs, arbalètes et flèches, javelots barbelés ou à trois pointes pour la chasse au sanglier et au cerf, piques, épieux ferrés, filets, pièges, traquets, fourches, lances, haches et massues. On transportait aussi des claies et des treillages de protection, des faucilles destinées à abattre des branches. Comme chaque cavalier à la guerre, chaque chasseur était accompagné de son écuyer, qui lui tendait les armes dont il avait besoin. C'étaient aussi les écuyers qui mettaient en place pièges et filets. Suivaient des chariots, où l'on entasserait le gibier, car les battues étaient fructueuses. Un cuisinier était également de l'expédition, pour préparer le repas, quand on faisait halte dans une maison de bûcheron ou dans une caverne. Avant de monter à cheval, on chantait le début de l'hymne homérique à Diane : « Vierge vénérable, perceuse de cerfs, lanceuse de traits, — Propre sœur d'Apollon au glaive d'or, — Celle qui, par les montagnes ombreuses et les cimes battues des vents, — Jouissant de la chasse, bande un arc entièrement d'or, — Aux traits funestes. Les sommets — Des hautes montagnes tremblent et la forêt épaisse — Retentit terriblement sous les cris des bêtes sauvages. » Aristote se contentait de saluer ses élèves en les recommandant aux divinités des chasseurs, qui étaient, non seulement Diane et Pan, mais Apollon, Mercure, Hercule et encore les nymphes.

Le départ de la joyeuse troupe, à laquelle se joignaient Anaxarque, les athlètes, Thessalus, Timothée, Philippe d'Acarnanie et souvent Paléphate, était déjà un spectacle excitant, avec les abois d'une cinquantaine de chiens que des piqueurs tenaient en laisse, deux par deux. Alexandre affectionnait les chiens d'Epire ou molosses, hardis pour l'attaque, les laconiens et les crétois pour la quête. Il avait aussi des chiens d'Acarnanie, qui n'aboyaient pas. S'il emmenait ses deux chiens favoris, le péonien Triaque, cadeau de Panès, gouverneur de Péonie, et l'indien Périttas, qu'il avait acheté dix mille drachmes, — trois mille de plus que n'avait coûté le fameux chien d'Alcibiade, admiration des Athéniens, — Bucéphale était épargné dans ces occasions : pour cela, il avait des chevaux thraces ou siciliens, habitués à la chasse en montagne. Il estimait aussi les vénitiens, qui étaient extrêmement rapides : c'est avec un cheval de cette origine que l'écuyer de Philippe avait gagné la course à Olympie, le jour de la naissance d'Alexandre, et c'est en Vénétie que Denys l'Ancien avait acheté ses chevaux de course qui remportèrent plusieurs victoires. Mais Alexandre aimait surtout cette race, parce qu'elle avait été celle des chevaux d'Hippolyte. Dans la *Phèdre* d'Euripide, le chœur disait, après la mort du fils de Thésée : « Tu ne monteras plus ton attelage de poulains vénètes, — Autour du champ de courses de Limna (1), — Retenant de ton pied tes chevaux exercés... »

Malgré sa familiarité avec ses compagnons, Alexandre gardait un privilège qui était celui de son père à la chasse : nul n'avait le droit de frapper ou de tirer avant lui l'animal qu'il avait débuché. S'il s'agissait de chasser le lièvre, on plaçait des filets aux issues des bois ou des sentiers et l'on n'avait besoin que du long bâton propre à cette chasse : on le projetait comme une catapulte pour assommer l'animal, avant que les chiens l'eussent happé. Mais forcer un sanglier, lancer un cerf, passionnait évidemment davantage Alexandre. Paléphate tua un sanglier avec l'épieu et conquit ainsi le droit de s'allonger à table près de son maître. Il arrivait qu'on utilisât la ruse, ce qui était un des procédés de la guerre et fort employé par Philippe. On enlevait un faon, au gîte ou à une source, puis on le mettait à l'abri d'un filet, d'où il envoyait aux échos des cris qui devaient être fatals aux cerfs et aux biches. On attirait les ours vers une fosse, derrière laquelle était attachée une chèvre en guise d'appât. On les arrêtait par des ailes d'oiseaux que l'on faisait flotter sur les basses branches des arbres, ce qui les effrayait.

Aristote, après Platon, condamnait ce genre de chasse : il n'admettait que celle où le chasseur s'expose et qui, ainsi, devient « sacrée ». Comme son père, Alexandre admettait tout ce qui développe l'esprit en même temps que les forces, et ces distinctions lui semblaient oiseuses. Il n'hésitait pas à qualifier de divine la chasse où Timothée attirait les cerfs par des airs de flûte, à la manière d'Orphée. Le monde des animaux sauvages le fascinait. Il admirait, par exemple, l'amour des gélinottes pour les cerfs, qu'elles éventent en volant au-dessus d'eux en été.

Une fois, l'escadron alla chasser le buffle et l'aurochs en Péonie, — chasse du roi. On étendit des peaux de bœuf toutes fraîches et de vieux cuirs bien huilés sur la pente rapide d'une colline, dont le bas avait été ceinturé d'une palissade, et l'on y poussa l'animal, qu'aucun filet n'aurait pu retenir. Mais rien ne consolait Alexandre du regret qu'il n'y eût plus de lion en Macédoine, non plus qu'en Thrace : Aristote lui disait que les anciennes monnaies de Stagire et d'Acanthe montraient un lion sur le dos d'un buffle dont il mordait la croupe.

(1) A Trézène.

Lorsqu'on s'arrêtait pour reprendre haleine ou se restaurer, Thessalus chantait des extraits cynégétiques des poètes. Alexandre chantait parfois lui-même ces vers d'Anacréon qui pouvaient s'appliquer au sujet : « Avec une branche de jacinthe, — L'Amour, en marchant gravement, — Me commande de courir avec lui çà et là — Et par des lieux rudes et abrupts, — Par des buissons et des précipices... »

De retour à Miéza, on consacrait les prémices de la chasse aux statues de ses déesses et de ses dieux : un lièvre, une hure de sanglier, une tête de cerf, un gâteau de miel trouvé dans l'antre d'un ours, un pied de chamois, une queue de renard, avec l'une des armes qui avaient atteint l'animal et avec la laisse ou le collier d'un des chiens qui l'avaient forcé.

Ayant honoré Diane, au départ, avec son hymne homérique, on honorait maintenant, de la même façon, une autre divinité des chasseurs. L'hymne de Pan plaisait particulièrement à Alexandre et à Ephestion, pour sa grâce poétique : « Muse, dis-moi le fils de Mercure, — Le chèvre-pieds à deux cornes, qui fréquente — Les prairies boisées, en compagnie des nymphes accoutumées aux danses... — Le soir, il se fait entendre, — Revenant de la chasse, jouant sur ses pipeaux un air suave... » Il va sans dire que, si la chasse n'avait pas été bonne, ce qui arrivait rarement, on ne fouettait pas la statue de Pan, comme le faisaient, en pareil cas, les chasseurs arcadiens.

Alexandre ne goûtait pas moins les hymnes du père de Pan, à cause des liens que ce dieu avait eus avec Hercule, et c'est pourquoi, à Miéza, leurs deux statues et leurs deux autels voisinaient : Mercure avait aidé le héros contre le dieu-fleuve Achéloüs et contre le centaure Nessus, l'avait mené chez Pluton et enfin dans l'Olympe sur le char de Minerve. Alexandre avait un vase où Mercure regardait Hercule se doucher à une fontaine et un autre où il l'apportait, tout enfant, à Chiron. Le premier de ses hymnes était le plus long de ces poèmes homériques et concernait surtout l'histoire du rapt des vaches des dieux, perpétré par Mercure à peine sorti du berceau. Alexandre avait choisi, pour la partie que l'on chantait, les vers où il était question de la province macédonienne chère aux Muses : « Le Soleil, du haut de la terre, plongea dans l'Océan — Avec ses chevaux et son char, et aussitôt Mercure — Arriva aux montagnes ombreuses de la Piérie. — Là, les vaches immortelles des dieux bienheureux avaient une étable, — Paissant des prairies non fauchées, aimables... »

C'est également au premier des deux hymnes à Apollon qu'Alexandre avait emprunté le texte que l'on chantait pour ce dieu : « Comment te célébrerai-je, toi qui es célébré dans de beaux hymnes ? — Car, partout, à toi, Phœbus, est dévolue la loi du chant, — Que ce soit sur le continent nourricier des génisses ou sur les îles. — Tous les hauts lieux d'où l'on observe, te sont chose douce et les caps aigus — Des montagnes élevées et les fleuves coulant vers la mer.. »

Il n'y avait pas d'hymne homérique aux nymphes. Celui d'Hercule se chantait en entier. C'était, avec l'hymne de Pan, le plus doux aux oreilles d'Alexandre : « Je chanterai Hercule, fils de Jupiter, que, infiniment le meilleur — Des hommes de la terre, dans Thèbes aux beaux chœurs, — Engendra Alcmène, s'étant unie au fils de Saturne aux sombres nuages. — D'abord, sur la terre immense et la mer, — Il erra, égaré, travaillant avec peine et l'emportant, — Et seul, il accomplit de nombreuses choses à rendre follement orgueilleux, des œuvres extraordinaires. — Mais à présent, il habite la belle demeure de l'Olympe neigeux, — Jouissant, et il possède Hébé aux belles chevilles. — Salut, chef, fils de Jupiter : donne-moi vertu et richesse. » Alexandre n'avait pas besoin que son ancêtre lui donnât richesse et vertu, mais cet hymne lui paraissait le programme de toute sa vie. « De nombreuses choses à rendre follement orgueilleux, des œuvres extraordinaires, disait-il à Ephestion, je ne les accomplirai pas seul, mais avec toi. »

Le chant terminé, avait lieu la cérémonie de purification des chasseurs et des chiens, par l'égorgement d'un verrat ou bien par des œufs qu'Aristandre brisait devant les autels, pour suivre le rite orphique dont Anaxarque avait parlé, lors de la chasse de Maronée. C'est d'ailleurs ce rite que Philippe, sur le conseil du philosophe, avait fait sien, lorsqu'il avait chassé sur les monts de la Thrace et dans la plaine du Danube.

Quand le sacrifice était fini, Alexandre disait volontiers comme Hippolyte : « Allez, compagnons, et, entrant dans la maison, — Servez-vous des mets : une table remplie — Est chose agréable après la chasse. » La grande salle n'avait jamais de feu plus cyclopéen qu'à ce moment-là.

Le banquet, de même que le repas de midi dans les bois, était riche en gibier frais, pourtant succulent : on avait suspendu la venaison à un figuier et elle était bientôt attendrie. Ce procédé, connu aussi des cuisiniers pour la viande, était un mystère dont Aristote regrettait de ne pouvoir fournir une explication satisfaisante, même quand il supposait que la tendreté venait du lait de cet arbre. De même avait-il énoncé, dans ses *Problèmes,* sans en donner non plus l'explication, le fait que de petits cailloux et des lames de plomb entretinssent la fraîcheur de l'eau. Il jugeait aussi inexplicable le phénomène signalé par Anaxarque et qu'il avait voulu faire vérifier : que l'eau du Styx, qui perçait le bronze, ne traversât pas la corne du pied d'un âne scythe. On avait envoyé à Cercidas, l'un des hôtes de Philippe en Arcadie, le sabot rapporté par Alexandre et on l'avait prié d'effectuer l'essai avec l'eau de cette rivière infernale, qui a sa source dans cette province. L'essai avait été concluant. Aristote étudiait cette corne, dont Alexandre avait dédié un autre exemplaire à l'Apollon de Pella, comme il se l'était promis.

Parfois, le produit de la chasse était utilisé pour des expériences qui permettaient au philosophe de confirmer ou d'infirmer des préjugés Un jour qu'Alexandre avait tué une hyène, le philosophe examina toutes les parties de cet animal peu commun, dont les magiciens disaient des merveilles. Anaxarque prétendait même que l'hyène changeait de sexe chaque année. Aristote, sans pouvoir trancher la question, prouva qu'une dent, prise à droite de la mâchoire supérieure de cette hyène et liée à son poignet, ne le rendait pas plus habile à tirer de l'arc, et que la langue de l'hyène, placée dans sa chaussure, n'empêchait pas les chiens d'aboyer après lui ; que l'œil gauche, cuit dans du sang de belette, et qu'il avait mangé, ne l'avait pas rendu odieux à tout le monde. En revanche, le foie de cet animal, mangé en trois fois, coupa immédiatement un accès de fièvre de Paléphate et l'anus de l'hyène, attaché à son bras gauche, rendit violemment amoureux de lui les quatre athlètes, aux avances de qui il dut se dérober : on lui retira vite cet ornement. Mais les poils de cet anus, incorporés dans de l'huile et duquel on frotta tout le monde, n'inspirèrent à personne la chasteté.

Cependant, Olympias, avertie de cette capture par l'une des lettres que lui écrivait régulièrement Alexandre, s'empressa de réclamer les deux pattes de l'animal : elle confia à son fils que, d'après les magiciennes de Larisse, on provoquait la mort d'une femme en travail d'enfant, si l'on promenait la patte gauche sur sa tête. La patte droite, au contraire, facilitait l'accouchement. La reine réservait la première pour la Cléopâtre d'Attale, si elle se faisait épouser par Philippe, et la seconde pour sa fille Cléopâtre, qui épouserait Alexandre Molosse.

Aristote continuait des expériences aussi minutieuses que celles qu'il avait effectuées sur les langoustes et les moustiques durant le voyage d'Alexandre à Olympie. En dépeçant une belette, il avait fait constater l'erreur suivant laquelle cet animal concevait par l'oreille et enfantait par la bouche : ni sa bouche ni son oreille n'avaient la forme d'un sexe et le sien était encore imprégné de la semence qu'un mâle y avait déposée. Il avait été enchanté que, dans leur chasse à l'aurochs, ses élèves eussent pu observer un phénomène de cet animal, qui consiste à se défendre, en fuyant, par des jets de crotte, expulsés jusqu'à dix mètres de distance, et si chaude qu'ils ébouillantent les chiens. Mais ce n'est pas seulement la chasse qui lui servait à éclairer sa lanterne. Une fois, il avait disséqué des scorpions pour s'assurer que le mâle avait bien deux verges et la femelle deux vulves, cas unique. Aristote avait aussi noté que les scorpions mâles s'accouplent volontiers entre eux et il ajoutait en riant que c'est sans doute pour cela que le Scorpion fait partie du Zodiaque. Ses recherches s'étendaient même à des animaux qu'il n'avait jamais vus : d'après un livre de Ctésias de Cnide où étaient décrits les éléphants, — (ce médecin grec du roi des Perses, Darius II, dit Nothus, avait visité l'Inde), — et d'après ses propres observations sur le hérisson, il avait trouvé pour quelles raisons les uns et les autres de ces animaux ont leurs testicules à l'intérieur.

A propos des signes relatifs à la destinée, Aristote complétait, par les lumières de la science, ce que disait Aristandre d'après celles de la divination. Tous les amis d'Alexandre auraient voulu avoir les mêmes signes que lui. Il n'y avait, à l'escadron, qu'Ephestion né en Lion. Aristote était le premier philosophe à avoir écrit qu'on décelait, dans l'observation du corps humain, des pronostics de la vie ; mais, afin de n'inquiéter personne, il ne livrait encore que discrètement le résultat de ses études à ce sujet. Il faisait remarquer néanmoins à Alexandre et à Ephestion que les lignes de leurs mains, profondes et enchevêtrées, étaient courtes ; à Ptolémée ou à d'autres, que les deux principales, moins riches de fioritures que celles d'Alexandre, étaient plus longues. Il avait vu dans les mains d'Alexandre Lynceste et de Cassandre une marque sur laquelle il refusa de s'expliquer. Ephestion, qui avait assisté en tiers à l'examen de Cassandre, n'en dit rien, mais en fut préoccupé, se rappelant le rêve d'Alexandre relatif à ce garçon. Toutefois, les Lions qu'ils étaient, pouvaient-ils craindre quelque chose d'un Capricorne ? Du reste, les signes de vie brève étaient, selon Aristote, des dents écartées, des oreilles petites, un teint plombé, les doigts effilés. Alexandre et Ephestion avaient les dents serrées comme un bloc d'ivoire, les oreilles larges, un teint de rose, les doigts minces, mais pulpeux. Enfin, Alexandre se souvenait d'une prophétie faite par Nectanébo et que sa mère lui avait rapportée : il mourrait lorsqu'il se trouverait dans un pays dont le ciel serait d'or et la terre serait de fer. Il n'était pas près de découvrir un tel pays, à moins que ce ne fût un prolongement de celui des Hyperboréens ou du séjour des dieux.

En dehors des questions de destinée et de longévité, les remarques d'Aristote, consignées dans son traité de la *Physiognomonie,* intéressaient ses élèves, qui en discutaient avec leur maître. Il y relevait des correspondances entre la nature humaine et la nature animale : par exemple, les hommes qui habitent les régions où il y a des ours, sont forts et à poils durs. Les poils sur le ventre indiquent la loquacité, comme chez les oiseaux. Aristote lisait les mœurs dans les cuisses, comme Aristophane les lisait dans les phallus et les fesses. Il décrivait ainsi les garçons passifs : « Œil contracté, genoux en dedans, tête inclinée à droite (« Quelle chance pour moi que ce ne soit pas à gauche ! » s'était écrié Alexandre), geste de la main renversé et descendant, démarche double, de quelqu'un qui regarde de tous côtés et de quelqu'un qui met en valeur ses hanches. » Il donnait de même le signalement de l'avare, de l'irascible, du miséricordieux, du pusillanime. Les yeux, le nez, le front, les narines, la bouche, les épaules, la poitrine, les pieds, le dos, étaient pour lui comme des miroirs du caractère, et toujours avec référence aux animaux : le nez aquilin était une marque de magnanimité, parce que c'était celui de l'aigle ; le nez rond également, parce que c'était celui du lion ; le nez crochu annonçait

l'impudence, parce que c'était celui du corbeau , le nez camus, la luxure,
parce que c'était celui du singe.

Maintenant que l'on parlait librement de la pédérastie, Aristote ne
craignait pas de faire observer, dans la volière, les mâles des cailles se
battant entre eux et le vaincu se laissant cocher par les vainqueurs, les uns
après les autres. Il avait constaté un phénomène identique chez les coqs
sacrés de certains temples : ils assaillaient les nouveaux coqs amenés par
des fidèles et les cochaient à la queue leu leu. Aristote disait les perdrix si
salaces qu'elles se fécondent à la vue du mâle ou à son odeur, s'il vole sous
le vent ou à côté d'elles, et qu'elles pondent sur-le-champ. Le jeune
philosophe Cléarque de Soles en Cilicie lui écrivait avoir vu des perdreaux,
des moineaux et des coqs éjaculer de même à la seule vue de la femelle ou à
son simple cri, ou, ce qui semblait du narcissisme, devant un miroir.
Autres observations dues à Aristote, sur les mœurs des pigeons de la
volière : les femelles ne se laissent jamais cocher par les jeunes mâles sans
s'être fait bécoter ; les vieux, au contraire, ne bécotent qu'après avoir
coché. Si les femelles sortent de la volière, les mâles se bécotent et se
cochent ; si ce sont les mâles qui sortent, les femelles se comportent de
même et pondent ensuite des œufs clairs. « Ce bécotage, disait Aristote, a
fait croire au fameux Anaxagore que ces oiseaux se fécondaient par le bec. »

Les grandes promenades étaient autre chose qu'un simple divertissement. Elles correspondaient aux cours en plein air, que le philosophe
donnait dans d'autres saisons. Aristote, qui avait adopté le goût d'Alexandre pour la marche, critiquait l'éducation spartiate, qui estimait la
promenade du temps perdu et soustrait à la gymnastique. On citait le
message, véritablement laconique, envoyé par le sénat de Sparte aux
Lacédémoniens qui occupaient la forteresse de Décélie en Attique et
qui avaient pris l'habitude de se promener après le repas : « Ne vous
promenez pas. »

« Eh bien, promenons-nous », disait Aristote. Alors, ces chasseurs,
ces athlètes, ces guerriers, ces amants, ces amis redevenaient des écoliers
sous la coupe de leur maître. Il leur faisait deviner l'oiseau, l'animal, l'in-
secte qui avait laissé des traces dans la neige. Ils avaient à reconnaître les cris
des volatiles, mais non pour rivaliser avec Aristandre dans l'art des augures.
Aristophane leur semblait avoir bien reproduit le chant de la huppe dans les
Oiseaux : « Epopopopoïpopoïpopopoïpopoï, — Io, io, ito, ito, ito, ito,
ito. » Ils avaient mis un nom sur les autres onomatopées de la comédie
célèbre : « Titititititititi », « Trioto, troto, Totobrix », « Torotorotoroto-
rotix », « Torototorotolilix », « Totototototototototix », « Tiotiotiotiotio-
tinx ». « Kikkabau, Kikkabau », leur semblait assez le huer de la chouette.
Au printemps, on vérifiait le « Tittibisi », gazouillement de l'hirondelle.
Le « Ityu, ityu », commencement de l'hymne du rossignol, noté par les
poètes tragiques, était connu à Miéza grâce aux rossignols de la volière.

Mais, en aucune saison, on ne pouvait entendre les grenouilles : elles étaient muettes en Macédoine, comme les cigales l'étaient à Reggio, en Italie du Sud, où les sangliers aussi étaient sans voix, de même qu'il n'y avait pas de chouette en Crète ni de merle blanc ailleurs qu'en Arcadie et, selon ce qu'avait dit Anaxarque, ni rossignol ni hirondelle à Byzie et à Daulis. Le fameux « Brékékex coax coax » n'existait donc pour les Macédoniens que dans *les Grenouilles* d'Aristophane.

Aristote faisait remarquer, lorsqu'on découvrait un nid, les précautions, d'ordre physique, — d'ordre magique, disait Anaxarque, — des oiseaux qui l'avaient construit. Elles prouvaient les vertus des arbres et des plantes : les colombes mettaient dans leur nid un rameau de laurier ; les milans, du nerprun ; les faucons, de la chicorée sylvestre ; les tourterelles, le fruit de l'iris ; les corbeaux, du vitex ; les perdrix, des panaches de roseaux ; les chouettes, du gazon ; les grives, du myrte. A Stagire, le philosophe avait observé que les cigognes protégeaient leurs œufs contre les chauves-souris en les couvrant de feuilles de platane, et que les hirondelles protégeaient les leurs contre les blattes avec du persil. Anaxarque défiait Aristote d'expliquer, autrement que par la magie ou par un rite mystérieux de purification, l'habitude des poules de hérisser et secouer leurs plumes après avoir pondu et de tourner ensuite autour de leurs œufs, un fêtu au bec.

Un jour que, malgré son respect pour l'oiseau de Ganymède, Alexandre s'indignait de voir un aigle poursuivre un pivert, Aristote lui dit : « Il y a une raison à tout. L'aigle et le héron font la guerre au pivert, parce qu'en frappant le chêne de son bec pour y chercher des moucherons, il fait tomber et brise leurs œufs. » Tout était occasion de s'instruire en s'amusant. Erigius ayant dit qu'il avait reçu dans l'œil l'urine d'un ramier, Aristote déclara que les oiseaux n'urinaient pas. « Tu auras reçu la goutte d'un nuage », lui dit-il.

Les accouplements des escargots paraissaient dignes d'envie, étant d'une durée invraisemblable. On captura un blair, qu'Aristote disséqua : il put ainsi contredire Hérodote d'Héraclée, suivant qui cet animal avait les deux sexes et se fécondait. La même fable avait eu cours longtemps sur le lièvre. Les chasseurs ayant eu le spectacle extraordinaire d'un ours et d'une ourse enlacés, Aristote releva que c'étaient les seuls quadrupèdes à faire l'amour comme les hommes. Leur étreinte finie, les deux plantigrades restèrent un moment hébétés. « Tout animal est triste après le coït, dit Aristote, sauf le coq. » Anaxarque cita un vers du poète tragique Moschion : « La tristesse suit toujours le plaisir. » — « Je suis donc un coq ou je ne suis pas un animal, dit Ephestion, car je suis heureux et du plaisir que je viens de prendre, et de celui que je viens de donner. — Moi aussi, par Hercule, s'écria Alexandre. La tristesse concerne peut-être le coït avec les femmes, parce qu'elles épuisent l'homme davantage. » Aristote assura que ses deux épouses ne l'avaient jamais épuisé, mais qu'il leur devait, au contraire, l'illusion d'être inépuisable.

Les ruses des animaux étaient un sujet d'émerveillement. On vit un héron, — l'oiseau que Minerve envoya à Ulysse en signe de bon augure, quand il marchait contre le camp de Rhésus, — lever son bec pour en percer un faucon tombant à plomb sur lui. Jadis, un jour d'été, on avait aperçu un écureuil qui se faisait de l'ombre avec sa queue ; un jour d'automne, un hérisson, dans une vigne, qui secouait avec ses pieds des grappes de raisin, puis se roulait sur les grains pour les enfiler à ses piquants, et se dirigeait vers sa tanière, telle une grappe ambulante. Aristote cita le vers proverbial d'Archiloque : « Le renard sait beaucoup de choses, mais le hérisson n'en sait qu'une, qui est grande. » « Cela veut dire, ajouta le philosophe, qu'il sait se servir de ses piquants, et il s'en sert aussi habilement que s'en servirait un renard. » On eut une preuve de l'habileté du même animal pour éviter de s'en blesser lorsqu'il procréait : on surprit deux hérissons accouplés debout.

L'insatiable curiosité d'Aristote était partagée par ses élèves. Ses plus petites découvertes en histoire naturelle semblaient le corollaire de ses plus grandes découvertes en physique, telles que son principe : « La nature a horreur du vide », sur lequel il faisait reposer la loi générale de la pesanteur. Lui-même louait Parménide d'avoir démontré que la terre était ronde, non moins qu'il enviait Empédocle d'avoir trouvé pour quelles raisons les larmes du sanglier sont douces et celles du cerf amères. « Je ne serais jamais arrivé à mesurer les planètes, disait le Stagirite, si je n'avais découvert pour quelle raison, entre tous les quadrupèdes et les bipèdes, le bœuf a la fiente la plus copieuse et qui pue le moins. »

Aristote traitait avec son jeune auditoire tous les points qu'il examinait dans ses *Problèmes,* parmi lesquels figurait celui-là. Un des chapitres de cet ouvrage était intitulé *du Plaisir de l'amour* et résolvait des questions de ce genre : « Pourquoi les testicules deviennent plus gros avec l'âge et avec l'habitude du coït ? » — « Pourquoi ceux qui montent à cheval et ceux qui ont beaucoup de poils, sont plus portés que les autres aux plaisirs de l'amour ? » — « Pourquoi les humains font-ils difficilement l'amour dans l'eau ? » Aristote expliquait cette difficulté par le fait que « la friction du coït échauffe pour liquéfier ». « Les poissons, au contraire, ajoutait-il, émettent le sperme sans avoir à se frotter. » Il rapprochait le phénomène des testicules qui grossissent et celui de l'équitation : le corps s'irrigue mieux et sécrète plus de semence. Il faisait de la jouissance, non seulement pour son résultat, mais pour sa cause, une question d'humidité, comme la sève au printemps. D'après lui, le plus ou moins d'abondance de sperme est lié au plus ou moins d'humidité du tempérament. Il comparait les poils aux plumes, pour noter que les oiseaux sont aussi lascifs que les hommes velus. Il expliquait la lubricité des femmes, qui sont dépourvues de poils, par l'abondance d'humidité. Alexandre s'amusait d'entendre le philosophe citer Hercule en exemple des hommes velus qui avaient eu le goût du plaisir ; dans l'escadron des amis, Démètre et Ptolémée correspondaient à cette définition. Erigius demanda pourquoi l'on frissonnait parfois en finissant d'uriner. Aristote répondit, après y avoir pensé longtemps : « Parce que la vessie et les canaux qui l'entourent, sont pleins de chaleur et que l'urine ressent l'air froid, quand elle sort. »

Anaxarque disait que Démocrite avait le génie de l'observation presque aussi développé qu'Empédocle et Aristote. Regardant du lait contenu dans un vase, l'Abdéritain avait décrété que c'était celui d'une chèvre noire qui venait de mettre bas pour la première fois. On vérifia la chose, qui était exacte. Une autre fois, Hippocrate, de passage à Abdère, alla visiter Démocrite en compagnie d'une jeune fille à qui le philosophe dit : « Salut, vierge. » Le lendemain, il lui dit : « Salut, femme. » Elle avait été dévirginée dans la nuit.

L'escadron et ses deux philosophes entraient quelquefois dans une ferme pour griller des châtaignes qu'ils avaient ramassées. Aristote déclarait que ce fruit d'Asie mineure était répandu en Grèce depuis peu : Xénophon, dans *l'Expédition,* en parle sous le nom de « noix bouillies » du pays des Mossynèques, qui rendaient les enfants « grassouillets et de chair extrêmement blanche ». On buvait du lait, on mangeait des noix et des noisettes. On contemplait les travaux d'hiver des paysans à l'intérieur : ils fabriquaient des paniers, des corbeilles, taillaient des pieux, engraissaient les oies. Alexandre se croyait aux jours d'Hésiode. Sa générosité trouvait l'occasion de se manifester. Faisant oublier son rang, il mettait à l'aise les gens les plus simples, parce qu'il s'intéressait à tout. Malgré son orgueil, il savait gré à ses premiers précepteurs, Anaximène et le grave Léonidas, de lui avoir appris, comme l'avait fait ensuite Aristote, que tous les hommes ont droit à l'estime, même les esclaves, et que « la Nature ouvrière » est admirable en toutes ses productions. Il aimait Héraclite pour avoir dit : « Il y a des dieux dans ma cuisine » et pour avoir répété le mot de Thalès : « Tout est plein de dieux. » Les dieux protégeaient une humble ferme du mont Orbèle, où leur seule image était un tronc de figuier représentant Priape, avec une branche taillée en phallus, aussi bien que le palais royal de Pella décoré par Zeuxis, Apelle, Léocharès et Lysippe.

Alexandre voyait les paysans garder le feu en mettant un tison dans la terre battue de leur demeure, donner aux poules du pain humecté d'eau rougie afin de favoriser la ponte ; aux coqs, du pain au lait pour rendre leur chair plus délicate. Ils accouplaient les animaux quand le vent était au nord, s'ils voulaient avoir des mâles, et quand le vent était au sud, s'ils désiraient des femelles. Ils bâtonnaient les ânesses qui venaient de se faire couvrir, pour les empêcher, en les obligeant à se contracter, de rendre la liqueur séminale. Ils coupaient le bois entre le solstice d'hiver et l'arrivée du vent d'ouest, fin janvier. Ils ne plantaient qu'après la pluie. Ils avaient les systèmes les plus ingénieux pour conserver les grains et les autres produits des champs.

Après ces visites, Alexandre discutait avec les intendants de Miéza et était fier, au besoin, de leur donner des conseils. Il devait à Aristote cette règle, découlant de son amour de l'humanité et de son respect pour l'omniprésence des dieux, qu'il n'y avait rien d'indifférent, que plus on savait de choses, plus on était homme, et plus on était homme, plus on était prince. Bien qu'il ne fût pas un suppôt de Bacchus, il pouvait, en connaissance de cause, veiller à l'entretien du cellier, à la fermeture des jarres par de la cire ou de la poix, à la quantité d'origan, de persil ou d'urine que l'on ajoutait à certains vins pour en corriger l'odeur ou le goût. Il s'assurait que les jarres de figues et de raisins secs, d'amandes et de noix, fussent debout à même le sol, et non plantées ; que dans les greniers, l'on fît mûrir les olives et les châtaignes sur des planches, les nèfles sur de la paille ; que l'on y conservât les pommes et les poires enduites de plâtre ou de cire, les raisins sur de la raclure de pin ou de peuplier, les grenades dans des vases spéciaux où elles grossissaient. Ces fruits avaient été cueillis à la lune décroissante, après la troisième ou quatrième heure du jour, par ciel serein et temps sec.

Les domaines du roi offraient des curiosités auxquelles les paysans n'auraient pas songé. Philippe encourageait les recherches agricoles de ses intendants, comme les recherches scientifiques et philosophiques d'Aristote. De même qu'il y avait des pommiers sur lesquels étaient greffées des roses, il y avait des pruniers greffés sur des pommiers et sur des amandiers, qui donnaient des prunes-pommes et des prunes-amandes. On produisait des fruits dont le noyau était diminué pour augmenter le volume et la pulpe, des raisins sans pépins, des grappes blanches et des grappes noires sur le même cep, d'autres où les grains étaient des deux couleurs.

Alexandre souriait d'une invention qui permettait aux intendants du roi et des nobles de contrôler le travail des labours : ils mesuraient, avec des cigognes de fer, la largeur et la profondeur des sillons. Cela lui rappelait le doigt inquisitorial enfoncé dans le derrière des mineurs du Pangée. Quand les figues commençaient à mûrir, on ne défendait pas aux ouvriers d'en manger, mais on diminuait leur ration de viande salée. Jusqu'au règne de Philippe, on ne les nourrissait, en Macédoine, que de fromage.

Les élèves d'Aristote allaient visiter aussi, de temps en temps, l'école et le gymnase de Miéza, la petite ville voisine du domaine royal. Alexandre et Aristote se divertissaient à interroger les écoliers, éblouis par leur jeune prince et par le grand philosophe. Presque toujours, Alexandre les questionnait sur Homère. Au gymnase, les écoliers, les éphèbes et les hommes s'exerçaient. Alexandre et ses compagnons défiaient les plus forts de leur âge à la lutte ou à la course. Ephestion et lui faisaient souvent de même à Pella, avec les éphèbes et les garçons de la ville. Alexandre rappelait le vers d'Euripide : « La jeunesse, belle dans l'opulence, belle dans la pauvreté. » Il récompensait les meilleurs élèves ou les meilleurs athlètes.

Autolyque aurait fait ses choux gras de plus d'un de ces jeunes Miézains, mais Alexandre s'y opposa formellement. Quand on approchait du gymnase de la ville, le fils de Phrynon chantait les vers de Théognis qu'on lui avait fait apprendre par cœur à Athènes, à l'école de la tribu Acamantide : « Heureux qui, étant amoureux, s'exerce au gymnase et, revenu à la maison, — Repose tout le jour avec un beau garçon ! » En réalité, il ne se reposait guère, ni le jour ni la nuit, bien qu'il fût sans bien-aimé déclaré. Au gymnase, luttant avec un éphèbe ou un écolier, il était vite dans le même état que l'avaient été une fois Diogène au gymnase de Milet et Aristote avec Alexandre. Cela flattait et amusait ces garçons, qui lui rendaient turgescence pour turgescence.

Les élèves du Stagirite étaient curieux de géographie, en prévision de leurs futures conquêtes. Les cartes de Miéza, dressées par Aristote comme celles de Pella, étaient plus complètes en ce qui concernait les pays éloignés, mais le philosophe ne dissimulait pas qu'elles ne devaient pas être plus exactes. Pourtant, il en vénérait une qui était sur peau de mouton et qui portait la signature d'Eudoxe de Cnide. Le nom de cette ville de Carie, célèbre par son temple de Vénus, éblouissait Alexandre plus que celui d'Eudoxe.

On regardait les sphères pour l'étude des planètes. Il y avait, dans la cour de la maison, à côté de la colonne portant les tables astronomiques de Méton d'Athènes, un cadran solaire de Pythéas de Marseille, et dans la salle d'études, comme dans les salles d'exercices, des horloges à eau. Quand la nuit était sereine, on montait sur une tour, construite au milieu du parc, et dont Aristote avait aménagé le haut en observatoire. C'est cette pièce, éclairée de plusieurs fenêtres, qui était utilisée souvent pour le repas de midi : on y avait une vue magnifique sur la vallée et les montagnes. Le Stagirite y avait placé des cristaux grossissants qui lui servaient à scruter l'anatomie des animaux et des insectes, des plantes et des fleurs. Il y avait également installé un « observateur d'ombre », — tige verticale autour du pied de laquelle étaient tracés des cercles concentriques (c'était une invention babylonienne), — des planisphères célestes, des astrolabes munis de pinnules, de longs tubes qui fixaient la direction du rayon visuel et qui écartaient les rayons venus d'autres objets. Certains de ces instruments avaient été perfectionnés par Héraclide du Pont, disciple de Platon. Aristote et Anaxarque estimaient insoluble la question de savoir si les étoiles sont en nombre pair ou impair. Ils corroboraient l'opinion des astronomes, qui en avaient compté seize cents, à une ou deux près.

Comme Démocrite, Anaxarque estimait que la voie lactée était un amas d'étoiles, tandis qu'Aristote en faisait une agglomération de vapeurs qui, en s'enflammant au-dessous des planètes, formait une chevelure de feu. Alexandre était de l'opinion d'Anaxarque. Aristote affirmait aussi découvrir deux voies lactées. Le fils de Philippe refusait de croire que ce fût le lait de la chèvre Amalthée, nourrice de Jupiter, mise au nombre des astres sous le nom de Capricorne. Il n'admettait pas, non plus, la théorie des Pythagoriciens, selon qui la voie lactée était le reste de l'espace qu'avait brûlé le char de Phaéton, lorsque celui-ci incendia le monde. Pour Alexandre, elle ne pouvait être que le lait jailli du sein de Junon quand, à la demande de Minerve, elle avait recueilli le petit Hercule, trouvé dans un champ près de Thèbes. Mais elle le lâcha, dès qu'elle l'eut reconnu, l'enfant lui ayant, du reste, tiré si fort sur la mamelle qu'il lui fit mal : le lait qui monta vers le ciel, s'était changé en étoiles, et celui qui était tombé à terre, se changea en lis. Alexandre aimait les lis, comme un présent indirect de son ancêtre. Il avait aimé en voir sur le manteau de Jupiter à Olympie, devant lequel cette légende lui était revenue à la mémoire. De même cherchait-il toujours au ciel la constellation d'Hercule, comme il la cherchait, à bord de l'*Hercule*. Aristote, avec ses tubes, lui faisait contempler les pieds du héros, dirigés vers le nord, et, une fois, Alexandre fut ravi d'apercevoir son sexe. Celui du Taureau était plus aisément visible en avril. Anaxarque prétendait que, si une comète passait sur les parties naturelles d'une constellation, c'était un mauvais signe pour les débauchés. « Hermias n'était pas un débauché, dit Aristote, et, l'année où il devait mourir, une comète avait passé sur l'Arcture, au moment qu'il la regardait. C'était son étoile préférée, au début du printemps. » Alexandre se promettait de ne pas manquer, à la fin du mois d'août, de découvrir l'étoile brillante de Persée, puisqu'il avait appris que ce héros était un de ses ancêtres. Il n'y avait plus songé, durant l'expédition de Thrace. Il se rappelait une histoire qu'on lui avait narrée, de l'enfance de son père : Philippe guettait, durant les nuits d'été, les étoiles filantes et leur tirait des flèches pour les attraper. Le devin Diognète, consulté sur une chose aussi singulière, avait prédit que cet enfant dominerait sur beaucoup, mais qu'il perdrait un œil. On remarqua plus tard que le nom d'Aster, l'archer d'Amphipolis qui avait éborgné Philippe au siège de Méthone, avait aussi quelque rapport à ces coups lancés contre des astres. Cette histoire, qu'Olympias aimait moins que celle de l'œil de Philippe appliqué à un interstice de la porte de sa chambre, était un lien de plus entre Alexandre, sa race et la voûte du ciel. D'une autre manière, il avait des ambitions aussi grandioses. Il espérait être un jour, au terme de sa vie, « celui qui, ayant tiré les flèches — Le plus haut possible, a possédé tout — Du parfait bonheur ». Cette formule d'*Œdipe Roi,* qui ne définissait pas le bonheur des médiocres, avait été oubliée par Aristote dans son discours sur ce thème

Les étoiles étaient également pour Alexandre une image lumineuse et poétique des choses de la religion, auxquelles il prêtait foi. Il voyait, à côté du char de la petite Ourse, le chien qui poursuit le lièvre ; Pégase et ses jarrets constellés ; les cordes de la Lyre ; la cascade que répandait le beau Ganymède, sous le nom de Verseau ; la couronne d'Ariane, dont les pierres avaient éclairé Thésée dans le labyrinthe ; à la mi-janvier, le lever et le coucher du cœur du Lion de Némée, tué par son ancêtre Hercule, astre de sa naissance et de celle d'Ephestion (la queue du Lion, qui se levait en février, quatre nuits avant l'Arcture, les fascinait, autant que l'étoile royale dans le cœur du Lion) ; le Cancer était le crabe envoyé par Junon, qui piqua Hercule au talon, quand il tua l'hydre de Lerne, — Jupiter avait mis dans le ciel deux épisodes de l'existence de son fils ; le glaive d'Orion sur sa cuisse étincelante, — Orion, engendré par la masturbation de Jupiter, de Neptune et de Mercure ; les Gémeaux étaient Castor et Pollux, couple fraternel qui aurait pu être le symbole d'un couple d'amis, et Pollux avait été l'un des mignons de Mercure. Pour Alexandre et Ephestion, les deux fils de Léda étaient leur propre image divinisée, comme Achille et Patrocle étaient leur image héroïque. Ephestion appelait Alexandre Pollux, puisque ce dernier était né de la semence de Jupiter et Castor de celle du roi Tyndare.

C'est le spectacle du ciel nocturne et le bruissement innombrable ou le vaste silence des forêts qui faisaient le mieux sentir aux deux amis la présence de ces trente mille divinités de toutes sortes qui, selon Hésiode, étaient « les gardiens immortels donnés par Jupiter aux hommes mortels ». Bien qu'il estimât, comme Platon, que le philosophe doit s'élever à la notion d'un dieu unique ou de l'unité de Dieu, Aristote avait l'esprit aussi religieux que ses deux principaux disciples et partageait leur idée d'une omniprésence divine. Il ne négligeait rien de tout ce qui pouvait les éclairer sur l'histoire des dieux, avec le même soin que jadis le grave Léonidas. Il parlait quelquefois des livres de son parent et disciple, Hipparque de Stagire : *Sur le Sexe masculin et féminin des dieux* et *Sur la Signification de leurs noces.*

La cuisse d'Orion et la queue du Lion n'étaient pas les seules réjouissances de ces séances astronomiques. Le sexe des dieux ramenait au sexe des hommes. L'obscurité excitait ces adolescents, qui, malgré le loisir qu'ils avaient de faire ce qu'ils voulaient dans leurs chambres ou dans le bain de vapeur, se plaisaient à dérober des voluptés, comme des écoliers en classe à l'insu de leur maître. Ils se tripotaient pendant qu'Aristote, assisté de Paléphate, regardait le ciel à travers ses tubes, et même certains allaient plus loin. La rapidité était un stimulant supplémentaire. Comme ils étaient nus sous la tunique recouverte d'un manteau de renard, les choses en étaient facilitées. On aurait dit une répétition de la scène des *Nuées,* où Strepsiade demande au disciple de Socrate ce que font d'autres disciples

« fortement courbés ». « Ils scrutent l'Erèbe sous le Tartare, répond le disciple. — Pourquoi leur derrière regarde-t-il le ciel ? — Il apprend lui même pour lui-même à étudier l'astronomie. » Les disciples d'Aristote étaient devenus de bons astronomes, sans scruter les fleuves des enfers.

Ils étaient portés aussi à ces licences par l'huile dont ils s'enduisaient en vue de se protéger du froid lorsqu'il était vif. Celle de la lutte, souillée par la poussière ayant disparu au bain, ils s'en mettaient d'autre, parfumée. Cette huile était propice, comme l'était leur burette pour les écoliers athéniens, d'après ce qu'avait dit Autolyque. Tout glissait.

Alexandre et Ephestion auraient pensé déchoir de faire l'amour en public, mais ils observaient leurs camarades d'un œil indulgent, comme ils avaient observé Autolyque sur la terrasse de Munychie. Pour décrire ces brèves et secrètes batailles, ils ne croyaient pas profaner Homère en lui empruntant quelques-uns de ses vers dont Alexandre avait cité le second à Parménion : « Serrant la lance contre la lance..., — Le bouclier soutenait le bouclier, le casque le casque et l'homme l'homme », ou bien : « Les piques sont balancées, secouées par des mains hardies », ou encore : « Sa pique ne restait pas immobile et, toujours secouée, — Vibrait. » De même que tous les Grecs, les compagnons d'Alexandre chérissaient leur bouclier : c'était, à la guerre, la garantie de la vie, plus encore que les armes et, dans une déroute, il y avait moins de déshonneur à les jeter qu'à jeter son bouclier. Dans le langage libertin de Miéza, le bouclier, c'était le derrière. Alexandre, sans vouloir non plus insulter aux images glorieuses du bouclier d'Hercule et du bouclier d'Achille, avait inventé cette métaphore, parce que, sur celui d'Alcibiade, il y avait eu l'image de l'Amour, le foudre de Jupiter à la main. Aristote se rendait bien compte de ce qui se passait dans son dos. Mais il y trouvait sans doute un aiguillon pour les plaisirs qu'il goûtait ensuite avec Paléphate.

Autolyque avait raconté qu'à Athènes, l'usage était, pour les garçons, d'aller se promener la nuit avec leurs pères, et que leurs amants savaient en profiter : l'un de ses amis, la nuit de la course des flambeaux, avait pédiqué un jeune garçon, accoudé à un petit mur pour regarder les porteurs de torches, pendant qu'un autre absorbait l'attention du père. Vénus la Noire et l'Amour, qui ne bande que mieux son arc dans l'obscurité, protégeaient ces ébats discrets. Sans doute beaucoup de pères faisaient-ils semblant de ne rien voir, comme Aristote sur la tour de Miéza. Celui de l'Autolyque du *Banquet* de Xénophon devait avoir eu un amant dans son enfance, ainsi que son fils de dix-sept ans avait pour amant leur hôte Callias. Il dit à Socrate, qui vient de faire l'éloge de l'amour de ce dernier pour Autolyque : « Par Junon, tu me sembles un honnête homme. » Et, si le père et le fils se retirent pudiquement avant que le garçon et la fille acrobates miment les noces de Bacchus et d'Ariane, Callias, émoustillé sans doute comme ses hôtes par cette scène, va rejoindre ensuite à la promenade sous les étoiles ce fils séduisant et ce père complaisant. Aristophane avait dépeint un autre père de famille qui arrive à la cité des *Oiseaux* et, interrogé par la Huppe sur ce qu'il cherche, répond sans ambages : « Je cherche une ville où, venant à moi, m'interpelle, — Comme fâché, le père d'un beau garçon : — « O Stilbonide, tu as rencontré mon fils à point, — Bien lavé, qui sortait du gymnase, — Et tu ne l'as pas embrassé, tu ne lui as pas parlé, tu ne l'as pas attiré, — Tu ne lui as pas caressé les testicules, toi, l'ami de son père ! »

Une nuit où la lune brillait, Anaxarque avait essayé l'expérience de Pythagore, qui consistait à écrire avec du sang, sur un miroir, des mots que l'on doit lire dans cet astre. Aristote, qui plaisantait beaucoup l'illustre philosophe de Samos pour cette incantation, digne des sorcières thessaliennes, en excusait l'échec sur ce que Pythagore n'avait pas indiqué la nature du sang approprié.

Le philosophe d'Abdère n'eut pas plus de succès avec une autre expérience, par laquelle Pythagore avait démontré à ses disciples la puissance mystérieuse des fèves, dont il leur interdisait l'usage : des fèves, laissées quatre-vingt-dix jours au fond d'un vase, ne se changèrent pas en tête d'enfant. Probablement, dit Aristote, les fèves de Pythagore étaient-elles d'une espèce particulière.

Cependant, le Stagirite ne niait pas absolument l'existence de la magie. Pour ce sujet auquel revenait souvent Anaxarque, il employait la même formule qu'en fils de médecin il employait pour les remèdes : « Nous voyons que telle chose guérit, que tel phénomène se produit. Quant à savoir pourquoi, c'est une autre histoire. » Lui qui avait résolu, tout au long de ses *Problèmes,* tant de questions singulières, il se déclarait incompétent dans plusieurs cas. Pourquoi, en frappant sur un vase de bronze, rappelle-t-on un essaim qui a quitté une ruche ? Pourquoi les femmes qui vont sur les chemins en faisant tourner leurs fuseaux, compromettent-elles les récoltes ? Pourquoi écarte-t-on la grêle d'un champ en posant une clé sur le sol ? Pourquoi une grenouille rousse, suspendue par une patte devant un grenier, en éloigne-t-elle les charançons ? Pourquoi un clou enfoncé dans le tronc des arbres dont l'ombre est mortelle, la rend-elle inoffensive ? Comment un Arcadien eut-il un corps qui ne projetait pas d'ombre ? Le fait était authentifié par Théopompe : on disait que cet homme avait pénétré, dans un temple de Jupiter où il était défendu d'entrer.

Alexandre avait rapporté, d'après les propos de sa mère, les merveilles redoutables produites par les menstrues. Aristote, qui avait déjà relevé leur effet sur les miroirs en l'expliquant à sa façon, — effet plus assuré que celui du miroir de Pythagore —, éprouva d'autres recettes magiques liées à ces écoulements et que révéla Anaxarque. On débarrassa une plate-bande d'une invasion de chenilles en en faisant faire trois fois le tour par une esclave à demi-nue, qui avait ses règles. Les pommes et les poires d'hiver ne tombèrent pas des arbres, quand on mena cette esclave sous les pommiers et les poiriers, à la différence de ce qui était arrivé jadis à Olympias ; mais on en conclut que les règles d'une reine avaient des vertus spéciales. Toutefois, on put détourner un nuage de grêle avec un linge souillé par l'esclave et l'on vérifia que, l'été dernier, un chien avait été atteint de la rage après avoir léché les traces de ses évacuations.

« Les choses de la nature, disait Aristote, sont captivantes, précisément par les difficultés qu'elles nous posent. Il y a peut-être une âme jusque dans les pierres. Platon, après Anaxagore et Démocrite, soutenait que les plantes étaient des animaux produits par le sol. Leur sensibilité est souvent prodigieuse : les graines de semence que les cornes d'un bœuf ont frappées, donnent un blé dur et malaisé à cuire. » Anaxarque déclara qu'Empédocle voyait aussi dans les plantes et dans les arbres des animaux : la graine était l'œuf ; les racines étaient la tête et la bouche ; les feuilles étaient les écailles et les poils, et il distinguait leurs sexes plus facilement qu'Alexandre ne distinguait le membre viril de certaines constellations. Nul ne doutait du sexe des palmiers : le mâle produit un bouquet de fleurs, dont la poussière féconde la femelle, qui produit seulement un épi.

Les plantes et les fruits avaient aussi des propriétés qui semblaient magiques à Aristote autant qu'à Anaxarque : un voyageur épuisé par une longue marche, est soulagé tout à coup en tenant un rameau de myrte ; le laurier préserve de la foudre ; l'asphodèle, devant les métairies, en écarte les sortilèges ; les fruits non mûrs du figuier sauvage guérissent les écrouelles. Mieux encore : on vit disparaître cette maladie chez un enfant de Miéza grâce à l'enlacement, autour de son cou, d'une jeune pousse de cet arbre, cueillie, avant le lever du soleil, par un garçon impubère qui en avait enlevé l'écorce avec les dents. Une branche de mûrier attachée au bras des servantes, arrêtait l'écoulement excessif de leurs règles, comme, d'après ce qu'avait affirmé Dinarque à Corinthe, la graine de mauve portée de la même façon, arrêtait la blennorragie. Une branche de verveine empêchait d'être aboyé des chiens, ce qui n'était pas arrivé avec la langue d'hyène, et les feuilles de cette plante provoquaient le désir quand on utilisait en infusion celles qui étaient droites, l'émoussaient si l'on se servait de celles qui pendaient. Les luxations étaient remises, lorsqu'on y appliquait une herbe sur laquelle un chien avait pissé, mais ce n'était pas le remède qu'avait employé Critobule pour la main luxée de Philippe.

On discuta du bois actif et du bois passif. Ayant montré que l'on pouvait allumer du feu en mouvant un morceau de bois dur (laurier, olivier) dans le trou d'un bloc de bois tendre (lierre, tilleul), Aristote prétendait que l'étincelle provenait de l'action du bois dur. Les plus jeunes disaient qu'à leur avis, c'était l'action du bois tendre. Alexandre et Ephestion pensaient que l'étincelle jaillissait de l'action des deux bois.

Ce séjour enchantait également le fils de Philippe, parce qu'il y trouvait l'occasion de prodiguer ses gentillesses à ses amis. Il ne se contentait pas de veiller à leur table, à leur santé, à leurs chambres, à leurs bains, à leurs exercices et à leurs plaisirs ; il leur distribuait souvent de l'argent, ce qui lui paraissait naturel, puisque c'est son père qui le fabriquait. Tout servait de prétexte à ses générosités : Séleucus avait le mieux lancé le disque ce jour-là ; Démètre avait le mieux interprété un rôle ; Cassandre avait tué le plus beau lièvre ; Ptolémée avait sauté le plus haut ; Autolyque avait dansé la bactrienne d'une façon plus suggestive. Alexandre, en étant si libéral, savait bien qu'il n'inspirait pas à ses amis le goût de la thésaurisation. Ils étaient aussi généreux que lui pour distribuer à leurs esclaves, aux serviteurs, aux paysans, l'argent qu'il leur donnait. Ou bien ils achetaient des colifichets aux marchands qui passaient et les envoyaient ensuite à leurs mères et à leurs sœurs.

Philippe, lorsqu'il eut à regarnir un peu vite la caisse de Miéza, morigéna un peu Alexandre : « Mon fils, lui écrivit-il, qui t'a fait concevoir une espérance si vaine ? Pourrais-tu croire à la fidélité de ceux que tu aurais gagnés à prix d'argent ? Un tel lien ne serait pas le fruit d'un sentiment sincère. » Le roi était cependant le plus généreux des hommes, mais Alexandre le dépassait. « Mon père trouve que je vous gâte, dit-il à ses amis. Il veut que vous m'aimiez pour moi-même. — Nous ne t'aimons que pour toi-même, répondit Ptolémée. Cesse de nous violenter par des présents inutiles. » Alexandre ne fit qu'en changer la forme : il ne donna plus de l'argent, mais des habits tissus par sa mère, des armes, des instruments de musique ou de chasse.

Le sacrifice à Neptune, qui avait lieu le 8 de chaque mois, fut cette année plus solennel à Miéza : la flotte que Philippe renforçait, était destinée à tenir en respect la flotte athénienne, mais aussi à préparer le débarquement en Asie. Aristandre disait que le chiffre 8 était consacré à Neptune, à cause des surnoms Qui donne la sécurité et Qui tient la terre, propres à ce dieu. 8, en effet, représente la fermeté immobile, parce que ce nombre est le premier cube du premier nombre pair et le double du premier nombre carré.

Au solstice de fin décembre, marqué par le coucher des Pléiades, on célébra les bacchanales d'hiver. Cette fois, Alexandre les rendit plus libres qu'au temps où il était un simple écolier. La fête du port des grappes à Maronée et celle de Cléotime à Olympie l'avaient éclairé et il les étoffa par ce que racontait Autolyque des bacchanales du Pirée, les plus licencieuses d'Athènes. Ayant su que les Athéniennes respectables participaient à celles-ci et les chemins n'étant pas trop enneigés, il invita sa mère et sa sœur, qui vinrent, en voiture couverte, passer quelques jours à Miéza. La mère et la charmante sœur d'Ephestion, qui avait l'âge de Cléopâtre, avec les sœurs et les mères des membres de l'escadron, accompagnèrent la reine. Hippostrate n'avait pas invité sa sœur Cléopâtre. Aussi bien était-elle

malade : Olympias confia à son fils que c'était par suite de ses enchantements. Les jeunes filles étaient couronnées d'agnus-castus, symbole de
chasteté. On cultivait cette plante dans des serres pour en avoir à longueur
d'année, car elle formait la couronne des prêtresses de Cérès, qui en
jonchaient le temple de la déesse. Chassés par cette invasion féminine, les
garçons cédèrent leurs chambres, non sans avoir semé d'agnus-castus les
couches qu'ils laissaient : Alexandre leur avait dit que cette précaution
détumescente était imposée aux athlètes qui s'entraînaient pour les jeux
Olympiques. Occupant la tour ou d'autres lieux, les couples de l'escadron
purent dormir ainsi chacun dans le même lit ; mais les jeunes athlètes de
Miéza faisaient fi de l'agnus-castus.

On représenta d'abord *la Paix* d'Aristophane. Alexandre jouait le rôle
du principal héros, le vigneron Trygée ; Ephestion, celui du serviteur ;
Autolyque, celui de Théorie, personnifiant la Paix. Olympias et ses
compagnes rirent beaucoup de ce spectacle, auquel il leur eût été interdit
d'assister, même en pareille circonstance, si elles avaient été à Athènes. Un
passage rappelait à Alexandre et à Ephestion le temple de Diane Taurique,
dont ils avaient eu un aperçu devant Brauron en Attique et les explications
fournies jadis par le grave Léonidas sur le sens d'un mot de cette pièce.
(Le serviteur) : « La fille est baignée et les choses de la fesse sont belles. —
La tarte se cuit, le sésame se pétrit. — Et ainsi de tout le reste ; mais il
manque le phallus. »
(Trygée) : « Voyons, ramenons cette Théorie. — Et remettons-la au
sénat. »
(Le serviteur) : « Qui est-elle, celle-là ? Que dis-tu ? »
(Trygée) : « Cette Théorie est celle que nous avons battue, ivres, en allant à
Brauron. — Sois-en sûr, et nous ne l'avons pas prise facilement. »
(Le serviteur) : « O maître, — Quel anus à posséder tous les cinq ans ! »

Alexandre-Trygée demandait alors à Autolyque-Théorie de se
dépouiller de ses vêtements pour se montrer aux spectateurs, comme
l'exigeait le texte, et la vue de son gros membre, contrastant avec son rôle
féminin, provoqua une risée. Cette exhibition était une des caractéristiques
des bacchanales.
(Trygée) : « Sénat, magistrats, regardez Théorie. — Considérez combien
de bonnes choses je vous donne en l'amenant, — De sorte que vous pouvez
tout de suite lui lever la jambe... — Avoir demain un combat tout à fait
beau, — Lutter à terre, vous mettre à quatre pattes, — La renverser sur le
flanc, la courber sur les genoux, — Frottés d'huile, frapper juvénilement
comme au pancrace, — Meurtrir ensemble du poing et du phallus. »
Autolyque mimait, l'une après l'autre, toutes ces postures qu'Alexandre
indiquait.

La procession de la bacchanale se déroula dans la salle d'exercices, que
l'on réchauffait avec des brasiers Tout le monde était couronné de lierre,

de peuplier ou de fenouil. Les joueurs de flûte et de cithare ouvraient le
cortège ; puis, Anaxarque portait une outre de vin nouveau et Dioxippe un
cep de vigne ; Aristonique tirait un bouc aux cornes enguirlandées ;
Clitomaque traînait un énorme panier de figues sèches, qui avaient trempé
dans du vin pour avoir l'apparence de testicules. La sœur d'Ephestion avait
sur la tête une corbeille de pommes, emblème fessier et mammaire. Ses
compagnes étaient chargées des instruments de sacrifice et de gâteaux
phalliques. Le phallus était bien le roi de la fête : son simulacre ornait en
miniature le cou des jeunes filles, comme celui d'Olympias et des autres
mères, qui en brandissaient un à la main droite et qui agitaient, dans la
main gauche, une branche terminée par une pomme de pin. Chacune
d'elles étant initiée aux mystères de Bacchus, elles étaient échevelées et
trépidantes, en proie au délire bachique. Tous ces phallus étaient en bois de
figuier, pour commémorer celui que Bacchus, en revenant des enfers, avait
taillé dans le bois de cet arbre et dont il s'était pénétré, en l'honneur de
Prosymne. Aristote et Aristandre en avaient de gigantesques et criaient,
selon la coutume, déjà observée dans la fête du port des grappes par les
petits garçons : « Plaise au dieu que je sois dans une telle érection ! »
Alexandre était vêtu en Bacchus, avec la longue robe lydienne de soie
jaune ; Ephestion, en jeune Silène ; Cléopâtre, un peu incestueusement,
faisait le rôle d'Ariane. Les compagnons étaient en satyres, masqués et
couverts de peaux de bouc, à peu près comme l'avaient été les danseurs de
Cléotime, avec des gants où des fleurs étaient peintes. Chacun scandait
rituellement : « Evoé, Bacchus ! Io, Bacchus ! »

Ensuite, les garçons se mirent nus pour sauter sur des outres gonflées.
On riait, quand ils tombaient et s'enchevêtraient dans des poses obscènes.
Des phallus ayant été suspendus aux colonnes de la salle, jeunes gens et
jeunes filles coururent, les yeux bandés ; et l'on applaudissait, comme
augure d'une longue virilité ou d'un prochain mariage, ceux et celles qui les
touchaient. Enfin, Aristandre immola le bouc de Bacchus sur un autel
improvisé.

Pour le péan du dieu, les jeunes gens se partageaient en deux groupes,
ainsi que les acteurs le faisaient, dans la même conjoncture, au théâtre du
Pirée. On brûla une résine spéciale, à parfum de baume. Ceux qu'on
appelait phallus-dressés, se mettaient des masques d'hommes ivres, des
tuniques bigarrées, à fond blanc, et une longue robe de femme en tissu
d'Amorgos, sur laquelle ils fixaient, avec une ceinture, un phallus de bois.
Ils marchaient en silence, une torche à la main, l'un derrière l'autre et le
phallus de l'un contre les fesses de l'autre, puis se tournaient vers les
spectateurs et disaient, au son des flûtes : « Rangez-vous, faites une large
place au dieu, — Car le dieu veut passer droit, bien dressé au milieu. »

Ceux qu'on appelait porte-phallus, ne mettaient pas de masques, mais
avaient le visage barbouillé de suie, un vêtement de fourrure où était

attaché un phallus de cuir, un plastron de serpolet et de feuille d'acanthe, et une couronne de lierre et de violettes. Ils entraient des deux côtés de la pièce, comme les acteurs entraient des deux côtés de la scène, en chantant le péan que tout le monde reprenait en chœur : « Pour toi, Bacchus, nous nous parons de cet hymne, — Variant nos accents sur un rythme simple ; — Mais cela ne convient pas devant des vierges... »

Cette réticence, destinée à servir d'excuse à la pudeur qu'on aurait pu offenser, fit beaucoup rire les vierges de Pella, dont certaines ne l'étaient peut-être qu'à demi. Nul n'ignorait que toute jeune Macédonienne avait le droit, avant le mariage, de se donner d'une façon masculine.

Phallus-dressés et porte-phallus terminèrent par la danse bachique qui consistait à se mouvoir en faisant s'agiter les phallus. Après quoi, ils se jetèrent les uns aux autres les torches, les couronnes et ces membres factices, que l'on devait attraper au vol.

Dernier acte avant le coucher : on alla dans les écuries fouetter d'orties le sexe des chevaux et des ânes. Alexandre était fier que Bucéphale, titillé par lui seul, l'emportât en vigueur sur tous les coursiers : mais, comme l'avait été Priape lui-même, ce noble cheval fut vaincu par un roussin d'Arcadie. Pour conclure, on emplit de basilic la vulve des juments et des ânesses, afin de les mettre en chaleur, et on les fit saillir par les chevaux et les ânes. On n'eut pas la cruauté de battre les ânesses pour les obliger à retenir la semence. Ce spectacle, riche en d'autres érections que celles des quadrupèdes, alluma les yeux des vierges, dont plusieurs semblaient presque se pâmer. Il est vrai qu'elles n'étaient plus couronnées d'agnus-castus.

Ce qui se passa à la tour et aux lieux de retraite des compagnons d'Alexandre, fut digne de ce que l'on venait de voir. Mais la décence exigeait que rien n'en fût visible. Néanmoins, Ephestion, qui avait l'art de surprendre les secrets nocturnes, dit qu'il avait vu Alexandre Lynceste se glisser chez la sœur de Cassandre et Démètre chez Cléopâtre. Devant de tels exemples, Ephestion avait laissé Autolyque entrer dans la chambre de sa propre sœur, non sans lui rappeler ce qui était permis. Le lendemain, Cléopâtre jura à Alexandre que Démètre savait vivre : le Molosse la trouverait aussi intacte que le jour qu'elle était née. Elle s'était comportée en bonne Macédonienne.

Encore plus contentes de Bacchus que leurs mères, les jeunes filles repartirent, couronnées d'agnus-castus.

Au lendemain de ces fêtes, Nicanor, ravissant garçon de quatorze ans, le fils de Proxène d'Atarné, était arrivé à Miéza. Il avait l'intelligence précoce et la molle beauté des Grecs d'Ionie. Aristote, qui pourvoyait à son éducation, lui portait les sentiments qu'avait révélés Anaxarque, mais qu'Alexandre n'avait pas dévoilés à ses camarades, pas plus qu'il ne leur avait dit ce qu'Ephestion avait découvert de Paléphate. La plupart se doutaient des relations de celui-ci avec leur maître ; mais, comme Aristote l'avait toujours présenté en qualité de disciple et qu'il présentait Nicanor en qualité de second fils, il sauvait les apparences. Ce garçon ayant été malade et le philosophe en ayant été fort en peine, Alexandre leur offrit cette occasion de ne plus être séparés. Sa venue jeta un voile de jalousie sur Paléphate : pour arranger ou compliquer les choses, Alexandre ordonna que les deux garçons coucheraient dans la même chambre. A leur maître le soin de les réconcilier, pour qu'ils pussent jouir fraternellement de ses faveurs à tour de rôle.

Nicanor, qui avait été à bonne école, suivait très bien les leçons. Il posait souvent des questions pleines de pertinence ou d'impertinence, qui étonnaient ou amusaient ses condisciples, dont il était le cadet. Paléphate et lui avaient fini par s'accorder. Ephestion avait vérifié que le philosophe les emmenait ensemble dans son lit. Leur rivalité s'était donc terminée d'une manière inattendue, comme celle des deux Pausanias autour de Philippe. Aristote, entre ses deux mignons, donnait des ailes à son érudition et à son éloquence.

Un matin, Alexandre achevait sa toilette, quand le philosophe sollicita de lui parler seul à seul. Epaphos et le masseur celte sortirent. Alexandre acheva de se masser avec la myrrhe, heureux d'offrir à son maître le spectacle de sa nudité : il n'oubliait pas qu'elle avait en lui un appréciateur. Aristote, qui était pâle et contracté, n'avait pas dîné avec ses élèves la veille au soir, en se déclarant indisposé ; mais Alexandre n'eut pas le temps de lui demander s'il allait mieux. « Alexandre, dit-il, Nicanor me trompe. » Le fils de Philippe eut un sourire, mais l'air profondément troublé de son maître le toucha.

Il le pria de s'asseoir et, s'étant revêtu de sa tunique, s'assit près de lui. Il lui demanda si la chose était sûre : on n'était plus dans les folies des bacchanales ; tous ceux qui habitaient à Miéza, formaient des couples dûment constitués et qui s'adoraient, en dehors de deux ou trois qui avaient un régime spécial. « La trahison est malheureusement indubitable, dit Aristote. — Et avec qui Nicanor te trompe-t-il ? demanda Alexandre. Cela est très sérieux et je te promets une réparation éclatante. — Nicanor me trompe avec Autolyque, dit Aristote. — Autolyque ! s'écria Alexandre, mais il attelle déjà à quatre chevaux. — Il aurait pu se dispenser d'en prendre un cinquième et dans mon écurie, dit Aristote. Tu as deviné, Alexandre, la nature de mes sentiments envers Nicanor : son origine, sa beauté en font pour moi l'image d'Hermias, qui fut l'amour de ma jeunesse et, de surcroît, il n'est pas eunuque. Tu sais que je le destine comme mari à ma fille Pythias, fille elle-même de cette Pythias qui a été ma première épouse et qui était la fille adoptive d'Hermias. Le prurit sexuel d'Autolyque, — car c'est lui qui a détourné Nicanor de son devoir, — a donc renversé tout un échafaudage de projets et d'affections. Il a dû abuser de son prestige d'ami d'Alexandre, du titre d'hôte de Philippe qu'a son père Phrynon, pour obtenir des faveurs qui me sont réservées et faire de lui un instrument de plus de ses plaisirs. J'aurais été moins sensible à une infidélité de Paléphate, qui est plus grand, ou à celle de Myrmex, mon autre mignon de Stagire, dont t'aura parlé sans doute Anaxarque, que je ne le suis à celle de ce garçon. Il m'était sacré, en dehors de l'amour, pour toutes les raisons que je t'ai dites et qui te seront confirmées par écrit. »

Aristote tira de son sein une feuille de parchemin pliée et la tendit à Alexandre. « C'est mon testament », ajouta-t-il. Alexandre lut d'abord la formule traditionnelle destinée à écarter l'idée de la mort : « Tout sera bien et comme il faut. » Aujourd'hui, tout allait mal et comme il ne fallait pas. La suite du texte émut Alexandre : « Mais s'il arrive quelque chose, ainsi en a disposé Aristote... Tant que Nicanor est adolescent, ses tuteurs seront Aristomène, Timarque, Hipparque, Diotèle et Théophraste, tuteurs également de mes enfants et d'Herpyllis, et curateurs de tous mes biens. Quand ma fille sera nubile, qu'on la marie à Nicanor... Nicanor prendra soin de mon fils Nicomaque... Nicanor s'occupera aussi de Myrmex, mon mignon, et le reconduira dignement chez ses parents, avec les biens que j'ai reçus de lui... » Alexandre n'en lut pas davantage. « Nicanor n'est pas seulement ton bien-aimé, il est ton héritier et sera ton gendre, dit-il. Par conséquent, sa cause et ta cause sont la mienne : puisque je t'appelle mon second père, il est mon frère. Explique-moi sa tromperie. »

« Depuis trois semaines, dit Aristote, il avait interrompu ses relations intimes avec moi. Tantôt il alléguait une inflammation aux testicules et Philippe d'Acarnanie lui prépara un onguent à base de feuilles de lys, de jusquiame et de farine de froment. Tantôt, il était censé avoir des hémorroïdes et je lui recommandai de s'appliquer des bourgeons de mûrier. » De nouveau, Alexandre souriait que le philosophe, épris de science, mêlât des détails de remèdes à une conversation d'intérêt sentimental. « Hier, poursuivit Aristote, pendant que vous jouiez à la balle et que je marquais les points, je constatai tout à coup que Nicanor et Autolyque s'étaient absentés. Je chargeai Aristandre de prendre ma place et rentrai à la maison. Les deux fugitifs n'avaient pas eu la naïveté de s'enfermer dans une chambre : je les découvris dans le bain de vapeur. On commençait de le chauffer ; aussi la température y était-elle douce et propice à l'amour, comme nous ne l'ignorons pas. Je n'ai pas voulu t'apprendre cela immédiatement. Je dévorai ma douleur et me mis au lit, la tête en feu. Je n'ai pas besoin de te dire que Nicanor, confus, m'a fait des aveux complets : tous les jours, depuis les trois semaines qu'il était chaste avec moi, il s'est donné à Autolyque, dans tous les lieux possibles, et Autolyque s'est donné à lui. Quand je suis survenu, les deux actes étaient déjà accomplis. J'ai donc été trompé, non pas une fois, mais quarante-deux fois »

« Je suppose, dit Alexandre au philosophe, qu'en raison de tout ce qu'il était et devait être pour toi, tu n'avais pas exigé de Nicanor le serment de fidélité que nous nous faisons entre amis, par les dieux et par le Styx. — Je reconnais que non, dit Aristote : la tendresse que j'ai pour lui, la gratitude et l'admiration qu'il me voue, semblaient rendre ce serment superflu. — Nicanor t'a manqué d'égard, mais non de fidélité, dit Alexandre. Il n'a point parjuré les dieux. Autolyque non plus, puisqu'il est sans ami, sinon sans amour. Pardonne à ton jeune Atarnéen, et mets sa faute sur le compte de l'impudence athénienne. Je tirerai vengeance d'Autolyque, sans oublier qu'il est mon ami et que son père, ainsi que tu le rappelais, est l'hôte de mon père. Mais cela, c'est une histoire entre garçons. » Aristote semblait apaisé par ce raisonnement et par cette promesse. « Tout ce que je te demande, dit-il à Alexandre, c'est d'épargner Nicanor. Il s'est laissé entraîner, subjuguer. — Sois tranquille pour lui, dit Alexandre : il ne fera figure ni de complice, ni d'accusateur. Son nom et ses fautes seront un secret entre nous. »

Aristote gardait le silence. Alexandre devinait une gêne chez son maître, pourtant rasséréné. « A présent que je me suis confié à toi, dit ce dernier, je m'étonne d'avoir pu le faire et de t'avoir donné le spectacle indécent de ma faiblesse, pire que celle d'Anaxarque pour le vin. Ce que je vous ai raconté à tous au sujet d'Hermias, avait excuse une suite d'années, un amour partagé, les souvenirs de notre jeunesse commune, les rêves du pouvoir qu'il devait être appelé à exercer, l'éclat même de son œuvre, lorsqu'il fut le tyran éclairé des villes d'Ionie qui avaient été soumises à Eubule, son père adoptif et premier amant, et qu'il avait soustraites à la domination des Perses. Il était mon héros, mieux que Dion n'avait été celui de Platon, et il eut malheureusement, lui aussi, une fin tragique. Mais, cette fois, tu as vu en ton maître vénéré un homme, et qui est presque un vieil homme, désespéré d'amour à cause de deux garçons qui le bernent. Assure-moi que tu ne me méprises pas d'avoir développé devant toi les replis de mon cœur et que je peux, sans rougir, continuer auprès de toi mon office. »

Alexandre embrassa le philosophe. « L'amour n'a pas d'âge, lui dit-il. Tu aimes un jeune garçon, et personne ne peut y être plus sensible que moi ou qu'Ephestion. Tu ne seras jamais vieux, car tu es un créateur et un génie, et tu sais le mot du vieil Euripide à Agathon, qui avait ton âge : « Un bel automne aussi est beau. » L'hiver d'Euripide était beau et le tien le sera. C'est pourquoi tu seras jusqu'au bout le plus fort. Autolyque est à terre et tu redeviens le possesseur triomphant des charmes qu'il t'avait dérobés. S'il est vrai que tu aies été trompé quarante-deux fois, il le sera plus encore parce que tu auras vaincu deux fois la jeunesse, et cette victoire compense largement tes défaites. » Ce fut à Aristote à embrasser Alexandre. « Tu es vraiment mon fils selon mon âme, lui dit-il. Et tu es le prince de l'esprit. Mais, pour achever de me racheter à tes yeux, je te ferai lire un discours de Lysias, resté en dehors de mon cours d'éloquence et relatif à un jeune garçon que se disputaient deux rivaux. C'est une des causes les plus divertissantes qui se soient plaidées à Athènes, il y a une cinquantaine d'années. J'y ajouterai une récente plaidoirie d'Hypéride, qui est d'un genre semblable. Tu comprendras que d'autres hommes, bien éloignés de toi et même de moi, puissent pleurer pour l'amour d'un garçon. »

Le fils de Philippe le pria de lui faire apporter le livre par Nicanor ; puis, il appela Ephestion pour lui narrer l'aventure et délibérer avec lui sur le châtiment dont il fallait frapper Autolyque.

Ephestion, lui aussi, fut indigné de ce larcin amoureux, mais ses sentiments à l'égard du coupable n'étaient pas moins bienveillants que ceux d'Alexandre. Il voyait comme palliation de sa faute son insatiable tempérament, le manque d'ami de cœur et l'équivoque entretenue par Aristote, qui parlait trop volontiers d'Hermias : si Autolyque pensait qu'aucun de ses deux jeunes disciples ne fût son mignon, il s'était estimé permis de les tenter et peut-être avait-il essayé vainement avec Paléphate ; s'il supposait que Paléphate seul était le mignon d'Aristote, il pouvait se croire le droit de tenter Nicanor. Sa seule erreur était d'avoir ajouté foi aux paroles de son maître, qui affichait pour celui-ci un amour paternel.

L'entrée de Nicanor interrompit le débat. Alexandre lui demanda, d'un air sévère : « Sur quoi t'assieds-tu ? » Le garçon demeura interloqué. Il devinait qu'il ne s'agissait pas d'un siège, puisqu'on le laissait debout. Alexandre répéta sa question. « Sur mon cul », répondit enfin Nicanor. Il n'avait osé sourire, parce que l'attitude de son interrogateur semblait ne prêter aucune facétie ni à la question ni à la réponse. « C'est un mot du premier degré, dit Alexandre. En connais-tu un autre, moins grossier ? — Le derrière. — Mais encore ? — Le fondement, dit le garçon. — Bien, dit Alexandre : ce mot doit déjà te prouver qu'il s'agit de quelque chose qui est la base de la vie. Mais, à l'inverse, on emploie aussi cette expression figurée : « le sommet », pour montrer l'importance de l'objet, comme s'il était l'autre extrémité. Il y a un troisième mot, que tu devrais savoir, car il figure dans les *Problèmes* d'Aristote : « le chef ». Notre maître, qui en avait parlé avec nous, s'est cru autorisé à employer un terme qui avait été déjà utilisé par Hippocrate. Ainsi, le plus grand médecin et le plus grand philosophe de la Grèce, qui savent combien le physique et le moral sont liés, ont donné à cette partie de notre personne le nom par lequel Homère et Pindare désignent celui qui dirige et celui qui commande. Quel respect, quelle vénération dans le choix de ce vocable ! Tu viens de te conduire avec Autolyque d'une manière qui a fait la désolation de notre maître à tous, de ton père spirituel, de ton bienfaiteur et qui te montre indigne d'avoir un fondement, indigne d'avoir un sommet, indigne d'avoir un chef et digne seulement d'avoir un derrière ou un cul. Bien que le cul nous commande, nous devons, pour être un homme, le faire obéir. »

Alexandre avait voulu terminer la leçon de grammaire et de morale par un peu de plaisanterie. Cela avait rassuré Nicanor ; mais il ne fut pas moins confus en s'excusant, les larmes aux yeux.

« Je reconnais mes torts, dit-il ; mais ma plus grande punition, c'est que tu en sois informé. O Alexandre, je te respecte et, d'une autre façon, je t'aime autant qu'Aristote. Il me semble donc avoir failli à mes devoirs envers toi, autant qu'envers lui, lorsque j'ai souillé ta demeure et trompé ta confiance. Si je me suis laissé séduire par l'idée que je cédais à l'un de tes amis, j'ai oublié qu'Aristote l'était aussi et qu'il est notre maître. Certes, entre un Autolyque et un Aristote, la balance n'est pas égale : seul, un moment d'égarement, changé ensuite en habitude, a pu troquer les poids. Tu ne veux punir qu'Autolyque ; mais je mérite, moi, un double châtiment, puisqu'il est libre, tandis que je jouissais d'une affection illustre. » Alexandre et Ephestion furent charmés de ces excuses. Ils embrassèrent Nicanor, lui tapotèrent les fesses, en lui disant que ce serait là toute sa punition, et le renvoyèrent. Puis, ils parcoururent les plaidoiries des deux Athéniens.

Hypéride surtout intéressait Alexandre, en tant qu'ennemi de la Macédoine. L'homme qui avait combattu l'orateur Philocrate, chargé par Philippe de négocier la paix avec Athènes, l'homme qui avait fait échouer la révolte de Délos, l'homme qui avait conduit un navire au secours de Byzance, avait défendu un campagnard de l'Attique, grugé par un parfumeur à propos d'un jeune esclave de celui-ci. Le campagnard, amoureux de ce garçon, l'avait affranchi pour quatre mille drachmes et avait même, par-dessus le marché, affranchi son père et son frère ; mais, sans le savoir, il s'était rendu responsable de leurs dettes envers le parfumeur, s'élevant à trente mille drachmes. Aristote, en faisant lire à Alexandre cette histoire sordide, avait voulu lui montrer le cas extrême de la tromperie d'un mignon, aboutissant à un procès.

Le discours de Lysias concernait un jeune garçon, nommé Théodote, qu'un Athénien, nommé Simon, avait enlevé à un autre, dont Lysias ne disait pas le nom et pour lequel il plaidait. Il accusait Simon d'avoir fait irruption, en pleine nuit, dans la maison de son client, après avoir enfoncé les portes, pour tâcher de lui ravir Théodote, d'avoir pénétré jusque dans l'appartement de ses sœurs et de ses nièces, si pudibondes qu'elles « rougissaient d'être vues même de leurs proches ». (Cette façon de présenter ces femmes, rappelait Démosthène parlant de sa sœur et de sa mère dans sa plaidoirie *Contre Midias*.) Ensuite, l'heureux possesseur de Théodote était allé en voyage avec lui, afin de se faire oublier de son rival et, à son retour, déménagea d'Athènes au Pirée. Mais Simon rencontra Théodote, qui ne lui échappa qu'en lui laissant son manteau. Plus tard, nouvelle rencontre avec le terrible Simon : Théodote se réfugie dans la boutique d'un foulon, d'où Simon, assisté de plusieurs de ses amis, s'efforce de l'arracher. Le foulon, qui tente de défendre le garçon, est mis à mal, lorsque survient le plaignant. Bataille à coups de pierres. Théodote s'enfuit de nouveau, est rattrapé par Simon après une poursuite d'un kilomètre ; mais le plaignant s'accroche au ravisseur afin de le lui reprendre et doit abandonner, roué de coups. Puis, Simon s'assure les faveurs de Théodote par un contrat en bonne et due forme, pour la somme de trois cents drachmes, bien que, de son propre aveu, sa fortune ne s'élevât qu'à cent cinquante. Le nom du mignon, ou plutôt du prostitué, avait pu être cité, parce qu'étant un réfugié de Platée, il ne risquait pas l'infamie pour s'être vendu, comme l'édictait la loi athénienne à l'égard des Athéniens.

Une réflexion, faite par Lysias, au début de son plaidoyer et qu'il plaçait dans la bouche de son client à l'adresse des juges de l'aréopage, divertit Alexandre, en lui rappelant ce qu'avait dit Aristote : « Si vous estimez par trop déraisonnable à mon âge que je sois épris d'un jeune garçon, je vous demande de ne pas m'en croire pire que les autres, sachant que c'est le propre de tous les hommes d'avoir des passions et que celui-là est sans doute le meilleur et le plus sage, qui sait en supporter les malheurs le plus décemment. » Cette précaution oratoire était bien nécessaire avant le récit comique de ces démêlés. Ils illustraient, pour Alexandre et pour Ephestion, les mœurs populaires de la pédérastie athénienne et annonçaient ceux que Démosthène avait eus dans sa jeunesse avec le riche Midias d'Anagyronte. Autolyque ayant apporté le texte de la plaidoirie, provoquée par un incident que Phrynon avait décrit, Alexandre et Ephestion n'en ignoraient plus rien. Là aussi, il y avait eu des violences exercées à domicile, pour des raisons apparemment différentes ; mais Phrynon avait bien dit que celles qui intervinrent plus tard au théâtre de Bacchus, avaient eu comme origine la jalousie libidineuse de Midias à l'égard de Démosthène, qui avait été nommé chef du chœur des jeunes gens pour les fêtes de Bacchus, fonction recherchées des pédérastes.

Aristote avait joint au discours contre Simon deux autres de cet orateur, dont le premier était *Contre Alcibiade,* fils homonyme du fameux Alcibiade. Le philosophe n'ignorait pas le faible de son élève pour le soupirant de Socrate, mais il était, autant que Lysias, un de ceux qui le qualifiaient de faux grand homme et il tenait à montrer que son fils ne valait pas mieux. Isocrate avait pourtant pris jadis la défense de celui-ci, quand, devenu majeur, il fut attaqué pour un attelage olympique que son père avait fait acheter à l'État d'Argos par un certain Diomède et qu'il n'avait ni payé ni rendu. Lysias accusait le fils d'Alcibiade d'avoir, encore enfant, — à douze ans, — bu, « couché sur le même lit », avec Archémède le Chassieux, d'avoir eu, tout jeune, une maîtresse, d'avoir été convaincu d'inceste avec sa sœur, mariée à Hipponique, d'avoir corrompu d'autres jeunes gens, d'avoir été, pour sa vie scandaleuse, rappelé d'Athènes en

Chersonèse par son père, qui lui avait donné, cependant, l'exemple du même genre d'existence, (n'avait-il pas été taxé d'inceste lui-même avec sa propre sœur, au dire d'Antisthène, cité par le grave Léonidas ?), d'avoir livré à son amant Théotime la petite ville d'Ornes, que son père possédait dans cette région de la Thrace, d'avoir été gardé par ce Théotime en otage, pour n'être rendu à son père que contre rançon, et, après la mort de ce dernier, d'avoir été délivré par son nouvel amant Archébiade, l'un des profanateurs des mystères, condamnés à mort par contumace, avec Alcibiade. Au sujet d'un tel fils et d'un tel père, Lysias avait eu cette phrase : « Ils ont honte de ce qui est bien et font gloire de ce qui est mal. » Si l'on songeait que ce discours avait pour seule cause le grief de désertion durant la guerre de Corinthe, on pouvait voir que les orateurs athéniens, comme l'avait confirmé Eschine dans son discours *Contre Timarque,* se délectaient à étaler devant les tribunaux la vie privée de leurs adversaires. Alexandre constatait également que ce monde athénien était très petit, puisque Archémède le Chassieux, étranger qui était devenu, après Cléon, le chef du parti populaire, figurait, dans *les Grenouilles* d'Aristophane, à côté du fils de Clisthène, qui « allait se faire épiler le derrière au milieu des tombeaux... — En appelant Sébinus, celui qui est d'Anaphlyste », — allusion au cimetière des Tuileries, un des lieux de rendez-vous des pédérastes d'Athènes, et à une localité de l'Attique dont le nom prêtait à plaisanterie (1). Dans *les Femmes assemblées,* un jeune homme, à qui une vieille demande ce qu'il cherche en pleine nuit, répond : « Je cherche un homme d'Anaphlyste. »

Tout en admirant la prose de Lysias, non moins qu'il admirait celle de Démosthène, Alexandre ne se sentait guère de sympathie pour cet orateur qui avait été, lui aussi, un fervent démocrate. Lorsque Denys l'Ancien avait envoyé son frère Théaride et une importante délégation aux jeux Olympiques, où des chanteurs allaient chanter ses vers, Lysias persuada aux assistants que l'on ne devait pas admettre les députés d'un tyran et il prononça un discours, à la suite duquel les Grecs déchirèrent la tente de pourpre, brodée d'or, dressée par les Syracusains. Aristechme avait fait allusion à l'événement, après qu'Alexandre eut été insulté par Nicolas de Strate en ce même lieu. Le fils de Philippe retenait surtout de ce discours de Lysias que « l'empire était à ceux qui sont maîtres de la mer ». Dans son exhortation à l'union des Grecs contre le tyran de Syracuse et le grand roi, puissants par leur marine, il apercevait un précurseur des discours d'Isocrate ; mais, en ce temps-là, c'étaient les Lacédémoniens que l'orateur appelait, pour cette entreprise, à la tête de la Grèce.

Le troisième discours de Lysias semblait le pendant de celui que Démosthène avait adressé au jeune Epicrate. Cet orateur, qui avait été

(1) *Anaphlan* signifie « masturber »

chargé de prononcer l'oraison funèbre des soldats tués à Corinthe, s'occupait ici de célébrer l'amour des garçons. C'était, en quelque sorte, le commentaire du début du *Phèdre* de Platon, où le jeune homme de Myrrhinonte, héros de ce dialogue, sort de chez Lysias et parle à Socrate de ce discours, d'une ironie paradoxale. Le célèbre orateur entendait prouver qu'un garçon doit accorder ses faveurs, non pas à celui qui l'aime, mais à quelqu'un qui ne l'aime pas. Il voyait, en effet, dans une vive passion, le prétexte de perpétuelles exigences, la source de scènes de jalousie et de scandales, et une flamme, somme toute, passagère, tandis que l'amour durable était le privilège des plus dignes, qui maîtrisent leurs sentiments et restent discrets. Il semblait que Lysias n'eût pas suivi ses propres conseils, car cinq lettres d'amour, adressées par lui à de jeunes garçons, étoffaient cet ouvrage, en vue de donner une idée de son style épistolaire. Les théories de cet orateur ne touchaient guère Alexandre et Ephestion : leur passion mutuelle n'était pas moins forte que le premier jour et ils étaient sûrs qu'elle durerait toute leur vie. Cela n'avait rien à voir avec les fantaisies des garçons d'Athènes et de leurs amants : c'était l'amour d'Achille et de Patrocle, comme chacun le savait autour d'eux. L'affection d'Aristote envers Nicanor était aussi probablement de l'amour ; l'aventure de Nicanor et d'Autolyque, comme les mésaventures dont avaient eu à se mêler Hypéride et Lysias, étaient de la pédérastie, mais n'étaient pas de l'amour. Si les deux amants du jeune Théodote l'avaient vraiment aimé, sa conduite envers eux démontrait qu'il ne méritait de l'être ni par l'un ni par l'autre.

L'après-midi, Alexandre réunit l'escadron dans la salle de jeux. Il présidait, installé sur une estrade, Ephestion à ses côtés, les autres assis sur des bancs, le long des murs. Au milieu, il avait fait placer une grande table. L'anxiété générale était intense. Aristote, Anaxarque, Aristandre et Philippe d'Acarnanie n'étaient pas là, mais les athlètes, debout, les bras croisés, l'air farouche, semblaient n'attendre qu'un ordre pour procéder à une correction. Qu'allait rythmer Timothée avec sa flûte ? Nicanor baissait les yeux ; Autolyque semblait un peu inquiet.

Alexandre débuta d'une façon sibylline, dans un silence attentif : « L'un de nous a commis une grave infraction, en prenant du plaisir avec l'un de nous qui est lié à l'un de nous. Je tairai les deux derniers noms, mais révélerai celui du premier : Autolyque. Bien qu'il n'ait pas usé de violence, il est plus coupable que son complice, car il l'a séduit. Je le regrette, fils de Phrynon, parce que j'ai beaucoup d'amitié pour toi ; mais, en qualité d'étranger parmi nous, tu as manqué doublement aux devoirs de l'hospitalité. Tu vas être soumis à un supplice et je suis certain que tu le subiras avec bonne grâce. Tout sera oublié. Mais si j'apprends que tu as dit de qui tu avais abusé, je ne te le pardonnerai jamais. »

« Lève-toi, lui dit Alexandre. Tu acceptes d'avance le supplice ?
— Oui, naturellement, dit Autolyque, qui dissimulait mal son émotion.

J'aime le plaisir, mais je ne crains pas la douleur. Tu le sais, Alexandre, je suis par mon père de la tribu d'Acamas et par ma mère de la tribu d'Ajax. — J'ai passé en revue les divers supplices, reprit Alexandre, qui s'était perfectionné en cette matière depuis sa conversation avec Anaxarque au sujet du prince des Mædes. L'empalement te conviendrait, si tu pouvais y survivre. Le supplice perse par les auges, où l'on est emboîté, la tête et les pieds dépassant, et laissé pourrir, est trop barbare. Il n'est pas non plus question de te crucifier, de te pendre à une fourche, de te flageller sur un chevalet ou sur une roue, de te projeter par une catapulte pour que tu te broies, de t'écraser dans un pressoir à huile ou de t'écarteler entre deux arbres. Ne voulant pas ta mort, je bannis de même le lacet, la lapidation macédonienne, la ciguë athénienne ou ce supplice édicté par quelques villes grecques : on attache le condamné à une échelle, la tête en bas, et on lui verse du vinaigre dans les narines. En fin de compte, j'ai choisi pour toi le supplice des adultères, tel qu'on le pratique dans ta cité natale et qui n'est pas sans rapport avec l'habitude des pédérastes athéniens, si l'on en croit Aristophane : on va t'épiler l'anus à l'aide d'une pince, on te le frottera de cendre chaude et on y introduira un gros radis noir. Puis, le radis dans le derrière, tu feras dix fois le tour de la salle, assis à l'envers sur un âne. »

Un vaste éclat de rire répondit à cette sentence. Autolyque, toutefois, n'avait ri qu'à demi. « Excuse-moi, Alexandre, dit-il : à Athènes, seuls les pauvres subissent cette peine ; les riches s'en acquittent par une amende et je suis prêt à payer. — Nous n'avons que faire de ton argent, dit Alexandre. Nous voulons ton derrière. » Autolyque se résigna.

Dioxippe et Coragus l'avaient déjà mis nu et l'allongeaient au milieu de la table, les fesses en l'air. Tandis que Dioxippe les lui écartait d'une poigne vigoureuse et qu'Aristonique tenait les bras du patient pour l'empêcher de remuer, Coragus, muni d'une pince, commença de l'épiler. Alexandre, par charité, avait fait frotter d'huile le bas-ventre et le derrière du patient. Cela atténuerait ses frictions désespérées contre la table rugueuse et les souffrances de cette brutale épilation. Pendant ce temps, Timothée jouait de la flûte et les trois athlètes criaient, par intervalles : « Threttamélá ! Threttamélá ! » Coragus tirait sur les poils sans ménagement. Autolyque avait les larmes aux yeux, mais il ne gémissait pas. Il s'efforçait de faire honneur à sa tribu paternelle et à sa tribu maternelle. Il demanda seulement, au nom des dieux, que quelqu'un vînt lui caresser le membre, pour l'aider à supporter une aussi cruelle épreuve. Alexandre ne pouvait le refuser. A sa prière, et avec le consentement d'Erigius, Démètre s'approcha et lui glissa la main sous le ventre. Les pleurs s'estompèrent ; le mouvement des fesses, que domptait toujours Dioxippe, attestait que le plaisir avait vaincu la douleur. L'huile facilitait sans doute les choses. Démètre fut autorisé à continuer ses caresses pendant l'application de la cendre brûlante et, quand on en vint au raifort, le supplicié, remis sur son séant, apparut dans l'état qui lui était familier. « J'ai de la chance, dit-il. A Athènes, lorsqu'il n'y a pas de raifort pour cette opération, on prend le manche d'une hache. » La promenade sur l'âne fut aussi triomphale que son érection. Alexandre admirait que le tempérament de ce garçon eût dominé les supplices ou découvert en eux une volupté, comme le Cinésias d'Olympie qui aimait tant se faire fouetter. Lorsque le nombre de tours fut accompli, chacun embrassa le vigoureux supplicié.

Peu de jours après, il eut une compensation. Platon, hôte de Philippe dans l'île de Cos et dont le roi appréciait le nom, lui avait demandé l'honneur d'adjoindre son fils Critobule, âgé de dix-sept ans, aux compagnons d'Alexandre. Philippe avait accepté, pour avoir un lien de plus avec cette île des Sporades, voisine de l'Asie mineure, patrie d'Hippocrate, et Alexandre donna Critobule comme ami à Autolyque, qui prêta serment de fidélité. Désormais, le plus volage des compagnons d'Alexandre n'eut plus à la bouche que les deux vers d'Anacréon : « J'aime Cléobule, Cléobule égare mon esprit, — Je ne pense qu'à Cléobule », mais en y substituant le nom de Critobule. Comme c'était aussi celui du médecin du roi, cela faisait une équivoque, qui amusait Philippe d'Acarnanie. Enfin, le beau Critobule de Xénophon, fils du Criton de Platon, ce riche Athénien, interlocuteur de Socrate emprisonné, conférait un attrait de plus au fils du Platon de Cos.

Ce n'était pas tout : Alexandre était ravi qu'Autolyque, pour lequel il avait une espèce de tendresse et aussi une secrète admiration due à sa qualité d'Athénien, eût pour mignon quelqu'un dont la famille se vantait de descendre d'Hercule. Le héros avait passé par Cos, où sa réputation de dévirgineur avait été consacrée : les filles des principaux citoyens avaient subi le même sort que celles du roi Thespius à Thespies. On l'adorait dans cette île sous le nom d'Alexis. Les monnaies portaient son effigie et ses prêtres revêtaient des habits de femmes, on ne savait pourquoi. Aussi, dans les représentations de Miéza, attribua-t-on tout de suite à Critobule des rôles féminins, qu'il remplissait à merveille, ou des rôles de prêtre. Son ascendance herculéenne, que semblaient justifier les dimensions de son sexe, digne de ceux de Philippe et d'Alexandre, avait, en effet, un complément dont il tirait quelque prestige : il était le seul des compagnons d'Alexandre à avoir exercé des fonctions sacerdotales. A Cos, le prêtre d'Esculape et d'Hygie, choisi dans une noble famille, devait avoir quatorze ans et Critobule l'avait été. Il disait que la prêtresse de Bacchus, dans la même île, pouvait n'avoir que dix ans. Mais, ce qui divertissait les compagnons, c'est que l'offrande faite au jeune prêtre d'Esculape et d'Hygie, lorsqu'il sacrifiait, c'était la queue de la victime.

Alexandre faisait en sorte que Nicanor ne tînt aucun rôle, sauf pour un chœur, si Autolyque était l'un des interprètes. Il ne voulait pas risquer de les trahir ni de gêner Aristote. Néanmoins, sans que personne de ceux qui étaient au courant, eût dévoilé le secret, tout le monde savait à présent de qui Nicanor avait été le complice. C'est comme si les briques du bain de vapeur avaient parlé.

A l'époque du renouveau, Alexandre éprouvait avec plus de délices la vérité de ce qu'avait dit Aristote sur « les parfums, les fleurs et les prairies ». En février, les jardiniers avaient planté de nouveaux rosiers, le lendemain du soir où la Lyre s'était couchée. En mars, on guetta les signes célestes du printemps : Orion montrait son glaive près de son baudrier et le Taureau se dégageait de ses frimas. Les premières hirondelles revenaient nicher sous la grosse poutre du toit. Alexandre se figurait que l'un de ces oiseaux était Minerve, qui avait pris la forme d'une hirondelle, pour se loger en un lieu semblable, dans un épisode de l'*Odyssée*. Cette idée l'empêchait d'avoir égard au conseil de Pythagore, — non expliqué, du reste, — qui était de ne pas avoir d'hirondelles dans sa maison. Quand on entendit le chant du rossignol dans la volière, Aristote fit distinguer à ses élèves la voix de la mère qui donnait des leçons de chant à ses petits.

Le jour de l'équinoxe, on célébra les fêtes printanières de Bacchus. On porta des arbres en procession, pour honorer le dieu sous ses épithètes de Protecteur et Soigneur des plantes. On poussait les cris de joie, qui étaient en d'autres circonstances, des cris de douleur : « Alala, iou, iou ! » On dressa les lits mystiques, dits berceaux de Bacchus, composés d'étoffes spéciales que l'on avait baignées dans l'eau, où elles se teignaient en pourpre. Thessalus chanta l'hymne de Pindare, en sautant le nom d'Athènes : « Voyez ce chœur, Olympiens, — Et envoyez la grâce illustre, dieux, — A cette place fameuse, ornée avec beaucoup d'art, — Quand, de la chambre des Heures tissues de pourpre, — Le printemps à l'odeur agréable amène les plantes de nectar. — Alors, se jettent, sur la terre immortelle, — Les touffes aimables des violettes et les roses se mêlent aux cheveux — Et les voix des chants résonnent avec les flûtes. » Les violettes semblaient un hommage à Alexandre et lui rappelaient qu'elles avaient poussé là où le sang d'Atys avait coulé.

D'autres fleurs, que Pindare n'avait pas nommées, lui évoquaient les amours des dieux et des hommes : les jacinthes parlaient d'Hyacinthe, mignon d'Apollon ; les crocus, de Crocus, mignon de Mercure ; l'anémone, d'Adonis, cher à Vénus et mignon de Bacchus et d'Hercule ; les narcisses, de Narcisse, amoureux de lui-même et mignon d'un certain Aminias. Aristote rappelait le mot d'Agathon dans *le Banquet* de Platon : « L'Amour est beau, parce qu'il vit parmi les fleurs. »

Si, pour Alexandre, la rose appartenait surtout à Vénus, qui l'avait fait naître d'une goutte de son sang, Anaxarque y chérissait Bacchus, auquel cette fleur était secondairement consacrée. Il dit qu'elle était même un symbole capital, dans le culte de Sabazius, le Bacchus thrace. A cet égard, la Macédoine propre n'avait rien à envier à la Thrace ni au royaume de Langarus. Comme l'écrivait Hérodote, les Macédoniens situaient sur le

Bermius, au milieu des jardins de roses du roi Midas, la légende phrygienne suivant laquelle Silène s'était fait prendre par les hommes, après avoir bu l'eau d'une source où ils avaient versé du vin. « Reconnais, Anaxarque, dit Alexandre au philosophe d'Abdère, que tu es chez toi aux deux extrémités de la Macédoine. »

La saison amenait une cérémonie d'une autre sorte : la cueillette de l'ellébore. Ce n'était pas pour la triste maladie dont souffrait l'académicien Speusippe, ni pour faire rendre des diamants ingurgités, comme on le pratiquait avec les mineurs du Pangée, mais en vue des purgations prescrites par Philippe d'Acarnanie, d'après les leçons d'Hippocrate. Un rite magique, qui enchantait Anaxarque, accompagnait la cueillette et nécessitait la présence d'Aristandre. Le médecin préférait l'ellébore noir au blanc, qui était trop énergique, et Alexandre trouvait curieux que la meilleure qualité des deux espèces fût celle qui croissait sur le mont Œta, près de l'emplacement du bûcher d'Hercule. Trois mois avant de cueillir la plante, — en réalité, on ne la cueillait pas, mais on l'arrachait —, on traçait trois cercles tout autour avec la pointe d'une épée ; puis, on répandait de l'eau miellée, pour apaiser la Terre par cette espèce de sacrifice. Dès que l'on avait arraché l'ellébore, on le tendait vers le ciel. Alexandre avait chargé malicieusement Autolyque de cette opération, parce que celui qui l'effectuait, devait avoir gardé la continence pendant quelque temps. La fleur ne servait jamais à faire des couronnes ; c'est de la racine qu'on extrayait, non seulement des remèdes, mais des parfums. Il fallait une précaution de plus, au cours de la cueillette, afin d'être sûr de l'agrément des dieux : on observait si l'on voyait un aigle ou un milan, car l'un ou l'autre de ces oiseaux apparaissait toujours à ce moment. S'il approchait de l'arracheur, c'était signe que celui-ci mourrait dans l'année. Or, le milan faisait son apparition avec le vent du nord, six jours avant l'équinoxe, et disparaissait peu après, quand le soleil entrait dans le signe du Bélier. L'aigle était surtout fréquent lorsque se levait la constellation de l'Aigle, vers la même époque. On prenait un arc pour effrayer ces oiseaux en leur lançant des flèches, mais on n'avait pas le droit de les tuer. Le milan était estimé, en général, de mauvais augure et l'on devait tomber à genoux dès qu'on l'apercevait. Cet usage avait inspiré une plaisanterie à Aristophane : que le milan avait été roi des Hellènes, puisqu'il leur avait appris le premier à « se rouler à terre » devant lui. Cette année, on ne vit ni milan ni aigle : Aristandre en déduisit des événements extraordinaires.

A Miéza, Philippe d'Acarnanie choisit les racines dont l'écorce était le plus charnue, les enveloppa d'éponges imbibées d'eau pour qu'elles enflassent, les effila avec une aiguille et les mit sécher à l'ombre. Bien qu'émue de tous ces soins, la jeunesse affectait la sérénité, mais elle n'ignorait pas que ce remède était aussi un poison : l'ellébore dans du lait tuait les mouches et dans de la farine les rats.

La cérémonie de la purgation n'était pas moins minutieuse que celle de la cueillette. Il était recommandé de ne pas absorber le remède par un ciel couvert. On s'y préparait, pendant sept jours, en suivant une diète particulière, en s'abstenant de vin et de plaisir et, trois jours avant, en absorbant un vomitif d'ellébore même. Pour adoucir le remède, Philippe d'Acarnanie ne l'administrait que sous forme de potion, ce qui était pratiqué surtout dans les cas de folie (« Bois l'ellébore ! » dit l'esclave des *Guêpes* à un danseur frénétique). Il plaçait la racine à l'intérieur d'un raifort que l'on avait fendu en long, ce qui fournit bien des plaisanteries à l'adresse d'Autolyque. Cette cure excitait, du reste, les garçons, parce qu'elle était essentiellement virile : elle était interdite aux femmes, aux enfants, aux vieillards et aux « hommes moins hommes que femmes ». Aristote avait déclaré que Nicanor pouvait être purgé pour la première fois. Le philosophe faisait un usage régulier de l'ellébore : il assurait que cela lui donnait plus d'intelligence et de sagacité. Le raifort était servi avec des lentilles. Alexandre donna le signal, quand chacun eut son plat en face de lui. Les frissons, les étranglements, les éternuements, les assoupissements, les hoquets, les déjections qui suivirent, eurent leur récompense par un regain de vitalité. Philippe d'Acarnanie avait examiné les pots de chambre, pour vérifier que l'ellébore eût été rendu le premier ; sinon, il fallait prendre certaines précautions. Il citait le mot du médecin Hérophile : cette plante était semblable à un vaillant capitaine qui, après avoir tout mis en mouvement à l'intérieur, paraît le premier à la sortie. On continua, pour se rétablir, le traitement qu'Hippocrate avait fixé : mets émollients et laxatifs, pain d'orge au lieu de pain de froment, bains tièdes, frictions, courses lentes, lutte modérée, longues promenades, le corps huilé, et sevrage de tout rapport sexuel. Mais quel débordement général à la fin !

Comme aucun n'aurait imaginé d'enfreindre une règle que respectait Alexandre, les jours de continence provoquaient des murmures. Les élèves d'Aristote, les patients de Philippe d'Acarnanie protestaient qu'Hippocrate n'avait su ce qu'il disait, en défendant la volupté dans une saison où le corps la réclame avec le plus d'insistance. « Il la défend pour qu'on n'en abuse pas, dit Aristote. C'est toujours le principe de Xénophon et mon conseil personnel : éviter que les jeunes gens, à cause des facilités de l'âge et de l'éducation, ne se livrent à l'amour sans mesure. — Mais enfin, s'écria Démètre, quand nous sommes presque toute la journée en érection, comment nous persuader que nous devions nous retenir ? — Démocrite, dit Anaxarque, était encore plus réservé pour l'acte vénérien : il prétendait que c'était, à chaque fois, « faire jaillir un homme ». — Par Hercule, dit Alexandre, que d'hommes il y aurait sur la terre, s'il en naissait à chaque jaillissement ! — J'ai critiqué la remarque de Démocrite dans les *Réflexions* que je lui ai consacrées, dit le philosophe de Stagire : l'acte que nous inspirent Vénus et l'Amour, est nécessaire pour la santé. Il réveille la vigueur des athlètes engourdis Il rend à la voix sa pureté, guérit le mal aux reins, éclaircit la vue, prévient le délire, chasse la mélancolie. On ne doit donc pas s'en priver. On peut même inférer, d'après ce que dit Hippocrate des entrailles, — à savoir, qu'elles vieillissent plus vite, si l'on ne fait qu'un repas par jour —, que les testicules vieillissent plus vite si on ne les fait pas travailler. C'est pourquoi le sage Thalès a dit : « Jouir est ce qu'il y a de plus doux. » Sa formule précise le sens de celle que j'ai lue à Délos et que je vous ai citée en vous parlant du bonheur. »

Il y avait un point sur lequel Aristote n'était pas d'accord avec Hippocrate : pour l'interprétation des rêves, l'illustre médecin imitait les oracles d'Esculape, qui suggéraient la guérison par un rêve effectué à l'intérieur du temple. Bien qu'étant, par son père, de la race des Asclépiades, les grands sectateurs d'Hippocrate, le philosophe ne croyait pas beaucoup à ce mode de traitement. Toutefois, il convenait que le rêve est souvent lié à l'état physique et peut éclairer sur des maladies, si ce n'est sur le moyen de les guérir. « Je m'étonne, dit encore Démètre, qu'Hippocrate ne parle pas des rêves érotiques. Il ne nous indique pas le moyen de les éviter pendant la cure d'ellébore. — Peut-être qu'il ne les condamne pas, dit Aristote en riant : il assure que, dans le rêve, « si l'on a l'impression d'une pluie douce par beau temps, c'est bon ». Néanmoins, Philippe d'Acarnanie tempérait alors les désirs vénériens en faisant prendre des infusions de mauve, remède que Pythagore administrait à ses disciples pour la même raison.

La cueillette des mauves et aussi des asphodèles suivait de peu celle de l'ellébore. On en rapportait des brassées. Outre les graines de ces deux plantes, que les cuisiniers faisaient rôtir, on cuisait le bulbe de l'asphodèle sous la cendre, pétri avec des figues sèches. Les mauves guérissaient la toux, les coliques, les contusions ; mais personne n'avait à en user pour se guérir de la blennorragie. Anaxarque employait pour toutes sortes d'usages cette plante, aussi chère à Hésiode que l'asphodèle, mais Philippe d'Acarnanie ne croyait pas à la panacée des cinq grammes de mauve pris chaque jour par Dinarque, l'hôte de Philippe à Corinthe.

Comme la glace avait fondu, on en profita pour faire des parties de pêche. Trois fleuves étaient proches de Miéza : l'Axius, puis l'Echédore à l'est, le Lydias et l'Haliacmon à l'ouest. Ce dernier venait de l'Elimée, la province dont les parents d'Harpale avaient été princes. Alexandre s'intéressait bien davantage à la chasse, mais c'est Aristote qui lui avait communiqué le goût de la pêche par son cours sur les poissons. Il y avait d'abord le plaisir de monter en barque. La pêche au filet procurait d'abondantes captures. La nasse était réprouvée par le philosophe, comme perfide et indigne des hommes libres, de même qu'il réprouvait les ruses contre les bêtes fauves. La pêche à l'hameçon, avec des crins de cheval ou des soies de sanglie., du fil à plomb, des plumes ou de la laine rouge, du liège et des roseaux, des baguettes de cornouiller, des tiges de fenouil, ménageait quelques émotions. Après l'exercice de cet art on faisait des joutes en barque ou, comme les enfants, des ricochets sur l'eau avec des galets. C'est le projectile d'Alexandre qui tressautait le plus et qui allait le plus loin. Il en était aussi fier que de vaincre à la joute Autolyque, qui avait gagné aux fêtes athéniennes de Minerve.

On poussa jusqu'à la petite ville d'Alore, voisine de l'embouchure de l'Axius. Aristote voulait contrôler certains phénomènes, tels que l'amour du poulpe à l'égard de l'olivier et celui du sargue à l'égard des chèvres, avant de les consigner dans son livre des *Poissons*. Ces étrangetés étaient dignes de l'amour des gélinottes pour les cerfs. Alexandre y voyait une preuve nouvelle de la présence des dieux dans la nature et aussi de la diversité et des contrastes des mœurs des espèces, autant que de l'empire et des fantaisies de l'amour.

Tous s'embusquèrent à l'abri d'une haie pour observer un énorme poulpe que les pêcheurs leur avaient signalé. Il sortit lentement des flots, rampa vers un olivier, l'atteignit bientôt, se serra contre le pied, enlaça de ses longs tentacules le tronc et les rameaux, s'y allongea, monta à la tête, qu'il avait l'air de baiser, et enfin, après avoir humé l'odeur de l'écorce qui faisait ses délices, descendit lentement vers son domicile aquatique. Les pêcheurs de poulpes attachaient une branche d'olivier à leurs barques : ces mollusques surgissaient, s'y entortillaient et se laissaient tuer sur le bois de leur arbre chéri.

Non moins curieuse parut la tendresse du sargue pour la chèvre. Ce fut un spectacle bucolique de contempler un troupeau de chèvres qui se baignaient au bord du rivage, pendant que le chevrier jouait du pipeau. Une multitude de sargues se pressa autour de ces compagnes de Pan, frétillant, bondissant de joie, et les suivant jusqu'au bord, quand elles se retirèrent. Pour prendre les sargues, les pêcheurs se vêtaient d'une peau de chèvre, le front surmonté de cornes, et jetaient de la farine imprégnée de la graisse et du fumet de ces animaux.

Alexandre se plut à pêcher des anguilles à la mode du pays. C'était, dirent Aristote et Alexandre, un procédé inconnu aux pêcheurs du lac Copaïs, en Béotie, célèbre par ses anguilles. Dans une anse paisible, que ces poissons fréquentaient, l'escadron et les deux philosophes déroulèrent des intestins de brebis. On soufflait avec force à un bout quand on jugeait qu'une anguille en avait avalé l'autre, et elle apparaissait bientôt à la surface, gonflée et distendue, collée au boyau. Il n'y avait qu'à la saisir.

On alla à Chalastre, autre petite ville voisine de l'embouchure de l'Axius, pour assister à la cérémonie printanière durant laquelle les navires, couronnés de feuillage et de bandelettes rouges, étaient remis à l'eau. Le commerce maritime, plus ou moins interrompu par l'hiver, reprenait alors à pleines voiles. C'était une occasion de fêtes, de beuveries et de concerts

De même que l'eau des rivières, celle des fontaines et des sources avait recouvré sa fluidité et l'on faisait un sacrifice aux nymphes. Il avait lieu, à Miéza, dans la nymphée du parc, où coulait, au milieu des stalactites, une fontaine à mufle de lion. L'eau en était si douce qu'Alexandre, enfant, disait qu'elle lui remémorait le lait de sa mère. Aussi avait-il donné à cette fontaine le nom d'Olympias. Le sacrifice consistait en gâteaux, en fruits, en miel et en primevères.

A la fin du printemps, Philippe, en compagnie d'Attale et des deux Pausanias, visita son fils. Il était dans la joie, car les nouvelles de Phocide correspondaient à tous ses désirs en lui annonçant qu'une troisième guerre sacrée ne pouvait tarder. Non seulement les Locriens d'Amphissa avaient occupé la terre de Cirrha, propriété du sanctuaire d'Apollon à Delphes, mais, contre toutes les lois, ils y faisaient paître leurs troupeaux, y bâtissaient des maisons et des fabriques, y labouraient, y coupaient des arbres, avaient cueilli les olives et les figues du dieu. Ils construisaient même un port, afin de concurrencer celui de Crisa. Tous ces sacrilèges étaient d'autant plus incompréhensibles que, lors de la première guerre sacrée, dans laquelle Philippe n'était pas intervenu, au début de son règne, les Amphissiens, comme tous les habitants de la Locride Ozole, avaient été les adversaires de Philomèle, spoliateur phocidien du temple de Delphes, et ils en avaient souffert cruellement. Aux représentations qui leur furent faites pour leurs procédés, ils avaient répondu qu'ils n'entendraient raison de personne, que le territoire de Cirrha leur avait appartenu et qu'ils étaient prêts à repousser par les armes ceux qui voudraient les en déloger. La confédération des peuples voisins, réunie à Delphes pour sa session printanière, était saisie. On disait que les Amphissiens avaient acheté Démosthène et qu'ils lui garantissaient même une rente de deux mille drachmes s'il empêchait leur condamnation. Mais Eschine était un des délégués d'Athènes : il écrivait à Philippe, vers qui les yeux de la Grèce étaient tournés, que, malgré Démosthène et sa clique, le roi de Macédoine serait désigné sûrement une seconde fois comme vengeur d'Apollon. Philippe comptait bien s'emparer aussi de la Locride Ozole, ainsi qu'il l'avait fait de l'autre Locride, et, à cette occasion, établir sa prédominance en Béotie jusqu'aux Thermopyles : Athènes, de gré ou de force, tomberait sous son joug. C'est auprès d'Alexandre qu'il attendait la suite des débats de Delphes. Pour ne pas sembler attacher trop d'importance à ces événements, il avait saisi cette occasion de s'éloigner de Pella.

Le camp adverse de son côté, s'était préparé soit à l'attaque, soit à la défense. Durant l'hiver, Démosthène et Hypéride avaient formé une ligue d'Athènes avec un certain nombre de villes et d'Etats grecs, — Mégare, presque toute l'Eubée, et les cités de la Chersonèse qui avaient résisté à Philippe. Ce n'était, à vrai dire, que la confirmation d'un état de fait déjà existant : la Macédoine, malgré les intrigues de ses ennemis, n'avait perdu aucun de ses alliés et s'était renforcée par ses victoires au sud du Danube.

Bien que Philippe eût l'air de ne s'occuper qu'à chasser avec les amis de son fils ou à jouer avec eux des pièces de théâtre, il recevait quotidiennement un courrier d'Eumène, son délégué à la session de Delphes, et Parménion, à Pella, surveillait les préparatifs militaires. Mais il continuait d'écrire à Phrynon, à Démade, à Isocrate et à ses autres amis d'Athènes, pour leur dire qu'il était à Miéza, comme un élève d'Aristote, sans se soucier de ce qui se passait à Delphes. Leur influence avait fait nommer, parmi les délégués athéniens, Midias d'Anagyronte, qui n'était pas de la faction macédonienne, mais qui, ennemi mortel de Démosthène, l'était conséquemment des Amphissiens. Lorsque Alexandre avait lu le discours de Lysias où étaient racontées les mésaventures de l'Athénien Simon, il ne s'était pas douté que l'auteur de celles de la jeunesse de Démosthène, auxquelles il avait pensé par analogie, serait, cette saison, à Delphes, juge d'une affaire aussi considérable pour la Macédoine.

Il y avait eu un prélude : les délégués d'Athènes avaient trouvé, en arrivant, une motion de blâme et d'amende, déposée contre leur ville par les Amphissiens. On accusait les Athéniens d'avoir dédié, dans le nouveau temple de Delphes qui n'était pas encore consacré, des boucliers d'or fabriqués avec le butin pris jadis aux armées de Xerxès et dont l'inscription déclarait que les Thébains avaient été les alliés des Mèdes contre la Grèce. Les citoyens d'Amphissa voulaient se donner l'apparence de défendre l'honneur du dieu et couvrir leur secret accord avec Démosthène. Accusés de sacrilège, ils en dénonçaient un autre : la construction du nouveau temple de Delphes, commencée depuis une vingtaine d'années après la destruction du précédent par un tremblement de terre, et financée par tous les Etats grecs, n'étant pas terminée, il était illicite d'y consacrer des offrandes, autres que de l'argent, non moins que de stigmatiser les Thébains, souscripteurs de l'œuvre commune. Les questions habituelles absorbèrent ensuite les délégués : examen des revenus du dieu, prêts à intérêt sur son trésor, affermage de ses troupeaux, location des maisons, des terres et des vignes qui étaient propriétés du temple, situées en dehors de la plaine sacrée. On reculait le débat relatif au point essentiel, d'où devait sortir la guerre.

Une lettre d'Eumène décrivit une série d'incidents qui s'étaient produits, coup sur coup, à Delphes et à Cirrha. Quand l'affaire de l'usurpation de la plaine sacrée fut mise enfin aux voix, Eschine, sans se laisser intimider par les injures des délégués amphissiens, entraîna l'assemblée sur la terrasse du lieu de réunion, d'où l'on apercevait cette plaine, au-delà des pentes couvertes d'oliviers, et leur montra les étables, les maisons, les poteries et le port construits par ces sacrilèges, les terres labourées, les troupeaux qui paissaient et qui n'étaient pas ceux du dieu. Il rappela l'ancien oracle d'Apollon contre les premiers profanateurs, qui avaient été, jadis, les Cirrhéens eux-mêmes : « Guerre aux Cirrhéens ! guerre le jour ! guerre la nuit ! » et l'ancien serment, prêté par les confédérés, de s'opposer, dans l'avenir, à toute nouvelle profanation. L'assemblée s'enflamma. Elle était présidée par Cottyphus de Pharsale, qui appartenait à la plus illustre famille de cette ville, celle des Créontides, et qui était tout acquis à Philippe. Il fut secondé par Midias. Sur son ordre, le héraut avait publié que, le lendemain, les Delphiens au-dessus de dix-huit ans, libres ou esclaves, se réuniraient, au lever du soleil, sur la place de Delphes, armés de houes, de pioches et de torches, puis, conduits par la majorité des délégués, descendraient dans la plaine pour détruire les constructions des Amphissiens. Ils vont, saccagent le port, brûlent les maisons, coupent les arbres récemment plantés, dispersent les troupeaux. Mais, au retour, les Amphissiens fondirent sur eux et les vengeurs d'Apollon n'avaient dû leur salut qu'à une prompte fuite. Cottyphus avait fait décréter qu'une session extraordinaire se tiendrait à Delphes, avant celle d'octobre aux Thermopyles, en vue de fixer, après négociations entre Etats, la peine à infliger aux Locriens Ozoles. Philippe rendit grâces à Eschine et à Apollon.

Un courrier d'Athènes lui apprit, quelques jours plus tard, que Démosthène, inquiet de la tournure des choses, avait inspiré un décret des Athéniens, énonçant qu'ils n'enverraient de délégués aux Thermopyles et à Delphes « qu'aux époques prévues par leurs ancêtres ». Eumène faisait savoir, en même temps, que Cottyphus et la plupart des autres confédérés, passeraient outre à cette décision : les Athéniens seraient donc obligés de se rendre à la session extraordinaire, pour ne pas rester isolés. La manœuvre de Démosthène aurait fait long feu : son échec anticipé montrait que la balance des forces penchait du côté de Philippe.

Un message de Parménion donna d'autres informations : les Ardiens, tribu illyrienne, venaient de se révolter et menaçaient à la fois les provinces occidentales de la Macédoine et le royaume des Molosses. Les communications entre Philippe et son jeune beau-frère risquaient d'être coupées, comme les Mædes avaient failli couper celles de la Macédoine avec Philippe en Thrace orientale. « On ne nous laisse pas reposer, dit le roi à son fils ; mais cela nous exerce. Alexandre, tu as vaincu les Mædes ; tu dois vaincre les Ardiens. — Encore une « guerre obscure » ! dit Alexandre en riant. — Avec toi, dit Philippe, rien n'est obscur. Du reste, dans son *Histoire* de la guerre du Péloponèse, Thucydide signale que Brasidas, le grand général de Sparte, et notre ancêtre Perdiccas Ier, dont il était momentanément l'allié, étaient remplis de crainte à cause de la réputation guerrière des Illyriens. N'oublie pas non plus que mon propre frère Perdiccas fut tué en les combattant, que c'est un de mes titres de gloire d'avoir vaincu, il y a vingt ans, leur roi Bordyllis, et que c'est un de ceux de Parménion de les avoir vaincus, il y a seize ans. Puisque ce fait d'armes a eu lieu le jour de ta naissance, — fait d'armes qui coûta la vie au père d'Ephestion, — c'est à toi qu'il appartient maintenant de les battre. En outre, cette fois, tu n'auras pas devant toi un prince anonyme, mais un roi, Pleuratus, que j'ai déjà vaincu, il y a cinq ans, et à qui j'ai eu le tort de laisser la vie. Tu vas donc parfaire mon œuvre. Mais je demande aux dieux que tu ne sois pas blessé, comme je l'ai été : cette blessure avait rempli d'espoir tous mes adversaires, à commencer par les Athéniens. Ce fut, en revanche, pour Isocrate, l'occasion de m'écrire sa fameuse lettre afin de me recommander la prudence, en me rappelant que mon principal devoir est d'unir les Grecs, puis de vaincre avec eux les barbares. » Le roi sourit et ajouta : « Je n'ai pas à t'adresser les mots d'Ulysse à Télémaque : « Ne déshonore pas la race de tes pères, car, jusqu'ici, — Nous nous sommes signalés par la force et le courage sur toute la terre. » Tu nous as déjà honorés. » Alexandre lui répliqua par les mots de Télémaque même : « Tu verras, comme tu l'as voulu, père chéri, que, dans mon cœur, — Rien ne déshonore ta race, comme tu dis. » « J'espère que, là aussi, tout se réglera en une bataille, continua Philippe. Ces peuples ne sont pas capables d'une véritable guerre, mais on n'a pas moins de mérite à les dompter. »

« Après ta victoire, ajouta-t-il, tu iras te montrer aux Molosses, pour leur rappeler qu'ils sont nos alliés, et tu referas amitié avec ton oncle et futur beau-frère Alexandre. Je lui expédierai un message pour lui annoncer ta visite. Je te donnerai une armée correspondant aux forces des Ardiens, et un adjoint qui te convienne. Il ramènera le gros de l'armée, pendant que tu te dirigeras vers l'Epire. »

Alexandre, enthousiaste à l'idée de reprendre les armes, courut informer ses amis. Tous acclamèrent Mars, qui leur offrait de se mesurer avec les Illyriens, après qu'ils s'étaient mesurés avec les Thraces. Ils savaient la réputation guerrière de ces éternels ennemis de la Macédoine, — Ephestion pensait à venger la mort de son père. On voyait également dans cette campagne une préparation à celle qui ne manquerait pas de suivre et dont la prochaine guerre sacrée serait le dernier préambule : la campagne contre Athènes. Cette joie sincère ne dissimulait pas moins quelque mélancolie. Nul ne doutait que ce ne fût la fin des plaisants séjours à Miéza sous la houlette d'Aristote. Déjà interrompue par l'expédition contre les Mædes et contre les Gètes, l'idylle d'Alexandre, d'Ephestion et de leurs compagnons était finie.

Cependant, à la veille de quitter cette retraite, ils célébrèrent une fête qui avait lieu à ce moment-là en Macédoine et qui resserrait leurs liens réciproques : la fête des amis. On ne sacrifiait que des animaux mâles. Les couples d'amis se présentèrent, l'un après l'autre, devant l'autel de Jupiter, Protecteur des amis. Philippe et Aristote furent les seuls à accomplir le rite avec deux mignons.

A Pella et dans les autres villes, des jeux gymniques et dramatiques marquaient cette fête. Aussi joua-t-on pareillement, à Miéza, quelques scènes d'Euripide et l'on disputa le prix de la course et de la lutte. Philippe, claudiquant, ne put participer à la première épreuve ; mais Alexandre, avec qui il lutta, et qui s'était imaginé de le laisser gagner par politesse, fut étonné de sa vigueur, sous laquelle il dut plier. « O Alexandre, lui dit le roi, seul Hercule est capable de terrasser Hercule. J'étais moins fort que toi quand j'avais ton âge. »

Une course aux flambeaux termina la fête, dans la nuit. On ne se passait pas la torche de main en main, comme cela se faisait à Athènes : chacun avait un flambeau et la victoire était à celui qui arrivait le premier au but, — la statue de Priape au fond du parc, — sans que son flambeau s'éteignît. Alexandre fut le vainqueur : s'il n'était pas Hercule, il avait les pieds légers d'Achille et, dans les veines, comme Hector, « la force terrible du feu ».

Tout le monde regagna Pella. Aristote emportait ses instruments et ses livres, comme s'il prévoyait, lui aussi, que son rôle d'éducateur du fils de Philippe avait pris fin. Il devait habiter quelque temps au palais royal, avec Paléphate et Nicanor, pour faire des recherches d'archives, puis se retirerait à Stagire. Philippe l'avait chargé d'étudier tous les problèmes de constitutions et de frontières relatifs à la Macédoine et à ses alliés, qui le choisissaient pour arbitre de leurs différends. Persuadé qu'un jour, de gré ou de force, il serait mis à la tête d'une ligue des Grecs contre la Perse, le roi voulait s'ériger en conciliateur, afin de mieux les unir autour de lui. Phrynon lui avait écrit qu'à Athènes, l'affichage des lois contradictoires ne suffisait plus pour s'en démêler : le peuple, impuissant, avait créé une commission qui les étudiait dans l'espoir de les concilier. Philippe savait qu'en Macédoine, il existait des conflits législatifs du même genre, bien que les lois fussent émanées du pouvoir royal, et il se flattait d'être le premier à faire preuve de clarté d'esprit.

Autolyque avait sollicité l'honneur d'être de la campagne : comme elle ne visait pas des alliés d'Athènes, il était libre d'y participer. « Je prie les dieux, dit-il à Alexandre, que ton père et toi ayez terminé vos querelles avec mes compatriotes avant trois ans. J'aurai alors dix-huit ans accomplis, j'entrerai dans la classe des éphèbes et je serai tenu au service militaire. Il m'interdira, en principe, de sortir de l'Attique, mais je ne voudrais pas être dans le cas de porter les armes contre toi. — Sois tranquille, répondit Alexandre : nous entrerons en Attique avant que tu sois entré chez les éphèbes... s'il est vrai que tu aies attendu ton service militaire pour cela. »

Alexandre emmènerait dix mille hommes, — une phalange ! — plus cent enfants royaux, comme la dernière fois. Les révoltés étant au nombre de dix à douze mille, le roi, malgré sa règle d'avoir une armée de beaucoup supérieure à celle de l'adversaire, estimait suffisantes les forces des Macédoniens. Euryloque secondant Parménion pour les préparatifs de l'armée royale, Antipater fut désigné en qualité d'adjoint d'Alexandre. Son fils Cassandre était cher à ce dernier, malgré le fameux rêve du coup de poignard, et encore plus cher à Séleucus. L'estime que le roi faisait d'Antipater, était prouvée par un mot célèbre. Dans une de ses campagnes, Philippe, épuisé, s'était endormi au moment du conseil qui devait décider d'une bataille. Malgré le péril, on le laissa reposer. « Je pouvais dormir, dit-il ensuite : Antipater veillait. » Les amis de Parménion prétendaient que ce mot n'avait pas été dit sur Antipater, mais sur Parménion.

Lysippe et Léocharès avaient bien travaillé pendant ces mois d'hiver, mais l'une des œuvres d'Apelle enchanta particulièrement Alexandre. Le peintre avait fait avec amour le portrait de Campaspe en Vénus, dans la même attitude que son fameux portrait de Laïs : ce corps ravissant qui sortait de la mer, ces doigts effilés qui, à la hauteur de la joue, pressaient la chevelure pour en exprimer l'eau, la courbe de cette hanche, la rondeur de ces cuisses et de ces seins, lui restituèrent à l'instant l'amour qu'il avait éprouvé pour elle et il faillit demander à l'artiste de la lui rendre. Mais quelle idée de partir avec cette fille pour faire la guerre aux Ardiens ! Du reste, les remerciements éperdus d'Apelle, le bonheur tranquille de la jolie petite courtisane, même si elle souriait avec complaisance à son premier amant, excluaient cette possibilité.

Pour remercier Alexandre, Apelle avait fait aussi un grand tableau de Bucéphale, d'après des dessins qu'il avait exécutés. Alexandre, déjà stupéfié de la ressemblance, le fut encore davantage, lorsque, ayant fait entrer son cheval dans l'atelier, il l'entendit hennir à la vue de son propre portrait. « Grâce à toi, dit-il au peintre, Campaspe sera immortelle, mais Bucéphale également sera immortel. Ces deux tableaux suffiraient à ta gloire. — Ma gloire, dit Apelle, c'est le portrait que j'ai peint de toi à quinze ans, ce seront ceux que je peindrai de toi, par la suite; mais ils périront un jour, comme périt toute chose. Ta gloire à toi couvrira le monde et ne périra jamais. »

Olympias était de nouveau soucieuse de voir son fils partir pour la guerre contre des Illyriens, qu'elle avait combattus autrefois elle-même à sa façon. Elle se réjouissait pourtant à l'idée qu'il se rendrait en Epire et qu'il serait l'hôte de son frère. Il lui promit d'aller à Dodone, où Jupiter avait son temple et son oracle les plus réputés, en dehors de ceux de l'oasis d'Ammon en Egypte. Bien que fervente de Bacchus, Olympias attribuait au souverain de l'Olympe son mariage avec Philippe, qui, malgré les ombres produites par les infidélités du roi, l'avait faite reine du plus grand Etat de la Grèce et mère chérie d'Alexandre. Ce dieu, affirmait-elle, que, dans son enfance, elle visitait chaque année à Dodone, lui avait inspiré l'idée de s'initier aux mystères de Samothrace, où elle avait connu son futur époux. Et enfin, Nectanébo ne lui avait-il pas persuadé que Jupiter ou Ammon, sous la forme du serpent qui était dans sa chambre, avait engendré son fils ? Elle ne révérait pas moins l'autre divinité de Dodone, Dioné, associée au culte de Jupiter et même à son oracle. Cette déesse, que *l'Iliade* faisait la mère de Vénus, était une seconde épouse du roi des dieux, uniquement honorée dans ce sanctuaire, et figurait sur des monnaies locales. Olympias chargea Alexandre de lui offrir un collier d'or, pour la remercier d'être intervenue en sa faveur auprès de Jupiter, qui avait écarté de Philippe tant de ses concurrentes, — notamment la courtisane illyrienne Audata —, et pour que fût écartée la nièce d'Attale. Malgré sa croyance aux ,orcières thessaliennes, la reine ne voulait pas négliger de si puissantes divinités.

La cérémonie du départ d'Alexandre fut aussi solennelle que lors de l'autre expédition. Le roi était près de son fils. Aristandre sacrifia, aux sons de la flûte de Timothée. Tous deux suivaient l'armée, comme Philippe d'Acarnanie et Thessalus. Campaspe, lorgnée par le roi, semblait toujours sous la protection d'Olympias, mais se tenait à côté d'Apelle. Aristote était entre Paléphate et Nicanor : ils évoquaient sans doute l'épilation d'Autolyque, dont le casque, l'armure et les armes brillaient au soleil matinal, comme son derrière bien huilé avait brillé à la lueur des torches sur une table de la salle de jeux à Miéza. Naturellement, la statuette d'or de Vénus, qui avait porté chance à Alexandre pour la campagne contre les Mædes et contre les Gètes, était dans son bagage, avec les poèmes d'Homère et les quelques pièces d'Euripide qui ne le quittaient pas.

La distance était moindre que pour aller chez les Mædes : en trois ou quatre jours, on arriverait au but. La route était la plus belle de la Macédoine : dans son premier trait, elle reliait Pella à Egées ou Edesse, l'ancienne capitale, chef-lieu de la province de Bottiéide. C'était la ville fondée par Caranus, au site qu'avait marqué un troupeau de chèvres et selon ce qu'avait prescrit l'oracle de Delphes. Pour commémorer l'événement, les armées macédoniennes étaient jadis précédées par des chèvres. Philippe avait supprimé cette coutume, qu'il jugeait ridicule. Du reste, beaucoup de soldats prenaient des chèvres pour épouses : cela dérangeait la discipline, provoquait même des bagarres.

Egées était bâtie sur un haut plateau, d'où l'eau tombait en cascades. Alexandre salua ces murailles, à l'abri desquelles étaient ensevelis tous ses ancêtres. En mourant, Perdiccas Ier avait dit, sous l'inspiration des immortels, que « tant que ses cendres et celles de ses successeurs y reposeraient, le sceptre de la Macédoine resterait dans sa maison ». Leurs monuments funéraires avaient été restaurés par Philippe, qui avait aussi agrandi le théâtre et qui s'apprêtait à orner cet édifice de magnifiques statues des douze dieux La plupart étaient déjà en place. Le Philippe de

Léocharès les rejoindrait bientôt. L'inauguration officielle de tous ces travaux était prévue pour les fêtes qui marqueraient le mariage de la fille et du beau-frère du roi.

Au nord d'Egées, était la ville de Cyrrha, où était née la mère d'Ephestion. Cela en faisait pour Alexandre un lieu aussi sacré, à une lettre près, que la terre de Cirrha en Phocide, usurpée par les Amphissiens. S'il chérissait Pella, où Ephestion et lui étaient nés, il chérissait de même la lointaine Apollonie, où était née Olympias et qu'il verrait à la faveur de cette expédition.

On approchait d'Arnissa, ville située sur le lac Bégorritis, et dont Thucydide faisait mention. Cet historien déclare qu'en ce temps-là, — durant la guerre du Péloponèse, qui avait ses répercussions dans toute la Grèce, — cette ville était la première sur le territoire du roi Perdiccas, lorsqu'on venait de l'Illyrie. Les choses avaient changé. Mais l'épisode que raconte Thucydide avait son importance, parce que c'est à la suite de l'abandon des troupes macédoniennes, compagnes de guerre des Spartiates, que le général de ces derniers, Brasidas, rompit avec la Macédoine. Il devait mourir, victorieux des Athéniens, à Amphipolis, où mourut aussi, dans la même bataille, le général ennemi, le fameux corroyeur Cléon, tant persiflé par Aristophane.

On était, à Arnissa, sur la frontière de l'Eordie, de l'Orestide et de la Lyncestide ou pays des Lyncestes. C'était la patrie d'Alexandre Lynceste, que l'on appelait de ce dernier nom pour le distinguer du fils de Philippe et du roi des Molosses. Ses aïeux avaient été princes de la Lyncestide, jusqu'à ce que Philippe les eût dépouillés de ce titre. L'un d'eux, Arrhibée, avait même eu celui de roi et avait été l'ennemi de Perdiccas Ier, ainsi que le rapportait Thucydide. Il avait été vaincu par le roi de Macédoine et par Brasidas, mais l'arrivée des Illyriens, qui venaient secourir les Lyncestes, avait changé la victoire des Macédoniens et des Spartiates en déroute. La politique de Philippe avait consisté à faire élever avec son fils les descendants des souverains de ces petits Etats, dont l'ensemble avait formé la Macédoine : il dissipait ainsi toute rancune, en les présentant comme les soutiens de son trône.

Le Lynceste se flattait, d'ailleurs, d'être son cousin, car il descendait de Lyncéa, une des cinquante filles de Thespius, roi de Thespies, qui les livra à son ami Hercule pour en avoir des enfants. Ce héros en féconda quarante-neuf en une seule nuit : la cinquantième s'étant refusée, il la créa prêtresse de son temple Comme la chronique attribuait à Hercule trois rangs de dents et qu'il avait eu soixante-dix enfants, le Lynceste demandait s'il ne fallait pas lui attribuer aussi trois testicules. On avait discuté avec Aristote le nom « aux trois testicules », prêté à une espèce de faucon que cite plusieurs fois Aristophane, et dont le philosophe lui-même avait parlé dans son *Histoire des Animaux*. Aristote estimait l'origine de ce nom fallacieuse, car il n'avait jamais trouvé trois testicules à aucun faucon.

Alexandre était aussi ravi d'Antipater qu'il l'avait été d'Euryloque. A l'égard de ce dernier et de Parménion, ce général était sobre, ce qui le distinguait d'Attale, et il affectait une bonhomie souriante. Il dit à Alexandre que Philippe avait honte d'être surpris par lui en train de jouer aux dés ; un jour, le roi les cacha brusquement en le voyant entrer. Au mot de Philippe : « Je pouvais dormir, Antipater veillait », faisait pendant cet autre, prononcé également par le roi durant une campagne : « Je peux boire, puisque Antipater ne boit pas. » Le général divertissait Alexandre par les traits de mœurs qu'il lui racontait des Illyriens. Ils étaient aussi adonnés à la boisson que les Thraces, mais leur pauvreté leur inspirait un usage curieux dans leurs repas : ils se serraient la ceinture à l'extrême avant de se mettre à table.

La route, après avoir contourné le mont Barne, parvenait à Héraclée, dite Lyncestide, création de Philippe, comme Héraclée Sintique sur la vallée du Strymon. Là encore, aussi bien par la prospérité de la ville et de l'agriculture que par l'état des routes et par celui des forts, Alexandre pouvait admirer l'œuvre paternelle. Tous les pays que l'on traversait, étaient tranquilles. Le roi Pleuratus n'avait réussi à soulever ni les Lyncestes ni les habitants de cette province, la Pélagonie. La révolte illyrienne avait le même aspect que celle des Mædes, jusque par l'indifférence où elle laissait les provinces circonvoisines. Mais elle ne montrait pas moins que les peuples qui avaient été difficiles à soumettre, conservaient le goût de l'indépendance. Antipater, lui non plus, n'appelait pas une « guerre obscure » une guerre contre des Illyriens, ennemis acharnés de la Macédoine. Il décrivait leur pays en connaisseur. Alexandre discutait le gouvernement imposé par Philippe à ces races et cherchait comment l'améliorer pour en finir avec les rébellions.

On était maintenant en Illyrie macédonienne. Pleuratus restait invisible. Les montagnards du Barne dirent qu'à la nouvelle de l'approche d'Alexandre, les révoltés s'étaient retirés en Illyrie épirote, près de la frontière et du lac Lychnitis. Leur armée était évaluée à quinze mille hommes, parmi lesquels deux mille cavaliers. Comme l'avait été celle des Mædes, elle était un peu supérieure à ce qui avait été prévu, mais ce n'est pas ce qui inquiétait Alexandre. Il se flattait de ne faire que mieux honneur à la confiance paternelle.

Son goût n'était pas d'attendre l'ennemi. Approuvé par Antipater, il décida d'entrer sur le territoire de son oncle, après avoir reposé son armée à Lychnide, la ville riveraine du lac. Combattre près d'un lac, lui semblait de bon augure, en souvenir du lac de Bistonie, outre ce qu'Aristandre voyait de propice dans le ciel et dans les entrailles des victimes. La situation n'était pas moins différente . ce lac était en pleine montagne, à plusieurs centaines de mètres d'altitude. Le commandant d'un fortin épirote avait salué Alexandre en qualité d'allié et de neveu de son roi. Le délai qu'avaient nécessité les préparatifs de l'expédition, avait permis au messager de Philippe d'arriver et le Molosse avait avisé les gardes de la frontière. La garnison du fortin était trop faible pour s'être opposée à l'entrée des Ardiens en Epire, mais elle se réjouissait de les attaquer, en secondant les Macédoniens.

Pleuratus n'avait pas eu le loisir de s'emparer de la place, qui lui eût offert un point d'appui et un refuge, mais que défendait un escarpement. Son infanterie était massée au pied d'une colline, où était restée sa cavalerie. La faute qu'il avait commise de quitter une position avantageuse, parut à Alexandre et à Antipater confirmer d'avance les prophéties d'Aristandre. Mais ses chevaux, que l'on reconnut pour vénitiens, étaient comparables aux thessaliens par la rapidité et la résistance. Anaxarque prétendait qu'en réalité, les chevaux de cette origine provenaient anciennement de Paphlagonie et de Cappadoce. Tout ce qu'Alexandre souhaitait, c'était, de nouveau, une bataille rangée, où la phalange déploierait sa puissance, comme dans la plaine du Danube : cette forêt de piques, qu'il était fier de commander pour la première fois, était le symbole de la victoire.

Il apercevait Pleuratus, reconnaissable à son armure plaquée d'or et au grand panache blanc de son casque. Près de lui, se tenait un tout jeune cavalier, dont l'armure était trop grande, mais aussi brillante : on sut, par les Epirotes, que c'était son fils. « Je ne sais comment tu as manœuvré avec les Mædes, dit Antipater à Alexandre. Contre les Illyriens, je te conseille de faire marcher au pas de charge. » Alexandre acquiesça. Il ajouta que la cavalerie encerclerait la colline, pour prévenir l'intervention des cavaliers ardiens. Puis, il harangua brièvement les troupes, entonna le péan, invoqua Vénus, Hercule et Minerve et, avec Ephestion et ses amis, se lança le premier dans la mêlée.

Il n'avait plus l'épée de Cléotime : le fait qu'elle eût été brisée, l'inclinait à croire que l'or était inutile pour transpercer un ennemi. Il avait pris une de celles de son père, déjà éprouvée dans les combats. Sa fureur de tuer des Ardiens était égale à ce qu'avait été sa fureur de tuer des Mædes. Ces barbares qui se rebellaient, ne lui présentaient pas du tout l'image d'un peuple épris de son indépendance : c'étaient des sujets qui trahissaient la cause de la Grèce, dont Philippe voulait être le champion. Il avait la même joie sauvage à faire voler les membres et à verser le sang. Derechef, il se voyait protégé par une immunité divine, qui le persuadait d'avoir auprès de lui l'ombre d'Hercule, comme Achille avait celle de Minerve.

Une manœuvre qu'il avait imaginée, donnait une idée de son génie militaire. Avant d'en aviser Euryloque, il l'avait suggérée à son père, qui ne l'avait pas moins admirée. Elle résultait d'une remarque qu'il avait faite, à la bataille du Danube. Il avait constaté que, durant l'accrochage, l'infanterie tendait à incliner à droite et risquait d'être débordée à gauche. Cela venait de ce que chaque soldat, pour protéger son flanc découvert, collait le plus possible au bouclier de son camarade de droite, dans l'idée instinctive que, plus la ligne était serrée, plus il serait en sûreté. Aussi Alexandre avait-il mis ses troupes légères à gauche de la phalange pour la soutenir.

Cependant, les Illyriens étaient aussi courageux que les Thraces. S'ils osaient défier les tout-puissants Macédoniens, c'est qu'ils s'en croyaient capables. Leur infanterie s'était formée en carré, opposant à la phalange une égale muraille de lances et de javelots. Leur cavalerie opérait de brusques descentes et trouait les lignes de la cavalerie thessalienne pour prendre la phalange à revers. Elle regagnait ensuite la colline, avec une rapidité qui témoignait l'excellence des chevaux vénètes. Ces interventions empêchaient la bataille rangée qu'avait espérée Alexandre.

La moitié du jour se passa dans cette lutte pied à pied, mais les Macédoniens, mieux équipés, subissaient beaucoup moins de pertes et faisaient reculer peu à peu l'infanterie illyrienne vers la colline, les cavaliers des deux armées luttant sur les flancs. Pleuratus tenta de procurer à ses fantassins l'avantage de la position qu'il avait d'abord affectée à sa cavalerie et leur donna l'ordre de s'y replier, mais c'était trop tard. Alexandre les poursuivit sans leur laisser le temps de se retourner et ce fut le signal de leur dispersion. Il réussit à atteindre Pleuratus, dont le cheval avait trébuché, et il lui porta un coup de lance, mais l'Illyrien, qui n'était que blessé, se relevait, prêt à la riposte. Polydamas, l'écuyer d'Alexandre, l'abattit d'un coup d'épée : attentif à ne pas quitter le fils de Philippe, comme l'avait été Peuceste à la première bataille, il lui sauva peut-être la vie.

Presque tous les cavaliers ardiens furent pris. Les pertes macédoniennes et celles du contingent épirote étaient minimes. Le fils de Pleuratus, trouvé au nombre des cadavres, semblait avoir été offert en sacrifice aux deux enfants royaux qui avaient été tués. « Il faudrait des « victoires sans larmes », dit Alexandre, revenu à ses sentiments humains. — On n'en connaît qu'un exemple, dit Anaxarque : celle d'Archidame, roi de Sparte, contre les troupes de la ligue arcadienne. Il n'y eut aucun mort du côté des Spartiates, et il y en eut dix mille chez les Arcadiens. Denys le Jeune avait envoyé un secours au fils d'Agésilas. » Alexandre avait été satisfait de la vaillance déployée par ceux de ses amis qui avaient combattu pour la première fois : Marsyas et Olympus, Critobule et Autolyque. Les deux nouveaux couples d'amis s'étaient montrés dignes de l'escadron et Autolyque, digne des Acamantides et des Eantides. Néoptolème, le discret cousin maternel d'Alexandre, avait redoublé de courage sur le sol de l'Epire.

Quand le péan de la victoire eut été chanté et que les cérémonies funèbres eurent été accomplies, Aristandre purifia l'armée. Alexandre envoya un messager à son père et un autre à son oncle : d'après les renseignements de la frontière, le roi des Molosses était dans sa capitale, — à Apollonie, au nord de l'Epire. Le butin, modeste, fut partagé. Alexandre se montra généreux envers les soldats épirotes qui lui avaient prêté leur concours. N'ayant pas oublié l'observation de Philippe, il avait gardé les prisonniers pour les faire vendre comme esclaves.

Antipater reprit la route de Pella avec l'armée et avec les captifs, tandis qu'Alexandre, accompagné de ses amis et de quelques gardes, prenait le chemin d'Apollonie. Le commandant du fortin lui avait donné une escorte et des guides : il n'y avait plus de route tracée. La joie de tous était grande. Alexandre était vainqueur des Illyriens, après son père et après Parménion.

Suivant la rivière Panyase, on arriva bientôt à la petite ville de Scampe, qui était sur ses bords, puis à ceux de la mer Adriatique ou Ionienne, qu'Alexandre découvrait avec admiration, comme il avait fait pour la mer Noire. Il était fier de se dire que, par voie de sujétion ou d'alliance, le royaume dont il était l'héritier, allait de cette mer occidentale jusqu'aux bouches du Danube. La partie de l'Illyrie que l'on traversait, avait été macédonienne : Philippe l'avait cédée à son beau-frère pour le remercier de ses faveurs et pour le rendre populaire, à la place du père d'Eacide, Arybbas, qu'il avait détrôné. Une colonie épirote avait émigré jadis en Emathie, ce qui était un lien de plus entre les deux royaumes.

Au-delà de la mer Adriatique, s'étendait l'Italie, colonisée par les Grecs dans sa région méridionale, que l'on appelait la Grande Grèce. Alexandre ne poussa pas vers le nord pour voir Epidamne, colonie des Corfiotes, fondée par le Corinthien Phalius, descendant d'Hercule. Il était heureux de trouver partout le nom de son ancêtre. Mais il pensait à ce pays des Amazones, qu'on lui avait montré au loin, lorsqu'il était à Istropolis, — pays qui avait été la limite des pérégrinations d'Hercule du côté du Caucase ; il imaginait ce fleuve de l'Inde, encore plus lointain, aux rives duquel le héros avait arrêté sa marche en Asie, et ce détroit, à l'ouest, qui séparait la Méditerranée de l'océan Atlantique, détroit nommé les colonnes d'Hercule ou Gibraltar et qui étaient, selon l'expression d'Isocrate dans ses *Discours à Philippe,* « les limites du pays des Hellènes ». Le héros l'avait formé en écartant deux montagnes, Calpé et Abyla, puis s'était aventuré sur l'océan, dans le gobelet d'or du Soleil. Au nord de ce détroit, était l'Ibérie ou Espagne ; au sud, la Maurousie ou Mauritanie, pays des hommes noirs. Après avoir pleuré, lorsque Anaxarque lui avait dit qu'il y avait d'autres mondes, Alexandre voyait qu'il y aurait beaucoup à faire pour parvenir à toutes les extrémités des voyages du héros dont il descendait. Mais il avait commencé.

Les deux Alexandres se rencontrèrent à Apollonie. Cette ville, dite Illyrienne ou Epirote à cause de ses nombreuses homonymes, était, comme Epidamne, une ancienne colonie de Corinthe et de Corfou. Alexandre se souvenait des statues de Jupiter, de Thétis et de l'Aurore, consacrées à Olympie par les Apolloniates. Son beau-frère était un superbe garçon de vingt et un ans, que le fils de Philippe jalousait un peu, non pour sa beauté, qui ne surpassait pas la sienne, mais parce qu'il était roi. A Scampe, on avait changé des monnaies macédoniennes contre des monnaies du pays, bien que les philippes eussent cours dans l'ensemble du monde grec, et Alexandre avait eu un choc en voyant son nom gravé sur l'une d'elles, — son nom, mais qui était celui d'un ancien mignon de son père. La monnaie représentait d'un côté Jupiter, la tête couronnée du feuillage de chêne de Dodone, et, de l'autre, le Soleil, couronné du disque radié. Le frère d'Olympias était le premier roi d'Epire à battre monnaie, comme le premier élève d'Aristote à être devenu roi. Alexandre n'ignorait pas non plus que son oncle et sa mère étaient d'une famille royale plus ancienne et plus illustre que celle de Philippe : la postérité d'Achille régnait en Epire depuis plus de neuf cents ans que s'y était fondée, avec Pyrrhus, la race des Pyrrhides, — la race d'Olympias, du Molosse et, par sa mère, d'Alexandre. Mais qu'était-ce que ce pays, au prix de la Macédoine ?

Alexandre Molosse fit fête à ses anciens camarades de Miéza, autant qu'à leur chef. On le congratula de son prochain mariage avec sa nièce Cléopâtre. Cette perspective lui plaisait peut-être parce qu'elle lui ôtait la gêne qu'il avait toujours eue envers Alexandre, à cause de ses anciennes relations avec Philippe. Le palais royal où il avait vu le jour, comme Olympias, était modeste ; il en édifiait un autre, pour s'y installer avec sa future épouse. Il parla de ses résidences d'Epidamne, de Phénice et de Buthrote, — ces deux dernières sur le chenal de l'île de Corfou, — mais aucune d'elles, ajouta-t-il, ne pouvait se comparer à celles de son beau-frère. Il possédait également un pavillon à Dodone et des haras : les chevaux épirotes étaient presque aussi estimés que les thessaliens et les thraces.

Le Molosse, — nom qui contrastait avec son air légèrement efféminé, — avait pris des goûts esthétiques pendant son séjour en Macédoine et avait fait venir de Grèce d'assez belles statues, œuvres de sculpteurs secondaires. Mais ce furent son grand-oncle Tharypas et son oncle Arybbas, qui, élevés à Athènes, avaient eu tour à tour le mérite d'helléniser les quatorze peuples de l'Epire. C'est à Arybbas que Xénocrate de Chalcédoine avait dédié ses traités sur la science du gouvernement. Ce roi avait protégé les lettres et les arts et pourvu avec soin à l'éducation de ses nièces et de son neveu, enfants de son prédécesseur, le roi Néoptolème. Malheureusement pour lui, il s'était opposé aux ambitions de Philippe, qui avait entendu, en épousant Olympias, mettre son royaume en vasselage.

Les peuples les plus nobles de l'Epire étaient les Molosses et les Chaones, qui avaient laissé leurs noms à deux provinces. Les Chaones, dans la nuit des temps, avaient prédominé ; puis, ils avaient aboli la monarchie et avaient été subjugués par Alcétas, fils de Tharypas. Ils descendaient de Chaon, fils de Priam, et la plupart étaient de beaux hommes. Le roi des Molosses avait pour mignon un ravissant jeune Chaone. Ce garçon de quatorze ans était vêtu de vastes braies tissues d'or, aux plis innombrables, dont on connut plus tard le secret.

Alexandre parla de sa rencontre à Athènes avec Eacide. « Si tu l'avais vu à Pella, cela m'inquiéterait davantage, lui dit le jeune roi en souriant. Mais ton père détrônera Démosthène avant que Démosthène m'ait détrôné. » D'ailleurs, les prétentions d'Eacide semblaient même indifférentes à sa mère, Troade, qui vivait à la cour du Molosse : l'ancienne reine était aussi modeste et effacée que sa sœur Olympias était exubérante et altière. Son mari, Arybbas, était mort en exil chez les Taulantins, tribu illyrienne au nord d'Epidamne.

Le séjour d'Apollonie permit à Alexandre de faire quelques nouvelles plaisanteries à Médius sur son grand-père Ménon qui, d'après Xénophon, avait eu pour mignon Tharypas, grand-père d'Arybbas. L'écrivain précisait que le premier était « encore imberbe » et que le second « ne l'était plus », ce qui renversait l'ordre habituel des rôles, comme cela existait dans plusieurs couples du bataillon des amis. « Pour maintenir cette tradition de famille, dit Médius, je propose de bon cœur au roi des Molosses d'être mon mignon. — Prends garde, dit ce dernier en riant : c'est moi qui te ferai porter des braies tissues d'or et mon tempérament est tel qu'elles sont fendues. » Le roi Tharypas avait tout pour intéresser le fils de Philippe : les troupes de ce roi encore enfant, commandées par son tuteur Atintanas Sabylinthe, s'étaient unies à celles de Perdiccas, roi de Macédoine, contre les Acarnaniens.

Les murs d'Apollonie avaient été bâtis par Apollon, comme ceux de Troie et de Mégare. Ses habitants offraient, chaque année, un épi d'or à l'Apollon de Delphes. Jadis, leurs lois étaient très dures : Hérodote raconte qu'un jugement condamna un Apolloniate impie à avoir les deux yeux crevés. Une des curiosités des environs était le rocher des Nymphes, d'où coulait le bitume, que l'on allumait et qui servait à divers usages. Ce produit était inconnu en Macédoine. Une fontaine d'Illyrie, dit le roi, mettait le feu à toute étoffe que l'on y déployait dessus. A Dodone, il y avait une source encore plus extraordinaire : quand on y plongeait un flambeau éteint, il s'allumait ; un flambeau allumé, il s'éteignait.

Le Molosse accompagna Alexandre jusqu'à ce célèbre sanctuaire, qui était à trois jours de voyage. Au lieu de suivre la côte, on s'enfonça dans l'intérieur du pays. La route longeait d'abord le cours encaissé du fleuve Eas. Après les étapes d'Eribée, de Passaron et de Tecmon, — ces deux dernières villes, voisines du lac Pambotis, — apparut Dodone, au pied du mont Tomare ou Tmare. Cette contrée, pleine de sources, évoquait aux Macédoniens la Piérie et l'Olympe et faisait comprendre qu'elle eût été semblablement consacrée aux Muses. Thessalus récita les vers du *Prométhée* d'Eschyle : « Quand tu seras arrivé dans les plaines molosses, — Et à Dodone, qui est sur la croupe d'une montagne, — Où sont tous les oracles et le siège de Jupiter de Thesprotie... » —, la province plus proche de la mer.

Le roi et son neveu se logèrent au petit pavillon royal, avec Ephestion, le mignon et leurs esclaves ; les autres occupèrent les hôtelleries destinées aux pèlerins. C'est surtout en été qu'il y avait foule, lorsque avaient lieu les jeux Dodonéens. L'oracle était le second en importance après celui de Delphes, et le plus ancien du monde grec. Deucalion en avait été le premier consultant, à l'époque du déluge, et certains prétendaient même que son arche, construite sur les indications de son père Prométhée, pour sauver la race humaine et celles des animaux que Jupiter voulait anéantir, s'était posée, non pas sur le Parnasse ou sur le mont Athos, comme on le disait ordinairement, mais sur le mont Tmare. Probablement fut-ce à la suite du déluge que disparut l'île Atlantide, qui était située au-delà des colonnes d'Hercule et dont parle Platon, d'après Solon qui en avait écrit l'histoire. Deucalion avait été roi des Molosses et sa femme Pyrrha avait annoncé Pyrrhus et les Pyrrhides.

Anaxarque rappela que les Athéniens et les Béotiens avaient leur propre version du déluge et faisaient sauver l'humanité par l'arche de leur roi commun Ogygès. Les Arcadiens avaient aussi leur déluge, avec l'arche de leur roi Dardanus, homonyme du fondateur de Troie. Les Chaldéens et, à leur suite, les Egyptiens, racontaient autrement cette catastrophe. Selon eux, c'était à un roi de Thrace, nommé Xisuthre, que Saturne conseilla de faire une arche pour se sauver du déluge en compagnie des animaux, après avoir enfoui les écrits des connaissances humaines à Sisparis, ville du Soleil. « Où dois-je naviguer ? » demanda ce roi. « Vers les dieux », répondit Saturne. L'arche se posa sur une montagne de l'Arménie, où l'on voyait encore ses restes. Alexandre préférait, à Ogygès, à Dardanus et à Xisuthre, Deucalion, le Parnasse, le mont Athos et Dodone, qui étaient du domaine de la Macédoine, directement ou indirectement.

Hercule avait été, après Deucalion, le plus ancien consultant de l'oracle. Crésus en sollicita une réponse par l'entremise d'un envoyé. Les Pélasges, habitants primitifs de la Grèce, avaient institué ce sanctuaire, en obéissant à deux colombes noires, venues d'Egypte faire leur nid dans un chêne de ce lieu. L'une avait proclamé, d'une voix humaine, que là devait s'établir l'oracle de Jupiter, et l'autre repartit pour signifier la même chose dans l'oasis d'Ammon. Toutefois, une légende thessalienne fixait l'origine de l'oracle dans la cité de Scotusse, d'où il aurait été transféré à Dodone. Et certains en attribuaient la fondation à Deucalion lui-même, qui avait régné en Phthiotide. Les tragiques, ainsi que Pindare, avaient situé Dodone chez les Thesprotes, les Molosses l'ayant incorporée plus récemment

On ne disait pas que Thésée, l'ami d'Hercule, eût consulté l'oracle de Dodone, mais il avait accompagné son amant Pirithoüs chez le roi des Molosses, Aidonéus, pour l'aider à enlever sa fille Proserpine. Cette histoire était la version humaine de leur descente aux enfers. Aidonéus, en effet, qui avait surnommé sa femme Cérès et son chien Cerbère, donnait les prétendants à dévorer à ce molosse. Le rapt devait faire pendant à celui d'Hélène par Thésée. Pirithoüs y trouva la mort et Thésée fut mis en prison, d'où Hercule le tira.

Le sanctuaire comprenait un certain nombre de temples, des trésors, bâtis par les Etats et par les villes, une salle souterraine et une maison carrée, destinées à la consultation. Alexandre, épris de religion, se sentait ému dans cet enclos auguste, qui ne pouvait lutter, pour la richesse et la quantité des monuments, ni avec Olympie, ni avec Delphes, mais dont les chênes et les hêtres séculaires imprimaient un respect sacré. Il y trouvait également le souvenir d'Ulysse, « qu'on disait parti pour Dodone, afin d'entendre, — Du chêne à la haute chevelure, la volonté de Jupiter ». Un chêne, le plus beau de tous, avait, en effet, la qualité prophétique, par le bruit du vent dans son feuillage, ainsi que la source voisine, dont on interprétait le murmure, comme celui des feuilles. Les cavités de son tronc servaient de nids à des colombes, et des couronnes étaient suspendues à ses branches, autour d'une colombe d'or. Les Athéniens consultaient volontiers cet oracle, supposé moins « philippisant » que celui de Delphes. Ils en gardaient secrètes les réponses. Leurs offrandes à Jupiter étaient curieuses : c'étaient, presque toujours, des éperons de bronze, comme pour appeler sa protection sur leur cavalerie.

Un autre phénomène contribuait à l'étrangeté de l'enclos : c'était le tintement d'un fouet de bronze, que tenait la statue d'un jeune garçon, — don des gens de Corfou, — et qui résonnait dans un chaudron du même métal. Comme le vent soufflait constamment quand il ne pleuvait pas, — la pluie produisait un bruit semblable, — ce carillon perpétuel avait donné naissance à l'expression « le bronze de Dodone », pour désigner un bavardage inutile. On ne le jugeait pas ainsi dans le sanctuaire, où il accompagnait le roucoulement des colombes, les chants d'une catégorie de prêtresses et les invocations des pèlerins. Jadis un hêtre de ce bois avait eu la faculté de parler et Minerve en avait confectionné la quille de la nef *Argo*, que ni l'eau ni le feu ne pouvaient détruire.

Le roi des Molosses fit voir le temple de Jupiter que l'on avait déjà construit, à ses frais, sur l'emplacement du petit temple antique : il avait placé son devoir envers le dieu avant ses commodités personnelles. Mais aucune comparaison n'était possible non plus entre cet édifice et celui qui s'achevait à Delphes, ni avec le temple de Jupiter à Olympie. La statue du dieu, en marbre, évoquait pourtant la noblesse de celle qu'avait sculptée

Phidias. Le Molosse projetait de bâtir un théâtre et un stade ; les jeux se disputaient devant des talus.

Le sacrifice de deux taureaux, l'un au temple de Jupiter, l'autre à celui d'Hercule, marqua la visite du descendant d'Hercule. La première victime avait été immolée par un selle, nom des prêtres de Dodone ; l'autre, par Aristandre. Hercule était l'une des divinités les plus honorées du sanctuaire. « Le chêne paternel à la voix nombreuse », disaient *les Trachiniennes* de Sophocle, avait révélé au héros la date de sa mort.

Dans ce bois sacré, Alexandre évoquait avec ferveur Jupiter comme le plus étonnant de ses ancêtres. Jamais il n'avait été aussi près du roi de l'Olympe. Il était lié à cet oracle par Hercule et, en même temps, par Achille : c'est le Jupiter de Dodone qui avait commandé que l'on décernât les honneurs divins au fils de Pélée. La prière d'Achille, dans *l'Iliade,* s'adressait à lui : « Roi Jupiter, Dodonéen, Pélasgique, qui habites loin, — Qui règnes à Dodone au rude hiver, et, autour de toi, les selles, — Tes interprètes, aux pieds jamais lavés, et qui dorment sur le sol !... » Cette particularité de coucher à terre, les prêtres de Jupiter Dodonéen la partageaient avec ceux de la déesse syrienne, — la Cybèle de l'Asie mineure, — qui n'avaient pas le droit de dormir dans un lit, au moins quand ils faisaient leurs voyages en compagnie de sa statue. Les selles n'avaient pas besoin de se laver les pieds, sans doute parce que les alentours du sanctuaire étaient des marécages, que les sources abondaient dans son enceinte, — Jupiter y portait le titre de dieu des sources —, et que Dodone était, selon Aristote, la région de Grèce où il pleuvait le plus. Le roi des Molosses déclarait y avoir reçu presque toujours des trombes d'eau, et concluait que le ciel s'était fait clément pour son neveu.

Si le nom des selles était dans *l'Iliade,* un autre nom de ces prophètes ne figurait que dans les anciennes éditions de l'*Odyssée :* ils étaient qualifiés également de tomoures, par allusion au mont Tomare, et cette dénomination apparaissait à ce vers du XVIe chant où Amphinome, l'un des prétendants à la main de Pénélope, ne veut participer au complot de tuer Télémaque que « si les tomoures du grand Jupiter approuvent. » Le texte ordinaire disait « les conseils », mais Aristote avait rétabli, à la place, le mot primitif. Il relevait que l'on ne précisait pas quels étaient ces conseils, alors que le XIVe chant avait fait allusion à Dodone.

Il y avait aussi des prêtresses. Les trois principales portaient le nom de colombes. L'une d'elles, Lanassa, avait été enlevée par Pyrrhus et les deux Alexandres en étaient, comme Olympias, les descendants. Chargées de rendre les oracles, ces prêtresses ne répondaient pas aux questions des Béotiens, depuis que certains d'entre eux, interprétant de travers l'oracle d'une « colombe », l'avaient enlevée, non pour l'épouser, mais pour la jeter dans la mer. Elles ne donnaient pas oralement leurs réponses et les écrivaient sur des lamelles de plomb D'autres prêtresses, les péliades, —

de Pélias, fils de Neptune, — étaient préposées à un culte qui associait Jupiter et la Terre, la plus vieille des déesses, dont l'oracle avait précédé celui d'Apollon à Delphes et celui de Jupiter à Dodone. Elles se promenaient, en chantant une formule versifiée : « Jupiter était, Jupiter est, Jupiter sera. O puissant Jupiter ! — C'est la Terre qui fait naître les fruits, invoquez donc la Terre mère. » Anaxarque dit que cette invocation semblait inspirée de l'hymne orphique sur le souverain des dieux : « Jupiter fut le premier, Jupiter est le dernier... — Jupiter est la base de la terre et de toute constellation. »

Alexandre offrit à Dioné le collier d'or d'Olympias. La statue, fort antique, était en bois, d'une facture assez grossière, mais revêtue d'une riche toilette et d'ornements. Assise sur un trône et voilée comme une épouse, le sceptre à la main, la déesse avait une couronne, à demi dissimulée par son voile, et qui parachevait son caractère souverain. Elle était aussi en crédit chez les Athéniens que Jupiter.

Homère l'appelait « divine entre les déesses » et Alexandre, qui voyait Olympias dans toutes les mères illustres, aimait à réciter le passage de *l'Iliade* où la déesse de l'amour, blessée à la main par Diomède, va dans l'Olympe et « tombe aux genoux de Dioné ». Celle-ci embrasse sa fille, la caresse et la console. Elle lui apprend les souffrances que les dieux ont subies du fait des hommes, à l'heure où elle parle (Mars, enfermé treize mois dans une prison de bronze par les deux géants Otos et Ephialte ; Junon, frappée au sein droit d'une flèche d'Hercule ; Pluton, blessé à Pylos durant une bataille). Alexandre ne laissait pas d'admirer ce Diomède, roi d'Argos, homonyme du Diomède de Thrace qu'Hercule avait fait dévorer par ses juments : il devait tout son courage et toute son audace à Minerve, qui le protégeait et ses exploits avaient passé ceux d'Achille. L'honneur d'avoir blessé Vénus ne lui suffisant pas, il avait, peu après, atteint Mars au flanc d'un coup de javelot. Mais, à son retour de Troie, les embûches de sa femme, animée par Vénus, l'avaient obligé à quitter son royaume. Alexandre avait beau chérir Minerve, il n'aurait jamais blessé Vénus pour lui faire plaisir. Il leur était reconnaissant de leurs dons à l'une et à l'autre. L'une et l'autre, il les adorerait pareillement toute sa vie.

Le temple de Vénus rapprochait la fille et la mère. Du reste, on n'eût pas imaginé un lieu de pèlerinage sans un monument à cette déesse, mais le Molosse dit qu'il n'y avait pas de lupanar de garçons à Dodone comme à Délos. Les colombes de Jupiter et de Dioné étaient également les colombes de Vénus. La déesse portait ici le surnom d'Enéenne, ce temple ayant été fondé par son fils Enée, échappé à la ruine de Troie, — Enée « qu'elle avait engendré sous Anchise faisant paître ses bœufs ». Alexandre offrit des pommes, des philippes et des alexandres (heureux présage de sa future royauté) à la déesse qui avait protégé, à Troie, Pâris-Alexandre contre son ancêtre Achille Le cœur du fils de Philippe était sans cesse dans les deux camps de la guerre chantée par Homère. Jupiter même n'avait-il pas été du côté des Troyens ?

Alexandre voulait consulter l'oracle sur sa destinée de roi de Macédoine. Les prodiges de sa naissance et les prédictions faites par Nectanébo à ce moment-là, lui revenaient à l'esprit en un tel endroit. Il alla seul sous le haut chêne de Jupiter, et posa au dieu la question à haute voix. Une des « colombes » s'approcha ensuite pour écouter le bruissement du feuillage et sur une lamelle de plomb, écrivit ces mots avec un style de bronze : « Jupiter Dodonéen et Jupiter Ammon ne sont qu'un. » Alexandre fut ébloui de cette réponse indirecte, qui réunissait les prophéties du mage égyptien, les paroles des Cyrénéens d'Olympie, les commentaires du grave Léonidas et ses propres intuitions. Il n'avait pas besoin, pour la comprendre, d'interroger les selles ou tomoures et il ne douta plus d'être un jour au moins roi d'Egypte. Il ne montra qu'à Ephestion la lamelle de l'oracle. « Cela signifie également autre chose, lui dit-il : que toi et moi, nous étions, nous sommes, nous serons un. »

Il fut étonné quand un selle lui eut dit qu'il fallait sacrifier à l'Achéloüs, après avoir consulté l'oracle, de même que l'on sacrifiait à ce fleuve en traversant tous les fleuves. De nouveau, Alexandre évoqua ce fils de Téthys et de l'Océan, qui avait lutté, sous forme de centaure, avec Hercule, pour essayer de lui enlever Déjanire, lorsque les deux époux traversèrent son cours. Le héros lui avait cassé l'une de ses cornes. Cette aventure dans laquelle figuraient les deux ancêtres, masculin et féminin, d'Alexandre, faisait partie de la fresque de Zeuxis à Pella. L'Achéloüs coulait au sud de l'Epire, en Acarnanie, non loin de la ville de Strate, où habitait ce Nicolas, déloyal vainqueur d'Alexandre à Olympie. Alexandre en était plus près que lorsqu'il avait songé à ce combat d'Hercule, pendant qu'Aristandre sacrifiait un cheval au bord du Strymon.

Il régala son oncle d'une représentation d'*Andromaque* devant les talus du stade. Ses amis et lui avaient joué assez souvent cette pièce à Miéza pour pouvoir tenir compagnie à Thessalus. Il avait choisi cette pièce, parce qu'Oreste y déclare qu'il « se rend à l'oracle Dodonéen de Jupiter ». Comme Thessalus avait toujours, dans ses bagages, des costumes et des masques, on se tira fort bien d'affaire. L'expérience de la source qui allumait les flambeaux éteints, suivit la représentation.

Le Molosse aurait souhaité promener Alexandre à travers son royaume et le garder une partie de l'été, qui venait de commencer. Il lui vantait l'oracle d'Eaque à Ephyre, la chasse sur le mont Polyane, le golfe d'Ambracie, Corfou, l'île où le roi Alcinoüs accueillit Ulysse, — le Molosse y était comme chez lui, bien qu'elle fût une colonie de Corinthe. Alexandre se serait accordé ce repos, mais un message de Philippe lui donnait rendez-vous à Larisse, en Thessalie. Le prétexte de ce voyage du roi de Macédoine était d'assister, fin juillet, aux fêtes annuelles célébrées dans cette ville en l'honneur du héros Pélorus. Alexandre devina qu'il s'agissait de tout autre chose : les affaires de la Locride Ozole entraient sans doute dans une phase décisive. Avant de partir, il salua une dernière fois le dieu et les déesses de Dodone et leur recommanda son pays, sa famille et Ephestion.

Le roi des Molosses accompagna ses hôtes jusqu'à la frontière macédonienne, qui, au-delà du Tomare, était formée par le Pinde. Cette magnifique montagne, couverte de chênes, de pins et de châtaigniers, et où prenaient naissance l'Achéloüs, le Pénée et d'autres fleuves, descendait abruptement vers la Thessalie. Alexandre pouvait dire, au nom de son père, ce que disait le roi des Pélasges dans *les Suppliantes* d'Eschyle : « Je possède tout le pays où passe le Strymon sacré... — Je me suis approprié la terre des Perrhèbes et celles qui sont de ce côté du Pinde. » Eginium, la première ville thessalienne où l'on arriva, était bâtie sur les bords du Pénée, à son débouché des gorges de cette montagne.

Dans la plaine, Tricca ou Triccala, cité principale de cette partie de la Thessalie que l'on appelait Hestiotide et où était aussi Eginium, exigeait un arrêt plus important. Là se trouvait le siège d'un fameux sanctuaire et oracle d'Esculape, antérieur à ceux d'Epidaure, de Cos et d'Athènes. Aussi, dans le *Catalogue des vaisseaux,* Homère donnait-il le commandement des neuf vaisseaux venus de Tricca, ville pourtant très éloignée de la mer, aux deux fils de ce dieu, « les bons médecins Podalire et Machaon ». C'est, du reste, à Dotium, en Thessalie occidentale, près du lac Bœbéis et de l'Ossa, que, selon la tradition la plus courante, Esculape était né ; sa mère Coronis, fille de Phlégyas, roi des Lapithes, y avait été violée par Apollon. Sa naissance même était un miracle de ce dieu : il avait retiré Esculape du sein de Coronis morte et déjà en train de brûler sur le bûcher funèbre. Chiron, le centaure du mont Pélion, que le dieu avait chargé d'élever ce garçon, comme il éleva plus tard Achille, lui enseigna, dit Pindare, « à guérir les maux douloureux des hommes. »

Esculape avait fait ensuite l'essai de sa science médicale à Tricca, où même il avait régné. C'est pourquoi, ajoutait ce poète, « tous ceux qui venaient à lui, — Porteurs d'ulcères produits par leur chair, — Ou blessés par le bronze luisant, — Ou par le caillou qui frappe au loin, — Ou le corps rongé par le feu de l'été ou par l'hiver, — Il les délivrait de leur mal, — Les uns en les enveloppant de douces incantations, — Les autres en leur faisant boire des choses salutaires, — Ou bien appliquant partout des remèdes sur leurs membres, — Ou bien il les remettait droits par des incisions. » Esculape allait jusqu'à ressusciter les morts. Alexandre et Ephestion trouvaient charmant qu'après avoir ressuscité le bel Hippolyte, il l'eût pris pour mignon. C'était le seul que l'on connût au dieu de la médecine. Pluton se plaignant qu'on lui enlevât ses sujets, Jupiter foudroya le roi-médecin, mais en fit un dieu, à la demande d'Apollon. Sa postérité n'avait pas moins continué à utiliser certains de ses secrets et il y avait encore, sur le Pélion, une famille d'Asclépiades qui soignait gratuitement par les simples.

La Thessalie était aussi la terre des magiciennes, depuis que Médée s'y était arrêtée avec Jason avant d'aller à Corinthe : elle y avait perdu sa boîte de remèdes enchantés, qui avaient conféré leurs vertus extraordinaires aux plantes du pays. Les sorcières aimées d'Olympias, s'employaient, en effet, à autre chose qu'à préparer des enchantements et des poisons ou, comme le disait ironiquement Aristophane, à faire descendre la lune du ciel et à « l'enfermer dans un étui rond comme un miroir » : elles soignaient et guérissaient les maux incurables. Terre de prodiges, la Thessalie avait eu jadis une sibylle, nommée Manto, descendante du devin de Thèbes, Tirésias.

Alexandre visita le sanctuaire d'Esculape Adoucissant. Il y avait plus de monde qu'à Dodone. La statue du dieu était presque entièrement recouverte de pièces d'or et d'argent, que les pèlerins y collaient avec de la cire et qui lui donnaient l'air d'être cuirassée. Pour être assuré qu'ils ne manqueraient pas de monnaies, Philippe avait établi à Tricca l'un de ses ateliers monétaires. Des pièces d'argent, antérieures aux siennes, représentaient la nymphe Tricca, première protectrice de la ville, en train de jouer au ballon. Le dieu était assis sur son trône, comme Jupiter et Dioné ; son visage barbu était d'une majesté olympienne. Il tenait un bâton de la main gauche et, de la droite, offrait un oiseau à un serpent, qui était son symbole. Cette statue antique avait inspiré en Grèce ses images les plus vénérées. A ses pieds, étaient la chèvre qui l'avait gardé et nourri, lorsqu'il avait été exposé sur le mont Myrtion ou Titthéion, près d'Epidaure, et, à ses côtés, son compagnon Télesphore, génie de l'accomplissement de la guérison, figuré sous les traits d'un tout petit garçon, enveloppé d'une cape.

Les pèlerins remerciaient Esculape de leur guérison, non seulement par des pièces de monnaie, mais par des ex-voto de marbre, de bronze ou de terre cuite qu'ils pendaient aux murs, ainsi qu'on le faisait à la chapelle de Pélops à Elis et au temple d'Esculape sous la citadelle d'Athènes. Comme dans ce dernier sanctuaire, on représentait le membre guéri : les phallus, les seins et les yeux dominaient. Les alentours du sanctuaire étaient également tapissés de ces objets. Des inscriptions, sur des plaques, indiquaient parfois les remèdes que le dieu avait révélés aux dédicataires, pendant la nuit que l'on passait dans un édifice spécial, analogue à celui qu'Alexandre avait vu à Athènes et à celui d'Amphiaraüs en Attique, dont Critobule, le médecin de Philippe avait parlé. Tel malade, désespéré de ses médecins, apprenait ainsi aux visiteurs qu'il avait été guéri instantanément d'une pleurésie, selon le conseil du dieu, par un cataplasme de cendre prélevée à l'autel des sacrifices et mêlée de vin. Anaxarque notait de la magie dans une inscription voisine, dont l'auteur était un aveugle qui avait recouvré la vue : le dieu lui avait ordonné de se prosterner devant l'autel, d'adorer sa statue, de passer ensuite de droite à gauche, de poser les cinq doigts de la main droite sur l'autel, de les lever vers le ciel et de les appuyer sur ses yeux. Il y avait plus d'un miracle de la même espèce ; le prêtre qui guidait Alexandre, lui fit remarquer l'inscription d'un soldat, aveugle de guerre, que le dieu avait averti de faire un collyre avec du miel et le sang d'un coq blanc, d'en manger et de s'en frotter les paupières pendant trois jours. De telles cures avaient dû émerveiller Hippocrate, qui était mort, très âgé, à Larisse, au retour d'un voyage d'observation à Tricca. Même si l'on se rappelait le mot de Diogène pour penser que ceux qui n'avaient pas été guéris étaient sans doute en bien plus grand nombre, tant de guérisons extraordinaires ne faisaient pas moins l'éloge de l'Esculape de Tricca.

Près de la porte du temple, une plaque de pierre indiquait la recette de la thériaque, antidote célèbre contre tous les venins et tous les poisons. Ce remède était fait de serpolet, d'opoponax, de trèfle, de grains d'anis, de fenouil, de persil, etc. en quantités déterminées, qu'il fallait piler, passer au tamis et arroser du meilleur vin possible. Alexandre ordonna à Philippe d'Acarnanie de recopier cette recette, à tout hasard : elle servirait peut-être à garantir son père des poisons d'Olympias ou lui-même d'autres poisons, quand il serait roi.

Il offrit quelques philippes au temple et, avec Ephestion, sacrifia un coq à Esculape. C'était pour que le dieu leur gardât une bonne santé. Ils aimaient l'ironie de Socrate demandant que l'on sacrifiât un coq à Esculape après sa mort.

Ils firent une libation au cénotaphe de Machaon et de Podalire, qu'Aristote avait particulièrement invoqués, pour un ulcère aux jambes, lors d'un voyage à Tricca, et qui l'en avaient guéri. Ils visitèrent également le temple de Vénus, dite Impie ou Meurtrière, parce que c'est là que les femmes de Thessalie avaient poursuivi et tué par jalousie la courtisane Laïs l'Ancienne. Alexandre jugeait bizarre la coutume de conférer aux dieux des épithètes injurieuses : Mars est qualifié de « meurtrier » dans *l'Iliade* et Mercure de « pillard » dans l'hymne homérique qui lui est consacré ; Sapho appelle Vénus « ourdisseuse d'intrigues ». Anaxarque expliquait ces libertés par l'humanisation de la vie des dieux, qui les rend plus familiers, sans cesser de les rendre redoutables. On était aussi en droit de leur demander compte de ne pas protéger les humains comme ils le devaient : la déesse de l'amour aurait dû sauver sa servante Laïs, qui avait cherché refuge dans son temple.

La plaine thessalienne avait commencé un peu avant la cité d'Escu-lape. Elle se resserrait à Phanacon, ville située entre les monts de Perrhébie et de Pélasgiotide ; mais, ensuite, commençait la grande plaine qui allait jusqu'à l'Œta et au milieu de laquelle était Larisse, capitale de la Thessalie. Le Pénée recevait toutes sortes de rivières, dont la plus importante, l'Enipée, au sud, venait de Pharsale. Chacune, sauf l'Onochone, disait Anaxarque, avait pu abreuver l'armée de Xerxès, qui en avait mis tant d'autres à sec. L'humidité du sol y multipliait les reptiles. Aussi voyait-on quantité de cigognes, qu'il était interdit de tuer parce qu'elles les mangeaient.

« L'Enipée me fait penser à l'Elide, où nous avons vu un fleuve du même nom, comme nous y avons vu un Pénée, dit Alexandre à Ephestion. Tout cela, à cause de Salmonée, qui avait été roi de Thessalie. » Il cita des vers que dit Ulysse, parlant des femmes évoquées par lui au royaume des morts : « Je vis d'abord Tyro, fille d'un père illustre... — Elle s'éprit du fleuve divin Enipée, — Qui est le plus beau des fleuves coulant sur la terre, — Et elle venait souvent sur le beau cours de l'Enipée. — Or, s'étant installé, le dieu qui ébranle la terre, le maître de la terre, — Se coucha près d'elle, à l'embouchure du fleuve tourbillonnant. »

Les champs de blé et d'arbres fruitiers alternaient avec les pâturages, où abondaient les moutons et les chevaux. Bucéphale, frémissant, avait l'air de reconnaître sa patrie. Anaxarque dit que Mercure avait donné à Pollux, pour prix de ses faveurs, un cheval thessalien. Ce pays, cher à Esculape Adoucissant, était consacré à Neptune Cavalier. Il était naturel que s'y fût engendrée la race des hommes-chevaux, les centaures, détruits par Hercule et par Thésée après le festin des Lapithes. Ceux d'Arcadie eurent pour destructeur le seul Hercule. Compagnons habituels des satyres, les centaures différaient du sage Chiron par leur violence, leur ivrognerie et leur lubricité. Leur origine était d'ailleurs tout autre que celle de l'éducateur et premier amant d'Achille. Leur père, nommé Centaure, était le fruit des embrassements d'Ixion et de la Nuée, à laquelle Jupiter avait donné la forme de Junon, pour tromper ce roi des Lapithes qui, hôte de l'Olympe, tenta d'en violer la souveraine. Il fut puni dans les enfers par le supplice de la roue.

Anaxarque fit observer que les Athéniens dénigraient volontiers les Thessaliens, comme ils dénigraient les Béotiens et les Abdéritains. Une trahison était qualifiée chez eux « tour de Thessalien » ; la fausse monnaie, « monnaie de Thessalie ». « Les perfides Thessaliens », dit Euripide dans *Ino*. Le philosophe cita le mot du *Criton* de Platon : « C'est en Thessalie qu'il y a le plus de désordre et de licence. » La pédérastie y fleurissait.

Médius, le compagnon d'Alexandre, était dans la joie d'approcher de Larisse, où il était né, comme Thessalus, et de s'y montrer à son père, Oxythémis, après deux campagnes victorieuses. Il allait lui présenter Hippostrate, son aimé, frère de la nièce d'Attale et lui-même fort joli. C'était pour Médius une occasion d'évoquer, une fois de plus, son grand-père Ménon, illustré, à des titres divers, par Platon et par Xénophon. Si l'Epire avait remis en mémoire ses amours avec le roi Tharypas, le voisinage de Larisse évoquait un autre nom de son histoire : celui d'Aristippe, citoyen de cette ville, qui, alors que Ménon était encore « dans la fleur de l'âge », l'avait placé à la tête de quinze cents hommes d'infanterie légère, recrutés avec l'argent de Cyrus le Jeune contre Artaxerxès Mnémon. Xénophon disait qu'il avait été ensuite « fort intime » avec Ariée, lieutenant perse, qui raffolait des beaux garçons. Artaxerxès, après la bataille de Cunaxa, où Ménon commandait l'aile gauche de l'armée grecque, fit trancher la tête des généraux capturés, mais se contenta de faire torturer Ménon, qui vécut « comme un criminel » et mourut un an plus tard. On voyait que Xénophon n'aimait pas Ménon, pour l'insulter ainsi jusque dans le malheur ; mais il lui reprochait d'avoir trahi.

Médius rétorquait avec Platon, qui était plus flatteur. « O Ménon, avait écrit le philosophe, jadis les Thessaliens étaient réputés et admirés en Grèce pour l'art équestre et pour la richesse. Mais aujourd'hui, à ce qu'il semble, c'est pour leur science et principalement les concitoyens de ton amant Aristippe. » Socrate, à qui Platon faisait tenir ces propos, disait ensuite que Ménon était « beau, riche et bien né » et il ajoutait : « Quelqu'un, eût-il la tête couverte, ô Ménon, saurait, en t'écoutant parler, que tu es beau et que tu as encore des amants. » Quand Médius cita ces mots, qu'il était fondé à savoir par cœur, Alexandre convint qu'il n'y avait rien de plus exquis que cette remarque, pendant de celle que le même Socrate fait à Théétète sur le beau langage, qui rend beau : la beauté du corps engendre la beauté de la voix et la beauté de la voix fait deviner la beauté du corps, d'où résultent le désir et l'amour.

Le plus étrange, c'est qu'il y avait aussi un éloge historique de Ménon par Démosthène : l'orateur, en le disant erronément de Pharsale, avait déclaré, dans son discours *Contre Aristocrate,* qu'il avait prêté cinq cent soixante-douze mille drachmes aux Athéniens pour les aider à Eion contre Brasidas et qu'il leur avait même envoyé « trois cents cavaliers, ses propres esclaves ». Par considération pour ce service, Démosthène, qui, selon sa coutume, traînait dans la boue les riches et les nobles Thessaliens, amis de Philippe, avait épargné le père de Médius.

Alexandre fit allusion à l'histoire de Cléomaque de Pharsale, contée par le grave Léonidas : ce guerrier, chef de l'armée de Chalcis, pour être certain de repousser les ennemis de cette ville, avait prié son mignon de le regarder combattre, et il était mort victorieux. Anaxarque cita un second exemple historique de cette force de la pédérastie chez les Thessaliens . l'un d'eux, Théron, qui avait un rival auprès d'un garçon, appliqua sa main gauche contre un mur, tira son épée et se trancha le pouce, en défiant l'autre d'en faire autant.

Les cimetières que l'on avait côtoyés, aux abords des villes, attestaient également la pédérastie thessalienne. On voyait des bas-reliefs d'éphèbes qui, drapés dans leur manteau, avaient à la main un lièvre ou une pomme, cadeaux de l'amour masculin. C'étaient, dit Médius, des monuments élevés, non par les familles, mais par les amants.

Ces images de la mort et de l'amour firent passer dans l'esprit d'Alexandre un nom qu'il en chassa pour éviter les mauvais présages : celui d'Hellanocrate de Larisse, qui avait été, avec Cratéas, le mignon et l'assassin d'Archélaüs II.

Tout en bavardant et en songeant, il ne laissait pas en repos son œil de lynx. Il remarquait des chevaux d'une jolie taille et il ordonnait d'en noter le haras ; des charrettes plus fortes que les charrettes macédoniennes et il en faisait noter la construction ; des champs de céréales aux sillons plus larges qu'en Macédoine, — c'est le commerce du blé qui, avec l'élève des chevaux, produisait la richesse de la Thessalie —, et l'on prenait un dessin de la charrue ; il examinera, pour s'en instruire, le système de vannes du Pénée. A Pharcadon, ville située sur les bords de ce fleuve, Philonique, l'éleveur qui avait vendu l'incomparable Bucéphale, avait salué le cheval et le plus beaux des cavaliers.

Un roi avait attendu Alexandre à Apollonie, un roi l'attendait à Larisse. Il reçut avec plaisir les compliments de son père pour sa seconde victoire. Philippe l'avait déjà félicité dans le message qu'il lui avait envoyé chez le Molosse. Les détails de la bataille livrée au roi Pleuratus, avaient été communiqués par Antipater, dont les troupes étaient arrivées de Pella. Les anciens compagnons d'armes échangeaient embrassades et congratulations. Oxythémis et son frère Ménon, en qui revivait le nom du grand-père, étreignaient Médius et Hippostrate. Thessalus, lui aussi, retrouvait toute sa famille.

Auprès de Philippe, était Denys de Syracuse, venu de Corinthe à son invitation. L'oisiveté et la bonne chère avaient augmenté l'embonpoint de l'ancien tyran. Il ne regrettait pas son fouet à peau d'anguille, mais il avait toujours à la main la queue de lièvre avec laquelle il essuyait ses yeux chassieux. Prudemment, il avait laissé son fils garder l'école qui les faisait vivre. Il n'ignorait pas qu'Alexandre l'avait aperçu à la source Pirène et il fit des plaisanteries sur le spectacle que Diogène avait offert à ses écoliers. Il en ajouta quelques-unes sur Aristippe, sa maîtresse Laïs et ses deux mignons, Ptoüs et Ménéxène.

Le roi avait hâte d'informer Alexandre de ce qui s'était produit en Locride. La confédération des peuples voisins s'était réunie en assemblée extraordinaire, à Delphes. Les Athéniens, habitués à se contredire, avaient jugé bon d'y participer, dans l'espoir d'empêcher que Philippe ne fût chargé de mener la troisième guerre sacrée. Mais la Macédoine disposait, au conseil, des deux voix supplémentaires de la Phocide, qui lui avaient été données en récompense, après la seconde guerre, et le plan dressé par le roi s'exécuta sans difficulté. Il comportait une étape, avant de viser Athènes. Cottyphus de Pharsale, en qualité de président de la confédération, réitéra aux Amphissiens la défense d'occuper la plaine de Cirrha et l'ordre de chasser ceux d'entre eux qui, une fois cette injonction proclamée par le héraut, resteraient sur les lieux. Les Amphissiens n'en avaient rien fait. Alors, Cottyphus, improvisé général, s'était avancé, à la tête d'une petite armée phocidienne, mais avait été repoussé ; il avait reçu un coup de javelot et plusieurs de ses soldats avaient péri. Les confédérés n'avaient pas attendu la session d'automne pour réagir contre ces nouveaux crimes, que la sibylle leur demandait de châtier sans délai : Cottyphus, envoyé en ambassade auprès de Philippe, avec le riche Phocidien Mnason, l'ami d'Aristote, l'avait prié de venger Apollon. Le roi de Macédoine s'y préparait. « Nous ne regagnerons Pella qu'après une victoire de plus, dit-il à Alexandre. Le dieu « dont le trait atteint de loin », sera de notre côté. »

Il y avait une préparation diplomatique. Pour cela, Philippe avait autour de lui ses deux principaux négociateurs : Python de Byzance, Euthycrate d'Olynthe, que l'on surnommait « le mort vivant » à cause de Démosthène. Ses hôtes de Thèbes, les aristocrates Timolaüs, Théogiton et Anémétas, étaient aussi présents. Les deux premiers étaient des Thespiades, c'est-à-dire des descendants de Thespius, roi de Thespies, et, par conséquent, des descendants d'Hercule, ce qui faisait d'eux les alliés naturels de Philippe. Anémétas était un autre aristocrate, qui espérait voir abattre enfin par lui le parti démocratique thébain : toute machination contre Athènes était une machination contre le régime de Thèbes ; le sort des deux cités était uni.

Philippe n'avait pas amené la nièce d'Attale, mais il avait repris ses habitudes avec la danseuse Philinna, mère d'Arrhidée, et avec la courtisane Phéréa, mère de Salonique. Alexandre n'avait jamais vu encore ces deux femmes, ni cette fille, qui avait une dizaine d'années et qu'il jugea fort gracieuse. Phéréa demeurait avec Salonique dans la petite ville thessalienne de Nicésopolis, d'où elle était originaire. Les deux concubines de Philippe, qu'Olympias avait réussi à renvoyer dans leur province, ne paraissaient pas jalouses l'une de l'autre, puisque leur sort était identique, et elles se bornaient à représenter dignement la beauté des femmes de Thessalie. La mère de Campaspe, qui habitait Larisse, comme Philinna, vint remercier Alexandre d'avoir cueilli le pucelage de sa fille et d'en avoir fait la compagne du plus grand peintre grec. « Réjouis-toi, lui dit Alexandre, tu as mis au monde Vénus. »

La ville, bâtie sur les bords du Pénée, s'apprêtait à célébrer sa grande fête des Pélories. Jadis, lorsque les inondations de ce fleuve et de ses affluents eurent fait un vaste lac de la plaine thessalienne, entourée de montagnes, Neptune, qui avait ici le surnom de Pétré, avait ouvert, par un tremblement de terre, la brèche du Tempé Pour le remercier, le héros

Pélorus, en l'honneur duquel Jupiter était dit Pélorien, avait institué ces réjouissances. Elles ressemblaient aux saturnales d'Athènes, qui avaient lieu dans une autre saison. Comme dans cette fête athénienne, elles comprenaient un splendide banquet où tout le monde était invité, mais, tandis qu'à Athènes, les maîtres se contentaient de festoyer avec les esclaves, à Larisse, ils les servaient. La chose était d'autant plus extraordinaire que la Thessalie était, avec Lacédémone, la région de la Grèce où il y avait le plus d'esclaves : sa richesse et le goût des voluptés concouraient à en multiplier le nombre. Les maîtres qui en avaient des centaines, voire des milliers, n'en servaient évidemment qu'un certain nombre, délégués à cet effet. Mnason était possessionné aussi dans cette province.

Alexandre servit Epaphos, Ephestion servit Polybe, Démètre servit son jeune écuyer thrace. Philippe avait un choix plus difficile, car chacun se prétendait son esclave. Pour ne pas faire de jaloux parmi les Macédoniens et les Thessaliens, il se déclara l'esclave de Denys et, au milieu des rires et des applaudissements, lui présenta d'abord l'eau, le vin et la serviette. Alexandre se divertissait de voir Daoque, Eudique, Simus, Cinéas, Thrasydée, hôtes de Philippe, — les trois premiers étaient des Aleuades, descendants d'Aleuas, prince de Thessalie, et les deux autres, des Scopades, descendants de Scopas, fondateur de la plus grande famille de Crannon, ville située entre Larisse et Pharsale, — servir des esclaves, dont la jeunesse et les attraits indiquaient le rôle auprès d'eux. Il était permis d'emporter dans un linge, dans une corbeille ou dans un sac, ce qui avait été servi, — du sanglier, du lièvre, du poisson, des gâteaux et du sésame de Corinthe, — pour aller le manger en famille : on appelait curieusement cette pratique « un repas parfait ».

Denys de Syracuse amusait les convives. Ses facéties n'annonçaient pas en lui un élève de Platon. Comme l'ancien tyran avait la vue très basse et tâtonnait, Alexandre lui dit qu'il devrait aller consulter Esculape à Tricca. Denys, tout en professant le plus grand respect envers le dieu, répliqua qu'il avait des recettes fort simples pour corriger momentanément sa myopie. Il les tenait de son père, qui avait étudié la médecine sous toutes ses formes, qui soignait les malades et qui était même capable d'effectuer des opérations. Voulant démontrer son savoir, il prit un œuf dur et s'en écrasa le jaune sur les paupières ; puis, il y ajouta du safran et du miel pour composer un liniment. Il continuait de manger avec cet emplâtre et Philippe lui approchait les morceaux de la bouche. « Mes flatteurs, dit Denys, imitaient mon infirmité en faisant semblant de ne pas voir les plats ou les coupes qui étaient devant eux. Tous marchaient à tâtons. » Philippe rit de ce trait qui aurait pu s'appliquer à Clisophe. Mais celui-ci n'aurait peut-être pas été jusqu'où allaient les flatteurs de Denys. « Quand j'avais des mucosités dans la gorge, ajouta l'ancien tyran, ils me présentaient leur visage pour y cracher dessus et léchaient ensuite ma salive ou mon crachat.

Si je vomissais, ils avalaient mon vomissement et le déclaraient plus doux que le miel. Tant de bassesse donne l'idée des plaisirs dont je gavais ces infâmes. — Par Jupiter, ô Denys, dit Anaxarque qui s'était approché, une coupe à la main, et qui avait entendu ces mots, Eupolis s'est inspiré de toi pour écrire dans sa comédie *les Flatteurs* : « Celui qui urine comme les Grâces, marche comme une danseuse de Diane, — Chie des gâteaux de sésame et de miel et crache des pommes... » Denys réclama ensuite du lait de femme afin de compléter son collyre. On amena une nourrice dont il suça le sein pour se barbouiller les yeux. Enfin, il lui fallut des punaises. On lui en apporta une dizaine d'une misérable auberge : il les écrasa, les sala, les arrosa du lait de la nourrice et, après avoir essuyé ses paupières avec la queue du lièvre, s'appliqua ce nouveau remède. Lorsqu'il s'en fut débarrassé, il s'écria, au bout d'un instant, que sa vue s'était améliorée. De fait, il n'avait plus besoin de tâtonner. Mais, précisa-t-il, l'amélioration ne durait que quelques heures.

« Tu me sembles plus sobre que ne l'était ton père, si j'en crois sa réputation, lui dit Philippe qui lui versait à boire. — C'est que je veux te faire honneur, dit Denys. — Oh ! dit Philippe en riant, tu serais peut-être embarrassé de me faire raison, quand je m'y mets. Pour moi, le plaisir de boire fait partie de celui d'être homme, d'être roi et d'être victorieux. — Sois certain, ô Philippe, que je te battrais sur ce terrain, plutôt que par les armes. Ma pauvreté m'a appris la sobriété et je ne puis être ivre en étant maître d'école. Mais, les jours de fête, mon fils et moi ne fêtons que Bacchus pour oublier la misère, comme nous savourions la tyrannie en nous enivrant. Aristote, dans sa *République des Syracusains*, n'a rien exagéré en disant qu'une fois, je suis resté ivre trois mois. Je l'étais, en vérité, presque tout le temps. »

Après ce banquet où les maîtres servaient les esclaves, le rang social se rétablit : les premiers furent servis par les seconds, dans la mesure où ceux-ci n'étaient pas ivres. Philippe en dispensa Denys, qu'il invita à s'allonger sur son lit. Cinéas et Daoque prirent place sur un autre ; Alexandre et Ephestion entre le lit de Philippe et celui de ces nobles Thessaliens. Par son nom, Cinéas rappelait à Alexandre tout ensemble le jeune Cinésias d'Olympie, si amateur de fouet, et l'Argonaute Cénée, originaire de Magnésie, qui avait, au milieu des Lapithes, lutté contre les centaures. Au reste, il prétendait descendre de Cénée, dont le nom s'était altéré en Thessalie. La particularité de ce compagnon d'Hercule et d'Hylas était d'avoir été tour à tour fille et garçon. Neptune, lui ayant ravi son pucelage comme fille, le changea de sexe et lui donna même le pouvoir, que n'avait pas Achille, d'être invulnérable dans toutes les parties de son corps. Aussi, bien que frappé à mort par les centaures, n'avait-il pas été tué. Il était le seul héros dont les poètes eussent chanté la disparition, alors qu'il avait continué à vivre. C'est ce qui faisait dire à Orphée, dans ses *Argonautiques :*

« Vivant, il parvint chez les morts, sous les profondeurs de la terre. »
C'était un peu le cas d'Euthycrate d'Olynthe, par rapport aux discours de
Démosthène.

Daoque, comme tous les Aleuades, descendait d'Achille et aussi
d'Hercule par son fils Thessalus. Il avait pris son parti de la mainmise de
Philippe sur son pays et était son allié sincère. Ses goûts artistiques lui
attiraient la sympathie d'Alexandre : admirant l'art de Lysippe, il avait
commandé à ce sculpteur neuf statues, destinées à un monument des
Aleuades à Delphes, près de celui de Néoptolème ou Pyrrhus, fils
d'Achille. Il s'apprêtait même à restaurer ce dernier monument, d'accord
avec Alexandre Molosse et Olympias. Le fils de Philippe s'associa avec
enthousiasme à ce projet. Les Aleuades se flattaient d'avoir accueilli
Pindare, qui avait composé, à Larisse, la *Pythique* du Thessalien Hippocléas, vainqueur à la double course des garçons. En évoquant les rois de
Sparte, à propos de cette origine, Pindare, qui avait été pourtant l'invité
d'Archélaüs, avait oublié les rois de Macédoine : « Heureuse Lacédémone !
— Bienheureuse Thessalie ! — Sur toutes deux règne — Une race issue du
même père, — Hercule, excellent guerrier... — J'ai l'espoir, avec mes
chants, sur les rives du Pénée, — De faire admirer encore mieux
Hippocléas, — Pour ses couronnes, par ceux de son âge, comme par les
plus âgés, — Et il sera le cher souci des jeunes filles. »

Alexandre, qui, malgré le précédent de son ancêtre Alexandre Ier,
avait dit ne pouvoir lutter en personne à Olympie ou à Delphes que s'il
avait des rois ou des princes comme rivaux, était ébahi d'apprendre que
l'arrière-grand-père de Daoque, le roi Agias, avait été plusieurs fois
vainqueur au pugilat dans les grands jeux. Lysippe avait déjà fait une statue
de lui, sur le modèle d'un bel athlète cher à Daoque et que celui-ci avait
érigée à Pharsale. Une aventure célèbre était arrivée, au temps d'Aleuas et
de Scopas, à propos des jeux. Ils étaient les hôtes du poète Simonide de
Céos, que Scopas avait prié de chanter une de ses victoires à la course des
chars. Simonide, selon l'habitude de cette époque, convint du prix avec lui,
mais consacra la plus grande partie de son ode à l'éloge de Castor et de
Pollux. Scopas ne lui donna que le tiers de la somme, en lui conseillant de
réclamer le reste aux deux divinités. C'était au milieu d'un repas. Un
esclave vint dire au poète que deux jeunes cavaliers couverts de poussière,
au visage éclatant de majesté, le demandaient. Simonide sortit et ne vit
personne mais, au même instant, le plafond de la salle s'écroula et tous les
convives furent écrasés.

Philippe interrogea Denys sur son père, pour lequel il professait une
certaine admiration. Il disait qu'un homme, fils d'ânier, qui avait réussi à
exercer la tyrannie pendant trente-huit années et fait de Syracuse la plus
grande ville du monde grec, était nécessairement un grand homme. Il avait
eu également avec Denys l'Ancien le lien d'Isocrate, qui avait adressé une

lettre au tyran lorsque ce dernier était en bons termes avec Athènes et que sa tragédie *la Rançon d'Hélène* venait d'y être couronnée. « Comment, demanda le roi à Denys, as-tu été précipité d'un trône que ton père avait si solidement établi ? Il déclarait qu'il te laissait la monarchie enchaînée par des chaînes de diamant, ainsi que le fut Junon. — J'avais hérité de sa puissance et de ses richesses, dit l'ancien tyran, et non de sa chance. »

« Entre ton oncle maternel et toi, reprit Philippe, c'est toi que je préfère. Tu as régné en tyran, tu as régné en philosophe, tu as régné en Sardanapale et tu es toujours vivant. Dion, l'austère Dion, le démocrate Dion, a péri et il a gouverné Syracuse beaucoup moins longtemps que toi. — Trois ans, coupés par un exil, dit Denys, et moi, treize, coupés par deux exils à Locres où, du reste, j'étais tyran. La fin de Dion fut atroce. Son ami, l'Athénien Callippe, autre démocrate qui voulait s'emparer du pouvoir, fut soupçonné par la femme et la sœur de Dion, mais s'employa à les rassurer. Lui qui avait été l'hôte de Dion à Athènes, il leur demanda quelles preuves il pouvait leur fournir de sa bonne foi. Comme il avait été initiateur de Dion pour certains mystères, elles l'invitèrent à prêter le grand serment des Syracusains, dans le temple de Cérès et de Proserpine Législatrices. En présence de ces femmes, il célébra un sacrifice, vêtit la robe de pourpre de Proserpine et jura, une torche allumée à la main, tant la fureur des démocrates leur rend aisé le sacrilège. Or, le meurtre eut lieu le jour même, durant la fête des deux déesses. Obligés d'entrer sans armes auprès de Dion, selon le système de précautions que mon père avait instauré, Callippe et son frère Philostrate tentèrent de l'étrangler. Il se débattit et allait leur échapper, mais un Syracusain, nommé Lycon, leur jeta un poignard par la fenêtre et Callipe lui trancha la gorge comme à un mouton. Les amis des deux frères assurent que le crime eut pour auteur un des mercenaires de Zante, venus avec Dion, quand il me chassa. C'est la mort la plus triste que je connaisse d'un disciple et d'un mignon de Platon. Peu de jours auparavant, il avait eu la vision, dans une galerie du palais, d'une grande femme ayant l'apparence d'une Furie, qui balayait, et, la veille de son assassinat, son fils Hipparinus, à peine adolescent, s'était tué en se jetant du haut du toit, à la suite d'une légère réprimande. Sa sœur, Aristomaque, — l'une des deux femmes de mon père, — sa femme, Arété, qui était ma sœur, mise en prison par Callipe, et son fils qui y était né, furent jetés plus tard dans la mer, comme l'avaient été, à Locres, les débris de ma femme et de trois de mes enfants. C'est mon père qui a eu la fin la plus belle. Mais Dion a bénéficié d'une épitaphe de Platon qui immortalise leur amour. Plus tard, Callipe, qui avait trahi Dion pour cent dix mille drachmes, fut puni par les dieux. Après avoir gouverné un an Syracuse, il fut assassiné à Reggio de Calabre, au moyen du même poignard qui avait percé Dion. Je précise que ce n'est pas lui, mais Hicétas, tyran de Lentini en Sicile et ancien ami de Dion, qui donna au capitaine du navire chargé de conduire dans le Péloponèse Arété et son fils, libérés, l'ordre secret de les noyer. Lui aussi en fut puni, car Timoléon, l'actuel chef de Syracuse, le fit exécuter pour venger Dion. »

Alexandre, à qui l'histoire ne faisait jamais oublier les arts, demanda à Denys s'il était vrai que son père fût mort de joie à la nouvelle que sa tragédie avait remporté le prix au théâtre de Bacchus à Athènes, comme certains prétendent que mourut Sophocle en apprenant la victoire de sa tragédie *Adonis*. « Oui, dit le Syracusain, et la nouvelle de sa mort abrégea la lettre d'Isocrate, qui cherchait à capter son alliance en faveur d'Athènes contre Sparte et contre Thèbes. On a eu tort de prétendre que ses médecins l'avaient empoisonné pour l'empêcher d'être converti à la sagesse par Dion et de me transmettre le pouvoir. Ce qui est curieux, c'est qu'un oracle lui avait prédit qu'il mourrait quand il aurait vaincu des ennemis supérieurs à lui. Persuadé qu'il s'agissait des Carthaginois, dont il avait éprouvé la force, il ne poussa jamais ses succès contre eux en Sicile et parfois leur abandonna le terrain. Sa mort accomplit l'oracle d'une manière qu'il n'avait pas imaginée : en effet, malgré toute ma piété filiale, je penche à croire que les pièces de ses concurrents valaient mieux que la sienne. »

Le fils de Philippe prit la défense du public athénien, comme arbitre de ces matières. Il allégua l'autorité d'Aristote : d'après ce philosophe, l'une des bonnes choses de la démocratie, — de la « multitude » disait-il, — est qu'elle est « le meilleur juge des œuvres de la musique et de celle des poètes », car, alors que les gens éclairés jugent telle ou telle partie, elle juge l'ensemble. Aristote ajoutait que cela n'était pas vrai de toutes les multitudes, certaines ne se distinguant pas des bêtes sauvages, mais le peuple athénien lui semblait le parangon d'une multitude civilisée. « Je te remercie de flatter mon père, dit Denys à Alexandre. Nul, du reste, n'était plus convaincu de son talent : il écrivait avec un style d'ivoire qui avait appartenu à Eschyle, et il pensait que ses propres œuvres en recevaient l'inspiration du génie. — Mais en quel temps ton père les composait-il ? demanda Philippe à Denys. — Aux heures que toi et moi passons à nous divertir », répondit l'ancien tyran. Ces mots firent rire Philippe et Alexandre. « Moi-même, dit Denys, j'ai cultivé les Muses, au moins pour faire un commentaire aux poésies d'Epicharme. Ainsi puis-je tenir une école. Ce n'est pas l'Académie ; mais enfin, j'ai mes disciples.

« Le goût de mon père pour les choses de l'esprit, continua-t-il, explique qu'il eût fait venir Platon à Syracuse. Il faillit mourir avec lui, qui avait voulu voir une éruption de l'Etna. Étant allés ensemble à Catane et montés sur le volcan, ils échappèrent de justesse à une brusque coulée de lave. Quelle mort pour Denys le Tyran et pour Platon ! Elle aurait effacé celle d'Empédocle, qui, désespéré de ne pouvoir comprendre le phénomène des éruptions, se précipita dans le cratère, d'où fut rejetée l'une de ses sandales de bronze. Mais, plus encore que la philosophie, c'est la poésie qui passionnait mon père, — la sienne, naturellement. Il envoya Philoxène de Cythère aux carrières, pour avoir critiqué quelques vers de lui. Lorsque l'intercession de ses autres intimes sut fait rappeler ce poète, Denys le pria à souper, lut un poème qu'il venait de commettre et sollicita son opinion. « Que l'on me ramène aux carrières », dit simplement Philoxène. Denys trouva ce mot si drôle qu'il le lui pardonna. »

« Il fut moins clément pour Platon, dit Alexandre, puisqu'il le fit vendre comme esclave. — Tu sais avec quel éclat il l'avait accueilli, dit Denys. Il conduisit son char, comme s'il était son cocher. Mais, à force de s'entendre traiter par lui de tyran, il résolut de lui donner raison en l'envoyant, non aux carrières, mais à la mort. Lui-même avait écrit, dans une de ses tragédies, pour complaire aux Athéniens : « Toujours la tyrannie enfante l'injustice. » Mais il aimait également citer deux vers de l'*Archélaüs* d'Euripide, la tragédie relative à ton ancêtre : « On croit que la tyrannie est la vie des dieux ; — Car, si elle n'a pas l'immortalité, elle a les autres choses. » Platon fut sauvé par une lettre d'Archytas de Tarente, pour lequel Denys avait la plus grande considération : au lieu de le faire périr, il le fit vendre comme esclave. Quand il sut qu'on l'avait remis en liberté à Egine, il lui écrivit de tenir à son endroit des discours bienveillants, et Platon lui répondit qu'il n'avait pas assez de loisir pour penser à Denys le Tyran. Philoxène, qui avait regagné Cythère et qu'il avait invité de retourner à Syracuse, lui envoya une réponse laconique : « Non ». Il se vengea de mon père dans sa comédie *le Cyclope,* mais nous fûmes plus heureux avec Philoxène de Leucade, qui n'était qu'un homme d'esprit et un gourmand. Rivaux en littérature gastronomique, ils se disputaient aussi les bons morceaux et s'étaient exercés, en tenant la main dans l'eau très chaude, à les attraper le plus vite possible sans se brûler les doigts, car nous n'avions ni doigtiers ni fourchettes. »

Philippe, qui avait le culte de Platon, et Alexandre, qui vénérait en lui le maître d'Aristote, exprimèrent leur admiration pour ce grand homme, flambeau de la philosophie et victime de Denys l'Ancien.

« Mon père avait déjà montré son inclination en faveur des philosophes quand il était tyran de Locres, dit Denys. Comme les Pythagoriciens refusaient de se rendre à l'invitation d'un autocrate, il voulut qu'on lui en amenât de vive force. Un détachement de ses troupes en rencontra une douzaine, qui allaient de Tarente à Métaponte. Ils prirent la fuite, mais se laissèrent égorger pour ne pas traverser un champ de fèves, ce qui eût été violer un des préceptes les plus mystérieux de Pythagore. Cependant, deux autres, Mylias et sa femme Timica, furent conduits devant mon père. Il leur demanda pourquoi leurs compagnons avaient mieux aimé périr que de fouler aux pieds ces légumes. Mylias répondit qu'il subirait volontiers le même sort plutôt que d'en révéler la raison et sa femme, de peur de trahir le secret sous les tortures, se coupa la langue avec les dents. — Zénon d'Elée, dit Anaxarque, a fait de même avec le tyran de sa ville natale, Néarque ou Diomédon. Ayant conspiré, il dénonça les amis du tyran comme ses complices, pour lui montrer que tout le monde le détestait, prétendit lui faire un aveu à l'oreille et lui en arracha un morceau, avant de se couper la langue et de la lui cracher au visage. L'ancien mignon de Parménide égala ainsi l'héroïsme d'Aristogiton, qui avait déchiré, dans une circonstance analogue, l'oreille d'Hipparque. Tu vois, ô Denys, que tous les philosophes n'aiment pas les tyrans. — Je ne leur demande pas d'aimer les tyrans, dit Denys qui devait trouver cette diversion bien sérieuse pour les Pélories, mais je me demande pourquoi ils n'aiment pas les fèves. » On éclata de rire. « Selon Aristote, dit Philippe, cette défense de toucher aux fèves, vise les affaires publiques, où l'on vote ordinairement avec des fèves. Mais, on a peine à croire qu'une pareille interdiction soit plus importante que celle de croiser la jambe gauche sur la droite. » Alexandre relata l'expérience manquée des fèves en fleurs au fond d'un vase, que l'on avait faite à Miéza, et celle, non moins décevante, du miroir et de la lune.

« Dans ma jeunesse à Thèbes, dit le roi, j'ai eu quelques lumières sur l'enseignement de Pythagore, grâce à Epaminondas. Lysis, un des disciples les plus chers de Pythagore, s'était réfugié en Béotie et avait été le précepteur de celui qui devait en être la gloire. Bien des années après la mort de Lysis, les Pythagoriciens d'Italie envoyèrent à Thèbes, l'un d'eux, Théanor, pour savoir si celui-ci avait été enseveli suivant les rites de la secte. Epaminondas le rassura en lui prouvant que lui-même était initié. Un des rites funèbres prohibait l'ensevelissement du corps dans un cercueil de cyprès. — Mon père, reprit Denys, méritait peut-être l'amitié des Pythagoriciens, qui le jugeaient pourtant indigne de connaître leurs secrets. Je me souviens qu'il avait fait condamner à mort l'un d'eux, Phintias, qui s'était mêlé d'un complot, malgré l'ordre de s'abstenir des fèves. Ce philosophe sollicita d'être autorisé à se rendre dans une ville voisine pour régler une affaire importante, et Denys, se fiant à sa parole, le lui permit. Damon, intime de Phintias, vint s'offrir au supplice à sa place ; mais l'autre, au jour nommé, se présenta, juste au moment que le bourreau s'apprêtait à décapiter son ami. Il se jeta dans les bras de Damon, en s'écriant que c'était à lui de mourir. Denys les grâcia l'un et l'autre et réclama comme faveur d'avoir part à leur amitié. Il est vrai qu'il était alors aux prises avec les Carthaginois et qu'il souhaitait se faire bienvenir de tous les Syracusains. »

« Les luttes de ton père et de toi-même contre Carthage, dit Philippe, me représentent un peu celles que je pense entamer bientôt contre les Perses. — Tu as un bon présage pour ta future expédition, dit Denys ; Timoléon a fait ce que Hiéron et mon père ont commencé et que j'avais poursuivi : il a empêché les Carthaginois, mais définitivement, de conquérir la Sicile Sa dernière victoire lui a rapporté un butin fantastique dix mille boucliers d'or ou d'argent. Mais il sera puni par le ciel, lui aussi ; car, au lieu de remercier Jupiter, Mars ou Minerve, il a élevé un temple au Hasard. » Philippe dit qu'Euthymus de Leucade et ses hommes, anciens mercenaires de Philomèle et d'Onomarque, les tyrans phocidiens spoliateurs du temple de Delphes, et qui avaient échappé à son châtiment, étaient tous morts en Sicile, au service de Timoléon.

« Quand les dieux ne punissent pas les auteurs des sacrilèges, reprit Denys, ils les punissent dans leurs enfants. C'est moi qui expie les sacrilèges de mon père, si tant est qu'il ne les ait pas expiés par la terreur où il vivait continuellement. Il ne respirait qu'au milieu de ses gardes, ne parlait au peuple que du haut d'une tour. La partie du palais où il avait ses chambres, — et il ne couchait jamais dans la même deux fois de suite, — était environnée d'un large fossé, dont il retirait le pont-levis. (Alexandre pensait à ce que l'on racontait du tyran Alexandre de Phères et qui était revenu à la mémoire des passagers de l'_Hercule_, dans le golfe de Pagases.) Nul n'entrait chez lui sans s'être mis nu et sans avoir pris un vêtement pareil au sien. Ne se fiant à aucun barbier, ni à ses filles ni à moi, pour tenir des ciseaux et un rasoir, il se faisait brûler la barbe par elles avec des coquilles de noix et les pointes des cheveux avec un petit brasier. C'est également par suite de sa méfiance qu'il me contraignit, de même que son beau-frère Dion, à épouser ses filles : l'aînée, Sophrosyne, me fut dévolue (elle était de sa seconde femme Aristomaque, sœur de Dion, tandis que j'étais fils de la première, Doris), et la cadette, veuve de mon frère Théaride, épousa Dion. Mon père déclarait suivre ainsi, par ces mariages incestueux, la coutume des rois d'Égypte et des rois de Perse.

« Je crois qu'il ne souffrit jamais plus de sa méfiance, continua Denys, que lorsqu'elle l'incita à faire mourir Léon, son mignon. Quand il jouait au jeu de paume, il ne confiait son épée qu'à lui. « Voilà donc quelqu'un qui est le maître de tes jours », lui dit un de ses courtisans. Il remarqua que le jeune homme avait souri de ces mots et, après avoir fait tuer celui qui les avait prononcés, il donna l'ordre de conduire Léon au supplice, puis révoqua cet ordre, le redonna, le révoqua encore une fois, embrassa le garçon en versant des larmes et en maudissant l'heure où il avait saisi le pouvoir. Il disait ne se rappeler que trop bien, dans le livre de Xénophon sur _Hiéron_ de Syracuse, la réflexion de celui-ci au poète Simonide à propos de son mignon Daïloque, dit le Très Beau : « Personne ne tend plus de pièges aux tyrans que ceux qui feignent de les aimer avec le plus de sincérité. » « O Léon, s'écria-t-il, il n'est pas possible que tu vives ! » Essuyant ses pleurs, il le fit exécuter.

« Il fit exécuter aussi l'un de ses gardes, continua encore Denys, parce qu'il avait prêté sa pique à Leptine, son propre frère, pour dessiner sur le sol le plan d'une forteresse , Marsyas, l'un de ses capitaines, qui s'était vu, dans un rêve en train de l'assassiner. » Alexandre pensa à son rêve au sujet de Cassandre.

A sa demande, Denys décrivit ensuite les principaux sacrilèges de son père, non sans confusion pour de tels souvenirs. Denys l'Ancien, au début de son règne, naviguant vers la Corse, avait pillé le riche temple de Cérès à Agylle ou Cevetteri, en Etrurie, ce qui lui rapporta cinq millions cinq cent mille drachmes, et le temple de Proserpine à Locres. « Voyez comme les dieux favorisent les impies », dit-il pour défier Adrastée, lorsqu'il revint de ces pillages avec un bon vent. Plus tard, dans les temples où il voyait une coupe d'or ou d'argent, il faisait remplir une coupe quelconque d'une rasade en l'honneur du Bon Génie et prenait ensuite la coupe précieuse, en remerciant la divinité. Comme l'usage est de retirer les tables, dans les repas, après les libations au Bon Génie, il lui fit également une libation avant de soustraire une table d'or. Il s'emparait des autres offrandes en or consacrées aux dieux et que tenaient les mains de leurs statues. « C'est une offre que j'accepte, disait-il, non un bien que je ravis. » Sur leurs têtes, il remplaçait les couronnes d'or par des couronnes de verveine. Il dépouilla le Jupiter Olympien de Syracuse d'un lourd manteau d'or, offert par le roi Hiéron avec un butin pris sur les Carthaginois, et lui mit un manteau de laine, « mieux adapté à toutes les saisons ». Il enleva la barbe d'or de l'Esculape de la ville, sous prétexte qu'il n'était pas décent au fils de paraître avec une barbe, quand son père Apollon n'en avait pas. « Sa seule excuse, si je peux parler de la sorte, conclut Denys, est qu'il ne traitait pas les hommes moins injustement qu'il ne traitait les dieux. Il emprunta, sous menace de mort, une très forte somme aux Syracusains, puis, sous la même menace, les obligea de lui apporter tout l'argent qui leur restait. Il en fit frapper des pièces ayant la valeur double des précédentes et remboursa ainsi sa dette. »

Alexandre n'avait pas oublié la spoliation sacrilège des femmes de Locres, que lui avait racontée Démarète à Corinthe et qui était l'œuvre de Denys le Jeune. Mais les vicissitudes de Syracuse l'intéressaient davantage à cause de ce que Démarète lui avait également appris : que cette ville avait été fondée par l'Héraclide Archias. Il amusa Denys en lui disant que cela pouvait constituer pour Philippe un droit historique. « Hercule, dit l'ancien tyran, favorise les Syracusains, parce que leur ville est sous la protection de Proserpine, qui lui donna Cerbère, le chien des enfers. Mais il ne peut que favoriser davantage ses propres descendants. »

Anaxarque, qui avait toujours une coupe à la main, célébra le vin de Thessalie, mais tenait à prouver que sa vertu de Thrace lui conservait sa lucidité. « Est-ce toi, ô Denys, dit-il, qui as publié les lettres dont tu fus honoré par Platon et qui sont si piquantes à tant d'égards ? — Je n'aurais pas eu cette indiscrétion, dit l'ancien tyran ; d'ailleurs, seule, la dernière des quatre est à ma gloire, en prouvant sa confiance en moi et ma générosité. La publication est l'œuvre de Speusippe ou de Xénocrate, qui trouvèrent, après la mort de leur maître, les copies de ces missives. — Dans la première, dit Anaxarque, Platon te renvoie ton or avec mépris et te laisse à ta triste qualité de tyran. — Xénocrate m'a traité à peu près de même, dit Philippe. — Lorsque Platon, dans cette lettre, reprit Denys, parle de « cet or brillant », on devine que, malgré tout, il admire ce métal, défini par Pindare « le plus vénérable des biens ». Philippe dit qu'au temps de ce poète, presque tout l'or de la Grèce venait de l'île de Siphnos, si célèbre pour l'invention d'une caresse digitale, « plus précieuse que l'or ». Sans doute Platon en veut-il à l'or de son éclat, qui, aux yeux des femmes et des beaux garçons, dépasse celui de la philosophie, continua Denys. Les hommes qu'illustre l'esprit, quand ne s'y ajoute pas la fortune, vitupèrent l'or par jalousie et non par morale. Du reste, Anaxarque, puisque tu as lu la correspondance de Platon, tu as pu voir que, dans sa deuxième lettre, il tente de se réconcilier avec l'affreux tyran que j'étais et commence par nier que personne de son entourage ait dit du mal de moi, aux jeux Olympiques. Il avoue ensuite s'être rendu en Sicile pour se donner de la réputation par les honneurs que je lui rendais, après mon père. Il chante mon éloge et va jusqu'à dire que, pour certains points de sa « doctrine secrète », j'ai contribué un jour à l'éclairer. Il situe même la scène « dans mon jardin, sous les lauriers ». Ses trois allusions à cette doctrine secrète correspondent à ce qu'il a professé, depuis, sur le bien, les idées et l'âme du monde. Le comique de cette deuxième lettre est qu'il me prie de la brûler après l'avoir relue, alors qu'il en avait soigneusement gardé copie. La troisième est une longue justification d'autres reproches que je lui avais faits. Mais ces choses-là sont moins captivantes que celles qu'il raconte dans la septième lettre de sa correspondance générale et qui fut envoyée aux parents et aux amis de Dion, après la mort de ce dernier. Cette lettre est aussi longue qu'un traité. »

Alexandre n'ayant pas lu ce texte, Denys, buvant et mangeant encore, le visage barbouillé, lui en indiqua la teneur : « Platon y raconte son premier séjour chez mon père et son second chez moi. Au sujet du premier, époque où je n'étais pas né, il déclare qu'il était dégoûté de la vie syracusaine, consistant « à s'empiffrer deux fois par jour et à ne jamais dormir seul la nuit ». Philistion, le médecin de mon père, et qui fut encore le mien, — Platon me parlait de lui dans sa première lettre, pour solliciter qu'il prêtât ses services à Speusippe, alors malade en Sicile, — m'a confessé qu'en effet, personne ne dormait seul, y compris le divin Platon : tout son art avait consisté à arracher le beau Dion aux compagnons de lit et aux courtisanes pour l'amener dans son propre lit. C'était, il est vrai, en vue d'en faire un philosophe républicain. Mon oncle n'a que trop bien profité de ses leçons. — Toi-même en as profité, dit Alexandre. — Au moins pour apprendre à supporter mon infortune », dit Denys.

« Mon père, poursuivit-il, avait gardé un mauvais souvenir de Platon et refusa de me faire donner une éducation philosophique. En dehors des cours de littérature, j'appris à fabriquer de petits chariots, des chandeliers, des selles (vous n'en usez pas, vous autres, Macédoniens), des tables. Dès que je fus tyran, à dix-sept ans, Dion, mon tuteur, me persuada qu'il fallait rappeler Platon, pour que j'eusse un maître digne de moi. Le philosophe accourut vers son ancien mignon et son nouveau disciple. Comme j'étais beau, il me trouva des dispositions pour la philosophie. De fait, mes progrès furent si rapides et si conformes à sa doctrine, qu'un jour, le héraut, durant un sacrifice, ayant demandé au peuple, selon l'usage, d'invoquer les dieux pour le tyran, je le priai de cesser de m'injurier. J'étudiais aussi la géométrie, puisqu'elle était une partie essentielle de l'enseignement de Platon. Les couloirs du palais furent semés de sable fin, sur lequel je me penchais à côté de lui pour tracer et commenter des figures. Parfois, je dessinais un phallus, afin de le dérider.

« Heureusement que, moi non plus, je ne couchais pas seul. Un de mes mignons subtilisa une lettre de Dion prouvant que mon oncle bien-aimé s'apprêtait à me trahir : il complotait avec les Carthaginois de la Sicile occidentale, où ils occupaient Palerme et où ils avaient détruit Ségeste, Sélinonte et Agrigente. — Si je me souviens bien de ce que dit Platon, cet incident se produisit quatre mois après son arrivée, précisa Anaxarque. — Oui, par Jupiter, dit l'ancien tyran ; mais, cette arrivée, il ne l'a pas décrite. Je le fis transporter, quand il débarqua, sur un char royal magnifiquement paré, et j'offris un sacrifice solennel pour remercier les dieux de m'avoir envoyé le plus divin génie de la Grèce : la légende disait que sa mère, Périctione, avait été engrossée par Apollon. J'avais maintenu toutes les précautions de mon père pour prévenir les attentats : nul n'était admis en ma présence sans avoir déposé ses vêtements et revêtu une robe spéciale. Encore fallait-il la secouer devant moi, pour prouver qu'elle ne cachait aucune arme. Même Dion était soumis à cette règle, parce qu'il pouvait ambitionner de me supplanter, comme cela arriva ; Platon, lui seul, en était dispensé et je ne me lassais pas de sa compagnie. »

L'ancien tyran sourit. « A Corinthe, dit-il, un de mes visiteurs secoua sa robe, par dérision, à son entrée. « Fais plutôt cela quand tu sortiras, lui dis-je, pour montrer que tu ne m'as rien dérobé. »

« Grâce à l'atmosphère des Pélories, continua Denys, je vous ferai un aveu dont il n'est pas question dans les lettres de Platon, sauf si l'on sait lire entre les lignes. J'avais été frappé par le récit d'Alcibiade, relatif à Socrate, tel que le rapporte *le Banquet,* et je m'étais mis à raisonner de même : pourquoi, me disais-je, ne pas tenter d'acquérir la sagesse par le fondement, ainsi que par l'esprit, en devenant le mignon de l'auteur du *Banquet ?* Nul ne peut imaginer le charme et la séduction de cet homme de soixante ans, avec ses beaux cheveux, sa barbe annelée, ses manières aristocratiques, sa voix suave, son verbe exquis, égal au miel déposé par les abeilles sur ses lèvres quand il était enfant. Bref, avec la fougue de mes dix-sept ans, j'étais devenu aussi amoureux de Platon que jaloux de Dion et ce fut, hélas ! à ce moment-là, que je découvris cette trahison à laquelle, du reste, Platon était tout à fait étranger.

« Par respect pour le philosophe, je me débarrassai du traître sans le faire exécuter. J'étais sûr de mes mercenaires, qui avaient été le soutien de mon père. (Lorsque huit cents d'entre eux périrent, plus tard, pour me défendre contre le peuple, je fis mettre sur leurs fronts des couronnes d'or et ils furent ensevelis dans des linceuls de pourpre.) Ne craignant donc rien de Dion, j'arrangeai une scène de théâtre. Je l'emmenai, loin de Syracuse, pour une partie de chasse ; puis, au retour, je le conduisis au bord de la mer, sous les murs de la citadelle, lui lus sa lettre aux chefs carthaginois de Palerme, Asdrubal et Amilcar, et lui montrai un de mes vaisseaux où je l'invitai à s'embarquer, le capitaine ayant ordre de le déposer en Italie. Le lendemain, j'expédiai deux autres navires, chargés de ses serviteurs et de ses richesses.

« Vous ferai-je un autre aveu ? J'étais ravi d'être débarrassé de lui pour mieux gagner l'amour de Platon. Je donnai à mon philosophe une garde d'honneur, le logeai près de moi dans le palais, me déclarai prêt à lui confier le gouvernement de Syracuse, mais exigeai qu'il n'aimât que moi. Nous nous fâchâmes et nous réconciliâmes plusieurs fois. Lorsque Platon se décida à rejoindre Dion, qui était à Athènes, après avoir été fait citoyen de Lacédémone, je le confiai à ses deux disciples, Lamiscus et Photidas. Il a dit que j'avais voulu le retenir prisonnier et qu'il fut libéré par l'intervention du Sicilien Archimède, agissant au nom d'Archytas de Tarente, sauveur de Platon sous Denys le Jeune comme sous Denys l'Ancien. Rien de plus vrai, mais il n'a pas dit le véritable motif que j'avais de le conserver.

« Séparé de lui, je ne tardai pas à réagir contre ses idées. C'était sous l'influence, notamment, de l'historien Philistus, ami de la tyrannie, que mon père avait exilé, parce que mon frère Leptine lui avait donné sa fille en mariage sans demander à Denys son avis, et que j'avais rappelé. Il s'insurgeait contre le fait que Platon se mît à gouverner Syracuse. « Il y a cinquante ans, disait-il, les Athéniens sont venus à Syracuse sans pouvoir la prendre, et un seul homme l'aura prise. » Vers ma vingtième année, je publiai quelques opuscules où je combattais Platon, qui m'en fit de vifs reproches. Il revint six ans plus tard, non pas selon le mot de Philistus, « pour mesurer de nouveau la funeste Charybde », mais pour essayer de me réconcilier avec Dion. Je lui rendis les mêmes honneurs. Je lui offris de l'argent, qu'il refusa (il a été ensuite moins discret) et Aristippe de Cyrène, qui était mon hôte, disait comiquement : « Denys fait ses libéralités en toute sûreté, car il nous donne peu, à nous qui demandons et beaucoup à Platon, qui ne prend rien. » Cependant, mes querelles avec ce dernier recommencèrent. Hélicon de Cyzique, un des familiers de Platon, ayant prédit une éclipse de soleil qui advint, je lui donnai cinq mille cinq cents drachmes. Cela fit dire encore à Aristippe : « Moi, je vous prédis que, dans très peu de temps, Denys et Platon seront ennemis. » Ce qui arriva aussi vite. Quand le sage Archytas, providence de Platon pour la troisième fois, lui envoya un navire de trente rameurs, je ne m'opposai pas à son départ, bien que, de son propre aveu, nous nous fussions « professés amis devant toute la Sicile ». C'est ensuite qu'il rencontra Dion à Olympie, et je dois lui rendre cette justice qu'il refusa de seconder les projets belliqueux de son ancien aimé. Il les qualifia même de « mauvaises choses ». Speusippe, au contraire, les encouragea. Aussi Platon n'est-il pas fondé à prétendre, comme il l'a fait dans sa lettre aux parents et aux amis de Dion, que l'Académie n'est pas responsable du meurtre de celui-ci. Elle le fut d'abord indirectement, puisque Xénocrate l'avait poussé à retourner à Syracuse, et ensuite Callippe et Philostrate ont été manœuvrés, non, certes, par Platon, mais par son neveu. »

Toutes ces histoires de Denys, de Dion et de Platon avaient passionné Alexandre. Il y voyait la caricature héroï-comique de ce qu'auraient pu être ses relations avec Aristote. Mais lui n'était pas amoureux de son maître. C'est plutôt son maître qui aurait été amoureux de lui.

« Je ne sais si tu te rends compte, dit Anaxarque à Denys, du lustre que te donne Platon, non pas seulement pour avoir été avec toi en relations si intimes, mais pour t'avoir écrit avec tant d'abondance de cœur. — Nous conservons précieusement à Pella, dit Philippe à l'ancien tyran, sa lettre à mon frère, le roi Perdiccas. Mais tu viens de me livrer le secret de l'intérêt qu'il te portait : il a vu ton amour et il y a été sensible. — La treizième et ultime lettre du recueil, dit Denys, — la quatrième à moi adressée, — le laisse transparaître, aussi bien qu'elle atteste tous les services dont je l'ai gratifié. — Je me souviens du début, dit Anaxarque : il relate qu'il était allé te voir à Locres et que tu lui as offert un banquet où ne figuraient que des adolescents. Comme tu étais assez loin de lui, tu te levas pour l'approcher et lui parler. Un des garçons, — « un des beaux », dit Platon, — qui était sur le lit contigu au sien, te dit, probablement avec un petit ton ironique : « O Denys, tu as sans doute beaucoup appris de Platon pour la sagesse. » « Et en beaucoup d'autres choses », as-tu répondu. » Philippe, Ephestion et l'ancien tyran se mirent à rire.

« Dans cette lettre, dit Denys, Platon me charge de saluer de sa part « mes compagnons du jeu de ballon ». Comme ils étaient tous choisis entre les beaux, — et les jeunes Italiens du sud sont aussi charmants que les jeunes Siciliens, que les jeunes Thessaliens et que les jeunes Macédoniens... — Il me semble, dit Philippe, que tu n'as pas la vue basse pour juger de la beauté. — Quand mes yeux me font défaut, je la juge à la voix, dit Denys. — C'est très socratique, dit Alexandre, se rappelant la remarque du *Ménon* au sujet de ce personnage, l'aïeul de Médius. — Bref, continua Denys, cela prouve que Platon, le divin Platon, était plein d'indulgence pour mes plaisirs impurs. D'ailleurs, il parle, dans cette même lettre, de la statue d'Apollon et de la statue de l'Amour qu'il m'avait offertes, ouvrages de Léocharès, alors à ses débuts. — Par Hercule, dit Alexandre, tu avais des statues de notre sculpteur ? — Cela montre que Platon avait bon goût, dit Denys. Il est vrai que la statue de l'Amour — (sa lettre ne précise pas le sujet et dit seulement : « une œuvre tout à fait jolie »), — il la destinait à ma femme, « à moins que je ne fusse d'un autre avis ». N'est-ce pas une charmante allusion ? Les cadeaux du philosophe à mes enfants furent douze petites cruches de vin doux et deux de miel de l'Hymette. Et il m'exprimait ses regrets de n'avoir pu joindre à l'envoi des figues sèches de l'Attique, car le temps de les préparer était passé, ni des baies de myrte, dont la conserve avait pourri. »

De nouveau l'on éclata de rire. « Ces cadeaux, reprit Denys, étaient faits, du reste, avec mon argent, comme en témoigne sa lettre : je lui avais ouvert un crédit chez Andromède, mon banquier à Egine. Il veut bien dire qu'il en usera « le moins qu'il pourra ». Mais il me prie de doter l'aînée de ses quatre nièces, qui est en âge d'être mariée à Speusippe, et il me réclame pour elle deux mille sept cent quatre-vingt-dix drachmes. Or, d'après sa doctrine des *Lois*, les dots sont interdites. Il prévoit aussi, sur mon compte, une dépense de neuf cent trente drachmes, pour le tombeau de sa mère, encore vivante, mais dont il craint la mort prochaine. La somme est le double de celle que, dans le même ouvrage, il autorise pour les dépenses funéraires des contribuables de la première classe. Indépendamment de ce fait, sa piété filiale m'a attendri. »

Nouveaux éclats de rire. L'ancien tyran ajouta : « Non content du crédit que je lui avais assuré à Egine, Platon me demande qui peut le défrayer éventuellement comme chef de chœur, à l'occasion d'une fête ou de « quelque chose de semblable ». — Il faut avouer, dit Philippe, qu'on est stupéfait de lire ces choses sous sa signature. On pourrait croire cette lettre apocryphe. — L'original est à Corinthe, dit Denys. Platon n'y a oublié personne de ses amis : il sollicite également une cuirasse souple pour l'un d'eux et trois tuniques de lin de Sicile pour les filles d'un autre (il a la gentillesse d'ajouter qu'elles ne méritent pas de tuniques en lin d'Amorgos, qui sont très chères). Tout cela ne donne que plus de sel à sa conclusion : « Cultive la philosophie et excite les autres, les jeunes, à la cultiver. » — Je demeure effaré, dit Anaxarque, que les successeurs de Platon aient osé publier cette lettre. — Il y a deux raisons à cela, dit Denys Les successeurs d'un grand homme sont souvent enchantés de le diminuer, et Speusippe, qui était plus avide que Platon, veut se disculper ainsi pour son propre compte aux yeux de la postérité. Quand, de Locres, je le priai de m'envoyer un de ses disciples, afin d'enseigner la philosophie à mes nouveaux sujets, il exigea une grosse somme. A Syracuse, j'avais reçu également Xénocrate, qui dirige maintenant l'Académie, et qui, lui non plus, ne refusait pas les présents, bien qu'il eût méprisé les tiens, ô Philippe. Serait-il venu à ma cour, s'il n'avait pas aimé le luxe et les plaisirs ? »

Ces propos avaient diverti Alexandre. Peu touché des questions d'intérêt, il en avait surtout retenu que Denys avait été amoureux de Platon, comme Hermias l'avait été d'Aristote.

« En tant que tyran, as-tu été le plus heureux à Syracuse ou à Locres ? demanda Philippe à Denys. — A Locres, parce que j'avais déjà eu l'expérience de Syracuse, répondit Denys, et parce que je n'avais plus, pour me surveiller, un Platon ou un Dion. Cette ville, dont Zaleucus avait été le législateur, digne de Solon et de Lycurgue, n'avait pas de monnaie d'argent, selon les principes spartiates, et son régime avait pour bases la tempérance et la vertu. Elle tenait tellement à ses lois traditionnelles que l'auteur d'une nouvelle proposition législative devait se présenter sur la place publique, la corde au cou : si la proposition était rejetée, on serrait la corde jusqu'à ce que mort s'ensuivît. Depuis Zaleucus, il y avait eu autant de pendus que de réformateurs.

« Je réformai les choses à ma façon, continua Denys. Je ne pendais personne, mais toute la ville était soumise à mon sexe. Pour avoir un moyen naturel de séduire, je frappai de la monnaie d'argent, — elle avait l'effigie de Minerve et de Pégase, comme les monnaies de Corinthe, métropole de Syracuse. Soit corruption, soit violence, pas une femme, pas une fille, pas un garçon ne me résista. Les Locriens se sont vengés atrocement sur ma femme et mes enfants, comme je l'ai rappelé. » Alexandre songea aux détails donnés à ce sujet par les hôtes de Philippe à Corinthe. « Je te plains, dit Philippe à Denys. — Tu as fait la remarque que j'ai l'avantage sur Dion d'être toujours vivant, dit l'ancien tyran, et mon fils aîné, Apollocrate, l'est aussi. Mon frère Hipparinus, — homonyme du fils de Dion, — qui avait chassé Callippe, serait peut-être encore tyran, sans un malentendu stupide qui lui coûta la vie. Il était amoureux fou d'un beau garçon de Syracuse, Achéus, et l'avait arraché à la maison paternelle pour l'installer au palais. Les Carthaginois ayant envahi une partie du territoire, Hipparinus partit à la tête des troupes, après avoir ordonné à Achéus, que sa beauté rendait très désirable, de tuer quiconque essaierait de le violenter. Mon frère repoussa l'ennemi, revint nuitamment à Syracuse, entra dans la chambre d'Achéus et, comme il avait bu, l'appela d'une voix peu reconnaissable, en avançant à tâtons. Le garçon, réveillé en sursaut, se crut assailli par un inconnu et le perça d'un coup d'épée, au milieu des ténèbres. — Comme Agésilas, à Byzance, tua la jeune Cléonie, dit Anaxarque, qui avait conté cette histoire, au bord du Bosphore. — Hipparinus avait régné deux ans, reprit Denys. Après son assassinat par le Napolitain Nypsius, je débarquai à Syracuse, mais je ne me doutais pas qu'un jour, à Corinthe, mes derniers meubles seraient achetés par mon homonyme Denys, jeune frère de Timothée, tyran d'Héraclée Pontique. On dit qu'il est aussi gros que moi. — J'étais, dit Philippe, en termes très amicaux avec son père Cléarque, premier tyran de cette ville. C'était un homme très savant, qui avait été, comme toi, disciple de Platon et, qui plus est, d'Isocrate. L'Académie, jusque sur la mer Noire ! »

« Les présages de ma chute définitive ne manquèrent pas, dit Denys. Un aigle arracha la pique d'un de mes gardes, l'emporta très haut en l'air et la laissa tomber dans la mer, près du rivage, à un endroit où jaillit de l'eau douce. Les devins déclarèrent que ce prodige annonçait un adoucissement du régime politique. Ils furent aussi d'avis, lorsque des porcelets naquirent sans oreille, sur l'une de mes terres, que les citoyens étaient prêts à ne plus écouter la voix de la tyrannie.

« Les circonstances qui amenèrent Dion à me remplacer, furent encore plus extraordinaires et montrent que le destin s'était déjà prononcé. Je me trouvais à Caulonia, près de Locres, avec quatre-vingts navires, pour surveiller les menées de Dion, que l'on m'avait apprises. Qui plus est, j'avais chargé Philistus, dont j'avais fait un amiral, de croiser, avec le reste de ma flotte, entre la Sicile et l'île de Zanthe, où Dion réunissait des mercenaires et des vaisseaux. Une éclipse de lune se produisit, au cours d'un grand banquet nocturne, offert par celui-ci à sa soldatesque dans le stade de Zante, ce qui parut de mauvais augure pour l'expédition qu'il préparait. Mais le devin Thessalien Miltas l'interpréta aux convives comme annonçant l'éclipse de mon pouvoir. La petite flotte de Dion mit à la voile et fut entraînée jusqu'en Libye. Peu après, toutefois, il débarqua à Minoa, près de Palerme, dans la Sicile Carthaginoise, tentant de réunir les villes, de proche en proche, contre moi. Mon ami Timocrate, à qui j'avais fait épouser Arété, la femme de Dion, me dépêcha un messager pour m'avertir à Caulonia et avertir aussi Philistus. Cet homme, ayant franchi le détroit de Messine, rencontra quelqu'un de sa connaissance qui venait de sacrifier et qui lui offrit un morceau de la victime. Le messager mit cette viande dans son bissac, où étaient les lettres, et, la nuit arrivée, interrompit sa chevauchée pour dormir à l'orée d'un bois. Un loup, attiré par l'odeur de la viande, emporta le bissac. Désespéré, le messager, qui ignorait d'ailleurs la teneur des lettres, n'osa me rejoindre. Ainsi ne pus-je rentrer assez à temps pour arrêter les progrès de Dion. Philistus fut tué et je composai avec mon oncle, — je lui livrai le palais, magnifique édifice construit sur la baie de Syracuse et que, depuis, Timoléon a eu l'indignité de détruire, sous prétexte d'effacer le souvenir de la tyrannie. Je lui livrai également les armes, mes gardes et cinq mois de leur paye, sous un certain nombre de conditions. En fin de compte, je dus prendre la fuite, abandonnant la ville à mon fils Apollocrate, qui la tint peu de temps. Il partit, à son tour, cédant à Dion, qui l'autorisa à emmener nos trésors, avec cinq galères. Toute la ville le regarda s'en aller. Nous passâmes en Italie méridionale les trois ans que dura la république de mon oncle et les sept ans qui suivirent, jusqu'à ma réinstallation. Elle fut brève. »

Philippe demanda à Denys comment il avait été dépossédé par Timoléon. « Les Syracusains, reprit Denys, m'avaient rappelé, parce qu'ils étaient fatigués d'une succession de tyrans médiocres, dont le dernier, Nypsius, avait été sous mes ordres. Mais, les Carthaginois menaçant de nouveau la Sicile, mes compatriotes et d'autres villes invoquèrent le secours des Corinthiens, qui leur dépêchèrent Timoléon. Tout lui laissait présager la victoire. A Delphes, où il était allé sacrifier, un bandeau où étaient peintes des couronnes et des victoires, lui tomba sur la tête, dans le temple. Cérès et Proserpine apparurent à ses soldats, avant l'embarquement, et il donna à son vaisseau les noms des deux déesses. Un feu céleste conduisit sa flotte, qui jeta l'ancre devant Taormina, en Sicile. Andromachus, chef de cette ville, en fit sa première place forte. Mamercus, tyran de Catane, s'allia avec le général corinthien, de même que le tyran de Lentini, Hicétas, par lequel j'étais assiégé. Je me rendis à Timoléon sans combattre, en lui livrant plus que je n'aurais livré naguère à Dion : de quoi armer soixante-dix mille hommes. C'est ainsi qu'il put, cette année, écraser les Carthaginois sur les bords du fleuve Crémise, près de Sélinonte, pendant que je faisais l'école à Corinthe. »

La question intriguant Alexandre, Denys raconta pourquoi il s'était réfugié dans cette ville, alors qu'il avait la citoyenneté d'Athènes. Avant sa seconde dépossession de Syracuse, il avait envoyé deux navires porter, aux temples d'Olympie et de Delphes, des statues en or et en ivoire qu'il offrait à Jupiter et à Apollon. Iphicrate, à la tête de la flotte athénienne, arraisonna les vaisseaux et demanda aux Athéniens s'il devait laisser parvenir les statues à destination. Ils répondirent que les besoins des soldats et des marins de la république primaient les hommages d'un tyran envers les dieux : l'or et l'ivoire furent vendus. Denys écrivit aux Athéniens que, contrairement à l'usage, il n'employait pas avec eux la formule : « Salut et prospérité ! », car ils étaient des sacrilèges sur terre et sur mer, et ils avaient commis un crime contre les plus grands des dieux, Apollon Delphien et Jupiter Olympien. Son amitié avec Athènes succomba à cet incident.

« Dis-moi, Denys, fit Alexandre, qui ne voulait pas finir un pareil entretien sans une allusion à l'histoire de Démarète, n'as-tu pas, toi-même, un peu bafoué la plus grande des déesses en dépouillant de leurs bijoux les femmes et les filles que tu avais réunies dans un temple de Vénus à Locres ? Tu n'as fait, d'ailleurs, en cela, qu'imiter le sage Périandre, tyran de Corinthe. — Par Jupiter, tu sais tout ! s'écria l'ancien tyran. Mais j'ai tant servi Vénus, au point d'en perdre la vue, que je me suis cru permis cette liberté chez elle. D'ailleurs, c'est sous mon règne qu'on lui a bâti un temple à Syracuse, avec le surnom « aux Belles fesses ». — Par Hercule, dit Alexandre en riant, c'est un temple où je fréquenterais. J'ignorais ce surnom de Vénus, qui lui va si bien, et que Pâris dut apprécier. — En voici l'origine, continua Denys. Deux belles filles de la campagne syracusaine, qui étaient sœurs et qui se baignaient dans la fontaine Cyané, disputaient un jour à qui avait le plus beau derrière. Elles prirent pour arbitre un garçon qui passait. Il prononça en faveur de l'aînée et en devint si follement amoureux qu'à peine de retour à Syracuse, il tomba malade. Il en avoua la cause à son jeune frère, qui vola aux champs pour voir ces filles à l'heure de leur bain. Il s'éprit tellement des fesses de la cadette que lui aussi tomba malade d'amour. Le père des deux adolescents était riche, mais il renonça aux partis avantageux qu'il leur ménageait et les maria aux deux sœurs. En reconnaissance, elles bâtirent à la déesse un temple, afin de commémorer cet événement et d'honorer la partie de son corps qui, ainsi que tu le disais, fils de Philippe, lui obtint la pomme de la beauté sur le mont Ida. La statue est l'œuvre de Praxitèle : il a représenté Vénus debout, le devant couvert d'un long voile qu'elle soulève d'une main pour dénuder ses fesses, et elle incline la tête sur l'épaule gauche pour se les regarder. — Rien sans doute de plus gracieux, dit Alexandre, qui imaginait Campaspe dans cette position. — Nous commanderons à Lysippe, à Léocharès et à Apelle des Vénus aux Belles fesses », dit Philippe.

« En tout cas, reprit Denys, je ne dois à Vénus que de la gratitude : elle m'a permis de faire tout ce que j'avais envie de faire, tant que j'ai eu la puissance de le faire et elle me le permet encore dans d'autres conditions. Par Hercule, ô Philippe, malgré ma chute, je ne me considère pas comme abandonné des dieux, puisque je suis ton hôte. J'avais mis pour inscription, sur un Apollon que j'avais dédié à Delphes : « Réjouis-toi et sauvegarde l'existence délicieuse du tyran. » — Platon, dit Anaxarque, a critiqué ton inscription, dans une de ses lettres. Il trouve que ces mots : « Réjouis-toi », ne sont pas convenables à l'égard d'un dieu. Tu m'as rappelé, Alexandre, que Protagoras désapprouve Homère d'avoir dit : « Chante, déesse... » — Je ne m'adressais qu'à la forme humaine d'Apollon, dit Denys. — Par Jupiter, dit Philippe, ne rouvrons pas le débat sur Platon. »

« Ma vie est aussi délicieuse comme maître d'école qu'elle l'a été comme tyran, continua Denys. Diogène prétend même que je ne mérite pas mon bonheur présent d'homme du commun et que j'aurais dû rester tyran pour bien souffrir. Souffrance relative, mais enfin je n'ai plus sur ma tête cette épée que mon père avait fait suspendre, par un crin de cheval, au-dessus de celle de son courtisan Damoclès, dans un repas somptueux, en vue de lui montrer ce que c'était que la tyrannie dont il vantait le bonheur. Mon fils Apollocrate partage mon avis. En tout cas, il est encore un point où nous sommes d'accord avec ce que Hiéron disait à Simonide dans le traité de Xénophon : « Pour les faveurs d'un mignon, les plus douces à mon avis, sont celles qu'il accorde volontairement. » Nous n'avons pas besoin de fouetter nos écoliers pour jouir d'eux, quand Priape nous visite. On fait ce que l'on veut, à Corinthe, sans se donner la peine d'être tyran. Et je conclurai volontiers mes commentaires sur la tyrannie par le mot de Solon, à qui l'on proposait de s'emparer du pouvoir : « La tyrannie est un beau lieu, mais qui n'offre pas d'issue pour en sortir. » Ce n'est pas le cas avec mes écoliers. »

Les danseuses thessaliennes, par le charme de leurs évolutions, avaient interrompu plusieurs fois ces discours, dans cette première journée de fête, qui se prolongea jusqu'à l'aube. Ces danseuses étaient aussi célèbres que celles de Corinthe et Denys en avait eu, à Syracuse et à Locres. Sa myopie paraissait se corriger en leur faveur, comme pour les beaux garçons. Elles dansaient nues, en ne gardant qu'une ceinture flottante. Néanmoins, elles ne cherchaient à se faire valoir que par la grâce et la légèreté. Elles n'ajoutaient pas les contorsions lubriques des danseuses d'Ionie ou de Corinthe, mais plusieurs auraient pu mériter le surnom de la Vénus de Syracuse. Denys, qui avait tant parlé et bu d'autant, était complètement ivre à la fin du banquet, comme Anaxarque et le roi de Macédoine.

Le lendemain, eurent lieu les courses de chevaux et de taureaux qui étaient la principale attraction des Pélories. Elles s'ouvraient par un sacrifice à Neptune. Ce dieu était le protecteur de la Thessalie, qui lui devait la richesse de sa vaste plaine et de ses haras. Mais il tenait à cette région par une aventure, dont la Béotie prétendait également avoir été le théâtre : c'est là qu'il s'était métamorphosé en cheval pour posséder Cérès qui, désireuse de lui échapper, s'était transformée en jument. La déesse était allée ensuite cacher sa honte dans une grotte de l'Arcadie, à Andania, près du temple de Bassæ, et avait mis au monde, non seulement sa fille Proserpine, mais le cheval Arion. C'est pourquoi l'*Iliade* qualifiait ce cheval de « divin ». De plus, comme l'avait raconté jadis le grave Léonidas à Alexandre et à Ephestion, lorsqu'il leur faisait ses cours d'histoire religieuse, Neptune, s'étant endormi en Thessalie sur une pierre, eut un songe érotique et la terre, fécondée par cette pollution, engendra le cheval Scyphius. Cela faisait penser à la naissance d'Atys et de l'amandier, venus d'un rêve semblable de Jupiter, comme le petit dieu Gamus, qui provoquait les émissions nocturnes.

A l'hippodrome, la course de chevaux étonna Alexandre. Jamais encore il n'avait vu faire ce en quoi les Thessaliens excellaient : lancer le javelot, debout sur le cheval, — (Médius rappela que, dans le dialogue qui portait le nom de son grand-père, Platon louait Thémistocle d'avoir enseigné ce périlleux exercice à son fils Cléopathe), — et sauter du cheval au galop pour y ressauter dessus. Les cavaliers, court-vêtus, chaussés de brodequins à lacets rouges et collés à leurs destriers, ressemblaient à des centaures. On ne s'étonnait pas que les Thessaliens fussent les premiers des

Grecs dans l'art équestre . chez eux, le nouvel époux offrait à son épouse un cheval en équipement de guerre, comme un cadeau qu'il aurait fait à son bien-aimé.

La course de taureaux, qui eut lieu le jour suivant, était typiquement thessalienne : d'anciennes monnaies de Larisse et de Tricca montraient le héros Thessalus, nu, le chapeau rejeté sur la nuque, maîtrisant un taureau par les cornes. Cette course, qui avait aussi pour cadre l'hippodrome, était dédiée à Jupiter Libérateur. Son grand prêtre en était, d'office, le président. Elle débutait avec une parade de taureaux dressés qui faisaient la roue, tombaient sur leurs cornes et se secouaient, ou se tenaient couchés sur des chars que des chevaux tiraient à toute allure. Mais ces récréations étaient suivies de prouesses qui représentaient un réel danger. Les coureurs étaient vêtus de rouge, pour rendre les animaux agressifs, ce qui ajoutait du piquant à l'adresse de les dompter. Il fallait enfourcher un taureau, le pousser à courir en faisant des voltiges entre ses cornes, les lui attraper après avoir bondi à terre, s'y lever les jambes en l'air et le forcer à s'agenouiller devant le grand prêtre, puis devant Philippe. D'autres voltigeaient tour à tour d'un cheval sur un taureau, détalant à fond de train. D'autres passaient les bras autour du cou de l'animal, nouaient les mains contre son front, le saisissaient par une corne, l'obligeaient à tourner la tête, et se laissaient aller le long de ses flancs, sans toucher le sol et sans quitter prise, malgré ses frémissements. Ils devaient enfin lui donner un croc-en-jambe pour le renverser en plein élan, de manière qu'il s'enfonçât les cornes dans l'arène. Grâce à Jupiter Libérateur, il n'y eut pas d'autres victimes que les taureaux, égorgés à la fin du spectacle et dont la chair fut distribuée au peuple. Philippe avait témoigné sa générosité en dotant chaque épreuve d'un certain nombre de récompenses.

Après le concours de tir à l'arc, propre aussi aux fêtes de Larisse, et qui intéressa également Alexandre, un concours de danses pour les jeunes gens termina les Pélories. Les Thessaliens se piquaient d'être en cela non moins habiles que les Thessaliennes : on les disait, non seulement les meilleurs cavaliers, mais les meilleurs danseurs de tous les Grecs. Leur goût de la danse, égal à leur goût de la volupté, allait jusqu'à leur faire appeler leurs généraux et leurs magistrats « les chefs de la danse ». L'inscription la plus honorable pour un Thessalien tué à la guerre, était qu'il avait « bien dansé au combat ». Ces mots charmèrent Alexandre, qui avait parlé à Ephestion de « la danse de son cœur », lors de leur première bataille. Il admira la grâce athlétique de ces jeunes danseurs, qui étaient entièrement nus. Le développement de leurs appas les rangeait dans la catégorie de ceux dont l'anatomie désolait *le Raisonnement juste* d'Aristophane, et Médius, qui ne leur cédait en rien, se glorifiait, devant Alexandre, de ces beaux membres qui se balançaient. On n'en attendait pas plus : les Pélories n'étaient pas les bacchanales. La savante harmonie des flûtes, tant pour les danseurs du concours que pour les danseuses du banquet, prouvait que les Thessaliens excellaient aussi en musique.

Bien que ce pays eût été la patrie d'Achille, « le plus beau des Danaens », et que Médius fût un des plus beaux de l'escadron des amis, Alexandre avait fait la remarque qu'il préférait les jeunes Macédoniens et les jeunes Athéniens. Médius se récria. Il lui montra deux garçons d'une vingtaine d'années, qu'il avait aimés quand ils étaient plus jeunes, et il lui demanda s'il était possible de ne pas les trouver beaux. « Tu prends mal tes exemples, dit Alexandre, du moins si j'en juge par mon sens de la beauté. Ces garçons ne valent pas Hippostrate. » Ephestion fut du même avis et détailla leurs défauts. « O Ephestion, s'écria Médius, tu oses alléguer des défauts à quelqu'un qui aime et qui pourrait aimer encore ? » L'ami d'Alexandre s'excusa de l'avoir blessé. Anaxarque, revenant à Platon, dit que ce débat avait été tranché dans sa *République*. Il voulait parler de ce passage célèbre :

« Il ne convient pas à un homme porté à l'amour, d'oublier que tous ceux qui sont dans la fleur de l'âge, mordent, en quelque sorte, et troublent l'amateur de garçons et l'homme porté à l'amour, en paraissant dignes de soins et d'être recherchés. Ne faites-vous pas ainsi envers les beaux ? Celui-ci, parce qu'il est camard, sera loué par vous, étant déclaré charmant ; celui qui a le nez crochu, vous le dites royal ; celui qui est entre les deux, vous dites qu'il a bonne proportion ; le brun, qu'il est viril ; les blancs, qu'ils sont les enfants des dieux ; et ceux qui sont jaunes comme le miel, ne crois-tu pas qu'ils ont été appelés ainsi par un autre qu'un amant, qui atténue dans l'expression quelque chose de fâcheux... ? En un mot, vous avancez tous les prétextes et vous faites entendre toutes les expressions, de manière à ne perdre aucun de ceux qui sont dans la fleur de l'âge. »

La nuit suivante, Médius, en dépit de son serment de fidélité à Hippostrate, ralluma sa flamme ancienne pour ses deux amis de Larisse. Alexandre, qui avait fixé des principes et qui était persuadé de faire ainsi le bonheur de ses compagnons, ne jouait pas le maître d'école au fouet en peau d'anguille pour les y retenir malgré eux. Les libertins invétérés de l'escadron, tels que Démètre, Erigius et surtout Autolyque avaient fait de même leurs choix en connaissance de cause, pour ne laisser « perdre aucun de ceux qui étaient dans la fleur de l'âge », parmi les jeunes danseurs des Pélories

Les nouvelles d'Athènes vinrent changer les idées. Après bien des joutes oratoires entre Eschine et Démosthène, l'homme de Péanie avait triomphé, au moins pour la première phase : répondant à ses instances, les Athéniens ne s'associeraient pas aux mesures décidées contre Amphissa et s'efforceraient d'empêcher les Thébains de s'y joindre La réputation militaire des uns et des autres était égale. Démosthène enhardissait ses concitoyens, en clamant que Philippe souffrait d'une nouvelle blessure, que ses soldats étaient épuisés par la campagne de Thrace, que la révolte des Mædes et des Ardiens attestait la fragilité de son empire : il concluait qu'une coalition de Thèbes et d'Athènes serait invincible. Mais ni Athènes ni Thèbes n'avaient oublié leur vieille rivalité et les amis de Philippe dans ces deux villes attisaient ces souvenirs. L'été s'acheva en intrigues et en démarches des deux partis. Le roi s'assurait de presque tous les Etats du Péloponèse, Lacédémone étant le plus brillant exemple des réfractaires. Athènes resserrait ses liens avec Corinthe, l'Eubée, les Cyclades, et tentait même de détacher la Thessalie de la Macédoine : des exilés de cette province, réfugiés dans la cité de Minerve, rappelaient à leurs compatriotes que, jadis, ils avaient eu la gloire d'expulser de son royaume Amyntas, le père de Philippe.

A l'assemblée automnale de la confédération des peuples voisins, réunie à Delphes, les Athéniens tentèrent un ultime effort pour empêcher la nomination redoutée. Cottyphus fit valoir que, si l'on ne choisissait pas Philippe, il faudrait fournir des contributions personnelles beaucoup plus importantes et même recruter des mercenaires. Ces nouveaux arguments étaient superflus : la Macédoine ayant la majorité des voix, Philippe fut désigné comme chef des confédérés pour chasser les Amphissiens du territoire sacré de Cirrha. Aussitôt, il ordonna à Parménion de lui amener à Larisse le reste de ses troupes. Il demanda, en même temps, à tous les confédérés de lui fournir leurs contingents dans les plus brefs délais, selon le vote de l'assemblée. Thèbes demeurait le point capital. Philippe y avait renvoyé d'urgence ses hôtes, Timolaüs, Anémétas et Théogiton, pour travailler le terrain.

Gagnés par les Athéniens, qui étaient résolus à faire la sourde oreille, les Thébains accomplirent un acte d'hostilité : ils expulsèrent de Nicée, petite place maritime près des Thermopyles, la garnison macédonienne qui s'y trouvait conformément aux traités. Mais ils ne rappelèrent pas les chefs du parti démocratique, Phénix et Prothyte, que l'influence de Philippe avait fait exiler. Le traité même d'alliance des Thébains avec lui n'était pas dénoncé, bien que violé. Aussi le roi affecta-t-il de ne pas ressentir cet outrage. Ménager Thèbes jusqu'au bout, était sa politique. De cette cité, dépendait aussi l'attitude des autres villes de la ligue béotienne, dont elle était la principale. Il se borna à dicter une nouvelle lettre aux confédérés, en leur fixant la date à laquelle il attendait leur concours, « en vue d'aider le dieu et de repousser ceux qui transgressent les lois de la religion parmi les hommes » : il les priait de se présenter armés en Phocide, avec des vivres pour quarante jours, dès le mois de septembre. Ceux qui n'obtempéreraient pas, seraient frappés des sanctions prévues par la confédération. « Soyez heureux », disait le roi pour finir Ce salut de politesse prenait un sens ironique à l'endroit des Athéniens et des Thébains, qui, en tant que membres de la confédération, étaient parmi les destinataires de sa lettre.

A peine ses troupes furent-elles rassemblées en Thessalie, qu'il se mit en marche. Arrivé à Cytinium en Doride, au haut de la plaine du Céphise béotien, il manda Python à Thèbes et d'autres ambassadeurs aux autres villes de la ligue béotienne, pour réclamer l'application de l'alliance. Au début d'octobre, comme les réponses tardaient, il descendit le long du Céphise et occupa Elatée, en Phocide, place forte qui menaçait à la fois la route de Thèbes et celle des Thermopyles. Il n'était plus question d'Amphissa : avant de défendre les intérêts du dieu, il faisait prévaloir les siens. Il suivait le plan mis au point avec Parménion, qui l'avait conçu de son côté et qu'il avait exposé à Alexandre, dans la plaine du Danube. Certes, la Phocide était déjà de l'allégeance macédonienne, mais Philippe en avait évacué le territoire après la précédente guerre sacrée et il savait bien que l'occupation de ce point stratégique produirait à Athènes tout l'effet désirable.

Elatée se vantait d'avoir été fondée par Elatus, fils d'Arcas, héros fondateur de l'Arcadie, qui était accouru pour défendre Delphes contre des pillards, comme Philippe en était chargé. Le Céphise, homonyme du fleuve athénien, coulait au bas de ses murailles et arrosait de larges campagnes, qui faisaient la richesse de cette ville. Elle était, après Delphes, la plus considérable de la Phocide. Elle avait un théâtre, des temples de Minerve et d'Esculape, une place magnifique, où s'élevait la statue d'Elatus. Tous ces monuments avaient été rebâtis, Xerxès ayant incendié Elatée, ainsi que la plupart des cités de cette région. Un tyran, Mnason, père de l'ami d'Aristote, avait embelli ses temples de tableaux payés fort cher à Aristide de Thèbes, à Asclépiodore et à Théomneste, — Apelle admirait *les Douze grands dieux,* représentés par le second de ces peintres.

Le surlendemain de l'occupation d'Elatée, un message de Phrynon décrivit à Philippe comment la nouvelle en avait été accueillie à Athènes. Elle y parvint le soir, à l'hôtel de ville. Aussitôt, les magistrats, qui étaient en train de souper aux frais du trésor, comme les pensionnaires de l'Etat, se levèrent de table. Ils chassèrent de la place les marchands qui étaient sous leurs tentes, auxquelles ils mirent le feu, ainsi qu'aux boutiques, pour mieux ameuter le public, tandis que l'on sonnait de la trompette dans les carrefours. Athènes ne dormit pas cette nuit-là. Le lendemain, tout le peuple, réuni au théâtre de Bacchus, discuta l'événement.

Malgré les discours enflammés de Démosthène, Eschine et Démade réussirent à faire conclure que l'on enverrait des ambassadeurs à Philippe, afin de lui demander s'il comptait envahir l'Attique. On espérait le désarmer par une question si naïve, qui marquait tant de confiance, et obtenir de lui une déclaration pacifique, qui engagerait son honneur. Du reste, on se rassurait en constatant qu'il ne bougeait pas d'Elatée. Deux décrets furent votés, à quelques jours d'intervalle, en suite de cette résolution : l'un nommait trois ambassadeurs, qui n'étaient pas du parti macédonien ; l'autre en nommait trois de plus, pour témoigner l'importance de leur mission, et leur adjoignait un héraut, pris non pas dans le sénat, mais dans le peuple. Ils devaient rappeler à Philippe son traité avec Athènes et réclamer une trêve dans les armements.

Le roi les reçut à l'hôtel de ville d'Elatée, les écouta, délibéra avec Alexandre et avec ses généraux. Puis, il remit aux ambassadeurs cette lettre, destinée aux deux assemblées athéniennes : « Je n'ignore pas l'attitude que vous aviez envers nous dès le début, ni l'activité que vous déployez, désireux d'appeler à vous les Thessaliens, les Thébains et aussi les Béotiens. Comme ces peuples ont été plus sages, en ne voulant pas faire dépendre leur sort de vous et en s'attachant à ce qui leur est utile, vous nous avez envoyé des ambassadeurs et un héraut, vous vous souvenez des traités et vous sollicitez une trêve, alors que nous ne vous avons fait aucun tort. Néanmoins, ayant entendu ces ambassadeurs, je me rends à votre prière et suis prêt à faire une trêve, si vous écartez ceux qui ne vous conseillent pas droitement et si vous les frappez de la déchéance qu'ils méritent. »

L'allusion à Démosthène était évidente, aussi bien qu'à Hypéride et à Lycurgue. En même temps que les Athéniens feignaient de négocier avec Philippe, ils avaient des émissaires secrets auprès des Thébains, pour leur arracher une alliance, sous l'empire de la terreur qu'avait produite dans les deux Etats l'occupation d'Elatée. Mais Thèbes, comme Athènes, s'employait à endormir la vigilance du roi de Macédoine, en ayant l'air d'accepter l'accord proposé par Python. Philippe répondit qu'il se réjouissait de cette perspective, bien que l'affaire de Nicée lui eût prouvé l'infidélité des Thébains, mais que ses bonnes intentions changeraient du tout au tout, s'ils lui donnaient un autre sujet de plainte.

Cette triple comédie ne dura pas longtemps. Les démocrates de Thèbes se révoltèrent de recevoir la sommation de Philippe et ceux d'Athènes, d'être mis en demeure de quitter la scène. Eschine, Démade et les autres amis du roi furent réduits au silence, sous prétexte qu'ils n'avaient pas élevé la moindre protestation quand il avait occupé Elatée, et un décret fut voté, à la diligence de « Démosthène de Péanie, fils de Démosthène ». Philippe y était stigmatisé « pour sa violence et sa cruauté », — il n'était pas plus cruel que les Athéniens dans ses victoires, — et on le présentait comme leur ennemi déclaré. On lui reprochait d'abolir les constitutions dans des villes grecques, d'y établir « des barbares qui foulaient aux pieds les objets sacrés et les tombeaux » —, les barbares, c'étaient les Macédoniens sans doute. On lui remettait en mémoire la modestie de son origine, qui n'avait pas été si modeste. C'est pourquoi le peuple athénien, « jugeant scandaleux et indigne de la gloire de ses ancêtres de laisser réduire les Grecs en esclavage », adoptait les résolutions suivantes : « On fera des invocations et des sacrifices aux dieux et aux héros qui protègent la cité et la terre des Athéniens ; on construira deux cents vaisseaux et l'amiral fera voile vers les Thermopyles ; les généraux de l'infanterie et de la cavalerie conduiront leurs forces à Eleusis ; on enverra des ambassadeurs à tous les Grecs et, en premier lieu, aux Thébains, parce que Philippe est près de leur contrée ; on incitera les Thébains à ne pas avoir peur de lui. » Pour mieux commenter le mot de « barbares », Démosthène renouvelait l'injure qu'il avait adressée à Alexandre devant les magistrats d'Olympie : il accusait Philippe de n'être pas Grec, mais « d'une autre race ». Oubliant, une fois encore, que le roi de Macédoine descendait d'Hercule, ce qui eût suffi à lui donner la qualité de Grec, il flattait l'orgueil des Thébains, comme descendants de ce héros. Il allait jusqu'à trouver un lien entre Athènes et Thèbes dans l'accueil réservé jadis à Œdipe par les Athéniens, et il prônait une alliance entre les deux cités, avec droit de mariage réciproque et échange de serments. En tête des cinq ambassadeurs désignés pour Thèbes, et qui compléteraient l'action des émissaires secrets, figuraient, naturellement, Démosthène et Hypéride. L'approche de l'hiver différait la suite de cet appel aux armes, mais laissait aux antagonistes le temps de les fourbir.

Pour enlever ce décret, Démosthène avait surpassé l'art théâtral d'Eschine, qui était un ancien acteur : se livrant à une véritable scène d'hystérie, il avait juré par Diane de saisir aux cheveux et de traîner en prison quiconque parlerait de paix avec Philippe. Il n'avait pourtant pas fait subir ce sort à Eschine. Celui-ci écrivit plaisamment à Philippe que la fureur sacrée de Démosthène lui venait de cette idée : les chefs des Béotiens recevaient l'or de la Macédoine et ce bon démocrate « croirait mériter le trépas, s'il manquait une seule fois à la curée ». La curée devait consister pour lui à s'emparer de cet or par les armes de ses concitoyens et des Thébains. Cependant, selon l'usage d'Athènes dans les calamités publiques, on avait prescrit des sacrifices en l'honneur d'Hercule. C'était la seconde fois qu'ils étaient célébrés pour se garantir contre un descendant d'Hercule, la première ayant été lorsque Philippe avait franchi les Thermopyles, après la guerre de Phocide. Mais Eschine disait que les injures et les sacrifices étaient la partie la plus aisée de tout le programme : ni les vaisseaux ni les troupes ne seraient prêts de sitôt.

Profitant de l'accalmie, Alexandre et le bataillon des amis allèrent visiter un temple célèbre de Minerve, situé dans la montagne, à une heure de cheval d'Elatée. La déesse y avait le surnom de Cranéenne, soit à cause du roi d'Athènes Cranaüs, soit par déformation du surnom de Carnéen que les Arcadiens donnaient à Apollon, en mémoire de son mignon Carnus.

Ce qui charma les visiteurs, c'est que la prêtrise de Minerve Cranéenne était assurée par deux jeunes garçons. Comme dans les temples du

Péloponèse dont avait parlé le grave Léonidas, leur sacerdoce prenait fin dès qu'ils étaient arrivés à l'âge de la puberté. Et, comme partout en cas semblable, ces garçons étaient choisis entre les plus beaux. Habillés d'une courte tunique, ils avaient autour du front un bandeau pers, couleur des yeux de Minerve. Leur grâce, égale à celle des jeunes filles d'Athènes qui tissaient le voile de la déesse, tempérait l'aspect sévère de sa statue, représentée armée.

Ils montrèrent les ex-voto qu'elle recevait : bandelettes d'or, vases à parfums et autres objets de toilette en or et en argent (épingles, bagues, boucles d'oreilles, broches, agrafes...), perles de verre égyptien, outils et colonnettes en or et en ivoire, — hommage à Minerve Ouvrière et non pas Guerrière. Mais, pour faire de la place, ainsi que dans tous les temples à nombreuses offrandes, la plupart de celles qui étaient en métal, étaient fondues, à intervalles réguliers, en présence de commissaires. Les réserves en renfermaient d'assez étranges en terre cuite : c'étaient des cônes de dimensions diverses, percés d'un trou au sommet, qui était parfois entouré d'un cercle. En riant, les petits prêtres demandèrent à Alexandre s'il devinait ce que c'était. « Je ne l'aurais pas deviné, puisque nous sommes chez Minerve, dit-il, mais je le devine puisque vous riez, ô enfants. — Les filles, dit un des petits prêtres, viennent consacrer ces offrandes à la déesse afin d'avoir un mari et les femmes après en avoir trouvé un. »

Les compagnons d'Alexandre puisaient de l'eau dans les citernes pour abreuver leurs chevaux et, quittant leurs tuniques, en profitaient pour se doucher. Les petits prêtres avaient, comme baignoires rituelles, de grandes cuves de terre cuite. Elles étaient peu profondes, mais reproduisaient, disait-on, la forme de celles du temps de *l'Iliade.* L'inscription, gravée sur le rebord et sur la poignée, — « Prêtre de Minerve », — indiquait bien qu'elles étaient réservées à ces enfants ; mais, lorsque Alexandre, aguiché par *l'Iliade,* exprima le désir de s'y baigner, aucun d'eux ne songea à lui en discuter le droit : il n'était pas un pèlerin ordinaire. Ephestion eut la même envie et le même privilège. Les petits prêtres versèrent dans un chaudron de l'eau d'une source voisine, plus pure que celle des citernes, la tiédirent sur un feu et baignèrent leurs deux hôtes avec amour, à l'intérieur de leur chambre commune. Leurs soins minutieux, leurs mains caressantes, rappelaient presque le massage lydien du masseur de Cléotime. Au reste, ils s'étaient dépouillés de leurs vêtements pour être plus à l'aise et leur jeune virilité, bien qu'impubère, ne laissait aucun doute sur ce qu'ils ressentaient. Ils ne pouvaient douter non plus de l'effet qu'ils produisaient. Les deux amis, qui étaient demeurés insensibles aux avances d'un esclave, ne résistèrent pas à celles des petits prêtres de Minerve Cranéenne. D'un commun accord, scellé par un regard, ils firent à la déesse d'Elatée une libation inattendue ; mais ils auraient rougi d'effleurer seulement des garçons qui les maniaient si bien.

Les petits prêtres dirent que ce sanctuaire était, chaque année, un asile provisoire du jeune garçon de Delphes, qui était obligé de prendre la fuite, au début des jeux Pythiens. Cette curieuse cérémonie s'appelait la vénération. Devant le temple d'Apollon, là où dansaient ensuite de jeunes garçons nus, qui mimaient la lutte du dieu contre le serpent Python, on dressait, sous une tente, une table richement servie et, par un chemin spécial, une procession y menait en silence un jeune garçon, également nu, qui portait deux torches enflammées. Il renversait la table, mettait le feu à la tente et, pendant que les assistants se dispersaient sans se retourner, il disparaissait pour aller se purifier dans la vallée de Tempé. Au préalable, il errait longtemps, traité partout comme un esclave fugitif, était fouetté, violé, subissait mille outrages. Une de ses étapes était le temple de Minerve Cranéenne ; les petits prêtres le fouettaient et le violaient ; mais, pour le consoler, ils se faisaient aussi fouetter et violer par lui. Les exégètes prétendaient que ces sévices, qui pouvaient avoir leurs douceurs, étaient destinés à expier le meurtre de Pyrrhus, commis par les gens de Delphes.

Philippe décida de passer l'hiver à Elatée, pour éviter que les Thébains ou les Athéniens ne s'emparassent de cette ville forte. Persuadé que la bataille inévitable avec Athènes se déroulerait en Béotie, il ne voulait pas s'éloigner d'un horizon sur lequel sa présence pesait tant.

La nièce d'Attale était venue le rejoindre ; il ne s'ennuierait pas. Il la logea avec lui, comme si elle eût été déjà son épouse. Cette fille, qui entrait dans sa quinzième année, était adorablement belle et seule Campaspe pouvait lui être comparée. Elle lançait à Alexandre de longs regards destinés à l'amadouer. Elle avait un allié en la personne de son frère Hippostrate, qui était du même âge que lui. Alexandre éprouvait de l'amitié pour ce garçon à cause de sa beauté et de son amour pour Médius. Au fond, il se souciait peu de contrarier les ambitions d'Attale et de se faire auprès du roi l'avocat d'Olympias. Il se demandait d'ailleurs si les uns et les autres ne prenaient pas leurs désirs ou leurs craintes pour des réalités. Philippe, même s'il exerçait les droits conjugaux, ne lui avait jamais plus reparlé de son projet de mariage et Alexandre pensait que l'habitude éteindrait ses ardeurs. Les deux Pausanias n'abandonnaient pas leur rôle. Callias l'Athénien, qui pourvoyait derechef aux plaisirs du roi, lui conduisait en cachette de jeunes Phocidiennes et de jeunes Phocidiens. La sœur d'Hippostrate avait des concurrents.

Philippe fit poser un toit en bois de cèdre sur le théâtre, ce qui permettrait les représentations théâtrales quel que fût le temps, et aussi de transformer le lieu en odéon. Thessalus aidait Néoptolème, tandis que les trois athlètes d'Alexandre, Coragus, Dioxippe et Clitomaque, servaient à diriger les exercices de la troupe. Sauf Aristote, tous ceux qui avaient été attachés par leurs fonctions au fils de Philippe, étaient maintenant à Elatée. Sans doute y demeureraient-ils auprès du roi.

Alexandre, en effet, conquis désormais à la vie des armes, n'imaginait pas de retourner à Miéza et de rouvrir son école. Le philosophe de Stagire était, du reste, absorbé par les recherches dont Philippe l'avait chargé. Pour occuper Alexandre, peut-être aussi pour l'éloigner d'Elatée à cause de Cléopâtre, dont la présence pouvait le gêner à cause d'Olympias, pour attester également qu'il n'oubliait pas ses devoirs envers Apollon, le roi lui demanda de faire une visite à Delphes, avec quelques troupes. Ce serait donner aux Amphissiens un dernier avis et la chance de réparer leurs torts à l'approche du châtiment.

Le roi avait été frappé d'un phénomène qui avait eu lieu le jour de son entrée à Elatée : un aigle avait dépecé une chouette dont il avait laissé tomber le cadavre sur le temple-oracle d'Apollon à Abes en Phocide, non loin de la ville dont Philippe venait de s'emparer. Aristandre lui avait prédit que, l'an prochain, avant la célébration des jeux Pythiens qui tombaient cette année, il serait le vainqueur d'Athènes. Le devin avait ajouté qu'Alexandre ayant pour symbole l'aigle, en même temps que le lion, à cause des deux aigles apparus à Pella au moment de sa naissance, le prince participerait à la victoire de son père. C'est sur cette glorieuse prédiction que s'achevait l'automne de la deuxième année de la cent-dixième olympiade.

Rien ne pouvait enchanter plus Alexandre que le voyage de Delphes. Il ne l'avait encore jamais fait. Même s'il avait déjà parcouru bien des routes, il était enthousiasmé de prendre aujourd'hui l'une des plus illustres de la Grèce.

Philippe accompagna son fils jusqu'à Abes, pour rendre hommage au dieu dans ce temple célèbre, incendié jadis par Xerxès, ainsi que la ville où il s'élevait. Ils passèrent d'abord par Hyampolis, qui avait subi le même sort et qui s'élevait, comme Elatée, au bord du Céphise. On y voyait un temple fameux de Diane. Lors de la deuxième guerre sacrée, le roi de Macédoine avait été aussi impitoyable que le roi des Perses, en appliquant à la rigueur le décret de la confédération contre les Phocidiens sacrilèges, proclamant que leurs cités seraient rasées ; mais il n'avait pas touché aux lieux saints. Ce décret avait édicté, en outre, que les habitants seraient transférés dans des villages dont aucun n'aurait plus de cinquante maisons, qu'il ne leur serait permis de posséder ni chevaux, ni armes, ni de se rendre au sanctuaire de Delphes, tant qu'ils n'auraient pas restitué au dieu les richesses dont ils l'avaient spolié. Philippe, après avoir détruit ces villes, avait autorisé leur reconstruction et il était heureux de les revoir, pour s'y montrer en vainqueur généreux. L'aigle d'Abes lui marquait bien qu'Apollon le protégeait. Mais la visite qu'il avait ordonnée à Alexandre, présageait la destruction d'une autre ville : Amphissa.

L'oracle d'Abes, certes, ne pouvait rivaliser avec celui de Delphes. Il ressemblait aux cinq ou six qu'Apollon avait en Béotie et dont le plus connu était dans un repli de mont Ptoïon, près d'Acréphia. Alexandre aurait aimé aller jusqu'à ce dernier sanctuaire, parce que Patrocle avait écrit, sur le mur du temple : « Achille est beau. » Puisque c'était avant la guerre de Troie, Achille n'avait pas alors plus de quinze ans. Latone était passée, elle aussi, par le mont Ptoïon, lorsqu'elle était grosse, et elle avait manqué d'accoucher en cet endroit, où un sanglier l'avait effrayée. Elle en avait conservé l'épithète de Ptoïenne et avait transmis à son fils celle de Ptoïen. Mys, l'envoyé de Mardonius, qui avait interrogé de sa part tous les oracles de Béotie avant l'expédition de Xerxès, s'était adressé en grec à celui d'Apollon Ptoïen et, selon Hérodote, la prophétesse lui répondit en langue carienne.

Le mont Hyphantée, au pied duquel était la petite ville d'Abes, séparait la Béotie de la plaine d'Elatée et de la Phocide. Le temple d'Apollon, réédifié après l'invasion des Perses, avait subi le pillage de soldats d'Onomarque, le chef phocidien sacrilège, qui y périrent dans un incendie. On avait réparé ces dommages. Le dieu de marbre était entouré de boucliers thessaliens, consacrés par les Phocidiens.

Aristandre accomplit un triple sacrifice. Philippe promit à Apollon, dont il avait été le champion, de le venger aussi des anciens outrages des Perses, lorsqu'il aurait mis les Athéniens à sa merci. Le prodige de l'aigle et de la chouette faisait espérer que ce jour n'était plus éloigné. Thessalus récita les vers d'*Œdipe Roi,* qui prenaient désormais un sens différent : « Je n'irai plus, par vénération, vers le nombril sacré de la terre, — Ni au temple d'Abes, — Ni à Olympie... » L'augure de l'aigle et du serpent, qui avait annoncé la défaite du char de Ménon aux jeux Olympiques, s'était modifié, d'une manière qui équivalait à un oracle, pour signifier une victoire d'une tout autre conséquence.

Ayant pris congé de son père, Alexandre s'avança jusqu'à Panopée, le long de la plaine qu'arrosait le Céphise. Cette ville était la « Panopée aux belles danses » d'Homère et avait donné naissance à Epéius, le constructeur du cheval de Troie. C'est là que Latone, en se rendant à Delphes, après la naissance de ses jumeaux, faillit être violée par Tityius, fils de la Terre. Elle appela à son secours Diane et Apollon, qui le tuèrent à coups de flèches. Ulysse avait vu Tityius aux enfers, supplicié par deux vautours. Les Panopéens, qui avaient rebâti leur ville rasée par Philippe, n'avaient pas reconstruit les temples brûlés par Xerxès, pour laisser son nom en horreur à la postérité, comme les Athéniens pour le temple de Junon près des longs murs, mais ils avaient élevé d'autres sanctuaires, dans le voisinage Plusieurs villes de Phocide avaient fait de même, fidèles au serment prêté par les Grecs assemblés à Corinthe, avant la bataille de Platée, et suivant lequel on devait garder ces témoignages de « la fureur sacrilège des barbares ». Toutefois, à Panopée, une chapelle d'Esculape et le tombeau de Tityius avaient survécu à l'incendie des Perses, par un prodige des dieux. La ville possédait également quelques pierres, d'une éclatante blancheur, que l'on disait indestructibles : c'étaient les restes du limon qui avait servi à Prométhée pour pétrir les premiers hommes, — « en l'humectant de ses larmes », selon Esope.

Plus loin, sur les pentes du mont Hadylium, éperon du Parnasse qui dressait ses deux hauteurs à l'occident, était la cité de Daulis. Alexandre évoqua le roi thrace Térée, dont on avait aperçu l'ancienne capitale en traversant le mont Rhodope et qui, à Daulis, avait été si cruel envers sa femme Procné et sa belle-sœur Philomèle. Cette ville, détruite par Xerxès, avait un temple de Minerve que l'incendie avait épargné, de même que les deux monuments de Panopée. On y conservait une statue de bois de la déesse, offrande de Procné et qui était l'objet d'un culte spécial.

Alexandre gravit l'Hadylium pour découvrir cette immense plaine de Béotie, où, d'après son père, se jouerait bientôt le destin de la Grèce. Le guide lui montra Chéronée, au bas de la montagne, à l'extrémité d'un défilé, puis Coronée, Orchomène à gauche, Livadia au sud. Thèbes était invisible, au-delà du lac Copaïs. Tout ne respirait pourtant que la paix. On avait croisé en chemin des voyageurs couronnés de laurier : ils venaient de consulter l'oracle de Delphes et cette couronne rendait leur personne sacrée à l'égard des voleurs et des brigands, comme elle l'eût rendue en temps de guerre.

Au carrefour dit le chemin Fourchu, où Œdipe avait tué son père Laïus, on prit la route de Delphes à travers le Parnasse. De belles pierres de taille, entassées les unes sur les autres, indiquaient la sépulture du malheureux roi de Thèbes. « Nous avons déjà fait l'observation que la pédérastie est partout, dit Anaxarque à Alexandre : elle est aussi dans ce meurtre, d'après certains historiens. Si on les croit, ce n'est pas à la suite d'une querelle de priorité pour le passage à ce carrefour qu'Œdipe tua Laïus, mais afin de lui ravir le beau Chrysippe, fils de Pélops, qui était avec lui. Laïus avait enlevé ce garçon durant un séjour chez son père, dont il avait reçu l'hospitalité à Elis. Il profita pour cela de ce qu'il lui montrait à conduire un char, le conduisit d'abord aux jeux de Némée, le viola et, pour l'empêcher de parler, lui coupa la langue. — Cléotime, dit Alexandre, chez qui j'ai vu le *Laïus* d'Eschyle et le *Chrysippe* d'Euripide, m'a appris qu'il y était question de cet amour, mais je n'en sais pas plus. Cela m'avait étonné, parce que le grave Léonidas nous avait raconté, dans son cours de religion, que le jeune Chrysippe avait été enlevé par Jupiter, moins durablement qu'il n'enleva Ganymède. — Aristote a eu connaissance au moins du *Chrysippe,* dit Anaxarque. Il affirme qu'Euripide n'avait pas retenu la légende de la langue coupée, invention sans doute des antipédérastes, et qu'il dépeignait Laïus et le garçon unis par l'amour jusque dans la mort. Le

Stagirite rapporte deux vers de cette tragédie, où le roi de Thèbes réplique aux reproches qu'on lui fait sur sa passion : « Je n'ignore rien de ce que tu me rappelles, — Mais la nature est plus forte que moi qui le sais. » Telle est la réponse de l'amour à la morale. C'est pourquoi Aristophane, jaloux de la gloire d'Euripide, l'accuse, dans *les Grenouilles,* d'avoir « usé les fesses des garçons babillards ». — Tous les Athéniens ont « les fesses usées » comme Thésée », dit Ephestion, se souvenant de l'explication d'Autolyque.

« J'oubliais, dit Alexandre, que mon père a lu *Chrysippe* dans sa jeunesse à Thèbes, mais il ne croit pas que ce soit par morale qu'on ait escamoté cette œuvre. Il l'a jugée faible. Je le regrette, car Euripide, m'a-t-il dit quand je lui ai parlé du manuscrit de Cléotime, l'avait composée chez Archélaüs pour justifier son propre amour envers Agathon. — Mon maître d'école, dit Anaxarque, nous faisait apprendre par cœur l'oracle rendu par Apollon à Laïus, qui était allé le consulter à Delphes en implorant d'avoir un fils : « Je t'en donnerai un, mais il a été décidé — Que tu perdrais la lumière par ses mains. Ainsi le veut Jupiter, — Sensible aux prières ardentes de Pélops, — Dont tu as ravi le fils et qui a fait toutes ces imprécations contre toi. » « On ne s'étonne pas, ajouta le philosophe, que Laïus se soit ensuite débarrassé de ce fils et il ne restait plus à Euripide et à Sophocle qu'à lutter de génie pour nous émouvoir de ses infortunes avec leurs tragédies d'*Œdipe.* — Ce vers me plaît, dans l'*Œdipe* d'Euripide, dit Alexandre : « Alors que l'Amour est un, la volupté n'est pas une, car elle se renouvelle chaque fois. » — L'histoire de Laïus, dit Anaxarque, nous présente, avec celle d'Orphée, le premier exemple de l'amour pédérastique. Platon, dans *les Lois,* parle de « ce qui se faisait avant Laïus », pour exprimer l'état de nature qui précédait ce genre d'amour. — Je crois, dit Alexandre, que la pédérastie appartient à l'état de nature, encore plus qu'à l'état de civilisation. C'est la civilisation et non la nature qui empêche l'homme de céder à l'appel des sens et de la beauté en enlevant et violant les beaux garçons. La civilisation nous invite à leur plaire et à obtenir leurs faveurs de leur plein gré. Le mot du *Laïus* d'Euripide contredit le mot de Platon sur Laïus. »

« En tout cas, reprit Anaxarque, Platon qui est si préoccupé d'attribuer à d'autres que les Athéniens l'invention de ce dont il fut l'adepte, aurait dû nous faire observer que Laïus était l'arrière-petit-fils de Cadmus, c'est-à-dire d'origine phénicienne. Ainsi se serait-il rapproché d'Hérodote, selon qui ce sont les Perses qui ont rendu les Grecs pédérastes. Sans doute les Perses disent-ils l'inverse. — Si je me souviens bien, dit Alexandre, Platon fait venir la pédérastie de Crète en Grèce. — Parfaitement, dit Anaxarque, et il ajoute que, pour la justifier, les Crétois inventèrent la légende de Ganymède. Prétendant avoir reçu leurs lois de Jupiter, ils étaient censés ne faire que suivre son exemple. — Je vois d'où la pédérastie nous est venue en Macédoine, dit Alexandre en souriant ; ce n'est pas de la

Thrace : une colonie crétoise a émigré en Bottiée, partie de l'Emathie où se trouve notre capitale. »

A quelques kilomètres de Delphes, au bord de la route, après le col d'Anémoria ou Arachova, se dressait la haute statue de bronze d'un héros à tête de nègre, le nez épaté, la bouche lippue : c'était Delphus, qui régnait sur cette région quand Apollon s'y était installé. Il devait ce physique à une nymphe nommée la Noire, qui l'avait conçu de Neptune. Son visage figurait sur les monnaies antiques.

Les deux falaises rocheuses, dites les Brillantes, que séparait la gorge où coulait le Plistus, rivière de Delphes, étaient comme l'enseigne gigantesque du sanctuaire. C'était aussi le symbole du châtiment que l'on infligeait aux impies, puisqu'on les précipitait du sommet : ainsi avait péri Esope. Envoyé par Crésus pour consulter l'oracle, le sage fabuliste prit querelle avec les habitants sur les quatre cents drachmes qu'il était chargé de leur distribuer par tête, renvoya à Sardes cet argent et repartit. Les Delphiens, irrités, cachèrent dans ses bagages une coupe d'or du temple, le firent poursuivre en l'accusant de vol et le condamnèrent à mort comme sacrilège. Il se consola en leur disant la fable de *l'Aigle et l'Escarbot,* afin de leur laisser entendre qu'il serait peut-être vengé d'eux, comme l'escarbot, en faisant tomber de dessus les genoux de Jupiter les œufs de l'aigle, se vengea de cet oiseau qui avait tué ses petits. Effectivement, Apollon leur envoya la peste et ceux-ci, obéissant à l'oracle, élevèrent une statue à Esope. C'était le pendant de la statue de Socrate sur la citadelle d'Athènes.

En contrebas de la route, que bordaient des tombeaux, on voyait le temple de Minerve Providence, les sanctuaires des héros Phylaque et Autonoüs, qui avaient aidé à défendre Delphes contre les Perses, un gymnase où s'exerçaient des éphèbes, et le monument ou trésor de Marseille. Alexandre se rappela ce que Démarète avait dit des mœurs de cette colonie phocéenne des Gaules, à propos de l'expression : « Il n'est pas permis à tout le monde de naviguer vers Marseille », équivalente de celle qui était relative à Corinthe. Le monument des Marseillais était une rotonde en marbre, aux fines sculptures. Il y avaient dédié une grande statue de bronze, en souvenir d'une victoire de leur flotte sur les Carthaginois. Lorsque les soldats de Xerxès s'étaient approchés de Delphes pour piller le temple d'Apollon, la foudre les frappa en ce lieu ; des rochers les écrasèrent ou les mirent en fuite. L'inscription d'un trépied remerciait Jupiter et Apollon d'avoir repoussé « les hordes dévastatrices des Mèdes et sauvé le temple couronné de bronze ».

Alexandre et Ephestion étaient aussi émus l'un que l'autre d'approcher de Delphes. Pindare, Sophocle, Euripide leur avaient fait chérir d'avance cette ville, sacrée entre toutes. Mais ils n'auraient jamais pu imaginer de site plus fantastique. Un aigle planait superbement au-dessus, comme l'un des deux qui, lâchés par Jupiter à l'orient et à l'occident, s'y étaient rencontrés, pour déterminer le centre du monde. Alexandre s'arrêta et contempla cet aigle, qui lui semblait un message de Jupiter, pareil à celui qui avait prédit la victoire de son père, au temple d'Abes. Cet aigle-ci était pour lui seul. Il avait l'air immobile et s'élevait tout droit dans le ciel. On eût dit qu'il allait se reposer sur le sceptre de Jupiter, d'où il était descendu. Aristandre y vit pour Alexandre la promesse d'un règne glorieux et peut-être prochain.

Anaxarque rappela que, lorsque les dieux se partagèrent les oiseaux, Jupiter choisit l'aigle parce qu'il volait le plus haut et que même ses petits, en sortant de la coque, regardaient le soleil sans cligner des yeux. Alexandre évoqua l'aigle qui ravit Ganymède et que Léocharès avait figuré au palais royal de Pella. « Il était juste, conclut-il, que Jupiter fît une constellation de l'aigle, grâce à qui ce beau garçon est dans l'Olympe. — D'après quelques mythologues, dit Anaxarque, c'est à Mercure qu'elle serait due. Amoureux de Vénus et n'arrivant pas à en jouir, ce dieu supplia son père Jupiter de faire enlever par son aigle une des sandales d'or de la déesse, qui se baignait dans l'Achéloüs ; l'aigle porta la sandale à Mercure en Egypte et Vénus se donna à celui-ci pour la ravoir. En reconnaissance, Mercure demanda à Jupiter de mettre cet oiseau parmi les étoiles. »

Un énorme platane, aux branches immenses, qu'Agamemnon avait planté, ombrageait la source Castalie, dont l'eau était purificatrice. Alexandre et tous ses compagnons descendirent de cheval pour y boire et pour y rafraîchir leurs mains et leurs fronts. Les étrangers qui venaient consulter l'oracle, s'y baignaient au préalable pour exécuter à la lettre cette sentence pythique : « Entre pur de cœur dans le temple du dieu pur, — Après t'être lavé le corps dans la source sacrée. — Une goutte suffit au bon pèlerin, mais au méchant — La mer même ne laverait pas sa souillure. » Anaxarque rappela les mots de Diogène à un écrivain, aussi impie qu'ignorant, en train de s'y purifier à grande eau : « Malheureux, toute cette eau ne réussirait pas à laver tes fautes de grammaire et tu crois pouvoir laver les fautes innombrables que tu as commises durant ta vie ? »

Mais voilà qu'un imposant cortège avançait à la rencontre d'Alexandre. Les autorités de Delphes avaient été averties par son héraut Lichas. En tête, marchaient trois femmes d'aspect vénérable, drapées dans de larges et longues robes blanches, un pan sur la tête, un autre sur le bras gauche : c'étaient les sibylles, car le dieu avait trois interprètes qui se relayaient. Elles étaient dites également pythonisses ou pythies (la ville de Python s'était appelée jadis Pytho) et, au temps de Pindare, on les surnommait les abeilles, comme on surnommait encore colombes les trois prêtresses de Dodone. Jadis, leur office était rempli par de jeunes vierges, mais l'une d'elles ayant été violée par le Thessalien Echécrate, dont la mémoire était maudite, on choisissait désormais des femmes de plus de cinquante ans. Alexandre songeait au rôle qu'elles avaient joué dans l'histoire de la Grèce, depuis la première d'entre elles, Hérophile, amante d'Apollon : son âme était le visage qu'on voyait sur la lune. C'est la sibylle Aristonice qui avait, par son oracle, conseillé aux Athéniens d'avoir seulement recours à un « mur de bois » pour se défendre contre les Perses et ce conseil, que Thémistocle sut traduire en faisant monter toute la population à bord des vaisseaux, permit la victoire de Salamine. Si à présent la sibylle « philippisait », ce n'est pas ce qui pouvait déplaire à Alexandre. Mais les sibylles avaient « philippisé » avant que Philippe fût au monde : le roi de Sparte, Cléomène, avait gagné l'une d'elles pour proclamer bâtard son collègue Démarate, fils d'Ariston, et le faire détrôner. Les sibylles avaient même, sous la pression des circonstances, rendu des oracles en faveur de Philomèle, le chef phocidien sacrilège.

Derrière les trois interprètes d'Apollon, suivaient ses deux prêtres, — il n'y avait pas de grand prêtre, — les cinq devins ou prophètes ou saints, le secrétaire de l'oracle, les quinze sénateurs de Delphes, les huit édiles et les membres du conseil de la confédération des peuples voisins, qui avaient demandé à Philippe de punir les Amphissiens. Cottyphus de Pharsale, vêtu de pourpre, les conduisait. Alexandre reçut leurs compliments et leur transmit ceux de son père. Les honneurs qu'on lui rendait, ne s'adressaient pas seulement au fils du roi de Macédoine, mais au vainqueur des Mædes, des Gètes et des Ardiens : il serait, aux côtés de son père, le vengeur de Delphes.

Il logea dans l'édifice de la confédération, d'où l'on avait la vue lointaine de la plaine de Cirrha, qu'Eschine avait montrée aux délégués, pour leur prouver les déprédations et les autres attentats des Amphissiens. Le golfe de Corinthe luisait à l'horizon. Alexandre gardait toujours Ephestion auprès de lui. Leurs compagnons furent répartis chez les sénateurs et chez les desservants du temple. Dans tous ces domiciles, les jeunes esclaves ou les serviteurs libres étaient d'une ravissante beauté : on honorait par de beaux garçons le dieu qui avait eu le plus de mignons.

Après s'être baignés, Alexandre, Ephestion et leurs amis, gagnèrent le sanctuaire, qui s'étageait sur des terrasses boisées, au bas des deux rochers flamboyants. Delphes était, comme Olympie, un centre religieux de la Grèce entière et du monde grec. Comme à Olympie également, les rois, les villes et les Etats y avaient bâti des trésors, aussi somptueux que celui de Marseille à l'entrée de la ville. Et, comme à Olympie, nombre de ces monuments ne rappelaient pas seulement des victoires sur les ennemis de la Grèce, mais des victoires de Grecs sur d'autres Grecs. Aucun sanctuaire, aucun centre de grands jeux ne pouvait toutefois lutter avec un tel cadre. Ni la vallée de l'Alphée, ni l'isthme de Corinthe, ni la plaine de Némée, ni Dodone au pied de sa montagne, ni Délos perdue au milieu des flots, n'étaient comparables à cet ensemble de monuments, construits sous ces roches gigantesques, dans cette gorge couverte d'oliviers, de lauriers et de palmiers, qui descendait vers la mer.

Une grande place dallée, entourée d'un portique, s'étendait au commencement de la voie sacrée, non loin d'une maison de bains. Le premier ex-voto était un taureau de bronze, don des habitants de Corfou, en remerciement d'une fabuleuse pêche de thons. Puis, une dizaine de statues des héros arcadiens ; une quarantaine d'autres, élevées par Lysandre avec le butin de sa victoire d'Ægos-Potamos sur les Athéniens, dont treize étaient de la main de Phidias —, la statue de Lysandre lui-même et celles de ses principaux capitaines (les deux étoiles d'or de Castor et de Pollux avaient mystérieusement disparu, la veille de la bataille de Leuctres, où fut détruite l'hégémonie de Sparte). Il y avait ensuite les vingt statues des rois d'Argos ; les seize d'un ex-voto d'Athènes ; les chevaux de bronze et les captives de Tarente ; le trésor de Sicyone, où était le livre, en or, d'une femme de cette ville, Aristonice, homonyme de la sibylle de Delphes, qui avait gagné le prix de poésie aux jeux Pythiques ; le trésor de Cnide, où l'on voyait Diane et Apollon percer de flèches le géant Tityus ; le trésor de Siphnos, dont une sculpture représentait Hercule et Apollon se disputant le trépied. Le héros était venu consulter la sibylle, qui refusa de lui répondre, parce qu'il était encore souillé du sang d'Iphitus, roi des Phocéens ; pour se venger, Hercule avait emporté le trépied, qu'il rendit plus tard à Apollon. Se succédaient les trésors des Thébains et des Béotiens, le trésor de Lipari, le trésor des Athéniens, fruit de la dîme du butin de Marathon, et décoré de sculptures figurant les exploits d'Hercule. Le sénat de Delphes était voisin du trésor de Syracuse, où se mêlaient les noms de Denys l'Ancien et de Denys le Jeune. On remarque l'Apollon dédié par Denys le Jeune, avec l'inscription « Réjouis-toi... » Alexandre fut stupéfait de lire que l'ancien tyran s'y qualifiait de « fils d'Apollon ». Ce n'était sans doute, qu'une figure poétique, peu justifiée par l'avilissement dans lequel était tombé ce fils putatif. Non loin du trésor de Syracuse, était celui d'Agylle, cette riche ville étrusque dont Denys l'Ancien avait pillé le temple.

On voyait, après un petit temple d'Esculape, un temple des Muses, dans un bosquet de myrtes, une Victoire des Messéniens, le sanctuaire de la Terre, première divinité de Delphes (là avait été le repaire du serpent Python, gardien de ce sanctuaire), le rocher du haut duquel prophétisait la sibylle, un portique des Athéniens, les trésors de Corinthe et de la Phocide, le char du Soleil, dédié par les Rhodiens. Le trépied de la victoire de Platée était fait de trois serpents de bronze enroulés ; sur chaque torsade, le nom d'un des alliés avait été gravé. Le régent de Sparte Pausanias ayant fait graver son propre nom, qui avait été effacé, les Platéens avaient demandé à la confédération de lui infliger une amende de cinq millions cinq cent mille drachmes pour ce trait d'orgueil. Un loup de bronze était l'hommage rendu à l'un de ces animaux, qui avait dévoré un voleur, occupé à enfouir sur le

Parnasse des objets soustraits au temple. Les Lacédémoniens avaient gravé au front de ce loup un décret leur conférant la priorité pour consulter l'oracle et les Athéniens lui avaient gravé au flanc un décret semblable.

Tous ces monuments conduisaient à l'autel offert par les gens de Chio et dont la masse puissante se dressait devant le temple d'Apollon. Près de l'autel, étaient amoncelées de grandes broches, assez fortes pour rôtir des bœufs entiers : c'était le présent de la fameuse courtisane Rhodope, d'origine thrace, ancienne compagne d'esclavage d'Esope à Samos. Rachetée par Charix de Mytilène, le frère de Sapho, puis, courtisane à Naucratis en Égypte, elle y avait fait une telle fortune que l'une des pyramides était son monument.

Une autre courtisane, mais toujours vivante et qu'Alexandre et Ephestion avaient vue à Athènes, Phryné de Thespies, — « fille d'Epicléus », disait l'inscription, — avait dédié sa statue en or, œuvre de Praxitèle. Anaxarque raconta que Cratès, disciple thébain de Diogène, avait proposé d'y mettre pour inscription : « Don de l'incontinence des Grecs », mot prêté parfois au Cynique lui-même. Alexandre fut un peu piqué de voir que cette statue était à côté de celles de son père Philippe et de son ancêtre Alexandre, la deuxième également en or, souvenir de la prise d'Amphipolis par ce roi. Il se souvint de ce qu'il avait dit, à Corinthe, des rapports de Philippe avec les courtisanes, mais il ne se serait pas attendu que le hasard attestât ces rapports jusque dans l'enceinte de Delphes. Néanmoins, en vénérant son père et son ancêtre, il ne refusa pas son hommage à une prêtresse de Vénus, incarnation de la beauté. Si la statue d'Alexandre Ier devait surtout son prix à sa matière, il fut content que l'œuvre de Léocharès fût digne de celle de Praxitèle, quelque différence qu'il pût y avoir entre un roi et une jolie femme. Il couronna de laurier le front de son père et celui de leur ancêtre.

Indépendamment des deux statues macédoniennes, il s'intéressa aux offrandes des villes de son royaume : Acanthe, en Chalcidique, se signalait par une inscription de Brasidas, commémorant sa victoire et celle des Acanthiens sur les Athéniens et par une colonne portant un trépied, autour duquel dansaient de marmoréennes prêtresses de Bacchus ; les habitants de Dium, par un Apollon de bronze colossal, une biche debout contre lui. Le trésor de Potidée rappelait que Philippe avait conquis cette ville. Une statue équestre d'Achille était un don des Thessaliens de Pharsale.

Alors que les vieilles statues de bronze d'Olympie avaient souvent une teinte rouillée, la patine bleue du bronze de Delphes charmait Alexandre. Aristote en avait parlé et l'attribuait à la qualité de l'air, plus dense qu'ailleurs, et à la réverbération des montagnes qui surplombaient le sanctuaire. Le philosophe notait que, sans doute pour des raisons identiques, on digérait à Delphes mieux que dans tout autre endroit.

Partout, comme le long de la voie sacrée, alternaient les lauriers et les palmiers, les deux arbres d'Apollon. C'est sous un palmier qu'il était né à Délos et une palme, symbole d'éternité, autant que de victoire, était la récompense des jeux Pythiens comme des jeux Olympiques ; mais les couronnes étaient de laurier et non d'olivier.

Alexandre avait traversé l'esplanade, nommée l'Aire, où, durant les jeux, des garçons représentaient la lutte d'Apollon contre le serpent Python. A droite, hors de la voie sacrée, le trésor de Cyrène l'attira : Ammon était sur un char, les rênes dans une main, le sceptre dans l'autre. Plus loin, près du trésor des Crétois, orné d'une statue d'Apollon « faite d'un seul tronc d'arbre », « un édifice de cyprès » contenait le char victorieux consacré par Arcésilas, « œuvre antique d'ouvriers habiles », qu'Alexandre admira, en oubliant sa défaite d'Olympie et en relevant l'exactitude de Pindare. Le poète avait chanté, dans les *Pythiques,* le Cyrénéen Télésocrate, vainqueur à la course en armes, dont la statue, casquée, était là, et les deux victoires d'Arcésilas, « roi de Cyrène aux bons coursiers ». L'effigie de Scyllis, pêcheur de Chio, et celle de sa fille Cyana rappelaient leur héroïsme : en plongeant, la nuit, au cours d'une tempête, dans une baie de leur île où étaient ancrés des vaisseaux de Xerxès, ils en avaient rompu les amarres et ces vaisseaux avaient été submergés. Anaxarque dit que, d'après certains médecins, les filles qui plongeaient, perdaient leur virginité.

Les murs de soutènement du temple, au-dessus de la voie sacrée, étaient couverts d'inscriptions, désignant les hôtes des diverses villes à Delphes et publiant, soit les décrets qui octroyaient à leurs citoyens une priorité pour consulter l'oracle (Athéniens et Spartiates n'étaient pas les seuls), soit les listes de leurs délégués aux jeux, soit les actes d'affranchissement d'esclaves. Plusieurs pierres ovales sur lesquelles étaient sculptées des bandelettes, et que l'on arrosait d'huile, marquaient le centre de la terre, — « le nombril du monde ». Comme au temple de Vénus à Corinthe et à celui de Jupiter à Dodone, d'innombrables colombes voletaient. Elles étaient les descendantes de celles que Deucalion, lorsque son arche se posa sur le Parnasse, à la fin du déluge, envoya pour juger du retrait des eaux.

Alexandre, le cœur battant, l'esprit surexcité, regardait le temple de marbre que l'on achevait de bâtir. Ce n'était pas la façade vue par Pindare, mais, comme l'autre, elle brillait « dans l'air pur ». Le poète de Thèbes ne s'était pas trompé : « Ni la pluie d'hiver... ni le vent qui frappe » ne l'entraîneraient « dans les abîmes de la mer », car elle serait perpétuellement reconstruite. Au fronton oriental, les statues bariolées d'Apollon, de Diane, de Latone, des Muses et du Soleil étaient en place. Des peintres, sur des échelles, coloriaient le stuc des colonnes, après avoir colorié les sculptures. Le fronton de la façade occidentale n'avait encore qu'une statue, celle de Bacchus, qui serait accompagnée de celles de bacchantes. Le toit n'était pas terminé On prévoyait plusieurs années pour que tout fût fini, les pèlerinages et les fêtes gênant les travaux. Philippe présiderait à la consécration officielle.

Sous le portique, on lisait quatre sentences, tracées en caractères minuscules, des sages de la Grèce, — le sanctuaire de Delphes avait été un des lieux de leurs réunions : « Connais-toi toi-même », de Thalès ; « Rien de trop », de Solon ; « Tiens ta promesse », de Périandre ; « la Pauvreté suit de près », maxime dont l'auteur n'était pas précisé. C'est la confédération des peuples voisins qui avait fait le choix de ces maximes, dites « frappées au marteau ». Sur l'architrave de l'entrée, était la lettre « E » en bronze, à laquelle on donnait toutes sortes d'explications et qu'Alexandre, n'ayant pas oublié ce qu'avait dit Anaxarque, prétendait désormais l'initiale d'Ephestion. Généralement, on croyait que cela voulait dire : « Il est », — allusion à Apollon ou, selon certains philosophes, à l'existence d'un dieu unique. Les prêtres firent voir à Alexandre et à Ephestion, un bouclier suspendu près de la porte et qui était l'image de l'amour des vaillants et des héros : celui du jeune Asopique, mignon d'Epaminondas, qui avait combattu avec courage à Leuctres. Une mêlée de guerriers y était gravée.

Un enclos, voisin du portique, était appelé Théséium, parce que c'est là que Thésée, à sa puberté, avait consacré une boucle de sa chevelure. Le prêtre raconta que l'oracle était le glorieux responsable de la naissance de ce héros. Lorsque Egée, roi d'Athènes, qui était sans héritier, se rendit à Delphes pour savoir s'il en aurait, la pythie lui répondit « de ne pas délier le pied hors du bouc » avant d'être de retour à Athènes. Il pensa que c'était l'interdiction de boire du vin d'une outre. En passant par Trézène, il confia cette réponse à son hôte Pitthée, fondateur de cette ville, qui en devina le sens : Egée devait rester chaste, parce que le fils qu'il aurait hors d'Athènes, prendrait sa place prématurément. Alors, Pitthée s'arrangea pour que le roi « déliât le pied hors du bouc » avec sa fille, Ethra, et elle devint mère de Thésée, qui fut élevé à Trézène. Après avoir tué les brigands dont Alexandre avait parlé devant son temple à Athènes, il fut reconnu par son père et demanda à être un des sept garçons désignés par le sort, qui étaient envoyés, avec sept filles, au Minotaure, sujet d'un des divertissements de Miéza. Ce tribut avait été exigé, chaque année, pour une durée de neuf ans, par le roi de Crète Minos, après qu'il eut vaincu les Athéniens, coupables d'avoir assassiné son fils aîné Androgée. Des jeux funèbres à la mémoire de ce jeune homme étaient célébrées à Cnossos, capitale de Minos, lorsqu'arrivaient ces garçons et ces filles. Ce fut à cette occasion qu'Ariane, fille de Minos, aperçut Thésée, dont elle s'éprit et qu'elle aida ensuite à sortir du labyrinthe. Le héros, en revenant de Crète, causa, à son insu, la mort de son père. Il devait, s'il était vainqueur du Minotaure, remplacer par des voiles blanches les voiles noires de son navire et ne songea plus à ce signal . Egée, se croyant frustré de ses espérances, se précipita du haut de la citadelle ou dans la mer, à la vue du bateau

Comme à Athènes, le culte de Thésée était uni par l'art à celui d'Hercule, son illustre compagnon. L'ancêtre d'Alexandre, dont la statue s'élevait dans cet enclos, portait, à Delphes, le surnom d'Habitant des grottes, on ne savait pourquoi. Peut-être, dit un prophète du temple, était-ce une allusion à la grotte Corycienne, où l'on honorait Pan et les nymphes sur le Parnasse.

A l'intérieur du temple, dont les murs étaient recouverts de bois de thuya, il y avait un autel de Neptune, des statues de marbre d'Apollon, de Diane et des Parques, puis, une autre d'Apollon et une de Jupiter, ayant tous deux l'épithète de Conducteurs des Parques. Sur un autel, brûlait le feu qui ne devait jamais s'éteindre et que de vieilles femmes entretenaient avec du bois de sapin. Quand ce feu s'était éteint, au moment de la destruction du temple, il n'avait pu être rallumé, car il était « primordial », c'est-à-dire qu'il ne pouvait être allumé avec l'aide d'un autre. On montra à Alexandre les vases de bronze, taillés en triangle, que l'on avait exposés au soleil, remplis de brindilles de bois, pour obtenir ce feu directement. Il était licite de se servir, au lieu de vase, d'un bloc de cristal de roche. Anaxarque dit que c'était le précepte d'Orphée pour allumer le feu sacré.

Il y avait, dans le temple, les offrandes des cités qui n'avaient pas bâti de trésors dans le sanctuaire : Sélinonte y avait dédié un persil d'or, emblème de l'étymologie de son nom ; Ténédos, une hache, à cause des écrevisses de cette île, qui avaient l'empreinte d'une hache sur le dos ; Mégare, un bâton d'or pour frapper les cordes de la lyre ; d'autres, un raifort d'or, un silphium d'or, une blette d'argent, même une simple rave de plomb.

Beaucoup de dons avaient été dispersés par les tyrans phocidiens successifs : Philomèle, Onomarque, Phaylle et Phalèque. Mais ils avaient respecté les Victoires en or de Gélon et de Hiéron de Syracuse, parce qu'elles étaient des offrandes de tyrans, et les épis d'or de Myrina et d'Apollonie, — la ville natale d'Olympias et d'Alexandre Molosse, — encastrés près de ces Victoires, parce que ces épis étaient proches de la statue d'Apollon Protecteur du blé, titre du dieu chez les Delphiens. En revanche, quatre étrilles d'or, offertes par les Sybarites, avaient été données par Onomarque à Pythodore de Sicyone, beau garçon qui était venu consacrer à Delphes l'étrenne de sa chevelure, comme Thésée. De même donna-t-il une couronne de laurier en or, offrande des Ephésiens, à un autre beau garçon, Lycolas de Physcus, dans l'île de Rhodes. Alexandre avait entendu dire que ce dernier avait été envoyé à Philippe par son père, qui voulait le lui prostituer, comme on accusa Phrynon à Athènes d'avoir voulu lui prostituer Autolyque. Mais le roi de Macédoine, dans un accès de vertu, avait respecté cet enfant, qui avait fait ensuite les beaux jours d'Onomarque Le tyran gratifia aussi d'une offrande de Delphes le jeune Damippe d'Amphipolis. Tous ces noms étaient cités avec complaisance par les prêtres du temple. Anaxarque précisa que Théopompe de Chio, le disciple d'Isocrate, avait publié un livre intitulé *Richesses enlevées à Delphes.*

Les prêtres ajoutèrent que Phaylle avait eu pour les femmes une fureur égale à celle de son frère Onomarque pour les garçons : il avait fait largesse, à une joueuse de flûte, d'une couronne de lierre en or, offerte par les citoyens de Péparéthe, — une des îles devenues macédoniennes, que les voyageurs de l'*Hercule* avaient aperçues, au large de la côte de Magnésie : à la suite de ce sacrilège, la foule interdit à cette fille de jouer les chants pythiques. Quant à Philomèle, qui mourut en se jetant dans un précipice pour échapper aux Béotiens, il octroya à Pharsalie, courtisane thessalienne, une couronne de laurier en or, dédiée par les habitants de Lampsaque, et cette courtisane fut ensuite mise en pièces à Métaponte. Enfin, l'épouse d'un de ces tyrans s'était emparée du collier d'or, cadeau de Vénus à Hélène et que Minerve avait cassé.

Phalèque, fils d'Onomarque et successeur de Phaylle, lequel était mort de maladie, avait été sans doute le plus jeune chef de bande que l'on eût jamais vu : il n'avait pas plus de treize ans. Son insigne beauté rendait tous ses soldats amoureux de lui, comme Ephestion disait que tous les soldats macédoniens étaient amoureux d'Alexandre. Philippe avait avoué que, s'il l'avait pris, il ne l'aurait pas fait pendre comme Onomarque, mais qu'il l'aurait mis dans son lit. Cela aurait pu arriver, du reste, cinq ans après. Phalèque, alors âgé de dix-huit ans, demanda à traiter avec Philippe, qui lui accorda le droit de se retirer dans le Péloponèse avec huit mille mercenaires. Ce garçon lui échappa de la sorte. Mais on voyait dans son destin un autre exemple de l'inévitable châtiment des sacrilèges : il fut tué en Crète par un de ses soldats qu'il avait frappé et qui n'avait pas été attendri par sa beauté.

Il ne restait plus rien des immenses dons en or qu'avait faits Crésus au temple de Delphes ; ils avaient été la plus belle proie des tyrans phocidiens. Disparu également le trône d'or de Midas, roi de Phrygie. La générosité de Crésus à l'égard de ce santuaire, avait une curieuse origine. Pour éprouver la véracité de ses oracles, le roi de Lybie envoya un ambassadeur à Delphes, chargé de demander au dieu ce qu'il faisait tel jour, à Sardes, et, par des relais de courriers, il était à même de savoir exactement quel jour Apollon serait interrogé. La réponse était malaisée à concevoir, mais la sibylle avait deviné juste. Son oracle était gravé sur une plaque de marbre : « Je sais le nombre de grains de sable et les mesures de la mer, — Et je me fais comprendre du sourd et j'entends ce qui ne parle pas. — A mes sens est venue l'odeur d'une tortue à la dure carapace, — Cuite dans le bronze avec des chairs d'agneau, — Sur laquelle le bronze est étendu et recouvre le bronze. » La marmite où Crésus s'était préparé cet étrange ragoût, avait, en effet, un couvercle de bronze L'idée de cette consultation avait été inspirée à ce roi par l'Athénien Alcméon, — membre de la puissante famille des Alcméonides, à laquelle appartenait la mère d'Alcibiade. C'est afin de le remercier que Crésus lui permit d'emporter du trésor royal tout l'or qu'il pourrait.

A Delphes, il offrit trois cents vases d'or du poids d'un kilo chacun, cent coupes d'or de cinquante-deux kilos chacune, quarante briques d'or monnayé, chacune de quarante kilos, soixante en or blanc de cinquante kilos, un lion en or de deux cent soixante kilos et, détail plaisant, la statue en or de sa cuisinière, pesant six cent quarante kilos, plus une masse de monnaies d'or, soit, en tout, près de trois cent mille kilos. Le prêtre expliqua pourquoi l'objet le plus volumineux avait été la statue de la cuisinière : Crésus avait tenu à exprimer ainsi sa gratitude à cette simple esclave, qui lui avait sauvé la vie. Chargée de pétrir son pain, elle avait vu la seconde femme du père du roi y mettre du poison, qui était destiné à ce dernier et elle avait servi ce pain aux enfants de la marâtre, qui avaient été empoisonnés.

Les trésors du temple, avant le pillage, étaient évalués à cinq cent cinquante millions de drachmes. On n'avait retrouvé presque aucune des pièces d'or frappées par les tyrans phocidiens avec l'or d'Apollon : leurs détenteurs avaient fondu ces monnaies en objets d'or, pour ne pas être obligés de les restituer. Seules, avaient été recueillies des monnaies d'argent que les Opontiens avaient transformées en grands vases d'argent, pour faire au dieu une restitution symbolique.

L'or, si abondant en Grèce au temps d'Homère avait ensuite disparu : quand les Lacédémoniens souhaitèrent dorer leur statue d'Apollon d'Amyclées, près de Sparte, ils demandèrent à l'oracle de Delphes où ils pourraient en acheter. Il leur répondit : « Chez Crésus, roi de Lydie. » Plus tard, du reste, comme il leur était interdit de posséder de l'or et de l'argent, ils offrirent régulièrement au temple de Delphes tout ce que la guerre ou le commerce leur en procurait, et ils avaient été parmi les principaux donateurs. Leur culte pour Apollon, dû à l'amour qu'il avait porté à Hyacinthe, fils d'Amyclas, en l'honneur de qui avait lieu la plus grande de leurs fêtes, les Hyacinthies, se manifestait par une de leurs institutions : quatre dignitaires de leurs rois, — deux pour chacun —, avaient le nom de Pythiens et venaient consulter, pour toutes les affaires du royaume, l'oracle de Delphes, dont ils gardaient en dépôt les réponses. Aussi bien était-ce avec l'assentiment de ce dieu que Lycurgue avait fondé toutes ses lois. Mieux encore, cette république monarchique soumettait à Apollon le contrôle du pouvoir exercé par ses deux chefs : tous les neuf ans, les magistrats du tribunal suprême se réunissaient dans la campagne, par une nuit sereine, mais sans lune, et observaient le ciel ; une étoile filante était l'indice que les rois de Sparte avaient trahi la république ou offensé les dieux ; on les déposait après leur avoir fait leur procès, à moins qu'ils n'eussent obtenu une sentence absolutoire de l'oracle de Delphes ou de celui d'Olympie.

Tout ce qui subsistait des dons de Crésus, étaient quatre jarres d'argent et une coupe du même métal, utilisée au printemps dans les fêtes des dieux protecteurs de l'hospitalité : Apollon, Bacchus et Latone. On offrait alors à cette déesse des poireaux, parce qu'elle avait eu envie d'en manger, lorsqu'elle était enceinte d'Apollon et de Diane. Celui qui apportait le plus gros poireau, avait droit à une portion de la table sacrée, c'est-à-dire des viandes destinées aux prêtres.

On avait conservé un vase d'or offert par un prédécesseur de Crésus, Gygès, qui avait tué le roi Candaule pour lui ravir son anneau magique, et une soucoupe de fer, don du roi Alyatte, père de Crésus. Cette soucoupe, malgré sa matière, était admirée comme un des plus précieux trésors du temple : elle était travaillée à jour et ses ciselures montraient des animaux dans des feuillages.

Une chose qui fascina également Alexandre, était un simple disque d'argent indien, sur lequel était inscrit, en grec : « Bacchus, fils de Jupiter et de Sémélé, envoie ceci de l'Inde à Apollon Delphien. » Alexandre rêvait de conquérir un jour l'Inde comme Bacchus, d'entrer dans cette ville de Nysa que le dieu avait fondée près de l'Indus : pour lui, la conquête de l'Inde semblait la suite naturelle de celle de la Perse.

Autre trésor fait pour exciter son admiration : le trépied de bronze enlevé par Hercule à la première Troie et apporté par Thésée à Athènes, qui l'avait consacré à Delphes sur l'ordre de Minerve. Il y était gravé le serment par lequel les Argiens promettaient de ne jamais faire la guerre aux Athéniens.

Mais qu'était-ce que tout cela, au prix d'un disque de bronze, suspendu à côté de ce trophée ? Alexandre y lut ces mots, avec Ephestion : « Achille aux pieds légers m'a exposé pour honorer Patrocle. — Le valeureux Diomède, fils de Tydée, — M'a consacré dans ce temple, — Après m'avoir remporté pour prix de sa victoire, — A la course de chevaux, sur les bords de l'Hellespont. » Alexandre et Ephestion touchèrent cette relique, sortie de *l'Iliade,* et qui gardait le reflet des deux héros dont ils voulaient être l'image.

Une inscription sur le mur de la salle était aussi digne de leur intérêt. C'était un oracle de la sibylle en faveur de deux jeunes gens d'Agrigente, Chariton et Mélanippe, qui, unis par « une divine amitié », avaient juré de délivrer cette ville du tyran Phalaris, comme Harmodius et Aristogiton avaient délivré Athènes du tyran Hipparque. Mais les circonstances avaient été différentes. Chariton, voyant l'impossibilité du projet et ne parvenant pas à en détourner Mélanippe, se précipita au-devant du tyran pour se faire arrêter à sa place. Alors, Mélanippe, son mignon, alla se dénoncer pour l'arracher à l'effroyable supplice du taureau de bronze, dans lequel le tyran brûlait ses victimes. Phalaris, frappé de cette double preuve d'amour, leur accorda la vie sauve et se contenta de les exiler. Cela ressemblait à l'histoire de Denys l'Ancien avec les deux disciples de Pythagore, Phintias et Damon.

Un autre oracle, gravé sur une plaque de bronze, rappelait à Alexandre le rôle du dieu de Delphes dans l'histoire même de sa famille. C'était celui qui avait été rendu à son ancêtre Caranus, fils du roi d'Argos, pour lui prédire qu'il serait roi de Macédoine et lui indiquer où il devait fonder sa capitale : « Le pouvoir royal sur une contrée fertile est départi aux nobles descendants de Témène ; — Jupiter porte-égide, le leur accorde. — Marche vers la Bottéide, riche en troupeaux. — Là où tu rencontreras des chèvres blanches aux cornes brillantes, — Endormies sur le sol, offre-les, à la même place, — En sacrifice aux dieux, et fonde une cité ».

On montra ensuite à Alexandre les boucliers d'or, prématurément consacrés par les Athéniens, et des vases d'or, envoyés par les femmes de Rome. Un prêtre expliqua que ces vases avaient été faits avec les bijoux de ces femmes, pour compenser le présent que leur ville n'avait pu faire à l'oracle, les soldats romains ayant refusé de lui consacrer le dixième du butin pris sur les Etrusques. On louait la piété de ces Romaines. La table d'or d'Apollon, avec les trois serpents de bronze qui la soutenaient, à la façon du trépied de Platée, rappela à Alexandre ce qu'avait dit le graveur Pyrgotèle des vertus du nombre trois, lorsqu'on avait fondé Philippopolis.

Deux trésors d'un genre différent touchèrent Alexandre : la chaise de bronze où s'asseyait Pindare, durant ses séjours à Delphes, et une statue d'Homère. Rien de plus naturel que l'hommage rendu au poète de Thèbes ; la sibylle avait déclaré jadis qu'il devait avoir la moitié des prémices consacrées au dieu. Outre les douze odes qu'il avait composées pour les vainqueurs des jeux Pythiens, il avait écrit un péan à la gloire de Delphes : Jupiter Olympien, les Grâces et Vénus s'y trouvaient associés, et il s'y dépeignait « tel un enfant, d'un cœur ami, — Obéissant à sa mère prudente, — Descend dans le bois sacré d'Apollon, — Qui se nourrit de festins et de couronnes. » Quant à la statue d'Homère, c'est la première fois qu'Alexandre voyait son poète parmi les divinités et il était d'autant plus heureux que ce fût dans le temple de Delphes. Homère avait mentionné « la divine Crisa » et « la divine, la rocheuse Pytho ». Du reste, le tyran Philomèle, pour s'emparer de Delphes, avait allégué le vers du Catalogue des vaisseaux, où il est dit que les chefs des Phocidiens, Schédius et Epistrophe, possédaient « la rocheuse Pytho », comme Solon s'était servi d'un vers qu'il y avait interpolé pour revendiquer Salamine, au nom des Athéniens. Homère était venu consulter l'oracle et participer aux jeux musicaux ; mais sa cécité l'en fit exclure. De même que la statue de Socrate sur la citadelle d'Athènes, cette statue d'Homère était une réparation. Pour

Anaxarque, elle confirmait au poète la paternité des hymnes homériques, qui était parfois attribuée à ses continuateurs.

Alexandre et Ephestion trouvèrent charmant qu'un des jeunes serviteurs du temple leur récitât celui des deux hymnes homériques à Apollon où l'on raconte l'origine du sanctuaire : « Tu t'es élancé, d'un bond, vers une chaîne de montagnes, — Tu es venu à Crisa, sous le Parnasse neigeux, — Là où est une hauteur dirigée vers Zéphire, qu'une roche — Surplombe, et un vallon creux court en bas. — Là, le seigneur Phébus Apollon résolut — De se construire un temple et dit ces paroles : — « J'ai l'intention de bâtir ici un temple magnifique, — Un oracle pour les hommes, qui, toujours, — Y conduiront de parfaites hécatombes ; — Qu'ils soient ceux qui possèdent le gras Péloponèse — Ou ceux qui habitent l'Europe et les îles entourées des flots, — A tous, je vais faire connaître ma volonté... » Les deux amis baisèrent le récitateur sur les lèvres et lui offrirent une pièce d'or, pour l'amour d'Homère et de sa grâce.

Le fils de Philippe fut aussi généreux envers les garçons qui assuraient la propreté et la décoration du temple. Tous lui paraissaient incarner le jeune Ion, qu'Euripide avait fait le héros d'une de ses meilleures tragédies, dont la scène était ce lieu même. Comme lui, ils avaient pour charge d'aller, dès le lever du soleil, cueillir des branches de laurier dans le bois sacré qui entourait le temple, d'en former des couronnes qu'ils suspendaient aux autels et aux colonnes, d'asperger les dalles avec l'eau de la fontaine Castalie, d'en remplir les vases pour les purifications des consultants et, un carquois sur l'épaule, un arc à la main, d'écarter, à coups de flèches, les oiseaux qui se posaient sur le toit de l'édifice ou sur les statues de l'enceinte. Alexandre ne leur demanda pas si, comme Ion, ils vivaient dans la continence. En tout cas, ils étaient dignes, par leur beauté, de leur lointain prédécesseur Panthus, fils d'Othryade, enfant du temple, enlevé par Anthéus, fils d'Anténor, et emmené à Troie.

La salle souterraine, réservée aux consultants, était délicieusement parfumée ; mais, à ce parfum, se mêlaient, comme pour le rendre plus grisant, les exhalaisons phosphoreuses de la chambre voisine, qui était celle de l'oracle. Les consultants étaient couronnés de laurier et tenaient à la main un rameau, ceint de bandelettes blanches. Jadis, la consultation n'avait lieu qu'une fois par an, le 7 mars, anniversaire de la naissance d'Apollon. Maintenant, c'était chaque jour, sauf les jours néfastes. Anaxarque cita les mots d'Héraclite d'Ephèse : « La sibylle, de sa bouche écumante, prononce des oracles sans art, sans grâce et sans ornement, fait entendre sa voix depuis mille années et ne doit cet avantage qu'au dieu qui l'inspire. » L'oracle de Delphes était tellement sacré que celui qui venait le consulter pour un autre et qui en rapportait la réponse scellée, était mutilé des yeux, de la langue ou d'une main, s'il ouvrait la tablette. La primauté d'Apollon à cet égard était établie même par rapport à Jupiter. Le roi de

Sparte, Agésilas, après avoir obtenu de l'oracle d'Olympie le droit d'attaquer les Argiens pendant « les mois sacrés », — moment de trêve des peuples du Péloponèse, — vint s'assurer à Delphes qu'Apollon « fût du même avis que son père ».

Alexandre et Ephestion descendirent, par faveur spéciale, dans l'antre de la sibylle. La lueur des torches et celle du feu sacré qui brûlait là également, leur firent apercevoir le fameux trépied de bronze, placé sur une crevasse du sol, d'où sortaient du vent et des vapeurs. Une pierre ovale, dont on avait vu les reproductions devant le temple, était celle-là même que Rhée, la femme de Saturne, avait donnée, emmaillotée, à dévorer à son époux, comme ses autres enfants, et qu'il avait vomie ensuite, sous l'effet d'une purge. Elle représentait aussi le tombeau de Python, en même temps que le nombril de la terre. Les bandelettes qui l'entouraient, n'étaient pas sculptées sur la pierre, comme celles de l'extérieur : elles étaient de laine et formaient un réseau de bourrelets fuselés, également arrosés d'huile, et le bas surgissait d'un calice de feuillage. Cette pierre n'était plus flanquée de deux aigles d'or, comme autrefois : ils avaient été fondus par Onomarque, ainsi que les trépieds d'or auxquels faisait allusion Pindare. Mais on avait sauvé une statue en or d'Apollon. Non moins vénérable était le tombeau mystique de Bacchus, dont la mort et la résurrection étaient célébrées tous les deux ans, en plein hiver, par les bacchantes du Parnasse et par celles d'Athènes, qui venaient les rejoindre. Les jeunes filles pouvaient se mêler à ces orgies, dont les hommes étaient exclus.

Ce tombeau, en cet endroit, rappelait à Alexandre et à Ephestion des propos d'Aristote et d'Anaxarque sur l'identité possible d'Apollon et de Bacchus, au point de vue mystique. Le Stagirite citait le vers du *Licymnius* d'Euripide, qui semblait exprimer cette opinion : « Maître, ami du laurier, Bacchus, Péan, Apollon à la lyre mélodieuse. » Et Anaxarque citait un vers d'Orphée qui tendait, pour Aristote, à établir l'unité de Dieu : « Un Jupiter, un Pluton, un Soleil, un Bacchus. » Bacchus, dans les mystères orphiques, se nommait Zagreus, comme il l'avait dit, et ce tombeau de Delphes s'appelait également le tombeau de Zagreus. Bacchus-Zagreus, fils de Jupiter et de sa fille Proserpine, inspira de la jalousie à Junon, qui lui envoya les Titans pour l'exterminer. Ils s'approchèrent en lui montrant des jouets, le tuèrent, coupèrent son corps en plusieurs morceaux et les firent bouillir pour s'en repaître. Seul, le cœur échappa. Minerve le recueillit et Jupiter, après avoir foudroyé les Titans, chargea Apollon d'ensevelir ce cœur à Delphes, sous le nombril de la terre. Ainsi Zagreus-Bacchus avait-il ressuscité.

L'eau de la source Cassotis, située sur une terrasse au-delà du temple d'Apollon et conduite par un aqueduc, coulait dans une anfractuosité de l'antre. C'est de cette eau que buvait la sibylle pour prophétiser Elle se purifiait d'abord avec celle de la source Castalie, comme les consultants, puis se couronnait de laurier et d'un bandeau, répandait des feuilles de laurier et de la farine d'orge sur le feu sacré, en respirait les fumigations et jetait les dés jusqu'à ce qu'elle eût fait le chiffre cinq, — symbole, dit Anaxarque, des quatre éléments, plus l'unité. Elle soulevait ensuite le couvercle du trépied pour que le vent et les vapeurs montassent par l'axe creux, s'y asseyait en mâchant du laurier et, enveloppée de cette fumée et des émanations qui la pénétraient, prononçait l'oracle. Le laurier de Delphes avait des vertus spéciales : broyé et flairé, il immunisait contre la peste.

La visite se termina par un triple sacrifice à l'autel des gens de Chio, — autel tout en longueur, terminé par deux blocs de marbre. Préalablement, des grains d'orge avaient été mangés par le taureau et des pois chiches par le verrat ; le sacrifice eût été répété, s'ils étaient abstenus de manger. S'agissant d'Alexandre, on avait présenté des animaux à jeun pour éviter cet obstacle. D'autres prescriptions particulières étaient en vigueur à l'égard des animaux à sacrifier : par exemple, le taureau devait être noir. Indépendamment du sacrifice d'action de grâces, les consultants étaient tenus d'en accomplir un premier, pour savoir si le dieu consentait à leur répondre. Les devins observaient les signes. Les pèlerins agréés gagnaient la salle de consultation, suivant l'ordre fixé par le sort, à moins que leur ville n'eût un droit de priorité. Ce droit, à vrai dire, était concédé à un si grand nombre, qu'il était presque inexistant.

La fumée, qui montait droite vers les rochers, portait tous les vœux d'Alexandre. Il n'aurait pas eu besoin des interprétations d'un Iamide d'Olympie pour être sûr que tous les signes étaient favorables. Satisfait de ce que lui avait dit l'oracle de Dodone, il jugeait inutile de consulter celui de Delphes, au moins pour le moment. Qu'aurait-il pu lui demander, que la date où il serait roi, ce qui eût été demander à quelle date mourrait son père ? Il interrogerait Apollon, quand il serait le maître de son avenir.

On voyait, à l'arrière-plan, les cuisiniers du temple. Ils attendaient la distribution des viandes crues, qui suivrait celle des grillades ; le ragoût dont ils avaient la spécialité, était célèbre et leur avait donné le surnom officiel de « faiseurs de ragoût ». Ces délices, auxquelles on ajoutait parfois la recette de Crésus, étaient l'un des attraits de Delphes.

Alexandre pensait aux mille bœufs et aux autres mille têtes de bétail que Jason, le tyran de Phères, sacrifiait naguère à Delphes pour les jeux Pythiens. C'était une manière de nourrir tous les visiteurs. Jason donnait également une couronne d'or à la ville qui présentait le plus bel animal. Mais on ne pouvait dire que l'oracle encourageât les riches offrandes : une fois qu'un Thessalien offrait cent bœufs aux cornes dorées et qu'un pauvre homme d'Hermione, ville d'Argolide, avait tiré de son bissac une pincée de farine pour la jeter dans la flamme de l'autel, la sibylle avait déclaré que, des deux offrandes, la dernière avait été le plus agréable au dieu. Aristote avait raillé, en discourant du bonheur, cette propension de l'oracle à louer les pauvres.

Pendant le sacrifice, Alexandre évoqua avec Ephestion l'ode que Pindare avait composée ici même, quand il y était venu, à vingt-huit ans, avec son bien-aimé Thrasybule, neveu de Théron, tyran d'Agrigente. Il chantait alors la victoire de Xénocrate, père de Thrasybule, à la course des chars : « Ecoutez, car nous tournons et retournons — Le champ de Vénus aux yeux vifs — Et des Grâces. » « Quelle jolie façon d'avouer qu'il retournait Thrasybule ! » disait Alexandre. Cette *Pythique* était celle où se trouvaient les vers qui étaient venus à l'esprit du fils de Philippe devant la façade du temple de Delphes et le poète avait donné au marbre le reflet de son amour. C'est le même Thrasybule qu'il évoquait au début d'une *Isthmique,* « hymne doux comme le miel en l'honneur d'un garçon — Qui, étant beau, possède le fruit délicieux — Qu'ambitionne Vénus au beau trône. » Alexandre et Ephestion trouvaient ces vers parmi les plus voluptueux qu'eût inspirés la pédérastie.

Etre à Delphes ensemble, y sacrifier ensemble, y réciter des vers ensemble, y songer ensemble aux grands événements qui se préparaient, tout cela n'eût pas été assez pour les deux amis, si eux-mêmes ne s'y étaient aimés. La statuette de Vénus, compagne d'Alexandre, avait présidé à ses voluptés en Thrace, devant Byzance, dans le Rhodope, aux bords du Danube et de la mer Noire, en Illyrie, en Epire, à Dodone, à Tricca, à Larisse, à Cytinium, à Elatée. Mais, dans cette nuit lumineuse de Delphes, il lui semblait qu'elle n'avait jamais rendu si savoureux les baisers d'Ephestion.

Le lendemain, ils visitèrent d'autres curiosités du sanctuaire. Il était peuplé, comme celui d'Olympie, par des statues d'athlètes. On remarquait, au milieu d'un bosquet de lauriers, une statue de jeune garçon, offrande d'un vainqueur à la course, qui avait reçu, l'année précédente, les assauts d'un pèlerin. Aussi amoureux des fesses que l'avaient été, à Syracuse, les deux frères dont les épouses élevèrent un temple de Vénus aux Belles fesses, il s'y était épanché, non sans laisser des traces que révélait la blancheur du marbre, et il avait déposé sur le socle les quatre drachmes que l'on payait d'ordinaire pour les faveurs d'un garçon. Mais, aperçu par un gardien, il fut conduit devant le sénat, qui interrogea l'oracle. Malgré la liberté des mœurs de Delphes, la question était de savoir s'il avait commis un sacrilège, la statue étant consacrée, et s'il fallait le jeter du haut des rochers, comme Esope. Le dieu, indulgent, répondit que l'on devait le relâcher, puisqu'il avait acquitté le prix de sa jouissance. Anaxarque raconta que la Vénus de Cnide, le fameux chef-d'œuvre de Praxitèle, avait reçu le même outrage ou le même hommage au même endroit. Le gardien déclara que l'histoire du garçon de marbre, dont les fesses étaient provocantes, incitait des visiteurs à réclamer le droit de le souiller nuitamment pour quatre drachmes. La statue exigeait d'autant plus sa vigilance qu'il l'avait trouvée, une fois, souillée gratis. Cela expliquait peut-être l'imprégnation du paros. Anaxarque rappela qu'Aristophane, dans *les Grenouilles,* fait dire par Hercule, retour des enfers, qu'il y a vu, au milieu des excréments, quelqu'un qui, « en possédant un garçon, ne lui avait pas donné l'argent ».

Un grand palmier de bronze, à fruits d'or, surmonté d'une statue en or de Minerve, commémorait la victoire du général athénien Cimon sur les Perses, près de l'Eurymédon, en Pamphylie. On disait qu'à la veille de l'expédition de Sicile, si funeste aux Athéniens, les corbeaux étaient venus, pendant plusieurs jours, becqueter cette statue et ce palmier, dont ils avaient fait tomber les dattes. Mais Athènes avait regardé ce présage comme une histoire inventée par les Delphiens, gagnés par les Syracusains pour les détourner de la guerre.

Un âne de bronze, au sexe avantageux, célébrait la victoire des habitants d'Ambracie sur les Molosses, dont une embuscade avait été découverte grâce aux braiments d'un âne, qu'échauffa le voisinage d'une ânesse.

Alexandre fut ému de voir la statue de l'eunuque d'Atarné, si cher à Aristote et que le philosophe avait dédiée avec cette inscription : « Cet Hermias, un roi des Perses l'a tué, — En violant les lois divines et humaines... » La beauté du visage, qu'Anaxarque déclarait ressemblante, expliquait l'amour du Stagirite et contredisait Théopompe. Alexandre imaginait d'élever plus tard une statue à Ephestion dans ce sanctuaire, pour y laisser un témoignage de son amour, plus exclusif que celui de son maître.

Une autre statue, en or massif, portait le nom et proclamait la gloire du sophiste Gorgias. Ce Sicilien de Lentini, auquel Platon avait intitulé un de ses dialogues, avait ébloui Athènes par son élégant scepticisme, son art oratoire et sa qualité de disciple d'Empédocle. Il était mort à Larisse. Cette statue avait été érigée, suivant les uns, par le bénéficiaire d'un de ses discours, suivant les autres, par Gorgias.

Alexandre n'avait pas voulu honorer, le même jour, Apollon et Néoptolème-Pyrrhus. C'était afin de les honorer chacun davantage. Le monument du fils d'Achille était sur une terrasse, au milieu d'un bois sacré. Au-dessus, se trouvait le monument des Aleuades de Larisse, élevé par Daoque, et c'est, du reste, les Thessaliens qui avaient élevé aussi celui de Pyrrhus. Alexandre contemplait la statue de ce jeune homme que les Grecs firent venir de Scyros, parce que la ville de Troie ne pouvait être prise sans son aide, après la mort de son père Achille. C'est lui qui avait subtilisé à Philoctète, dans l'île de Lemnos, les flèches d'Hercule, indispensables également pour la prise de la cité de Priam. Les deux ancêtres d'Alexandre étaient associés dans cet exploit. Quand il développait, avec Aristote, son paradoxe sur l'origine pédérastique de cette guerre, — le rapt de Ganymède, qui avait irrité Junon, — il le complétait par un raisonnement analogue : cette guerre n'aurait jamais été terminée, si Néoptolème-Pyrrhus n'eût été, au témoignage d'Ulysse, « le plus beau après le divin Memnon », superlatif hérité de son père. Ainsi séduisit-il Philoctète, qui était un fieffé pédéraste et qui avait été l'un des vingt-quatre mignons d'Hercule.

Pindare avait raconté comment Néoptolème avait été tué, en se disputant avec Machérée, prêtre d'Apollon, pour le partage des victimes. Dans une ode différente, le poète avait uni le sort de l'oracle à celui du fils d'Achille : « Il fallait qu'à l'intérieur du très antique sanctuaire, — L'un des princes Eacides demeurât, — Près de la maison bien bâtie du dieu, — Pour présider avec justice aux fêtes des héros, — Accompagnées de nombreux sacrifices. » Il y avait un autel devant le monument, pour les sacrifices destinés au héros lui-même.

Mais les tragiques avaient accrédité une autre version de ce meurtre : Pyrrhus-Néoptolème n'avait pas été tué dans une querelle au sujet du partage des victimes ; il avait été dénoncé par sa femme Hermione. Maîtresse d'Oreste et jalouse d'Andromaque, veuve d'Hector, qui était devenue la captive de son époux, elle accusa celui-ci de vouloir saccager le temple de Delphes, afin de venger son père, de la mort duquel Apollon avait été le complice. Euripide, dans son *Andromaque,* avait suivi cette légende, aussi riche en images grandioses pour Alexandre. L'action se passait en Thessalie ; mais, à la fin, le messager fait le récit de l'événement de Delphes, où Pyrrhus était allé en pèlerinage d'expiation pour avoir demandé justice au dieu du sang d'Achille. Puis, Thétis apparaît et ordonne à Pélée, « en souvenir de leurs épousailles », d'enterrer le fils de leur fils « près de l'autel de Python, — A la honte des Delphiens. » Alexandre voulait sacrifier tout de suite à Néoptolème. On lui dit qu'il ne le pourrait que le soir : c'est à ce moment qu'on célébrait le culte des héros, pour le distinguer de celui des dieux.

Au monument de Daoque, cinq des statues de bronze que ce noble Thessalien avait commandées à Lysippe, étaient déjà installées. Leurs socles portaient les noms du premier Daoque, d'Agésilaüs, d'Acnonius et d'Aparus. La statue d'Agias était une copie de marbre, — très exacte, disait-on, — du bronze de Pharsale et faisait l'éloge du jeune athlète choisi pour modèle.

Alexandre admira ensuite, dans la même partie du sanctuaire, une autre offrande de Gélon de Syracuse, usurpée par son frère Polyzèle : un char de bronze commémorant une victoire pythique, sur lequel était debout le cocher, vêtu d'une longue robe plissée, un bandeau autour de la tête, les yeux rendus vivants par une incrustation de porcelaine, les pieds et les mains superbement ciselés. Anaxarque vanta ces tyrans, prédécesseurs des deux Denys et qui avaient protégé avec tant d'éclat les lettres et les arts. Pindare avait chanté Gélon et son frère Hiéron, en disant que l'on pouvait leur comparer peu de rois. Le philosophe d'Abdère déclara qu'aujourd'hui au moins un roi les dépassait : Philippe, qui avait réuni autour de lui Apelle, Lysippe, Léocharès et Aristote. « Et Anaxarque », ajouta Alexandre.

Au-dessus de la terrasse où se trouvait l'offrande de Gélon, était le théâtre, d'une exquise petitesse, la montagne servant de fond de décor et la frise de la scène représentant les travaux d'Hercule. Au-delà, près de la fontaine Cassotis, un second monument des Cnidiens renfermait les plus belles peintures de Delphes, œuvre de Polygnote de Thasos. La confédération des peuples voisins en avait été tellement enthousiasmée qu'elle décerna à l'artiste l'hospitalité gratuite dans les hôtels de ville de toute la Grèce. Ces fresques, tirées d'Homère et qui comptaient plus de deux cents personnages, étaient relatives à la guerre de Troie et à l'évocation des morts faite par Ulysse.

Le peintre avait varié ces sujets en montrant des aventures diverses de la mythologie, de l'histoire et de la vie courante : des femmes qui essayaient de porter de l'eau dans des cruches cassées (châtiment du mépris des mystères de Cérès), un homme qui tressait une corde avec du jonc, sans s'apercevoir qu'une ânesse mangeait cette corde au fur et à mesure. Le satyre Marsyas, phallus dressé, donnait une leçon de flûte à Olympus. Le beau Memnon avait un esclave noir auprès de lui, symbole des Ethiopiens, « qui ne le virent pas revenir », comme dit Pindare. Orphée descendait aux enfers, tenant sa lyre dans la main gauche et des branches de saule dans la main droite. Anaxarque fit observer deux autres Thraces : Thamyris et Sarpédon. Alexandre releva qu'Orphée était vêtu à la grecque, tel un citoyen de Dium et non pas à la mode thrace. Pâris-Alexandre, joli comme l'Amour, battait des mains pour attirer l'attention de la reine des Amazones, Penthésilée, qui lui jetait un regard de mépris ; et pourtant, elle était venue au secours de Troie. Mais rien ne captiva plus Alexandre et Ephestion que les images d'Achille, de Patrocle et de Néoptolème. La figure de ce dernier, qui poursuivait des Troyens, dans les ruines de leur ville, avait été mise en relief par l'artiste, à cause du voisinage de son tombeau. Achille et Patrocle étaient sans barbe, pour laisser peut-être en suspens le débat sur leur différence d'âge. Charmante était aussi l'image de Troïle, l'un des mignons d'Achille.

S'ils n'avaient vu que chez Cléotime le texte de la pièce satirique de Sophocle, *les Amants d'Achille,* les deux amis avaient fait venir d'Athènes, durant l'hiver à Miéza, le *Troïle,* du même auteur, qui se jouait encore quelquefois. Un vers que dit le précepteur du jeune garçon, les avait amusés : « La reine m'a coupé les testicules avec le coutelas thrace. » Anaxarque expliquait ce vers ironiquement : « Hécube avait entendu trop d'histoires de jeunes garçons mis à mal par leurs précepteurs, pour n'avoir pas jugé indispensable cette précaution, qui réservait la virginité de son plus jeune fils à Achille. »

Cependant, Alexandre ne s'était pas rendu à Delphes uniquement pour visiter le sanctuaire. Nul n'en doutait. Les Amphissiens avaient été épouvantés, en croyant qu'il conduisait l'avant-garde de l'armée de son père. Puis, ils avaient su que Philippe était retourné d'Abes à Elatée et qu'il ne faisait pas mine d'en partir. Du reste, les nouvelles d'Athènes, qui appelait tous les Grecs à la résistance contre le roi de Macédoine, lui conseillaient de ménager ses troupes et les confédérés lui avaient demandé de nouveaux délais pour équiper les leurs. La session automnale de la confédération était sur le point de se tenir, après avoir été retardée par les événements de Phocide. La guerre d'Amphissa n'était donc pas pour demain.

Cette ville saisit l'occasion de faire un geste de résipiscence envers le fils de Philippe. Elle lui envoya des ambassadeurs, chargés de lui dire qu'elle était accusée à tort de sacrilège, de lui prouver ses droits historiques sur le territoire contesté, de lui assurer qu'elle souhaitait rentrer dans l'alliance de Philippe et de lui rappeler que, du temps de la seconde guerre sacrée, elle avait été son alliée contre les Phocidiens.

L'audience eut lieu au siège de la confédération. Le président Cottyphus n'avait pas oublié les blessures et les insultes qu'il avait reçues, au retour de son expédition punitive, mais il s'était incliné devant le rameau d'olivier du héraut d'Amphissa. Le plaidoyer des sacrilèges fut aussi spécieux qu'on devait s'y attendre : ils donnaient pour droits acquis les usurpations qu'ils avaient commises dans le passé. Cottyphus leur répliqua avec toute l'éloquence et toute la flamme d'Eschine. Alexandre regardait le fils ravissant d'un des ambassadeurs, que son père avait dû amener pour appuyer l'argumentation. C'était Troïle voulant empêcher la prise de Troie. Philippe avait été souvent l'objet de tentatives similaires et n'y avait pas toujours cédé. Alexandre se contenta de sourire, comme il le faisait d'habitude pour honorer ceux que Vénus avait parés de ses dons.

Lichas lut aux ambassadeurs le texte du serment des membres de la confédération, serment qu'Alexandre venait de prêter lui-même, couronné de laurier, en qualité de substitut de son père : « Je m'engage à ne détruire aucune des villes de la confédération, à n'en intercepter les eaux potables ni dans la guerre ni dans la paix, à ne pas cultiver la terre sacrée et à ne pas le permettre aux autres, à défendre le dieu et cette terre sainte de mes mains, de mes pieds, de ma voix et de toutes mes forces. S'il se trouve des transgresseurs, ou ville, ou particulier, ou peuple, qu'ils soient maudits d'Apollon, de Diane, de Latone et de Minerve Providence. Que la terre ne leur donne pas de fruits ; que les femmes aient des enfants qui n'aient rien de leur père, et qu'ils soient des monstres ; que leur bétail n'engendre pas selon la nature ; qu'ils soient vaincus à la guerre, dans les procès et dans les assemblées ; qu'ils soient anéantis, eux, leurs maisons et leur race ; que jamais ils ne sacrifient saintement à Apollon, ni à Diane, ni à Latone, ni à Minerve Providence et que leurs offrandes ne soient pas acceptées. »

Après que Lichas eut lu ce texte, Alexandre adressa la parole aux ambassadeurs. « Nous avons entendu vos raisons, dit-il, et vous avez entendu les nôtres. Quand bien vous auriez des droits historiques, les droits de la divinité les effaceraient. Je vous ai remis en mémoire le serment que vous avez prêté comme membres de la confédération et que vous avez violé. Vous l'avez violé deux fois, puisque vous avez attaqué ceux qui allaient exécuter un arrêt du conseil. Mon père ne fera jamais alliance avec des sacrilèges et il a pour mission de les punir. Vous rentrerez dans son alliance et même dans son amitié, si vous vous conformez à l'arrêt du conseil, si vous versez au temple l'indemnité qui sera fixée, pour vos offenses à l'égard du dieu et des hommes, et si vous restituez à la plaine sacrée son état primitif. Comme il n'y a pas de lois avec les parjures, je pourrais vous faire saisir et vous livrer aux supplices, malgré la présence de votre héraut. Mais c'est celle de ce beau garçon qui vous vaudra la vie sauve. » Alexandre s'arrêta et jouit de la confusion du jeune Amphissien.

« Vos concitoyens, reprit Alexandre, ont le temps de réfléchir à ce que je vais ajouter et que mon père m'a commandé de vous dire : votre ville sera détruite jusqu'aux fondements, seuls seront épargnés les temples ; tous les combattants seront massacrés, les autres vendus comme esclaves. Ainsi seront attestés, non les droits que vous osez prétendre, mais les droits de Delphes. » L'ambassadeur, père du beau garçon, fit observer que les Delphiens s'étaient réfugiés à Amphissa, lors de l'invasion de Xerxès. « Ils se réfugièrent aussi sur le Parnasse, répliqua Alexandre. Ce n'est d'ailleurs pas vous qui avez repoussé les Mèdes : c'est le dieu, par les rochers qu'il fit tomber et par la foudre de son père. Quand il ne châtie pas les impies lui-même, il confie à un mortel le soin du châtiment. »

Alexandre fut complimenté par Cottyphus et par tous les membres du conseil pour la fermeté et la dignité de ses paroles. Noblement, il garda les ambassadeurs à souper et plaça sur son lit le jeune Amphissien, qui se nommait Dorylas. S'il ne se sentait capable d'aimer qu'Ephestion, il estimait piquant de troubler un beau garçon venu pour se livrer à lui et qui, de toute manière, ne serait pas venu pour rien. Après la libation au Bon Génie, il le fit boire dans sa coupe.

La Phocide et la Locride Ozole étaient pauvres en bons vignobles, mais Ægosthènes, ville forte de la Mégaride sur le golfe de Corinthe, avait un cru fameux, que l'on alternait, dans les repas de Delphes, avec ceux de Sicyone et d'Achaïe. Anaxarque était anacréontique. Au dessert, Alexandre demanda une cithare pour chanter la beauté de Dorylas, comme il avait chanté, à Corinthe, la beauté de Lycus, le fils de son hôte Démarète. Et c'est une ode d'Anacréon qu'il choisit. Le poète de Téos reprochait à son mignon Chrysus de l'avoir abandonné. Alexandre tournait ainsi en comédie l'intention de ce Dorylas, qui avait eu l'espoir d'assumer ce rôle : « Infidèle, infidèle Chrysus, t'imagines-tu me charmer par tes ruses ? »

Ses coquetteries avec Dorylas étaient mêlées d'une espèce de volupté cruelle, provenant de la certitude que les Amphissiens ne plieraient pas et qu'il ferait la guerre à leur cité. Troïle se tua par accident, en jouant avec la lance d'Achille. Est-ce que Dorylas périrait de la lance d'Alexandre, faute d'avoir conquis les faveurs d'une lance plus douce ? Le fils de Philippe se disait qu'il tâcherait de le sauver du massacre, comme il avait sauvé le petit Mæde, dans la bataille du lac de Bistonie. Il tâcherait même de le sauver de la servitude. Comment, en effet, aurait-il douté que l'armée macédonienne ne fût aisément victorieuse de celle des Locriens, à moins que le concours des Thébains et des Athéniens ne mît le sort en balance ? Il ne laissait pas d'admirer leur courage, fondé peut-être sur la solidité et la hauteur de leurs murailles, que dominait une citadelle où l'ennemi n'avait jamais posé le pied.

En écoutant Dorylas lui décrire les beautés de sa ville, Alexandre se disait qu'il lui désignait d'avance les lieux à épargner : un temple de Castor et Pollux, — un des rares de ces deux divinités en dehors du Péloponèse, — et, dans la citadelle, un temple de Minerve, qui était célèbre. « Mais, tu sais, ô prince, ajouta le garçon, la citadelle est imprenable. — Pas plus que ne le serait la tienne, lui dit Alexandre à l'oreille. — Au moins serait-ce pour la première fois », dit le garçon en rougissant. Les Locriens Ozoles avaient aussi le culte de Vesper, dont l'étoile figurait sur le sceau de leur Etat. Cela leur valait d'être surnommés aussi Vespériens. Alexandre jugeait ce nom plus gracieux pour Dorylas, celui d'Ozoles voulant dire « puants » : il avait été donné à ce peuple, parce que c'est sur son territoire qu'on avait jadis enseveli les cadavres de Nessus et d'autres centaures, qui avaient produit longtemps une odeur infecte.

L'heure étant trop avancée, les ambassadeurs passèrent la nuit à Delphes. On les logea dans l'hôtellerie des pèlerins. Ils avaient beaucoup bu et l'incorrigible Autolyque profita de leur lourd sommeil : il se glissa auprès de Dorylas qui, très éveillé, était couché dans la même chambre que son père. « J'ai occupé ta place, dit-il le lendemain à Alexandre, et je t'ai fait honneur. Autant de pris sur l'ennemi. C'est pour cette double considération que Critobule m'a autorisé cette infidélité. Ne t'avise donc pas de m'épiler le derrière avec une pince et de m'y introduire un radis noir. » Alexandre demanda à ses compagnons s'il ne méritait pas le bannissement pour avoir eu des relations intimes avec un sacrilège ou si l'on ne devrait pas au moins lui refuser l'eau, le pain, le sel, l'huile et le bois. On conclut que, malgré ce qu'avait déclaré Denys le Jeune, les fils n'avaient pas à subir les conséquences des fautes de leurs pères et que, si Dorylas était coupable du viol de la plaine sacrée, on le lui avait bien rendu.

Les Amphissiens repartirent de leur côté et Cottyphus partit du sien : il allait à Anthéla, près des Thermopyles, pour l'assemblée de la confédération des peuples voisins. Il y ferait part de la démarche effectuée auprès d'Alexandre et de la réponse de celui-ci. En dépit d'Athènes et de Thèbes, qui se réjouissaient d'avoir suspendu la mission de Philippe, elle y serait confirmée.

Le roi ne se souciait d'ailleurs pas qu'on la lui confirmât. Il avait bien voulu accorder la trêve réclamée par Démosthène ; mais, les conditions qu'il avait fixées n'ayant pas été remplies, il estimait avoir les mains libres. Son but demeurait de ramener à lui les Thébains et il fallait d'abord les rassurer après l'occupation d'Elatée. Pour la guerre d'Amphissa, il se bornait à fournir, par le voyage de son fils, une dernière preuve de sa bonne volonté devant les délégués de la Grèce.

Une délégation inattendue arriva à Delphes, précédée d'un héraut et d'un trompette : c'était l'ambassade athénienne de la Pythaïde, fête spéciale de la cité de Minerve en l'honneur d'Apollon Pythien, et qui se célébrait aux dates les plus diverses, attendu les particularités dont elle dépendait. Les prêtres d'Apollon Paternel à Athènes devaient avoir aperçu pendant trois mois, à raison de trois jours et trois nuits chaque mois, un éclair au-dessus d'une avancée du Parnès, où était la localité nommée Char, — homonyme de celle de Béotie, dont Philippe avait gardé fâcheuse mémoire. Cette observation ne se faisait pas du temple d'Apollon Paternel, mais de l'autel de Jupiter Faiseur d'éclairs, situé aux pieds de la citadelle. Tant de soins témoignaient le respect des Athéniens pour Apollon, qu'ils se flattaient d'avoir eu comme fondateur, non pas de leur ville, mais de leur race : ce dieu était le père d'Ion, souche des Ioniens. Aussi lui donnaient-ils ce vocable de Paternel, que ne pouvaient leur disputer les Lacédémoniens, si zélés envers Apollon, mais qui étaient de race dorienne et non pas ionienne. Les compatriotes de Démosthène considéraient sans doute de bon augure que les signes célestes eussent été obtenus cette année, plutôt que l'année prochaine qui serait celle des jeux Pythiens, époque où l'ambassade avait lieu ordinairement. Apollon était en avance pour eux, comme s'il voulait leur faire espérer sa protection.

Un accident extraordinaire s'était produit, en effet, durant les Eleusinies en septembre, et avait jeté un grand trouble à Athènes : deux initiés, qui procédaient à leurs ablutions rituelles dans la baie d'Eleusis, avaient été dévorés par un monstre marin. Le devin Aminias avait recommandé aux Athéniens d'envoyer une ambassade à Delphes pour savoir ce que présageait ce malheur, auquel beaucoup donnaient une interprétation sinistre à l'égard de la cité tout entière, mais Démosthène s'y était opposé, en répétant que la sibylle « philippisait ». Il craignait que l'oracle, par une réponse inquiétante, ne renversât ses projets belliqueux. Eschine lui avait reproché de manquer de respect pour la divinité. On avait été un peu rassuré par les signes d'Apollon Paternel, et, sans vouloir consulter la pythie sur le prodige d'Eleusis, on avait dépêché au dieu son ambassade. La marche de ce long cortège avait été marquée par des fêtes dans toutes les villes qu'il traversait. Bien qu'avertis de la présence d'Alexandre, ses membres parurent un peu gênés de le voir.

C'étaient dix magistrats religieux, trois des principaux magistrats civils, le général Lysiclès, un devin, deux interprètes des oracles appartenant à l'ancienne famille des Eupatrides, qui avait seule le droit de célébrer le culte de Jupiter du Foyer et d'Apollon Paternel, l'un des anciens représentants d'Athènes au conseil de la confédération des peuples voisins, deux trésoriers chargés de payer au dieu le tribut annuel, une centaine d'éphèbes en armes et une cinquantaine de cavaliers. A la suite, parut un cortège féminin, sous la conduite d'une prêtresse de Minerve : il comprenait douze vierges, porteuses d'offrandes, et une vieille, porteuse de feu, qui rapporterait à Athènes des braises de l'autel d'Apollon dans un vase de bronze. Enfin, des artistes de Bacchus, des flûtistes, des citharistes et des victimaires fermaient la marche, avec les douze animaux que les Athéniens avaient coutume de sacrifier à Délos et à Delphes, — onze têtes de petit bétail et un bœuf.

Les éphèbes étaient tous âgés de dix-huit ans, époque où ils se présentaient avec leur père devant les membres de leur tribu qui, après avoir vérifié l'acte par lequel ils y avaient été inscrits à leur naissance, les admettaient à exercer leurs droits de citoyens. Autolyque en connaissant quelques-uns, les deux camps ne pouvaient que nouer des relations. A vrai dire, la trêve continuait et la venue de Lysiclès à Delphes, comme celle d'Alexandre, prouvait bien qu'on ne jugeait pas la guerre imminente. Le général athénien affecta même de rendre visite au fils de Philippe à titre d'hommage pour le roi de Macédoine, protecteur du sanctuaire. Certains des comédiens étaient allés en tournée à Pella et refirent amitié avec Thessalus.

Alexandre et ses compagnons furent invités aux jeux que les éphèbes disputèrent au stade. Près de l'entrée, était une inscription qui indigna Anaxarque : elle frappait d'une amende de cinq drachmes toute personne qui introduisait du vin dans cette enceinte, car, à Delphes, il était défendu aux athlètes de boire du vin.

La course à pied, la lutte et la course en armes, mais seulement avec le casque, les jambières et le bouclier, se succédèrent. La course en armes, pratiquée à Delphes comme à Athènes, était celle qui avait été chantée par Pindare en l'honneur du Cyrénéen Télésocrate, dont on avait vu la statue et qui avait gagné sous la vingt-huitième pythiade, — Delphes avait sa chronologie, comme Olympie avait les olympiades, qui servaient plus communément pour les Grecs. Mais, aujourd'hui, cette épreuve armée évoquait la guerre qui était à l'horizon, tant du côté d'Athènes que du côté d'Amphissa.

Pour les courses de chevaux et de chars, on descendit à l'hippodrome, situé entre le Parnasse et la plaine sacrée de Cirrha. Les Amphissiens s'abstinrent d'assister à cette compétition. Seul Dorylas, chaperonné de son précepteur, fut envoyé par son père. Ce n'était pas pour tenter encore ses chances auprès d'Alexandre, mais pour le remercier de l'honneur qu'il avait reçu à sa table. Les honneurs de la nuit, œuvre d'Autolyque, furent évoqués par la charmante rougeur qui, à la vue de celui-ci, colora ses joues, comme lorsque Alexandre lui avait parlé de sa citadelle. Le bel Amphissien s'assit tout près du fils de Chrynon, sur un de ces gradins où tant de jeunes garçons avaient posé des citadelles aussi accessibles que la sienne.

Alexandre pouvait constater tout ce que les Locriens avaient fait dans la plaine sacrée. Cottyphus, qui accompagnait Alexandre, lui dit que Cirrha et Crisa avaient été fréquemment en lutte autrefois. Daulius, tyran de Crisa, et fondateur de Métaponte, en Italie méridionale, avait détruit Cirrha. La ville fut reconstruite : puis, éclata la guerre dite de Crisa, qui dura dix ans, comme la guerre de Troie : des Cirrhéens avaient enlevé Mégisto, fille du Phocidien Pélagon, et des filles argiennes qui se rendaient au temple de Delphes. Cette histoire était à ajouter à celle des courtisanes athéniennes et mégariennes, dont l'enlèvement avait causé la guerre du Péloponèse, et à celle de l'enlèvement de la courtisane Théano, origine de la seconde guerre sacrée. La dixième année de la guerre de Crisa, Cirrha fut prise.

Les jeux hippiques se disputaient tour à tour avec des chevaux de course et des chevaux de guerre. Les cavaliers avaient la même prestesse que les Thessaliens des Pélories. Ainsi que l'épreuve armée, la course des chevaux de guerre était une sorte d'exercice prémonitoire, pour les participants et pour les spectateurs.

On remonta à Delphes, où deux chœurs alternés d'éphèbes chantèrent des péans devant le temple. Cet hommage rappelait que les concours musicaux avaient été les premiers jeux institués à Delphes. Alexandre lui-même fut prié par Lysiclès de désigner le vainqueur. Il les avait comblés en leur disant les vers de Pindare à la gloire de leur ville : « C'est le plus beau des préludes que la grande cité d'Athènes, — Pour jeter le piédestal d'un chant. »

Enfin, les artistes de Bacchus jouèrent, au théâtre, une tragédie de Chérémon, *Œnée*, — le roi de Calydon, père de Méléagre et de Déjanire. Alexandre n'avait jamais entendu cette pièce, relative à son lointain ancêtre paternel, mais il fut de l'avis d'Aristote, qui jugeait sévèrement les œuvres de ce poète, continuateur d'Euripide, peut-être pour mieux flatter son cher Théodecte de Phasélis. Le philosophe leur reprochait des descriptions oiseuses. Néanmoins, celle d'un groupe de jeunes filles, mimée sur la scène pendant la récitation, charma toute l'assistance, qui la fit répéter aux acteurs : « La première était couchée et, à la lumière de la lune, — Un sein blanc sortait de son vêtement, dégrafé à l'épaule. — D'une autre, qui dansait, le flanc gauche — Etait découvert et, nue, elle montrait aux merveilles du ciel — Un tableau vivant ; le blanc de ses yeux — Luttait contre l'ombre noire. — Une autre avait dénudé ses bras aux belles mains — Et enlaçait le tendre cou d'une de ses compagnes. — Une autre, sous les plis de sa tunique fendue, — Montrait ses cuisses. L'amour sans espoir — De cette jeunesse riante, s'imprimait en moi comme un cachet. » Les jeunes Delphiens qui tenaient le rôle des jeunes filles et qui, en dansant, découvraient leurs derrières par les fentes de leurs larges tuniques, étaient certainement pour beaucoup dans l'enthousiasme du public. Mais chez aucun l'amour n'était sans espoir.

A la suggestion d'Autolyque, Alexandre et ses amis, les éphèbes athéniens et les petits danseurs décidèrent de grimper ensemble à la grotte Corycienne, ainsi nommée de la nymphe Corycie, qui fut aimée d'Apollon. C'était la grande curiosité des environs de Delphes, sur les pentes du Parnasse, à un tiers de la distance du sommet. Consacrée à Pan et aux nymphes, cette grotte était voisine du plateau où les bacchantes célébraient leurs orgies. Les éphèbes auraient voulu inviter, à des fins peu virginales, les vierges d'Athènes porteuses d'offrandes, mais la prêtresse de Minerve s'y opposa. Elle avait déjà eu du mal, avec la porteuse de feu, à protéger la pudeur de ces jeunes filles durant le voyage. On eut beau lui rappeler le privilège des vierges de participer aux fêtes des bacchantes, elle fut inflexible. Elle répliqua, d'autre part, que la belle Atalante et son amant Hippomène, chassant sur le Parnasse, y furent changés en lion et en lionne pour avoir fait l'amour dans un temple de la Mère des dieux, détruit depuis lors. D'ailleurs, la Pythaïde n'était pas une bacchanale.

Autolyque avait fait inviter Dorylas, qui revint d'Amphissa, toujours avec son précepteur. Cet homme respectable n'avait pas l'air d'un de ces précepteurs à qui la reine Hécube coupait les testicules. C'est pourquoi Autolyque, qui avait probablement des arrière-pensées, le pria de rester à Delphes. Le joli Dorylas paraissait le gage d'une paix fragile entre ses compatriotes et la Macédoine.

L'ascension du Parnasse était abrupte. Le sentier en zig-zag offrait tour à tour des aspects magnifiques de la haute vallée de Delphes, du sanctuaire avec ses innombrables monuments, et de la plaine de Cirrha. Les cascades, qui formaient en bas la fontaine Castalie, les rochers surplombant les précipices, les bouquets d'arbres, les petits lacs, augmentaient le pittoresque du chemin. Des esclaves suivaient, poussant des mulets, qui étaient chargés de matelas, de provisions et d'instruments de musique. En effet, on se restaurerait et on chanterait près de la grotte On emportait également des armes de chasse.

Des loups prenaient la fuite sous les sapins, à l'approche de cette troupe. Les guides recommandèrent de ne pas leur lancer de flèches ni de javelots, ces animaux étant vénérés à Delphes, depuis l'aventure immortalisée par le loup de bronze. Autolyque dit que, d'après les lois de Solon, il était payé, à Athènes, cinq drachmes pour la peau d'un loup, une drachme pour la peau d'une louve. Il y voyait une preuve de la supériorité du masculin sur le féminin. Macédoniens et Athéniens rivalisaient en alacrité pour braver la fatigue. Ils étaient habitués, les uns et les autres, à gravir les montagnes : les éphèbes avaient déjà commencé leur service militaire dans les forteresses de l'Attique, qui gardaient les défilés du Parnès et du Cithéron et dans lesquelles il était de règle de les exercer ; Alexandre et ses amis avaient chassé sur l'Orbèle, le Dysore et le Bermius, là où les chevaux ne pouvaient aller.

On admira l'adresse d'Autolyque, qui, avec son bâton de chasse tua deux lièvres d'un seul coup. Il les offrit à Dorylas. Alexandre, toujours occupé de ses réminiscences homériques, dit au fils de Phrynon : « C'est en venant chasser sur le Parnasse, chez ton homonyme, le grand-père d'Ulysse, que celui-ci, tout jeune, fut blessé au-dessus du genou « par la blanche défense » d'un sanglier, et tu sais que, grâce à cette cicatrice, il fut reconnu, à son retour, par sa nourrice Euryclée, qui lui lavait les pieds. » Autolyque éclata de rire. « Sois tranquille, Alexandre, dit-il en tapant sur la croupe de Dorylas, la « blanche défense » de mon sanglier ne laisse pas de cicatrice. »

Il y avait, pour Alexandre, d'autres souvenirs, éveillés, du reste, par les plaisanteries d'Autolyque. En voyant les éphèbes, il pensait au plaidoyer de Démosthène *Contre Conon,* auquel on avait fait allusion dans la plaine des Triballes : l'orateur y décrivait les mœurs des jeunes Athéniens, non seulement à Athènes, mais pendant qu'ils accomplissaient leur service militaire à Panacton, forteresse du Parnès, aux confins de la Béotie.

L'orateur défendait le jeune Ariston, que Théogène, fils de Conon, avait roué de coups à Athènes, avec l'aide de son père, pour se venger d'un différend qu'ils avaient eu à Panacton. Théogène, qui, d'après Démosthène, passait son temps à s'enivrer, s'irrita d'être enfumé par les esclaves d'Ariston, qui préparaient le repas de leur maître dans la forteresse. Lui et ses frères les battent, les arrosent de leurs pots de chambre, les compissent, les accablent d'avanies. Ariston se plaint au général, qui fait des observations à ces furieux. De retour à Athènes, Théogène et son père rencontrent Ariston, se jettent sur lui, le mettent nu, le renversent dans un bourbier, lui fendent une lèvre, lui pochent un œil, lui meurtrissent les endroits sensibles et Théogène imite le cri des coqs vainqueurs, en se battant les flancs avec les coudes, en guise d'ailes. Ariston, à moitié mort, est ramené dans sa maison, où l'on appelle un médecin pour panser les plaies du visage, des flancs et du bas-ventre. Conon proteste que son fils est incapable de se livrer à des violences, qu'il appartient à une société de fils de bonne famille où l'on se donne les sobriquets de Phallus et de Burette à huile (allusion au volume de leurs membres virils), que Théogène a une maîtresse et que son ébriété est joyeuse, au lieu que celle d'Ariston est morose. Démosthène dévoile que ces jeunes gens « s'initient mutuellement aux mystères du phallus-dressé, et font des choses telles qu'il y aurait beaucoup de honte à les dire ». Etrange père, ajoute-t-il, qui demande le pardon pour de tels fils et qui a été, lui-même, dans sa prime jeunesse, membre de l'ignoble association des Triballes !

Alexandre ayant évoqué ces détails, dignes de la plaidoirie d'Hypéride pour un campagnard de l'Attique et de celle de Lysias contre Simon, Autolyque répondit de la vérité de cette peinture de la jeunesse athénienne. Il déclara que plusieurs éphèbes de la Pythaïde, tout en ayant des maîtresses, comme Théogène et ses compagnons, étaient initiés aux mystères du phallus-dressé ou du Dressé, le Priape athénien.

La grotte Corycienne avait une entrée si bien dissimulée que, sans les guides, il eût été impossible de la découvrir. Mais, une fois qu'on y avait pénétré, on y voyait distinctement, par la réfraction de la lumière, sans le secours d'un flambeau. Des sources y faisaient entendre leur murmure. Elles avaient surgi, selon la légende, sous le pied de Cadmus, que Minerve y avait conduit. La largeur et la hauteur étaient également remarquables. Il y avait des stalactites, comme à la grotte de Miéza. Après cette grande salle et une autre, plus obscure, s'ouvrait une galerie, dans laquelle nul n'avait jamais osé se risquer. C'était un lieu voué à Cybèle et à Jupiter, hanté aussi par Hippomène et Atalante.

Le plateau voisin était celui où, tous les deux ans, se réunissaient les bacchantes. Alexandre imaginait sa mère sur cette montagne, vêtue d'une peau de panthère, agitant une branche terminée par une pomme de pin, ainsi qu'à la bacchanale de l'hiver dernier. Elle était venue jadis se mêler aux bacchantes du Parnasse, après la guerre sacrée, de même qu'elle conduisait régulièrement, sur le Bermius, avec la mère d'Ephestion, les bacchantes de Pella et qu'elle était allée une fois sur le mont Pangée, pour se réunir à celles de la Thrace. Aucun homme n'avait le droit de participer à leurs orgies : il eût été déchiré, comme le fut Penthée, le roi de Thèbes, par les bacchantes du Cithéron. Olympias avait assuré à son fils que ces orgies étaient purement mystiques. Elle en donnait pour preuve le serment que les prêtresses, dites les vénérables, dictaient aux nouvelles initiées : « Je suis pieuse et sainte et pure de toutes les choses qui souillent et du coït de l'homme et je célébrerai les fêtes de Bacchus et les bacchanales pour Bacchus vénérable, conformément aux rites de la patrie et dans les temps fixés. » Presque toutes les bacchantes étant mariées, cela signifiait qu'elles s'abstenaient du plaisir conjugal le jour de l'initiation et la veille de leurs orgies. Olympias prétendait que certaines recouvraient alors leur virginité, comme Junon recouvrait la sienne en se baignant à la fontaine Canathe, près de Lerne, et Cérès dans le Ladon ou dans le Styx.

On écouta l'un des guides qui, à ses risques et périls, avait épié les bacchantes du Parnasse, un jour et une nuit. Elles étaient nues ou demi-nues, révéla-t-il, dansaient, chantaient, couraient, arrachaient des arbres, s'étreignaient, se frottaient les unes contre les autres, se touchaient les flancs, la poitrine, le ventre, poursuivaient des animaux sauvages, attaquaient des serpents qui ne les mordaient pas, égorgeaient des chevreaux, des faons, dont elles buvaient le sang et dont elles mangeaient la chair crue, rite qui, avait dit Anaxarque, se pratiquait aussi dans les mystères d'Orphée. Bacchus portait lui-même le surnom de Mangeur de chair crue. Comme l'œuf lui était consacré, les bacchantes gobaient également des œufs. Parfois, elles fichaient en terre leurs bâtons feuillus et tournaient autour de plus en plus vite. Elles s'arrêtaient pour secouer leurs cheveux dans tous les sens. Elles frappaient des cymbales et jetaient des cris qui faisaient retentir la montagne. Elles invoquaient Bacchus par des mots d'amour ou le traitaient de chienne. On entendait, au milieu de ce tumulte, des voix célestes, qui devaient être celles des Muses. Le Parnasse n'était-il pas consacré à Apollon, comme à Bacchus?

On demanda à l'indiscret s'il n'avait pas vu des satyres. Il dit que non, mais qu'une année, des jeunes gens de Delphes s'étaient déguisés en satyres pour rejoindre, la nuit, les bacchantes, en agitant des torches. Elles les avaient chassés à coups de pierres et plus d'un s'était tué en tombant dans les ravins. On pressa le guide d'avouer s'il avait vu les bacchantes faire l'amour entre elles, comme les sectatrices de Sapho : tel Démosthène à propos des mystères du phallus-dressé, il se déclara tenu, non pas au silence de la honte, mais au silence de la religion.

Ce qui stupéfiait, c'est que, les bacchanales se célébrant en plein hiver, ces femmes et ces filles fussent insensibles. Une saison que la température était particulièrement rigoureuse, des hommes se crurent obligés d'aller à leur aides et les trouvèrent rassemblées dans la grotte Corycienne. Ils furent chassés, comme l'avaient été les faux satyres. Les femmes étaient toutes nues et eux, de retour à Delphes, avaient encore les manteaux tellement gelés qu'on aurait dit du bois.

Ces récits avaient permis de reprendre haleine et de laisser s'essuyer la transpiration. Tout le monde se déshabilla, pour le bain qui précédait le repas. Alexandre avait eu soin de faire transporter son trépied et un chaudron. Il se plaisait à l'idée d'avoir ses aises au haut du Parnasse, aussi bien qu'il les avait à la guerre. Epaphos ramassa du bois sec, l'effrita et l'alluma avec le feu jailli de deux silex. Les éphèbes frissonnaient sous l'eau de la grotte Corycienne, changée en établissement de bains. On riait, on plaisantait. Ceux qui entraient en érection, criaient le mot de la victoire olympique : « Ténella ! Ténella ! »

Au repas, pour lequel on se couronna de myrte, il y eut des échanges de vins. Alexandre avait une outre de mendé, et les éphèbes du vin d'Icarie, le meilleur de l'Attique : ils donnèrent la palme au vin macédonien, mais Alexandre loua l'autre, qu'il avait déjà goûté chez Phrynon et qui venait de la première vigne due à Bacchus. Le plat, réchauffé par Epaphos et Polybe, s'appelait « menu d'Hercule », depuis que l'*Amalthée* d'Eubule l'avait ainsi qualifié en le décrivant : des tranches de bœuf bouilli, des abattis de cochon de lait rôti et saupoudré de sel. Les esclaves cueillirent des fruits sauvages. Après la libation au Bon Génie, Alexandre en ajouta une à la Paix.

On lui offrit le rameau de myrte pour le prier de chanter. Les vers des *Bacchantes* d'Euripide lui semblèrent de circonstance : « Il est doux, dans les montagnes, — A la fin des courses bachiques, — De tomber sur le sol, — Ayant le vêtement sacré de peau de faon... » Les amis d'Alexandre avaient accompagné le chant avec les flûtes et les cithares.

Ephestion choisit les vers du péan de Pindare *Pour les Abdéritains :* « Sur les rochers élevés — Du Parnasse, souvent les vierges de Delphes — Aux yeux vifs exécutent — Une danse aux pieds rapides, en faisant retentir un doux chant, — D'une voix qui a le son du bronze... »

Sachant qu'Alexandre chérissait les tragiques, un éphèbe athénien lui dédia les vers que prononce la sibylle, au début des *Euménides* d'Eschyle : « Je vénère les nymphes, là où est la pierre creuse de Corycie, — Amie des oiseaux, résidence des dieux : — Bacchus y dirige le chœur et je ne l'oublie pas... — J'invoque aussi les sources du Plistus et la puissance de Neptune — Et Jupiter Suprême et Accomplisseur. — Puis, je m'assieds, prophétesse, sur mes trônes. »

Ce furent des vers d'une pièce perdue d'Aristophane, que chanta un autre jeune Athénien : « Bacchus, ô Bacchus ! — Viens dans cette prairie, — Parmi les pures bacchantes... — En agitant autour de ta tête — Une couronne de myrte couverte de fruits — Et, frappant le sol d'un pied hardi, — Mène le rite — Désordonné et folâtre, — Tout rempli de grâce sainte, sacrée, — Qui caractérise les danses des pieux mystères. » La pureté, la sainteté des bacchantes, valait certainement celle de toute cette troupe.

Autolyque demanda à ceux de ses camarades d'Athènes qui étaient initiés aux mystères du phallus-dressé, s'ils voulaient bien en donner une idée aux Macédoniens, qui les ignoraient, mais qui avaient Priape en vénération. Ils acceptèrent avec plaisir, pourvu que ce fût, comme leur bain, à l'intérieur de la grotte Corycienne : le dieu, en dehors des jardins, ne se produisait que dans les grottes ou dans un lieu clos auquel on en donnait l'apparence. On se rassembla chez la nymphe Corycie. Les spectateurs se mirent à plat ventre. Epaphos et Polybe furent postés a l'entrée, pour écarter la curiosité des guides et des autres esclaves

Autolyque s'allongea sur Dorylas et lui releva la tunique. Plusieurs couples l'imitèrent, pour être prêts à recevoir plus parfaitement l'influence divine. Alexandre, délibérément réservé en public, se contenta de s'étendre à côté d'Ephestion.

Les quatre éphèbes de Priape se dénudent au fond de la grotte, où l'on a allumé des flambeaux pour mieux voir. Deux s'agenouillent devant les deux autres qui sont debout, leur baisent les pieds, puis les jambes et les cuisses : le dieu qui s'incarne dans le phallus, commence à s'agiter. Ils joignent leurs mains et les ouvrent, pour malaxer doucement ses pendeloques : le dieu se dresse, comme son épithète l'indique. Ils l'effleurent des lèvres sur toute sa longueur : il s'affermit. Leur bouche n'hésite pas à l'engloutir, — la caresse de Lesbos. Ils s'inclinent de nouveau jusqu'aux pieds, pour qu'on puisse le contempler dans sa gloire. Après quoi, les deux éphèbes debout se tournent et la même cérémonie s'effectue sur le revers de leur personne. Baisers des pieds ; montée progressive des lèvres, qui s'attardent sur les convexités, appelées le jardin de Priape. Les cuisses et les fesses s'écartent ; les mains, toujours unies et ouvertes, se glissent par devant, pour malaxer encore ; la bouche s'insinue dans la vallée du jardin, la parcourt de haut en bas, de bas en haut, stationne chaque fois pour titiller longuement la porte. « Le dieu ne peut plus attendre », murmurent les deux éphèbes que l'on traite ainsi. Les deux autres se lèvent, les courbent et, Priape se trouvant chez eux dans un état aussi triomphal que chez leurs compagnons, ils le leur introduisent doucement par la porte du jardin. Néanmoins, ils n'ont garde de négliger le dieu de ces derniers et leurs mains, désormais actives, s'emploient à lui faire verser l'ambroisie. « Io, io, Priape, Priape ! » s'écrient les quatre, d'une seule voix : c'est le signal que l'ambroisie de tous a coulé. Mais c'était le signal également qu'elle coulait ou s'apprêtait à couler chez un grand nombre de spectateurs, car ce cri eut un vaste écho. Ceux qui étaient par terre à plat ventre, s'étaient arc-boutés pour laisser passage aux mains de leurs compagnons et participer pleinement au mystère du phallus-dressé. Dorylas et Autolyque n'avaient soufflé mot, comme s'ils étaient dans la chambre de Delphes, près du père endormi, mais s'étaient pâmés. Critobule, qui n'avait pas voulu les gêner, traitait Autolyque de la même façon que celui-ci traitait Dorylas. Le fils de Phrynon parut avoir alors les deux sexes, étant actif et passif en même temps. Il n'avait pas l'air de s'en plaindre. Alexandre et Ephestion ensemencèrent le sol, ainsi que l'avaient fait Jupiter et Neptune. A l'entrée de la grotte, Epaphos et Polybe se prêtaient un secours manuel. Priape n'avait oublié personne.

Quand on eut fait de brèves ablutions aux sources de Corycie, on se réunit au soleil. Les visages étaient redevenus sérieux. On pensait tout à coup à autre chose qu'aux mystères du phallus-dressé. Ils étaient finis, comme les jeux de la Pythaïde. Les Athéniens regagneraient Athènes et les

Macédoniens Elatée : dans les deux villes, c'est le dieu Mars qui les attendait ou Minerve Guerrière, le casque en tête, la lance au poing. Les lances qui avaient été à l'honneur dans la grotte, étaient celles de la paix. L'excursion qui avait rapproché les deux camps, sans confondre d'ailleurs les plaisirs, appartenait déjà au passé. Dorylas, par la grâce de son âge, restait étranger à ces soucis et regardait avec amour Autolyque. Cependant, Alexandre et Ephestion, pour que cette gravité ne parût pas la tristesse qui, selon Aristote et Moschion, suit le plaisir, proposèrent de chasser aux alentours de la grotte, qui étaient giboyeux. Les javelots percèrent un daim et quelques faons. Un Athénien tua un ours, dans son antre, d'un coup de massue, acte téméraire que lui envia Alexandre. Mais celui-ci, à l'émerveillement des éphèbes, atteignit d'une flèche un héron qui volait très haut : Aster, l'archer d'Amphipolis, n'aurait pas fait mieux. Le fils de Philippe les étonna encore plus en saisissant un gros serpent, semblable à celui de sa mère et qu'il savait inoffensif.

Lorsqu'on se reposa pour se rafraîchir, avant de descendre, il invita les éphèbes à lui dire le serment qu'ils prononçaient sur la citadelle, au moment où ils accédaient à l'éphébie. Le plus âgé prit la parole. Il décrivit d'abord la scène : les éphèbes sont nus, la lance et le bouclier sur le bras gauche, la main droite étendue, dans le sanctuaire d'Aglaure. Derrière eux, quelqu'un tient leur casque. Ils disent solennellement : « Je ne déshonorerai pas mes armes sacrées. Je n'abandonnerai pas le camarade auprès duquel je serai en rang. Je combattrai pour les choses divines et humaines, ou seul ou avec les autres. Je tiendrai les labours, les orges, les vignes et les oliviers, pour bornes et confins de l'Attique. Je ne laisserai pas la patrie amoindrie, mais plus grande et plus forte que je ne l'ai reçue. J'obéirai aux magistrats et serai soumis aux lois établies et à celles que le peuple établira d'un commun accord. Et, si quelqu'un veut détruire ces lois ou ne pas s'y soumettre, je ne le souffrirai pas : je les défendrai ou seul ou avec tous. Et je vénérerai les trésors religieux de nos pères. Témoins divins de cela Aglaure, Mars, Jupiter, Thallo, Auxo, Conductrice. » (Thallo et Auxo étaient deux des Heures, filles de Jupiter, sculptées sur son trône à Olympie, — la troisième s'appelant Carpo, — et Conductrice était un surnom de Diane.)

Alexandre fut ému d'entendre ce serment, qui avait certaines similitudes avec celui qu'il exigeait des membres de l'escadron. Ces éphèbes, bientôt ses ennemis, avaient juré, à l'instar de ses compagnons, de mourir les uns pour les autres. Tous restaient silencieux, se regardant et regardant en eux-mêmes. Désormais, rien ne leur ôterait plus leur gravité. On les aurait crus presque sur le point de se battre. « Tu sais probablement, ô Alexandre, dit l'un des éphèbes, que durant la guerre du Péloponèse, les soldats les plus âgés et les plus jeunes battirent les Corinthiens à Mégare, sous la conduite du général Myronide. Les éphèbes ont combattu aussi près de Corinthe, à Solygie, sous le commandement de Nicias, et dans bien d'autres occasions, même contre les armées de ton père. — Les enfants royaux, qui sont nos éphèbes, dit Alexandre, ont combattu également plusieurs fois et même sous mes ordres. Tous mes compagnons ici présents peuvent dès demain être des guerriers, comme vous. » Ainsi, ce que chacun avait dans l'esprit, fut-il noblement exprimé à haute voix. Ils se levèrent pour redescendre et nul ne parla le long du sentier.

Le lendemain, Lysiclès repartit avec les vierges, la porteuse de feu, la prêtresse de Minerve, les magistrats et le reste du cortège, moins les victimes que l'on avait immolées. Et Dorylas, qui avait passé la nuit avec Autolyque, repartit pour Amphissa avec son précepteur.

Le même jour, Alexandre reçut un long message de Philippe, que lui apportait Euryloque. Le roi priait son fils d'aller à Pella calmer sa femme, dont les lettres exhalaient fureurs et gémissements. Elle disait qu'elle était répudiée de fait et menaçait d'empêcher le mariage de son frère. Sûr d'Alexandre, Philippe le chargeait d'être son interprète. Il répétait le raisonnement qu'il lui avait tenu sous les murs de Byzance : même s'il épousait Cléopâtre, il montrait, en donnant sa fille au Molosse, combien il honorait la famille d'Olympias ; la mère d'Alexandre, futur roi de Macédoine, la mère de la reine d'Epire, ne serait jamais répudiée. Alexandre notait que son père ne lui exprimait pas formellement l'intention de se remarier, mais celle de n'être pas troublé dans ses plaisirs.

Le roi annonçait, d'autre part, que la confédération des peuples voisins lui avait confirmé sa mission et il félicitait Alexandre de ses fermes paroles aux ambassadeurs d'Amphissa. Il ne pouvait quitter Elatée, dont l'occupation demeurait le meilleur moyen d'intimider Thèbes et Athènes, et il continuait les préparatifs de guerre. Il commentait, enfin, d'une manière favorable aux espérances de la Macédoine, le prodige qui avait marqué les Eleusinies et dont Eschine lui avait rendu compte.

Durant ce séjour à Delphes, Marsyas de Pella avait mis au net le récit de l'expédition contre les Ardiens, en qualité de compagnon et de jeune historien d'Alexandre. Il en lut à haute voix les premières feuilles de parchemin et reçut les remerciements de son héros. L'escadron célébra un sacrifice de départ à l'autel d'Apollon. Puis, laissant les troupes sous le commandement d'Euryloque, selon les instructions de son père, Alexandre, avec une faible escorte, se remit en marche vers la capitale de la Macédoine.

On longea le Parnasse jusqu'au défilé qui faisait communiquer la Locride avec Liléa, où étaient les sources du Céphise béotien. On passa à Cytinium en Doride, où l'on avait été avec Philippe, puis à Héraclée de Thessalie.

On s'arrêta à Trachis, théâtre des *Trachiniennes*. C'est dans cette ville que Déjanire, Hercule et leur fils Hyllus avaient habité et de là que Déjanire avait envoyé à Hercule, amoureux d'Iole, la fatale tunique qui aurait, croyait-elle, le pouvoir de lui rendre son amour. C'est sur le lit de la chambre nuptiale que, désespérée d'avoir été trompée par Nessus, elle se tua d'un coup de poignard, « sous le foie et le diaphragme ». Alexandre fit représenter, par Thessalus et ses amis, la tragédie de Sophocle. Il était heureux d'honorer en ce lieu le héros, sa femme et son fils, principaux personnages de cette pièce. Lui-même joua le rôle d'Hercule, qui n'intervenait qu'à la fin. Si la neige n'eût commencé de tomber sur l'Œta, il eût fait l'ascension de cette montagne, comme il avait fait plus d'à moitié celle du Parnasse. Il la contemplait au loin, en récitant ce que dit Hercule, torturé par la douleur, à Hyllus, rôle que jouait Ephestion. Ces mots le frappèrent, comme s'ils trahissaient de noirs projets d'Olympias : « Une femme... — Seule m'a abattu, sans poignard. — O enfant, sois-moi un vrai enfant — Et ne respecte pas davantage le nom de mère. » Alexandre savait qu'il respecterait toujours ce nom, mais il craignait d'être mis à forte épreuve entre les deux auteurs de ses jours.

Cette idée le fit revenir sur ses pas, pour se rendre, près de l'Œta, à Hypate, ville célèbre par ses magiciennes. Sa mère lui avait appris le nom d'Aglaonice, la plus renommée d'entre elles pour les enchantements. Il la visita, afin d'obtenir un talisman, propre à rassurer Olympias. La sorcière, vêtue de noir, était coiffée d'un bonnet pointu. Un chien, un hibou, des lézards dans une cage et une statue de la triple Hécate, formaient sa compagnie. La déesse des magiciennes, avec ses trois têtes coiffées d'un chapeau cylindrique, brandissait des torches, des fouets et des serpents. Un oiseau mort était à terre. Des mixtures cuisaient dans un chaudron. Aglaonice remit à Alexandre un long clou quadrangulaire, sur lequel étaient gravés des nœuds, des serpents, des guêpes et des scorpions. « Que la reine plante ce clou dans le lit du roi, dit la magicienne : il ne la trahira pas longtemps. »

Cette région de l'Œta, limitrophe de la Thessalie, de la Doride, d'une partie de la Locride orientale, appelée Epicnémide à cause du mont Cnémis, avait été peuplée par les Athamanes, qui étaient des Epirotes. L'Athamanie était, en effet, une des quatorze régions du royaume d'Epire et des Molosses. Mais un autre peuple, thessalien celui-là, les Enianes, surtout fixé aux environs d'Hypate, offrait cette particularité de joindre au culte d'Hercule celui d'Achille et de Néoptolème, comme pour être plus affectionné à Alexandre

On franchit le mont Othrys à Pharsale, où l'on fut accueilli par la famille de Cottyphus On y admira la statue de bronze d'Agias, faite par Lysippe On traversa la Perrhébie, puis la Piérie. On sacrifia aux Muses et à Jupiter devant l'Olympe, mais sans aller jusqu'à Dium. Hors les arrêts poétiques, Alexandre gardait une allure militaire, à titre d'entraînement.

La dernière étape fut à Béræa ou Verria, au pied du mont Bermius. C'était la résidence que Philippe avait assignée à son neveu Amyntas, en l'y nommant gouverneur. Ce dernier dissimulait sa disgrâce en se faisant oublier. On ne le voyait presque jamais à Pella et c'est à peine si Alexandre le connaissait. Il était, du reste, surveillé par le principal citoyen, nommé Zoïle, très attaché à Philippe et dont le fils, Mylléas, compagnon d'Alexandre, était l'ami-amant d'Alexandre Lynceste. C'était la première fois qu'Alexandre trouvait agréable le nom de Zoïle. Mylléas demanda que le festin eût lieu chez son père. Alexandre jugea assez ironique de voir, parmi les invités, ce gouverneur obscur qui était son cousin et qui aurait pu être roi de Macédoine. Tout le monde était couronné de roses : ce n'étaient pas les roses du mont Bermius, mais des roses de serre.

A propos des roses de cette montagne, Alexandre fut content que Zoïle estimât particulièrement délicieux les deux premiers vers du deuxième chant de *l'Odyssée :* « Quand parut l'Aurore aux doigts de rose, fille du matin, — Le fils chéri d'Ulysse se leva de son lit. » Il était ravi que le Zoïle de Béræa lui fît oublier le Zoïle d'Amphipolis, ennemi d'Homère, qui avait injustement critiqué ces deux vers.

A Pella, Olympias ne déborda pas moins de tendresse que lors des précédents retours de son fils. Mais, cette fois, il ne retournait pas seulement d'une expédition : il était allé à Dodone, il avait vu sa sœur Troade et Alexandre Molosse, il avait vu aussi la nièce d'Attale installée avec Philippe dans l'hôtel de ville d'Elatée.

De nouveau, la reine assista au bain d'Alexandre, pour écouter tout de suite, devant les esclaves, le récit de sa campagne et de ses voyages. La description des Pélories occupa le dîner, où la reine invita, non seulement Cléopâtre, mais Arrhidée, dont Alexandre avait rencontré la mère. Lorsqu'il avait remis à Olympias le clou magique d'Aglaonice, elle avait souri, en disant que la magie était désormais un moyen inutile.

Le lendemain, elle ouvrit devant lui un coffret d'où elle tira un poignard, à lame incrustée d'or. Puis, elle déclara, d'un air sombre, la main levée, comme prête à frapper : « C'est l'arme que j'emploie, dans les orgies de Bacchus, pour tuer les faons. Elle percera le cœur de Philippe. Je vais le jurer par le Styx, le grand serment des dieux. » Alexandre eut un mouvement d'horreur. Il s'empara du poignard : « Je conjure ton geste, dit-il. D'ailleurs, tu te laisses désarmer, parce que tu serais incapable de l'accomplir. — J'ai choisi un poignard incrusté d'or en vue de faire honneur à un roi, dit-elle, mais un simple couteau de sacrifice me suffirait. — Je ne peux empêcher mon père de se remarier, dit Alexandre, mais il ne te répudiera pas. Ton désir de vengeance est donc superflu. — Je n'attendrai pas la répudiation, dit Olympias, car j'exécuterai mon projet le jour du mariage. Tu es d'avance mon complice, puisque tu ne saurais me dénoncer. D'ailleurs, tu es à moi, plus qu'à ton père ; tu es fils d'un dieu. — Mère, dit Alexandre, je suis prêt à mourir pour toi, mais aussi pour Philippe, comme je l'ai montré chez les Triballes. Je ne te dénoncerai évidemment pas, mais je lui conseillerai de te tenir à distance et de se méfier de ta colère. Tu me mépriserais toi-même, si je ne le faisais pas. Malgré mon amour de la tragédie, je ne souffrirai pas que notre maison devienne celle des Atrides. Ta gloire en serait ternie, la mienne étouffée. Si tu n'abandonnes pas ton projet criminel par respect pour ton époux, abandonne-le au moins par amour pour ton fils : le monde, qui connaît nos étroits rapports, serait convaincu que j'ai été vraiment ton complice, que j'ai profité de ta fureur pour armer ton bras et régner plus tôt. »

Olympias réfléchissait. « Quand tu me parles de toi, je n'ai plus rien à répliquer, dit-elle. Je ne me consolerais pas de te nuire. Je ne tuerai donc pas Philippe de ma main et n'emploierai que les enchantements. » Les enchantements, certes, Alexandre se sentait incapable de les interdire à sa mère. Mais il espérait que celui d'Hypate produirait des effets de nature à la tranquilliser. Du reste, son optimisme le portait à croire aux bons talismans plutôt qu'aux néfastes. Embrassant Olympias, il renferma dans le coffret le poignard dont elle promit de ne jamais se servir contre le roi.

Il était troublé, chaque fois qu'il revoyait Campaspe, mais le bonheur d'Apelle était trop parfait pour qu'il voulût le déranger. Il ne se lassait pas de contempler le portrait de Vénus, que le grand peintre avait fait d'elle et que, disait l'Ephésien, il n'aurait pas vendu aux temples de Cnide, de Paphos, d'Amathonte ou de Cythère, pour tout l'or de la Perse.

Léocharès, qui achevait la statue de Philippe destinée au théâtre d'Egées, avait esquissé le dessin du bas-relief de l'apothéose d'Homère qu'Alexandre lui avait commandé. Au sommet de l'Olympe, était assis Jupiter, l'aigle à ses pieds, mais son visage était celui du poète. Au-dessous, une succession de frises montrait les neuf Muses avec leurs attributs, les trois Grâces, des nymphes et des dieux, ainsi que des personnages faciles à reconnaître : Achille et son bouclier, Patrocle près de lui, appuyé sur son épaule, le trépied de Delphes et le nombril de la Terre, qui était figurée, elle aussi, couronnée de tours. A l'étage inférieur, Homère trônait, un sceptre dans une main et le rouleau de ses poèmes dans l'autre. L'Iliade et l'Odyssée, personnifiées comme à Athènes, étaient agenouillées devant le poète ; le Temps les protégeait de ses ailes, et elles étaient suivies de tout ce qu'elles symbolisaient : l'Histoire et la Poésie, des torches à la main, la Comédie, la Nature, la Vertu, la Foi, la Sagesse, la Mémoire. Le nom de chaque figure serait gravé. Alexandre et Ephestion étaient enthousiastes de ce dessin.

Le travail confié à Aristote, avait retardé son départ pour Stagire. Il avait conservé avec lui Nicanor et Paléphate, qui l'aidaient dans ses recherches, et il avait fait venir son neveu, Callisthène d'Olynthe. En félicitant ce philosophe pour son *Histoire de la guerre de Phocide,* Alexandre lui dit qu'il faudrait sans doute y ajouter bientôt un chapitre. Il lut l'éloge funèbre que Callisthène, aussi polygraphe que son oncle, avait composé pour Hermias, à l'exemple de celui d'Aristote : lui aussi avait, en effet, connu le bel eunuque à Assos, lorsque le Stagirite y avait fondé une école de philosophie, et il exaltait ses qualités.

Le roi avait prié Alexandre de participer aux séances du conseil d'Etat, afin d'apprendre l'art de gouverner. Durant sa brève régence, qui le conduisit tout de suite contre les Mædes, ce dernier n'en avait eu qu'un aperçu. Le grave Léonidas était membre du conseil. De premier précepteur d'Alexandre, il passait maintenant au rôle d'instructeur en matière législative et administrative. Parménion, que Philippe avait laissé à Pella comme son représentant habituel, n'était pas un conseiller moins utile.

Alexandre assista à la reddition des comptes d'un magistrat des finances. Ces agents étaient tenus de leurs biens et de leur personne pendant l'exercice de leur charge, ne pouvaient quitter le pays ni se faire adopter par une autre famille ni disposer de leur fortune, même sous forme de don aux temples, avant d'avoir obtenu décharge de leur gestion. L'enquête ne s'effectuait pas, comme à Athènes, devant le peuple, mais le procédé était identique. Un héraut parcourait la ville, en disant : « Qui veut accuser un tel ? » et l'accusateur, au lieu de se rendre à l'assemblée, se rendait au conseil.

Indépendamment du contrôle des magistrats, Alexandre apprit de quelle manière on régissait les finances, on établissait l'assiette des impôts, on exploitait le capital d'esclaves. La première fois qu'il avait entendu parler du revenu de ce capital, ç'avait été par Phrynon à Athènes. Même s'il considérait les problèmes financiers comme au-dessous de lui, il ne regrettait pas d'en avoir une idée.

Il fut intéressé par le collège de six membres du conseil, qui avait dans ses compétences les affaires criminelles : vénalité, vol de deniers publics, illégalité, faux en écriture (chefs qui pouvaient concerner les magistrats des finances), usurpation de la qualité de Macédonien, dénonciation calomnieuse, adultère, prostitution. Ces deux derniers délits jouissaient d'une grande tolérance sous le règne de Philippe.

S'inspirant d'un détail de la législature spartiate que lui avait signalé Aristote, Alexandre eut le mérite de faire élaborer une loi qui serait sans nul doute approuvée par son père : soumettre au service militaire les jeunes étrangers qui résidaient en Macédoine. Ainsi, le cas d'Autolyque, qui, après la visite des éphèbes athéniens à Delphes, avait exprimé le désir de se ranger du côté de Philippe, aurait une justification légale.

Comme toujours, les exercices, la chasse, les représentations, la musique et la danse absorbaient la moitié du temps. Alexandre invitait

Campaspe au palais, dans les réunions où Olympias et Cléopâtre étaient présentes. Apelle n'accompagnait pas la jolie fille ; il ne voulait pas faire le jaloux et se fiait à la loyauté d'Alexandre. Aussi y avait-il, pour ce dernier et pour Ephestion, des occasions d'évoquer discrètement les plaisirs qu'elle leur avait accordés, ce qui ne les empêchait pas de la traiter avec la déférence que méritait Vénus.

Tout à son fils, Olympias n'avait plus prononcé une seule fois le nom de l'époux détesté. Cependant, les lettres écrites d'Elatée par les frères aînés de quelques membres de l'escadron, confirmaient l'ascendant d'Attale sur le roi. Sa nièce avait éliminé même les mignons. Il ne lui manquait que le titre de reine. Non seulement elle partageait la couche de Philippe, prenait ses repas avec lui et s'asseyait à côté de lui au théâtre, mais elle l'accompagnait en litière à l'oracle d'Abes. Alexandre cachait ces choses à sa mère, qui n'avait plus d'informateurs directs. Parménion avait changé de camp : sa fille cadette devait épouser Attale, en même temps que Philippe épouserait Cléopâtre. L'oncle de cette fille mettait dans ses intérêts le plus influent des conseillers de Philippe et le vieux général se prémunissait contre les ambitions d'Attale.

Ce fut un drame, lorsque la reine l'apprit enfin. Elle bannit Parménion de sa présence, se plaignit de n'être environnée que de traîtres. Elle avait, pour se consoler, son fils, Ephestion, le grave Léonidas, le clou magique d'Aglaonice et la jolie Praxidice.

Alexandre fut rappelé par son père avant la fin de l'hiver. Olympias lui rattacha au cou l'opale et la petite branche de corail. Il eut le plaisir de réconcilier sa mère et Parménion, en disant que l'imminence de la guerre devait suspendre les querelles domestiques. Puis, plein d'espoir, il refit en sens inverse le parcours qu'il avait fait pour venir, et arriva à Elatée avec une rapidité qu'admira son père.

La situation politique s'était tendue. Athènes avait gagné quelques alliés importants : la Messénie, l'Achaïe, l'Acarnanie. La défection de la Messénie attristait Philippe, mais le chef aristocrate Philias était mort et ses deux fils, Néon et Thrasyloque, avaient été évincés par les démocrates. L'attitude de l'Achaïe touchait également le roi : l'influence de Cléotime, qui avait là des intérêts si considérables, mais qui était Eléen, n'avait pu prévaloir. L'Acarnanie et Ambracie avaient été retournées par Nicolas de Strate et sa famille : c'était une conséquence de ce qui s'était passé sur la colline de Saturne, aux jeux Olympiques. Mais l'Elide, l'Arcadie, Sicyone, l'Argolide, l'Etolie, Naxos, Leucade, restaient aux côtés de la Macédoine ; les rivalités se balançaient à Mégare et dans plusieurs villes de l'Eubée Sparte, heureusement, ne s'était pas laissé embrigader par Démosthène :

les Héraclides, qui y régnaient, n'étaient pas les amis de Philippe, mais ne voulaient pas être ses ennemis. C'était pour lui une grande compensation.

Le voyage des ambassadeurs athéniens à Thèbes avait été différé, grâce aux efforts d'Eschine et de Démade. Ceux-ci relevaient que le décret de Démosthène ne fixait pas la date d'exécution et qu'après avoir montré à Philippe qu'on ne le redoutait pas, mieux valait ne pas l'irriter par une alliance avec Thèbes : il l'interpréterait, à son tour, comme une menace beaucoup plus précise que celle dont il inquiétait l'Attique. Les deux orateurs rappelaient tout ce que les Athéniens avaient fait jadis contre les Thébains, tout ce que les Thébains avaient fait contre les Athéniens ; ils affirmaient que l'alliance serait aux dépens d'Athènes, que les troupeaux et les esclaves de la république passeraient en Béotie. Mais Démosthène rétorquait que les Athéniens avaient toujours refusé de plier, parce que le principe de leur conduite était leur amour de la liberté : il vouait à la fureur du peuple Eschine et Démade, en citant l'exemple de Cyrsilus et de sa femme, lapidés à la veille de la bataille de Salamine pour avoir proposé de se soumettre aux Perses, et celui du sénateur Lycidas, lapidé pour la même raison, avec sa femme et ses enfants, à la veille de la bataille de Platée.

Malgré les instigations du dedans et du dehors, les Thébains semblèrent pencher soudain vers la neutralité. Timolaüs, Théogiton et Anémétas n'avaient pu mieux faire. Concluant que le roi n'alarmait pas Thèbes, on invita les Athéniens à ramener chez eux les soldats et les cavaliers qui étaient massés à Eleusis, en vertu du décret de Démosthène, prêts à voler au secours des Thébains.

Les Athéniens obtempérèrent, sur le conseil de Phocion. Ce général qui avait contraint Philippe à lever le siège de Byzance, ne pouvait être soupçonné de complaisance à son égard. Mais, ennemi des guerres inutiles, il saisit cette occasion de sauver la paix. Il fit entendre, à l'assemblée, la voix de sa sagesse, sans que Démosthène pût se permettre de le traiter comme un Démade ou un Eschine. La multitude ne demeura pas moins la proie de l'homme de Péanie. « Le peuple te tuera quelque jour, Phocion, s'il entre en fureur, dit-il au général. — Et toi, Démosthène, s'il rentre jamais dans son bon sens », répliqua Phocion.

Excités par l'orateur, les Athéniens continuèrent les mauvais procédés à l'endroit de Philippe. On intercepta de nouveau ses courriers. Alexandre lui suggéra les moyens de correspondre secrètement, qu'indiquait Enée de Stymphale, dit le Tacticien : faire, dans un livre, des piqûres minuscules au-dessus des lettres composant le message ; ou bien, coudre la feuille de papyrus où le texte était tracé, à la bride du cheval du messager ; ou bien gonfler une vessie, rédiger dessus le message avec un mélange de noir de fumée et de gomme, dégonfler la vessie, l'introduire dans un vase de terre cuite, la regonfler, remplir d'huile le vase, coller le haut de la vessie d'une manière invisible sur le bord du vase, qui passera pour un simple récipient d'huile. On adopta aussi le célèbre système des Lacédémoniens, qui consistait à écrire verticalement sur une lanière blanche, roulée autour d'un bâton, puis déroulée. Les lettres se trouvaient ainsi partagées et n'offraient aucun sens. Il fallait un bâton de même grosseur pour les rapprocher. Philippe écrivit ainsi à ses divers correspondants.

Quand il sut que les vases, les brides et les livres étaient parvenus à bon port, bien que les messagers eussent été fouillés, il déclara que les Athéniens ne lisaient pas Enée de Stymphale. Toutefois, ils savaient l'histoire et avaient réussi à déchiffrer les lanières blanches. Du reste, les messages déjà interceptés avaient redoublé leurs alarmes (Philippe y pressait l'envoi des troupes) et Démosthène avait multiplié ses initiatives, comme défenseur éclairé de la cité : après avoir soudé l'alliance avec l'Eubée et avec Mégare, l'avoir resserrée avec Corinthe et avec Corfou, il rompait celles de Philippe avec Leucade et avec Ambracie. De leur côté, Byzance, Périnthe, Sélymbrie, Sestos et Abydos demeuraient fidèles aux Athéniens. Des ambassadeurs de toutes les villes, de toutes les îles et de tous les États adversaires de Philippe étaient réunis à Corinthe pour échanger des serments : Athènes avait consenti au droit de mariage réciproque, comme dans le projet d'alliance avec Thèbes et dans les décrets pro-athéniens des villes de la Chersonèse de Thrace.

Forts de cette coalition, les ambassadeurs d'Athènes arrivèrent à Thèbes. Philippe y envoya aussitôt les siens. Il ne désigna pas Callias, trop discrédité pour ses mœurs, mais adjoignit à Python trois Macédoniens : le général Cléarque, père de Néoptolème, qui joindrait à son prestige militaire celui de présumé descendant d'Achille ; Amyntas, homonyme du gouverneur de Bérœa et apparenté d'ailleurs à la famille royale ; Aristocrate, homonyme de l'Athénien contre lequel Démosthène avait plaidé ; les deux nobles thessaliens Thrasydée et Daoque ; enfin, des députés d'Argos et de Naxos. La partie qui allait se décider, réglerait le sort de la Grèce. On était persuadé que la Fortune suivrait le choix des Thébains : le bataillon sacré n'était-il pas invincible ?

La première délégation introduite dans l'assemblée du peuple, fut celle de la Macédoine. Elle devait ce privilège à sa qualité d'alliée, Thèbes n'ayant pas dénoncé son traité avec Philippe. Mais les Thébains n'étaient pas seuls réunis pour l'entendre : il y avait également les députés de la fédération béotienne, qui groupait toutes les villes de la Béotie.

Python, après avoir ceint une couronne selon l'usage, prit la parole. Il fit ressortir ce que représentait pour Thèbes l'alliance de Philippe, qui avait prouvé sa modération et son amitié en ne réagissant pas contre l'expulsion de sa garnison de Nicée. Le roi respectait le souci d'indépendance de ses alliés, mais l'heure était venue de respecter aussi les engagements mutuels de secours, prévus en cas de menace de guerre. La présence de Philippe à Elatée le rendait maître, en quelque sorte, de la Béotie, autant que des communications de l'Attique ; mais ses ambassadeurs parlaient au nom d'un ami des Thébains et certes pas au nom d'un maître. Après la guerre sacrée, Philippe leur avait donné la ville de Coronée, dont s'était emparé Onomarque. Une alliance avec les Athéniens serait pour Thèbes une injure à la mémoire de ses soldats, tués par eux dans les guerres antérieures, et Athènes, en tâchant de l'avoir comme alliée, lui préparait de nouveaux deuils. La ville de Minerve était plus riche en renommée qu'en stratégie. Le commandement unique de l'armée macédonienne conférait à Philippe une supériorité sur les Athéniens, dont l'usage était d'avoir au moins trois généraux à la tête d'une armée, quand ce n'étaient pas les représentants de toutes leurs tribus, et chaque général avait son jour de commandement. Ces divisions avaient eu pour Athènes des conséquences tragiques. « Les Athéniens vous demandent, dit enfin l'orateur aux Thébains, de préférer périr avec eux plutôt que de vaincre avec Philippe, — Philippe, qui a été votre hôte dans sa jeunesse et qui a été élevé sous les yeux de Pélopidas et d'Epaminondas ; Philippe, le défenseur des dieux, alors que les Athéniens ont secouru les Phocidiens sacrilèges ; Philippe, qui punira Amphissa, dès que les Thébains lui auront promis leur concours. » Du reste, Python précisait que, si le roi espérait d'eux cette participation, comme dans l'autre guerre sacrée, il ne leur réclamait contre Athènes que le droit de passage. L'éloge de Philippe fut renforcé par celui d'Alexandre qui, « si jeune encore, avait donné des marques de son courage et de son génie ». Python conclut par une invocation à Hercule, enfant de Thèbes et ancêtre du roi et de son fils : ce héros « ne permettrait pas à ses compatriotes une guerre impie, non moins qu'injuste ».

Cléarque et les ambassadeurs Amyntas et Aristocrate prononcèrent quelques mots pour exalter les forces et la générosité de Philippe. Daoque et Thrasydée, puis les députés d'Argos et de Naxos appuyèrent aussi brièvement le discours de Python. Timolaüs rappela ensuite à ses concitoyens que, jadis, ils avaient proposé à Lysandre de détruire Athènes. Il évoqua l'occupation de Thèbes par les Athéniens, qui firent régner pendant trois ans une tyrannie barbare, dont Pélopidas, rentré dans la ville sous un déguisement, put enfin secouer le joug.

Lorsque Démosthène eut ceint la couronne, il ne tint pas le langage de la force, mais celui de l'idéal et du sentiment. Ce mot magique de liberté, dont il avait dit le prix à Alexandre, fut le thème de son discours. Les comiques athéniens, qui le surnommaient « le causeur de pacotille », auraient changé d'avis dans cette salle de Thèbes. Philippe, dit-il, était « beau, éloquent et d'une joyeuse humeur dans les festins » ; mais c'était un tyran, qui poursuivait, de proche en proche, l'asservissement de la Grèce. Les Béotiens seraient confondus avec ses esclaves, Triballes ou Péoniens. Tous ceux qu'il avait envoyés à Thèbes, s'étaient vendus à lui : Python, qui n'avait pu lui livrer Byzance, sa patrie ; Daoque et Thrasydée, qui lui avaient livré la Thessalie. Timolaüs et Théogiton s'efforçaient de lui livrer Thèbes. En cas de guerre, l'argument du droit de passage était fallacieux : les Thébains seraient entraînés malgré eux dans le conflit. Philippe, dont l'ambassadeur sous-estimait les armes des Athéniens, conquérait par l'appât de l'or, plus que par les armes. Thèbes même, précisa Démosthène, lui a paru « valoir la peine d'être achetée ». L'alliance que le roi invoquait, avait été une perfidie des aristocrates, ses partisans éternels. Les Athéniens et les Thébains le vaincraient sans peine s'ils s'unissaient, puisqu'ils étaient capables de le battre séparément. L'orateur faisait prévoir un changement de la Fortune, pour un homme qu'elle avait trop longtemps favorisé · les Thessaliens changeaient volontiers de parti ; les Illyriens et les autres barbares qui étaient sur les frontières septentrionales et orientales de la Macédoine, peuples épris d'indépendance, comme les Thébains, guettaient le moment d'accabler Philippe. Démosthène énumérait les alliés qu'Athènes comptait déjà par ses propres soins. Répétant d'une autre façon ses insolences d'Olympie sur l'origine du roi de Macédoine, insolences déjà reprises au lendemain de l'occupation d'Elatée, il déclara « qu'Hercule n'aurait pas entendu sans une vive indignation les députés de Philippe faire de leur maître un de ses descendants ». « Un Grec, s'écria-t-il, reconnaître un Macédonien ! L'ennemi, le vengeur, le destructeur de la tyrannie, reconnaître un tyran ! » Il ajouta qu'Alexandre n'était à craindre que dans la mesure où l'on méprisait assez les Thébains pour croire qu'ils trembleraient devant « un enfant ».

Hélas ! Philippe ne se trompait pas, quand il disait que, si Démosthène montait à la tribune, dans une ville où se trouvait un de ses ambassadeurs, ce dernier n'avait plus qu'à repartir. L'homme de Péanie avait de quoi renforcer le prestige de son éloquence : Athènes offrait aux Thébains de payer les deux tiers des dépenses de la guerre et leur laissait leur propre commandement sur le champ de bataille. Seuls, les autres alliés seraient soumis aux généraux d'Athènes. L'orgueil des Thébains fut satisfait. Il y avait aussi chez eux le désir de ne pas céder à un roi qui leur était, en quelque sorte, redevable de sa couronne et qui semblait vouloir les écraser : tous savaient que, par amour pour lui, Pélopidas avait chassé du trône de Macédoine l'usurpateur Ptolémée Alorite, en vue d'y rétablir Perdiccas. Démosthène avait gagné. Le jour même, les Thébains dénonçaient leur traité avec Philippe et s'alliaient avec leurs ennemis de la veille. Naturellement, les autres villes de la ligue béotienne suivirent l'exemple de leur métropole. Python et ses compagnons furent priés de quitter immédiatement les lieux. On expulsa les chefs aristocrates et l'on rappela d'exil Phénix et Prothyte, chefs du parti démocratique.

Revenu triomphalement à Athènes, Démosthène fit ressortir combien il était avantageux pour la république d'avoir réussi à transporter la guerre le plus loin possible de l'Attique. « Ne nous occupons pas de la transporter, dit Phocion, mais de la gagner. Le vainqueur recule la guerre loin de chez lui ; le vaincu, où qu'il soit, met le danger après lui. » Phocion tentait toujours vainement de contredire les argumentations de Démosthène. Il dut se borner à ridiculiser l'énorme Polyeucte de Sphette qui suait à grosses gouttes en appelant le peuple aux armes, du haut de la tribune. « Que feras-tu, lui dit-il, quand tu auras un harnais sur le dos ? Rien qu'à parler de la guerre, tu es près de t'étouffer devant nous. »

Une semaine plus tard, les premières troupes athéniennes arrivaient à Thèbes. Charès les conduisait. Le choix de ce général aurait pu être inspiré par les amis de la Macédoine : cher au peuple athénien qu'il faisait profiter de ses rapines, il était d'une telle incapacité que son collègue Timothée le prétendait plus digne de porter les bagages que d'être général. Il avait fait la réflexion la plus étrange et la plus déshonorante pour un chef militaire : au même Timothée, qui montrait au peuple ses blessures, il dit qu'elles étaient le signe de sa honte, puisqu'un général ne doit pas s'exposer et « ne doit mourir que de vieillesse ». Lui-même se reprochait d'avoir failli être tué, au siège de Samos, par un trait lancé des murailles, car « il s'était avancé comme un jeune homme ».

Les Athéniens furent accueillis avec enthousiasme. En vue de mieux leur offrir femmes et mignons, les soldats de Thèbes campèrent hors des murs. Le bataillon sacré, qui occupait la Cadmée, citadelle de Thèbes, n'avait besoin de personne. Mais, sans s'attarder dans les délices, les Athéniens occupèrent les défilés de Daulis et le col d'Arachova, qui menaient à Delphes. La route qu'Alexandre venait de parcourir, était coupée.

Cette fois, la guerre était inévitable. Elle était déjà commencée. Quelques jours après l'arrivée des Athéniens, une rencontre se produisit à Orchomène, sur les bords du lac Copaïs, et un détachement de leurs troupes mit en fuite un détachement macédonien, qui perdit quelques hommes. On fit grand bruit à Athènes de ce petit combat, qualifié de « bataille » par Démosthène ; l'assemblée du peuple acclama son armée et ses alliés ; une procession se déroula en l'honneur de Minerve, à qui l'on sacrifia des chèvres. Mince victoire, puisque les Macédoniens avaient renversé, dès le lendemain, le trophée élevé par l'ennemi, — un tronc d'arbre revêtu d'un casque et d'armes abandonnées. Philippe, avant de réagir, attendait les renforts de ses alliés, promis pour la fin du printemps. Il ne laissait pas de réclamer également aux membres de la confédération des peuples voisins, qui ne s'étaient pas joints aux Athéniens, les contingents destinés à la guerre d'Amphissa : il comptait bien les utiliser dans une autre direction.

Une seconde escarmouche eut lieu entre des détachements des deux camps au bord du Céphise. Les Macédoniens, commandés par Attale, étaient de beaucoup les moins nombreux. Ils se retirèrent en laissant un mort, ce qui redoubla l'enthousiasme à Athènes. Nouvelle procession pour « la bataille du fleuve ». Si c'était une « victoire sans larmes », la défaite n'en avait coûté guère. Démosthène fit voter encore des sacrifices solennels et accusa Eschine de trahison, parce qu'il n'était pas sorti de chez lui pour se mêler à la joie publique. Les Thébains rendaient grâces aux Athéniens d'un concours si efficace. Alexandre et ses amis allèrent renverser ce second trophée, que gardait une poignée de soldats, aussi prompts à prendre la fuite que l'avait été le bataillon d'Attale.

Malgré les apparences, qui semblaient à l'avantage des Athéniens, l'équilibre n'était pas rompu : ni Charès ni Philippe n'osaient attaquer. Mais les premiers contingents du Péloponèse qu'espérait le roi, avaient débarqué à Itéa, le port de Delphes, et reçu l'ordre de gagner Cytinium. Cette ville, dont Philippe et Alexandre avaient apprécié la position stratégique, au bout de la plaine du Céphise, répondait à l'un des principaux défilés du Parnasse. Les Amphissiens ne s'étaient pas opposés au passage de ces troupes : bien que rassurés par le fait d'avoir recruté six mille mercenaires, ils cherchaient à ne pas provoquer Philippe. Peut-être pensaient-ils que son conflit avec Athènes et avec Thèbes le retiendrait loin d'Amphissa et que, rien n'étant moins sûr que sa victoire, ils pouvaient avoir la chance d'être débarrassés de lui sans se battre.

Dès que les contingents péloponésiens furent arrivés à Cytinium, Philippe leur fit dire secrètement de l'attendre. Il renvoya une ambassade à Thèbes, conduite par Euthycrate d'Olynthe, pour affirmer ses intentions pacifiques à l'égard des Thébains, malgré leur traité avec Athènes, comme s'il estimait encore possible de se les concilier. D'ailleurs, les deux engagements survenus dans la plaine du Céphise, ne les avaient pas impliqués. Puis, avant qu'on eût le temps de pénétrer ses desseins, le roi conduisit ses troupes à Cytinium, par une marche aussi fulgurante que l'était d'ordinaire celle d'Alexandre.

Si Cléotime était resté en Elide pour les intérêts de Philippe, il lui avait dépêché un jeune combattant : Evagoras. Le garçon aux baisers avait un double mérite à s'engager dans l'armée macédonienne, puisque Mégare, sa patrie, était désormais l'alliée d'Athènes. Alexandre fut heureux de le trouver à Cytinium, comme il l'avait été de conserver Autolyque. Il l'agrégea à son escadron. La naissance d'Evagoras était médiocre, mais Alexandre le déclara noble par la beauté. Il lui donna pour amant son frère de lait Clitus, fils de sa nourrice Hellanicée, qu'il avait fait récemment l'un de ses compagnons, bien que lui non plus ne fût pas noble, et qui n'avait pas encore d'aimé. Denys de Syracuse, qui tenait à combattre, lui aussi, pour la cause du dieu de Delphes, était un autre soldat inattendu. Cottyphus de Pharsale, qui brûlait de venger enfin ses blessures, commanderait une brigade de la cavalerie thessalienne, dont Ménon, l'oncle de

Médius, était le chef. Euryloque opérerait sa jonction avec Philippe dans la vallée du Plistus.

Les Amphissiens comprirent trop tard que le roi avait décidé d'attester d'abord sa force à leurs dépens. Tandis qu'il groupait son armée, ils appelèrent des renforts athéniens et thébains qui occupèrent le défilé de Liléa, menant à Amphissa. Philippe imagina un moyen de les en écarter. Il écrivit à Parménion, toujours à Pella, qu'il renonçait à son entreprise contre les Locriens Ozoles et qu'il repartirait pour la Macédoine dès que des pluies, qui étaient survenues, auraient cessé. Puis, il fit en sorte que le messager tombât dans une patrouille thébaine. La garde du défilé fut relâchée. L'armée macédonienne se dirigea aussitôt vers le Parnasse.

Le roi et ses troupes étaient couronnés de laurier, comme durant la précédente guerre sacrée, en qualité de vengeurs d'Apollon. Suivant le conseil d'Aristandre, Euryloque, à Delphes, avait fait prononcer les malédictions contre les sacrilèges : les prêtres d'Apollon, tournés à l'ouest et vêtus de robes rouges, avaient secoué les pans, afin de dévouer aux dieux infernaux et aux Furies les Amphissiens et leur postérité.

Les mercenaires furent bousculés en tentant de fermer le passage à l'armée macédonienne. Pourchassés, la plupart périrent dans des précipices, tels les faux satyres des bacchantes du Parnasse. Leurs boucliers peints en blanc, étaient tombés sur eux et leur faisaient une espèce de linceul. Leur chef, capturé, fut immédiatement pendu, ainsi que l'avait été Onomarque.

L'armée propre des Amphissiens faisait front, aux portes de la ville. Quand Euryloque eut rejoint, la bataille commença. Alexandre fut très fier, lorsqu'il vit son père renforcer l'aile gauche de la phalange pour corriger l'inclinaison naturelle des fantassins vers la droite. On déborda plus vite les ennemis. Mais l'honneur de tuer leur général appartint à Philippe. Ils ne se rendirent pas pour cela, comme les barbares. Leur valeur était doublée par la crainte du châtiment annoncé. Un grand nombre d'entre eux avait été massacré. Le reste se réfugia dans les murs, avec Athéniens et Thébains.

Il fallut un siège d'une semaine pour prendre la ville d'assaut : le temps de fabriquer des tours de bois, plus hautes que les murailles, pour percer de flèches les défenseurs. Mais la citadelle avait la défense supplémentaire d'une falaise à pic. On en eut raison par la famine, au terme de quinze jours.

Les pertes macédoniennes étaient d'une cinquantaine d'hommes. Malgré sa myopie, corrigée par ses remèdes habituels, Denys de Syracuse s'était battu courageusement et n'avait pas été blessé. L'ancien tyran voyait dans cet heureux hasard la marque du pardon céleste pour les sacrilèges de son père : il remerciait Apollon, Jupiter Olympien, Cérès et Proserpine, divinités de Syracuse. Le bel Evagoras, lui aussi, avait été digne de ses nouveaux compagnons. Pour le féliciter, Alexandre le baisa sur la bouche, mais sans demander ces baisers pénétrants qui étaient réservés désormais à Clitus.

Tous les habitants d'Amphissa furent vendus comme esclaves. On garda les prisonniers athéniens et thébains. Le serment des confédérés reçut une application scrupuleuse : la ville fut rasée, à l'exception des temples. Minerve, Castor, Pollux et Vesper ne régnèrent plus que sur des ruines.

Parmi les réfugiés de la citadelle, on avait trouvé le beau Dorylas. Alexandre lui rappela en souriant sa prédiction que même la citadelle serait prise. Philippe, inexorable, refusa d'exempter de l'esclavage ni ce garçon ni son père ni les autres ambassadeurs qu'avait traités Alexandre, puisque les imprécations avaient été prononcées. Au moins Dorylas fut-il donné à Autolyque. Celui-ci, ravi, en fit son écuyer, comme Démètre avait fait du jeune prisonnier thrace. Critobule, qui n'avait pas été jaloux des deux nuits de Delphes, à cause de l'après-midi de la grotte Corycienne, s'était borné à dire que l'écuyer aurait deux montures à soigner.

Alexandre sacrifia avec Ephestion au temple de Castor et Pollux. Jamais encore il n'avait vénéré dans un sanctuaire les deux frères d'Hélène. Jusque-là, il ne les avait vus qu'au ciel, en mai, sous le nom de Gémeaux, Ephestion identifié à Castor et lui à Pollux. Il évoqua l'amoureuse affection des deux jumeaux l'un pour l'autre. Pollux n'avait pas voulu profiter de l'immortalité, si Castor ne la partageait pas. Grâce au souverain des dieux, ils étaient alternativement six mois dans l'Olympe et six mois sur la terre. Anaxarque prétendait qu'ils se confondaient ici avec deux Cabires.

Philippe ne se contentait pas d'avoir écrasé les Amphissiens, mêlés d'Athéniens et de Thébains, et d'avoir détruit Amphissa : il voulait établir sa domination sur toute la Locride Ozole. Cette promenade militaire, — car il n'imaginait pas de rencontrer une vraie résistance, — lui plaisait pour plusieurs motifs : elle témoignerait sa tranquillité, il étendrait ses frontières, il lèverait de nouveaux contingents, il donnerait à Thèbes et à Athènes le temps de réfléchir et peut-être de se diviser. Les intrigues de Timolaüs et des autres aristocrates thébains exilés, reprenaient déjà, grâce à sa victoire. Elle avait rendu confiance à tous ceux qu'avait inquiétés l'alliance conclue par Démosthène.

Le roi descendit d'abord vers Œanthée, petite ville qui faisait face à Cirrha, sur le golfe de Crisa. Les habitants lui ouvrirent leurs portes. On sacrifia aux temples de Diane et de Vénus. Celui de cette déesse était au milieu du bois sacré, auquel Cléotime avait fait allusion durant le banquet d'Olympie. Philippe accorda à quelques jeunes officiers le droit de se divertir avec des courtisanes et des garçons qui s'y trouvaient, prêts à toutes les œuvres de Vénus. Ce n'étaient pas des prostitués sacrés des deux sexes, mais c'en était l'équivalent.

L'armée poursuivit sa marche sur le plateau de la Locride. Elle entra à

Eupalium et au port d'Œnéum, aussi aisément qu'elle était entrée à Œanthée. C'est dans l'enclos de Jupiter Néméen, près de ce port, qu'Hésiode avait été tué par les frères de la fille de son hôte, qu'il avait séduite : un oracle lui avait prédit qu'il mourrait à Némée. Philippe honora le cénotaphe de son poète, dont les cendres étaient maintenant à Orchomène.

Puis, il traversa le Delphinus pour assiéger Naupacte, qui avait renvoyé ses hérauts. Bâtie à l'embouchure de l'Hylétus, adossée à une montagne et entourée de remparts qui allaient jusqu'à la mer, cette ville, la plus considérable de la Locride après Amphissa, ne tarda pas à capituler. Le roi fut clément : il n'y avait pas eu un seul mort parmi ses troupes et les Naupactiens n'étaient pas des sacrilèges. Il leur imposa un tribut et un contingent. De plus, il détacha la ville de la Locride Ozole pour l'incorporer à l'Etolie, dont il était l'allié. C'était prouver qu'il récompensait la fidélité.

Il y avait, à Naupacte, un célèbre temple d'Esculape, bâti par un de ses citoyens auquel le dieu de Tricca et d'Epidaure avait rendu la vue. Philippe et Alexandre y sacrifièrent. Ils visitèrent également une grotte dédiée à Vénus, un temple de Neptune près de la mer et un temple de Diane. On leur fit lire des poésies dites naupactiennes, satires obscènes contre les femmes, qui dépassaient tout ce qu'avait écrit Simonide d'Amorgos.

Une délégation de l'Etolie s'était présentée pour saluer Philippe et le remercier du rattachement de Naupacte. Le roi se rendit à Calydon, capitale de cet État, située au bord de l'Evénus et au pied du mont Chalcis, non loin de la frontière de la Locride. Alexandre sacrifia avec son père sur l'autel de leur ancêtre Hercule, au bord de ce fleuve où le héros avait tué à coups de flèches le centaure Nessus, qui, après l'avoir transporté sur l'autre rive, tentait de violer Déjanire. C'est là que le centaure donna à l'épouse du héros sa tunique ensanglantée, en lui faisant croire que ce serait un filtre d'amour. Mais il savait que son sang était empoisonné par le fiel noir de l'hydre de Lerne, où avaient été trempées les flèches d'Hercule. « J'ai de la chance qu'Olympias n'ait plus cette tunique », déclara le roi. Anaxarque dit que, si l'on parlait toujours du sang du centaure, qui avait imprégné la tunique de Nessus, on ne parlait pas de son sperme, ce qui rendait l'histoire incomplète. Hercule avait atteint le monstre à l'instant où il allait jouir de Déjanire et, comme ce qui était arrivé à Vulcain sur le point de violer Minerve à Athènes, sa semence était tombée sur le sol. Nessus recommanda à Déjanire de la ramasser et de la mélanger à son sang et à de l'huile pour en frotter la tunique, avec un flocon de laine.

De retour à Delphes, le roi fut accueilli en triomphateur. On eût dit Apollon venant de tuer Python, — un Apollon borgne, un peu boiteux, un peu estropié, mais toutes ses blessures ne diminuaient pas sa beauté, que reconnaissait même Démosthène. La beauté intégrale du dieu était incarnée par Alexandre. Les sibylles, les prêtres, les devins, les petits serviteurs du temple, les graves sénateurs, le peuple de Delphes, bénissaient les Olympiens.

Cottyphus, au nom de la confédération et au nom des combattants, fit le panégyrique le plus propre à flatter le roi. Il lui dit que sa gloire, au service du dieu de Delphes, déjà acquise par la précédente guerre sacrée, effaçait celle d'Alcméon et celle de Périclès : le premier, à l'époque de Solon, avait restitué aux Delphiens le sanctuaire, usurpé par les Cirrhéens, et le second l'avait arraché de même aux Spartiates.

Après le sacrifice de gratitude à Apollon et le versement intégral à son trésor du butin d'Amphissa, — le sceau de Vesper n'avait pas été oublié, — Philippe réunit une session extraordinaire du conseil de la confédération des peuples voisins, que les circonstances lui paraissaient imposer. C'était également pour lui un prétexte de resserrer ses liens avec ceux qui étaient ses alliés, à la veille du moment capital. Ses ambassadeurs n'avaient rapporté de Thèbes aucune réponse ; c'est à peine si on avait consenti à les écouter. Les menées des exilés avaient fait long feu. Démosthène restait le maître, avec les démagogues Phénix et Prothythe.

Sans se troubler, Philippe passa en revue les questions pendantes et les questions de routine. On vérifia les comptes des intérêts payés par les villes ou les particuliers pour l'argent qui leur avait été prêté sur le trésor du temple ; la location de troupeaux, de maisons et de terres appartenant au dieu, en dehors des terres qui n'étaient pas affermables. Philippe constatait avec plaisir que ces paiements, d'ordinaire très difficiles à recouvrer, étaient faits avec régularité, depuis qu'il avait assumé la protection des lieux saints : on le craignait. Le conseil augmenta le droit de passage institué entre Crisa et Delphes et qui était une des sources de revenus du sanctuaire. Il décerna le privilège de l'hospitalité aux bienfaiteurs du temple et le renouvela à la compagnie des artistes de Bacchus, qui se vit confirmer, en outre, celui de sûreté et d'immunité en temps de guerre. Enfin, il régla quelques différends entre villes pour des territoires contigus ou des saisies de navires et de marchandises.

Philippe n'avait eu sous la main, durant la campagne, que les deux Pausanias. Il manda d'Elatée la nièce d'Attale, afin de ne se priver d'aucune de ses voluptés. Il la reçut avec des honneurs royaux. Alexandre jugea inutile de protester. Complice de sa mère à Pella, il l'était de son père au milieu des camps. Il mettait d'accord ses sentiments par une double certitude : qu'il empêcherait Philippe de répudier Olympias et qu'il empêcherait Olympias d'assassiner Philippe. Il pouvait donc se livrer, avec Hippostrate, au plaisir de voir sa charmante sœur jouer, dans le sanctuaire d'Apollon, le rôle d'une Diane peu chaste.

La déclaration de guerre provoquée par Démosthène, n'avait pas suspendu toutes relations entre Macédoniens et Athéniens. Isocrate avait écrit à Antipater, l'un des artisans de la paix ancienne, et qui était allé d'autres fois en ambassade à Athènes avec Python. Ce général avait gagné l'amitié de Phocion, le titre d'hôte des Athéniens et le droit de cité. La lettre d'Isocrate avait pour prétexte de lui recommander un de ses amis, Diodote, qui habitait la Phocide et qui « s'était rendu souvent utile à certains souverains d'Asie par ses conseils ». C'était rappeler indirectement à Philippe ses propres conseils de bonne entente à l'égard des Athéniens. En outre, Eschine parlait du fils de ce Diodote, qui aspirait à être le « disciple » d'Antipater. Ce mot fit rire le général, que le vieil orateur changeait en philosophe à la veille de la guerre.

L'été avait commencé et les préparatifs s'intensifiaient de part et d'autre. Philippe se réjouissait que la jalouse démagogie athénienne, au lieu de confier la charge de premier général à Phocion, l'eût attribuée à Stratoclès, dont les talents militaires n'avaient pas fait encore leurs preuves. On lui laissait pour adjoint l'incapable Charès et l'on avait nommé comme troisième général Lysiclès, qui avait conduit la Pythaïde, ce qui devait le rendre cher à Apollon. Le peuple athénien n'avait pas choisi Phocion, parce que c'était un aristocrate et qu'on voulait réserver la gloire de vaincre Philippe à des généraux démocrates. Les forces semblaient égales des deux côtés : avec les contingents alliés, qui étaient tous arrivés sains et saufs, le roi comptait trente mille fantassins et deux mille cavaliers ; les Athéniens, les Thébains et leurs recrues, le même nombre d'hommes à pied et à cheval. Théagène, qui commandait les Thébains, était de l'école d'Epaminondas, mais Philippe, auprès de qui Parménion venait d'arriver, conservait l'avantage du commandement unique de ses troupes.

Aristandre, qui observait le ciel, avait déclaré que le moment le plus favorable pour livrer bataille, serait celui où le soleil passerait dans le Lion. Cela fixait la date entre le 20 juillet et le 8 août, date où le Lion se lève.

Le 20 juillet, Philippe, à qui Alexandre avait parlé du défilé de Daulis, résolut de s'emparer par ruse de cette position et de celle qui la précédait du côté de Delphes : le col d'Arachova. Se fiant à sa chance et à son intelligence, autant qu'à la médiocrité et à la naïveté de ses adversaires, il renvoya un faux courrier pour annoncer qu'il comptait gagner, par Liléa, la plaine du Céphise. En vue de corroborer la nouvelle, il y fit passer quelques troupes. Lysiclès, Charès et Stratoclès, persuadés que le gros de l'armée allait suivre, n'hésitèrent pas à dégarnir le défilé de Daulis et le col d'Arachova. Ainsi le roi se porta-t-il là où on ne l'attendait plus. Les détachements laissés par les généraux athéniens, décampèrent sans demander leur reste.

Philippe, Alexandre et Parménion montèrent sur l'Hadylium pour étudier la plaine : la région de Chéronée leur sembla un excellent champ de bataille. Le mont Parnasse, à l'ouest, avec les avant-monts Thurium et Pétrachus, le lac Copaïs à l'est, en formaient les limites. Le roi se proposa de tout faire pour y attirer l'ennemi. Le lieu se prêtait au déploiement de la phalange et les collines permettaient d'y poster la cavalerie pour la faire intervenir au moment propice.

Aristandre, consulté, approuva ce choix. Il y avait, au confluent du Céphise et du petit fleuve Hémon, — anciennement appelé Thermodon, — un temple d'Hercule où l'on conservait un oracle de Bacis, le devin thébain qui avait prédit l'invasion et la défaite des Perses. Selon Aristandre, les Athéniens, aidés par l'or des Mèdes envoyé à Démosthène, représentaient les nouveaux ennemis de la Grèce, puisqu'ils étaient les ennemis de Philippe, et ils subiraient le même désastre. Alexandre cracha pour conjurer la Vengeance, tout en souriant un peu de cette déduction. Anaxarque releva que cette région du Copaïs avait été funeste aux Athéniens, un siècle auparavant, et aux Thébains cinquante ans plus tard : ils avaient été battus les uns et les autres à Coronée, les premiers par les Béotiens, les seconds par les Spartiates. « Chéronée leur sera aussi fatal », dit-il. Alexandre fit un autre geste conjurateur : il mit l'annulaire de la main droite sur ses lèvres, puis derrière l'oreille droite.

« Il y a aussi, dans ce temple d'Hercule, dit Aristandre, un oracle de la sibylle de Delphes, postérieur à ces deux batailles et qui ne peut donc les concerner : « Puissé-je être loin de la bataille du Thermodon, — Comme l'aigle dans les nuées, et regarder du haut des airs ! » Le devin, qui parlait à cœur ouvert à Alexandre, ne confia qu'à Alexandre le troisième vers de cet oracle : « Le vaincu pleure et le vainqueur est perdu. » « Pense à ce que je t'ai dit au sujet du taureau sauvage et de l'aigle du Strymon, par rapport à l'avenir de ton père », ajouta-t-il. Comme Aristandre avait dit également qu'il y avait, près du Thermodon, le tombeau d'une Amazone, où était gravée une prophétie sur une bataille en cet endroit, Alexandre déclara que tout cela concernait sans doute une reine des Amazones, morte victorieuse des Béotiens.

On apprit autre chose qui avait l'air d'appuyer les prévisions de Philippe et Aristandre, relatives au choix de ce lieu. Le lac Copaïs, qui augmentait pendant neuf ans et décroissait ensuite, ne soutenait jamais son niveau supérieur deux ans de plus sans que cette irrégularité présageât une catastrophe. Le phénomène se constatait cette année. Et c'est une année où il s'était produit, que les Athéniens avaient été battus à Coronée. Les noms des deux villes se faisaient écho, à la manière d'un oracle tiré de la divination par les sons.

Chéronée apparaissait dans l'Iliade sous son ancien nom d'Arné, dû à une fille d'Eoïe, que remplaça ensuite celui de Chéron, fils d'Apollon. Les vignes qui l'entouraient et la qualité du vin, lui méritaient toujours l'épithète de « riche en grappes », que lui décernait Homère. La ville était fameuse pour posséder le sceptre d'or que Jupiter avait donné à Agamemnon, en vue de mettre les Atrides au-dessus de tous les autres rois, et ce souvenir également semblait à Alexandre un heureux présage. Le sceptre avait été apporté en Phocide par Electre, fille du roi des rois. Chaque année, un prêtre différent en avait la garde. Bien que non déposé dans un temple, cet insigne de divine origine était vénéré comme une divinité : on lui offrait du vin et des confitures.

La nièce d'Attale était surtout intéressée d'apprendre que l'on fabriquait à Chéronée des confitures et des parfums. Olympias et la mère d'Ephestion faisaient grand usage, pour elles et pour leurs enfants, de la rose, du narcisse et de l'iris de cette ville ; mais, auprès de ceux-ci, l'iris de Chéronée était désormais supplanté dans leur toilette par celui de Corinthe, si précieux pour l'anus. Sur l'ordre de Philippe, des paysans béotiens avaient livré à sa bien-aimée Cléopâtre une jarre de confitures de figues, dont elle eut une indigestion, et une jarre d'essence de roses. Autour de la jolie fille, ce n'étaient qu'exercices, revues d'armes, sonneries de trompettes. Elle maniait les armes de son frère Hippostrate, comme si c'eussent été des jouets. Elle avait, du reste, ses propres jouets, lançant sa balle sous les pieds des chevaux, battant des chansons sur son tambourin, accrochant son cerf-volant aux machines de guerre, vêtant, dévêtant, dorlotant sa poupée, qu'elle couchait dans un petit lit d'or. Comme les vierges ne se séparaient de leurs jouets qu'à leur mariage, elle faisait, avec naturel, profession de virginité. Ces enfances excitaient le roi.

Philippe, renseigné par ses espions, savait que les ordres d'Athènes étaient de retarder la bataille le plus longtemps possible. On espérait le décider à évacuer la Phocide, après l'avoir empêché de se mesurer avec les deux puissants ennemis qu'il n'avait pas réussi à diviser. C'était faire bon marché des ambitions qu'il avait toujours manifestées et de son projet d'entraîner la Grèce contre les barbares. Il avait renoncé à obtenir ce commandement par la persuasion et par sa prépondérance : il fallait employer la force. Il disait apercevoir chez l'ennemi ce que les Athéniens du temps d'Alcibiade nommaient « la maladie de Nicias », ce général, très brave dans l'action, ayant en coutume de temporiser à l'infini avant de s'y résoudre. Mais s'imaginait-on que Philippe allait rester sous les armes jusqu'aux jeux Pythiques, qui auraient lieu en septembre ? accepter de comparaître devant toute la Grèce pour présider ces jeux, vainqueur des Locriens Ozoles, mais suspect de couardise à l'égard des Athéniens et des Thébains ? Les deux petits échecs de ses troupes en Béotie ne sembleraient pas compensés par sa victoire à Amphissa et par la prise de Naupacte. En réalité, s'il laissait piétiner les Athéniens, c'est parce qu'il n'avait rien à y perdre : au lieu que leur courage s'énervait dans une longue attente, celui des Macédoniens, habitués au travail des champs et aux exercices militaires, ne faisait que s'accroître.

La temporisation des Athéniens et des Thébains avait d'autres motifs que de vains espoirs fondés sur le découragement de Philippe : les chefs des contingents alliés avaient refusé de se soumettre aux engagements pris en dehors d'eux et voulaient commander pour leur propre compte. Les Thébains eux-mêmes ne relevant pas de l'autorité des trois généraux athéniens, il y avait autant de chefs que d'Etats ou de villes alliés. Chacun avait son avis, ses principes, son orgueil. L'inconvénient mis en valeur par Python, durant son discours à l'assemblée béotienne, s'avérait encore plus grave qu'il ne l'avait dit.

Lorsque Aristandre eut signalé que la belle étoile située sur la poitrine du Lion, avait brillé d'un éclat particulièrement vif en apparaissant le 24 juillet, et que le 1er août, coucher de l'Aigle, était la date la plus favorable aux Macédoniens, Philippe décida de ne plus attendre et de forcer le destin. Dès le 25 juillet, il prit ses dispositions pour attirer les ennemis sur le terrain qu'il avait choisi. Par des jeux de cavalerie bien dirigés, et qui évitèrent les imprudences des deux rencontres précédentes, il les fit sortir de leur expectative et de leurs positions. Entre la plaine de Chéronée et celle de Thèbes, la route était resserrée par les collines et ils la crurent plus aisée à barrer. Théagène et Stratoclès étaient tombés dans le piège que Philippe leur avait tendu.

Le 1er août, au soleil levant, les deux armées étaient face à face près de Chéronée. Alexandre se tenait près de son père, à l'ombre d'un chêne, sur une colline. Le roi, qui devait commander l'aile droite, avait pour vis-à-vis les Athéniens, massés sur les pentes du Thurium, au bord du fleuve Hémon. Bien que le temple d'Hercule fût de leur côté, le descendant du héros voyait comme un encouragement d'avoir à marcher vers ce sanctuaire. Il avait avec lui Attale, Antigone et Cléarque. Alexandre, à l'aile gauche, avec Antipater, Euryloque et Parménion, aurait à lutter contre les Thébains. Malgré la confiance que donnaient à Philippe tous les présages et la réussite de son plan, il regardait d'un air songeur cette étendue desséchée par l'été. On y verrait sa victoire ou sa défaite, son triomphe sur Thèbes et sur Athènes ou l'écroulement de sa puissance et de ses rêves. Alexandre faisait des réflexions identiques à celles de son père : son futur royaume, son futur empire, la gloire de son amour, se joueraient là. Le chant d'un coq, dans une ferme lointaine, les fit tressaillir, comme une promesse de victoire, après celle qu'Aristandre avait trouvée dans les entrailles des victimes.

Sans doute Stratoclès, Lysiclès et Charès se disaient-ils aussi que la liberté ou l'asservissement d'Athènes était entre leurs mains ; Théagène, que la patrie d'Epaminondas et le bataillon sacré allaient vaincre, une fois de plus, ou périr. Peut-être entendaient-ils également le chant d'un coq. Ils avaient connaissance, comme leurs troupes, de la prophétie de la sibylle, annonçant un terrible combat, et du phénomène du lac Copaïs, mais ils avaient dû les interpréter en leur faveur. Ils ne savaient pas, toutefois, que le 1er août, date du coucher de l'Aigle, était faste uniquement à l'égard des Macédoniens. A ceux qui l'auraient su, Démosthène aurait rappelé que Périclès et Epaminondas n'avaient jamais tenu les présages que pour des prétextes à la lâcheté. C'est ce qu'il déclarait à ceux que troublaient l'oracle de Delphes, le souvenir de Coronée et la crue du lac.

Démosthène, en effet, qu'Eschine, soldat valeureux, accusait de n'être « qu'un lion de la tribune », combattrait aujourd'hui Philippe par les armes, après l'avoir combattu depuis tant d'années par la parole. Ainsi qu'Alexandre le lui avait dit, ils se retrouvaient sur un champ de bataille. Mais l'orateur n'était pas engagé volontaire, comme le platonicien Euphréus : il avait figuré sur la liste des citoyens enrôlés cette année, comme Démade. Pour le motif inverse, Eschine et Phrynon étaient restés à Athènes, de même qu'Hypéride et Lycurgue, exemptés par leur charge de sénateurs. Diogène le Cynique, faisait partie du contingent de Corinthe et s'opposerait à Denys de Syracuse ; Nicolas de Strate, l'insulteur d'Alexandre à Olympie, avait fait lancer une flèche portant un message à son adresse, comme, jadis, l'archer Aster d'Amphipolis en avait lancé une à Philippe au siège de Méthone, mais il n'était pas question d'atteindre un organe particulier. L'escadron des amis serait le digne rival du bataillon sacré. Le fils de Philippe admirait le sort qui lui assignait de détruire d'autres amis, d'autres amants. Et n'y avait-il pas, au nombre des Athéniens, des éphèbes qui avaient été ses camarades d'excursion à la grotte Corycienne ? Sous les armes, pensaient-ils encore aux mystères du phallus-dressé ? Mieux encore : les trente garçons des premières familles de Macédoine, maintenant les principaux officiers du roi, qui avaient été avec lui les otages des Thébains à l'époque d'Epaminondas et de Pélopidas, ne comptaient-ils pas, au nombre de ceux-ci, des amants ou des aimés qu'ils avaient eus dans leur jeunesse ? Autolyque avait sacrifié sa patrie à son amitié. Du moins ne risquait-il pas de se heurter à son père ; sinon, il fût demeuré à l'écart du combat. Mais il bravait un autre risque : celui d'être condamné à mort comme traître et jeté aux gémonies, si Athènes était victorieuse. La nouvelle loi macédonienne sur le service militaire des étrangers serait alors de peu de poids. D'ailleurs, il n'était pas, en dehors de Callias, le seul Athénien du côté de Philippe : deux chefs de contingents alliés, Proxène et Théagène, — homonyme du général thébain, — étaient les concitoyens de Démosthène. Toutes ces disparates auraient suffi à montrer combien cette guerre était fratricide, ainsi que l'avaient proclamé le vieil Isocrate et Eschine, mais le choc d'une ambition qui n'admettait pas un refus, et d'une démagogie qui masquait d'autres ambitions, avait conduit fatalement à ce champ de bataille.

Alexandre ne pouvait plus se dire, pour augmenter son ardeur par le mépris, qu'il s'apprêtait à lutter contre « des figures de limon, pareilles à des ombres ». Dans ce carré de boucliers et de piques, au centre de l'armée thébaine, vivait l'esprit d'Epaminondas, de Pélopidas et de Gorgidas, le créateur de ce bataillon. La phalange de Philippe se mesurerait avec la grosse infanterie athénienne, création d'Iphicrate et dont les compagnies étaient divisées par tribus ou par localités de l'Attique, pour faire de l'amour-propre un supplément de courage.

Le bataillon sacré, avec ses trois cents hommes, et l'escadron d'Alexandre, en plus petit, — mais un de ses compagnons n'en vaudrait-il pas dix des autres ? — fondaient leur courage sur l'amour. Lorsque Gorgidas avait institué ce corps d'amants et d'aimés, Pammène, le père d'Epaminondas, avait dit : « Nestor n'entendait rien à ranger une armée en bataille, car il conseille à Agamemnon de les ranger « par nation » et « par lignées », « afin que la lignée serve de défense à la lignée et les nations aux nations ». Les hommes ne se soucient ni de leur nation ni de leur lignée ; mais un amant se soucie de celui qu'il aime et un bataillon composé d'hommes amoureux les uns des autres, ne pourrait jamais être rompu. » C'est ce que disait Phèdre dans *le Banquet* de Platon et qu'Alexandre avait rappelé à ses amis, lors de son premier repas de régent avec eux. Toutes ces belles phrases allaient se vérifier et se confronter aujourd'hui.

Après avoir contemplé une dernière fois ces troupes qui étincelaient au soleil, les buissons fleuris d'agnus-castus, les blanches murailles du temple d'Hercule près de l'Hémon, Alexandre salua son père et descendit la colline pour rejoindre au galop l'aile gauche des Macédoniens. Philippe, toujours fertile en ruses de guerre, avait combiné une feinte retraite : il ferait plier l'aile droite, afin d'attirer les Athéniens devant une colline d'où il pourrait les envelopper de sa cavalerie. L'armée athénienne étant la plus nombreuse, Alexandre n'aurait pas ainsi à craindre qu'elle renforçât les Thébains. S'il les dispersait rapidement, il se joindrait ensuite au roi pour l'aider à disperser les Athéniens. S'inspirant de son père, il avait ménagé une embuscade, en cachant cinq cents soldats dans un petit bois.

Bucéphale frémissait déjà, comme le cheval d'Ephestion. « Voici notre quatrième bataille, pour nos dix-huit ans, déclara Alexandre. Mais aucune n'a représenté plus de dangers ni plus d'espoirs. » Leur sacrifice d'anniversaire, cinq jours plus tôt, célébré solennellement en présence du roi et de l'armée, avait été comme le prélude du sacrifice de ce matin. Les hérauts couraient devant l'armée pour répéter les paroles que Philippe venait d'adresser à ses hommes : « Soldats, nous ne combattons pas afin de réduire une ville, une province, un Etat ou un peuple barbare : nous combattons pour la domination de la Grèce. C'est la fortune de la Macédoine qui est liée à cette bataille. Les dieux nous accorderont la victoire que ma prudence a préparée, que vos dernières actions ont méritée et que votre courage est digne d'obtenir. Exécutez les ordres que vous avez reçus. L'ennemi est venu se livrer à nous. Renversons les orgueilleux

Athéniens, les Thébains parjures et leurs tristes alliés. » Aussitôt après, il entonna le péan. L'ennemi faisait de même. Les Béotiens, en agitant une tunique rouge au haut d'une lance, donnèrent le signal du combat. Sans doute leurs devins leur avaient-ils conseillé d'en prendre l'initiative.

Un phénomène se produisit, qui stimula les Macédoniens, autant que celui du lac Copaïs. Près de l'Hémon, une forêt avait été brûlée et une rafale de vent s'était élevée, — le vent qui soufflait, comme chaque fois, au coucher de l'Aigle : les cendres couvrirent tout à coup l'armée athénienne et l'armée thébaine. Sans avoir besoin d'Aristandre, les Macédoniens eurent le sentiment que c'était un signe des Parques, prêtes à faucher l'ennemi. Alexandre se rappela que, dans sa première campagne, en arrivant chez les Bistones, il avait fait sacrifier à Borée pour honorer la Thrace, pays de ce dieu.

Athéniens et Thébains sortirent du nuage. Ils avançaient à pas mesurés et en silence. Leur cavalerie formait les ailes. Immobiles, les Macédoniens les attendaient. Jamais, depuis la guerre du Péloponèse, qui avait mis aux prises Lacédémoniens et Athéniens, et depuis celles où s'étaient combattus Lacédémoniens et Thébains, Thébains et Athéniens, d'aussi formidables adversaires, n'avaient été en présence. L'égalité semblait régner jusque dans les armes : Alexandre apercevait les courtes épées, les cuirasses de lin et les jambières de cuir du bataillon sacré, pareilles aux épées, aux cuirasses et aux jambières de son escadron.

Quand ils furent à deux cents mètres, les ennemis, poussant le cri de guerre, s'élancèrent au pas de course. Aucun d'eux n'avait été atteint par les flèches des archers d'Alexandre et de Philippe : elles s'étaient émoussées sur les boucliers. A cinquante mètres, ils se détachèrent, à droite et à gauche, pour contourner les Macédoniens. Aussitôt, Philippe commanda de reculer. La manœuvre de Théagène déconcerta un instant Alexandre, mais il y para avec sang-froid, en faisant charger sa cavalerie. Entonnant à son tour le péan, il jeta ses troupes contre les Thébains.

La résistance du bataillon sacré confirmait la réputation de ce corps d'élite. Plusieurs assauts ne purent l'entamer. La phalange d'Alexandre subissait des pertes. La cavalerie thébaine, qui avait des chevaux thessaliens, semblait avoir l'avantage sur la cavalerie thessalienne. La phalange dut gagner une hauteur pour se regrouper. Le bataillon et d'autres Thébains la cernèrent. Débordée par le nombre, elle devait riposter de tous côtés. On la criblait de traits. Mais Alexandre réussit à contre-attaquer avec la cavalerie thessalienne et dégagea ses soldats. Hécatée, le chef de ses gardes, le dégagea lui-même, à un moment où il fut encerclé. La plus grande partie de la matinée se passa en combats extrêmement rudes, qu'aggravaient le soleil et la soif.

Soudain, la phalange réussit à ouvrir les rangs du bataillon sacré et Alexandre eut l'impression que c'était le signal de la fin. Il fonça dans cette brèche, à la tête de l'escadron et de la cavalerie thessalienne, après avoir fait donner l'ordre à ceux qui étaient en embuscade, d'accourir pour prendre de flanc l'ennemi. Leurs cris effrayèrent les Thébains, qui les crurent plus nombreux qu'ils n'étaient, et qui ne pouvaient entendre les ordres de leurs propres chefs. La déroute commença dans l'armée de Théagène. Le bataillon sacré, réduit à ses seules forces et luttant sans céder un pouce de terrain, fut massacré jusqu'au dernier homme.

Aussitôt, Alexandre se précipita vers l'armée de son père. Elle n'avait cessé de reculer, tout en combattant, et les Athéniens avaient l'illusion de la victoire. « Poursuivons les Macédoniens jusqu'en Macédoine ! » criait Lysiclès. Stratoclès insultait Attale, comme un guerrier d'Homère, en lui criant que sa nièce ne serait jamais reine de Macédoine. L'ignoble Charès hurlait des obscénités contre Philippe. L'arrivée des soldats d'Alexandre changea brusquement le sort. Les Athéniens étaient attaqués de dos par une armée victorieuse et il ne restait à Philippe qu'à passer de la retraite à l'offensive. Les Athéniens comprirent que les Thébains étaient hors de combat. Ils ne songèrent plus qu'à se sauver.

Alexandre, radieux, embrassa son père qui lui dit : « C'est toi le vainqueur ; je n'ai été que ton lieutenant. — Si je suis le vainqueur, c'est toi qui m'as ménagé la victoire », lui dit Alexandre. Il étreignit Ephestion, qui était, comme lui, couvert de sueur et de poussière. Il caressa Bucéphale, au museau écumeux. Tous ses amis étaient indemnes ou n'avaient que de légères blessures. Il remercia Hécatée, qui l'avait protégé efficacement. Il félicita Aristandre, venu de l'arrière-garde : tous les présages s'étaient vérifiés, sauf, grâce aux dieux, celui qui avait fait craindre la mort au roi. La poitrine du Lion avait protégé les Macédoniens. Autolyque, qui était resté à la garde des prisonniers thébains pour ne pas se battre contre les Athéniens, partageait la joie générale. Alexandre ôta son casque, sa cuirasse et sa tunique, se lava dans l'Hémon, près du sanctuaire d'Hercule, et chanta nu le péan de la victoire de Chéronée, comme le jeune Sophocle avait chanté nu celui de la victoire de Salamine.

Athènes et Thèbes laissaient chacune sur le champ de bataille mille morts et deux mille prisonniers. Les Thébains avaient subi proportionnellement les plus lourdes pertes, y compris celles de leur général Théagène. Les Macédoniens comptaient un millier de victimes. Le roi demanda si Démosthène avait été tué. Un prisonnier athénien répondit qu'on l'avait vu s'enfuir, et montra le bouclier dont il s'était débarrassé. On y lisait ces mots en lettres d'or : « A la Bonne Fortune ». Philippe éclata de rire. « La Bonne Fortune aime les vaillants », dit Alexandre. — N'accable pas trop Démosthène, dit Anaxarque. Archiloque, pour lequel tu as une certaine considération, se vante d'avoir jeté son bouclier, pour être plus léger à détaler. » Un des soldats athéniens avait impudemment annoncé au roi, par un transfuge, qu'il ferait de même : c'était Démade. Les deux boucliers, celui de l'auteur des *Philippiques* et celui de l'agent de Philippe, auraient pu se retrouver l'un près de l'autre.

Démosthène s'était conduit à Chéronée comme en Eubée. Dans son discours *Contre Midias,* il avait traité « d'homme de boue » Euctémon, l'ami de Midias, qui avait proposé un décret d'infamie contre lui pour désertion. Il lui serait désormais difficile de se justifier d'un semblable grief. Alexandre se rappela le mot d'Aristophane sur ces démagogues qui poussaient toujours le peuple vers les frontières et qui, s'ils étaient forcés d'y aller, ne faisaient pas meilleure figure que ne l'avait fait l'homme de Péanie : « Chez eux des lions, — Des renards au combat. » La fuite ignominieuse, avec abandon du bouclier, était, comme la désertion, un cas d'infamie qui privait de tous les droits civiques. Plus tard, un autre prisonnier, ramené par une patrouille, donna un nouveau détail : la crinière, ou plutôt la tunique du « lion » Démosthène, métamorphosé en lièvre, s'était accrochée à un buisson et l'orateur, se croyant atteint par l'ennemi, avait imploré : « Ne me tuez pas ! » L'immense quantité de boucliers et d'armes qui couvraient la plaine, était humiliante pour le courage athénien. La honte était si grande chez beaucoup de prisonniers, qu'ils se couvraient le visage d'un pan de leur tunique.

Diogène, qui était parmi ceux de Corinthe, demanda à être conduit auprès de Philippe. « Qui es-tu ? lui dit le roi. — Un homme curieux de contempler ton avidité », répondit le Cynique en ôtant son casque, qui l'avait empêché d'être reconnu par Alexandre et par Denys. Cette réponse frappa Philippe, qui ordonna de le libérer. « Je te remercie, ô roi, dit le philosophe ; mais toi qui assures descendre d'Hercule, sois indulgent pour les Athéniens, qui ont jadis accueilli les Héraclides. » Alexandre jugea ces paroles assez remarquables dans la bouche de quelqu'un qui n'était pas Athénien et qui ne respectait personne. Elles rappelaient ce qu'avait écrit si souvent Isocrate. Denys pria Diogène de saluer son fils à Corinthe. « Tu lui enverras un messager, dit le Cynique, si tu veux l'avertir que tu es sain et sauf. Je retourne à l'Isthme par petites étapes. Je dois m'arrêter à Thèbes où j'ai un disciple, Cratès, qui m'offre l'hospitalité de sa besace. — Sais-tu que Démosthène, terreur de la Macédoine, est en train de gagner le prix de la course ? dit Alexandre. — Tu pourrais lui appliquer, déclara le philosophe, le vers de *l'Iliade* que j'ai cité une fois, en réveillant un beau jeune homme qui dormait, couché sur le ventre, dans un lieu public : « Prends garde que quelqu'un, à toi qui fuis, ne t'enfonce la lance par derrière. » « Mais toi, ô Alexandre, ajouta le Cynique, toi qui saisis tes armes en entendant la musique de Timothée, dis-lui qu'il serait bien plus habile s'il arrivait à calmer ton ardeur. » Alexandre s'amusa de ce mot, dans de pareilles circonstances.

« Ne t'imagine pas, dit le philosophe, que je sois venu te combattre par détestation. Tu m'es aussi indifférent que me l'est ton père ou que me l'était Timothée, tyran d'Héraclée du Pont, qui vient de mourir et qui avait tenté d'asservir Sinope ma patrie. — Par Jupiter, s'écria Alexandre, tu t'avises d'avoir une patrie ? — Je n'ai de patrie que le monde, rétorqua Diogène, mais on est tributaire de ses paroles. Si j'ai pris les armes à Corinthe, c'est parce que j'avais répété aux Corinthiens, en me promenant parmi eux avec une lanterne, le mot que j'avais dit une fois aux Athéniens : que je cherchais un homme. Il ne fallait pas qu'ils pussent me dire que j'étais une femme. Du reste, j'ai trouvé des hommes à Chéronée. »

Démade, fait prisonnier lui aussi, avait été immédiatement libéré. Philippe aurait aimé s'emparer des généraux athéniens, comme Lysandre avait capturé Philoclès et comme les Syracusains avaient capturé Nicias et son collègue Démosthène, nom qui semblait prédestiné à la défaite. Mais tous les chefs des Athéniens de Chéronée avaient réussi à disparaître, non moins promptement que Démosthène l'orateur. On ne s'en étonnait pas pour Charès, qui craignait tant d'exposer un général, défenseur du peuple.

Philippe parcourut la plaine avec son fils, pour faire ramasser les morts macédoniens et soigner les blessés. Il éprouva une certaine émotion, quand Alexandre lui fit voir les cadavres du bataillon sacré. Tous avaient été frappés par devant. On savait le cri d'un des amants de ce bataillon à un ennemi qui, dans un combat, l'avait renversé sur le ventre et s'apprêtait à le frapper dans le dos : « Frappe la poitrine, pour que mon aimé n'ait pas à rougir de moi. » Ces corps déformés par les blessures, ces armes souillées de sang, rappelaient que, dans le serment des amants thébains sur le tombeau d'Iolas, l'aîné offrait au plus jeune une armure, sur laquelle était gravé le nom de celui-ci. C'était l'équivalent du : « Un tel est beau », peint sur les vases. Le roi évoqua Céphisodore, qu'il avait connu et qui avait été l'aimé d'Epaminondas, dont l'autre mignon, Asopique, avait son bouclier suspendu à l'entrée du temple de Delphes. Comme Epaminondas, Céphisodore avait été tué à Mantinée et enseveli à Thèbes, auprès de ce général. Chéronée avait vu le carnage complet du bataillon des amants et des aimés. « Infâmes, s'écria Philippe, ceux qui ont qualifié d'infâmes les liens qui unissaient de tels braves ! »

Le *Catalogue des vaisseaux,* qui débute par les Béotiens, — comme si leur pays, tant décrié par Athènes, était le plus illustre de la Grèce, — énumérait les noms que portaient peut-être certains de ces morts : « Les Béotiens étaient commandés par Pénélée et Léite, — Arcésilas et Prothoénor et Clonius, — Qui habitaient Hyrie et Aulis la rocheuse... » Hésiode avait décrit ses compatriotes « respirant au-dessus de leurs boucliers ». Ceux-ci ne respiraient plus.

Des prisonniers acarnaniens dirent que Nicolas de Strate avait péri. Sa haine pour Alexandre lui avait été fatale. Qui sait s'il n'avait pas été tué par une flèche de Ménon, qui était archer ? Le souvenir de leurs délices au bord de l'Alphée et celui de sa nuit pénible sur la colline de Saturne l'accompagnaient chez Pluton, avec sa couronne mensongère de vainqueur olympique.

Philippe et Alexandre étaient frappés de constater combien il y avait de jeunes gens parmi les morts athéniens. Dans l'armée macédonienne, au contraire, le nombre des victimes parmi les enfants royaux était insignifiant. La vue de ces éphèbes mutilés émut Alexandre, comme l'avait fait celle du bataillon sacré. Philippe rappela les paroles de Périclès aux obsèques des soldats morts à Samos : « L'année a perdu son printemps », — paroles qui étaient peut-être d'Aspasie. Les Thébains et les Athéniens pouvaient dire la même chose à Chéronée.

Des ambassadeurs de Thèbes et d'Athènes, — ces derniers, mandés par Stratoclès — se présentèrent à la fin de la journée, pour réclamer une trêve, en vue de recueillir leurs morts et de dresser les bûchers funèbres. Philippe n'autorisa l'enlèvement qu'aux Athéniens. Malgré son hommage au bataillon sacré, il refusa ce droit aux Thébains : Hercule ayant été le premier à permettre aux ennemis d'enlever leurs morts, le roi voulait seulement faire attendre cette satisfaction à un peuple qui l'avait trahi. Ceux des Macédoniens furent inhumés avec leurs armes et avec des vases de parfums dans un tertre de plusieurs mètres de haut. On y joignit les armes, préalablement rompues, des ennemis et le bouclier de Démosthène. Philippe avait renoncé à l'incinération, pour ne pas être obligé de rapporter à Pella les cendres de tant d'hommes. Cela eût terni la joie que provoquerait le retour de l'armée. Ce tertre ne faisait pas figure de trophée, puisque les Macédoniens n'en élevaient pas, mais aussi parce que Philippe voulait ménager les Athéniens, dont les armes perdues n'étaient pas visibles. Il fit observer l'usage lacédémonien de sacrifier un coq au pied du tertre : le chant d'un coq ne lui avait-il pas annoncé la victoire ?

Quand les purifications eurent été accomplies par Aristandre, le roi alla à Chéronée pour fêter sa victoire. Il se demandait s'il ne marcherait pas sur Athènes, tout de suite après la trêve ; mais le conseil d'Alexandre, non moins que sa propre modération, l'incita à être plus habile, en ayant l'air généreux. Il n'avait pas besoin de considérer ce que les Athéniens avaient fait pour les Héraclides : son intérêt lui dictait de les vaincre maintenant par la clémence. Aussi bien n'avait-il pas besoin de conquérir leur ville pour les faire passer désormais par toutes ses volontés.

Après le bain, commença le festin, à la tombée de la nuit. Le roi avait dit à Alexandre : « Je suis comme tes ancêtres, les Eacides de *l'Iliade,* qui « se réjouissaient de la guerre comme d'un festin ». Mais quel festin plus beau qu'après une belle victoire ! » Tous les vainqueurs et tous les habitants de Chéronée étaient couronnés de laurier et la ville éclairée par des torches. Alexandre avait réuni autour de lui, avec Ephestion, ceux de ses amis qui avaient été blessés : Ptolémée, Harpale, — déjà blessé au lac de Bistonie, — Néarque, Erigius et Néoptolème. Le courage de ce dernier honorait toujours le sang d'Achille, mais il avait assez de finesse pour être discret sur cette ascendance et sur sa parenté lointaine avec Olympias. C'est peut-être ce qui lui garantissait l'amitié d'Alexandre. « Quel récit pour mon historien ! » disait le fils de Philippe à Marsyas. Il s'amusait que son père fût un peu jaloux d'être distancé par lui en cette matière : Eumène, qui avait rejoint l'armée à Cytinium et bien combattu à Chéronée, était un témoin tardif des prouesses du roi, dont il avait commencé l'histoire.

Le délire des soldats, échauffés par le vin du pays, se donna bientôt libre cours, comme il était advenu à Maronée. Démade, que Philippe avait invité à sa table, déclina cet honneur : malgré son attachement pour lui, il ne pouvait, dit-il, se réjouir du malheur de ses concitoyens. Il resta avec les envoyés de Stratoclès, que Philippe faisait traiter dans une autre salle. « Où étaient donc, lui avait dit le roi, ces héros athéniens, cette noblesse athénienne, ces descendants de Cécrops et de Thésée ? — O roi, lui avait répondu dignement Démade, tu reconnaîtrais la valeur des Athéniens, si tu les avais commandés. »

Au milieu du repas, le prêtre de Chéronée qui avait la garde du sceptre d'Agamemnon, vint l'offrir en grande pompe à la vénération de Philippe. C'était une longue et lourde tige d'or ciselée, qui s'épanouissait en fleur de lys. Sa longueur expliquait que le roi des rois s'y appuyât pour haranguer. Tous les Grecs lui obéissaient devant Troie, à cause de cet insigne, venu de Jupiter. Philippe prit le sceptre avec respect et l'éleva au-dessus des convives, en remerciant le roi de l'Olympe, Mars, Minerve et Hercule. Il le donna ensuite à Alexandre, qui resplendit d'orgueil. Thessalus chanta les vers de l'*Iliade* racontant l'histoire de ce « sceptre que Vulcain avait travaillé » pour en faire cadeau à Jupiter, et qui, de celui-ci, passa ensuite à Mercure, de Mercure à Pélops, de Pélops à Atrée, d'Atrée à Thyeste et enfin de Thyeste à Agamemnon, « pour qu'il régnât sur de nombreuses îles et sur tout Argos ». — Et Chéronée te le remet, ô Philippe, pour que tu règnes sur la Grèce, ajouta Thessalus. — Il t'annonce que tu régneras sur le monde », dit Ephestion à Alexandre.

Philippe ne prétendait pas s'emparer de cet objet prestigieux. L'ayant restitué à son détenteur, il vida la coupe du Bon Génie : c'était le signal de la beuverie complète et du divertissement. A demi nus, des joueuses de flûte et des danseurs entrèrent, avec les flûtistes Timothée, Aristonique et Dorion. Le roi, allongé entre les deux Pausanias, était déjà à moitié ivre, comme au souper du camp de Byzance, mais son esprit restait présent. Il répéta, d'un ton insultant, le décret de Démosthène d'où était sortie l'alliance d'Athènes avec Thèbes : « Sous la magistrature de Nausiclès, la tribu Eantide présidant, Démosthène, fils de Démosthène de Péanie, a dit : Puisque Philippe le Macédonien... » Ce rappel de la plus honorée de leurs tribus, était dur pour les Athéniens et indiscret pour Autolyque, comme pour les capitaines Proxène et Théagène Philippe s'arrêta, quand

Démade, apparaissant sur le seuil, tout pâle de son audace, lui eut dit gravement : « O roi, tu joues le rôle de Thersite, quand la fortune t'a donné le rôle et le sceptre d'Agamemnon. »

Alexandre avait entendu ces mots avec plaisir : il regrettait de voir son père manquer de dignité. « Il n'est pas permis de se vanter sur des hommes morts », dit-il, citant un vers d'Ulysse. Ce qui lui plaisait aussi, c'est que la leçon eût été administrée par Démade. Il n'avait pas oublié en quels termes, d'une outrance comique, Lycurgue avait vilipendé cet ami de la Macédoine : « Lui dont toutes les parties du corps sont appliquées à la perversité, les yeux à une pétulance lascive, les mains à la rapine, le ventre à la voracité, les membres que l'on ne peut décemment nommer, à tout genre d'infamie, les pieds à la fuite, de sorte qu'on ne saurait dire si les vices sont nés de lui ou s'il est né des vices ». Si Démade avait fui dans d'autres combats, c'était comme Démosthène et, si « les membres de son corps que l'on ne pouvait décemment nommer », s'appliquaient à « tout genre d'infamie », ce n'était pas plus que ceux de Démosthène et que peut-être ceux de Lycurgue.

Philippe avait retiré sa couronne. Soutenu par les deux Pausanias, il suivit Démade pour s'étendre sur un lit dans la salle des Athéniens. Il les provoqua à boire et à oublier un événement qui scellerait, disait-il, l'alliance indéfectible d'Athènes et de la Macédoine. Il protestait des bonnes intentions qu'il avait toujours eues à leur endroit et de son désir de les associer à ses futurs triomphes. « Ce n'est pas vous que j'ai vaincus, déclara-t-il, ce sont vos démagogues. » Il leur parla de ses amis, les soixante bons vivants de l'association des amis d'Hercule. Puis, avant de s'endormir, il appela Denys de Syracuse, afin que l'ancien tyran leur parlât de Platon.

Le lendemain, toute l'armée chanta le péan de la victoire sur la place de la ville, devant l'autel de la Glorieuse, surnom de Diane en Béotie et à Corinthe. Selon les Chéronéens, c'était une fille d'Alexandre et de Myrto, la sœur de Patrocle, morte vierge et honorée par eux comme une déesse. Cela ne pouvait que toucher Alexandre et Ephestion. Il y avait aussi sur la place un autel des Vents. Les Chéronéens, en effet, honoraient les Vents comme les Athéniens honoraient Zéphire. Mais les Macédoniens avaient maintenant une raison de les vénérer, puisque les cendres de la forêt brûlée de l'Hémon, répandues sur les ennemis, avaient paru en présager la défaite. Le péan qui retentissait, chanté par plus de trente mille hommes, était comme un immense écho du péan chanté par Alexandre après la bataille.

Il fut heureux de savoir qu'il y avait également à Chéronée un temple des Muses. Il y sacrifia, ainsi qu'au temple d'Apollon, situé sur les bords du Molus, petite rivière issue du mont Thurium. Il sacrifia de même, près du Céphise, à l'autel de Vénus Argynnie, bâti par Agamemnon en souvenir de son mignon béotien Argynnus. C'était, aux yeux d'Alexandre, un sacrifice expiatoire pour la destruction du bataillon sacré.

Si l'occupation d'Elatée avait répandu la terreur à Athènes, la défaite de Chéronée fut jugée une catastrophe nationale. Nul ne doutait que Philippe n'entrât bientôt en Attique, comme il y avait songé. Les Thessaliens l'y excitaient et lui demandaient de faire ce que Lysandre n'avait pas voulu : raser Athènes. Mais, de même que le général spartiate l'avait épargnée à cause des vers d'Euripide, ni Philippe ni Alexandre, qui luttaient pour la gloire, n'auraient imaginé de détruire la capitale de la gloire. Toutefois, les Thessaliens rappelaient que Lysandre avait fait égorger les prisonniers athéniens et leurs généraux après sa victoire à Ægos-Potamos, et qu'après la prise d'Athènes, il avait fait tuer Philoclès, le général athénien vaincu. Denys de Syracuse ajoutait que les Syracusains avaient exécuté pareillement les généraux athéniens Nicias et Démosthène. Mais Philippe, qui ne songeait certes pas à faire égorger les prisonniers, discutait s'il ne devait pas réclamer au moins la tête des trois généraux. Alexandre et Démade l'inclinèrent à la bienveillance. Il fit mettre des marques d'honneur sur les cendres des morts portées à Athènes et, une nouvelle fois, libéra les Athéniens sans rançon. Ils furent stupéfaits ; mais lorsqu'ils réclamèrent leur bagage, le roi se mit à rire. « Ne semble-t-il pas, dit-il, que nous les ayons vaincus aux osselets ? » Cependant, pour montrer sa magnanimité, il leur donna cette satisfaction. La vente comme esclaves des prisonniers des autres villes et la masse énorme des armes abandonnées, représenteraient le butin.

Tandis que Philippe avait mûri sa décision, il n'avait pas laissé d'admirer le courage du peuple athénien. Phrynon et Eschine lui écrivaient qu'après le premier moment d'effroi, les défenseurs indomptables de la liberté s'étaient ressaisis. Démosthène conservait des partisans pour avoir été l'âme de la résistance et personne, même pas Eschine, ne requit la privation de ses droits civils en le traitant de déserteur : « le lion de la tribune » demeurait le symbole de la patrie. Il se justifiait, en disant qu'il n'avait pas commandé l'armée, qu'il n'avait pas tenu le gouvernail du vaisseau brisé par la tempête, qu'il n'avait pas été maître du sort. Il eut ce mot heureux : « Les Athéniens sont restés invaincus du côté de Démosthène. » Il était, certes, fondé à dire également que, sans lui, les Thébains auraient été prêts à marcher contre Athènes avec Philippe et qu'il avait diminué de moitié le péril et le massacre ; que, si rien n'advenait et quoi qu'eût dit Phocion, il avait arrêté la guerre à cent cinquante kilomètres, sur les terres de la Béotie ; que les côtes de l'Attique étaient bien gardées par la flotte qu'il avait fait renforcer. Il proclamait qu'il n'était pas question de se rendre ni, en tout cas, de paraître se laisser intimider. Hypéride et Lycurgue l'aidaient à relever le moral.

A leur voix, on adopta des mesures extraordinaires de défense, analogues à celles qui avaient été arrêtées durant la guerre du Péloponèse la population de la campagne serait ramenée à l'intérieur des murs ; on interdisait, sous peine de mort, de quitter Athènes et ses faubourgs ; le sénat siégerait en armes au Pirée ; les bannis étaient rappelés ; ceux qui avaient perdu leurs droits civiques, les recouvraient ; les adultes s'entraîneraient sans cesse au combat ; les vieillards, les femmes et les enfants construiraient des retranchements, creuseraient des fossés, répareraient les murailles. On prit même aux morts les pierres de leurs tombeaux ; on coupa les arbres pour consolider les portes de la ville ; on dépouilla les temples de certaines de leurs offrandes pour forger d'autres armes. Sur la proposition d'Hypéride, on décerna le titre de citoyens aux étrangers et aux esclaves qui s'enrôleraient, ceux-ci étant libérés.

Ce décret, qui touchait le plus le sentiment des Athéniens, fut attaqué pour illégalité par Aristogiton, le descendant du « tueur de tyran », ami de la Macédoine. « Les armes des Macédoniens, répliqua Hypéride, me cachent de leur ombre les lois. Ce n'est pas moi qui ai rédigé ce décret, c'est la bataille de Chéronée. » Non seulement il fut absous, mais on l'envoya en ambassade à Cythnos, dans les Cyclades, pour solliciter des secours, — « rançonner les alliés », disait Eschine.

Toutefois, l'intrépidité, chez Démosthène, se conciliait avec la prudence : craignant, chaque jour, de voir arriver Philippe, il obtint, en même temps qu'Hypéride, une mission auprès des alliés et s'embarqua. Cela permit à Eschine de le taxer d'être un déserteur comme citoyen, après l'avoir été deux fois comme soldat, un nouveau décret assignant tous les Athéniens à différents postes de garde. D'autres ambassadeurs, aussi compromis que Démosthène et Hypéride dans la lutte contre Philippe, partirent aussi prudemment pour Andros, Céos, Trézène et Epidaure, îles ou villes qui pouvaient fournir des hommes et de l'argent.

Afin de mieux enflammer les esprits, plusieurs procès capitaux furent intentés sur le grief de haute trahison. L'aréopage, à l'instigation de Lycurgue, fit arrêter et condamner à mort l'aréopagite Autolyque, pour avoir éloigné sa femme et ses enfants, bien qu'il fût lui-même resté. Ainsi Lycurgue se vengeait-il de celui qui avait contribué au suicide de Timarque, l'ami de Démosthène, en le ridiculisant devant l'assemblée du peuple à propos de sa connaissance particulière des maisons ruinées de la Pnyx, où fréquentaient, la nuit, les pédérastes d'Athènes. Mais Phrynon fit laver son propre fils Autolyque de la même condamnation par contumace, en prouvant d'abord qu'il n'était pas encore inscrit sur la liste des éphèbes, ensuite qu'il n'avait lutté que contre les Thébains.

En revanche, les trois généraux de Chéronée eurent à répondre de leurs actes. Stratoclès parvint à s'innocenter. Le démagogue Charès était blanchi d'avance ; mais Hypéride lui avait conseillé de s'exiler lui-même au cap Ténare, pour attendre, parmi les mercenaires, des temps meilleurs.

Lycurgue, qui n'avait pourtant pas combattu, et qui était chargé de réorganiser les finances de la cité en vue de la poursuite de la guerre, fit succomber Lysiclès sous son éloquence : « Tu étais général, Lysiclès, dit-il dans sa harangue, et alors que mille citoyens sont tombés, que deux mille sont prisonniers, qu'un trophée se dresse contre la ville, que la Grèce entière est asservie, que tout cela est arrivé quand tu commandais et étais général, tu oses vivre et voir la lumière du soleil, te présenter sur la place publique, toi qui es devenu un monument de la honte et du déshonneur de la patrie ! » Payant pour ses collègues, Lysiclès fut condamné à mort et exécuté. Le trophée n'était qu'une image de rhétorique ; les prisonniers avaient été rendus, mais la honte et le déshonneur étaient les mêmes.

Cependant, l'autorité de Phocion, jointe à celles du sénat et de l'aréopage, empêcha le peuple de se livrer à une provocation, inutile et dangereuse, à l'égard de Philippe, en confiant un corps d'armée à Charidème : l'ancien tuteur du roi Cersoblepte, qu'Alexandre avait rencontré naguère en Thrace avec ce souverain, avait offert ses services à Athènes, après l'avoir trahie. Plus sage, Cersoblepte n'était pas sorti de son rôle d'allié de la Macédoine.

Philippe estima que la condamnation de Lysiclès et le refus opposé à Charidème étaient une reconnaissance suffisante de son triomphe. Il fit savoir par Démade, parti en courrier, qu'il enverrait son fils et Antipater négocier la paix avec les Athéniens, — une paix définitive, qui assiérait sa suprématie. La désignation d'Alexandre, qui, du reste, emmènerait Autolyque, symbole de son amitié pour Athènes, et Anaxarque, enseigne de la philosophie, était une preuve des bons sentiments du roi. Philippe ne pouvait plus être dépeint comme un tyran.

Son fils, qui avait traversé Athènes, deux ans plus tôt, comme un simple visiteur, malheureux concurrent des jeux Olympiques, allait donc y retourner avec le prestige de plusieurs victoires. La dernière, où son rôle avait été prépondérant, et qui avait été, en quelque sorte, la consécration de sa dix-huitième année, devait faire penser à Démosthène que le « gamin », « le petit jeune homme de Pella », « l'enfant » dont il parlait encore à Thèbes, avait grandi. Alexandre ne regrettait pas moins de n'avoir pu sauver le général qui avait conduit à Delphes, l'an dernier, le cortège de la Pythaïde.

Accompagné de l'escadron des amis, de vingt gardes, d'Hécatée, de Lichas, d'Anaxarque et des esclaves de chacun, Alexandre et Antipater s'avançaient dans cette plaine du Céphise béotien où s'élevait le tertre de la victoire et des morts macédoniens. Philippe s'était enfin apaisé à l'égard des Thébains, en leur permettant de recueillir leurs morts, que les corbeaux avaient déjà écharpés Un grand bûcher brûlait au bord de l'Hémon : celui du bataillon sacré de Thèbes. Alexandre eut une pensée pour ces héros qu'il avait détruits et qui avaient inspiré à son père d'illustres paroles. Il fit à Ephestion une réflexion d'un autre genre : « Qui nous aurait jamais dit que la gloire de la Macédoine serait née devant une ville dont la rose, l'iris et le narcisse nous parfument depuis notre enfance ? — C'est toujours Homère compensé par Anacréon », dit le fils d'Amyntor.

Sans passer à Orchomène, qui était sur la gauche, on longea les murailles de Coronée. Cette ville était le siège religieux de la fédération béotienne. Les jeux Panbéotiens s'y célébraient à la fin de chaque année devant le sanctuaire de Minerve Itonienne, qui tenait son nom de la ville d'Itone en Thessalie. Alexandre se rappela que, lorsqu'il avait aperçu au loin Coronée, du haut de l'Hadylium, il avait considéré comme de bon augure le souvenir de la défaite que les Athéniens avaient essuyée jadis à cet endroit. Leur général Tolmidès y avait été vaincu, juste après qu'il avait occupé Chéronée et en avait mis la population en esclavage. Clinias, père d'Alcibiade, était mort dans cette bataille. On voyait encore, près du temple de Minerve, le trophée élevé par le général thébain Sparton. Puis, les Thébains, à leur tour, avaient été vaincus à Coronée par Agésilas, ce roi de Lacédémone qu'Alexandre admirait à travers le livre de Xénophon. L'historien avait participé lui-même à cette fameuse journée, après son retour d'Asie mineure, et avait dit qu'il n'y en eut jamais de pareille. Agésilas avait vaincu, mais le bataillon sacré n'avait perdu ni son honneur ni un homme.

On contourna le lac Copaïs, sans avoir le temps d'y pêcher des anguilles. On y vit les débris du petit trophée athénien. On passa devant « l'herbeuse Haliarte » d'Homère, où Lysandre, le vainqueur d'Athènes, avait été tué ; Oncheste, que le divin poète avait surnommée « sainte », à cause de son temple et de son oracle de Neptune Cavalier ; puis, les murs de Thèbes, à laquelle Philippe avait imposé une garnison macédonienne. On franchit l'Asope, près de Leuctres ; on monta le long des flancs du Cithéron, où les bacchantes faisaient périodiquement leurs orgies, comme sur le Parnasse.

L'Attique apparut, de l'autre côté, au-delà de la forteresse d'Eleuthères. Un détachement spécial de cavaliers athéniens attendait à cette forteresse, située sur la frontière de la Béotie, pour recevoir Alexandre et lui faire escorte. Puis, ce furent la plaine d'Eleusis, celle du Céphise attique, et enfin, les murs d'Athènes, qu'on travaillait à réparer. Les mesures de défense n'avaient pas été abrogées par la trêve et cette fermeté de tout un peuple frappa Alexandre.

Phrynon, Eschine, Démade et Dinarque, qui avait quitté Corinthe, accueillirent l'ambassade macédonienne à la porte de la voie sacrée. De même qu'Autolyque, ravi de retrouver son père, ils n'affichaient pas une joie qui eût été insultante pour Athènes, et faisaient seulement figure de génies protecteurs. Les démagogues qui les avaient accusés de trahir leur patrie, mettaient en eux, désormais, tous leurs espoirs. Lichas, porteur d'un bâton d'olivier qu'ornaient des guirlandes, précédait le cortège. Bucéphale semblait fier de fouler la poussière d'Athènes, comme Alexandre l'était de se montrer sur son fameux coursier. Les rues, pourtant, étaient presque désertes, la plupart des citoyens ayant un poste à garder ou un travail de fortification à effectuer, les autres ne voulant pas voir passer le fils de Philippe. Ce qu'il avait dit, en partant d'Athènes : qu'il y reviendrait en vainqueur, s'était accompli. Il pensait à son cousin Eacide, qui avait perdu toute chance de devenir roi d'Epire et des Molosses.

Il se rendit à l'hôtel de ville. Cette fois, il pouvait y entrer. A côté, était le temple d'Apollon Paternel, qu'il avait remarqué lors de son passage. C'est là que Lysiclès, dont le cadavre pourrissait en ce moment aux gémonies, avait pris la tête de la procession de la Pythaïde, avec des cavaliers et des éphèbes, dont les cendres étaient arrivées à Athènes, quelques jours avant Alexandre.

Les cinquante magistrats suprêmes, qui représentaient les cinq cents sénateurs élus annuellement par les dix tribus, étaient réunis. Démade, que l'on n'avait pas informé des conditions, craignait qu'elles ne fussent très dures pour ses concitoyens. Il avait cherché à faire impression sur Alexandre en lui disant, à Chéronée, qu'ils pouvaient mettre en ligne plus de cent mille hommes. « Avec quelles armes ? » avait répliqué celui-ci. Ces mots, répétés par Démade, avaient fait trembler les Athéniens. Chaque tribu exerçant tout à tour la présidence du sénat, le hasard voulait que, le présent mois, cet honneur fût échu à la tribu Antiochide, dont cet orateur était membre, comme l'avait été Socrate. Antiochus, fondateur de cette tribu, était fils d'Hercule et de Médée, fille du roi des Dryopes. Ce hasard touchait Alexandre. En songeant que Socrate avait été sénateur, lors du procès des généraux du désastre naval des Arginuses et fut le seul à ne pas voter la mort, il pouvait se dire que Philippe, lui non plus, ne voulait la mort de personne. Le président de tribu du jour faisait office de président du sénat, — la sourcilleuse démocratie athénienne changeait le président du sénat chaque matin. Au premier rang, étaient aussi les trois plus hauts magistrats annuels d'Athènes : Charondas, celui qui, étant cité en tête de tous les actes et de tous les décrets, donnait son nom à l'année ; le magistrat roi, chargé des choses religieuses, et le magistrat militaire, dont on avait rogné les anciennes fonctions de chef des armées. Malgré le deuil public, tous trois avaient une couronne de myrte, insigne de leur dignité.

Le rapide coup d'œil d'Alexandre avait embrassé cette vaste salle à six colonnes, son plafond pyramidal, les statues de la Paix, de Miltiade, de Thémistocle et de l'athlète Autolyque, mignon de Callias. A l'autel de Vesta, des vieilles entretenaient le feu sacré, comme celles de Delphes à l'autel d'Apollon. De grandes tables de pierres portaient gravées les lois de

Solon et les principales lois successives, reproduites sous le portique où Alexandre les avait vues lors de sa visite. Une légère odeur de cuisine flottait et rappelait que, dans cet édifice, étaient nourris, aux frais du trésor, les magistrats, les fils, non encore éphèbes, des soldats tués à la guerre et les citoyens qui avaient bien mérité de la patrie, honneur que Socrate avait sollicité ironiquement le jour de son procès. Ainsi que Phrynon l'avait dit, l'un de ces citoyens était Aristogiton, l'auteur de l'action pour illégalité contre le décret d'Hypéride.

Charondas adressa quelques mots de bienvenue aux deux envoyés de Philippe, dit qu'il le remerciait d'avoir accordé aux Thébains, comme aux Athéniens, le droit d'ensevelir leurs morts, et qu'il appréciait hautement le choix de ses ambassadeurs. Il y voyait la promesse que les conditions de la paix seraient honorables. Il termina par un mot d'Isocrate, tiré de la lettre que le vieil orateur avait écrite à Philippe deux ans plus tôt et qui avait été publiée : « Il est bien plus beau de conquérir l'affection des villes que de vaincre leurs armées. »

Alexandre prit la parole pour exposer ces conditions. Si les travaux de défense, dit-il, étaient inspirés par la crainte d'une attaque de Philippe, ils pouvaient cesser à l'instant. Le roi n'attaquerait pas Athènes et ne lui demanderait même pas, comme à Thèbes, de recevoir une garnison. Il gardait ses conquêtes et donnait aux Athéniens la ville d'Orope, qu'ils avaient si souvent disputée aux Thébains. Il leur laissait Imbros, Syra, Délos et Samos. Il invitait les Platéens qui, depuis trente-six ans, avaient été chassés par les Béotiens et s'étaient réfugiés à Athènes, à rentrer dans leur patrie. La ligue formée contre lui, serait dissoute. Athènes deviendrait son alliée dans l'expédition qu'il préparait contre la Perse et pour laquelle il réclamerait l'investiture de toute la Grèce, à un prochain congrès qui se tiendrait à Corinthe, — la ville même où les Athéniens avaient assemblé cette ligue dont il exigeait la dissolution. Mais c'était aussi à Corinthe qu'avait été scellée jadis l'union des peuples de la Grèce pour repousser Xerxès.

Alexandre sortit, laissant le sénat délibérer. Comme fils du protecteur de Delphes, il offrit un sacrifice à Apollon Paternel. La majorité des sénateurs était d'avis de souscrire immédiatement aux conditions de Philippe. Phocion, comptant peut-être sur l'amitié d'Antipater, n'hésita pas à les discuter : il souhaitait des éclaircissements sur la proposition d'alliance ; il voulait savoir ce que Philippe exigerait en vaisseaux, en soldats et en cavalerie. Charondas fut chargé de transmettre cette demande. Alexandre, qui avait terminé son sacrifice, répondit que les conditions de paix étaient impératives. Elles furent acceptées d'une voix unanime. C'était bien la preuve que le sénat avait redouté beaucoup pis.

Démade, Dinarque et Aristogiton, soutinrent ces conditions dans l'assemblée du peuple, qui les accepta pareillement. Hypéride et Démosthène évitaient, par leur absence, l'humiliation d'assister à ce double triomphe de Philippe. Aristogiton eut, à cette occasion, un autre de ses bons mots : « J'aurais aimé ne pas voir notre cité tombée assez bas pour être réduite à suivre mes conseils. » Lycurgue dévora l'affront de voir le peuple voter à Démade une couronne d'or, l'érection d'une statue de bronze sur la place du marché et le droit d'être nourri à l'hôtel de ville. La paix inespérée, dont on l'estimait l'artisan, fut appelée « la paix de Démade », comme on avait dit « la guerre de Démosthène ». La colonne du décret de paix et d'alliance serait plantée, à l'endroit où la précédente, sur la citadelle, avait été renversée.

L'idée de rencontrer Isocrate, gênait Alexandre. Il n'avait pas oublié que le vieil orateur s'était flatté de mettre sur la tête de Philippe, à Athènes, la couronne d'olivier, en lui laissant cueillir en Asie la couronne de laurier. Les deux couronnes étaient réunies aujourd'hui sur le front d'Alexandre et c'était après une victoire sur Athènes. Du moins, lorsque Eschine et Phrynon lui eurent dit qu'Isocrate avait été sensible à la modération de Philippe, lui envoya-t-il Antipater. Certes, puisque le rêve du célèbre orateur avait été de voir le roi de Macédoine à la tête d'une expédition des Grecs contre les Perses, il pouvait constater que la victoire de Chéronée avait fait disparaître le dernier obstacle à ce projet. Sans doute estimait-il également, comme tous les Athéniens, qu'il était un de ceux grâce auxquels Athènes devait une paix aussi douce. Antipater le visita dans sa luxueuse maison, où l'accueillirent son disciple Androtion et sa concubine Lagisca. L'orateur lui remit une lettre pour le roi, écrite à l'issue de l'entretien.

Alexandre avait refusé d'être logé à l'hôtel de ville pour habiter de nouveau chez Phrynon. Le riche propriétaire devait avoir le goût des esclaves nègres : il avait maintenant un joli petit moricaud, délicieusement vêtu, qui suivait ses pas. Belle occasion encore pour son fils de donner un soufflet à Hérodote en démontrant que le sperme des noirs était blanc. La vaste maison, celle des hôtes et un pavillon annexe continrent l'escadron, Anaxarque et Hécatée. Les gardes furent logés sous des tentes, dans le jardin, et les esclaves dans les dépendances où étaient ceux du maître. Le sénat avait posté des archers scythes devant la maison. Cette nuit, même si Démosthène n'avait pas été absent, Alexandre n'aurait pas eu à craindre une sérénade bouffonne de cet orateur. Il avait recommandé à Phrynon une grande simplicité, justifiée par un si grand nombre d'invités et imposée par les circonstances. Il n'agréait ni joueuses de flûte ni danseuses, au milieu d'une ville en deuil.

Après souper, Autolyque lui dit tout bas que le deuil n'empêchait pas l'amour : il s'éclipsa pour aller chez deux éphèbes, rescapés de Chéronée, — deux de ceux qui avaient représenté les mystères du phallus-dressé dans la grotte Corycienne. « Emmènes-tu Critobule ? lui demanda Alexandre. — Bien sûr, répondit Autolyque. Sa qualité d'ancien petit prêtre d'Esculape et d'Hygie en fait d'avance un initié. J'emmène même Dorylas. Nous ne pouvons plus nous passer de ce jeune esclave. Il est l'image vivante de notre victoire d'Amphissa. » Avec son esprit, son courage et son appétit de débauche, le fils de Phrynon évoquait pour les deux amis cet autre Athénien qu'avait été Alcibiade.

Quant à eux, refaire l'amour à Athènes après l'avoir domptée, c'était autre chose que s'ils l'y avaient fait après avoir gagné aux jeux Olympiques. Quel lieu et quelle conjoncture pour fêter les dix-huit ans qu'ils avaient eus peu de jours avant la bataille ! Le temps était loin, où, la nuit du 28 au 29 juillet, à Miéza, ils cherchaient dans le ciel, avec les instruments d'Aristote, le lever des belles étoiles situées sur la poitrine du Lion.

Le lendemain, Alexandre ne voulut pas quitter Athènes, sans avoir visité une seconde fois l'Académie. « Te rappelles-tu, lui dit Autolyque, la couronne de laurier que j'avais tressée pour toi et que tu avais déposée sur le tombeau de Platon ? Elle était l'annonce de celle de Chéronée. — Par Jupiter, dit Alexandre en cueillant un rameau de myrte aux portes de l'Académie, tu déposeras sur le tombeau ce brin de la plante de Vénus, puisque tu es le seul d'entre nous à ne pas avoir répandu le sang de tes compatriotes. — Je n'ai répandu que leur semence », dit Autolyque.

Tous furent ébahis d'être reçus par Xénocrate et ses disciples comme s'ils étaient des voyageurs de passage, et non les vainqueurs d'Athènes. « En vérité, dit Alexandre au chef de l'Académie, on croirait que la paix n'a pas quitté vos ombrages. — Nous étions pourtant à Chéronée, dit Xénocrate, et nous avons combattu vaillamment. Aucun de mes disciples n'a été tué ni blessé. Nous nous sommes enfuis quand il a fallu s'enfuir. Aussi lestes que Démosthène, nous ne te devons pas d'être libres. J'ai repris mes leçons le lendemain de mon retour ; je les ai interrompues lorsqu'on nous a demandé de travailler aux murs ; je les ai reprises de nouveau ce matin, parce qu'on nous a licenciés hier au soir, après que les conditions de la paix eurent été acceptées. Ayant décidé de maintenir mon école le plus loin possible de la politique, pour épargner à mes disciples les infortunes que connurent certains de ceux de Platon, je ne me mêle pas de guider les Etats, même en qualité de philosophe, ni d'établir les lois des cités. Je laisse la politique à ceux qui en vivent, comme je laisse les trois oboles aux pauvres hères qui vont à l'assemblée du peuple pour voter. Nous pratiquons à la rigueur le précepte figuré de Pythagore de s'abstenir de fèves. Le rôle du philosophe est seulement de former les esprits, sans s'occuper de la vie quotidienne, et c'est par la formation des esprits qu'il peut y rendre les meilleurs services. Aussi, pour te remercier, ô Alexandre, de l'intérêt que tu nous portes, j'écrirai un jour à ton intention mes remarques sur l'art de régner, — l'art de régner par l'esprit. »

Anaxarque exposa à Xénocrate sa théorie du relativisme. Mais, depuis qu'il vivait auprès d'Alexandre, il inclinait à croire au bonheur, — le bonheur en soi, plus ou moins indépendant de la volupté, ce qui le distinguait des Cyrénaïques. Le discours qu'avait fait à ce sujet Aristote, durant le long hiver passé à Miéza, l'avait converti à cette doctrine et il se donnait le surnom d'Heureux. Afin de le témoigner jusque dans sa tenue, il arborait le plus élégant des manteaux athéniens. Il y avait longtemps qu'il avait renoncé à la robe thrace et à la peau de mouton des Agrianes.

Speusippe traînait toujours une vie languissante. « Je n'existe que par l'âme », dit-il. Les remèdes de Philippe d'Acarnanie l'avaient débarrassé des poux, mais il était à demi paralysé. Approuvant Xénocrate, il déclara qu'en effet, à la lumière des événements, ce furent des enfantillages que les rêves de Platon à propos de Denys l'Ancien, de Denys le Jeune et de Dion, ou que la malheureuse expédition d'Eudème de Chypre à Syracuse. « Vouloir élever l'âme d'un tyran, dit-il, ou s'imaginer qu'un tyran a une âme élevée, comme l'a fait mon oncle, est aussi ridicule l'un que l'autre. Mais toi, ô Alexandre, tu ne seras pas un tyran et ton père n'en est pas un non plus. Par conséquent, l'œuvre d'Aristote auprès de toi n'aura pas été vaine et la présence permanente d'Anaxarque à tes côtés en est comme le prolongement. C'est pourquoi toute l'école philosophique a les yeux tournés vers toi et tu auras peut-être la gloire, plus enviable encore que celle des conquêtes, de faire régner la philosophie. Je veux considérer la visite du vainqueur de Chéronée à l'Académie de Platon comme l'heureux présage de ton futur règne. » Speusippe semblait faire bon marché de la vie de Philippe, mais ses paroles furent agréables à Alexandre.

Anaxarque discuta les idées de Speusippe, qui s'écartaient de celles de Platon. Il regrettait, notamment, que le bien ne lui parût pas au-dessus de tout et lui cita le mot d'Aristote disant que, d'après lui, le monde était « une mauvaise tragédie ». « Une tragédie de Théodecte de Phasélis », répliqua Speusippe en souriant. Alexandre se plaisait à écouter ces débats philosophiques, qui succédaient au bruit des armes et qui semblaient une suite de son sacrifice aux Muses, dans leur temple de Chéronée.

Il avait envoyé un courrier annoncer à son père le succès de son ambassade et s'était remis en route. Il emmenait Démade, Dinarque, Eschine et Phrynon comme ambassadeurs d'Athènes. Couronnés d'olivier, sinon de laurier, les quatre Athéniens étaient munis des instruments du traité. Démosthène n'était pas encore rentré de sa propre ambassade, dont l'objet était désormais superflu. Il lui faudrait, pour obéir aux nouveaux décrets du peuple, recruter pour Philippe les alliés qu'il avait réunis contre lui.

L'Attique avait retrouvé toutes les apparences de la paix. Ce n'était plus le silence, mais le tumulte des acclamations qui accueillait le fils de Philippe. Le peuple entier partageait la joie du sénat et de l'assemblée pour les conditions de paix Le roi de Macédoine n'était plus l'ennemi des Athéniens, l'ennemi des Grecs, comme avait dit Démosthène : il serait le chef des Grecs contre les Perses, ainsi que l'avait tant souhaité Isocrate. Alexandre pouvait maintenant s'attarder sur les lieux qui l'intéressaient le long du parcours et qu'il n'avait fait qu'entrevoir en allant à Athènes. La paix était faite, mais Philippe et lui n'étaient pas fâchés que les Athéniens en attendissent un peu la confirmation.

Le long de la voie sacrée qui conduisait à Eleusis, étaient les statues de plusieurs poètes, et, entre autres, celle d'Homère. Alexandre fut amusé d'apprendre d'Eschine qu'elles avaient été élevées par Théodecte de Phasélis et de voir que ce tragique s'était ajouté, assez prétentieusement, à ces grands hommes, avec l'excuse de ses couronnes aux fêtes de Bacchus. On rencontra plus loin la statue et le tombeau du héraut athénien Anthémocrite, que les Mégariens avaient tué, alors qu'il leur ordonnait de ne plus cultiver un terrain appartenant aux grandes déesses, comme Cottyphus avait failli être tué en allant expulser les Amphissiens de la plaine sacrée de Cirrha.

Alexandre aurait aimé visiter le sanctuaire d'Eleusis ; mais ce n'était possible que pour les Athéniens initiés. Il dut se contenter d'admirer les murs de marbre, où des torches étaient sculptées, du magnifique temple élevé, sur les ordres de Périclès, par les architectes Corœbe, Métagène et Xénoclès. On apercevait la maison du roi Céléus, où les servantes avaient accueilli la déesse, qui avait pris les traits d'une femme éplorée, et l'avaient réconfortée en lui faisant boire un mélange d'eau, de vin, d'huile, de farine, de miel, de feuilles de menthe écrasées et de fromage râpé, recette devenue le breuvage d'initiation. Anaxarque évoqua l'histoire de la vieille Baubo qui, en ce même endroit, fit rire Cérès en lui montrant son pubis rasé. Les plaisanteries obscènes dont s'émaillait la procession des Eleusinies, étaient un témoignage de cet épisode. Alexandre s'étonna qu'il y eût de telles plaisanteries dans la fête d'une déesse connue pour sa pudeur et pour l'agnus-castus de ses prêtresses et de ses temples. Anaxarque répliqua que Cérès n'était pas aussi austère qu'on se l'imaginait. « Elle fut, dit-il, tellement amoureuse de Jasion que, sans prendre le temps d'arriver dans une chambre, elle s'unit à lui « dans un champ labouré trois fois », selon *l'Odyssée*. Ce Jasion était de la race de Dardanus, dont tous les hommes étaient « semblables aux dieux » : Ganymède, Pâris-Alexandre, Anchise, qui fut aimé de Vénus, Tithon, que ravit l'Aurore. — Par Hercule, je ne pensais plus à Jasion, dit Alexandre : « Jupiter le tua, en lançant la foudre brillante ». — Et tu oublies, dit Ephestion, que Cérès fut violée, sous la forme d'une jument, par Neptune sous la forme d'un cheval. »

Le fils de Philippe regardait, dans la plaine d'Eleusis, les gerbes du blé donné jadis par la déesse à Triptolème, les enfants qui glanaient et les chevaux que l'on faisait trotter en rond sur l'aire pour fouler les épis. A l'intérieur des vergers, des cloches de terre cuite étaient accrochées aux fruits ou couvraient les concombres et les melons pour les faire grossir.

Devant certains enclos et certaines maisons, étaient plantées des colonnettes, dont l'inscription attestait les créances hypothéquant ces biens. Solon avait passagèrement aboli cet usage qui le choquait : il disait qu'il avait « affranchi l'Attique, d'esclave qu'elle était ». Alexandre revoyait les champs d'oliviers, les figuiers, — on lui désigna le plus vieux, qualifié de saint, — les mûriers, qu'une loi défendait d'abattre, les troupeaux de brebis, revêtues de peaux qui préservaient la finesse de leur toison, les ruches de jonc tressé (tout le miel athénien ne venait pas de l'Hymette).

Dans cette plaine, se célébraient, en septembre, à la conclusion des fêtes d'Eleusis, les jeux Eleusiniens. C'étaient les plus anciens de tous les jeux, puisqu'ils avaient été créés cent ans avant la guerre de Troie. Les éphèbes, qui accompagnaient en armes la procession, participaient à ces concours. Le prix en était une mesure d'orge, provenant du champ sacré de Rarius, dont un sillon labouré trois fois, — c'était le compte pour Cérès, — avait produit le premier blé.

L'escorte de gardes athéniens d'Alexandre le quitta là où elle l'avait accueilli : à la forteresse d'Eleuthères, sur les pentes du Cithéron. Près d'une fontaine voisine, la belle princesse thébaine Antiope, violée par Jupiter qui s'était métamorphosé en satyre, avait accouché de Zéthus et d'Amphion. Ils furent élevés comme des bergers dans les bois de cette montagne et le second, à qui Mercure, son amant, avait fait cadeau d'une lyre, était suivi, quand il en jouait, des bêtes sauvages et des pierres, comme Orphée. Il construisit les murs de Thèbes aux sons de cet instrument : les pierres venaient d'elles-mêmes se mettre en place. C'est également sur le Cithéron qu'Apollon avait tué à coups de flèches les dix fils qu'Amphion avait eus de Niobé, fille de Tantale, roi de Lydie, et Diane tua de même ses dix filles à leur domicile, pour la punir de s'être vantée d'être plus féconde que Latone.

Au sommet de la montagne, Alexandre arrêta Bucéphale et contempla l'immense plaine de la Béotie, — cet Etat désormais macédonien et qui rendait le royaume de Macédoine limitrophe de l'Attique. Bien que ce fût la canicule, il y avait de la neige dans les anfractuosités. Mais *les Bacchantes* avaient exagéré en disant que, sur le Cithéron, ne cessaient jamais « les chutes pures de la neige blanche... » Un « vallon entouré de précipices, arrosé de ruisseaux, — Ombragé de pins », semblait celui où Bacchus avait entraîné Penthée, pour qu'il fût déchiré par « les respectables bacchantes ». Aristophane, lui aussi, avait chanté leurs danses et celles de Bacchus, qui éveillaient « l'écho du Cithéron ». Il prêtait au dieu le surnom d'Evius, dérivé du cri d'Evoé, par lequel on l'acclame.

Sur cette même hauteur, la Clytemnestre d'Eschyle avait aposté un « garde du feu » qui, en allumant des bruyères sèches après avoir vu le même signal sur un des monts de l'Eubée, — signal transmis tour à tour du mont Ida, de l'île de Lemnos et du mont Athos —, lui avait communiqué, à

Mycènes, la nouvelle de la prise de Troie. C'est par des signaux semblables que Mardonius, fier d'avoir ravagé l'Attique au lendemain de la défaite de la flotte perse à Salamine, annonça prématurément son succès à Xerxès qui était de retour à Sardes, — succès tourné en catastrophe à Platée.

Anaxarque rappela que, par un phénomène divin, indépendant de tout signal, les Grecs, dont la flotte avait vaincu celle des Perses en Ionie, devant le cap Mycale, le jour de la bataille de Platée, apprirent cette victoire remportée le matin et en furent encouragés. On avait remarqué que, dans les deux endroits, il y avait un temple de Cérès Eleusinienne.

Le lieu où Alexandre avait fait halte, se nommait le col des Têtes de chênes. Qu'il y eût des chênes, c'était tout naturel, disait Eschine, car le Cithéron était voué à Jupiter, qui en avait l'épithète, comme Junon. Les Thébains ne plaçaient pas le mariage du roi des dieux dans le jardin des Hespérides. Selon eux, il avait caché sa sœur Junon sur cette montagne et, indépendamment de l'aventure du coucou, s'y était uni en secret avec elle, avant de l'épouser. Chaque année, on portait de Thèbes, sur une charrette où était assise une jeune mariée, quarante statuettes de la déesse, sculptées dans des troncs de chênes. On déposait les statues sur un autel de bois, couvert de sarments, auquel on mettait le feu. C'était la cérémonie du « mariage sacré ». Eschine précisa avec quel soin les Platéens, chargés de sculpter ces statues, en choisissaient la matière. Ils allaient près d'Alalcomène, où étaient le bois sacré le plus grand de la Béotie et les chênes les plus antiques. Ils y jetaient des morceaux de viande cuite, les défendaient, autant qu'ils pouvaient, contre les corbeaux dont ce bois était peuplé, et observaient les chênes où se perchaient ceux de ces oiseaux qui avaient pu ravir un morceau de viande. On tirait les statues de ces arbres.

C'est également sur le Cithéron, — selon d'autres, sur l'Hélicon —, que le jeune Hercule tua son premier lion, avec l'aide du beau Nirée, son mignon d'alors. Enfin, « dans les vallons boisés du Cithéron », disait Sophocle, avait été exposé Œdipe après sa naissance, précaution qui ne l'empêcha pas de tuer son père et d'épouser sa mère, ce qui causa ses malheurs et ceux de sa race : Jocaste, sa mère, se tua ; il se creva les yeux et, accompagné de ses filles Antigone et Ismène, se retira en Attique, — sujet d'*Œdipe à Colone*, — où, victime des Furies, il disparut dans la terre. La malédiction qu'il avait lancée sur les fils de son inceste, Etéocle et Polynice, provoqua leur lutte fratricide, origine de la guerre qui avait inspiré la tragédie d'Eschyle *les Sept contre Thèbes*. On avait vu, près d'Eleuthères, les tombes de soldats tués au cours de cette expédition et, à Eleusis, celles des sept chefs eux-mêmes, ensevelis en ce lieu par Thésée, à la prière du roi d'Argos, Adraste.

Revenant sur l'inceste de Jupiter et de Junon, Anaxarque fit observer que ces mœurs avaient été courantes à l'époque mythologique et que nul ne s'en choquait à l'époque homérique. *L'Odyssée* brosse un tableau amusant du palais d'Eole, où le dieu des Vents nourrissait ses douze enfants, « six filles et six fils à l'âge d'homme. — Là, il a donné ses filles pour femmes à ses fils. — Ils passent leur temps à banqueter auprès de leur père et de leur mère vénérables. — A côté d'eux sont servis des mets sans nombre. — La maison, dans l'odeur des viandes, retentit tout le jour de leurs voix. — La nuit, ils dorment près de leurs chastes épouses, — Sur les tapis et les lits ajourés ». Eschine rappela qu'Aristophane avait reproché à Euripide d'avoir mis en scène, dans son *Eole,* l'amour incestueux d'un fils et d'une fille de ce dieu. « Je n'avais pas pensé aux enfants d'Eole, quand nous parlions de l'inceste d'Alcibiade en revenant d'Olympie », dit Alexandre à Ephestion.

Sur ce versant de la montagne, était une grotte appelée Sphragidium, où avait lieu le culte des nymphes dites Sphragidiennes. C'était un peu comme la grotte Corycienne du Parnasse. Mais les nymphes de Sphragidium avaient le pouvoir d'enchanter certains de leurs visiteurs, qui demeuraient, pour la vie, « possédés des nymphes ».

Au bas de la montagne, Alexandre fit bifurquer vers la gauche pour aller visiter les champs de bataille de Platée et de Leuctres. Le double but que Philippe et lui voulaient atteindre, était symbolisé par ces deux victoires dont la seconde, — celle d'Epaminondas sur les Spartiates, — était dépassée, en conséquences, par celle de Chéronée. Il pensait qu'une visite à Platée, pleine d'émotion pour lui-même, puisque le destin de la Grèce s'y était joué, flatterait l'orgueil national des Athéniens. Eschine lui décrivit, avec sa fougue d'ancien acteur, la célèbre bataille.

Le col des Têtes de chênes avait été occupé par Mardonius, sur les conseils d'un Thébain : c'était, en effet, le moyen de couper la route de l'Attique, et les Perses y écrasèrent un contingent athénien. Ils étaient rangés le long de l'Asope, attendant leur revanche. Les Athéniens avaient pour chef Aristide ; les Lacédémoniens et les confédérés, Pausanias, régent de Sparte. Enumérant qui leur faisait face, — les Mèdes, les Bactriens, les Indiens, tous peuples qu'Alexandre aurait peut-être un jour à combattre, — Eschine les qualifiait de barbares. « Si nous les appelons barbares parce qu'ils ne savent pas le grec, comment doivent-ils nous appeler, pour le fait que nous ne sachions pas leur langue ? » dit plaisamment Alexandre, fidèle aux leçons d'Anaxarque. Avec eux, étaient les Béotiens et les Locriens, aujourd'hui sujets de la Macédoine, de même que les Macédoniens et les Thessaliens, autres alliés de Xerxès. Le devin Tisamène d'Elis, avait prédit à Pausanias qu'il vaincrait, s'il n'était pas le premier à attaquer. Aristide avait consulté l'oracle de Delphes, qui lui avait ordonné d'adresser des prières à Jupiter et à Junon Cithéroniens, à Pan et aux nymphes Sphragidiennes, de sacrifier à sept héros de Platée dont il lui indiquait les noms, et de ne se battre que sur leur propre territoire, « dans la plaine de Cérès et de Proserpine » Aristide crut que le dieu lui commandait de regagner l'Attique. Mais Arimneste, capitaine des Platéens, lui montra un sanctuaire de Cérès et de Proserpine Eleusiniennes, à Hysies, non loin de Platée, et fit céder aux Athéniens le territoire où était campée leur armée, pour que l'oracle s'accomplît.

Maciste, le plus grand personnage de l'armée ennemie, après Mardonius, et dont Alexandre avait vu l'armure d'or à Athènes, dans le temple d'Erechtée, avait été tué à Erythrées, au bas de l'Hélicon. Ses soldats ne purent reprendre son cadavre, qui fut promené sur un char à travers l'armée grecque, revêtu de son manteau de pourpre et de sa cuirasse. Mardonius périt à son tour, le jour de la bataille, frappé d'une pierre à la tête par Arimneste, comme l'oracle d'Amphiaraüs l'avait prophétisé, dans un songe, à son envoyé lydien : sa mort décida de la victoire des Grecs. Ainsi fut accompli cet autre oracle prédisant que serait vengé l'outrage fait au cadavre de Léonidas, décapité aux Thermopyles par ordre de Xerxès, et dont la tête fut plantée sur un poteau. Le tombeau de Mardonius, œuvre d'un habitant d'Ephèse, était non loin d'Erythrées. Malgré les ravages qu'il exerça sur la Grèce, ce général perse avait reçu, pour sa bravoure, cet éloge d'Hérodote : « Il mérita qu'on dît de lui : « C'était un homme. » De ses trois cent mille soldats, auxquels s'étaient opposés cent dix mille Grecs, seuls quarante mille se sauvèrent, sous la conduite d'Artabaze. Les Grecs avaient perdu mille trois cent soixante hommes, notamment les cinquante-deux Athéniens de la tribu Eantide, dont Autolyque se plut à évoquer la mémoire en ce lieu.

Alexandre, une fois de plus, se trouvait dans une cité détruite : les Thébains, en rasant Platée, dont ils n'avaient laissé debout que les temples, avaient fait jurer aux habitants de ne jamais la reconstruire. Philippe avait annulé ce serment pour rétablir l'équilibre des forces en Béotie et pour honorer le courage de ces ennemis des Perses. C'est à eux que les alliés décernèrent la palme de la valeur, après avoir failli se remettre en guerre pour la disputer. Alexandre appela que cette victoire avait été due indirectement à son ancêtre le roi Alexandre : celui-ci, allié forcé des Perses, s'étant esquivé nuitamment de leur camp, fit annoncer à Aristide qu'un inconnu avait un secret important à lui révéler. Admis en sa présence, il lui apprit que Mardonius attaquerait au point du jour. « J'espère, ajouta-t-il, qu'après votre victoire, vous n'oublierez pas que j'ai risqué ma vie pour vous avertir. Je suis Alexandre, roi de Macédoine. » Et il repartit au galop. Ensuite, il avait exterminé une partie de l'armée perse fugitive. Certes, il avait bien mérité le surnom d'Ami des Hellènes que son descendant avait fait retentir devant Démosthène, dans l'hôtel de ville d'Olympie.

Le souvenir de la victoire de Platée était si cher aux Athéniens qu'à chaque anniversaire, le 4 septembre, ils envoyaient des députés sacrifier à Jupiter Libérateur et aux nymphes Sphragidiennes. Ces députés étaient toujours choisis dans la tribu Eantide, à cause du rôle qu'elle avait joué dans la bataille. A l'initiative d'Aristide, un décret gravé sur la citadelle d'Athènes, proclamait les Platéens « consacrés à la divinité ». De plus, tous les quatre ans, on célébrait à Platée des jeux solennels, dits les jeux de la Liberté. Les Thébains avaient construit une vaste auberge pour les visiteurs. Athéniens, Spartiates et Platéens avaient des tombeaux séparés. Tant qu'exista leur ville, ces derniers offraient, un mois après les Athéniens, un sacrifice spécial. Le premier magistrat de la cité, vêtu de pourpre, et qui, de tout le reste de l'année, ne pouvait toucher du fer, venait, une épée nue à la main, en compagnie des éphèbes, laver la colonne du tombeau platéen avec l'eau versée d'une urne d'or. Puis, il y faisait une libation de lait, récitait des invocations à Jupiter et à Mercure Souterrains, égorgeait un taureau noir sur un bûcher, présentait une coupe de vin « à ces hommes courageux » qui avaient combattu pour la liberté de la Grèce, et entourait la colonne de guirlandes de fleurs et de branches de myrte.

Un tombeau particulier attirait l'attention dans le temple de Diane : celui du coureur platéen, Euchydas, qui s'était immortalisé après la bataille. Les vainqueurs ayant consulté de nouveau l'oracle de Delphes pour savoir ce qu'ils devaient faire en vue de purifier la Grèce des sacrilèges commis par les envahisseurs, il leur dit de dresser, comme trophée, un autel à Jupiter Libérateur, mais de n'y sacrifier qu'après avoir éteint tous les feux du pays et de les rallumer avec du feu pris à Delphes. Tous les feux ayant été éteints, Euchydas partit pour la ville d'Apollon, s'y purifia, se couronna de laurier et revint à Platée dans la même journée, ayant fait deux cents kilomètres. Il salua ses concitoyens, leur remit l'urne contenant le feu et tomba mort, ainsi qu'était tombé le coureur de Marathon, annonciateur de la victoire. Malgré ce trophée commun, Athéniens et Lacédémoniens avaient élevé chacun le leur.

Alexandre immola une chèvre dans le temple de Minerve Martiale, commencé avec la part que les Platéens avaient eue des dépouilles de Marathon —, mille des leurs avaient participé à cette bataille. Il leur fut alloué aussi quatre cent quatre-vingt mille drachmes comme butin de celle qui avait eu lieu sur leur territoire. Cette somme leur avait permis de terminer et d'embellir ce sanctuaire. La statue de la déesse, œuvre de Phidias, était presque aussi grande que celle du Parthénon : les vêtements et les parures étaient de bois doré. Des fresques de Polygnote, représentant le retour d'Ulysse, couvraient les murs.

L'autel de Jupiter Libérateur, s'élevait hors de la ville, près du temple de Cérès et de Proserpine Eleusiniennes, de celui de Junon et du tombeau de Leitus, le seul chef béotien revenu de la guerre de Troie. Une inscription de Simonide proclamait cet autel « l'ornement de la liberté de la Grèce ». Alexandre pensait à la colonne serpentine de Delphes, qui rappelait cette victoire

On voyait, dans le temple de Cérès, à côté de l'image de la déesse, une autre statue, œuvre remarquable de Praxitèle : Rhée ou Cybèle, tenant à la main une pierre entourée de langes, — celle qu'avala Saturne à la place du futur souverain des dieux. Alexandre offrit un mouton à Jupiter, une brebis à Junon et des gâteaux d'orge à Cérès : ces gâteaux étaient faits avec les prémices des récoltes de la confédération béotienne, comme ceux que l'on offrait à la Cérès d'Eleusis étaient faits avec les prémices des récoltes de la confédération attique.

Ces devoirs religieux et ces évocations héroïques ne ternissaient pas, pour Alexandre, l'image de Diane se baignant dans la fontaine Parthénius, près de Platée. Il aimait toujours mélanger l'histoire des dieux et celle des hommes. Mais il alla d'abord à la fontaine Gargaphia, près de laquelle les Grecs avaient été campés. C'est à la fontaine Parthénius qu'Actéon, petit-fils de Cadmus, avait surpris Diane au bain et tenté de la violer. La déesse, en lui jetant de l'eau au visage, le changea en cerf et il fut dévoré par ses cinquante chiens. Pour expliquer son malheur, on disait qu'il avait épié la chaste Diane de derrière un olivier, arbre de la non moins chaste Minerve. C'était, du reste, un charmant bois sacré de la sœur d'Apollon qui entourait la fontaine. Etrange homonymie, un des sept héros de Platée, auxquels l'oracle de Delphes avait fait sacrifier Aristide, s'appelait Actéon. D'aucuns disaient que c'était le chasseur, divinisé.

Comme Alexandre avait rendu hommage aux Athéniens en visitant Platée, il poussa un peu plus loin pour visiter Leuctres, ce qui serait un hommage aux Béotiens. C'était honorer aussi Pélopidas, qui avait été l'amant de son père et le chef de ce bataillon sacré, anéanti à Chéronée. Un trophée de marbre, où étaient sculptés neuf boucliers, symbole des neuf villes de la confédération béotienne, commémorait la victoire des six mille Béotiens sur les vingt-cinq mille hommes du roi de Sparte Cléombrote, qui était mort dans la bataille. Ce lieu ayant marqué la fin de la prédominance spartiate, il n'était pas désagréable à Alexandre d'y sacrifier : il lui semblait humilier le seul Etat de la Grèce qui se dérobât à l'influence de la Macédoine. C'est à la suite de cette défaite, la plus grande de l'histoire de Sparte, que les Thébains allèrent jusqu'à l'Eurotas et chassèrent les Spartiates de la Messénie. De même que la flotte du roi de Sparte Léotychide et de Xanthippe, le père de Périclès, avait remporté sa victoire sur les Perses au cap Mycale le même jour que Pausanias et Aristide les écrasait à Platée, la flotte de Cimon, à l'embouchure de l'Eurymédon, en Pamphylie, triomphait des Perses, le jour même de la victoire de Leuctres. Mais, si les femmes de Sparte avaient vu, pour la première fois, « le feu d'un camp ennemi » et si leur ville, assiégée, avait failli être prise, cela avait failli coûter cher aux généraux thébains : Epaminondas et Pélopidas, à leur retour, durent subir un procès criminel, pour avoir conservé le commandement quatre mois de plus que la loi ne le leur permettait. Ils répondirent à ces accusations, dignes de celles dont les Athéniens accablaient parfois leurs propres généraux, que les neiges les avaient empêchés de revenir de Laconie avant la fin de l'année, terme de leur mandat.

Le tombeau des filles de Scodasus, dites les Leuctrides, avait joué un rôle dans cette victoire. Ces filles s'étaient tuées, après avoir été violées par des hôtes lacédémoniens, et leur père, qui avait demandé vainement à Sparte la punition des coupables, s'était tué à son tour sur leur tombe. Plusieurs oracles avaient averti les Spartiates de « se garder du courroux leuctrique ». Ils crurent qu'il s'agissait d'une ville de Laconie ou d'une ville d'Arcadie qui portaient, l'une le nom de Leuctres, l'autre celui de Leuctrum. La veille de la bataille aux bords de l'Asope, Pélopidas vit en songe les Leuctrides gémissant autour de leur tombeau et qui leur ordonnaient de sacrifier une vierge rousse, s'il voulait être victorieux. Il discuta, avec les autres chefs, de cet ordre barbare. On parla de Thémistocle, qui avait fait sacrifier trois jeunes Perses à Bacchus Mangeur de chair crue, sur le conseil du devin Euphrantidas. On parlait également du sacrifice d'Iphigénie, à laquelle les dieux avaient substitué une biche. Juste à ce moment, une pouliche alezane galopa vers Pélopidas. « O roi, lui dit le devin Théocrite, voici ta vierge rousse. » Les Thébains furent si orgueilleux de leur victoire, qu'ils s'attirèrent ce mot d'Antisthène : « Ils ressemblent à des écoliers qui se glorifient d'avoir battu leur maître. » « Leur maître, dit Eschine comme Anaxarque avait cité ce trait, les Thébains viennent de le trouver. »

Un épisode des *Helléniques* de Xénophon, cher à Alexandre, concernait le beau Cléonyme, l'aimé d'Archidame, — fils de l'autre roi de Sparte, Agésilas, — qui tomba à Leuctres. Peut-être ce garçon, fils de Sphodrius de Thespies, avait-il été tué par le mignon d'Epaminondas, Asopique, dont on avait vu le bouclier au temple de Delphes. Cléonyme en obtenant l'intervention d'Archidame pour sauver son père, condamné à mort, lui avait dit qu'il ne le ferait jamais rougir de leur amitié.

Il y avait, à Leuctres, un temple de l'Amour. C'était le premier que vît Alexandre, car il n'y en avait pas en Macédoine. Il y sacrifia, pour Ephestion et pour lui. Un bois sacré entourait le temple. Anaxarque releva que les Béotiens avaient plus de bois sacrés qu'aucun autre peuple de la Grèce, de même qu'ils avaient le plus d'oracles d'Apollon.

Le jeune prêtre de l'Amour déclara que le bois sacré de Leuctres était fréquenté par les filles à marier, les courtisanes et les couples d'amis. Il montra, à l'ouest de Thèbes, une hauteur que décoraient deux magnifiques tombeaux : celui du législateur de cette ville, Philolaüs de Corinthe, et celui de son mignon Dioclès, vainqueur aux jeux Olympiques. Ce nom rappelait à Evagoras le poète athénien dont on célébrait la mémoire à Mégare par ces concours de baisers entre garçons, où il avait remporté le prix. Aristote avait longuement parlé à ses élèves de l'illustre législateur

Philolaüs, comparable à Solon d'Athènes et à Lycurgue de Sparte, pédérastes comme lui et comme Aristote. Il avait même relaté, dans sa *Politique,* l'histoire de l'amour de ce législateur et de Dioclès, en faisant allusion à ces deux tombeaux. Philolaüs appartenait à la plus grande famille de Corinthe, étant un Bacchiade, et Dioclès, son aimé, indigné de l'amour incestueux que sa mère Alcyone avait conçu pour lui, décida de quitter la ville. Philolaüs abandonna pour lui richesses et puissance et se retira à Thèbes, dont il dicta les lois. Son tombeau était tourné vers Corinthe et celui de Dioclès vers Thèbes, où il avait vécu heureux avec son amant. C'était un but de pèlerinage, comme, plus loin, le tombeau d'Iolas.

A quelque distance de Leuctres, se situait la localité d'Eutrésis, où Apollon avait un temple et l'un de ces oracles dont il avait comblé la Béotie. Anaxarque pensait que ce dieu avait voulu remercier de la sorte cette contrée qui affirmait lui avoir donné la naissance et où était, dans le Copaïs, un îlot rocheux nommé Délos.

Alexandre passa la nuit à l'auberge de Platée. Après souper, on se promena au clair de lune parmi les ruines, qui prenaient un aspect fantastique. Alexandre guettait les étoiles filantes, comme son père, enfant, les guettait pour leur lancer des flèches. Il fut heureux d'apercevoir l'étoile brillante des Poissons, qu'aucun de ses camarades n'arrivait à distinguer : il avait l'œil fait pour les astres. Médius et Hippostrate, revêtus d'un drap, effrayèrent, telles des apparitions, les ambassadeurs d'Athènes. Eschine, dans le vaste silence, déclama un passage des *Bacchantes :* « Toi, ô Bacchus, — Fils de Jupiter et de Sémélé, — Tu marches dans les montagnes, — Te plaisant aux hymnes — Aimables des nymphes. »

On avait constaté la disparition d'Autolyque. « Où étais-tu ? lui demanda Alexandre à l'auberge, en le voyant revenir tout émoustillé. — J'avais donné rendez-vous au jeune prêtre de l'Amour, sur les bords de l'Asope, dit-il. Nous étions au milieu des térébinthes. Ce fut charmant. » Alexandre éclata de rire. « Il n'appartenait qu'à toi, dit-il au fils de Phrynon, de faire l'amour avec le prêtre de l'Amour. Mais, la différence entre toi et moi, c'est que je ne fais l'amour qu'avec l'Amour. »

Le lendemain matin, on repartit pour se diriger vers Thèbes. Alexandre arrêta un instant le cortège au haut d'une colline d'où l'on apercevait les murailles de cette ville qu'il avait à peine regardée à l'aller. Il renonçait à y entrer pour ne pas offenser une population plus endeuillée que celle d'Athènes, puisque moins nombreuse, et qui subissait, en outre, la présence d'une garnison macédonienne. Mais il emplissait ses yeux du spectacle de ces murailles, que son père eût été maître de faire abattre, comme Lysandre fit raser les longs murs d'Athènes.

La ville semblait former, en dehors des places publiques et de la citadelle, — la Cadmée —, qui la surplombait, un seul toit de tuiles rouges, parce que les rues étaient fort étroites, comme celles de Périnthe en Thrace, et les maisons, des deux côtés des rues, avaient l'air de se toucher. Il y avait eu des surprises guerrières à cause de ce fait. Où était la maison de Pammène, dans laquelle Philippe avait passé la fleur de ses ans et l'avait laissé cueillir à deux illustres guerriers ?

Alexandre, malgré sa hargne contre les Thébains, ne pouvait s'empêcher de penser que leur ville était le berceau de sa race paternelle. Hercule y était né, y avait grandi, et, plus tard, dans un accès de folie furieuse, décrit par Euripide, il y avait tué sa femme Mégare, fille de Créon, roi de Thèbes, et leurs huit enfants. Alexandre dit un vers de Pindare : « De Thèbes Cadméenne, arriva un héros court de taille, — Mais invincible par l'âme. — C'était le fils d'Alcmène... » Il souffrait quelquefois de n'être pas aussi grand qu'Ephestion et il savait gré à Pindare d'avoir rappelé que son illustre ancêtre était « court de taille », sinon d'autre chose.

Mais Thèbes ne parlait pas seulement d'Hercule à Alexandre : elle était aussi la ville natale de Bacchus, le dieu de sa mère. Comme Hercule, le fils de Sémélé s'y était élevé de la condition de héros et de demi-dieu à celle d'Olympien. Du Cithéron, son culte avait gagné le Parnasse, puis le reste de la Grèce. Il avait aidé les Thébains à repousser une invasion des Thraces.

Thèbes était enfin, autant qu'Athènes dans toute son histoire et que Pella sous le règne de Philippe, une capitale de la pédérastie. Elle avait été fondée par Cadmus et ses murailles avaient été élevées par Amphion, tous deux mignons de Mercure : les amis-amants s'y juraient fidélité sur le tombeau d'Iolas, neveu et l'un des vingt-quatre mignons d'Hercule, et Bacchus en avait eu dix. Aristote et Anaxarque avaient confirmé ces chiffres, indiqués par Cléotime et dont le premier amusait Alexandre. On disait aussi que la pédérastie, associée au nom de Laïus, avait été propagée parmi les Thébains pour adoucir leurs mœurs, qui étaient rudes.

En tête des cités grecques chez Homère, ville natale d'Hercule et de Bacchus, Thèbes inspirait à Alexandre une dernière réflexion sur le sens du mot barbare. Le premier vers de l'*Andromaque* d'Euripide déclarait : « Honneur de la terre asiatique, ville thébaine... » Impossible de récuser les plus anciens ancêtres, comme Alexandre en était convenu lorsqu'on avait parlé généalogie à bord de l'*Hercule,* au retour des jeux Olympiques.

Philippe avait raconté à son fils qu'il avait dédié ses premiers poils de barbe dans le temple d'Hercule Défenseur à Thèbes. C'était ce que faisaient, à dix-huit ans, les éphèbes du pays. Ce temple étant hors de la ville, Alexandre avait décidé, avant de partir pour Athènes, qu'Ephestion et lui-même y accompliraient la même cérémonie. Aussi Epaphos avait-il emporté le rasoir d'or de Cléotime et un cercle d'or creux où les noms d'Alexandre, d'Ephestion et de leurs pères étaient gravés. Le poil follet qui couvrait leurs joues et leurs mentons, resterait à Thèbes, cité qui représentait la divine ascendance d'Alexandre et désormais la glorieuse victoire de Chéronée.

Le temple d'Hercule Défenseur était bâti sur une petite colline, en face d'une des sept portes données à Thèbes par Amphion, — la porte Onca, nom d'origine phénicienne, et qui était le surnom thébain de Minerve. Un autel et un marbre de cette déesse existaient en cet endroit, puisqu'elle avait toujours protégé Hercule. Des oliviers sauvages, aux troncs énormes, entouraient le temple. Ephestion dit que le héros avait peut-être taillé sa massue dans l'un d'eux ; mais Alexandre rappela qu'il l'avait faite avec le tronc d'un olivier sauvage, coupé au pied de l'Hélicon.

A l'intérieur, on voyait sa statue en bois, œuvre de Dédale, une autre de Xénocrite de Thèbes, une troisième, colossale, œuvre d'Alcamène, et une quatrième, également colossale et également d'Alcamène. Celle-ci, avec une statue non moins imposante de Minerve, avait été offerte par Thrasybule et ses compagnons, après leur exil à Thèbes, d'où ils étaient partis pour renverser les trente tyrans. Ainsi avaient-ils reconnu l'hospitalité que leur avaient accordée les Thébains. Praxitèle était chargé de sculpter, sur la frise du temple, les douze travaux d'Hercule ; quatre de ses merveilleuses plaques de marbre étaient déjà placées.

Il y avait également, accrochés aux murs, de nombreux étuis ou cercles, en divers métaux ou en terre cuite, renfermant des poils d'éphèbes. Le prêtre montra le cercle d'or où était gravé : « Philippe, fils d'Amyntas ». Ce cercle était un cadeau de Pélopidas, qui devait avoir amoureusement coupé les poils.

Quatre beaux garçons fraîchement rasés, entraient pour dédier leur première barbe. Ils furent stupéfaits, en apercevant les meurtriers, peut-être, de leurs frères, de leurs pères, de leurs amants tombés à Chéronée. Comme ils voulaient se retirer, Alexandre, avec bonne grâce, les pria de rester et d'assister à la cérémonie de sa propre dédicace, que précéderait son rasage. « Chez Hercule, mon ancêtre et votre compatriote, leur dit-il, nous sommes tous frères. »

Ephestion regardait le poil délicat d'Alexandre qui allait tomber. Il dit les vers de *l'Odyssée* : « Devant moi, se présenta Mercure à la baguette d'or, — ... Semblable à un homme jeune — Qui a de la barbe pour la première fois, ce qui est son âge le plus charmant ». — Par Hercule, s'écria Alexandre, tu ne me battras pas en déclaration d'amour homérique ». Il dit ce simple vers de *l'Iliade* à l'adresse d'Ephestion : « Il a la fleur de la jeunesse, qui est la plus grande force. »

Epaphos tenait le précieux rasoir. Pour en affûter la lame de bronze, Alexandre cracha sur une pierre spéciale, à laquelle la salive donnait du mordant. Avant de le raser, le jeune esclave lui enduisit le visage d'un onguent à base de nard pour amollir le poil. Polybe procéda ensuite à la même opération avec son maître. Un servant d'Hercule donna de la toile d'araignée, qui cicatrisa les écorchures et qu'ils retirèrent au bout de quelques instants. Les poils des deux amis furent mis ensemble dans le cercle d'or, que l'on suspendit au mur, derrière l'une des statues colossales d'Hercule. La présence de leurs compagnons, des ambassadeurs d'Athènes et des éphèbes thébains prêtait à cette simple cérémonie un caractère solennel et sacré. Elle évoquait, pour le descendant d'Achille et pour l'émule de Patrocle, le vœu formulé à Achille par l'ombre de Patrocle, que leurs cendres fussent réunies dans « une urne funéraire d'or ». Après la réunion de leurs salives et de leurs semences, celle-ci était, au printemps de leur vie, la lointaine préface de l'autre. Enfin, la libation de vin de Chéronée eut lieu avec deux coupes d'or du temple. On les remplit plusieurs fois, pour faire boire tous les spectateurs : ceux qui étaient victorieux, devaient le trouver plus doux que les autres.

Lorsque Alexandre voulut sacrifier à Hercule, on lui dit que, selon l'usage, il fallait commencer par un sacrifice à une compagne d'Alcmène, nommée Galinthias. Cette femme avait rendu un grand service, en effet, à la mère d'Hercule, durant sa grossesse, dont la jalousie de Junon prolongeait la durée, dans l'espoir qu'elle en mourrait. L'épouse de Jupiter avait commandé aux Parques et à Lucine, déesse de l'accouchement, de rester assises, les mains enlacées, pour interdire, par ce geste, la délivrance d'Alcmène. Galinthias, afin de sauver son amie, leur annonça indûment la venue au monde d'un garçon. Lucine et les Parques, désespérées, levèrent les mains et Alcmène, qui était près d'expirer, donna le jour à Hercule. Pour punir Galinthias de l'avoir trompée, Junon la changea en belette. Hercule avait construit, dans l'enclos de ce sanctuaire, une petite chapelle à cette Galinthias sans laquelle il ne serait jamais né. Si la mère d'Alexandre avait chez elle deux belettes, ce n'était pas seulement contre les souris, mais en mémoire de la naissance d'Hercule.

On amena, de la ferme du sanctuaire, un agneau et un bélier couronnés de bandelettes rouges. L'agneau fut sacrifié à Galinthias et le bélier au héros. Alexandre avait demandé, en l'honneur de sa barbe et de son ancêtre, un bélier « aux puissants testicules ». Ephestion et lui touchèrent ces boules velues et les firent toucher aux jeunes Thébains.

Quand le prêtre d'Hercule dit à Alexandre que, tous les ans, on célébrait la fête du dieu par un festin, dans ce sanctuaire, le fils de Philippe lui récita l'*Isthmique* de Pindare, où il en était question : « Nous, les habitants, lui préparons un festin, — Au-delà de la porte d'Electre, — Et des couronnes nouvelles pour ses autels. — Nous multiplions les sacrifices pour les huit morts à l'armure de bronze, — Enfants qu'engendra de lui Mégare, fille de Créon. — Pour eux, au coucher du soleil, la flamme, — Elevant sa lumière, brille toute la nuit, — Lançant vers le ciel une fumée grasse. — Puis, le second jour, revient — Le terme des jeux, — Epreuve de force. » Les jeunes Thébains, à qui l'on apprenait par cœur cet éloge d'Hercule, avaient récité le passage en même temps qu'Alexandre La fraternisation se complétait au moyen de la poésie

Près du temple, un gymnase conservait la pierre que Minerve avait lancée sur le héros, quand, devenu furieux, il s'apprêtait à tuer son père légal, Amphitryon. Le coup l'avait étourdi, mais lui avait rendu la raison. Un autel voisin, fait de la cendre des victimes, comme celui de Jupiter à Olympie, était consacré à Apollon, dit des Cendres, et lié à un oracle. On interrogeait le dieu sur cet autel, on sortait de l'enceinte en se bouchant les oreilles et le premier mot que l'on entendait après avoir ôté les mains, était la réponse. Les prêtres, au besoin, l'expliquaient.

Non loin du temple d'Hercule, était le palais d'Amphitryon et son tombeau, que Pindare qualifiait, à bon escient, de « splendide » : artistement sculpté, il contenait la tête d'Eurysthée, amant et persécuteur d'Hercule. C'est Iolas qui l'y avait déposée, après la lui avoir tranchée. La visite de la chambre natale d'Hercule, remplit Alexandre d'un respect religieux. Il réfléchit ensuite au sort de cet Amphitryon qui avait dû quitter son royaume d'Argos pour avoir tué involontairement son oncle et beau-père Electryon, père de sa femme Alcmène, et qui, venu à Thèbes, avait été purifié de son meurtre par le roi Créon, avant de lui succéder et d'être cocufié par Jupiter sous ses propres traits.

Il y avait, là aussi, le monument d'Alcmène ; mais son tombeau était à Haliarte. Le corps en avait, du reste, disparu et était remplacé par une longue pierre. Les Héraclides, en le portant pour l'ensevelir, avaient été frappés de son poids : soulevant le couvercle du cercueil, ils y virent cette pierre. On n'était pas sûr qu'elle y fût encore, parce que le roi Agésilas avait fait ouvrir le tombeau, pour en transférer les restes à Sparte. La pierre avait été mise par Mercure, que Jupiter chargea de conduire Alcmène dans l'île des bienheureux, aussitôt après son décès. L'épouse d'Amphitryon fut la dernière des mortelles aimées du souverain de l'Olympe, d'où l'amour particulier qu'il eut pour elle et pour son fils. Et Amphitryon avait été le seul mortel dont il eût pris les traits afin de satisfaire sa passion. « Cela n'empêche, dit Eschine, que j'aie vu un tombeau d'Alcmène à Mégare et un autre à Argos. — Ni que le divin Ulysse, dit Alexandre, ait vu aux enfers « celle qui, s'étant mêlée aux bras de Jupiter, — Engendra l'intrépide Hercule au cœur de lion ». Le champ où ce héros, peu après sa naissance, avait été trouvé par Junon, qui l'avait allaité sans le reconnaître, s'étendait à côté du palais d'Amphitryon. C'était donc de cet endroit qu'avait jailli la voie lactée et là qu'avait fleuri le premier lis.

Sur une autre petite colline, vis-à-vis de celle-là et de la porte d'Electre, étaient le temple et l'oracle d'Apollon Isménien, ainsi nommé du fleuve Ismène, qui en baignait les abords. Cet oracle était fameux, pour avoir été consulté par Crésus et par Mardonius, à qui il avait prédit leurs désastres. Mais Alexandre ne consultait plus les oracles. Il disait qu'il n'en consulterait qu'un, lorsqu'il serait roi : celui de Delphes, et lorsqu'il serait un conquérant : celui dont lui avaient parlé Nectanébo dans son enfance et les Cyrénéens à Olympie, — l'oracle de Jupiter Ammon en Libye.

Un trépied d'or massif avait une curieuse histoire : emporté de Troie par Hélène et jeté par elle dans la mer près de Cos, il avait été repêché et un oracle de la pythie le décerna « au plus sage ». C'était à l'époque où vivaient les sept sages de la Grèce : ils se le renvoyèrent les uns aux autres et il fut finalement consacré à Apollon Isménien.

Une Minerve de Scopas et un Mercure de Phidias se dressaient dans le vestibule du temple. La statue d'Apollon, en bois de cèdre, était de Canachus. Parmi les principales offrandes, il y avait un autre trépied d'or, consacré par Crésus, un bouclier d'or et une javeline d'or, consacrés également par lui au devin Amphiaraüs. Comme chez Minerve Carnéenne et dans d'autres sanctuaires, la prêtrise était confiée à de jeunes garçons ; mais ici, ils avaient quatorze ans. Comme au temple de Junon qui était en face de Corinthe, ils venaient des meilleures familles, et, comme toujours, devaient être beaux de corps et de visage. Etant couronnés du feuillage d'Apollon, ils avaient le titre de porte-laurier. Hercule enfant avait eu ce titre et cette charge : on fit voir à Alexandre le trépied qu'Agamemnon avait consacré à cette occasion.

Le chef de ces jeunes prêtres avait une couronne de laurier d'or qui rehaussait sa beauté blonde. Il parut charmé, quand Alexandre lui dit avoir consacré sa première barbe à Hercule Défenseur. Il montra un étui d'or, où lui-même avait consacré à Apollon Isménien une boucle de ses cheveux, suivant la coutume des garçons de Thèbes à leur puberté. D'innombrables étuis ou cercles de ce genre étaient suspendus aux murs, ainsi que dans le temple d'Hercule ; d'autres, entassés dans une resserre du temple. « Et où est le cercle de ton ami ? » demanda Alexandre au garçon couronné d'or. Le jeune prêtre rougit légèrement du mot cercle et montra un anneau de bronze, incrusté d'or, marqué d'une inscription. « Je suis sûr que ton bien-aimé est aussi beau que toi, lui dit Alexandre. — Il ne peut qu'être beau, dit le garçon, car il faut être le plus beau pour être le chef des jeunes prêtres. Il l'a été, il y a deux ans. A la fête du dieu, nous marchons les premiers, la chevelure flottant sur les épaules, la couronne d'or sur la tête, vêtus d'une robe magnifique, une branche de laurier à la main. Un jeune homme, de nos parents, nous précède, tenant une longue branche d'olivier, qu'entourent des feuilles de laurier et des fleurs et qui est terminée par ce globe. » Il désignait une sphère représentant le soleil, à laquelle étaient attachés un globe plus petit, représentant la lune, des boules, emblèmes d'autres astres, et trois cent soixante-cinq bandelettes teintes en pourpre, qui symbolisaient les jours de l'année. C'est au cours de cette fête que l'on célébrait les jeux d'Hercule, dont le prix était une couronne de myrte fleuri, — la couronne de l'amour, la couronne d'Iolas.

Alexandre embrassa le beau porte-laurier d'Apollon Isménien, comme il avait embrassé le jeune servant du temple de Delphes et ceux de Minerve Carnéenne. Il aimait sentir la douce peau de ces garçons qui vivaient une vie sensuelle à l'ombre de la divinité. Autolyque embrassa le porte-laurier avec une tendresse qui parut excessive à Critobule. « Ne t'imagine pas, lui dit-il, me tromper sous mes yeux et en plein jour. »

Afin d'être agréable à Olympias, Alexandre aurait aimé visiter la chambre où Sémélé, foudroyée par la vue de Jupiter dans sa gloire, avait accouché de Bacchus prématurément et où le roi des dieux avait inséré l'embryon dans sa cuisse pour lui permettre d'arriver à terme. Mais nul ne pouvait visiter cette chambre, qui, du reste, était à l'intérieur de la ville.

Alexandre ne put voir non plus la maison de Pindare, qui était aussi dans les murs. Lorsque les Lacédémoniens avaient occupé la citadelle et que les Thébains avaient envoyé à Athènes leurs femmes et leurs enfants, ils craignirent que la ville ne fût incendiée et gravèrent cette inscription sur cette demeure : « Ne brûlez pas la maison de Pindare, le poète des Muses. » Son caractère divin avait été reconnu par ses compatriotes, autant que par la sibylle de Delphes : un jour qu'il s'était endormi, au gymnase, sur le sein du beau Théoxène, le gardien fit sortir tout le monde et fermer les portes pour qu'aucun bruit ne le réveillât.

Près de sa maison, dit Anaxarque, s'élevait un sanctuaire de Cybèle, édifié à ses frais. La statue de la déesse, — la Grande Mère, — était des deux sculpteurs thébains Aristonide et Socrate, nom qui rappelait que le philosophe athénien avait été sculpteur. « Les jeunes filles », avait écrit Pindare, « viennent chanter devant sa porte, — Avec Pan, durant la nuit ». On avait entendu ce dieu chanter les odes du poète sur l'Hélicon et sur le Cithéron. Il existait également un temple d'Ammon près de sa demeure et c'est lui qui avait offert la statue de ce dieu, sculptée par Calamis. Alexandre, voué à Ammon dès sa naissance, aurait souhaité sacrifier dans ce sanctuaire, le seul de la Grèce continentale, avec celui d'Aphytis en Chalcidique, où il était allé autrefois.

Anaxarque ajouta que, sur une place du même quartier, on voyait une statue de Mercure, consacrée de même par Pindare, un lion de marbre, consacré par Hercule, et une statue d'Hercule dit Coupe-Nez : ce héros avait fait couper le nez aux ambassadeurs des Orchoméns, venus demander tribut aux Thébains. Le tombeau de Ménécée, le tout jeune fils du roi Créon, qui, pour accomplir un oracle, se précipita du haut des créneaux dans l'espoir de sauver Thèbes assiégée par les sept chefs, était à côté de cette statue. Il y avait, sur ce tombeau, un grenadier qui n'avait jamais cessé de fleurir et de fructifier.

Dans la citadelle, se trouvait le palais, bâti par Minerve, où tous les dieux, excepté Junon, vinrent au festin nuptial de Cadmus et d'Harmonie ou Hermione, fille de Mars et de Vénus —, selon certains, fille de Jupiter et d'Electre. Les Muses et les Grâces chantèrent une chanson, dont Théognis avait dédié les paroles à son mignon Cyrnus : « Ce qui est beau, est aimé, et ce qui n'est pas beau, n'est pas aimé », paroles reprises par Euripide dans *les Bacchantes*. Cadmus avait offert à son épouse un collier, cadeau de sa sœur Europe, qui l'avait eu de Jupiter : c'était une œuvre de Vulcain, en or, en émeraude et en diamant. Ce collier porta malheur à tous ceux et à toutes celles qui le possédèrent. Vulcain, en effet, y avait ajouté des sortilèges, pour se venger de Mars qui lui multipliait les affronts, depuis que le mari de Vénus, grâce à un filet, « ténu comme une toile d'araignée », l'avait surpris en flagrant délit avec elle : les yeux de Méduse, sertis dans des éclats du tonnerre forgé sous l'Etna ; des crins du dragon qui défendait le jardin des Hespérides ; des larmes, enchâssées dans l'or, des trois Hespérides, gardiennes de ce jardin ; des parcelles de la Toison d'or et le venin d'une des Furies. Cadmus et Harmonie, chassés de Thèbes, durent se réfugier en Illyrie. La citadelle avait été le siège du bataillon sacré, dont les soldats macédoniens étaient aujourd'hui les successeurs. Alexandre ne leur rendit pas visite, pour ne pas humilier davantage les Thébains.

Le tombeau de Tirésias provoqua la curiosité des voyageurs, du fait que ce devin eût été homme et femme tour à tour. C'est lui qui avait confirmé à Amphitryon la vérité de ce que sa femme lui avait dit : que Jupiter avait pris sa figure pour jouir d'elle en son absence, dans cette fameuse nuit de trois jours et trois nuits, et que ce dieu était le père d'Hercule. C'est de là que le héros tenait le surnom de « Trois nuits ». Le devin avait été aveuglé par Minerve, qu'il avait surprise en train de se baigner dans la source Tilphoussienne, près d'Haliarte, de même qu'Actéon surprit Diane à la source Parthénius près de Platée, mais il ne tenta pas de violer la déesse : elle lui ôta la vue en lui mettant les mains devant les yeux. Toutefois, comme il était le fils de la nymphe Chariclo, une de ses compagnes, elle lui purifia l'ouïe pour lui permettre de comprendre le langage des oiseaux et de prédire l'avenir et lui donna un bâton de cormier, avec lequel il se dirigeait aussi sûrement que ceux qui voient. Telle était la légende thébaine, différente de celle qu'avait contée le grave Léonidas, quand on avait aperçu le mont Cyllène à l'arrière-plan de Sicyone.

D'une hauteur, proche des murailles, Alexandre entrevit le portique, décoré de nombreuses peintures de Polygnote, qui commémorait la victoire de Délium sur les Athéniens. Les armes conquises, y étaient exposées. Maintenant, les adversaires de tant d'années étaient unis dans la défaite. L'odeur du chevreau rôti arrivait avec la brise. Alexandre n'ignorait pas que c'était le mets favori des Thébains. « Ils aiment le chevreau, dit Eschine, parce qu'on appelle chevreaux les jeunes garçons. »

Au pied de la colline, une enceinte qu'entourait un bois sacré, renfermait le tombeau d'Iolas et un gymnase d'Hercule. Sans doute avait-on situé ce tombeau de l'autre côté de la ville et loin du temple d'Hercule, pour le rapprocher de l'hippodrome : Iolas avait été, selon les mots de

Pindare, « de tous les héros enfantés par Thèbes, le plus fort des conducteurs de chars ». Au gymnase, se célébraient chaque année des jeux qui portaient le nom d'Iolas ou celui d'Hercule.

Dans l'enceinte, quatre couples, formés d'un homme ou d'un jeune homme et d'un jeune garçon, étaient prêts à échanger le serment d'amour masculin devant le tombeau. L'arrivée d'Alexandre et de son cortège ne les dérangea pas. Couronnés de myrte, debout devant le sarcophage, la main droite et les yeux levés vers le ciel, ils invoquèrent le nom de l'Amour, qui présiderait à leur commerce, puis ils prononcèrent ensemble la formule rituelle avec une imprécation : « Qu'Iolas sache mon serment. Beaucoup d'amour à moi, si je suis fidèle ; si je suis parjure, les maux à la place des biens ! » Le mélange des voix enfantines et des voix juvéniles ou mâles symbolisait l'accord de leurs pensées et de leurs cœurs. Ils allèrent ensuite devant l'autel, où Iolas était associé à Hercule, en touchèrent le marbre de leurs mains unies. Puis, un taureau, un verrat et un bélier, qu'ils avaient également touchés, furent égorgés par les victimaires au-dessus d'un bouclier noir. Chaque couple trempa les mains dans le sang, répéta la formule sacramentelle, fit une libation de sang et de vin et s'enlaça pour un long baiser sur les lèvres.

Anaxarque rappela que ce rite, au baiser près, était inspiré du serment des *Sept contre Thèbes*, décrit par Eschyle, et de celui des Grecs de l'*Expédition* de Xénophon avec Ariée, le lieutenant de Cyrus le Jeune. C'était aussi le serment des Scythes, mais où l'on faisait couler son propre sang, comme dans le serment des amis d'Alexandre. « Souvenez-vous, dit Eschine à ces amants thébains, que vous avez eu pour témoins un descendant d'Hercule, Alexandre, fils de Philippe de Macédoine, et son ami Ephestion, fils d'Amyntor de Pella. »

Non loin de ces lieux où l'on sublimait la pédérastie, était un temple de Vénus Vulgaire, la déesse des courtisanes et des prostitués. Peut-être avait-on voulu rappeler que l'amour pédérastique n'était pas nécessairement platonique. D'ailleurs, Platon l'avait taxé d'être impur chez les Thébains, accusation mutuelle que se renvoyaient les divers Etats grecs et dont on avait ri au banquet de Cléotime. Ce temple de Vénus, fort ancien, contenait une statue de la déesse, dont le bronze provenait de l'éperon du navire qui avait amené Cadmus de Phénicie. C'était une offrande de sa femme.

Comme l'hippodrome, le théâtre et le stade étaient également dans ces parages. Au milieu du stade, s'élevait le tombeau de Pindare, où Alexandre déposa une couronne de myrte. Il évoqua le poète chantant, dans sa jeunesse, le beau Thrasybule d'Agrigente (« O Thrasybule, je t'envoie ce char — D'aimables chansons »...), visitant Syracuse et Pella, et mourant, octogénaire, au théâtre d'Argos, la tête sur l'épaule du beau Théoxène de Ténédos. Alexandre, malgré toute sa gloire, qui venait des dieux, du trône et des armes, était ébloui par celle de l'esprit. Les monuments où reposaient les cendres des grands écrivains, lui étaient sacrés. A Athènes, il avait honoré le tombeau de Platon ; à Aréthuse, celui d'Euripide. Il enviait à l'île d'Ios, dans les Cyclades, de posséder la tombe d'Homère.

Pour se désaltérer et pour abreuver les chevaux, on revint vers la porte, dite des Prœtides, — les filles de Prœtus, roi d'Argos, guéries de la folie par Mélampe, — porte que défendait Etéocle, selon Eschyle, et non loin de laquelle était la source d'Œdipe. Cette source avait reçu le nom du fils de Laïus, parce qu'il s'y était purifié après le meurtre de son père. C'était la seule aux abords de Thèbes : celle de la ville était appelée de Mars ou de Dircé, « fille du Soleil et reine de Thèbes », que Bacchus avait métamorphosée ainsi.

Deux personnages hirsutes y lavaient des légumes : l'un d'eux était Diogène. « Je te verrai donc laver des légumes à toutes les fontaines de la Grèce ? lui dit Alexandre en riant. — J'y suis aussi pour boire, répondit le Cynique, car je ne bois pas de vin, quoique j'habite à Corinthe dans un tonneau. Je te présente mon disciple, un autre chien, Cratès, citoyen de Thèbes, dont je t'ai parlé. — Je ne suis plus citoyen de Thèbes, mais de Diogène, fit l'autre, qui était bossu et d'une laideur comique. Sache, ô fils de Philippe, toi qui as tant d'ambitions et de préoccupations, que j'étais un des plus nobles et des plus riches Thébains. Diogène m'a ôté le souci de la société et des richesses. C'est en le voyant un jour à Corinthe que j'ai compris la vraie sagesse. Sur ses conseils, j'ai jeté dans la mer tout mon or et tout mon argent pour vivre comme lui et avec lui. Mes terres, je les ai laissées à ceux qui les cultivaient et aux troupeaux qui les pâturaient. — Tu n'avais donc ni femme ni enfant ? lui demanda Alexandre. — Ma femme est morte, répondit Cratès ; mes fils, je les ai menés tout jeunes au lupanar en leur disant que c'est là qu'il fallait faire l'amour, sans avoir à se marier, et ma fille, je n'ai consenti à son mariage qu'après qu'elle eut été prise à l'essai pendant un mois. Avec le troisième essayeur, elle a eu un enfant, à qui je léguerai ma besace. »

Alexandre, descendu de cheval, puisait de l'eau dans son casque. « J'ai jeté ma sébile, comme Cratès a jeté son or, dit le Cynique, lorsque j'ai vu un petit garçon boire dans le creux de la main, et j'ai jeté mon assiette, quand j'en ai vu un autre faire un trou dans son pain pour y mettre ses lentilles. — Puisque tu aimes les vers, dit Cratès à Alexandre, je te réciterai ceux que j'ai faits sur la plus belle ville du monde, à laquelle n'a pu penser Aristophane et que je nomme Besace : « Besace est au milieu d'une fumée couleur de lie, — Une belle et large ville, mais sale et sordide, — Où ne viennent aborder ni sot parasite — Ni gourmand, attiré par les fesses des courtisanes. — Elle est riche en thym, en ail, en figues et en pain, — Nourritures qui ne suscitent aucune guerre entre les hommes, — Et l'on n'y prend point les armes, ni pour l'argent ni pour la gloire. » Tu vois, Alexandre, que Besace ne sera jamais ta capitale. — A chacun sa Besace, dit

Alexandre. Mais Euripide m'aide à comprendre ton bonheur : « Que faut-il aux mortels pour être exempts de tout mal ? — Rien que les dons de Cérès et l'eau d'une fontaine. » — En réalité, dit Cratès, toutes les malédictions prononcées dans les tragédies, s'accomplissent en moi et en nos pareils : nous sommes errants, sans maison, pauvres, mal vêtus, vivant au jour le jour. Mais nous sommes plus heureux que toi, vainqueur de Chéronée ! — Etais-tu à la bataille ? demanda Alexandre. — Ma bosse m'empêche de porter une cuirasse, répondit Cratès, et, par-dessus le marché, je boite. »

« Je vais faire une autre comparaison de mon sort et du tien, poursuivit-il. As-tu lu ou vu jouer le *Télèphe* d'Euripide ? — Je n'en sais que l'argument, dit Alexandre. Aristophane m'a dégoûté de cette pièce en raillant Euripide des haillons dont il affubla Télèphe, excuse-moi de l'avouer. Mais le poète de ta ville natale parle de « la jeune valeur d'Achille — Qui arrosa du sang noir de Télèphe — La plaine couverte de vignes — De Mysie ». — Tu me conquiers avec Pindare plus que par les armes, dit Cratès. Tu justifies le premier vers d'une épigramme que j'ai composée : « Tout ce que j'ai, c'est ce que j'ai appris, médité et su de vénérable grâce aux Muses. » Je voulais te rappeler le Télèphe d'Euripide, qui, blessé à la cuisse par la lance de ton ancêtre Achille, — blessure inguérissable, — consulte un oracle et part pour Argos, déguisé en mendiant. Il y devient portier dans le palais d'Agamemnon et enlève le petit Oreste, qu'il menace de tuer, si l'on ne consent pas à le guérir, car l'oracle lui a dit qu'il n'obtiendrait la guérison que de celui qui l'avait blessé. Il revient à Troie et Ulysse imagine pour cela de gratter sur sa blessure le fer de la lance d'Achille. Eh bien, j'ai trouvé Téléphe plus heureux sous ses haillons, boitant, la besace au dos, couchant sur la paille dans le palais d'Argos, que lorsqu'il était roi de Mysie ou que ne l'était Agamemnon, le roi des rois, destiné à être assassiné par l'amant de sa femme. Reconnais en moi ce fils d'Hercule, plus heureux aujourd'hui dans sa misère qu'hier dans sa petite royauté de riche Thébain. — Qu'est-ce qu'un roi ? fit Diogène. Un homme ayant besoin de plus de choses et de plus de gens que n'importe qui. Un cynique, c'est un dieu, puisque le propre des dieux est de n'avoir besoin de personne ni de rien. — Tu penses toujours juste, ô Diogène, fit Alexandre ; mais c'est à moi de suivre ma destinée. — Toi et nous, ô Alexandre, fit Diogène, nous avons pourtant le même ancêtre. J'ai déclaré Hercule patron des cyniques. Notre carquois, c'est la besace ; notre bâton, la massue qui écrase les préjugés ; notre peau de lion, un manteau troué. — Et encore, vous le drapez à gauche, pour montrer jusque-là votre mépris de l'usage, dit Anaxarque. — Philosophe de prince, répliqua Diogène, qui remarques même de quel côté nous drapons nos guenilles, tu me parais un autre Aristippe. »

Comme un pendant à la scène de Denys de Syracuse et de ses écoliers à la source Pirène, arriva un maître de gymnase avec une bande de garçons qu'il ramenait de la chasse au lièvre. Presque tous portaient au bout de leurs bâtons, plus longs que ceux des Cyniques, le fruit de leur chasse. Les plus beaux avaient plusieurs lièvres, qui étaient peut-être des cadeaux amoureux, faits par le maître ou par leurs compagnons. L'un de ces garçons se penchant pour boire au mascaron de la fontaine, Cratès lui frappa sur le derrière et dit au maître d'école : « Entre ! » Le garçon eut la fierté indignée de quelqu'un qui a prêté le serment d'Iolas. Mais l'homme, furieux, saisit Cratès par la barbe et le plongea dans le bassin. « Je te remercie, lui dit le philosophe, je n'avais pas encore pris mon bain aujourd'hui. » La troupe aux lièvres s'envola.

Cratès sortit de l'eau, ruisselant comme un triton. « Plus rien ne saurait m'émouvoir, dit-il. Pour m'habituer aux injures, j'ai commencé par injurier les prostituées. — Moi, fit Diogène, pour m'habituer à tout, je marche pieds nus dans la neige. Il n'y a qu'une chose à laquelle je n'aie pu m'accoutumer : c'est de manger de la viande crue. — Tu n'aurais pu être une bacchante », dit Alexandre.

Laissant les deux philosophes manger leurs salades, il alla saluer le tombeau et le temple d'Amphion, puis le tombeau d'Hector, qui étaient à quelque distance. L'inscription : « Hector, fils de Priam », l'émerveillait. Il salua la victime de son glorieux ancêtre. C'est en vertu d'un oracle de Dodone que les Thébains avaient été chercher les cendres d'Hector en Asie et les vénéraient. Leurs athlètes vainqueurs étaient couronnés devant ce tombeau. Anaxarque nota qu'Aristote, dans son recueil *la Tunique,* en avait composé une épitaphe.

Le cortège longea ensuite Potnie, banlieue de Thèbes. Cette localité évoquait l'histoire de son ancien possesseur, Glaucus, fils de Sisyphe, qui nourrissait ses juments de chair humaine, comme Diomède, et qui fut dévoré par elles, ainsi que Diomède l'avait été par les siennes. On ne faisait jamais boire les chevaux à la fontaine de Potnie, car elle avait communiqué cet appétit anthropophage aux juments du fils de Sisyphe : Vénus le leur avait inspiré, parce que Glaucus les empêchait d'être saillies.

A droite, la localité de Teumesse, près du mont Hypate, qui dominait cette région de la plaine de Thèbes, possédait la grotte où Jupiter s'était uni avec Europe, après l'avoir enlevée sur la plage de Sidon, métamorphosé en taureau. C'est là qu'avaient été engendrés leurs fils, Minos et Rhadamante. Cadmus, frère d'Europe, fut envoyé par son père Agénor à la recherche de sa sœur, avec l'injonction de ne jamais reparaître s'il ne la ramenait. Ainsi vint-il en Béotie et fonda-t-il la ville de Thèbes, conformément à un oracle de Delphes, à l'endroit où une génisse l'avait conduit et après avoir tué le dragon qui gardait la source de Mars. Cela faisait penser aux chèvres qui, sur l'ordre du même oracle, avaient guidé Caranus à l'emplacement de la première capitale de la Macédoine.

Un rocher et une grotte du mont Phicée, au-dessus d'un marais, indiquaient la demeure du sphinx. Anaxarque dit que cet animal fabuleux était particulièrement en honneur chez les Egyptiens. C'était, en effet, le symbole des avantages que leur pays retire des inondations du Nil : avec sa tête de jeune fille et son corps de lion, il marque les signes de la Vierge et du Lion, que le soleil parcourt à cette époque.

Le philosophe cita les vers de l'énigme fameuse que le sphinx avait posée à Œdipe : « Il est sur terre un être à deux pieds, et quatre pieds et trois pieds, — Et qui n'a qu'une voix ; le seul qui change de port, parmi tous ceux qui, sur terre, — Vont ou dans les airs ou dans la mer. — Mais quand, pour marcher plus vite, il a le plus de pieds, — Alors il va, de ses membres, le moins vite. » — Il me semble, dit Alexandre, que j'aurais deviné, moi aussi, qu'il s'agit de l'homme, de l'enfant et du vieillard. — Ne t'abuse pas, Alexandre, dit le philosophe : toute énigme paraît simple, quand on en connaît le mot. — J'avoue, reprit Alexandre, que nous n'avons pu résoudre celle d'Aristote : « J'ai vu un homme qui, avec du feu, collait du bronze sur un homme », — définition d'une ventouse. Mais j'avais deviné l'énigme de Cléobule, l'un des sept sages, qui désignait l'année : « Il est une mère qui a douze enfants ; chacun d'eux à soixante fils, les uns blancs, les autres noirs. Tous sont mortels et immortels. » — Aurais-tu deviné, dit Eschine, l'énigme que discutent trois jeunes filles de Samos, lors des fêtes d'Adonis, dans la comédie *Thésée* de Diphile de Sinope ? — Je ne connais rien de ce jeune auteur, dit Alexandre, que le titre de sa comédie *les Pédérastes,* vue chez Cléotime. — Je crois, reprit Eschine, que le sphinx lui-même n'aurait pas répondu aussi pertinemment que la troisième jeune fille : « Qu'est-ce qu'il y a de plus fort ? demande-t-on à ces vierges. — Le fer, répond la première. — Le forgeron qui travaille le fer et qui le courbe, tout dur qu'il est, répond la seconde. — Le membre viril, répond la troisième, parce qu'il courbe le forgeron, quand il le pénètre. »

Au croisement de la route de Chéronée et de Thespies, était, sur une colline, dans un bois consacré à Cérès Eleusinienne et à Proserpine, et non loin d'un bois de Bacchus, le temple des Cabires. Les Thébains prétendaient que le culte de ces dieux mystérieux y était né, avant de se répandre en Grèce et notamment à Samothrace. L'entrée était interdite aux profanes. Jadis, des soldats de Mardonius, attirés par le pillage, y furent frappés de folie. Alexandre salua le temple, au nom de son père et de sa mère. Aucun autre sanctuaire grec, disait-on, ne recevait plus d'animaux votifs que celui-là. Cérès, dans sa course à la recherche de sa fille, avait été ici l'hôtesse des Cabires et, en récompense, leur avait donné le phallus qui figurait dans leurs mystères, comme dans ceux d'Eleusis.

Alexandre s'arrêta à Oncheste pour honorer Neptune Cavalier. Il sacrifia l'un des chevaux que l'on élevait à cet effet près du temple : il voulait remercier le dieu qui protégeait Bucéphale et qui avait donné la victoire à la cavalerie thessalienne. Médius sacrifia, lui aussi, un autre cheval, au nom de son oncle Ménon, commandant de cette cavalerie. C'est également Neptune, dompteur de chevaux, qui avait offert à Pélée les coursiers immortels dont Achille avait hérité. Alexandre récita les vers de l'hymne homérique à Apollon Pythien, où il est d'abord question de Teumesse « au lit d'herbes », — allusion aux noces de Jupiter et d'Europe dans la grotte, — puis de « Thèbes la sainte » et d'Oncheste, « bois sacré splendide de Neptune », à travers lequel se faisaient des courses de « beaux chars ». Le souvenir d'Olympie ne pouvait plus troubler le fils de Philippe pour lui rendre désagréable la description du poète. Il en voyait même l'exactitude éternelle, puisque les chars rompus « dans le bois rempli d'arbres », étaient laissés contre le temple. Il y en avait des monceaux, que l'on réduisait en cendres lorsqu'il fallait faire de la place, comme on fondait ailleurs les offrandes de métal. Le char d'Alexandre, rompu dans l'hippodrome de l'Alphée par la perfidie d'un des morts de Chéronée, était désormais un char de triomphe.

Haliarte, au-delà d'Oncheste, imposait aussi un arrêt à Alexandre, pour saluer le tombeau d'Alcmène. Le monument était d'une noble simplicité, correspondant à son antiquité. Alexandre fit sur les degrés une libation de vin. Anaxarque évoqua les circonstances de la mort de Lysandre sous les murs d'Haliarte. Un oracle lui avait recommandé de « se garder d'Hoplite le bruyant et du dragon, fils de la terre, qui, trompeur, vient par-derrière ». Hoplite était le nom de la rivière d'Haliarte et Néochore, l'Haliartien qui le tua par-derrière, avait un dragon peint sur son bouclier. Cette défaite, due principalement aux Thébains, coûta aux Spartiates, non seulement leur glorieux général, mais trois mille hommes. Leurs troupes avaient envahi la Béotie, les unes, sous le commandement du roi Pausanias, par le Cithéron, les autres, sous celui de Lysandre, par la Phocide. Pausanias, à qui Lysandre avait envoyé un messager pour qu'ils fissent leur jonction devant Haliarte, arriva trop tard et dut solliciter une trêve pour recueillir son cadavre. Lacédémone ne pardonna pas au petit-fils du vainqueur de Platée. Un procès lui fut fait à son retour et il s'exila à Tégée, en Arcadie, où son grand-père, accusé de trahison, était mort, réfugié dans le temple-asile de Minerve Aléa, — ainsi nommée de l'Arcadien Aléus qui l'avait fondé, — et où il mourut lui-même.

Orchomène, au pied du mont Acontium, sur les bords du Céphise, et proche du lac Copaïs, était la dernière ville avant Chéronée. Alexandre tenait à visiter les ruines de cette fameuse cité. Comme Platée, elle était la victime des Thébains, qui en avaient chassé les habitants. A Orchomène, avait été institué le culte des Grâces. Leur temple, qui subsistait, demeurait le centre de leur fête annuelle pour tous les Béotiens. Un piédestal portait trois pierres carrées, que l'on disait tombées du ciel et qui étaient la plus ancienne représentation des trois Grâces, auxquelles les sculpteurs avaient donné heureusement d'autres formes. Elles étaient filles de Jupiter, comme les Heures, mais qui était leur mère ? Hésiode disait Eurynome ; d'autres Junon ou Harmonie. Certains les donnaient même pour filles à Bacchus et à Vénus. La robe de cette déesse était leur œuvre. Les statues que Socrate avait faites d'elle sur la citadelle d'Athènes, portaient les noms de Persuasion, d'Aglé et de Thalie. Mais, d'après les Athéniens qui accompagnaient Alexandre, on les confondait le plus souvent, dans la ville de Minerve, avec les trois Heures, Carpo, Auxo et Thallo.

Les Thébains avaient laissé debout le trésor de Minyas, ancêtre des Minyens, qui avaient participé à l'expédition des Argonautes et à la guerre de Troie. Ce monument, creusé dans un tertre, passait pour l'un des plus beaux de la Grèce. Une entrée de cinq mètres de haut, large de dix mètres, et un couloir de même largeur, menaient à deux immenses salles dallées, où la lueur des flambeaux faisait apparaître des parois ornées de spirales, de rosaces et de palmettes. Les merveilles que ces chambres avaient renfermées et qu'expliquait jadis la richesse de la ville, avaient été volées par les Perses. Alexandre cita les paroles que prononce Achille en repoussant les présents de réconciliation d'Agamemnon : « Même s'il me donnait... — Tout ce qui entre dans Orchomène..., — Même alors Agamemnon ne persuaderait pas mon cœur. »

A côté du tertre, était le tombeau d'un poète, cher au père d'Alexandre. L'inscription disait : « La fertile Ascra fut la patrie d'Hésiode — Et les vaillants Orchoméniens sont ceux qui ont recueilli ses cendres. » Après son assassinat dans l'enclos de Jupiter Néméen à Œnéum en Locride Ozole, la peste ravagea Orchomène ; la sibylle de Delphes, toujours soucieuse d'honorer les fils des Muses, prescrivit aux envoyés de cette ville, venus demander le secours d'Apollon, de chercher les os d'Hésiode, enseveli anonymement en ce lieu qu'Alexandre avait vu : elle ajouta qu'une corneille leur en signalerait l'endroit. Dès le retour de ces restes, le fléau cessa. Les cigales et les abeilles affectionnaient ce tombeau.

Alexandre longea encore un peu le Copaïs, pour visiter, à Hyette, le seul sanctuaire d'Hercule comme dieu guérisseur. La statue du héros n'était qu'une pierre informe, à l'égal de celle des Grâces d'Orchomène, mais les baisers des pèlerins l'avaient usée. Alexandre l'arrosa de miel.

On distinguait au loin, sur une butte bordée par le fleuve Mélas, le temple de Tégyre, où était l'un des oracles béotiens d'Apollon. C'est à proximité que se trouvait, au bord du Copaïs, l'îlot de Délos, avec deux fontaines, de chaque côté du temple d'Apollon, nommées le Palmier et l'Olivier. L'influence du dieu s'y faisait sentir : les Déliens des Cyclades, chassés par les Athéniens, s'étaient rendus en pèlerinage à Tégyre et n'avaient pas tardé à être rétablis dans leur patrie. Pélopidas, à la tête du bataillon sacré, avait vaincu, devant cette butte, les Spartiates et les Locriens, deux fois plus nombreux. C'est là qu'il fit combattre pour la première fois le bataillon sacré autour de lui et c'est ce qui lui assura la victoire.

Dans la plaine de Chéronée, seuls le tertre des morts macédoniens et le bûcher des Thébains rappelaient la bataille. On disait que ces derniers mettraient un gigantesque lion de marbre à l'emplacement du bûcher. Mais, si l'on n'entendait que les voix des moissonneurs, peut-être que, la nuit, retentissait le fracas des armes, comme dans la plaine de Marathon. Ces deux victoires étaient de même importance et se répondaient : l'une avait marqué la ruine de la première expédition des Perses contre la Grèce ; l'autre annonçait, sous la conduite des Macédoniens, l'expédition des Grecs contre les Perses, qui n'aurait jamais eu lieu sans cet événement.

Cependant, Alexandre, au crépuscule, en écrasant quelques moustiques du Copaïs sur ses bras nus, concevait un projet grandiose : assécher une partie de cette immense étendue lacustre, à la fois pour diminuer la prolifération de ces insectes et pour donner à la culture des terres fertiles. Si son père ne faisait pas ici ce qu'il avait fait en Macédoine, notamment autour de Pella, ce serait à lui d'être un jour à cet égard le bienfaiteur de la Béotie. En toutes choses, sa jeune âme, éprise du passé où elle puisait ses forces, s'élançait vers l'avenir.

Philippe n'était plus à Chéronée, mais à Elatée. Le roi, qui avait pris goût à cette ville durant les mois qu'il y avait passés, se délassait en compagnie de Cléopâtre. Le voisinage du Céphise et celui du mont Cnémis, prolongement du Callidrome, qui séparait la Phocide de la Locride Opontienne, y tempéraient la chaleur. De grandes forêts d'acacias embaumaient la vallée. Anaxarque disait que cet arbre était importé d'Egypte. Le parfum de ses fleurs faisait imaginer à Alexandre le pays des aromates et de l'encens.

Philippe complimenta son fils et Antipater du succès de leur mission. Elle n'avait pas été malaisée : il était vainqueur. Il accueillit gracieusement Eschine, Démade, Phrynon et Dinarque, et signa le traité qu'ils lui soumettaient. Ayant hâte de se faire bienvenir de leurs concitoyens, les ambassadeurs ne s'attardèrent pas à Elatée. Alexandre se divertit de constater que le roi eût chargé un esclave de lui dire le matin, à son réveil, et plusieurs fois dans la journée : « Philippe, tu es un homme. » Anaxarque compara cet usage à celui qu'avait adopté Darius le Grand, à qui un esclave disait trois fois, à chaque repas : « Maître, souviens-toi des Athéniens », pour qu'il n'oubliât pas de les punir. Il est vrai que Darius avait ignoré leur existence jusqu'à ce qu'on lui eût appris qu'ils avaient débarqué en Asie mineure et brûlé la ville de Sardes. Mais le mot que Philippe se faisait dire, était destiné, au contraire, à modérer son orgueil.

Il prit connaissance de la lettre d'Isocrate   « J'ai discuté avec

Antipater des affaires de la ville et des tiennes », lui disait, en commençant, ce négociateur de quatre-vingt-dix-huit ans. Parlant de « la concorde entre les Hellènes », il ajoutait : « Désormais, il n'est plus nécessaire de persuader, car, grâce à la bataille qui est advenue, tous sont obligés de penser sagement, de souhaiter ce qu'ils supputent que tu veux faire et de dire qu'il faut en finir avec leur folie et leur esprit de domination les uns contre les autres, afin de porter la guerre en Asie. Et beaucoup me demandent si c'est moi qui t'ai conseillé de faire l'expédition contre les barbares ou si je t'ai encouragé après que tu en as eu l'idée. Je leur dis que je ne sais pas la vérité, parce que je ne t'ai jamais rencontré, mais qu'à ce que je crois, tu as décidé ces choses et que j'ai secondé tes désirs. En apprenant cela, tous m'ont prié de t'encourager... Désirer une grande et belle gloire et ne jamais s'en rassasier, convient à ceux qui sont extrêmement au-dessus des autres, ce qui t'appartient. Songe donc que tu auras une gloire insurpassable et digne de tes exploits, lorsque tu auras forcé les barbares, excepté ceux qui ont combattu avec toi, à servir d'esclaves aux Grecs et quand tu auras imposé de faire ce que tu auras résolu, à celui qui est maintenant le grand roi. Il ne te restera qu'à devenir un dieu. Il est beaucoup plus facile d'y arriver de ton état présent que de s'élever, de la royauté qui était d'abord la vôtre, à la puissance et à la gloire que tu as aujourd'hui. J'ai cette seule reconnaissance à la vieillesse qu'elle ait assez prolongé ma vie pour voir certaines des choses que je rêvais étant jeune,... accomplies maintenant par tes actions, et pour espérer que les autres s'accompliront. »

Le roi fut charmé de cette longue lettre. Comme Alexandre, il ne s'était pas attendu de conserver la sympathie du plus vénérable et du plus grand orateur d'Athènes. Il lui fit aussitôt répondre pour le remercier et pour l'assurer que la fameuse expédition contre les Perses était dorénavant son seul but : il se disait heureux d'offrir à celui qui la prônait depuis un demi-siècle, comme un remède à tous les maux de la Grèce, cette immense satisfaction. « Avouez, dit-il à Alexandre et à Antipater, que de m'entendre souhaiter de devenir un dieu par un Athénien, — et quel Athénien ! — c'est aussi pour moi, qui me fais rappeler que je suis un homme, une satisfaction appréciable. »

« O roi, dit Anaxarque, lorsque Philippe, en souriant, lui cita ces mots du vieil orateur, ne t'offense pas si ma théorie du relatif me permet de te répondre. L'initié des mystères d'Orphée n'a pas besoin de conquérir la Perse pour avoir droit à la même formule : « Et tu seras un dieu. » On la grave sur une lame d'or, qui est mise dans son tombeau. Mais tu seras certainement un dieu, puisque tu veux, avec tant de soin, te remémorer que tu es un homme. »

Le philosophe d'Abdère ne laissa pas de critiquer, dans la lettre d'Isocrate, l'allusion aux barbares qui avaient combattu avec Philippe, allusion dont Alexandre s'était diverti. L'orateur qualifiait ainsi les Thraces, sujets de Philippe, et son grand âge lui faisait oublier que, grâce au roi de Macédoine, ils étaient hellénisés.

Philippe avait envoyé des messages aux Etats grecs pour leur faire part de sa victoire. Il leur donnait quelques détails sur le nombre des combattants et les pertes de l'ennemi. Il leur annonçait son alliance avec Athènes et les invitait au congrès général qui se tiendrait à Corinthe, en avril prochain, pour organiser l'expédition contre les Perses. Avec Sparte, il avait voulu, à propos de la bataille, imiter le laconisme du pays. Lysandre communiqua au sénat du royaume la plus grande victoire de l'histoire lacédémonienne par cette simple ligne : « J'ai pris Athènes. » A quoi, d'ailleurs, le sénat répondit : « Il suffit qu'elle soit prise. » Philippe écrivit aux deux rois Cléomène et Archidame, — celui qu'Alexandre avait rencontré à Olympie : « J'ai vaincu les Athéniens et les Béotiens à Chéronée. » La réponse de Cléomène, bien que moins laconique, semblait commenter les mots que Philippe faisait prononcer par son esclave et elle aurait pu être de Diogène : « Si tu mesures ton ombre, tu ne la trouveras pas plus grande qu'avant ta victoire. » Du reste, Sparte était en deuil ; Archidame n'avait pas reçu le message de Philippe : il était allé au secours des Tarentins contre les Romains et avait été tué, le jour même de la bataille de Chéronée.

Malgré la réponse piquante de Sparte, Philippe n'était pas moins content de lui et il avait attendu le retour d'Alexandre pour célébrer des jeux triomphaux. C'est à Dium, en Piérie, qu'il s'était plu souvent, après ses campagnes, à rendre ainsi hommage à Jupiter Olympien. Il y mena ses soldats sans délai ; au début d'octobre, auraient lieu les jeux Pythiques. Mais il ne voulait pas fêter devant toute la Grèce une victoire qui avait versé le sang grec.

Ces jeux se déroulèrent devant une foule de spectateurs, parmi lesquels les Macédoniens avaient la fierté de se sentir à la fois aimés, enviés et redoutés. La nièce d'Attale étant présente, Olympias ne s'était pas dérangée. Mais le grave Léonidas, Léocharès, Lysippe avec ses fils, Apelle avec Campaspe en litière, Aristote avec son neveu Callisthène et ses deux mignons, Paléphate et Nicanor, avaient chevauché jusqu'à Dium pour féliciter les vainqueurs de Chéronée. Le premier et le dernier, combien illustre, des précepteurs d'Alexandre l'embrassèrent, presque aussi tendrement qu'Autolyque avait embrassé le jeune prêtre porte-laurier d'Apollon Isménien à Thèbes. Il portait, en fait, le plus beau des lauriers et il lui était agréable d'en voir rejaillir l'éclat sur ceux à qui il devait son éducation.

Par déférence pour Aristote, Philippe ordonna à Thessalus de jouer une pièce de Théodecte de Phasélis. Le roi avait choisi *Alcméon,* où était raconté le drame de ce fils d'Amphiaraüs et d'Eriphyle, qui avait tué sa mère afin de venger son père, victime de l'expédition des Sept contre

Thèbes. Ce devin, s'étant caché pour ne pas y participer, car il savait qu'il y périrait, sa femme, séduite par le don d'un magnifique collier, avait dénoncé sa retraite et il avait chargé son fils de sa vengeance. Alcméon, tourmenté par les Furies après son meurtre, comme Oreste après celui de sa mère Clytemnestre, avait été purifié sur les bords de l'Achéloüs. Il fut tué à son tour par le fils du roi d'Arcadie, Phégée, dont il avait abandonné la fille. Cette suite d'événements tragiques au sein de la famille d'un roi d'Argos, — Eriphyle était une fille du roi Adraste, dont une autre fille, Argeia, avait épousé Polynice, ce qui amena l'expédition des Sept, — fit passer dans l'esprit d'Alexandre une sorte de prémonition. Il se souvint de ce qu'il avait dit à sa mère, de ne pas faire de leur maison celle des Atrides.

Quelques jours avant le départ pour Delphes, il demanda à son père si Cléopâtre serait du voyage. « Par Hercule, oui ! s'écria le roi. Elle était à Delphes après notre victoire d'Amphissa ; elle peut bien y être après notre victoire de Chéronée. — Elle n'y était qu'avec des Macédoniens, dit Alexandre ; à Dium même, les étrangers ne prédominent pas. A Delphes, tu vas, cette fois, la présenter à tous les Grecs. — Rien de plus naturel, dit le roi, du moment que je dois l'épouser. » Le grand mot était lâché. « Père, dit Alexandre, tant que tu ne m'avais pas reparlé à moi-même de ce projet, il m'était possible de ne pas y croire. Je pouvais supposer que tu en parlais aux autres pour couvrir ta liaison d'un manteau respectable et peut-être aussi pour ménager l'amour-propre d'Attale. Je me vois donc obligé de répéter mes objections. Tu feras le malheur de ma mère, qui ne supportera pas d'être répudiée... — Je t'ai déjà assuré que je ne la répudierai pas, dit le roi. — ... Et tu déshonores celle que tu veux épouser, en la montrant aux Grecs comme ta concubine, acheva Alexandre. — Qui te dit qu'elle n'est pas encore vierge à la mode macédonienne ? s'écria Philippe. Alexandre, je suis roi de Macédoine, président de la ligue thessalienne, allié d'Athènes, maître de la Locride Ozole, de la Phocide et de la Béotie, de la Chersonèse, de l'Illyrie et de la Thrace en deçà et au-delà du Rhodope. Byzance, Périnthe et les autres villes qui m'ont résisté, m'envoient des ambassadeurs pour solliciter mon alliance, maintenant qu'elles ne peuvent plus compter sur Athènes. L'Eubée, les Cyclades, Corinthe, l'Achaïe, la Messénie et les autres Etats du Péloponèse, à l'exception de Sparte, font de même. Mon empire, dont tu as parcouru la plus grande partie, va du Danube et du Pont-Euxin à la mer Ionienne, puisque le roi d'Epire, mon beau-frère, est ma créature et sera bientôt mon gendre (tu as fait, toi aussi, cette réflexion). Et je n'oserais avoir une seconde épouse ? — Je te citerai un des rares vers que je connaisse d'Hésiode, ton poète, dit Alexandre : « Qu'une femme à la croupe attifée, ne te tourne pas l'esprit. » — Malgré ce que j'ai insinué, ce n'est pas une question de croupe, dit le roi. Nous sommes des guerriers, nous irons bientôt combattre les Perses ; cette expédition durera peut-être plusieurs années ; nul de nous ne sait s'il en reviendra. Laisserai-je ma couronne à un Arrhidée ? à mon bâtard Ptolémée ? à mon autre bâtard Caranus, que tu n'as jamais vu ? à mon neveu Amyntas, que j'ai écarté du pouvoir ? Il y a cinq ans que je n'ai pas de relations physiques avec ta mère et je n'en aurai plus. Je connais ses fureurs et je craindrais de trouver un poignard dans le lit conjugal. »

Ces mots firent frissonner Alexandre, qui avait vu le poignard d'Olympias. « Tu as raison d'aimer ta mère, reprit Philippe. Elle n'aime que toi au monde... et peut-être Bacchus. Je ne suis même pas certain qu'elle aime son frère, parce qu'il a été mon mignon. — Excuse-moi, dit Alexandre, mais je pense comme *Andromaque* : « Jamais je n'approuverai de doubles lits pour les mortels — Ni des fils qui aient deux mères, — Discorde et chagrins hostiles des maisons. — Que l'homme se contente d'une seule couche — Et d'un hymen sans partage. » — Et moi je te citerai ton poète Pindare, dit le roi : « Il y a la race des hommes, — Il y a la race des dieux. » Les rois, les chefs des nations sont de cette seconde race et nous y touchons encore plus, puisque nous descendons d'un dieu. A ce que Denys m'a raconté, son père, qui a eu deux femmes, comme tu sais, les traitait toutes deux avec la même ferveur, prenait ses repas en leur compagnie et les recevait dans son lit à tour de rôle. Trop heureux si j'avais pu plier à cela Olympias ! Sais-tu ce que sa jalousie avait imaginé quand je commençai à la tromper ? Elle me badigeonnait les testicules avec du fiel de torpille, sous prétexte d'augmenter mes désirs, qui s'émoussaient, — une recette des femmes molosses, disait-elle, — et c'était, en réalité, un moyen de me rendre impuissant. Critobule me sauva en me faisant manger des limaçons de rivière pour me réveiller le nerf. » Alexandre fut obligé de rire.

« Tu n'aurais pas ri à ma place, continua le roi. Mais j'oubliais de te rappeler que Socrate et ton cher Euripide furent bigames. — Ils étaient des rois de l'esprit, mais n'étaient pas nés sur un trône, dit Alexandre. Denys l'Ancien était un simple soldat. Ma mère n'est pas une femme quelconque de Locres ou de Syracuse ; elle descend d'Achille, elle est fille de roi et elle te quittera si tu te remaries. Par conséquent, tu me priveras de ma mère. — A moins que tu ne me quittes, dit Philippe, elle ne voudra jamais me quitter. » Alexandre fut démonté par cet argument.

A Delphes, le roi ne se fit accompagner que d'un millier d'hommes, pour ne pas surpeupler la ville au moment des jeux. Elle regorgeait de pèlerins, de visiteurs, de musiciens, de comédiens, d'athlètes. Le gymnase de la source Castalie servait à l'entraînement des lutteurs. Les magistrats chargés des compétitions, s'appelaient gardiens des archives sacrées, parce que les noms des vainqueurs étaient tenus eux-mêmes pour sacrés et c'étaient ces archives qu'avait naguère classées Aristote. Le Stagirite avait regagné Pella, avec ceux qui en étaient venus.

Le roi fut acclamé, non pas seulement comme président des jeux et comme vengeur d'Apollon, mais comme le chef de la Grèce. On savait d'avance le résultat du congrès de Corinthe. La présence des Athéniens et des Thébains, qui eût été possible en vertu de la trêve pythique, même si la paix n'avait pas été signée, prouvait à tous, par leur empressement à l'égard de Philippe, que sa victoire était définitive. On le comparait, mais en beaucoup plus glorieux, au roi Agésilas qui, après sa victoire de Coronée sur les Thébains, était venu présider les jeux Pythiques et offrir à Apollon la dîme de l'immense butin fait en Asie mineure, soit cinq cent cinquante mille drachmes.

L'ambassade thébaine comprenait les chefs aristocrates : Timolaüs, Anémétas et Théogiton, et l'ambassade athénienne était composée des ambassadeurs de la paix. Mais Démosthène était rentré à Athènes, comme Hypéride, et avait, pour ainsi dire, scellé tout ensemble la défaite de sa patrie et l'alliance avec Philippe en faisant voter un décret imprévu : il demandait qu'une statue fût élevée à Alexandre, comme à son père, et que la citoyenneté d'Athènes leur fût accordée. Alexandre ne pouvait s'empêcher de se souvenir de la déclaration d'amour qu'il avait reçue de cet orateur. En tout cas, le zèle de celui-ci, qui cherchait sans doute à réparer, témoignait qu'il jugeait unis désormais les intérêts d'Athènes et de la Macédoine.

Alexandre et Ephestion furent émus, lorsque Autolyque leur amena quelques-uns des éphèbes de l'infortuné Lysiclès : on évoqua la promenade à la grotte Corycienne, dont Autolyque avait renouvelé les plaisirs avec deux d'entre eux, et non la bataille de Chéronée. Toutefois, pour faire allusion noblement à leur courage et à la mémoire de ceux qui avaient péri, Alexandre cueillit une branche de laurier, en fit une couronne et l'offrit au plus apparent.

Une grande procession, qui se déroulait sur l'avenue du temple, marquait l'ouverture des jeux. Philippe, Alexandre et les autres membres de la confédération des peuples voisins, étaient suivis par les sibylles, les prêtres, les sénateurs et les magistrats, au milieu d'innombrables joueurs de flûte et de cithare. Cette cérémonie d'ouverture devait à la prodigieuse beauté du site un caractère plus grandiose qu'à Olympie. Les délégués des Etats grecs portaient les présents qu'ils étaient chargés de remettre à Apollon : plats, vases, bassins, cassolettes en divers métaux, lits pour étendre les statues, broches et coutelas pour les sacrifices, tapis, tentures, miroirs, diadèmes, tableaux, statuettes, camées et pierreries, instruments de musique, étrilles de gymnastique, armes et casques, ou, tout simplement, des sacs remplis de pièces de monnaie.

Puis, eut lieu le triple sacrifice à l'autel d'Apollon et la remise des gâteaux rituels en forme d'arc, de flèche, de lyre ou de cithare. Ensuite, le garçon destiné aux outrages, incendia le pavillon de toile, élevé près du temple, et s'enfuit vers le Parnasse, vers Cytinum, vers Elatée. Les petits prêtres de Minerve Carnéenne l'attendaient sans doute avec impatience.

On alla sur la place de l'Aire pour assister au drame sacré, qui célébrait la victoire d'Apollon sur le serpent Python. Il débutait par une danse des plus beaux garçons de la Phocide. Alexandre dit à Ephestion les vers de Pindare : « Danseur, roi de la fête, — Apollon au large carquois... » Il ajouta : « Sacrilège à part, ne crois-tu pas que ces garçons doivent avoir aussi un « large carquois » ? — C'est « le large anus » d'Aristophane, dit Ephestion : chaque poète a son style. »

Une délégation excitait l'intérêt d'Erigius, de Démètre, de Médius et d'Autolyque, prompts à s'enflammer pour les Adonis et les Hyacinthes : celle du chœur des cent jeunes garçons envoyés par l'île de Chio. Hérodote avait consigné l'histoire d'une délégation semblable, dont n'étaient revenus que deux survivants, tous les autres étant morts de la peste. Là encore, — était-ce en l'honneur d'Alexandre ? — le choix avait été dicté par la beauté autant que par la voix. Les amis d'Alexandre savaient, sans avoir besoin du grave Léonidas pour le leur expliquer, ce que signifiait l'expression : « Faire la chose de Chio ».Autolyque revivait déjà par l'imagination la nuit passée avec Dorylas, nuit transformée en habitude domestique, et la nuit passée au bord de l'Asope avec le jeune prêtre de l'Amour. On savait que les nuits de Delphes étaient propices aux rencontres aimables, dans l'enceinte du sanctuaire ou dans les bois d'alentour, comme c'était aussi la coutume à Olympie. « Près de Castalie », dit Pindare d'un vainqueur des jeux Pythiens, ancêtre du garçon Alcimétas d'Egine, vainqueur à Némée, « il brilla le soir au milieu du tumulte des Grâces ». Les Grâces n'étaient pas toujours tumultueuses.

Pendant que le chœur des cent garçons nus de Chio chantait un hymne, le drame égrenait ses péripéties. On avait vu d'abord arriver Latone, figurée par un adolescent vêtu en femme, le ventre rembourré pour témoigner qu'elle était grosse des œuvres de Jupiter. Elle cherchait à éviter la colère de la jalouse Junon, qui avait juré par le Styx de l'empêcher d'être délivrée, ainsi qu'elle voulut empêcher plus tard la naissance d'Hercule. Au haut d'un arbre, se montre la terrible déesse, autre adolescent couvert de colliers, un paon près de lui. Junon appelle le serpent Python, gardien de Delphes, qui surgit d'un bosquet : quatre garçons, dont on aperçoit les jambes, se sont dissimulés sous une longue toile, peinte d'écailles, le premier coiffé d'un masque effrayant, dont scintille la langue pointue et d'où sortent des grincements. Pour sauver Latone, Jupiter, qui surgit au haut d'un autre arbre, avec sa barbe, son sceptre et Ganymède, lui envoie Borée : c'est un garçon de forte carrure, aux cheveux en désordre, debout sur un char, que traînent trois garçons nus. Tous ont des aigrettes et des ailes, mais les coursiers du dieu du vent du nord ont, en outre, une queue de cheval pendue aux fesses. Latone est emmenée ainsi sous un palmier, derrière le tombeau de Néoptolème, tandis que le chœur chante son envol vers l'île flottante de Délos, que Neptune fixa pour la recevoir, ou dans la mer Egée ou dans le lac Copaïs. Et le palmier de Delphes va étendre le dais de ses palmes sur l'accouchement de la déesse, comme le fit celui de l'île.

On prescrit le silence. Des aigles planent dans le ciel et semblent les envoyés de Jupiter. Des cygnes de stuc tournent sept fois autour du palmier. On entend les cris du garçon qui accouche et sept fois le chant des cygnes, à la naissance d'Apollon et de Diane. Et voilà le frère et la sœur, déjà grands, qui arrivent à Delphes pour y installer le siège de l'oracle, quatre jours après être nés. Tous deux ont un arc ; celui d'Apollon est d'argent, et son glaive est d'or, pour respecter les épithètes que leur donne Homère. Maintenant, c'est une vraie jeune fille qui joue le rôle de Diane. Elle est vêtue d'une courte tunique, alors qu'il est nu, aussi séduisante que le garçon de quatorze ans qui joue celui d'Apollon et qui est déjà puissant des dons de Vénus. Diane aide son frère à cribler de flèches le serpent, qui s'enfuit et qui expire en vomissant du feu. L'air de flûte dont s'accompagne cette scène, imite à la fois le grincement des dents de Python, le sifflement des flèches, les cris joyeux d'Apollon et de Diane après leur victoire et les bonds qu'ils firent autour du monstre, comme en faisaient maintenant le beau garçon blond et la belle fille blonde qui les représentaient. Puis, ils partent pour la vallée de Tempé afin de s'y purifier, retournent un moment plus tard, couronnés de laurier et salués par les noms de Pythiens, de Daphnéens (en l'honneur de la nymphe de Daphné, changée par le dieu en laurier) et de Delphiens. Apollon tient la lyre, à laquelle il a donné sept cordes, en mémoire de la date de sa naissance, des sept circonvolutions et des sept chants des cygnes de Délos. Une troupe de jeunes filles entoure Diane, vêtues comme elle et armées, elles aussi, d'arcs et de flèches. Devant Apollon, se prosternent quatre garçons nus qui lui baisent les pieds et lui touchent, propitiatoirement, les genoux, le sexe et le menton. Ce sont ses quatre principaux mignons, en l'honneur desquels il fonda des sanctuaires ou des fêtes : Hyacinthe et Carnus, pour qui les Lacédémoniens célèbrent les Hyacinthies et les Carnéennes, Clarus et Brancus, qui ont des temples en Ionie, où il rend des oracles en ayant leurs noms comme surnoms.

Le triomphe finit par les danses des garçons autour d'Apollon. Les trois coursiers de Borée vinrent s'y mêler : Calaïs, fils de ce dieu, avec son amant Orphée, qui jouait de la lyre ; Iapyx, vent du nord-ouest et mignon d'Apollon, à qui il offrait sa queue de cheval ; Zéphire, vent d'ouest, qui faisait amende honorable à Hyacinthe, dont, par jalousie à l'égard d'Apollon, il avait causé la mort en repoussant contre sa tempe le disque lancé par cet enfant.

La nuit, les bosquets de laurier abritèrent des triomphes plus discrets. Les garçons de Chio y furent mis à l'épreuve et justifièrent la réputation de leur île. Pour ne pas rendre Critobule jaloux, Autolyque l'avait emmené avec lui, comme à Athènes, toujours en compagnie de Dorylas. Aucun d'eux n'eut besoin de violer une statue de marbre.

Les jeux du stade comprenaient les mêmes épreuves qu'à Olympie et qu'à Dium ; mais, à Delphes, le concours des garçons était le premier. L'escadron d'Alexandre et les éphèbes de la Pythaïde évoquèrent, en échangeant quelques paroles, la visite de Lysiclès à ces mêmes lieux. Le roi remit aux vainqueurs la couronne de laurier, apportée du Tempé par un jeune garçon, aussi glorieuse pour eux que celles de « l'olivier aux belles couronnes » d'Olympie. Puis, à l'hippodrome, dans la plaine sacrée, se disputèrent les courses de chevaux et de chars. Au bas du Parnasse, les ruines d'Amphissa rappelaient que Philippe avait puni des sacrilèges avant d'attaquer les Thébains et les Athéniens. Tous les Amphissiens ayant été vendus loin de la Locride Ozole, Dorylas était encore le seul d'entre eux à assister aux compétitions. Ménon, l'heureux et malheureux cocher d'Alexandre aux bords de l'Alphée, remporta le prix au bord du Plistus, avec les mêmes chevaux blancs qu'à Olympie. La revanche était complète.

Les fêtes de Delphes se terminaient par les concours de musique, de chant, de poésie et de tragédie, qui s'effectuaient aussi à l'Isthme et à Némée, et par un concours de peinture, qui était particulier à la ville d'Apollon. Tous ces concours existaient également à Dium, mais Philippe les y avait supprimés cette fois, pour ne pas faire de la concurrence à Delphes. Ils avaient lieu au théâtre. Une odeur suave y flottait, ainsi que dans la salle de consultation de la sibylle : Alexandre, épris de parfums, avait fait répandre du safran sur le sol. Suivant l'usage athénien, on distribua aux spectateurs du vin et des gâteaux secs, dans l'intervalle des pièces, dont la représentation se succédait toute la journée. La supériorité de la Macédoine en toutes choses s'affirma dans ces nouveaux concours. Si elle n'avait pas produit les artistes qui gagnèrent, du moins elle les employait et l'unanimité des suffrages, que Philippe ne tenta pas d'extorquer, ajoutait à sa gloire militaire celle de l'art, dont il n'était pas moins jaloux. Timothée fut vainqueur à la flûte, Aristonique à la cithare, Thessalus et Néoptolème dans une parodie d'Euripide et d'Aristophane, — ces deux acteurs cultivaient les Muses avec succès. Antiphane de Bergé, que le roi et Alexandre avaient vu à Amphipolis, eut le prix de poésie. Apelle fut couronné pour son tableau : *Diane au milieu d'un chœur de jeunes filles.*

Cette année, une cérémonie qui avait lieu tous les quatre ans, en même temps que les jeux Pythiens, — la commémoration de la mort tragique de Néoptolème, — s'ajouta aux divers concours et ne pouvait que passionner Alexandre. Là, c'est son ascendance maternelle qui était à l'honneur. La cérémonie se déroulait sur la route, au pied du sanctuaire, et était organisée par les Enianes, ce peuple d'Hypate, voisin de l'Œta, chez lequel il s'était arrêté. Les Aleuades de Pharsale et de Larisse, représentés par Daoque,

Eudique et Simus, y étaient associés. Alexandre résolut d'y participer. Jamais un descendant d'Achille et de Néoptolème, descendant aussi d'Hercule, ne s'était illustré si jeune par ses victoires personnelles et n'aurait donné à cette commémoration plus d'éclat. Et il était, avec Philippe, le vainqueur de Chéronée.

Cent jeunes Thessaliens vêtus de blanc, couronnés de fleurs, une hache sur l'épaule, précédaient cent jeunes Thessaliennes, vêtues et couronnées de même, la chevelure flottante, divisées en deux chœurs. Les unes portaient, en équilibre sur leurs têtes, des paniers de fleurs et de fruits, les autres des corbeilles de gâteaux et d'aromates. Les jeunes filles du premier chœur, la main dans la main, formaient une seule ligne en oblique et marchaient en dansant. On admirait l'art avec lequel elles réussissaient à maintenir en place corbeilles et paniers. Celles du second chœur chantaient l'hymne de Thétis, de Pélée et de leur fils, hymne qu'elles accompagnaient d'un battement de pied, selon le rythme de la musique :

« Je chante Thétis, Thétis aux cheveux d'or, — Fille immortelle de Nérée le marin, — Qui, sur l'ordre de Jupiter, a épousé Pélée, — Et qui, lumière de la mer, est notre Vénus. — Elle a tiré de ses flancs ce Mars des guerres, — Follement épris de la lance, foudre de la Grèce, — Le divin Achille, gloire céleste. — De lui, Pyrrha a enfanté son fils Néoptolème, — Destructeur des villes et des Troyens, rempart des Danaens. — Sois-nous propice, héros Néoptolème. — Heureux, toi, qui gis aujourd'hui dans la terre de Pytho, — Et accepte ce sacrifice d'hymnes. — Chasse de notre ville toute crainte — Je chante Thétis, Thétis aux cheveux d'or. »

Ces éloges d'Achille et de Pyrrhus-Néoptolème entraient dans le cœur d'Alexandre. Il jugeait piquant le fait de donner à Déidamie, mère de Néoptolème, le nom de Pyrrha, qui avait été celui d'Achille déguisé en fille à la cour de Lycomède.

Puis, arrivaient cent bœufs noirs, en deux files, menés par des victimaires et suivis de danseurs et de prêtres. Enfin, Alexandre avançait, au-devant d'un escadron de cinquante éphèbes thessaliens à cheval, qui rappelaient les compagnons d'Achille et de Néoptolème. Deux membres seulement de l'escadron des amis figuraient parmi eux : Médius, qui était Thessalien, et le fils de Cléarque, Néoptolème, sur la prière instante d'Alexandre. Ils étaient tous vêtus d'une tunique blanche, mais à lisière bleue, qui laissait nues les cuisses et les jambes ; les lacets de cuir rouge de leurs chaussures rouges étaient noués artistement jusqu'aux genoux. Alexandre avait, par-dessus sa tunique, un manteau de pourpre, dont les broderies d'or représentaient le combat des centaures et des Lapithes. Son front était nu, tandis que les éphèbes arboraient le large chapeau thessalien de feutre gris. Comme eux, il tenait une lance de frêne à pointe de bronze. Il montait Bucéphale, cheval thessalien, ainsi que l'étaient les autres chevaux, qui avaient, comme le sien, un mors d'argent. Les assistants lançaient vers Alexandre des pommes, présents d'amour, qui ne touchaient que sa monture et la faisaient frémir, et des fleurs, dont ses cuisses, ses épaules, sa tête et la croupe de son cheval étaient couvertes.

Une fille de Daoque, c'est-à-dire une descendante de Pyrrhus, jouait le même rôle qu'Alexandre dans un cortège de jeunes filles venant à sa rencontre et conduit par la prêtresse de Diane. En effet, la sœur d'Apollon avait à Cirrha un temple commun avec lui et avec leur mère Latone. Tandis que ses compagnes étaient à pied, la fille de Daoque était sur un char, attelé d'un couple de bœufs blancs. Un carquois d'argent pendait à son côté ; elle avait un arc dans une main et dans l'autre une torche allumée.

Tous ces cortèges, dont Alexandre prit la tête et dont la fille des Aleuades fermait la marche, gagnèrent lentement le tombeau de Néoptolème, le long de la voie sacrée. Ils en firent trois fois le tour, les Thessaliens poussant un gémissement et les spectateurs le cri de guerre : « Eleleu ! Eleleleu ! » Puis, le silence s'établit. Soudain, à un signal, chacun des Thessaliens donna un coup de hache à un taureau, qu'acheva un victimaire. Le sang fut recueilli dans des vases de bronze et les extrémités des animaux coupées, pendant qu'on entassait du bois sur l'autel du tombeau. Le prêtre d'Apollon versa la libation et Alexandre enflamma le bois avec la torche que lui remit la fille de Daoque.

Philippe présida ensuite un immense festin, où furent servis, entre autres mets, les viandes qui avait été grillées en l'honneur du fils d'Achille. La foule était répandue sous les arbres du sanctuaire, sous les portiques ou à l'ombre des édifices. On avait dressé, pour le roi et ses hôtes, une grande tente rectangulaire de trente mètres de côté. Le toit en était formé par une tapisserie qui faisait partie des trésors du temple et qui devait enchanter Philippe, aussi bien qu'Alexandre : Hercule l'avait consacrée après ses victoires sur les Amazones, dont elle était une dépouille.

Maintenant, Alexandre pouvait réciter les vers d'Euripide décrivant cette merveille qui est, dans *Ion,* utilisée pour une occasion semblable. Les yeux levés vers le plafond, il admirait, avec Ephestion, l'exactitude du poète cher à son cœur. « On y voyait tissues ces figures : — Le Ciel assemblait les astres dans le cercle de l'atmosphère ; — Le Soleil poussait sa charrue vers la fin du jour, — Entraînant l'éclat brillant de Vesper ; — La Nuit à la robe noire dirigeait son char privé de jougs ; — Des astres tenaient compagnie à la déesse. — La Pléiade s'avançait au milieu de l'éther, — Avec Orion porte-épée ; au-dessus, — L'Ourse, la queue tournée vers le pôle doré. — Le disque de la pleine lune rayonnait en haut, — Diviseur du mois, et les Hyades, — Signe très certain pour les navigateurs, et l'Aurore, — Porteuse de clarté, chassant les astres. »

Les parois de la tente étaient également des tapisseries, qu'Euripide avait décrites plus sommairement, — « autres étoffes barbares », qui montraient des centaures, des chasses au cerf et au lion. Anaxarque se demandait si c'étaient des tapisseries de Sardes ou de Babylone et Alexandre ne les trouvait pas du tout « barbares ».

Cependant, Philippe avait ri, en apprenant par un message de son beau-frère, que les Athéniens avaient mandé une ambassade à Dodone pour consulter Jupiter sur les leçons à tirer de leur défaite à Chéronée : « O Athéniens, avait dit l'oracle, préservez-vous de vos chefs et des bons conseillers. » Démosthène n'avait pas dû manquer de dire que les « colombes » de Dodone, comme les « abeilles » de Delphes, « philippi-saient ».

En même temps, Philippe et Alexandre avaient été obligés d'admirer, une fois encore le peuple athénien qui, malgré cet oracle, n'avait pas mis en disgrâce le principal de ses « bons conseillers », après avoir sacrifié l'un de ses chefs. Il est vrai que Démosthène avait fait acte d'obédience envers la Macédoine, par le décret qui avait marqué son retour. Ses responsabilités ne demeuraient pas moins accablantes dans la politique qui avait abouti au désastre de Chéronée. Les Athéniens le blanchirent, comme il avait blanchi les créneaux, en lui confiant l'honneur, inouï pour un homme qui avait jeté son bouclier, de prononcer l'éloge funèbre des morts de cette bataille. Sans doute n'avait-on égard qu'à son patriotisme. Les protestations d'Eschine et de Pythoclès, autre ami de la Macédoine, ne purent faire revenir le peuple sur ce choix. La cérémonie eut lieu fin octobre, après les jeux Pythiens. Le texte du discours fut envoyé à Philippe.

Démosthène commençait en flattant les Athéniens par le rappel des exploits de leurs ancêtres. Aristophane avait raillé ces éternelles allusions aux « combattants de Marathon, durs comme l'érable. » L'orateur prêtait ensuite, à ceux qui étaient morts dans la bataille, le rôle qu'il avait joué lui-même dans la paix : « Quand le péril devint imminent pour tous les Grecs, ils le virent les premiers et les exhortèrent souvent à la défense ; mais, alors qu'on pouvait l'arrêter sans risques, l'ignorance des Grecs, jointe à la perversité, refusa de le voir, ou feignit de ne pas le voir. » Il les peignait courant aux armes, avec les alliés rassemblés enfin : « Dès qu'on en vient au combat, il faut que les uns soient vaincus et les autres vainqueurs. Mais, — ajoutait Démosthène, dans des termes que Philippe et son fils eux-mêmes jugèrent sublimes, — ceux qui meurent à leur poste, ne partagent pas le sort des vaincus et sont également vainqueurs. »

Le roi sourit de ce qu'il lut ensuite et qui était digne de l'homme de Péanie. « J'estime, continuait ce dernier, que, si les ennemis n'ont pas envahi notre territoire, c'est, non pas à cause de l'incapacité des adversai-res, mais de la vertu de ces guerriers. Après les avoir éprouvés corps à corps dans la mêlée, ils ne voulurent pas entreprendre une autre lutte contre les concitoyens de tels hommes, sentant bien qu'ils rencontreraient des courages semblables et qu'ils n'étaient pas sûrs d'avoir la même fortune.

Les conditions de la paix qui a été conclue, le prouvent amplement. Il ne peut rien se dire de plus vrai ni de plus beau que le fait, pour le maître de nos adversaires, de s'y être décidé par la considération de nos morts : il a mieux aimé devenir l'ami de leurs compatriotes que de tout risquer de nouveau. » L'orateur, dans l'esprit de son décret, loua « l'habileté et l'audace du chef des adversaires » (il avait toujours employé ce mot d'adversaires, à la place de celui d'ennemis, qui eût été injurieux pour des alliés) ; mais, en vue d'être agréable aux Athéniens, il déclarait que ce chef n'avait eu raison d'eux, « ses rivaux en gloire », que par la défaite des Thébains. C'était rendre un éclatant hommage à Alexandre. Démosthène ne dissimulait pas qu'en même temps que ces hommes avaient perdu la vie, la Grèce avait perdu la liberté. C'était « comme si la lumière du monde avait disparu... Tout l'honneur des Hellènes s'était changé en beaucoup d'ignominie ». N'abdiquant pas ses principes, il vantait la démocratie, qui avait porté ces citoyens à désirer le trépas, outre ce qu'ils devaient aux fondateurs des dix tribus. Comme il les évoquait en conclusion, les unes après les autres, Philippe et Alexandre retrouvèrent la tribu d'Antiochus, à laquelle ils auraient eu le droit d'appartenir. Mais le noble discours de Démosthène avait pour contrepartie la statue de Démade sur la place du marché. Les effigies de Philippe et d'Alexandre en seraient une réplique plus digne.

En fait de tribu, Philippe avait profité de son séjour à Delphes pour réinscrire Alexandre sur les registres de celle de Témène à Argos. Les magistrats de cette ville, chargés de constater la puberté officielle des jeunes gens entre seize et dix-huit ans, âge de la majorité, étaient venus à Delphes en ambassade pour les jeunes Pythiens. A l'hôtel de ville, Alexandre souleva devant eux sa tunique pour leur montrer son pubis. La même formalité avait déjà été accomplie à Pella par Ephestion, l'hiver passé. Bien que cette cérémonie eût lieu en cette saison, lors de la fête dite de la paternité, on avait pris la date convenant à Philippe. Alexandre, durant l'examen, récita aux magistrats le vers du juge des *Guêpes* : « Il est en mon pouvoir de contempler les parties honteuses des garçons. » Philippe, qui était présent, selon l'usage, offrit aux examinateurs une boucle des cheveux de son fils, un rameau de coriandre et des gâteaux ; puis, il sacrifia deux agneaux de lait au temple d'Apollon. Alexandre était majeur.

On apprit la mort d'Isocrate. Soit qu'on lui eût reproché sa dernière lettre à Philippe, où n'apparaissait aucun sentiment patriotique après la défaite d'Athènes à Chéronée, soit qu'on l'eût brusquement persuadé qu'il avait passé sa vie à se tromper sur le roi de Macédoine, il s'était laissé mourir de faim. L'orateur n'avait pas voulu imiter Démocrite qui fit de même à cent neuf ans, lassé d'avoir ri de la folie humaine, ou Lycurgue, qui se laissa mourir de faim en Crète, pour ne pas regagner Sparte, où il avait fait jurer que l'on ne changerait pas ses lois jusqu'à son retour : il n'y était jamais revenu, car ses cendres, selon sa volonté, avaient été jetées à la mer, — ce qui n'avait pas empêché les Lacédémoniens de lui élever ce tombeau qui avait été foudroyé, comme celui d'Euripide. C'est pourquoi aucun changement ne fut fait à ses lois pendant cinq cents ans et l'essentiel en subsistait encore. Isocrate avait plutôt suivi l'exemple du général spartiate Antalcidas qui, après avoir conclu avec les Perses le traité qui leur livrait les villes grecques d'Asie mineure, dont il avait cru assurer l'indépendance, s'était infligé cette mort. Le roi Pansanias périt de même, mais on l'avait muré dans son asile. Isocrate avait fermé les yeux en prononçant le premier vers des trois drames d'Euripide, *Archélaüs, Phrixus* et *Iphigénie en Tauride :* « Danaüs, le père de cinquante filles... » — « Jadis Cadmus, quittant la ville de Sidon... » — « Pélops, fils de Tantale, arrivant à Pise... », le vieux nom d'Elis. C'était une façon de dire qu'à l'exemple de ces trois barbares, — un Egyptien, un Phénicien, un Phrygien, — un quatrième, qui était Macédonien, prévalait en Grèce. Isocrate avait fait ainsi à Démosthène le plaisir inespéré de traiter Philippe de barbare en mourant. Mais, outre que cette injure, fruit d'un esprit affaibli par l'âge, était en soi une sottise, elle était détruite par les conditions généreuses de la paix.

Avant de regagner Pella, Philippe décida de faire une démonstration de force dans le Péloponèse. Il pensait qu'au lendemain de sa victoire de Chéronée et de son triomphe à Dium et à Delphes, c'était l'heure de renouer, par sa présence, les liens qu'avait brisés la ligue de Corinthe, liens que scellerait dans la même ville le futur congrès. Peut-être attacherait-il à son char l'orgueilleuse Sparte, comme il y avait attaché la présomptueuse Athènes. Il avait sur le cœur la réponse de Cléomène. Archidame avait été remplacé par Agis II. Philippe, qui avait adressé des vœux à celui-ci pour son avènement, voulait éprouver ses dispositions et voir si le nouveau roi rendrait l'autre plus malléable, qui commençait sa trente-deuxième année de règne. A la tête d'une armée de cinq mille hommes, Antipater gagnerait le Péloponèse, en traversant la Béotie, la Mégaride et l'Isthme. Quant à Philippe, il s'embarquerait à Itéa avec Alexandre, Cléopâtre et une faible escorte, pour suivre les côtes jusqu'en Laconie. Ayant conçu ce projet depuis que la paix était signée, il avait fait venir *l'Hercule* et quelques vaisseaux. C'est donc sous ses propres enseignes qu'il naviguerait, sans avoir à demander ce service à l'un de ses alliés dans cette région.

Comme on n'avait plus besoin de chevaux jusqu'au retour à Pella, les montures de ceux qui accompagnaient le roi, furent confiées à des vaisseaux de transport. Polydamas veillerait sur Bucéphale, dont ce serait la première navigation. Alexandre installa lui-même son cher coursier et le cajola jusqu'au dernier moment.

On se sépara d'un grand personnage qui avait envie de rentrer dans l'obscurité : Denys de Syracuse, après avoir été brave soldat à Amphissa et à Chéronée, remercia Philippe de ses faveurs. Il allait retrouver son fils et ses écoliers dans la ville de Vénus et du Soleil. L'ancien tyran montrait que Diogène avait fait un disciple inattendu. Philippe lui promettait qu'en tout cas, l'hospitalité de Pella lui était ouverte, s'il renonçait à vivre en philosophe ou en maître d'école.

Peut-être ne désespérait-il pas de revivre en tyran. Son successeur à Syracuse, le glorieux Timoléon, était mort et le gouvernement républicain qu'il avait instauré, était à la merci d'une nouvelle révolution. La santé de Denys le Jeune et l'inconsistance d'Apollocrate ne permettaient guère, à vrai dire, d'espérer leur rétablissement. Mais Philippe, et surtout Alexandre, ne désespéraient pas d'utiliser un jour leur propre qualité d'Héraclides pour faire main basse sur la plus belle ville de la Sicile.

En attendant, Denys prédisait à Philippe et à Alexandre la conquête de la Perse. « Il y a toujours, avait-il dit, une étrange correspondance entre les grands événements de la Grèce et ceux de mon pays. Pendant que Thémistocle battait la flotte de Xerxès à Salamine, Gélon de Syracuse battait l'armée carthaginoise à Himère, au nord de l'île. Amilcar y fut tué et il y eut cent mille prisonniers. Gélon accorda la paix, moyennant une indemnité de guerre de onze millions de drachmes, l'engagement de construire des temples aux dieux grecs et de ne plus sacrifier leurs enfants à leur dieu barbare Moloch. Les Carthaginois donnèrent même à sa femme qui avait intercédé pour eux, une couronne d'or et cinq cent cinquante mille drachmes, avec lesquelles on frappa des monnaies. O Philippe, ô Alexandre, quand vous aurez conquis la Perse, il vous faudra conquérir Carthage. Ses comptoirs sont innombrables, sa richesse fabuleuse et ses armées dignes de vous. » Le fils de Philippe, qui avait aussi ses rêves africains, se disait qu'heureusement son père ne pourrait tous les accomplir.

La veille de leur départ de Delphes, Alexandre et Ephestion allèrent se promener seuls, la nuit, dans le sanctuaire. Tous les spectateurs des jeux Pythiens l'avaient déjà quitté, sauf l'entourage de Philippe et les Thessaliens. Les deux amis ne troubleraient pas des couples nombreux sur ces pentes. Ils avançaient sans parler, pour ne déranger personne. Les rayons de la lune glissaient sur les statues, sur les bronzes et sur les marbres. On n'entendait que le cri de la chouette et, au loin, le bruit des cithares et des chants qui retentissaient en ville. Cela rappelait, à Alexandre et à Ephestion, la colline de Saturne à Olympie, où parvenait le bruit des musiques et des chants, la nuit qu'ils avaient surpris Démosthène et un prêtre de Cybèle, lors de l'embûche tendue à Nicolas de Strate.

Ils s'arrêtèrent devant le temple d'Apollon : Ephestion voulut voir si l'on distinguait la lettre E, initiale de son nom. Elle était invisible. « En vérité, lui dit Alexandre, il me semble que je la vois, comme si c'était moi qui l'avais gravée. » Ils se baisèrent sur les lèvres en s'étreignant. « Je sens que toi et moi, nous sommes prêts à accomplir un sacrifice, murmura Ephestion. Les sanctuaires ont des vertus nocturnes. » Alexandre le repoussa doucement. « Apollon n'est pas Priape, dit-il. Gardons notre désir pour le sanctuaire de notre chambre. Notre plaisir n'en sera que plus complet. »

Malgré son impatience, il voulait rendre un dernier hommage au tombeau de Néoptolème, qui était au-dessus. Deux ombres étaient courbées sur son autel, comme Bacchus et Ariane s'étaient courbés sur celui de Vesta, dans la salle à manger de Cléotime. Soudain, les deux visages apparurent, au clair de lune. Alexandre et Ephestion éclatèrent de rire : c'était Autolyque et la fille de Daoque.

« Par Hercule, fils de Phrynon, dit Alexandre en s'avançant, tu ne cesseras jamais de m'étonner. Quand nous aurons conquis Lampsaque, en Asie mineure, je t'y nommerai grand prêtre de Priape. » La descendante d'Achille et des rois de Thessalie, qui avait vite rabattu sa robe sur sa croupe, baissait la tête d'un air confus. Alexandre l'embrassa affectueusement pour lui rendre son quant-à-soi. « Puisque tu es ma sœur, lui dit-il, j'ai pour toi une indulgence fraternelle. Du reste, tu as choisi l'un de mes compagnons les plus chers. Mais toi, Autolyque, je ne savais pas que tu faisais rage aussi avec l'autre sexe. — Détrompe-toi, Alexandre, dit le fils de Phrynon, c'est toujours le même. » Bien qu'on apprît ainsi qu'elle n'avait pas perdu sa virginité, la Diane d'un jour détourna la tête. On la laissa se purifier à la source Cassotis.

L'Hercule et les vaisseaux d'escorte, — sur lesquels étaient des officiers du roi et les compagnons de son fils, — quittèrent le port de Crisa. Alexandre et Ephestion, en voguant vers le cap Drépanum, songeaient à leur voyage de retour d'Olympie. Alors, ils n'étaient que deux enfants, mais ils avaient pressenti qu'ils disaient adieu à leur enfance. La lecture qu'Ephestion avait faite de leur première nuit d'amour, était le symbole de cette enfance et de cet adieu. Mais cet amour, fondé pour durer toute la vie, ils le promenaient aujourd'hui le long de ces côtes avec plus d'assurance et d'orgueil : ils étaient des guerriers, des vainqueurs, les nouveaux maîtres de la Grèce.

On fit escale d'abord à Patras, où Cléotime les accueillit fastueusement. Les magistrats de la ville et les ambassadeurs des autres principales cités de l'Achaïe, — Pellène, Egées, Egium, Céryné, Dymé... — s'empressèrent de déclarer leur soumission. Philippe fut plein d'égards pour son ancien aimé, qui prodigua les jarres de vin, les ballots de byssus et les objets d'or. « Ta couronne m'a porté chance, dit Alexandre à Cléotime ; mais elle a été celle de Minerve Guerrière et non de Minerve Ouvrière. — Elles restent unies, dit le riche Eléen, puisque la victoire de Chéronée nous ramène les travaux et la propriété de la paix. » Il continuait à acheter des manuscrits rares consacrés à la pédérastie, de précieuses statues masculines, et de ravissants jeunes esclaves. Quelques-uns de ceux-ci étaient avec lui. On s'amusa de l'intérêt qu'ils inspiraient au bouillant Autolyque, comme Alexandre le lui avait prédit, lors de sa première visite à Athènes. Cléotime était fier du bel Evagoras. Pour récompenser de sa bravoure l'ancien enfant aux baisers, il lui fit don d'une de ses terres en Achaïe.

On reçut un message d'Antipater qui, sans le moindre heurt, avait rétabli en Mégaride et à Corinthe l'influence de la Macédoine. Sicyone, l'Arcadie et l'Elide ayant été fidèles, on avait jugé superflu d'y faire une parade d'armes. L'Argolide ne l'avait pas été moins, mais elle se trouvait sur le parcours. Le général suivrait, de Sicyone à Phlionte, le fleuve Asope, homonyme de celui de Thèbes ; puis, l'Inachus, jusqu'à Argos, et ensuite la côte du golfe d'Argolide, par Lerne et Thyrée, jusqu'à Prasiées, dernière ville de cet Etat sur la frontière de la Laconie. De là, il demanderait à Sparte le droit de traverser son territoire pour aller en Messénie, d'où les intrigues de Démosthène avaient chassé les chefs aristocrates Néon et Thrasyloque, qui n'avaient pas encore recouvré le pouvoir. Le roi, de son côté, solliciterait de débarquer à Gythium, le port et arsenal de Sparte, pour en visiter les temples : cette ville avait été fondée par son ancêtre Hercule, de concert avec Apollon, après leur dispute du trépied. Une autorisation était, en effet, nécessaire, car les étrangers ne pouvaient entrer en Laconie que certains jours par an. On verrait bien comment le sénat et les deux monarques accueilleraient ces deux requêtes, qui semblaient chercher un moyen de réconciliation, à propos de droit de passage et d'un ancêtre commun, mais sous la légère pression de cinq mille hommes. Philippe jouait son va-tout : si l'on repoussait la requête d'Antipater, il pouvait se contenter d'obtenir satisfaction pour la sienne ; le refus de la seconde constituerait un affront personnel et risquait de le contraindre à la guerre.

L'Hercule, où avait pris place Cléotime, franchit ensuite le cap Araxe et fit escale à Cyllène. Alexandre et Ephestion y renouvelèrent leurs sacrifices à Mercure et à Vénus. Les juges d'Olympie, ainsi qu'Aristechme et Euxithée, les hôtes de Philippe, présentèrent leurs hommages. L'aventure des jeux Olympiques était bien oubliée, mais Alexandre leur dit que Nicolas de Strate avait été tué à Chéronée. Ils apprirent au roi que la construction de son monument progressait au bord de l'Alphée ; on pourrait y envoyer bientôt les statues de Léocharès.

Autre hommage, mais charmant : de Cinésias, le bel éphèbe qui n'avait pu se contenir durant la fouettée au tombeau de Pélops. Autolyque, enflammé par ce que lui avait relaté Ephestion, attira le jeune Eléen dans sa cabine, pour se faire initier à ce goût, venu du culte de Cybèle. Le garçon lui raconta, non seulement qu'il avait été fustigé, à douze ans, par un prêtre de cette déesse, mais que celui-ci l'avait violé avec un phallus artificiel. Sa sensibilité était liée, depuis lors, à l'un ou l'autre de ces actes. Autolyque l'initia, en récompense, aux mystères du phallus-dressé.

Il y eut un grand banquet à l'hôtel de ville. Tous les amis de la Macédoine, en Elide comme ailleurs, avaient le droit de se réjouir : la longue tension provoquée par Démosthène dans le Péloponèse, les avait mis en butte aux attaques du parti adverse, même là où ils avaient conservé leur prépondérance, et ils avaient perdu leurs biens, là où les démocrates dominaient. Maintenant, il n'y avait plus qu'un parti : celui de Philippe.

Bien que l'on fût à la fin de l'automne, la navigation était encore favorable. Le pilote de *l'Hercule* se réglait sur les tables astronomiques d'Eudoxe de Cnide, qui avait établi un calendrier de prévision du temps. Ainsi demeura-t-on à Cyllène jusqu'au coucher de l'Arcture et des Pléiades, à la mi-novembre. Le lever d'Orion et de la Lyre indiquait la fin des tempêtes. L'événement corrobora le calendrier.

Après avoir repris le large en laissant Cléotime, on suivit la côte qu'Alexandre et Ephestion avaient longée lorsqu'ils étaient arrivés de Macédoine. Au cap Chélonatas, ils revirent l'île de Zante ou Zacinthe, dont le nom évoquait Hyacinthe, le plus chéri des mignons d'Apollon.

Plus bas, l'embouchure de l'Alphée leur rappela Olympie. Cet endroit était enchanteur. Il y avait les bois sacrés de Diane Alphéenne, de Vénus et des nymphes, percés d'allées fleuries et ornés de petits temples de Mercure. Sur les rives mêmes du fleuve et de la mer, s'élevaient des chapelles de Neptune. A la fin des jeux Olympiques, les fêtes qu'Alexandre et Ephestion avaient manquées, se célébraient dans le bois de Diane, où la déesse était aussi honorée sous les noms d'Elaphéenne, comme chasseresse de cerfs, et de Daphnéenne, comme sœur d'Apollon. Le temple qu'elle avait en ces lieux, était décoré de fresques des peintres corinthiens Cléanthe et Arégon, représentant la prise de Troie, la naissance de Minerve et Diane portée par un griffon. Létrins, que l'on avait aperçu avant l'embouchure, était le lieu où la sœur d'Apollon avait failli être violée par le dieu-fleuve, comme l'avait narré Cléotime.

A l'extrémité méridionale de l'Elide, on arriva à Pylos dite de Triphylie, nom de cette région. On apercevait, au pied du mont Minthe, les ruines du palais de Nestor. Alexandre et Ephestion aimaient les vers de l'*Odyssée* qui faisaient allusion à cet endroit : « Le soleil se leva, laissant la mer splendide, — Vers le ciel riche en bronze, pour éclairer les immortels — Et les hommes mortels sur la terre où pousse l'épeautre ; — Et ils atteignirent Pylos, la ville de Nélée bien construite. » Alexandre et Ephestion revivaient cette scène montrant le jeune Télémaque, à leur âge, qui descend sur la plage où Nestor, fils de Nélée, entouré de ses fils et des Pyliens, — « cinq cents hommes par rang », sur « neuf rangées de bancs »,

— sacrifiaient des taureaux à Neptune, — « neuf taureaux devant chaque rang ». Pylos avait été aussi la patrie de Mélampe qui, disait Pindare, « ne voulait pas la quitter pour régner à Argos, — En renonçant à son privilège de divination par le vol des oiseaux ». Mais cette cité rappelait également l'expédition d'Hercule contre Nélée, dont il dévasta le territoire. Les dieux même y combattirent, séparés en deux camps, ainsi que dans la guerre de Troie : Neptune, Apollon, Mars, Junon et Pluton étaient du côté des Pyliens, mais Jupiter et Minerve du côté d'Hercule. Nélée succomba, avec onze de ses fils.

Au large de Cyparisse, dont on approchait, étaient les îles Strophades. Certains y plaçaient le séjour des Harpies ; mais Anaxarque, fidèle à sa Thrace natale, voulait, en interprétant Homère, que ces redoutables messagères des dieux vécussent dans son pays.

Cyparisse était le premier port de la Messénie et celui de Messène, capitale de cet Etat, située à une cinquantaine de kilomètres au sud-est. Philippe eut le plaisir de constater que l'annonce de sa venue avait déjà fait rendre le pouvoir aux deux fils du défunt chef messénien Philias. Les chefs arcadiens Cercidas, Eucampidas et Jérôme, hôtes de Philippe, s'étaient joints à eux pour le saluer. Aristocrate, le jeune Arcadien d'origine royale qui avait participé au banquet de Cléotime et royalement traité Cinésias, accompagnait son oncle Jérôme. Il évoqua les souvenirs d'Olympie avec Alexandre et Ephestion.

La ville même de Cyparisse était au pied du mont Egalée, homonyme de celui de l'Attique et prolongement de l'Ithome, sur les flancs duquel Messène était bâtie, avec une enceinte de dix kilomètres. C'est à Epaminondas, restaurateur de cette ville et de cet Etat, détruits par les Spartiates, qu'était due la fondation de Cyparisse. Et Philippe, destructeur aujourd'hui de la puissance de Thèbes, avait continué en Messénie l'œuvre d'Epaminondas. Il l'avait fait par sympathie pour un Etat dont avait été roi un descendant d'Hercule, Cresphonte, dont le frère, Témène, roi d'Argos, fut la tige des rois de Macédoine, et les neveux, Eurysthène et Proclès, furent conjointement rois de Sparte, dont la double postérité y régnait.

Alexandre partageait l'admiration d'Aristote pour la tragédie d'Euripide, *Cresphonte,* louée dans la *Poétique* du philosophe. On y racontait le crime de Polyphonte tuant l'Héraclide Cresphonte, roi de Messène, pour s'emparer du trône et épouser sa femme Mérope. Téléphonte, fils du roi assassiné et de Mérope, a été soustrait au massacre et veut, lorsqu'il est devenu adolescent, venger la mort de son père. Polyphonte ayant promis de récompenser celui qui tuerait Téléphonte, qu'il sait lui avoir échappé, celui-ci se présente à Messène comme le meurtrier. Mérope est sur le point de le frapper d'un coup de hache pendant qu'il dort, mais, juste à temps, une vieille révèle à la reine que c'est son fils. Téléphonte, ensuite, tue le roi en faisant semblant de frapper une victime au cours d'un sacrifice et récupère son royaume.

Anaxarque parla de Dorium, où avait eu lieu le défi entre Thamyris et les Muses, dans les conditions qu'il avait décrites durant la campagne contre les Mædes. Cette ville était un peu au-dessus de Cyparisse, dans l'intérieur. Là, coulait un fleuve où le célèbre musicien, aveuglé par ses rivales, laissa tomber sa lyre et qui en fut appelé Balyre. Philippe avait ignoré que Thamyris disputât à Orphée la gloire d'avoir inventé l'amour des garçons et que son aimé eût été Hyacinthe, en rivalité avec Apollon, Vesper et Bacchus.

Philippe avait sauvé et restauré une autre cité que Messène : Mégalopolis, fondée en Arcadie par Epaminondas. Pour le remercier, les habitants, concitoyens de Jérôme et d'Aristocrate, avaient édifié en son honneur un portique à triple colonnade, auquel ils avaient donné son nom, ainsi qu'à une magnifique fontaine, là où il avait établi son camp lorsqu'il était venu à leur secours. Il vantait le nombre et la beauté des monuments de cette ville, arrosée par le fleuve Hélisson, dotée du plus grand théâtre de la Grèce et revêtue de murailles presque aussi longues que celles de Messène. Siège de la confédération arcadienne, c'était une des places fortes destinées à refréner les ambitions de Lacédémone.

On devinait le mont Lycée, qui était proche de Mégalopolis et sur lequel avaient lieu, tous les ans, ces jeux Lycéens appréciés de Cléotime. C'est aussi aux environs de cette ville, sur le mont Cotilum, à Bassae, qu'était un temple fameux d'Apollon Protecteur, bâti par Ictinus, l'un des deux architectes du Parthénon athénien. Un peu plus loin, à Phigalie, on trouvait la grotte où Cérès avait caché sa honte, après avoir été violée par Neptune métamorphosé en cheval et où elle avait mis au monde le cheval Arion. Ce coursier fabuleux, qui avait le don de la parole, comme ceux d'Achille, vint dans les mains d'Hercule, qui l'offrit à Adraste, roi d'Argos. Hérodote relate qu'un devin de Phigalie, nommé Cléandre, apaisa une guerre entre les Argiens et leurs esclaves. L'histoire et les légendes suivaient les voiles de *l'Hercule*.

Les mystères de la religion apparurent aussi, grâce à Anaxarque. Il avait interrogé, à Cyparisse, les chefs arcadiens sur Andania, le sanctuaire des dieux Cabires, auquel il avait fait allusion à Alexandre. Cela intéressa Philippe, initié de Samothrace. Andania était situé dans la région de Mégalopolis, comme Phigalie et Bassae. Les Cabires, ces dieux étranges dont le nom était tiré du mont Cabirus, ramification de l'Ida, en Troade, se juchaient de nouveau, à Andania, sur une montagne. Mais ils n'y étaient qu'au nombre de deux, appelés les deux grands dieux. Leur culte y était uni à ceux d'Apollon Carnéen et de Mercure Porte-Bélier, — Apollon Carnéen avait lui-même des cornes de bélier, ainsi que Pan, Bacchus-Zagreus et Jupiter Ammon. Cérès et Proserpine étaient également associées à ces mystères, qui se célébraient dans le bois sacré d'Apollon Carnéen. Là aussi, on vénérait un phallus, placé au fond d'une corbeille, et qui était une mutilation du plus jeune des Cabires, tué par ses frères.

Cette croisière permettait à Alexandre, encore mieux que ne l'avait fait le séjour à Elatée et à Delphes, d'apprécier le charme de Cléopâtre et de comprendre le goût qu'elle avait inspiré à son père. Cette fille, qui avait maintenant seize ans, était, certes, le contraire d'Olympias. Au lieu que la reine était tout ardeur, comme une bacchante prête à s'élancer à travers monts, un serpent à la main, ou comme une sorcière dans ses incantations, Cléopâtre restait une enfant et distrayait le roi par ses puérilités. Elle confectionnait pour sa poupée de petites robes, imitées des modes aperçues au cours du voyage. Elle sautait à la corde, lançait des figues sèches ou des dattes en l'air pour les rattraper dans sa bouche, courait à cheval sur une canne, jouait à la balle, construisait des cabanes avec des roseaux, attachait son cerf-volant aux cordages. Elle faisait la roue, comme une danseuse acrobate. Philippe lui disait : « Tu seras la première reine de Macédoine à savoir faire la roue. » Elle se déguisait aussi ingénieusement que les compagnons d'Alexandre, mais cette qualité de reine présomptive la contenait dans des limites qu'ils avaient souvent dépassées. Son art de respecter la décence, tout en y manquant, était très subtil. Mais, quand le roi était ivre, elle se soustrayait aux scènes qui pouvaient dégénérer en orgie et le laissait à ses deux Pausanias. Philippe se plaisait surtout à la voir en jeune soldat. Le casque du roi lui tombait jusqu'au nez ; sous son armure, elle était près de défaillir.

Elle avait le don des énigmes et en posait innocemment d'assez peu innocentes. On lui en posait de non moins corsées, qu'elle résolvait d'un air candide. Alexandre lui soumit ces deux vers : « Je suis extrêmement poilue ; mais les feuilles cachent mes poils ; — On ne me voit de trou nulle part. » Cléopâtre devina que c'était la balle, bourrée de crins et recouverte de lanières. Ephestion accoucha de cet autre distique : « Je suis un enfant de cuir, à dent blanche, — Que l'on a fait en unissant l'éléphant et la chèvre. » Cléopâtre trouva que c'était le clystère, qui était en peau de chèvre, à canule d'ivoire. Elle fut admirée pour cette énigme qu'elle inventa et dont le mot était le même instrument : « A moi seul est permis l'amour avec les femmes, — Librement et sous les supplications des maris. — A moi seul l'amour avec les garçons et les hommes et les vieillards, — Et les jeunes filles devant leurs parents. » Philippe ne l'embarrassa pas longtemps avec cette définition : « Je suis un dieu et deux bêtes me portent devant ; — Derrière, je porte l'épouse d'Hercule. » Elle répondit que c'était le membre de l'homme, les deux testicules et le derrière, qui est l'image de la jeunesse, — l'image d'Hébé, cette épouse qui, disait-on, faisait au héros la caresse de Lesbos. Cléopâtre eût rendu des points à la jeune fille de Samos qui expliquait, aux fêtes d'Adonis, dans le *Thésée* d'Antiphile de Sinope, pourquoi le membre viril était plus fort que le fer et le forgeron.

L'île de Sphactérie, qui fermait la vaste baie du port messénien de Pylos, — homonyme de la capitale de Nestor, — évoquait un épisode fameux des luttes de Sparte contre Athènes : quatre cent vingt Spartiates y résistèrent pendant des mois au blocus de la flotte athénienne, qui avait pris et fortifié Pylos. Ils étaient ravitaillés par leurs esclaves, qui, la nuit, plongeaient sous les vaisseaux athéniens, en tirant des outres pleines de miel et de graines de lin pilées. Le grand exploit du corroyeur démagogue Cléon, qui tonnait contre l'insuffisance de l'aristocrate Nicias, chef de la flotte, et se vit céder le commandement, fut de s'emparer de Sphactérie au bout de vingt jours. Le chef des Messéniens, renouvelant la trahison d'Ephialte aux Thermopyles, lui avait montré un sentier qui permettait de prendre la garnison à revers. Et, une fois de plus, comme aux Thermopyles, l'héroïsme spartiate avait été vaincu par un traître et par un sentier. On apercevait la statue de la Victoire que les Athéniens avaient élevée.

Plus loin, Méthone était le dernier port de la Messénie sur la mer Ionienne. Il tenait son nom d'une fille d'Œnée, roi de Calydon et père de Déjanire, qui s'y était arrêté en revenant de la guerre de Troie. Asiné, autre port, mais sur le golfe de Messénie qui regardait la mer Sicilienne, offrait un souvenir personnel d'Hercule. Ses habitants descendaient des Dryopes, peuple thessalien que le héros avait vaincu et qu'il emmena captif à Delphes pour le consacrer tout entier comme esclave d'Apollon. Mais, à la suite d'un oracle, il conduisit les Dryopes dans le Péloponèse, où ils fondèrent Asiné.

On traversa le golfe pour jeter l'ancre à l'embouchure du Nédon, près de laquelle était la petite ville de Phères, homonyme de la cité thessalienne et qui était la dernière de la Messénie avant la Laconie. Un messager y attendait Philippe : Antipater, arrivé à Prasiées, lui écrivait que les Lacédémoniens avaient refusé le droit de passage. Python débarqua pour se rendre à Sparte, en contournant le Taygète, et présenter le salut, les observations et l'autre requête de Philippe.

Les deux rois le reçurent au milieu des vingt-huit sénateurs. Ils accordèrent à Philippe la permission de descendre à Gythium, pour honorer son ancêtre, bien que ce ne fût pas l'époque où l'on pouvait pénétrer en Laconie, mais demeurèrent fermes sur l'interdiction formulée à ses troupes d'entrer en Laconie, pour aller en Messénie. Python prit acte de la permission accordée et dont il remercia Lacédémone. Puis, il tâcha d'obtenir par la menace celle qui avait été refusée : il n'était plus, comme à Thèbes, l'ambassadeur d'un roi puissant, mais dont la puissance était égalée par l'adversaire ; il était l'ambassadeur d'un roi, victorieux des Thébains et des Athéniens. Philippe, qui prévoyait ce refus, l'avait chargé de brandir des menaces.

« Le roi de Macédoine, dit-il d'abord, peut vous priver de tout, en coupant vos communications, et vous réduire à sa volonté. » Agis répliqua : « Nous pense-t-il incapables de mourir pour notre patrie ? — Non, dit Python, mais il est beau de mourir pour vaincre. Philippe est invincible. Personne à Athènes, à Thèbes, à Sparte, n'a jamais eu plus de pouvoir que lui. » Le commentaire d'Agis fut d'une brièveté insultante : « Denys à Corinthe ». Sans doute n'ignorait-il pas que l'ancien tyran de Syracuse avait bénéficié, auprès de Philippe, d'un soulagement momentané de sa déchéance : il voulait faire entendre que ce dernier devrait méditer sur les vicissitudes de la fortune, de même qu'il l'avait engagé à être modeste. Mais Python n'avait pas fini de menacer : « Si Philippe prend votre ville, il la rasera. — Si... », répondit le vieux Cléomène.

Philippe se plut à rire de cette dernière réponse, la plus laconique de l'histoire de Sparte, même s'il en était vexé. Au moins, les Spartiates n'avaient-ils pas traité son envoyé comme ils avaient fait pour celui de Xerxès qui était venu leur demander l'hommage de la terre et de l'eau : ils l'avaient jeté dans un puits. Au demeurant, afin d'atténuer leur refus, les deux rois avaient dit qu'ils enverraient des ambassadeurs à la conférence de Corinthe, sans préjuger de leur attitude. Pour montrer à Python jusqu'où allait l'amour de la liberté chez les Spartiates, supérieur même à celui qu'en avaient les Athéniens, un sénateur lui dit qu'il n'était pas permis de frapper à une porte en vue de se faire ouvrir, car cela eût ressemblé à une intimation : il fallait le demander à haute voix. Il ajouta : « Comme tu peux le constater, Phrynon, nous n'ouvrons même pas toujours notre porte, quand on y frappe. »

Alexandre admirait tout cela ; mais il comprenait la vieille haine des Athéniens pour les Lacédémoniens, exprimée dans l'*Andromaque* d'Euripide, haine qu'engendrait peut-être la communauté d'idéal, autant que la différence des caractères : « O les plus ennemis des mortels pour tous les hommes, — Habitants de Sparte, conseillers perfides, — Chefs de fraudes, fabricants de maux, — ... Injustement vous florissez en Hellade ! »

On tint conseil. Devait-on relever le défi de Sparte, comme on avait relevé celui d'Athéas, roi des Gètes ? Antigone, l'un des généraux qui avaient accompagné Philippe, était d'avis qu'il ne fallait pas souffrir cette injure et qu'il n'était pas possible de prétendre diriger l'expédition des Grecs contre les Perses en se laissant braver par les Spartiates. Python déclara que, de toute manière, il était vain d'espérer obliger ces derniers à combattre un peuple qui leur donnait de l'argent. Nul n'ignorait que le grand roi versait régulièrement une subvention au royaume de Sparte : il était persuadé que, de cet équilibre, dépendait la tranquillité de l'Asie. Ainsi, par l'opposition des Lacédémoniens, avait échoué le projet qu'avait eu Périclès, avant la guerre du Péloponèse, d'assembler à Athènes un congrès pour l'union et la pacification de la Grèce. Depuis que Philippe avait écrasé les Athéniens à Chéronée et étayait son projet d'expédition, l'or d'Artaxerxès Ochus, désormais inutile à Athènes, ne coulait à Sparte qu'avec plus d'abondance. Derrière le superbe « Si... » de Cléomène, il y avait ces intérêts sordides. Mais, à la différence des démagogues athéniens, les rois de Sparte, dont la simplicité était exemplaire, ne mettaient pas cet or au fond de leurs coffres : tout allait à ceux de l'Etat. Encore ces coffres étaient-ils quelquefois vides.

Aristote avait cité l'exemple étonnant de députés de Samos venus demander à Sparte un emprunt : l'assemblée générale ayant constaté que l'on n'avait aucune réserve, on décréta un jeûne universel de vingt-quatre heures, tant pour les hommes libres que pour les esclaves et les animaux domestiques ; l'épargne qui en résulta, fut remise aux Samiens. Lycurgue n'avait autorisé que la monnaie de fer. Mais, pour qu'elle ne pût servir à d'autres usages, on y jetait du vinaigre, au moment de la fonte, ce qui la rendait impropre à être refondue pour fabriquer des ustensiles. A cette monnaie de fer, on avait ajouté ensuite celle de cuivre. Et, tout dernièrement, le roi Agis avait fait frapper les premières monnaies d'or et d'argent. Mais sa simplicité restait spartiate.

Python donna une idée de ce qu'étaient la ville et les mœurs. Les portes des maisons étaient des planches à peine équarries ; les poutres, des troncs d'arbres à peine écorcés. Les palais royaux étaient comme les maisons de Miltiade et d'Aristide à Athènes, qui ne se distinguaient pas de celles des autres citoyens. Chaque mois, un banquet réunissait les pauvres et les riches. Platon, dit Anaxarque, s'était inspiré des lois de Lycurgue pour sa *République* : il y voyait la preuve qu'il n'est pas impossible d'établir une égalité absolue, même dans une monarchie.

Les deux monarchies de la Grèce devaient-elles se défier, ainsi que le prônait Antigone ? Alexandre n'était pas de cette opinion. Il estimait absurde d'épuiser la Macédoine et de compromettre l'unité créée autour d'elle, dans une guerre contre d'autres Grecs : l'expédition demeurant le but à atteindre, ce serait s'entre-détruire pour rien. « Nous n'avons pas affaire aux Gètes, ajouta-t-il. Quel Grec nous approuverait d'attaquer un Etat qui nous refuse le droit d'entrer sur son territoire ? Laisserions-nous les Spartiates entrer en Macédoine ? » « Enfin, dit-il à son père, un descendant d'Hercule ne fait pas la guerre à des descendants d'Hercule. Ils t'ont épargné l'humiliation de t'interdire à toi-même de mettre le pied sur le sol lacédémonien, ce qui est un hommage à ta personne, et ils participent à la conférence de Corinthe, ce qui est reconnaître ta prééminence. L'honneur est sauf. — Tes conseils sont tardifs, dit Antigone à Alexandre. Tu aurais dû dissuader Philippe de ce voyage. Ce que je trouve humiliant pour lui, c'est de reculer. — Il vaut mieux reculer que de tomber dans l'abîme, dit Alexandre. Si j'ai approuvé l'idée d'une visite à Gythium, c'est parce que la hardiesse me plaît et qu'on pouvait tenter d'intimider Sparte.

Nous n'avons pas eu cette chance, mais la mission qui attend Philippe à Corinthe, est mille fois plus glorieuse que de s'emparer d'une ville, certes, très illustre, mais sans art ni richesse. Puisque le butin est une des joies de la guerre, ne la faisons pas là où il n'y en a aucun. »

Attale, voulant que rien ne retardât l'union de Cléopâtre avec Philippe, appuya l'avis d'Alexandre, qui était celui de tout son entourage. D'ailleurs, Antipater, par son message de Prasiées, rappelait la faiblesse de ses forces : c'était incliner au même avis. Parménion, qui avait écrit au roi avant son départ pour le Péloponèse, l'avait également supplié d'éviter de provoquer Sparte et relevait, lui aussi, que l'avenir et la gloire de la Macédoine résidaient désormais hors d'Europe. Le roi décida de se contenter d'aller à Gythium.

L'Hercule et les autres vaisseaux franchirent sans dommage le terrible cap Ténare, pour entrer dans le golfe de Laconie. Le camp de mercenaires fit des signaux pour offrir ses services, mais Philippe ne recherchait plus cette sorte de soldats, depuis qu'ils s'étaient mutinés au retour de la guerre contre les Gètes. Il salua l'entrée des enfers, par où était passé Hercule et qu'Alexandre avait visitée. Anaxarque cita les vers d'Orphée, relatifs à la même visite : « Je t'ai raconté ce que j'ai vu et compris, — Lorsque je suis allé chez Pluton par le sombre chemin de Ténare. » La mer ayant été clémente le 1er décembre, au coucher d'Orion, du Chien et de la Chèvre, le pilote assurait que l'on serait tranquille pour le voyage de retour : il faisait, pendant trente-sept jours, le temps qu'il avait fait ce jour-là.

On jeta l'ancre à Gythium, où jadis la flotte grecque, commandée par l'amiral lacédémonien Eurybiade, avait hiverné, après la victoire de Salamine. Une partie de la flotte lacédémonienne y était stationnée et constituait un accueil imposant. Les deux rois ne s'étaient pas dérangés, mais ils avaient envoyé à Philippe des ambassadeurs et des présents : un casque finement ouvragé, sur le devant duquel étaient ciselées la figure d'Hercule jeune et sa massue ; des manteaux de Lacédémone ; une jarre de vin d'Ægys, le seul cru de la Laconie, sur la frontière arcadienne ; du fromage de Gythium ; un marcassin fraîchement tué et deux chiennes de chasse de Laconie, — excellente race qui figurait dans les meutes de Philippe et d'Alexandre. « Une chienne laconienne, — L'animal le plus fort pour courir les bêtes fauves », avait dit Pindare. Les lices étaient, en effet, encore meilleures que les mâles. On les accouplait aux molosses et, d'après Xénophon, elles étaient saillies souvent par les renards, mais formaient alors une espèce dégénérée.

Un banquet frugal attendait Philippe et sa suite. Il ne pouvait y manquer le fameux brouet noir, qui leur parut détestable : c'était du jus de porc, salé et vinaigré. On leur dit que, dans les banquets mensuels qui réunissaient toutes les classes de la société, il n'était servi avec le brouet qu'un morceau de viande gros comme une noix et ils eurent droit à un égal morceau de viande. On ajouta qu'un roi du Pont avait embauché un cuisinier spartiate afin de lui préparer le brouet, qu'il jugea, lui aussi, fort mauvais. « Prince, lui dit le cuisinier, pour le trouver bon, il faut avoir traversé l'Eurotas à la nage. » Ce n'est donc pas ce qu'Alexandre aurait pu faire.

Philippe sacrifia au temple d'Hercule, qui était situé sur la place, à côté d'un temple d'Esculape. Il fut étonné de voir des tombes autour du sanctuaire, comme autour des autres temples. On lui dit que Lycurgue avait prescrit d'enterrer en ces lieux les morts des guerres, pour que les jeunes gens pussent s'habituer à l'idée de mourir au combat. Seuls, les cadavres des rois étaient embaumés dans du miel ; on roulait les autres dans un drap rouge, avec des feuilles d'olivier, quand ils n'étaient pas incinérés. On ne gravait, sur les tombes, que les noms des soldats tués et des prêtresses. Le roi fut intéressé de savoir qu'il y avait, à Sparte, des descendants d'Hercule qui n'étaient pas de race royale et que Lysandre, le vainqueur d'Athènes, avait été l'un d'eux. « Il n'y a que les Héraclides pour prendre Athènes », dit Anaxarque.

A Gythium, le fils de Philippe trouvait un autre sanctuaire, propre à constituer également un but de voyage : cette ville était, avec Sparte et Aphytis en Chalcidique, la seule de Grèce à avoir élevé un temple à Jupiter Ammon. Alexandre aimait à s'exalter des prophéties qui lui annonçaient la royauté de l'Egypte. Il sacrifia un bélier au dieu à cornes de bélier : sa statue le montrait debout, nu, tenant le foudre et un long sceptre. Il apprit qu'à Thalames, non loin de Gythium, vers le golfe de Messénie, était un temple-oracle de Pasiphaé, homonyme de la fille du Soleil, femme de Minos : selon certains, elle était la fille d'Atlas et eut de Jupiter un fils nommée Ammon.

Des chevaux d'Arcadie étaient mis à la disposition des voyageurs. On monta sur la citadelle, afin de sacrifier au temple de Minerve, la déesse de Pella. Il y avait une pierre blanche, extrêmement vénérée : Oreste s'y était assis, quand il errait à travers la Grèce, pour trouver à se purifier du meurtre de sa mère à Argos et après s'être caché, comme Cérès, dans la grotte de Phigalie. Cette pierre était consacrée à Jupiter Reposant.

On gravit ensuite le mont Larysius, qui dominait la ville. Cette ascension était une manière, à la fois courtoise et ironique, de faire voir aux Macédoniens cette Laconie où ils ne pouvaient entrer sans se battre : à l'ouest, la haute ligne du Taygète, abrupt et découpé ; le mont Thornax et le mont Pharnon, au-delà de Sparte ; la large plaine de l'Eurotas. Ce fleuve était couvert de cygnes, en mémoire de celui dont Jupiter prit la forme pour s'unir à Léda, épouse du roi Tyndare. On conservait, dans le temple d'Hélène à Sparte, la coque de l'œuf d'où elle était née avec Pollux ; Castor et Clytemnestre naquirent d'un autre œuf.

Philippe louait ce peuple extraordinaire à qui il était défendu de voyager dans les pays étrangers, si ce n'est pour les jeux et pour la guerre ; d'exercer aucun métier, puisque c'était laissé aux esclaves ; qui représentait armées toutes ses divinités, comme symbole de son goût des armes ; cette Sparte qui « n'avait de murailles que le courage de ses défenseurs » ; qui leur donnait des épées et des lances plus courtes que celles des autres Etats « pour les obliger à combattre de plus près » ; qui, malgré sa vaillance, avait un temple de la Peur, mais aussi un temple du Rire ; cette armée qui sacrifiait à l'Amour avant la bataille, parce que l'amour pédérastique était la base de la vie de tous ces hommes. En revanche, le roi se disait perplexe devant cette éducation féroce qui obligeait les garçons à se laisser fouetter jusqu'au sang devant l'autel de Diane Droite, à voler leur nourriture, puisqu'ils devaient se suffire, et à dresser la nuit des embuscades aux esclaves pour les tuer, afin d'apprendre à tuer l'ennemi.

Ces principes, d'après lesquels le Spartiate ne vivait que pour la guerre, la gymnastique et l'amour avait été illustrés par Agésilas, d'une manière piquante, au cours d'une conférence avec les alliés de Sparte Ceux-ci se plaignant de fournir beaucoup plus de soldats que les Lacédémoniens, le roi les fit asseoir ; puis, il pria successivement les peintres, les charpentiers, les maçons, les foulons et les autres corps de métier, de se lever. Presque tous furent debout, tandis que tous les Lacédémoniens restèrent assis. « Vous voyez, mes amis, dit Agésilas aux alliés, combien plus d'hommes nous mettons en campagne que vous. » C'étaient un peu les raisonnements de Socrate à propos du peuple athénien, que l'on avait évoqués sur la citadelle d'Athènes.

D'après Alexandre, le trait le plus remarquable du courage spartiate, en dehors de l'héroïsme de Léonidas aux Thermopyles, concernait le jeune Isadas, contemporain d'Agésilas, qui, à quinze ans, durant un combat dans les rues de Sparte, envahie par les troupes d'Epaminondas, s'était échappé du gymnase tout nu, le corps brillant d'huile, une pique dans une main, une épée dans l'autre, et avait lutté avec la plus grande vaillance sans recevoir la moindre blessure, comme si un dieu avait protégé sa beauté. Les magistrats le couronnèrent, mais, en même temps, le condamnèrent à mille drachmes d'amende pour avoir marché à l'ennemi avant l'âge prescrit et n'avoir pas eu de bouclier. Si Alexandre animait son courage par les vers d'Homère, il disait ne pas s'étonner de celui des jeunes Spartiates, du moment qu'on leur faisait apprendre les noms des trois cents compagnons de Léonidas, même le nom de Pantitès, qui s'était enfui.

Un magistrat de Gythium donna des détails sur leur éducation. Ils étaient soustraits à leur famille dès l'âge de sept ans pour vivre en groupes, jusqu'à l'âge de dix-huit ans, ces groupes étant formés d'après leurs sympathies. On appelait curieusement les garçons « bouvillons » ; le chef ou « bouvier » de chaque groupe était élu par eux. Son titre indiquait qu'il devait les mener à l'aiguillon « A quel aiguillon ? » demanda Autolyque.

Pour toute réponse, le magistrat dit que, chaque soir, des repas réunissaient les hommes et les garçons, quand ceux-ci étaient jugés capables de garder aux femmes le secret sur ce qui s'y passait, — un seul suffrage, parfois du père de l'un d'eux, empêchait l'admission. Les suffrages étaient des boules de pain, que l'on jetait dans une urne ; le vote d'exclusion était une boule écrasée. On disait au garçon admis, en lui montrant la porte : « Il ne doit pas sortir de là une parole. » Les hommes raccompagnaient les garçons dans les ténèbres, sans esclaves portant des flambeaux, afin de les accoutumer à marcher hardiment la nuit, même s'ils étaient seuls. On appelait ces repas, « les repas de l'amitié ».

Encouragé par l'intérêt avec lequel on l'écoutait, le magistrat ajouta que, dans l'amitié spartiate, l'amant se disait « celui qui respire en un autre », et l'aimé « celui à qui l'on demande ». Le magistrat se hâta de préciser que, ainsi que l'avait écrit Xénophon, l'aimé n'accordait jamais rien. Il cita les propres termes de cet auteur dans son *Banquet* : « Les Lacédémoniens sont persuadés qu'un homme porté à la jouissance physique, n'aspire à rien de beau ni de bon... La déesse qu'ils honorent, n'est pas l'Impudence, mais la Pudeur. » « La loi punit le garçon qui n'a pas d'amant, conclut le magistrat. Et l'amant, homme ou jeune homme, est responsable de tout ce que fait son aimé. Celui-ci n'a pas le droit de gémir d'une blessure, pas plus que de gémir quand on le fouette. Un homme eut à payer l'amende, parce que son aimé, atteint d'une flèche, avait jeté un cri de douleur. Pour retenir l'amour masculin dans notre ville, nous enchaînons la statue de Vénus armée, comme les Athéniens enchaînent Minerve Victoire sur leur citadelle. »

Il était permis à un garçon, ajouta le magistrat, d'avoir plusieurs amants pour se rendre plus parfait. Ils avaient aussi le devoir de lui enseigner à s'exprimer à la fois avec vivacité et avec grâce. On vantait un jeune garçon, à qui un amant offrait des coqs « si courageux qu'ils mouraient au combat » et qui avait répliqué : « Je ne veux pas de ceux qui meurent, mais de ceux qui font mourir les autres en combattant. »

A l'appui de ses affirmations sur la pureté de l'amour pédérastique, le magistrat indiqua avec quelle vigilance on empêchait les garçons de contracter de molles habitudes et on les forçait de développer leurs muscles. Tous les dix jours, ils étaient examinés par des magistrats spéciaux, qui leur tâtaient les bras, le ventre, les cuisses et les fesses, pour en vérifier la fermeté, et qui inspectaient leur lit pour voir s'ils dormaient autrement que sur des chardons cotonneux et des panaches de roseaux. Le moindre embonpoint, la moindre douceur de couchette, étaient punis de nouvelles fouettées, comme le fait d'être pris quand ils volaient. Mais, différents des magistrats athéniens chargés de surveiller les éphèbes, ceux de Sparte n'inspectaient pas les anus. Les garçons étaient interrogés régulièrement par leurs maîtres en présence des vieillards et des magistrats : s'ils répondaient mal, les maîtres leur mordaient le pouce. Anaxarque dit que Stratonicus, le cithariste et poète dont parle Platon dans *Sisyphe,* avait écrit, sous forme d'oracle : « J'ordonne aux Athéniens de faire des processions et des mystères, — Aux Eléens de faire des jeux. — Et aux Lacédémoniens d'être bien fouettés. »

Il y avait, dit le guide des voyageurs, une autre fête que celle de Minerve Droite, où les garçons étaient fouettés : c'était à la procession dite des Lydiens, souvenir de la bataille de Platée. Le régent Pausanias avait chassé à coups de bâton, pour ne pas employer ses armes avant le sacrifice, les cavaliers lydiens de l'armée de Mardonius qui étaient venus troubler la cérémonie. Ces fessées et fouettées de garçons commémoraient l'événement. Le roi Pausanias, grand-père du vainqueur de Platée, faisait fouetter même ses soldats pour la moindre faute.

Alexandre demanda au digne magistrat de Gythium quelques détails sur les fêtes d'Hyacinthe. C'étaient les plus grandes de Sparte. Les Carnéennes, — en l'honneur de Carnus, l'autre mignon laconien d'Apollon, — ne les égalaient pas. Si la Crète, l'Eubée et la Lydie se disputaient Ganymède, nul pays ne disputait Hyacinthe à Amyclées, où avaient lieu les Hyacinthies. Le magistrat déclara que, dans ce faubourg de Sparte, le tombeau du jeune garçon était sous la statue d'Apollon Amycléen ou Hyacinthien, qui était assis sur un trône, sculpté par Bathyclès de Magnésie. La porte de bronze du tombeau, décorée de figuiers, était l'œuvre du sculpteur Nicias : on y voyait Hyacinthe et sa sœur Polybée, conduits vers l'Olympe par les divinités, au nombre desquelles Vénus. Le sculpteur, pour prouver que la beauté et le désir qu'elle inspire, sont de tous les âges, avait fait Hyacinthe barbu. Les Hyacinthies débutaient dans la tristesse, — ce garçon était le seul être pour lequel Apollon eût pleuré, — se poursuivaient dans la joie et se terminaient de nouveau dans le deuil. Le peuple entier était couronné de lierre, sauf le chef des chœurs, qui était couronné d'une palme. Ces fêtes duraient tantôt trois, tantôt onze jours, au mois de mai. Une foule d'étrangers accourait à leur occasion ; mais on ne recevait alors d'ambassade que si elles en étaient l'objet. En temps de guerre, on réclamait une trêve pour les célébrer ou du moins pour permettre aux soldats amycléens d'y participer. Elles ne devaient pas s'interrompre. On ne les suspendit même pas, à la nouvelle de la défaite de Leuctres. Les parents des soldats qui avaient été tués, se montrèrent joyeux. Ceux des soldats qui avaient fui, auraient dû ne pas sortir de leurs maisons ou bien consentir à se laisser frapper et insulter et avoir la tête rasée. Agésilas demanda qu'on laissât « dormir les lois » pour ne pas déranger les Hyacinthies. Aux repas, qui se faisaient en ces jours, les esclaves mangeaient à la même table que leurs maîtres, comme aux saturnales d'Athènes et aux Pélories de Larisse. Ces fêtes étaient, encore plus que celles de Delphes, marquées par des danses de garçons nus, sur la place publique.

Amyclées, continua le magistrat, avait, non loin du tombeau d'Hyacinthe et de la statue d'Apollon, un des temples de ce dieu les plus vénérés de la Laconie. On y conservait des lames de plomb où était gravée la chronologie des souverains de Sparte, remontant à plus de dix siècles. La statue d'Apollon, en bronze, haute d'une quinzaine de mètres, ressemblait à une colonne, avec une tête casquée et seulement l'extrémité des pieds. Les mains, à peine écartées du corps, tenaient un arc et une lance. Le sanctuaire était desservi par des prêtres dont le plus âgé avait le nom bizarre de mère. Amyclées se flattait, en outre, de posséder le temple le plus ancien de la Grèce ; il était construit en pierres noires et avait été dédié par le roi Eurotas à la déesse Onca, — la même que la Minerve phénicienne de Thèbes.

Philippe et sa suite étaient redescendus sur la citadelle. Pendant que le roi continuait de s'entretenir avec le magistrat, Alexandre et Ephestion regardaient la campagne. Une troupe de jeunes filles apparut au seuil d'un bosquet. Les pieds nus, les cheveux flottants, elles étaient vêtues d'une courte robe, sans ceinture et sans manche. Un magistrat, d'âge respectable, et un joueur de flûte les suivaient, assis sur des ânes. Elles se mirent entièrement nues et commencèrent leurs exercices. On devait à Orion, au Chien et à la Chèvre une température clémente, mais les exercices se faisaient ainsi, quel que fût le temps. La grâce et la légèreté de ces Lacédémoniennes étaient extraordinaires. L'une d'elles, la plus grande et la plus belle, semblait partager l'autorité du magistrat. On aurait cru Diane et ses nymphes, venant de chasser sur le Taygète. Au rythme de la flûte, elles lançaient le disque et le javelot, sautaient, couraient, dansaient.

C'était la première fois qu'Alexandre et Ephestion voyaient des filles s'exercer de la sorte. Ce spectacle les chatouillait agréablement. Ils se rappelaient les traits curieux qu'Aristote leur avait appris des cérémonies de mariage chez les Spartiates. Si, comme chez les Macédoniens, les filles avaient licence, avant le mariage, de se donner à la manière des garçons, elles se mariaient ensuite d'une façon toute particulière : on les enfermait avec les garçons dans une salle obscure et le choix des couples se faisait, ainsi que la consommation, à la faveur de cette obscurité. L'absence de dot supprimait les problèmes d'intérêt. Parfois, la consommation s'opérait entre deux garçons ; mais cela n'empêchait pas, en fin de compte, d'apparier tous les couples.

La survivance des habitudes pédérastiques s'attestait au sein même du mariage. D'abord, pour la nuit de noces officielle qui suivit le choix du hasard, la mariée, les cheveux rasés, vêtue et chaussée comme un homme, couchée sur une paillasse, attendait le mari, dans les ténèbres les plus complètes : c'était procurer à celui-ci l'illusion qu'il continuait d'avoir affaire à son compagnon de lit, sauf que les garçons avaient de très longs cheveux. Le mari se présentait secrètement, habillé comme à l'ordinaire, dénouait la ceinture de son épouse, se couchait avec elle et, aussitôt après avoir accompli le devoir conjugal, rejoignait ses camarades, qui l'épiaient ensuite pour l'empêcher de repartir. De même qu'il avait dû, dans son enfance, voler sa nourriture, il devait, en quelque sorte, voler ses joies matrimoniales. Cela durait plusieurs années, même quand il était père, et il ne rencontrait jamais sa femme que la nuit. Les moralistes prétendaient que Lycurgue avait voulu, par cette loi, prévenir le dégoût chez les jeunes mariés et les rendre plus chers l'un à l'autre.

Une loi qui n'était pas moins étrange, interdisait aux célibataires adultes d'assister aux exercices des jeunes filles, mais pas à ceux des garçons. C'était une espèce de consécration pour les pédérastes endurcis. On prétendait également que Lycurgue, contrairement à Solon, avait interdit les lupanars pour favoriser l'amour masculin.

L'amour des femmes n'était pas moins libre, car l'adultère n'existait pas. Un ancien Spartiate, Gérondas, à qui un étranger demandait quelle était, à Sparte, la punition des adultères, répondit : « Il n'y en a point. — Et s'il y en avait ? — Il faudrait offrir un taureau assez grand pour qu'il pût boire, du haut du Taygète, dans l'Eurotas. — Et comment trouver un pareil taureau ? — Et comment trouver un adultère dans la ville de Sparte ? » Tout célibataire pouvait emprunter la femme d'un de ses amis en vue de lui faire un enfant, qui s'ajoutait à ceux du mari ; tout mari sans enfant était tenu de laisser un autre homme s'unir à sa femme pour qu'elle procréât ; tout mari ayant des enfants, pouvait prier un beau jeune homme ou un bel homme de coucher avec elle pour en avoir de plus beaux, — certains ne s'en privaient pas, afin de gagner, à leur propre usage, les bonnes grâces des beaux jeunes gens. Le goût de la beauté virile et de la vigueur, qui commandait aux Spartiates de jeter d'un rocher du Taygète les nouveau-nés mal faits, leur avait inspiré l'idée d'entourer les femmes enceintes de statues ou de tableaux représentant Apollon, Bacchus, Mercure, Hyacinthe, Narcisse, Castor, Pollux, bref, tout ce que la mythologie offrait de dieux ou de personnages beaux, jeunes et charmants. On ne leur donnait pas des modèles de beauté féminine.

L'examen des enfants était fait, aussitôt après leur naissance, par les anciens de sa lignée, réunis en cercle. Si on ne leur trouvait ni laideur ni malconformation, on les lavait avec du vin, pour s'assurer qu'ils ne fussent pas sujets au mal caduc : les enfants prédisposés à l'épilepsie, ne supportaient pas, en effet, ce lavage. Toutes ces épreuves ayant été favorables, la loi assignait d'avance à l'enfant une des portions de terres que Lycurgue avait instituées pour les Spartiates de race, — neuf mille pour les habitants de la capitale et trente mille pour le reste du pays. Elles étaient toutes égales. Lycurgue, se promenant un jour à travers champs, se réjouit de voir des tas de gerbes tous égaux.

La musique jouait un grand rôle dans l'éducation spartiate. L'armée allait en guerre au son des flûtes. Lycurgue avait ramené de Crète, où il était allé étudier les lois de Minos, le musicien et poète Thalétas, appelé quelquefois Thalès, ainsi que le sage de Milet. Le législateur de Sparte le chargea d'adoucir, par ses chants, les mœurs de ses compatriotes, outre l'adoucissement qu'elles devaient à la pédérastie, comme celles des Thébains. Thalétas rétablit la concorde entre les citoyens et guérissait même les maladies contagieuses avec l'harmonie.

La puissance de Sparte était encore plus digne d'admiration, si l'on savait que les Spartiates de race pure étaient au nombre de deux milliers. A l'époque d'Hérodote, ils étaient huit mille, mais la guerre du Péloponèse les avait décimés. Plus tard, Agésilas et Agésipolis n'en conduisaient parfois qu'une trentaine dans leurs expéditions. La masse de la population était composée des esclaves, mais ils acquéraient, en prenant part à la guerre, la citoyenneté. C'est ce qui expliquait leur héroïsme, lors du siège de Sphactérie. Le plus grand nombre, — les Ilotes, — étaient attachés à la glèbe ; les autres, au service de la maison ou au négoce. Leurs femmes filaient la laine, car il était défendu aux Lacédémoniennes de travailler, de même qu'aux Lacédémoniens.

Les Ilotes descendaient des anciens habitants de la ville d'Hélos, que les Doriens, venus de Doride, avaient subjugués. Bien qu'exposés à être tués par les jeunes garçons, c'est leur privilège d'acquérir le droit de cité qui sauvait Sparte de périr ; Lysandre, le vainqueur d'Athènes, était né dans cette classe. A la bataille de Platée, chaque Spartiate avait sept Ilotes autour de lui. Ils ne pouvaient être affranchis que par l'Etat, durant une cérémonie publique, où on les couronnait de fleurs. Mais, quand ils étaient trop nombreux à avoir témoigné du courage, on les exterminait secrètement, après les avoir affranchis. Cette opération, qui s'appelait d'ailleurs « la secrète », était une des lois fondamentales de l'Etat. Elle n'exposait évidemment pas aux peines prévues pour le meurtre et prétendait se justifier par une déclaration de guerre que les magistrats, à leur entrée en charge, lançaient contre les esclaves. Outre les assassinats habituels par embuscade, les jeunes Spartiates en accomplissaient de massifs, à certaines époques de l'année : armés de poignards, ils attaquaient, la nuit, dans les fermes, les esclaves les plus robustes et les égorgeaient. Mégille, le Lacédémonien qui est l'un des interlocuteurs des *Lois* de Platon, présentait « la secrète » comme un exercice « merveilleusement entraînant pour les actes de courage ». C'est Lycurgue qui en avait établi le principe et les modalités. « Par Hercule, s'écria Philippe lorsque le magistrat eut donné tous ces détails, si Lycurgue n'avait pas adouci les mœurs des Spartiates avec la pédérastie et la musique ? » La domestication des Ilotes était si complète que ceux d'entre eux qui furent faits prisonniers à Leuctres, n'osèrent pas chanter, chez les Thébains, des vers de Terpandre, d'Alcman et de Spendon, en disant que c'étaient les chansons de leurs maîtres.

Quoi que l'on pût penser de ces lois et de ces usages, Alexandre professait envers Lycurgue une gratitude sans borne : ce législateur avait été le premier à introduire en Grèce les poèmes d'Homère. Il les avait découverts en Ionie chez les héritiers du poète Créophyle de Samos, gendre, croit-on, de l'auteur de *l'Iliade* et de *l'Odyssée*. Jusque-là, ils étaient confiés et gardés jalousement par les Homérides de Chio, ces autres descendants d'Homère, présumés fabricateurs des hymnes homériques. Leur lecture avait inspiré à Lycurgue les plus belles maximes de sa morale et de sa politique. L'oracle de Delphes, qu'il avait consulté à ce sujet, non seulement les approuva, mais le proclama « aimé des dieux » et « plutôt un dieu qu'un homme ». Il était le onzième descendant d'Hercule en ligne directe et les Spartiates lui avaient élevé un temple, où ils sacrifiaient tous les ans. Fait curieux, les lois de Lycurgue n'étaient pas écrites : il n'y avait donc pas d'endroit où elles fussent exposées, comme l'étaient, à Athènes, les lois de Solon. Le législateur en avait décidé ainsi pour laisser aux magistrats, c'est-à-dire aux nobles, le privilège d'en détenir le secret et de les interpréter. Ces lois étaient, du reste, peu nombreuses. Lycurgue semblait avoir voulu stigmatiser d'avance la bruyante et confuse démocratie athénienne en disant : « Il ne faut pas beaucoup de lois à ceux qui parlent peu. »

Le lendemain matin, Alexandre et Ephestion avec deux gardes macédoniens et deux lacédémoniens, allèrent en bateau dans la petite île Cranaé, située en face de Gythium. C'est de là qu'était sortie la guerre de Troie : Pâris, — Pâris-Alexandre, — y dévirgina la belle Hélène après l'avoir enlevée et y fonda un temple de Vénus, sous l'épithète de Copulatrice. Euripide, contre toute vraisemblance et pour faire plaisir aux Athéniens, avait placé Cranaé sur la côte de l'Attique, devant le cap Sunium. Un îlot où il y avait aussi un temple, était appelé par eux l'île d'Hélène, comme celui du Copaïs était appelé Délos par les Béotiens. Alexandre était ému de retrouver, dans le golfe de Laconie, le souvenir de ce Pâris, dont la flèche avait tué, en le frappant au talon, seul endroit où il était vulnérable, son ancêtre Achille.

Ils débarquèrent. Leur escorte resta sur le rivage, afin de ne pas troubler leur hommage à Vénus. L'île paraissait déserte. On apercevait le temple sur une hauteur, au centre d'un bosquet de myrtes et de roses. Ephestion prononça les paroles qu'Alexandre-Pâris dit à Hélène dans la chambre du palais de Troie : « Allons, tournons-nous vers le lit et jouissons. — Jamais encore l'amour n'a tellement enveloppé mon esprit, — Pas même lorsque, pour la première fois, de l'aimable Sparte, — Je naviguai, après t'avoir enlevée sur mes vaisseaux marins — Et dans l'île

Cranaé, je m'unis à toi sur ta couche, — Jamais autant que je t'aime maintenant et que me tient le doux désir. » — Par Hercule, dit Alexandre, si je m'écoutais, je crois que je te prendrais pour Hélène : « le doux désir » me travaille déjà en de tels lieux et dans une telle solitude. — N'oublie pas que tu m'as refusé dans le sanctuaire de Delphes, dit Ephestion. — Apollon n'est pas Vénus », dit Alexandre.

Le temple de la Copulatrice avait pour prêtresse une charmante fille d'une vingtaine d'années, à la robe de laine blanche, et deux jeunes garçons pour servants. Elle était vouée à la chasteté, malgré l'épithète de la déesse. Alexandre et Ephestion offrirent à Vénus une cage de colombes qu'ils avaient apportée. La statue, très spartiate, avait une lance à la main. Il y avait aussi deux sculptures que Ménélas avait consacrées, après son retour de Troie en compagnie d'Hélène, l'une à Thétis, pour l'avoir préservé du naufrage, l'autre à la Vengeance, — Pâris avait été tué par Philoctète avec une des flèches d'Hercule et son frère, Déiphobe, qu'Hélène avait épousé ensuite, avait été livré par elle à la vengeance des Grecs. S'il est juste que, responsable de tant de carnages, elle ait eu à son tour une fin tragique, — chassée de Sparte après la mort de Ménélas, elle fut assassinée à Rhodes —, elle avait été, selon les uns, changée par Jupiter en étoile, selon les autres, mise par lui dans l'île des bienheureux ou dans celle d'Achille.

La prêtresse conduisit Alexandre et Ephestion à l'extrémité d'une terrasse, où était son habitation, derrière le temple, et d'où l'on découvrait un beau paysage. Des barques étaient tirées sur cette rive et un groupe de garçons nus, en compagnie d'un joueur de flûte, mais sans magistrat, faisaient leurs exercices, comme les jeunes filles que l'on avait vues du haut de la citadelle. La prêtresse dit que c'était un groupe de « bouvillons » avec leur « bouvier », qui occupaient une grotte de l'île. Elle ne faisait pas scrupule de regarder, car, à Sparte, de même que dans le reste de la Grèce, les jeunes filles assistaient aux jeux du stade. Il est vrai qu'il eût été peu conséquent ici de les en exclure, puisqu'elles dansaient nues devant les garçons.

Presque tous ceux qui étaient là, auraient pu rivaliser de beauté avec les jeunes filles de la veille. Le fait que les beaux jeunes gens collaboraient à la fabrication des enfants et que les femmes enceintes contemplaient les statues et les tableaux des plus beaux dieux et des plus beaux hommes, semblait efficace. Les corps de ces garçons, musclés et secs, prouvaient aussi que les magistrats les tâtaient bien. Leur longue chevelure était serrée dans des résilles rouges. Peut-être y avait-il parmi eux le fils de Phocion, nommé Phocus, vainqueur à la course des garçons durant les dernières fêtes de Minerve à Athènes, et que son père, l'austère général, avait envoyé à Sparte pour lui faire perdre de précoces habitudes de débauche.

Les exercices terminés, les garçons dansèrent la danse guerrière de Sparte, qu'Alexandre et ses compagnons dansaient à Miéza. Ils mimaient les coups et les parades avec une grande habileté. Leur chef, qui ne dansait pas, chantait les paroles aux sons de la flûte : « En avant, garçons ! — Allongez la jambe et amusez-vous bien. — Dansez le mieux possible. » Puis, pour rappeler qu'il s'agissait d'une danse guerrière et non d'un simple amusement, il entonna la marche militaire de Tyrtée : « Allez, ô fils des pères de la cité — De Sparte, abondante en beaux hommes... »

Après la danse, la flagellation commença. C'était, dit la prêtresse, un entraînement à la terrible cérémonie de Diane Droite, célébrée en mars, et qu'elle décrivit. Un faisceau de baguettes d'osier, semblables à celles qui servaient à fouetter, entourait la statue. Comme elles l'affermissaient pour qu'elle restât droite, c'est ce qui lui avait valu son surnom. Iphigénie, fuyant de Tauride avec Oreste, qui avait été roi de Sparte, avait laissé cette statue aux Lacédémoniens, légende contredite par les habitants de Brauron, la localité de l'Attique qu'Alexandre et Ephestion avaient entrevue, quand ils revenaient d'Olympie sur l'Hercule. Les jeunes Spartiates étaient flagellés dans le temple de Diane, en présence de cette image vénérable, que la prêtresse avait entre ses bras. Leurs familles étaient présentes, tant celles des flagellés, que celles des flagellants, choisis parmi les aînés de ces garçons. Elles encourageaient les uns à ne pas faiblir, comme l'avait dit Aristechme à Olympie, et les autres à frapper le plus fort possible. Lorsqu'un flagellant frappait moins vigoureusement, sous l'empire de la pitié ou de la beauté, la prêtresse inclinait la statue et il fallait vite redoubler les coups.

Cependant, à Cranaé, quelque chose était multiplement visible : l'effet que l'on avait pu constater à Olympie dans l'enceinte du tombeau de Pélops, et qu'Aristechme disait avoir constaté à Sparte, pour fournir une autre explication à l'épithète locale de Diane. Celui qui flagellait, celui que l'on flagellait, le joueur de flûte, le « bouvier » qui rythmait les coups en tapant du pied et les « bouvillons » qui assistaient à la scène, étaient devenus de vivantes statues de Priape. La flagellation, était, d'ailleurs, toute différente de ce que l'on avait vu aux bords de l'Alphée et rappelait par la pose la fouettée administrée dans les écoles : le flagellé était debout, derrière un autre qu'il enlaçait de ses bras et qui le tenait par les mains, un troisième le tenant par les pieds. La prêtresse déclara que c'était la pratique de ces fustigations d'entraînement, destinée à les rendre moins douloureuses par ce contact humain : au temple de Diane, les fustigés embrassaient l'autel. Il ne manqua pas de se produire ce qui s'était produit à Olympie et qui donnait raison à Aristechme. La pression du flagellé contre le garçon qui le tenait par les mains et que ce contact excitait, facilitait ce résultat : sa semence coula le long des fesses de son camarade, en même temps que le sang coulait des siennes. « La volupté est partout et tout se fait par la volupté », a dit Euripide », murmura Alexandre.

Ce spectacle avait mis Ephestion et lui à l'unisson des participants et des regardants. Ils étaient appuyés au petit mur de la terrasse et auraient voulu être allongés l'un sur l'autre, à la manière de leurs camarades dans la grotte Corycienne. La lance de Vénus pointait au bas de leurs tuniques courtes. Ils pensaient au jour où ils avaient contemplé, chez Cléotime, les tableaux licencieux de Parrhasius et les *Postures amoureuses* d'Astyanassa, la servante d'Hélène. Soudain, ils sentirent que l'on se glissait par-derrière entre leurs jambes : c'étaient les deux servants qui leur offraient avec impudeur une bouche complaisante. Elle ne tarda pas à s'emplir de l'écume de Vénus. « Mes servants traitent de la sorte les rois de Sparte, lorsque ceux-ci viennent voir les exercices », dit la prêtresse. Malgré la gravité qu'elle affectait, l'un de ses poings était appuyé au centre de sa robe, comme pour brider une source prête à jaillir. « Trop heureuse, dit-elle, les femmes d'Aléa en Arcadie, qui se font fouetter dans le temple de Bacchus ! — Tes servants ne peuvent-ils te rendre ce service ? lui demanda Alexandre. — On ne fouette pas une prêtresse de Vénus, fût-elle de Vénus Copulatrice, dit-elle, mais j'ai Priape pour apaiser en moi les fureurs de la déesse. » Elle se hâta vers sa chambre et on l'entendit bientôt gémir doucement : les prêtresses vouées à la chasteté, étaient autorisées à employer des phallus de figuier, comme celui dont Bacchus avait fait usage en mémoire de Prosymne. Les phallus de cuir leur étaient interdits puisqu'ils avaient eu vie, selon les principes pythagoriciens.

L'Hercule avait regagné Thermé, en faisant, à l'envers, le parcours qu'Alexandre et Ephestion avaient fait pour aller à Olympie : après avoir doublé Cythère et le cap Malée, où ils évoquèrent Agamemnon et Ulysse, et, au-delà de la mer de Myrto, le cap Scylla en Argolide, puis le cap Sunium, passé l'Euripe, longé la Magnésie et la Piérie, le vaisseau et son escorte avaient enfin pénétré dans le golfe Thermaïque, sans avoir essuyé de vraie tempête. Les prévisions du pilote ne s'étaient pas démenties. Antipater, de son côté, avait déjà ramené les troupes en Macédoine, avant les grandes chutes de neige.

Malgré l'échec de Sparte, le voyage de Philippe et la marche militaire avaient eu des effets positifs. Le roi s'était donné l'apparence, pour renoncer à ses desseins belliqueux, de céder au désir des peuples du Péloponèse de ne pas être impliqués dans une guerre sur leur territoire. D'autre part, le succès du congrès de Corinthe était assuré.

Philippe, de retour dans sa capitale, voulut éviter les discussions avec Olympias. Bien que Cléopâtre eût fait figure de jeune reine à Elatée, à Delphes et durant la croisière, il ne l'installa pas au palais et se contenta de la voir chez Attale. Il n'avait pas précisé à quelle date il célébrerait son mariage ; mais, comme il avait fixé au printemps celui de sa fille avec

Alexandre Molosse, on se doutait que les deux projets étaient liés : l'un aiderait à faire passer l'autre aux yeux d'Olympias.

En dépit de sa hargne, la reine ne pouvait être insensible au prestige extraordinaire de son époux. Elle assista, couverte d'or, au triomphe de l'armée et il ne s'agissait plus d'un triomphe sur les Gètes et les Triballes. L'affection de son fils lui servait aussi de distraction. Il ne lui demanda pas si elle avait reçu de Thessalie de nouveaux enchantements.

Il admirait le soin avec lequel Philippe préparait la réunion générale de Corinthe. Chaque Etat aurait un nombre de délégués proportionnel à ses forces militaires et navales. Bravant l'hiver, Python de Byzance et les autres ambassadeurs habituels étaient en mission, afin de coordonner les pourparlers. Après la démonstration de force, le roi employait la diplomatie. Il affectait de ne pas se présenter en tyran, pour qui la Grèce eût été à ses ordres : les votes, à Corinthe, se feraient à la majorité des voix, afin de désigner le chef de l'expédition ; serait fixé de même le contingent de chacun ; tout le monde serait lié ensuite par ces votes. Cette concession aux usages démocratiques, qu'observait, du reste, la confédération des peuples voisins, n'était qu'une gentillesse de la part du roi, mais il voulait gagner ainsi la vraie amitié des Athéniens.

Il ferait figure, comme il le souhaitait, d'unificateur et de pacificateur. Les recherches qu'il avait prescrites à Aristote sur les conflits qui avaient échappé à la compétence ou aux pouvoirs de la confédération, étaient terminées. Le roi faisait étudier aussi la constitution et le régime des Etats, en vue de les rendre conciliables. Les villes les plus insignifiantes, les Etats les moins importants seraient étonnés de la connaissance qu'il avait de leurs problèmes. Contrairement à ce dont l'avait toujours accusé Démosthène et qui avait été, il est vrai, presque toujours sa politique, il ne soutenait pas systématiquement les aristocrates : il donnait raison au peuple, là où le peuple avait raison. Il fournirait des avis éclairés sur des litiges séculaires, déterminant les droits et les devoirs de chaque ville, soit avec ses voisins, soit avec ses colonies, rectifierait leurs frontières au nom de l'ancienneté, accorderait leur attitude à l'égard des esclaves fugitifs, mettrait fin aux bannissements. Le philosophe de Stagire, en consolidant la société grecque tout entière par l'entremise de Philippe, ne croyait pas manquer à la doctrine qui l'éloignait des affaires. Si, après avoir procuré des lois à Stagire reconstruite, il était invité maintenant à en doter Smyrne, c'étaient des textes purement réalistes, fort étrangers aux rêves de Platon. Et pourtant, Philippe, par cette œuvre de justice, serait ce « dieu parmi les hommes » qui avait été l'idéal du maître d'Aristote. Comme le lui avait écrit feu Isocrate, il serait devenu « un dieu ». Ces hautes préoccupations l'absorbaient sans doute assez pour l'empêcher de créer en ce moment une reine de plus, sans avoir une maîtresse ou un mignon de moins.

Alexandre passa la majeure partie de l'hiver à Pella. Thessalus et

Néoptolème organisaient des représentations dans la grande salle du palais. Quand la reine y assistait, la nièce d'Attale ne paraissait pas, et réciproquement. Elles imitaient Castor et Pollux, qui alternaient leur présence sur la terre. La danse, la musique, les jeux, ainsi que des mimes et des bouffons du roi, diversifiaient les plaisirs. Alexandre et ses compagnons, quelquefois avec Philippe et les siens, allaient forcer le cerf, le loup et le sanglier sur le Bermius. Ils séjournèrent même brièvement à Miéza, pour chasser sur l'Orbèle et le Dysore. Ces rudes courses à travers la neige continuaient de les aguerrir, comme elles l'avaient fait jadis, lorsqu'ils avaient tué leur premier sanglier à l'épieu afin de prouver qu'ils étaient des hommes.

De nouveau, Alexandre assistait aux séances du conseil d'Etat. Il ne les présidait plus, mais son père appréciait son jugement, son discernement et sa maturité. Il fit adopter pour les juges un serment semblable à celui des juges athéniens : « Je jure par Jupiter, par Apollon Lycéen et par la Terre, de juger selon l'opinion la plus équitable, le litige défini dans les serments opposés des parties adverses... Je jure que je n'ai pas reçu de présents à l'occasion de ce procès, ni moi ni un autre pour moi, homme ou femme, ni par quelque détour que ce soit... Malheur à moi, si je me parjure. » Les Macédoniens, les étrangers résidant en Macédoine, parfois les esclaves s'adressaient à Alexandre, plutôt qu'à Philippe, pour lui signaler des abus et des contradictions de lois à corriger. Il consultait alors Aristote, en vue de s'éclairer avant de dire son avis, et il était touché que son père ne se montrât jamais jaloux de son autorité grandissante au conseil. « Même ici, lui disait le roi, je ne suis plus que ton lieutenant. » Cette affection semblait à Alexandre le meilleur garant des intérêts de sa mère et l'empêchait de s'inquiéter outre mesure du projet qui continuait de la tourmenter. Il est vrai qu'elle semblait tout oublier dès l'instant qu'elle était seule avec lui, qu'il prenait un de ses repas avec elle, qu'il allait jouer dans sa chambre avec sa fille Cléopâtre, allumer le feu sacré sur ses autels de Bacchus et de Vénus, ou tourner le fuseau devant une tapisserie.

Tandis que se poursuivait la préparation du congrès de Corinthe, des événements étaient survenus en Perse : le roi Artaxerxès Ochus avait été empoisonné par son favori, l'eunuque égyptien Bagoas. Celui-ci avait voulu venger le bœuf Apis que ce roi, renouvelant le sacrilège de Cambyse, le fils de Cyrus, avait tué et servi sur table, à la suite d'une révolte de l'Egypte. Le corps d'Artaxerxès avait été coupé en morceaux et jeté aux chats. Avec les os de ses cuisses, Bagoas avait fait des manches de poignard. Mais, pour respecter le rite funèbre royal, on avait enseveli à sa place un autre cadavre. L'eunuque avait intronisé le plus jeune fils du grand roi, Arsès, et régnait sous son nom, après avoir assassiné son frère aîné. Tous ces troubles diminuaient la crainte, pour Philippe, de voir la Perse s'immiscer activement, même par son or, dans les affaires de la Grèce : le chemin de la conquête en était aplani.

A Athènes cependant, les partisans de la liberté avaient repris de l'assurance. Démosthène provoquait de nouveaux décrets relatifs aux fortifications, comme si l'on n'avait signé qu'une paix fourrée ; mais, par prudence, ils étaient présentés par ses amis. Depuis sa harangue funèbre sur les morts de Chéronée, il n'avait jamais plus parlé en public. Il osa remonter à la tribune et demander d'être nommé « gardien de la paix » : le peuple lui préféra, pour ce titre qui eût été chez lui ironique, malgré ses flagorneries envers Philippe et Alexandre, le commissionnaire des mines du Laurium, Nausiclès. Mais on lui octroya la charge d'administrateur du fonds des spectacles, ce qui devait lui rappeler ses démêlés héroï-comiques avec Midias d'Anagyronte. D'autre part, sa tribu le délégua pour surveiller l'entretien des fortifications, mesure dont lui-même avait été l'inspirateur, au lendemain de la défaite. Eschine n'avait pas manqué de dire que, lorsque chavirait une des barques préposées au transport des passagers du Pirée à Salamine, il était interdit au batelier d'exercer dorénavant cette profession, mais que le naufrageur Démosthène tenait toujours, d'une main ou d'une autre, le gouvernail de l'Etat.

En revanche, les amis de Philippe à Athènes faisaient voter des honneurs et des récompenses pour ceux qui avaient favorisé la Macédoine. Démade ayant proposé de nommer hôte des Athéniens Euthycrate d'Olynthe, ce qui était une plaisante réplique au fameux mensonge de Démosthène sur cette prétendue victime de Philippe, Hypéride attaqua la proposition pour illégalité. La violence de son discours surprit Philippe, à qui l'on en expédia une copie. L'orateur, qui avait fait naguère décerner une couronne à Démosthène, comme artisan de l'alliance avec Thèbes, employait son ironie à énoncer les motifs de la proposition de Démade : Euthycrate devait être l'hôte des Athéniens, « parce que les intérêts de Philippe réglaient constamment ses paroles et ses actes ; que, chef de la cavalerie d'Olynthe, il avait livré à Philippe cette cavalerie ; qu'il avait causé la ruine de quarante villes de la Chalcidique ; qu'il avait été l'adversaire des Athéniens dans l'affaire du sanctuaire de Délos et qu'après leur défaite à Chéronée, il n'avait enseveli aucun de leurs morts ni racheté aucun de leurs prisonniers ». Philippe ayant libéré tous les prisonniers athéniens sans rançon et permis d'incinérer les morts, l'argument d'Hypéride à l'égard d'Euthycrate ressortissait à l'éloquence démagogique, comme celui de Lycurgue contre Lysiclès pour le trophée macédonien de Chéronée, qui n'existait pas. Mais le rachat des prisonniers était toujours une corde à faire vibrer devant la multitude. Maintenant, pour rendre du cœur à ses concitoyens, Démosthène avait inventé un autre mensonge : que Philippe n'était pas entré en Attique, au lendemain de ses victoires, parce que les sacrifices lui avaient été contraires. C'était vouloir dire que les Athéniens étaient protégés, non seulement par Démosthène et par Hypéride, mais par les dieux.

Tout bien pesé, le roi ne répliqua pas à ces discours de la Pnyx. Il avait remis la main sur l'Eubée. Cette grande île lui importait par ses communications et il entendait la plier à sa volonté. Ne se contentant pas des assurances d'amitié du parti démocratique, qui espérait se sauver grâce à l'alliance athénienne, il avait fait revenir partout les anciens tyrans, ses amis. Une de ses garnisons occupait Chalcis, d'où s'étaient enfuis Callias, son ancien mignon, et Taurosthène, frère de Callias, les complices de Démosthène ; Philistide avait regagné Oréus avec son mignon, sa statue d'Hylas et les autres chefs aristocrates. Clitarque, Hipparque et Automé-don étaient de nouveau à Erétrie.

Le roi s'amusait de ce qu'on racontait des excès de Timolaüs à Thèbes. Comme c'est à lui qu'il avait confié le pouvoir suprême, sans toutefois lui donner la qualité de tyran, il apprenait que ce noble Thébain dépassait, en ivrognerie et en impudicité, tout ce qu'avaient pu faire Denys le Jeune et Denys l'Ancien. C'est, du reste, en écoutant Denys le Jeune à Larisse que le noble Thébain avait pris l'idée des fantaisies auxquelles il se livrait. Il abusait des garçons, des filles et des femmes et passait sa vie entre la table et le lit. Pour l'amour du vin, il se référait toutefois à Philippe, qui lui écrivit, sur le ton de la plaisanterie, de ne pas provoquer les harangues de Démosthène. Leur correspondance prit le tour de celle que le roi avait eue avec l'association athénienne des amis d'Hercule. « Je m'étais trompé, répondit Timolaüs à Philippe, en disant que je t'imitais dans le service de Bacchus. Comment t'imiterais-je, puisque je ne t'ai jamais vu ivre, ce qui s'appelle ivre ? Au contraire, je le suis parfois trois jours entiers, comme l'étaient Denys l'Ancien et Denys le Jeune. Mais ils avaient sans cesse tout à craindre, tandis que ton simple nom est l'épée de Damoclès sur la tête de mes ennemis. »

A la fin de l'hiver les démocrates athéniens, pour rallumer les esprits contre Philippe, voulurent décerner un hommage à Démosthène, qui incarnait toujours la résistance à la Macédoine, en dépit du traité : l'un d'eux, Ctésiphon, fit voter une couronne d'or à l'auteur des *Olynthiennes* et des *Philippiques*. Le décret alléguait qu'il avait mis de son propre fonds dans celui des spectacles, qu'il surveillait efficacement la réparation des murs et que tout ce qu'il faisait, était « pour le plus grand bien du peuple athénien ». La couronne serait remise incessamment à l'orateur, pendant les fêtes de Bacchus, au théâtre voisin de la citadelle, devant le peuple et les invités d'Athènes. C'était un défi au roi de Macédoine. Mais Eschine rendit à Démosthène ce qu'Hypéride avait fait à l'encontre d'Euthycrate : il obtint qu'on suspendît le décret de Ctésiphon pour illégalité. Bien que la question n'eût pas été tranchée, peut-être parce qu'elle mettait en cause la politique d'Athènes et pour le passé et pour le présent, le résultat essentiel était acquis : Démosthène ne fut pas couronné. Les amis de la Macédoine avaient triomphé de celui qui, n'ayant pu être « le gardien de la paix », faisait de nouveau tout ce qu'il pouvait pour être « la mémoire de la guerre ». Ne disait-on pas, du reste, que l'or du petit grand roi Arsès, c'est-à-dire de l'eunuque Bagoas, reprenait le chemin des coffres, toujours ouverts, de l'homme de Péanie ?

On était au printemps. Philippe avait décidé de séparer les deux mariages pour célébrer celui de sa fille après le congrès de Corinthe et lui conférer ainsi plus d'éclat. Mais il avait une raison de ne pas reculer ses noces avec la nièce d'Attale : malgré le vin de Trézène qui empêche d'engendrer, malgré la patte gauche de l'hyène, promenée sur elle par une esclave d'Olympias, malgré aussi ce que Philippe avait eu l'air de dire à son fils de la nature de ses rapports avec elle, la jeune vierge était enceinte. Hellanicée, la nourrice d'Alexandre, prétendait qu'elle dissimulait depuis longtemps sa grossesse sous des robes flottantes et qu'elle accoucherait avant trois mois. Pour un peu, on eût célébré tout ensemble la naissance et le mariage. Ce motif, coloré du désir de ne pas exaspérer Olympias, incita le roi à écarter de ses noces toute pompe royale. Il ne pria que les grands personnages du pays. Le faste qu'il réservait à l'autre mariage, serait, pensait-il, une compensation de plus aux yeux de la jalouse.

Il avait fixé son propre mariage au 17 avril, jour où le Soleil entrait dans le Taureau, qui était son signe. L'annonce de l'union exécrée, ne bouleversa pas moins la reine. Les espoirs qu'elle avait gardés au fond de son cœur, en voyant le temps passer, étaient trompés. La grossesse même de la nièce d'Attale, preuve de l'inutilité de ses incantations, achevait de l'irriter. Elle se jeta aux pieds d'Alexandre, en lui étreignant les jambes. « Je suis, lui dit-elle, comme la Clytemnestre d'Euripide avec Achille et je te répète ses paroles : « Je n'ai plus d'autre autel pour me réfugier que tes genoux. » Alexandre la releva, l'embrassa, lui rappela qu'elle était toujours reine, qu'elle le resterait et qu'elle n'avait aucun motif de se venger. « Tu t'es vite accommodé de cette trahison, lui dit-elle. Tu me consoles, au lieu de me parler comme Achille. Eh bien, j'agirai comme Clytemnestre, mais il n'y aura pas de sang versé. »

Elle s'expliqua. La magicienne Aglaonice lui avait précisé les effets du clou quadrangulaire et la signification des mots prononcés à Hypate : « Le roi ne la trahira pas longtemps. » La magicienne entendait, non pas qu'il reviendrait à Olympias en répudiant Cléopâtre, comme il avait répudié Méda et Phila, mais qu'il n'avait pas longtemps à vivre. Le clou était de ceux que l'on mettait parfois dans les tombeaux, pour en préserver les restes contre toute profanation ; à l'égard d'un vivant, il le destinait à la mort. Olympias ne l'avait pas encore utilisé, pour attendre un envoi de Larisse qui venait d'arriver et qui en rendrait l'effet immanquable : des herbes malfaisantes qu'Aglaonice avait coupées à l'aide « de faucilles d'airain, — Criante, hurlante et nue », comme la Médée de Sophocle dans sa tragédie *les Coupeuses de plantes ou les Magiciennes*. Elle avait écrit qu'en coupant ces herbes, elle avait dû tourner la tête pour que leur odeur délétère ne la tuât pas. Il fallait leur présenter un vêtement, puis brûler avec elles un lambeau de vêtement de la personne à dépêcher vers Pluton.

Olympias entraîna son fils dans une pièce retirée de son appartement. Guenon, serpent, léopard, belettes et molosses y somnolaient. Une statue de la triple Hécate, pareille à celle d'Aglaonice, se dressait au milieu, sur un petit autel, à côté du poignard d'or. Praxidice, la plus affidée suivante de la reine, attendait. A son ordre, elle posa sur un vase une toison rouge, fit brûler de l'orge dans une autre coupe remplie de braise et, lorsque ces grains eurent été à demi consumés, elle y jeta du sel et du laurier. Elle regarda ensuite Olympias, semblant hésiter de dire quelque chose. « Quoi ! dit la reine, crains-tu de parler devant mon fils ? » La jolie suivante dit ces mots : « Je jette aux flammes les os de Philippe. » Pendant ce temps, Olympias faisait tourner un petit globe de bronze et, des chiens ayant aboyé au dehors, elle cria, transportée : « La déesse est dans le carrefour. Vite, vite, frappe. » Pendant que Praxidice heurtait un vase de bronze avec le poignard d'or, la reine déchira et jeta dans le creuset une frange d'un manteau de Philippe. « Tu conserveras soigneusement ces cendres, dit-elle à Praxidice, et, sans que personne te voie, tu les répandras le long du mur de la chambre du roi, en crachant et en disant : « Je jette aux vents les cendres de Philippe. »

Alexandre regardait et écoutait, à la fois sceptique et effrayé. Ainsi donc, sa mère ne s'occupait que d'enchantements, non plus pour empêcher ou rendre stérile un mariage, mais pour se débarrasser de son époux. L'initiée de Samothrace avait juré la mort de l'initié infidèle. Alexandre n'aurait pas été complice d'un meurtre physique, mais il semblait l'être d'un meurtre moral. Que pouvait-il pour s'y opposer ? Il voulait se rassurer, en se disant que tout cet apparat de sorcellerie n'aurait pas plus d'effet que les précédents et serait conjuré par la bonne étoile de son père.

Non seulement Attale, mais Alexandre Lynceste, avait sollicité l'honneur de se fiancer et de se marier le même jour que le roi. Le premier allait donc épouser enfin la fille de Parménion, — la réconciliation du vieux général et d'Olympias n'avait rien changé au projet arrêté. Le second s'unirait à la fille d'Antipater, sœur de Cassandre. Le serment d'amour des compagnons n'excluait évidemment pas le mariage et Mylléas serait témoin de son ami. Cette union prouvait, de toute manière, que la nuit des bacchanales à Miéza aurait eu pour le Lynceste des suites légitimes et que, s'il avait cueilli une virginité qui ne comptait pas, il lui était resté l'envie de cueillir l'autre.

Chez Attale, Alexandre assista à la cérémonie de la « remise en main d'un gage », — les fiançailles, — qui précédait les épousailles. Selon la coutume, Cléopâtre n'était pas présente. L'oncle, faisant office de père, dit à Philippe : « Je te donne ma nièce, pour qu'elle te procrée des enfants légitimes. — Je la reçois, dit Philippe. — J'ajoute une dot de soixante mille drachmes, dit Attale. — Je la reçois aussi », dit le roi. Il était obligé de la recevoir, car c'est la dot qui distinguait du concubinage le mariage légal.

Le lendemain, à la première cérémonie des noces, Alexandre ne fut pas le seul à sourire, lorsque Cléopâtre, qui était près d'accoucher, offrit, au temple de Diane et au temple de Minerve, ses jouets, symboles de la virginité, — sa poupée, sa balle, son cerf-volant, son tambourin, — destinés à apaiser les deux divinités qui n'avaient jamais connu l'hymen. Mais la nièce d'Attale n'avait-elle pas joué avec persistance le rôle d'une innocente ? D'ailleurs, en accordant ses faveurs à Philippe avant d'être sa femme, n'avait-elle pas imité Junon, qui avait pareillement accordé les siennes à Jupiter sur le Cithéron ? Après le don des jouets dans l'un et l'autre temple, Attale joignit les mains droites de Philippe et de Cléopâtre. Puis, il répéta les mêmes paroles que la veille et Philippe également.

Les mariages et les sacrifices eurent lieu au temple de Minerve, patronne de la cité, à côté du tableau d'Antiphile qui représentait Alexandre enfant. Le prêtre, avec des ciseaux d'or, détacha une longue mèche des cheveux des six mariés, enroula celles des hommes autour d'une poignée d'herbes, celles des femmes autour d'un fuseau. Une génisse et une chèvre avaient été immolées, pendant qu'on invoquait Jupiter et Junon Accomplisseurs, Vénus et Diane, la Persuasion, le Ciel et la Terre, les Parques et les Grâces. Le prêtre, ayant jeté la bile des victimes et examiné leurs entrailles, les jugea favorables. Il récita la formule sacramentale, sur la « semence et le sillon d'enfant légitime », formule qui reproduisait celle des fiançailles. Plus que le mariage de son père, celui de son compagnon de Miéza évoquait, pour Alexandre, un nouvel ordre des choses : il songeait que, lui aussi, il devrait un jour se marier. Il lui semblait pourtant, comme il l'avait dit à sa mère, que ce mariage et celui d'Ephestion étaient encore bien lointains. Il donnait un autre sens à l'expression de Sophocle et d'Euripide : « un mariage sans mariage ».

Le cortège se forma pour aller du temple de Minerve à la maison d'Attale. Marchaient d'abord un ordonnateur avec un rameau ceint de lierre, la matrone qui, le soir, initierait discrètement Cléopâtre au devoir conjugal, un jeune garçon qui jouait de la double flûte, des vierges chargées des grands vases de terre cuite où était l'eau du bain nuptial, puisée au Lydias, des porteurs de torches, bien qu'on fût en plein jour, et un chœur chantant : « Hymen, Hyménée, ô ! » Anaxarque fit observer à Alexandre que les torches fumaient terriblement, ce qui était un mauvais présage. On reconnut aussi qu'un des flûtistes jouait, par inadvertance, sur le mode lydien, qui était celui des funérailles. Alexandre soupçonna sa mère d'avoir corrompu ce flûtiste et les porteurs de torches. L'épouse s'avançait seule, la tête baissée et voilée, des pelotes et des bandelettes de laine dans les mains.

Philippe suivait, avec ses amis : il n'irait à la maison d'Attale que pour le banquet, après le bain de Cléopâtre. Le char qu'il aurait dû monter pour la conduire plus tard au palais, était déjà devant la maison. Sans doute eût-il fait trêve, en pareille circonstance, à son antipathie pour les chars : mais il fallait, en cas de second mariage, que l'épouse fût menée par quelqu'un d'autre au domicile conjugal. Alexandre ne pouvait accepter ce soin, à cause d'Olympias. Philippe en avait chargé son bâtard Ptolémée. Comme le mariage royal primait les deux autres, Attale célébrerait son propre festin de noces chez Parménion le lendemain et Alexandre Lynceste le sien chez Antipater deux jours après. Ce seraient festins sur festins.

Quand les vierges eurent baigné Cléopâtre et que la matrone l'eut inondée de myrrhe en lui expliquant à l'oreille la différence des sexes et le moyen de procréer, — la jeune reine écoutait en rougissant,— le marié et les invités, couronnés de myrte, furent admis dans la maison. Les murs étaient tapissés de guirlandes. Toutes les pièces étaient éclairées par des lampes et des flambeaux. La salle du banquet était décorée de statues et de tapis. Les femmes étaient assises d'un côté, les hommes allongés de l'autre. Des pyramides de coings de Corinthe, disposées sur des plateaux d'argent, parfumaient la salle. C'est le fruit que la nouvelle mariée devait manger avant la nuit de noces : on observait en Macédoine cette loi de Solon. Aucune raison n'était donnée d'un usage qui ne se limitait pas à la Grèce ; Anaxarque disait qu'en Italie, on offrait des coings aux statues des dieux qui présidaient aux nuits nuptiales. Il pensait que c'était un hommage aux Heures et aux Grâces, qui veillaient sur la maturité des fruits, image des enfants à naître.

Cléopâtre entra, lorsque tout le monde eut pris place. Elle était voilée, comme au temple, mais avec un diadème sur son voile : elle ne se dévoilerait chastement aux yeux de son époux qu'au dessert. On apporta un pain que Philippe coupa en deux avec son épée ; il lui en donna la moitié et mit l'autre sur la table, en face de son lit. C'était le dernier rite du mariage macédonien. Un jeune garçon, demi-nu sous des branches d'aubépine et de chêne, présenta ensuite à la ronde une corbeille remplie de morceaux de pain, mais celui-là, de sésame, principe de fécondité. Il disait chaque fois : « J'ai fui le mal, j'ai trouvé le mieux. » Ces paroles, semblables à celles des initiés des mystères de Sabazius, étaient-elles une allusion aux amours que l'on avait eues avant de se marier ? En tout cas, les deux Pausanias, si chers au roi, figuraient parmi les invités, comme Alexandre Lynceste voisinait avec Mylléas. Où était le mal ? où était le bien ? où était le mieux ? Certes, il fallait perpétuer l'espèce, mais Vénus triomphait sans Lucine, tandis que la déesse de l'accouchement était soumise à la déesse de l'amour.

Alexandre, en faisant ces réflexions, pensait aussi à sa mère qui, retranchée dans son appartement, imaginait cette fête où elle était dépossédée, sinon de son titre, du moins de son privilège, et à laquelle son fils était obligé de participer. Son unique consolation était de multiplier enchantements et sortilèges. Elle avait dit à Alexandre que Philippe n'était pas seul voué à la mort : Aglaonice avait mis dans un tombeau une statuette de cire, emblème de Cléopâtre, le clou et les herbes magiques n'étant destinés qu'au roi.

La chère était somptueuse. On servait des thons et des esturgeons, des paons, ornés de leurs plumes, un marcassin avec sa hure et farci de cailles. On buvait les vins préférés de Philippe : le maronée, le thasos. Après la libation au Bon Génie, Cléopâtre se dévoila et le roi ne se contint plus. Il lui posait des énigmes gaillardes sur les rites relatifs à son accueil dans la maison de son époux : le sceptre qu'il aurait en main ; la collation de dattes, de figues sèches et de noix qu'il lui offrirait. L'épouse, image de la pudeur effarouchée, baissait les yeux.

Attale, au comble de sa gloire, donnant sa nièce au roi et épousant la fille du plus fameux général du royaume, riait à gorge déployée et s'échauffait beaucoup. Alexandre jugeait sa joie insultante et observait une réserve un peu hautaine, malgré son attachement pour Cléopâtre. Il appréciait, comme une marque de délicatesse à son égard, la réserve même du charmant Hippostrate. Attale parut vouloir provoquer Alexandre ; il lui demanda, plusieurs fois, de vider sa coupe en l'honneur de la jeune reine. Mais quand cet ivrogne, faisant une libation à la Bonne Fortune, la pria d'accorder enfin au roi, par ce second hymen, un héritier légitime, — claire allusion à l'histoire de Nectanébo — Alexandre estima la provocation excessive. Saisi d'un brusque accès de colère, semblable à celui qu'il avait eu à Olympie contre Démosthène, il lui jeta sa coupe à la tête et lui cria : « Ainsi, moi, ô misérable, je serais un bâtard ? » Attale, plus orgueilleux que jamais, lui lança, à son tour, sa propre coupe. Alexandre sauta à bas de son lit, l'épée à la main, pour venger cette injure. Le roi dégaina et tenta de lui barrer la route : mais, sous l'effet du vin et de sa claudication, il tomba sur le tapis. Les deux Pausanias le relevèrent et, comme il insultait son fils, le traitant de présomptueux qui se croyait déjà sur le trône, Alexandre se crut en droit de répliquer : il dit que les Macédoniens auraient certaine-ment un bon chef pour les mener à la conquête de l'Asie, en la personne de cet homme, incapable de se tenir debout. Philippe écumait de rage, Attale vomissait, Cléopâtre s'était évanouie. Tous les amis d'Alexandre, y compris Hippostrate, l'entouraient de leurs épées, pour le protéger contre les gardes du roi qui accouraient, menaçants. On put craindre, un instant, que ce banquet ne se terminât comme s'était terminé celui des centaures et des Lapithes, aux noces de Pirithoüs, et que la succession au trône ne se réglât sur l'heure. Mais, bien que Philippe continuât de brandir son épée, Alexandre reprit son sang-froid. Il invita ses amis à rengainer et à ne pas quitter le banquet. Il dit à Hippostrate de l'excuser auprès de Cléopâtre et sortit, en compagnie d'Ephestion.

Olympias rayonna, lorsqu'il lui relata ce qui était advenu et lui annonça qu'il la conduisait en Epire. Ce n'est pas qu'il craignît la rancune de son père, dont il savait la tendresse, et qui, selon la coutume, récupérerait sa dignité après avoir cuvé son vin. Mais l'amour-propre poussait Alexandre à faire cet éclat et à témoigner ainsi qu'il n'admettait pas d'être insulté par l'oncle de la nouvelle reine. Offensé, il laissait la place, comme il l'avait fait à Olympie. Philippe sentirait mieux, en son absence, tout ce qu'il lui devait : un surcroît de gloire pour ses armes, une juvénile énergie qui avait doublé l'ardeur de tous, une collaboration qui l'aidait à administrer le royaume. Olympias rappela qu'Alexandre, au retour de la campagne du Danube, avait sauvé la vie de Philippe et elle dit qu'il en était mal récompensé. Le sort voulait que, dans son ressentiment, il allât demander asile à l'ancien mignon de son père.

Une heure après, Olympias montait dans sa litière, Alexandre sur Bucéphale, Ephestion sur son cheval et, escortés par six gardes, ils se mettaient en route vers Egées. La litière, qui avait quatre pieds d'or massif, était sur le dos d'un mulet. La reine emportait ses coffrets de bijoux ; Alexandre, son parchemin d'Homère et la statuette de Vénus. Olympias avait laissé avec tristesse ses animaux familiers, sauf sa guenon, qui lui tenait compagnie ; Alexandre, ses chiens. Il regrettait de ne pas avoir avec lui son escadron : il aurait craint de compromettre ses amis et de gêner leurs pères, qui étaient les généraux ou les obligés de Philippe. Du moins était-il sûr d'avoir en eux les plus sûrs défenseurs de sa cause et le meilleur gage de son retour.

De même avait-il empêché sa mère d'enlever sa sœur : ce départ de toute la famille eût été un affront pour Philippe. Cela aurait également risqué de traverser le projet de mariage de la Cléopâtre royale avec le roi des Molosses. Au surplus, Olympias n'avait pas qualité pour conclure l'union et aurait eu l'air de livrer une concubine. La présence à Pella de la fille de Philippe garantissait donc, avec celle des amis d'Alexandre, que sa mère et lui retourneraient.

On ne s'arrêta pas à Egées. Les travaux d'embellissement du théâtre se terminaient : la statue de Philippe y serait installée lors des fêtes prévues à l'occasion du prochain mariage. Quand Alexandre avait suivi ce chemin pour aller dompter la révolte des Ardiens, il ne s'était pas douté qu'il le suivrait un jour en compagnie de sa mère, sous les apparences d'un fugitif. Il est vrai qu'il atténuait autant que possible ces apparences en maintenant le train d'un simple voyage. Du reste, recevait-il, sans s'attarder, l'hommage des autorités et des garnisons locales, qui ne l'avaient pas revu depuis sa victoire sur le roi Pleuratus.

Il fit halte au lieu de la bataille et salua la mémoire de ceux qui étaient tombés. Olympias dit son émotion d'être en un lieu où son fils avait combattu. « Je ne t'ai jamais avoué toutes mes angoisses, ajouta-t-elle, lorsque tu vas risquer ta vie loin de moi. Mais je les oublie, maintenant que tu t'éloignes peut-être pour toujours des combats. — Par Jupiter, s'écria Alexandre, est-ce à toi de me dire pareille chose ? Toi, qui dans ta jeunesse, vraie fille d'Achille, mettais les Illyriens en fuite au son de ton tambourin ? M'éloigner des combats, ce serait ne plus être moi-même. Mais je ne veux pas d'un combat avec mon père. »

Le mont Barne remplit d'ivresse Olympias, parce que c'était le lieu d'orgie des bacchantes de cette région. « Io, io », cria-t-elle aux échos de la montagne. Sa joie se traduisait, comme chez son fils, par des réminiscences poétiques et elle semblait se faire un jeu même de ses haines contre Philippe, en chantant avec de grands éclats de rire l' « Io » de douleur de la *Médée* d'Euripide : « Io ! — Io sur moi !... Aïe ! aïe ! — Je souffre, malheureuse !... — Aïe ! aïe !... — O grand Jupiter et toi, Justice vénérable, — Voyez tout ce que j'endure, — Attachée par de grands serments, — A l'époux maudit. » Alexandre fit un assaut de cris de douleur, d'après les poètes tragiques, comme on avait fait, à Miéza, avec Aristote, pour les cris des oiseaux d'après Aristophane : l' « Otótotoî » d'Eschyle, l' « Ototoïotoï » de Sophocle, l' « Otototótototoî » d'Euripide. « Finalement, dit Alexandre, je crois que je préfère l' « Opopoï » d'Homère. »

Un messager avait galopé pour avertir le roi des Molosses de cette équipée. Elle ne lui amenait pas une épouse, mais une sœur, qui avait vingt ans de plus que lui, et elle lui ramenait un neveu avec lequel il ne s'était jamais senti très bien à l'aise. Il n'était pas à Apollonie, sa capitale, et attendait les voyageurs en Chaonie, dans sa résidence de Buthrote.

Son mignon chaone était toujours aussi joli et plut beaucoup à Olympias. A la vérité, Alexandre Molosse n'était qu'à demi content de cette visite ; il ne savait comment Philippe l'interpréterait et il n'ignorait pas que son royaume dépendait de la bonne volonté du roi de Macédoine. Mais enfin, il se rassurait, à l'idée qu'il n'accordait qu'une hospitalité forcée et au souvenir qu'il avait été le mignon du roi.

Olympias retrouvait sa sœur Troade, veuve de leur oncle, le roi Arybbas, et dont Eacide était le fils. Alexandre, qui voyait pour la première fois réunies les deux sœurs, apprit, à cette occasion, que sa mère avait eu d'autres noms, — Polyxène, Stratonice..., — avant de choisir celui d'Olympias. Elles racontaient des histoires divertissantes de leur père, le roi Néoptolème. Il avait la passion du miel de l'Hymette, qui est estimé le meilleur, parce que les abeilles butinent sur des terrains argentifères et qu'on ne le récolte pas en enfumant les ruches. Troade avait pris goût à ce miel et son fils lui en envoyait d'Athènes pour adoucir l'amertume de leur séparation.

Alexandre, ne pensant plus à la Macédoine, se rendit à Corcyre ou Corfou, qui n'était séparée de Buthrote que par un étroit canal. C'était l'île d'Alcinoüs, roi des Phéaciens, dans laquelle Ulysse avait abordé, après ses longues erreurs. Du reste, Epidamne, colonie de Corfou, au nord de l'Illyrie épirote, prétendait être, à ce que dit le Molosse, un prolongement de l'ancien royaume des Phéaciens : le carré de fleurs gravé sur une face des monnaies de cette ville, avec, de l'autre côté, une vache léchant son veau, portait le nom de « jardins d'Alcinoüs ».

Alexandre sacrifia à Diane et, ce qui était nouveau pour lui, à Méduse, cette Gorgone étant associée à la déesse comme protectrice de Corfou. On le conduisit sur la plage de la mer Ionienne, où Ulysse avait été jeté par la tempête et réveillé par les cris de Nausicaa et de ses servantes, qui jouaient à la balle ; le naufragé s'était avancé vers elle, avec un rameau feuillu, « pour cacher son sexe ». Près du fleuve qui arrosait cette plage, Alexandre récita avec Ephestion les vers de *l'Odyssée* qui préludent à cette scène. Le luxe qui les entourait, leur rendait encore plus aimable la simplicité des mœurs royales de cette époque lointaine. C'est ce qui leur faisait aimer aussi la *Nausicaa* de Sophocle : à Miéza, Alexandre jouait le rôle de la jeune fille, rôle que le poète lui-même se plaisait jadis à jouer. Mais le canevas divin de cette tragédie était dans les vers d'Homère.

« Aussitôt arriva l'Aurore au beau trône, qui éveilla — Nausicaa aux fins voiles... — Elle rencontra — Son père... — Se tenant près de lui, elle dit à ce père chéri : — « Cher papa, ne me feras-tu pas préparer un char élevé, — Aux belles roues, pour que j'aille au fleuve — Laver ces vêtements, qui gisent salis ? — Il te convient à toi-même, quand tu sièges avec les notables, — Pour tenir le conseil, d'avoir sur la chair des vêtements propres. — Et cinq fils chéris te sont nés dans le palais, — Deux mariés, trois jeunes garçons florissants. — Ceux-ci veulent toujours avoir des vêtements frais lavés — Pour aller aux danses, et c'est à mes soins que tout incombe »... — Il donna l'ordre aux serviteurs ; ils obéirent. — Ils préparèrent au dehors un char aux belles roues pour des mules — Et conduisirent des mules, qu'ils attelèrent au char. — La jeune fille emporta de la chambre des habits brillants — Et les déposa sur le char bien poli. — Sa mère plaça dans une corbeille des provisions qui réjouissent. — Et elle y mit aussi des friandises et versa du vin — Dans une outre en peau de chèvre. — Et, quand la jeune fille monta sur le char, — Elle lui donna de l'huile fluide dans un vase d'or, — Afin qu'elle s'oignît avec ses servantes. — Mais elle, prenant le fouet et les rênes luisantes, — Fouetta pour élancer les mules et on entendit le bruit de leurs sabots... — Lorsqu'elles furent arrivées au fleuve au très beau cours, — Là étaient des lavoirs intarissables et une belle eau abondante... — Là, elles dételèrent les mules du char — Et les menèrent au bord du fleuve tourbillonnant — Brouter le chiendent, doux comme le miel. Et, du char, — Elles ôtèrent, de leurs mains, les vêtements et les portèrent à l'eau sombre — Elles les foulèrent dans des trous, se hâtant rapidement à l'envi. — Quand elles les eurent lavés et qu'elles eurent purifié toutes les taches, — Elles les étendirent en ordre le long du rivage, là où la mer, — Vers la terre, nettoyait le mieux les galets. — Et, s'étant baignées et frottées d'huile, — Elles prirent leur repas près des rives du fleuve — Et les vêtements demeuraient à sécher dans la splendeur du soleil. — Puis, dès que les servantes et la jeune fille furent rassasiées de nourriture, — Elles jouèrent à la balle, ayant rejeté leur mantille. — Nausicaa aux bras blancs menait le jeu en chantant... »

Comme Alexandre croyait à tout ce qu'avait dit Homère, parce que cela le faisait vivre dans une atmosphère héroïque autant que divine, il ne s'étonnait pas que cette île des Phéaciens « semblables aux dieux », remplie de jardins et de vergers, eût reçu la visite des dieux, lors des sacrifices. La beauté de ses filles rappelait celle de Nausicaa, et la vigueur de ses garçons, « les trois fils du magnanime Alcinoüs, — Laodamas et Halius et Clytonéus semblable à un dieu ». Mais où était « les garçons en or, sur les piédestaux bien construits, — Ayant dans les mains des torches allumées, — Eclairant, la nuit, les convives à travers la demeure » ? Quelque Philomèle, quelque Onomarque avait pillé depuis longtemps ces trésors, qui mettaient sur le palais d'Alcinoüs « comme un éclat du soleil ou de la lune », les murs de bronze, « entourés d'une corniche d'émail bleu », les portes d'or « aux montants d'argent », et, de chaque côté, les chiens d'or et d'argent « que Vulcain avait sculptés par son art ingénieux ».

Dans une autre partie de l'île, Alexandre vit la grotte des nymphes. C'est là, d'après les habitants, que Jason et Médée s'étaient unis, après leur fuite de Colchide. Un temple d'Apollon était voisin de cette grotte et l'on y offrait des sacrifices au Soleil, institués par la magicienne, sa petite-fille. Elle avait érigé deux autels, l'un aux nymphes, l'autre aux néréides, en mémoire de son mariage. Orphée, dans ses *Argonautiques,* prétendait, au contraire, qu'il avait été célébré dès l'embarquement : « Alors, Médée prépara une chambre nuptiale — Sur le haut de la poupe et l'on étendit une couche, — En déployant tout autour la toison d'or. » Alexandre imaginait cette toison illuminant cette grotte.

Dodone étant sous la neige, Olympias devait renoncer à aller vénérer Dioné, pour qui elle avait une si grande dévotion. Elle voulait offrir à la déesse un de ses colliers, encore plus beau que celui qu'elle avait fait remettre par Alexandre. En compensation, elle entraîna son frère et son fils à Ephyre. Après l'Ephyre d'Elide, d'où était originaire une des femmes d'Hercule, et après les Ephyriens de Thessalie, Alexandre verrait l'Ephyre la plus fameuse. C'était une région de pâturages, — « une terre grasse », dit *l'Odyssée.* Le roi des Molosses y avait un haras et une agréable maison. Partout où l'on élevait des émules de Bucéphale, le fils de Philippe était intéressé : on disait que le cheval était la marque de la domination ou de la descendance d'Achille, en Thessalie comme en Epire. « Mais enfin, rappelait Alexandre à son oncle, les chevaux d'Achille étaient thessaliens et Bucéphale est thessalien. »

Olympias faisait le voyage d'Ephyre pour consulter l'oracle des morts, qui avait rendu célèbre le nom de cette ville thesprote. Eaque, l'un des trois juges et le porte-clés des enfers, répondait aux consultants. Ancêtre d'Olympias, il était son lien avec le souverain des dieux. La postérité de ce roi d'Egine vint s'établir chez les Epirotes en la personne du fils d'Achille. Au retour de Troie, Néoptolème « manqua Scyros », dit Pindare, et aborda Ephyre. Olympias était persuadée qu'Eaque lui apparaîtrait. L'effet des sortilèges d'Aglaonice étant plus ou moins prompt, elle souhaitait avoir de lui la confirmation de ce qu'avait dit la sorcière : que Philippe mourrait bientôt. Celui qui connaissait pour chacun la longueur du fil des Parques, ne lui cacherait pas la vérité. En nul autre lieu de la Grèce, si ce n'est au cap Ténare et à Lerne, on n'arrivait plus près des enfers qu'à Ephyre, puisqu'une de leurs entrées se trouvait dans le temple d'Eaque. Les chiens de Molossie étaient des rejetons de Cerbère. C'est sans doute ce qui avait inspiré l'idée à Aidonéus, ce roi des Molosses dont Thésée fut le prisonnier et Pirithoüs la victime, de donner le nom de Cerbère à son chien, celui de Proserpine à sa femme et de se donner à lui-même ce surnom de Pluton. Alexandre Molosse n'allait pas si loin : il s'était borné à nommer son chien Argus, tel le chien d'Ulysse.

Dans Homère, Ephyre désignait également Corinthe, mais le *Catalogue des vaisseaux* la mettait ici bien à sa place, « près du fleuve Selléis », que l'on était en train de passer et qui avait un homonyme en Elide. Le Molosse avait eu soin d'éviter le fleuve Achéron, qui coulait au nord d'Ephyre. En effet, l'oracle de Delphes lui avait dit : « Fils d'Eaque, garde-toi d'atteindre l'eau de l'Achéron — Et Pandosie, où la mort est marquée pour toi. » Il ne s'agissait évidemment pas du fleuve infernal, auquel nul ne pouvait un jour échapper, mais de l'épirote, dont était voisine la ville de Pandosie, où il jurait de ne jamais se rendre. Alexandre parla de l'oracle de Trophonius qui avait recommandé à Philippe de « se méfier du char ». « Par Pluton, dit Olympias, il devrait peut-être se méfier d'un de ses Pausanias, à qui il a donné un poignard dont le manche est un char d'or ciselé. » Ces mots furent prononcés devant le sanctuaire d'Eaque, voisin de la maison du roi d'Epire où l'on arrivait. Ils firent une certaine impression sur Alexandre, qui avait remarqué ce poignard.

Il y avait une preuve historique de la vérité de l'oracle d'Ephyre. Périandre, tyran de Corinthe, l'avait fait consulter pour retrouver un dépôt d'argent et avait eu le front de demander qu'on y évoquât sa femme Mélissa, dont il avait été le meurtrier. Elle apparut, mais refusa de répondre, parce que, dit-elle, on avait oublié de brûler ses vêtements avec elle Pour montrer que c'était bien elle qui parlait, elle ajouta que

Périandre, après sa mort, avait « mis son pain dans un four froid ». Or, le tyran, qui avait regretté d'avoir tué sa femme en écoutant les calomnies de sa concubine, avait abusé de son cadavre, à peine refroidi. C'est pour apaiser son ombre qu'il brûla les vêtements de toutes les citoyennes, comme l'avait raconté Dinarque à Corinthe.

Eaque n'était pas le seul attrait mystérieux d'Ephyre. Il y avait, dans le voisinage, le tombeau de Médée, inhumée là par Jason. Les deux époux avaient, en effet, régné en Epire, selon la tradition de ces bords. Il était naturel que la grande magicienne dormît à l'ombre d'Eaque et non loin du sauvage promontoire de la Chimère.

La consultation de l'oracle étant assez effrayante, Olympias avait prié son fils de l'accompagner. Il se soumit aux conditions imposées à tous ceux qui pénétraient dans le sanctuaire : ne pas manger de poisson pendant deux jours et garder un jour de chasteté. Vêtu de sombre, comme sa mère, il gagna le temple à la tombée de la nuit. Devant l'autel d'Eaque et la chapelle où était sa statue, ils offrirent d'abord le sacrifice d'un porc noir et d'un coq blanc, égorgés les têtes vers le sol. On leur servit ensuite le repas rituel dans une salle, éclairée par la faible lueur d'une lampe : des morceaux grillés du porc et du coq, une marinade de sanglier, de fèves et de coquillages. Il n'y avait à boire que de l'eau. On brûla du soufre, pour purifier les esprits des deux consultants, à qui ces vapeurs firent tourner la tête. On les revivifia par un bain. La cuvette ressemblait à celle des petits prêtres de Minerve Carnéenne. Elle était remplie d'eau de l'Achéron. Un jeune serviteur lava, essuya et frotta d'huile Alexandre, tandis qu'une jeune servante opérait de même avec Olympias, dont les cheveux avaient été rabattus sur son visage. Comme les petits prêtres du sanctuaire d'Elatée, le serviteur avait des gestes pleins de complaisance, que favorisait la demi-obscurité du lieu. Alexandre ne put se rendre compte si la servante avait des attentions semblables pour sa mère. Il estimait qu'en somme, c'était une bonne idée de mêler quelques caresses de la vie à un oracle des morts, mais il n'y avait pas d'insistance, pour respecter le principe de chasteté.

Au seuil d'un couloir, ils jetèrent des pierres, ainsi que les initiés en jetaient dans les mystères d'Eleusis. On leur fit respirer le fumet d'autres viandes du sacrifice, que l'on carbonisait sur des foyers de terre cuite. Aucun grain d'encens ne corrigeait ces odeurs. Après quoi, toujours à la lueur d'une lampe, on les conduisit à travers un long dédale : on leur avait dit de tenir le petit doigt et le médius de la main gauche levés, les autres repliés. Une crypte, symbole de la demeure de Pluton et de Proserpine, résonnait sous leurs pas. Au centre de ce labyrinthe, ils arrosèrent un autel avec de l'eau, de l'huile, du lait et du miel. Ils y déposèrent des gâteaux en forme de pyramides, de la farine, des fèves, des gesses, des pois chiches et des grains de blé. Sur un autre autel, ils allumèrent, en attisant la braise, du bois de saule, où ils répandirent du soufre et de l'encens. Puis, le serviteur et la servante, après leur avoir remis une baguette terminée par un nœud de fil rouge, les laissèrent seuls attendre la venue d'Eaque.

Alexandre songeait à la rencontre de son ancêtre Hercule et de son ancêtre Eaque, dans *les Grenouilles* d'Aristophane, qui était une parodie de cette scène. En réalité, c'est Bacchus qui, pour tirer Euripide des enfers, s'y rend avec la massue et la peau du lion de Némée et qui, pourtant, est mal reçu par Eaque : « O infâme, éhonté, effronté que tu es, — Et mauvais sujet et très mauvais et tout à fait mauvais, — Toi qui as chassé notre cher Cerbère ! »

Une voix dicta à la reine et à son fils une incantation, qu'ils répétèrent mot pour mot, en allongeant certaines lettres comme on le faisait : « Aenoô êié ôa éôê éôa ôi éôi. » On leur commanda ensuite de cracher et de frapper le sol du plat de la main.

Soudain, ils entendirent le bruit d'une machinerie, identique à celle des théâtres qui, derrière le décor, annonce l'apparition d'une divinité. Des torches, agitées au fond de nombreux couloirs qu'ils n'avaient pas vus, donnaient l'impression d'une lumière infernale. De nouveau, le soufre brûlait. Des coups, frappés sur des outres gonflées, imitaient le bruit du tonnerre. Une trappe s'ouvrit dans le plafond et, le long de la paroi, l'ombre d'Eaque, telle que le représentait la statue de la chapelle, descendit lentement, à peine visible dans la lumière jaunâtre. Olympias étouffa un cri et se mordit les lèvres, car le silence était de rigueur. Une voix sépulcrale prononça ces mots : « Olympias, toi qui es de mon sang comme Alexandre, ce que tu désires, avant un an, sera accompli. » Elle fit le geste de l'adoration, vers l'image qui remonta dans un grincement de roues. Un courant d'air éteignit la lampe. Les torches n'étaient plus agitées. Il n'y avait d'autre lumière que la braise de l'autel. Alors, Olympias éclata d'un rire féroce et se précipita dans les bras d'Alexandre. « Tu as entendu ? criait-elle ; tu seras roi avant un an ! Tu seras roi à vingt ans ! »

Que devait-il penser de ces mots et de cet oracle ? Il n'avait aucune haine pour son père, malgré l'incident des noces de Cléopâtre, et il éprouvait même à son égard respect et admiration. Mais enfin, il se voyait entraîné par sa mère dans une espèce de complot permanent contre lui. Il en était préoccupé. La certitude d'être roi un jour, ne lui inspirait pas une envie particulière de l'être à vingt ans. Toutefois, il finissait par accepter une idée qui avait tant de supports. Mais, ce qu'il se savait obligé d'accepter, indépendamment de ce qu'il venait d'entendre, c'était la décision des Parques, quelle qu'elle fût. Son oracle habituel avait tranché d'avance pour son père : « Il subira ce que la Destinée et les lourdes Filandières — Lui ont filé avec le lin, à sa naissance, quand sa mère l'a engendré. »

En relatant à Ephestion sa visite, il lui disait combien il se sentait fait pour être un adorateur d'Apollon et non un adorateur de Pluton. Il n'était pas surpris que le dieu des ombres n'eût d'autel nulle part, sauf à Pylos, sur le mont Minthe, d'après ce qu'avait dit Anaxarque : les Pyliens avaient honoré ce dieu pour les avoir défendus contre Hercule. N'était-ce pas Esculape, fils d'Apollon, qui ressuscitait les morts, jusqu'à ce que Jupiter l'eût foudroyé, à la demande de Pluton ? « Il est à l'honneur de la pédérastie, conclut Alexandre, qu'on ait prêté tant d'aventures pédérastiques au dieu de la lumière et qu'on n'en ait prêté aucune au dieu de l'éternelle nuit. — Certes, dit Ephestion, mais souviens-toi du cours de religion du grave Léonidas, qui en savait presque autant que Cléotime : deux sur trois des juges infernaux ont pratiqué l'amour des garçons. Rhadamante aima Talus, fils de Vulcain, et Licymnius, beau garçon de Tirynthe, dont la citadelle portait le nom. Minos, frère de Rhadamante, non seulement aima Thésée, mais voulut faire violence à son petit-fils Miletus, lequel s'enfuit et alla fonder la ville de Milet. Mais, si ton ancêtre Eaque ne se signale par rien de tel, son fils Pélée fut le mignon de Vulcain et je n'ai pas besoin de te parler de son petit-fils Achille. »

Alexandre ne demanda pas à Olympias si elle avait instruit son frère de ses raisons de consulter l'oracle et de la réponse que le juge des enfers avait faite. En tout cas, il était heureux qu'elle n'eût rien dit au Molosse, du moins devant lui, de ses sortilèges homicides : il aurait été gêné de paraître les approuver par le seul fait de les écouter, même s'il n'y pouvait rien. Probablement qu'Olympias était restée discrète, au souvenir des liens intimes qui avaient uni son frère et son époux. D'ailleurs, elle semblait calmée depuis sa consultation. Elle était assurée de n'avoir pas à attendre longtemps sa revanche : le règne de sa jeune rivale serait bref.

A propos de la bataille de Chéronée et de la mort de Nicolas de Strate, Alexandre parla des injures qu'il avait subies à Olympie, tant de ce garçon que de Démosthène. « Cet Athénien, petit-fils d'une Scythe, dit-il au Molosse, a osé nous traiter tous de barbares. » En réponse, le frère d'Olympias raconta que Thémistocle, poursuivi par la haine des Athéniens et des Lacédémoniens, avait obtenu un asile du roi des Molosses, Admète, — homonyme du roi de Thessalie qui fut l'amant d'Apollon, — et pourtant, lorsqu'il gouvernait Athènes, il avait fait rejeter une juste requête de ce roi. « Notre ancêtre, dit Alexandre Molosse, s'était promis de s'en venger en le livrant aux Lacédémoniens, mais sa femme, émue de pitié pour l'illustre fugitif, lui conseilla secrètement de tomber aux genoux d'Admète, en prenant son fils entre ses bras, ce qui est, chez les Molosses, une supplication sacrée. La chose réussit. Les Lacédémoniens demandèrent l'extradition de Thémistocle et, Admète ayant refusé, ils menacèrent de venir le prendre de vive force. Le roi lui donna de l'or pour s'échapper et le vainqueur de Salamine alla en Perse. — Il y fut aussi bien accueilli par le fils de Xerxès qu'il l'avait été par le roi des Molosses, dit Alexandre. Prions donc les Grecs de ne pas abuser du mot de barbare. »

Trois lettres de Philippe éclairèrent brusquement l'horizon. Le roi disait à son fils qu'ils devaient se pardonner leurs vivacités réciproques et mettait la sienne sur le compte de la boisson ; à sa femme, que le palais était vide sans elle ; à son beau-frère, que Cléopâtre brûlait d'amour pour lui. Il ajoutait que la conférence de Corinthe se tiendrait en juin, — dans un mois : il y donnait rendez-vous aux deux Alexandres et à Olympias, qui, précisait-il, « n'aurait pas à souffrir d'une présence importune ». C'était indiquer que la nouvelle reine n'y serait pas, mais peut-être parce qu'elle venait d'accoucher, malgré le vin de Thasos spécial qui fait avorter : le roi annonçait la naissance de sa fille Europe. Alexandre se félicitait qu'il ne lui fût pas né un garçon. « Sois tranquille, dit Olympias, il n'en aura jamais. » Elle n'avait aucune envie de se produire aux yeux de la Grèce, après l'affront que lui avaient infligé ces secondes épousailles. Ne se souciant plus que de compter les jours fixés par Eaque, elle n'avait cure d'une réconciliation publique avec Philippe. Elle lui répondit qu'elle rejoindrait sa fille à Pella, pendant que son frère et son fils iraient à Corinthe. Tout ce dont elle le priait, c'était de ne lui infliger nulle part « une présence importune » et d'ordonner que l'on séparât exactement les ailes du palais réservées à ses deux épouses.

La joie d'Alexandre était grande. La perspective d'être longtemps l'hôte de son beau-frère, ne lui aurait guère souri. La différence était trop grande entre la Macédoine et le pays des Molosses, le palais de Pella ou la maison de Miéza et les résidences de Buthrote, d'Ephyre ou d'Apollonie. Elle lui permettait de juger la différence même entre deux destins. Celui auquel il se sentait appelé, le réclamait. Vainqueur de Chéronée, il brûlait d'être le conquérant de la Perse. C'est seulement son père qui pouvait lui ouvrir ce chemin et, même si Eaque avait raison, une année passée loin de la Macédoine, eût été une année perdue : aux côtés de Philippe, elle pouvait être riche en événements pour la grandeur du royaume.

Ptolémée, qui écrivit peu après à Alexandre, lui donna l'explication de la rapide mansuétude du roi. Démarète étant allé à Pella pour s'entretenir des préparatifs du congrès, Philippe lui avait demandé si maintenant, grâce à lui, les Grecs vivaient en bonne intelligence et le noble Corinthien avait répondu : « En vérité, il est beau que tu t'inquiètes si les Grecs sont unis, quand tu vis mal avec tes proches. » Démarète était assez ami de Philippe pour lui parler avec tant de franchise et le roi fut sensible à cette remontrance. Bien qu'Attale s'employât à élargir le fossé entre lui et son fils, il comprit qu'il lui était difficile de paraître seul dans une assemblée destinée à lui donner un rang suprême : Alexandre était son héritier et s'était couvert de gloire.

Pour se distraire jusqu'à la conférence, Alexandre accepta une invitation de Glaucias, roi des Taulantiens. Le souverain de cette tribu illyrienne, chez qui était mort l'ancien roi d'Epire Arrybas, oncle d'Olympias et du Molosse, était reconnaissant à Alexandre d'avoir détruit ses ennemis, les Ardiens, et tué leur roi Pleuratus. Il saisissait cette conjoncture de manifester sa bonne volonté envers le jeune vainqueur, tout en montrant son indépendance à l'égard de Philippe, qu'il savait brouillé avec lui. Et Alexandre, ravi de chevaucher, ne crut pas inutile de rétablir, en faveur de la Macédoine, des relations que l'exil d'Arybbas avait gâtées.

La route de Dodone étant rouverte, Olympias partit pour visiter sa chère déesse Dioné, tandis que son frère, Alexandre et Ephestion se mettaient en route vers Scodra, capitale des Taulantiens. Après avoir traversé la province des Chaones et revu Apollonie, ils franchirent la frontière, marquée par le fleuve Apsus. Un peu plus haut, le port d'Epidamne rappela à Alexandre et à Ephestion la statue de Cléosthène, vainqueur à la course des chars à Olympie durant la soixante-dixième olympiade et dont les quatre chevaux étaient dignes de Bucéphale. Cette ville était la seule, d'après Aristote, à confier tous les travaux publics aux esclaves publics. Cela semblait à Alexandre l'application d'une idée exposée par le traité de Xénophon *Des revenus,* qui préconisait l'emploi et même la location de cette catégorie d'esclaves pour toutes sortes d'activités.

De même que la frontière de l'Epire et de l'Illyrie était constituée par un fleuve, c'étaient aussi des fleuves et des rivières qui formaient les frontières de nombreux royaumes au sein de l'Illyrie. Chacun de ces royaumes, ennemi de ses voisins, était formé d'une tribu, et chaque tribu se disait l'unique illyrienne. Le royaume des Taulantiens était séparé, par le Drilon, de celui des Ardiens. Ces roitelets illyriens, dont l'importance variait d'après le succès de leurs guerres, faisaient penser aux anciens rois thraces, soumis peu à peu par Philippe.

La rusticité de la ville de Scodra évoquait, pour Alexandre et pour Ephestion, Uscudama et les autres villes du Rhodope. Le palais du roi Glaucias était infiniment plus modeste que celui d'Alexandre Molosse. Toutefois, le voisinage d'Epidamne expliquait la présence de quelques statues et avait donné à Glaucias un vernis de culture. La beauté des hommes et des femmes était remarquable. Ils se tatouaient, comme les Thraces, sans prétendre avoir tué Orphée. Les mœurs étaient aussi libres qu'en Grèce. Glaucias conta, à ce propos, que les habitants d'Epidamne, qui avaient le monopole du commerce de cette région avec l'Illyrie, se plaignaient d'être corrompus par les Taulantiens. C'est pourquoi ils nommaient chaque année l'un des plus vertueux Epidamniens pour traiter toutes leurs affaires avec le royaume de Glaucias. « J'en suis heureux, dit le roi, parce que les Epidamniens corrompaient mon peuple. »

Alexandre, le voyant entouré de mignons, lui demanda en riant si c'étaient les Grecs qui avaient appris la pédérastie aux Taulantiens. « Non, dit Glaucias : nos pères affirment que nous l'avons reçue des Gaulois, peuple qui vit au-delà de l'Italie et dans lequel la pédérastie est poussée à un point dont il n'y a pas d'exemple. »

Alexandre se souvint qu'Anaxarque y avait fait allusion sur le chemin de Maronée. « Bien que leurs femmes soient les plus belles de toute l'Europe, continua le roi, les Gaulois n'ont guère de commerce avec elles que pour faire des enfants. Ils couchent sur des peaux, entre deux compagnons de lit. La prostitution des garçons est même encouragée chez eux comme un acte méritoire. — Tu me confirmes ce que je savais de ce peuple, dit Alexandre. Encore n'est-ce pas mon précepteur, le philosophe Aristote, qui me l'a appris. Il assure, d'autre part, que les Gaulois ont un aspect effrayant. — Ils suspendent les têtes de leurs ennemis au cou de leurs chevaux, dit Glaucias, et se lavent les dents avec de l'urine croupie. Néanmoins, ils sont très raffinés dans leurs vêtements, aux couleurs variées, et ils portent des colliers et des bracelets d'or. »

Un noble Taulantien, qui assistait à la conversation, dit que les Germains, autre grand peuple, situé entre les Gaulois, les Illyriens et les Thraces, avaient un aspect non moins redoutable, des habitudes non moins sauvages et permettaient aux hommes d'épouser des jeunes gens. Il fournit un détail de plus sur les Gaulois : c'est qu'ils interdisaient aux garçons d'être gras. Ils leur donnaient une ceinture d'une certaine longueur et, si elle ne pouvait plus les contenir, ils les punissaient. Alexandre et Ephestion se divertirent que les Gaulois, tout en ignorant sans doute le nom de Sparte, applicassent une des règles de l'éducation spartiate.

Glaucias, qui avait visité les côtes de l'Italie sur un vaisseau d'Epidamne, alluma l'imagination d'Alexandre en lui parlant des richesses et des monuments de cette région : Venise, fondée par les Gaulois et peuplée ensuite par les Hénètes ou Vénètes de Paphlagonie, qui accompagnèrent le parent de Priam, Anténor, après la chute de Troie ; Ancône, fondée par les Syracusains qui avaient fui la tyrannie de Denys l'Ancien ; Ravenne, fondée par les Thessaliens ; Tarente, avec des temples magnifiques sur le golfe du même nom, et ceux, tout voisins, de Métaponte ; les ruines de la voluptueuse Sybaris ; Crotone, célèbre par l'athlète Milon ; Locres, l'ancienne ville de Denys le Jeune ; Pæstum, tout au bord de la mer Tyrrhénienne et aussi riche en temples que Tarente ; Néapolis ou Naples, au pied du Vésuve ; Ostie, port de Rome (la capitale du Latium), et ensuite l'Etrurie, pays des Etrusques ou Tyrrhéniens, fondée par le Libyen Tyrrhénus, qui y bâtit douze villes. Les Etrusques avaient poussé à un point extraordinaire l'art d'observer les entrailles des victimes et le vol des oiseaux : le butin trouvé par Denys l'Ancien au temple de Cérès à Agylle, témoignait leur opulence.

Alexandre ne s'attarda pas auprès de Glaucias. Maintenant, il avait hâte d'être à Corinthe. Le voyage de retour se fit à fond de train. On eût dit une longue course aux jeux Olympiques Là aussi, Alexandre pouvait voir la différence du chemin · traverser le royaume d'Epire, n'était pas traverser le royaume de Macédoine

Quelques jours après avoir regagné Buthrote, il s'embarqua, avec son beau-frère et Ephestion. Bucéphale faisait sa seconde traversée sur un vaisseau de transport, à côté des autres montures. Olympias, accompagnée par sa sœur jusqu'à la frontière macédonienne, repartit en litière, avec son escorte, ses bijoux et sa guenon.

Non loin des limites méridionales de l'Epire, avant l'Acarnanie, était Ambracie, qui avait communiqué son nom à un golfe profond entre les deux Etats. Les Ambraciotes, infidèles à Philippe au moment de la bataille de Chéronée, étaient rentrés dans l'ordre, mais lui refusaient le droit de réinstaller une garnison. Leur ville ne pouvait qu'être de son allégeance, puisque vouée à Hercule. Le rocher où s'élevait un temple d'Apollon, était la métamorphose de Cragaléus, fils de Dryope : pris pour arbitre entre Diane, Apollon et Hercule qui se disputaient la possession d'Ambracie, comme Neptune et Minerve s'étaient disputé celle d'Athènes, il avait décidé en faveur du fils d'Alcmène ; Apollon, irrité, l'avait changé en rocher. Aristote avait raconté, dans sa *Politique,* l'histoire de Périandre, tyran d'Ambracie, homonyme de celui de Corinthe, qui avait demandé à son mignon, au cours d'un banquet, « si l'enfant qu'il lui faisait tous les jours, allait bientôt naître ». Le jeune homme, indigné, fomenta une conspiration qui renversa Périandre. On citait cette histoire comme une preuve de plus que la pédérastie était l'ennemie des tyrans.

Au sud du golfe d'Ambracie, s'avançait le promontoire d'Actium, que couronnait un temple d'Apollon, bâti par les Argonautes. Alexandre songeait à l'hymne homérique à ce dieu : « Tous les sommets te plaisent et les cimes escarpées — Des hautes montagnes et les fleuves coulant vers la mer... » Son beau-frère lui dit que ce temple était le centre religieux des Acarnaniens. Ils y célébraient, tous les deux ans, au milieu d'un bois sacré, des concours gymniques et hippiques. Le taureau immolé à Apollon, au commencement de la fête, était laissé la proie des mouches.

Tout de suite après Actium, on longea l'île de Leucade, alliée de Philippe et aussi proche de la côte d'Acarnanie que l'était Corfou de la côte de l'Epire. Le cap Leucate, au sud de Leucade, portait un temple d'Apollon Purificateur, célèbre par le saut périlleux que l'on y faisait pour se guérir de l'amour et qui était souvent mortel. On mettait des ailes à ceux qui se livraient à cette épreuve, afin de les aider à se sauver. Un Lacédémonien, — nationalité qui signifiait tous les courages, — y avait renoncé. Le nom de l'île et cette pratique venaient du jeune Leucade, garçon d'une grande beauté, qu'Apollon poursuivait et qui se jeta dans la mer en vue de lui échapper, ainsi que, selon certains, le jeune Argynnus s'était jeté dans le Céphise, en vue d'échapper à Agamemnon. Cet épisode était connu d'Alexandre et d'Ephestion, aussi bien que celui de Sapho, qui avait espéré oublier ainsi son amour pour Phaon, mais le Molosse leur conta une autre aventure : Céphale, ce fils d'Eole, que sa femme Procné avait si singulièrement pris en flagrant délit de goûts masculins, comme l'avait narré le grave Léonidas à Thorique, et qui avait inspiré une si vive passion à l'Aurore, était devenu follement amoureux, à Leucade, d'un jeune garçon nommé Ptérélas et s'était jeté du haut du cap. On relatait encore un exemple, plus récent, de suicide pédérastique au même lieu : celui d'Hippomédon d'Epidamne, que repoussait un beau garçon, épris d'un autre. L'amour n'était pas seul présent au cap Leucate : on y précipitait certains criminels. Si la mer les épargnait, ils étaient absous.

Ithaque, un peu plus loin, ressuscitait *l'Odyssée*, comme l'avait fait l'île d'Alcinoüs et de Nausicaa. Alexandre Molosse, qui avait navigué plusieurs fois dans ces parages, montra la baie où avait habité Phorcys, « le vieillard marin », « l'olivier aux larges feuilles sur le haut du port », et, « tout auprès, la grotte aimable, obscure, — Sanctuaire des nymphes que l'on nomme naïades... », auxquelles Ulysse avait offert « de parfaites hécatombes ». Peut-être était-ce de cette falaise que Télémaque, enfant, était tombé dans la mer, où un dauphin le recueillit. C'est pourquoi, d'après Stésichore, un dauphin était gravé sur le bouclier de son père. Dans cette baie, les Phéaciens avaient déposé Ulysse endormi, afin qu'il allât reprendre possession de son royaume. A son réveil, « saluant sa terre, il baisa le sol fertile ». « Ithaque, dit le Molosse, est restée riche en vin, « bonne nourricière de chèvres et de porcs », et elle a « toutes sortes de bois et des cours d'eau ». A l'extrémité de l'île, on voit encore « la pierre du Corbeau sur la source Aréthuse », homonyme de la syracusaine. »

Le fils de Philippe était charmé que son beau-frère eût reçu l'empreinte d'Homère et il l'attribuait à son influence, autant qu'à celle d'Aristote. Pour cette région, le roi d'Epire aurait pu rivaliser de mémoire avec lui.

Philippe embrassa son fils avec tendresse. Afin de lui ménager une réception poétique, il lui dit ce vers du poète Chérémon : « Un bon père ne garde pas de colère contre son fils. » — « Et un fils rougit d'avoir manqué de respect à un bon père », lui répliqua Alexandre, en prose. Aimablement, il le félicita de la naissance d'Europe.

Il avait la joie de retrouver son escadron, que Philippe lui avait fait la gracieuseté d'amener. Hippostrate tenait à attester que le mariage de sa sœur ne l'avait pas détaché des amis de Miéza. Il y avait même Anaxarque, Thessalus et Aristandre, pour qu'Alexandre ne fût privé d'aucun de ses familiers. Attale était resté à Pella, auprès de la jeune reine, qui craignait Olympias. Parménion, Euryloque et Antipater accompagnaient le roi.

Démarète vint saluer Alexandre, qui le remercia d'avoir contribué à la réconciliation familiale. Il avait amené son fils Lycus, toujours « beau de ses yeux noirs et de ses cheveux noirs », mais à présent dans l'éclat de son adolescence. Le descendant des Bacchiades sollicita pour lui l'honneur d'être membre de l'escadron, ce qu'Alexandre accorda avec plaisir. « Il en est digne par sa naissance et il en sera digne par son courage, ajouta Démarète. Comme je sais les habitudes macédoniennes, je peux te dire qu'il a déjà tué un sanglier. — Cela ne compte que pour s'allonger à table, dit Alexandre en riant. Selon l'usage de l'escadron, il faut que Lycus échange son sang et un serment d'amitié avec un valeureux compagnon de combat. — Nous lui en donnerons un, qui soit beau de ses yeux bleus et de ses cheveux blonds, dit Ephestion. — Par Hercule, dit Lycus, puisse-t-il te ressembler ! »

La ville des courtisanes et des prostituées était fort agitée par la présence de tous les délégués de la Grèce. Athènes avait envoyé Eschine et Phocion, Thèbes Timolaüs et Anémétas, l'Elide Cléotime et Euxithée, la Messénie Néon et Thrasyloque, l'Arcadie Cercidas et Jérôme, Sparte le fils de Cléomène et un général. Avec les représentants des villes et des îles, cela faisait plus de trois cents personnages, munis de pleins pouvoirs pour mettre la Grèce sous le joug, au nom d'une idée patriotique.

Lorsque Jérôme, que son neveu Aristocrate avait de nouveau accompagné, demanda pour lui, à son tour, une place dans l'escadron, Alexandre se mit à rire. « Le voici, dit-il à Ephestion, le blond aux yeux bleus qui sera le compagnon de Lycus. » Aristocrate avait tué plus d'un sanglier sur le Ménale et le Lycée et gagné deux fois le prix de la lutte aux jeux Lycéens. On sut que sa blondeur lui venait d'une fille du roi de Messène, Aristodème, descendant de l'Héraclide Cresphonte, et qui avait accompli, en luttant contre les Spartiates, des exploits restés fabuleux. C'était une autre présomption de courage pour le jeune Mégalopolitain. On le présenta au fils de Démarète, dans la maison de qui eut lieu la cérémonie du serment et de l'échange des sangs, suivie du serment de fidélité à Alexandre. L'autel de Vesta remplaça celui de l'Amour ; il y avait une statue d'Hercule. Philippe avait approuvé les nominations de ces deux jeunes étrangers : elles formeraient un lien de plus avec l'Arcadie et avec Corinthe.

L'assemblée des délégués se réunit au théâtre. Philippe, dans son discours, releva que les Grecs, unis sous un chef, auraient aisément raison de l'empire des Perses, qui n'avaient cessé de les affaiblir en excitant leurs divisions. Il invoqua sur cette union la bienveillance des dieux. Pour faire allusion modestement à ses victoires, tout en grandissant son rôle, il lut une phrase de la lettre qu'Isocrate lui avait adressée : « Je pense que tes exploits précédents n'auraient pas atteint une telle hauteur, si quelqu'un des dieux ne les eût aidés. Il serait honteux de ne pas suivre la destinée qui te guide aussi bien et de ne pas t'offrir à elle pour le but où elle veut te conduire. » Ces mots, écrits avant la bataille de Chéronée, qui avait tué le vieillard, ne prenaient pas moins un sens extraordinaire comme prévision et comme approbation du sort des armes. Ils faisaient brillamment contrepoids à ceux de Démosthène, prétendant que les dieux avaient empêché le roi d'envahir l'Attique.

Le succès de Philippe fut presque complet. Tous les Etats, à l'exception de Sparte, votèrent une alliance défensive et offensive à perpétuité avec lui et ses descendants, ce qui reportait sur Alexandre l'ensemble des décisions. Ils lui applaudirent à la guerre, nommaient le roi commandant en chef des troupes, qui se monteraient à deux cent mille hommes de pied et quinze mille cavaliers, et le proclamaient « le bienfaiteur de la Grèce ». Ils reconnaissaient le droit de garnison à Thèbes et à Chalcis, qu'il s'était octroyé, et le lui octroyaient à Ambracie et à Corinthe. Les contributions en argent seraient fixées d'après les revenus de chaque Etat.

Pour sceller grandiosement cet accord, Philippe imita ce qu'avait fait Aristide après la bataille de Platée : on jeta dans la mer des masses de fer ardent et les devins lancèrent des imprécations contre ceux qui violeraient leur parole. « Ainsi, déclara-t-il, revivra, par notre union, ce que le Juste appelait « le beau temps de la Grèce ». »

Le roi avait eu une satisfaction inattendue, qui avait frappé les délégués : les émissaires des deux principaux notables d'Ephèse, qui avaient libéré leur cité du joug des Perses, Prophyte et Hérophyte, étaient venus le supplier d'y envoyer quelques-uns de ses généraux pour encourager l'Asie mineure à la révolte. Ils assuraient que toutes les villes grecques de cette région étaient prêtes à se soulever contre les satrapes qui les gouvernaient, assistés d'une garnison.

Alexandre et Ephestion montèrent sur la citadelle avec leurs amis. Ils étaient moins pressés qu'au retour des jeux Olympiques. L'escadron des amis les accompagnait, à pied, sur ce sentier aussi rapide que celui de la grotte Corycienne. Les deux nouvelles recrues, Lycus et Aristocrate, marchaient en tête. On savait que le jeune Corinthien avait été déjà traité par le jeune Arcadien comme l'avait été Cinésias à la fin du banquet de Cléotime et réciproquement. Tous les gages de l'amitié sacrée étaient acquis : ils avaient sujet à rendre grâces à Vénus. La déesse semblait avoir délégué ses colombes, qui descendaient, comme pour guider leurs pas.

Plusieurs temples, autels ou enceintes sacrés se succédaient, le long de ces pentes, coupées de terrasses : l'enceinte d'Isis, déesse qu'Alexandre et Ephestion honorèrent, se souvenant de la visite qu'ils lui avaient faite au Pirée quatre ans auparavant ; les autels du Soleil, de la Nécessité et de la Force, — ces deux derniers paraissaient un commentaire au congrès de Corinthe ; les temples des Parques et de la Mère des dieux ; celui de Cérès et de Proserpine, dont les statues étaient cachées, et celui de Junon. Un petit théâtre était creusé dans le roc et offrait aux spectateurs la vue sublime du golfe et des monts Géraniens comme perspective. D'autres autels dédiés au Soleil, parfois associé à la Justice, attestaient que ce dieu avait été, avant Vénus, le possesseur de Corinthe.

Les tours, les murailles et l'altitude de la citadelle en faisaient une position à peu près inexpugnable, bien qu'elle eût été prise par Iphicrate, lors de la guerre des Athéniens et des Spartiates à propos de Corinthe. Des casernements permettaient de loger la troupe et des tentes abritaient les courtisanes qui exerçaient leur métier jusque sur ces hauteurs, aux pieds même de leur protectrice. La vue était encore plus extraordinaire que celle du théâtre : on apercevait au nord l'Hélicon, le Cithéron et le Parnasse, à l'ouest le Cyllène et l'Erymanthe.

Quand Aristocrate nomma à Alexandre ces deux montagnes de son pays, celui-ci lui dit qu'il faudrait, un jour, le rétablir sur le trône. « Les dieux me gardent d'être roi des Arcadiens ! dit alors Aristocrate. Cléotime ne t'a parlé que d'Aristocrate Ier, lapidé pour avoir violé une prêtresse ; mais son petit-fils, Aristocrate II, fut également lapidé par ses sujets, qui l'accusaient d'avoir trahi les Messéniens au profit des Spartiates. J'aime beaucoup mes compatriotes, mais je ne tiens pas à les gouverner. Laisse ce soin à Jérôme et à Cercidas et à moi le bonheur d'être un de tes sujets. — Moi aussi, dit Lycus, je ne me considère plus comme Corinthien, mais je me considère un peu comme Arcadien. — Allez renouveler vos serments aux pieds de la déesse qui veille sur Corinthe, leur dit Alexandre en souriant. Mais n'oubliez pas qu'en vos personnes, je m'annexe deux des plus beaux Etats grecs : celui de Pan et celui de Vénus. »

Le petit temple de la déesse renfermait sa statue, debout, demi-nue, armée d'une lance ; une statue de l'Amour et une statue du Soleil étaient à ses côtés. Le Soleil avait encore un autel près du temple, où une colonne de bronze avait été dressée par Médée, pour demander à Vénus, selon les uns, de ne plus aimer Jason, selon les autres, que Jason n'aimât plus Créuse. Une plaque de bronze portait les noms des principales courtisanes dont les prières à Vénus avaient sauvé Corinthe, lors de l'invasion de Xerxès, et l'épigramme de Simonide, évoquée jadis par Démarète : « Celles-ci, en faveur des Hellènes et de leurs compatriotes, prompts à combattre, — Se sont levées pour prier la déesse Cypris, — Et la divine Vénus ne livra pas aux archers — Perses la citadelle des Hellènes. » Quand Alexandre se mit en devoir de sacrifier, la prêtresse lui dit que l'on ne faisait pas de libation de vin : la déesse de la citadelle y avait le surnom de Céleste, malgré le culte des courtisanes, et le vin animait les sens.

Epaphos et Polybe, qui avaient suivi leurs maîtres, lorgnaient les servantes de Vénus. Ils n'avaient pas oublié leurs débuts amoureux à Corinthe avec les deux petites Syriennes, Myrtale et Simé.

Une source, à laquelle on descendait par un escalier et que l'on appelait Pirène supérieure, était le cadeau fait par le fleuve Asope à

Sisyphe, roi de Corinthe, pour savoir de lui où Jupiter avait caché sa fille Egine, qu'il avait enlevée. La pierre que le malheureux roi roulait à perpétuité dans les enfers, était le prix de cette fontaine.

En apercevant, du haut du côté sud des remparts, la route de Némée, de Mycènes, de Tirynthe, d'Epidaure, d'Argos, route qui menait aussi vers l'Arcadie, la Messénie et Sparte, et qui avait un embranchement pour Olympie, Alexandre pensait à ce royaume d'Argos dont il était originaire, encore plus précisément qu'il n'y avait pensé la première fois qu'il avait bordé la côte de Sicyone. Mais il songeait aussi à son ancêtre Hercule, étouffant le lion de Némée, et aux jeux Néméens qui, d'après une tradition, avaient été institués par le héros pour commémorer son exploit ou, d'après une autre, par les sept chefs marchant contre Thèbes, qui voulurent honorer le décès de l'enfant Ophelte ou Archémore, fils de Lycurgue, roi et prêtre de Némée, tué par un serpent à cause de leur passage. La nourrice qui portait cet enfant, l'avait posé à terre pour guider leur armée vers une source. Les tenants de la seconde légende disaient qu'Hercule avait été le restaurateur de ces jeux et les avait dédiés à Jupiter. La couronne des vainqueurs était de persil frais, tandis que celle des jeux Isthmiques était de persil desséché. Aristote, qui avait assisté aux jeux Néméens avec sa mère et son cher Hermias, avait, dans ses leçons, agrémenté de ses souvenirs les _Néméennes_ de Pindare, dont l'une célébrait « les enfants splendides », vainqueurs à l'Isthme et à Némée « au beau feuillage ». Il avait décrit les hautes colonnes du temple de Jupiter Néméen, voisin du stade, le bois sacré de cyprès qui entourait le sanctuaire, le cercle de collines, la brève plaine de Némée. Les magistrats portaient des habits de deuil, ce qui semblait accréditer l'origine funèbre des jeux. La mère du Stagirite avait été si émue par sa visite qu'elle avait prié son fils de mettre, après sa mort, une statue d'elle dans l'enceinte de Jupiter Néméen.

Aristocrate donna quelques autres détails sur ces jeux, qu'il avait vus lorsqu'il avait quinze ans. Comme à l'Isthme, ils étaient bisannuels. Ils formaient l'ère des néméades. Le bel Arcadien regrettait, par rapport au désir de la mère d'Aristote, que les Argiens, maîtres du sanctuaire de Némée, eussent l'intention de transférer les jeux dans leur ville.

Alexandre parla du tableau qui, dans le musée de peinture, sur la citadelle d'Athènes, représentait Alcibiade, jeune garçon, avec la nymphe Némée. Anaxarque, qui garnissait sa mémoire de citations d'Hésiode pour faire plaisir au roi, dit ces vers de la _Théogonie_ : « La Chimère enfanta... — Le lion de Némée... — Que Junon, glorieuse épouse de Jupiter, avait nourri. — Dans les vallons de Némée, fléau pour les hommes. — ... Mais il fut dompté par la force d'Hercule. » Alexandre se disait que, s'il avait pu encore dompter un lion, il avait fait plus que dompter un « lion de tribune ».

Au début de juillet, son retour à Pella fut un triomphe. Le roi, qui triomphait pour autre chose, ne se montra pas jaloux. Mais quelqu'un manquait à la fête : Olympias n'avait pas supporté le voisinage de Cléopâtre, qui avait fait faire un berceau en or pour sa fille Europe, comme elle en avait eu un pour sa poupée. Malgré la séparation des appartements, la nouvelle reine étalait trop ses avantages aux dépens de l'ancienne et Attale s'ingéniait à l'y exciter. La mère d'Alexandre s'était retirée à Egées, après avoir licencié ses gardes, ce qui donna l'impression qu'elle était répudiée.

Le roi, sans l'avouer, se félicitait d'une décision qui éviterait de nouveaux conflits. Mais Olympias, quand son fils la conjura de revenir, obéit aussitôt. Elle montra, de la sorte, à la fois qu'elle ne s'intéressait qu'à lui et qu'elle était toujours reine. Philippe, pour faire un geste d'apaisement, lui rendit ses gardes en vue de bien faire constater qu'elle n'avait pas perdu son rang.

Une information secrète qu'elle était heureuse d'apprendre à son fils, avait contribué sans doute à la ramener à Pella. Eumène était allé à Delphes pour l'assemblée printanière des peuples voisins, — les intérêts locaux liés à l'administration du sanctuaire étaient indépendants des questions examinées à Corinthe, — et il avait consulté l'oracle, à la requête d'Olympias. La réponse qu'il en avait rapportée, dûment scellée et inconnue de lui, était la suivante : « Le taureau est couronné, les apprêts sont finis. — Celui qui doit l'immoler, attend. » Alexandre déclara que le dieu prédisait la mort du jeune roi des Perses, Arsés, — le « taureau couronné » que devait immoler Philippe. Mais, Philippe étant né sous le signe du Taureau, Olympias trouvait dans cet oracle la confirmation de celui d'Eaque.

Alexandre voulut tourner cela en plaisanterie. « Tu perds ton temps avec tes enchantements et tes oracles, dit-il à sa mère. Philippe est protégé contre toi et contre tous par tes propres amulettes, qui sont à son collier. — Aglaonice les a faites, dit la reine. Elle est capable de les défaire de loin. »

Aristote, aidé principalement de son neveu Callisthène, achevait ses travaux d'ordre constitutionnel. D'autre part, Eumène et le trésorier Philoxène établissaient les contributions qui seraient exigées des divers Etats pour la guerre de Perse. Ils vantaient, à ce sujet, l'œuvre accomplie à Athènes par l'intègre Lycurgue : le farouche ennemi de la Macédoine, en empruntant à de riches particuliers pour remplir les caisses de la cité, se faisait indirectement l'auxiliaire de Philippe. Tenu compte de la dépréciation de l'argent, le trésor athénien était à peu près ce qu'il avait été sous Périclès.

Autour du roi, on ne s'occupait que des préparatifs de l'expédition ou de ceux du mariage de Cléopâtre. Philippe avait invité aux noces tous les délégués de la conférence de Corinthe et tous les amis qu'il avait à travers la

Grèce. Elles auraient lieu le 17 avril de l'an prochain, date qu'il considérait comme doublement heureuse, puisqu'elle était celle de sa naissance et de son propre mariage l'an passé. Des jeux y seraient célébrés. Par la voix de ses hérauts, Philippe indiquait des concours poétiques et musicaux, pareils à ceux de Delphes et de Dium. Ils se dérouleraient au théâtre d'Egées. Le thème en serait *l'Apothéose d'Hercule*. Les soixante joyeux drilles de l'association athénienne des compagnons d'Hercule avaient promis des plaisanteries impayables. Ces correspondants attitrés du roi, l'étaient aussi de ses trois familiers, originaires de la ville de Minerve : son parasite Clisophe, son cithariste Aristonique et son entremetteur Callias.

Les statues des douze dieux et la statue de Philippe seraient couronnées à l'ouverture des fêtes. « Tu vois, disait Olympias à Alexandre, il est bien « le Taureau couronné ». Mais la Parque seule connait le nom de « celui qui l'attend ». »

Pour rappeler sans doute à Philippe qu'il était homme, ainsi qu'il priait un esclave de le lui dire plusieurs fois par jour, et pour prouver à Alexandre que la soumission des Ardiens n'avait pas terminé la querelle, les Illyriens de la Macédoine septentrionale se révoltèrent. Ces peuples restaient indomptables, car on ne les domptait jamais tous. La révolte de cette tribu de la Pélagonie, province limitrophe de l'Emathie et de la Lyncestide et, au nord, du royaume des Agrianes, était une insulte et une bravade à l'égard du vainqueur de Chéronée. Il n'aurait jamais imaginé de rébellion si proche de sa capitale. On était à la fin de l'automne et il pensa que les révoltés, ne le croyant pas prêt à se remettre en campagne, comptaient sur l'hiver pour augmenter le nombre de leurs partisans. Aussi résolut-il d'aller lui-même les combattre tout de suite avec Attale, honneur qu'il avait laissé jusque-là tour à tour à Parménion et à Alexandre. Celui-ci s'était offert en vain pour cette nouvelle « guerre obscure et difficile ». Philippe répondit qu'il en faisait une question d'amour-propre, mais Olympias conclut qu'il ne voulait pas laisser cueillir d'autres lauriers à son fils. « Peut-être, ajouta-t-elle avec un rire sardonique, est-ce un Illyrien qui « doit l'immoler ». »

Ce fut pendant cette campagne que l'on célébra, au palais royal, l'anniversaire d'Alexandre. Il entrait, comme Ephestion, dans sa vingtième année. Olympias était ravie de l'absence de Philippe. « Ton vrai père étant Jupiter, dit-elle à son fils, nous n'avons pas besoin de l'autre pour commémorer ta glorieuse naissance. » Aristandre fit observer les dimensions inouïes et l'éclat qu'avaient les foies des victimes. A l'en croire, l'étoile brillante de la poitrine du Lion, qui se levait le lendemain, avait eu la splendeur de Vénus.

Cependant, le foyer de la révolte illyrienne fut vite atteint et elle fut aussi vite étouffée. Mais elle faillit pourtant accomplir les désirs d'Olympias. Le roi et ses gardes tombèrent dans une embuscade, comme il y était tombé chez les Triballes, au retour du Danube. Il fut sauvé par le second Pausanias, qui se précipita pour le protéger contre une grêle de flèches. Le jeune homme fut tué. Attale, son ancien amant, avait été encore plus affligé que le roi de sa perte. On raconta à Alexandre qu'au départ de l'armée, une violente querelle avait éclaté entre les deux Pausanias, pour une question de rang. Le premier, à qui échappaient des impatiences d'avoir un rival, l'avait traité d'« homme-femme, se livrant à n'importe qui ». L'insulté s'était plaint à Attale, qui avait réprimandé l'insulteur. Lors de l'embuscade, le second Pausanias n'avait déployé que plus de courage pour prouver qu'il n'était pas une femme. La joie de l'autre avait paru une insulte à sa mémoire, mais Philippe lui avait continué ses bonnes grâces, en faisant remarquer qu'il leur devait la vie à tous les deux : sans les injures du premier, le second se serait peut-être dévoué moins héroïquement. Du reste, ajoutait-il, le survivant avait été déjà blessé dans le combat, ce qui l'avait empêché de se montrer aussi intrépide.

Pausanias ne sut pas triompher d'Attale avec discrétion. Fort de l'appui de Philippe, il se moqua même de Cléopâtre, pour témoigner qu'il valait mieux être le mignon du roi que son épouse. Mais ce triomphe dura peu : Attale incita Callias à mettre dans le lit du roi les plus beaux des enfants royaux. La nouveauté et l'abondance rejetèrent dans l'ombre le mignon officiel.

Ce garçon était de sentiments ombrageux. Né dans l'Orestide, qui devait son nom à Oreste, il prétendait descendre de ce héros, fondateur de la capitale de cette province, Argos Orestique : le fils d'Agamemnon avait séjourné quelque temps dans cette partie de la Macédoine, lorsqu'il avait erré en Grèce après le meurtre de sa mère. Pour imiter Alexandre et être agréable à Philippe, il cultivait la philosophie et les lettres, déclamant les tirades des tragiques. N'ayant pu être l'élève d'Aristote, il suivait les leçons d'Hermocrate, sophiste installé à Pella. Ce disciple du fameux Gorgias avait un grand prestige sur les jeunes gens par ses longs cheveux blancs, ses cris de bacchantes, ses battements de mains et de pieds, au point qu'on le comparait au flûtiste Timothée, qui forçait les gens à faire les gestes correspondant à ses airs. Il se flattait, disait-on, de persuader Pausanias de préférer la vertu à la volupté et de mépriser la jalousie.

L'hiver s'écoula, comme le précédent, en chasses autour de Pella ou dans les montagnes, en concerts, en représentations dramatiques, en danses et en exercices militaires. Aristote ne quittait pas la bibliothèque, où l'on apportait les archives qu'il devait étudier. Olympias continuait d'alterner avec Cléopâtre ses apparitions. Quoique enchantée de posséder Alexandre, elle ne se consolait pas de ne plus être la seule reine et ne cessait d'écrire à la sorcière Aglaonice. Ses brusques mouvements de joie, quand elle en recevait un message, faisaient entendre à son fils que sa foi dans l'oracle d'Eaque et dans les autres prédictions n'avait pas diminué. L'approche des noces de sa fille l'occupait autrement.

A la fin de l'hiver, Philippe surprit Alexandre en lui annonçant qu'il y aurait sans doute bientôt un autre mariage : celui d'Arrhidée. Il voulait donner pour épouse à son bâtard la fille et unique héritière de Péxodore, roi de Carie, successeur de cet Iréus auquel il avait remis l'île de Rhodes. Ce projet s'était élaboré pendant le séjour d'Alexandre en Epire. Les tractations seraient menées à Milet par l'ambassadeur Aristocrate, qui était sur le point de s'embarquer. Cette union, disait Philippe, serait un moyen de prendre pied en Asie et de s'ouvrir le chemin de la Perse, comme par l'envoi de généraux à Ephèse révoltée.

Bien que son père eût l'habitude du secret, Alexandre se demanda pourquoi il le lui avait gardé si longtemps sur une telle affaire, au point de le placer devant le fait accompli. On le consultait pour le plan d'une campagne, d'une bataille ou le texte d'une loi, et on ne lui avait pas dit un mot d'une question qui le touchait indirectement. Olympias, avec qui Philippe n'avait pas été plus loquace, voyait là une manœuvre d'Attale : l'oncle de la jeune reine comptait susciter à Alexandre un obstacle de plus pour la succession au trône, en multipliant la postérité du roi. Elle estimait la chose d'autant plus importante que celui-ci avait affecté de la présenter comme secondaire. C'était, en conclusion, l'avis d'Alexandre : son demi-frère, tout imbécile qu'il était, prendrait soudain un autre relief en devenant l'héritier d'un des royaumes les plus riches soumis à la Perse. Arrhidée régnerait sur Milet, Issos, Halicarnasse, Cnide, quand Alexandre serait encore exposé à des incidents avec son père et contraint peut-être à un autre exil. Cnide... ce seul nom faisait battre le cœur du fils d'Olympias, comme le nom de Vénus.

Il tint conseil avec Ephestion et ceux de ses amis qui lui avaient fait le mieux apprécier leur caractère : Ptolémée, Harpale, Néarque, Erigius. Tous, même Ptolémée, furent d'avis qu'on lui infligeait un affront et qu'il devait le relever. Il en avait déjà trouvé le moyen, qui amusait Ephestion : se proposer lui-même à Péxodore, à la place du fils de la danseuse Philinna. Il ne doutait pas du succès de sa démarche et se réjouissait à la fois de jouer son père, qui s'était joué de lui, et de tromper les calculs d'Attale.

Thessalus fut choisi comme émissaire. Afin d'avoir un prétexte à se séparer de lui, Alexandre le pria de se faire inviter par la compagnie des artistes de Bacchus, dont plusieurs membres étaient en tournée dans les villes grecques d'Asie mineure. La douceur du climat y permettait déjà des représentations en plein air. Thessalus dit au roi qu'il profiterait de son passage à Milet pour y organiser, au point de vue dramatique, les fêtes des jeux Pythiens qui s'y célébraient chaque année, à l'imitation de ceux de Delphes, ce qui serait une gentillesse à l'égard de Péxodore.

Certes, le véritable objet de ce voyage était risqué et provoquerait la fureur de Philippe. Mais Alexandre était sûr de gagner doublement la partie. Son père n'avait pas oublié ce qu'il lui avait dit, le soir de la victoire de Chéronée et qu'il lui répétait souvent. Du reste, Alexandre pouvait-il se laisser ravir la première couronne venue à sa portée ? N'avait-il pas le droit de se marier avant son demi-frère et d'obtenir, pour l'héritier légitime du trône, le brillant parti que l'on avait ménagé pour un bâtard ? En tout cas, ce n'est pas ce dernier qu'il craignait d'offenser en lui enlevant un royaume et une épouse : Arrhidée continuait de ne s'intéresser qu'aux osselets ; il ne savait pas ce que c'était que le royaume de Carie et que de se marier. Son gouverneur prétendait qu'il n'avait même qu'une idée confuse de la différence des sexes.

Le printemps arrivé, Philippe décida de répondre aux vœux des Ephésiens et de faire acte de commandant en chef, sans attendre d'avoir rassemblé toutes ses troupes. Parménion, Attale et Amyntas conduiraient incessamment dix mille hommes en Asie. Ils auraient d'abord pour but d'occuper la Troade et l'Eolide, puis de se porter en Ionie sur Ephèse et enfin, de se joindre aux forces de Péxodore. Ces précautions montraient la sagesse de Philippe ; il voulait protéger les villes grecques d'Asie mineure contre les satrapes qui tenteraient de s'en emparer ou, s'ils y étaient déjà, de les pressurer, dès que son armée se serait mise en marche. Alexandre avait demandé qu'un de ses compagnons, Callas, fils d'Harpale, homonyme du prince d'Elimée, et dont la mère était une Ionienne d'Ephèse, participât à ces premières opérations comme son représentant. Ce qu'il ne disait pas à Philippe, c'est que Callas seconderait Thessalus auprès du roi de Carie.

Le roi avait reçu un message d'Aristocrate : l'ambassadeur attendait Péxodore, qui était en voyage. Il avait vu la reine de Curie, tout acquise au projet matrimonial, dont le succès était certain. Philippe, ignorant la chausse-trape que lui préparait Alexandre, se félicitait. Le corps expéditionnaire serait l'avant-garde des troupes qu'il emmènerait en Asie, aussitôt après les noces de sa fille et pour célébrer à Milet celles d'Arrhidée. Il apprenait que les Ephésiens lui avaient élevé une statue, comme les Athéniens : il était vraiment le chef de tous les Grecs, à l'exception des citoyens de Lacédémone.

Parménion, désormais beau-père d'Attale, et Amyntas, partirent les premiers, avec les dix mille hommes embarqués sur la flotte de Philoxène. Attale avait été retenu par le roi pour les noces de Cléopâtre : Olympias ayant dit qu'elle n'y assisterait pas si la reine Cléopâtre y assistait, il voulait y voir au moins l'oncle de sa nouvelle épouse ; mais Olympias ayant dit alors qu'elle ne tolérerait pas davantage la présence d'Attale, celui-ci n'avait plus qu'à s'en aller.

La veille de son départ, il offrit un grand banquet. Il invita même Pausanias, comme s'il voulait se réconcilier avec lui avant l'expédition.

Alexandre accepta dans cet esprit. Il se berçait de l'idée qu'Attale achèverait la réconciliation en se faisant son allié pour le mariage carien. Après tout, ce général n'avait peut-être encouragé à choisir Arrhidée que parce qu'Alexandre était absent. Olympias avait reproché à son fils de se rendre à ce banquet, de revoir un toit sous lequel il avait eu une rixe avec le maître de maison. Alexandre se sentait assez fort pour braver de nouveau Attale, si besoin était.

Il n'y avait que des hommes : officiers, gardes et enfants royaux. Aristote avait été convié, mais il fuyait les frairies de ce genre, autant qu'il eût répugné à l'idée d'y envoyer Paléphate et Nicanor. Apelle, Lysippe et Léocharès vivaient en artistes, à l'écart du palais. Les vases rangés sur des crédences, et qui avaient les dimensions « herculéennes » de ceux du roi, rappelaient qu'Attale se piquait d'être, après lui, le plus grand buveur de la Macédoine : c'est Bacchus qui les avait unis et qui avait fait reine sa nièce. Mais on mangeait avant de boire. Durant la partie solide du repas, la conversation roula sur les Illyriens que l'on avait matés et sur la campagne que l'on préparait.

Au dessert, Attale ordonna de ne servir que du vin pur. « C'est ce qu'il faut, dit Anaxarque, pour que le vin remplisse toutes les fonctions que Platon a bien voulu lui reconnaître dans *les Lois :* de rendre gai, de donner l'espérance, de nourrir l'imagination, de provoquer le franc-parler. » Néoptolème récita un passage d'Aristophane : « Tu vois, quand ils boivent, les hommes alors — Sont riches, réussissent dans les affaires, gagnent les procès, — Sont heureux, aident leurs amis. » L'acteur se fit accompagner ensuite d'un joueur de lyre pour chanter les vers d'Antiphane : « Chasser le vin par le vin, — La trompette par la trompette, le braillard par le héraut, — La fatigue par la fatigue, le bruit par le bruit, la courtisane par les trois oboles, — L'arrogance par l'arrogance, un goinfre par un cuisinier, — La faction par la faction, la bataille par la bataille, le pugiliste par des coups de poing dans l'œil, — La peine par la peine, le procès par le procès, sa femme par une femme. » Philippe éclata de rire. « Antiphane aurait pu ajouter, dit-il : « Sa femme par un mignon, — Son mignon par un mignon ». »

« Nous n'avons pas ici de femmes, dit Attale en regardant Pausanias, mais nous avons de très beaux garçons. Par Jupiter, je me demande si les enfants royaux sont capables de vider d'un trait la coupe d'Hercule sans être ivres. — Aristote a noté, dans ses *Problèmes,* dit le roi, que le sperme des gens qui boivent, est plus dilué. Je ne l'ai jamais observé sur moi. Nous verrons tout à l'heure ce qu'il en est sur ceux qui auront bu. » Ce qu'il y avait d'assez extraordinaire, c'est qu'il fût capable de citer Aristote, tout en n'ayant déjà plus sa raison. Il égalait Anaxarque dans l'art de discourir en étant ivre. Attale, encore de sang-froid, faisait circuler la coupe d'Hercule. Alexandre et Ephestion ne burent qu'une gorgée, mais Pausanias, qui avait manqué aux conseils vertueux d'Hermocrate, semblait terrassé par le vin sur son lit. Peut-être avait-il cru, en s'abandonnant à la boisson, honorer le roi et leur hôte.

Les rasades aux prochaines victoires de Parménion, d'Amyntas et d'Attale, ne comportaient plus désormais que du vin de Chio. Peu à peu, ce banquet dans une maison seigneuriale de Pella revêtait l'allure d'une orgie bachique après une bataille. L'odeur de l'encens qui brûlait sur l'autel de Vesta, ajoutait à l'ivresse. Lorsque Attale commanda aux esclaves de boire en même temps que les maîtres, Alexandre et Ephestion quittèrent la salle, suivis d'Epaphos et de Polybe.

Le lendemain, il n'était bruit que de la façon dont s'était terminé ce banquet : Attale, qu'il eût prémédité cet exploit ou que son ancien ressentiment eût été rallumé par le vin, avait livré Pausanias aux esclaves. En dépit de son ébriété, le garde avait cherché à se défendre. Quand dix esclaves eurent abusé de lui, le général fit entrer, pour prendre leur place, des âniers et des muletiers. Pausanias, bien que l'on eût sans doute, dans sa petite enfance, fortifié la partie mise à mal, de la même manière qu'on l'avait fait pour Alexandre et pour Ephestion, avait dû être confié aux médecins. Il s'estimait déshonoré. Il se plaignait au roi en dénonçant Attale comme le responsable de ces violences. Il réclamait son exil, le châtiment des muletiers et des âniers et la peine de mort pour les esclaves qui avaient violé un homme libre. L'affaire était grave, car les gardes se solidarisaient avec lui. Alexandre et Ephestion évoquaient les violences qu'ils avaient fait subir à Nicolas de Strate, pour le châtier de sa tentative de corruption et qui l'avaient conduit sur le champ de bataille de Chéronée.

Le roi essaya d'innocenter Attale, mais les esclaves arrêtés et, selon la loi, soumis à la torture, avouèrent, ainsi que les muletiers et les âniers, qu'Attale avait été leur instigateur. Philippe le pressa de faire voile vers l'Asie. Il ne pouvait frapper d'une sanction un homme avec lequel il venait de s'allier. « J'ai besoin de lui en ce moment, dit-il à Pausanias en guise d'excuse. C'est un de mes meilleurs généraux. Mais je te jure par le Styx que, plus tard, j'exigerai de lui une réparation éclatante. »

Quand Alexandre sut que Pausanias avait été voir Olympias, il s'en étonna auprès de sa mère. « Je suis une femme outragée, répondit-elle. Il est naturel que je reçoive un mignon outragé. — Il n'est pas outragé par Philippe, mais par Attale, dit Alexandre. — Oui, mais Philippe, après avoir profité de sa jeunesse, comme Attale, a refusé de le venger d'Attale. Pausanias trouve cela aussi indigne d'un roi que d'un amant. — Et cela signifie-t-il, dit Alexandre, qu'il compte se venger du roi, faute de se venger d'Attale ? — Je ne sais, dit Olympias. Mais tu n'as pas oublié l'oracle d'Eaque ni celui d'Apollon. — J'aime à croire, dit Alexandre, que tu n'as pas fait cadeau à Pausanias de ton poignard incrusté d'or. — Il a le sien, que lui a donné Philippe, dit la reine, et dont le manche est un char ciselé. Ce qu'un Pausanias avait empêché, un autre Pausanias est capable de le faire. »

Alexandre, pour qui les projets homicides de sa mère avaient toujours paru de simples débordements de paroles ou des distractions de sorcellerie, fut soudain ému : maintenant, elle avait un exécuteur. Il se rappela ce qu'elle avait dit de ce poignard devant le sanctuaire d'Eaque. Tant de concordances assumaient un air fatal, comme si la main d'Olympias les dirigeait. « Si Pausanias veut tuer le roi, dit Alexandre, je vais faire arrêter ce garçon. — Penses-tu que Philippe ne se méfie pas de lui ? dit Olympias. Il a commandé de ne plus le laisser approcher. Pausanias me disait, d'ailleurs, que, n'ayant pas obtenu justice, il s'apprêtait à se retirer dans sa famille, en Orestide. »

Ces mots rassurèrent Alexandre. Aussi bien continuait-il de se fier à la fortune de son père, qui avait échappé si souvent à une mort glorieuse sur les champs de bataille et qui ne pouvait être exposé au poignard d'un assassin. Philippe avait contre lui sa femme et son mignon, mais il avait pour lui Hercule.

Ephestion rapporta à Alexandre ce qu'avaient dit, bien avant ces événements, des camarades de Pausanias, qui suivaient les leçons d'Hermocrate. Au cours d'une discussion sur la gloire, Pausanias avait cité, comme exemple d'un moyen vicieux de s'immortaliser, celui d'Erostrate, brûlant le temple de Diane à Ephèse, le jour où naissait Alexandre. « Oui, avait déclaré Hermocrate, mais l'incendiaire a failli manquer son but. Les Ephésiens avaient fait une loi interdisant d'écrire ou de prononcer son nom et il aurait été voué à l'oubli, sans Théopompe de Chio, le disciple d'Isocrate, qui l'a publié dans son *Histoire de la Grèce*. — Comment donc devenir célèbre sans incendier le temple d'Apollon à Delphes ou celui de Jupiter à Olympie ? avait dit Pausanias. — En faisant de grandes choses, avait répondu le sophiste, ou, dans la même voie qu'Erostrate, en tuant celui qui en a fait, car la postérité ne peut séparer leurs deux noms. » « Regardez l'histoire même de la Macédoine, avait-il ajouté : on ne peut parler d'Amyntas II sans parler de son assassin Derdas ; on ne peut parler d'Archélaüs sans parler de ses assassins Cratéas et Hellanocrate. Qui, sans cela, connaîtrait aujourd'hui les noms de ces trois mignons ? » Ephestion voyait dans ces propos une véritable incitation au meurtre, qui risquait d'influencer un esprit faible et d'enflammer un esprit furieux. Cela confirma Alexandre dans son premier dessein d'avertir son père : il ferait chasser aussi Hermocrate.

Il allait sortir de sa chambre, quand le roi entra avec Eumène et Philotas, l'aîné de Parménion. Ce n'était plus Hercule, mais Jupiter fulminant. Aristocrate était de retour de son ambassade et lui avait appris que Thessalus, chargé d'une contre-mission par Alexandre, avait réussi à sa place . Péxodore préférait le fils d'Olympias au fils de Philinna comme gendre. Alexandre n'avait jamais vu son père dans une telle fureur. Il n'eut pas le temps de s'expliquer. Le roi l'accusa d'insolence, de présomption et de légèreté. Il lui dit qu'il lui défendait d'épouser la fille d'un barbare, vassal d'un autre roi barbare, que, pour le punir, il dissolvait l'escadron des amis, qu'il exilait Harpale, Néarque, Erigius et Ptolémée, coupables de l'avoir poussé à cette démarche, — leurs noms avaient été révélés à Aristocrate par Thessalus, — et qu'il ferait un procès capital à ce dernier. L'acteur ayant quitté Milet à destination de Corinthe, où il devait diriger une représentation, — sans doute avait-il jugé prudent de ne pas rentrer en droiture à Pella, — Philippe chargea Eumène d'écrire sur-le-champ aux Corinthiens qu'on le lui envoyât, pieds et poings liés.

Alexandre savait bien qu'il aurait essuyé une vive algarade de son père, mais il la jugeait excessive. Il était également ulcéré de l'avoir reçue devant des tiers. Les sanctions lui semblaient destinées surtout à l'humilier. Il s'indignait d'être traité comme un enfant que l'on prive de ses camarades. Son glorieux escadron avait contribué à la victoire de Chéronée. Les quatre exilés avaient été blessés dans cette bataille. Le séparer de ses compagnons, c'était aussi le ravaler au rang d'Arrhidée, que, bientôt, une fois renouée le fil rompu avec Péxodore, son mariage mettrait au-dessus de lui. Cependant, comme Alexandre n'ignorait pas ses torts, il lui était peu loisible d'exagérer son ressentiment et il ne songea pas à reprendre le chemin de l'Epire. Il aurait trop craint, du reste, qu'on ne le rappelât pas de sitôt. Il dit froidement à son père qu'il le remerciait d'avoir épargné Ephestion, avec lequel il se serait exilé lui-même, mais que, ne pouvant demeurer à Pella sans sa suite ni assister au mariage de sa sœur, dont seraient exclus quatre de ses meilleurs amis, il se rendait à Miéza, où il attendrait ses ordres. Dans sa rancœur, il ne souffla mot ni de Pausanias ni d'Hermocrate. Le roi le pria d'emmener Hécatée et six gardes, moins sans doute pour lui faire honneur que pour le surveiller.

Olympias approuva la décision d'Alexandre. Elle serait repartie avec lui, si le mariage de Cléopâtre ne l'eût obligée à rester. Elle tiendrait les flambeaux rituels, comme mère, dans le cortège de noces et assisterait au banquet nuptial, jusqu'à ce que la jeune épouse se fût dévoilée, mais elle n'irait pas aux fêtes d'Egées : la statue du treizième grand dieu serait inaugurée sans elle et sans son fils. Alexandre offrit à sa sœur ses cadeaux de noces : un petit bronze de Vénus qu'il avait commandé à Lysippe, et une fiole d'or.

Le hasard lui fit rencontrer Pausanias en quittant le palais. Il fut surpris de voir que ce garçon était encore dans la capitale, mais affecta de ne pas s'en inquiéter. Il lui scanda, d'un air ironique, les paroles de Créon à Médée : « J'entends dire, comme on me l'annonce, — Que tu prépares quelque chose contre celui qui donne sa fille — Et contre l'époux et l'épousée. » — Je n'en veux pas à tant de monde, » répondit Pausanias.

Sur le chemin de Miéza, Alexandre discutait avec Ephestion son attitude à l'endroit de ce garde. Tantôt il regrettait de ne pas l'avoir entraîné dans le temple des grandes déesses pour lui faire jurer, torche en main, de ne pas commettre de meurtre ; tantôt il se reprochait de ne pas avoir parlé de Pausanias et d'Hermocrate. En fin de compte, il approuva Ephestion, qui avait changé d'avis : Pausanias ne s'étant ouvert à personne d'un projet criminel contre le roi, il était impossible de le faire arrêter, alors qu'il avait été si gravement outragé ; une telle arrestation eût révolté ses camarades. Les paroles d'Hermocrate étaient celles d'un sophiste et il eût été aussi ridicule de l'expulser pour les avoir tenues qu'il le serait d'interdire désormais la représentation des pièces d'Euripide, où l'on voit l'apologie du meurtre, vengeur des offenses. Enfin, si Pausanias avait en vue de tuer quelqu'un, ce ne pouvait être qu'Attale. On conclut qu'il aurait certainement la patience d'attendre le retour de celui-ci : un geste contre le roi, à supposer qu'il eût l'opportunité de l'accomplir, l'empêcherait irrémédiablement de se venger de l'auteur du stupre.

Alexandre et Ephestion cherchèrent ensuite quels motifs avait eus réellement Philippe d'exiler Néarque, Harpale, Erigius et Ptolémée. Il n'avait pas seulement choisi les compagnons de son fils qui avaient eu part à la décision de traverser le projet de mariage carien : c'étaient ceux qui étaient les plus utiles à Alexandre. Harpale, doué de grandes capacités financières, avait à présent la fonction d'intendant de son trésor ; Néarque, passionné pour la marine, était souvent son délégué auprès de l'amiral Philoxène et, en l'écartant, on semblait écarter Alexandre de tout ce qui concernait la flotte, partie essentielle de l'expédition en Asie ; l'aimable Erigius était son lieutenant, on ne peut mieux désigné, dans la partie la plus juvénile de l'armée, — le bataillon d'enfants royaux. La mesure à l'égard de Ptolémée, le bâtard du roi, était plus surprenante, mais elle était un hommage à sa valeur militaire, non moins qu'à sa popularité, le fils illégitime de Lagus ayant fait un long stage parmi les soldats de la phalange. Il était hors de doute que Philippe cherchait à atteindre Alexandre dans tous les domaines, excepté celui où c'eût été l'atteindre lui-même. En ne lui laissant qu'Ephestion, il avait l'air de le réduire à la vie privée.

Il y avait longtemps, depuis leur enfance, que les deux amis n'avaient été si seuls à Miéza. Avec les années, le nombre de leurs compagnons n'avait cessé de croître. Ils avaient laissé à Pella, un peu désemparés, Lycus le Corinthien et l'Arcadien Aristocrate. Alexandre avait même, durant l'hiver, formé un nouveau couple : Métron et Nicarchide, tous deux originaires de Pydna, où leurs familles tenaient le premier rang. A vrai dire, ces deux beaux garçons étaient déjà unis par les liens de l'amour, comme l'avaient été Marsyas et Olympus de Pella : on n'eut qu'à sceller ces liens par l'échange des sangs et le serment. Mais quelle dérision que le serment de fidélité à Alexandre, pour eux et pour les autres ! Philippe, impitoyable, n'avait pas permis à ces dernières recrues de suivre son fils : l'escadron était dissous. Aristote, qui avait sollicité cette occasion d'aller travailler à Miéza, dont la tranquillité lui plaisait, fut invité à ne pas quitter la capitale. Le beau temps des études et des amours dans cette retraite était fini. Toutefois, Anaxarque, Timothée, Aristandre et Philippe d'Acarnanie avaient reçu l'autorisation d'accompagner Alexandre, avec Hécatée et les six gardes. C'étaient des personnages indispensables. Il ne manquait que Thessalus.

Les exercices, la chasse, la musique et quelques représentations théâtrales, pour lesquelles on se déguisait, sans mettre de masques, occupèrent ces loisirs forcés. C'était l'image, en petit, de l'existence qu'Alexandre aurait menée à Pella ; mais, presque chaque jour, un message d'Olympias lui donnait les nouvelles des fêtes qui se préparaient. Alexandre Molosse était arrivé et se montrait désolé de ne pas trouver son beau-frère. Philippe avait convié Cersoblepte et tous les rois thraces, ses vassaux. Il avait pardonné à Charidème la foucade qu'avait eue ce général au lendemain de la bataille de Chéronée. Phocion, Eschine, Phrynon et Démade étaient les envoyés d'Athènes ; Eudique, Cénée, Daoque et Simus, ceux de la Thessalie ; le fils du roi Cléomène et le fils du roi Agis, ceux de Sparte. Tous, même les délégués qui n'étaient pas connus d'Alexandre, exprimèrent des regrets publics de son absence. Olympias lui assurait que son père était ravi d'être seul à concentrer les regards et les hommages de la Grèce. Il n'y avait plus à Pella qu'un vainqueur de Chéronée.

Alexandre feignait de ridiculiser ces informations, mais il commençait à souffrir de son exil plus qu'il n'osait l'avouer. Les événements de Perse, dont l'instruisit une lettre du grave Léonidas, annonçaient que l'heure approchait : l'eunuque Bagoas avait empoisonné le petit roi Arsès et placé sur le trône Darius Codoman, arrière-neveu d'Artaxerxès Mnémon, le prédécesseur d'Artaxerxès Ochus. Les assassinats qui se suivaient à Suse, démontraient que l'empire des Achéménides était en pleine décomposition. Philippe avait toutes les chances et prétendait en exclure son fils. On eût dit qu'il l'avait oublié et, de fait, personne n'osait plus lui en parler. Aucun de ses intimes, tels qu'Eumène son secrétaire, avec qui Alexandre avait des rapports amicaux, ou Critobule son médecin, très lié avec Philippe d'Acarnanie, n'avait pu en tirer un mot à ce sujet ; il se murait dans un silence sévère, quand on prononçait le nom de l'exilé. Il n'avait pas répondu à Démarète qui, délégué de Corinthe, avait tenté une nouvelle réconciliation entre le père et le fils. L'ambassadeur Aristocrate s'était rembarqué pour Milet afin de resceller le mariage d'Arrhidée.

A toutes les satisfactions de vanité dont Philippe jouissait en ce moment, s'ajoutait la gloire d'avoir servi d'arbitre pour délimiter les territoires de Sparte et de l'Argolide, de l'Elide et de l'Arcadie. La ville des Héraclides, qui avait refusé de le recevoir et de le reconnaître comme chef de la Grèce, lui avait au moins reconnu cette autorité. Il disait : « Grâce à Aristote, j'ai fait le bornage de la terre de Pélops. » C'est vraiment toute la Grèce qui allait couronner sa statue. *L'Apothéose d'Hercule* serait presque le sien. *L'Archélaüs* d'Euripide, pièce qu'il avait indiquée, serait un hommage, à travers sa personne, au seul roi de Macédoine qui fût le héros d'une tragédie fameuse.

Les noces avaient eu lieu. Les fêtes d'Egées devaient s'ouvrir le lendemain. Aucune des deux reines de Macédoine n'y assisterait, la mère d'Alexandre ayant maintenu son refus et celle de la petite Europe étant malade, — c'était peut-être du fait des sorcières thessaliennes. Olympias avait envoyé à Alexandre des vers que Néoptolème, le tragédien du roi, avait improvisés dans le banquet de la veille, où Philippe lui avait demandé de faire une belle tirade, pour parodier Euripide : « Vous qui élevez vos pensées plus haut que l'éther, — Et qui embrassez dans vos projets les grandes plaines de la terre, — Vous serez rattrapés par la course invisible du sort, — Qui plongera vos actes dans l'obscurité, anéantira vos espérances — Et vous entraînera dans la lamentable demeure des enfers. » Philippe avait ri de cette pompeuse morale, bien digne du modèle. « Il est convenable, avait-il déclaré, de rappeler aux hommes, qu'ils sont mortels et je me le fais rappeler à moi-même. Mais je serai le seul qui, bien vivant, aura été proclamé immortel. » — « Philippe, tu es un homme », avait dit l'esclave préposé au soin de répéter ces mots. La lettre d'Olympias était parvenue à Miéza à la fin du jour. Les derniers exercices, le bain, le dîner, se succédèrent pour changer les idées.

Ensuite, Alexandre commenta le message avec Ephestion, en se promenant sous les étoiles. Il se disait frappé de ces coïncidences entre l'oracle d'Ephyre, celui de Delphes, les paroles d'Hermocrate à Pausanias, les vers de Néoptolème, la remarque de Philippe, la formule de l'esclave et même le choix de la tragédie d'*Archélaüs,* ce roi qui avait été assassiné par ses deux mignons. Ephestion énuméra aussi les présages interprétés par Aristandre, au détriment de Philippe ou à l'avantage d'Alexandre : l'aurochs de Péonie tué par un aigle ; l'aigle de Delphes qui était monté droit dans le ciel ; ce que le devin y avait remarqué, le lendemain de leur dernier anniversaire, et ce qu'il avait fait observer, ce jour-là même, après avoir immolé les victimes. A ce moment, une chouette ulula trois fois. « Est-ce encore un présage ? » dit Alexandre. Il frissonna. Au lieu de se réjouir à l'idée que la mort de son père le rendrait libre et le mettrait sur le trône, il se sentit tout à coup un orphelin craintif.

Quand il se fut retiré, il ne put dormir. Cette chambre, qu'Ephestion avait si joliment décrite dans le récit de leur première nuit d'amour, lui paraissait peuplée de fantômes . Archélaüs, Cratéas et Hellanocrate ;

Philippe, Pausanias et Olympias. Comme le fils d'Ulysse, « les soucis de son père l'éveillaient à travers la nuit ambroisienne ». Impatienté, il se leva pour aller goûter l'ambroisie auprès d'Ephestion.

L'Apothéose d'Hercule, musicale et poétique, devant être célébrée à Egées ce jour-là, ils décidèrent de jouer le drame satyrique de Sophocle, *Hercule à Ténare.* Puisque tant de choses présageaient un événement sinistre, Alexandre dit à Ephestion que ce serait comme un sacrifice à la Vengeance, la déesse de Rhamnonte, pour la calmer en faveur de son père.

Il jouait le rôle d'Hercule et déclamait les premiers vers, lorsqu'un brouhaha retentit à l'extérieur. Des chevaux entraient au galop dans la cour, au lieu de s'arrêter au portique. Héraclée et les gardes se jetèrent sur leurs épées. Mais la porte de la salle s'ouvrait déjà avec fracas et Alexandre Lynceste apparut sur le seuil. Fléchissant le genou, il cria d'une voix haletante à Alexandre : « Salut, ô roi ! » Ce n'était pas le salut tendrement affectueux qu'Ephestion lui avait murmuré à l'oreille, le matin de son sacrifice de régent : c'était un salut solennel. Les autres membres de l'escadron qui n'avaient pas été exilés, se pressaient derrière le Lynceste et lançaient le même cri. Ils s'expliquèrent : Philippe était mort, poignardé par Pausanias, au moment où il arrivait au théâtre d'Egées.

Alexandre pâlit. Des pleurs coulèrent de ses yeux. Il se figurait, avec malaise, la joie exultante d'Olympias. Cette nouvelle formidable, qui était à peine une surprise, que tant de choses avaient concouru à annoncer, mais enfin, qui n'avait été qu'une hypothèse, était maintenant une certitude qui le bouleversait. Et il était, pour l'accueillir, vêtu en comédien, avec la peau de lion sur le dos, la face peinte d'ocre, — Hercule imberbe remontant des enfers, à l'heure où Philippe y descendait. Ephestion, Héraclée, Anaxarque, Timothée, Aristandre, dans leurs tenues diverses, qui augmentaient le contraste, partageaient son émotion. Le théâtre d'Egées et la salle du théâtre de Miéza se faisaient pendant. Le drame véritable se superposait au drame satirique et le drame satirique avait l'air de parodier l'autre. L'apothéose de Philippe aurait bien eu un caractère funèbre, comme l'avait dit par hasard Léocharès.

On soupçonnait Pausanias d'avoir eu des complices, car il avait réussi à se glisser dans le théâtre, malgré la surveillance dont il était l'objet. Après son forfait, il avait sauté à cheval, poursuivi par Perdiccas, Léonnat et quelques gardes. On sut qu'il avait établi des relais pour gagner la frontière illyrienne et il avait failli s'échapper. Mais, ayant coupé par une vigne, il s'entrava, tomba de cheval et périt, criblé de coups. Le meurtre du roi était vengé.

Les larmes avaient tracé des rigoles sur le fard des acteurs. Alexandre se fit laver le visage par Epaphos, qui le vêtit ensuite d'une tunique blanche et lui ceignit le front d'une bandelette violette. Ephestion donna le même ordre à Polybe et chacun des interprètes à son esclave. Quand ce fut fait, Alexandre se dirigea vers l'autel d'Hercule pour y verser une libation de lait et de miel. Il répéta aux autres autels de la maison ce rite funèbre, qui semblait l'apaiser. Puis, il gagna sa chambre avec Ephestion.

Maintenant qu'ils étaient seuls, les larmes le suffoquaient. Il n'avait pour se consoler que l'étreinte de son ami. Tous ses rêves de gloire avaient d'abord à affronter des responsabilités qu'il avait à peine envisagées. Jusqu'à la veille au soir, il n'avait pas assez cru aux oracles et aux présages pour s'interroger sur ce qu'il aurait peut-être bientôt à faire. Il avait été un soldat et même un capitaine, mais le déploiement de sa force physique et les séances du conseil d'Etat n'avaient été qu'un mince apprentissage du métier de souverain.

Malgré ce qu'avait dit sa mère, il n'avait jamais imaginé de remplacer, à vingt ans, un père de quarante-sept ans, plein d'enthousiasme et de vitalité. Même au plus fort de leurs querelles, il n'avait cessé de l'admirer. Il aurait voulu être Hercule pour le ramener du Ténare.

Soudain, il essuya ses yeux, se redressa et dit à Ephestion : « Je te donne mon royaume. C'est cette pensée qui me rendra fort en vue de le conserver. Tu es ma force, comme Patrocle était celle d'Achille. — Mon royaume, c'est toi », dit Ephestion.

Alexandre commanda à Epaphos d'emporter, non seulement la statuette de Vénus, mais celle de Bacchus. Dès le premier instant de son règne, encore mal assuré, il se mettait sous la protection du dieu vainqueur de l'Inde, comme s'il voulait masquer, de ses songes les plus ambitieux, les problèmes qu'il aurait tout de suite à résoudre. Mais Vénus serait là, elle aussi, — « Vénus d'or ».

Avec ses amis et ses gardes, il partit au galop pour Egées. Au lieu de prendre la route de Pella, en descendant la vallée de l'Axius, il traversa les monts d'Emathie, en direction de l'ouest. A mesure qu'il se rapprochait de la vieille capitale, il se représentait mieux les conséquences du crime qui venait de s'accomplir. Il était le roi de Macédoine et le chef de la coalition contre la Perse. Mais, s'il devait tout cela à la puissance de son père, il lui faudrait démontrer au plus tôt que cette puissance restait solidement entre ses mains. Démosthène n'allait-il pas renflammer les passions contre « un enfant » ? Les rois thraces invités à Egées, ne complotaient-ils pas déjà de nouvelles révoltes avec Charidème ? Les Illyriens, à peine soumis une fois de plus, ne relèveraient-ils pas la tête ? En Asie, les dix mille hommes de Parménion et d'Amyntas ne se rallieraient-ils pas à Attale, qui détestait Alexandre ? Ce général n'avait à lui opposer qu'une fille au maillot, celle de sa nièce ; mais il était capable, dans sa haine, de lui susciter un concurrent en la personne de l'imbécile Arrhidée. Ptolémée était un trop fidèle compagnon d'Alexandre et Caranus était comme inexistant, mais il risquait d'y avoir d'autres candidats, plus âgés et peut-être plus sérieux.

Alexandre n'avait jamais beaucoup songé à tous ces personnages que son père avait écartés et dont certains lui étaient à peine connus. D'abord, le neveu de Philippe, Amyntas, gouverneur de Béroea, qu'on avait visité en revenant de la Locride. Puis, en Chalcidique, un second Ptolémée, fils du bâtard d'Amyntas III, Ptolémée Alorite, qui avait usurpé le trône après avoir assassiné Alexandre II, oncle d'Alexandre, et qui avait été renversé par Pélopidas. En Orestide, un Alexandre, petit-fils d'un autre roi de Macédoine, Pausanias, fils d'Ærope, arrivé au trône après l'assassinat d'Archélaüs, et détrôné par Amyntas III, père de Philippe. En Bottiée, un Argée, fils d'Argée qui, au début du règne de ce dernier, avait prétendu au trône, comme descendant d'un ancien roi de ce nom et qui, bien qu'ayant l'appui des Athéniens, avait été vaincu. A récapituler ces noms, Alexandre mesurait l'œuvre accomplie par Philippe pour asseoir son autorité sur tant de prétendants, comme sur tant de rois d'Illyrie et de Thrace et sur tant de princes même de la Macédoine. Alexandre lui avait parlé une fois de ces rivaux présomptifs qu'il avait laissé subsister et qu'il n'était pas question de supprimer : son fils ne les rencontrerait-il pas plus tard sur son chemin ? Philippe lui avait dit : « Eh bien, travaille à devenir un grand homme pour devoir la couronne à toi-même, plutôt qu'à moi. » Alexandre était devenu un grand homme. Il n'avait pas encore officiellement la couronne sur la tête, mais il ferait en sorte que personne ne pût la lui ôter.

Il arriva à Egées à la fin de l'après-midi. La ville était en effervescence. On entendait frapper sur les chaudrons le rythme de deuil. Les femmes s'étaient rasé la tête et les hommes avaient coupé une large mèche de leurs cheveux. Si les ennemis de Philippe se permettaient de contester qu'il fût « le bienfaiteur de la Grèce », comme l'avait proclamé le congrès de Corinthe, nul n'avait la hardiesse de nier qu'il l'eût été de son peuple. La simplicité de ses manières, sa générosité, son attachement pour ses soldats l'avaient fait aimer de tous.

Deux cyprès avaient été plantés à l'entrée du vieux palais où avaient habité les prédécesseurs d'Archélaüs, qui avait construit celui de Pella. Philippe gisait dans la grand-salle, sur un lit de parade, vêtu d'un manteau de pourpre, une couronne d'or au front. Alexandre fut accueilli par son beau-frère, le roi des Molosses, et par Eumène, qui fit le geste symbolique de lui remettre le sceau royal. Il salua le cadavre de son père et lui baisa la main droite, à côté de laquelle était posé le sceptre d'or à fleurs de lis des rois de Macédoine. Près de sa main gauche, on voyait le gâteau de farine et de miel qu'il donnerait à Cerbère et, entre ses lèvres, la pièce d'or, à son effigie, qui paierait le passage du Styx à Caron. Son diadème et le grand chapeau de feutre rouge à bandeau blanc, brodé d'or, étaient derrière sa tête. Son visage, où la cavité de l'œil disparu semblait plus profonde et où l'autre était clos, était enduit d'une épaisse couche de fard. Sa poitrine, qui avait été percée par Pausanias, était couverte de fleurs. Des branches de laurier et des vases de parfums lui entouraient le corps. Un jeune esclave tenait, au-dessus de sa tête, une ombrelle de soie rouge à pompons, rite antique pour le lit funèbre des héros ; un autre y agitait un chasse-mouches, fait d'une queue de cheval. Des soldats montaient la garde, leurs armes renversées.

Les exilés de l'escadron avaient devancé Alexandre. Ptolémée pleurait le roi et pleurait son vrai père. Outre la sœur d'Alexandre, Léonidas, les conseillers d'État, les principales autorités du pays et les principaux invités, il n'y avait, selon la coutume funèbre, que des femmes ayant plus de soixante ans, telle que l'épouse de Parménion. Aristote, Apelle, Lysippe, Léocharès, venus pour les fêtes, se trouvaient aussi dans la salle. Tous étaient vêtus de blanc. Comme il ne s'agissait pas d'un mort vulgaire, les chants des pleureuses étaient exclus. Le silence de cette assemblée, rompu seulement par des soupirs ou par les cris de douleur : « Attataté, Attatatéax ! » achevait de serrer le cœur d'Alexandre. Au mur, derrière la tête du roi, était suspendu le tableau de Zeuxis, représentant le dieu Pan avec son mignon Daphnis, dont le visage était celui de Cratéas, mignon et assassin d'Archélaüs II. Les assistants ne regardaient pas Philippe, mais Alexandre.

Il ne méditait pas sur l'avenir, mais sur le passé. Il évoquait la vie de cet homme auquel il devait sa propre vie et un Etat qui dominait la Grèce. Il se le représentait, jeune garçon, allant à Thèbes comme otage d'Epaminondas, se faisant roi à vingt-deux ans contre tous ses rivaux, agrandissant peu à peu son royaume, réparant ses échecs, sachant forcer ou acheter la victoire. Alexandre avait été d'abord le témoin, puis l'associé de ses travaux guerriers et de son œuvre constructive. Il lui devait d'avoir eu pour maître Aristote, comme d'être le vainqueur des Gètes et des Scythes, des Athéniens et des Thébains, d'avoir pour peintre Apelle et Lysippe pour sculpteur, et d'avoir vengé Apollon des Locriens Ozoles. Philippe était le vrai fondateur de la Macédoine. Les vingt-deux rois qui l'avaient précédé, avaient moins opéré, en cinq siècles, que lui en vingt-quatre ans de règne. Il avait été le plus grand des descendants d'Hercule. Il avait tenu le sceptre d'Agamemnon à Chéronée. Mais Alexandre pensait à ce qu'au début du dernier chant de *l'Odyssée*, l'ombre d'Achille dit au roi des rois, qui avait péri, lui aussi, sous le fer d'un assassin : « Que n'as-tu, comblé d'honneurs, ainsi que tu commandais, — Rencontré la mort et le destin parmi le peuple des Troyens ? — ... Mais il était fixé que tu serais saisi par la mort la plus misérable. » La mort, Alexandre l'avait bravée, l'avait donnée à des dizaines et des dizaines d'hommes et vu donner à des milliers. Pour la première fois, il la voyait frapper son propre sang, comme elle le frapperait un jour lui-même

Il sortit de la salle, suivi de son beau-frère, de ses amis et des grands personnages du royaume. Ils se purifièrent les mains, à la porte, avec l'eau de source que contenait un bassin de bronze. Puis, ils se rendirent dans une autre vaste pièce. Alexandre, la tête baissée, écouta les brèves condoléances que lui offrirent Ephestion et le Lynceste, au nom de ses amis, Euryloque et un soldat au nom de l'armée, les prêtres de Jupiter, de Minerve et d'Hercule, Aristote, le gouverneur d'Egées, le doyen des conseillers d'État, le chef des magistrats de la ville. En même temps, ils l'assurèrent de leur dévouement et lui dirent qu'ils espéraient l'aider à dépasser la gloire de son père. Ils crièrent en chœur : « Vive le Roi Alexandre III de Macédoine ! » Alexandre se redressa, remercia, et ajouta : « Continuez de faire honneur à vos charges et à vos fonctions. Que les dieux protègent la Macédoine. »

Comme s'il oubliait les ressentiments de sa mère à l'égard de Philippe, il lui avait dépêché un message, pour lui exprimer sa douleur. Il en avait envoyé un autre à Cléopâtre : il l'invitait à quitter le palais avec son enfant et à retourner dans la maison d'Attale, afin de s'épargner les vexations d'Olympias. Le lendemain, sa mère lui répondit : « Je salue mon roi. J'exècre la mémoire du taureau couronné qui a été immolé. Tu l'enseveliras sans que je vienne. Je fais célébrer des sacrifices de gratitude à Eaque, à Apollon, à Bacchus et à Pausanias. » Achille avait eu un « cœur de lion », mais sa descendante avait un cœur de tigre. Alexandre pressa sur la cire le lion de la pierre qu'il avait au petit doigt, pour effacer de la tablette le nom de Pausanias.

Il avait donné l'ordre d'accrocher au gibet le cadavre du régicide et de retirer une couronne d'or qu'Olympias avait fait placer odieusement sur sa tête. Le poignard qui avait tué Philippe, était bien celui dont le manche avait une ciselure en forme de char : l'oracle rendu jadis par Trophonius était confirmé. Olympias réclamait ce poignard, pour le consacrer dans un temple. Elle voulait, disait-elle, y graver son propre nom, mais choisirait celui de Myrtale, qui avait été l'un des siens lorsqu'elle était enfant. Même si elle déguisait ainsi cet hommage d'une nouvelle Clytemnestre, elle entendait prouver que la mort de son époux n'avait pas désarmé sa haine. Alexandre interdit qu'on lui envoyât l'instrument du meurtre.

Avant le lever du jour, qui ne devait pas être souillé par des obsèques, le roi d'Epire, le roi Cersoblepte, Antipater et Euryloque déposèrent le corps de Philippe sur un char, où étaient attelés des chevaux blancs. Le visage découvert, il était dans un linceul pourpre. Sa cuirasse, son casque, ses armes, son diadème, son chapeau étaient autour de lui. Une longue mèche des cheveux d'Alexandre et une tresse de ceux de sa sœur étaient sur le linceul ; le poignard ensanglanté de Pausanias, aux pieds du roi. Des couronnes d'or, que les invités avaient apportées à Philippe, remplissaient un premier char ; des statues de bois peintes, qui occupaient d'autres chars, étaient les symboles des villes conquises ou fondées par lui, comme dans son triomphe au retour de la campagne contre les Gètes et les Scythes. Alexandre, la tête voilée, suivait, sur Bucéphale ; sa sœur sur un char, Arrhidée sur un autre. Venaient ensuite Ephestion, Ptolémée, le reste de l'escadron des amis, les généraux, les invités, tous à cheval ; les joueurs de flûte, de lyre et de cithare ; les porteurs de torches ; des soldats des diverses armes et les enfants royaux, les armes renversées, comme l'avaient été celles des gardes dans la salle du lit de parade.

On franchit les remparts pour gagner le cimetière, qui était situé à quelque distance, le long de la route d'Héraclée Lyncestide. Les tombeaux des rois étaient sur une petite colline. Alexandre avait décidé de ne pas incinérer son père et de l'ensevelir dans le sarcophage de porphyre qui avait été pris à Byzance. L'inscription y était déjà : « Philippe, fils d'Amyntas, roi de Macédoine ». Il rejoignait, au sein de cette terre, l'autre Amyntas, assassiné par son mignon Derdas, et Archélaüs, assassiné par ses anciens mignons Cratéas et Hellanocrate.

Alexandre versa de l'huile et du vin **sur** la dépouille, renfermée préalablement dans un cercueil de cyprès. Puis, il prononça l'éloge de son père. C'était exprimer à haute voix les pensées qui lui avait traversé l'esprit au palais en contemplant son cadavre. Il rappela ses victoires, son courage, ses blessures, sa générosité envers ses ennemis, ses institutions charitables, les grands travaux de son règne, son goût pour les arts, son respect pour la religion, qui l'avait conduit à mener deux guerres sacrées, la gloire suprême qui avait marqué son règne, en lui faisant décerner le titre de commandant en chef des Grecs contre les Perses. Il déclara qu'il ferait tout pour se montrer digne d'un tel héritage et qu'en attendant, il exemptait d'impôts les Macédoniens.

Il rangea dans le sarcophage les objets que lui faisaient passer Alexandre Molosse, Arrhidée et Ptolémée. Un esclave enveloppait d'abord ces objets de lin pourpre : le miroir d'argent de Philippe, son rasoir, son étrille, les deux fioles d'or qui avait servi aux libations, plusieurs coupes d'or et d'argent, un jeu de dés en argent, aux points marqués en or, des tablettes d'ivoire où rien n'était écrit et qui annonçaient ce qu'Eumène écrirait sur lui, ses anneaux, ses colliers et ses pendeloques, — les amulettes dont Olympias avait contrecarré l'effet, — trois médaillons en or représentant Jupiter, Mars et Hercule, plusieurs petits animaux de bronze. Alexandre y ajouta le repas du roi, sur des plats d'argent, décorés de bandelettes pourpres : des œufs, de la viande attachée à l'os, des pains, du fromage, des fruits, deux flacons d'albâtre contenant du vin et de l'eau. Le sarcophage fut scellé avec du plomb et orné de guirlandes. Des bandelettes rouges à franges noires furent nouées aux branches des arbres voisins.

Devant le temple de Jupiter, qui était sur la grand-place d'Egées, le prêtre du souverain des dieux mit le diadème au front d'Alexandre. Le même cortège, où les armes étaient droites, avait accompagné le fils de

Philippe. S'il avait été roi en fait depuis la mort de son père, il l'était désormais selon la loi. Les officiers levèrent leurs épées en l'acclamant et les soldats frappèrent de leurs lances contre leurs boucliers. Les généraux, les conseillers d'État et les diverses autorités vinrent lui prêter le serment de fidélité, qu'allaient sanctionner des libations et le sacrifice d'un verrat. Debout, rangés symétriquement autour de l'autel, les yeux au ciel, la main droite tendue « vers Jupiter », ils prononcèrent la formule d'allégeance et ensuite la même imprécation que les héros de *l'Iliade,* en faisant la libation : « Jupiter très auguste, très grand, et les autres dieux immortels, — Qu'à ceux qui les premiers transgresseraient les serments, — La cervelle se répande à terre, comme ce vin, — A eux et à leurs enfants, et que leurs femmes soient livrées à d'autres. » Cette imprécation avait été dite sur le verrat, qui fut égorgé par un victimaire ; l'animal, qui ne pouvait être consommé, serait enfoui.

Cependant, le nouveau roi avait encore à accomplir le sacrifice funèbre. Aristandre immola, en l'honneur de Jupiter, un taureau, un bélier et un bouc, après les avoir châtrés. Il fit remarquer les dimensions inouïes et l'éclat du foie, semblables à ceux du sacrifice d'anniversaire, et qui annonçaient un vaste empire et un règne florissant.

Le lendemain, le palais fut purifié au moyen d'aspersions d'eau lustrale et de fumigations de soufre : le feu avait été mis au soufre par une torche, allumée à l'autel de Vesta. Puis, on répandit des parfums et Alexandre présida le repas, dernière cérémonie des funérailles. Seuls, les parents de Philippe étaient couronnés. La salle était trop petite pour le nombre d'invités. On installa des lits sous les portiques. Les musiciens ,ouaient les divers hymnes qu'ils avaient composés pour cette *Apothéose d'Hercule,* devenue celle de Philippe mort et d'Alexandre vivant. Comme aux jeux Pythiens, la voix unanime attribua la palme à Aristonique et à Timothée. Bientôt, on reverrait Thessalus.

Les musiciens, ainsi que les poètes, reçurent leurs récompenses le jour suivant, au théâtre. Alexandre avait résolu en effet, de célébrer les fêtes prévues par son père et il les commença en couronnant la statue du treizième dieu.

L'*Archélaüs* d'Euripide, cette pièce au nom prophétique, avait de nombreux vers qui semblaient s'accorder à la situation présente. On applaudit, quand Néoptolème dit ces mots que Thessalus, lors de la première campagne d'Alexandre, avait déclamés à Aréthuse, près du tombeau d'Euripide, et qui avaient été prophétiques : « Dans les enfants, la vertu des hommes bien nés, — Brille... » « Il convient toujours à l'homme jeune d'oser. » Et Alexandre prenait d'ores et déjà pour devise cette autre parole, que son père lui avait citée à Istropolis : « ... Les travaux engendrent la gloire. » En ce jour de *l'Apotheose d'Hercule,* il savait ce qui l'attendait, par rapport à ses ambitions et aux dangers qu'il pressentait : c'étaient d'autres travaux d'Hercule.

Pour illustrer les obsèques, il avait ajouté, à ces jeux artistiques, les jeux gymniques dont se paraient celles des anciens héros. On disputa, au stade, le prix de la course, du lancement du javelot, de la lutte et du pugilat entre garçons, entre éphèbes et entre adultes ; à l'hippodrome, le prix de la course en char et de la course montée. Il n'y avait que des Macédoniens.

Alexandre Molosse partit avec sa Cléopâtre, comme tous ceux qui avaient été conviés aux fêtes du mariage. Les vœux, les compliments et les sacrifices s'étaient succédé en faveur du jeune roi, mais le trône était ébranlé par la mort de Philippe et, pour le consolider, Alexandre devait témoigner sans retard sa vigilance et son énergie. Lors de son premier conseil dans le palais d'Egées, où il croyait entendre retentir encore les cris de douleur, il eut besoin de tout son sang-froid : les mauvaises nouvelles pleuvaient.

Celles d'Athènes avaient pourtant de quoi l'indigner. Dès que l'assassinat y fut connu, Démosthène avait donné l'exemple à ses concitoyens de se couronner de fleurs. Il demandait que l'on renversât la statue de Philippe, — celle d'Alexandre n'était pas terminée —, que l'on élevât à sa place celle de Pausanias, comme à un héros ; que l'on accordât le droit d'asile à ses complices éventuels et que l'on remerciât les dieux. Sans attendre, lui-même sacrifia un bœuf sur la citadelle. A ceux qui lui recommandaient plus de pudeur ou de prudence, il affirmait qu'Athènes n'avait désormais rien à craindre, que « le petit jeune homme de Pella » ne bougerait pas de la Macédoine, qu'il était sans doute occupé à examiner les entrailles des victimes pour augurer de son fâcheux destin et que le descendant d'Achille, le citateur d'Homère, n'était qu'un Margitès, également héros d'Homère, mais d'un de ses poèmes comiques et dont le nom était synonyme de nigaud prétentieux. Ce qui était plus grave, c'est que la flotte athénienne avait pillé des vaisseaux macédoniens. Alexandre, imperturbable, envoya Python demander la réparation de ces dommages, la fin de ces injures et le respect de l'alliance.

Comme il s'en doutait, Attale, aussi promptement renseigné que par des signaux allumés de montagne en montagne, essayait de soulever l'armée d'Asie. Alexandre expédia Hécatée avec trois mille hommes qui auraient l'air d'être des renforts ; le chef des gardes, qui pouvait compter sur l'appui de Parménion, malgré le récent mariage, avait pour mission secrète d'assassiner l'oncle de Cléopâtre. Déjà, Alexandre, le jour même des obsèques, avait pris des mesures pour empêcher des conspirations de prétendants : il avait fait arrêter Amyntas, gouverneur de Bérœa, Ptolémée, fils de Ptolémée Alorite, Alexandre, petit-fils d'Ærope, et Argée, fils d'Argée. On les traitait avec égard, mais ils étaient détenus loin de leurs habitations respectives.

Partout, l'influence de la Macédoine subissait un déclin prodigieux. Les Ambraciotes, rejetant le gouvernement aristocratique imposé par Philippe, créaient un gouvernement populaire et invitaient les Grecs à ne pas reconnaître Alexandre pour leur chef. Dans d'autres villes, les démocrates, exilés après la bataille de Chéronée, revenaient triomphalement. Alexandre offrit l'hospitalité aux chefs dispersés. Sur les frontières, les barbares s'ameutaient : Glaucias, ce roi des Taulantiens qui l'avait si bien accueilli, s'était emparé d'Epidamne, comme si la disparition de Philippe marquait le déclin de la Grèce ; Clitus, roi des Agrianes, incitait les Thraces à la révolte. Alexandre chargea Euryloque et Antipater d'exercer les troupes qu'il conduirait bientôt sur ces deux fronts. Les pirates tyrrhéniens infestaient les côtes macédoniennes : Alexandre commenta à l'amiral Philoxène de lancer contre eux la flotte de Thermé. Philoxène le trésorier déclara qu'on avait eu peut-être tort de supprimer les impôts : les caisses étaient presque vides, épuisées par les fêtes du mariage ; les contributions des alliés pour la guerre d'Asie n'avaient pas été versées ; les mines du Pangée rendaient moins. Alexandre confia à Harpale, qui était en relation avec tous les banquiers, le soin de trouver de l'argent.

Ayant fait, il se mit en chemin pour Pella. Il avait hâte de revoir sa mère et la jeune Cléopâtre, dont la royauté avait été brève. Il projetait d'élever comme une sœur la petite Europe, fruit ultime des amours de son père, que le mariage avait légitimé. Un messager le précédait, pour annoncer sa venue.

Olympias se précipita au-devant de lui avec sa fougue accoutumée. Elle était en habits de fête et presque de bacchante. Aucune mèche n'avait été coupée dans sa chevelure en désordre ; ses plus beaux bijoux la paraient, mais elle agitait une branche terminée par une pomme de pin ; son serpent, son léopard, ses belettes et sa guenon formaient sa suite. Elle eut de folles étreintes pour son fils et lui dit : « J'ai fait chanter l'hymne d'Orphée au Génie protecteur. Ainsi protégera-t-il ton génie et ton règne. »

Elle le mena dans sa chambre. Une fille exquise, toute nue, le regard modeste, les cheveux blonds dénoués, la poitrine aussi marmoréenne que celle d'une Vénus de Praxitèle, le pubis épilé, était debout sur le tapis de Sardes, au milieu de volutes d'encens. « Ceci, c'est pour toi », dit Olympias à Alexandre. Du bout des doigts, elle caressa les seins de la fille, lui écarta délicatement les cuisses puis les fesses, après que la fille eut pivoté pour qu'il admirât la chute de son dos. « Regarde, dit la reine, comme cela est rose et frais, et c'est vierge des deux côtés. Je t'avais donné Campaspe, que tu as donnée à ton peintre. Mais Thaïs, qui la passe en beauté et en science amoureuse, tu la conserveras. Elle est un gage de ta chance et de ton bonheur. Athénienne, elle te rappellera ta victoire de Chéronée. Durant la guerre en Asie, elle sera ta concubine et celle d'Ephestion. Ensuite, tu épouseras une fille du roi des Perses, quand tu l'auras vaincu et que tu posséderas le monde. Car tu régneras sur l'Orient et sur l'Occident, ainsi qu'il a été prédit à ta naissance. »

Elle le dirigea vers l'autre aile du palais. « Ce que je vais te montrer à présent, dit-elle, c'est pour moi. Devinant que tu ne me ferais pas ce cadeau, je me le suis fait. Rappelle-toi qui je suis et ce que j'ai souffert. »

Elle ouvrit la porte, qui laissa passer une odeur de chair rôtie, comme d'une cuisine ou d'un sacrifice. Alexandre s'arrêta, glacé d'horreur. Cléopâtre était pendue à une poutre, la face violacée, les yeux révulsés, la langue hors de la bouche. Sur un gril, achevait de se carboniser un petit corps humain : celui d'Europe, dernière fille de Philippe de Macédoine.

CARTES

*Le Monde grec
à l'époque d'Alexandre*

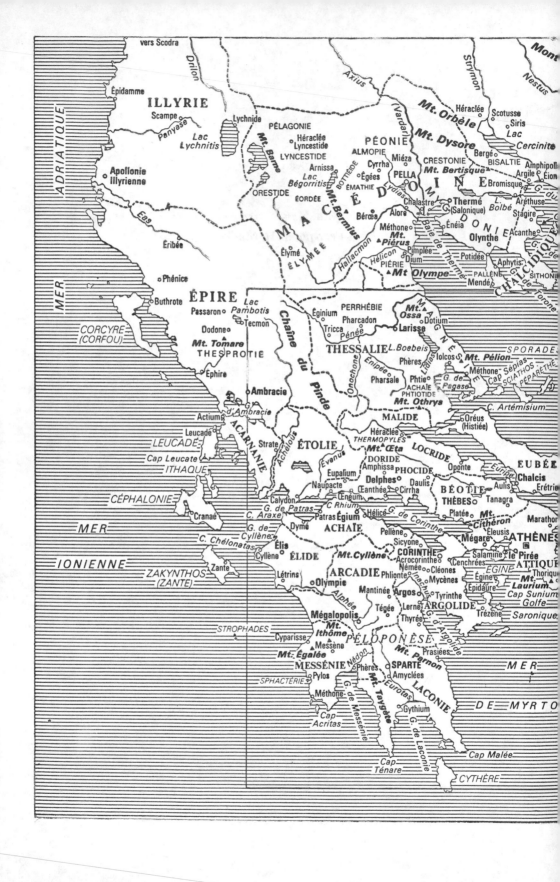

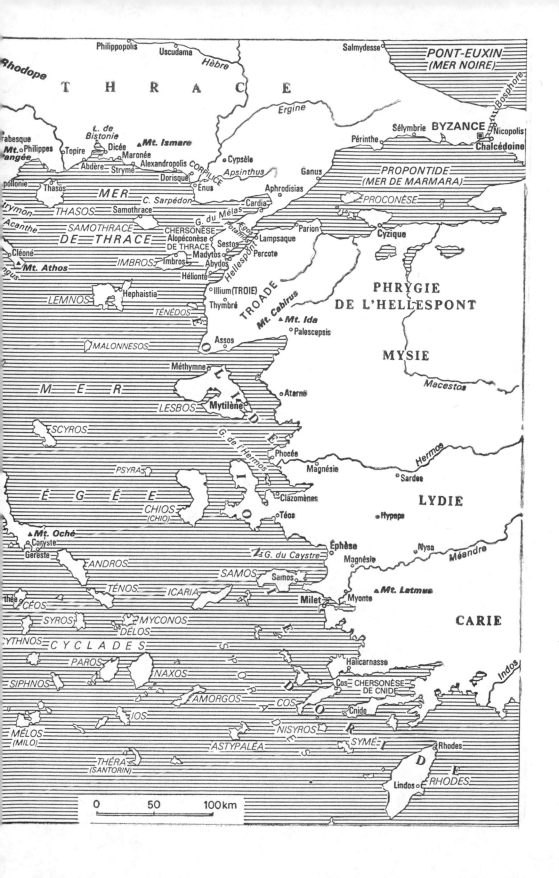

Philippopolis Uscudama Hèbre Salmydesse **PONT-EUXIN**
(MER NOIRE)

Rhodope T H R A C E Ergine Sélymbrie **BYZANCE**
Périnthe Nicopolis
Chalcédoine

L. de
Bistonie **Mt. Ismare** Cypsèle Ganus **PROPONTIDE**
Rabesque **Mt.** Dicée Maronée Apsinthus **(MER DE MARMARA)**
Philippes Topire Alexandropolis CORPLICE
angée Abdère Strymé Dorisque Aphrodisias **PROCONÈSE**
 pollonie Thasos **MER** Énus Cardia Parion
C. Sarpédon G. du Mélas Lampsaque **Cyzique**
rymon THASOS Samothrace CHERSONÈSE Sestos Percote
Acanthe SAMOTHRACE Alopéconèse Madytos Abydos
Cléoné DE THRACE DE THRACE Imbros Hélionté
us **Mt. Athos** IMBROS Illium (TROIE) **PHRYGIE**
Hephaistia Thymbré TROADE **DE L'HELLESPONT**
LEMNOS TÉNÉDOS **Mt. Cabirus** **Mt. Ida**
Palescepsis **MYSIE**
MALONNESOS Assos
Méthymne Macestos
M E R OLIDE
LESBOS Atarné
SCYROS **Mytilène** G. de l'Hermos Phocée
Magnésie Hermos
PSYRA Clazomènes Sardes
É G É E Téos Hypapa **LYDIE**
CHIOS
(CHIO) Éphèse Nysa
Mt. Oché Magnésie Méandre
Caryste G. du Caystre
Géreste ANDROS SAMOS **Mt. Latmus**
Thée CÉOS TÉNOS ICARIA Samos Myonte **CARIE**
SYROS MYCONOS **Milet**
CYTHNOS DÉLOS
C Y C L A D E S Halicarnasse
PAROS NAXOS Cos CHERSONÈSE
SIPHNOS DE CNIDE
AMORGOS COS Cnide
IOS NISYROS SYMÉ Rhodes
MÉLOS ASTYPALÉA
(MILO) THÉRA Lindos RHODES
(SANTORIN)

Bosphore
Potamos Énos Hellespont Indos

0   50   100km

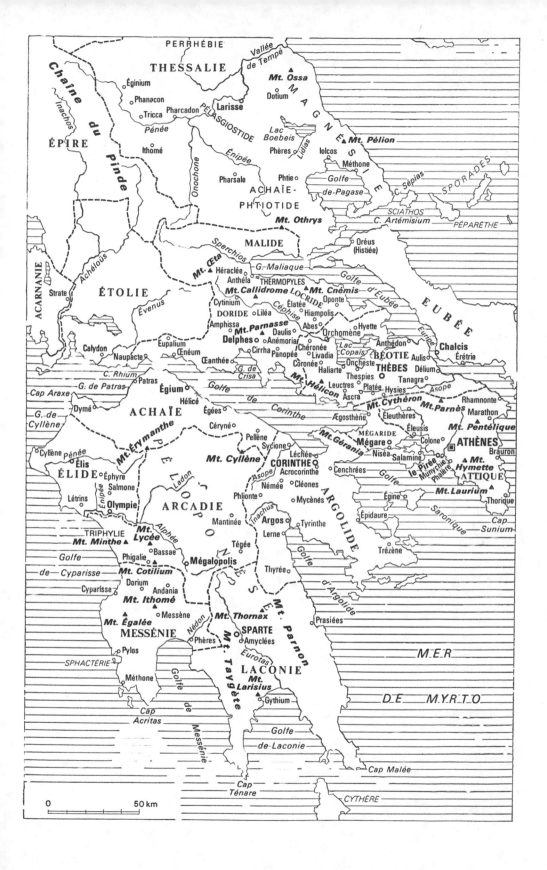

L'INDEX DES NOMS PROPRES
sera présenté à la fin du tome suivant

Table

Ouvrages de

ROGER PEYREFITTE

aux éditions Albin Michel

TABLEAUX DE CHASSE
ou la vie extraordinaire de Fernand Legros

PROPOS SECRETS

LA JEUNESSE D'ALEXANDRE

En préparation :

PROPOS SECRETS, 2

ALEXANDRE LE CONQUÉRANT

La composition de ce livre
a été effectuée par Bussière à Saint-Amand,
l'impression et le brochage ont été effectués
sur presse CAMERON
dans les ateliers de la S.E.P.C. à Saint-Amand-Montrond (Cher)
pour les éditions Albin Michel

AM

Achevé d'imprimer le 17 novembre 1977
N° d'édition 6067 N° d'impression 527-163
Dépôt légal 4ᵉ trimestre 1977